中国口岸年鉴

（2008年版）

中国口岸协会编

中国海关出版社

图书在版编目（CIP）数据

中国口岸年鉴.2008年版/中国口岸协会编.—北京： 中国海关出版社，2008.10
ISBN 978-7-80165-544-8

Ⅰ．中…　Ⅱ．中…　Ⅲ．通商口岸-中国-2008-年鉴　Ⅳ．F752-54

中国版本图书馆CIP数据核字（2008）第107550号

（版权所有，侵权必究）

书　　名：	中国口岸年鉴（2008年版）
编　　者：	中国口岸协会
策　　划：	左铁　倪云
责任编辑：	普娜　左桂月　黄华莉　沈楚铃　冯菲
出版发行：	中国海关出版社
地　　址：	北京市朝阳区东土城路14号（100013）
电　　话：	中国口岸协会010-65195917
印　　刷：	中煤涿州制图印刷厂北京分厂
版　　本：	2008年10月第1版　2008年10月第1次印刷
开　　本：	889毫米×1194毫米　1/16
印　　张：	44.5
字　　数：	1400千字
定　　价：	300.00元

《中国口岸年鉴》编辑委员会

顾　　问：（以姓氏笔画为序）
　　　　　石希玉　原国务院口岸领导小组副组长兼办公室主任
　　　　　牟新生　原海关总署署长
　　　　　李克农　海关总署副署长、国家电子口岸委副主任
　　　　　孟宏伟　公安部副部长
　　　　　赵维臣　原国务院口岸领导小组副组长
　　　　　洪善祥　原交通部副部长、中国航海协会会长
　　　　　钱永昌　原交通部部长、中国交通运输协会会长
　　　　　盛光祖　海关总署署长、国家口岸管理办公室主任
　　　　　葛志荣　原国家质检总局副局长、中国出入境检验检疫协会会长
　　　　　杨国庆　国家民航总局副局长
　　　　　戴　杰　原海关总署署长
主　　任：叶　剑　中国口岸协会会长
副 主 任：章国胜　中国口岸协会副会长
　　　　　祁康杰　中国口岸协会副会长
　　　　　刘石桥　中国口岸协会副会长
　　　　　罗文金　中国口岸协会副会长、国家口岸管理办公室副主任
　　　　　郭燕民　原中国口岸协会秘书长
执行主编：郭燕民
编　　委：（以姓氏笔画为序）
　　　　　于春生　王金付　王国龙　王锐颖　叶　剑　兰国刚　兰　影　卢永佳　邬公权
　　　　　祁康杰　朱际青　刘石桥　刘　江　次　诚　孙世红　何　为　李云霞　李　毅
　　　　　吴开镕　吴　宪　杨从军　宋晓瑛　林昌丛　张云龙　张永晖　罗文金　罗　莎
　　　　　罗建华　周德洪　范海波　哈斯巴根　徐双荣　徐　斌　符元壮　郭庆宏　郭燕民
　　　　　黄家生　曹绍业　章国胜　潘　诚　薛云伟
编　　务：冯存诚　塔　燕　张百川　赵媛媛　王鑫丽
组 稿 人：（以姓氏笔画为序）
　　　　　方关金　邓志蓉　田　雁　江　畅　朱元杰　伊　静　刘礼明　米树彤　杜　印
　　　　　肖　黎　余　春　李　军　李　岩　李以伦　李新成　陈　列　余天禄　张　杰
　　　　　张蘅　张晓红　张培书　张　超　胡伟元　洪振良　耿　华　徐新民　徐毓良
　　　　　高雅平　姬冰洁　秦　虹　唐玉臣　徐春来　谢　静　詹瑞明　德　央

编 辑 说 明

一、《中国口岸年鉴》是由中国口岸协会组织编纂的、新中国诞生以来第一部全面记录中国口岸状况的编年书,是一部具有权威性的大型资料性工具书。年鉴系统、真实地记录了中国31个省、自治区、直辖市2007年口岸运行、发展、改革和取得成绩的整体情况。年鉴向广大读者展示了改革开放以来中国向世界敞开大门的成就。

二、本年鉴采用条目体结构,分省、自治区、直辖市编纂,点面结合、条块结合,记载了口岸各查验部门的主管部委2007年的工作综述,逐个记载了各省级和大连、青岛、宁波、厦门、深圳等5个计划单列市口岸委、办2007年的工作综述,以及口岸各主要查验部门的工作综述,辅以必要的图表。主要内容还包括:2007年新颁布实施的有关口岸工作的法规,口岸各类统计数据。

三、本年鉴引用的各类数据和资料,截至2007年底。全国进出口贸易统计资料,由海关总署综合统计司提供。其他统计数据,分别来自海关、边检、检验检疫和各省级口岸办公室。由于各部门职能不同、统计口径、范围和方法亦有所不同,因此书中有些数据不尽一致。

四、台湾省、香港特别行政区和澳门特别行政区口岸资料和统计数据暂缺,特向广大读者致以歉意。

五、本年鉴的稿件资料,主要由各有关部委、各省、自治区、直辖市口岸办公室提供。年鉴在编辑过程中,得到海关总署、公安部、国家质检总局、交通部、各地口岸办公室、各直属海关、以及长期在口岸工作的老领导和专家的大力支持与合作,在此向他们表示诚挚的感谢!

六、本年鉴在全书体例、资料收集等方面都还有许多不尽如人意之处。加之编辑水平有限,疏漏或瑕疵在所难免,敬请广大读者予以批评指正。

中国口岸协会
二〇〇八年七月

序

　　口岸是国家的门户。党中央、国务院历来十分重视口岸工作。改革开放以来，为满足日益增长的对外经贸、人员往来的需要，国家投入了大量人力物力进行口岸建设，已经形成沿海沿江水运、航空和内陆边境立体化的开放口岸体系。口岸开放与全方位、宽领域、多层次的对外开放格局基本相适应，为促进对外经济贸易和国际交往的发展起到了重要的保障作用。

　　当前，进一步提高口岸工作效率的要求更为紧迫。经济全球化对口岸工作必然会提出更多更高的新要求，为适应参与国际竞争的需要，我国口岸工作要全面贯彻"三个代表"重要思想，落实十六大提出的"发展要有新思路，改革要有新突破，开放要有新局面，各项工作要有新举措"的要求，结合我国口岸工作的实际，紧紧围绕提高口岸工作效率，加快通关速度，处理好把关与服务的关系，为促进对外经济贸易和国际交往发展作出新贡献。为提高口岸工作效率，国务院曾在深圳进行口岸管理体制改革试点。1998年政府机构改革，对口岸管理体制作了重大调整。2001年，国务院办公厅为推广口岸电子执法系统和提高口岸工作效率相继发出了两个文件。今年5月，国务院批准海关总署等8部门在上海召开了提高口岸工作效率现场会。我国口岸要通过建立"大通关"机制，提高工作效率，改变传统管理模式，整顿和规范进出口秩序，促进口岸管理各部门转变职能、改进服务、提高管理水平，形成适应我国社会主义市场经济发展需要的新的口岸管理和运行机制，提供与发达国家相类似的口岸通关服务。

　　中国口岸协会从新世纪开始组织编撰《中国口岸年鉴》，是一件很有意义的工作。它不仅直接记录口岸管理运行的资料和数据，而且是在我国加入"WTO"以后，书写中国口岸深化体制改革、努力提高工作效率、为"大通关"服务的历史。

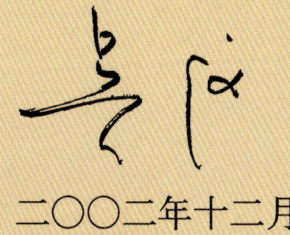

二〇〇二年十二月

流走的是岁月，沉淀的是经典。

每一个梦想的实现，都出自对极致标准的执着追求。梅赛德斯-奔驰秉承百年创新激情，为您呈献引领豪华轿车新典范的S级轿车。广泛应用的独创性前沿科技，将安全性和舒适性提升至全新高度。正是心中不断突破自我的坚定信念，使得S级轿车成为超越时间的永恒经典。恭请莅临授权经销商展厅，赏鉴经典魅力。www.mercedes-benz.com.cn

梅赛德斯-奔驰为国家大剧院首家战略合作伙伴。

Mercedes-Benz

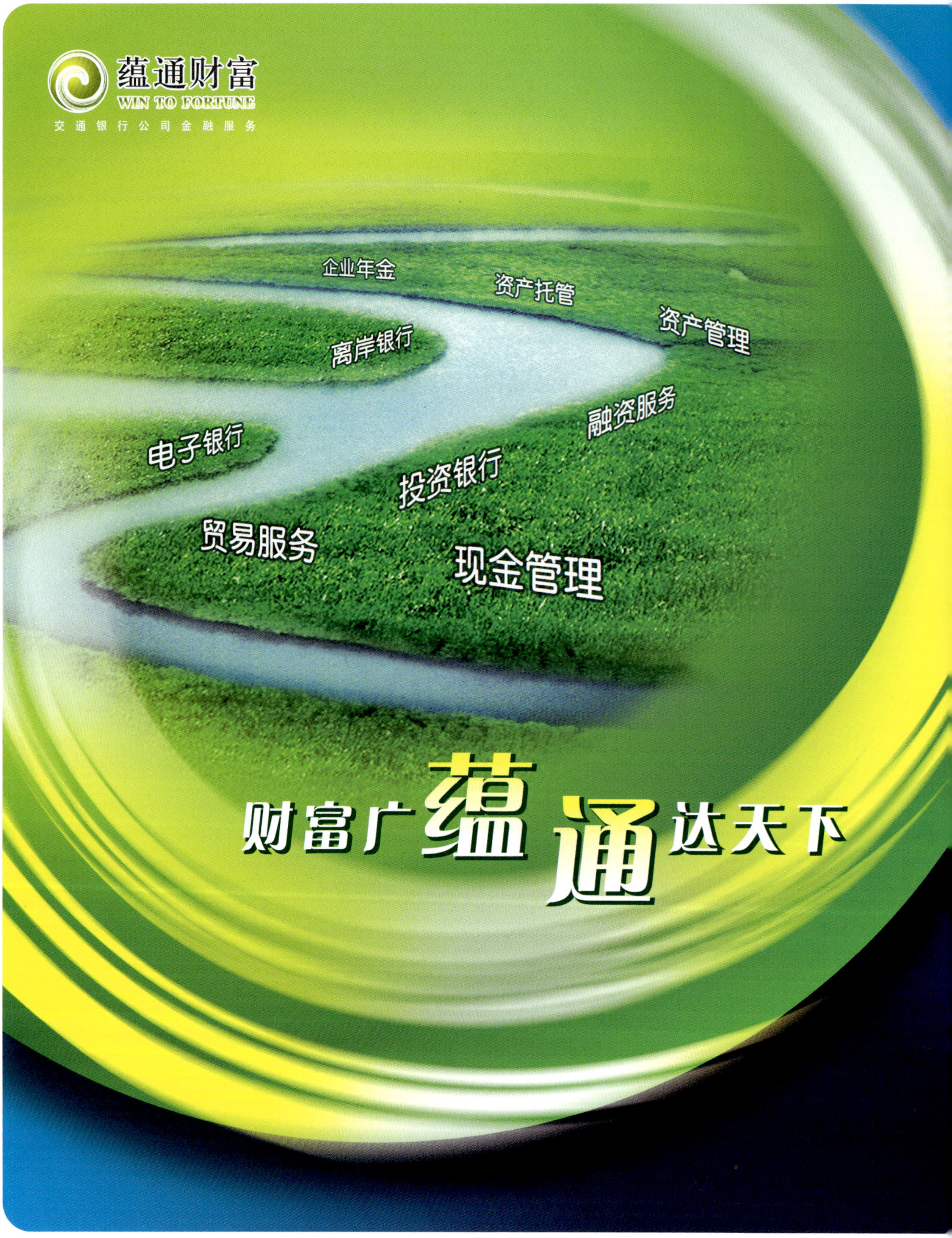
蕴通财富
WIN TO FORTUNE
交通银行公司金融服务
企业年金
资产托管
资产管理
离岸银行
融资服务
电子银行
投资银行
贸易服务
现金管理
财富广蕴通达天下

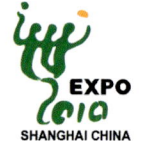

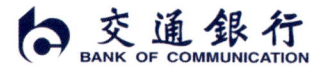

海关税费网上支付服务方案

先通关 后缴税

7×24小时全天候

异地支付 e键通关

报关一点通
——您的绿色报关通道

EXPO 2010 SHANGHAI CHINA

交通银行 BANK OF COMMUNICATIONS

中国2010年上海世博会全球合作伙伴
Global Partner of Expo 2010 Shanghai China

客服热线：95559　　www.bankcomm.com

四川斯奈克玛航空发动机维修有限公司

位于成都双流国际机场西侧的四川斯奈克玛航空发动机维修有限公司（中文简称四川斯奈克玛，英文缩写SSAMC）是国内第一家致力于CFM56系列发动机专业维护，修理和大修（MRO）的中外合资企业，两大股东分别为中国国际航空公司和法国斯奈克玛服务公司。作为全球首家CFMI授权的修理站以及中国唯一的OEM（原制造厂）修理厂，四川斯奈克玛能及时分享OEM的发动机设计、制造改进技术信息及其有关CFM56系列发动机维修和车间修理积累的经验，中国客户在国内就能便利地享受到世界级修理站提供的CFM56系列发动机的维修服务。

作为中国最先进的飞机发动机维修企业之一，四川斯奈克玛在国内率先获得CAAC维修许可（D.4302），美国FAA维修许可（UQNY034X）以及欧洲EASA维修许可（EASA.145.0289）。

四川斯奈克玛拥有符合国际标准的发动机维修厂房、维修设施，包括推力为10万磅级并配备了国际先进数据采集系统的航空发动机试车台，适用于CFM56-3/-5B/-7B系列发动机的维修、车间修理、改装和大修设备。

目前四川斯奈克玛已有20多家客户，涵盖了中国国际航空公司、山东航空公司、中国空军、中国东方航空公司、奥凯航空公司、深圳航空公司、上海航空公司、鹰联航空公司、中国邮政航空公司及海南航空公司等。此外，公司客户还包括境外航空公司及租赁公司。到目前为止，总共已修理完毕的境外发动机及单元体的总数量已达到18台套。

四川斯奈克玛继全面发展维修能力并连续盈利后将继续努力，提高服务品质，为中国及境外客户提供更全面、方便和快捷的服务。

成都双流国际机场，610201
24小时在翼服务热线：138 8054 0547
电话：028-85721692
传真：028-85721696
网址：www.snecma-services.com

东莞市口岸局

东莞市口岸局是代表东莞市人民政府规划、建设、管理东莞口岸和协调处理口岸问题的职能部门，内设办公室、业务、财务、人事监察4个科室，下设太平、沙田、凤岗、常平、长安、寮步、麻涌7个正科级口岸分局，下辖东莞市进出境货运车辆检查场管理服务中心、东莞市口岸建设发展有限公司和市口岸应急指挥部办公室。

截至2007年，东莞市建成和开通了7个口岸。其中虎门港口岸和东莞铁路（客运）口岸为一类口岸，二类口岸5个：太平、沙田、莞城、麻涌和中堂进出口货物装卸点。纳入口岸管理的进出境货运车辆检查场4个（凤岗、长安、寮步、虎门〈临时〉车检场），其中凤岗车检场是全国最繁忙的二线车检场。

驻东莞口岸的检查检验单位有：东莞海关、太平海关、黄埔海关驻凤岗办事处、黄埔海关驻长安办事处、黄埔海关驻沙田办事处、黄埔海关驻常平办事处、新沙海关、东莞出入境检验检疫局、东莞边防检查站、东莞海事局、广州海事局沙角海事处。

在东莞口岸配置的经营服务机构有：外轮代理、外轮理货、中国银行、港澳客运公司、航运公司、外贸进出口公司和庞大的报关服务业。东莞口岸已经初步形成了客、货运兼有，水路、公路、铁路多通道，检查检验和经营服务机构齐全，人员、货物、交通工具进出境比较方便快捷的口岸网络，成为东莞市投资环境的重要组成部分。

一、抓规划建设，完善整体功能，优化口岸通关环境。

开展虎门港查验配套设施规划调研，形成了《吸收先进经验，加强现代化港口岸建设》的调研报告；做好虎门港（太平）客运口岸搬迁选址论证工作；规划设计寮步车检场二期工程建设方案；积极为企业办理虎门港口岸新建码头对外开放的报批手续。三江石化码头、同舟化工码头已于2007年11月2日正式对外开放。虎门港5号、6号泊位正在进行建设，沙角A、B、C发电厂专用码头和麻涌作业区马士基码头申请纳入虎门港口岸范围的对外开放工作正在落实中；妥善解决海关执勤武警营房建设用地问题；口岸安全管理工作继续保持良好态势。

二、抓口岸共建，发挥联动作用，打造和谐东莞口岸。

我们将口岸共建作为工作的落脚点，立足于服务人民、服务经济、服务大局、服务基层，致力构建和谐口岸。组织召开了2007年度全市口岸信息总结表彰会议；组织驻口岸14个单位开展"共植口岸林"活动；组织开展了东莞市口岸系统首届书画摄影展，并印制《2007年东莞市口岸系统书画摄影展作品集》。此外，我们逐步建立基层共建工作机制，采取由市口岸局统筹安排，落实专项资金，基层口岸各单位轮流牵头组织活动的方式，及时交流信息和工作，保证口岸中心工作的顺利开展。

三、抓队伍建设，提高人员素质，营造健康工作氛围。

按照中央、省、市的统一要求和部署，抓好纪律教育学习月活动，加强党风廉政建设和反腐败斗争；抓好党的十七大精神的学习贯彻落实；根据工作需要，结合干部实际，继续在全局范围内进行干部轮岗交流；举办了市口岸局第四届运动会，增强干部职工身体素质，营造健康向上的工作环境；加强作风建设，组织全局青年干部职工进行了军训活动。

2007年，东莞市口岸保持了持续高速增长的发展态势，经东莞市口岸入出境旅客94万人次（其中虎门港（太平）客运口岸47万人次，常平铁路客运口岸47万人次），进出口货物2 019万吨，进出境货运车257万辆次，入出境船舶1.9万艘次，入出境列车6753列次。由于东莞市口岸大通关工作成绩突出，连续两年荣获了"广东省口岸大通关建设"一等奖。口岸工作任务的顺利完成，较好地推动了经济发展，2007年东莞市完成生产总值约3 151亿元，首次突破3 000亿元大关；人均生产总值45 350元；工业总产值6 650亿元；进出口总额1 010.6亿美元，首次突破1 000亿美元，其中出口总额 568.5亿美元；财政总收入540亿元。

市委常委、副市长江凌慰问东莞市赴海地维和部队战士

广东省政府口岸办公室主任邬公权在虎门港（客运）口岸调研

中国共产党东莞市口岸局机关委员会正式挂牌

2007年4月20日中国人民武装警察8753部队向东莞市口岸局赠送拥军牌匾

茂名石化公司港口分部

茂名石化港口分部（以下简称港口分部）是中国石化集团资产经营管理有限公司茂名石化分公司下属的二级单位，主要承担茂名石化公司及大西南、珠三角等地区的原油接卸、输送以及成品油、化工产品的进出口业务，作业网点遍布9个市（县、区）。拥有固定码头泊位5个，全国首创30万吨单点系泊（原油接卸系统）1个，所有码头均已实现对外开放。现有原油接卸输转能力2000万吨/年，成品油管输装船能力500万吨/年，化工产品管输装船能力38万吨/年，杂货吞吐能力57万吨/年。2007年全年货运总量突破1800万吨。此外中国石化集团公司将在茂名港兴建200万立方米大型原油商业储备库，建成后原油库的总容量将达到285万立方米。

茂名市港口经营有限公司

茂名市港口经营有限公司（原茂名市港务管理局）成立于2002年4月，是茂名市地方政府唯一对外开放的港口企业。目前，公司码头功能齐全，生产设施、设备配套完善，港口生产作业条件优越，可从事各种件杂货、散货、集装箱以及液体化工产品等货物的装卸和储仓业务。

近年来，公司以建设"和谐企业、效益企业"为目标，致力于"以优质服务求生存、以改革创新促发展"，努力寻求港口企业生产经营管理的创新，不断提高港口生产服务质量，职工精神面貌良好，生产经营年年增长，企业逐步走上了快速发展的道路。

茂名市天源码头经营有限公司

茂名市天源码头经营有限公司成立于2006年9月，在茂名港水东港区拥有3万吨级综合码头和5000吨级化工油品码头各一座，码头功能齐全，设备、设施配套完备，可从事各种散货（特别是煤炭）、件杂货、集装箱以及液体化工产品等货物的港口装卸和仓储业务。港口货物吞吐能力达到380万吨/年。

武钢集团国际经济贸易总公司
INTERNATIONAL ECONOMIC & TRADING CORPORATION, WISCO

　　武钢，新中国成立后兴建的第一个特大型钢铁联合企业；武钢国际经济贸易总公司，冶金行业最早成立的国际贸易公司。

　　1993年12月31日，经中华人民共和国外经贸部（现商务部）批准成立武钢集团国际经济贸易总公司，其前身为"中国冶金进出口公司武汉分公司"。

　　2005年12月，武钢集团对国贸总公司的组织、职能和领导班子进行了调整，孙文东任武钢国贸总公司总经理。他凭借积极进取、勇于创新的精神，积极应对市场挑战，围绕国贸总公司保产保供、海外发展、非武钢贸易三大战略，着力深化企业内部各项改革，建立了优质、高效的物资供应链体系，打造了以全球资源保障和钢材营销网络为核心的国际化发展战略，推进了以投资多元化为主体的非武钢贸易产业。武钢国贸总公司以超常规的思路、超常规的发展，迅速崛起为一家以钢铁主业为核心，物资供应、海外事业和社会贸易蓬勃发展的商贸巨擘。公司先后获得湖北省优秀企业"金鹤奖"、湖北诚信建设荣誉单位、武汉市2006年度外贸出口贡献单位、"2007-2008年湖北出口名牌"企业等荣誉称号，入选2006年度中国进出口企业红名单。

　　武钢国贸总公司贸易业务遍及美、日、德、澳、香港等几十个国家和地区，并在香港、澳大利亚、日本、德国、印度、美国、巴西等国家和地区设立海外子公司9家。下一步，公司营销网点将辐射加拿大、韩国、东南亚等重要资源市场和钢材消费市场，预计2010年海外子公司达到12家以上，实现销售收入1000亿元，利润30亿元。

　　武钢国贸总公司将始终遵循国际贸易惯例，坚持诚信为本，追求共赢的经营理念，依托现代管理技术，逐步培育独有的核心竞争力，为社会、为武钢钢铁主业及其他产业提供优质、可靠的增值服务和有力支撑，提升企业整体竞争力。

总经理致辞

　　武钢国贸总公司伴随着武钢的日益壮大，已经发展成为具有一定规模、在国内外享有一定声誉的知名企业。我很高兴借此机会向海内外朋友介绍武钢国贸，并向长期以来与我们友好合作的贸易伙伴、各界朋友及同仁表示最诚挚的谢意和良好的祝愿。

　　回首武钢国贸的成长历程，我们每位员工都付出了不懈的努力；武钢国贸的发展也得到了海内外各界的广泛支持和帮助。我们搭造了一座国际贸易之桥，让世界了解武钢，让武钢走向世界。这样一个团结实干、勇于创新、追求卓越的员工团队，以及与武钢国贸有着良好贸易往来的海内外客户是我们最宝贵的财富，是武钢国贸保持生机、不断发展的动力和源泉。

　　武钢国贸坚持以人才为根本、以创新为动力、以诚信为生命，不断增强综合竞争实力，促进公司在核心竞争力、增长速度、规模、利润和企业形象感染力等方面迈入理想的境界！

　　武钢国贸将进一步注重与世界各国和地区商业界、金融界、产业界人士建立和发展合作关系，希望通过贸易纽带为您提供优质的服务和帮助，增进武钢集团与世界各国同仁的友谊、合作，寻求共同发展。

　　在武钢国贸的发展历程中，我们体验过改革与调整的苦涩、艰辛，也分享过成功带来的欢欣、鼓舞，每一步都熔铸着我们不懈的努力。我们深知人才的重要，重视人才成长环境的培育。我们尊崇合作、尊崇创新、尊崇稳健求实，我们倍加珍视与海内外合作伙伴和广大顾客的长期友谊！

　　让我们不断努力，共同创造新的成就，分享新的喜悦！

秦皇岛港——世界最大的能源输出港、散货港

秦皇岛港是以能源运输为主的综合性国际贸易口岸，目前世界上最大的煤炭输出港和散货港。港口始建于1898年，是我国清代光绪皇帝御批的唯一自开口岸。港口自然条件优良，港阔水深，不冻不淤，共有12.2公里码头岸线，陆域面积11.3平方公里，水域面积226.9平方公里。

秦皇岛港分为东、西两大港区。东港区以能源运输为主，拥有世界一流的现代化煤码头；西港区以集装箱、散杂货进出口为主，拥有装备先进的杂货和集装箱码头。秦皇岛港拥有生产泊位45个，其中万吨级以上泊位42个，最大可接卸15万吨级船舶，港口年设计通过能力2.23亿吨，具有完善的集疏运条件，疏港路与京沈高速公路、102及205国道、秦承公路相接，港口自营铁路与京山、沈山、京秦、大秦4条铁路干线相连，拥有国内港口最先进的机车和编组站，形成了铁路、公路、管道、船载、空运等循环合理的港口集疏运网络。

秦皇岛港是"北煤南运"大通道中的主枢纽港，拥有煤炭专业泊位21个，煤炭设计通过能力1.93亿吨；拥有世界最先进的煤炭装卸设备，可接卸2万吨超长列车；拥有世界最大的港口煤炭专用堆场，面积达到249.8万平方米，肩负着东南沿海电煤运输以及国家外贸出口煤炭装卸的主要任务，年输出煤炭占全国沿海港口下水煤炭总量的近50%。

近年来，秦皇岛港生产迅猛发展，吞吐量以年均2000万吨的速度快速增长，2006年港口吞吐量跃上2亿吨台阶，2007年完成吞吐量2.45亿吨，连创货物吞吐量历史新高，成为河北港口业的领军港。

全天候全封闭高速救生/救助艇

9.8米铝合金海关缉私艇

BH-R6玻璃钢高速救助艇

全封闭救生艇生产车间

  青岛北船重工游艇分厂位于青岛经济技术开发区内，占地面积68113m²，生产区域面积12934m²。其生产区域包括玻璃钢艇体制造区，模具制造区和铝合金制造区，是目前国内及亚洲最大的世界知名玻璃钢艇生产基地。

  该分厂成立于1983年，从事专业玻璃钢全封闭救生艇飞快艇、公务艇制造已有24年历史。8H系列救生艇年产600艘～700艘，出口外销达80%以上，已成为国际知名品牌产品。近几年，其研发的铝合金快艇制造项目也已形成规模，2007年该分厂完成工业总产值1.3亿元，销售收入达1.2亿元。

地址：青岛市经济技术开发区漓江东路369号 邮编：266520
电话：0532-86756816/17/18/19 传真：0532-86756811
网址：www.lifeboat.com.cn E-MAIL：bhboat@163169.net

招商局國際有限公司
CHINA MERCHANTS HOLDINGS (INTERNATIONAL) COMPANY LIMITED

关企携手，共创和谐高效口岸

招商局国际有限公司概况

招商局国际有限公司（下称"招商局国际"）是招商局集团麾下的旗舰公司。招商局集团是具有136年历史的中国航运业先驱，是中国第一家民族工商企业。招商局国际总部设于香港，于1992年在香港联合交易所上市，是首家在香港上市的红筹公司，亦为香港恒生指数成份股（蓝筹）公司。

招商局国际主营港口及港口相关业务，战略性投资于中国五大港口群，旗下港口网络群覆盖珠江三角洲、长江三角洲、环渤海湾地区、厦门湾经济区以及西南地区。招商局国际以其悠久的历史传承和远见卓识，在全球港口行业中占有重要的一席。2007年，招商局国际在香港和内地的码头企业完成集装箱吞吐量达4712万标箱，以独立港口运营商计，在中国高居榜首，在世界名列前茅。

中国加入WTO后逐步进入全球化经济网络，随着中国宏观经济的快速稳定发展，招商局国际在中国的港口业务也得到迅猛发展。近年来，招商局国际加大了港口口岸设施的投资与建设力度，并充分运用高新技术与手段配合海关进行通关改革，口岸通关效率日益体现为招商局国际港口竞争力的重要因素之一。

海关整合资源，货物集中查验

2006年底，由招商局投资近2亿元、占地12万平方米的深圳西部港区的海关集中查验中心正式启用。深圳蛇口海关进驻集中查验中心后，原有分散设置在各码头海关监管科室已经撤离，实现了深圳西部港区集装箱查验货物统一由集中查验中心对外提供规范化、标准化的服务模式。同时，海关在查验作息时间上进行了突破性的改革，由原来分散在各码头查验的"一班制"即早上9点到下午5点改为集中查验后的"两班制"运作，保证了作业时间从早上8点半至晚上8点半，持续查验时间12小时，充分发挥了海关资源整合的意义，同时也最大限度地满足了西部港区班轮公司对客户截关期的需求。

采用高新技术，电子通关提升效率

在建设集中查验系统的同时，深圳西部港区还大胆使用先进的高新科技手段与信息技术，同步完善了各码头及相关业务主体的监管设施，实施完成了电子闸系统、电子关锁系统、GPS系统、闸口箱号自动识别系统、西部港区CCTV综合监控系统及支持西部港区口岸及相关业务数据、图像等传输的光纤网络专用系统；开发并集成了深圳海关查验管理系统、蛇口海关通关作业管理系统、集中查验中心查验作业管理系统、"港运通"系统、途中监管电子关锁及GPS监控系统、箱号自动识别系统、西部港区跨港区调拨系统等软件系统。通过软、硬件系统的综合运用，满足了口岸单位对西部港区全天候实时监控、海关闸口无人值守及24小时自动核放、西部港区各海关监管作业区之间24小时电子监控调拨等功能。

口岸集中办公，降低通关成本

为了实现西部港区"一站式"服务的口岸通关模式，结合"集中查验中心"的建设，招商局又在"查验中心"的一墙之隔加紧规划建设了"海运中心"大厦，将海关、国检、报关行、船货代在"海运中心"集中对外办公，同时配置税务、银行、保险、商务中心等综合服务功能。

2008年1月，西部港区海运中心建成并正式启用。海运中心分为口岸大楼和商务大楼，总建筑面积超过10万平方米，其中口岸大楼近5万平方米。作为海关对外服务窗口，位处口岸大楼一楼的海关报关大厅占地达5000平方米，通过分类设置窗口，集中了西部港区码头和保税、监管仓储业务的所有海关申报功能，同时与海关、检验检疫相配合的报关行、船、货代公司等口岸及相关服务单位也全面进驻海运中心。报关、报检、查验等业务全部集中在海运中心及查验中心办结，告别了西部港区报关、报检业务分散办理的历史，实现了"一站式"的口岸服务。

中国领先的公共码头运营商

招商局国际在创建和谐口岸的同时

倡导码头建设与运营的绿色环保行动

2006 年，招商局国际旗下码头制造安装了世界上第一台 E-RTG

2007 年，招商局国际码头开始广泛使用油电混合拖头，有效地减少了消耗燃料

并降低了噪音污染

未来，我们亦将持续致力于 "绿色港口" 的建设

并着力实践于港口选址、码头设计和规划、码头操作与提高全员环保意识

Connecting China To The World

中国机动车辆安全鉴定检测中心

　　中国机动车辆安全鉴定检测中心（以下简称中国车检中心）成立于1988年6月，经过多年的发展，逐步形成了汽车检测、汽车认证、汽车信息库、检测线设备制造、智能交通及相关培训等紧密围绕汽车产业的主营业务；同时，在防伪证件印制、智能卡生产、转印膜生产等新技术领域也取得了令人瞩目的业绩。

　　中国车检中心下设证照事业部、警用装备部、软件开发部、系统集成部、检测事业部、认证所、编辑部等8个直属业务部门，并拥有北京金辰西科尼安全印务有限公司、北京中安特科技有限公司、力安邦（北京）科技有限公司、中国车检中心培训中心4家下属企业，以及相关职能部门；共有员工500多人，其中硕士、博士占员工总数的10%，大专以上学历的员工超过70%。中国车检中心在北京经济技术开发区拥有28000平方米的科研生产基地，总资产已达5亿元人民币。

电话：+86-10-67806585/67806586
传真：+86-10-67805611
邮箱：cmvsaic2@public.bta.net.cn

北京金辰西科尼安全印务有限公司

　　北京金辰西科尼安全印务有限公司（以下简称金西公司）是中国机动车辆安全鉴定检测中心的下属企业，成立于1995年，是专业从事护照、出入境旅行证件等高等级安全防伪证件设计和印制任务的国家级安全防伪印刷企业。金西公司是中央直属机关定点印制单位和北京市政府定点印刷企业，拥有国家涉密防伪票据、证书定点复制单位资质，公司采用先进的ERP软件加强对企业的科学管理，通过了ISO9001—2000质量管理体系认证。

　　金西公司拥有世界防伪印刷最高技术手段和先进完整的安全防伪印制设备，具备2000万本本式防伪证件、4800万份票据和800万份电子内芯封装页的生产能力。

电话：+86-10-6780/6780
传真：+86-10-67805658

北京中安特科技有限公司

　　北京中安特科技有限公司是中国机动车辆安全鉴定检测中心的下属企业，是专门从事非接触式IC卡生产、研发的高新技术企业，拥有全套非接触智能卡生产、检测设备，年产量达8000余万张，生产规模居国内首位。公司已获得ISO9001质量体系认证、国家集成电路卡注册证书、全国工业产品生产许可证、最受欢迎卡片供应商（SMART奖）及MIFARE Certification Test for Cards等多项资质证书。其产品主要包括第二代居民身份证、校园卡、公交卡、高速公路卡、就诊卡、会议卡、门禁卡及异型卡等项目。

电话：+86-10-67805639/67805650
传真：+86-10-67805970
邮箱：market@zatcard.com
地址：北京经济技术开发区荣昌东街甲一号
邮编：100176

关税融资 光大相伴

先通关，后缴税
365天×24小时　全天候融资通关

- 全国首家推出、首家全国推广，提供最长为**105天循环使用**的短期**关税融资**服务，及时解决企业燃眉之急。
- **先放后征**：使企业享受"先通关、后缴税"的优惠政策，灵活运用资金，轻松实现资金保值增值。
- **异地报关，异地支付**：不同隶属海关之间和不同关区的口岸之间，都可以使用同一账户进行网上税费支付。
- 足不出户，轻点鼠标，即可完成海关税费交纳；一年**365天**，每天**24小时**，光大银行为您提供不间断网上缴税通关服务。
- 海关电子口岸"IC智能卡+CA证书"模式，多重加密，资金只在光大银行和海关国库之间定向封闭流转，**安全可靠**。
- 光大银关保系列产品包括：**银关保、银关通、银关贷、出口退税专用账户质押贷款**。

中国光大银行
CHINA EVERBRIGHT BANK

24小时客户服务热线：95595
www.cebbank.com

宝马集团在中国

宝马集团拥有BMW、MINI和Rolls-Royce三个品牌。是世界上唯一一家专注于所有高档汽车细分市场的汽车制造商。作为当今世界十大汽车制造厂商之一，宝马集团目前在全球150个国家有39个销售子公司及3000多家经销商，并在12个国家拥有23个生产和组装厂。2007年宝马集团年销售汽车超过150万辆，摩托车销量达10.2万，销售收入达560.2亿欧元。集团现有员工超过10.7万。

宝马集团大中华区是宝马集团全球五大销售管理部门之一，从事在中国大陆、台湾、香港和澳门的BMW及MINI品牌进口汽车的销售、市场营销及服务。另外，宝马集团大中华区还负责监理和协调宝马与其在华合资企业——华晨宝马汽车有限公司的股东利益和经营活动。

1994年4月，宝马集团在华设立代表处——宝马汽车公司北京代表处，标志着宝马集团正式进入大中华区市场。在过去10多年间，宝马集团的三大品牌都已进入中国市场，并家喻户晓备受推崇。

2005年10月，宝马集团全资子公司——宝马（中国）汽车贸易有限公司成立，总部位于北京，负责BMW、MINI以及Rolls-Royce品牌汽车的进口、销售、市场营销、服务及其他所有相关业务，它的成立是宝马集团对中国市场长期承诺的又一里程碑。

目前，通过进口，BMW 7系、6系、X3、X5 和X6家族、Z4敞篷跑车和双门跑车、3系双门轿跑车和敞篷轿车、3系和5系四门轿车的顶级车型、1系轿车、高性能车型BMW M5、M6，MINI及Rolls-Royce汽车在中国大陆均有销售。

中国大陆市场销量的强势增长也归功于宝马销售和服务网络的不断扩展和深入完善。截止2007年，宝马全国销售和服务网点已达到90家。宝马将致力于不断拓展全国服务网络，并提高经销商网络的质量。

宝马长期以来将售后服务作为中国市场的优先和核心任务之一。宝马于2005年3月在北京成立了宝马全国培训中心，致力于为员工提供技术和非技术类的高水平培训。宝马客户服务中心和BMW道路救援服务分别于2005年年底和2006年7月正式启动，为中国客户提供更加便捷的服务。

2007年1月30日，宝马在中国大陆的第一家零部件配送中心在北京正式开业，另一家在上海的配送中心也于2007年11月正式启用。对于紧急需求，配送中心将在最短时间内向区域内的大部分经销商供货。

宝马中国企业社会贡献系列活动是宝马对中国市场和中国社会的长期承诺，主要包括教育支持、文化促进、环境保护、车主爱心活动及企业文化建设5个部分。最近，宝马中国和在华合资企业携手中华慈善总会设立宝马爱心基金，用于地震灾区的重建项目。

〔宝马X6〕

〔宝马X6〕

〔宝马1系〕

〔宝马1系〕

中国电子口岸数据中心南京分中心

中国电子口岸数据中心南京分中心(简称南京数据分中心)是中国电子口岸数据中心在南京的分支机构,是具有独立法人资格的事业单位,接受南京海关和中国电子口岸数据中心的双重领导,业务范围涵盖江苏全省。其负责中国电子口岸应用项目的推广、运行维护和技术支持等工作;负责中国电子口岸IC卡的制作与发放工作;承担南京海关信息化应用项目、与口岸通关相关的信息化项目的开发;承担江苏地方电子口岸建设任务。

南京数据分中心内设办公室、财务部、技术服务部、呼叫中心、综合业务部、软件开发部和海关事业部7个部门。主要职责和业务有:办理所辖地区政务卡、企业卡的录入、制作等项工作;负责所辖地区电子口岸信息系统运行维护与技术支持、电子口岸安全认证相关应用软件开发、操作培训,及时收集、报告项目运行情况及各方反映;设立热线咨询,负责辖区电子口岸制卡和业务咨询,负责辖区报关预录入业务咨询与故障报修处理;负责所辖地区用户集中托管服务器的运行、维护管理;承办中国电子口岸数据中心交办的其他事项。

南京数据分中心成立5年来,在南京海关党组的坚强领导下,在分中心领导的积极带领下,开拓创新、励精图治、善于思考、无私奉献,各方面工作取得稳步发展。

1. 规模不断壮大。 机构由成立初期2个部门发展到现在的7个部门,员工从成立初的12人增加到目前的62人,其中海关人员8人,工程技术人员25人,大学以上学历超过70%,实力的积累为南京数据分中心全面快速的发展奠定了基础。

2. 预录入收入总量不断增大。 随着前两年国际经济形势的强劲回升和国内经济的持续看好,进出口贸易金额与数量都以两位数增长。经过南京数据分中心领导班子的妥善调研和积极推进,去年预录入网络服务费收入规模和质量达到前所未有的水平。

3. 项目建设不断扩大。 软件开发部成立的3年以来,承建项目数量41个,其中去年一年承建项目11个,项目建设取得较好的社会效益。同时,开发人才队伍逐步扩大和更替,为关区技术工作提供了坚强后盾和新鲜血液。

4. 通关信息网开通。 去年7月份,江苏通关信息网正式开通,该网站面向全国为江苏口岸报关的6万余家外贸进出口企业以及在江苏从事进出口生产和贸易的境内外企业提供12项信息查询服务,包括:通关结关信息查询,舱单、转关舱单查询,进口电子放行单数查询,修改重审报关单查询,现场放行报关单查询,一般报关单查询,外汇核销单状态查询,报关员通关扣分情况查询,手册查询,手册余量查询,个性化定制数据查询以及预录入收费查询等个性化定制功能。

5. 电子口岸建设前景越来越好。 自2006年初与江苏省政府签订了江苏电子口岸备忘录以来,电子口岸形势发展良好。张家港电子口岸和连云港电子口岸已经成立了运营实体,项目建设正在展开,省级电子口岸运营实体也正在积极筹建。目前,南京数据分中心在以龙潭港场站物流系统、园区综合保税区物流平台、场站联网、特殊监管区域场站、卡口和区域联动系统等内外网交互的项目建设上投入了大量精力,而这些项目在业务一线的推广也正在展现出电子口岸的应用前景和业务改革的真才实效。

南京数据分中心的发展得益于南京海关党组以及数据中心各级领导的高度重视和正确领导,得益于海关各部门和社会各界的大力支持,得益于一支具有"团结、奉献、务实、创新"精神的科技人才队伍。面对快速发展的进出口业务和日趋复杂的海关工作,南京数据分中心立足本职、锐意进取,"服务于海关,服务于企业",以客户高度满意为最终目标,为江苏电子口岸建设、为南京海关科技强关大战略格局不断贡献力量,为社会提供出更好的公共服务产品,以便捷、高效、优质的服务迎接北京奥运的胜利举行。

北京ABB电气传动系统有限公司

北京ABB电气传动系统有限公司成立于1994年，是ABB集团在中国交直流传动产品的供应商。ABB的传动产品用于从0.12kW至100,000kW的电机调速，广泛应用于冶金、造纸、石油天然气、风力发电、纺织、橡胶塑料等众多行业。在金属轧机、起重机、石油钻机、压缩机、挤出机、拉丝机、风机、泵类等应用中，传动设备都起着提高精度控制、实现高效节能的重要作用。

随着生产能力的不断扩大，生产管理、工艺装备与质量控制等方面的不断提高，我公司通过了ISO9001国际标准质量体系、ISO14001质量环节管理体系及OHSAS18001职业健康安全管理体系认证，实现了质量及安全管理体系与国际的接轨。

通过始终如一的不断努力，ABB传动公司不仅拥有认真敬业、充满活力、不断创新的员工团队，而且创建了覆盖全国38个城市的间接销售渠道网络；并通过渠道伙伴在ABB传动统一战略和销售政策的指导下，进一步拓展成遍及全国的更加贴近市场、服务客户的服务网络。渠道伙伴类型包括分销商、系统集成商和OEM商，他们已经成为ABB传动产品及应用系统的主要供应商。ABB传动公司不仅面向中国市场供应传动产品，而且向亚洲市场出口标准传动，并提供相应的支持与服务。在中国，ABB传动公司旨在为客户提供最优的传动产品与服务。公司的产品技术不断创新，产品质量世界领先，多次获得传动产品世界十大品牌，国内外用户最为满意的品牌等荣誉称号。2007年度再次被评为中国电气工业100强企业。ABB传动自身强大的技术支持和专业售后服务队伍是客户信赖的最终保证。

北京ABB电气传动系统有限公司自成立以来严格遵守国家有关法律法规和企业章程，守法自律，规范经营。14年来在海关、检疫的指导和协助下不断提高自身工作质量，优化流程，使进出口业务更加顺畅高效。进出口额逐年上升，2007年出口总额达到4229万美元。公司自成立以来在海关、税务、银行、外汇管理等部门均无不良记录，按时纳税，协助查验，积极配合海关和检疫的工作，被海关评定为A类管理企业，享有担保验放、先验后报等通关优惠。

这些年来，北京ABB传动公司业务在不断地发展壮大。在跟口岸合作的同时我们也切实感受到了口岸工作的不断提高，在通关速度方面我们的口岸通关时间由最初的3天到现在的担保验放一天，大大缩短了通关时间，在许多业务手续上也更加简化，更加科学化。

我们相信公司会更好地发展，为客户提供最优的传动产品与服务，为世界的增效节能做出更大贡献。

威视股份,让世界更安全!

同方威视技术股份有限公司,简称"威视股份",是一家源于清华大学的、以辐射成像技术为核心、以提供自主知识产权的高科技安检产品为主要特征的安检设备及安检系统供应商。

威视股份立足于自主创新、集成创新与引进消化吸收再创新,拥有全部核心技术的自主知识产权,以健康、稳定、协调和可持续发展为目标,坚持走出去战略,注重国内外市场协调发展。

威视股份的核心产品——大型集装箱/车辆检查系统是以辐射成像技术为核心,集加速器技术、探测器技术、电子技术、计算机与信息处理技术、自动控制技术、精密机械加工技术、辐射防护技术等于一体的高科技产品。

同方威视® RM2000型
放射性物质监测系统

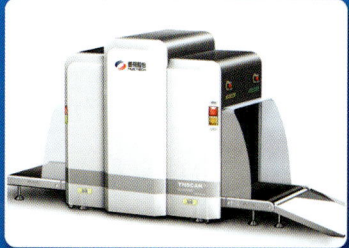
同方威视® CX100100T1型
X射线检查系统

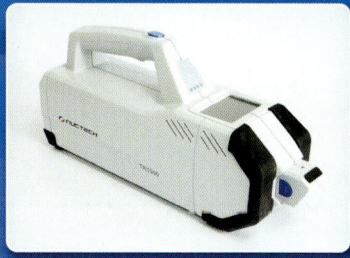
同方威视® TR1000型
便携式爆炸物检测仪

同方威视® FS3000
集装箱/车辆快速检查系统

同方威视® MT1213LH
车载移动式集装箱/车辆检查系统

同方威视® MB1215HL
组合移动式集装箱/车辆检查系统

同方威视技术股份有限公司
址:北京市海淀区双清路同方大厦A座二层　邮政编码:100084　电话:+8610 62780909/82393456　手机:13501009172　传真:+8610 62788896/62784270　网址:www.nuctech.com

EMS国际承诺服务

China USA Australia Hongkong Japan Korea
Your Reassurance Starts From Our Promise

放心，从承诺开始

中国邮政与美国、澳大利亚、香港、日本及韩国五个国家和地区的邮政合作，为客户提供更优质、透明的 EMS 全程时限承诺服务。

服务特点：

公布每一从收寄地到寄达地的邮件传递的最大时限，并承诺在公布时限内实现邮件的投递。如果邮件未能在承诺投递日期内投送，寄件人有权要求退还已支付的邮件基本资费。

详情登陆 http://www.ems.com.cn

EMS | 全心全速全球 | 11185

大连毅都集发冷藏物流有限公司

大连毅都集发冷藏物流有限公司由大连港集团和美国毅都国际公司共同投资组建，是一家从事全方位冷链服务的专业物流公司。

公司一期投资1.2亿人民币兴建的4万吨冷库及3万平方米冷藏箱堆场项目已经于2006年11月投入运行。二期工程已经规划完毕，拟建1个交易大厅和5个单体冷库，总存储能力达到25万吨。

现代化冷库

冷库建筑面积4万平方米，共分5层，地上4层为低温库，存储能力35,000吨，共计16个库间，温控范围-18℃～-25℃，满足各种冷冻产品的分类存储。地下一层为高温库，存储能力5,000吨，共分7个库间，温控范围-2℃～15℃，同时能够满足湿度、通风及酒精度控制，满足各种果蔬的分类冷藏存储。

全封闭装卸门及温控平台可确保整个装卸过程在0℃～5℃的环境下进行，保证货物质量不受温度影响。

公司办公楼及冷库

专业冷藏堆场

冷藏堆场占地面积3万平方米，分设重箱区、空箱区和PTI检验区，堆存能力共计3000TEU。

堆场设有582个冷藏箱专用插座，可保证大批量冷藏集装箱的存储、检验与维修同时进行。

修箱车间先后成为马士基航运、韩进海运、现代商船等公司在大连地区的独家技术服务中心，同时也是Carrier Transicold, Thermo King, Mistsubishi Heavy Industries, Daikin在大连地区的授权技术服务中心。

优势

毅都集发冷库及冷藏箱堆场位于保税港区内，享有保税港内的优惠政策：

国外货物入港区保税无需报关；进口时可一次报关、分批出库；转口时只需向海关报备即可装船出境。

国际中转冷藏货物在毅都集发保税仓储，是您最低成本的选择。

进口拆空箱可直接在堆场完成清洗、维修和PTI检验，提高船公司冷藏箱周转率。

国内货物入毅都集发冷库视同出口，即可办理出口退税。

毅都集发作为进境冷冻、冷藏动植物产品指定查验冷库/堆场，查验官员现场办公，节约了货主的时间成本。

公司愿景

成为中国一流的冷链物流解决方案公司。

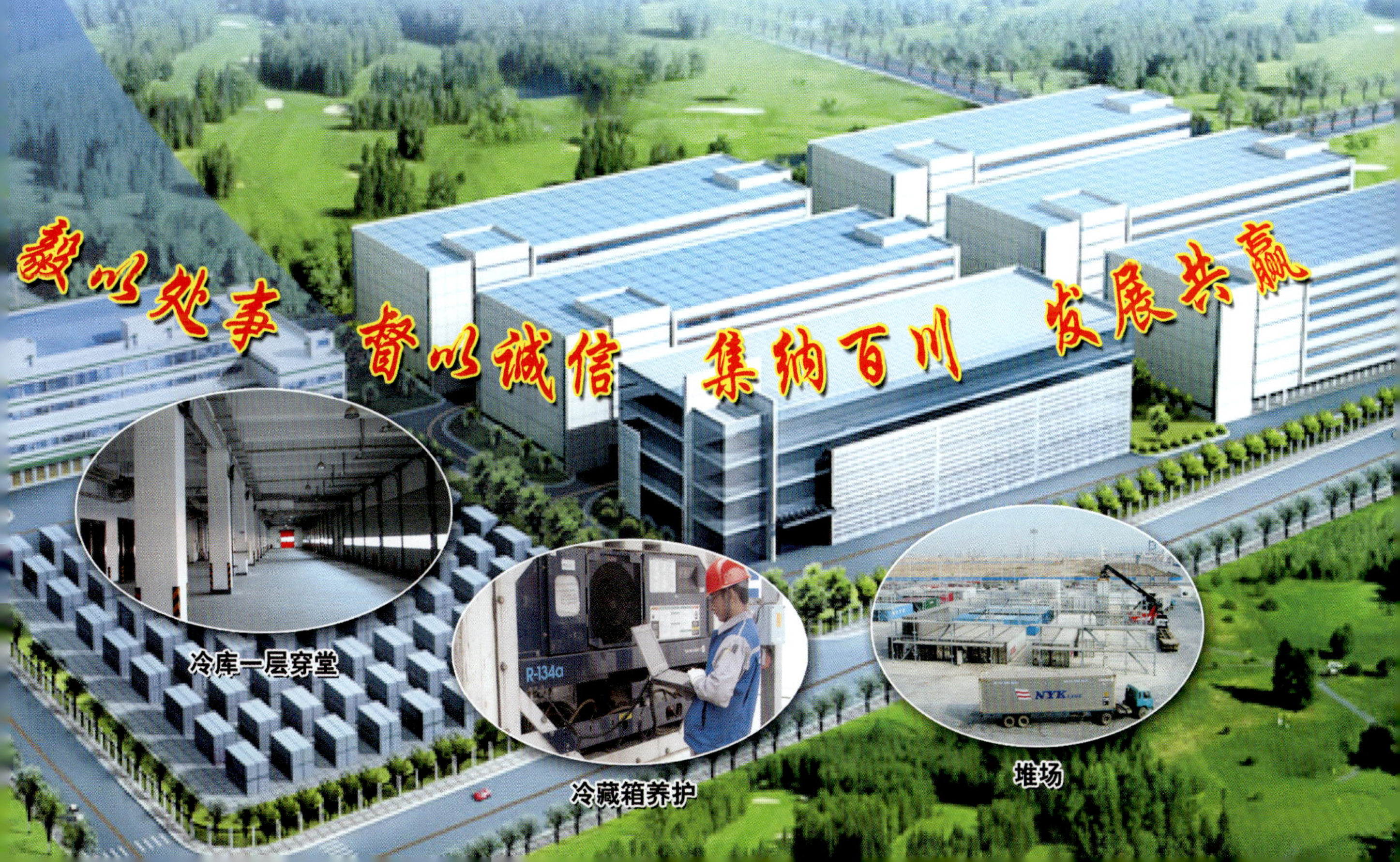

毅以处事　督以诚信　集纳百川　发展共赢

冷库一层穿堂　　冷藏箱养护　　堆场

深圳口岸

在260千米的海岸线和与香港接壤的27.5千米的陆地上，深圳已拥有了经国务院批准对外开放的一类口岸15个。其中：陆路口岸6个，分别是罗湖、皇岗、文锦渡、沙头角、深圳湾、福田口岸；海港口岸8个，分别是盐田港、大亚湾、梅沙、蛇口、赤湾、妈湾、东角头、大铲湾口岸；1个深圳宝安国际机场空港口岸。经省政府批准对外开放的二类口岸3个，即蛇口装卸点、沙鱼涌装卸点和莲塘起运点。同时，在126千米的特区管理线上设立了蛇口（码头）、南头、白芒、同乐、梅林、布吉、沙湾、盐田坳、溪冲、背仔角、清平、盐排、南坪、新区、新城等检查站，形成了一、二线并举，海、陆、空口岸全方位的口岸开放大格局。

罗湖口岸是我国目前客流量最大的旅客入出境陆路口岸；皇岗口岸是目前我国货车入出境数量最多的客货综合性公路口岸，也是我国率先实行24小时通关的口岸；深圳湾口岸是我国第一个按照"一地两检"查验模式运作的客货综合性公路口岸；文锦渡口岸是我国最早对外开放的口岸之一；福田口岸是我国首个内地与香港无缝接驳的地铁口岸；盐田港口岸是我国四大国际中转深水港之一；蛇口港口岸是第一个由企业自筹资金建设、管理和经营的海港口岸；赤湾口岸是第一个中外合资港口企业建设和经营的海港口岸；深圳宝安国际机场是我国第一家以地方投资为主兴建的机场，是我国四大航空港之一。

打造一流电子口岸　服务区域经济发展

全面、热情、周到的标准服务

办公区风貌

提供24小时在线服务的"呼叫中心"

监控室内24小时实时监控

2005年1月26日，天津市人民政府和海关总署签署了《共建天津电子口岸备忘录》，正式启动了天津电子口岸的建设工作。2005年7月，天津电子口岸发展有限公司成立，具体负责实施天津口岸的"大通关"战略。

2007年7月19日凝结了天津口岸人许多心血和期望的"大通关"系统——天津电子口岸与物流信息平台项目一期成功上线。平台通过对天津口岸货物、船舶、人员在通关申报中的有效整合，实现了大通关核心流程在地方电子口岸上的全程贯通，基本实现了各执法部门在同一个平台上完成共同执法。同时，开发了电子商务和综合物流服务平台，实现了由"政务"向"商务"、"物流"服务的延伸。目前，天津电子口岸已实现应用项目23项，查询发布类项目22项，可以为广大用户提供高品质、多功能、全方位的口岸通关服务。

天津电子口岸平台的功能设计、研发始终遵循"全、新、简、快"和"以客户为中心"的理念，以"全程通、费用低、易使用、效率高"为设计目标，不断完善，不断创新，竭尽所能满足客户需求，并在全国范围内实现了"六个率先、一个领先"。

国家电子口岸办常务副主任叶平受海关总署副署长李克农委托致辞

国家有关部委办、天津腹地11个省市自治区的部分领导、无水港城市负责同志、企业代表共同触摸水晶球亲手启动"天津电子口岸与物流信息平台"

天津电子口岸公司团队

航运中心主体楼外花团锦簇、彩旗飘扬

按照国务院对地方电子口岸的定位要求，伴随着滨海新区开发开放步伐的加快，天津电子口岸的建设在国家有关部委的大力支持、天津市委市政府领导的亲切关怀和广大参建单位的共同努力下，按照天津市委"高标准建设天津电子口岸，完善大通关体系"的要求，朝着"国内领先，世界一流"的目标迈出了坚实的一步！

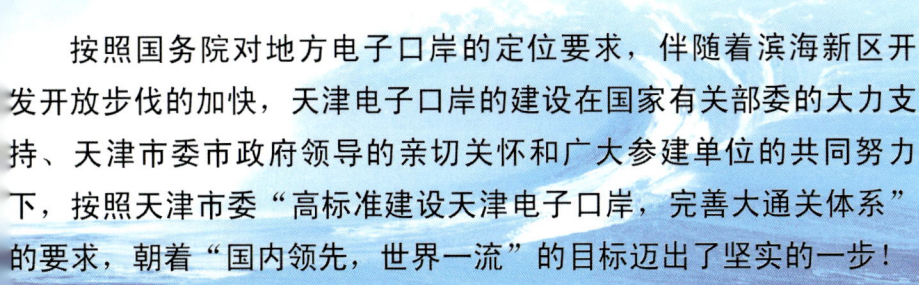

南光物流有限公司

　　南光物流有限公司是澳门地区具有综合物流运营实力的第三方物流服务商，隶属澳门南光（集团）有限公司。南光物流作为品牌公司，在澳门和珠海地区拥有5家实体公司。公司主营：仓储配送、跨境运输、会展物流与搭建、港口物流、以及海陆空货运物流等业务。公司秉承"成本低，服务优"的经营理念和品质，为客户提供：船舶挂靠澳门内江码头进行散货和集装箱装卸与理货服务；珠澳地区的保税仓储，进出口货运代理和中转安排、报关报验和口岸监管；干货和冷冻货的存放、保管、流通加工和配送服务；集装箱运输物流、集装箱库场管理与作业服务。公司享有澳门中保的地区代理权，承接客户有关财产、货运、责任和雇员等险种的承保代理业务。

公司在澳门和珠海地区拥有明显的综合资源优势：

1. 粤澳两地牌照和具有海关监管资质的各类车辆30余台，可以从事集装箱、散货和冻货的跨境运输。
2. 澳门和珠海两地各类仓库64000平方米。其中：澳门有散货和冷冻仓分别为36000和8400平方米，珠海保税仓库3600平方米，珠澳跨境工业区珠海园区具有储存和配送功能的仓库16000平方米。
3. 澳门最大的内港散货和集装箱码头各4个泊位。
4. 珠海高栏港区200亩物流用地主营港口综合物流。

　　澳门南光物流，真诚期望与广大客户展开全面合作，在未来的发展中实现你我双赢。

公司地址：澳门罗理基博士大马路南光大厦14字楼　　　　联系人：张先生
联系电话：0853—83911417，66552306；13326661480（内地）　　传　真：0853-28336943
E-mail:zhangchuansheng@namkwong.com.cn

充满活力的高科技生态工业园区
——江苏省吴江经济开发区简介

吴江经济开发区隶属于全国百强县市前十名的吴江市，地处长三角黄金腹地，东临国际大都市上海，距虹桥机场一小时车程；南近发达富饶的杭嘉湖平原；西含中国五大淡水湖之一的太湖；北接千年古城苏州。吴江经济开发区成立于1993年，是江苏省首批13个省级开发区之一，2003年确定为比照国家级开发区，赋予相应的经济审批权和行政级别，2002年成为江苏省电子信息产业基地之一，2004年成为首批国家信息产业基地成员单位，2005年5月被国家信息产业部确定为首批国家（吴江）显示器件产业园，同年6月经国务院批准设立吴江出口加工区。

经过近15年的发展，吴江经济开发区已经成长为一个企业数量众多、产品种类丰富、产业特色鲜明、设施配套齐全的高新技术产业区，是吴江市对外开放、产业带动、优势辐射的经济高地。目前，开发区行政区划面积173平方公里，建成区35平方公里，全区总人口超过20万，其中新吴江人16.2万。目前，全区累计引进外资企业800家，注册资本60亿美元，到账外资35亿美元。区内85%的外资企业从事IT产业，自我配套率达到90%以上。落户企业中有日立、NEC、SKC、英格索兰、斗山、伟创力等8家世界500强企业，50多家美国、日本、韩国、台湾等国家和地区的上市上柜企业，200家总投资超1000万美元以上企业。华映视讯、台达电子、华宇电脑、瑞仪光电、大智电脑、亚旭电子、华渊电机总投资均超1亿美元。吴江经济开发区已成为电源供应器、网络数据机的全球最大生产基地，发光二极管、光读写头、冷阴极管等光电零组件产品的生产量位列国内前列。同时，机械、能源、新材料等新产业渐成规模，呈现多元化产业发展格局。

通过近几年的大投入、快发展，吴江经济开发区的交通优势凸显，苏州绕城高速、苏嘉杭高速和沪苏浙高速（A9）在区内呈"工"字形排列，与长三角各大城市的时空距离均在一小时车程内。这几年开发区每年投入道路、桥梁、土地平整及水电配套建设资金20亿元以上，累计超过100亿元，开发区域做到"七通一平"。区内建有日资工业园、韩资工业园、精细化工产业园、留学人员创业园等特色园区。建有海关直通式监管点和物流中心、加工贸易联网监管点，物流便捷高效。2005年6月，经国务院批准设立吴江出口加工区，首期面积1平方公里，规划了保税物流园和电子资讯、精密机械、医药保健等产业小区，重点发展现代物流业和高科技制造业。目前，投资4亿元的企业投资服务中心大楼已建成投用，海关大楼、商检大楼、人才大厦、公安大厦等4幢功能大楼正在建设中，将于今年投入使用。与此同时，吴江经济开发区着力打造富具特色的江南水乡古镇旅游业。区内同里古镇是江苏省首批历史文化名镇，旅游资源丰富，镇内有明清两代园宅38处，寺观祠宇47座，士绅豪富住宅和名人故居数百处，并先后出状元1人，进士42人，文武举人93人，同里退思园是世界文化遗产；镇外四面环水，五湖环抱，水景生态风光宜人。

青岛出口加工区
QING DAO CHU KOU JIA GONG QU

青岛出口加工区于2003年3月10日获国务院正式批准,总体规划面积2.8平方公里,其中一期规划面积1.7平方公里,设加工区、仓储区、办公区和海关监管设施区,于2003年12月8日通过海关总署等国家八部委联合验收,2004年8月3日正式封关运作。其开发建设速度在国务院第三批批准的14个出口加工区中居于领先地位。

管委楼

良好的区位优势。青岛是一座美丽的海滨城市,它濒临黄海,是我国重要的沿海开放城市和计划单列城市之一。近几年,青岛市紧紧围绕港口、海洋、旅游三大特色经济,努力建设电子、家电、汽车、造船、石油化工、纺织服装六大产业集群,涌现出海尔、海信、青岛啤酒等国际知名的品牌,已成为山东省对外开放的龙头。

青岛出口加工区位于青岛市规划的"三点一线"发展战略要地和环胶州湾产业聚集带的中心位置,东依青岛市区,西临青岛经济技术开发区,距青岛流亭国际机场19公里、距青岛港33公里、距前湾港36公里,周边区域交通路网发达,形成了极其便利的海陆空立体交通网络。

完善的基础设施配套。青岛出口加工区一期1.7平方公里基础设施建设已投资2亿多元,达到"九通一平"标准,海关监管设施居于国内领先水平,完全能够满足项目落户需求。二期将于2008年完成基础设施配套建设。与此同时,为解决核心区内企业的生产、生活等配套服务问题,青岛出口加工区还投资10亿多元,加快了周边34.6平方公里配套产业区开发建设步伐,完善了周边区域的城市功能,为企业落户创造了良好条件。

优质高效的审批服务。青岛出口加工区管委会具有市级外资项目审批权、基建项目立项审批权、外事审批权、工商管理权、环保审批监管权等经济管理权限,并设立了行政审批综合服务大厅,实行"一站式"服务,可以为企业提供优质、高效的各类服务。

目前,海关、商检已经入驻出口加工区,代表国家对企业实行监管,运行方式更加符合国际惯例。

卡口

强劲的招商势头。截至目前,加工区累计签约内外资项目60个,其中累计引进外资项目46个,投资总额6.4亿美元,注册资本3.1亿美元,到账外资1.25亿美元。累计批准的46个外资项目中,投资总额1 000万美元以上的项目24个;累计引进内资项目14个,总投资14.3亿元人民币;累计已投产企业28家,区内企业用工人数达到6 000人。特别是一批投资规模大、技术含量高的生产性大项目和国际著名大企业纷纷来区投资落户,如:泰科电子、斯蒂尔动力工具、德国精密医疗器械、奥技科光学、球通轮胎这5个项目产品销量全球第一;由世界同行业最大品牌商德国斯蒂尔集团投资的安德烈斯蒂尔动力工具(青岛)有限公司,是亚洲最大的园林机械生产企业;总投资8 600万美元的福轮科技项目生产的巨型轮胎(直径达3.95米,重3.4吨,单条售价1.8-2万美元)是目前国内的最大轮胎;由尖能办公用品、德国精密医疗器械、丹庵电子、科世玛电子、球通轮胎、理查德石油机械等6个项目生产的产品填补了青岛市内空白。累计批准的外资项目中,投资总额1 000万美元以上的项目20个,注册资本1 000万美元以上的项目11个。

加工区全景

国际一流H型钢生产基地——津西钢铁

津西H型钢

河北津西钢铁股份有限公司（以下简称津西）是国内生产H型钢的主要企业之一，位于河北省唐山市迁西县境内，2004年3月2日在香港联交所上市（中国东方控津西97.61%股份），是全国首家在海外上市的民营钢铁企业，2007年11月7日全球最大钢铁生产商安塞乐·米塔尔购入中国东方集团28%股权，成为中国东方第二大股东，又使津西跨入国际钢铁强企行列。公司总资产100亿元，拥有年产120万吨热轧大H型钢（在建130万吨中小H型钢）、150万吨中宽带钢、130万吨窄带钢、70万吨小窄带钢生产线各一条，具备年产铁、钢、材各600万吨，发电3.8亿kw/h的综合生产能力。

2003年，根据国家钢铁产业政策，投资24亿元实施了热轧120万吨大H型钢工程。采用当今世界一流的设备和工艺，引进德国西马克、奥地利奥钢联等世界一流热轧大H型钢生产线及配套设施，采用了连铸坯热送热装、配置高压水除磷装置、轧机紧凑式滑移机架、CRS辊式矫直机、长尺冷却—长尺矫直—冷锯锯切、轧机交流变频电机传动等大量世界领先的新工艺和新技术，配套国际先进水平的自动化控制系统，具有一定的后发优势。其它附属设备有$1280m^3 \times 2$座，$530m^3 \times 6$座，全部采用富氧喷煤等先进工艺技术；100吨、120吨转炉和LF精炼炉都是当今比较先进的装备。

津西主打产品——热轧H型钢，目前，已成功开发Q235B、Q345B、S235JR、S235J0、S275JR、S275J0等18个型号，27个规格系列的国标、日标、欧标产品，能够高标准生产GB/T11263-2005、JISG3192-2000及欧标EN 10025-1：2004标系产品，已通过ISO9001：2000国标质量体系认证、英国劳氏EC质量体系认证。

津西钢带

公司电话：0315-5888005
Company tel.0315-5888005
营销电话：0315-5888055
Marketing tel：0315-5888055
型钢部：0315-5888956
Sections Department：0315-5888956
进出口部：0315-5888956
Import and export department：0315-5888956
网址(website)：
http:// www.jxgt.cn

公司传真：0315-5888666
fax：0315-5888666
营销传真：0315-5888160/0315-5888957（型钢）
marketing fax：0315-5888160/0315-5888957
钢带部：0315-5888041
Steel belt Department：0315-5888041
客服电话：0315-5888599
Customer service department：0315-5888599
手机短信网址：中国H型钢供应商
phone messages website：Chinese H- sections supplier

赞华公司携手EMC 共建海关信息化数据存储备份系统

中国海关信息化建设始于20世纪70年代末，至80年代中期海关信息化应用建设已初具规模。H883系统是中国海关信息化建设的第一个大型通关业务系统，该系统是采用分布式结构的处理模式，各直属海关独立运行和维护，数据也存储在各直属海关，跨关区的业务，通过总署交换数据来实现。20世纪90年代末随着我国经济的快速发展，海关的业务量也不断增加，原有系统的处理模式和处理能力已不能满足新形势下海关通关业务增长的需求，作为H883系统的升级换代系统，H2000系统便应运而生。H2000系统是为适应我国海关业务量的不断增长、通关效率的不断提高和进一步强化对进出口监管的要求下而开发的新一代海关通关业务管理系统。海关H2000系统与以前的H883系统相比，在运行模式、体系架构、数据处理流程和存储方式上都发生了很大的变化。其中，H2000系统从数据分布式结构变为数据集中式结构，所有海关业务数据可以直接在海关总署和广州的两个数据中心进行处理、存储和备份。目前，海关H2000系统已从H883系统平稳过渡，并在全国推广应用，这标志着海关信息化建设的又一个新的里程碑。

随着海关信息化建设的不断深入，海关信息系统经过20多年的建设已经积累了大量的各类信息数据，同时也越来越意识到这些信息数据的重要性。如何确保信息系统的安全和高可用性，如何安全可靠地保护数据，如何将大量分散的数据集中统一和规范管理，经过加工处理和分析实现最大限度的共享，做出科学决策，已成为首要问题。因此，研发信息数据的存储技术和搭建一个安全可靠的信息存储基础架构就显得尤其重要。

基于这种情况，赞华公司和美国著名的专业存储公司——EMC公司根据海关不同应用系统的现状和需求，已经为海关H883系统、H2000系统和风险管理系统建立起了基于SAN结构的存储系统，并在存储系统中采用了EMC Symmetrix系列企业级存储设备和EMC CLARiiON系列存储设备解决方案，成功解决了数据库服务器I/O瓶颈的问题，提高了磁盘的访问速度，使系统的性能有了很大的改善，也使系统整体处理能力得到了极大地提高。

同时在海关H2000系统项目中为了保证H2000系统业务的不间断性和高可靠性，赞华公司采用了EMC DL4406虚拟带库技术对关键性数据进行备份，提高了整个系统的安全性，确保系统具有高可靠性和存储数据的绝对安全。VTL虚拟磁带库技术是一种利用磁盘的各项特性和磁带库接口的的仿真系统，是具有超高性能的、高出磁带库系统的综合能力的新一代备份设备，与传统磁带库相比，VTL虚拟带库在读写方式、介质可靠性、机械可靠性等方面有更大的优势，从2004年开始已经渐渐成为了备份设备的主流。EMC DL4406采用了国际上主流的虚拟带库技术，在产品的先进性和可靠性上要优于同类产品，为H2000数据备份平台安全和稳定的运行提供了更有利的保障，为总署和海关各级领导及时、准确的科学决策管理提供了更加可靠的保证。

赞华公司作为专业的企业数据存储备份解决方案集成商，我们愿和EMC公司一道一如既往地为未来海关信息化建设继续提供优质的技术支持和售后服务，并贡献我们的智慧和力量。

合作伙伴EMC

EMC是全球信息存储及管理产品、服务和解决方案方面的领先公司，集成了区域存储系统、网络存储技术、软件和服务。EMC通过信息生命周期管理（ILM）战略，根据信息对于业务不断变化的价值，帮助用户更高效、更经济地管理、使用、保护和共享不断增长的信息。

赞华集团从1994年起提供EMC的企业级存储方案，是第一家在中国提供EMC解决方案、并成功地将SRDF远程灾难备份解决方案提供给国内迫切需要将重要数据作远程备份的关键用户，因而连续多年获得EMC亚太地区销售奖。赞华集团在国内的EMC产品客户众多：中国海关、国家财政部、工行、中行、建行、农行、交行、招行、民生银行、光大银行、农业发展银行、中国民航、远洋、石油、证券等行业，并还在不断增加之中。

连云港口岸

连云港口岸地处我国沿海中部，江苏省东北部，黄海海州湾西南岸。港口现有生产性泊位37个，其中万吨级以上泊位32个。2007年港口吞吐量突破8,500万吨，其中外贸运量占总吞吐量约60%；集装箱吞吐量突破200万TEU，位居中国十大港和世界百强港之列。开辟了东南亚、欧洲、美西、中东、地中海、台湾等48条远近洋集装箱班轮航线，航班密度稳定在每月235班左右，与世界上150多个国家和地区的近千个港口有贸易运输往来。

连云港港是陇海兰新铁路干线的东起点，新亚欧大陆桥的东方桥头堡。横穿东西的霍尔果斯至连云港和纵贯南北的黑龙江同江至海南三亚的两条最长的国道公路以及多条省道在此交汇，与全国公路网相通。港口可规划的疏港内河航道将与长江干流水运主通道、京杭运河（济宁-杭州段）水运主通道、淮河等相通。连云港市岸线、土地资源丰富，拥有175公里的宝贵沿海岸线以及沿线160万亩广阔的沿海滩涂和300平方公里低产盐田，为连云港港未来提供了广阔的发展空间。

经过多年的建设与发展，连云港港被国家列为沿海25个主要港口、12个区域性主枢纽港之一。在综合服务功能上已成为我国沿海发展综合运输的重要枢纽之一，是连云港市及苏北地区经济发展和对外贸易的重要依托，是中西部地区内引外联的窗口和对外交通的重要口岸，是亚欧大陆间国际集装箱水陆联运的重要中转港口。

连云港-莫斯科班列

2007年10月9日，"连云港-莫斯科"国际集装箱班列正式开通运行，全程运距8,301公里，运输时间约16天。该班列的开通，标志着新亚欧大陆桥首次实现了真正意义的欧亚贯通。

连云港至韩国客货班轮航线

连云港至韩国客货班轮航线包括连云港-仁川（每周2班）和连云港-平泽（每周2班）两条航线。其中仁川航线经过3年多的发展，已成为中韩海上客货运输的黄金航线之一。

青岛星电电子有限公司
星电高科技（青岛）有限公司

青岛星电电子有限公司
设立：1992.10
资本金：710万美元
从业员数：2000人
2007年生产额：17,500万美元
主要制品：手机耳机、耳机喇叭、开关、麦克风
主要顾客：NOKIA、GM、MOTOROLA、PANASONIC、NEC、SONYERICSSON
2001年青岛海关管区获得初批"海关便捷通关企业"
2005年青岛海关管区获得"全国海关便捷通关企业"
2005年青岛海关管区获得初批"诚信企业"

 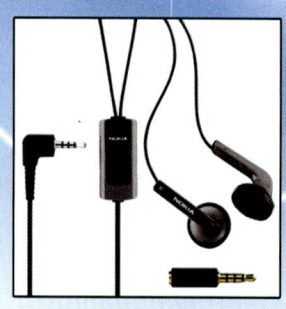 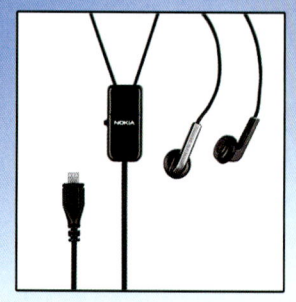

星电高科技（青岛）有限公司
设立：2005.07
资本金：1,350万美元
从业员数：2000人
2007年生产额：6600万美元
主要制品：蓝牙耳机、手机耳机、麦克风
主要顾客：NOKIA、MOTOROLA、PANASONIC

 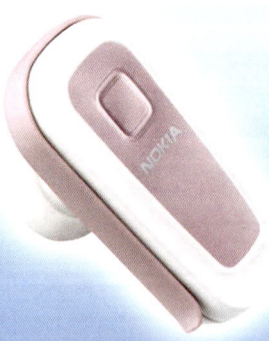

青岛星电电子有限公司
住所：中国青岛李沧区西南渠重庆中路946号
电话：0532—84820786
传真：0532—84817832

星电高科技（青岛）有限公司
住所：中国青岛城阳区河套青岛出口加工区
电话：0532—87923585
传真：0532—87923582

@通关宝

通关好帮手　助您快速通关

- 银关通
- 大通关
- 融资通关

银关通 —— 中国电子口岸网上支付系统

"银关通"是上海银行与海关总署联合开发，竭诚为进出口企业提供的网上缴纳海关税费的新业务。该业务通过海关系统、中国电子口岸与上海银行业务系统相连接，为进出口企业提供准确、方便、快捷的网上缴纳税费的服务。同时，银关通还支持异地支付上海银行所在城市（上海、南京、杭州和宁波等城市）的海关税费的功能。

大通关 —— "大通关"EDI电子支付系统

"大通关"是上海银行与上海海关联合开发，竭诚为上海地区进出口企业提供的网上缴纳海关税费业务。报关企业可通过大通关向上海海关缴纳十四种海关税费。同时，大通关还向用户提供了方便、快捷、高效的税费信息、账单信息和报关单信息等的信息查询服务。

	电子支付	高效通关
	异地报关	轻松付款
	先放后征	融资通关
	7×24小时	全天候服务

融资通关

对于信用状况良好的企业，上海银行可提供透支支付等操作便利、成本低廉的报关融资服务。通过银行授予法人账户透支额度，企业即可避免因临时性头寸不足而影响通关速度，同时也有利于节约企业头寸，提高企业资金效益。

客户服务热线：021-962888
www.bankofshanghai.com

奋进发展中的 潍坊出口加工区

潍坊出口加工区于2003年12月经国务院批准设立，2005年8月通过国家九部委联合验收，并封关运行。2006年4月，潍坊市委、市政府为加快出口加工区的发展，促进机制、体制创新，单独设立潍坊出口加工区党工委、管委会，享有市级经济管理权限，实行"特区特管"政策，成为潍坊市属开发区之一。建区以来，潍坊出口加工区党工委、管委会以科学发展观为指导，在市委、市政府的正确领导和市直有关部门的大力支持下，牢固树立项目立区思想，突出抓好招商引资，积极推进区域经济合作，破解制约因素，创新工作机制，努力推进园区又好又快发展。

潍坊出口加工区具有明显的区位优势。该区位于山东省潍坊市东部，北靠309国道和济青高速公路15号路口，南临胶济电器化铁路，东有潍莱高速公路；距青岛、济南两个国际机场分别为120公里和180公里，距潍坊机场10公里；距韩国首尔、釜山及日本东京只有1小时航程；距青岛港和潍坊港分别为150公里和50公里；距潍坊火车站仅有5公里；交通十分便捷，区位优势明显。

潍坊出口加工区具有优越的投资环境。目前，出口加工区一期建设1.7平方公里，基础设施配套齐全，环境优美，已具备了企业投资建设生产的一切条件。建成了一栋1.7万平方米可容纳2,500多人的职工公寓，并将入区企业职工生活纳入统一管理，减少了企业经营成本，让企业一心一意搞生产；3万平方米二期职工公寓已开工建设，建成后可容纳3,000名职工食宿，2008年下半年投入使用；开工建设了3万平方米的白领公寓和综合商务楼，2008年年底前投入使用，将企业高层管理人员纳入统一管理，并为企业提供集商务、金融、生活等于一体的综合性服务。

潍坊出口加工区积极打造服务型机关。区内海关、检验检疫、工商、税务、国土等驻区部门一应俱全，建立和完善了各种服务流程，向社会和企业作出了服务承诺，为入区企业提供"一站式"高效优质服务，在区内即可办理一切报批手续。潍坊出口加工区党工委、管委会积极加快机制体制创新步伐，努力创造打造服务型机关，为项目提供高效全方位的服务。

潍坊出口加工区努力建成全市出口创汇的龙头。潍坊市委、市政府高度重视出口加工区的发展，举全市之力支持出口加工区的发展，积极提供各种政策支持，促进园区做大做强。潍坊出口加工区党工委、管委会视招商引资为发展的生命线，充分利用国家赋予的优惠政策，按照"高起点规划、高标准建设、高水平运作、高效益开发"的原则，潍坊出口加工区重点发展机电一体化、电子信息、精密机械制造、生物医药、农副产品深加工等，主要引进投资规模大、产业链条长、辐射带动力强、科技含量和附加值高、无污染、低能耗，投资强度不低于300万元/亩、建筑容积率控制在1.2以上的大项目。园区规划确定了建设"四个基地、一个中心"的发展思路，即在园区内建立信息产业出口加工基地、农副产品深加工出口加工基地、精细化工出口加工基地、轻工机械出口加工基地、建设成为服务潍坊及周边地市的保税物流中心，力争通过2-3年的发展，完成一期围内1.7平方公里开发建设任务，项目全部达产后实现进口额20亿美元以上，形成基础设施配套完善、功能健全、经济发展协调、具有国际竞争力的工业园区。目前，共引进项目23个，总投资45亿元，全部达产后年可实现进出口贸易额20亿美元。

潍坊出口加工区区域合作发展良好。潍坊出口加工区党工委、管委会高度重视区域的合作与发展，与青岛保税区建立了区区联动机制。青岛保税区在潍坊出口加工区内设立了办事处，开工建设了山东宝泰科技产业园。潍坊出口加工区还与滨海项目区、高密、昌乐等周边县市区建立了合作机制，发挥各自优势，引进项目，实现共赢发展。

潍坊出口加工区的优惠政策和监管模式。潍坊出口加工区是由海关实行"境内关外"，全封闭监管特殊经济区域。境外货物出入区内采用备案制，取消手册和银行保证金台帐；实行24小时通关，货物出入境实行"一次申报、一次审单、一次查验"。出口加工区实行一系列税收、外汇管理等优惠政策，区内企业可享受"免税、保税、退税"，取消许可证管制等。2007年国家商务部、海关总署联合发年布的44号公告，公布新一轮加工贸易限制类商品目录，但出口加工区例外，出口加工区等海关特殊监管区域的政策会比区外更加优惠。2008年国家即将赋予出口加工区保税物流功能，出口加工区的政策优势将进一步增强，服务功能也将更加完善。

潍坊市委书记张新起到加工区调研考察

7月13日泰国商务部部长来区考察

潍坊出口加工区党工委书记、管委会主任韩国庆向客商介绍情况

潍坊出口加工企业座谈会暨潍坊出口加工政策研讨会

潍坊海关驻出口加工区办事处同志为区内企业现场办公

通关卡口

江苏无锡出口加工区

江苏无锡出口加工区是国务院批准设立的国家级开发区，规划面积2.98平方公里，2002年11月通过海关总署等九部委的联合验收并封关运行。无锡出口加工区正在从单一的加工制造，向集先进制造、保税物流、研发、检测、维修等综合业务的特殊功能园区发展。

环境和服务：无锡出口加工区东邻上海100公里，西接南京147公里，紧邻无锡机场（3公里），交通集铁路、公路、空运、水运于一体，构成了四通八达的水陆空立体网络。区内设海关、国检等监管机构，实行"一次申报、一次审单、一次查验"24小时通关服务的快捷通关模式。区内市政基础设施、仓储、物流等配套设施齐全。入驻报关、运输、外贸等各类公司，提供齐全、便捷服务。

无锡出口加工区实施ISO14001：2004环境管理体系认证和ISO9001：2000质量管理体系认证，打造绿色和谐园区。

产业和发展：无锡出口加工区以集成电路、精密机械制造、现代服务为主导产业，突出IC、IT产业、保税物流业的发展，区内聚集了一批世界500强和国际知名品牌项目。截至2007年底，无锡出口加工区累计引进项目总投资43.9亿美元，注册外资20.6亿美元，注册人民币8.2亿元。2007年实现进出口额108亿美元，其中出口额48亿美元；货物吞吐量19万吨；进出口集装箱数2.95万TEU；综合发展水平居于全国加工区前列。

联系方式：无锡出口加工区管理局
江苏无锡市新区高浪东路3号
邮编：214028
电话：0510-85201818、0510-85201967
E-mail：zhour@wnd.gov.cn

大连市港口与口岸局

2003年党中央国务院实施"振兴东北"国家战略，提出把大连建设成为东北亚重要的国际航运中心。大连市港口与口岸局伴随着国际航运中心建设从无到有、不断壮大，使全市的港口、航运、口岸、物流等行业逐步纳入了统一管理、协调的轨道。几年来，大连市港口与口岸局在市委市政府的正确领导下，在口岸各单位大力支持下，口岸锐意进取，开拓创新，埋头苦干，迈出一条坚实的道路，取得了丰硕的成果。

建立了航运中心规划体系。《大连东北亚重要的国际航运中心发展规划》已经国家批准实施。以总体规划为主线，先后编制了涵盖大连港口、航运、物流、口岸、港航安全、陆岛运输、航空运输等专项规划13部，从根本上优化了港口功能布局，进一步确定了大连在全国沿海港口的突出地位，为国际航运中心建设奠定了坚实基础，为大连港在新一轮港口及航运竞争中加快发展创造了有利条件。

戴玉林副市长、惠凯局长到现场调研

港航基础建设进一步完善。以大连航运交易市场建设为起点，实施大连老港区改造的世纪搬迁工程，在东港区域建设国际邮轮中心为主导的国际航运服务中心区；以大连港口公用基础设施建设为基础，建设陆岛码头、深水航道和防波堤工程，全面营造港口投融资新环境；以大连两个30万吨级专业码头建设为牵动，发挥大连港国家战略物资转运中心的功能，提升港口通过能力；以长兴岛公共港区建设为开放平台，拓展了辽宁港口发展空间。大连港已基本完成了百年老港的战略性结构调整和升级，形成了布局合理、层次分明、分工明确的现代化、专业化、集约化的港口集群。

长兴岛码头施工

港航生产取得新的突破。全港货物和集装箱吞吐量年均增幅达到15.2%和23%，承担了东北地区90%的外贸集装箱运输，仅用4年的时间，吞吐量就实现了由1亿吨向2亿吨的跨越。空港旅客吞吐量连续4年以百万人次递增，稳居东北城市首位，占东北12个机场总量的三分之一，旅客和货邮吞吐量年均增幅达到14.3%和11.9%。全市拥有营运船舶413艘，410万载重吨，居国内沿海同类城市前列，年水路货运量比5年前增长130%，客运量居全国之首。

口岸建设取得新的突破。全面推行大通关工程，建立了诚信管理机制，在东北地区率先实施了"5+1天"工作制，国内领先的大连航运交易市场建成使用。推进口岸信息化建设，广泛开展网上支付、快件申报、舱单联网、船舶申报等项服务。大窑湾保税港区申办成功并封关运作，旅顺新港口岸对外开放，庄河港口岸对外开放得到国家正式批准；长兴岛口岸开放列入国家"十一五"口岸发展规划。大连口岸进出口货物时间比5年前缩短3.5倍，通关效率处于东北地区首位、国内先进水平。

空港国际化地位日益突出。大连空港成为2003年以来全国开辟国际航线数量最多的城市，拥有辐射日韩、连接欧美澳的国际航线46条，通航国内外城市达到92个，与俄罗斯、日本、韩国通航城市和航班数量均列全国前三位，国际航线数量和国际旅客吞吐量位居东北第一，全国第四。

现代服务业得到较快的发展。以大窑湾保税港区建设为龙头，一大批各具特色的物流中心、分拨中心、配送中心逐步建成，东北亚油品、粮食、矿石等资源性商品集散地正在形成。不断完善港口集疏运系统，金窑复线电气化铁路全面通车，烟大铁路轮渡投入运营，大连湾铁路扩能改造和长兴岛铁路工程全面推进，现代化集疏运体系基本形成。初步建成了辐射内陆腹地的海铁联运物流网络，集装箱海铁联运量连续保持全国首位。

施工现场夜间作业

散货车驶向港区

汽车码头作业现场

港口建设现场

苏州高新区保税物流中心
SU ZHOU GAO XIN QU BAO SHUI WU LIU ZHONG XIN

苏州高新区保税物流中心（B型）是全国首批获准设立的3家保税物流中心（B型）之一，自2006年3月13日通过验收，4月18日正式运行至今，成功获得：江苏省首批重点物流基地、江苏省重点建设物流基地、江苏省2007年重点建设工程项目等称号，并被海关总署列为全国保税物流中心试点示范区。

卡口车

苏州高新区保税物流中心（B型）是由海关监管、多家物流企业集中进驻的物流服务集聚区，具有保税仓储、国际物流配送、简单加工和增值服务、进出口贸易和转口贸易、口岸功能、物流信息处理和咨询服务等功能和"入区退税"政策。

中心总体规划用地面积81.4万平方米（约1221亩），总投资10亿元。一期工程规划用地面积23.2万平方米（约348亩），总投资2亿元人民币，包括3.7万平方米仓库，3.6万平方米堆场，办公楼、监管设施等公用设施等，已于2006年6月全部完工；二期工程规划用地面积58.2万平方米（约873亩），总投资8亿元人民币，包括24万平方米仓库、4.4万平方米集装箱堆场、配套辅助用房3座，工程预计2010年底全部完工。

苏州高新区保税物流中心是为适应现代国际物流业发展，提升区域物流服务功能，满足苏州地区及长三角地区加工贸易企业对保税仓储物流需求而设立，是由海关监管、多家物流企业集中进驻，具有综合服务功能的物流集合区域。其主要功能包括保税仓储、国际物流配送、简单加工和增值服务、进出口贸易和转口贸易等，中心税务、外汇、贸易、监管等相关政策也均陆续到位。

苏州高新区保税物流中心力求满足区域内制造业对保税物流和快速通关的需求，辐射无锡等周边地区，在充分发挥其功能作用的基础上，逐步发展成为区域性的国际配送中心、国际分拨中心和国际采购中心。

目前入驻中心开展各业务类型的企业如大田、怡亚通、飞力、新宁、远东、华伟等知名企业已有 17 家。一期仓库出租率超过100%。

办公楼　　　　　仓库　　　　　停车场

湛 江 口 岸

在1556公里的海岸线上,湛江拥有了经国务院批准对外开放的一类口岸5个。其中,海港口岸4个,分别是湛江港、霞海港、南海西部石油公司专用码头、湛江发电厂专用煤码头;1个湛江机场空港口岸。经省政府批准对外开放的二类口岸7个,分别是海安港装卸点、流沙港装卸点、营仔港装卸点、北潭港装卸点、吴川港装卸点、霞山长桥码头装卸点和硇洲装卸点。同时,还有1个货柜车检查场、1个对台小额贸易点和海滨船厂外轮修理点。形成了一、二类口岸并存,海、陆、空口岸全方位开放的大格局。

湛江港建成了我国最大的30万吨级陆岸原油专业化码头、我国华南地区唯一的25万吨级陆岸专业化铁矿石码头、30万吨级亚洲最深的人工航道。至目前为止,湛江水运口岸已拥有生产性码头泊位113个(其中万吨级以上泊位31个),年货物吞吐量超过9000万吨,其中年进出口外贸货运量超过3500万吨,外贸集装箱运量超过10万标箱。

中央驻湛江口岸的执法部门有湛江海关、湛江出入境检验检疫局、湛江海事局、湛江边防检查站等单位。湛江口岸查验单位担负着湛江上述一、二类口岸的交通运输工具、货物、人员进出境的检查、检验、监管任务。湛江口岸有着便捷的通关环境:1、**口岸查验单位实行一站式服务**。湛江口岸从1999年开始,在湛江港、霞海港、南海西部石油公司等口岸实现"一条龙"服务,货主、船东只进一个门即可办理完报关、报检、报验手续,既方便又快捷。此外,湛江海关积极支持地方经济建设,多年来连续推出《湛江海关支持地方外经贸发展十项措施》、"F"通道以及"属地报关,口岸验放"的新的通关模式,为区域企业的便捷快速通关提供了便利。2、**加大科技创新,提高了湛江口岸的通关速度及效率**。湛江海关建成了粤西第一台先进的自动化集装箱检查系统(H986),2分钟可以检查一个40尺的集装箱,检查速度比人工检查提高了几十倍;成功地推广应用了H2000通关系统,使企业办理转关业务时,业务环节从原来的11个环节减为5个,办理异地手册备案业务时,业务环节从原来的8个减为3个,大大提高了海关管理的服务水平。湛江海事局建成了"船舶交管中心"(VTS),雷达监控进出港船舶,为进出口船舶提供无偿助航服务。特别是雾天、夜间引导船舶安全进出港。湛江出入境检验检疫局建成了水产品检验检疫电子化监督管理,实施了"三电工程"(电子申报、电子监管、电子放行),"无纸化、直通直放、绿色通道制度"等新的通关模式,以及实行特事特办、急事急办,24小时全天候提前预约服务制度。湛江边防检查站实施以人为本、公正文明、安全便捷、专业高效的服务理念,竭诚为出入境人员提供便捷、人性化的通关服务。3、**湛江电子口岸将在今年底建成上线运行,届时通关更加快捷,可直接在网上办理进出口通关手续**。

湛江口岸现有湛江港(集团)股份有限公司、湛江航运集团、南海西部石油公司、湛江电厂等大型国有企业,以及外轮代理、货物代理、外轮供应、报关报检等港口经营、服务单位近100个,从业人员10多万人。上述分布合理、功能齐全的口岸和码头泊位,以及设备完善、服务一流的港口经营服务单位,为湛江乃至西南、中南、华东等地区的经济发挥了重要的作用。

"十一五"期间,为适应把湛江建设成为粤西城镇群的中心城市和区域性国际航运中心、物流中心的需要,湛江口岸的建设将突出抓好港口建设,努力做大做强湛江港,形成以湛江港为中心,环雷州半岛大中小港口相配套的港口群,使之进一步成为粤西地区和华南、中南、西南腹地物资进出口的集散地和贸易基地。到2010年,全市将新增港口泊位40多个,其中深水泊位18个,新增吞吐能力1.35亿吨。集装箱处理能力达80万标箱。此外,还计划将湛江海安港、流沙港、营仔港、北潭港、吴川港等7个二类口岸,并入湛江港一类口岸,使之发展成为对越贸易的重要口岸。湛江口岸将以崭新的面貌展示在世人面前,进一步成为我国南方的主枢纽口岸。

中国大丰港经济区
China Dafeng Port Economic zone

大丰港位于中国江苏省沿海中部，东经120°46′1″、北纬33°16′18″，是国家交通部规划填补沿海港口空白带的项目，是江苏省沿海重点建设的三大港口之一。该港利用此海域特有的潮汐通道"西洋深槽"建设深水码头，"西洋深槽"水深稳定，-15米等深线宽3至4公里，长55公里，并与外海深水贯通，可进出10万吨级船舶；"西洋深槽"东侧有一小阴沙形成天然屏障，为港口避风防浪，港口常年不冻，全年可作业300天以上。

大丰港区位优势明显，集疏运日益完善。大丰港距上海港250海里、连云港120海里、韩国釜山港420海里、平泽港380海里、日本长崎港430海里。腹地广阔，直接服务于苏中、苏北及皖北、豫南等中西部地区。沿海高速、204国道穿越大丰境内并与大丰港连接，"十一五"期间四级疏港航道、徐大高速、新长铁路大丰港支线将建成而实现全线贯通。

大丰港码头建设向专业化、规模化快速发展。现有两座万吨级泊位已于2005年10月18日建成通航，2007年9月正式开放一类口岸，先后开通韩国仁川港、釜山港、经上海港至欧美国际集装箱班轮航线，仅今年1月～5月份就靠泊集装箱船舶50余艘次，完成集装箱吞吐量6218箱，并顺利运来日本、俄罗斯、韩国和国内等地的汽车零配件、卷钢、木材、金属材料、食品、建材、粮食等散杂货38万余吨。预计2008年大丰港货物吞吐量可达100万吨、2万标箱。

2007年9月20日，1个5万吨（兼靠7万吨）级散货泊位和1个2万吨（兼靠4万吨）级件杂货泊位的水工工程开工建设。目前，已完成4.5万亩陆域匡围，正在实施865米码头导堤和引桥桩基工程，计划2009年10月前完成水工工程和设备安装，投入使用。2个8万吨级的液体化工泊位和2个2万吨级集装箱泊位正在开展前期工作，目前已通过工程可行性和码头岸线利用的省级评估，报交通部等行业主管部门核准，计划2008年下半年开工建设。

到"十一五"期末，大丰港将建成万吨级以上泊位8个，年吞吐能力达1500万吨散杂货、30万标箱，开通至日、韩及国内各大港的航线；到2020年，建成万吨级以上泊位34个，年吞吐能力达5000万吨散杂货、100万标箱，开通至欧美等地重要港口的航线，成为江苏中部最大的对外开放的综合性商港，远期建设成为我国沿海又一个亿吨大港。

中共中央政治局委员、书记处书记、时任江苏省委书记李源潮（左一）在江苏省副省长、时任盐城市委书记张九汉（右二）、盐城市委常委、大丰市委书记丁宇（左二）、盐城市政府副秘书长、大丰港经济区管委会主任倪向荣（右一）等陪同下视察大丰港

原全国人大常委会副委员长司马义·艾买提听取大丰市口岸委同志关于口岸建设及申报情况汇报

国家交通部部长李盛霖（左三）在时任江苏省副省长仇和（右三）、盐城市委书记赵鹏（右二）、盐城市政府副秘书长、大丰港经济区管委会主任倪向荣（左二）等陪同下视察大丰港

韩国仁川港首艘集装箱班轮靠泊大丰港

大丰港商贸区

码头二期工程正在打桩

海关楼

湿地明珠　生态港城
Bright Wetland Pearl　Ecological Port City

地址/ADD：江苏省大丰港区中央大道1号
招商热线/TEL：86-515-83555129　83555518　83555280
网址/URL：www.dafport.com　www.zgdfg.com
传真/FAX：86-515-83555280
邮编/P.C：224100

大昌慎昌物流园
DCH-Sims Logistics Park

2007年12月大昌慎昌公司出口配送型监管仓库获海关总署与国家税务总局批准，取得入仓退税功能（公文号：署加发[2007]494），也是珠江西岸目前唯一一家具备"入仓退税"资质的出口监管仓库。

入仓退税的优点：

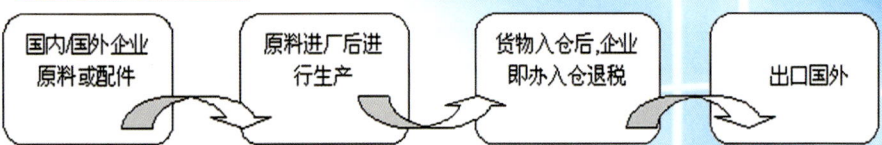

监管仓外观

大昌行集团有限公司（大昌行集团）于1949年成立，2007年10月在香港联合交易所主版上市（股票代码1828）。业务范围包括汽车分销、维修及与汽车相关业务，食品及消费品，以及物流业务。业务遍及香港、澳门、中国大陆、日本、新加坡及加拿大。

大昌慎昌物流园，是由大昌行集团投资兴建，占地50万平方米。物流园座落于江门市新会区新会港旁，与港口相距只有50米，与其他广东主要城市相距车程只需约1-2小时，与集团位于香港、澳门的公司构成物流金三角，形成全国配送、面向世界的物流格局。

进口保税仓库
- 配备先进的电子防盗监控系统，采用电子账册管理，并接驳海关H2000通关管理自动化系统。
- 凡加工、进口货物、转口货物、外商暂存货物、未办结海关手续的一般贸易货物等均可以存入保税仓库。

出口监管仓
- "海外零库存"——利用出口监管仓取代海外仓储。海外采购商从各地采购商品存放在出口监管仓，再按世界各地实际销售需要进行拼装和配送。
- 货物进入监管仓后，企业即可办理退税结汇联，加快企业资金流转速度。

加工包装
- 保税仓、出口监管仓和仓储中心都配备拥有国际卫生标准的包装车间，并通过ISO9000及HACCP的认证。
- 主要服务项目包括：
  ◆ 打印日期和条形码；　　　◆ 加固或密封产品包装；
  ◆ 粘贴、更换食品标签；　　◆ 对产品进行防潮、防污、防伪等的处理；
  ◆ 更换产品包装规格；　　　◆ 代购包装材料；
  ◆ 按要求设计食品包装等。

仓储配送
- 面积超过2.1万平方米的仓储中心，包括常温与恒温，全货架式库位，先进的闭路电视24小时监控，ISO认证的规范安全管理体系。
- 配备专业配送，包括恒温与常温的珠三角配送，以及全国各支线的运送服务。

仓储

物流车队

国际货运代理
- 代理海运、陆运、空运的货物运输，包括揽货、订舱、仓储、货柜拼装拆箱，以及相关的短途运输服务。强大的国际代理网络覆盖了欧洲、美加、南美洲、中东、澳洲、非洲及亚太等地区。

保管品类型
- 快速消费品
- 电子品
- 大型生产设备
- 化妆品……

大昌慎昌物流园全景图

地址：广东省江门市新会区银海大道19号
联系电话：0750-6963770 / 6393770

http://www.dchsims.com

江苏坤轮物流有限公司

江苏坤轮物流有限公司成立于 2004 年 11 月 23 日，法人代表盛俊生，注册资金 1000 万。江苏坤轮物流有限公司是一家以铁路干线快运为主导的集铁路、公路快运、水路、航空和多式联运运输服务为一体的大型物流企业。

公司总部设在常州，并在苏州、无锡、常州、镇江、南京、杭州（柯桥）、温州、绍兴、永康、嘉兴、义乌等地设有自己的分公司和办事处，分别在成都、重庆、山东临沂、西安、兰州、乌鲁木齐等地设有分流部。公司货运日吞吐量达到近 4000 吨。

公司的主营业务是铁路运输和公路运输，公司以江苏省至四川省的铁道部 81034/3 次五定承包班列（可按 5 号运价下浮 25%，四川省内到站请见附注）为载体，广泛利用铁路内外的信息网络资源，建立和完善仓储分流、城市配送、装卸、物流信息服务等体系，为国内外客商提供全方位、全过程、高效、快捷、方便、完善的优质服务。在公路运输业务方面，公司自有与社会挂靠车辆 100 多辆、充分满足客户的多方面物流需求。

公司的主要客户集中在江苏、浙江、四川 3 省市，客户遍及纺织、印染、服装、造纸、机电、五金、电子、建筑等各行各业。公司本着"以质为本、以诚求信、以速求效、以严求精"的经营宗旨，视提高服务质量、降低客户的物流成本为己任，与客户结成了多层次、全方位的战略合作伙伴关系。

铁道部 81034/3 次 江苏——四川五定班列

五定：定时、定点、定线、定车次、定价

江苏省内发站：苏州、无锡、常州、丹阳、镇江、南京
安徽省内发站：芜湖
四川省内零担到站：成都东
四川省内整车到站：成都东、成都西、成都、沙河堡、德阳、绵阳、成都南、内江东、自贡、宜宾北、大弯镇、乐山、龙潭寺、什邡、弄弄坪、红牌楼、天回镇。

总公司
常州市通江大道 301 号新惠大厦 15B10
区号：0519
电话：8229111
传真：8229511

常州分公司
常州市五角场东货场 3 库 8 门
区号：0519
电话：5063412 5060258
传真：5060258

苏州分公司
苏州市白洋湾火车西站货场 13 线
区号：0512
电话：65355976 65352696
传真：65355976

无锡分公司
无锡市火车南站塘南路 118 号 3 库 1-2 门
区号：0510 电话：85762199
传真：85765699

镇江分公司
镇江市火车南站 4 库 18-19 门
区号：0511
电话：5225308
传真：5225308

南京分公司
南京市建宁路 28 号南京西站货场 1 库 1-3 门
区号：025
电话：85521066 85626815
传真：85618067

成都分公司
成都市八里庄 61 号火车东站 21 线南（成都东站进口处）
区号：028 客服热线：68555555
投诉热线：86455999 财务电话：86455888
分流电话：86457676
传真：86455888

重庆分公司
重庆东站一线一区 2-3
区号：023 电话：61791651 62368729
传真：61790356

唐山国丰钢铁有限公司

唐山国丰钢铁有限公司成立于1993年，是一家集烧结、炼铁、炼钢、轧钢为一体，具备年产铁、钢材各500万吨的大型钢铁联合企业，拥有总资产130亿，净资产68亿，职工15 000人。在2005年国家统计局公布的全国大型工业企业500强中名列第213位，制造业第100位。

公司位于唐山市丰南区，与天津港，京唐港毗邻，南距举世瞩目的曹妃甸大港仅50公里，具有得天独厚的临港优势。境内京哈、津秦铁路，京沈、京津高速公路穿境而过，交通便利，区位优越。

公司遵循"打造精品，诚信经营，提高顾客满意度；严细管理，全面创新，增强核心竞争力"的质量方针，主导产品热轧带钢、螺纹钢、热轧卷板畅销全国20多个省、市、区，出口十几个国家，并通过ISO9001/2000国际质量体系认证，具有良好的市场声誉，产品产销率和货款回收率9年实现了两个100%。同时，200万吨中薄板坯连铸连轧生产线于2006年1月投产生产，部分产品现已打入国际市场，成为公司新的效益增长点。

质量方针是企业总的质量宗旨和质量方向。"打造精品，诚信经营，提高顾客满意度"是指产品不但保证质量，而且要精益求精，生产优质产品；在经营活动中遵守诚实诚信的原则，以此提高顾客满意度。"严细管理，全面创新，增强核心竞争力"是指在生产中，不仅要强化管理，更要严格管理，精细管理；不仅在质量管理体系创新，还要在认识、财务、经营、分配、成本等各项管理全方位的创新，进而提高企业核心竞争力。

完善稳定的营销体制，"技术＋管理"的客户服务模式和快捷流畅的货币结算方式，使国丰产品的市场占有率稳步提高，美誉不断增强。得天独厚的临港优势，使国丰能充分利用国内外两大市场，两种资源，扩大贸易，加快发展，迈向主动参与国际市场竞争的宽广舞台。

国丰的未来—"十一五"期间，国丰通过实施"五步走"战略，打造成为设备先进、环境友好、效益一流、产品专精系列化的全国千万吨级大型钢铁企业。到2008年底，总投资80亿元，分五步完成23个技术改造项目，淘汰落后生产能力，并通过资本运作，兼并重组，使公司具备年产铁、钢材各800万～1000万吨的综合生产能力。

公司坚持：

规模适度，突出专精，适应市场，

绿色和谐"的发展战略，致力于打造全国一流钢铁企业

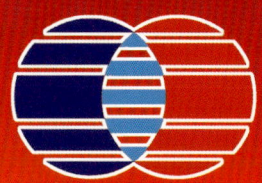

武汉港集装箱有限公司
Wuhan port container Co. Ltd.

码头全貌

武港集箱位于长江中游武汉段北岸的汉阳鹦鹉洲头,在武汉长江大桥与白沙洲大桥之间,地处紧临武汉地区极具发展潜力的"两区一园"(即沌口经济开发区、东湖高新开发区、吴家山台商工业园)的中心。公司 1996 年开始从事集装箱码头装卸业务,是武汉市最早对外开放的码头之一,现已发展成为湖北省外贸进出口的主通道和主口岸,每月的航班数量达到 300 多航次,占武汉地区集装箱运输总量的 70% 左右,是长江中上游地区最大的专业国际集装箱码头。公司由武汉港务集团有限公司、中国外运(香港)物流有限公司、上海港国际港务(集团)有限公司、上港集箱(澳门)公司、武汉长伟国际航运实业有限公司、武汉中远国际货运有限公司、武汉中理外轮理货有限责任公司共 7 家股东共同出资组建的中外合资企业,注册资本 4 亿元。

公司拥有 582 米的岸壁式码头,可同时停靠 4 艘 5000 吨级船舶或 6 艘 3000 吨级的船舶。船边作业机械已配备 2 台台架吊、3 台装卸桥,集装箱专用货场 17.1 万平方米,堆场配有龙门吊 10 台、集卡车 12 台、空箱堆高机 2 台、正面吊 3 台。还运用了 TOPS 码头营运管理系统和无线终端系统进行操作管理,并不断拓展升级系统功能。公司目前的集装箱年吞吐能力为 50 万 TEU。2007 年武汉市集装箱港口吞吐总量为 39.45 万 TEU,公司集装箱吞吐量为 25.7 万 TEU,市场份额为 65.15%,其中内贸箱完成 8.22 万 TEU,外贸箱完成 17.48 万 TEU,海关查验箱量为 4167TEU。

公司致力于持续完善外贸口岸服务功能,积极参与"大通关"建设。公司 2000 平方米的口岸联检大楼集中了海关、检验检疫、海事监督、码头业务受理以及船代、货代等单位,实现了"一栋楼办公,一条龙服务"。实施港口大通关建设方案,与海关、检验检疫局一起对运抵港区的进出口集装箱共同实施"一次移箱、一次开箱"查验,减少查验时间,提高通关速度。严格落实海关的监管要求,实施全封闭管理,并建立了严密的控制程序,对码头内外贸作业区域进行了严格划分和隔离,设立了海关查验区、检验检疫熏蒸区等功能区域,并建设与完善了相应的设备、设施,确保查验、熏蒸工作规范、顺利地进行;安装了的电视监控系统,并与海关联网,使海关拥有主控权,不但为严密监管创造良好的条件,也为港口作业调度提供了现代化管理手段,为进一步提高港口通过能力,强力支持监管工作打下了坚实的基础。

码头前沿

堆场

公司全貌

装船作业

集卡运输

中铁国际多式联运有限公司
China Railway International Multimodal Transport Co.,Ltd

中铁国际多式联运有限公司（CRIMT）是中铁集装箱运输有限责任公司（CRCTC）下属的全资子公司。中铁国际多式联运有限公司的前身——中铁国际货运代理有限责任公司（CRIF）成立于1996年，是中国最早一批从事国际货运代理业务的企业，具有十多年的国际货运代理经验。中铁国际多式联运有限公司是中国国际货代协会（CIFA）理事单位、中国船舶代理及无船承运人协会（CASA）常务理事单位，并于2006年通过ISO9001国际质量体系认证。

双层集装箱

中铁国际多式联运有限公司下设8个子公司，17个分公司，5个口岸经营部以及若干个驻外国代表处，经营网络遍及全国主要城市，周边国家如俄罗斯、蒙古、韩国、日本等，中亚以及欧洲、北美地区。

列车

公司的业务基本上由三大部分组成，即国际（海铁）联运业务、国内物流业务和中俄、中哈互使箱业务。国际（海铁）联运业务主要涉及国际联运、海铁联运、大陆桥运输、过境运输及物流服务、特色服务如危险品运输等。国内物流主要包括牛奶班列、铝锭班列、柳汽班列、拼箱业务以及大红门物流基地双层班列业务。中俄、中哈互使箱业务主要是指俄铁箱、哈铁箱在中国境内的互换使用业务和管理。

中铁国际多式联运有限公司拥有一支国际化、高素质的业务团队，有先进的业务综合管理信息系统和拼箱业务信息系统，可以为广大客户提供先进的、个性化的物流服务。

目　录

第一篇　口岸主管部门工作回顾

2007年海关工作回顾 ……………………………………………………………………… 3
2007年口岸工作回顾 ……………………………………………………………………… 6
2007年国家电子口岸建设回顾 …………………………………………………………… 8
2007年出入境边防检查工作回顾 ………………………………………………………… 11
2007年出入境检验检疫工作回顾 ………………………………………………………… 15
2007年海事工作回顾 ……………………………………………………………………… 18

第二篇　各省、自治区、直辖市口岸运行情况

北京市
北京口岸工作综述 ………………………………………………………………………… 23
北京口岸查验单位工作综述 ……………………………………………………………… 25
　　北京海关 ……………………………………………………………………………… 25
　　北京出入境边防检查总站 …………………………………………………………… 28
　　北京出入境检验检疫局 ……………………………………………………………… 28
北京口岸大事记 …………………………………………………………………………… 30

天津市
天津口岸工作综述 ………………………………………………………………………… 32
天津口岸查验单位工作综述 ……………………………………………………………… 34
　　天津海关 ……………………………………………………………………………… 34
　　天津出入境边防检查总站 …………………………………………………………… 36
　　天津出入境检验检疫局 ……………………………………………………………… 38
　　天津海事局 …………………………………………………………………………… 40
天津口岸大事记 …………………………………………………………………………… 43

河北省
河北口岸工作综述 ………………………………………………………………………… 47
河北口岸查验单位工作综述 ……………………………………………………………… 48
　　石家庄海关 …………………………………………………………………………… 48

河北省公安边防总队 ·············· 50
河北出入境检验检疫局 ·············· 52
河北海事局 ·············· 54
河北口岸大事记 ·············· 55

山西省

山西口岸工作综述 ·············· 56
山西口岸查验单位工作综述 ·············· 58
  太原海关 ·············· 58
  山西省公安边防总队 ·············· 60
  山西出入境检验检疫局 ·············· 63

内蒙古自治区

内蒙古口岸工作综述 ·············· 66
内蒙古口岸查验单位工作综述 ·············· 68
  呼和浩特海关 ·············· 68
  满洲里海关 ·············· 71
  内蒙古公安边防总队 ·············· 73
  内蒙古出入境检验检疫局 ·············· 74
内蒙古口岸大事记 ·············· 76

辽宁省

辽宁口岸工作综述 ·············· 78
大连口岸工作综述 ·············· 79
辽宁口岸查验单位工作综述 ·············· 81
  沈阳海关 ·············· 81
  大连海关 ·············· 83
  辽宁公安边防总队 ·············· 86
  辽宁出入境检验检疫局 ·············· 87
  辽宁海事局 ·············· 89
辽宁口岸大事记 ·············· 90

吉林省

吉林口岸工作综述 ·············· 93
吉林口岸查验单位工作综述 ·············· 94
  长春海关 ·············· 94
  吉林公安边防总队 ·············· 96
  吉林检验检疫局 ·············· 98
吉林口岸大事记 ·············· 101

黑龙江省

黑龙江口岸工作综述 ·············· 103

目　录

黑龙江口岸查验单位工作综述 ………………………………………………… 104
　　哈尔滨海关 ……………………………………………………………… 104
　　黑龙江公安边防总队 …………………………………………………… 106
　　黑龙江出入境检验检疫局 ……………………………………………… 107
　　黑龙江海事局 …………………………………………………………… 110
黑龙江口岸大事记 ……………………………………………………………… 111

上海市

上海口岸工作综述 ……………………………………………………………… 112
上海口岸查验单位工作综述 …………………………………………………… 114
　　上海海关 ………………………………………………………………… 114
　　上海出入境边防检查总站 ……………………………………………… 117
　　上海出入境检验检疫局 ………………………………………………… 119
　　上海海事局 ……………………………………………………………… 121
上海口岸大事记 ………………………………………………………………… 122

江苏省

江苏口岸工作综述 ……………………………………………………………… 129
江苏口岸查验单位工作综述 …………………………………………………… 131
　　南京海关 ………………………………………………………………… 131
　　江苏公安边防总队 ……………………………………………………… 133
　　江苏出入境检验检疫局 ………………………………………………… 135
　　江苏海事局 ……………………………………………………………… 137
江苏口岸大事记 ………………………………………………………………… 139

浙江省

浙江口岸工作综述 ……………………………………………………………… 140
宁波口岸工作综述 ……………………………………………………………… 142
浙江口岸查验单位工作综述 …………………………………………………… 148
　　杭州海关 ………………………………………………………………… 148
　　宁波海关 ………………………………………………………………… 151
　　浙江公安边防总队 ……………………………………………………… 153
　　浙江出入境检验检疫局 ………………………………………………… 155
　　宁波出入境检验检疫局 ………………………………………………… 158
　　浙江海事局 ……………………………………………………………… 160
浙江口岸大事记 ………………………………………………………………… 163
宁波口岸大事记 ………………………………………………………………… 169

安徽省

安徽口岸工作综述 ……………………………………………………………… 171
安徽口岸查验单位工作综述 …………………………………………………… 174

  合肥海关 ·· 174
  安徽省公安边防总队 ·························· 177
  安徽出入境检验检疫局 ······················ 177
  安庆海事局 ······································ 178
 安徽口岸大事记 ····································· 179

福建省

 福建口岸工作综述 ································· 182
 厦门口岸工作综述 ································· 188
 福建口岸查验单位工作综述 ···················· 190
  福州海关 ·· 190
  厦门海关 ·· 193
  福建省公安边防总队 ·························· 197
  厦门出入境边防检查总站 ··················· 199
  福建出入境检验检疫局 ······················ 201
  厦门出入境检验检验局 ······················ 207
  福建海事局 ······································ 209
 福建口岸大事记 ····································· 212
 福建口岸专稿 ·· 219

江西省

 江西口岸工作综述 ································· 228
 江西口岸查验单位工作综述 ···················· 231
  南昌海关 ·· 231
  江西省公安边防总队 ·························· 233
  江西出入境检验检疫局 ······················ 236
  九江海事局 ······································ 239
 江西口岸大事记 ····································· 241

山东省

 山东口岸工作综述 ································· 247
 山东口岸查验单位工作综述 ···················· 251
  青岛海关 ·· 251
  山东公安边防总队 ···························· 254
  山东出入境检验检疫局 ······················ 255
  山东海事局 ······································ 258
 山东口岸大事记 ····································· 260

河南省

 河南口岸工作综述 ································· 263
 河南口岸查验单位工作综述 ···················· 266

郑州海关	266
河南公安边防总队	268
河南出入境检验检疫局	270
河南口岸大事记	271

湖北省

湖北口岸工作综述	277
湖北口岸查验单位工作综述	279
武汉海关	279
湖北公安边防总队	280
湖北出入境检验检疫局	282

湖南省

湖南口岸工作综述	285
湖南口岸查验单位工作综述	288
长沙海关	288
湖南省公安边防总队	289
湖南出入境检验检疫局	290
岳阳海事局	292
湖南口岸大事记	294
湖南口岸专稿	298

广东省

广东口岸工作综述	304
深圳口岸工作综述	307
广东口岸查验单位工作综述	309
海关总署广东分署	309
广州海关	311
深圳海关	314
拱北海关	317
汕头海关	319
黄埔海关	321
江门海关	323
湛江海关	325
广东公安边防总队	328
广州出入境边防检查总站	330
深圳出入境边防检查总站	331
珠海出入境边防检查总站	333
汕头出入境边防检查总站	335
广东出入境检验检疫局	337
深圳出入境检验检疫局	340

　　　　珠海出入境检验检疫局 ·················· 344
　　　　广东海事局 ························· 346
　　　　深圳海事局 ························· 347
　　广东口岸大事记 ························ 349

广西壮族自治区

　　广西口岸工作综述 ······················· 355
　　广西口岸查验单位工作综述 ·················· 357
　　　　南宁海关 ························· 357
　　　　广西公安边防总队 ····················· 359
　　　　广西出入境检验检疫局 ·················· 362
　　　　广西海事局 ························· 365
　　广西口岸大事记 ························ 368

海南省

　　海南口岸工作综述 ······················· 372
　　海南口岸查验单位工作综述 ·················· 373
　　　　海口海关 ························· 373
　　　　海南省公安边防总队 ···················· 377
　　　　海口出入境边防检查总站 ·················· 379
　　　　海南出入境检验检疫局 ·················· 380
　　　　海南海事局 ························· 382
　　海南口岸大事记 ························ 384

重庆市

　　重庆口岸工作综述 ······················· 386
　　重庆口岸查验单位工作综述 ·················· 387
　　　　重庆海关 ························· 387
　　　　重庆市公安边防总队 ···················· 389
　　　　重庆市出入境检验检疫局 ·················· 391

四川省

　　四川口岸工作综述 ······················· 394
　　四川口岸查验单位工作综述 ·················· 396
　　　　成都海关 ························· 396
　　　　四川省公安边防总队 ···················· 397
　　　　四川出入境检验检疫局 ·················· 399
　　四川口岸大事记 ························ 402

贵州省

　　贵州口岸工作综述 ······················· 405
　　贵州口岸查验单位工作综述 ·················· 406

贵阳海关 406
　　贵州省公安边防总队 409
　　贵州出入境检验检疫局 410
贵州口岸大事记 412

云南省
云南口岸工作综述 414
云南口岸查验单位工作综述 416
　　昆明海关 416
　　云南省公安边防总队 418
　　云南出入境检验检疫局 419
云南口岸大事记 421

西藏自治区
西藏自治区口岸工作综述 423
西藏自治区口岸查验单位工作综述 426
　　拉萨海关 426
　　西藏自治区公安边防总队 428
　　西藏自治区出入境检验检疫局 430
西藏自治区口岸大事记 433

陕西省
陕西口岸工作综述 436
陕西口岸查验单位工作综述 438
　　西安海关 438
　　陕西省公安边防总队 441
　　陕西出入境检验检疫局 442
陕西口岸大事记 443

甘肃省
甘肃口岸工作综述 449
甘肃口岸查验单位工作综述 451
　　兰州海关 451
　　兰州出入境边防检查站 452
　　甘肃出入境检验检疫局 454
甘肃口岸大事记 457

宁夏自治区
宁夏口岸工作综述 458
宁夏口岸查验单位工作综述 459
　　银川海关 459
　　宁夏公安边防总队 460

宁夏出入境检验检疫局 ··· 461
　宁夏口岸大事记 ·· 462

青海省
　青海口岸工作综述 ·· 464
　青海口岸查验单位工作综述 ··· 466
　　西宁海关 ·· 466
　　青海省公安边防总队 ··· 467
　　青海出入境检验检疫局 ··· 468

新疆维吾尔自治区
　新疆口岸工作综述 ·· 470
　新疆口岸查验单位工作综述 ··· 473
　　乌鲁木齐海关 ·· 473
　　新疆公安边防总队 ·· 476
　　新疆出入境检验检疫局 ··· 477
　新疆口岸大事记 ·· 481

第三篇 2007年颁布的口岸工作有关法规

中华人民共和国国家海关总署令 ··· 487
中华人民共和国国家质量监督检验检疫总局 ····································· 539
中华人民共和国交通部令 ·· 560

第四篇 全国口岸运行主要数据统计表

进出口商品总值表（1） ·· 581
进出口商品总值表（2） ·· 582
2007年全国口岸出入境人员排序表 ·· 583
2007年全国口岸监管进出口邮递物品、印刷品和音像制品、快递物品排序表　584
2007年全国口岸进出口商品总值排序表 ·· 585
2007年进出口商品国别（地区）总值表 ·· 586
2007年进出口商品构成表 ·· 595
2007年进出口商品类章总值表 ·· 598
2007年进出口商品贸易方式总值表 ·· 603
2007年出口商品贸易方式企业性质总值表 ······································· 604

目 录

2007年进口商品贸易方式企业性质总值表 …………………………………………………… 605
2007年进出口商品经营单位所在地总值表 …………………………………………………… 606
2007年进出口商品境内目的地／货源地总值表 ……………………………………………… 611
2007年进出口商品运输方式总值表 …………………………………………………………… 616
2007年进出口商品前40位国别（地区）总值表 ……………………………………………… 617
2007年出口商品排序表（前100位） …………………………………………………………… 619
2007年进口商品排序表（前100位） …………………………………………………………… 624
2007年进出口商品经营单位排序表（前100位） ……………………………………………… 628
2007年全国口岸进出口货运量排序表 ………………………………………………………… 632

第一篇

口岸主管部门工作回顾

2007年海关工作回顾

中华人民共和国海关总署

2007年是海关工作经历考验的一年，也是取得突出成绩的一年。全国海关在党中央、国务院的正确领导下，坚持以邓小平理论和"三个代表"重要思想为指导，深入贯彻科学发展观，认真落实"依法行政，为国把关，服务经济，促进发展"的海关工作16字方针，努力实践"政治坚强，业务过硬，值得信赖"的海关队伍建设12字要求，励精图治，开拓创新，在履行职能、深化改革、队伍建设等方面，海关改革和建设都取得了长足的发展。

【**不断丰富海关理论，坚持以理论创新推动海关实践**】 中国海关切实加强海关实践探索与理论创新，认真总结多年来对海关工作规律的认识和把握，在确立了"依法行政，为国把关，服务经济，促进发展"的海关工作16字方针，"政治坚强、业务过硬、值得信赖"的海关队伍建设12字要求，以建立健全风险管理机制为中心环节的现代海关制度第二步发展战略，准军事化海关纪律部队建设作为队伍建设的基本任务，具有海关行业特点的党风廉政建设和反腐败工作机制以及坚持内部和谐与外部和谐相统一，通过履行海关职能为和谐社会作贡献的和谐海关基本内涵等一系列海关思想理论建设成果的基础上，进一步确立和发展了科学治关理念。宗旨是促进经济社会又好又快发展，本质是执法为民，关键是提高把关服务能力，根本保证是打造一支准军事化海关纪律部队，基本方法是统筹协调、整合创新。科学治关理念是科学发展观指导海关工作的具体应用和直接体现，标志着对海关工作规律的认识和把握达到了新的境界，将进一步有力地指导海关的改革、建设与发展。

【**海关税收连年大幅增长，为国家税收和财政稳定增长作出了重要贡献**】 中国海关坚持以税收为"轴心"，大力构筑综合治税大格局，切实提高海关税收征管能力，积极建立税收长效机制，海关税收的规模和质量达到了新的水平。在年初海关税收形势严峻的情况下，全国海关动员一线监管、后续管理、打击走私等各方面力量，全力管住管好一般贸易、加工贸易和减免税等重点涉税渠道，各级海关、各个部门积极开展综合治税联合专项行动，依法征管，科学征管，克服困难，挖掘潜力，确保应收尽收。2007年海关税收净入库7 584.63亿元，首超7 000亿元大关，年度税收入库额和税收增收额均创历史最高水平。全面落实国家各项关税优惠政策，积极开展自贸区原产地谈判，维护了国家利益。

【**进出境监管成效显著，有力推动了外贸大发展和对外交往**】 中国海关一直致力于实现严密监管与高效运作的有机统一。陆续推行区域通关、快速通关、便捷通关、无纸通关、选择查验、物流监控以及行邮监管等一系列改革措施，有效实施国家进出口贸易管制政策和措施，进一步完善企业管理制度，不断提高海关稽查水平，实现了"严密监管"和"高效运作"的统一。2007年监管进出口货物24.3亿吨，进出口总值2.17万亿美元，监管进出境运输工具3 032.7万辆（艘、架）次，进出境旅客行李物品3.5亿人次。我国进出口贸易总额已跃居世界第3位。

【**依法打击和制止各类走私违法行为，有效维护了进出口秩序和社会稳定**】 中国海关始终保持打击走私高压态势，综合运用刑事、行政执法手段，深入开展专项斗争和联合行动，积极推进反走私综合治理，有效开展了一系列反走私专项斗争和联合行动，依法查处了一批走私大案要案，打掉了一批走私犯罪团伙，查缉毒品、扫黄打非战果显著，有力维护了国家经济安全和社会稳定，大规模走私势头继续得到有效遏制。建立了由海关总署牵头、31个部门组成的全国打击走私综合治理部际联席会议制度。知识产权海关保护得到国内外广泛认可。2007年，全国海关查获走私案件8 450起，案值67.8亿元；走私犯罪案件立案1 192起，案值75.8亿元；对3 057名犯罪嫌疑人采取了强制措施；全国海关罚没收入18.14亿元。

【保税加工和保税物流监管制度不断完善，成为我国开放型经济发展新的动力】 中国海关积极参与制定并认真贯彻落实加工贸易转型升级的政策措施，认真履行国务院赋予的部际联席会牵头协调职责，大力培育各类海关特殊监管区域和海关保税监管场所，有力地促进了加工贸易转型升级和保税物流业的发展。2007年监管加工贸易进出口货物9 860亿美元。

【海关统计监测预警作用更加突出，为国家宏观调控和海关管理提供了可靠依据】 2007年中国海关的统计预警监测和统计监督作用进一步增强。统计质量稳步提高，实现了对进出口的实时监测、快速反应、科学预测和动态预警。海关统计作为国家宏观经济形势分析的重要参考依据，得到了国务院和各级地方政府的高度重视。海关执法评估系统应用成效显著，为促进对外贸易发展、提高海关管理水平发挥了重要作用。

【支持区域发展取得积极成果，服务经济社会全局的能力不断提高】 经过调查研究和广泛征求意见，已经形成并实施了海关支持西部大开发、东北地区等老工业基地振兴、中部地区崛起、天津滨海新区开发开放、海峡西岸经济区建设、海南省扩大开放、河北省以曹妃甸新区建设为重点的开发开放、泛珠三角区域合作、长三角东部地区率先发展等126条总体意见和468项具体措施，得到各地党政和社会各界的充分肯定。

【发挥国家口岸办职能作用，积极推进"大通关"建设，口岸管理更加完善】 进一步加强和规范口岸管理工作，实施全国口岸运量情况通报制度，不断加强口岸建设。研究制定并报国务院批准顺利实施"十五"、"十一五"口岸发展规划。积极开展共建文明口岸活动。启动《口岸管理条例》立法工作。根据各地对外开放的需求，适时做好口岸临时开放工作，2007年共办理81件。进一步加强口岸大通关工作，大通关部际联席会议机制更加健全，会同有关部门先后签署并实施了《沿海部分省市与中部六省口岸大通关合作框架协议》和《海关总署、国家质检总局与中部六省人民政府关于促进中部崛起的合作框架协议》等大通关合作事项。

【现代海关制度第二步发展战略全面推进，"耳聪目明"智能型海关建设取得阶段性成果】 在现代海关制度第一步发展战略的基础上，全面推进以建立健全风险管理机制为中心环节的现代海关制度第二步发展战略，建立健全风险管理机制取得了阶段性成效。海关总署的风险管理平台、队伍建设信息系统一期等项目建成上线，设在青岛、上海、黄埔海关的3个参数分中心正式成立并开始运作。积极开展海关战略性、前瞻性研究，协调推进业务改革。现代海关制度第二步发展战略各项指标落实情况良好，海关把关服务能力显著提高。

【海关法制建设全面加强，依法行政水平进一步提高】 国家关于法制建设的各项决策得到认真落实，海关法律体系更加完善，执法程序和执法监督检查制度进一步健全，执法工作逐步走上规范化轨道，依法行政水平明显提高。对海关规范性文件进行了全面清理。普法工作成效显著，海关全员法律意识明显提高。行政审批制度改革扎实推进，执法过错纠正和责任追究制度初步建立，复议应诉工作进一步加强。关务警务公开工作深入开展。

【海关国际合作与交流日趋活跃，服务国家外交、外经贸大局的作用进一步发挥】 积极参加WCO常设技术委员会、执法委员会、协调制度委员会、海关估价技术委员会、原产地技术委员会以及自动数据处理分委员会的活动，积极参与修改《京都条约》、《内罗毕公约》和审定《协调制度》、制定原产地规则等工作。积极开展国际海关多边、双边和区域行政互助交流与合作。研究借鉴国际海关先进经验和方法，与国际海关通行规则逐步接轨。积极探索非传统领域的海关国际合作，逐步开展了"中欧安全智能贸易航线试点计划"等务实的合作项目。开展国际合作的主动性显著增强,合作领域逐步拓宽,合作能力不断提高,中国海关的国际地位进一步提升。截至2007年底,中国海关已与117个国家(地区)的海关建立了友好往来关系,对外签署了42个政府间海关互助合作文件。

【"电子海关"、"电子口岸"、"电子总署"建设稳步实施,海关科技应用水平不断提高】 牢固树立"科技强关"意识,着力提高科技管理水平和科技应用效益,充分发挥海关科技应用的基础性、先导性作用,基本形成了"电子海关"、"电子口岸"、"电子总署"的应用格局,为全面实现海关通关作业网络化、监控手段智能化、职能管理数字化和行政决策科学化提供强大的技术支持,信息化技术的基础性、先导性作用进一步凸显。全国海关通关管理系统(H2000)平稳升级并顺利实现双中心备份运行,海关网络安全扩容改造工程高质量完成。电子口岸建设进一步发展,各部门、各地方联网应用进一步扩大。海关涉密办公系统和政务办公系统(HB2004)在全国海关推广应用,中国海关门户网站体系初步建成。

【以准军事化海关纪律部队建设统筹队伍建设各项工作取得明显成效,海关队伍形象发生了历史性变化】 坚持"政治坚强、业务过硬、值得信赖"海关队伍建设12字要求,全面开展准军事化海关纪律部队建设,"外树形象"、"内强素质"成效显现。切实加强各级领导班子思想政治建设,海关领导干部治关能力明显提高。不断推进干部人事制度改革,海关公务员管理更加规范。不断加大教育培训力度。扎实开展海关基层建设工作,思想政治工作和基层党建工作成果丰硕,形成了"忠诚公正,兴关强国"的海关精神,海关队伍精神面貌焕然一新。

【党风廉政建设深入推进,具有鲜明行业特色的海关系统惩治和预防腐败体系初步形成】 不断完善全国海关反腐败工作领导体制和工作机制,稳步推进党风廉政教育和领导干部廉洁自律工作。继续优化广东分署和天津、上海特派办监督模式,进一步完善海关督察审计长效机制,海关巡视监督效果明显,执法风险与廉政风险一起防范、反走私与反腐败紧密结合的反腐倡廉工作机制初步建立。严格执行海关人员6项禁令、"红包"公布制度等纪律规定和党风廉政建设责任制,海关人员违纪违法案件多发的势头得到有效遏制,行风建设和纠风工作社会满意度稳定在90%以上。

(李魁文)

2007年口岸工作回顾

国家口岸管理办公室

2007年，国家口岸管理办公室（以下简称"国家口岸办"）认真贯彻落实党中央、国务院领导和办领导关于口岸工作的重要指示和有关要求，以邓小平理论和"三个代表"重要思想为指导，以科学发展观统筹口岸工作全局，以服务各级领导决策、服务各地口岸部门、服务口岸相关单位为出发点，以提高口岸通关效率和服务水平为落脚点，采取有效措施，认真履行职责，规范日常管理，工作力求精品，服务力求满意，协调力求到位，努力做到突出重点、统筹兼顾、主动工作、狠抓落实，各项工作均有长足进展，较好地完成了各项工作任务。

据统计，截至2007年底，全国共有经国家批准的口岸267个，其中，水运口岸137个，新开水运口岸2个；铁路口岸17个；公路口岸55个，新开公路口岸6个；航空口岸58个，新开航空口岸1个。2007年全国各口岸出入境人员达3.5367亿人次，与2006年相比（下同）增长7.7%；进出口货物达24.298亿吨，增长13.1%；出入境交通工具达2 271万辆（艘/架/节）次，增长4.8%。

【认真落实国家《"十一五"口岸发展规划》，口岸开放的审理、验收工作有序进行】 一是在征求口岸各相关部门意见基础上，研究制定2007年度全国口岸开放计划并上报国务院备案，根据规划做好口岸开放的审理工作。二是认真落实国家"十一五"口岸发展规划，做好年度开放口岸的审理、报批工作和验收工作。据统计，年内经国务院批准新开放口岸9个，扩大开放口岸6个；共审理口岸临时开放事项88件，其中陆路口岸16件，航空口岸25件，铁路2件，水运45件；及时办理了国务院重点督办的深圳湾、福田两个口岸开放、验收等事宜，同时还牵头组织对龙邦、孟定、珠恩嘎达布其、大丰、宜昌、盐田LNG等6个口岸进行验收。三是继续做好对原二类口岸的清理工作。

【突出规范与服务，口岸办公综合事务落实到位】 一是根据有关规定，向国务院办公厅申请刻制"国家口岸管理办公室"新印章，进一步明确国家口岸办行文规范的有关事项。二是加强制度建设。制定并经批准实施《国家口岸办会议制度与会议纪律》、《国家口岸办工作人员廉政纪律》和《国家口岸办督办制度》等制度，进一步规范工作人员行为。三是抓好重要事项跟踪督办工作。对中央领导、总署领导的重要批示和涉及口岸办重点工作进行督办，及时向领导和有关部门反馈。四是抓好办会、办文综合工作，各项后勤保障落实到位。

【加强口岸调查研究，服务地方经济建设】 一是在实地调研、反复论证并走访国家统计局等权威部门的基础上，完成署级课题"合理配置口岸管理资源，提高我国口岸整体通关效能"项下"口岸查验设施建设标准"分课题的研究报告，对目前国家对口岸查验设施建设补助标准过低的问题进行了深入研究，并按照沿海、边境和中部的分类提出了新的建设标准供发改委研究。二是积极参与边境口岸开放的调研、会谈工作。重点参与了陆路边境口岸货运监管场所调研和中俄经济战略研讨会、中朝边界管理制度协定中方内部研讨会、中蒙口岸协定执行会谈、中越汽车运输协定修订会、中老边界制度条约联合执委会等活动，为促进沿边地区对外开放发挥应有作用。

【加强与中央有关部门联系，争取国家对口岸人员编制和资金项目的支持】 一是向中央编办提供"十一五"期间口岸查验部门人力资源的需求情况，协助中央编办对各地上报的口岸人员编制进行前期审核。二是就制定、落实2007年度老口岸资金补助计划问题,加强了与国家发改委的沟通、联系。全年共报国家发改委涉及7个省区的32个口岸项目。三是走访财政部并积极反馈各地口岸建设资金不足情况,提出了希望能够进一步完善分配方式和向新建口岸倾斜的建议,争取国家财政专项对口岸建设的支持。四是分口岸编制完成《年度全国口岸运量情况通报》,向各省级政府通报,促进了地方政府对口岸工作的重视。

【建立健全"大通关"部际联席会议机制,口岸通关环境进一步改善】 一是组织召开第十次口岸工作联络协调机制会议,通报了全国大通关工作的主要情况和存在的问题,并结合实际提出下一步工作建议。二是协调组织并积极参与第二届中国中部投资贸易博览会活动,期间签署《沿海部分省市与中部六省口岸大通关合作框架协议》等协议,有力地促进了区域大通关建设的合作与交流。三是推动地方口岸大通关合作机制的建立健全,加强和完善大通关信息平台建设,继续推进大通关运行的规范化、制度化。四是完成全国口岸管理部门办公网络一期工程建设。目前已为各省自治区、直辖市及计划单列市口岸办配发电脑36台,并在湖南省举办了首期口岸管理部门办公网络操作人员培训班。

【共建文明口岸活动有序开展,促进口岸又好又快发展】 一是经多次专题研究讨论并征求各方面意见,研究制定《国家口岸管理办公室关于在全国口岸开展共建文明口岸活动的意见》、《国家口岸管理办公室共建文明口岸活动评比办法》等文件并下发全国执行。目前,全国开展共建文明口岸活动正有序进行。二是全国各口岸单位积极采取措施,推动"廉洁、勤政、高效、和谐"的口岸建设。通过开展共建文明口岸活动,口岸管理部门与查验单位、经营单位间团结协作、相互了解的氛围渐浓,口岸日趋和谐,也赢得各有关单位的理解、支持和尊重。

【积极协调各方,扎实推进口岸国际合作与交流】 一是积极协调在俄罗斯举办由中俄两国各查验部门90名代表参加的中俄口岸通关事务合作论坛,圆满完成我办承担的2007年俄罗斯联邦"中国年"活动,得到举办地舆论和社会的高度关注。二是成功召开中俄口岸工作组第十次会议,签署了《中俄总理定期会晤委员会运输合作分委会口岸工作组第十次会议纪要》。三是组织召开中哈口岸和海关合作分委会海关联合工作组第一次会议,研究确定中哈边境海关联合监管试点口岸,积极协调推进海关联合作业。四是协调召开中哈边境口岸地方联合协调小组第一次会议,签署《中哈边境口岸地方联合协调小组细则》和《会议纪要》,建立了中哈地方政府层面的口岸协调机制。五是积极参与WTO贸易便利化谈判及大湄公河次区域合作(GMS)有关会议并提出建设性意见。

【重视口岸管理立法工作,加强对地方口岸工作的指导】 一是组织召开部分省市口岸领导、专家参加的《口岸管理条例》立法座谈会,听取各地对口岸立法的建设性意见和建议,及时启动口岸管理的立法工作。二是成功举办首期全国口岸管理干部培训班,来自公安部、海关总署、质检总局和我办的专家领导结合本部门工作特点为培训班授课,来自全国各地约90余名口岸干部接受了培训,学员反映效果良好。三是不定期编发《口岸简讯》,及时宣传各地、各部门的好经验、好做法,较好地发挥了联系、指导各地口岸工作的作用。

(国家口岸办口岸三处)

2007年国家电子口岸建设回顾

国家电子口岸建设协调指导委员会办公室

2007年，电子口岸建设各部门认真贯彻落实国务院有关加强电子口岸建设的文件要求，按照国家电子口岸建设协调指导委员会（以下简称"电子口岸委"）第一次全体会议工作部署，制定《2007年国家电子口岸委工作要点》，积极开展相关工作，各项任务进展顺利。

一、国务院部委层面工作情况。

【落实电子口岸委会议精神，制定工作计划】 国家电子口岸建设协调指导委员会办公室（以下简称"电子口岸办"）及时向电子口岸委各成员单位及全国各地方电子口岸建设领导小组印发了电子口岸委领导在会议上的讲话，传达电子口岸委会议精神。

2007年2月7日，电子口岸办组织召开了电子口岸委联络员会议，传达电子口岸委会议精神，集中讨论了《2007年国家电子口岸委工作要点》、《2007年国家电子口岸委办公室工作计划》。会后，经电子口岸委领导批准后，正式印发了《2007年国家电子口岸委工作要点》。

【加强向国办请示汇报和成员单位间的相互走访】 2007年年中，由电子口岸委副主任委员带队向国办分管副秘书长项兆伦同志汇报了电子口岸建设情况。2007年年内，铁道部、交通部、商务部、海关总署、税务总局、质检总局等部门加强相互走访，就联网应用项目建设、第三方认证等工作进行了沟通。电子口岸办还专程走访了信息产业部、商务部、人民银行、税务总局、质检总局、外汇局等部门，听取电子口岸建设的相关意见和建议。

【推进成员单位间联网应用项目】 按照电子口岸委工作部署，电子口岸办对各成员单位提出的有关跨部门应用项目的意见、建议进行了梳理，完善、扩大了已有项目的功能，积极推动已达成共识的项目，继续扩大跨部门领域的应用。

完善、扩大已有项目功能。经税务总局和海关总署积极配合，发挥电子口岸办联系协调作用，共同推动出口退税扩大数据项目进展，完成了相关程序开发工作。

为配合外汇核销制度改革，外汇局和海关总署相关部门加强联系沟通，相互配合，完成了外汇核销改革配套项目的开发工作。

积极推进网上税费支付、税费担保在全国的推广。组织推进深圳银行网上支付系统以及建设、民生、中信3家银行网上支付银行担保的推广。2007年共实现税费网上支付2 011亿元人民币，税费担保250亿元人民币。

积极推动已达成共识的项目。海关总署与质检总局认真落实国务院领导要求，双方业务部门加强联系配合，共同推进通关单联网核查项目。完成了通关单联网核查项目的开发与测试，并于2008年1月1日正式上线运行。

电子口岸办积极联系人民银行与海关相关部门，加快启动关库联网核销项目相关工作。

研究开展新增联网项目。海关总署与农业部就开展进出口农药审批证件联网工作的业务、技术等事项进行了沟通，初步达成了联网意向。

海关总署加强与欧盟海关的协调、沟通，启动了中欧安全智能贸易航线试点计划合作项目（简称"安智贸"项目），通过电子口岸平台实现中国与欧盟海关的数据交换，目前，已初步实现了中国与英国、荷兰海关之间的数据交换。

【开展电子口岸建设专题调研】 重点开展电子口岸CA建设及应用问题调研。随着电子口岸的发展，2007年3月份以来，电子口岸办开展了电子口岸CA建设及应用调研，邀请有关CA专家讲授国内外CA建设及应用情况，走访信息产业部、国家密码办、商务部、人民银行、税务总局、质检总局等单位，了解各单位CA应用情况和对电子口岸CA建设的意见，抓紧对电子口岸CA建设及应用的研究。

研究电子口岸建设指导性意见。根据地方电子口岸发展的要求，2007年5月份以来，组织有关人员专题开展电子口岸建设指导性意见的研究工作。主要从大通关核心流程、建设管理体制、电子口岸平台功能及相互关系、项目管理等方面的问题进行宏观研究分析。其间，分别组织召开了多次地方电子口岸建设重点问题座谈会，听取了各地方的意见和建议。

【加强宣传，建立信息沟通机制】 编发《电子口岸工作简报》和《电子口岸快报》。按照电子口岸委工作制度要求，2007年共编发7期《国家电子口岸建设工作简报》和4期《电子口岸快报》，及时通报电子口岸委有关工作，转发地方政府领导的讲话，交流地方电子口岸建设经验，扩大了电子口岸建设的宣传。

制定《电子口岸建设信息沟通办法》。进一步完善信息沟通机制，制定了《电子口岸建设信息沟通办法（试行）》，规定了信息报送内容和报送方式。

开通"电子口岸办工作网站"。开发了"电子口岸办工作网站"，及时汇总各地电子口岸建设动态，编发各类信息共100余条；确定了成员单位、各地电子口岸建设领导机构联系人，及时沟通、宣传电子口岸建设情况。

【推动地方电子口岸建设】 召开部分地方电子口岸建设工作座谈会。2007年3月27日和30日电子口岸办分别在杭州和南昌组织召开部分地方电子口岸建设工作座谈会，加强了横向交流和上下沟通。全国38个地方电子口岸建设领导机构办公室负责人或代表参加会议。

加强与部分地方政府的沟通、协调。由电子口岸委领导带队，走访了天津、山东、广东、福建、辽宁、黑龙江、浙江等地，加强电子口岸实地调研；电子口岸办还接待了山东、上海、天津、新疆等地方电子口岸建设领导机构办公室，听取及协调解决电子口岸建设发展过程中的问题。

组织签署地方电子口岸合作备忘录。根据电子口岸委主任委员的授权，组织签署了海关总署与贵州、广西、黑龙江三省、区共建地方电子口岸"合作备忘录"。

指导地方分支机构参与地方电子口岸建设。电子口岸委各成员单位积极指导地方分支机构参与地方电子口岸建设。例如，各级工商部门在全国范围内对口岸电子执法系统入网用户进行资格审查，补充、更新口岸电子执法系统的企业基础信息；天津、上海、浙江、福建等地检验检疫部门主动加强同地方电子口岸主管部门的联系和沟通。

二、地方层面工作情况。

【逐步健全和完善领导体制和工作机制】 各地政府加强领导，明确职责，加大协调力度，不断健全和建设领导体制，完善工作机制。浙江、山东等省下发了推进电子口岸建设的意见及建设和运行管理办法；山西、陕西等省召开了电子口岸领导机构第一次全体会议，讨论通过了相关工作制度，确定了2007年工作要点。山东、辽宁、湖北、新疆等省区还积极探索电子口岸市场化运营模式，制定建设方案，组建运营实体。

【相继出台地方电子口岸建设规划】 2007年，共有山西、辽宁、安徽、福建、江西、湖北、广西、海南等9个地方完成了本地电子口岸的规划及实施方案。其中，中部地区积极开展调研，认真研究制定建设规划及实施方案，加快电子口岸建设步伐。安徽省政府通过了《安徽电子口岸建设总体规划》；江西省政府完成了电子口岸建设总体规划设计和方案设计招标工作；湖北省政府起草了《湖北电子口岸通关信息平台专项规划》，并通过了专家评审。

【不断加强基础设施建设】 各地采取有效措施，加强基础设施建设，建立和完善运行保障体系，确保本地电子口岸安全稳定运行。上海、河南、安徽、新疆等地完成了电子口岸网络的改造和扩容；天津、河南、粤东等地建立安全监控、预警、维护机制，完善系统运行维护管理。

各地还不断加强区域合作，促进地方电子口岸互联互通。上海、浙江、江苏等省市加强长三角区域大通关合作，积极推进地方电子口岸建设联动发展，浙江电子口岸与宁波电子口岸已经以专线联网方式实现了互联互通；天津市推进共建北方区域无水港建设，探索区域电子口岸的数据交换；广州电子口岸对与香港贸易通跨区域合作进行进一步研究。

【加快推进平台建设】 各地积极推动本地电子口岸平台建设，天津电子口岸与物流信息平台开通运行；辽宁省政府积极推进辽宁电子口岸和大连电子口岸的整合；满洲里电子口岸完成门户网站改版需求。中西部地区加快建设地方电子口岸网站，江西、贵州、陕西、甘肃、宁夏、新疆等地方电子口岸网站正式开通运行。截止2007年底，全国共有34个地方电子口岸网站上线运行。

【开发运行一批新的联网应用项目】 地方电子口岸一批新的联网应用项目上线运行。上海电子口岸加强与中国电子口岸数据中心的合作，积极探索网上税费支付与上海EDI支付业务整合，同时还开发了金山化学工业区液气态化学品联网监管系统、检验检疫审单查验辅助系统（统一版）等重点项目；浙江电子口岸重点开发了空港仓库联网监管系统、环嘉兴港大通关系统等18个政务项目，以及国际物流信息服务系统等3个商务项目；新疆电子口岸加强与境外合作，积极参与中哈霍尔果斯国际边境合作中心园区信息化建设，开发和推广中哈阿拉山口管输进口原油联网监管系统。

【进一步加强协调联动，促进沟通宣传】 各地逐步建立和完善联系沟通机制。一是加强电子口岸建设相关单位间的联系。上海电子口岸开发了制卡中心网上审核辅助系统，促进成员单位间的互联互通；粤东电子口岸经常性组织召开业务研讨会和开展内部调研工作。二是地方之间走访不断加强。沿海地区加强沟通交流，相互学习借鉴，辽宁、广西组织专人赴上海、浙江、天津等地进行调研；中西部地区主动走访沿海地区，学习经验，山西、湖北、陕西等省政府赴上海、广州等地开展了技术和体制调研。三是主动加强与电子口岸办的联系。上海、天津、宁波、广州、大连、新疆等地方电子口岸建设领导机构办公室积极向电子口岸办汇报工作，加强了上下沟通。

同时，各地采取多种措施加强信息收集、整理和沟通工作，扩大电子口岸建设宣传。上海电子口岸建立了信息工作小组，有效促进了上海电子口岸建设联席会议成员单位间的联系、合作；浙江电子口岸采取媒体宣传、现场推介等多种方式进行宣传推广；山西、湖北、粤东等地编制了地方电子口岸工作简报等，加强沟通交流。

2007年出入境边防检查工作回顾

中华人民共和国公安部出入境管理局

2007年，全国各级出入境边防检查机关在公安部的领导下，深入贯彻落实党的十七大和十六届六中全会精神，认真落实科学发展观，按照公安部党委"三基"工程建设和全国边防检查工作会议要求，大力开展提高服务水平工作，提高通关效率、便利旅客通行，加强口岸管控、保障国家安全，加强信息化建设、提高工作效率，加强基层基础建设、创造和谐内部环境，圆满完成了各项出入境边防检查任务，为维护国家主权、安全，服务经济社会建设作出了新的贡献。

【深化执法为民思想，创造和谐高效通关环境】 2007年2月，公安部召开了全国边防检查工作会议，研究部署以提高服务水平为中心，全面加强和改进边检工作。会议提出了新时期出入境边防检查工作的指导方针，即"以提高服务水平为中心，坚持通关效率，坚持严密管控"，要求各级出入境边防检查机关通过加强"服务理念、专业素质、职业精神"三大支柱建设，使边检执法队伍成为国内最优秀的行政执法队伍，边检服务水平达到国内最好的服务水平，在世界上进入先进行列，使边检站成为文明国家的窗口，检查员成为中华民族的文明使者。全国出入境边防检查机关认真落实会议精神，以提高边检服务水平为中心，大力加强三大支柱建设，服务理念逐步深入、服务措施日益丰富、服务设施不断完善，得到了各级领导、广大出入境人员和口岸经营单位的普遍赞誉。

服务意识初步确立。全国边防检查机关如火如荼地开展了"大学习、大讨论"活动，通过向先进服务行业学习、听取服务理念讲座、换位体验、组织宣讲等活动，各级执勤人员对提高服务水平的必要性、重要性和紧迫性的认识进一步明确，主动服务、用心服务意识普遍加强，形成了一套体现以人为本、旅客至上理念的服务方法，社会各界对边检工作的满意度显著提升。

服务措施进一步丰富。各级边检机关从旅客需求出发，想旅客所想，急旅客所需，推出了许多好的服务措施。2007年10月，公安部在总结全国好的工作方法基础上，向全国推行了提前加开通道、发放"登陆指南"、迟到免排队等12项便利措施，取得了良好的社会反响。各边检站依据自身特点也推出了一些深受出入境旅客欢迎的服务措施。深圳皇岗边检站针对旅游团多、候检时间长的问题，研发了旅游团排队叫号系统，使旅游团成员可以在其他候检场所集中休息，既缓解了旅客的焦躁情绪，也减轻了现场拥堵的压力。厦门东渡边检站针对厦金航线90%以上旅客为台胞的实际情况，设立闽南语咨询岗位，为广大台胞答疑解惑和提供咨询服务，让台胞感受乡土、乡音的亲切。深圳皇岗边检站开设深港走读学童专用通道，在验证台前加踏板供学童使用，解决学童身高不足不便人证对照的问题。湖北武汉边检站把长条式填卡台改为高矮合适的分格式填卡台，方便旅客使用。

社会关注度、满意度显著提高。提高边检服务水平工作得到了中共中央领导同志的支持和关注，得到了地方党委、政府前所未有的重视和政策、资金等支持。海南省直工委9月4日在美兰边检站召开了由海南省115个厅局级单位参加的"创建文明高效机关"活动经验交流会，将海口边检总站定为带动口岸整体环境优化、构建服务型政府的示范单位。边检服务水平的提高也受到了广大出入境人员的普遍称赞，全国各级边检机关共收到表扬信、锦旗2 000多封（面），从旅客满意度电子评价系统显示的结果看，旅客满意度普遍达到98%以上。

【上下结合因地制宜，创造和谐高效的通关环境】　推行改革措施，简化通关手续。2007年，公安部出入境管理局推出了中国公民免填入境出境登记卡、过境旅客免填登记卡并一次办结过境手续、启用新版外国人入出境卡等多项改革措施。各地出入境边防检查机关也推行了一些具有口岸特色的改革举措。天津张贵庄边检站利用办理口岸签证的优势，推出口岸签证"一站式"服务，旅客在办理完口岸签证后可直接办理入境手续，避免了二次排队。浦东边检站与民航值机合作，提前处理手续有问题的旅客，避免旅客无谓的排队，浪费时间。

　　提高通关效率，保障口岸畅通。全国边防检查机关通过内部挖潜，改进勤务组织方式，保证开足通道，通关效率明显提高。深圳罗湖边检站创造性地设立了"蓝色提速线"制度。拱北边检站在出入境客流高峰期间，将轮休的旅检队作为机动备勤队参与现场执勤，并结合出入境客流高峰交错出现的特点，实施出入境大厅队相互应急备勤模式，提高了口岸疏通能力。2007年春节、清明、"五一"、"十一"等重要节假日期间，尽管北京、上海、深圳、珠海等各大口岸出入境人数屡创新高，但拥堵情况明显好转，大部分口岸能够确保95%的旅客候检时间不超过25分钟。全国边防检查机关圆满完成了春节、两会、"五一"黄金周、"六四"、两岸直航包机、非洲开发银行年会、博鳌亚洲论坛2007年年会、俄罗斯"中国年"、达沃斯年会、2007年非洲开发银行集团年会、2007年夏季特殊奥运会、十七大等重要活动和特殊时期的边防检查任务。在香港回归10周年庆祝活动期间，深圳出入境边防检查总站等单位因工作出色，得到周永康同志和公安部领导的充分肯定。

　　加强口岸设施建设，支持口岸开放工作。2007年，深圳湾、福田和广西龙邦等7个口岸相继正式开放，天津港东疆保税区、辽宁丹东、湖北宜昌等60个口岸临时开放。各级边检机关主动加强与地方党委政府的沟通、协作，积极投身口岸建设，为边防检查工作的顺利开展打下了良好的基础。2007年，全国各边防检查站共增加和改造出入境查验通道1 100多条、服务设施2 100多个，在执勤现场普遍增加和完善了现场标志牌、引导牌，提供休息座椅和饮用水。湖北武汉边检站改造了执勤现场视频监控系统、证件阅读机等设施，并将长条式填卡台改为高矮合适的分格式填卡台，方便旅客使用。上海浦东边检站采用验证台前后排列、交错摆放的方式，使入境通道由26条增加到38条，较好地解决了入境查验场地狭小、验证通道偏少的问题。此外，公安部还制定了"中国边检"的职业徽标和"边防检查现场标志标准"，并以公安部公共安全行业标准形式出台。

【加强口岸管控，全力维护国家主权、安全和社会政治稳定】　研究特点、加大力度，严厉打击非法出入境活动。针对外国人偷渡案件继续增长，中国公民合法出境后实施境外偷渡活动突出的情况，公安部出入境管理局部署全国边防检查机关加大打击力度，有效遏制了上述非法出入境活动上升的势头。2007年5月，公安部、中央社会治安综合治理委员会办公室、交通部、商务部和海关总署5部委组成工作组赴大连、深圳、上海，对开展防范和打击利用集装箱偷渡活动工作进行了检查调研。深圳皇岗边检站加大对重点人员行李物品检查力度，多次查获携带伪假证件准备实施境外偷渡的人员。上海外高桥、吴淞、洋山等边检站充分发挥边检机关在反偷渡工作中的主导作用，积极推进口岸反偷渡工作机制的建立，适时开展交流、培训、总结评比等活动，有效调动了口岸各单位参与反偷渡活动的积极性。辽宁大窑湾边检站在研究案件规律和特点的基础上，有针对性地加强出境船舶的边防检查和监护，自2005年2月以来未发生一起利用集装箱偷渡既遂案件。

　　多措并举，提高处置突发事件能力。全国边防检查机关根据口岸新情况，通过邀请专家授课、改进技术装备、完善预案、加强演练等措施进一步提高了处置突发事件能力。深圳边检总站组建了总站反恐处突预备队，添置处突仪器设备，并邀请深圳市特警队排爆专家传授经验、培训技能，提高了处置突发事件的能力。拱北边检站与拱北口岸综治办建立协调机制，明确口岸外围区域的管理权责，掌握了应对大规模客流和处理高密度的人群内部发生突发事件的主动权。

【科技应用更加广泛，有效推动业务工作发展】 公安部出入境管理局将科技应用作为推动边检业务发展的重要手段，主要做了以下工作：一是对出入境边防检查信息系统进行了升级调整，进一步完善、优化了系统功能；二是研发了出入境证件联网鉴别系统，实现了多用户通过音频、视频交流案情，异地同步显示通过文检仪获取的证件图像功能，使全国边检机关能够通过实时远程协助网络，进行证件鉴别的沟通与协作，提高了边检执法的工作效率和防控能力；三是积极进行国际航班信息预报制度（即API）建设，力争通过国际航空协会会员网络（SITA），由航空公司在旅客入境前向边检提供旅客资料信息，实施预录入预查控，从而保障口岸安全，提高通关效率。

此外，深圳、珠海边检总站陆续对旅客自助查验通道进行升级，将旅客自助查验系统从港澳旅客推广到内地旅客，每名旅客自助通关时间缩短为5至8秒钟，进一步提高了口岸的通关能力。北京边检总站进行了旅客自助通关系统、API系统、移动口岸系统建设。

【强化基层基础建设，为边检工作长远发展打下坚实基础】 圆满完成基层科队正规化达标工作。2007年是为期3年的九边检总站基层科队正规化建设达标活动开展的最后一年，为确保工作质量，圆满完成达标任务，公安部出入境管理局于年初下发了2007年达标工作安排，要求各边检总站紧紧围绕提高边检服务水平工作，统筹安排，整体推进，确保95%以上的基层科队达标，力争全部达标。各边检总站将提高服务水平工作与达标工作有机结合，通过配强科队班子、加强学习培训、规范执勤工作，推进基层科队正规化建设。在年内的达标验收中，从九边检总站46个申报达标科队和78个已达标科队1 863名民警的考试成绩来看，94%的民警考试成绩达到80分以上，比2005、2006年有了明显提高。经过3年的努力，除新组建科队外，绝大部分总站实现了基层科队100%达标。经过3年的基层科队正规化建设，九边检总站基层科队勤务工作更加规范，队伍精神面貌明显好转，科队领导管理水平得到很大提高，工作作风更加扎实，基层硬件条件大幅改善，为开展提高边检服务水平工作打下了良好的基础。

加强教育培训，提高业务、服务水平。公安部出入境管理局举办了2期科队长培训班，直接对一线执勤科队长集中培训，并组织赴香港参观学习；部署开展了警察警姿专项训练，组织拍摄了《边防检查服务规范》教学片；修订了边检业务基础题库，对考试软件进行了升级和优化；对《边检业务培训教材》进行了专题研究和集中审改。广州、深圳、珠海等边检总站邀请地方大学教授为民警传授服务理念；深圳机场、东渡、外砂等边检站邀请航空公司服务代表举办职业礼仪、形象塑造等专业素质培训。张贵庄等边检站针对天津机场出入境外国人中韩国人占60%以上的特点，举办了朝语培训班。广东边防总队先后3次组织边检站有关人员赴香港入境事务处考察学习，进一步找准了工作差距，明确了改进方向。云南昆明边检站积极开展"空乘服务体验活动"，组织检查员随航班与空乘人员一起为旅客服务，体验高水平的空乘服务。

【加强交流合作，推动边检业务工作协调发展】 加强与兄弟边检站、口岸有关单位的沟通与协作。职改边检站与现役边检站普遍建立了共建机制，开展了更加深入的学习交流活动，通过比、学、赶、帮、超，取长补短，相互促进。各边检总站、边防总队、边检站在往年基础上，普遍与口岸相关单位、地方公安机关出入境管理部门建立、完善了协作配合机制。广州黄埔边检站与口岸其他查验单位、港区公安局、码头公司等单位联手开展了净化口岸登轮环境活动，提高了口岸单位的反偷渡意识，及时发现和堵塞了各种管控漏洞。海口秀英边检站与海口海事局、海口海关现场业务处、海南出入境检验检疫局海口港办事处签订了共建海口港文明和谐口岸协议。

加强与境外移民部门的联系与沟通。公安部出入境管理局与澳大利亚、法国、韩国、日本等国家移民部门，与新西兰、英国、蒙古等外国驻华使馆进行了出入境边防检查方面的交流，了解了一些先进的工作方法和经验，为我国边检工作的发展提供了参考。各边检总站、边防总队也不同程度地开展了对外交往和交流，涉及澳大利亚、荷兰、加拿大、俄罗斯、香港等国家和地区的移民或边防检查部门。广州边检总站还于1月15日为法国、瑞士、瑞典、澳大利亚等10个国家驻广州总领馆共28名官员举办了关于中国护照、签证、旅客出入境验讫章等知识的培训。上海边检总站与荷兰移民局官员就加强信息沟通、打击口岸偷渡活动进行了会谈。

出入境边防检查主要统计数据

2007年，全国出入境边防检查部门共检查出入境人员3.45亿人次，与2006年相比（以下简称"同比"）增长8.38%。其中，内地居民8 132.85万人次，同比增长18.47%；港澳居民21 162.85万人次，同比增长3.01%；台湾居民923.64万人次，同比增长4.83%；外国籍人员5 207.19万人次，同比增长17.62%。按通行口岸类型分，从陆路出入境27 062.91万人次，同比增长7.06%；从海港出入境1 953.56万人次，同比增长9.99%；从空港出入境5 486.41万人次，同比增长14.8%。在全国口岸中，深圳罗湖口岸的出入境人数最多，达9 503.85万人次，占全国出入境人员总数的27.55%。

2007年，我国内地居民出境人数4 093.71万人次，同比增长18.58%。出境前往国家和地区为239个，居前十位的为：中国香港、中国澳门、日本、韩国、越南、俄罗斯、泰国、美国、新加坡、马来西亚。其中，观光旅游1 780.62万人次，占总数的43.5%；探亲访友395.49万人次，占总数的9.66%；会议商务391.61万人次，占总数的9.57%。2007年，有来自233个国家和地区的2 611万人次外国人入境，同比增长17.56%。居前十位的国家为：韩国、日本、俄罗斯、美国、马来西亚、新加坡、菲律宾、蒙古、越南、泰国。其中，观光旅游1 314.08万人次，占总数的50.33%；访问542.61万人次，占总数的20.78%；出入境交通运输工具服务员工209.24万人次，占总数的8.01%。

2007年，全国出入境边防检查部门共检查出入境交通运输工具2 215.54万艘（架、列、辆）次，同比增长5.33%。其中，机动车辆2 114.31万辆次，同比增长5.21%；飞机42.74万架次，同比增长16.17%；火车6.09万列次，同比增长7.79%；船舶52.39万艘次，同比增长4.03%。其中，深圳皇岗口岸全年出入境机动车辆1090.9万辆次，占出入境机动车辆总数的51.6%，位居全国第一；上海浦东机场全年出入境飞机14.33万架次，占出入境飞机总数的33.53%，位居全国第一；内蒙古满洲里口岸全年出入境火车1.4万列次，占出入境火车总数的22.98%，位居全国第一；深圳蛇口口岸全年出入境船舶6.46万艘次，占全国总数的12.33%，位居全国第一。

（中华人民共和国公安部出入境管理局）

2007年出入境检验检疫工作回顾

中华人民共和国国家质量监督检验检疫总局

2007年，全国出入境检验检疫系统坚持以"三个代表"重要思想为指导，以科学发展观为统领，求真务实，开拓进取，不断完善通关业务管理制度，积极承担专项整治工作任务，努力提高检验检疫监管水平，保障进出口商品质量安全，促进对外贸易又好又快发展。

【牵头进出口产品质量和食品安全专项整治工作，打好专项整治攻坚战】 制定并下发了《进出口商品质量和食品安全专项整治实施细则》，对专项整治工作进行全面部署；编发检验检疫系统《产品质量和食品安全专项整治动态》60期，总结、宣传整治工作典型经验和先进做法；起草了《检验检疫系统进出口产品质量和食品安全专项整治工作检查验收细则》，为总结验收提供指导。

研究探索检验检疫长效机制，巩固提高整治成果。组织召开了出入境检验检疫长效机制研讨会，围绕加强源头监管、全申报全备案等12个方面进行讨论，研究建立长效机制的工作措施，拟写了《关于建立出入境检验检疫长效机制的指导意见》，指导各地从建立以地方政府为主导的抓源头工作机制、建立和完善口岸和内地检验检疫机构协作配合工作机制等10个方面构建检验检疫长效机制。

加大部门协调力度，通关单电子联网核查取得实质进展。开展专项整治行动以来，加强与海关总署的沟通协调，使通关单联网核查工作取得了实质性进展。总局和海关总署联合发布了《关于实施检验检疫通关单联网核查的公告》，从2008年1月1日起在全国范围内实施通关单联网核查，实现通关数据的自动比对，确保报关和报检货物一致，有效遏制逃漏检，打击非法出口行为。

探索创新管理模式，利用原产地工作协助查处逃漏检等违法行为。结合专项整治行动，探索创新监管手段，利用原产地业务覆盖面广的特点，在原产地签证过程中增加对产品质量安全的协作把关，对原产地证申报数据和报检数据进行核对，排查企业逃漏检、谎报瞒报等不法行为，提高检验检疫机构执法把关的有效性。

【检验检疫信息化建设取得显著成效】 出口企业电子监管不断取得新进展。完成了电子监管企业端通用版软件的网上安装、运行维护等工作，发布产品监控项目4 200余条，安装企业端软件3.75万家，上线运行的企业达2.26万家。加快推进视频监控，完成了总局、直属局和分支机构三级监控体系建设，监控点总数达1 853个，已覆盖口岸、查验场、企业等。

检验检疫业务管理软件开发、推广进展顺利。动植物疫情数据库等16个软件开发工作有序推进；原产地业务电子管理系统顺利推广，为实现全国数据大集中提供了有益经验；进出口企业诚信体系管理系统建设步伐加快，为实施诚信管理提供了有力保障；开发了检验检疫公共代码标准化系统；铁路版口岸快速查验系统顺利上线；电子支付试点取得积极进展。

【加大检验检疫监管力度，规范工作秩序，查处违法违规行为】 开展专项查处行动，严厉打击买卖检验检疫证单违法行为。成立"专项查处行动"专案组，调查处理买卖检验检疫证单违法行为，出台了严厉打击买卖检验检疫证单违法行为的措施，进一步规范了检验检疫工作秩序。

针对年内我国产品质量问题在国际上面临的严峻形势，有针对性地对法检目录进行调整，将124种人类食品和动物饲料添加剂及原料产品列入法检目录，实施检验检疫监管。

自2007年9月1日起对出口食品运输包装加贴检验检疫标志，提高检验检疫监管的有效性。

顺利完成检疫处理单位的清理整顿，完善检疫处理从业单位的审批、管理和财务制度，清理了不具备从业资格的检疫处理单位，与解放军总参谋部签署了《关于加强出入境检疫处理科技合作备忘录》，规范检疫处理工作秩序。

加强对报检单位和报检员诚信管理。配合口岸查验专项整治，开发和推广应用"报检单位和报检员诚信管理系统"，加强对报检单位的诚信管理，实行报检员差错扣分制度，提高企业的诚信意识。

【贯彻落实科学发展观，探索检验检疫通关业务新举施】 积极创新，推动通关机制改革。改革与创新检验检疫查验放行模式，下发了《检验检疫查验放行机制改革方案》和《检验检疫直通放行工作规范》，提出了对符合条件的进出口货物建立以企业诚信管理和货物风险分析为基础，以信息化和电子监管为手段的直通放行制度。

简化航空口岸出入境旅客检验检疫手续。适应航空口岸旅客快速通关的新需求，进一步简化航空口岸出入境旅客检验检疫手续，在福建、厦门航空口岸进行了改革试点工作，取得良好效果，得到地方政府和旅客的较好评价。在此基础上，与民航总局联合发布公告，从2008年1月1日起，简化所有航空口岸的健康申报手续。在国内外未发生重大传染病的情况下，出入境旅客不再填写"出入境旅客检疫健康申明卡"。

降低收费标准，减轻企业负担，促进农产品出口。积极落实中央一号文件精神，对法检目录内的出口食品、农产品全额免收或减半收取出入境检验检疫费，进一步支持扩大食品、农产品出口，促进农业产业发展和农民增收。配合专项整治行动中对出口食品运输包装加贴检验检疫标志的要求，将检验检疫标志（标记）收费标准在原有基础上降低50%，减轻出口食品生产企业的负担。

【落实自贸区总体战略部署，促进外贸又好又快发展】 落实自贸区发展战略，帮助企业充分利用优惠贸易政策。认真落实中央部署，积极参与自贸区优惠原产地规则的制定，促进我国自贸区战略的贯彻实施。帮助企业用好普惠制及区域优惠原产地证书，享受关税减免优惠待遇，提高出口产品国际竞争力。加强对外交涉力度，妥善处理普惠制及自贸区优惠原产地证书退证查询，保障出口货物在国外顺利通关结汇并享受关税优惠，维护我国出口企业利益。

推进实施检验检疫"绿色通道"制度，实施"绿色通道"制度企业总数达到2 534家。推进原产地标记保护工作，维护中国制造名牌产品的形象和声誉。

积极支持特殊监管区域建设和功能整合，促进加工贸易转型升级和现代物流发展。

【加强法律法规建设，推进依法行政】 结合商检法及其实施条例、"大通关"建设和检验检疫监管模式改革，完成了《出入境检验检疫报检规定》、《出入境检验检疫签证管理办法》的修订方案。

贯彻《国务院关于第四批取消和调整行政审批项目的决定》，认真做好取消和调整行政审批项目的落实和衔接工作，再次组织专家修改《非优惠原产地证书签证管理办法》草案。

【服务国家外交大局，加强国际交流与合作】 参与金伯利进程各项事务，履行我国的国际义务。牵头组织对老挝金伯利进程实施情况进行国际核查，参与金伯利进程工作，积极发挥中方作用，促进金伯利进程国际证书制度不断完善和发展，树立良好的国际形象。

加强与国外官方机构合作，积极推进检验检疫官方证书及原产地证书联网核查机制建设，提高证书查询效率，共同打击伪造证书的不法行为。

稳妥应对WTO贸易便利化谈判，做好涉及检验检疫部分谈判的相关工作。加强对泛北部湾区域经济的支持，积极研究检验检疫相关便利措施，促进区域经济协调发展。

协调部署中俄国家年出入境检验检疫相关工作，加快参加活动的人员、展品的通关速度，确保我方人员、展品、物资便捷、安全进出境。

【加强部门协调合作】 继续贯彻落实关检合作备忘录，深入推进包括"一机两屏"在内的关检合作各项工作，按照备忘录所列关检协同执法机制的有关要求和建设方案，全面落实在旅检通道实现"一机两屏"监管模式，充分发挥各自职能优势，提高执法效能；根据检验检疫工作的特点和工作实际，加强与海关的沟通与协作，建立关检HS编码与法检目录联合调整及有效的协调机制。

联系协调奥组委，做好奥运相关工作。总局与北京市政府和北京奥组委签署了奥运会检验检疫工作合作备忘录，建立起三方合作机制，为做好奥运会检验检疫工作提供了制度上的保障；出台了奥运会检验检疫工作方案，制定了13项奥运会检验检疫优惠政策和便利措施；总局和香港卫生福利局签署了奥运会赛马检验检疫合作协议，向港方提供技术援助和专家支持，协助港方做好进境赛马的检验检疫各项工作；顺利完成上海特奥会进出境检验检疫工作，确保了特奥会的成功举办；积极做好"好运北京"赛事的检验检疫保障工作，确保与会人员、物资在有效监管前提下，快速通关。

做好口岸检验检疫相关工作。贯彻"十一五"口岸发展规划，参与审批验收新开和扩大开放口岸7个，落实新开放和扩大开放口岸检验检疫工作条件，提高口岸检验检疫查验设施的科技水平和把关效能。

会同商务部编制中国—东盟自贸区宣传手册，引导企业充分利用自贸区优惠政策。

【完善统计制度，加强统计工作】 制定了新的统计报表格式，增加了统计数据内容，完成了《2006年检验检疫统计年报》的编印工作，为科学决策提供了有力的支持。

2007年海事工作回顾

中华人民共和国海事局

2007年是海事系统深入贯彻落实科学发展观，努力做好"三个服务"，加强水上安全监管，规范管理、快速发展的一年。在这一年里，广大海事干部职工团结拼搏、开拓进取，取得了显著成绩。

【水上监管工作有新面貌】 2007年，港口吞吐量达到64.1亿吨，同比增长15.1%；集装箱吞吐量突破1亿标准箱，达到1.127亿标准箱，同比增长20.4%。水上施工和活动频繁，船舶流量继续增加，水上交通安全形势继续保持稳定。全年全国共发生运输船舶水上交通事故420件，死亡、失踪372人，沉船248艘，直接经济损失40 197.6万元，4项指标同比分别减少4.5%、1.1%、0.8%、9.3%。

监管力度继续加大。一是加大了通航管理力度。完成巡航里程742万海里，巡航时间90万小时，巡航次数38万次。在青岛水域、琼州海峡和长江中游分别实施了船舶定线制和分道航行规则，全国13个沿海和内河水域实施了船舶定线制。二是加大了船舶监督力度。办理国际航行船舶进出口岸查验和国内航行船舶进出港签证共1 191万艘次，实施国轮安全检查8.4万艘次，滞留船舶2 544艘，滞留率为3.0%；实施港口国监督4 076艘次，滞留船舶455艘，滞留率为11.16%。34艘船舶被列入重点跟踪船舶名单，113艘船舶被评为2007年度安全诚信船舶，安全诚信船舶总数增加到196艘。三是加大了船舶防污染管理力度。妥善处置107起船舶污染事故，开展船舶防污染登轮检查7.4万艘次、船舶排污设备铅封5 229艘次。实施铅封后，船舶减排量超额完成了"排岸接收量至少增加5%"的限排、减排目标。

源头管理继续加强。一是把好船舶准入关，加快了海船更新改造和老旧客滚船淘汰步伐，在全国11个省市29个船舶登记机关开展了内河船舶登记业务交叉检查，开展了建立海事现场监督、船检管理以及船舶检验三者沟通协作机制的研究。二是把好船公司和船舶审核关，积极推进第三批船公司及船舶实施《国内安全管理规则》，调派公司审核组1 346个、船舶审核组3 873个，对969家国际、国内公司和5 000多艘船舶进行安全管理体系审核，提高了船公司的安全管理水平和船舶有效安全管理证书持有率。三是把好船员适任关。举办了11期共有4.6万人次参加的全国海船船员适任统考，3期共有3.1万人次参加的长江干线内河船舶船员适任统考。签发海船船员适任证书10.8038万本，内河船员证书18.8837万本，发放海员证10.4915万本。

专项整治继续深化。开展了渡口渡船、低质量船舶、方便旗船舶、危险品运输等专项整治活动，组织了防碰撞防泄漏专项整治工作，进行了水上交通安全生产中的事故隐患排查和船舶污染风险评估。"两防"整治活动期间，直属海事系统共出动执法人员26万人次，出动执法船舶8.2万艘次，排查安全隐患4.4万个，督促完成整改4.2万个，查处违法行为4.2万件，实施行政强制1 384次，实施行政处罚1.3万件，组织培训人员12.4万人次。活动期间船舶碰撞事故件数与2006年同比下降28.9%。

【海事服务有新拓展】 优化通航环境。维护长江口深水航道整治工程、洋山港、三峡船闸完建工程、苏通大桥、杭州湾大桥、河北曹妃甸港等重点项目施工水域通航安全。建设安全、畅通、便捷的海上通道，保障石油、矿石等战略物资的运输。提供了2007年青岛帆船赛水上安全保障，与福建省人民政府开展海峡西岸经济区建设合作，调查统计全国沿海通航环境和沉船沉物。跟踪"奋威"、"畅通"、"丰收"和"南海一号"等沉船打捞进展情况并提供安全保障；开展沿海有人居住岛屿航路航标建设，在册管理的5 096座航标正常发光率和DGPS信号可利用率均接近100%；水上测量面积共16 321.26平方公里，编绘、出版港口航道图和电子海图共394幅，电子海图已覆盖全国沿海44个港口，发挥了海事服务经济发展和人民群众安全便捷出行的积极作用。

强化预警服务。建立恶劣天气预警和联动疏导机制，下发了风灾、能见度不良、冰冻期、洪枯水期船舶安全管理文件，主动通过互联网等媒介向社会提供海事管理信息服务。共发布防抗台风安全信息49.7万条、中英文航行警告2.6万次、航行通告1.4万次，处理险情131起，救助遇险船舶91艘、人员355人，取得了台风期间交通运输船和施工船人员连续3年"零死亡"的好成绩。

促进船员发展。新批准111个培训项目，允许14所航海院校开展非工科海员适任培训，吸收非航海专业毕业生加入高级船员队伍，缩短培养周期，扩大就业，改善船员队伍结构。开展海船船员考试培训业务网上申报和海船船员适任远程计算机终端考试，缩短办证时间，提高管理效率。

提高信息化服务效能。完善船舶登记、船舶动态、船员管理、船舶卡应用管理、船载客货管理、险情信息管理、综合统计、内外网业务查询等信息系统，发挥使用管理效益，提高海事工作效率和水平，方便行政相对人。

【依法行政水平有新提高】 进一步加快海事立法进程。《船员条例》、《船舶签证管理规则》、《国际船舶保安规则》、《航运公司安全与防污染管理规定》等颁布实施。《防治船舶污染海洋环境管理条例》被列为2008年国务院一类立法计划。积极促进地方开展水上交通安全立法，《广西海上搜救条例》、《天津市海上搜寻救助规定》等地方法规颁布实施。

继续加强海事行政执法监督。完善《海事行政执法监督实施办法》，健全行政执法人员资格考试和监督管理制度，开展全国海事系统执法对口检查，总结评估近3年海事系统行政复议工作，促进执法规范和依法行政水平的提高。深化开展"行政执法一面旗"系统研究和实践，制定了关于开展"行政执法一面旗"建设的决定和进一步推进"实现中等发达国家海事监管水平"工作的意见，为全面提升海事系统水上交通安全监管能力和水平打好基础。

【监管能力建设有新进展】 加大海事基础设施建设投入，全年下达投资计划突破10亿元，签署了2架直升飞机购置合同，开工建造1艘千吨级巡视船、9艘60米巡视船，完成了一批玻璃钢巡逻船建造项目。完成了水上安全监督信息系统二期工程和船舶"一卡通"推广工程的竣工验收，开展了信息一期、二期工程的评估和信息三期等工程项目的前期工作，加快建设海事应急辅助指挥系统试点工程和搜救指挥显示系统工程，初步完成搜救指挥应急平台建设。新建4个VTS中心和9个雷达（中继）站，完善AIS、CCTV、VTS系统建设，初步形成了覆盖沿海重点水域的网络。全年全国VTS中心认真值班，处理船舶水上险情8 001次。

【突发事件应对能力有新提升】 继续完善各级搜救预案体系，出台了防抗极端天气应急预案，推动各省级搜救中心完成制定搜救预案，浙江、上海等8个省级船舶污染应急预案和沿海34个地市级应急预案通过地方政府发布实施。召开了建国以来首次全国海上搜救电视电话会议。与民政部、农业部等部委建立了海上搜救协助联动机制，建立了鼓励社会搜救力量参与海（水）上搜救行动的补偿和奖励制度。促成了山东、黑龙江省搜救中心的成立。开展了浙江沿海巡航救助一体化试点的研究工作。举办了渤海溢油应急演习、长江三峡库区水上联合搜救演习。成功组织防抗"圣帕"、"蝴蝶"台风、特大风暴寒潮等灾害性天气，救援了被困渔船559艘、中外渔民4 360人，完成了"地中海乔安娜"轮与"奋威"轮、"金盛"轮与"金玫瑰"轮等碰撞事故的应急处置。全年共组织协调搜救行动1 861次，协调船舶7 830艘次、飞机245架次，救助2.4万人，救助成功率达到96.8%。其中，救援西沙、南沙被困中外渔民事件和"5·12"船舶碰撞事故调查处理等工作得到了国务院、部党组的高度评价和国际社会的广泛赞誉。

【海事发展有新活力】 继续开展"规范管理年"活动。在直属海事系统深化完善执法模式改革，有效整合监管资源。积极应对IMO自愿审核机制，全面梳理我国履约法规，促进了海事内部工作程序的完善，提高了海事管理水平。严格规范计划和基本建设管理,加强财务管理与审计监督,开展行政效能督查、资产核资、船舶及水上浮动设施统一保险等工作,夯实海事发展基础。加强人力资源管理,在深圳海事局试行了海事职务等级标志制,开展了首届海事履约论文英语演讲比赛和具有航海资历的执法人员培训班,首次与世界海事大学联合开展港口国监督高级培训,招录1 088名大学毕业生、船长、轮机长充实海事队伍,为海事发展提供人力资源保障。

【国际合作有新举措】 举办了2007年上海国际海事论坛、国际海事调查官论坛、中国—东盟海事磋商机制第三次会议,与国际海事组织联合举办了第二届区域拆船研讨会。与韩国方面签订了海上搜寻救助合作协定和姐妹灯塔安排协议。主动援助韩国处置油轮重大溢油事故,运送了53吨清污材料。对GBS、LRIT等热点议题展开跟踪研究,在国际上积极发挥作用。与英国、伊朗两国签订船员适任证书互相承认协议。派出104批次、共233人次出席了IMO、IHO、IALA、EAHC、FERNS等国际组织的研讨会,积极参与国际事务,展示我国海事形象,提升了中国海事的国际地位。

【海事政风有新转变】 召开了首次全国海事系统政风建设现场会,着力加强以提高服务能力、工作效率和依法行政水平为主要内容的政风建设,按照转变职能、转变方式、转变作风的要求,围绕海事中心工作,积极融入地方经济社会发展。

推进精神文明创建。组织"学树创"活动,推进以"五大工程"为主要载体的文明创建活动,实施了海事文化建设工程,加强文明执法示范窗口建设,培育树立了一批劳动模范和先进工作者等海事系统先进典型,在主动服务行政相对人、主动服务地方经济发展中展现了良好的海事政风。

继续深入开展治理商业贿赂工作。组织开展了工程建设领域和政府采购活动治理商业贿赂工作自查自纠,开展了禁止利用职务上的便利谋取不正当利益的活动,大力推行实名举报奖励制度,首次兑现了奖金。

继续深化政务公开。加大政务公开力度,制定了海事系统政务公开合规评价考核标准,并在广东、河北海事局进行了试点。2007年,交通部海事局获得"全国政务公开先进单位"荣誉称号,是交通系统惟一获此殊荣的单位。

党的十六大以来,海事工作贯彻落实党中央、国务院和部党组的一系列重大战略部署,深入贯彻落实科学发展观,坚持以人为本,求真务实,开拓创新,克难奋进,积极应对水上安全出现的新情况和新问题,深入探索水上安全监管的规律,保持了持续、快速、健康发展的良好势头,水上安全形势保持稳定,海事发展迈入良性轨道,监管能力显著提高,水上应急处置成绩突出,队伍素质不断增强,社会影响力逐步扩大,国际交流合作不断深化。

(鄂海亮 许吉翔)

第二篇

各省、自治区、直辖市
口岸运行情况

北京市

北京口岸工作综述

【概况】 2007年，在北京市委市政府和北京市商务局的领导下，北京市口岸办领导班子带领全办同志，以邓小平理论和"三个代表"重要思想为指导，坚持以科学发展观统领全局，在巩固发展口岸"大通关"成果、推进北京电子口岸建设、落实奥运行动规划中便捷通关措施、提升口岸通关效率和服务水平、加大口岸调研和协调工作力度、强化机关基础工作建设等方面，取得了明显成绩。口岸运营情况良好；"大通关"重点工作切合实际，有新突破、新进展；落实"新北京、新奥运"战略，政府行政管理职能进一步发挥；大型活动机场迎送任务协调到位，完成圆满；口岸基础工作进一步扎实，自身建设上了新的台阶。

【口岸运营情况】 2007年度，北京市各口岸运行情况良好，多数指标均有大幅度的增长。1~12月份，口岸进出境旅客及员工共1 464.46万人次（含北京西站临时口岸7.76万人次），同比增长15.67%；海关监管进出口货物共120.84万吨，同比增长10.75%，其中监管进口货物90.92万吨，同比增长6.73%，监管出口货物29.92万吨，同比增长25.08%；征收关税及代征税共332.13亿元，同比增长18.93%；检验检疫49 672批次，价值金额14.3460亿美元。

北京空港口岸多项指标均有大幅度增长，各项指标均创历史新高。旅客吞吐量首次突破5 000万人次，达到了5 358.37万人次，同比增长10.13%；进出境旅客已接近1 500万人次，达到了1 456.7万人次，同比增长15.53%（其中：外籍旅客830.01万人次，同比增长18.24%）；飞机起降架次接近40万架次，达到了39.97万架次，同比增长6.12%（国际航班也突破10万架次）；海关税收252.58亿元，同比增长25.5%；海关监管进出口岸货物39.08万吨，同比增长14.37%；货邮119.26万吨，同比增长15.93%。

北京朝阳口岸监管进出境货物8.44万标箱，同比下降9.30%；监管进出境货物总量73.85万吨，同比增长4.81%；征收关税及代征税81.12亿元，同比增长2.51%。

北京丰台货运口岸监管进出口货物7.91万吨，同比增长76.56%；征收关税及代征税4 341.9万元，同比下降7.66%。

【大通关】 2007年，口岸办积极配合北京海关、北京市商务局等部门，多次研究北京电子口岸的初期建设问题，探讨电子口岸的功能和作用，进一步明确了总体建设目标和定位；组织召开专题会研究2007年北京口岸"大通关"工作，确定了2008年奥运会之前北京口岸"大通关"重点事项，提出了做好奥运会之前口岸"大通关"工作的建议和措施；结合北京口岸特色和实际业务需求，积极配合并切实推动北京电子口岸建设；空港口岸的客货运通关现状进一步得到改善；京津两地推进口岸合作，共同服务奥运，陆港口岸建设有了一个新的起点。

【属地管理职能加强】 首都机场地区精神文明建设工作稳步推进，社会治安综合治理成效显著；北京口岸反偷渡反走私工作力度大，效果好；首都机场地区食品安全工作周密细致，确保了安全；积极、主动、热情参与机场管委会工作，在重大问题上发挥地方政府协调作用明显。

【大型活动迎送任务圆满完成】 2007年，"两会"、两岸包机、中国网球锦标赛、诺贝尔奖获得者北京论坛、北京国际教育博览会、京港洽谈会、"2007夏季特奥会北京社区接待计划活动"、"好运北京"各项奥运会测试赛等机场大型活动迎送任务相对较重。截至11月底,共协调国际国内重大活动及大型航空运输任务76期,进出首都机场专包机138架次,均万无一失,树立了北京口岸办的良好形象,得到了主办方和组委会的表扬。特别是"2007夏季特奥会北京社区接待计划活动"的机场迎送工作,被主办方授予"突出贡献单位"奖。

【基础性工作】 一是以科学发展观为指导,口岸调研工作上台阶、出成果。圆满完成了国家口岸管理办公室"合理配置口岸管理资源,提高口岸整体通关效能"课题调研工作;就"口岸规划和布局"、"口岸配套设施建设资金分配和管理机制"、"口岸建设和管理评估体系"、"口岸管理体制改革"和"口岸管理法理基础"等一系列涉及口岸建设的重点、难点问题提出意见和建议,并得到国家口岸管理办公室调研组的高度重视;依法行政观念增强,信息统计及时准确。二是口岸信息宣传工作整合资源、开拓思路,成绩斐然。

2007年北京口岸运营情况

	项目	2007年	2006年	同比±%
	首都机场空港口岸			
	旅客吞吐量（万人次）	5 358.37	4 865.48	10.13
其中	进港（万人次）	2 612.69	2 381.95	9.69
	出港（万人次）	2 745.68	2 483.53	10.56
	进出境旅客吞吐量（万人次）	1 456.70	1 260.92	15.53
其中	外籍旅客进出境人员（万人次）	830.01	701.97	18.24
	货邮运量（万吨）	119.26	102.87	15.93
	飞机起降（架次）	399 697	376 643	6.12
其中	进港（架次）	199 874	188 162	6.22
	出港（架次）	199 823	188 481	6.02
	进出境飞机起降（架次）	100 431	87 970	14.17
	海关监管空运货物（万吨）	39.08	34.17	14.37
其中	监管进口货物（万吨）	17.67	15.32	15.34
	监管出口货物（万吨）	21.41	18.85	13.58
	海关征收关税及代征税（亿元）	250.58	199.67	25.50

北京市

（续表）

项目		2007年	2006年	同比±%
北京丰台货运口岸				
外运进出口货运（万吨）		4.24	2.79	51.97
海关监管货物（万吨）		7.91	4.48	76.56
其中	监管进口货物（万吨）	0.53	0.65	−18.46
	监管出口货物（万吨）	7.38	3.83	92.69
海关征收关税及代征税（万元）		4 341.9	4 702.1	−7.66
北京朝阳口岸				
陆港公司进出口货运量（标箱）		55 722	62 286	−10.54
海关监管货物（标箱）		84 435	93 094	−9.30
其中	监管进口货物（标箱）	82 762	91 328	−9.38
	监管出口货物（标箱）	1 637	1 766	−7.30
海关监管货物（万吨）		73.85	70.46	4.81
其中	监管进口货物（万吨）	72.72	69.22	5.06
	监管出口货物（万吨）	1.13	1.24	−8.87
海关征收关税及代征税（亿元）		81.12	79.13	2.51
海关监管货物（万吨）		120.84	109.11	10.75
其中	监管进口货物（万吨）	90.92	85.19	6.73
	监管出口货物（万吨）	29.92	23.92	25.08
海关征收关税及代征税（亿元）		332.13	279.27	18.93

北京口岸查验单位工作综述

北京海关

【概况】　北京海关共下设3个隶属海关——首都机场海关、中关村海关、北京经济技术开发区海关，7个派驻机构——驻邮局办事处、驻朝阳办事处、驻车站办事处、驻平谷办事处、驻顺义办事处、现场业务一处、现场业务二处。其中首都机场海关为国家一类空港口岸。

【运行数据】 2007年北京地区累计实现外贸总额1 929.5亿美元,比上年(下同)增长22.1%。其中出口489.2亿美元,增长28.9%;进口1 440.3亿美元,增长19.9%。北京地区外贸规模仍居环渤海地区各省市之首,占当年环渤海地区进出口总额的40.9%;在全国各省市中排在广东、江苏、上海之后继续保持第四的位置。全年北京地区贸易逆差累计达到951.1亿美元,净增130亿美元。全年共征收税款355.6亿元,比年度计划338.8亿的税收目标增收16.8亿元,比上年实际增收55亿元;人均征税2 620.3万元,位居全国海关第四;审批减免税总货值57.43亿美元,减免两税81.88亿元人民币。

【外贸特点】 一是与主要贸易伙伴保持良好合作关系,超过百亿美元的贸易伙伴增至7位。2007年,欧盟以302.5亿美元稳居北京地区第一大贸易伙伴,与上年相比进出口贸易额增长25.7%,其中出口110.6亿美元,增长32.8%;进口191.9亿美元,增长22%。日本仍是北京地区第二大贸易伙伴,外贸总值为150.1亿美元,增长13.8%,其中对日本出口37.2亿美元,增长13.5%;自日本进口112.9亿美元,增长14%。东盟取代美国成为北京地区第三大贸易伙伴,累计实现外贸总值147.8亿美元,增长23.2%,其中出口67.6亿美元,增长41.7%;进口80.2亿美元,增长11.1%。2007年北京地区与韩国、沙特阿拉伯的进出口首次突破百亿美元,使北京地区外贸规模超过百亿美元的贸易伙伴增至7位。此外,近年来北京地区与印度间进出口增长迅速,已连续4年保持两位数增长。印度首次杀入北京地区贸易伙伴前十榜单,累计实现贸易额55.5亿美元,增长64.3%,其中出口24.8亿美元,增长46.6%;进口30.7亿美元,增长82%。二是一般贸易仍居主体地位,加工贸易快速增长。2007年北京地区一般贸易方式项下外贸总额为1 480.7亿美元,增长21.4%,占当年北京地区外贸总额的76.8%。其中出口247.4亿美元,增长20.8%,占当年北京地区出口总额的50.6%;进口1 233.3亿美元,增长21.5%,占当年北京地区进口总额的85.6%。一般贸易项下逆差为985.9亿美元。加工贸易项下进出口319.4亿美元,增长29.6%,占当年北京地区外贸总额的16.6%。其中出口202.4亿美元,增长36.6%,占当年北京地区出口总额的41.4%;进口117亿美元,增长19.1%,占当年北京地区进口总额的8.1%。加工贸易项下顺差为85.4亿美元。三是国有企业仍是对外贸易的主要力量,私营企业增长迅速。2007年,北京地区国有企业进出口总额为1 351.2亿美元,增长18.8%,占当年北京地区外贸总额的70%,其中出口239.9亿美元,增长23.9%;进口1 111.3亿美元,增长17.7%。外商投资企业进出口总额为495.4亿美元,增长27.6%,占当年北京地区外贸总额的25.7%,其中出口217.1亿美元,增长30.6%;进口278.3亿美元,增长25.3%。私营企业进出口总额为62.9亿美元,增长56.1%,占当年北京地区外贸总额的3.3%,其中出口27.1亿美元,增长57.7%;进口35.8亿美元,增长54.8%。四是朝阳区仍是北京地区外贸领头羊,丰台区进出口规模增长迅速。2007年,朝阳区进出口总额为820.2亿美元,增长18.3%,占当年北京地区外贸总额的42.5%;西城区和海淀区紧随其后,外贸规模分别为422.7亿和265.2亿美元,分别增长24%和21.3%;丰台区进出口总额为54亿美元,增长48.1%,增速在各区县中位列第一。五是大宗商品贸易继续保持良好态势。2007年,北京地区累计出口机电产品286.2亿美元,增长31.8%;出口高新技术产品170.9亿美元(与机电产品有交叉,下同),增长24%。大宗产品中出口手机1.4亿台,增长70.8%;出口成品油539.2万吨,增长45.5%;出口钢材355.8万吨,增长39.6%;出口服装及衣着附件18.9亿美元,增长6.3%;出口煤2 882.9万吨,下降3.2%;出口谷物及谷物粉496.5万吨,增长80%。进口方面,累计进口机电产品448亿美元,增长18.3%;进口高新技术产品222亿美元,增长4.6%;进口原油1.3亿吨,增长12.8%;进口汽车及底盘62.7亿美元,增长73.2%;进口铁矿砂6 373.4万吨,增长36.2%。

【缉私缉毒】 2007年,北京海关共查获走私行为案件19起,案值3 924.17万元,涉嫌偷逃税额947.67万元;结处走私行为案件4起,案值总计1 836.65万元,涉嫌偷逃税额312.8万元;查获违规案件750起,案值总计50 161.56万元;结处违规案件761起,案值总计130 547.28万元。查获毒品走私案件33起,查获冰毒8 213克、海洛因40 566.61克、可卡因402.92克、麻黄素498.8千克。

【行邮监管】 2007年机场海关监管旅客、航班比上年同期均有增长。共监管进出境航班92 230架次，同比增加16.6%，其中入境航班46 243架，同比增加16.1%；出境航班4 5987架，同比增加17%。监管进出境人员1 484.47万人次，同比增加17.3%，其中入境人员744.02万人次，同比增加16.3%；出境人员740.45万人次，同比增加18.3%。全年新增国际航班航空公司4家，新开国际航线16条，新增加国际航班72个。2007年全年还监管进出口货物267.6万吨，同比增长2.3%；审核报关单101.5万票，同比增长10.6%；监管进出口快件582万件、2.8万吨，同比均增长16.7%。

【驻华机构监管】 北京海关担负着对188家驻华使馆、联合国驻华代表处及其他国际组织驻华代表机构约6 000余名外交人员和7 473家新闻、经贸等常驻机构及其常驻人员进出境公私用物品的审批和海运转关物品的监管验放任务。2007年，在业务量增幅较大的情况下，北京海关在工作中做到了请示及时、协调有力、程序规范，圆满完成了各项外事监管任务。

北京出入境边防检查总站

【概况】 2007年,北京出入境边防检查总站在公安部六局的正确领导下,认真贯彻落实科学发展观,以提高边检服务水平为中心,坚持通关效率,坚持严密管控,紧紧围绕总站年初确定的"提高服务水平、2008年奥运会边检筹备工作、三基工程建设、廉政建设"4个主题,按照"以深求实,以细求实,以新求实"的工作要求,"力量往基层使,工作往实里干",各项工作都有了新的进步和发展,队伍建设和业务工作在新的起点上实现了新跨越。

【"三基"工程】 "三基"工程深入推进,33个分队(科、室)全面达标,基层基础更加坚实。队伍稳定和谐,千帆竞渡,百舸争流,生机勃勃,充满活力。

【大力提高服务水平】 抓主要矛盾,切实转变服务理念;抓薄弱环节,切实提高专业素质。高水平的服务离不开高素质的队伍。北京边检总站、队、分队三驾马车齐奋进,大多数民警的专业素质与所担负的岗位职责的差距明显缩小,民警的积极性和工作热情被极大地激发出来。旅客候检时间平均12分钟,受检时间在45秒的基础上平均缩短了4~5秒。据国际民航组织按照行业标准进行的考核,北京边防总站以3.94分位居机场23个成员单位之首,对机场的服务工作起到了拉动和示范作用。旅客满意率始终保持在98%以上。中央、公安部、北京市等领导对北京边检总站服务工作出现的积极变化给予了充分肯定。国内外旅客、航空公司、中外媒体都盛赞总站的服务工作。提高服务水平的工作收到良好的社会的效益,推动了和谐社会的建设。

【通关效率和管控】 优化警力配置,科学组织勤务,发挥人员和设备的最大效益,切实提高通关效率;严密口岸管控,严格检查程序,充分发挥职能,确保了国家安全和社会政治稳定;加强情报调研,建立预警机制,提高了"处突"的主动性;严肃查处非法出入境案件,有效遏制非法出入境活动。

【全力备战2008年奥运会】 北京边检总站把奥运筹备工作当作全年工作头等大事,多次召开专题会议,每周召开碰头会议,并多次组织各部门现场办公,及时解决筹备工作中的难题。还多次邀请部领导、北京市领导、机场领导和奥组委的领导到现场参观指导,汇报筹备工作中的困难。

【正规化达标工作】 北京边检总站按照部局"要在深化科队达标工作上下功夫"、"要把正规化建设达标工作重心放在软件建设上"的指示要求,人人心中有目标、肩上有担子、身上有压力,在高标准建设上下功夫、在长效机制上下功夫、在规范管理上下功夫。

【口岸管控】 2007年北京边检总站共检查旅客1 464.4636万人次,同比增长15.58%;检查交通运工具83 561架(列)次,同比增长17.50%。圆满完成了"十七大"、"香港回归十周年庆典"、"好运北京"测试赛等一系列重大活动的边防检查任务,确保了万无一失。

北京出入境检验检疫局

【概况】 2007年,北京检验检疫工作认真贯彻落实党的十六大和十六届六中全会精神,深入学习领会胡锦涛总书记在党的十七大上报告的深刻内涵,全面落实科学发展观。以"开展一项教育、突出两项活动、做好十个方面的工作"为重点,以服务奥运为宗旨,认真履行口岸把关职能,提高应对突发事件能力,全力开展产品质量和食品安全专项整治工作,加强大通关建设和口岸监管工作,不断提高检验检疫的整体水平，严防疫病疫情的传入传出，圆满完成了全年各项检验检疫任务。

【疫病疫情和不合格货物的截获率与检出率大幅提升】 通过制定和完善各项工作预案和应急措施，提高有效应对口岸突发事件的能力。不断加大口岸查验力度，提高口岸把关能力。加强对进出口货物、航班机人员的检疫监管，严格履行把关职能，严防疫病疫情从口岸传入传出。加强对进境的强制性认证商品的查验力度，严格执行《强制性产品认证管理规定》，从入境强制性认证商品中检验出无中文铭牌、无中文说明书、电源线及插头无3C标志、插头不符合中国制式、商标与证书不符、属于认证范围内商品未办理有关证明以及适配器等配件不符合要求的商品共计84批次。加强对所管辖区域内进口法定检验商品的检验工作及口岸残损、数量鉴定工作。加强口岸医学媒介生物的监测工作，在口岸地区各代表性生境全面开展媒介生物本底调查和日常监测工作。加强航空器检疫查验力度。

【产品质量和食品安全专项整治工作取得阶段性成果】 加大对鲜活水产品和水生动物的检疫监管力度，规范查验和抽采样环节，细化查验流程，提高进口不合格产品的检出率；加大对进口食品、化妆品及动植物产品等敏感商品的口岸查验力度；完善进口食品添加剂及原料检验检疫工作模式，从以往的批批检改为定期抽检，并对添加剂的使用过程及最终产品加强后续监管；加强对出口食品的包装查验及证单审核，确保出口产品和食品质量；加强对候机楼内餐饮业食品原材料及食品添加剂的快速检测，加强对饮用水及洗剂、消毒环节的专项检查；加强对食品及食品用产品的可追溯性管理和食品生产经营环节的控制；全面开展对食品生产经营单位的分级打分管理，并做好口岸食品卫生监督分级管理工作；加强对监管库的管理和国境口岸储存场地的卫生许可工作。

【奥运相关检验检疫工作取得新进展】 制定和完善了奥运相关检验检疫工作流程和应急预案；全力做好"好运北京"奥运测试赛保障工作。为保障"好运北京"测试赛代表团成员的快速通关，制定了5项措施：一是加强领导，制定工作方案；二是开放绿色通道，促进快速通关；三是严格执法，服务不忘把关；四是及时通报信息，确保政令畅通；五是加强沟通协调，保证迎送工作圆满完成。做好T3航站楼工程建设进口设备的检验检疫工作；国际航班境外配餐食品、饮料的监测和检测工作取得阶段性成果，国内航空器的卫生监测工作进展顺利；开展国内航空器的医学媒介监测工作，掌握医学媒介生物在航空器内的位置分布、种群构成、动态变化、季节消长的数据，并根据监测结果会同有关部门制定消杀措施；加强对奥运非竞赛场馆区域的卫生监督工作；积极开展航站楼内空气质量监测，将航站楼内空气质量监测纳入日常监测计划中；继续开展检疫犬的训导和推广工作，保证奥运期间检疫现场的工作需要。通过"好运北京"测试赛的举行，各项奥运检验检疫筹备工作经受住了考验，并通过一系列保障工作的圆满完成，不断积累经验，完善各项预案和措施，为进一步做好2008年奥运会的检验检疫保障工作打下了坚实的基础。

【提高了检疫监管的有效性】 为切实提高口岸的通关效率，通过调研，积极开展了申报制度改革的各项准备工作，并对货物申报、监管查验以及航空器的传统申报模式进行了探索创新。积极开展"健康申明卡"申报制度改革的各项应对准备工作；进一步开展对航空食品生产经营单位的视频监管工作，实现了对全部生产过程的视频监管；改革"先验后报"工作，实施"便捷通检"管理模式；进一步升级完善监管库网络管理系统内报检企业数据，完成了对报检企业的基本资料登记工作；摸索出了新的卡口式查验方法，提出了在货物分拣区实施视频监控的设想，初步实现了视频监控和人工检验检疫相结合，不仅大大提高了工作效率，而且可以对在异地通关的进境货物的外包装实施检疫监管和卫生除害处理，降低有害生物传播的风险。

【实施科技兴检战略】 科研和标准的申报、落实工作进展顺利。完成了《航空食品冷加工车间环境微生物检验方法》的征求意见稿，并已送23位专家评审。完成了"国境口岸卫生监督管理系统（二）"的课题研究，并通过了专家鉴定。承担了科技部"十一五"国家科技支撑计划重大项目"食品安全关键技术"的子课题，即餐饮业HACCP实施方案、制定科学监管模式并提出食物中毒预警和应急预案建立。实验室认可和计量认证工作取得了可喜成绩；扩大了实验室检测项目，提高了实验室快速检测能力。增加了23个植物及其产品的检疫项目，增加了14个食品致病性微生物和其他病原微生物快速检测项目，在检测范围和检验数量上都有所突破；危险性有害生物检测和监测工作取得新突破；鲜活水产品实验室的筹建工作有了新进展。

【检验检疫情况】 出入境货物报检605 957批，同比增长31.8%。其中，《目录》内出入境货物报检150 864批，同比增长44.7%；入境货物包装材料报检381 522批，同比增长52.2%；其他普通货物73 571批。签发各类检验检疫证单104 467份，同比增长30.4%。其中，出入境货物通关单102 480份，同比增长29.9%；各类出入境检验检疫证书1 817份，同比增长71.9%；产地证170份，同比增长10.4%。金伯利进程毛坯钻石证书8批；向北京检验检疫局及其他分支机构转单10 875批，同比增长45.0%；向外地检验检疫局转单8 884批，同比增长16.3%。

出入境货物口岸查验及现场检疫64 735批，同比增长39.0%。查出不合格进口货物426批，同比增长238.1%；查出不合格出口货物20批，同比增长122.2%。对出入境货物监管库区实施检疫监督638次；实施卫生除害处理3 145批次。

检疫入境航空器36 455架次，同比增长20.8%。检疫处理入境航空器62架次，同比增长3.3%。检疫出境航空器35 876架次，同比增长23.8%。检疫处理出境航空器617架次，同比增长6.2%。出具运输工具检疫证书612份，同比增长5.7%。

对出入境旅客和机组人员实施检疫监管1 270.1万人次，同比增长20.1%；收取"入境旅客健康申明卡"424.4万份，其中旅客申报有疾病症状的3 450人次，同比增长37.6%。

运用检疫犬对2 821架次航班的入境人员行李进行查验，其中查获禁止携带进境物2 954批次，同比增长13.8%，共计6 354.3千克。

【疫病疫情及有害生物截获情况】 从入境货物、飞机客货舱和旅客携带物中共截获植物检疫性有害生物260批。对入境人员实施艾滋病快速检测3 210人次，检出HIV抗体阳性1例；通过查验"入境检疫申明卡"，阻止了3例外籍"五种病"患者入境。

北京口岸大事记

1月31日
首都机场奥运筹备工作组正式成立，标志着奥运航空运输保障工作转向赛事体制的机制启动。

1月份
首都机场地区突发公共卫生事件处置领导协调小组成立。该协调小组组长由民航华北管理局局长黄登科担任，市口岸办吴开镕主任、民航华北局段始黎副局长及各大单位领导任副组长。

2月18日
公安部孟宏伟副部长在公安部出入境管理局崔芝崑局长、朱际青副局长的陪同下视察了首都机场口岸边检执法执勤和提高服务水平工作，代表公安部党委慰问了节日期间战斗在工作一线的边检民警。

3月份

北京市口岸工作领导小组办公室组织召开了"2007年北京口岸'大通关'工作座谈会"。

4月1日

在国家质检总局副局长葛志荣的陪同下,欧盟委员会副主席费尔霍伊根一行访问了北京检验检疫局。

5月31日

北京市人民政府陆昊副市长专程到北京出入境边防检查总站考察。陆昊副市长认真仔细地考察了北京边检所有工作现场、查验设施设备和工作程序;听取了边检总站领导关于备战奥运工作情况的报告。陆昊副市长对于北京边检总站工作给予了高度评价和充分肯定,赞扬他们是一支政治坚定、纪律严明、作风严谨、服务优良的优秀的人民警察队伍,配合了北京市委市政府工作,为北京口岸工作作出了贡献。北京市口岸办主任吴开镕陪同陆昊副市长进行了考察。

6月13日

国家质检总局李长江局长在北京检验检疫局视察工作时,就该局的未来发展指出,北京检验检疫局要努力建设"三型局",即服务型、创新型、严管型的检验检疫局。

7月19日

陆昊副市长代表北京市政府出席"推进区域口岸合作座谈会暨天津电子口岸与物流信息平台开通仪式",并指出在经济全球化和市场化改革的双重作用下,国内地区间的要素流动和相互间的经济依存日益加强。随着国家区域总体战略的贯彻实施,区域合作正在加速向前推进,已成为国内发展的重要趋势和新的要求。推进区域口岸合作、推进北方地区内陆"无水港"建设就是具体实践党中央、国务院关于天津滨海新区的开发开放,对带动环渤海区域经济发展,建设中国北方的对外开方门户有巨大的推动作用。

8月3日

北京奥组委执行副主席刘敬民、副主席王伟带领奥组委机关各部门负责人在民航总局杨元元局长等领导陪同下到首都机场调研,并到T3航站楼进行了实地考察。

8月25日

中央政治局委员、北京市委书记、北京奥组委主席刘淇同志,国务委员、北京市奥组委常务副主席陈至立同志,在视察首都机场奥运筹备工作时,对民航所作的奥运筹备工作给予充分肯定,并强调首都机场是奥运会展示国家形象的重要窗口。

11月18日

公安部孟宏伟副部长在部局崔芝崑局长的陪同下,莅临北京边检总站视察T3航站楼边检现场工程建设,检查"十七大"安保工作,调研自助通关系统并听取了北京边检总站领导的工作汇报。

11月22日

中国民用航空总局根据国务院、中央军委的决定和国家空管委的统一部署,于北京时间零时起,在我国缩小飞行高度层垂直间隔。

12月5日

首都机场旅客吞吐量达到5 000万,这也是首都机场近些年快速发展的写照。

天津市

天津口岸工作综述

2007年，天津口岸工作坚持以邓小平理论、"三个代表"重要思想和科学发展观为指导，认真贯彻落实2006年全国口岸委（办）主任会议精神和《国家"十一五"口岸发展规划》，紧紧围绕进一步推进滨海新区开发开放、完善大通关体系和建设一流口岸的目标，同心同德，求真务实，勇于创新，较好地完成了各项工作任务。2007年，天津海港口岸进出口总值1 290亿美元，同比增长26.6%；货物吞吐量3.1亿吨，同比增长20.1%，集装箱吞吐量710万TEU，同比增长19.4%。天津空港口岸旅客吞吐量386万人次，同比增长39.6%；货邮吞吐量12.5万吨，同比增长29.3%。

【进一步加强跨区域口岸合作】 按照市政府、市领导的统一部署和要求，2007年7月19日，天津市政府与海关总署和国家质检总局在滨海新区共同举办了12省、市、自治区"推进跨区域口岸合作座谈会"。签署了《北方地区大通关建设协作备忘录》、《建设内陆无水港合作意向书》、《内陆无水港便捷通关合作备忘录》、《陆桥运输监管业务合作备忘录》、《检验检疫业务合作备忘录》、《无水港项目合作意向书》6类26项共78份合作协议文本。为进一步推进跨区域口岸合作，更好地服务地方经济发展，加快滨海新区开发开放，年内建成了河南郑州、河北石家庄和内蒙古包头3个无水港。与此同时，编制了《天津口岸建设内陆无水港工作规划》（草案），明确了无水港建设的指导思想、基本目标、工作任务、工作方式、工作步骤及保障措施等。努力克服困难，积极想方设法全面推进无水港建设，有利地促进了无水港运营质量和水平的提高。石家庄内陆港从4月份启动运营至12月份，累计完成集装箱运量7 576TEU，达到了预期效果。河南公路港豫津公司从3月份开港试运行至12月份，完成集装箱运量1 449TEU，从8月份起实现了盈利。北京朝阳口岸全年完成集装箱运量8.4万TEU。全年通过区域口岸合作，实现"属地申报、口岸验放"10 823票，监管货物404.00万吨，征收税款27.19亿元。

【积极推进天津电子口岸建设】 按照"国内领先、世界一流"的标准，全力落实市政府和海关总署"关于天津电子口岸建设有关问题的会议纪要"、国家电子口岸委文件精神，加强组织推动，积极与各参建单位沟通和协调，统一了思想、明确了任务、落实了责任。为借鉴国内外电子口岸建设经验，专门赴新加坡、香港、上海、广州、深圳等地进行学习考察。多次组织有关单位评审、论证建设方案，组织有关人员编写具体建设和工作方案，组织有关企业推广应用项目，为7月19日完成天津电子口岸一期工程打下了良好的基础。目前天津电子口岸与物流信息平台已实现与天津口岸全部执法单位互联互通、信息共享，做到了一个门户入网、一站式通关服务和统一用户管理，总体上达到全国领先水平。

天津电子口岸与物流信息平台，以"全程通、费用低、易使用、效率高"为建设目标，率先实现了报关和报检数据的"一次录入、分别申报"；率先实现了行政执法类项目申报"零收费"；率先实现了海港进口货物的快速验放和非检验检疫货物的直通关；率先实现了"海港和空港进出境人员电子化管理"；率先实现了一站式、全流程、个性化的口岸通关执法及物流信息综合服务；率先建立了口岸通关执法与物流业务协作和信息共享标准体系；达到了船舶申报的"一次录入、分别申报"的国内领先水平。天津电子口岸与物流信息平台的启动运行，实现了天津口岸由传统走向现代，由分散走向聚合，由繁杂走向标准，由口岸走向内地，由国内走向国际的质的飞跃。

【着力抓好天津港口岸对外扩大开放】 天津口岸办以"一天也不耽误"的精神，按照口岸扩大开放审批程序和要求，主动协调，积极运作，努力争取，有条不紊地推进天津港口岸扩大开放各项工作的开展。一是及时争取海关总署、国家口岸管理办公室支持，将东疆保税港区列入了国家"十一五"口岸发展规划和2007年度口岸扩大开放审理计划。二是按照《国家"十一五"口岸发展规划》和海关总署《关于2007年度口岸开放审理计划的报告》要求，代市政府草拟了《关于天津海港口岸对外扩大开放有关事项的请示》。三是根据国家5部委《关于印发〈关于确认港口口岸开放范围意见〉的通知》（署岸发〔2005〕349号）要求，积极争取北京军区在不到一个月的时间里确认了天津海港口岸水域开放范围。与此同时，承办了东疆保税港区临时开放口岸。经过积极努力和争取，在国家有关部门和总参的支持下，及时得到了交通部的批准同意，为确保市委、市政府确定的天津东疆保税港区年底封关运作目标的实现提供了必要的前提条件。

【不断优化天津口岸大通关环境】 一是充分发挥天津口岸"四个机制、五项制度"作用，进一步加强关检合作、关港合作、路港合作、港监及边防合作，完善和落实24小时通关制度，加强现场服务，充分发挥天津国际贸易与航运服务中心的作用，提高"一站式"服务水平，有力促进了天津口岸大通关建设。二是不断优化"属地申报、口岸验放"模式，积极推进"提前报关、货到放行"通关模式，进一步简化内陆"无水港"通关手续。三是按照"政策最开放、功能最强大、层次最高级"标准，积极推进东疆保税港区海关监管制度创新，提出了"通关集约化、管理信息化、区内自由化、一线无纸化、卡口智能化"的新型海关监管模式。四是加强检验检疫监管新模式、新手段的探索和改革，逐步形成了以"集中审单、集中查验、集中转检运输"为核心内容的检验检疫新模式、新机制。为提高通关效率，推出了"国际航行船舶进口岸申报"、"船舶保安信息申报"网上服务等新举措。五是继续加强口岸精神文明建设。深入开展"第12次百日优质服务竞赛"活动，通过共建"结对、结片"，强化协作配合，实现了优势互补、优化服务。2007年10月份，口岸办与机场共同组织举办了"和谐空港文化节"系列活动，加强了沟通，增进了了解，有力地促进了口岸和谐发展。六是积极做好口岸立法工作。为优化天津口岸通关环境，规范口岸综合管理秩序，年内开展了立法调研，完成了《天津口岸管理办法》（征求意见稿）的起草工作，并征求了天津口岸各查验部门、港、航物流企业、船货代理中介服务机构以及天津滨海国际机场等单位的意见。七是初步完成了国家口岸七大课题调研任务。根据国家口岸管理办公室关于开展"合理配置口岸管理资源，提高口岸整体通关效能"课题调研实施方案和沿海牵头单位上海口岸办的统一部署和要求，成立了课题调研领导小组，抽调有关人员，指定专人负责，采取问卷调查、座谈讨论、实地察看等多种形式和方法，认真进行了调查研究，目前已初步完成课题调研任务。八是加强海上搜救工作。制定并颁布实施了《天津市海上搜寻救助条例》；组织编写了《天津港海上交通疏导应急预案》，并通过专家组评审；组织协调了"1.25"、"9.2"、"10.27"等海上遇难现场搜救工作；成功举办了以保护水域环境为主要内容的船舶消防、救生及防污染应急演练培训班，提高了海上搜救能力和水平。九是严格落实口岸与边防治安管理和反偷渡各项制度。全年共抓获偷渡犯罪嫌疑人11名，接收、处理遣返人员33名，有力地震慑了偷渡犯罪。十是严厉打击违法走私犯罪。天津海关货物进口查验有效率平均为14.02%，出口查验有效率平均为7.88%，刑事立案31起，案值6.6亿元，涉嫌偷逃税0.68亿元；行政立案776起，案值6.8亿元，涉嫌偷逃税0.21亿元。十一是加强对来自疫区货物的检验检疫，严防禽流感等重大疫情从口岸传入传出，进出口货物检验检疫不合格产品2 560批次，货值18.2亿美元。

【海上搜救工作取得新进展】 一是海上搜救培训得到加强，举办了搜救值班工作人员海上搜救业务培训班和拖轮船长培训班；二是搜救各项法规制度逐步健全，出台并组织宣传贯彻《天津市海上搜寻救助条例》、编制了《天津港海上交通疏导应急预案》，编制并上报了《搜救中心2008年财政预算》；三是日常搜救工作成效显著，组织协调做好"1.25"、"9.2"、"10.27"等事故的现场搜救及事后处置工作，第一时间启动海上搜救应急反应预案，积极采取有效救助行动，协调各有关方做好善后处理工作。举办了"6.5"世界环境日主题宣传活动、保护母亲河防污染、消防演练演习。完成部署和检查"五一"、"十一"海上安全生产工作。

【稳步推进口岸文明共建活动】 一是加强基层自建，按照《天津口岸职工道德建设实施纲要》，深入开展职工职业道德教育活动，通过系列讲座、深入腹地走访等形式，不断增强职业道德意识、服务意识、竞争意识、效率意识；二是深化共建结对，广泛开展共建"结对"、"结片"活动，强化协作配合，实现优势互补、共同进步；三是坚持服务竞赛，深入开展"第十二次百日优质服务竞赛"活动，在活动方式和内容上注重特色，鼓励创新，使百日优质服务竞赛活动不断注入新的活力；四是强化监督保障，通过落实责任、突出重点和强化督察，充分发挥口岸共建督察员、共建联络员的作用，广泛发动口岸职工参与各项创建活动。

天津口岸查验单位工作综述

天津海关

2007年，天津海关业务建设和队伍建设呈现多年未有的大好形势，全关干部职工以邓小平理论和"三个代表"重要思想为指导，深入贯彻科学发展观，全面落实党中央、国务院、海关总署和天津市委市政府决策部署要求，以科学治关理念为统领，按照关党组提出的"提质、增效、创一流"的总体要求，团结一致，奋力拼搏，圆满完成全年各项工作任务，工作质量明显提高，发展效益充分显现，在建设一流海关的道路上保持了又好又快发展的态势。

【税收征管取得历史上最好成绩】 2007年天津海关实现税收总量903.84亿元，实征税收781.23亿元，比2000年实征税收翻两番，每个工作日征税3.14亿元，比上年（下同）多收9 000万元，全年增收218.88亿元，创历史最高增税纪录，增长38.92%，高于全国增幅14.67个百分点，增幅在全国年税收百亿元以上的海关中名列第一，创2001年以来天津海关年税收增幅纪录；转出税收122.62亿元，增长18.83%；税收总量、实征税收、转出税收3项指标继续位列全国第二。税收质量明显提高，全年归类差异率始终保持为零，在总署对全国海关考核中名列第一；一般贸易、重点商品、大宗商品、加工贸易、转关运输等5个单项及综合得分均达到历史新高。归类、审价在总署分管工作中的职能作用进一步增加。

【监管业务量大幅增长】 监管货运量1.47亿吨，增长17.6%；货值1 287.2亿美元，增长26.6%。监管进出境人员114.6万人次，增长11.7%；监管进出境运输工具2.6万艘（架）次，增长20.34%。监管进出境邮递物品12.1万件、快递物品72.1万件。物流监控工作思路进一步理清，港区七号路物流监控卡口开通，对天津港集装箱物流中心初步形成港内封闭监控格局；"关港联动信息平台"应用范围进一步扩大，利用舱单加强监管的功能进一步加强，并配合总署开发运输工具动态管理系统。

【审单工作水平大大提高】 2007年天津海关共接受并审核进出口报关单233.29万份，增长9.07%。关区审单质量进一步提高，审单环节防止漏税7.02亿元，其中专业化集中审单环节防止漏税3.25亿元，日均防止漏税130.69万元，全年防止漏税额位居全国第一。审单通道设置更加科学，审单复核机制有效发挥了后期核查作用。

【保税加工和保税物流监管量质双增】 2007年，监管加工贸易进出口货值346.55亿美元，增长5.35%；

新增联网企业7家,联网企业电子账册通关金额308亿美元,增长4%,占天津市加工贸易进出口总额的89.9%。加工贸易内销征税33.41亿元,居全国海关第二位;加工贸易手册结案率99.9%,提高0.7个百分点;手册报核及时率98.21%,提高5.77个百分点,在全国加工贸易监管业务量前十位的海关排名中从第九位提升到第五位。监管保税区进出口货值68.8亿美元,监管出口加工区进出口货值10.2亿美元,监管保税物流园区进出口货值21.5亿美元,监管保税仓库进出库货值7.44亿美元。

【打击走私战果显著】 刑事立案31起,案值6.6亿元,涉嫌偷逃税款6 760万元;抓获犯罪嫌疑人76人,移送起诉16起36人,案值6.1亿元、偷逃税款7 199万元。行政立案776起,案值6.8亿元,涉嫌偷漏税款2 098万元;审结案件718起,罚没入库6 169万元,补税1 805万元。查获违禁印刷品19 307件,音像制品1 060件,查获走私文物211件。开展"打击废金属等三废走私专项斗争"、"'1·19'打击汽车走私专项斗争"等4项专项行动,取得显著战果。

【稽查和企业管理工作有突破】 2007年共稽查企业307家,稽查补税4.27亿元,移送走私违规案件及线索26起,分别增长44.13%、20.21%和73%,创历史最好水平;企业稽查覆盖率、人均稽查企业数、风险线索展开率与办结率等各项业务指标均达到总署和本关指标要求。在全国海关稽查系统率先试行风险管理、企业稽查、企业管理"三位一体"工作机制,率先建立稽查业务集中审核制度,稽查后续监管更加规范,整体效能进一步提升。跨部门、跨关区稽查企业关联交易行为专项联合行动取得进展。

【统计工作再创佳绩】 2007年共审核报关单980万条,发现各类重大统计差错220起,上报总署数据一般差错率继续控制在万分之一以下,保持无大差错;审核监控报关单237万份,发现各类差错290起,上报总署报关单数据一般差错率控制在万分之一以下,实现业务统计连续5年无差错。撰写各类统计分析455篇,各种媒体和载体采用844篇次,其中总署要情采用120篇,中办国办采用59篇,总署和中办国办采用数量均名列全国海关第一,创历史新高。22篇次得到温家宝、周永康、张高丽、曾培炎、华建敏等党中央、国务院和天津市委市政府领导的批示。

【风险管理工作渐入佳境】 风险管理工作思路渐行渐明,风险管理在各项工作中的中心位置得到确立,具有天津海关特色的风险管理机制初步建立,整体风险管理水平进一步提升。风险信息系统得到总署领导认可,2007年报送信息总署采用率增长74.1%,信息总分全国排名上升到第二位。《天津海关风险管理长效机制框架方案》全面实施,风险防范和处置能力不断提高,风险预警监测能力逐步增强,风险处置率97.67%,处置有效率50%,补税2 375万元;风险信息载体进一步整合,创办《关区风险预警报告》和《环渤海区域海关风险信息交流》,初步建立以日常监控、综合预警、区域联动为基础的预警监测机制。风险管理与海关业务工作不断融合,风险管理考评力度进一步加大,风险管理的"中心环节意识"逐步增强,全员参与风险管理的积极性大大提高。

【法制工作进一步加强】 "五五"普法工作成效显著,广大关员和管理相对人的法律意识进一步提高。复议应诉工作更加完善规范,全年未发生行政败诉和行政赔偿。规范性文件制订过程中征求社会意见的公布制度和听证制度初步建立。知识产权保护工作成绩显著,得到全国人大教科文卫委员会有关领导的充分肯定,立案查处进出口侵权货物案件58起,案值595万元,保护了45个国内外商标专用权和第29届奥运会吉祥物"福娃"标志专有权。圆满完成中国海关规范性文件清理工作。

【继续提高通关效率和服务水平】 2007年,在关区进出口报关单量大幅增长的情况下,建立7个工作小时未放行报关单报告备案制度,进、出口7个工作小时放行率分别为85.76%和98.05%,继续保持了较高的通关效率。建立"通关质量监测月报"制度,"四个一"工程新增便民服务措施12项,关企对话制度初步建立,通关各方和谐良性互动关系初步形成。全力支持天津邮政发展,推出国际邮递快件"属地报关,口岸验放"便捷通关措施,邮政物流出口货物通关效率进一步提高,黄兴国市长批示:"天津海关的服务形象,在原来工作的基础（上）又大大提升,受到广大企业的普遍好评。"

【积极支持重点工程和重大项目建设】 研究提出东疆保税港区海关监管模式创新方案,牵头完成市政府交办的东疆保税港区诚信管理体系建设和联检机制创新等任务,积极协助市政府顺利通过国务院10部委对东疆保税港区和出口加工区B区的联合验收。完成天津关区保税仓库布局规划,满足全市不同区域不同层次保税进出口物流发展需要的保税物流体系初步建立。积极支持空客A320系列总装线项目建设,保证项目建设所需物资顺利进口。积极支持《天津市20项重大工业项目实施计划》,依法办理内、外资鼓励项目备案1 072个,审批"征免税证明"2.1万份,审批货值25.29亿美元,减免税款44.33亿元。

【大力推动区域通关】 不断优化"属地申报、口岸验放"模式,积极推进"提前报关、货到放行"通关模式,进一步简化内陆"无水港"通关手续。2007年,作为口岸海关共办理放行"属地申报、口岸验放"业务报关单1.1万票,货运量404万吨,货值36.51亿美元,15个内陆海关与天津海关签署《区域通关合作备忘录》并开展"属地申报、口岸验放"业务;建立"陆港通关模式",率先实行口岸放行出口提运单电子化,4个内陆海关与天津海关签署《陆港便捷通关合作备忘录》,郑州、石家庄的陆港物流基地正式启用,石家庄首票"陆港通关模式"货物顺利通关。"空空转关"、"国际中转"等新型海关监管业务不断发展。

【主动参与天津电子口岸建设】 积极协调总署为天津电子口岸建设争取最大的政策支持,配合市政府正式开通运行天津电子口岸和完善电子口岸功能,实现海关报关单预录入、海运舱单等通关数据共享以及进出境船舶申报数据一次录入多次使用等功能,进出口企业实现在电子口岸一个窗口查询全部通关信息。全年办理电子口岸新入网企业1858家,电子口岸入网企业总数达到1.1万家。与12家银行签订"网上支付"三方合作协议,签订"网上税费支付"服务协议的企业228家,开展业务的企业217家,并正式开通网上支付银行担保业务。

天津出入境边防检查总站

2007年,天津边检总站认真贯彻落实党的十六届六中全会、十七大和全国边防检查工作会议精神,以提高服务水平为中心,以"三基"工程建设为载体,全面加强业务和队伍建设,圆满完成了出入境边防检查任务,全年共检查出入境人员985 411人次,检查出入境交通运输工具19 108架(艘)次,同比分别增长14%和26%,保证了口岸的安全畅通,促进了天津市的改革开放和经济发展,为党的十七大胜利召开、2008年北京奥运会顺利举行创造了有利条件。

【群策群力,提高服务水平工作初见成效】 总站通过开展深入调研、召开座谈会等形式,摸清底数,加强了对抓好提高服务水平工作落实的针对性。各边检站积极行动,集思广益,加强对人员服务技能的培训,认真研究制定和落实各项服务措施。一是认真细致地开展服务技能培训"不含糊"。各边检站通过采取播放服务规范和礼仪知识教学光盘,开展汉字五笔录入及外语竞赛,到兄弟单位走访交流及跟班学习,邀请服务行业派员上门来指导,组织业务能手为其他人员授课等灵活多样的形式,认真细致地开展培训,有效提高了广大民警的服务技能。二是因地制宜地采取服务措施"不等靠"。各边检站结合口岸和辖区实际,积极行动,不等不靠,因地制宜地采取了一系列服务措施,改善服务对象的候检环境,提供周到的服务信息,提高办理手续的效率,提供急需的帮助,服务水平有了明显的提高。三是逐条逐项地落实公安部12项服务措施"不折扣"。公安部提高边检服务水平12项措施向社会公布后,总站对贯彻落实工作予以了高度重视,按照周永康部长"说了就一定要做到,做不到不如不说"的要求,制定了具体贯彻落实的措施,加强了检查指导。各边检站认真落实12项措施不折不扣,并结合本站实际不断拓展服务领域,进一步提高了边检服务水平，受到了广大服务对象的欢迎。

【固本强基，科学发展，"三基"工程建设深入推进】 继续开展达标活动，完成了基层科队正规化建设的全部达标任务。总站在总结前两年达标工作经验的基础上，按照"分工协作、分步实施、软硬并举、整体推进"的工作思路努力开展了未达标科队的达标考核和已达标科队的"回头看"工作。一是加强领导，精心安排。总站多次召开专题会议研究部署达标工作，制定了实施方案和工作安排，明确了活动内容、建设目标和实施步骤。各边检站根据总站的统一部署，对本站的达标工作进行了精心安排和深入动员，提高了广大民警对达标活动重要性、必要性和紧迫性的认识。二是做好"硬件"，做强"软件"。在"硬件"建设方面，总站为4个海港站配备了开通网上报检系统及签发证件需要的设备，为旅检队配备了新一代OCR证件阅读机，为巡查队更新了对讲机等执勤器材，改善了基层民警的就餐环境和住宿条件。在"软件"建设方面，总站将落实规章制度作为重点，从业务档案、培训档案、勤务制度、勤务登记4个方面严格落实。同时，加强了对人员的业务培训，基层民警的执法素质、执法水平有了明显提高。三是检查指导，督促落实。总站领导多次深入基层科队检查达标工作的进展情况和各项工作要求的落实情况。6月中旬，总站派出达标工作督导检查组对各边检站申报达标科队和已达标科队从队伍建设、勤务组织、后勤保障、技术维护、硬件设施、人员培训以及正规化建设长效机制的建立等方面进行了全方位的督导检查，促进了各边检站达标工作的落实。四是发现问题，及时整改。10月底，部局基层科队正规化建设达标考核验收小组对总站进行了考核验收。虽然总站11个科队全都通过了考核验收，但出现了两个队笔试成绩在九边检总站排名落后的情况，反映出在达标工作中还存在问题，总站对此高度重视。11月14日，总站召开了党委扩大会议，查找问题、分析原因、研究整改措施。12月4日，总站对这两个队所在站的全部科队进行了考核验收，确保了整改措施落实到位。总站通过采取有力措施，深入开展达标工作，不断巩固达标成果、及时解决存在的问题，使所有基层科队全都保质保量地达到了正规化建设标准，如期完成了3年达标任务。

【严密查控，严打偷渡，口岸管控能力逐步增强】 在提高服务水平的同时实施对口岸的严密管控，是边防检查机关的一项重要任务。总站进一步加强和改进查控、反偷渡和处突等项工作，严密防范危害国家安全的和各类的违法犯罪分子出入境，逐步增强了口岸管控能力。

严密实施查控，确保了口岸查控工作万无一失。查控工作是边防检查业务的重中之重，必须保证"不该进来的进不来，不该出去的出不去"。总站按照"分级负责，按岗定责，责任到人"的指导思想，认真细致地做好查控工作。一是完善了工作制度。总站根据"梅沙"系统启用一年来的实际情况，修订和完善了查布控工作流程、请示报告制度、查控权限设置等一系列工作制度，进一步明确了各岗位人员的责任。二是实现了统一布控。总站依据新在控人员名单，对本地原有的7 108条旧数据进行了撤销，对边控文件进行了分类归档保存，对2 000多条查控数据的性质代码进行了修改，保证了统一布控工作的顺利开展。三是进行了岗位培训。总站在对查控人员进行查控工作重要性、敏感性和敌情观念教育的同时，利用模拟"梅沙"系统组织查控人员进行操作演练。修订完善了处突预案，针对执勤现场断电、网络故障等突发情况组织进行处突演练，提高了查控人员处置突发事件的实战能力。

严厉打击偷渡，提高了口岸综合防控能力。总站以识别伪假证件、打击利用集装箱偷渡为重点，加大了打击、防范和管理力度。一是提高了识别伪假证件的能力。总站加强了对所查获伪假证件的分析研究，充分利用证研网和三级联网鉴别系统，掌握伪假证件的伪造手段，提高了证件检查人员的识假能力。二是完善了打击利用集装箱偷渡的机制。总站积极走访辖区有关单位，完善了防范和打击利用集装箱偷渡的协作机制。认真落实"出口空箱申报制度"，建立了集装箱公司空箱担保制度，加强了对辖区重点空箱的检查管理。三是建立了口岸立体防控体系。总站积极应对《国际船舶和港口设施保安规则》，强化了船方的自我管理。通过悬挂标语、发放资料等方式加强对反偷渡工作的宣传，在辖区内营造了良好的反偷渡氛围。

充分发挥码头巡查、梯口监护、闭路电视监控、情报调研和证件检查的整体优势,增强了对辖区的管控能力。四是完成了各项反偷渡专项行动任务。总站按照部局的统一部署,认真开展了打击利用出境旅游、商务等名义组织他人偷越国(边)境违法犯罪活动的"迅雷"专项行动,配合天津市公安局开展了打击沿海地区违法犯罪活动暨反偷渡专项行动。在专项行动中,总站成立领导小组,制订工作方案,专人指挥、专人负责;各单位团结协作,密切配合,顺利完成了专项行动的各项工作任务。

2007年,总站共查获在控人员16人次,查获网上在逃人员2人次,查获偷渡人员11人次,接收处理遣返人员5人次,发现处理其他违法违规人员299人次,圆满完成了春节、"两会"、"十一"和"十七大"等重要时期的口岸管控任务,为维护国家主权、安全和社会政治稳定作出了贡献。

【科技强警,加强应用,信息化建设加快进程】 信息化建设,关键在于应用,核心在于服务边检实践。总站以"梅沙"系统为基础,加强系统的改造和维护,加强信息装备和信息手段的应用,加大了科技研发的力度,加快了信息化建设的进程。建设了视频会议系统,实现了站与站、站与总站之间的直接交流,并可通过将各边检站的视频会议系统与总站机关的系统对接,实现各边检站人员直接参加公安部视频会议。建设了网上报检系统,进一步提高了通关速度,得到天津市委政法委书记散襄军的充分肯定。应用了GPS车辆定位系统,实现了对总站车辆的信息化管理。建设了总站和5个边检站间的视频、音频传输监控系统,基本完成了各边检站到总站机关的光纤铺设,实现了数字化存储和调用功能,保证了部局与总站间的各种数据交流。为大幅度提高对外轮实施管理的效率,总站正在加紧进行外轮监护系统的研发,该系统采用电子身份识别技术、智能视频监控系统、GPS技术和无线网络技术等实现外轮信息采集、外轮监护、船舱监护和移动监护等功能。目前已经完成了初步的测试工作,项目正在建设当中。为了促进天津滨海新区的开发开放,总站研究制定了东疆保税港区信息化建设框架,主要包括公安信息网建设、网上报检系统、电视监控系统、车辆定位系统、电子口岸信息平台、门禁系统和固定电话等7个主要方面,其中电视监控系统已在封关前投入使用。

天津出入境检验检疫局

2007年,天津检验检疫局坚持以科学发展观为统领,深入贯彻党的十七大精神,紧紧围绕"一、三、四、六"工作基本思路,突出服务滨海新区开发开放这条主线,充分利用专项整治这一有利契机,集中力量,抓亮点、攻难点、扩大结合点,创新思路、机制、模式,努力在把关严格、服务高效上下功夫,各项工作都取得了突出成绩。

【服务滨海新区开发开放有了突破性进展】 认真贯彻落实《国家质检总局支持滨海新区开发开放的20条意见》。支持无水港建设,创造性地提出并落实了与内地11个检验检疫机构区域合作、联合执法机制。签署了《合作备忘录》,首次以机制保障形式,开展和促进检验检疫区域合作,把口岸延伸到了内地。积极配合东疆保税港建设,各项工作都做到了早调研、早介入,同步展开、同步落实,为实现首期封关运作做出了重要贡献。克服困难,全力支持,保证了出口加工区顺利通过国家验收。周密部署,调整力量,理顺业务,有效地促进了全区高起点快速发展。如期入驻保税区物流园区、临港工业区开展业务,为各功能区的发展提供了有力保障和支持。积极配合空客A320组装线项目建设,坚持特事特办、急事快办、难事帮办,保证了第一批培训设备器材的顺利入境。支持滨海国际机场扩建工程,拿出了一整套保障航站楼启用的方案,各相关工作得到了扎实推进。实现了与天津电子口岸联网对接,新区电子通关效率大为提升,为新区"三个中心"功能定位的实现提供了有力支持。全力支持天津名牌战略的实施,对天津30家企业名优产品展开了帮扶,帮助3家出口生产企业产品获得免验资格。

【产品质量和食品安全专项整治取得了重大成果】 一是"3个100%"目标高标准实现。对非法入境肉类、水果、废物等货物实施退运或销毁达到了100%,对出口食品原料备案基地清查达到了100%,对所有的出口食品运输包装加贴检验检疫标志达到了100%。

二是完成了对346家出口食品卫生注册企业的拉网式检查。对187家存在一般问题的企业明令限期整改,对18家存在严重不符合项的企业暂时停业进行整改,对70家严重不符合卫生注册登记要求的企业取消了注册资格。

三是完成了对6个质量许可玩具生产企业的全面检查。取消了1个不具备出口生产条件企业的质量许可资格,对其他5个企业,提出限期整改的要求,经过整改验收,目前全部达标。

四是完成了对4个出口淡水鱼企业及其所属4个中转场、30个注册养殖场的清查整治。取消了9个不具备出口条件养殖场的注册资格。

五是完成了对19个注册备案皮毛加工厂的清查整治。取消了7个企业的注册备案资格;8个限期整改,经复查,其中1个整改合格,另外7个因环保待批被叫停。

六是完成了代理报检市场的清理整顿。对所有72家代理报检公司,集中进行培训、整顿,强势推行代理报检全程负责制,并全部签订了承诺书。将4个违规的代理报检企业列入"黑名单",实行了批批查验的严格监管措施。对5个代理报检企业给予了阶段性停业整顿处罚。

七是完成了《目录》外商品安全项目的抽查。总计抽查了1 100多个样品,为国家质检总局加强《目录》外商品的监管提供了支撑依据。

八是建立了长效机制。对出口种养殖基地建立推行"两个六统一"、对出口产品和食品监管实施"五项制度"、对进出口企业诚信管理做到"四个结合"、对水产养殖企业和报检企业采取"两个三"的监管体系、对出口食品和原料关键控制抓好"两个控制"的"六六、五、四、三三、二"监管模式。

【执法把关重点明确、成效明显】 全年共受理报检107万批次,货值996亿美元,同比增长10.74%和21.7%,实施检验检疫41万多批,再创历史新高。

突出重点、敏感商品检验把关,不合格货物检出再创新纪录。全年检出不合格货物3331批次、货值23.8亿美元。检验进口废物原料25.5万标箱,检出不合格698标箱,是上年同期的3.5倍,位居全国第一;检验进口棉花315批,对外索赔金额达160.5万美元;进境集装箱检疫116.7万标箱,检出阳性7 292标箱,是上年同期的8.8倍;检验进口汽车首次突破10万辆,占全国进口量的50%以上;进口机电、轻纺、化矿产品多次检出不合格,实施退运或销毁处理41批;检出食品、化妆品不合格164批,同比增长49.1%;判定大宗进口商品短重索赔金额达3 965万美元,同比增长89%,为国家和企业挽回了重大经济损失。

动植物检验检疫把关严格,成绩突出。完成出入境动植物及其产品检验检疫5.1万批次,疫病疫情检出2 234批次,疫情种类430种,分别是上年同期的6倍和2倍。检验木质包装14万批次,同比增长24%,检出无IPPC标志2万多批次。

口岸卫生检验检疫成效持续提升。实施出入境交通工具检验检疫1.86万艘(架)次,出入境人员检验检疫90余万人次,同比分别增长23%和49%;预防接种近2万人次,同比增长14%;检出各种传染病623例,HIV阳性8例。检出禁止旅客携带物1 200多件,检疫查验进境邮件6.8万件,检出含国家禁止进境邮寄物136件。

【以"三集中"为核心的检验检疫模式、机制改革迈出了坚实的步伐】 经过一个时期以来的探索实践,以"集中审单、集中查验、集中转检"为核心内容的"三集中"检验检疫监管新模式初步建立,与之相关的软硬件建设有序展开、稳步落实,取得了一定进展。出口"飞单"现象得到了有效遏制。下半年以来,对出口食品实施口岸核查货证4 763批,其中货证不符105批,6批食品因涉嫌"飞单"实施了退运处理。口岸查验场、库、站建设得到了加强,管理规章相继制定、实行。集中查验监管模式全面启动,成效日益显现。以振华、中远为试点,进行了"场站协检+监督抽查+视频监控+诚信管理"的检验监管模式改革;在空港口岸,推行了入境木质包装"动态+诚信+风险评估"检疫监管模式改革;在进出口企业加大推广电子监管力度,现已完成安装和上线企业数量分别达到500余家和230余家;对经天津口岸出口的异地货物和进口的食品,进境木质包装以及动物皮张、原毛、水果、种苗花卉等率先试行集中查验,一些长期困扰口岸检验检疫业务的难题得到了有效破解。

【检验检疫科技创新和信息化工作开创了新的局面】 科研和标准化工作成果丰硕。完成省部级以上科研项目、国家标准和行业标准共计157项;获国家级和省部级科研项目、国家标准、行业标准立项208项;获省部级科技奖11项,其中"食品包装储运关键技术研究"获总局2007年度科技兴检一等奖,这是天津检验检疫局继2005年以来第二次获省部级一等奖。科研成果数、质量再创天津局历史新高,继续保持了系统领先。

重点实验室建设稳步推进。投入2 100万元加强国家级重点实验室建设,实验室技术装备得到较大改善,技术力量进一步加强。新建的GHS实验室被总局确定为国家级化学品基准重点实验室。

信息化水平得到较大提高。建立了以千兆光纤网络为主干的业务网和政务网;初步建成了天津局核心业务系统的异地容灾备份;进一步加大了网络安全和电子监管、视频监控的研发和投入;全面提升了执法队伍和科技人员的信息化装备水平;相继研发了一批对业务和管理工作具有较大促进作用的软件系统,信息化建设迈上了一个新的台阶。

天津海事局

2006年,天津海事局牢牢抓住天津滨海新区开发开放的历史机遇,紧紧围绕"五型海事"建设,努力践行"三个服务"理念,进一步解放思想、开拓创新、严格监管、优质服务,全面完成交通部海事局各项责任指标,辖区水上交通安全形势继续保持稳定,为区域经济发展作出了新的贡献。

2007年,面对辖区通航环境日趋复杂和恶劣气象频发带来的双重压力,天津海事局积极应对挑战,加强海事监管,提高应急能力,水上交通安全形势保持基本稳定。全年辖区水域共发生各类水上交通事故44起。其中特大事故1起,重大事故2起,大事故4起,一般事故4起,小事故33起,事故共造成18人失踪、死亡,8艘内河施工作业船舶沉没。

【深化规律认识,强化现场监管】 2007年,海事局在业已形成的辖区重点监管区域、船舶、时段等规律性认识的基础上,针对水上交通呈现出的"船舶流量大,涉水活动多;责任不落实,投入不到位;船舶技术状况差,船员应急能力不强"等新特点,进一步强化责任意识,完善监督机制,提升服务理念,严把"事前预防、事中控制、事后处理"3个环节,突出"全、严、细、实、快"五个重点,即:监控覆盖全、检查把关严、安全管理细、服务保障实、应急反应快。

全年共完成船舶航行动态91 362艘次,实施交通组织90 943艘次。开展巡航5 705次,巡航时间16 485小时,巡航里程133 566海里;空中定线巡航210架次,巡航时间9 100分钟,巡航里程17 044海里。共实施沿海船舶安全检查1 002艘次,发现缺陷8 052项,滞留67艘次,平均滞留率为6.69%,平均单船缺陷数为8.04项;开航前检查138艘次,发现并纠正缺陷819项,经检查船舶无一艘被国外滞留;检查外轮389艘次,滞留33艘次,滞留率为16.2%。海事公安出警1 289次,办理案件280起,与海事执法人员联合执法309次。

天津市

【开展专项整治，消除事故隐患】 深入开展"两防"和施工船、运砂船集中整治。针对辖区航道长、交汇点多、桥闸滞航、施工船旅游船混杂、海上石油平台数量多且大多分布在习惯航路上的特点，着力对海河下游桥梁、船闸、石化码头、施工作业区和卸砂点、石油平台等重点区域开展安全隐患排查和整改。共排查出辖区水域各类安全隐患2 350项，完成整改2 343项。与此同时，继续深化低质量船舶专项整治活动，顺利通过四部委联合验收；认真开展方便旗船舶操作性专项检查、船舶最低配员专项检查、ISM和NSM集中检查会战、限制船舶污染物排放、渡口渡船专项整治等行动。在天津港船舶月平均流量提高15%的情况下，单船事故率下降66%，专项整治工作取得明显成效。

【狠抓源头治理，增强预控能力】 严把船公司审核准入关，结合航运公司安全管理现状，强化细化公司安全管理体系审核，有针对性地确定审核重点，加强跟踪验证；严把船员适任关，开展持证船员模拟器训练保持适任能力和值班标准培训，积极宣传贯彻《中华人民共和国船员条例》，成功组织开展了首届天津航海院校学生技能比赛，全年共组织完成11期船员适任考试，审核、制作和发放各类船员证件43 913本（张）；严把船舶检验关，认真组织辖区船检机构资质不定期检查和救生筏检修站的日常监督管理，重点加强施工船舶检验，制定了《天津水域施工船舶临时性简化检验暂行规定》，查处了3个地区的违规检验行为，成功承办了两期全国非水网地区验船人员培训班。

【完善应急预案，搜救成效明显】 进一步完善《天津市海上搜救应急反应预案》、《天津海域污染应急计划》，承担了部局《国家海上搜救手册》的编制和"电子演练系统"的开发工作。举办了"6·5"环境日海河外滩水域污染应急演练，建立了船舶污染事故和危险货物违章举报奖励制度，积极选派精干力量参加渤海湾溢油搜救演习。全年共组织搜救行动22起，救助船舶19艘，遇险人员195人，救助178人，救助成功率91.3%。妥善处理船舶污染事故9起；启动航标应急反应预案11次，应急设标12座；及时完成韩国籍"金玫瑰"轮沉船等16项应急扫测任务。特别是年初成功应对了"3·3"特大温带风暴潮，港口、码头、船舶、海上石油设施等均未受到严重损害；出色组织了"3·8"船舶碰撞特大事故搜救工作，取得了"无沉船、无死人、无污染、无碍航"的成效，赢得了广泛而积极的声誉。

【加强海事监管，服务新区开发开放】 支持东疆保税港区建设，积极协助地方政府办理外国籍船舶进入东疆非开放水域审批等工作，筹建监管机构，确保封关运作后海事监管及时到位。支持港口运输生产，成功实施VTS新老设备不间断衔接。充分发挥VTS功能，优化航道资源配置，使船舶通航效率提高到每两小时26艘次以上，集装箱轮保班率达99%以上，大型散货船、国际国内客轮保班率达100%。制定《天津港海上交通疏导预案》，全年共出现大风大雾等恶劣天气50余次，累计疏导船舶9 576艘次，有效避免了300余起事故发生，保证了船舶的航行安全。支持重点工程建设，主动介入，靠前服务，建立现场办公机制，有力地保证了新建港区建设和航道疏浚工程的顺利进行。

【做好航海保障，服务区域经济发展】 航海保障水平显著提升。稳步推进航标接收工作，海区航标规模迅速扩大，全年新增航标298座，目前北方海区共管理航标2 247座。对大连、唐山等港口实施航标效能改造，开展了北方海区航标普查。加快AIS建设，形成了"二十一站六中心"的AIS岸基网络，AIS信号基本覆盖了北方海区沿海水域，重点港口、水域信号实现多重覆盖。加强航测基础工作，建立完善航测质量管理体系，航标效能和测绘质量不断提高。测绘工作取得突破性进展，提前完成38幅港口航道图计4 054.42平方公里的测绘任务，海图发行量达35 038张，创历史新纪录。深入开展"平安通信"工程，全年海上遇险安全通畅率100%，设备完好率98.97%，设备保养率100%，开通了高频单边带无线电话航行警告服务和海洋气象播发业务，为船舶用户提供了更多获得海上安全信息的方式。

【推进海员发展，服务新农村建设】 积极搭建"政府领导、海事协调、院校支持、企业参与、社会广泛关注"的海员发展工作平台，巩固新乡海员发展基地，指导新乡海员学校将航海教育提升到中专层次；发挥海事部门纽带作用，协调多家航运企业吸纳和接收新乡海员，截至2007年底，已有4 100余人上船工作，累计派出海员达5 500人次，其中2007年派出海员2 500人次，创劳务收入3亿元，形成了新乡海员品牌效应。还联手中国老促会，与延安市政府就延安职业技术学院创办高职层次海员培训基地达成共识。认真实施大连长海水域、烟台蓬长水域陆岛运输航标二期配布工程，完成108座航标布设，从根本上满足海岛居民安全便捷出行，促进当地经济发展。在天津市交通邮电系统率先为对口帮扶对象——天津市宝坻区牛家牌乡捐赠20万元资金和20台电脑，支持当地发展"林下经济"，受到地方政府的高度评价。

【推行便民举措，服务行政相对人】 推行电子政务，在全国首次开通船员考试网上报名系统；积极推行船舶"一卡通"工程，发卡量已达600余张，发卡率和刷卡率居系统前列。提高通关效率，推出"国际航行船舶进口岸申报"、"船舶保安信息申报"网上服务等新举措。方便船舶进出港，向到港船舶发放温馨提示卡、船舶靠泊指南，向施工船播发恶劣天气气象信息；缩短港口航道图测量周期，加大海图发行力度，向船舶提供最新的海图。创新管理模式，在系统内率先建立起危险货物监管诚信机制，简化申报程序，提高了监管效率。关注民生，开通海上"绿色通道"，优先安排船舶计划，全年救助伤病人员31人。

天津海事局2007年主要业务工作数据统计

船舶监督管理（艘次）	船舶进出港情况		船舶安全检查
	船舶进港	船舶出港	
	96 005	95 992	1 121

船舶危防管理（艘次）	船舶装载危险货物监督		防污检查	船舶废弃物管理		船舶污染事故处理（件）
	进港	出港		接收油污水	接收垃圾	
	5 137	4 578	1 614	2 907	6 553	9

通航管理（次）	航行通告	航行警告	海上搜救	处理海上交通事故（件）
	612	1 184	25	44 5 5 31

船员证件管理（本）	专业培训、特殊培训合格证 船员适任证 考试（人次） 专业和特殊培训发证	海船船员适任证书	海员证	服务簿签发
	17 016（人次）	9 565	10 194	4 923

天津市

续表

行政处罚（件）	行政处罚 其中：罚款 其中：扣证	其中罚款
	423 14	409

天津口岸大事记

1月13日

国务委员陈至立视察天津海关报关现场。

2月16日

天津新港海关单日共计接核进出口报关单10 080票，创历史纪录。

2月18日

牟新生署长到天津海关慰问关员。

3月15日

经天津市政府批准，由市政府口岸办发布实施《天津港海上交通疏导应急预案》。

3月22日

天津市常务副市长黄兴国会见李克农副署长并视察天津海关。

3月29日

天津市委书记张高丽视察天津海关报关现场。

4月6日

石家庄内陆港举行开港典礼，天津市政府副秘书长张俊屹率领天津口岸各单位领导组成的天津口岸代表团参加了开港典礼，河北省委常委、石家庄市委书记吴显国、河北省政府秘书长尹亚力率领河北省口岸各单位领导组成的代表团参加了开港典礼。开港典礼的成功举行，标志着天津跨区域口岸合作又结出硕果。

4月10日

中国电子口岸数据中心天津分中心入网企业数量达到10 220家。

5月21日

原中共中央政治局常委、国务院副总理李岚清视察天津国际贸易与航运服务中心。

5月30日

天津市政府口岸办向国务院报请天津海港口岸对外扩大开放。

6月4日

商务部外贸司就国家调整钢材出口政策过程中的钢材出口情况到保税区海关进行调研。

6月5日

国家环保总局就保税区内生产及仓储型企业产生的固体废物处理情况到保税区海关调研。

6月7日

津京两地新增出港地面航班开通。

6月11日

天津海关正式开通网上支付银行担保业务。

6月28日

天津市政府口岸办组织空港查验单位举行"立足空港提质增效促进滨海发展,迎接奥运会,优质服务打造一流口岸"共建协议签字仪式暨新闻发布会。

7月13日

天津海关、合肥海关之间首票"属地申报、口岸验放"货物顺利通关。

7月18日

海关奥运安保反恐应急演习在天津滨海国际机场成功举行。

7月18日

天津市政府新闻办在天津国际贸易与航运服务中心举行了"天津电子口岸与物流信息平台开通"新闻发布会。市政府副秘书长柴中达出席会议并讲话。这次发布会的召开预示着天津电子口岸与物流信息平台即将正式开通。天津电子口岸与物流信息平台是继天津国际贸易与航运服务中心投入使用后,大通关体系建设的延伸与继续,是市委、市政府加快推进滨海新区开发开放,增强天津作为经济中心城市辐射带动作用的战略举措,是提高对外开放水平的重要步骤,是改善天津通关环境,提升天津口岸综合竞争力、领航跨区域口岸合作的有效手段,标志着天津口岸的通关服务水平迈上了一个新的台阶。

7月19日

上午,天津市政府举行了电子口岸开通运行仪式,邀请代表们观看了天津电子口岸与物流信息平台演示,参观了东疆保税港区建设工地和天津港码头。

下午,海关总署、国家质检总局和天津市人民政府共同举办了"推进区域口岸合作座谈会"会议一致认为:加强口岸互助合作,促进区域经济发展,积极发挥滨海新区在区域经济发展中的作用,是贯彻党中央、国务院关于西部开发、中部崛起、东北振兴和推进天津滨海新区开发开放的我国北方地区共同发展总体战略的一项重要工作。以口岸工作为切入点,加强各地口岸合作,建设北方地区大通关协作机制,对于促进我国北方地区经济更好更快发展意义重大。会议期间,天津市人民政府、北京市人民政府、河北省人民政府、山西省人民政府、河南省人民政府、陕西省人民政府、新疆维吾尔族自治区人民政府、宁夏回族自治区人民政府、甘肃省人民政府、四川省人民政府、青海省人民政府、内蒙古自治区人民政府共12省、市、自治区政府签署了《北方地区大通关协作备忘录》

8月3日

市委常委、常务副市长黄兴国参加"爱兰歌娜"号邮轮中韩日北方航线首航仪式。

8月9日

由海关总署、公安部、民航总局等单位组成的奥运安保机场工作部检查组到机场检查奥运安保设施和流程。

8月24日

天津海关、重庆海关之间首票整车出口区域通关货物顺利通关。

8月28日

天津市委常委、常务副市长黄兴国,市委常委、滨海新区管委会主任苟利军到海关总署就加快天津口岸开发开放、天津空港加工区设立综合保税区等有关事宜与牟新生署长及有关司负责同志会谈。

天津市

8月30日~31日

8月30日,天津市委书记张高丽、市长戴相龙在津会见海关总署署长牟新生一行,随后,牟新生署长在常务副市长黄兴国的陪同下视察天津国际贸易与航运服务中心海关业务现场和东疆保税港区,并率海关总署办公厅、人教司及天津特派办负责同志到天津海关视察工作并听取关党组工作汇报。翌日,牟署长出席天津海关干部大会并做重要讲话,与天津市委常委、滨海新区管委会主任苟利军座谈,并在苟利军主任的陪同下到天津一汽丰田有限公司参观考察。

8月30日

天津市委常委、常务副市长黄兴国,市委常委、滨海新区管委会主任苟利军,市政府秘书长何荣林出席德国汉莎航空集团货运公司与天津空港华宇航空货站投资签字仪式。

9月7日

天津海关、重庆海关在重庆签署区域通关协作备忘录。该备忘录的签署标志着两地"属地申报、口岸验放"正式启动。

9月12日

天津市政府口岸办发布天津空港有关单位北京奥运会天津赛区通关工作预案以及有关单位联系一览表。

9月17日

天津市委书记张高丽、市长戴相龙陪同江西省委书记孟建柱、省长黄智权率领的江西省党政代表团视察航运中心。

9月20日

从即日起,天津口岸开展第12次百日优质服务竞赛活动。活动至2007年12月底结束。本次竞赛活动将以"引擎、示范、服务、门户和带头作用"为竞赛内容和竞赛目标,继续深化查验通关改革,简化口岸作业环节,深挖潜力,降低成本,提高物流、通关速度,注重承诺,讲求诚信,提高口岸通关效率和口岸整体服务水平,努力营造国际化的口岸服务环境。

9月30日

天津海关、青岛海关共同签署区域通关协作备忘录。该备忘录的签署标志着两地"属地申报、口岸验放"正式启动。

10月8日

天津市政府口岸办就天津港东疆保税区临时停靠国际航行船舶报请交通部。

10月20日

天津海关、石家庄海关间首票"无水港"便捷通关货物顺利通关。

10月29日

天津海关、青岛海关之间首票"属地申报、口岸验放"货物顺利通关。

11月12日

天津海关、拉萨海关之间首票"属地申报、口岸验放"货物顺利通关。

11月13日

天津市政府口岸办印发《天津东疆保税港区临时开放口岸管理意见》。

11月16日

天津协作区第四次区域通关联席会在成都召开。天津、石家庄、太原、呼和浩特、合肥、南昌、青岛、郑州、重庆、成都、拉萨、西安、兰州、西宁、银川、乌鲁木齐海关和天津市政府口岸办参加了会议。

11月17日

常务副市长黄兴国察看东疆保税港区封关验收工作准备情况。

11月27日

海关总署党组成员、总署政治部主任鲁培军到天津海关调研,并出席天津海关工作汇报会。

11月27日

海关总署政治部主任鲁培军、人教司副司长潘伟平会见常务副市长黄兴国。

12月5日

天津海关领导黄胜强、赵志坚会见意大利海关署署长马里奥·安德烈·关亚那一行。

12月10日

天津东疆保税港区首期封关运作暨开港新闻发布会举行。

12月11日

天津东疆保税港区(一期)验收。中共中央政治局委员、天津市委书记张高丽宣布天津东疆保税港区开港。

12月11日

新港海关成为全国首个年入库税收超500亿元的隶属海关。截至12月10日,该关2007年入库税收达500.44亿元,同比增长23.37%,占天津关区同期税收总额的69.25%。

12月18日

截至12月18日,天津海关全年实征税收达到742.69亿元,提前实现比2000年185.54亿元实征税收翻两番的目标。

12月20日~21日

海关总署领导牟新生、李克农、鲁培军、吕滨,公安部部长助理郑少东及总署各司(局)主要负责同志出席在培训基地举行的全国海关缉私系统岗位练兵总决赛。当日,天津市委副书记、市长戴相龙在培训基地会见署领导一行。天津市常务副市长黄兴国陪同。天津海关张健同志勇夺全国海关统计系统岗位练兵决赛第一名,荣获统计系统岗位练兵"一佳"候选人。

12月31日

2007年天津海关税收总量达到903.84亿,较上年增长35.81%;其中实征税收781.23亿,较上年增长38.92%。

河北省

河北口岸工作综述

2007年，在省委、省政府的正确领导下，口岸系统各部门、各单位深入贯彻落实科学发展观，围绕实现建设沿海经济社会发展强省的战略目标，以改善环境、优化配置、完善功能、提高效率为重点，着力推进口岸建设和开放，确保口岸运行顺畅，口岸工作取得新的进展，较好地实现了全年口岸各项工作目标。

【口岸运行实现稳定、快速增长】 2007年，河北口岸运行的特点是外贸进出口继续保持高位增长。全年全省外贸进出口总值完成255.4亿美元，同比增长37.9%。其中，进口完成85.2亿美元，增长49.7%；出口完成170.2亿美元，增长32.6%。口岸货运量继续平稳增长。全年全省口岸完成货运量共3.99亿吨（秦皇岛港完成24 882.8万吨，唐山港完成6 727.6万吨，黄骅港完成8 282.9万吨），同比增长18.1%。其中外贸运量完成8 870.8万吨（秦皇岛港完成3 521.7万吨，唐山港完成3 963.8万吨，黄骅港完成1 385.3万吨），同比增长8.8%。航空口岸进出境人员数量增加。全年航空口岸出入境人员1.9万人次，同比增长9.4%，特别是山海关机场首次临时开放出入境人数就突破4千人。检验检疫成效明显。全年全省完成出入境商品检验检疫16.5万批次，货值185亿美元，同比分别增长15.8%和33.3%；石家庄内陆港全年总吞吐量8 015标箱（83 142吨），外贸集装箱336标箱。

【口岸开放步伐进一步加快】 一是全力推进曹妃甸港区对外开放。在促请交通部和北京军区两次完成曹妃甸港区临时开放延期审批的同时，全力推进港区口岸的正式开放进程。8月份组织完成了对曹妃甸港区查验综合楼项目可研报告的审查，与会各部门对建设方案的内容基本达成一致意向。经多次跑办争取，目前，交通部、质检总局、公安部、总参谋部同意曹妃甸港区口岸正式开放的意见均已反馈国家口岸办，国家口岸办据上述意见行文与中编办、国家发改委会签后即可上报国务院。二是组织查验部门对京唐港区8个新增泊位进行了口岸验收，其中3个泊位省政府已批准对外开放，其余5个泊位待批准后将正式对外开放。三是山海关机场实现临时开放。开放期间，俄罗斯旅游包机共飞行15架次，运送俄罗斯旅客4 127人次，出、入境上座率平均达到83.1%。山海关机场临时开放不但结束了秦皇岛没有航空口岸的历史，也为机场正式对外开放打下了良好基础。四是经过近两年时间的准备，石家庄内陆港于4月6日正式开港试运营。截至9月底已完成集装箱吞吐量3 692标箱，其中外贸集装箱293标箱。

【口岸"大通关"进一步深化】 一是加大区域间口岸合作力度。年内，河北省与天津等12个省市共同签署了口岸区域合作备忘录，建立了区域间口岸合作的长效机制。二是积极寻求国家有关部委的支持。与国家质检总局签署了支持唐山港口岸开放的合作备忘录，与海关总署签署了支持曹妃甸开放开发的合作备忘录，在一些领域取得了国家允许先行先试的政策支持。三是深化区域通关合作。突破关区限制，促成石家庄海关、石家庄内陆港与天津海关、天津港签订《内陆港无水港便捷通关合作备忘录》，石家庄内陆港现已全面完成了电子口岸系统的安装和调试工作。四是电子口岸建设稳步实施。随着电子化、网络化进程的推进，已将原有的一月一次的各成员单位集中办公调整为全工作日分散网络办公的模式，很大程度地方便了进出口企业。截止到目前，河北省电子口岸累计入网企业突破1万家，居全国前十位。

【口岸开放环境进一步优化】 一是加强对热点问题的研究。为改善口岸通关和运行环境，省发改委专门召开了改善口岸环境工作座谈会,研究部署进一步加快"大通关"建设的工作思路。此外,围绕石家庄内陆港的发展建设,组织召开了促进内陆港建设发展的研讨会,谋划内陆港的发展思路,引起省领导的高度重视和社会各界的关注。二是强化制度建设。为进一步提高河北省口岸建设开放水平,发挥口岸在建设沿海经济社会发展强省中的重要支撑作用,目前发改委正在起草拟报请省政府的《进一步加快口岸建设开放,促进开放型经济发展的若干意见》(初稿已完成)。三是注重课题研究。为解决当前口岸管理中存在的问题,规范和完善口岸管理体制,按照国家口岸管理办公室关于开展"合理配置口岸管理资源、提高口岸整体通关效能"课题调研的要求,对全省口岸查验机构设置、配套设施建设、建设资金分配和管理机制、规划编制等问题进行了专题调研,并提出了调研报告。四是推进信息交流与共享。河北省海运口岸信息网在年初建成并实现试运行,目前已累计上传信息300余条,网站运行正逐步进入正轨。

【口岸运行协调进一步加强】 一是理顺口岸管理体制。为推进全省口岸建设,提高对外开放的质量和水平,省政府成立了省口岸工作领导小组(办公室设在发改委),以加强对口岸工作的管理和协调。二是加强部门间协调和协作。多次就石家庄内陆港的启动问题与海关、检验检疫、交通等部门进行协调,保证了查验部门如期进港办公,最终促成了石家庄内陆港的开港运营。三是协调解决口岸现场突发事件。针对7月份赴港航班由于旅行社未能按时办结港澳通行证导致全体旅客滞留的问题,及时到现场平息旅客激动的情绪,并召集查验部门、机场公司和旅行社现场协调提出解决方案,保证了旅客的正当权益,最大限度地消除了事态的不良影响,使事件得以圆满解决。

河北口岸查验单位工作综述

石家庄海关

【概述】 2007年,石家庄海关在海关总署的正确领导下,在河北省委省政府的关心和支持下,紧紧围绕"科学发展、和谐发展"的主题,认真贯彻海关工作16字方针和队伍建设12字要求,高扬树正气、讲团结、把国门、促发展的主旋律,不断健全完善"以综合治税大格局统筹业务建设,以风险管理机制统筹业务改革整合,以准军事化建设统筹队伍建设"3项机制,狠抓"依法行政、提高素质、服务经济、保障有力"4项重点工作,较好履行了把关服务职能,圆满完成了全年工作任务,初步形成了风正人和事业兴的良好局面。

【业务建设迈上新台阶】 税收入库再创历史新高,全年实现税收净入库78.3亿元,超计划30.5%,同比增长79.1%,居全国海关第16位。立案各类走私违规案件44起,案值1.62亿元,涉税1 765.58万元;结案65起,案值7.05亿元,涉税9 809.94万元,罚没入库593.85万元。监管进出口货物9 615万吨,同比增长18%,居全国海关第7位。备案加工贸易手册3 852份,备案金额161 869万美元,同比分别增长8%和83%;推广加工贸易联网监管和手册电子化,目前联网企业19家,手册电子化企业27家。加强稽查和企业后续管理,稽查企业93家。统计工作成效显著,全年共撰写统计信息与分析163篇,其中中办及国家级媒介采用7篇次;编发《海关统计专报》36期;发布《海关统计监测信息》18期。发挥法律指引功能,法制工作深入开展。风险管理工作"由虚向实"扎实推进,下达风险布控指令1 316条,发布风险信息577篇,通过风险平台向总署报送各类风险信息202条,被采用84条,采编率43%,全国海关排名稳定在第19位。

河北省

【狠抓职能管理，强化监督与监控】 紧紧围绕"提高业务运行质量和效率"两大目标，充分发挥风险管理平台、H2000业务操作系统、海关政务管理平台的三大平台优势，利用监管职能运行监控系统、关税监控分析系统、执法评估系统、保税加工和保税物流分析监控系统、职能管理系统五大系统，对减免税、审价、通关效率、加工贸易等12项业务内容开展了日常监控，以职能管理演示的形式通报问题，揭示风险，初步形成"日监控、月分析、季通报、年总结"的业务职能管理机制。全年，各职能部门完成各类风险监控分析报告50余篇，发布问题质疑104份，质疑的有效率达到67%，业务职能部门对业务运行的控制力以及业务现场执行力和自我监控能力明显增强。关区业务运行质量和效率明显提升，一般贸易价格水平97.38，与2006年相比提升了2.2；加工贸易内销价格水平88.88，趋于更优；进出口货物查验率为2.49%，查获率为7.06%，在查验率下降3.4个百分点的情况下，查获率提高了近5个百分点；布控有效率为8.93，首次高于全国平均水平。与2006年相比，全年进口通关时间提速5.3倍，出口通关时间提速2.6倍。在全国执法评估综合评价中，居第21位，比上年提升8位，属全国海关取得较大进步单位之一。

【认真落实《海关总署关于支持河北省以曹妃甸新区建设为重点开发开放的意见》和《海关总署河北省人民政府关于海关支持河北省开发开放合作备忘录》】 把支持河北省以曹妃甸新区为重点开发开放作为工作重点，专题研究，细化措施，在省、署紧密合作工作机制中积极发挥桥梁纽带作用，保障省、署间联系畅通，增强海关工作针对性和有效性，切实发挥把关服务职能作用。

【制定出台"石家庄海关服务促进建设沿海经济社会发展强省的10项举措"】 按照海关总署支持区域经济发展的要求和河北省第七次党代会提出的建设沿海经济社会发展强省的目标，发动关区各单位各部门深入开展调查研究，广泛征求地方党政、有关部门和进出口企业对海关工作的意见、建议，以曹妃甸新区、渤海新区、秦皇岛临港产业群、秦皇岛和廊坊出口加工区、山海关机场临时对外开放、石家庄内陆港等项目为重点，在总结以往服务支持措施的基础上，制定出台了支持河北建设沿海经济社会发展强省10项举措，各隶属海关单位结合地区实际，分解细化，组织实施，在全关区形成了支持促进河北省经济发展的良好氛围。

【全力支持河北省开发开放工作】 推进出口加工区建设，秦皇岛出口加工区业务明显增长，廊坊出口加工区于2007年12月7日通过了海关总署等九部委的验收，正式封关运作。积极支持曹妃甸正式对外开放，做好曹妃甸临时开放监管工作，全年监管进出境船舶170艘，进出口货物2 008万吨，进出境人员4 150人次，征收税款13.5亿元。支持秦皇岛山海关机场临时对外开放，确保奥运期间通关顺畅。2007年5月15日，山海关机场临时对外开放获得国家批准，7月29日俄罗斯旅游包机首航，截止9月4日，海关共监管进出境航班30航次，监管进出境旅客4 118人，圆满完成临时开放期间的监管任务。全力配合内陆港建设，2007年3月正式派员进驻内陆港办理进出口业务，7月与天津海关、石家庄内陆港、天津港四方正式签订了《便捷通关协议》，启动了关港联动物流信息平台，全年内陆港进出口报关单386票，货运量7 907.9吨，集装箱676个，进出口货值4 142.1万美元。实现了区域通关改革的"两拓"，继与天津海关之后，又分别与北京、青岛、乌鲁木齐海关实现了"属地申报、口岸验放"的区域通关模式，已有70家企业享受这种便利通关模式，全年受理区域通关报关单3 251票，监管货运量277.6万吨，货值4.11亿美元，征收关税、增值税合计3.57亿元。积极落实国家税收优惠政策，支持重点项目建设，办理"征免税证明"2 517份，审批货值12.26亿美元，减免税款22.7亿元，同比增长60%和50%。

【加快了河北省"大通关"和电子口岸建设】 电子口岸办公大厅实行开放式服务，企业日常业务"即到即办"；全部窗口对外开放，企业在接单处完成资料审核后可以选择任意窗口办理业务，企业业务办理流程缩短至3个环节，为企业节约了2/5的时间；积极探索新的办公模式，变联合办公为分散办公，切实方便企业入网，初步形成集现场办理、公共服务、热线服务、售后支持、公共监督等为一体的全方位服务体系。全年办理新入网企业1 716家，制发IC卡5 461张，制发报关员卡139张，办理变更业务969次，办理延期业务1 446次，接听热线电话12 000余次，解决了各类问题。

石家庄海关2007年主要业务量统计表

项目		单位	业务量	同期对比±%
进出口货运量		万吨	9 615	18
其中	进口	万吨	5 318	63
	出口	万吨	4 298	−12
进出口总值		万美元	1 264 549	52
其中	进口	万美元	663 576	83
	出口	万美元	600 973	28
报关单量		份	38 859	36
监管运输工具		辆（艘）	6 170	8
监管集装箱		箱次	65 256	49
进出境人员		万人次	17	5
税收入库		万元	783 054	79
加工贸易合同备案		份	3 852	8
加工贸易合同备案金额		万美元	161 869	83
立案走私违规案件		起	44	—
案值		亿元	1.62	—
结案走私违规案件		起	65	—
案值		亿元	7.05	—

河北省公安边防总队

【概况】 2007年，河北省公安边防总队在公安部边防管理局党委和上级业务部门的正确领导下，以全国边检工作会议精神为指导，以建设河北沿海经济社会发展强省为契机，紧紧围绕服务理念、专业素质和职业精神"三大支柱"，不断加强养成，完善细节，服务水平明显提高，通关环境明显改善，为河北省改革开放和经济发展作出了积极贡献。

2007年，全省各边防检查站共检查出入境旅客77 099人次、出入境员工105 845人次；检查出入境船舶4 683艘次、飞机360架次（详见附表）；查处违法违规案件8起24人次，查获网上在逃人员3人次，没有发生行政复议和诉讼案件。

【全面提升服务水平】 河北省公安边防总队党委在深入分析河北边检工作优势和特点的基础上，制定出台了创造一流边检服务水平的9项措施，形成了"中心明确、特点突出、进展全面、效果明显"的工作局面，边检服务工作得到了社会各界的高度认可和广泛支持。

创新服务举措。一是推行网上报检，提高通关效率。各边防检查站逐步推行了网上报检业务，船舶代理公司和国际旅行社可以随时登陆互联网站进行申报，国际航行船舶抵港后即可作业，大型旅游团随到随检，为船舶公司节省了靠泊费用，为往来旅客节约了候检时间，受到了服务对象的普遍欢迎。二是服务前移，提升服务质量。总队为各边防检查站统一配发了6台流动执勤车，并加装了业务专用笔记本电脑、单机版梅沙系统和证件打印机等业务办公设备，将其打造成高效、便捷的流动执勤平台，将服务窗口前移到码头、机坪一线，切实履行了"通关零等候"的服务承诺。针对奥运会期间外籍旅客将大幅增加的实际情况，秦皇岛边防检查站选派优秀检查员成立了奥运青年志愿者服务小组。石家庄边防检查站参照以往奥运会身份注册证书相关查验规定，开设了"奥运绿色通道"，并被北京2008年奥运会志愿者行动组委会办公室确定为奥运志愿者实践示范基地。公安部提高边检服务水平12项措施下发后，各边防检查站在服务的专业化、精细化方面进行了积极探索，相继在驻地政府网站上公布了24小时"边检服务热线"电话，发放中英文双语"登陆指南"6 000余份，全面宣传公安部12项服务措施。

加强基础设施建设。总队及各边防检查站通过合理调配，先后筹集资金1 000余万元用于边检现场服务设施的建设。2007年，各边防检查站共改造执勤现场和办证大厅21个、出入境通道28个、各类服务设施和标志158套，新增执勤用车12部、单警执勤用具426件，安装研发边检服务系统3套（网上报检系统、服务水平即时评价系统和电视监控系统），初步建立了规范、优质、温馨的通关环境。

深入开展服务监督。总队研究制定了《河北边防总队提高边检服务水平监督小组工作制度》，各边防检查站分别成立了监督小组、维权小组和社会监督委员会，细化完善了监督工作制度。总队监督小组对各边防检查站的提高边检服务水平工作先后进行了4次专项督导，监督小组采取听取汇报、查阅台账、暗访、走访、调阅录像、情境模拟和理论测试等方式，进行实地检查，服务对象对边防检查站服务质量满意率始终保持在98%以上。与此同时，总队先后在石家庄、秦皇岛、唐山、沧州成立了4个法律援助工作站，提供法律服务，切实维护出入境人员的合法权益。

主动营造良好氛围。石家庄边防检查站自行摄制了全面记录执勤官兵执勤、服务、学习、训练等场景的专题片《心中的国门》，并被河北经济电视台采用播放。11月16日，该站与北京2008年奥运会、残奥会赛会志愿者行动组委会办公室和河北青年报社等多家新闻媒体联合举办了"相约奥运，点亮国门"志愿者走进石家庄边防检查站系列活动，全面展现了边防警官的亮丽风采。

【全力保障口岸扩大对外开放】 山海关机场实现临时对外开放。7月29日至9月31日，秦皇岛市山海关机场实现临时对外开放。一是制订了《山海关机场勤务实施方案》，开展现场勤务模拟演练，对现场各类设施的运行情况进行了检测。二是协调有关部门在山海关机场旅检现场设立了10条检查通道，建立了较为完善的监控设施，统一、规范了边检公告和执勤标志，购置了网络传输设备以及通道设置所需的计算机、证件阅读机等查验设备。三是从石家庄边防检查站抽调骨干力量到秦皇岛边防检查站帮助开展工作，圆满完成了山海关机场临时对外开放期间的出入境边防检查任务。

唐山港口岸对外开放规模不断扩大。随着环渤海经济隆起带的快速发展，京唐港区的对外开放泊位已由原来的18个增加到26个。边防检查站警力不足与京唐港口岸迅速发展的矛盾日益突出。对此，总队积极协调相关部门深入开展工作调研，制定了4项应对措施。一是加快联系落实边防检查站编制问题；二是推进勤务模式改革，在新开放的码头泊位逐步建立完善电视监控、码头巡视巡逻和卡口监护相结合的勤务模式；三是加强与港口企业保卫单位的联系协调，逐步建立由边检部门牵头、企业相关单位参加的口岸联防体系；四是向勤务量增长迅猛的边防检查站增加兵员分配数量，及时缓解勤务警力紧张的现状。

2007年河北省公安边防总队边防检查业务数据统计分析表

项目			2007年（人次）	2006年（人次）	对比（增、减）
出入境旅客（人次）		合计	77 099	70 368	9.6%
	其中	外国籍	45 006	39 721	13.3%
		中国籍	26 082	21 015	24.1%
		港澳	4 171	5 145	−18.9%
		台湾	1 664	4 323	−61.5%
出入境工具（架、艘次）		合计	5 043	4 405	14.5%
	其中	飞机	360	417	−13.7%
		船舶	4 683	4 033	17%
出入境员工（人次）		合计	105 845	92 990	13.8%
	其中	外国籍	49 618	44 201	12.3%
		中国籍	55 178	48 620	13.7%
		港澳	861	28	2975%
		台湾	188	141	33.3%

河北出入境检验检疫局

【综述】 2007年，河北出入境检验检疫系统在国家质检总局和河北省委、省政府的正确领导下，以科学发展观为指导，围绕"服务沿海强省、建设沿海强局"的工作目标，结合开展全国产品质量和食品安全专项整治行动，抓基层、夯基础、加强能力建设；抓执法、严把关，全面开展专项整治；抓亮点、攻难点，服务河北对外开放；抓协作、促发展，积极服务"三农"和重点项目建设。一年来，"服务沿海强省"成效显著，"建设沿海强局"稳步推进，工作方式有创新，工作成效有突破，检验检疫事业发展呈现出新的局面。

【统计】 2007年，共检验检疫出入境货物16.47万批（同比增长15.81%），货值184.95亿美元（同比增长33.25%），其中：检验检疫出境货物15.47万批（同比增长16.97%），货值123.96亿美元（同比增长32.86%）；检验检疫入境货物9 979批（同比增长0.37%），货值60.99亿美元（同比增长34.05%）。全年检出不合格出入境货物810批（同比下降17.6%），货值9.39亿美元（同比增加207.9%）。在专项整治背景下，加大服务"三农"的力度，全年检验检疫出口农产品食品16.89亿美元（同比增长26.5%），实现了高门槛下高增长。截获植物疫情20批，涉及有害生物38种、69种次；截获动物疫情2批，涉及传染病3种、21例，维护了河北经济社会公共安全。出入境人员查验15.06万人次（同比增加14.45%），其中：出境人员查验7.33万人次（同比增加8.95%）；入境人员查验7.73万人次（同比增加20.20%）。国际旅行卫生检查1.53万人次，预防接种2.34万人次，艾滋病监测1.52万人次，发放国际旅行健康证书1.23万份。对3 710艘船舶、422架飞机、88节火车、78辆汽车实施了卫生检疫。签发普惠制产地证37 869份，签证金额209 197万美元，同比份数减少33.75%、签证金额减少8.87%(按5%计算,为外贸企业减免关税10 460万美元)。

【口岸执法把关】 加强口岸检验检疫管理,确保口岸公共卫生安全。一是加强检疫查验,严防疫情疫病传入传出。各口岸分支机构及省局国际旅行卫生保健中心严格落实8项制度、16项机制和"五个到位"、"五个不漏"、"五个及时"要求,开展口岸防病工作。二是抓好保健中心管理,规范传染病监测工作。三是加强监督管理,保障口岸食品卫生安全。认真贯彻落实《出入境口岸食品卫生监督管理规定》,进一步加强了口岸食品卫生监督工作。四是抓好综合管理,创建良好的口岸卫生环境。开展了公共场所环境因素卫生监测能力调查和口岸公共场所微小气候监测。

【重点、大宗、敏感商品执法把关】 一是加强对重点、大宗工业品的检验检疫和质量监管。针对金属材料上半年出口持续大幅度攀升、贸易风险和质量隐患增加的情况,切实加强检验监管工作,较好地配合了国家经济调控政策的实施。二是突出抓好敏感工业品的检验检疫监管把关。针对河北省地方特色产品,结合检验检疫,开展对汽车、节日灯、电线电缆、手拉葫芦、千斤顶等出口企业的帮扶。抓好进口机电产品的入境验证和能效标志查验工作,积极推动出口机电产品能效标志的应用。三是在引进设备货值超亿美元的秦皇岛美铝、唐山机车车辆厂动车组、曹妃甸首钢基地建设等项目单位,开展驻厂检验,实施现场把关服务,有力地支持了大项目建设。四是加强了进出口危险货物的检验监管。五是抓好出口陶瓷产品的铅镉控制。

【农产品食品检验检疫监管】 坚持从源头抓质量,大力推行"公司+基地+标准化"的企业经营模式,认真开展注册登记和备案工作。积极推进GAP认证工作,有6家农业企业取得了GAP认证证书、8家通过了评审考核,GAP推广工作在全国位于前列。加强肉类出口、活动物出口企业和备案养殖场的检验检疫监管。对出口食品生产企业严格实行药残、微生物、添加剂监控计划和新产品工艺申报制、添加剂添加物备案制、原料检验核销制,进一步完善了原料档案和产品追溯核销制度。同时,严把进口农产品食品检验关,重点做好有害生物、微生物、药残、重金属、添加剂等项目的监控工作,结合总局预警通报和进口食品监控计划,有针对性地加强检验检疫。。

【积极落实省部合作备忘录】 总局与河北省人民政府2007年2月签署《关于建立推动唐山港建设合作机制备忘录》后,在国家质检总局和省政府的大力支持下,完成了投资4 781万元的曹妃甸港进口矿石码头"两线一塔"采制样设施的扩项审批及设计审查工作;曹妃甸港区联检综合楼中的检验检疫设施建设规划已确定(1.3万平方米),并已破土动工;曹妃甸煤炭码头两套检验检疫采制样系统正在编制《工程可行性研究报告》;曹妃甸国家级检验检疫重点实验室(港口)已初步建成并开展工作。

【冀津两局签署《石家庄内陆港合作备忘录》】 为配合省、市政府把石家庄内陆港建成"东出西联"枢纽和物流基地规划,报请总局批准设立了石家庄内陆港办事处。为参与京津冀区域合作及实现石家庄内陆港对天津口岸的快速通关,河北检验检疫局与天津检验检疫局于4月底签署了《关于石家庄内陆港进出口货物实施直通放行合作备忘录》,建立更加紧密的执法协作关系。河北局有关领导前后8次赴天津局协商,促进合作协议实现实质性动作,并将局机关有关业务处室承担的26家出口企业的检验检疫业务交由内陆港办事处承担,方便内陆港周边企业进出口货物顺利通关。

【检农林商关税签署《促进农产品食品出口合作备忘录》】 为形成推动全省农产品食品扩大出口齐抓共管的工作格局,受省政府委托,7月3日由河北局牵头组织召开了"全省促进农产品食品出口工作会议"。付双建副省长和总局魏传忠副局长出席并讲话;检验检疫、农业、商务、林业、海关、国税等6个厅局领导共同签署了《关于促进河北省农产品食品出口合作机制备忘录》,确定了推进农业标准化进程、提升出口基地管理水平等八方面的合作内容。11月11日,为庆祝河北省输美鸭梨实现常态化管理,河北局和沧州市、泊头市共同举办了"中国鸭梨输美发运仪式"。这一举措在我国向美国出口宠物食品和玩具遭遇质量安全风波的关键时期,为河北省和中国农产品出口美国争了气、扬了名(河北出口梨目前占全国鲜梨出口的80%,全年出口5 353万美元,同比增长37.6%)。

【建立华北东北跨省区检验检疫合作机制】 结合河北省农产品出口区域性特点,河北局与辽宁、吉林、黑龙江、内蒙古、山西等5个省、自治区检验检疫局于9月共同签署了《关于加强植物及其产品检验检疫合作备忘录》,建立了华北、东北地区农产品检验检疫信息共享、基地和加工厂认可、出口验放、进境后续监管、检测技术合作等"五个机制",提高了河北省出口俄罗斯等国家的农产品验放效率。

【产品质量和食品安全专项整治活动】 成立了由局长直接挂帅的河北局进出口产品质量和食品安全专项整治领导小组,建立了工作班子。先后召开了5次全系统专项整治工作专题会议进行安排部署和督导调度,制定工作方案,专项整治信息做到"一日一报";在本局网站上开辟了"专项整治专栏",发布各类信息和新闻宣传稿件370余条。全局各单位召开100多次企业宣讲会和座谈会。组织开展了横向到边、纵向到底、全覆盖的"企业大排查"。在完成国务院确定的进出口产品质量和食品安全"3个100%"任务的同时,增加了"两个100%"的目标任务:一是对全省出口生产加工企业、外贸经营企业和代理报检单位100%建立企业质量(基本情况)档案;二是与全部出口生产企业、外贸经营企业和代理报检单位等100%签订质量、诚信承诺书。专项整治行动中,对全省472家出口食品原料基地、576家出口食品卫生注册登记企业、18家出口玩具生产企业进行了100%清查,对6 936批出口食品运输包装全部加贴了检验检疫标志,未出现非法进口肉类、水果、废物等敏感货物的情事,对109家进出口食品认证企业100%进行了认证有效性检查。对专项整治行动中发现存在问题的202家企业,根据问题性质和严重程度分别依法进行了相应处理,有效地打击了不法行为,进一步规范了检验检疫工作秩序。

河北海事局

河北海事局辖区内有秦皇岛港、唐山港京唐港区、唐山港曹妃甸港区和黄骅港。2007年,河北局在加强口岸建设、提高口岸工作效率等方面,做了大量工作,有力地支持了国家的经济建设。

【概况】 2007年河北海事局共监管船舶30.6万艘次,监管石油平台11座;辖区港口完成货物吞吐量3.97亿吨,其中电煤运输量3.09亿吨。全年河北省海上搜救责任区内共发生险情52次,省海上搜救中心组织指挥搜救行动52次,出动各类救助船艇204艘次,派出飞机12架次,成功救助遇险船舶53艘,救助遇险人员517人,各类险情造成伤亡24人,搜救成功率达到95.92%。全年共进行船舶所有权登记238艘次、国籍登记272艘次;开展航运公司安全管理体系审核21次;共发放船舶IC卡566张,发卡率94%,应发卡船舶持卡率达到100%;辖区平均签证刷卡率95.6%,持卡船舶刷卡率达到100%;全年巡航里程13.3万海里;组织污染事故应急处理8次,排除防污染安全隐患132次;全年完成船员专业培训开班申请的审批及考试、评估32期,参加人数共1 123人;完成值班水手、值班机工适任考试、评估8期,参加人数共计695人。

【认真开展水工监管工作,促进河北港口建设】 批准了曹妃甸原油码头建设工程开工建设;批准了秦皇岛港煤五期待泊泊位临时通航;审核、批准了黄骅港航道拓宽、浚深工程施工项目;批准唐山港京唐港区30#和32#、33#、34#泊位开通使用。

此外,组织港口航道及新建、改建和扩建泊位周边水域通航安全评估论证会议10余次,参加新建、改建和扩建泊位工程海洋环境影响评价会议7次。

【积极推进电子口岸建设】 为方便船舶办理进出口岸手续,根据全国统一部署,河北海事局于2006年在辖区秦皇岛、唐山和黄骅港3个港口全面启动船舶一卡通系统,该系统具有方便、快捷、准确的特点,启用后受到船方普遍欢迎。年内,河北海事局继续完善船舶一卡通系统,提高系统稳定性,确保其运行良好,全年来港船舶刷卡率达到100%，大大提高了船舶进出口岸办事效率，实现了既定目标。

【实施政务公开，履行服务承诺】 2007年河北海事局继续完善和有效实施《政务公开指南》，认真履行服务承诺，努力提高办事效率，管理相对人办理海事业务花费的时间大大降低，得到了各港航单位的一致好评。

【开展船舶交通管理工程建设，保证口岸船舶营运安全】 2007年，河北海事局积极推动唐山港京唐港区船舶交通管理系统和曹妃甸港区船舶交通管理系统建设，两大系统已经在年内建设完成，投入试运行。目前，河北辖区各港口实现了船舶交通管理系统的全面覆盖。2007年，河北海事局在秦皇岛、黄骅港船舶交通管理系统中，引入了符合国际标准的船舶自动识别系统，确保大型船舶进出港的航行安全，提高了船舶进出口效率，通过信息传输子系统，实现了与港口调度部门、引航部门的信息资源共享。

河北口岸大事记

4月6日

石家庄内陆港开港运营。目前已完成集装箱作业量8 015标准箱，进出口336标准箱。

5月15日

山海关机场临时开放获得国家批准（国岸函[2007]48号），开放期限为6月1日至9月30日。经过紧张筹备，7月29日俄罗斯首架民航客机直飞秦皇岛，截至9月4日，俄罗斯旅游包机共飞行了15航班，运送俄罗斯旅客4 127人次，取得了明显的经济效益和社会效益。

10月23日

对唐山港京唐港区32-34号泊位进行了省级开放验收，目前省政府已批复32-34号泊位正式对外开放。

11月30日

经海关总署（国家口岸办）、公安部、国家质检总局、总参作战部等部门同意，实现曹妃甸港区口岸第五临时开放，开放日期截止到2008年5月31日，保证了港区正常运营。

山西省

山西口岸工作综述

【概述】 2007年山西口岸工作按照国家口岸管理办公室的统一部署,在省委、省政府的正确领导及相关部门积极配合下,各项工作扎实开展,太原航空口岸改扩建工程顺利完工,电子口岸建设稳步推进,口岸管理与协调服务有序有效。

【太原航空口岸扩大对外开放增扩建项目顺利完工】 太原航空口岸扩大对外籍飞机开放通过国家验收后,省政府承诺的口岸联检单位办公业务用房改扩建工程,山西省口岸办加紧组织施工尽快完成。在各相关部门的积极配合及大力支持下,于2007年底顺利完成全部工程,为口岸联检单位新增办共业务用房4 300平方米,较好地改善了太原航空口岸联检单位办公环境。

为迎接2008年北京奥运会,山西省政府决定对太原武宿国际机场进行扩建,为使新航站楼国际联检区设计符合查验单位的使用,山西省口岸办多次召集口岸联检单位和山西省民航管理局等单位,本着有效监管、方便旅客的原则,对设计方案提出科学合理的修改意见,并及时地向太原机场建设工程指挥部反馈意见和建议,使新建航站楼国际联检区能满足近期及发展的需要。

【不断推动山西"无水港"建设】 目前,全国口岸部门都在推行跨区域合作,沿海、沿边口岸通过与内陆口岸互签协议,使沿海沿边口岸功能延伸到内陆省份,实现沿海和内陆共同发展。山西省"无水港"建设坚持政府推动、部门支持、企业运作的发展思路,按照山西省口岸"十五"和"十一五"确定的"以太原为中心,大同、侯马为两翼"的南、北、中发展格局,顺应区域发展需要,不断推进。

2007年7月19日,由天津市政府和海关总署、国家质检总局联合在天津市召开了"推进区域口岸合作座谈会",山西省政府与天津市政府签署了《北方地区大通关协作备忘录》,山西省口岸办与天津市交委(口岸办)签署了《建设内陆无水港合作意向书》,山西省物流中心、大同保税物流中心与天津港陆海(集团)有限公司签署了《无水港项目合作意向书》,太原海关、山西出入境检验检疫局也分别与天津方面对口部门签署了业务合作协议。这些多层面协议的签署,为山西省"无水港"建设分别提供了政策支持和仓储、运输等服务保障,为山西省"无水港"建设与发展奠定了良好的基础。

山西省口岸办于2007年7月25日召开了推进山西"无水港"建设第一次会议,确立了山西省太原"无水港"建设"1+1"的发展模式,即:一个"无水港"由两个分区——"公路区"和"铁路区"共同组成。铁路与公路分工合作、优势互补,在统筹规划、统一设计、共同建设的基础上,利用山西电子口岸进行统一监管。

【深入调研,保证山西电子口岸建设工作扎实推进】 开展科学、严谨的技术调研,为山西电子口岸建设提供技术准备。为科学、顺利地推进山西电子口岸建设,充分借鉴各地方电子口岸建设的先进经验,山西省口岸办于2007年1月22日至2月10日组织山西电子口岸建设工作小组相关成员和专家组成员展开山西省电子口岸建设调研工作。调研分3个层面进行:首先对山西省内电子口岸建设首批整合相关单位进行调研,二是对国家电子口岸数据中心及运营机构进行调研,三是对其他省份的地方电子口岸建设情况展开调研。通过调研明确山西电子口岸在全国电子口岸的整体网络架构中的层级和功能定位;详细了解山西省口岸有关部门"大通关"信息平台建设情况;学习其他省市电子口岸建设经验;研究分析调研中发现的各类问题,为山西电子口岸建设总体规划和设计提供完整可行的基础技术支持和指导性意见。根据调研情况并征求相关单位意见，山西省口岸办牵头完成了《山西电子口岸建设工作调研报告》和《山西电子口岸建设项目可行性研究报告》（一期），《山西电子口岸建设项目可行性研究报告》（一期）已经通过专家技术评审，并上报山西省政府通过。

进行细致深入的体制调研，为山西电子口岸运行维护和管理提供经验指导。山西电子口岸即将进入实质建设阶段，选择确定符合山西实际的运行维护管理机构及运行维护管理模式至关重要。根据山西省副省长宋北杉同志在2006年山西省口岸工作领导组全体会议上的讲话精神，2007年7月5日~12日，由山西省政府副秘书长王洪岐带队，组织山西省编办、太原海关、山西出入境检验检疫局、山西省口岸办相关负责同志，赴四川和江西两地就电子口岸运行维护管理机构设置进行专项深入的调研。经征求各调研单位意见，形成了《山西电子口岸建设运行维护机构设置调研报告》。

报告中提出，电子口岸运行的主要是电子政务，其中统一标准和规范、统一安全认证及部门协调管理等属行政职能范畴，需要建立专门机构，建立长效机制。报告建议：鉴于山西省经济相对落后，对外贸易量目前占经济总量的比重较小，进出口业务量不大，入网企业也较少的现实状况，建议参照江西模式，成立山西电子口岸管理中心，负责山西电子口岸的管理与运行维护。调研报告及成立机构的请示，山西省政府于2007年9月批复山西省编办研究落实。

【做好各项工作，提高管理水平，服务口岸经济】　2007年，太原航空口岸始终贯彻落实科学发展观，不断创新"大通关"理念和举措，通过科技手段提高工作效率，注重部门协调，优化口岸环境；充分发挥口岸部门的综合效能，服务山西省旅游产业和外向型经济。

太原武宿国际机场作为北京首都机场的首选备降机场，太原航空口岸不仅承担着日常国际航班备降工作，还肩负着2008年北京奥运会备降航班的重任。为做好备降国际航班的查验服务保障工作，山西省口岸办组织口岸相关单位拟定了《2008年北京奥运会期间太原航空口岸查验服务工作保障预案》和《口岸应对突发公共卫生事件和核与辐射恐怖事件处置预案》，以确保2008年北京奥运会期间备降国际航班快速通关和服务保障工作的完成。为了进一步开拓太原航空口岸国际市场，山西省口岸办多次召集太原航空口岸联检单位、山西省民航管理局与东航山西分公司、国航、南航驻并等单位召开口岸联席会议，通报已开航的8条虚拟航线运营情况，及时处理出现的问题；并组织口岸相关单位赴青岛、烟台、威海等航空口岸考察，商讨开通对日、韩虚拟航线，为进一步发展正式航班奠定基础。

太原机场海关自2004年成立以来，牢固树立服务意识，深入开展创建"青年文明号"活动，先后荣获"太原海关先进集体"、"山西省扫黄打非工作先进集体"等荣誉。

太原机场检验检疫局加强与民航、海关等部门的协调沟通，采取有效措施，促进输俄货包机的飞行，继续推行24小时值班制度，做到货物、飞机随到随检，随检随放，方便进出；针对国内外疫情疫病严峻形势，牢固树立疫情观念，在思想上、行动上筑起疫情疫病防线，严防疫情疫病从山西口岸传入传出。

2007年，山西省公安边防总队开展了以强化服务理念、提升服务质量为内容的活动，采取超常规措施，解决边检执法服务方面存在的问题，使边检执法服务质量有了质的飞跃。

2007年，太原航空口岸共出入境客货机225架次，出入境人员21 080人次。其中：太原—香港航线共飞行206架次，临时客机共飞行13架次，共出入境旅客18 393人次，出入境工勤人员2 190人次；独联体货包机共飞行6架次，货运量103.73吨，出入境工勤人员60人次。

山西口岸查验单位工作综述

太原海关

2007年，太原海关在海关总署党组的正确领导下，坚持以邓小平理论、"三个代表"重要思想和科学发展观为指导，认真贯彻落实十七大和年初全国海关关长会议精神，牢固树立"科学治关、和谐发展"理念，始终坚持"外抓服务、内抓团结"工作思路，深入开展"服务年、质量年、素质年"活动，各项工作取得明显成效。

【**立足省情关情，坚持走具有内陆海关特色的发展之路**】 太原海关立足山西是经济欠发达地区的实际，积极发挥职能作用，不断探索内陆海关促进地方经济发展的新模式。始终坚定不移地贯彻落实海关总署牟新生署长关于"山西省委、省政府的工作重点就是太原海关的工作重点"的指示精神，旗帜鲜明地提出要加强服务能力建设。按照十七大关于建设服务型政府的要求，太原海关继续把工作的主线确定为"服务年"，对外抓服务地方政府、服务进出口企业，对内抓服务机关、服务基层，努力将服务的理念渗透于工作的各个领域和环节。2007年是太原海关建关20周年，全关上下结合各自工作岗位和建关20年历程，系统总结工作经验，积极探索内陆海关的发展规律，初步形成了一套科学的治关思路：太原海关第一要务是发展，核心是以人为本，关键是团结，抓手是服务，最终目标是实现小关要有大作为。提出建设"服务型、责任型、法制型、团结型、创新型、学习型、节约型"海关，坚持以风险管理统筹各项改革，以综合治税统筹各项业务建设，以准军事化纪律部队建设统筹队伍建设，进一步形成与总署机关和谐的上下级关系、与山西省委省政府和谐的指导与被指导关系、与口岸海关良好的协作关系、与广大进出口企业新型的合作关系。"有为才有位"、"家和万事兴"、"小关要有大作为"的理念深入人心，全关上下的思想进一步统一，一心一意促发展、聚精会神抓服务的氛围逐步形成。

【**完善综合治税大格局，税收再创历史新高**】 太原海关始终以税收为"轴心"，不断健全税收分析监控机制和考核体系，认真开展税源调查，掌握关区税收动态，根据税源变化情况及时调整税收目标。积极构筑综合治税大格局，坚持量质并举，多管齐下，重点对减免税审批、归类、审价、税款及时入库核销等进行整治，协调各项业务工作齐头并进，提高征管质量，确保应收尽收。2007年，太原海关税收再创历史最好水平，全年税收入库达14.48亿元，比原定计划多收3.48亿元，完成原定计划的131.64%，较上年同期增长84.26%；归类补税58.2万元；审价补税559.1万元；加工贸易备案金额2.57亿美元；审批减免税17.93亿元、货值9.47亿美元。

【**拓展区域通关范围，通关效率不断提高**】 在各业务现场实行全天候受理报关制度，设立24小时预约报关窗口，继续推行"5+2"工作机制，做到无假日通关。在青岛海关设立专门窗口，专司山西进出口企业的通关业务，为企业最大限度地提供直通式通关服务。与北京海关、南京海关开通航空口岸和陇海线新欧亚大陆桥沿线海关区域通关模式，确保山西企业进出口货物在口岸海关与太原海关之间实现"属地申报、口岸验放"的通关模式。对进出口额达不到3 000万美元的A类企业和AA类企业，只要企业申请，可以参照"红名单"企业给予通关优惠待遇。拓展和辅导更多的企业开展预申报、预归类和预审价工作，完善、创新通关便利措施，缩短企业通关时间。

【**深化服务措施，助推山西经济发展的积极性更加主动**】 太原海关认真贯彻落实中央、国务院和海关总署关于促进中部地区崛起的精神，进一步增强责任意识和服务意识，不断解放思想，深入开展调研，大胆改革创新，出台促进中部地区崛起的19条措施，并广泛宣传，优化山西省投资环境，扶持企业做大、做强。由一把手带队，走访北京、天津等6个直属海关，进一步理顺与兄弟海关的关系，努力为企业做到"无障碍"通关。坚持"开门办关"，由关领导带队走访辖区各市，听取各市党委和政府对海关工作的意见和建议，主动送政策上门，并与长治、忻州等市政府签订联系合作办法，搭建海关与政府联手为企业服务的平台。对重点企业和重点项目推出"保姆式"、"跟进式"服务措施，承诺"项目进展到哪里，海关的服务就跟进到哪里"。与太重集团等大型企业签订了联系合作办法，并确定具体联系人，实行"结对子"服务。定期编制《海关统计月报》，发布预警监测信息，并利用互联网，每月及时向省、市政府和各职能部门提供进出口统计数据，为宏观经济决策提供依据。加强与电子口岸成员单位的联系，积极发挥承建作用，推动"大通关"业务流程及互联互通工作。电子口岸一期建设项目可行性研究报告顺利通过，标志着电子口岸建设进入实质运作阶段。还与3家银行和10家大型企业签署网上税费支付协议，使企业足不出户就能完成税费的缴纳。克服人力资源紧张的困难，在晋城、长治设立临时监管组，并已正常开办海关业务。

【创新监管方式，加大监管力度】 积极促进特殊监管场所建设，侯马方略保税仓库、方略出口监管仓库、大同华鹏保税仓库相继投入运营。对已经申请和筹建中的出口加工区和保税物流中心，实行"跟进式"的政策指导和具体操作服务。积极推进加工贸易联网监管，年内与3家企业联网，监管企业进出口货值与覆盖率大幅增长。加大对旅检通道查验力度，查获1起案值1 000万元的入境旅客非法携带货币案，创太原海关旅检渠道查获案值之最。2007年监管进出口货运量413.2万吨，同比增长99.9%；进出口查验率7.55%；进出口查获率5.77%；监管进出境飞机234架次，进出境人员21 048人次，较上年同期增长92.8%。

【探索风险管理新模式，企业管理得到加强】 积极探索风险管理"由虚变实"的管理方式，将风险管理融入到各业务环节，及时发布风险信息，为业务现场提供预警服务。扎实推进风险管理工作，调整7家企业的报关通道，关区内享受F、G通道的企业增至9家。引导推荐企业升格为"双A"和"红名单"企业，年内又有2家企业入围"红名单"，使山西省"红名单"企业上升到10家，居中部六省首位。努力提高辖区企业的对外竞争力，调整18家企业由B类升为A类企业，推荐1家报关行进入全国报关协会"百优"企业。改变企业稽查工作方式，实现"以注重查发问题为主"向"以促进企业守法自律为主"的转变，全年共稽查企业50家。深入开展风险分析，建立风险、稽查、企管"三位一体"的配合机制，组建虚拟稽查机动小分队，合理安排稽查进度。进一步规范报关员的报关行为，建立记分情况通报制度、报关员高分"警示"制度、报关单位诚信度挂钩制度和定期辅导培训制度，开展"最佳报关员"评选活动，不断提高报关员能力素质。

【保持打私高压态势，进出口环境进一步优化】 在调查处理走私违规案件时，坚持以教育为主的原则，切实做到"四个区分"（即技术性违规还是故意违规，个人行为还是企业行为，首次违法还是多次违法，积极配合还是消极对待），处理好"五个关系"（即追究当事人犯罪行为与保障当事人合法权益的关系，追究当事人法律责任与保护企业合法权益的关系，依法对当事人采取强制措施与保障企业继续合法经营的关系，保护国家利益与保护企业和职工合法利益的关系，追究当事人刑事责任与维护社会稳定的关系）。建立缉私与风险管理合署办公的机制，努力提高情报的发现能力。主动请缨参战，圆满完成"7.18"专案监管任务，锻炼了缉私民警的业务能力。年内，太原海关共立案调查行政违法案件7起，其中办结行政违法案件7起，罚没款项60.46万元，补税17.02万元。

太原海关2007年业务统计表

业务类别		2007年	同比增减（%）
监管货运量（万吨）		413.2	99.9
其中	出口	6.1	8.9
	进口	407.1	102.4
进出口总值（万美元）		314 241	90.5
其中	出口	9 724	-47.6
	进口	304 517	108.1
征税（万元）		144 764	84.2
审批减免税额（万元）		179 345	-26.1
受理报关单（份）		5 508	-19.1
加工贸易合同备案（份）		113	-42.3
其中	备案金额（万美元）	25 719	-65.3
监管进出境飞机（架次）		234	-7.1
监管进出人员（人次）		21 048	92.8
查获行政违规案件（起）		7	0
其中	案值（万元）	4 620.4	346.7
罚没入库（万元）		60.5	27.8
企业注册累计（家）		2 687	15.9

山西省公安边防总队

2007年，山西边防总队以全面提高边检工作服务水平为目标，不断增强服务意识，跟进服务，努力打造一个通关环境高效、便捷、和谐的山西太原口岸，有力维护了国家主权、安全和口岸良好的出入境秩序，为促进山西对外开放和经济建设作出了积极的贡献。

2007年，山西边防总队共检查出入境人员21 051人次（入境人员9 770人次，出境人员11 281人次），比2006年增加106.4%；检查出入境飞机232架次（入境飞机119架次，出境飞机113架次），比2006年增加31.1%。

【切实转变观念树立服务理念】 太原机场是2008年北京奥运会的备降机场，太原边检站被公安部确定为第一批达标单位，是15个现役先行站之一。全国边检工作会议后，山西边防总队连续召开了党委会、办公会、党委理论中心组专题学习会和军人大会，深入传达学习会议精神，真正把思想统一到公安部、部局党委和两级领导的讲话精神上来，实现边检工作指导思想由"管控"为中心向"服务"为中心的转变。总队组织全体执勤人员连续观看了香港入境事务处顾客服务系列讲座，开展了"大学习、大讨论"活动，召开了誓师大会。执勤业务科召开了"提高边检服务水平"思想分析会，加强灌输和引导，切实使每个检查员从思想深处树立"人本、专业、安全"的服务理念。部局提高边检服务水平推进会后,边检站又迅速召开党委中心组学习会,在官兵中开展了"再学习,再讨论"活动,每名检查员都结合工作实践和推进会精神,撰写了心得体会,切实将党委一班人和官兵思想统一到公安部和部局的工作部署上来。

【广泛征求意见,认真查找不足】 总队把"征求意见、查找不足"作为提高边检服务水平的切入点,针对太原口岸旅游团较多的实际于4月初召集省旅游局和省内各大旅行社负责人召开了征求意见会,诚心听取工作意见。同时,制作了旅客征询意见卡,建立了太原边检站互联网站,通过请旅客填写意见卡、网上征询意见、召开旅客现场座谈会、走访相关单位等形式,广泛征求出入境旅客和社会各界的意见,并认真整理出意见20余条。经过认真研究谋划,制订了活动方案,有针对性地解决问题。2月13日,总队召开全体军人大会,对提高边检服务水平工作进行了全面动员部署。3月初,公安部边防局举办的"提高边检服务水平培训班"结束后,军政主官亲自听取了参加培训的情况汇报,进一步修改完善了活动方案。10月,公安部边防局提高边检服务水平推进会后,山西边防总队又迅速贯彻落实会议精神,召开专题会议,结合前段工作情况和总队实际,按照傅宏裕政委5个"着力解决"的要求,提出强力推动工作的6条措施,并狠抓落实。

【改善执勤现场硬件设施,创造便民高效通关环境】 根据公安部孟宏伟副部长"一切围绕现场,一切为了现场"的要求,山西边防总队投资了10万余元着力进行执勤现场硬件设施改造。针对旅客高峰期通关能力不足的情况,增开了3条检查通道;充分为旅客着想,设法扩大了候检区,设置了边检候检座椅,摆放了饮水设施和小药箱;增设了引导标志,重新制作了公告栏、宣传栏,公开了服务承诺和三级投诉电话,公开了检查流程、注意事项、法律法规依据和行政许可收费标准;填卡台上制作了标准填写卡片样式,放置了特制的提高边检服务水平便民服务卡和宣传册;执勤办公室进行了调整改造,增设了检查员备勤休息室;执勤现场制作悬挂了大型电子显示屏,挂起了大幅宣传标语。通过改造,使边检限定区域真正成为文明服务区域,边检咨询台成为真心服务台,营造了亲切、便民、快捷、高效的通关环境。同时,太原机场为迎接2008年奥运会正在修建新候机楼,总队抓住时机,着眼长远,积极与机场方面协调联系,增加了边检执勤区域和旅客候检面积,使出入境边检通道由现在的11个增加到16个,安装了纯数字监控系统,办公用房也完全满足执勤需要,为今后执勤工作奠定了良好基础。

【力争通过精细服务打造优质文明窗口】 总队组织全体执勤人员认真学习部局下发的"服务规范"、"执勤八不准"和"服务承诺",要求逐项对照落实,并且立足高起点、坚持高标准,不因旅客少而放松要求,不因航线单一而马虎应对。特别是服务规范示范片下发后,总队反复组织观看以抓好养成教育,从仪表礼仪、验证动作、表情语言等细小环节入手,像执行队列条令一样对照去做,使规范动作成为检查员的自觉行动、习惯动作。从8月份开始,总队规定每次勤务结束后,检查员先看自己的执勤录像再下勤休息,并认真查找不足,有效提高了执勤规范化和服务水平。同时,总队深入研究,结合实际,推出新的服务措施,24小时为出入境航班和人员提供服务,备降航班随到随检,开通了旅游团网上报检系统,开通了24小时边检咨询电话,执勤现场为旅客提供茶水、常用药品,为老弱病残孕旅客主动提供服务,国际候机厅设立边检咨询服务台,实行"首问负责制",建立了旅客流量预测机制,按流量开足通道,以快速通关。

【精心筹划,备战奥运】 总队针对承担的奥运会首都机场备降航班的边检任务,及早准备,主动与北京边检总站联系,建立了工作协作机制。5月21日,丑勇总队长亲自率有关业务人员到北京边检总站学习、座谈,结对子、搞共建,签署了两站提高边检服务水平和备战奥运协作协议,协作内容包括建立提高边检服务水平定期交流学习制度、备降航班联络制度、证件鉴别会商制度等,并商定北京边检总站为太原站检查员进行奥运任务专项培训,建立奥运热线电话,为完成奥运会边检任务奠定了良好基础。针对北京奥运会边检任务中可能出现的各种情况,总队制定印发了《太原边防检查站保障2008年北京奥运会备降国际航班工作预案》和《山西边防总队备降航班备勤制度》,规定从接到备降航班通知起,执勤单位和各个部门立即启动预案,迅速投入执勤工作,并按预案组织实战演练,提高了实战能力。

【严格履行职能，服务地方经济】 2007年，执勤官兵的服务理念已深入人心，服务出入境人员的平凡小事屡见不鲜，收到了许多出入境旅客、旅行社的感谢信、表扬信、锦旗。另外，总队还积极服务于山西经济建设大局，为"山西经贸洽谈会"代表团、香港著名企业家郭鹤年来访专机、驻港领事访问团等出入境提供优质服务，受到了接待方和出入境人员的一致好评，省商务厅、省政府办公厅、省外办先后为边检站送来了感谢信。同时，总队坚持严密管控，把好国门，2007年共办理行政案件2起，接收遣返人员1名，查获网上在逃人员1名，所办案件做到了事实清楚、定性准确，且程序合法、法律手续齐全，未发生行政复议、诉讼等情况，没有收到一起旅客投诉和举报，实现了法律效果、社会效果和政治效果的和谐统一。

(李鹏)

2007年太原口岸出入境旅客统计表

项目		出入境旅客		合计
		入境	出境	
中国籍	因公	61	38	99
	因私	1 565	3 531	5 096
	香港	2 143	2 020	4 163
	澳门	10	10	20
	台湾	4 214	4 106	8 320
外国籍		620	477	1 097
华侨		0	0	0
合计		8 613	10 182	18 795

2007年太原口岸出入境员工统计表

项目		出入境员工		合计
		入境	出境	
中国籍	因公	1 115	1 062	2 177
	因私	6	0	6
	香港	1	1	2
	澳门	0	0	0
	台湾	0	0	0
外国籍		35	36	71
华侨		0	0	0
合计		1 157	1 099	2 256

山西省

山西出入境检验检疫局

【概述】 2007年，山西出入境检验检疫局坚持以邓小平理论和"三个代表"重要思想为指导，深入贯彻科学发展观，按照国家质检总局、山西省委省政府的总体工作部署，认真履行检验检疫职责，紧扣服务经济这个主题，以改革创新为动力，以转变作风为契机，以党风廉政建设为保障，全面提升检验检疫工作服务地方经济发展的有效性，各项工作都取得了新的进展。2007年共检验检疫出入境货物22 237批，货值32.27亿美元，其中，出境19 633批，货值23.09亿美元，入境2 604批，货值9.18亿美元，批次和货值均保持一定程度的增长。检出不合格出入境货物80批，货值688万美元。检验鉴定出境包装6 177批，检疫出入境货物木质包装3 532批，计315 959件。查验出入境飞机226架次，检疫出入境人员21 117人次。监测体检出入境人员4 290人次，预防接种4 563人次，检出传染病例153例。签发一般原产地证书2 740份，涉及货值1.9亿美元；签发普惠制产地证书11 000份，涉及货值13.6亿美元。

【口岸检验检疫工作】 2007年，山西出入境检验检疫局逐步健全了口岸卫生检疫应急预案和应急管理组织体系，制定了《山西检验检疫局口岸应对突发公共卫生事件及核与辐射恐怖事件处置预案》、《山西检验检疫局口岸废物中毒应急处置预案》、《山西检验检疫局口岸鼠疫控制应急预案》，成立了口岸应急工作领导小组，在本省惟一的国家一类口岸——太原航空口岸加强检验检疫查验力度，防止了疫情疫病的传入传出，确保了口岸安全卫生畅通。

口岸卫生检疫。2007年，面对东南亚一些国家出现高致病性禽流感、印度等国出现流行性脑膜炎等严峻疫情形势，认真按照国家质检总局要求，继续加强口岸高致病性禽流感等重大动植物疫情防控工作，严格做到"五个及时"、"五个到位"和"五个不漏"，通过严格规范的日常卫生检疫，确保了口岸疫情疫病安全。

口岸查验工作。强化疫情意识，严防各种疫情疫病传入传出。按照检疫查验程序，认真履行职责，对出入境旅客携带物的查验做到了"三勤"（勤走动、勤观察、勤询问）和"三严"（严查重点航班、严查来自重点地区的旅客、严查重点行李和货物）。采取人工查验与X光机查验相结合，努力提高检验检疫人员利用X光机对禁止进境的动植物及其产品的识别能力，杜绝了禁止进境的动植物及其产品入境。

口岸预防性检疫处理。加强口岸预防性检疫处理工作，保障口岸安全：一是加强对口岸检疫处理工作的现场监督，严格检疫处理现场操作规范；二是加大对操作人员的技术指导；三是加强对具体承担卫生除害处理工作的单位的监管；四是监督和指导太原机场改扩建中检疫除害处理设施的搬迁和新建工作。2007年，共对来自疫区的106架飞机进行了卫生除害处理，对入境飞机的卫生处理率达100%。

口岸卫生监督。加强口岸卫生监督，防止口岸食品中毒等食源性公共卫生事件的发生。一是严格"二证"管理。对所有为出入境航班、旅客提供配餐和饮食服务的食品生产经营和饮食服务单位实行卫生许可，卫生许可率达100%；对所有饮食生产经营和服务单位的从业人员实行健康体检，从业人员健康证明率达100%。二是监督并协助口岸食品生产经营企业和饮食服务单位建立并严格执行登记备案制度、台账制度、留样制度、承诺制度、溯源制度和召回制度，加强食品生产企业和饮食服务单位的原料、生产、加工、运输、仓储、销售等环节的卫生监督。三是加大快速检测力度，确保机供食品安全卫生。四是积极开展口岸环境微小气候及空气卫生质量监测，进行卫生学评论。五是对太原航空口岸从业人员进行了卫生知识和传染病防治知识培训。

【严防疫情疫病及不合格商品传入传出】 一是加强卫生检疫。逐步健全了卫生检疫应急预案和应急管理组织体系，积极与省相关部门协调联系，建立了多部门协调配合机制，严防疫情疫病的传入传出。2007年检出各种传染病155例,确诊一名中国男性公民为艾滋病病毒感染者,并按照有关规定进行了相应处理。二是加强疫情疫病防控。在对山西农业大学从澳大利亚引进的32只美洲种羊驼检疫中,检出2只为鹿流行性出血热病阳性(国家禁止的二类传染病),并进行了有效处理;在对种子、核桃等产地检疫过程中,检出蚜虫、卷叶螟、红蜘蛛等多种有害生物,及时进行了处理,确保了出口产品质量。三是强化出口煤炭监管。把出口煤炭监管工作的重点放在了涉及安全、卫生、环保项目上,切实做到严把"五关"即把好生产关、货源收购关、加工筛选关、成品入库关、清扫装车关。对5家出口煤炭企业实施了视频监管。2007年,全局共监管出口煤炭3 461批、2 204万吨,清除雷管16 084枚,捡出外来金属杂质67 651千克、木屑85 868千克。

【服务地方经济发展】 一是全力保障重点工程建设。为太钢不锈钢改造工程、西龙池水电站、原平晋北铝业等重点工程和富士康(太原、晋城)科技园区等重点招商引资项目建设提供服务,共检验重点工程进口货物1 960批,货值7.2亿美元。对外出具索赔证书29份,为国家挽回经济损失146万美元。二是加强信息技术服务。积极帮助企业完善原料基地生产管理,有针对性地开展加工工艺研究,促使辣椒、红椒、黄桃、蘑菇等季节性蔬菜、水果应季投入生产,解决了多年来企业因出口罐头产品单一、设施设备每年9个月时间闲置造成巨大浪费的老问题。三是积极应对国外技术壁垒。巩固应对日本肯定列表制度成果,积极应对欧盟食品新法规等新的技术贸易措施。成功破除墨西哥设置的贸易性技术壁垒,使山西省一家企业输往墨西哥的一批红富士苹果顺利通关。四是扶持山西省农产品出口首次突破3亿美元,同比增长一倍,达到历史最好水平。

【大通关环境建设】 全面改善山西省企业进出口大通关环境。按照"提速、减负、增效、严密监管"的原则,加快"大通关"建设步伐,为山西省企业创造优质、高效、便捷的通关环境。一是"三电工程"实施取得新进展,截至2007年底,山西省远程电子申报企业总数已达275家,涵盖全省主要大、中型出口企业和出口量较大的企业,通关效率明显加快。二是"分类管理"又有新成效。截至2007年底,该局实施分类管理的企业7家(其中一类3家,二类4家),已向国家质检总局申报实施直通放行的企业5家,实施出口免验的企业1家。三是永济芦笋申办地理标志产品保护已通过国家质检总局组织的专家的论证审核,大同左云苦乔健茶的地理标志申请已报国家质检总局待批。四是增强认证监管工作的有效性,提升本省企业的管理水平和国际竞争力。

【产品质量和食品安全专项整治行动】 2007年8月到12月,按照国务院和国家质检总局的一系列安排部署,采取系列措施,扎实推进山西省进出口产品质量和食品安全专项整治行动。成立了专项整治工作领导小组,及时向省政府领导进行专题汇报;研究制定了《关于全面加强进出口商品质量安全监管工作的实施意见》等13个专项整治工作文件;召开了全省出口食品、农产品工作会议,对专项整治行动进行安排部署;抽调机关业务骨干组成工作组,开展监督指导,确保了专项整治取得实效。

(张建龙 任传永)

2007年山西检验检疫局检验检疫业务统计表

项 目	01~12月概况			上年同期			较上年同比（%）		
	合计	出境	入境	合计	出境	入境	合计	出境	入境
检验检疫总批次	22 237	19 633	2 604	20 823	19 012	1 811	6.8	3.3	43.8
检验检疫总货值（万美元）	322 660	230 874	91 786	299 599	215 105	84 494	7.7	7.3	8.6
检验检疫不合格批次	80	19	61	54	7	47	48.1	171.4	29.8
检验检疫不合格货值（万美元）	688	243	445	233	67	166	195.3	262.7	168.1
签发一般原产地证书（份）				1 619					
签发一般原产地证书货值（万美元）				7 263					
签发普惠制产地证书（份）				6 332					
签发普惠制产地证书货值（万美元）				49 296					
签发区域性原产地证书（份）									
签发区域性原产地证书货值（万美元）									
检验鉴定包装批次		6 177			5 215			18.4	
检验鉴定木质包装批次	3 532	2 367	1 165	3 532	2 593	939	0.0	-8.7	24.1
检验鉴定木质包装件数	315 959	290 941	25 018	290 238	263 704	26 534	8.9	10.3	-5.7
检疫查验集装箱（标箱数）	4 287	702	3 585	5 235	994	4 241			
检疫查验交通工具（飞机架次）	226	112	114	252	125	127	-10.3	-10.4	-10.2
检疫出入境人员（人次）	21 117	11 462	9 655	10 091	5 129	4 962	109.3	123.5	94.6
检疫查验出入境行李（件）	47 802	26 516	21 286	18 764	8 636	10 128	154.8	207.0	110.2
健康检查（人次）	4 290			3 398			26.3		
发放国际旅行健康证份数	4 392			3 325			32.1		
预防接种（人次）	4 563			2 700			69.0		
发现病例（不包括非传染病人次）	153			100			53.0		

内蒙古自治区

内蒙古口岸工作综述

2007年内蒙古自治区口岸工作按照全区商务及口岸经济工作会议要求，经过口岸系统广大干部职工的共同努力，取得了较好的成绩。

【口岸环境不断优化，口岸经济发展较快】 一是口岸进出境货运量不断增长。口岸进出境货运量达3 320万吨，同比增长9.8%；进出境客运量为416万人次，同比增长28.2%；进出境交通工具为82万列（辆）次，同比增长36.7%。二是口岸的贡献率不断上升。满洲里、二连两大口岸不仅进口国家所需的战略物资，而且上缴关税和代征税增长幅度较大。这两个口岸上缴关税及代征税达93.6亿元，其中满洲里口岸增长较快，同比增长14.52%。三是口岸进出口贸易额增长较快。仅满洲里口岸进出口贸易额达87.3亿美元，同比增长28.5%。四是开发利用俄蒙资源进展顺利。策克口岸进口蒙古原煤120万吨；甘其毛都口岸进口原煤196万吨，同比增长211.17%；珠恩嘎达布其口岸进口蒙古原油11.28万吨，同比增长399.54%；阿日哈沙特口岸进口蒙古国铅锌精粉1.56万吨，同比增长210.14%；黑山头口岸进口俄罗斯原煤8 000吨。

【全区上下共同努力，口岸开放取得新进展】 按照《口岸开放验收规程》的要求，自治区口岸办牵头组织自治区发改委、财政厅、交通厅、呼和浩特海关、内蒙古公安边防总队、内蒙古出入境检验检疫局、内蒙古军区司令部于7月分别对策克、珠恩嘎达布其口岸进行了预验收。经过现场考察和听取汇报，各查验部门和内蒙古军区司令部就查验机构设置和人员编制及口岸查验和配套设施建设等情况与当地政府交换了意见，并形成预验收会议纪要。根据两口岸验收情况，已将申请国家验收的请示报送国家口岸办。国家口岸办根据预验收情况，组织国家有关部门对珠恩嘎达布其口岸进行了正式验收，珠恩嘎达布其口岸实现了常年开放。在各方的协调与努力下，国务院于2007年9月12日批准甘其毛都口岸对外开放。

【口岸临时开放，促进了企业"走出去"】 在自治区各查验部门和军区的支持下，国家口岸办批准策克、甘其毛都、珠恩嘎达布其口岸临时开放，允许双方从事矿能开采企业的人员、设备、运输工具和货物通过上述口岸出入境；阿尔山口岸为建设努木尔根界河桥临时开放，允许建桥的人员、物资、设备和运输工具出入境；额布都格口岸临时开放，允许大庆油田有限责任公司出入境；满洲里西郊机场临时开放，开展飞往伊尔库茨克的包机业务。口岸实现临时开放，为"走出去"企业提供了通关便利，有力地支持了全区与俄蒙的经贸合作。

【推进"大通关"建设，口岸管理创新有了新举措】 在各有关部门的大力支持下，以电子口岸建设为核心的口岸管理创新工作有了新的进展。满洲里电子口岸建设一直走在全国陆路口岸前列，目前正在进行电子口岸二期、三期工程的系统开发。同时针对全区铁路、公路、航空、邮递4种口岸运输方式，自治区口岸办委托呼和浩特海关牵头抓的全区电子口岸建设项目组分别提出拟开发项目业务需求，并广泛征集11家共建单位的建设意见，在反复论证的基础上，编制了《内蒙古电子口岸业务需求方案》。同时，与中国电子口岸数据中心协商了建设事宜，就项目开发和移植等具体工作达成共识，确定了内蒙古电子口岸的建设内容和建设方式。目前，100万元前期启动经费已经全部支出。一期工程建设基本完成，内蒙古电子口岸平台已于2007年12月1日正式上线并投入运行。门户网站上线运行以来，共计发布口岸信息470条，日访问量45人次。数据交换平台已为海关与商务厅和外管局增加了数据交换模块。铁路口岸场站换装管理系统已开通8家换装场站业务。公路口岸车辆进出境管理系统备案进出境车辆150余辆。随着平台应用的不断深入，其经济效益和社会效益将逐步体现。

【加大对内外协调力度，口岸交流与合作成效显著】 自治区口岸办积极协调和推动口岸查验部门进一步探索监管模式的改革，加大对内外协调和区域口岸合作力度。为了进一步完善自治区与天津跨区域合作机制，在2005年与天津市签署《二连浩特口岸与天津跨区域口岸合作备忘录》和《跨区域合作天津议定书》的基础上，2007年7月请自治区政府办公厅领导参加了天津市召开的推进区域口岸合作座谈会，政府办公厅领导代表自治区人民政府与北方12省区市领导共同签署了《北方地区大通关建设协作备忘录》，自治区口岸办与北方12省区口岸办共同签署了《建设内陆无水港合作意向书》。2007年7月，在长春市与辽宁省、吉林省、黑龙江省口岸办签署了东北、内蒙古四省区口岸大通关合作框架协议。通过上述合作，打破省区和关区、检疫界限，把"属地申报、口岸验放"和直通式放行通关模式覆盖面扩大到天津等周边省区。

【全区口岸设施建设加快，口岸面貌焕然一新】 全区除阿尔山口岸外其余口岸联检楼已建成，口岸面貌大大改观。口岸查验配套建设和扩能扩容改造正在顺利进行。总投资18.9亿元的滨洲铁路海满段复线和满洲里至后贝加尔铁路宽轨复线建成通车。满洲里公路口岸二期建设工程已完工，同时实施了出境货运新通道建设，出境新通道已于2007年7月9日投入试运行。二连浩特铁路口岸新国门已建成，建筑面积2 406平方米，横跨准轨和宽轨铁路；公路口岸入境候检厅建设工程已完工。策克、珠恩嘎达布其口岸查验单位综合业务用房已完工，口岸监管区硬化、绿化、亮化、封闭工程均已竣工。一些口岸公路竣工通车，长达335公里。阿尔山口岸启动了界河桥建设项目。满都拉、阿日哈沙特、黑山头和室韦口岸地面硬化、通道封闭等工程已竣工。海拉尔机场启动了国际候机楼改造和扩建工程。满洲里机场经过扩建已达到4D级标准。呼和浩特机场2007年8月5日正式启用新候机楼，新候机楼总面积5.5万平方米，可满足300万人次旅客吞吐量的航空业务需求。各口岸架设了海关专网，增加了X光机、电子地磅，安装了500多套远程电子终端，"三电"工程得到完善；新建执勤现场13个，通道44条、验证台54个，各类服务设施90个，使一线查验手段进一步优化。

【口岸建设得到加强】 口岸建设资金严重短缺是影响全区口岸发展的瓶颈。为了解决这一问题，自治区口岸办做了大量工作，多次向国家有关部门汇报口岸建设情况，特别是抓住自治区成立60周年的契机，向国家口岸办上报关于申请自治区成立60周年口岸专项资金的请示，并协调国家口岸办将此请示转报到国家财政部和发改委，同时积极跟踪落实。国家发改委已下拨1 500万元口岸项目资金。同时，针对国家财政部上年下拨的边境口岸转移支付资金分配原则不合理的问题，多次向财政部主管司反映情况，提出了注重客货运量的同时适当照顾小口岸的建议，并得到了国家财政部主管司的支持，在分配已拨付的1.3亿元边境口岸转移支付资金时，保证重点口岸的同时适当照顾小口岸，确保了全区口岸的正常运转。根据自治区政府关于专项资金管理的有关规定，自治区口岸办会同财政厅企业处不仅出台了口岸基础设施建设补助资金管理办法，而且对口岸资金的使用情况及需求情况进行调研。由于对口岸资金的管理到位，自治区财政厅2007年又增加了500万元口岸专项资金。发改委将口岸基础设施建设资金由1 000万元增加到1 200万元。口岸所在地政府也加大了口岸建设资金投入，共投入5.73亿元。

【不断深化口岸课题调研工作】 按照国家口岸办关于开展"合理配置口岸管理资源，提高口岸整体通关效能"课题调研工作的具体要求，自治区口岸办作为沿边口岸课题调研牵头部门做了大量的工作，汇总上报了沿边省区对口岸课题第二组和第三组的调研意见，得到了国家口岸办的充分肯定。国家口岸办根据各省区口岸部门的调研情况提出了两个"框架"意见。为了进一步修改和完善国家口岸办提出的两个"框架"意见，自治区口岸办主持召开了沿边省区口岸办负责人会议，对两个"框架"进行了充分的讨论，并把沿边省区提出的意见汇总后上报国家口岸办。根据国家口岸办对口岸课题调研工作的具体要求，自治区口岸办与沿边省区口岸办协商了其余口岸课题调研的具体步骤和方法。

【口岸信息员队伍得到了加强】 各口岸和联检部门都指定了专兼职口岸信息员，口岸系统已有了较稳定的信息员队伍，各部门充分发挥了信息员的作用，信息工作促进了全区口岸"大通关"建设和口岸管理。从全区情况看，大部分报送的信息质量和水平有所提高，高效信息在报送信息总量中的比重明显上升。口岸办及时整理上报了一线口岸报送的有效信息，2007年共出《内蒙古口岸动态》51期。在2007年召开的全国信息工作会议上，自治区口岸办被评为2006年度信息工作先进集体二等奖；满洲里口岸办被评为先进集体特别奖；田雁同志获得优秀通讯员三等奖，受到了中国口岸协会的通报表彰。

2007年全区各口岸货运量、出入境旅客统计表

项目 名称	货物进出口（吨）本年累计	同比增减%	进口（吨）本年累计	同比增减%	出口（吨）本年累计	同比增减%	出入境旅客（人次）本年累计	同比增减%	入境（人次）本年累计	同比增减%	出境（人次）本年累计	同比增减%
满洲里	24 019 250	10.91	21 841 213	7.32	2 178 037	66.73	2 192 063	28.6	1 099 942	29.33	1 092 121	27.87
二连浩特	5 599 101	-13.16	4 278 623	-21.9	1 320 478	36.18	1 594 322	17.57	799 486	17.48	797 836	17.61
甘其毛道	1 967 986.51	206.29	1 960 766.68	211.7	7 219.83	-46.47	101 934	67.89	51 367	68.34	50 567	67.44
策克	1 210 850.18	-21.3	1 205 915.27	-21.53	4 934.91	155.76	65 407	-20.74	32 802	-20.52	32 605	-20.97
珠恩嘎达布其	157 473.34	423.81	143 166.14	433.58	14 307.2	342.67	36 693	71.18	18 712	75.95	17 981	66.49
阿日哈沙特	84 704	283.03	35 602	230.01	49 102	333.53	52 277	32.68	26 287	33.04	25 990	32.31
额布都格	54 693.66	155.46	68.46	-87.08	54 625.2	161.61	30 561	125.34	15 341	125.57	15 220	125.11
室韦	30 173.93	251.15	27 935.67	245.31	2 238.26	344.98	6450	267.73	3433	268.6	3 017	248.38
黑山头	28 276.46	507.97	11 166.71	252.93	17 109.75	1 050.6	27 375	54.29	13 586	54	13 789	54.57
满都拉	841.64	186.67	133.73	228.25	707.91	180.01	28 296	-9.66	14 226	-9.35	14 070	-9.98

内蒙古口岸查验单位工作综述

呼和浩特海关

2007年，呼和浩特海关秉承"务实、创新、奋进、和谐"的工作主线和"区兴我兴，区荣我荣"的服务理念，以全面加强基础建设为抓手，以深化业务改革整合、开展岗位练兵、落实各项服务举措和推进文化

内蒙古自治区

建设4项中心任务为统领，全面完成了全年各项工作任务。

【业务管理水平】 一是税收征管质量稳步提升。实现税收入库18.75亿元，关区税收监控考评体系初步建立，各项税收征管评估指标继续保持较好水平。二是综合监管效能进一步彰显。监管进出境货物1 000.8万吨，首破千万吨大关，同比增长15.6%；进出口贸易总值达到29.03亿美元，同比增长3.09%。监管场所清理工作有序推进，区域通关业务大幅增加，量、值、税均实现翻番。三是缉私执法水平不断提高。进一步加强了党组对缉私工作的领导，继续保持打私高压态势。全年立案侦办刑事、行政案件218起，案值3.4亿元，涉嫌偷逃税款188.1万元。行政案件自查率创历史新高，打私综合治理格局得到进一步完善。四是建立健全风险管理机制取得阶段性成效。完成了风险管理平台2.2版本推广使用，实现了风险管理与企业稽查、加工贸易管理和缉私工作的有机融合。创新稽查工作模式，启动了验证式稽查试点，稽查覆盖率、查发率较之往年有了新的提升。企业管理进一步加强，报关市场健康发展。五是海关统计的辅助决策和监测预警作用发挥到位。全年编发统计分析报告20篇，有的得到了国务院和自治区领导批示。执法评估监督效能进一步彰显，"扫黄灭红"目标基本实现。六是口岸综合管理力度进一步加大，科技业务一体化进程明显加快。H2000、网上支付等系统覆盖关区所有业务现场，内蒙古电子口岸平台正式建成并上线运行。珠恩嘎达布其口岸通过国家常年开放验收。积极参与空港奥运安保工作成效明显。

【准军事化纪律部队建设】 一是领导班子和干部队伍建设明显加强。通过建立总关党组成员基层联系点制度、完善基层单位重要事项报告制度、坚持党组中心组学习制度和民主生活会制度等措施，关区两级领导班子的治关能力明显提升。二是准军事化纪律部队建设成效显著。《准军事化纪律部队建设长效机制管理办法》得到了较好落实，"外树形象"与"内强素质"协调推进，岗位练兵取得阶段性成果。三是反腐倡廉工作取得新进展。"党风廉政建设领导责任书"得到有效落实，7个专项审计效果明显，海关人员6项禁令、"红包"公布等纪律规定得到严格执行，新形势下加强党风廉政建设的思路进一步理清。关区全年未发生或发现违法违纪案件。

【服务地方经济】 一是服务理念更加清晰。在总结2006年"10项措施"实施情况的基础上，以主动适应为前提，以促进发展为目标，制定了新的"服务西部开发促进自治区经济社会又好又快发展10项措施"，并采取完善机制、跟踪督办等手段抓好落实，取得了积极成效。二是服务举措更加务实。通过领导专题汇报、呈送工作专报、深入企业送政策上门、下厂稽查等形式，全方位宣传海关政策；认真落实重大招商引资项目提前介入、全程参与的承诺，切实加强与自治区、各有关盟市等党政领导的联系沟通，营造了良好的外部执法环境。三是服务成效更加明显。全年累计减免税款17.04亿元，为自治区产业升级和科技创新作出了应有贡献。内蒙古第一个出口加工区通过了国家联合验收，为自治区60年大庆献上了一份厚礼。"无水港"区域通关模式在关区试运行。"红名单"企业由过去的2家增加到4家，A类企业由过去的20家增加到30家。3个新设海关筹备机构进驻口岸，管理与服务的效果同步显现。首届中国民族商品交易会展品快速通关得到各界好评。强化政治保卫职能，累计查获反动、淫秽物品1 150件。年内，自治区党政一把手3次对海关工作做出批示、给予肯定。

【基础建设】 全面清理了临时性机构和规范性文件，对总关职能部门的14项职责进行重新界定和归口管理，机构和人员"四定"工作基本完成，制度建设取得新的进展。科研成果再创佳绩，督办反馈机制进一步完善。管理网门户网站实现改版和效能提升，互联网门户网站被评为"全国海关网站建设突出进步奖"。中蒙边境海关联合作业第二次会谈和中蒙联络官2007年度会晤、中蒙缉私情报交流成果丰硕。科技强关进程明显加快，信息化技术的基础性、先导性作用进一步凸显，10项科技推广应用项目高质量完成。普法工作继续加强，依法行政意识深入人心，关警务公开扎实推进。

2007年呼和浩特海关主要业务情况统计表

单位：千美元

一、总值						
	进出口	出口	进口	累计比上年同期±%		
				进出口	出口	进口
总值	7 744 599	2 947 410	4 797 189	30.22	37.63	26.05

二、运输方式						
	进出口	出口	进口	累计比上年同期±%		
				进出口	出口	进口
江、海运输	3 780 570	2 343 240	1 437 331	33.30	35.28	30.19
铁路运输	3 189 775	73 581	3 116 194	25.47	42.88	25.11
汽车运输	526 903	376 576	150 327	104.90	131.99	58.53
空运	239 319	153 491	85 828	−7.14	−21.36	37.19
其他	7 473	115	7 359	−86.08	92.93	−86.28

三、主要企业性质						
	进出口	出口	进口	累计比上年同期±%		
				进出口	出口	进口
外资企业	791 599	471 451	320 148	17.14	17.86	16.09
私营企业	3 980 104	1 047 746	2 932 358	31.84	42.19	28.50
集体企业	361 315	13 437	347 877	3.73	−0.87	3.91
国有企业	2 610 826	1 414 520	1 196 306	37.11	42.74	31.00

四、主要贸易方式						
	进出口	出口	进口	累计比上年同期±%		
				进出口	出口	进口
一般贸易	4 342 725	2 573 787	1 768 937	40.38	48.46	30.09
来料加工装配贸易	66 645	42 679	23 966	−48.84	−30.88	−65.03
进料加工贸易	140 120	112 588	27 532	−37.22	−46.30	103.44
边境小额贸易	3 003 953	202 833	2 801 120	30.62	52.15	29.29
外商投资企业作为投资进口的设备、物品	98 424		98 424	−28.95		−28.95
保税仓库进出境货物	75 714		75 714	25.15		30.02
其他	15 351	14 483	868			54.40

内蒙古自治区

（续表）

五、主要贸易国别（地区）			累计比上年同期±%		
进出口	出口	进口	进出口	出口	进口
俄罗斯 2 985 384	208 476	2 776 908	30.16	135.84	25.92
蒙古 676 977	184 151	492 825	17.25	55.08	7.46
日本 588 427	441 461	146 965	66.77	46.62	184.12
美国 435 410	304 741	130 669	-1.16	4.24	-11.84
韩国 314 567	283 663	30 904	15.88	35.51	-50.24

满洲里海关

2007年，在总署党组的正确领导下，在地方各级党委政府的大力支持下，满洲里海关紧紧围绕"服务型、责任型、法治型"海关建设，深化改革，开拓创新，各项工作取得了显著成绩。

【完善综合治税大格局，实现业务大发展】 继续落实和完善综合治税大格局，充分发挥3支力量、2个平台的互动作用，减免税、归类、审价、一线监管等基础性工作进一步加强。全年税收入库79.11亿元，比上年多收10.04亿元，同比增长14.52%，在全国海关中列第15位；监管进出口货物2 404.9万吨、运输工具122.1万辆次、进出境旅客206.9万人次，促进了满洲里口岸对外贸易的进一步发展；查获各类走私案件330起，案值8 719.2万元，有效地维护了经济秩序和社会稳定；风险管理机制进一步完善；法制建设不断加强；信息安全保障到位；统计预警监测水平有了显著提高。

【坚持整合创新，为规范化管理注入新内涵】 从关区工作实际出发，以规范业务执法、改善通关环境、提高服务水平，实现严密监管和高效运作有机结合为目标，积极开展整合创新工作。一是继续以制度规范为重点，深入开展流程再造工作，着力加强关区业务基础建设。通过全面开展流程再造工作，关区业务制度体系不断得到完善，业务执法程序更加明确，关员的依法行政意识普遍增强，法律法规得到全面、正确落实。二是深化物流监管机制改革，切实增强实际监管能力。制定了《满洲里海关对铁路口岸海关监管区和监管场所管理办法》等制度，铁路现场海关监管区域的设置和要求更加明确；与公路口岸仓储服务中心重新签订合作备忘录，公路口岸海关监管区、监管场所的管理更加规范；设立铁路口岸进出境列车监管岗，加强对承运海关监管货物车辆的管理，全方位、多角度、立体式铁路口岸物流监控体系基本建立。三是完善风险管理机制，加快智能型海关建设。进一步完善风险管理工作模式，确立了"以监控为手段、以分析为重点、以预警为核心、以提供决策参考为目标、以挖掘案件线索为补充"的工作思路；综合利用风险管理平台、H2000等系统加强对重点商品、重点行业、重点渠道的专项分析，及时发现政策性、行业性走私违法风险，提出预警监测建议。

【认真落实区域经济发展战略，全力服务地方经济发展】 结合自治区经济发展实际，出台了"满洲里海关支持地方经济发展8项措施"，得到地方党政和社会各界的充分肯定。认真执行与铁路车站签订的合作备忘录，铁路作业实现"无障碍"通关，铁路生产力充分解放，全年铁路口岸货运量突破2 300万吨。公路口岸旅检渠道坚持24小时通关，满洲里口岸旅游贸易发展迅猛，全年公路口岸进出境旅客达192.44万人次，进出境运输工具34.29万辆次。积极推进"属地申报、口岸验放"通关作业模式,有效落实应转尽转措施,建立起与郑州海关、天津海关的区域通关协作机制,全年办理"属地申报、口岸验放"业务164批,共计2 487万美元。认真落实国家各项税收优惠政策,全年审批减免税27.8亿美元。积极推广税费网上支付,全年办理网上支付419笔,缴款金额达3 332万元。积极发挥信息、宣传作用,主动向地方党委政府汇报关区改革、建设的各项举措,及时提出推动外贸发展的相关建议。

【全面推进准军事化海关纪律部队建设,队伍素质明显提高】 继续以准军事化建设为统筹,全面开展队伍建设各项工作,重点在优化队伍结构、加强队伍思想建设和能力建设上下功夫。通过每季度对关区主要工作进行绩效评估,不断提升各项工作的质量和水平,使全关人员牢固树立积极作为、开拓进取的观念;以制度建设为抓手,全面规范各项工作程序,切实做到按制度办事、用制度管人;坚持民主推荐和竞争上岗双措并举,认真开展领导干部选拔任用工作,培养了一批政治素质高、业务能力强、能堪当重任的领导干部。同时,将"忠诚"、"责任"确立为边关的关魂,广大关员维护国家利益的政治立场更加坚定;深入开展岗位练兵活动,加大教育培训力度,全关人员的业务技能得到提高。2007年满洲里海关驻车站办事处通关科被评为"全国海关系统先进集体"。

满洲里海关2007年主要业务统计表

项目		单位	业务量	同比增减
货运量	合计	万吨	2 404.9	10.5%
	进口	万吨	2 187.7	7.4%
	出口	万吨	217.2	56.8%
货值	合计	亿美元	87.3	28.5%
	进口	亿美元	75.7	21.9%
	出口	亿美元	11.6	97.5%
监管运输工具		万辆(架)次	122.1	16.3%
进出境人员		万人次	206.9	17%
报关单		万份	44.6	14.4%
累计注册企业		家	298	160%
征收税款	合计	亿元	79.12	14.52%
	关税	亿元	2.9	27.63%
	进口环节税	亿元	76.22	14.01%
减免税	免表数	份	9 402	−15.24
	货值	亿美元	27.84	−58.04%
	减免税	亿元	20.08	−68.26%

内蒙古自治区

(续表)

项目		单位	业务量	同比增减
加工贸易	备案合同	份	40	66.7%
	备案合同金额	亿美元	0.16	-3%
走私犯罪案件	立案	件	4	-60%
	案值	万元	76.5	-95.1%
走私违规行政案件	立案	件	326	27.3%
	案值	万元	8 719.2	24.7%

内蒙古公安边防总队

【概况】 2007年，全区边防检查机关认真落实全国边检会议、公安部和部局提高边检服务水平推进会议精神，按照部局、总队工作部署，以提高边检服务水平为中心，坚持通关效率，坚持严密管控，强化"三大支柱"建设，圆满完成了全年边防检查工作，保持了全面协调发展的良好态势。

【基本数据】 出入境人员：2007年各边检站共检查来自114个国家和地区的出入境人员4 178 583人次（含边民），较2006年增长23.57%。其中，旅客3 254 870人次，较2006年增长21.68%；出入境交通运输工具服务员工444 736人次，较2006年减少1.11%；边民478 977人次，同比增长86.41%。出入境交通运输工具：2007年各边检站共检查入出境交通运输工具831 668辆（列、架）次，较2006年增长36.03%，其中，火车20 068列次，机动车辆811 102辆次，飞机498架次。口岸出入境人员流量排序：满洲里口岸2 197 038人次，二连浩特口岸1 594 861人次，甘其毛都口岸126 987人次，策克口岸67 403人次，阿日哈沙特口岸50 883人次，呼和浩特口岸42 977人次，海拉尔口岸40 307人次，珠恩嘎达布其口岸38 409人次，额尔古纳口岸17 296人次，室韦口岸2 422人次。口岸反偷渡：2007年各边检站共查获口岸偷渡案件27起40人，同比起数、人数分别下降了46%和70%。其中，非法获取证件3人，冒名顶替14人，拆装证件3人，整本伪造1人，伪造涂改验讫章13人，伪造涂改印章1人，偷越国边境4人，协助他人偷渡1人。查获团伙性偷渡案件1起4人；外国人偷渡案件4起7人，分别为俄罗斯籍1人（拆装证件），蒙古籍1人（伪造涂改验讫章），苏丹籍1人（整本伪造），朝鲜籍4人（偷越国边境）；中国人偷渡案件23起33人（含1名运送者），均为单人偷渡。查处情况：满洲里边检站查获23起31人，二连浩特边检站查获3起8人，策克边检站查获1起1人。

【盯住根本抓队伍，确保软件提升到位】 各站切实找准提高服务水平工作的突破口。一是加强队伍建设。各站坚持在职务晋升、立功受奖、福利待遇上给予倾斜，努力让检查员从内心对本职工作感到光荣、珍惜和敬畏。二是加大培训力度。总队依托满洲里、二连浩特两个边检培训中心，分4批对全区326名一线检查员实施了为期28天的集中强化培训，其他站通过集中封闭培训、外出学习培训、依托地方培训等多种形式，切实提高了边检官兵的服务能力和专业素质。目前官兵的业务素质、口岸通关效率较以往有了明显提高，全区95%的一线检查员已达到平均验放一名旅客不超过40秒，查验一列货车不超过15分钟、汽车不超过5分钟的工作目标。

【集中精力抓现场，确保硬件落实到位】 各站严格执行《边防检查现场执勤现场设施建设标准》，重新设计更新边检标志、验证台、引导台、填卡台、咨询台、投诉箱等执勤设施，对公告栏、互联网、执勤现场电子显示屏公开内容进行了统一规范。年初以来，各站改造和新增执勤通道34条、验证台52个、各类服务设施88个。公安部提高边检服务水平12项措施出台后，各边检站对照统一的工作规范和服务标准，相继开通了服务直拨热线，增设了迟到免排通道，在口岸检查现场启用了旅客满意度电子评价系统，满洲里、呼和浩特、额尔古纳边检站口岸建立了出入境流量发布制度。各边检站在执勤现场设立了旅客休息室、糖果箱、咨询台、便民小推车、小药箱、小雨伞、温馨提示卡等服务设施，推出了网上报检、绿色通道、简化手续等服务举措，全区各口岸边检设施建设明显提升了一个层次。

【坚持严密管控，确保口岸绝对安全】 各站坚持严密管控，边防查控工作做到了万无一失，对违禁物品切实做到了管死管严，反偷渡工作取得显著成果。一是顺利完成"梅沙系统"升级工作，查控工作效率及工作质量较以往大幅提升，期间未出现任何纰漏。二是保持对口岸偷渡活动的高压严打态势。满洲里、二连浩特边检站继续加大对重点地区随团出境人员的查验力度，其他各站加强了与对应俄罗斯、蒙古国的边防检查部门的配合，建立了联勤协作机制，适时开展联合执法行动，在打击范围的广度和深度上进行了合理延伸，形成了打击偷渡活动的整体合力，口岸偷渡高发势头得到了有效遏制。三是强化监管措施，加大查堵力度。各站加强对出入境人员所携带行李物品、交通运输工具及载运物资的检查，有效防止了枪支弹药、危爆物品及反动宣传品流入境内，圆满完成了自治区60周年大庆、十七大期间安全保卫任务。

【营造氛围抓协调，社会各界舆论和反响良好】 全区各站自觉置身于自治区经济社会发展的全局来谋划工作，积极发挥提高边检服务水平工作的社会效应、联动效益。自治区各级党政领导先后36次对提高边检服务水平工作给予批示肯定，自治区党委宣传部将满洲里边检站作为服务发展的重大宣传典型，派出记者团进行了深度采访报道。7月18日，自治区党委、政府授予满洲里边检站"模范检查站"荣誉称号。11月份，公安部孟建柱部长签署命令，为满洲里边检站记集体三等功。而且，通过开展问卷调查、统计电子评价系统数据，各站出入境旅客的满意率均在99%以上。2007年度，各站共收到锦旗34面、感谢信86封，有24位自治区各级人大代表和政协委员致信或来电对总队的工作给予好评和关注。上海、新疆、黑龙江等省区党政代表团来自治区考察口岸建设，并对提高边检服务水平工作给予高度评价。中央电视台"国门2007"采访组、内蒙古日报"边关万里行"采访组以及人民日报、人民公安报、俄罗斯塔斯社、俄罗斯《铁道报》等众多国内外媒体对全区部队提高边检服务水平工作进行了广泛采访报道，全区边检工作认可度、知名度、美誉度不断提高。

内蒙古出入境检验检疫局

【概况】 2007年，内蒙古检验检疫局以邓小平理论和"三个代表"重要思想为指导，全面落实科学发展观，认真贯彻全国质检工作会议精神，以开展进出口商品和食品安全专项整治行动为重点，带动其他各项工作全面发展，全力提高检验检疫把关能力和服务的有效性，着力打造全面发展的西部大局，实现内蒙古检验检疫事业全面、和谐、又好又快的发展。

【有关数据】 2007年内蒙古局检验检疫业务量稳步增长。1至11月份，内蒙古局检验检疫出入境货物20.4万批、货值88.1亿美元，同比分别增长5.2%和3.5%。其中，检验检疫出境货物7.3万批、货值20.5亿美元，批次、货值同比分别增长33.1%及54.4%；检验检疫入境货物13.1万批、货值67.6亿美元，较上年同期批次下降3.7%、货值增长10.5%。检出不合格货物287批、货值1 117万美元，批次、货值合格率均为99.9%。出入境人员卫生检疫369.4万人次，同比增长34%；监测体检3.5万人，较上年同期下降33.7%；发现病例2 980例，其中艾滋病3例，其他传染性疾病732例。检疫交通工具火车72.3万节，同比增长7.5%；汽车62.7万辆，同比增长28.2%；飞机2688架，同比增长8.8%。检疫集装箱6.8万个，同比增长46.7%。旅贸查验78.9万人、358万个货包、金额3.9亿元人民币，同比分别增长64.8%、73.6%和101.6%。专项整治工作取得了较好效果，全区进出口商品质量和食品安全没有发生重大问题，达到了总局提出的3个100%的目标。

【专项整治】 内蒙古检验检疫局在积极开展专项整治行动中，坚持"抓源头、重监管"原则，精心组织、合理安排，强化监督、措施到位，全面排查、不留死角，保证了自治区进出口商品质量和食品安全，充分发挥了把关和服务双重职能，取得了较好成效。一是思想重视，快速行动，保证会议精神和上级指示以最快速度传达贯彻到全系统干部职工和全区所有进出口企业。二是措施到位，保证专项整治行动取得扎扎实实的效果。在专项整治行动中，内蒙古局首先从加强制度建设和完善检验监管措施入手，保证了专项整治的效果。三是"严"字当头，积极开展拉网式排查，不留死角。按照总局部署，各业务处和分支机构分别组成检查组对所管辖企业进行逐一排查，排查工作覆盖了自治区所有出口产品生产企业。四是提高检测水平，确保出口产品质量。根据国家质检总局的《进出口商品质量和食品安全专项整治实施细则》和当前出现的热点问题，内蒙古检验检疫局积极创造条件提高实验室检测能力，增加了食品中三聚氰胺、苏丹红、有机磷、有机氯、拟除虫菊酯、坂岐杆菌，以及食品包装材料中蒸发残渣、脱色试验、高锰酸钾消耗量、重金属等近50个检测项目，为保证出口食品质量和安全提供了可靠的技术支持。

【疫病疫情防控和口岸安全】 一是加强多方合作，狠抓口岸公共卫生应急管理。内蒙古局与自治区卫生厅建立了"应对口岸公共卫生事件合作机制"并举行了合作签字仪式；与呼和浩特海关共同制定了《内蒙古出入境检验检疫局与呼和浩特海关对鼠疫疫源动物皮张监管联系配合办法》；与中国检科院组成考察组，对蒙古国卫生部国家自然疫源性疾病研究中心进行了考察，了解了蒙古国的鼠疫检测能力，确定了双方开展科研课题合作的具体事项；召开了中俄口岸鼠传疾病联合监测工作会并签署了合作会谈纪要。蒙古国2007年发生了炭疽疫情，内蒙古局立即启动应急预案，积极采取措施，进一步加强口岸检疫查验，同时加强与蒙方有关部门的信息沟通，收集疫区和边境的疫情信息，准确掌握疫情动态，及时采取更加严格的防控措施严防死守。二是狠抓口岸消毒和熏蒸处理工作。全面落实国家质检总局关于对出入境检疫处理（"消、杀、灭"）进行专项整顿的指示精神，成立了专门的领导小组，制定了清理整顿方案，通过自查、调研和整改3个阶段的工作，进一步规范了口岸操作规程、应急预案、工作记录和收费标准，制定和完善了相关制度，促进了口岸卫生处理的规范化、科学化建设。三是狠抓动物疫情疫病防控工作。加强与海关在处理非法进出境动物及动物产品方面的合作。

【创新口岸检验检疫监管模式】 认真落实国家加快利用俄蒙资源战略，围绕自治区政府关于把内蒙古口岸建设成国家引进俄蒙资源大通道的经济发展战略，充分发挥口岸优势，积极探索提高通关服务质量和把关水平的有效途径，把内蒙古口岸真正打造成资源进口口岸。目前入境资源性货物检验检疫成为内蒙古局业务增长的主要拉动力。一是创新检验监管模式，提高通关速度。开发和有效利用"进口原油综合业务管理系统"，实现报检数据和检验结果数据共享，加快了检验和出证速度；进一步完善进口原木检验检疫监管工作机制，通过境外预检和口岸熏蒸处理相结合、换装后整车熏蒸处理、换装过程中同步检尺、内地后续监管等工作措施，提高了进口原木验放速度和口岸通关效率。二是针对检验检疫业务量猛增、新的业务不断出现的新情况，采取挖掘内部潜力、增强人员素质、提高工作效率等手段，围绕口岸过货通关、物流贸易和落地加工三大功能的发挥，增强服务的主动性。满洲里铁路、公路口岸实行24小时通关；二连浩特铁路口岸实行24小时通关，公路口岸实行每周7天通关；策克、甘其毛都、珠恩嘎达布其、满都拉、阿日哈沙特、额布都格口岸由季节性开关转变为常年开关。以上措施的实施，极大地缓解了内蒙古口岸的压力。三是加强对俄罗斯和蒙古国矿产资源开发的支持，保证机械设备、物资、货物的快速通关，同时严格做好进口矿产资源的放射性监测。

内蒙古口岸大事记

1月6日
阿日哈沙特口岸综合联检楼正式投入使用。

1月10日
满洲里海关与哈尔滨关区首批"属地申报、口岸验放"货物顺利通关。

1月18日
满洲里海关首次办理异地加工贸易审批业务。

1月20日
满洲里检验检疫局在满洲里口岸全面启动了"国家质检总局出入境口岸卫生检疫电子监管"系统。

5月22日
大型媒体行动"穿越内蒙古"西线起程仪式在策克口岸举行。

5月25日
在阿尔山口岸举行了口岸基础设施建设工程开工奠基仪式。

5月30日
由英国拉力协会组织的,来自英国、美国、荷兰、希腊、澳大利亚、德国、新西兰、葡萄牙、加拿大、摩纳哥、瑞士等18个国家的140多辆老爷车,参加纪念1907年法国人首次自驾车由北京到巴黎这一历史性的旅游100周年纪念活动。

6月22日
中国驻泰国、美国、白俄罗斯、印度、蒙古等18个国家的大使、领事以及外交部国外工作局参赞刘全一行35人组成的代表团到满洲里口岸进行调研。

6月29日
中蒙更新出入境客运班车正式投入运营。中蒙双方分别在二连浩特市和扎门乌德市举行了运营仪式。

7月9日
满洲里公路口岸出境货运新通道正式启用,年通过能力达到300万吨。

7月18日
中共内蒙古自治区委员会、内蒙古自治区人民政府作出决定,授予内蒙古公安边防总队满洲里边防检查站"模范边防检查站"荣誉称号。

7月18日
"长春—满洲里—伊尔库茨克"中际航班开通。

7月22日
参加第四届满洲里中俄蒙科技展的国务委员陈至立在自治区主席杨晶的陪同下到满洲里口岸进行视察,并亲切看望了边检执勤官兵。

8月5日
呼和浩特国际新机场正式投入运营。

8月6日
二连浩特铁路口岸中蒙边境新国门正式建成。国门高21米,宽13.4米,跨度71.4米,总建筑面积2 406

平方米,横跨二连浩特至蒙古国扎门乌德的准轨和宽轨两条国际铁路。它是目前世界陆路口岸中最大的国门。

8月7日

中俄口岸通关事务合作论坛在俄罗斯联邦伊尔库茨克市召开,内蒙古自治区口岸办和满洲里市政府受国家口岸办的委托承办此次论坛。

8月16日

二连浩特口岸正式办理口岸落地签证启动仪式。

8月22日

由乌克兰首都基辅开出的,经莫斯科、乌兰巴托等地,最后抵达二连浩特到中国旅游的专列首次开通。

9月18日

国务院《关于同意内蒙古甘其毛都口岸扩大对外开放的批复》(国[2007]85号)批准内蒙古甘其毛都口岸为中蒙常年开放的边境公路口岸,同时将甘其毛道口岸更名为甘其毛都口岸。

9月19日

中央军委委员姜福唐上将视察策克口岸。

10月10日

蒙古国海关总署在毕其格图口岸举行锡林郭勒盟东乌旗援建蒙古国毕其格图口岸联检设施竣工剪彩仪式。

11月29日

中央军委委员梁光烈上将视察满洲里公路口岸,并亲切慰问了广大边检官兵。

12月1日

内蒙古电子口岸平台正式上线并投入运行。

12月5日

海关H2000电子通关系统调试运行成功,珠恩嘎达布其口岸具备了口岸现场报关能力。

12月10日

珠恩嘎达布其口岸扩大对外开放通过国家验收,成为自治区对蒙口岸中第三个国际性常年开放口岸。

辽宁省

辽宁口岸工作综述

2007年，辽宁口岸工作认真贯彻党的十七大和国家口岸办在宁波召开的全国口岸办主任会议精神，按照辽宁省委省政府实施"五点一线"对外开放战略的要求，加大推进大连国际航运中心建设和口岸协调工作力度，做好口岸开放工作，进一步推进电子口岸建设，创新通关操作方式，大力开展共建文明口岸活动，提升整体口岸通关水平，为辽宁老工业基地的振兴营造良好的口岸环境。

【口岸客货运量】 2007年辽宁口岸货物吞吐量完成4.1亿吨，同比增长17.1%。外贸进出口货运量完成1.2亿吨，同比增长18.8%。其中：外贸进口0.7亿吨，同比增长21.6%；出口0.5亿吨，同比增长15.5%。出入境旅客230.8万人次，同比增长14.8%；集装箱运输完成581.6万标箱，同比增长24.1%；其中：外贸352.4万标箱，同比增长18.3%。口岸进出口贸易额728.21亿美元，同比增长24.7%。其中：进口327.49亿美元，同比增长22.7%；出口400.72亿美元，同比增长26.4%。

【外贸进出口】 2007年辽宁省外贸进出口总额完成594.7亿美元，同比增长22.9%，其中出口完成353.3亿美元，同比增长24.7%，进口完成241.5亿美元，同比增长20.3%。进出口贸易总额占辽宁口岸进出口总额的81.67%，出口贸易总额占辽宁口岸出口总额的88.2%。这是辽宁省出口增长第一次高于全国平均增幅，也是辽宁省外贸出口的历史最好水平。

【对朝贸易】 2007年，丹东市外贸进出口总额完成20亿美元。对朝贸易进出口总额完成6亿美元，同比增长29.9%。其中出口3.5亿美元，同比增长18.6%；进口完成2.5亿美元，同比增长49.8%。丹东对朝贸易的主要特点是：对朝边境贸易出口商品种类增多，出口商品结构转为以生产资料出口为主；对朝边境贸易方式逐步多样化，由单一的易货贸易发展到现汇、加工、转口等多种贸易方式；从事对朝边境贸易的进出口经营企业迅速增加，对朝贸易队伍进一步扩大；对朝边境贸易带动了丹东市运输、餐饮、旅游、服务业的发展，成为我国最大的对朝贸易商品集散地。

【口岸开放】 在国家口岸办的关怀和支持下，辽宁围绕"五点一线"工业园区开发建设的口岸开放项目全部列入《国家"十一五"口岸发展规划》。辽宁省口岸办公室认真贯彻实施《规划》，全力推进《规划》项目的落实，努力使口岸开放的成果推动"五点"工业园区招商引资、促进开放型经济的发展。一是庄河港对外开放、葫芦岛口岸对外国籍船舶开放、大连港新建的两个30万吨级泊位和大窑湾二期四个集装箱泊位的口岸功能得到国务院批准，争取到国务院为大连口岸查验单位增核编制427人，口岸设施投资693万元，为港口企业降低运营成本、促进大连航运中心的建设将起到十分重要的作用。二是丹东机场实现临时对外开放，结束了丹东机场没有国际航班的历史。三是根据不断扩大开放的需求，协调督促有关部门支持开辟新的国际航线。2007年开通空中国际航线9条，目前全省共有空中国际航线94条。

【口岸大通关】 在宁波召开的全国口岸办主任会议之后，辽宁口岸办公室高度重视，认真贯彻会议部署的各项任务，认真组织学习会议文件，结合口岸实际，提出具体要求，制定辽宁口岸2007年重点工作，进一步推进大通关工程，促进口岸环境改善。3月份，组织召开了全省大通关工作会议，以通关工作协调领导小组名义表彰了2006年度大通关先进单位和个人，通报了企业对大通关各有关部门的测评情况，重点通报了通关工作中存在的问题，要求有关部门提出改进措施，并结合通关工作中存在的问题和工作实际，安排了2007年大通关重点工作。2007年辽宁口岸继续保持较快的通关速度。海运货物进出口提发货时间控制在2天之内，空运进出口提发货时间控制在1天之内；海、空、陆运正常旅客进出境口岸查验时间平均每人不超过40秒，基本满足了企业办理进出口业务的需求。

【电子口岸建设】 按照辽宁省政府的工作部署，整合各口岸资源，制定辽宁电子口岸建设方案，促进辽宁口岸管理的信息化进程。一是组织省信息中心、沈阳和大连海关数据分中心、沈阳口岸办电子口岸建设负责人赴浙江考察学习，根据浙江电子口岸建设模式和经验，结合辽宁的实际，制定出全省统一的《辽宁电子口岸建设实施方案》。10月25日组织召开了电子口岸专题会议，参会有关部门一致同意《方案》并提出补充意见。二是组织召开省电子口岸试点项目——营口电子口岸应用项目协调会，并就扩大营口电子口岸应用项目达成共识，形成会议纪要并落实各有关单位的责任和任务。三是锦州口岸信息平台第一期工程竣工，成立了口岸信息平台数据中心，市港口与口岸局、锦州港股份有限公司、新时代集装箱码头公司、锦州检验检疫局、边检站、海事局等七家单位实现链接。

【通关制度改革】 推进通关制度和操作方式的改革。为适应现代物流发展需求，方便企业通关，进一步推广24小时预约验放、提前申报实货放行、属地报关口岸放行、风险管理信誉放行等一系列通关制度改革。海关和检验检疫部门有效整合监管资源，制订科学合理的适应保税港区发展需要的监管方案，对保税港区监管流程进行创新，实现保税港区"一线放开，二线管住，区内自由"的监管目标。检验检疫加大分类管理、过程检验、电子监管和免验工作力度，努力实现辽宁出口机电产品免验工作零的突破。边检推行了船舶预报预检制度，预检后的船舶靠岸后就可作业。海事推行对来港船舶手续集中办理、载运危险货物的集装箱船舶实行即到即批、规范船舶签证制度。机场实施了落地取单、简便换单、随到随提、快速提货四项货物便捷通关措施。

【口岸立法工作】 在辽宁省人大、省法制办的大力支持下，经过积极协调和争取，《辽宁省口岸管理办法》已列入辽宁省法制办2007年立法论证计划。10月份，辽宁省法制办、省经委综合法规处的负责同志在辽宁省口岸办的陪同下，赴营口、沈阳、丹东口岸对《辽宁省口岸管理办法》进行调研论证，召开口岸单位座谈会，广泛征求意见和建议。目前，经书面征求有关37家口岸单位的修改意见，《办法》的草案已完成，报省政府法制办。辽宁省法制办已将《办法》列入2008年省政府立法工作计划。

【口岸精神文明建设】 结合口岸工作特点，辽宁口岸办始终把精神文明建设作为口岸的一项重要工作来抓。做到年初有安排，年内有检查，年底有总结，努力推动精神文明创建活动健康发展。年初，在国家口岸办和辽宁省文明办的指导下，紧紧围绕"文明口岸"建设活动，印发了《2007年全省口岸系统精神文明建设工作安排指导意见》，就社会主义荣辱观教育、服务辽宁振兴和开展精神文明创建活动进行了安排。利用简报介绍推广各口岸开展精神文明创建活动的经验，组织口岸有关部门精神文明建设工作负责人赴四川学习考察，学习借鉴先进经验，推进辽宁口岸精神文明建设工作开展。

大连口岸工作综述

2007年，大连口岸海、空港货物和旅客吞吐量继续保持稳步增长的势头，集装箱运输得到了快速发展，口岸进出口贸易取得了长足进步，口岸查验业务量明显增加。

【口岸客货运量】 2007年，大连市港口完成货物吞吐量2.2亿吨，集装箱吞吐量381万标准箱，比上年分别增长11.2%和18.7%。目前,大连已与马来西亚、美国等9个国家16个港口建立了友好港关系,与世界上160多个国家和地区的300多个港口通航。口岸进出口货物总值达600亿美元,承担了东北地区94%的外贸集装箱运输。水路运输完成货运量7 500万吨,货运周转量3 700亿吨公里,分别比上年增长25%和80%,水路客运量完成650万人次,客运周转量8.6亿人公里,继续保持全国沿海城市之首。空港旅客吞吐量达到728万人次,完成纯货邮12.2万吨,飞机起降6.3万架次,分别比上年增长14.6%、11.6%和12.3%。大连开通至俄罗斯海兰泡、沙特迪拜、日本冈山和札晃等国际客货航线5条,大连至釜山航线复航,大连被确定为海峡两岸包机直航地点。

【外贸进出口】 2007年大连市进出口商品总值达到686.1亿美元,同比增长23.8%,其中进口385.8亿美元,同比增长25.2%,出口300.3亿美元,同比增长22.0%。全年海港出入境人员9.5万人次;接待国际邮轮7艘次,国际游客4 717人次。空港国际和地区旅客吞吐量达到127.1万人次,比上年增长20%。

【口岸开放】 大窑湾保税港区于2007年6月正式经过国家验收投入运营,旅顺新港口岸开放、庄河港口岸开放分别正式得到国务院批复同意,服务于辽宁"五点一线"的港口——长兴岛口岸开放等经过争取列入了《国家十一五口岸开放规划》;大连港30万吨矿石和原油码头、大窑湾二期集装箱码头、大连汽车码头和承接大连港老港区搬迁转移的新港港区、和尚岛港区等一批对服务东北经济有重要作用的码头先后投产;在国内率先编制了海港口岸查验设施建设规划,使口岸查验设施与港口建设同步配套。

【口岸大通关】 海关逐步扩大"属地申报、口岸验放"通关模式在东北各海运口岸之间的应用范围,在开通14对现场的基础上,增开沈阳、哈尔滨等与大连之间的海运"属地申报、口岸验放"适用现场;进一步规范和简化转关手续,实现了转关提前报关,计算机自动审放;启用"现场业务一体化处理"模式,以出口加工贸易报关单为例,每票作业时间由原来的2.65小时减少到0.52小时,提高效率80.4%;扩大"高新技术企业"便捷通关应用范围,将适用便捷通关措施资格的年出口额度指标由原来的1亿美元以上调整为1 000万美元以上;明确现场海关审价时限,90%以上的价格咨询单在1个工作日内处理完毕。检验检疫部门重新核定和分解业务流程,373个检验项目中242个项目缩短了时限,占全部项目的60%以上,缩短时限最长108天,最大缩短率90%。海事推行了诚信监管,推出了液化气船开通夜航、油轮现场签证等举措。边检推行了诚信船舶监护模式,推出了集装箱船舶在港时间不超过8小时一并办理进出境手续等举措。目前,集装箱通关流程调查样本的进口时间为7小时40分,出口时间为6小时10分,分别比2002年缩减时限45%和38%。

【电子口岸建设】 围绕国际航运中心信息化建设需求,2007年"数字口岸"建设持续推进。支持多码头多口岸的e港通系统、保税港区信息联动系统等全面运转,服务于口岸通关监管的检港联动快速查验系统、杂货码头海关监管支持系统等成功应用,包括海铁联运、环渤海内支线海运中转在内的电子化口岸集疏运服务体系基本建成,多式联运协同系统获得"中国港口科技进步奖"二等奖。税收网上支付数量快速增长,2007年完成签约企业400余家,比上年增长3.7倍,税费网上支付比例超过30%,提高23个百分点。检验检疫"出口直通式"电子报检系统覆盖率达到100%,客户每次报检节约半天时间,每票节约费用20元。口岸信息功能的日趋完善,服务覆盖范围的持续拓展,有力支持了口岸服务功能与影响力向腹地辐射延伸。加强物流信息网络建设,完成"港铁联网"、"区港联动"等信息服务系统建设,物流信息服务基本达到国际先进水平。到2007年底,已形成了以大连港为中心,辐射整个环渤海港口的公共内支线网络。

2007年大连口岸业务统计表

指标名称		完成数量	同比（%）
海港	货物吞吐量	2.2亿吨	11.3
	外贸货物吞吐量	8 565万吨	22.2
	集装箱吞吐量	381万标箱	18.7
	旅客吞吐量	650万人次	5.5
	出入境旅客	9.5万人次	-6.4
空港	旅客吞吐量	728万人次	14.6
	出入境旅客	170万人次	20
	纯货邮吞吐量	12.2万吨	11.6
	外贸货物	5.65万吨	17.7
	飞机起降	6.3万次	12.3
口岸贸易	进出口总值	686.1亿美元	23.8
	出口	300.3亿美元	22.0
	进口	385.8亿美元	25.2

注：空港出入境旅客170万人次为民航机场统计口径，含非直航国际旅客。按照边检直接出入境查验统计口径为127.1万人次。

辽宁口岸查验单位工作综述

沈阳海关

2007年，沈阳海关牢固树立科学发展观，全面学习贯彻党的十七大精神，紧紧围绕现代海关制度第二步发展战略的要求，坚决贯彻全国海关关长会议和党风廉政建设及反腐败工作会议精神，切实加强服务型、责任型和法治型海关建设。突出"和谐共进，科学强关"的发展主题，全面推进关区各项工作，取得了新的进步与发展。

【基础数据】 2007年，沈阳海关共监管进出口货运量472.9万吨，其中进口货运量193.4万吨，出口货运量279.5万吨；监管进出口货物总值42.15亿美元，其中进口货值27.27亿美元，出口货值14.88亿美元；报关单量（结关）73 037份；监管运输工具16 379架（艘）；监管集装箱43 165箱次；监管进出境人员92.6万人次；加工贸易合同备案数量（纸质手册）1 554份，加工贸易合同备案金额（纸质手册）22亿美元；税收入库42.02亿元，审价补税3 580万元（其中补征关税106万元，补征代征税3 474万元），归类补税1 436万元（其中补征关税593万元,补征代征税843万元),加工贸易补税7 534万元;减免税审批货值6.13亿美元,减免税款10.23亿元;走私犯罪案件立案5起,立案案值828万元,立案涉税111.8万元,侦查终结3起,结案案值485万元,结案涉税111.8万元;行政案件立案197起,立案案值24 844.6万元,立案涉税24.8万元,结案170起,结案案值14 665.24万元,罚没入库240.67万元。

【建关百年庆典】 2007年是沈阳建关一百周年。在沈阳海关党组的领导下,各相关部门精心组织、大力配合,圆满完成沈阳建关100周年纪念活动。通过纪念活动,抢救了大量的历史资料,填补了沈阳海关发展的历史空白,对于记录和反映建关百年历程起到了重要作用,并且树立了良好的外部形象。

【关税征收】 综合治税大格局初步建立,税收工作量质并举。按照全国海关税收会议精神和关区税收工作总体部署,牢固树立税收征管量质并举意识,以税收征管质量考核为抓手,切实加强关税业务职能管理,提高税收征管水平。一是全面分析关区税收工作形势,科学安排税收计划,稳步开展税收监控;二是加强归类、估价、整车核定等关税职能管理工作;三是强化减免税项目审批、监控、考核等工作,加强业务分析指导;四是积极开展"网上支付"、退税及走私、违规案件的核税工作。全年关区税款入库42.02亿元,同比增长16.11%,在全国海关排名第23位。关区内一般贸易、加工贸易商品归类差异率均为0,价格指数一直保持在1.0以上,税收核销率达到99.79%。通过归类、审价手段补征税款5 016万元。新增2家银行、46家企业签订网上支付协议,通过"网上支付"方式征收税款2.3亿元,同比增长13%。

【进出口监管】 落实通关监管作业改革,牢固树立优势互补、协调监管的整体意识,通关监管能力进一步提高。相继开通了与北京、大连、长春、呼和浩特海关间的跨关区"属地报关,口岸验放",全面推广关区内"多点报关、口岸验放"通关模式,通过两种通关模式监管进出口货物38.71万吨,货值3.74亿美元,征收税款3.24亿元;健全物流信息监控机制,创新物流监控模式,查验效率全面提高;积极采取措施力促葫芦岛新港开放;以加强奥运安保工作为契机,强化非贸物品监管职能,加强行邮物品的监管工作,在空港旅检渠道自主查获毒品案件2起,缴获冰毒681.7克,查获各类违禁印刷品及音像制品1.82万件、古生物化石36块、卫星接收机解码设备2套、象牙制品2.79千克、仿真枪支9把、超量未申报货币合计人民币1 491.34万元、旧衣物1.42吨。

【打击走私犯罪】 以加大情报搜集和综合分析为重心,继续保持反走私高压态势。强化缉私部门打击走私职能管理,落实关区反走私工作责任制,全面提高沈阳海关关区反走私工作整体效能。充分利用风险管理平台,强化情报发现、经营工作,提高对关区反走私态势的控制能力和反走私自侦、自查、自办案件的能力。沈阳海关通过风险管理平台发现并移交办案部门线索3条,首次通过情报自侦查获进境环节走私毒品案件,缴获冰毒555克,抓获犯罪嫌疑人6人,有力打击了毒品走私犯罪的嚣张气焰。刑事案件立案5起,涉案总值828万元,偷逃应缴税额182万元;缴获冰毒1 236.7克,移送起诉3起;刑事拘留12人次,执行逮捕3人,移送起诉6人,判决3人。

【振兴东北老工业基地】 2007年,沈阳海关继续把促进辽沈老工业基地振兴确定为关区重点工作,落实各项支持措施,扎实做好服务振兴工作,取得实效,中央电视台、《人民日报》、《光明日报》、《科技日报》等中央级新闻媒体分别对沈阳海关服务振兴的各项工作和取得的成效进行了报道。紧跟振兴工作发展需要,出台有针对性的支持措施。针对东北振兴工作形势的变化和沈阳市"创新年"的发展思路,出台了《沈阳海关支持沈阳市"创新年"具体措施》,进一步适应振兴工作的新要求,并结合2007年沈阳市承办"世界遗产博览会"的具体工作,针对性地出台了《沈阳海关支持"世界遗产博览会"8项措施》。

大连海关

2007年，大连海关在海关总署的正确领导和地方党政的大力支持下，坚持以海关工作16字方针和队伍建设12字要求为指导，全面贯彻党的十七大和全国海关关长会议精神，牢固树立和落实科学治关理念，深入推进"一流海关、和谐海关"建设，坚持改革创新，强化作风建设，圆满完成了各项工作任务，把关能力有了新提高，队伍建设取得了新成果，为服务地方经济发展做出了新贡献。

【深化业务建设】 继续巩固综合治税大格局，研究分析综合治税形势及存在的问题，形成合力，提高税收征管能力，改善征管质量。充分利用关税分析监控系统和风险管理系统，不断强化归类监控，重点分析主要纳税大户和税源商品，密切关注主要税源企业和进口商品的税收动态，改进审价工作方式，提高审价效率，加快推进税收网上支付工作，税收任务超额完成，税收征管考核指标名列全国海关前茅。大连海关作为"中国海关进出口商品规范申报管理系统"唯一试点单位，圆满完成了规范申报系统试点工作。2007年共征税281.79亿元，同比增长27.25%，创近四年来最好水平，并首次超过全国平均增幅3个百分点，其中稽查补税7 479.6万元，审价补税3.68亿元，加贸内销征税18.7亿元，归类补税2 066.2万元，化验补退税986万元。

【提高监管能力】 加快推进监管通关业务改革，积极创新监管模式，深入开展海关执勤武警长效机制建设，监管通关能力得到提高，物流监控管理水平稳步提升，促进转关业务的快速发展，支持长兴岛、旅顺、庄河等口岸加快开放步伐。逐步丰富风险审单手段，审单质效得到进一步提升。圆满完成对中国夏季达沃斯等国际性会议的监管任务。2007年共审核进出口报关单158.1万票，同比增长12%，监管进出境货物总值702亿美元，监管进出境运输工具16.7万架(艘、次)，集装箱346万标箱，进出境快件和邮递物品248.2万件，查获反动、宗教等宣传品1.14万份(盘)。

【缉查走私】 坚持惩防并举、综合治理的指导思想，继续保持打私高压态势，执法环境进一步改善。开展了一系列反走私专项斗争和联合行动，破获了一批走私案值大、案情复杂的大案要案，有力地保障了进出口贸易的正常秩序。2007年立案侦办涉嫌走私犯罪案件22起，查办行政违规案件815起，实现罚没收入2 233.83万元。围绕"以打促税"和深入开展禁毒人民战争，侦破了海关总署缉私局挂牌督办的"1.09"专案，侦办了走私象牙案、走私出口实木地板案、多起走私冻品案等一批较有代表性的案件，破获10起走私毒品案，缴获各类毒品12 843.4克。

【加大后续管理】 建立风险、企业管理、后续稽查三位一体的企业分类管理模式，规范企业分类评定程序标准，研究探索企业分类管理和通关便捷措施紧密结合，发挥A类企业在优化通关环境中的示范作用，促进企业守法自律和地区经济发展。后续管理能力有效增强，稽查方式不断完善和创新。实现从"注重查发企业问题"为主向"监督企业进出口活动、查发企业各类问题、验证企业守法状况、完善海关内部管理"并重的转变，积极开展常规稽查、专项稽查和验证稽查，加大后续监管力度。2007年共评出A类企业21家，"红名单"企业5家，办理进出口收发货人备案2060家，报关企业注册50家，新增报关员注册1 243人次。共稽查企业314家，补税入库7 321.61万元。

【增强服务经济发展能力】 风险管理机制继续深化，通关风险分析和业务运行质量监控体系逐渐完善。建立健全风险管理机制，不断提高风险分析和业务运行监控能力，加快推进业务信息指挥中心建设，监控整合和企业风险测量开始启动，初步实现了对各职能监控结果进行以布控为目标的整合，强化风险分析监控，积极探索企业风险测量方法，加强集中布控，变通关后风险查发为通关流程中风险防控，风险布控绩效和管理水平进一步提升，风险管理平台对职能监控、现场业务以及缉私等工作开展发挥了有效的支持作用。2007年，大连海关关区共下达预定式布控108条，有问题报关单95票，布控有效率16.99%。推广建立长效内控机制，移植开发了"大连海关内部管理综合控制系统"，开展了内控系统的培训及测试工作，内部控制管理水平有望大幅提升。

【区域通关改革】 积极推动"属地申报、口岸验放"通关模式改革，不断规范统一关区内操作模式，逐步扩大在东北地区各海运口岸间的应用范围，全面开通沈阳、哈尔滨等与大连间的海运"属地申报、口岸验放"适用现场。积极构建通关应急网络，确立三级立体应急机制，设置通关应急专岗、开通24小时畅通的通关应急专线，配合"5+1"工作制实施，提供每周6天的通关应急服务等措施。坚持主动服务，全力促进通关效率提高。积极推广便捷通关措施的应用，推出了提高通关效率十项措施，大连海关进口平均海关作业时间由十项措施实施前的10.62小时缩短为4.85个小时，提高了54.3%，出口平均海关作业时间由实施前的5.47小时缩短为4.63个小时，提高了15.3%。

【廉政建设】 认真落实党风廉政建设责任制，增强拒腐防变抵抗能力。大连海关关党组成员与分管单位的主要负责人以及处、科领导干部之间均签订了党风廉政建设责任状。把2007年反腐倡廉工作任务分解成7个方面57项具体工作，明确了完成的时限和主要负责人。遵照《中共中央纪委关于严格禁止利用职务上的便利谋取不正当利益的若干规定》和海关总署党组通知精神，严密组织专项清理清查，大连关区共有1261名党员参加了自查自纠，没有发现利用职务之便谋取不正当利益的情况。对副处级以上领导干部配偶、子女从业情况逐一进行申报登记，并在关区内进行公示，接受群众监督。

大连海关关区业务统计表（一）

项目			单位	累计	累计同比(%)
进出口报关单总数			万张	158.1	12
进出口记录条总数			万条	357.3	8.2
进出口总值	进口		亿美元	300.2892	22.0
	出口		亿美元	385.8206	25.2
	合计		亿美元	686.1098	23.8
进出口货运量	进口		万吨	5 327.02	21.7
	出口		万吨	3 804.60	19.7
	合计		万吨	9 131.63	20.8
集装箱	集装箱总数		万箱	346	19
	箱载货物		万吨	1 443.5	9.9
监管运输工具	监管总数		架艘辆	167 175	9.9
	其中	飞机	架	10 879	33.5
		船舶	艘	16 224	16.8
		火车	节	31 521	27.2
		车辆	辆	108 551	3.1

辽宁省

续表

项目		单位	累计	累计同比(%)
企业	报关单位	个	13 930	16.1
	其中：报关企业	个	573	13.1
行邮	进出境人员	人次	2 336 948	18.6
	邮、快递物品总数	万件	248.2	3.5
	其中 邮递物品	万件	92.2	−3.6
	快件	万件	156	8.3
加工贸易	实有加工贸易企业	个	2 965	8
	备案加工合同	份	31 115	−3
	合同备案金额	万美元	1 114 935	6
	经批准内销补税	万元	187 183	119

大连海关关区业务统计表（二）

项目			单位	累计	累计同比(%)
税收	税收总量		亿元	381.61	22.91
	转出税收		亿元	99.82	12.12
	实征税收	关税	亿元	59.06	44.09
		进口环节税	亿元	222.73	23.44
		合计	亿元	281.79	27.25
减免税审批	减免关税		万元	67 737	54
	减免环节税		万元	199 313	52
	合计		万元	267 050	52
减免税(实际进出口)	减免关税		万元	54 144	24
	减免环节税		万元	169 649	31
	合计		万元	223 793	30
走私违规案件	查获宗数		起	837	−22.28
	案值		万元	105 105.5	92.88
	抓获犯罪嫌疑人		人	59	63.88
罚没收入	缉私罚没收入		万元	1 678.32	98.87
	海关其他罚没收入		万元	555.84	14.82
	合计		万元	2 234.16	68.23

辽宁公安边防总队

2007年，辽宁省公安边防总队及所属各边防检查站严格按照省政府的要求和部署，以贯彻落实提高边检服务水平工作为契机，提升通关效率，改善口岸通关环境，圆满完成了各项边防检查任务，为支援地方经济建设、服务东北老工业基地振兴做出了应有的贡献。

【支持地方经济发展】 深入推进提高边检服务水平工作，努力打造畅通、和谐的通关环境。提高边检服务水平，是边检机关贯彻落实党的十七大精神的结合点、切入点、着力点。全国边检工作会议以来，总队和各边检站按照公安部孟宏伟副部长提出的"以提高服务水平为中心，坚持通关效率，坚持严密管控"工作方针和"人本、专业、安全"的服务理念，围绕提高通关效率，不断完善、丰富、深化服务措施，努力实现服务精细化、标准化、规范化。

【加强服务工作】 进一步完善服务措施。总队以贯彻落实公安部提高边检服务水平12项措施为契机，制定出台了符合辽宁省口岸实际的21条边防检查服务措施（其中旅检口岸8条、海港口岸8条、陆地口岸5条），统一规范了各边检站的具体服务做法，提高了服务的针对性和整体效果。有旅客检查任务的边检站认真落实公安部提高边检服务水平12项措施，进一步完善设置了各类便民通道、指引标志和服务设施，在执勤现场设置了边检询问室，开通了服务热线。同时，积极走访口岸联检单位，召开社会监督员座谈会，广泛调查听取意见，为出入境人员、企业、船舶的快速通关提供人性化的工作方式和热情的服务。沈阳、丹东港、丹东等边检站重新设计制作了验证台；大连周水子边检站在执勤现场增设了填卡台，完善了中、英、韩、日、俄语卡片填写示范样本；沈阳边检站在出入境检查现场设置了4个功能完备的边检导航电子触摸屏和5台液晶显示器，并根据急难旅客的不同情况，设定了"免排服务"、"特检服务"、"紧急服务"和"优先服务"四种服务模式，保障旅客快速、便捷通关。

【提高通关效率】 进一步提升通关效率。近几年来，随着辽宁省改革开放的不断深入，口岸的人员、交通工具进出量快速增长。总队和各边检站克服警力紧张、资金有限等困难，以提高边检服务水平工作为平台，进一步加大工作力度，全力提升通关效率，全年没有发生因边检原因导致航班、列车延误的事件，出入境船舶的通关速度进一步提高，基本实现了候检零待时。一是注重培训，提高素质，为加速口岸通关优化队伍建设。为适应口岸"大通关"工作的需要，总队及各边检站坚持把提高执勤人员专业素质作为重要任务来抓，以此带动通关效率不断提升，取得了明显成效。总队组织专人编辑《边防检查业务基础题库》，整理汇总了2000年下半年至2007年各类边防检查业务文件，下发各边检站业务学习手册；与南方航空公司培训部合作，举办了服务礼仪培训班，研究制定边检执勤岗位优质服务标准和言行规范；周水子边检站改造升级了多媒体电教室，通过封闭集训、模拟演习等方式开展各类培训；丹东边检站结合执勤工作实际，在各执勤业务科开办了"迎奥运朝语大课堂"，举行了朝语演讲比赛，切实提高执勤官兵的外语水平。二是加大投入，改造设施，为加速口岸通关筑牢硬件基础。总队按照孟副部长"一切围绕现场、一切为了现场、一切保障现场"的要求，努力改善通关环境，及时升级了网上报检系统，组织开展了网上报检知识培训，实现了与新边检系统的有效对接，进一步提高了出入境船舶和出境旅游团队的通关速度。

【大通关工作】 顺应口岸"大通关"的需要，圆满完成重要活动、重要团组边防检查任务。总队及各边检站不断深化服务内涵，出台便民利民措施，提高边检服务质量和水平，为"大通关"及振兴东北老工业基地创造了良好的口岸通关环境。2007年以来，沈阳边检站圆满完成了以沙特阿拉伯王国王储为团长的沙特代表团公务包机、2007东北亚高新技术博览会、"2007中国沈阳韩国周"和"台湾周"等重要活动、团组的出入境边防检查任务；大连周水子边检站完成了"中国夏季达沃斯年会"、"日本周"、"赏槐会"以及中国

辽宁省

国民党副主席江丙坤代表团一行等重要活动、团组的口岸通关保障工作；丹东边检站完成了朝鲜人民军访问代表团、中朝边境公安安全第25次总代表会议中方代表团、中联部刘洪才副部长一行出入境边防检查任务；大连边检站完成"阿姆斯特丹"号、"蓝宝石公主"号等大型豪华邮轮入出境边防检查任务。

辽宁出入境检验检疫局

【有关数据】 2007年，辽宁出入境检验检疫局共检验检疫进出境货物44.42万批次，同比增长9.3%；货值409.02亿美元，同比增长21.7%。其中，检验检疫出境货物34.40万批次，同比增长6.9%，货值200.30亿美元，同比增长19.0%；检验检疫入境货物10.02万批次，同比增长18.2%，货值208.72亿美元，同比增长24.5%。检验检疫出不合格货物1 402批，8.25亿美元。其中，出境不合格货物323批，0.57亿美元；入境不合格货物1 079批，7.68亿美元。签发普惠制产地证99 707份，47.73亿美元，与2006年同期相比分别增长2.19%和20.0%；一般产地证签证28 942份，17.58亿美元，与2006年同期相比分别增长8.5%和16.9%；签发亚太协定产地证22 456份，8.91亿美元；签发FORME（中国—东盟自由贸易区优惠原产地证）产地证2 126份，1.30亿美元，签发FORMF（中国—智利自由贸易区优惠原产地证）1 505份，1.72亿美元。检疫查验出入境人员278.31万人次、交通工具18.52万（架、艘、列）次。出入境人员健康体检8.89万人次，预防接种8.13万人次，发现传染病3 337例，其中检出艾滋病感染者7例。

【执法把关】 严格检验检疫，出台了《辽宁检验检疫系统重大检验检疫事项监控管理规定》和《辽宁出入境检验检疫局出入境货物退运监督管理办法》，进一步规范了重大事项和退运货物监管的职责分工、监管范围、处置措施、上报程序和责任追究。加强了进口废物原料检验检疫管理，有效防止不符合进境要求的废物从辽宁口岸入境。加强口岸内地联合执法体系建设，启用了《入境货物口岸内地联合执法系统》。进一步加强了对肉类、水果、废物原料、矿产等敏感商品的检验检疫监管，加强对进口医疗器械、旧机电、机动车辆、棉花、原油、进口大宗资源性商品和成套设备的检验监管以及加强对进出口化学品、出口危险品及包装检验。严格进口废物原料供货企业注册、国内收货人登记制度。加强集装箱承运人管理，全面深化进出境集装箱检验检疫监管。

【服务振兴】 认真落实国家质检总局与辽宁省政府签署的合作备忘录，继续抓好"双百工程"，进一步加大对重大建设项目的服务力度，在引进美国英特尔半导体（大连）芯片项目工程、大窑湾保税港区建设、大连出口加工区B区建设、沈阳（张士）出口加工区建设、鞍钢鲅鱼圈钢铁建设项目、双30万码头、红沿河核电站项目、中国石油抚顺石化公司百万吨乙烯千万吨炼油工程、丹东机场临时开放、北京2008年奥运会沈阳赛区等重点项目的服务上，进一步明确责任、主动靠前、全力支持。在辽宁检验检疫局的积极配合下，大连大窑湾保税港如期封关运营，并建立了一整套有特点的保税港区检验检疫运作模式和管理方法，受到了国家质检总局和省、市领导的高度评价。围绕转变检验检疫模式的目标，在部分出口动植物食品和普通运输包装产品中开展分类管理试点，扩大分类管理的范围，出口工业产品分类管理的一类企业达到134家；出口植物产品分类管理的一类企业达到51家；出口食品分类管理的二类企业达到18家。加大了相关检测项目的新方法开发工作力度，新开发了农产品中20多项残留检测方法，为辽宁省农产品对日顺利出口提供了技术保障。成立推进"REACH"应对工作领导小组，建立了推进工作定期通报制度，组织举办了东北地区化学品及其相关下游产品生产企业、各市外经贸主管部门和检验检疫系统业务人员参加的应对"REACH制度"培训班，对化工危险品生产企业进行了登记。2007年8月，时任中共辽宁省委书记、省人大主任李克强到大连进行工作调研时，专门抽出时间来辽宁检验检疫局视察，对辽宁检验检疫局在促进辽宁对外开放、提高出口产品质量、把住进口关等方面的工作给予了充分肯定,称赞检验检疫部门为辽宁老工业基地振兴、"五点一线"沿海经济带建设的服务是"看得见、摸得着"。

【专项整治】 辽宁检验检疫局把产品质量和食品安全专项整治工作当作首要大事,行动迅速。截止到2007年11月1日,辽宁检验检疫局已经全面完成了国务院、国家质检总局对检验检疫提出的三个100%目标。在为期5个月的专项整治期间,辽宁检验检疫局根据国家质检总局、省市政府的要求及辽宁检验检疫系统专项整治工作的实际,适时调整专项整治工作的内容和重点,细化清查标准,规范清查记录和要求,制定下发了一系列指导性文件。整治中,始终把"查、治、管、扶、建"作为专项整治的重要任务,进一步加大了对违法违规案件的查处力度。为了巩固专项整治成果,先后召开十余次局长办公会议和研讨会,研究建立进出口产品质量和食品安全的长效机制,制定了《出口卫生注册登记企业、种植和养殖基地、出口农产品和食品生产加工企业质量档案规范要求》等27个规定和办法。

【科技兴检】 2007年,获得总局科研立项12项;承担标准制定48项,其中国家标准12项,行业标准36项;完成科研制标项目80项。在国家质检总局2007年度"科技兴检奖"评选活动中,获"科技兴检奖"二等奖4项;三等奖3项;参与的项目获一等奖1项,二等奖4项,三等奖1项。在辽宁省2007年"自然科学学术成果奖"评选活动中,获一等奖1项,二等奖3项,三等奖10项。加强重点实验室的建设和管理,拥有国家重点实验室13个。认真落实国家级重点实验室仪器设备三年投入计划,加强区域性中心实验室和特色实验室资质管理,开展了实验室仪器设备综合管理绩效考核评估工作。与大连工业大学、辽宁师范大学签订了《检校合作协议》,辽宁检验检疫局技术中心17个分中心在中国合格评定国家认可委员会评审组组织的第三次监督及扩项评审中,全部通过现场评审。在国家质检总局组织的卫生处理技能竞赛中,辽宁检验检疫局代表队以团体总分第一名的成绩荣获一等奖;在全国质检法律知识竞赛中,辽宁检验检疫局代表队荣获三等奖。

【大通关】 出台了《"直通式"报检管理办法》、《"直通式"报检各环节操作规程》和《"无纸化"报检管理办法》,与海关共同制定了"无纸化"通关实施方案。自2007年4月1日起,全面开通出境货物"直通式"电子报检业务,使企业办理一批报检业务平均缩短半天时间,全年可为企业节省约270万元。到2007年底,辽宁检验检疫局本部100%开通了"直通式"报检业务,辽宁省开通"直通式"报检企业达到360家。对8家企业开通了"无纸化"报检业务,"无纸化"报检企业达到13家。积极推进电子监管工作,上线企业468家。

2007年辽宁出入境检验检疫局业务统计表

项目			2007年	2006年	同比(%)
货物检验检疫		批次	444 165	406 418	9.3
		金额(万美元)	4 090 182	3 359 656	21.7
	出境不合格	批次	323	285	0.05
		金额	5 703	1 085	1.61
	入境不合格	批次	1 079	874	1.29
		金额	76 799	70 265	−11.89

辽宁省

(续表)

项目			2007年	2006年	同比(%)
产地证	普惠制产地证	份数	99 707	97 570	2.19
		金额	477 332	397 799	19.99
	一般产地证	份数	28 942	26 678	8.49
		金额	175 773	150 367	16.9
监测体检	监测体检		88 872	91 609	-3.0
	艾滋病监测		88 334	90 638	-2.5
	发现病例		28 712	16 514	73.9
	预防接种		81 318	100 099	-18.8
重量鉴定	批次		11 138	9 278	20.0
	重量(万吨)		6 800	7 071	-3.8
包装鉴定	批次		30 383	30 582	0.65
	件数(万)		98 234	92 492	6.2
集装箱检疫	标箱(万)		361.8	299.7	20.7

辽宁海事局

2007年，为切实做好口岸大通关工作，促进投资环境的改善，辽宁海事局以部海事局"牢记党的宗旨主动做好服务"、"规范管理年"等实践活动为契机，本着"依法行政，服务经济，促进发展"原则，在确保安全的前提下，采取多种有效的措施，努力提高船舶通关效率，为口岸的经济发展做出贡献。

【规范行政执法】 辽宁海事局全面落实"行政执法一面旗"的要求，严格执行《全面推进海事依法行政实施意见》，大力推进政务公开，在全局范围内进一步规范及统一政务公开的内容，丰富政务公开的形式。在严格落实《辽宁海事局政务公开指南》的基础上，组织相关业务部门和政务受理部门进行研讨和交流，进一步理顺内部工作职责和程序，不断改进和完善政务大厅的各项功能，同时采取一系列有效措施，为相对人提供更优质的服务，在各海事处设立了政务大厅和窗口，通过设立政务公开栏、政务公开指南、便民联系卡等形式向行政相对人公示政务公开的各项内容，深入进行理论研讨，提高大家的理论水平。

【创新船舶监督管理机制，落实便民措施】 辽宁海事局在口岸管理中认真履行海事监督管理职能，严格执法，积极按照交通部海事局的要求推行"八项便民措施"，进一步提高海事部门办事效率。辽宁海事局加强集装箱载运危险货物监管的规律性研究，开发了"辽宁海事局进出口货物查询系统"，为查处谎报、瞒报危险品提供了先进的技术手段；进一步规范辖区水域通航环境，对辖区航道、锚地的规划调整工作进行专项部署，重新划定和调整了大连、营口、锦州、葫芦岛港引航员的登离轮船点。

【推进资源整合，创建信息化平台】 为了更好地落实交通部海事局《海事信息化"十一五"发展规划》等文件精神，结合实际工作需要，2007年辽宁海事局把信息资源整合列为全局资源整合的重中之重，全面扩大信息共享的广度和深度。目前，信息资源整合一期工程"基于信息资源规划的数据中心与配套应用建设总体设计"项目已完成需求分析,正在进行系统建模。同时,为了进一步加大政务公开力度,更好地服务行政管理相对人,辽宁海事局在广泛调研、深入研讨的基础上开展了外网网站改版工作。目前,该项工作已完成内容调研,正在进行编码实施。

【加强政风建设,接受社会监督】 2007年,辽宁海事局认真贯彻落实交通部党组和部海事局党委的工作部署和要求,紧密结合本单位实际,组织开展廉政教育活动,严格执行各项廉政规定,扎实推进纠风工作,并主动接受社会监督,开创政风建设新局面。营口海事局将政务公开与民主政风行风评议相结合,开展评议活动,并在局内、外网络上开设"请您评议"栏目,广泛接受民主评议和群众监督。大连海事局建立海事执法人员个人《执法日志》,要求每名执法人员将个人执法情况进行如实记录;通过制定相关工作程序和执法监督程序,对执法人员的执法工作进行监督;通过定期管理相对人和一线海事执法部门的走访、暗访、座谈和交流,使各种海事监管信息能够得到及时反馈。锦州海事局推行了"三公开一监督"制度,即公开办事制度、公开办事程序、公开办事结果,接受群众监督。同时又建立健全了外部监督网络,实施了一系列监督约束措施,把执法人员照片上墙,坚持持证上岗,亮证执法,设立监督举报箱和举报电话,并聘请了十余家港航企业负责人为行风义务监督员,制定了行风意见反馈制度。

【加强精神文明建设,提供精神动力】 辽宁海事局以海事文化建设为载体,把"大通关"服务观念根植于每位海事人员心中。积极推动"五型机关"创建,学习口岸大通关工作会议精神,借鉴上海、江苏、深圳等海事管理机构的先进经验,开展主题实践活动,不断提高海事执法人员的服务理念,培育海事人员切合实际、开拓创新、与时俱进的精神。

辽宁口岸大事记

1月5日

大窑湾港区11#、12#集装箱泊位正式通过国家交通部验收。大窑湾11#、12#泊位码头建设标准为5万吨级集装箱泊位,泊位长度可同时满足靠泊1艘3万吨级和1艘5万吨级集装箱船舶,年通过能力为40万TEU。

1月9日

副署长龚正、海关学会会长赵光华赴大连参加"加快大连大窑湾保税港区建设、促进东北地区对外开放论坛",全国政协副主席王忠禹出席论坛,参加论坛的还有国家相关委办局的领导以及辽宁省省委书记李克强、省长张文岳,黑龙江、吉林、内蒙古和辽宁省内各市有关领导。

2月5日

国家交通部副部长黄先耀在大连市以及大连市交通口岸局等部门领导的陪同下视察了大连航运交易市场,并参观了海关申报大厅。

2月28日

沈阳海关被辽宁省委、省政府评为"2006年度定点扶贫工作先进单位"。

3月21日

丹东海关隆重庆祝设关100周年。

辽宁省

3月28日

辽宁省口岸委办主任工作会议在沈阳召开。会议对2006年各口岸的工作进行了交流和总结，通过讨论修改确定了2007年全省口岸重点工作安排，重点对"五点一线"口岸开放项目——长兴岛、庄河、葫芦岛、营口港等口岸开放和扩大开放工作进行了研究，并就二类口岸处理、电子口岸建设、海港口岸水域划定、通关环境改善、口岸精神文明建设等工作的有关问题达成共识。

6月13日

辽宁省政府闫丰副省长，省长助理、公安厅厅长李文喜，省政府办公厅副秘书长郭富春，省公安厅副厅长林鲁波，省财政厅副厅长何明清，省发改委投资处处长裴伟东等领导在张文斌总队长和刘国方政委的陪同下，先后到丹东、大连、营口、锦州等地，视察辽宁省边境沿海一线，对辽宁省"五点一线"沿海经济带开发建设情况，以及边海防辖区社会治安状况和制止越界捕捞工作进行调研，并亲切慰问边防官兵。

6月14日

沈阳海关正式与长春海关签订《长春海关、沈阳海关区域通关联系配合办法》，并正式开通区域通关业务。

6月19日

大连海关召开大会纪念建关百年。海关总署署长牟新生，副署长李克农，副署长孙松璞，中国海关学会会长赵光华，大连市委书记张成寅，辽宁省常务副省长许卫国，大连市市长夏德仁，大连市政协主席林庆民等领导出席了会议。

6月19日

海关总署署长牟新生、副署长李克农、孙松璞在大连会见了大连市委书记张成寅、市长夏德仁。

6月20日

海关总署、国家发改委、财政部等九部委联合对辽宁沈阳（张士）出口加工区进行验收。海关总署加贸司司长何力代表国家九部委同沈阳市政府领导一起为辽宁沈阳（张士）出口加工区揭牌。

6月21日

李克农副署长在大连市副市长邢良忠等陪同下赴大连大窑湾保税港区视察保税港区建设情况。

6月30日

张文岳省长专门听取大连海关新任关长张志南的工作汇报。

8月2日

张文岳省长在大连保税港区调研并现场办公，就做好口岸"大通关"工作做重要指示。其后大连海关出台十项提高通关效率措施，从8月15日起陆续向社会公告实施。省口岸办商口岸有关主管部门后，就转变工作理念、推进通关操作方式改革、加强口岸单位间的合作提高口岸通关作业信息化水平、继续保持并力争加快全省口岸的大通关速度提出四项具体要求。

8月8日

辽宁省委书记李克强到辽宁检验检疫局视察工作，看望一线干部职工，参观了辽宁局技术中心实验室，并与辽宁检验检疫局和大连海关的领导班子成员进行了座谈。

8月13日

全国政协副主席李兆焯在大连保税区管委会主任张世坤的陪同下视察了大连大窑湾保税港区，观看了监管流程演示，察看了卡口设置和监控中心。

8月21日

中国—东盟WCO标准框架海关研讨会在大连召开，来自中国、东盟、澳大利亚、意大利十余个海关的

30余名海关代表出席了会议。

9月4日

海关总署党组成员、缉私局局长吕滨到沈阳参加公安部"三基"工程建设参观学习活动。

9月8日

副署长孙松璞代表海关总署在大连出席了英特尔大连芯片厂奠基仪式。国家发改委副主任张晓强、国家信息产业部副部长苟仲文、国家商务部部长助理崇泉，辽宁省、大连市领导出席了奠基仪式。

9月12日

国务院以国函[2007]84号文件批复庄河港口岸对外开放。

11月7日

海关总署署长牟新生出席沈阳海关在辽宁友谊宾馆举行的沈阳建关100周年纪念大会。辽宁省副省长李万才等领导及总署相关司局、省市相关部门、兄弟海关、武警部队等80余家单位的主要负责同志出席大会。同日，牟新生署长在沈阳会见辽宁省委书记、省长张文岳，辽宁省委常委、沈阳市市委书记陈政高，辽宁省副省长李万才。

12月20日

中央政治局委员张德江在辽宁省委书记张文岳等省市领导的陪同下视察了大窑湾保税港区。

吉林省

吉林口岸工作综述

【概况】 2007年，吉林省口岸工作在省政府和厅党组的正确领导下，在口岸各查验部门的密切配合下，认真落实年初确定的各项工作目标和厅领导部署的各项工作任务，较好地完成了全年的各项工作任务。

【口岸开放情况】 口岸开放工作有了新突破。长白、古城里、沙坨子口岸升格为国家口岸是国家口岸办列为"十五"期间的重点项目。经过近几年的努力，在2007年下半年经国务院批准，长白、古城里、沙坨子口岸正式被批准为国家口岸，为进一步规范口岸管理，扩大开展对朝贸易和友好往来，提供了有利条件。在省内各有关部门的共同努力下，2007年又相继开辟了长春—福冈、长春—北京—法兰克福、长春—北京—新加坡、长春—北京—莫斯科、长春—北京—洛杉矶、长春—北京—胡志明市、长春—广州—吉隆坡、长春—满洲里—伊尔库茨克、长春—厦门—马尼拉、长春—襄阳（韩国）等定期或不定期包机国际航线。

【大通道建设】 中蒙国际大通道建设取得新进展。吉林省距蒙古国东方省只有170多公里，从吉林省白城市到东方省省会乔巴山的距离也不过800多公里，修建从我国阿尔山到蒙古乔巴山的铁路，使博尔集亚—乔巴山—塔木查格布拉克—阿尔山—乌兰浩特—白城—长春—吉林—图们—珲春的铁路贯通，形成一条从乔巴山经内蒙古纵贯吉林省通往日本海的中蒙大通道，将对区域经济发展和提高吉林省区位优势具有重大作用和深远影响。省政府领导和有关企业多次与蒙古国相关部门洽谈通道合作项目，2007年6月，陈伟根副省长带领的吉林省代表团拜访蒙古国交通运输局，再次就蒙古国乔巴山至中国阿尔山铁路建设问题进行了友好洽谈，并达成一致的合作意向。目前，蒙古国交通部基本同意与我方合作，我方调研制订了可研报告和具体合作方案，并于2007年11月与蒙方有关部门签订了合作意向。前期工作正在进行中。

口岸区域大通关工作取得新进展。为了更广泛地开展区域合作，通过学习沿海部分省市与中部六省口岸大通关合作经验，根据国务院"关于促进东北老工业基地进一步扩大开放的实施意见"[国办发（2005）26号文]精神，口岸办召集东北内蒙古四省区口岸办主任于2007年7月16日至20日在长春召开联席会议，国家口岸办副主任罗文金同志到会并作了重要讲话。通过这次联席会议，辽宁、黑龙江、内蒙古、吉林四省区口岸办主任在会上共同签署了《四省区口岸大通关合作框架协议》，建立了区域合作协调机制，确定口岸相关企业充分利用"属地申报，口岸验放"等便利贸易的通关模式，为东北亚地区构筑便捷的运输大通道奠定了良好的基础。

【口岸改造工作】 依照"十一五"口岸发展规划，积极抓好全省各口岸改造工作。为逐步改变口岸各查验部门的生活和工作条件，落实《吉林省口岸开放建设发展"十一五"规划》，积极协调各级口岸管理部门，抓全省老口岸改造工作。2007年完成了图们、南坪联检楼建设，三合、开山屯、临江口岸基础设施改造，老虎哨口岸扩建和改造，长春、延吉航空口岸通道建设等项目，同时，与有关部门配合协商，下拨了全省老口岸改造项目补助经费300万元。

【口岸防疫工作】 认真抓好口岸防疫工作。针对朝方2007年上半年发生猩红热疫情情况，组织吉林边防总队、长春海关、吉林检验检疫局、省外办、省旅游局、省公安厅出入境管理局等部门主管口岸工作的负责同志召开协调会议，研究落实中朝边境口岸防疫工作，制定了具体措施，会后以文件形式下发全省口岸落实，保证了吉林省对朝口岸中方进出境人员未发生疫病。

【优化口岸环境】 为进一步改善全省口岸软环境，7月6日，组织召开了"服务东北亚博览会暨全省口岸推广公安边防部队提高边检服务水平现场会"。省商务厅、长春海关、省检验检疫局、省民航局、省交通厅、省安监办、南航吉林分公司、长春市公安局、长春铁路办事处、延边、白山、通化市口岸办以及全省15个边检站领导参加了会议。省政府副秘书长王甫轶到会并讲话。会议肯定了吉林边防总队在服务东北亚博览会、服务地方经济建设、创建和谐安全的口岸环境等方面所做出的积极贡献。同时号召全省口岸系统学习吉林边防提高边检服务水平经验，简化手续，减少环节，提高口岸工作效率，全面优化口岸软环境，为全省经贸友好交往提供优质服务。

吉林口岸查验单位工作综述

长春海关

【概况】 长春海关为正（厅）局级建制，辖吉林省内珲春、延吉、图们、吉林、集安、临江、长白、长春经济技术开发区8个正处级隶属海关和延吉、珲春、图们、长白、集安5个正处级缉私分局。其中，珲春海关所辖的长岭子是吉林省惟一的对俄口岸，其他边境海关下辖各口岸均为对朝口岸。长春海关机关现有内设机构17个，并分别在长春龙嘉国际机场、一汽场站和邮局设有现场办事机构。全关区现有人员833人，其中缉私局民警126人。

【有关数据】 全年关区税收实际入库70.74亿元，其中，征收关税23.82亿元、进口环节税46.92亿元。全年关区审核接受进出口报关单6.42万张，同比增长3.2%。全年关区共监管进出口货物239.4万吨，同比下降6.7%，监管进出境货物总值50.96亿美元，同比增长27.1%。全年关区监管出入境人员102.62万人，同比增长7.4%。监管进出口运输工具16.5万辆（节、架）次，同比下降9.7%。监管邮递物品10.07万件，同比增长3.4%。监管印刷品、音像制品50.97万件，同比增长3.9%。全年关区缉私部门共立案侦办涉嫌走私犯罪案件22起，同比下降26.7%，案值1.44亿元。抓获走私犯罪嫌疑人37人。立案调查行政违法违规案件87起，案值1.68亿元。罚没收入实际入库191万元，同比下降37.8%。

【支持地方经济发展】 2007年，长春海关在连续3年出台3个支持东北老工业基地振兴"10项措施"基础上，再次出台了第四个"10项措施"。年初，关党组成员组成3个调研小组，分别深入到延边等5个地区，与地方政府和有关部门、重点企业进行沟通和座谈。在充分调研的基础上，长春海关汇总制定了《长春海关支持东北老工业基地振兴第四个10项措施》。第四个"10项措施"更加注重解决企业提出的热点和难点问题，结合海关监管通关工作，提出了具有可操作性的服务保障措施，得到了广大企业的普遍欢迎。

2007年，长春海关积极把握吉林省经济发展的趋势，加大了对汽车、化工和节能降耗三类产业的服务扶持力度，收到了良好的成效。一是继续围绕"一汽"进行监管模式创新，在完善"快速通关辅助管理系统"基础上，对特殊进出口货物实行集中报关，对"一汽"配套生产企业给予相同的便捷措施。二是对吉化公司重大项目引进设备的特殊通关要求，采取上门服务方式，合理简化手续，予以集中办理。三是协调兄弟海关，促成吉林铁合金厂保税仓库投入运营，解决了企业进口裸装矿石难以快速转关的问题。四是积极协调总署综合统计司和主要口岸海关快速反馈统计数据,为实现全省外贸进出口额突破百亿美元大关的目标任务做出了应有的贡献。

【构建反走私立体防线】 一年来,长春海关缉私部门以执法质量建设年为契机,制定了《长春关区缉私部门刑事执法质量考核评议实施细则》,全面加强和改进缉私执法工作,保证了全年办案质量的稳步提高。全年关区共立案侦办走私犯罪嫌疑案件22起,案值1.44亿元,偷逃税款0.22亿元,抓获犯罪嫌疑人37名。立案调查行政违法违规案件87起,案值1.68亿元,涉嫌偷逃税款和涉及税款合计0.26亿元。同时,缉私部门根据关区反走私斗争形势的新变化,加大打击毒品走私力度,全年共立案侦办毒品走私犯罪嫌疑案件13起,缴获冰毒1 680.2克、鸦片180克。

【推广新型区域通关监管模式】 2007年,长春海关在成功升级H2000通关管理系统的基础上,先后在与大连、满洲里、沈阳和北京海关之间,推广应用了"属地申报,口岸验放"通关监管模式。区域通关改革成果最大程度地满足了企业的多元化通关需求,有效地促进了通关效率的提高。长春龙嘉国际机场开通国际和国内中转国际航线数量再创新高,单周国际航班最高达到65架次。全年,长春关区共监管进出境航班3 740架次,同比增长22.91%。

【深入推进关务公开】 2007年,长春海关按照国家关于进一步推进政务公开工作的部署和要求,不断强化关务公开工作,调整了关务公开工作领导小组及其办公室,完善了关务公开内容和方式,对各业务现场关务公开工作进行了检查。同时,长春海关坚持抓好纠风工作,继续保持了民主评议政行风,连续3年获得吉林省执法类部门前四名的好成绩。在省直机关百名处长评议活动中,仅有13名参评处长问卷满意率在85%以上,长春海关的3名处长全部名列其中。

【准军事化纪律部队建设】 2007年,长春海关深入贯彻全国海关准军事化纪律部队建设工作会议精神,全面开展岗位练兵和"十佳百优"评比活动,扎实推进内强素质阶段各项工作。6月以来,召开了关区准军事化建设工作会议,成立了岗位练兵活动领导小组,确定了"全面部署,分期推进,以点带面,促进提高"的工作思路,下发了实施方案,成立了政治、工作、业务三个工作指导组,形成了上下齐抓共管的岗位练兵工作格局。同时,长春海关突出统计、缉私部门的"先行"作用,及时总结经验。通过开展岗位练兵活动,长春关区干部的政治、业务素质进一步提高,队伍作风进一步改善。

2007年长春海关主要业务情况表

项目	单位	全年累计	同比增长%
税收实际入库	亿元	70.74	-2.3
关税	亿元	23.82	-6.9
进口环节税	亿元	46.92	0.2
进出口报关单	张	64 272	3.2
进口报关单	张	28 990	-17.4
出口报关单	张	35 282	29.7
进出口货运量	万吨	239.4	-6.7
进口货运量	万吨	162.8	-14.7

（继表）

项目	单位	全年累计	同比增长%
出口货运量	万吨	76.6	16.3
进出口货值	亿美元	50.96	27.1
进口货值	亿美元	39.91	23.0
出口货值	亿美元	11.05	44.5
进出境运输工具	辆节架	165 049	-9.7
进出境集装箱	箱次	73 778	-8.5
转关货物	万吨	2.7	21.4
实有加工贸易生产企业（电子账册）	个	21	50.0
实有加工贸易生产企业（纸制账册）	个	359	1.1
备案加工合同数（纸质手册）	份	1 265	-12.7
备案加工合同金额（纸质手册）	万美元	57 486.6	0.9
结案合同	份	374	-20.8
保税仓库注册实有	个	6	20.0
保税仓库入库货物	吨	116 147	938.6
保税仓库入库货值	万美元	4 847.6	312.2
进出境人员	人次	1 026 200	7.4
进出境邮递物品	件	100 786	3.4
进出境印刷品及音像制品	件	509 714	3.9
立案涉嫌走私犯罪刑事案件数	起	22	-26.7
立案涉嫌走私犯罪刑事案件总值	万元	14 441.89	1 405.6
抓获犯罪嫌疑人	人	37	76.2
立案走私违规及其他违法行政案件数	起	87	13
立案走私违规及其他违法行政案件总值	万元	16 786.26	-26.9
罚没收入实际入库	万元	191	-37.8

吉林公安边防总队

【概况】 2007年，吉林省公安边防总队边防检查工作以提高边防检查服务水平为中心，以严密口岸查控和打击口岸偷渡活动为重点，加大管控力度，拓展服务领域，提升服务质量，营造了良好的口岸通关环境，赢得了地方党委、政府和出入境人员的一致好评。全年，全省共检查出入境人员1 030 301人次，机动车辆153 136辆次，火车1 264列次，飞机3 272架次。查获各类在控人员32人，各类偷渡人员374人，其他违法违规（非偷渡）259人，未发生执勤事故和旅客投诉事件，圆满完成了边防检查工作任务。

吉林省

【提高服务能力】 强化精细服务,服务能力得到了大幅提升。注重从点滴做起,制定了《服务规范标准》;要求官兵做到"勤前'四查'、勤中'六看'、勤后'三思两评'"。通过把一系列细节服务做深做足做透,深入推动边检服务整体水平的提升。强化服务养成,机制建设得到了大幅提升。制定了《提高边检服务水平七项硬性措施》,建立了检查员业务考评电子档案,年内有6名后进干部被调整出检查队伍。出台了《提高边检服务水平监督工作实施办法》,成立了内部监督小组、外部监督委员会和官兵维权中心。在全国率先推出了"红镜头"、"黑镜头"制度,部局专门刊发简报予以推广。公布了三级投诉电话,实行24小时值班制,开通了网上投诉受理服务,共接受咨询284次,全年实现"零"投诉、"零"信访。强化督导检查,工作氛围得到了大幅提升。总队常委5次带队对全省开展提高边检服务水平工作进行专项调研和督导检查,加大指导力和督导力。"五一"、"十一"长假期间,总队以明查暗访方式,对全省边检站进行督导检查。广大出入境旅客对边检工作的满意度由前两年持续徘徊在85%上升到现在的98%。

【加强现场执勤建设】 一是统一服务标准。以长春、珲春边检站为样板,结合空港、陆路口岸特点,制作完成了两部《边检服务示范片》,选调优秀检查员组成服务示范队,巡回到各边检站,手把手、面对面向一线官兵演示服务礼仪,规范动作标准。二是统一勤务模式。重新整合了执勤科队,优化勤务模式,建立了弹性工作制。三是统一现场设施。对边检服务标语、标识、验证台、引导台、填卡台、咨询台、投诉箱等执勤设施进行了统一制作。共改造检查设施126项、标识标志170个,增设现场服务设施266项。四是统一警务公开内容。对各站在公告栏、液晶滚动显示屏、触摸屏上的公开内容进行了统一规范。五是统一全省工作簿册。总队按照部局《提高边检服务水平评分细则》的要求,逐条研究,制定了14种工作薄册,边检工作更加规范。

【打造吉林边检特色】 总队党委始终坚持以提高服务水平为主线,沿着"打造吉林边检特色"的工作思路不动摇,年内边检服务质量实现了"六大飞跃"。一是实现了由量到质的飞跃。从开始的求全、求多、求广,到现在的求精、求细、求实,服务态度和服务质量发生了质的变化。二是实现了由粗到精的飞跃。从刚开始的摸索前进、拿来主义,到现在的有计划、有步骤开展,去糙取精,择优选用,使提高边检服务水平工作进入了成熟期。三是实现了由疏到亲的飞跃。由原来旅客的不理解、不认同、不理会,到逐渐有感受、有体会、有触动,再到现在的很满意、很亲近、很熟识,旅客与检查员之间的距离感正在逐渐消失。四是实现了由弱到强的飞跃。没有开展提高边检服务水平工作前,检查员缺乏紧迫感和精益求精的态度,经过一年的加压提速,检查队伍正在向高水平的执法队伍迈进。五是实现了由零到整的飞跃。原来服务设施、服务规范、服务标准等都比较零散、各自为政,五花八门,现在统一了各种制度,对边检服务工作进行了综合规范,执行起来更加明确、统一。六是实现了由表到里的飞跃。提高边检服务水平开始时,执勤官兵只是生硬地按照上级要求模仿地做,通过反复教育、训练,主动服务已成为自觉行动。

【口岸安全和稳定】 一是加强查控工作的组织领导。总队始终把做好口岸查控工作作为边防检查工作中的一项重要工作任务,不断提高各级查控工作人员的思想认识,加强工作责任心,严格总队查控值班室工作制度,逐级逐人落实查控工作责任制,切实加强查控工作的组织领导。"两节"、"两会"和"国庆"、"十七大"等特殊敏感期间,进一步加强查控工作指导力度,派员到长春、延吉、珲春等重点单位进行检查指导。结合总队每季度量化考核工作,对各边检站查控工作进行检查,查找薄弱环节,制定整改措施。二是加强处突能力建设。结合全省口岸实际,做好应对风险和突发事件的思想准备、预案准备、警力准备和保障准备,提高处置突发事件能力,加强了实战演练,切实做到防患于未然。三是加大反偷渡工作力度,依托总队证件研究中心,积极开展识别伪假证件培训工作,强化口岸限定区域的控制管理,有效遏制了口岸偷渡活动。注重发挥总队证件研究中心作用,指导口岸偷渡活动多发的长春、延吉边检站,认真分析口岸偷渡形势,研究口岸偷渡活动规律,有针对性地开展反偷渡工作。同时,挑选业务尖子,在全省开展识别伪假证件业务巡回培训。积极与检察院、法院、刑侦、出入境管理等部门沟通联系，共同研究反偷渡工作措施，形成打击合力。充分发挥和利用口岸工作优势，多层次、多渠道地搜集境内外偷渡活动情况信息。

【建立国际协作新模式】 2006年7月24日中华人民共和国公安部和俄罗斯联邦安全部1号《议定书》在莫斯科签订后，改变了中俄边防部门1995年以来的会谈会晤方式。2007年，经公安部批准，由总队牵头，吉林、黑龙江、辽宁三省公安边防总队代表团及工作组先后与俄罗斯联邦安全局远东联邦区地区边防管理局举行了代表团和工作组工作会谈，进一步加深了友谊，加强了合作，密切了配合。一是在长春市举行代表团会谈。2007年5月7日至11日，局长普托夫中将率领的俄罗斯联邦安全局远东联邦区地区边防管理局代表团与吉林、黑龙江、辽宁三省公安边防总队代表团在长春市举行了工作会谈。会谈中，双方就预防和打击国境犯罪、走私和偷越国（边）境活动以及所属的边防检查机关的公务活动等基本问题进行了磋商，并达成了一致意见，签署了《会谈纪要》。二是在哈巴罗夫斯克市举行工作组会谈。为落实《中华人民共和国吉林、黑龙江、辽宁三省公安边防总队代表团与俄罗斯联邦安全局远东联邦区地区边防管理局代表团会谈纪要》，2007年11月7日至9日，吉林总队副总队长孙凯庭率领的吉林、黑龙江、辽宁三省公安边防总队工作组与俄罗斯联邦安全局远东联邦区地区边防管理局工作组在哈巴罗夫斯克市举行了工作会谈。双方总结了2007年共同打击走私、贩毒、偷渡等跨国违法犯罪工作情况，讨论了提高边防检查工作效率相关问题，研究了2008年双方工作组及代表团会晤工作计划，就共同关心的问题达成了一致意见，签订了《会谈纪要》。

吉林检验检疫局

【有关数据】 2007年共检验检疫出入境货物73 869批、货值516 645万美元，同比批次增长0.03%、货值增长41.3%。其中，出境检验检疫52 707批、货值207 108万美元，同比批次增长16.25%、货值增长40.07%；入境检验检疫21 162批、货值309 537万美元，同比批次下降25.76%、货值增长42.14%。检出不合格商品358批次、金额1 365万美元，同比批次减少19.37%、货值增加31.47%其中，出境108批、货值488万美元，同比批次增加18.68%、货值增加235.85%；入境250批、货值876万美元，同比批次减少29.18%、货值减少1.90%。出口货物普通包装性能鉴定853批，83 122 224件。同比批数增长26.00%，件数增长277.52%。健康检查出入境人员75 965人次，同比减少0.10%。预防接种35 121人次，同比减少15.39%。出入境火车检验检疫20 402节，同比增长31.88%；汽车检验检疫132 064辆，同比减少18.78%；飞机检验检疫3 576架，同比增长2.43%。

截获植物疫情388批次，同比增长86.54%。截获病媒生物1批次，同比减少66.67%。截获禁止进境物1 999人次，2 818件数，同比人次增长17.04%，件数增长54.58%。

签发普惠制产地证书8 828份，金额44 940万美元，同比份数增长29.16%，金额增长45.47%。一般产地证书2 524份，金额11 920万美元，同比份数增长41.72%，金额增长40.67%。

【覆盖率实现新提高】 吉林检验检疫局抓检验检疫覆盖率思想统一，措施具体。全局出口商品检验检疫覆盖率达85%，同比增长7%，进口商品检验检疫覆盖率达62%，同比增长11%，均创历史新高。检出截获率呈现新成果。截获禁止进境物89种、2 818件；检出有害生物59种、356批；上报总局植物疫情723批，排在全国直属局第12位。从来自德国的集装箱中共检出3纲、7目、16科、18种有害生物万余头，首次截获无中文名称的昆虫。各保健中心检出艾滋病人12例。从进口商品中检出不合格商品67批，对外出证索赔额247万美元。

吉林省

【口岸应对展示新水平】 及时上报收集到的周边国家发生人传染病的疫情，表现了强烈的疫情意识。妥善处理了两起突发事件，依法将8例患有禁止入境疾病的外籍人员监护出境。在国内外口蹄疫、猪蓝耳病疫情严峻的形势下，措施得力，确保了吉林省出口动物及动物产品安全。抓长春机场口岸食品生产经营单位分级管理的工作，受到了国家质检总局领导的好评。

【边贸监管取得新成效】 在珲春口岸进行边贸检验检疫风险评估试点的基础上，2007年下半年，将分类管理、过程控制、风险分析、口岸电子监管等模式推广到了全省口岸边贸检验检疫监管中，增强了边境贸易监管的可控度。

【两个整治成果显著】 在全国开展"专项整治"前，利用1个月的时间，在全局范围内开展以提高工作质量为重点的清查整治活动。经过5个阶段，自查并整改了255个问题，为随之开展的"专项整治"活动奠定了良好的基础。

国务院召开全国产品质量和食品安全"专项整治"工作电视电话会议后，吉林检验检疫局行动迅速，精心组织，全力开展"专项整治"活动。"专项整治"方案实施后，6位局领导分头深入基层一线，对落实三个100%情况进行督查，确保了全局"专项整治"活动扎实有效进行。各派驻工作组通过采取"查、治、管、扶、建"等措施，发挥了检查指导作用。全省检验检疫系统积极行动，深入到486家出口食品卫生注册、备案登记企业和121家种植养殖备案基地，对涉及进出口产品质量和食品安全的重点产品、重点单位、重点区域进行了拉网式的清查，吊销了4家企业的登记证书。对3 056批出口食品运输包装100%加贴了检验检疫标志，彻查了进口肉类、水果、废物等敏感货物，圆满完成了以三个100%为重点的"专项整治"工作目标。

【"双促双优"初战告捷】 先后与65家企业签订了帮扶协议。吉林省内企业再次成功从美国引进水貂11 000只，首次向韩国出口麝鼠1 900只、向朝鲜出口种猪374头。在全国首家冲破禽流感疫情封关，实现了冻鸡、牛肉出口；珲春大米突破贸易壁垒首次出口俄罗斯；白城辖区的金塔冷冻鲜椒连续3年在韩国市场获质量第一名，间断多年的荞麦又打入日本市场。花生出口近3万吨，并从间接出口的"货源基地"转型为直接出口的"出口基地"。宣传指导全省相关企业用好普遍优惠及区域优惠原产地制度，使企业在国外获得减免关税高达2 696万美元。指导120家企业获得了卫生注册登记，50家企业获得了分类管理证书，35家企业被推荐向国外注册，6家企业分别获认定实验室、GAP认证。"双促双优"工程有效地提升了检验检疫部门的社会形象和影响力。

【信息化建设迅速发展】 局域网延伸至最偏远口岸，视频会议系统覆盖了省局两个中心会议室和全省九个分支机构，利用视频会议系统成功举办了30场次的视频会议和培训。口岸视频监控开始实施。边境陆路口岸登陆系统、卫生检疫电子监管系统和一汽办检验检疫辅助系统、原产地业务电子管理系统等一批信息化建设项目先后投入使用。在局内网上增加了统计资讯、标准查询功能，并开展了有害生物网上辅助鉴定活动。

【检测能力明显提升】 参加英国、韩国等国内外权威机构组织的能力验证活动50次，涉及105个项目，检测结果满意率达到95%，有的项目检测能力已达到国际先进水平。按照美国、欧盟、日本等国家和地区的最新标准和法规动态，迅速将收集的标准信息转化为检测能力，新开发检测项目65项，基本满足了送检单位的要求。延边保健中心在全国检验检疫系统2007年"乙肝表面抗原检测"能力验证考核中，取得了100分的好成绩。

【内部管理更趋规范】 全局继续实行年、月工作计划目标责任制，年度工作计划总计1 175项内容。目标管理考评小组按阶段分类别对每项工作的完成情况进行跟踪考核，提高了落实的执行力。通过不断完善目标管理考评体系，改进奖惩办法，调动了干部职工的工作积极性。技术中心实验楼建设先后10次实行科学、公开、公正的社会招标，既节省了大量资金，又避免了不廉洁现象的出现。服务中心较好地为全局提供了后勤服务保障。财务处上报总局的年度会计决算受到总局通报表扬。离退休干部处、协会的工作也都取得了长足进步。

2007年出入境货物检验检疫情况表

	批次	与上年同比（±%）	金额（万美元）	与上年同比（±%）
出入境合计	73 869	0.03	516 645	41.30
入境检验检疫	21 162	−25.76	309 537	42.14
出境检验检疫	52 707	16.25	207 108	40.07

2007年出入境货物检验检疫不合格情况表

	批次	与上年同比（±%）	金额（万美元）	与上年同比（±%）
出入境不合格合计	358	−19.37	1,365	31.47
入境不合格	250	−29.18	876	−1.90
出境不合格	108	18.68	488	235.85

2007年出入境运输工具检验检疫情况表

	飞机（架）	火车（节）	汽车（辆）
本年合计	3 576	20 402	132 064
出境	1 861	10 205	66 284
入境	1 715	10 197	65 780

2007年健康检查及预防接种情况表

	健康检查数(人次)	预防接种数(人次)	艾滋病监测数(人次)
本年合计	75 965	35 121	76 073
与上年同比（±%）	−0.10	−15.39	−1.99

2007年产地证签证情况表

普惠制产地证				一般产地证			
份数	与上年同比（±%）	金额（万美元）	与上年同比（±%）	份数	与上年同比（±%）	金额（万美元）	与上年同比（±%）
8 828	29.16	44 940	45.47	2 524	41.72	11 920	40.67

2007年截获禁止进境物情况表

检验检疫进境旅客、边民携带物及邮寄物		其中截获禁止携带物及邮寄物	
人次	件数	人次	件数
201 193	169 018	1 999	2 818

吉林口岸大事记

1月16日
吉林省公安边防总队和吉林检验检疫局被吉林省政府授予"年度招商引资优秀服务单位"。

2月4日
第六届亚洲冬季运动会在长春胜利闭幕，吉林边防总队被长春市委、市政府授予集体三等功，长春边检站获得"第六届亚洲冬季运动会贡献单位"称号。

4月9日
北协作区转关联席会议在长春海关召开。

5月7日~11日
吉林、黑龙江、辽宁三省公安边防总队代表团和俄罗斯联邦安全局远东联邦区地区边防管理局代表团在长春市进行了工作会谈。

6月7日
吉林省副省长陈伟根到长春海关检查指导工作。

7月4日
海关总署党组成员、缉私局局长吕滨视察长春海关。

7月16日~20日
在长春召开东北内蒙古四省区口岸办主任联席会议，国家口岸办副主任罗文金同志到会并作了重要讲话。辽宁、黑龙江、内蒙古、吉林四省区口岸办主任在会上共同签署了《四省区口岸大通关合作框架协议》。

8月1日
国家民委副主任李瑞志到圈河口岸调研。

8月5日

全国人大常委会副委员长蒋正华到圈河口岸视察。

8月10日

国务院批准长白口岸为国家一类口岸。

8月17日

中国银监会主席刘明康到圈河口岸调研。

8月30日

国务院批准古城里口岸为国家一类口岸。

9月11日

中央军委委员、解放军总后勤部部长廖锡龙上将到图们口岸视察。

9月13日

国家质检总局和吉林省政府在长春召开落实《关于共同推动吉林食品农副产品生产加工和扩大出口合作备忘录》第二次联席会议。国家质检总局局长李长江、吉林省省长韩长赋参加会议并讲话。

9月30日

国务院批准沙坨子口岸为国家二类口岸。

11月7日~9日

吉林、黑龙江、辽宁三省公安边防总队工作组代表团一行7人赴俄罗斯哈巴罗夫斯克市举行了工作组会谈。

12月20日

吉林检验检疫局机关党委被授予"省直机关2007年度党的工作目标管理责任制先进单位"荣誉称号。

黑龙江省

黑龙江口岸工作综述

【概况】 2007年黑龙江省口岸工作在国家有关部门的关心与支持下,在黑龙江省委、省政府及商务厅党组的重视与领导下,集中精力管好用好、发展完善现有口岸,积极开展进档达标、提档升级活动,不断加强口岸基础设施和"大通关"建设,大幅提高口岸过货能力和贸易规模,为黑龙江省对俄经贸突破百亿美元做出了积极的贡献。

【积极应对中俄口岸部局整合】 2006年底,海关总署召开了全国口岸办主任会议,中心议题是落实《国家"十一五"口岸发展规划》,部署口岸部局的规划和整合工作。事关黑龙江省问题口岸的前途和命运,省口岸办一是及时将会议材料印发各口岸所在地政府,组织相关部门认真贯彻学习;二是抓紧进行调查研究,向省领导呈报了《关于我省口岸发展面临形势和存在问题及下步意见的报告》;三是根据省领导的批示要求,召开了全省口岸工作专业会议,请盛厅长到会作了重要讲话,要求各口岸所在地政府于2008年1月拿出口岸发展及整改措施,特别要求问题口岸短期实现进档达标,尽快摆脱口岸开通使用困境;正常口岸努力实现提档升级,充分发挥现有口岸的资源效益,更好地为对外经贸发展服务。

【努力抓好口岸客货运输】 2007年初,由于受暖冬气候影响,冰上运输开关期较正常年份拖后,闭关期较正常年份提前;俄罗斯出台限制外国人从事零售业等政策,使出入境人员和货物有所减少;黑龙江省东部地区普降暴雪,致使部分口岸关闭,给黑龙江省客货运输生产带来不小的影响。为此,省口岸办采取了以下相应措施:一是派员深入到绥芬河、东宁、黑河、同江等重点口岸进行专题调研,围绕客货运输生产存在的具体问题面对面地指导工作,总结和推广业绩突出口岸的经验和做法。绥芬河铁路口岸针对木材集中到达的实际情况,在查验单位的密切配合下,采取科室人员深入一线,加班加点,督促加快回票速度,大接大换等办法,创造了日接俄车15列592辆的最新纪录。同江口岸为提高冬季冰上运营效益,采取增加冰道宽度,加快车流速度的做法,使冬季冰上运输取得较好的业绩。二是在人员少、任务重的情况下,指定专人每天负责与重点口岸沟通,了解当日口岸运输生产的信息和动态,建立了口岸运输生产情况日报制度。全省口岸迅速掀起进档达标、提档升级热潮,客货运输生产出现较大的增幅。截至12月末,全省口岸进出口货物完成1 149.9万吨,同比增长19.1%,首次突破1 000万吨大关;出入境人员完成423.9万人次,同比增长14.57%,再创历史新高。

【加强基础建设】 2007年,全省口岸基础建设又有新发展,继同江口岸东部作业区客货运现场建设工程竣工投入使用后,黑河口岸投资3 300万元,对货检现场进行大规模的改扩建,并于当年投入使用。作为主体工程的4 000平方米现场办公大楼设计部局合理,一层作为货运联检厅,二层作为报关报验厅,结合地方电子口岸建设,实行"一条龙、一站式"服务,从而加快了口岸通关速度,优化了口岸通关环境。

为解决受暖冬气候影响,口岸冰上汽车运输有效运营期逐年缩短的问题,在中俄两国和两省州政府及有关部门的大力支持下,同江市政府通过招商引资,与一家有实力的企业合作,先后投入7 000万元,在同江—下列宁斯阔耶口岸间800米宽的界江上铺设了由35节浮箱组成的浮箱固冰通道。这一口岸运输方式的创新和发展,为边境水运口岸增加冰上汽车运营有效时间,扩大口岸客货通过能力开辟了先河。

全省地方电子口岸建设也取得新进展，按照全国地方电子口岸建设宁波现场会议及国务院办公厅的要求，省口岸办会同有关部门，结合黑龙江省口岸的实际情况，制订了具体实施方案，省政府于8月15日与海关总署签署了《合作备忘录》。为推进该项工作，省政府成立了黑龙江省电子口岸协调指导委员会，并于8月11日召开了第一次全体会议。目前，有关方面正在积极落实该项目建设资金，并决定在绥芬河等重点口岸先行试点。

【推进口岸合作】 为配合国家口岸办做好中俄口岸工作组第九次会议议题落实及第十次会议前期准备，按照第九次会议的要求，一是协调有关部门，从3月4日起在绥芬河旅检通道实行了7天12小时无午休工作制度，在同江口岸实行了6天工作制度。二是采取有效措施，于3月26日开通了鸡西—密山—图里罗格—乌苏里斯克定期国际客运班车。三是组织现场办公，指导呼玛口岸做好临时开通前的各项准备工作，现已获国家主管部门批准拟以临时开通形式与俄方同步开放。

与此同时，通过调查研究，广泛征求意见，向国家口岸办提报了中俄口岸工作组第十次会议有关意见的函，并派员参加了预备会议和正式会谈，使涉及黑龙江省10个边境对应口岸有关延长或增加口岸工作时间、俄方赋予结关权、增加运输通道、提高工作效益、恢复客运班车、赋予国际地位等问题均被纳入议题。

【加强协调力度】 口岸工作涉及境内外部门较多，加强部门及对外协调是实施口岸综合管理的主要手段。2007年省口岸办在口岸发展完善方面，发挥职能作用，加强协调力度，使以下三项事宜取得突破进展，一是如期开通同江—下列宁斯阔耶口岸浮箱固冰通道事，该事宜涉及境内外部门较多，手续较繁杂；在界江上流冰前后作业，安全要求高。省口岸办先后三次召开业务协调会议，指导敦促办理境内外手续，并在同江口岸作业现场召开专家论证会议，充实完善浮箱固冰通道铺设方案，确保该创新型固冰通道于年内开通运行。二是继续开通洛古河—波科洛夫卡季节性临时过货通道事，该事宜国内需一年一报沈阳军区批准，上下行文次数多，不利于工作安排。2007年在协调省内各部门同意后，先后两次到沈阳军区司令部做工作，终于获准一批三年有效受到王利民副省长的肯定和各方面好评。可随后又遇到俄方将对应口岸设施管理收归国有，一年一度的冰上运输会谈无限期推迟，该通道有被俄方单方面关闭的危险，省口岸办又积极配合省外事办通过外交途径照会俄方，使俄方很快同意继续开通该通道，并派代表团与黑龙江省签署了会谈纪要。三是呼玛—乌沙科沃口岸恢复开通事，鉴于俄方法律手续尚未完结，口岸建设与开通尚存变数，经在口岸现场召开业务协调会议，决定先以临时开通形式与俄方同步开通，并获得国家主管部门批复同意。

黑龙江口岸查验单位工作综述

哈尔滨海关

【概况】 2007年哈尔滨海关深入学习贯彻党的十七大精神和全国海关关长会议精神，认真贯彻海关工作方针，以科学治关理念为指导，坚持开门建海关和"三个统筹"，加强服务型、责任型、法治型海关建设，以税收工作为轴心，大力推进各项业务建设。加强管理，不断强化基础建设和基层建设。进一步加强关区各级领导班子建设和队伍建设，努力构建和谐海关。切实履行把关服务职能，较好地完成了一年来的工作任务。

【有关数据】 2007年,关区监管进出口货物1 149.9万吨,比上年同期(下同)增长19.1%;监管运输工具52.9万辆(艘)次,增长9.1%;监管进出境人员419.6万人次,增长12.3%;监管邮递物品10.4万件,增长7.9%;监管印刷品和音像制品77万件(盘),增长15.9%;监管快件24.6万件,增长11.4%。关区税收入库9.6亿元,下降8.43%。共立案走私犯罪案件5起,案值2 152万元,涉税34万元,对8名犯罪嫌疑人采取强制措施,移送起诉案件4起8人;立案调查走私行政违法案件52起,案值24 818万元,涉税1 478万元。

【税收征管】 以税收征管为核心,进一步加强价格风险管理,充分发挥驻莫斯科价格调研组职能,加强对进口商品的价格监控和分析,认真做好境内外价格调研、价格资料筛选、价格专业认定和价格咨询工作。采取多种措施,审价工作水平有了进一步提高。严格减免税审批和后续管理,坚持集体研究和三级审批制度。针对加工贸易政策调整的实际情况,不断加大业务调研工作力度,加强加工贸易内销价格的审定和内销征税工作。充分运用关税分析监控系统和风险信息平台,积极开展监控与分析工作,税收征管质量显著提高。2007年8、9、11、12四个月份哈海关关区归类差异率为零,在全国海关名列前茅。

【反走私】 坚持"一个中心,三个管住"的缉私业务工作指导思想,即以缉私办案为中心,管住边境口岸、管住重点商品、管住重点渠道,开展了"打击污染臭氧层物质和废物走私的补天行动"、"打击水上走私专项行动"、"打击船舶零配件违法出口"、"百日追逃行动"以及禁毒专项斗争等打击走私专项行动,保持打击走私工作的高压态势。积极推进关警合作机制,试行缉私警察协助监管工作,推进警力下沉,提高发现能力。利用风险管理平台,拓宽情报渠道,深入开展情报综合分析工作。以"执法质量建设年"活动为契机,不断提高执法办案质量和制度化、规范化水平。积极开展国际执法合作,与俄罗斯联邦远东海关局业务海关交流情况信息,开展案件线索协查。发挥反走私综合治理效能,增强打私合力。认真落实社会治安综合治理和"扫黄打非"工作及"平安龙江"建设工作。

【区域通关改革】 采取向地方政府和企业宣传、召开座谈会等形式,积极推行"属地申报、口岸验放"通关模式。先后有11家A类企业开展了"属地申报,口岸验放"业务,方便了企业,提高了通关效率。充分运用风险管理平台和职能部门监控系统,进一步加强对进出境运输工具、舱单和转关运输业务的监管工作,不断提高物流监控和查验管理工作水平。通过开展调研,建立了各口岸资料档案,加强了对拟建监管场所的审批控制,积极与地方政府协调,不断加强海关监管场所的管理和建设。进一步加强旅检和非贸物品职能管理工作,加大了对违禁物品的查处力度。积极部署落实关区内"一机两屏"工作,坚持创新监管模式,努力推动关区关检合作机制的深入开展。以风险管理为手段,以科技应用为依托,创新审单管理工作方法,不断提高关区审单管理和报关单监控工作水平。加强了对监管技术设备经费执行情况的监督,监管技术设备申领、管理工作得到进一步规范。

【统计数据】 继续狠抓关区统计数据质量管理。进一步强化风险管理意识,积极开展执法评估和监测预警工作。以开展课题研究为突破口,进一步提高统计分析水平,主动与商务厅、中小企业局、发改委、外汇管理局等政府部门合作,撰写了一批高质量的统计分析文章,共同为黑龙江省外贸发展出谋划策。积极面向社会提供进出口咨询服务,充分发挥报关单证管理监督职能。深入开展调研,积极推进中俄数据交换工作。

【风险管理】 以风险职能管理为重点,建立了绩效评估新机制,对关区风险管理工作进行全面评估和量化评分,同时,采用调研与培训相结合的方式大力宣传风险管理理念,推动了风险管理工作的深入开展。通过开展关区业务异动、重点企业、重点商品和政策调整等的专题分析,为确定风险防控重点、制定管理措施提供决策辅助支持。在关网开辟了"风险预警信息"专栏。顺利完成风险管理2.2版平台推广。在全面分析关区企业通关情况的基础上,广泛开展调研,借鉴其他关区好的经验和做法,不断探索适合关区特点的企业管理新机制。确定了全年稽查重点,将常规稽查和专项稽查相结合,全面开展企业稽查工作。全年共稽查企业61家,稽查补税170.252万元。加大了企业注册备案、报关员管理、企业分类管理、电子口岸审核等方面的管理力度,全面提高了关区企管业务的规范化水平。

【促进地方经济发展】 以黑龙江经济发展为己任,以支持老工业基地振兴为重点,积极促进地方经济发展。认真落实《海关总署关于支持东北老工业基地振兴的总体意见》,在研究全省对俄贸易发展的特点和规律的基础上,2007年初,哈尔滨海关出台了《哈尔滨海关服务和促进地方经济发展十五条措施》,召开了新闻发布会,得到了地方党政和社会各界的一致赞誉。一年来,认真落实和兑现《十五条措施》中的各项承诺,对外贸易得到了快速发展。以"哈洽会""韩国周"等外经贸活动为契机,结合实际,采取十项措施,加大支持力度,树立了良好的海关形象。2007年,在海关总署的高度重视和大力推动下,黑龙江省内贸货物跨境运输业务试点工作全面开展。为推动此项工作,哈尔滨海关以积极的态度,与地方政府及有关部门主动协调,及时向总署请示汇报,协助总署研究和拟定了相关操作细则。在多方的共同努力下,9月30日,首批货物正式从绥芬河铁路口岸出境,标志着内贸货物跨境运输业务正式进入实际运行阶段。

【电子口岸建设】 一是成立了以主管副关长为组长的黑龙江电子口岸建设工作组,负责协助推动黑龙江电子口岸建设;二是在哈尔滨海关的积极沟通与推动下,省政府与海关总署签署了《关于建设黑龙江电子口岸合作备忘录》,标志着黑龙江电子口岸建设全面启动;三是与省口岸办等电子口岸建设相关部门建立了联系配合机制,及时向省领导、各有关厅局就黑龙江电子口岸建设的情况进行汇报和沟通;四是成立了工作组,积极开展现场学习和实地考察,学习兄弟海关地方电子口岸建设发展的经验,完成了《黑龙江电子口岸建设总体规划》。

黑龙江公安边防总队

【概况】 2007年,黑龙江边防总队认真贯彻全国边检工作会议精神,紧紧围绕公安部边防局党委扩大会议部署,以提高服务水平工作为中心,坚持通关效率,坚持严密管控,进一步加强口岸边检设施建设,加大检查员素质培训力度,严密实施口岸查控,严厉打击口岸偷渡、走私等违法犯罪活动。2007年,各边检站共检查中国内地和来自俄罗斯、韩国、日本及港澳台等96个国家和地区出入境人员4 239 680人次,验放出入境交通运输工具209 345辆(列、架、艘)次。查获各类在控对象55人,查获非法出入境人员139人,查处出入境手续不符人员186人,有效维护了出入境秩序。

【边检服务水平】 全国边检工作会议结束后,边防总队迅速传达部署,认真学习领会公安部和部局会议精神,为出入境旅客提供优质服务。一是认真学习,深刻领会,迅速转变思想观念。首先从提高官兵思想认识入手,深入开展了"定中心、明理念、争上游"的"大学习、大讨论"活动,将公安部和部边防局部署开展提高边检服务水平工作的会议精神和孟宏伟、陈伟明等领导讲话作为学习讨论内容,努力实现从管控到服务为中心工作的观念转变。二是多策并举,创新机制,认真落实十二项服务措施。建立科学合理的勤务组织机制。完善旅游团、重要旅客的预报预检机制,主动了解"哈洽会"等重大会议和活动期间中外来宾出入境动态信息,拓展服务外延。以公安部边防局开展检查员等级评定考试和"三考"工作为契机,采取远程视频培训、集中统一授课、巡回授课、座谈研讨和知识竞赛等多种形式,就转变边检服务理念、梅沙系统应急保障、伪假证件识别、边检执勤执法常见问题处理等内容进行培训。建立客观公正的旅客评价体系。建立内外结合的监督制约机制。在内部监督上,总队及各站均成立了由纪检牵头,督察、保卫参加的检查监督机构,对提高边检服务水平工作进行督导检查。在外部监督上,各边检站通过与有关单位座谈,聘请出入境旅客为监督员以及互联网上建网站等形式,听取各方意见和建议,不断改进工作,提高服务水平。

【查控工作】 梅沙系统作为边防检查工作的核心软件,其应用状况直接影响口岸查控工作。因此,边防总队高度重视梅沙系统的应用情况,规范查控工作程序,完善应急预案,开展应急演练,确保网络畅通,布控及时,查处准确。一是顺利完成了公安部统一实施网络布控和属地接控、布控等工作。二是进一步完善了网络布控工作系列规章制度。三是进一步加强了查控值班工作。四是研究建立了梅沙系统运行维护保障体系。五是顺利完成梅沙系统程序的升级工作。六是切实做好查获网上在逃人员登记工作。严格按照公安部出入境管理局有关文件精神,对各边防检查站提出明确要求,确保查获追逃人员有效监管、安全移交,进一步规范了边检站查获网上在逃人员后的公安网登记工作。

【严密管控偷渡、走私】 2007年,黑龙江边防总队在开展打击口岸偷渡、走私等边检执法工作中,取得突出的成绩,公安部出入境管理工作简报和黑龙江省委综治办信息相继转载了总队部署开展"迅雷"反偷渡专项工作情况。一是迅速部署开展反偷渡"迅雷"专项行动。贯彻落实关于开展"迅雷"行动的指示精神,加强对各边检站业务指导,建立全方位、立体化的反偷渡网络体系,重点防范和打击利用出境旅游、商务等名义组织他人偷越国(边)境行为,专项行动期间,全省各边检站共查获偷渡案件42起43人,有效地维护了国家形象和社会稳定。二是进一步加强了出入境证件研究工作。三是明确工作重点,有针对性地开展反偷渡工作。通过总结分析各边检站查处的偷渡案件,归纳出三个特点:通过非法中介以虚假身份资料骗取他国入境签证;以本人真实身份资料,但隐瞒真实出境目的骗取他国入境签证;以合法手续正常出境后滞留不归。四是加强勤务组织,构筑反偷渡平台。哈尔滨边防检查站以现场咨询台、验证台和登机口为三个点,以台内检查员、台外检查员和流动便衣检查员为主线,合理分配人力资源,借助现场电视监控系统,构筑口岸反偷渡平台。五是密切内外协作,形成打击合力。加强与联检部门和其他相关警种、检察机关、审判机关、旅游以及工商管理部门等单位的协调配合,进一步提高口岸管控效能,构建全方位、立体化的打击网络。

【加强业务培训】 一是提出硬性标准,推进检查员等级评定工作。二是充分利用网络环境,开展远程视频授课。三是开展巡回授课,服务一线官兵。四是利用勤务间歇,集中开展业务培训。五是"请进来,走出去",取长补短。各站还组织业务骨干采取走出去的办法开展考察学习和业务交流活动。借鉴先进的工作经验,达到了互相促进、共同提高的目的。

【加强与俄边防机关的合作】 2007年,黑龙江边防总队与俄方边防机关进行涉外联系152次。一是按照公安部边防局批示精神,积极与辽宁、吉林边防总队有关部门沟通联系,共同研究对俄会谈工作方案,确保5月和11月份吉林边防总队牵头的东北三省边防总队代表团与俄罗斯联邦安全局远东联邦区地区边防管理局代表团会谈和工作组会晤工作顺利开展。二是加强与俄边防机关的执法合作。应俄方请求,积极与国内公安机关取得联系,协助俄罗斯联邦安全局远东联邦区地区边防管理局调查有违法犯罪嫌疑的俄公民谢尔盖耶维奇在华情况,并将调查情况及时反馈俄方。三是积极与俄磋商绥芬河—波格拉尼奇内公路口岸旅检通道实行7天12小时无午休工作制有关事宜。四是有效开展检查员互访活动。2月26日、27日,黑河边防检查站与俄布拉戈维申斯克边检站分别在俄布市和黑河口岸开展检查员业务交流活动,达到了互相学习、增进友谊、扩大共识的目的。

黑龙江出入境检验检疫局

【概况】 2007年,在国家质检总局党组的正确领导下,在黑龙江省委、省政府的关心支持下,黑龙江出入境检验检疫局坚持以科学发展观为统领,围绕"和谐、创新"两大主题,大力弘扬求真务实、团结进取的工作作风,谋和谐、抓整治、求创新、强基础、促发展,在执法把关、服务经济、科技兴检等方面取得了明显成效，较好地完成了各项检验检疫工作，圆满完成了专项整治工作，打赢了这次"特殊战役"。

【有关数据】 2007年，在全面开展产品质量和食品安全专项整治，加严检验检疫的情况下，黑龙江省对外贸易实现高速增长，再创历史新高，2007年全省进出口总值达到173亿美元，同比增长34.5%，高于全国平均水平11个百分点，其中，对俄进出口实现107.3亿美元，同比增长60.4%，占全国对俄贸易比重的22.2%，进出口总额第11位和对俄经贸第一大省的地位进一步巩固。2007年，全省系统共检验检疫出入境货物132 095批，货值33.47亿美元，同比增长10.7%和27.0%。检出不合格货物991批，不合格金额303万美元，对外出具索赔证书1 312份，索赔金额58万美元。监督、检疫监管出入境木质包装7 775批、209 830件，同比增长48%和3.3%。健康体检61 515人次，预防接种22 337人次，检出各类患病人数13 039人次，发现艾滋病7例。检疫出入境交通工具45.63万批。共签发普惠制产地证书25 454份，货值4.89亿美元，一般原产地证1 468份，货值8 910万美元。截获疫情货物110批，疫情种类8种。检验检疫出境旅客携带包裹13 829批、93.85万件，较好地完成了进出口查验任务。

【出口产品安全】 加强产品质量食品安全监管工作，是一项涉及人民切身利益和国家形象的重大问题。把它作为全年工作的重中之重，统一思想，提高认识，明确目标，积极行动，采取措施，严格检验检疫和监管，守住了祖国的"北大门"，较好地完成了各项任务，取得了专项整治工作的全面胜利。一是传达贯彻到位。为深入贯彻落实全国质量工作会议、进一步加强产品质量安全监管工作会议、专项整治现场会等一系列会议精神，先后召开3次党组会议、4次局务会、5次职工大会，在第一时间对会议精神进行了传达和部署，做到认识到位、领导到位、工作到位、责任到位，并根据专项整治的进展情况，召开会议，及时总结和交流经验，调整工作重点，做到四个同步，把专项整治工作不断引向深入。黑龙江检验检疫局的专项整治工作，态度坚决、目标明确、认识到位，下手早、动作快，上下齐心，措施具体，震慑力强，收效显著。抓住机遇，规范了检验检疫工作，扩大了检验检疫影响，解决了多年没有解决的出口俄罗斯的蔬菜、水果需来自备案基地的问题。二是落实行动迅速。成立专项整治工作领导小组，抽调局机关三分之一干部先后组成4个督察组和6个派驻工作组，对全省检验检疫监管工作进行了重点督察。派驻工作组在绥芬河、黑河、抚远等7个口岸局，开展为期3个月的督促、检查和指导。派驻组成员深入口岸一线，现场查验、监装，深入企业进行政策宣讲和调查研究，有力地带动了各口岸专项整治工作的开展。专项整治期间，局领导深入口岸一线，重心下移，靠前指挥，分别带队到绥芬河、东宁、牡丹江、漠河等口岸及省内大中型进出口企业检查专项整治工作，深入备案基地、注册企业、口岸现场了解情况，检查指导工作。走访当地政府，召开座谈会，调查研究，宣贯国务院和总局专项整治措施，取得了政府和企业的理解和支持，加强联动互动，积极参加地方上的"风暴行动"，严守国门口岸，把住进出口商品质量关，确保一方平安。加强俄方检验检疫机构的沟通联络，加大对外交涉力度，加强信息交流，同俄罗斯3个州8家检验检疫部门进行工作会谈，与阿穆尔州、哈巴边区卫生检疫局签订了合作备忘录，为妥善解决有关边境贸易产品质量和安全问题提供了保证。组织翻译俄检验检疫法规标准和俄罗斯进口粮谷、大米、果菜以及水产品等产品中513项有害物质的检验检疫要求，解决了对俄贸易中法规要求不清、标准缺少的技术问题，确保了输俄产品符合俄罗斯检验检疫要求。三是监管措施有力。动手早，行动快，抓住龙江外贸特点，对输俄蔬菜、水果等高风险商品实施严格的查验，在全国率先于8月15日开始对出口果菜实行出口登记备案制度，同时加强现场监装，加强同产地局的沟通和配合，多次向总局动植司汇报黑龙江省出口水果的检验检疫工作，实施出口水果蔬菜日报制度，确保了黑龙江省出口俄罗斯的水果蔬菜的质量安全。截至10月底，共检验检疫出境水果、蔬菜1 735批，货值1 797万美元，合格率达到100%，彻底扭转了黑龙江省出口俄罗斯的水果蔬菜多年没有备案基地的被动局面，出口果菜质量明显提高，打进了俄罗斯的超市，企业利润增加，带动了农民增收。这项工作走在了全国的前面，受到了国家质检总局有关部门的好评，并在国家质检总局召开的会议上介绍了经验。针对边境贸易旅客携运商业性包裹存在的问题，将加强包裹查验、严控伪劣商品携带出境作为专项整治第二阶段的重点来抓，为妥善处理旅客携运商业性包裹长期以来存在的安全风险问题，积极组织人员开展调研，制定切实可行的管理办法，初步规范和解决了旅客携运商业性包裹的备案准入制度、包裹商品种类、检验监管程序等方面的问题，为下一步的工作打下了基础。加强了对逃漏检行为的查办，开通内地口岸联合执法系统，加大了对不法企业的处罚力度，处理了7起案件，其中一起处罚了4万元，起到了很好的震慑作用，有效地杜绝了货证不符现象的发生。推进诚信体系建设，召开出口食品企业质量诚信安全会议，与出口食品企业签订质量承诺书，督促企业树立"诚信兴企"的理念，切实担负起出口食品质量安全责任。

【创新监管模式】 一是规范执法行为，落实政务公开。认真落实依法行政责任制，顺利通过省法制办年度评比验收，继续保持了"依法行政责任制示范单位"的荣誉。扩大系统内行政执法责任制示范单位数量，推进全省系统依法行政责任制的深入实施。加大对全省系统行政复议、行政处罚和检验检疫行政执法的监督、指导和检查力度，规范行政处罚行为，购置配发了10万元的设备，改善了办案条件。加大处罚力度，共处理行政处罚案件44起，处罚金额约16万元，有效遏制了逃漏检行为。加快推进政务公开工作，根据国家质检总局和黑龙江省委、省政府的要求，制订实施方案，明确任务要求，组织编写政务公开手册，并通过网站、政务大厅等多种渠道，将执法依据、技术标准、收费标准、工作流程等内容将全部面向社会公开，检验检疫工作的透明度进一步提高。二是强化执法把关，保证安全质量。加大出口大米（糙米）和陈化小麦的检验检疫、监管及督办的力度，在产地检验检疫工作中严格执行质量标准，有效控制"三稻一土"和有害生物严格按照出口植物检验检疫的有关要求，实施检验检疫，在高风险季节，实行重点商品实施重点检验检疫。狠抓源头管理，强化过程监管，进一步落实工作责任，加强了出口食品使用添加剂的备案管理和出口食品批次管理，对出口到美国、欧盟、日本等敏感国家和地区的产品在抓好源头的同时，加大了抽样比例。检出不合格货物862批，不合格金额207万美元。截获疫情货物110批，疫情种类8种。三是创新监管模式，从源头抓质量。制定《出境竹木草制品检疫分类管理办法》，对出口木制品企业实施检疫分类管理，强化卫生要求，增加卫生检测频率。加强出口木工机械、灯具检验监管。购置必要的安全项目检验设备，纠正不合理的检验模式。积极与国家木工检测中心和辽宁局机电产品检测中心联合开展安全项目现场检测，消除了电气安全项目和机械安全项目存在的安全隐患。从源头控制大米原料的卫生安全，根据"公司+基地+标准化"的管理模式，制定了《对俄出口大米加工企业水稻种植基地备案要求》，加强对基地的日常监管，完善企业质量保障体系，并保证其有效运行。加强对出口肉类企业的培训，加强出口肉类企业现场监管指导力度，增加现场监管指导频率，监督指导出口企业生产、加工以及装运的全过程，建立定期约谈制度，保证了出口肉类的安全卫生。积极开展国家药物残留监控、进口食品、化妆品安全质量监控和有毒有害物质检测、疫病疫情监测工作，完善风险预警和快速反应机制，提高了执法把关的效能。

【推进电子监管】 加强信息化建设，推进电子监管。成立信息化中心，明确和加强信息化工作的组织和领导。全面启用进口废物原料电子监管系统，对进境废物原料境外供货企业注册、废物原料装运前检验、到货检验以及后续监管实施信息化管埋。对2家企业开展了出口货物电子监管，实现了电了监管零的突破。开通了内地口岸联合执法系统，对每一批流向货物信息分拨到各施检部门，责任落实到人，并对流向信息进行全过程的监控，从根本上遏止逃漏检行为，有效地打击了逃避检验检疫的违法行为。开通嘉荫办事处业务专项，完善了检验检疫业务系统平台。完成了太平国际机场电子监管视频监控系统建设。启用口岸卫生检疫电子监管系统，对口岸卫生监管和行政许可工作实行了电子化，加快了信息沟通速度，提高了工作效率。

黑龙江海事局

【通航环境管理】 加强巡航工作。以规范船舶航行行为为主线,不断强化"四区一线"重点水域、"四客一危"重点船舶的监督管理,加强重点时期、重点时段的现场监管,强化巡航检查,消除安全隐患,提高水域监管能力,全局共进行巡航里程11 360海里、巡航时间1 376.5小时、出动巡航船艇431艘次、出动人员1 129人次、发现和纠正各类违章119次。确保了辖区安全形势的稳定。加强中俄合作和交流,共创黑龙江水上平安环境。实行定期联系制度,及时沟通。抚远海事处与俄方有关部门建立定期联系,每月联系一次,特殊情况及时沟通,保证船舶航行安全。互报船舶违章行为,保障安全。抚远海事处发现俄方船舶在航行时产生违法行为,以书面形式及时进行通报,便于及时消除安全隐患。联合实施检查,消除隐患。中俄双方实施互相检查,重点检查客船的装载、载客、人员配备、船舶操作系统、救生消防设备,确保船舶适航。2007年双方共检查5次,俄方到中方检查3次,中方到俄方检查2次。共同制定航班,防止碰撞。为了保证高速客船安全,避免在晚间视线不良的情况下航行,经双方共同商定于10月8日后下午抚远发船时间提前一小时,10月10日后哈巴发船提前一小时,保证高速水翼客船在白天航行,防止船舶造成碰撞局面。

【船舶监督管理】 认真进行安全检查,不断加强日常安全监督管理。对参加外贸运输的中俄船舶,保证其证书证件合法齐全,设备的有效性符合规定,船舶适航、船员适任,船容船貌干净美观,尤其是在做好船舶防污染文书和船舶油污水、生活污水的铅封及固体废弃物的处理工作中严格要求,保证符合海事有关规定,杜绝因安全检查工作责任而被俄方滞留或者提出抗议等事件。在对涉外船舶的安全检查中,佳木斯海事局没有发生海事管理责任事件。充分做好进出境船舶的查验管理工作。加强现场监管,严把高速客船、气垫船安全营运关,排查事故隐患,杜绝高速客船、气垫船超员运输,严禁危险品上船,确保旅客的安全和高速客船、气垫船的安全运输。认真审核各种法定单证,谨慎签发出境许可证,确保每艘进出境船舶的合法性和适航性。严格监管,优质服务。在做好监督管理工作的同时,逐步由监督型向服务型转变,为地方经济建设服务。如饶河海事处为了确保口岸畅通,在乌苏里江水位回落较快,航道水深不足,影响船舶正常航行的情况下,于2007年7月20日,调派海巡3234艇测试乌苏里江国门段航道,对航道最浅部分立竿标示。同时为船方献计献策,采用船舶压载水平衡吃水、合理船舶装载等方法,保证了饶华渡631、饶华渡621的正常运营。

【积极参与口岸开放范围确认工作】 以佳同海事发[2007]9号文件确认同江水运口岸西港开放范围,明确开放水域和进出港航道、锚地。佳木斯海事局各海事处向社会公布港口航路示意图,为船舶进出港口安全航行提供服务。

积极参加口岸建设工作。积极参加哈鱼岛中俄浮桥的架设,充分发挥海事职能,为浮桥的顺利架设起到了推进作用;同时积极主动参与哈鱼岛中俄铁路大桥的前期选址、论证工作,不断深入现场勘察,为相关部门出谋划策。佳木斯海事局组织召开《同江港改扩建(一期)工程通航安全评估报告》专家评审会。通过评审,优化了同江港区的通航环境,为工程顺利施工打下了有利基础。积极参与电子口岸建设,提高服务水平。加强口岸执法和进出口管理,为企业进出口提供便利,提高口岸通关效率。海事局通过水监信息系统,发挥信息资源优势,为船舶提供了良好的服务。

【做好口岸管理工作】 加强联系和沟通,为做好口岸管理工作提供良好的外部环境。提高佳木斯海事局各口岸管理工作的效率,促进佳木斯海事局口岸管理工作的全面开展,各海事处在做好其他工作的前提下,切实处理好与政府口岸委的关系,积极参与口岸联席会议,大力支持口岸建设和口岸发展,为口岸委收集提供关于港口口岸开放范围的有关材料,并经常与地方政府沟通联系,及时为他们解决在口岸管理中的相关问题,认真履行海事的监管职责,积极参与口岸各项政治活动,主动做好口岸建设服务工作,以实际行动践行"三个服务"。加强与海关、边检、检验检疫局等口岸联检单位之间的横向联系,建立良好合作的氛围,密切配合,使海巡艇随时处于适航状态,保证俄罗斯籍船舶及中国籍国际航线船舶正常联检,提高船舶进出口岸运转的效率。

黑龙江口岸大事记

3月26日

鸡西—密山—图里洛格(俄罗斯)—乌苏里斯克(俄罗斯)国际客运班车正式开通运营。

6月12日

省政府《关于将开放同江铁路口岸补充列入国家"十一五"口岸发展规划的函》(黑政函[2007]39号),报海关总署。

7月19日

交通部部长李盛霖视察了佳木斯同江海事处。李盛霖部长首先慰问了同江海事处的全体工作人员,接见了交通部劳动模范周秀高同志,并发表了重要讲话。

8月15日

国务院曾培炎副总理来黑河口岸视察,13日至15日黑龙江海事局海巡3240从呼玛护航。

8月15日

省政府王利民副省长、海关总署李克农副署长共同签署《黑龙江省人民政府、海关总署关于建设黑龙江电子口岸的合作备记录》。

9月17日

交通部徐祖远副部长在乘船视察黑龙江期间,到佳木斯海事局同江海事处进行了视察。他对同江海事处所做的工作给予肯定,并代表交通部领导对同江海事处的全体人员表示慰问,对他们取得的成绩表示祝贺。

9月27日

就同江口岸东部作业区至俄罗斯下列宁斯阔耶口岸浮箱固冰通道铺设及开通前的各项准备工作,召开专题会议。

上海市

上海口岸工作综述

2007年，在中共上海市委、上海市人民政府的正确领导下，在中央各有关部门的关心和支持下，上海口岸工作领导小组各成员单位按照上海口岸工作领导小组会议确定的各项工作任务和总体要求，认真贯彻落实科学发展观，围绕建设上海国际航运中心和"安全、便捷、高效"国际一流口岸，各司其职，密切配合，协同作战，形成合力，在进一步完善上海口岸开放体系、提高口岸通关效率、增强口岸服务功能、提升口岸窗口形象等方面取得了新的进展。

【概况】 2007年，上海口岸集装箱吞吐量1 987万标箱，比上年增长20%（上海港集装箱吞吐量2 615.2万标箱，跃居世界第二）；外贸进出口货物总值5 209.1亿美元，比上年增长21.5%；出入境旅客1 747.9万人次，比上年增长9.6%。其中：水运口岸，货物吞吐量2.55亿吨，比上年增长20.2%（上海港货物吞吐量5.61亿吨，连续3年位居世界第一）；国际航行船舶3.75万艘次，比上年增长13.7%；出入境旅客9.39万人次，比上年增长2.9%。航空口岸，进出口货邮217.6万吨，比上年增长17.2%（上海航空港货邮吞吐量290.14万吨，比上年增长14.8%，其中，浦东国际机场251.15万吨，跃升全球第五）；出入境飞机15.29万架次，比上年增长14%；出入境旅客1 728.5万人次，比上年增长9.6%，连续9年列居中国内地第一。铁路临时口岸，出入境旅客10.02万人次，比上年增长13.4%。

【口岸开放管理进一步规范】 按照上海口岸"十一五"发展规划，不断完善口岸开放体系，进一步加强口岸规范管理。口岸开放规模有所扩大。水运口岸：罗泾港区码头二期、上海化工区码头先后对外开通使用，上海国际客运中心码头和国际客运设施建设工程基本完工，即将投入使用。航空口岸：浦东国际机场扩建工程取得重大进展，第二航站楼、第三跑道、西货运区和相关综合配套设施建设相继竣工，确保2008年空港口岸扩大开放；虹桥国际机场分别按时开通至日本东京羽田机场、韩国首尔金浦机场的国际定期客运包机航班。铁路临时口岸：按照国家有关部委的要求，上海至香港（九龙）直通式旅客列车继续运行。特殊监管区域：上海嘉定出口加工区通过验收，正式启用。积极协调做好洋山深水港各类码头、浦东国际机场二期、外高桥港区六期、长兴岛基地、中国极地研究中心国内基地、宝钢综合码头等口岸区域开放和验收的相关工作。积极配合做好洋山保税港区扩区、空港保税物流园区设立和出口加工区功能拓展等工作。水运口岸开放范围确认工作得以完成。基本形成上海水运口岸开放范围确认方案，明确上海水运口岸包括洋山深水港区、黄浦江沿岸、长江上海段、杭州湾北岸四大开放水域62个码头201个码头泊位的开放范围，为今后规范水运口岸开放管理提供了依据。口岸开放规范管理得到加强。各口岸查验单位和相关单位积极配合，通力合作，认真做好上海举办2007特奥会、女足世界杯等大型活动的口岸工作，严密防范和打击非法出入境、偷漏关税和利用集装箱偷渡等行为，积极开展对进出口产品质量和食品安全进行整治行动，确保上海口岸安全有序地开放和运行。

【口岸通关环境进一步优化】 聚焦重点难点，着力解决口岸通关中的一些突出和紧迫问题，进一步提高口岸通关效率。推动航空口岸旅客通关申报手续简化。上海口岸办会同口岸各相关单位提出简化航空口岸通关手续、实行"三单合一"改革建议，得到中央有关部委的大力支持，经过各方努力，使航空口岸旅客通关申报手续简化取得实质性进展。促进口岸信息化水平再上新台阶。在海关和检验检疫等单位的互相支持、配合下,探索推行通关单电子联网核查,启动洋山港区海运进口集装箱提货单作业环节电子化,推进外高桥保税区信息平台整合,使上海港口岸通关信息化建设取得新的进展。完善和拓展"一门式"通关服务功能。完成上海国际航运服务中心改扩建。根据服务对象的需要,合理调整布局、优化工作流程,使办理报检报关的服务环境得到改善。同时,增加进口报检和危险品申报服务等功能。做好"迎世博"口岸通关工作。围绕上海世博会口岸通关要求,建立口岸工作协调网络,研究适应世博会通关要求的管理模式和监管模式,制定上海世博会《通关指南》。

【区域通关合作进一步加强】 加强与长三角、长江流域、沿海地区以及与中西部地区的跨区域通关协作,主动服务全国,进一步发挥上海口岸集聚、辐射和服务功能。建立长三角区域大通关协作机制。召开长三角区域"大通关"协作第一次联席会议,苏浙沪两省一市政府共同签署了《长三角区域大通关建设协作备忘录》,按照"方便企业通关、推进关检联动、先易后难选项、近期有所突破"的总体工作方针,稳步推进《协作备忘录》各项工作。落实与中部六省区域通关合作项目。根据《沿海部分省市与中部六省口岸大通关合作框架协议》,加强上海口岸与晋、豫、鄂、皖、湘、赣等中部六省口岸通关合作,建立上海口岸承接中部六省进出口货物的物流快速通关体系,积极推进口岸物流信息一体化建设,加快实现数据互联互通。探索与川、渝地区开展通关合作。组织上海口岸考察团赴川渝两地考察,通过互相交流,确定三地加强口岸区域通关合作,探索推行"属地申报、口岸验放"通关模式,提高货物通关速度;加强口岸资源合作,发挥长江黄金水道和铁路资源优势,推进口岸物流多式联运;加强口岸信息合作,促进地方电子口岸信息平台建设,实现互联互通。

【同创共建活动进一步深化】 围绕"优化通关环境、优化口岸服务、优化协作配合"这一主线,发动和组织口岸相关单位深入开展同创共建"文明口岸"活动,进一步提升上海口岸的整体形象。发挥先行先试口岸示范引领作用。总结推广洋山保税港区和空港口岸开展同创共建"文明口岸"活动的经验和做法,根据各自的特点,不断深化重点口岸区域同创共建活动。围绕重大活动落实各项措施。积极配合2007年上海举办特奥会、女足世界杯等各项重大活动,制定落实口岸快速、顺利通关的各项措施,努力体现上海口岸管理和服务水平。全面启动上海口岸同创共建活动。召开上海口岸深入开展同创共建"文明口岸"活动工作大会,对这项工作作出全面部署,使同创共建活动覆盖上海所有口岸区域、重要口岸服务现场和保税港区、保税区、保税物流园区及各出口加工区等特殊监管区域。开展口岸巡访评议。成立上海口岸巡访评议团,对重点口岸区域进行集中巡访和常态随访,取得了良好效应。

【口岸调研工作进一步深入】 适应日新月异的口岸发展形势,着力破解上海口岸工作中的瓶颈问题,进一步加强对上海口岸工作前瞻性、战略性、针对性的研究。举办上海口岸发展论坛。设立上海口岸发展论坛平台,会集社会各界集思广益、出谋献策,共商上海口岸发展大计。开展考察和现场调研活动。组织口岸各相关单位分别赴国际先进口岸、国内一流口岸以及上海各重要口岸现场学习考察,博采国内外口岸之长,指导上海口岸工作。组织口岸课题研究。从口岸管理和发展的需要出发,认真开展上海口岸综合管理法制现状等七项课题研究,提出相关对策和工作设想。参加市政府"上海国际航运中心软环境和航运服务产业链建设"课题研究,牵头组织完成《上海口岸通关环境优化研究》子课题研究任务。深入开展《洋山保税港区功能及关键技术研究》课题研究,完成各项子课题调研及评审工作。根据国家口岸管理办公室关于"合理配置口岸管理资源,提高口岸整体通关效能"课题大纲及要求,牵头组织沿海11省(直辖市)口岸委(办)开展调研,完成了各项子课题的调研任务。加强口岸基础性工作。认真梳理上海口岸对外开放情况和口岸查验单位编制状况,规范、完善上海口岸统计数据工作,夯实口岸工作基础。

2007年上海口岸主要数据表

分类	项目	2007年	2006年	单位	同比（%）
海港口岸	集装箱吞吐量	2 615.2	2 171.9	万标箱	20.4
	货物吞吐量	5.61	5.37	亿吨	4.5
	外贸货物	2.55	2.12	亿吨	20.2
	国际航行船舶	37 495	32 970	艘次	13.7
	邮船	325	354	艘次	-8.2
空港口岸	出入境旅客	93 942	91 312	人次	2.9
	出入境飞机	152 880	134 130	架次	14
	进出口货邮	217.6	185.7	万吨	17.2
	出入境旅客	1 728.5	1 576.9	万人次	9.6
	国际旅客	1 197.8	1 137.7	人次	5.3
	48小时过境免签证	13 568	36 256	人次	-62.6
铁路口岸	出入境旅客	10 0171	88 365	人次	13.4
口岸外贸	进出口货物总值	5 209.1	4 287.5	亿美元	21.5
	出口	3 284.8	2 665.6	亿美元	23.2
	进口	1 924.3	1 621.9	亿美元	18.6
	口岸出入境旅客总数	1 747.9	1 594.8	万人次	9.6

上海口岸查验单位工作综述

上海海关

【概况】 2007年，全年监管进出口货物1.44亿吨，同比增长10.6%，其中进口0.67亿吨，增长2.8%，出口0.77亿吨，增长18.2%。经上海口岸进出口货物总值6 997.9亿美元，占全国进出口货物总值的32.19%。由上海海关实际监管进出境货物总值为5 209.08亿美元，增长21.5%，占全国进出口总值的24%，其中进口1 924.28亿美元，增长18.6%；出口3 284.8亿美元，增长23.2%。进出口内陆转关货物总值1 788.8亿美元。监管进出口货物集装箱1 980万标准箱，增长24.29%。征收进出口货物税款1 578.8亿元，增长22.7%。验放进出境1 891万人次，增长11.7%。监管进出境运输工具18.4万艘（架）次，增长15.8%。查禁走私案件133起，案值6.95亿元，罚没收入1.48亿元。抓获犯罪嫌疑人117人。查获各类侵犯知识产权商品8 600余万件，案值人民币9

000余万元。查获走私毒品案件31起，同比增长6.9%，缴获海洛因等毒品约27.6千克。

【启动通关无纸化改革试点】 为适应上海口岸实现"四个率先"和建设"四个中心"的总体要求，满足社会各界对海关进一步简化手续、提高口岸通关效率的需求，年内，上海海关成立通关无纸化改革课题组，在对口岸通关现状进行大量深入、细致调研的基础上，经多方论证和集体攻关，最终形成通关无纸化改革的实施方案。通关无纸化改革主要是通过运用风险管理的先进理念和方法，以企业资信为主，综合企业和商品因素，按照风险高低对进出口货物实施分类管理，对大部分诚信企业的进出口货物实施无纸通关或快速通关等作业，对少数不法企业的进出口货物实施重点审核、加强查验等管理措施，充分体现企业"守法便利、违法惩戒"的管理原则，有效提升整体管理效能。12月27日，上海海关在出口报关单量占全关90%以上的浦江海关驻航运交易所集中报关点，正式启动通关无纸化改革试点。

【加大区域通关改革力度】 上海海关继续发挥牵头海关的协调、推动作用，深入推进区域通关业务。自3月1日起，将洋山海关受理"属地申报、口岸验放"的业务范围从进口货物扩大到进出口货物，实现上海海关下属所有的海运与空运口岸海关都可办理进出口属地申报货物的口岸验放手续。随着银川海关、拉萨以及兰州海关的加入，长江流域区域通关改革范围扩展到十一省二自治区一市（江苏、浙江、安徽、江西、湖南、湖北、四川、陕西、河南、宁夏、青海、甘肃、拉萨、重庆），标志着长江沿线区域通关改革已在完全覆盖整个长江流域地区的基础上，不断向中西部地区辐射。年内，采用"属地申报，口岸验放"通关模式在上海口岸办理进出口货物验放手续的异地企业增加至753家，共办理"属地申报、口岸验放"货物2.86万批，货值55.24亿美元，增长5.48倍。

【促进转关运输发展】 上海海关在认真贯彻支持转关运输六项措施的基础上，按照海关总署"应转尽转、应转快转"的原则，从制度的落实与检查入手，着力规范各业务现场的操作，加强与兄弟海关的联系与沟通，做好协调工作，确保上海口岸的转关运输业务规范高效。针对芦潮港铁路中心站开通与合肥、南昌集装箱双向班列的情况，及时启用芦潮港铁路中心站并开展转关运输业务工作，实现了合肥、南昌地区货物通过班列直达芦潮港铁路中心站，并从中心站驳运至洋山和外高桥港区以铁海联运转关运输方式申报出运。同时，上海海关还对开展国际拆拼货物转运业务的可行性、必要性及可操作性等进行深入研讨，制订试点方案，并于8月在下属外港海关启动试点，以吸引更多的国际联程运输货物来上海港中转。年内，上海海关共办理跨关区进出口转关货物148.66万批，货运量3 099.3万吨，涉及税款308亿元，同比分别增长17.47%、23.35%和24.73%。

【大力支持航空枢纽港建设】 上海海关积极采取有力措施，有力地促进上海空运口岸的快速健康发展。一是顺利完成虹桥机场恢复国际定期包机的各项准备工作。二是积极参与浦东机场二期航站楼海关监管区域规划建设，研究制订旅客行李物品监管方案。三是与浦东新区经委等部门联合开展"浦东空港保税物流园区海关监管模式和政策创新"课题调研，结合海关总体改革目标和企业需求，认真规划空港保税物流园区海关监管方案。四是根据UPS和DHL等快件物流企业提出建立国际快件转运中心的规划需求，研究确定了"集中封闭、功能分区、信息化管理、自动化监控"的监管模式。五是切实做好特奥会、女足世界杯、黄金田径大奖赛、F1等大型国际赛事和台湾包机监管工作。

【充分发挥技术先导作用】 上海海关加大技术投入以及科技项目应用和推广力度，不断提高管理的信息化水平。一是深化卡口控制与联网系统试点工作，各海运业务现场与南京、杭州关区内12个监管点实现卡口系统联网，并对联网卡口间承运海关监管货物的驾驶员实施IC卡管理制度，进一步提高监管效能。二是大力推广税费电子支付系统，整合EDI税费支付系统与上海电子口岸网上支付系统，电子化支付率达到69.15%。三是拓展"上海海关网站"的网上办事功能，研发并推广"展会网上备案系统"，实现海关对备案展会的电子审核，并开展国际展品无纸通关的试点。四是完成加工贸易联网监管企业端公共接口软件的改造及切换工作,在部分企业试点成功。五是完成上海海关监管通关业务持续性管理系统二期开发研制工作,进一步提高海关应对突发性事故的能力。

【主动参与2010世博会筹办工作】 上海海关牵头启动世博会国际展品海关监管方案的研究论证工作,在了解上海世博会事务协调局以及相关企业等多方需求的基础上,积极组织开展调研,初步形成"网上备案、一口对外、提前报关、便捷通关、直通场馆、信息围网、驻场监管"的监管思路,体现严密、便捷、安全和高效的要求。年内,协助上海世博会事务协调局编制了《特殊规章》和《世博会参展指南》的海关部分内容,从进出境旅客、物品、货物等方面细化政策规定,并共同开展世博物流仓储的研究论证工作。同时,上海海关多次就世博进口物资税收优惠政策、暂时进出境货物物品海关监管通关规定等开展宣传咨询活动。

【推进加工贸易联网监管】 上海海关积极应对国家陆续公布的加工贸易禁、限类商品目录以及银行保证金台账制度的调整,加大宣传力度,确保政策平稳顺利实施。根据加工贸易业务的发展实际,继续大力推进电子账册、电子手册的应用,完成对已联网企业系统的优化以及使用培训,顺利启用"EDI+QP"集成系统的报关申报。年内,新增联网企业13家,联网企业总数达136家。联网企业加工贸易进出口值占上海地区加工贸易进出口总值的70%。同时,上海海关还积极开展"引入社会中介机构参与海关保税核查、核销"试点,试点范围扩大至下属14个业务现场,年内共培训引入39家会计师事务所,对157家加贸企业实施核查。

【推动特殊区域和保税仓储发展】 积极开展松江出口加工区拓展保税物流功能试点,从松江出口加工区"加工制造为主,保税物流为辅"的功能定位出发,分两步稳妥有序地推进试点工作,并主动应对加工区功能拓展带来的业务新变化,不断创新和优化监管通关模式,针对区内企业料件配送的新需求,对出区料件开展"分批出区、集中报关"作业模式。在洋山保税物流园区和出口加工区启用"上海海关特殊区域仓储物流联网监管系统",对区内物流企业实行联网在线监管,动态掌控企业"进、出、转、存"的货物信息。根据上海地方规划,完成了嘉定出口加工区、保税区与洋山保税港区扩区的预验收和验收工作,并大力协助申办空港保税物流园区、西北物流园区等。

【支持浦东综合配套改革试点】 上海海关继续贯彻落实《上海海关支持浦东综合配套改革试点九项措施》,以实际行动提升把关服务效能,服务新区企业。

继续对浦东地区"红名单"企业和诚信企业实施先放后税、提前报关、上门验放、加急通关、预归类、预审价等"便捷通关"措施。针对浦东地区保税仓库进出库、深加工结转等报关单数量较多的情况,对资信好、国家扶持产业的企业,实施"分批备案,集中申报"的操作。在2006年允许浦东地区所有"红名单"企业和便捷通关企业在浦东海关办理海运出口通关手续的基础上,自9月1日起允许辖区内所有企业办理海运出口通关手续。积极贯彻落实成品钻"即征即退"税收新政策,完善验核人制度,提高钻石验核和价格审定的专业化程度,建立以海关为主体、验核人协助验核的钻石查验新机制,调整海关作业时间,确保进出境钻石落地即可申报,进一步提升通关效率。

【建立关企良好合作伙伴关系】 上海海关不断探索创新企业管理新模式,加强对企业的正面引导,努力构建关企合作伙伴关系。

进一步完善企业不规范行为的警示制度,加强对企业的宣传引导工作,制定并实施《上海海关规范企业进出口行为宣传手册发放管理制度(试行)》,共计发放《上海海关规范企业进出口行为宣传手册》5200余本。将"诚信兴商宣传月"与2007年度进出口企业"红、黑名单"的评审和公布工作相结合,组织开展了"红名单"企业授牌仪式和上海地区"红名单"企业宣传会,并编辑出版"红名单企业"宣传画册,切实扩大诚信管理的影响力。依据海关总署即将出台的《海关企业分类管理办法》,对进出口企业及报关企业实施统一的分类标准和办法。推行企业主管人、客户协调员等企业管理制度,推动建立企业税务档案,整合各环节有关企业经营状况、守法情况等信息数据,建立并完善"上海海关企业基础信息系统",实现对企业的动态管理。积极扩大合作企业范围,各下属海关纷纷与辖区内重点企业建立了新型合作关系,就数据交换、信息沟通、疑难问题磋商等签订了合作意向书。合作企业范围逐步覆盖化工、机电、汽车、原材料、电信等多个重要行业。

【提高海关窗口的社会满意度】 以实现精神文明"四年两步走"目标为基础,着眼于巩固精神文明创建的长效机制,真抓实干,实现了工作上的新突破。

加大关务公开力度,增强工作的透明度。通过公布投诉电话,设立意见箱,宣传手册、信息查询触摸屏、电视屏幕告示牌、热线电话等一系列措施接受社会的检验和监督。年内,上海海关被全国政务公开领导小组办公室授予"全国政务公开工作先进单位"称号。

加强与兄弟单位的交流互动,实现优势互补,提高"大通关"整体联动运行速度,共同创造良好的口岸执法环境。年内,各下属海关先后与特殊区域管委会、码头公司、物流公司以及进出口企业等多家单位签订共建协议,促进口岸和谐发展。

继续抓好同创共建活动,与全市文明行业、公证行业、邮电行业开展互动式学习和经验交流,切实把精神文明创建工作更广泛更扎实地推向深入。

上海海关业务监管量一览表
（2002-2007年）

	2002	2003	2004	2005	2006	2007
进出口吨位（万吨）	7 586	9 370	10 637	11 735	12 986	14 372
进出口货值（亿美元）	1 425	2 012	2 826	6 507	4 288	5 209
集装箱数（万标准箱）	736	944	1 173	1 102	1 585	1 981
运输工具数（万艘架）	7.9	9.0	12.3	14.2	15.9	18.4
行李物品（万人次）	971	895	1 316	1 512	1 693	1 891
报关单数（万批）	526	681	859	1 032	1 206	1 369
税款（亿元）	582.8	847.1	1 042.2	1 139.6	1 286.8	1 578.82

上海出入境边防检查总站

【概况】 2007年,上海边检总站检查入出境人员19 583 519人次,比上年增加9.6%。检查入出境旅客17 479 082人次（入境8 595 043人次,出境8 884 039人次）,比上年增加9.6%。其中空港站检查入出境旅客17 284 969人次,比上年增加9.6%;海港站检查入出境旅客93 942人次,比上年增加2.9%;铁路站检查入出境旅客100 171人次,比上年增加13.3%。检查入出境员工2 104 437人次,比上年增加9.6%。其中空港站检查员工1 547 053人次,海港站检查员工547 422人次,铁路站检查员工9 962人次。共办理48小时过境免签证手续14 316人次,比上年减少60.5%,检查持APEC商务旅行卡人员5 359人次,比上年增加293.5%。

检查入出境交通运输工具169 836架（艘、列）次，比上年增加12.5%。其中检查入出境飞机144 656架次，比上年增加13.7%；检查入出境船舶24 814艘次，比上年增加5.9%；检查入出境列车366列次，与上年基本持平。查获、审理偷渡人员338人次，接受处理遣返3 581人次；处理其他违法违规4 412人次。

【完善工作措施，提升边检工作效能】 进一步优化勤务组织模式。为积极配合上海市政府对上海港造船企业布局的调整规划，上海边检总站及时对任务量发生变化的基层机构进行整合，精减部门，将节省警力充实到新开口岸，从而达到优化机构设置和警力配置的目的。在空港口岸，继续改进工作方式，努力缓解机场拥堵等现象，先后实施了"蛇行"排队候检模式，建立了旅客流量预测机制，采取了适时调整中国公民和外国人通道比例等措施，努力兑现边检机关向社会作出的通关时间承诺。在海港口岸，为加强对在港外轮的管理，上海边检总站发动船方、港务公司等相关单位，建立了外围协管、边检监管、船方自管相结合的工作模式，努力构建多方参与的立体防控体系。

加快信息技术研发进程。以开展技术革新活动为契机，研发和推广了一批创意新颖、适用面广、有实战特色的科技成果，为提高边检工作效能提供了有力的技术支持。先后完成了"邮轮旅客名单比对系统"，使以往繁琐的邮轮检查工作正式步入电脑智能化模式。研发了团体旅客查验软件，提高了团体旅客的检查质量。启用了船舶智能识别门禁管理系统，有效加强对限定区域和船舶的监管。全面推广了海港口岸综合信息管理系统，细化登轮管理的各个环节，提高了边检机关的口岸管控能力。

加大队伍培训力度。围绕提高边检服务水平中心工作，上海边检总站进一步加大培训力度，不断提高边检工作的"软实力"。年内，组织开展了全警参与的外语会话、警体技能、服务技能培训及领导管理类别的专项培训，各类培训总数达302期，为历年之最。为保证培训质量和效果，总站将集中培训与分散自学有机结合，采取总站统一部署、各边检站分别培训、总站最后验收的培训模式，建立有效的层级培训网络，培训结果与个人奖惩和领导考核挂钩，激发了广大民警学习的主动性和自觉性，队伍的整体素质有了进一步提高。

【优化口岸通关环境，服务地区经济发展】 进一步简化通关手续。继续推广、执行中国公民入出境免填登记卡、24小时换乘国际航班不出机场限定区域外籍旅客"同区域、同验证台"办理中转手续，以及中国公民中转"同台办证"等政策，不断优化上海通关环境，提高城市的吸引力。同时，广泛借鉴其他国家和地区的先进管理经验，结合上海口岸实际，开展深入调研，形成可行性报告，建议上级主管部门推出便利人员出入境的新政策，使包括旅客中转、邮轮出入境检查等相关工作举措尽快与国际先进水平接轨，为2010年上海世博会的召开营造良好的边检通关环境。

推出多项人性化服务举措。根据公安部提高边检服务水平12项措施要求，年内，上海边检总站对边检现场执勤标识和引导标识进行了规范和统一，同时继续完善警务公开电子咨询系统、现场咨询台、边检询问室等设施，确保各项服务措施落实到位，收到实效。浦东边检站设置了"爱心候检区"和咨询台，为出入境旅客提供温馨服务；吴淞边检站在互联网上开通"便民博客"，公布办理登轮手续的规定和相关材料，方便代理人员高效报检；上海边检站对旅游团实行整团到达、分通道检查的方法，缩短旅客候检时间；铁路边检站在候车厅实行英语、普通话、粤语三语通关提示广播，从细节入手体现对旅客的关心体恤。一系列服务举措的推出，受到出入境人员的广泛好评，在上海市政府组织的首届上海口岸巡访评议活动中，得到了"坚持量化服务在上海口岸查验单位中是最富特色的"，"从根本上提升了边检工作的大局意识和服务水平"的较高评价。

公布通关时间承诺。把国家规定的通关服务时间的刚性要求和上海口岸的实际结合起来，向社会公布通关时间承诺：正常情况下，验放一名旅客不超过45秒钟，验放一名港澳旅客不超过15秒钟；办理机组证件检查手续的候检时间不超过15分钟；保证95%的候检人员等候时间不超过25分钟。办理一架客机或一艘外国籍船舶的员工出入境边检手续不超过15分钟,中国籍船舶(含全外派船舶)不超过10分钟,货机不超过5分钟;实行24小时值班,出入境(港)交通运输工具、人员随到随检,办理登轮证、登陆证等手续齐备的一个站点一次性办妥;办理一张登轮证或登陆证不超过50秒钟。为使承诺落到实处,上海边检总站通过启动旅客满意度电子评价系统、开设互联网门户网站、邀请社会公众担任监督员等方式,增加边检工作的公开度和透明度,以更好地满足出入境人员和上海经济社会发展对边检工作提出的新要求。

【做好重大活动的边检安保工作,展现边检机关良好形象】 做好2007年世界夏季特殊奥林匹克运动会边检安保工作。2007年特奥会是当年全球最大的赛事之一,也是迄今为止我国举办的参赛国家、地区和参赛人数最多的综合性国际赛事。在公安部和上海市委、市政府的统一领导下,上海边检总站以高度的政治责任感和工作紧迫感,把做好特奥会入出境边防检查工作和安全保卫工作与提高边检服务水平工作紧密结合,精心组织,周密部署,着力为与会人员提供优质服务。据统计,9月25日至10月2日,共为183个特奥代表团所乘坐的132架次航班(其中包机4架次)和7 273名特奥会与会人员及其随行人员办理了入境边防检查手续,其中运动员和教练员7 047人次,特奥会官员89人次,运动员家属、裁判员、医护人员、新闻记者等其他相关人员137人次。上海边检总站优质高效的工作,受到公安部和上海市委、市政委的充分肯定和表彰。

做好其他重大会议、活动的边检工作。随着上海城市形象和影响力的不断提升和扩大,越来越多的国际性会议及重要活动选择在上海召开。为此,上海边检总站把大型国际会议、重要活动期间的边防检查工作纳入常态管理机制,在科学总结历年工作经验的基础上,进一步完善了证件检查、包机检查、突发事件处置、对外宣传等工作流程,形成了内容明确、操作性强的重大国际会议及活动的边检工作机制。在2007年两岸包机、非洲开发银行集团理事会年会、第五届女足世界杯等会议及活动举办期间,上海边检总站加强与地方政府有关部门及组办方的联系沟通,明确工作内容和要求,在此基础上,制定专项工作预案,在浦东机场等主要旅客通关口岸设立宣传标志,指定专用检查通道,选派骨干民警负责包机接送、出入境证件检查等任务,使与会人员得以迅速、顺利通关。年内,共为30架专机、1 273架包机(含公务机)和7 597名国家首脑、高官及其他重要旅客办理了出入境边检礼遇手续,热情、周到的边检服务展现了边检机关文明国家窗口的良好形象,同时也体现了上海文明、友好、高效的城市形象。

上海出入境检验检疫局

2007年,上海检验检疫局根据国家质检总局"突出重点、攻克难点、抓住亮点"的工作要求,按照上海市委、市政府关于建设"安全、便捷、高效"的国际一流口岸的总体方针,以"优化口岸通关服务环境、发挥检验检疫执法把关职能"为主线,抓住"迎奥运、迎世博"的契机,积极推进依法行政能力建设,充分发挥口岸检验检疫职能,构建和谐的执法环境,全面提高检验检疫工作的有效性。

【概况】 2007年上海检验检疫局共完成出入境货物检验检疫168.5万批,金额1 134.4亿美元;其中完成工业品检验检疫146万批,检出不合格3 011批。签发普惠制产地证15.9万批;签发一般产地证5.6万批;进口食品检验5.4万批,检出不合格442批;出入境动物及其产品检疫5.0万批,发现疫情130批;出入境植物检疫9.8万批次,从中截获疫情8 819次,其中重要危险性有害生物686次。出入境船舶检疫2.4万艘;出入境飞机检疫15万架;出入境火车检疫3 345节;出入境集装箱检疫540.7万标准箱,检出带有疫情3.8万标准箱;出入境旅检1 841.2万人次,截获旅客携带应检物2.6万人次;监测体检12.4万人次,发现传染病2 905人次;对出入境交通工具和集装箱除害处理85.2万批;入境邮包抽查8.5万批,其中发现应检3 893批。

【积极参与创建文明口岸的活动,构建和谐的执法环境】 进一步推进政务公开,完善对检验检疫网站系统的建设,开通英文网站,并大力推进网上办事、网上咨询、网上投诉,努力提高公共服务水平,创造良好的执法环境,树立依法行政、公开透明的责任政府形象。

【全面开展产品质量和食品安全专项整治行动】 2007年3月以来,由"美国宠物食品事件"引发的出口商品质量安全问题引起了国务院领导的高度重视,在国务院及质检总局的统一领导和部署下,上海检验检疫局全面开展产品质量和食品安全专项整治行动。到2007年年底,全面实现了对出口农产品、食品原料基地、出口食品卫生登记企业100%的清查;实现了对非法进口的肉类、水果、废物等实行100%退货或销毁;实现对出口食品运输包装100%加贴检验检疫标志,使出口食品货证相符;加强了对涉及健康安全产品的进出口监管。

【不断深化大通关工作,有效提高通关效率】 进一步深化"5+2天"工作制,改善了上海口岸的通关环境,优化了物流环境,提高了贸易效率,降低企业成本,进一步增强了上海及周边地区企业的国际竞争力;积极参与上海电子口岸建设,利用上海电子口岸已有成果及潜在功能,积极参与并推进上海"大通关"平台的建设,与海关等相关单位一起,研究试点电子通关的新模式,共同创建上海口岸一流的通关环境和通关秩序。

【加快推进口岸信息化建设,提高检验检疫监管效能】 积极研究并推动口岸信息化建设,在原"三电工程"的基础上,将信息化建设进一步推向深入,推行了"电子转单自助申报系统"、"进出境船舶检验检疫电子申报系统"等,同时开展了"空港快速查验系统"研究,为企业的申报和通过放行提供了更多的便利,同时也提高了检验检疫监管效能和口岸进出效率。

【促进"关检联动"、"检港合作",提高执法把关的有效性】 一是完善"关检联动"机制,实现通关单联网核查。经过多方努力,1月1日起实现了与海关之间的通关单联网核查,对法定检验检疫的出入境货物,实行了出/入境货物通关单电子数据与报关单数据联网核查,进一步提高通关效率,实现严密监管。至年底上海检验检疫局已全面实施了"通关单联网核查"机制,每天有近2万批通关单通过电子方式发送给海关,运行稳定。二是建立"检港合作"机制。上海检验检疫局在原"提货单电子化管理系统"的基础上,与港务局合作,研究开发了"上海口岸入境货物检验检疫及口岸查验管理系统(统一版)",目前已上线使用,并正在进行全面的推广。该系统的使用,全面提升了检验检疫监管的有效性,推动了"检港合作"机制的发展。

【改变监管模式,服务特殊监管区】 积极探索现代物流检验检疫把关方式,支持特殊监管区的发展,组织人员开展了对出口加工区拓展保税物流功能及开展研发、检测、维修业务试点的检验检疫措施的研究;同时,在对特殊监管区域中分拨货物和诸多分拨企业物流模式和操作流程开展调研的基础上,研究保税分拨货物检验检疫模式,为进一步完善特殊监管区域的检验检疫监管模式,服务特殊监管区域打下基础。

【加强沟通和协作,促进"长三角"地区的联动发展】 2007年,上海检验检疫局在与长三角各相关单位共同签署《长三角区域大通关建设协作备忘录》的基础上,积极研究进一步推进长三角区域大通关建设各项工作。目前,已实现了长三角地区企业基础信息的联网和共享,取消了异地备案制度,对出口商品实现了"属地检验、口岸验放"的通关模式。

【合理配置资源,积极推进新口岸建设】 配合浦东国际机场二期、外高桥港区六期、洋山深水港三期、国际枢纽港、国际航运服务中心等工程建设,以新思路、新观念、新模式开展新口岸的检验检疫工作。同时,积极做好上海化工区的使用验收、虹桥机场国际航线的开通、罗泾矿石及件杂货码头的开放使用工作。配合口岸办做好长兴修造船基地码头、宝钢综合码头、中国极地考察国内基地码头的开放验收工作,合理调配资源,做到功能协调、把关有效、方便进出。

【积极做好特奥会、世博会等相关检验检疫工作】 针对重大国际会展活动日趋频繁的形势,做好各项活动的检验检疫保障工作,总结改进大型赛事、展会的执法监管工作,研究制订了2007年上海国际特奥会的检验检疫监管方案及相关保障措施，制订了2010年上海世博会检验检疫工作方案，在依法完成出入境物品和人员的检验检疫工作的同时，提供便捷的通关措施，确保重大赛事在上海圆满完成。

【努力探求检验检疫工作模式的创新】 针对洋山口岸路途较远、交通不便等原因，及时组织研究，调整了洋山港入境货物的报检受理模式，从2007年10月1日开始，对部分洋山入境货物可在航交所办事处受理。这一举措极大地方便了企业的申报，提高了通关效率。同时开展对保税物流、国际客货中转、国际物流中心、采购中心、研发中心等新型贸易、物流方式的研究，制定相应的检验检疫工作模式。改革出入境旅客检验检疫健康申报机制，2007年1月1日，全面取消健康申明卡的申报方式，提高了检验检疫监管效能和口岸进出效率。

上海海事局

2007年，上海海事局按照建设"安全、便捷、高效"国际一流口岸的总体要求，认真落实科学发展观，坚持"5+2天"通关工作制，积极探索"电子口岸"服务新举措，有效发挥海事在口岸管理中的职能，为上海国际航运中心建设提供高效的软环境。

【建立和完善应急反应体系】 为有效应对各类水上突发风险，上海海事局通过建立应急反应体系对应急网络和应急工作流程予以进一步完善，对可能发生或已经发生的船舶安全和防污染紧急情况和事故、险情的应急反应行动予以规范，健全上海港水域搜救和船舶污染事故应急处置机制，整合社会应急力量的资源，使应急反应行动得到更加迅速、有序、高效的组织，应急事态的发展予以有效控制，最大程度地减少突发事故可能造成的人员伤亡、财产损失和环境破坏，提高了上海港水域的整体防护水平和抗风险能力。

为进一步提升海事管理水平，上海海事局将网格化引入海事管理之中，运用数字技术，对海事信息资源、管理资源和服务资源等各项海事执法资源进行有机整合，运行高效、反应及时、服务便捷的网格化管理正在上海港水域逐步形成并已初显成效，有力地保障进出上海口岸国际航行船舶的安全、畅通、便捷。

【创新管理手段，积极推行电子政务】 上海海事局一直将推进电子政务作为便民利民，提升管理手段的重点；2007年正式实现船载外贸危险货物EDI无纸化申报。至此，上海口岸的外贸危险货物船、货申报已全面实现无纸化申报和审批，这一在全国领先的创新举措使外贸危险货物的通关效率得到显著提高，受到了社会各界的广泛关注和欢迎。

【初步完成上海口岸开放水域范围划定】 自2006年下半年以来，上海海事局发挥专业优势，根据"依法有据，有利口岸管理，尊重历史并有利口岸管理，符合国际规则"的原则，科学合理地提出了上海口岸开放水域范围，对开放码头数据进行核对，对开放锚地资料予以整理汇总，并在此基础上初步完成了上海口岸开放水域范围的初步划定，为规范口岸管理提供了依据，为上海口岸的可持续发展打下了良好的基础。

【同创共建文明口岸，促进口岸安全畅通】 上海海事局作为上海口岸的重要管理部门，在深化"5+2天"通关工作制，优化口岸环境、优化口岸服务、优化协作配合、提升口岸形象方面做出了积极的贡献。上海海事局积极开展同创共建文明口岸活动，加强区域的有效合作，先后建立了洋山、长江、黄浦江"安全畅通文明"航区。洋山港海事处还与舟山海事局启动共建洋山—舟山"安全畅通文明"航线活动，进一步促进了上海口岸的安全畅通，塑造了上海口岸的良好形象。

上海口岸大事记

1月6日
副市长杨雄到市城交局调研。
市委副书记王安顺和市政法委书记、市公安局局长吴志明听取上海海关工作汇报。

1月8日
副市长周禹鹏，在上海口岸办主任周厚文、副主任马凌俊的陪同下，到上海海事局调研。

1月10日
市政府新闻发言人焦扬以网络形式发布市政府正式批准的《上海市综合客运交通枢纽布局规划》，上海机场将建成虹桥综合交通枢纽和浦东国际机场枢纽（扩建）2个A类枢纽。

1月11日
上海口岸办和上海口岸协会联合召开上海口岸工作相关协会、学会联席会议第三次秘书长会议。

1月12日
在国家民航总局召开的2007年度安全工作会议上，上海浦东国际机场被授予2006年中国内地机场安全保障最高奖——金鼎奖。

1月17日
上海港务集团"集装箱电子标签系统"科研项目获国家安全生产监督管理总局颁发的"第三届安全生产科技成果奖"和"优秀推广项目"。

1月18日
市人大常委会主任龚学平率市人大常委会部分成员到上海海关调研。
上海口岸办主任周厚文、副主任马凌俊赴京拜访国务院办公厅、国家口岸办、海关总署、民航总局、国家发展改革委、解放军总参谋部等有关部门领导，汇报沟通有关情况。

1月19日
副市长杨雄到市港口局调研。

2月7日
上海港引航站正式挂牌。
交通部副部长徐祖远率交通部华东检查组对上海公路、水路春运工作进行检查，副市长杨雄陪同。
上海海关召开2007年工作会议，常务副市长冯国勤出席会议并讲话。

2月9日
市政府举行市领导慰问口岸查验单位迎春恳谈会。市长、上海口岸工作领导小组组长韩正和市领导吴志明、周禹鹏出席。

2月12日
上海口岸办与上海海关、上海检验检疫局在洋山深水港区举行海运进口集装箱提货单电子化启动仪式。

2月16日
副市长杨雄到洋山保税港区慰问。

2月18日

国务院副秘书长徐绍史听取上海海关工作汇报。

3月1日

福建省副省长叶双瑜率福建省政府调研团参观考察洋山保税港区。

3月2日

上海口岸办召开口岸工作联席会议，研究讨论2007年上海口岸工作安排。

3月14日

市政法委书记、公安局局长吴志明会见上海海关领导。

3月15日

上海口岸办、上海口岸协会联合召开口岸咨询专家和口岸相关协会、学会负责人座谈会。

3月22日

常务副市长冯国勤在市政府副秘书长姜平、市发展改革委副主任（口岸办兼职副主任）吴振国的陪同下到上海口岸办调研。

3月29日

市人大常委会主任龚学平率市人大常委会部分组成人员到上海出入境边防检查总站调研。

上海口岸协会第三届第二次理事会暨会员大会召开。

3月30日

上海口岸办组织召开防范和打击利用集装箱偷渡活动领导小组第一次会议，研究部署本市贯彻落实国家五部委《关于防范和打击利用集装箱偷渡活动的工作意见》的实施工作。

上海口岸办召开铁路上海站临时口岸专题会，传达国家口岸管理办公室关于继续延长铁路上海站临时口岸对外开放的有关通知和要求。

3月31日

中共上海市委书记习近平、常务副市长冯国勤等到外高桥港区和外高桥保税物流园区调研。

4月4日

上海口岸办主任周厚文带队赴京拜访中央编办、公安部、国务院办公厅等有关部门领导，汇报沟通有关情况。

4月9日

市长、上海口岸工作领导小组组长韩正同志到浦东国际机场调研航空口岸工作。

2007年上海口岸工作领导小组会议召开。由市政府秘书长李良园主持会议，上海口岸办主任周厚文作《关于2006年上海口岸工作总结和2007年上海口岸工作意见》汇报，上海海关、上海检验检疫局、上海海事局、上海边检总站分别作工作汇报。上海口岸工作领导小组组长、市长韩正出席并讲话。

4月12日

UPS（美国联合包裹服务公司）国际航空转运中心在浦东国际机场建立。

4月19日

上海口岸办主任周厚文会同上海口岸查验单位分管领导及相关部门负责人到长兴岛修造船基地调研，并召开查验设施专题协调会。

上海口岸办会同市发展改革委、市房地局、上海海关、浦东新区政府召开专题会议，共同研究推进浦东空港保税物流园区的工作。

4月24日

市委书记习近平、市长韩正、常务副市长冯国勤会见海关总署署长牟新生。

上海口岸办主任周厚文会同上海海关、市港口局、港务集团、亿通公司和中铁集装箱上海公司等单位负责人到河南郑州参加沿海部分省市与中部六省口岸大通关工作座谈会。

4月26日

第二届中国中部贸易投资博览会在河南郑州召开,上海、天津、青岛、宁波、广州、深圳和福建省口岸办负责人与中部六省口岸办负责人签订《沿海部分省市与中部六省口岸大通关合作框架协议》。中共中央政治局委员、国务院副总理吴仪,商务部部长薄熙来,海关总署副署长兼国家口岸管理办公室主任盛光祖,上海市常务副市长冯国勤以及中部六省和部分沿海省市的领导出席了签约仪式。

5月1日

上海市政协主席蒋以任、副市长唐登杰到上海航运交易所,慰问海关、检验检疫、海事、边检等驻上海航交所办事机构工作人员。

5月10日

上海口岸巡访评议工作领导小组召开会议,审议《关于建立上海口岸工作巡访评议机制的实施方案》,上海口岸办主任周厚文、市文明办副主任陈振民到会讲话。

5月11日

中共中央政治局常委、中央书记处书记、国家副主席曾庆红在市委书记习近平、市长韩正等的陪同下视察洋山深水港区。

5月13日

副市长杨雄会见海关总署党组成员、副署长李克农。

5月15日

由民航总局运输司副巡视员宋庆华会同海关总署、质检总局和公安部出入境管理局等部委同志来沪调研简化出入境旅客申报手续"三单合一"改革。

5月16日

上海港务集团与九江市国资委签署"关于九江港口集团公司整体改制合作意向书",市委常委、市纪委书记沈德咏,副市长胡延照出席签约仪式。

5月17日

中央综治办、公安部、交通部、商务部、海关总署等部委组成的检查调研小组,来沪检查调研国家五部委联合印发的《关于防范和打击利用集装箱偷渡活动的工作意见》的贯彻落实情况。

5月18日

上海港务集团盛东集装箱公司在对中海"泽布勒赫"号集装箱班轮装卸作业过程中,创造了船时量690.93自然箱/小时、桥吊单机最高效率97自然箱/小时两项世界纪录。

5月23日

上海口岸办举行上海口岸巡访评议团成立暨授聘仪式。巡访评议团由上海口岸相关协会和有关企业人员组成。

5月30日

苏浙沪三省举行长三角区域"大通关"协作第一次联席会议,上海市常务副市长冯国勤、江苏省副省长李全林和浙江省省长钟山分别代表三省市政府,共同签署了《长三角区域"大通关"建设协作备忘录》。

上海市

5月31日

市委书记习近平,市长韩正,副市长杨雄,市委常委丁薛祥等到浦东国际机场调研。

罗泾二期矿石码头正式投入试生产。

6月5日

国家民航总局全国文明机场考评小组对浦东国际机场与虹桥国际机场进行现场考评。

上海检验检疫局全面行使上海机场地区卫生行政执法职能交接仪式在浦东国际机场举行。

6月6日

上海海关学院在浦东新区举行揭牌仪式。市委书记习近平,海关总署党组书记、署长牟新生为上海海关学院揭牌。市长韩正致辞。

国家口岸管理办公室、公安部出入境管理局、铁道部国际司、铁道部运输局、质检总局通关司组成的调研小组,在铁路上海站召开口岸工作调研会。

6月11日

上海口岸办主任周厚文带队赴京向国家口岸办和中央编办有关领导汇报工作。

6月12日

上海口岸巡访团对驻上海浦东国际机场、洋山深水港、上海航交所、外高桥保税区的海关、检验检疫、海事、边检等口岸查验部门和部分银行、港口运营单位进行集中巡访评议。

6月13日

上海口岸办主任周厚文会同虹口区区长俞北华、副区长应名勇等,赴天津考察调研"国际贸易与航运服务中心"建设情况,并与天津市口岸办领导座谈交流。

6月23日

全国航海文物征集动员大会在上海举行。交通部副部长徐祖远、上海市副市长杨雄出席并讲话。

6月28日

上海世博会海关、检验检疫工作推进会暨世博通关协调小组第一次会议召开,上海口岸办主任周厚文、世博局副局长吴云飞出席。

6月29日

长三角地区口岸协会开展交流活动签约仪式在上海举行。上海口岸办主任周厚文出席并讲话。

7月4日

上海口岸办牵头召开沿海省市口岸工作联席会议,沿海11省(直辖市)和5个计划单列市口岸管理部门负责同志参加会议,会议决定建立沿海省市口岸工作联系沟通机制。国家口岸办管理办公室专职副主任罗文金出席。

7月5日

首届"上海口岸发展论坛"举行。常务副市长冯国勤、国家口岸管理办公室专职副主任罗文金出席并讲话。

市禁毒办主任周伟航一行到机场海关及机场海关缉私分局调研空港缉毒工作。

7月11日

上海口岸办组织召开上海口岸相关协会、学会负责人座谈会,专题研讨当前上海口岸管理和通关中的瓶颈问题及对策建议。

7月12日

市委书记习近平,副市长杨雄,副市长杨定华视察北外滩建设工程,并到中远集装箱运输有限公司、中国海运集团总公司和上海航交所调研。

7月16日

市政府召开2007年度打击走私综合治理工作会议。副市长、市打击走私综合治理领导小组组长周太彤出席。

7月26日

副市长杨雄会见海关总署副署长、国家口岸管理办公室主任盛光祖。

国家发改委委托中国国际工程咨询公司组织召开虹桥国际机场工程可行性研究报告评估会。

8月1日

国家民航总局公安局副局长魏亚军带领奥运安保机场工作部检查组到浦东国际机场调研。

8月6日

国家电子口岸委办公室专职副主任叶平到上海海关调研。

8月7日

国家电子口岸委办公室在沪举行"电子口岸SCAX系统"应用情况座谈会。

8月8日

上海口岸同创共建"文明口岸"活动领导小组第一次会议召开。

市文明办、上海口岸办联合召开上海口岸深入开展同创共建文明口岸活动工作大会，全面启动同创共建"文明口岸"活动。常务副市长冯国勤出席并讲话。

8月10日

上海口岸办召开口岸工作联席会议，总结上半年上海口岸工作，研究明确下一步上海口岸的重点任务和工作要求。

8月22日

上海口岸办主任周厚文会同海关、检验检疫、海事、边检等口岸查验单位，到宝钢原料码头和成品码头、罗泾二期码头进行专题调研。

8月26日

交通部"十一五"长江黄金水道建设巡礼系列宣传主题活动启动仪式在上港集团举行。交通部副部长徐祖远、上海市副市长杨雄出席。

9月4日

上海口岸办组织口岸查验单位对罗泾港区二期码头进行正式验收。

9月5日

由海关总署牵头组织国家发展改革委、财政部、国土资源部、商务部、税务总局、工商总局、质检总局、外汇管理局等9部委的联合验收小组对上海嘉定出口加工区进行正式验收。市政府副秘书长姜平，上海口岸办主任周厚文出席验收会议。

9月7日

国家质检总局党组书记李传卿一行，赴外高桥口岸考察检验一线部门贯彻落实全国质量工作会议精神的情况。

9月10日

交通部在沪举行上海国际航运中心洋山深水港区二期工程竣工验收会。交通部副部长徐祖远宣布上海国际航运中心洋山深水港区二期工程正式通过国家验收。

9月11日

上海口岸办组织召开专题会议，对虹桥机场开通国际包机航班准备情况进行检查。

上海口岸办牵头组织上海口岸查验单位及相关部门对上海化学工业区码头对外开通使用进行验收。

9月17日

交通部翁孟勇副部长率交通部"防碰撞、防泄漏"活动督查组到沪督查"两防"工作。

9月26日

中共中央政治局委员、国务院副总理吴仪视察洋山保税港区。海关总署副署长龚正、上海市副市长杨雄及市政府副秘书长沈骏等陪同。

9月29日

国家民航总局和上海市政府联合举行虹桥国际机场与日本羽田机场包机航线开通仪式，国家民航总局局长杨元元、上海市副市长杨雄出席。

10月5日

原中共中央政治局委员、中央书记处书记、中宣部部长丁关根在市委副书记殷一璀等的陪同下，视察洋山深水港区。

10月12日

国家发展改革委副主任张茅等一行听取虹桥综合交通枢纽规划汇报，副市长杨雄出席。

10月24日

上海口岸办牵头在沪召开长三角区域大通关协作秘书组会议。

10月25日

国家质检总局党组书记李传卿视察上海检验检疫局。

10月28日

虹桥国际机场与韩国金浦机场包机航线开通。

10月30日

市政府举行"上海国际航运中心软环境建设恳谈会"，副市长杨雄出席并讲话。

全国港口设施保安工作会议在上海召开，交通部副部长徐祖远出席并讲话。

市委常委、浦东新区区委书记杜家毫到金桥出口加工区（南区）调研。

10月31日

"2007年港口设施保安演习"在洋山深水港区举行。交通部副部长徐祖远、上海市副市长杨雄担任演习总指挥。

11月5日

上海口岸办主任周厚文会同上海海关、检验检疫局、港务集团有关领导及相关部门负责人组成上海口岸考察团，赴四川省和重庆市考察，并就建立川沪和渝沪区域大通关合作事宜与当地政府部门和口岸运营单位负责人座谈。

11月7日

"2007年上海国际海事论坛"在沪举行，副市长杨雄出席并讲话。

11月14日

"邮轮经济发展研讨会"在沪举行，市政协主席蒋以任出席并讲话。

11月19日

公安部副部长孟宏伟视察上海浦东边检站。

11月22日

副市长唐登杰到松江出口加工区调研。

11月26日

上海机场集团与DHL（中外运敦豪公司）就投资兴建DHL快递北亚枢纽正式签署协议，市政府副秘书长沈骏出席。

12月1日

上海海事局在上海口岸实施船载外贸危险货物EDI无纸化申报。

12月6日

上海口岸办召开空港口岸工作专题会议。

12月10日

中共中央政治局委员、市委书记俞正声视察金桥出口加工区（南区）。

市政府副秘书长沈骏在市政府主持召开浦东机场扩建工程竣工验收及正式启用动员会。

12月18日

海关总署副署长龚正、武警总部副司令员刘红军率海关总署与武警总部联合调研组到上海海关调研。

12月21日

副市长、虹桥综合交通枢纽建设工程总指挥部总指挥杨雄，国家发展改革委副主任张晓强，铁道部副部长陆东福和国家环保总局等有关领导到上海机场集团，听取虹桥综合交通枢纽建设设计汇报。

交通部和上海市政府在沪召开《上海港总体规划（送审稿）》审查会议。市政府副秘书长沈骏参加。

12月22日

国务院副总理曾培炎率中央有关部委负责人视察洋山深水港区。市长韩正、副市长杨雄陪同。

12月24日

国务院产品质量和食品安全领导小组副组长、国家质检总局局长李长江率全国产品质量和食品安全专项整治行动检查验收组，对上海市专项整治成果进行检查验收。

12月25日

上海市举行出口免验企业颁证仪式。国家质检总局局长李长江、上海市副市长周太彤为获得出口产品免验资格企业颁发证书。

12月26日

洋山保税港区管委会举办"洋山保税港区产业发展与功能拓展研讨会"。副市长、洋山保税港区管委会主任杨雄，市政府副秘书长沈骏出席并讲话。

12月27日

市政协主席蒋以任率市政协成员视察虹桥综合交通枢纽工程。

上海海关驻上海航运交易所正式启动通关无纸化改革试点。

江苏省

江苏口岸工作综述

【概况】 江苏位于中国大陆东部沿海，北接山东，南靠浙江、上海，长江穿越境内418公里、可利用岸线达749公里。全省各类口岸24个，大体呈"T"型分布于沿江两岸及沿海地区。其中，一类口岸14个，包括2个空港口岸和12个港口口岸。至2006年全省共有124座码头、278个泊位对外开放，其中，万吨级以上开放泊位176个。

省口岸办为省经贸委行政直属机构，设正处级副主任2名。各市口岸综合管理机构设置各不相同，有以下几种模式。一是为政府组成部门，主要有镇江市口岸办、无锡市口岸办；二是与外经贸局合署办公，主要有扬州市口岸办、南通市口岸办；三是与市政府办公室合署办公，主要有泰州市口岸办；四是与港务局合署办公，主要有连云港市口岸办；五是与发改委合署办公，主要有南京市口岸办；六是经贸委内设机构，主要有常州市口岸办。口岸所在地县（市）级口岸综合管理机构的设置模式主要是设县（市）口岸管理委员会，由县（市）长任口岸委主任，下设口岸办为其日常办事机构，港务局下放地方后，一般挂靠口岸办合署办公。

【围绕口岸发展和管理中的热点、难点以及具有前瞻意义的重要课题，在调查研究上取得新突破】 围绕国家口岸管理办公室确定的"合理配置口岸管理资源，提高口岸整体通关效能"课题深入调研。除了按规定及时向有关方面提供数据资料和分析建议外，集中组织了两次重点调研活动：一是组织省级查验机构有关领导和负责同志分别赴西欧和北欧，着重考察学习发达国家的口岸管理体制以及重点口岸的查验监管流程，不仅参与考察调研的同志受到较大启发、取得较大收获，而且还将为深化国家及江苏省口岸管理体制改革提供较好的借鉴；二是组织省级查验机构有关同志赴西藏，既考察学习了加强对口岸工作的组织领导、支持口岸建设和查验设施更新改造、积极推进大通关和电子口岸建设的成功经验，又在密切苏藏两地口岸单位之间的联系与交流的同时，增进了江苏省口岸单位之间的团结与协作，有利于进一步提高江苏省口岸的发展和管理水平。

广泛调研影响口岸通关效率的突出问题和解决问题的成功经验。按照国家口岸管理办公室的统一部署并借鉴兄弟省、市的先进经验，省口岸办通过召开各地口岸委（办）主任专题会议和全省口岸企事业单位代表座谈会以及实地调研等多种形式，会同省级有关部门分析了江苏省口岸通关过程中存在的突出问题，研究了解决这些问题的总体思路，明确了提高全省口岸通关效率的主要措施。在此基础上，省口岸办加强与上海、浙江的联系与协调，积极主动地做好长三角区域大通关建设协作的各项筹备工作。5月30日，长三角区域大通关协作第一次联席会议在上海顺利举行，省政府领导与上海、浙江两地政府的领导及海关、检验检疫局的负责同志共同出席了会议，同时签署了《长三角区域大通关建设协作备忘录》；此外，还加强与湖北有关方面的联系和协调，为省政府领导赴武汉签署苏鄂两省口岸合作备忘录做好前期工作；促成连云港口岸委与陕西省政府口岸办正式签署了口岸合作备忘录。

进一步深化细化口岸"十一五"发展规划。为了认真贯彻落实国家"十一五"口岸发展规划所确定的各项原则和要求，根据全省外向型经济发展的形势需要并结合全省交通、物流"十一五"发展规划和加速推进新型工业化的总体部署，省口岸办对贯彻实施全省口岸"十一五"发展规划工作进行了深化细化，着重研究提出了全省二类口岸发展意见。同时，就全省口岸的资源整合、特定监管区域的布局和发展、解决口岸发展中的热点和难点问题等提出了建设性的参考意见，以便使口岸在全面达小康、建设新江苏进程中发挥应有的作用。

加强对全省口岸运行情况的监测分析。通过对全省各口岸每个月完成的运量情况进行统计并在每月一期的《江苏口岸情况》上公布，使全省以及各地口岸的运行状况从定量与定性两个方面得到有效的监测，为全面分析情况，及时发现和解决有关问题，保证口岸健康顺利运行提供正确的依据。同时，还根据口岸运行的实际情况，及时召开口岸委（办）主任会议和其他专题会议，集中组织总结、交流和分析，预测发展趋势，为制定政策、部署工作提供可靠的依据。

【不断改进和创新工作思路与工作方法，在扩大口岸开放上取得新突破】 大丰港一类口岸顺利通过国家验收。继2006年6月份国务院正式批准大丰港一类口岸并通过省级预验收以后，省口岸办根据国家口岸管理办公室的要求和规范、节约、便捷、高效的原则，配合并指导盐城及大丰市有关方面认真做好各方面的准备工作，最终使大丰港口岸顺利通过了由国家13个部委组成的验收组的验收并投入正常运营，既给长达十余年的一类口岸申报工作画上了一个圆满的句号，也使江苏省一类开放口岸增至13个。

空港口岸开放取得较大突破。盐城机场一类口岸获得国务院正式批准，国际候机楼建设工程进展顺利，查验机构办公和生活用房建设也按照要求和协议顺利推进；无锡机场顺利列入国家"2007年度口岸开放审理计划"，有望年底获得批准；无锡至香港、无锡至澳门、盐城至首尔临时国际包机，在国家严格控制总量的背景下成功办理多次延期手续；连云港机场、徐州机场开放工作也都取得不同程度的进展，其中，徐州机场赴香港临时包机也已获得国家批准。

如皋港一类口岸的报批进程加快。在加强指导和协调南通及如皋有关方面做好有关工作外，根据省政府领导的指示精神，多次就如皋港一类开放事宜向国家口岸管理办公室进行专题汇报，努力赢取国家各有关部门对如皋港一类开放的重要性、必要性、紧迫性和可行性的认识、理解、同情与支持。与此同时，加强了与南京军区及东海舰队的联系协调，促使他们就如皋港一类开放事宜在较短时间内向省政府出具了书面同意意见，从而为向国务院再次提出正式申请扫清了全部障碍。

完成了江阴港口岸扩大开放范围的全部报批程序。一方面，不断督促并配合江阴及靖江两市加强与国家口岸管理办公室的汇报联系，尽可能推动国家对江阴港口岸扩大开放范围的批准进度；另一方面，花大力气加强与中央编制办公室和国务院办公厅的汇报联系，积极争取国务院在批准江阴港口岸扩大开放范围方案的同时调增查验机构人员编制。由于工作扎实、措施得力，国务院在批准江阴港口岸扩大开放范围的同时，还基本根据省口岸办的建议调增了查验机构人员编制，进而为全省港口口岸扩大开放范围开辟了一条不设独立口岸也能争取到查验机构人员编制的新路子。

基本完成港口岸开放范围划定工作。根据国家五部委的文件精神，按照既从政策依据上严格把关、又充分尊重历史和现实，既便于规范管理、又服从和服务于外向型经济发展需要的总体要求，逐一确定全省各个一类港口岸开放范围的划定方案。目前，这些方案已分送南京军区及其东海舰队审核和省级各查验机构审查确认，不久即可报请省政府审定后正式上报国家有关部门最终批准。

及时组织对新建码头的省级开放验收。根据原则性与灵活性相结合、全局范围与局部区域相结合、长期与临时相结合的精神，对各地提出的码头开放请求从加强计划管理入手、从提高办事效率着眼，努力以尽可能简单的程序并在尽可能短的时间内完成验收或报批手续，以便不断扩大全省口岸的运输和通行能力，尽早发挥新建码头的应有功能与作用。全年共完成11座开放水域内新建码头的省级开放验收，合计增加靠泊能力超过50万吨。此外，如皋港区与江阴中燃油码头临时开放、南京龙潭港码头启用等难点问题，也都得到了较好的解决。

【认真贯彻落实国务院及省政府领导指示精神，在加强和改进全省口岸工作上取得新突破】 切实加强对全省口岸工作的组织领导。在温家宝总理7月6日视察海关总署并作出重要指示，省政府主要领导就加强和改进对全省口岸工作的组织领导作出重要批示以后，省口岸办加强了与省编办的联系沟通并随省委领导直接登门拜访，寻求理解与支持，并及时向省委主要领导全面汇报有关情况。同时，及时向省级各查验部门通报有关情况，与他们共同分析研究推进相关工作的有效途径，积极争取更多的外力支持。还利用各种机会和场合大力宣传口岸的地位、作用及其工作特点，努力争取使全省口岸组织领导机构的级别、职能、人员配备和工作手段与所承担的责任基本适应。所有这些，都为全面落实省政府领导批示精神提供了良好的基础。

进一步深入开展口岸精神文明和廉政建设活动。根据党中央和国务院的总体部署，始终将口岸精神文明和廉政建设作为口岸管理的一项重要工作来抓。根据国家口岸办的统一部署并结合全省的实际情况，组织制定了《江苏省"文明口岸"创建活动实施意见》，既为加强全省口岸综合管理工作增添了一项有力的新抓手，也为今后这项活动深入持久地顺利开展奠定了坚实的基础。同时，还成功举办了全省口岸系统第二届"如皋港杯"羽毛球比赛，有效地增进了全省口岸单位之间的友谊和了解，有力地支持了和谐口岸的构造和建设。

加强了省口岸办内部管理和自身建设。围绕全办"双争双创"工作目标，对政治和业务知识的学习以及思想政治教育进一步加强，全办同志适应新形势、开阔新视野、拓宽新思路、履行新职能的综合素质和工作水平不断提高；严格内部管理，强化对各项规章制度执行情况的检查监督，努力做到按章办事；进一步加强内部团结，全面营造热爱集体、关心同志、密切配合、积极向上的良好氛围与和谐舒畅的同事关系。目前，全办业务分工更加明确，内部机制更加顺畅，工作人员的工作积极性进一步提高，档案管理、文件传阅诸方面的工作都得到显著改进。

江苏口岸查验单位工作综述

南京海关

【坚持量质并举，完善综合治税大格局】 税收工作是海关讲政治、讲大局，在国家政治经济生活中发挥职能作用的重要体现。年内，关党组始终坚持税收"轴心"，把进一步落实和完善综合治税大格局作为当前和今后一个时期南京海关工作的重中之重。继续深化综合治税大格局建设，着力推进一线监管、后续管理和打击走私3支力量的良性互动，促进各项业务工作深度融合，增强税收合力。针对江苏加工贸易量大、转关货物多的税收工作特点，试点推广前置归类办法，着力研究提高加工贸易的归类、审价水平的措施，增强了税收征管能力。通过集中力量对重点商品、行业和渠道开展稽查，提高后续管理的效能。2007年，关区海关实征税款660.62亿元，占全国海关完成税收的8.75%，列全国海关第3位；税收价格水平全年始终稳定在总署规定的绿区范围，归类差异率进一步明显降低，审价、归类补税4.72亿元，继续位居全国海关前列。其中，利用风险管理平台追补税1.48亿元，稽查补税3.02亿元，统计监督补税2 617万元。

【确保监管到位，落实通关监管新机制】 把握"把关"与"服务"的平衡点，是海关履行职责的关键。关党组按照"管得住、通得快"的要求，进一步落实通关监管新机制，确保监管到位。加强场站建设，提高物流监控能力。坚持无锡、徐州、盐城等申报开放口岸的建设标准，建设启用了江宁、南京出加区北区、徐州等转关监管点，以及南京和苏州快件监管中心。加强检查清理，严密通关管理。组织对同船运输业务、H2000授权管理、舱单未核数据和免税商店等进行检查、清理、规范，确保了监管制度在通关环节有效落实。以区域通关改革为重点，提升通关效率。组织召开了"陇海、兰新铁路沿线海关第七次协作会议"，参加了长江沿线转关会议，推广区域通关改革，简化转关手续，加速口岸物流。此外，继续做好协勤武警的保障工作，协勤武警的作用得到充分发挥。年内，监管进出境货物14 805.3亿吨，总值2 182.2亿美元，分别增长8.3%和25.5%，审结报关单388.25万份，增长18.1%。监管进出境人员141.95万人次，增长15.8%；监管邮、快递物品275.6万件。

【坚持整合创新，探索保税监管新模式】 针对年内加工贸易政策调整后海关监管面临的新形势，关党组加强政策理论研究，积极探索建立关区海关保税监管科学管理体系。以"流程再造"等业务改革为突破口，认真开展保税加工"集中备案、多点监管"及出口加工区"以报待备、以查代销"试点工作，进一步提高保税监管管理水平，不断完善海关保税监管"四管"机制。年内，关区共审批备案合同5.85万份，同比增长0.4%，备案金额1 128.4亿美元，同比降低2.8%。全省13个（现为12个）出口加工区，进出口总值为533.24亿美元，同比增长27.27%，注册企业314家，投资总额103.56亿美元。在保税物流方面，张家港保税物流园区进出口总值29.38亿美元；3个（现为2个）保税物流中心（B型）监管货值达314.17亿美元，办理出口退税10.2万票，实现入库税收12.81亿元人民币。

【深化关警融合，增强打击走私合力】 推动海关缉私与其他各项工作的深度融合是关区坚定不移开展反走私斗争，提高打私整体效能的关键。为此，关党组以大情报格局为基础，在关区风险大平台框架下构建情报中心，建立健全预警信息情报网络。加强制度建设，完善了缉私部门和相关部门的联系配合办法，明确各部门的职责任务，细化工作程序和行动措施，建设反走私防控立体防线。建设以反走私绩效评估为中心的考核体系，实现缉私部门和海关其他部门的绩效共评，推进海关与缉私部门工作衔接部位问题的解决。2007年，关区共立案侦查走私犯罪案件41起，案值6.63亿元，抓获犯罪嫌疑人133名，逮捕18人，向检察机关移送案件33起70名犯罪嫌疑人；立案调查行政违法违规案件695起、案值22.72亿元；罚没入库1.61亿元。其中，快件渠道走私医疗器械案、打击废塑料专项行动，受到中央媒体的高度关注，引发了全国范围的打击"三废"专项斗争，受到有关方面的高度评价。

【提高数据质量，加强统计监测与分析】 统计工作既代表业务基础工作水平，又是海关体现服务能力的重要手段。年内，关党组切实加强对统计工作的管理，以修订《南京海关统计工作考核办法》为抓手，引导关区各海关单位加强统计基础建设，提升统计服务水平。紧紧围绕为宏观经济决策服务这一主题，充分发挥海关统计的预警监测作用。加大原因分析、背景分析、苗头分析的力度，关区统计分析水平和分析文章质量得到进一步提高。2007年，共编发《统计分析简报》191期。其中被海关要情采用70篇次，被中办、国办采用46篇次，获温家宝总理等中央领导批示9篇次，署领导批示1篇次，全国海关统计分析工作排名第一。

【围绕准军事化管理要求，构建保障机制】 党组认为，建立保障机制是关区准军事化建设的重要环节，是关区各级组织机构运转顺畅、高效有力的保证。

一是立足节约型海关建设，严格财务装备管理。完善预算监督管理制度和项目经费管理办法，科学理财；稳步采取措施，加强关区财力资源的整合，合理合法地增强关区财力；统一机关企事业单位财务集中核算、管理，统一监督管理关区企事业单位；加强对海关经济实体的资产管理，严防国有资产流失和违法违纪问题的发生。

二是立足法治型海关建设，完善法制保障。立足基层扎实开展妥善预防和化解行政争议课题研究，将关区贯彻《全面推进依法行政实施纲要》的工作进一步推向深入；行政执法责任制工作得到国务院法制办领导的充分肯定，有关经验汇报材料在第五次国务院推行行政执法责任制重点联系单位工作座谈会上作为全国直属海关的唯一代表进行了交流发言，并被国务院法制办《依法行政工作简报》转发全国行政机关学习参考。深入开展保护知识产权"龙舟行动"，行动期间关区共查获侵权案件11起，案值13.88万元。

三是立足科技强关，强化科技保障。进一步完善关区业务科技一体化的组织运行管理体系，加强系统、网络、安全基础设施建设，健全信息系统准入制度、信息安全责任制度，进一步明确科技部门、项目主管部门和各业务现场、职能部门在信息安全方面的职责，加强与关长专线紧密配合，实现"一站式"服务和保障。

【服务经济发展，突出主动和超前服务，不断优化外部执法环境】 牢固树立执法为民的理念，按照经济发展的要求，自觉把海关工作融入经济发展大局，正确处理把关服务的关系，规范执法工作，提高执法水平，更好地为经济发展服务，始终是党组的工作重点之一。

【加大服务经济发展工作力度】 2007年，党组着力打造"关长专线"品牌，以守法通关便利改革整合各项通关环节便捷措施，继续支持省内口岸的开放和建设，促进和服务江苏开放型经济发展的力度进一步加大。

一是完善关长专线。年内，进一步完善关长专线咨询平台，创新"统一受理、后台操作、统一回复"的"2统1后"工作模式，所有向海关提出的求助事项都由关长专线统一受理和统一回复，畅通海关的反馈渠道，确立严格的回复时效制度，执行首问负责制，年末在全省范围内统一使用的关长专线特服号"9688889"，充分发挥即将投入运行的关长专线业务管理系统的整体效能，把关长专线打造为"南京海关业务现场咨询中心和业务后台处置中心"。

二是提供通关便利。服务江苏外贸和现代服务业发展，不断深化关区通关改革，按照海关总署的统一部署，继续推进完善区域通关、快速通关、便捷通关、无纸通关、选择查验、物流信息监控以及行邮监管等一系列通关改革，探索建立以验证稽查为核心的守法通关便利改革。继续实施"5+2"24小时的全天候预约通关制度，加强文明窗口建设，推进行政审批和行政许可改革，全面推行关务公开，不断提高通关效率和服务水平。

三是支持口岸开放和建设。积极推进"大通关"建设，支持江苏开拓新的经济增长点，继续推动南京禄口机场办事处升格为海关工作，继续支持盐城、徐州、无锡机场临时开放，设立武进办事处和大丰港办事处等海关机构，支持原有沿海沿江口岸增加码头开放。积极推动建设全省互联互通的电子口岸平台建设，目前张家港、连云港"大通关"信息平台建设已经初见成效。

江苏公安边防总队

【概述】 2007年以来，在部局党委的正确领导下，总队认真贯彻落实部局党委扩大会议和提高边检服务水平一系列会议精神，紧紧围绕经济建设大局，以科学发展观为指导，大力开展提高边检服务水平工作，全面推进爱民固边战略实施，不断强化"三基"工程建设，使边防检查工作在上年的基础上取得了新进步，圆满完成了各项边防检查工作任务。全年共检查出入境人员1 282 108人次，其中旅客852 234人次、员工429 873人次，分别比上年同期增长23.16%、27.82%和14.84%；检查出入境交通工具27 507艘（架）次，其中船舶19 681艘次、飞机7 826架次，同比分别增长11.18%、7.96%和20.21%；检查进出港外轮16 307艘次，同比增长84.42%。

【明确工作思路，精心研究部署工作任务】 为认真贯彻落实全国边防检查工作会议及部局提高边检服务水平动员部署会等会议精神，总队党委迅速部署、全警动员，及时召开提高边检服务水平活动专题会议，对活动的开展进行了精心部署，提出了"三五"的总体工作思路：坚持"三个围绕"（围绕边检工作信念和追求，打牢思想根基；围绕服务理念、专业素质、职业精神"三大支柱"，提高服务质量；围绕正确处理服务、效率和管控的关系，强化机制建设），健全"五大机制"（勤务运作、培训教育、考评奖惩、监督制约和优警保障机制）。各边检站不等不靠，先后召开党委会、军人大会、誓师大会等，迅速组织学习会议精神，并开展了"大学习、大讨论"活动。通过学习讨论，统一了党委"一班人"和各级领导干部的思想认识，明确了开展这项活动的目标任务、实施步骤和工作措施，并按照部局和总队的统一部署，及时成立了由军政主官任组长的提高边检服务水平活动领导小组，设立专门办公室，并结合本单位的实际情况，研究制订了实效性、可操作性较强的提高边检服务水平活动实施方案。南京边检站确定了"四个围绕"（围绕地方经济建设发展大局、围绕创建安全便捷的通关环境、围绕出入境旅客的需求、围绕提高检查员自身综合素质），健全了"五项机制"（教育培训、勤务责任、督察服务、考评奖惩、优警保障）等目标任务，全面提升边检服务水平。镇江边检站确定了强化边检职业精神、加强专业素质培训、开展服务心理健康训练、延伸服务触角等七项举措，推动提高边检服务水平活动深入开展。

【突出重点，全力推动提高边检服务水平工作开展】 各边检站按照部局、总队的部署要求，结合本单位和本口岸的工作实际，因地制宜，创新举措，全力推动了提高边检服务水平活动的顺利开展。

一是广泛开展培训竞赛，队伍素质明显提高。2007年4月初，总队连续举办两期由边检站站长、政委、站值班领导和执勤业务科长人员参加的提高边检服务水平培训班，系统学习了有关会议精神和领导讲话，观看礼仪讲座示范片，并重点围绕如何开展提高边检服务水平活动进行讨论交流，进一步提高了各级对提高边检服务水平工作的认识，统一了思想。各边检站紧密结合"三基"工程建设和部局"三考"要求，坚持以检查员和执勤哨兵两支一线队伍为重点，普遍开展了以"服务流程、职业礼仪、服务技能、专业知识、沟通技巧和心理调节"为核心的素质工程建设。

二是优化勤务运作，边检服务质量显著提高。南京边检站推出"两个特色做法"，即：方便航空公司启用A4纸登机牌和简化入境团队通关手续，方便旅客进出，进一步提高了通关效率；2007年10月11日，为贯彻落实孟副部长的重要讲话精神，召开誓言大会，在已推出的一系列精细化服务举措的基础上，又推出"联动服务"（即充分调动机场、航空公司客运服务部门、口岸联检单位、安检、公安、口岸签证处的积极性，与边检新型服务形式互动，推动口岸整体服务形象的提升）和三项延伸服务（即热线服务、预约服务和特别服务），收到了良好的社会效应。

三是抓好《边检服务水平评价体系》及其实施方案的落实。各边检站认真对照部局下发的边检服务评价体系，从服务效果、服务态度、服务环境、服务监督和服务创新等五个方面进行全面自查、整改，使评价体系落到实处。南京边检站对照自查，先后派员赴武汉、福州、青岛、成都、昆明等兄弟单位参观学习，借鉴好的经验和做法，较好地推动了各项工作的开展。

四是狠抓执勤现场建设，进一步优化了通关环境。南京边检站在进一步优化边检服务设施，加强站机关和培训中心改造建设的同时，全力加大出入境通道的改造力度，将入出境通道由26个增加至28个；南京港、扬州、泰州、常州、镇江边检站等港口边检站积极借鉴地方公安警务室建设的做法，在码头执勤一线设立了"边检警务室"，方便各类手续的办理。

五是抓好公安部12项服务措施的落实。公安部推出提高边检服务水平12项措施以后，各边检站高度重视,在结合实际、对照要求抓好落实的基础上,创新、创优服务措施,努力为广大出入境人员提供安全、便捷、高效的通关环境。

六是强化监督制约,综合保障水平得到了提升。各级内外部监督机构得到进一步完善,在执勤现场设立了意见箱,公布了三级举投诉电话,定期组织开展督察,并将督察结果与绩效考核挂钩。各边检站均聘请了政府、人大、政协、查验单位、服务单位等人员组成社会监督委员会,定期召开例会,组织明察暗访,并且完善投诉处理机制,保证了执勤执法"阳光作业"。

【主动作为,不断提升边检工作的地位形象】 各边检站牢固树立服务口岸经济发展的"大服务"理念,正确处理服务与管理的关系,坚持在服务中实施管理、在管理中体现服务,主动策应省市沿江沿海大开放、大开发的战略部署,增强责任意识、服务意识和奉献精神,积极作为,争先进位。自觉克服警力不足的矛盾,科学组织全省开放口岸新增外贸码头、客货航线边检勤务,积极跟进盐城、无锡、徐州机场以及如皋港等临时对外开放工作,在服务发展、服务群众中赢得了理解支持,提升了形象地位,促进了部队的自身发展。

【争先创优,充分发挥典型示范引导作用】 各边检站普遍开展了"文明使者"、"服务之星"等评先创优活动,并形成了自身的特色和"亮点"。南京边检站先后推出了"张学明工作法"、"二三四工作法"和"女子旅检科现场矛盾纠纷调处五步工作法";镇江边检站推出"青年文明服务队"服务举措,打造服务新品牌,市政府陈建设副市长亲自为"青年文明服务队"授旗;张家港、泰州、连云港、扬州、南通边检站开展了"文明示范岗"评选活动;常熟边检站开展了"比服务水平、比执法质量、比满意程度"竞赛活动,该站边检服务窗口连续四次获得常熟港联检中心"红旗窗口"荣誉;南京港边检站连续4年被部局评为基层建设标兵单位,并将监护一中队作为"提高边检服务水平示范中队"加以宣传推广,起到了很好的示范激励作用;泰州边检站将"便民服务直通车"做大做强,得到了孟副部长"从执法实际环境出发,真正为服务对象着想,创造新的执勤方式,值得提倡"的批示肯定,极大地鼓舞了部队士气和基层官兵的首创精神。

江苏出入境检验检疫局

【概述】 全年共检验检疫出入境货物168.93万批次、1 083亿美元,同比增长16%和25.4%;其中出境143.08万批次、619.36亿美元,同比增长15.32%、24.63%;入境25.85万批次、463.66亿美元,同比增长19.08%、26.5%。实施船舶检疫21 662艘次,飞机检疫8 007架次,集装箱检疫查验173.3万标箱。完成出入境人员检疫查验112万人次、健康体检17.6万人次。有16个分支局在检验检疫批次、金额指标方面达到两位数的增长。

【多措并举,强势推进,专项整治工作完成出色】 按照"内外并举,以内促外"的整治工作思路,坚持一手抓外部企业整治"不手软",一手抓内部工作质量检查"不护短",取得了显著成效。

在外部整治上,一是对全省种养殖基地和食品、玩具等企业及代理报检单位进行了"拉网式"清查,共累计清查各类企业(基地)1 794家,取消147家,暂停59家。通过清查净化了外贸经营环境,提高了注册企业的质量管理水平。二是加大了对进出口食品的监管力度。对出口食品实现了运输包装100%加贴检验检疫标志,对全省使用食品添加剂的生产企业和进口食品、化妆品的收货人实施备案管理,确保了可追溯。三是加大了对玩具、儿童服装、日用陶瓷等8类重点敏感消费品以及市场采购小商品的检验监管,提高了监管的有效性。四是加大了违规违法企业的查处力度。专项整治期间,共实施行政处罚1 337例,处罚金额1 039万元,提高了企业的诚信自律和守法经营意识。

【**严格执法，严密监管，口岸公共安全保障有力**】 加强疫病疫情防控。加大对高致病性禽流感等重大疫病疫情的防控力度，健全各类疫病疫情监测网络，建立动植物检疫实验室三级体系，提升了预警能力。发现医学媒介生物7 645批次、223万只。检出检疫性有害生物83种、2 402种次，其他有害生物1 303种、34 769种次，同比分别增长7.3%和34%。疫病检出率和疫情截获率继续保持全国系统领先水平。

加强重点敏感商品检验检疫监管。突出安全、卫生、环保、健康和反欺诈重点，加强了旧机电、废物原料、玩具等重点敏感商品的检验监管。全年共退运放射性超标、环保不合格的矿产品、废物原料13批；查处进口旧机电违规案件28起，涉及金额787万美元。加强进口旧机电能耗检测研究，发现了旧机电因电源制式差异致使能耗加大的突出问题，引起了国务院和总局领导的高度重视。率先实行"首件鉴定认可+过程监管"玩具检验监管新模式，得到总局的肯定并向全国推广，加强了玩具新特性材料和安全项目的检测分析，全年共检测8 213批次，比上年同期增长5倍，不合格1 226批，确保了全省玩具出口质量安全。

加强食品农产品监管。按照"一种模式，十项制度"的安全管理体系要求，不断加强源头管理，积极推广"出口产品关键点环节实施监管软件"，实现了从农田到餐桌的实时监管。引入GPS定位系统加强基地备案管理，完成394块基地的定位测量，撤销或调整面积占总面积的29.7%。建立"蔬菜检验检疫措施查询系统"，统一目光和做法，降低了质量安全风险。成功应用二维码—移动技术，实现对大闸蟹从养殖到出口的全过程监管。香港首批抽检的74个检测结果全部合格，促进了江苏省螃蟹的出口。

加强认证监管。严格各项注册和登记制度，确保企业准入质量。评审和企业注册清查发现不合格问题2 783项，取消或注销各类出口企业近200家；受理注册登记企业443家，12家企业不予许可。积极推荐企业对外注册，对外注册数达70家。完成强制性产品认证免办证明2 714份、61.12亿美元，比上年同期增长8.56%和11.9%。

加强执法稽查。积极落实政务公开，提高执法透明度。行政处罚坚持做到"每案必备、每月通报、每季分析、专项检查"，重大复杂案件现场指导，确保了办案质量，全年共办理处罚案件3 300起，处罚金额3 100万元，行政处罚数量和金额在全国系统继续保持领先地位，没有发生败诉和复议。其中"钢管变米糕"成为全国第一起因违反商检法而批捕当事人的典型案例。

加强应急处置能力建设。进一步完善预警通报制度，编印了《国外信息专报》，组织专门力量及时收集、整理、分析、通报相关预警信息。加强制度建设，修订整合各类应急预案。加强实战演练，组织食品、废物原料、传染病等应急演练10多起。先后成功处置了徐州"宠物饲料"、泰州"TD甘油"、丹阳"牙膏"、"太湖蓝藻"、"钢管变米糕"等各类突发性事件，得到了总局和省委省政府领导的充分肯定和表扬。

【**发挥优势，倾心支持，服务发展取得新成果**】 大力推进大通关建设。积极开展通关机制改革。组织了特殊监管区"一区多点"试点，强化办事处对辖区内的业务统一管理职能，制定了《江苏检验检疫系统办事处设置的指导意见（试行）》和《特殊监管区检验检疫监督管理实施意见》，集中配置资源，提高了工作质量和效率。不断推进电子监管，上线企业达2 800家，建成了总局—直属局—各分支局视频监控三级网络体系，加快了通关速度。

全力支持地方重大经济战略实施和重点产业发展。加快落实总局支持南京"跨江发展"和"建设五大中心"发展战略的10条意见；出台了推进江苏（昆山、扬州）海峡两岸农业合作试验区建设的10项扶持措施，以及扶持昆山台企发展的8条措施；签订了常熟达富电脑大型外商投资项目以及淮安富士康大型项目帮扶协议；支持徐州木制品产业集聚发展，提供检测技术服务；抽调专业技术力量，支持张家港创建我国首个"国际卫生港口"，取得重要的进展。同时积极加强与地方政府及兄弟单位的合作，共同提高执法监管效能，备案的合作备忘录达40个。此外，还积极配合有关部门做好全省3条临时包机航班、2个临时开放港区检验监管工作。

加大扶优扶强力度。继续开展"检企牵手"行动,新增扶持企业128家。大力倡导企业诚信经营,加强企业分类管理,为诚信好、质量优的企业提供出口免验、绿色通道等服务,同时在检测、培训、咨询、认证等方面给予优惠。年内又新增免验企业9家,其中有3家农产品企业,是江苏省首次获得出口免验资格的企业。目前全省免验企业数达19家,名列全国各省份第一。同时还帮扶17家重点农产品企业通过对外出口注册审查。

积极应对国外技术性贸易壁垒。针对江苏省进出口产品的结构特点,认真研究相关技术性贸易壁垒措施。重点加强对REACH指令、RoHS指令、WEEE指令、能效标识指令、日本肯定列表制度等的跟踪研究,并通过培训、咨询等渠道向企业提供政策法规和技术服务,提高企业的应对能力。共受理咨询900多人次,培训企业500多家、900余人。年初通过技术谈判,迫使日方同意输日紫菜扑草净限量标准由0.01ppm降低到0.19ppm,放宽近20倍,成为我国入世以来破解贸易技术壁垒的成功范例,受到了总局的高度赞扬。

此外,6月中旬,无锡太湖水域大规模蓝藻爆发后,江苏局及时跟踪,密切关注,积极开展技术攻关,全面落实8条应对措施,有效降低了污染对江苏省出口的不利影响,减少了企业损失,受到了各界的好评。

【夯实基础,改革创新,综合实力不断增强】 大力实施"人才强检"、"科技兴检"战略,全面加强自身建设,打牢工作基础,促进了综合实力的不断提升。

扎实推进核心技术保障能力建设。成立了江苏检验检疫局能效检测中心,在全国系统率先建立能效检测体系,南京、无锡、苏州国家级用能产品能效检测重点实验室相继建成并投入使用。加快了应对REACH实验室建设,被总局指定为国家级化学品分类鉴别与评估重点实验室。在无锡成立了全国系统第一家机动车辆及零部件检测国家级重点实验室,在扬州成立了全国系统首家光电产品检测实验室。此外,构建了全省系统动植物检疫三级检测体系;在保健中心推行了分类管理;整合和协调了食品检测实验室资源,进一步提高了检测水平。通过积极组织申报,加强与总局的沟通协调,争取总局一次性追加江苏出入境检验检疫局2007年仪器设备预算1.32亿元。同时争取地方配套支持取得显著成效。苏州市政府投入3000万元支持苏州局实验室建设;扬州市政府继给予轻工中心30亩检测用房建设用地后,又无偿划拨毗邻的20亩土地支持光电产品检测实验室建设。加大工业品中心与TUV纺织品检测的合作,检测业务和收费实现双突破。无锡局积极发展与英国天祥、日本科恩、莱茵TUV等国外检验机构以及美中互利公司的交流与合作,项目业务发展良好,已进入收益增长期。

全面强化科技创新工作。一是争取重大科技专项有所突破。共获得科技部立项国家科技支撑计划7项,软科学课题1项,质检公益科研专项3项(全国系统共获6项),争取到科技部经费资助852万元。获国家质检总局竞争性公开申报重大课题8项(总共11项),一般性自主申报课题15项,国家标准29项,行业标准36项。"江苏常熟金属材料及制品分析测试技术服务中心"得到省科技厅资助,首次列入江苏省科技发展平台项目。二是加大对涉及产品质量和食品安全的科研项目扶持力度,完成了《中国生态纺织安全体系研究》等一批与检验检疫业务工作紧密结合,影响广泛、应用性强的科研成果。三是强化标准化工作质量的管理力度,全年共完成了61项检验检疫行业标准的制定工作,创历史新高。

江苏海事局

2007年,江苏海事局在交通部和交通部海事局的领导下,在各级地方政府的支持下,紧紧依靠全局干部职工,各项工作保持健康发展,监管成效显著。在地方航运经济高速发展中,辖区安全形势保持稳定。

2007年，沿江沿海港口年货运量已达6.45亿吨，其中外贸运输量达到1.61亿吨，比2006年分别增长18.78%、16.36%；监管进出港船舶艘次已达110万艘次，其中国际航行船舶达到3.31万艘次，比2006年分别增长29.01%、3.19%；对外国籍船舶实施安全检查（PSC）608艘次；办理船舶签证108万艘次，办理国际航行船舶进出港检查检验手续3.31万艘次。

【实行"三项举措"，打造江苏国际海港区】 实施集装箱船舶"绿色通道"，对进入"绿色通道"的船舶实行多种便利措施，定期办理进出港许可手续；推进在建船舶抵押融资制度，服务江苏船舶制造业发展；对海轮船员加试定线制内容后，满足配员要求的中国籍海船可以自由进出长江江苏段，无需申请引航员。

【推进实施省级口岸查验单位联席会议制度】 在省委、省政府的正确领导，省级口岸查验单位的共同努力和省口岸办的大力支持下，江苏省级口岸查验单位联席会议制度实施以来取得了瞩目的成绩，为扩大江苏口岸开放，服务船舶制造业的发展，促进外向型经济的发展，做出了极大的贡献。

出台了《江苏省级口岸查验单位国际航行船舶进出口岸监管联席会议制度》，在全国率先为省级口岸查验单位共同研究、商讨口岸工作中的难点、热点问题搭建了平台，并使之制度化、规范化，为构建江苏和谐口岸做出了贡献。

为更好地发挥口岸效能，服务江苏省外向型经济发展和"两个率先"目标的实现，江苏省级口岸查验单位共同对江苏省口岸工作的现状和发展中存在的问题进行了深入的研究，一致认为在"十一五"这一重要机遇期，江苏省应当进一步加强口岸工作，采取切实可行的措施，提高口岸效能。利用联席会议这个平台讨论通过了《关于加强江苏省口岸工作的报告》，联合行文向省政府反映了江苏省口岸工作的现状、存在的问题和主要困难，并提出了工作建议。此报告得到了省政府领导的高度重视，张卫国副省长和时任省长梁保华先后做出了批示，要求省政府常务会议专门研究报告中反映的问题和提出的工作建议。

为维护国家主权，规范扬州大洋造船有限公司出口船舶交接查验监管工作，方便该公司出口船舶，根据国家的有关规定，出台了《扬州大洋造船有限公司出口船舶交接查验监管办法(试行)》，为在全省船厂的推广起到了示范作用，为江苏大量的船厂非开放码头交接出口船舶指明了出路，这充分体现了江苏口岸单位大力服务江苏船舶制造业的发展、江苏沿江沿海大开发和外向型经济的发展的精神。该办法的出台和推广，将树立江苏口岸单位服务江苏省社会经济发展的良好形象。

联席会议定期通报了各口岸查验单位的工作情况，促进了交流，增进了了解，畅通了联系渠道，加强了各省级口岸单位之间的合作，增强了合力，提高了口岸查验单位的监管效能。

【继续深化实施船舶定线制，实现"水上高速公路"】 2007年7月1日全面实施长江江苏段船舶定线制后，真正实现了长江江苏段船舶航行与国际接轨，大大提高了船舶航行效率和航行安全，并使大型船舶夜航成为可能，实现了安全、高效、快捷和全天候通航的目标，一条"水上高速公路"已经展现，极大地促进了江苏沿江外向型的发展。

【继续做好长江江苏段进江海船的夜航工作】 为缩减船舶在长江的逗留时间，减少船舶的营运成本，增加船舶营运效率，吸引更多的船舶进入长江，提高港口的利用效率，江苏海事局自成立以后，一直努力推进进江海轮夜航并为之做了大量的工作。随着船舶定线制的实施，大大提高了船舶航行效率和航行安全，为船舶航行提供了良好的通航环境，也使大型船舶夜航的条件更加成熟。2004年，进江海轮实现全面夜航以来，江苏海事局克服人手紧张的困难，从内部挖掘潜力，坚持全天候监管服务。

【重新划定长江江苏段锚地和建立水上服务区】 为适应航运经济的发展，巩固船舶定线制的成果，江苏海事局重新对长江江苏段锚地进行了划定，满足了逐年增加的国际航行船舶进出口岸的需要，缓解了进口岸国际航行船舶和进江海轮锚泊难的问题，解决了长期以来制约江苏沿江经济发展的一个"瓶颈"。江苏海事局引导水上服务模式改革，规划并公布了26个水上服务区，既改变供受油船舶乱停乱泊的现象、提高了船舶通航率，又给船方提供了功能齐全、标准规范的服务，得到了船民的普遍欢迎和上级领导的充分肯定。此外，江苏海事局还在长江江苏段设置了10块航行安全警示牌、信息牌，极大地方便了船舶航行，对遏制重点水域事故多发、实施船舶定线制起到了积极的作用。

【进一步简化进出口查验手续，完善全天候审批制度】 江苏海事局进一步简化国际航行船舶进出口查验手续，及时向各查验单位通报进出口岸船舶动态，协调查验工作，提高了办事效率，减少了船舶在港非生产性滞留时间，树立了江苏口岸及海事系统的形象。为使进出江苏口岸的国际航行船舶尽可能快地进出口岸，江苏海事局在海事管理和服务中，克服任务重、人员少等实际困难，进一步完善24小时值班和国际航行船舶全天候申报审批制度，提高了口岸管理的工作效率，深得各地口岸单位的好评。

【进一步做好超大型船舶进出长江安全监管工作】 为进一步发挥长江江苏段口岸的码头、泊位的效率，顺应进出长江船舶不断大型化的发展趋势，让更多的大尺度船舶直接进出长江为地方经济建设服务，江苏海事局在尊重科学和实事求是的基础上，结合辖区水域、航道、港口码头的具体情况，进一步完善超大型船舶进出长江的管理办法，对超大型船舶进出长江实施逐条全程维护，并在确保安全监管的前提下，尽可能地简化申报审批程序，努力使更多的超大型船舶进出江苏口岸，以充分发挥江苏口岸效率。

【加快VTS改造步伐和信息网络建设，推行电子口岸】 为更好地适应江苏口岸的发展，江苏海事局投入大量资金，一是加快长江南浏VTS改造步伐，完成了南通段VTS改造工程和张家港福南水道CCTV的建设，利用先进的科技设施加强对长江江苏段水上交通的监控，更加有效地为水上交通安全提供保障；二是加快信息网络建设，初步在全局实现国际航行船舶进出江苏口岸以及江苏口岸对外开放码头情况等方面的信息资源联网共享，并积极推行电子口岸，实行国际航线船舶进出口岸网上申报，在加强对船舶港口国和船旗国监督检查的前提下，进一步提高工作效率，做好服务工作。

【做好码头对外开放工作】 在江苏口岸对外开放工作中，江苏海事局解放思想，转变观念，处理好把关与服务的关系，主动并提前介入码头对外开放的前期工作，指导、督促码头单位建立起各项安全管理制度。促进江苏口岸快速、有序地发展，为江苏省外向型经济的发展做出了积极的贡献。

江苏口岸大事记

4月
江苏省口岸工作会在南京召开，省政府副秘书长、省经济贸易委主任韩庆华到会并作重要讲话。
7月4日
盐城空港口岸获得国务院批准开放。
7月30日
大丰港口岸一类开放通过国家验收。
9月28日
总投资近8亿元的无锡机场新航站楼正式启用，原江苏省省委书记李源朝、省长梁保华出席启用仪式。
12月18日
徐州机场至香港临时包机获得国家口岸管理办公室批准，正式开通。

浙江省

浙江口岸工作综述

2007年,浙江省口岸工作坚持以邓小平理论和"三个代表"重要思想为指导,认真贯彻落实科学发展观,按照浙江省委省政府的战略部署和国家口岸办的要求,紧紧围绕浙江省开放型经济发展需要和口岸工作目标,在省和各市政府相关部门及各级查验单位的大力支持配合下,努力在"效率更高、环境更优"上下工夫,积极创新,合力推进,较好地完成了各项工作任务。在浙江电子口岸建设、大通关建设、口岸开放与管理及共建文明和谐口岸等方面取得了明显的成效。

【概况】 2007年,浙江省海港口岸完成进出口货物吞吐量21 126.99万吨,完成国际集装箱834.07万标箱,分别比上年增长11.76%和31.67%;浙江省口岸出入境人员200.56万人次,比上年增长5.15%,其中浙江省航空口岸完成出入境旅客153.16万人次,比上年增长5.03%。

【全力推进电子口岸建设】 经过一年筹备一年建设,浙江电子口岸于2007年2月1日开通运行。开通以后,浙江电子口岸公司和各共建单位按照"以建设推进应用,以应用促进建设"的思路,共同研究制定并实施《关于进一步推进浙江电子口岸建设的意见》。一是加快推进联网建设。在2006年实现与杭州海关专线联网的基础上,2007年实现了与浙江省公安边防总队、浙江海事局、浙江省贸促会、浙江省经济信息中心、杭州萧山国际机场公司等单位的专线联网,初步搭建了"立交桥"式的物理架构;实现了浙江电子口岸、宁波电子口岸的专线联网。二是积极推进应用项目开发。浙江电子口岸在已有25个政务项目的基础上,2007年共自主开发18个地方特色政务项目和3个商务项目,平台服务功能大大增强。三是积极推广应用。先后举办了20多场现场推介会,培训企业、报关行业务人员2 500多人次。浙江省内主流媒体先后30余次对浙江电子口岸进行宣传报道,有效地扩大了浙江电子口岸影响。四是建立运行保障机制。出台了《浙江电子口岸建设和运行管理办法(试行)》,明确了各部门职责、运行保障和运维资金管理等要求,确保浙江电子口岸的正常运行。截至2007年12月底,浙江电子口岸已有注册企业7 094家,网站日均访问量4 000多人(次),企业通过浙江电子口岸共办理申报9.8万票,查询通关数据累计14.4万次。部分应用项目已初步取得明显的社会效益和经济效益。如义乌可进场信息发布系统运行后,通过向进出口企业提供可进场信息,有效地解决了集装箱车队堵塞义乌城市交通要道问题。舟山船舶管理系统上线以来,为企业节省了交通、通信成本。国际物流信息系统的应用,促进了传统集装箱运输"一轻一重"模式向"双重"模式转变,已配对成功集卡车1 415车。

宁波电子口岸公司通过整合现有资源,参与宁波市交通物流平台及空港物流平台建设,进一步丰富了服务内容,提高了应用效果,推出了"外贸八达通"和"企业E管家"两大新产品。截至2007年12月底已有注册企业2 828家。

【进一步优化口岸通关环境】 认真贯彻落实《浙江省人民政府关于进一步推进大通关建设的实施意见》、《浙江省人民政府办公厅关于进一步优化口岸通关环境的意见》和《浙江省大通关建设组织保障协调督查机制建设实施办法》,推动通关监管模式不断创新。一是积极推动长三角区域大通关协作。在牵头完成前期工作的基础上,配合上海市口岸办于2007年5月30日在上海召开了长三角区域大通关协作第一次联席会议。钟山副省长代表浙江省政府与上海市、江苏省政府签署了《长三角区域大通关建设协作备忘录》，实质性启动了长三角区域通关协作。浙江省口岸办积极协助上海轮值方做好年度协作工作。杭州海关成功试行了"上海—杭州出口加工区"海陆联程批量转关模式；浙、沪两地有关边检单位建立了边防检查工作协作机制，合力加快边检通关速度。二是进一步完善"属地申报、口岸验放"通关监管模式，积极参与长三角区域通关一体化改革进程，进一步简化转关手续，确保转关运输业务一体化，便利企业报关提货，缩短了通关时间。杭州、宁波关区平均每票货物口岸通关时间仅需10分钟左右。杭州航空口岸继续实行进出口货物"5+2"天加晚上预约通关制度，完善"提前申报、落地验放"模式，于2007年4月正式启动进出境快件24小时通关作业，使进出境快件提速6小时以上，加快了与上海等先进口岸的接轨步伐。三是不断提高大通关信息化水平。各口岸查验单位充分应用现代信息技术，实现了大通关主要业务网上办理。特别是海关的"保证金转税网上支付"、检验检疫的电子监管系统、边检的新一代网上报检和卡口自助通道管理系统、海事部门的国际航行船舶进口岸网上审批和对船舶船员的数字化、网络化管理系统等，均领先国内同行业水平。四是积极推动提升大通关服务水平。各地口岸结合实际，积极谋划大通关体系建设，制订大通关建设方案。口岸查验单位普遍建立优质服务承诺制。宁波海关对重大项目实行"一对一"服务，浙江检验检疫局实行"一条龙"、"一站式"把关服务，浙江省公安边防总队推出"无障碍"、"一站式"服务等，极大地方便了企业和旅客。

【进一步加大口岸开放力度】　一是继续深化《国家"十一五"口岸发展规划》。按照《国家"十一五"口岸发展规划》和《浙江省人民政府关于实施国家"十一五"口岸发展规划的意见》，浙江省口岸办印发了《关于做好2007~2010年海港口岸扩大开放和原二类口岸并入一类口岸工作的通知》，要求各市进一步深化细化"十一五"口岸发展规划并加大力度推进规划的实施。二是为"十一五"口岸发展规划的顺利实施做好基础性工作。在南京军区、驻浙部队和各查验单位的积极支持配合下，先后完成了舟山港域口岸高亭港区、定海港区长崎岛万吨货运码头、宝钢马迹山矿石中转码头二期水陆域范围、温州港口岸状元岙港区水陆域范围等对外开放的划定工作。在国家有关部门和军方的大力支持下，台州大麦屿港区扩大开放前各项筹备工作也取得实质性进展。三是根据《海关总署、公安部、交通部、质检总局、总参谋部关于印发〈关于确认港口口岸开放范围的意见〉的通知》精神，在有关市政府上报材料的基础上，经征求意见并讨论研究后，形成了《浙江省港口口岸开放范围方案》，由浙江省政府转报国家五部委。四是继续加快口岸开放步伐。认真完成了宁波港域口岸大榭港区三菱化工PTA码头、大榭港区招商国际码头3#泊位及码头发展公司1#泊位、台州港口岸海门港区天天物流有限公司码头、嘉兴港乍浦港区三期公用新世纪化工码头等5个码头(泊位)的对外启用验收工作。航空口岸先后开通了杭州—厦门—新加坡国际客运航线和"青岛—杭州—香港"地区货运包机航线，联邦快递中国区转运中心和中外运敦豪先后入驻杭州萧山国际机场开展航空快递业务。五是做好口岸临时开放的审核申报工作。及时做好有关海港和空港口岸临时开放的审核申报工作。及时办理了宁波港域北仑四期(3#、4#、5#、6#、7#)集装箱码头、宝钢马迹山矿石中转二期码头、嘉兴港口岸海盐港区秦山码头、台州港大麦屿港区华能电厂煤码头等4个码头7批(次)临时接靠国际航行船舶的申报协调工作。做好义乌至香港包机航班从义乌机场临时进出境的协调工作。为确保该临时航线顺利按时开通，浙江省口岸办多次进行督促指导和协调落实，义博会期间前后3个月，共安全运送出入境旅客约4500人次。

【稳步推进文明和谐口岸建设】　一是为认真贯彻落实《浙江省人民政府办公厅关于共建文明和谐口岸的意见》，在调研的基础上，制定印发了《浙江省文明和谐口岸建设考核试行办法》，明确口岸各有关行政执法单位职责和工作标准。二是各市、各口岸单位以创建文明和谐口岸为载体，积极组织实施并不断创新共建活动内容和形式。浙江省打私与海防口岸办于春节前牵头组织大型"新春联欢会"，各查验服务单位和相关部门900多人参加，收到了良好的效果。杭州航空口岸各查验单位继续开展"优质服务共建活动"，成效明显，浙江省口岸办会同杭州市口岸办对"优质服务共建活动"情况进行了督促检查、考核考评，并召开年度表彰会给予表彰奖励。浙江省公安边防总队开展的"提高边检服务水平"活动，舟山口岸开展的评选先进管理企业、优质服务窗口、最佳形象官员和先进工作者活动等，都取得了显著成效。文明和谐口岸建设的稳步推进，进一步密切了各单位各部门的协作配合，增强了口岸凝聚力，促进了浙江省口岸综合竞争力的提升。

【积极做好课题调研和信息等工作】 一是根据国家口岸办关于开展"合理配置口岸管理资源，提高口岸整体通关效能"课题调研工作的要求，浙江省口岸办对涉及浙江省的5个分课题情况进行了认真调研，起草调研材料，并及时上报沿海课题组。二是根据浙江省政府的要求，浙江省口岸办承担了《进一步加快浙江海港空港口岸对外开放的研究》、《进一步加快浙江海港口岸对外开放的研究》等课题调研、起草工作，按时完成了课题报告。三是认真开展建设调查研究。按照浙江省政府的部署，浙江省口岸办承担了《进一步推进大通关建设》课题，通过调研，起草了《杭州航空口岸管理暂行办法》（征求意见稿）；杭州市口岸办撰写了《推进杭州空港融入长三角物流一体化的思考与探索》专题报告，为政府决策提供参考；嘉兴口岸办制定了《嘉兴口岸诚信管理平台建设实施方案》等。四是搞好口岸信息等工作。主动收集口岸工作中反映的新情况、新问题和新经验，主动提供口岸信息。其中多篇被浙江省委、省政府信息采用，并多次得到浙江省政府领导的肯定批示。同时，认真做好浙江省口岸协会主办的《浙江口岸简讯》的审核工作。五是完成中国口岸协会交办的事项。与浙江省口岸协会共同认真完成了《中国口岸年鉴(2007)（浙江篇）》的撰稿、汇总和修改工作。

宁波口岸工作综述

【概述】 2007年，宁波口岸在党的十七大精神的指引下，坚持以邓小平理论和"三个代表"重要思想为指导，紧紧围绕市委、市政府中心工作，按照省打私海防口岸主管部门的统一部署，以科学发展观统领口岸工作全局，努力打造文明和谐口岸。在口岸开放、大通关和电子口岸建设、口岸精神文明建设等方面都取得了新进展，较好地完成了年度各项工作任务，取得了较好的绩效。

据统计，2007年口岸进出口贸易总额1 117.6亿美元，同比增长29.22%；海关税收510.77亿元，同比增长12.42%。宁波港口货物吞吐量34518.7万吨，同比增长11.46%，其中外贸货物吞吐量达15 785.2万吨，同比增长6.88%；集装箱吞吐量935万标箱，同比增长32.29%，其中国际集装箱吞吐量完成817.81万标箱，同比增长32.54%；出入境国际航行船舶13 057艘次，同比增长17.07%；出入境人员24.1726万人次，同比增长16.07%。宁波空港旅客吞吐量330.0626万人次，同比增长11.04%，其中出入境旅客33.1425万人次，同比增长21.32%；空港货运量3.96261万吨，同比增长2.2%，其中进出口货运量8 855吨，同比增长24.42%。

【海港口岸开放迈出新步伐】 北仑四期5个泊位的临时开放，使宁波港集装箱年吞吐量净增265万标箱，为宁波口岸集装箱运输的持续增长发挥了重要作用。经省口岸主管部门的批准，一批企业自备码头（泊位）相继对外开放。大榭招商国际集装箱3#泊位、大榭码头发展公司1号泊位、三菱化学PTA码头的对外开放，提高了宁波口岸的规模竞争能力。石浦港区口岸开放范围划定工作已由省政府函商南京军区。梅山岛开发建设指挥部、梅山岛保税港区开发开放已进入水陆域口岸开放范围划定阶段。

浙江省

【航空口岸发展呈现新局面】 经过多方协调,完成了宁波栎社国际机场往返韩国、日本方向新航路的开辟工作(2007年1月30日参作[2007]92号函复同意),2007年10月份民航总局空管局已正式下达了飞行程序的批复,为宁波空港的发展和新增国际航班提供了条件和保障。积极推进空港国际快件监管中心建设,经与口岸查验单位、交通局、机场多方协调,快件监管中心及货运通关中心建设方案已形成,建设地址基本确定,有关工作正有序展开。

【通关环境继续得到优化】 跨区域通关协作工作。与中部六省、长三角两省一市签订了口岸大通关协作备忘录,长三角电子口岸信息平台互联互通、关区检区协作验放、货代报关互认等已经启动。空港"虚拟航班"实现了上海浦东国际机场向宁波空港的延伸。保税区、出口加工区、保税物流园区实现"三网合一",形成"一线放宽、二线管住、区内简便、区间快捷"的管理模式。创新监管作业制度,完善查验电子关封、推行出口商品免验和"绿色通道"取得了新实效。宁波海关推出了"八项"大通关措施,宁波检验检疫局着力加强电子监管、企业信用管理、质量控制、技术支撑和企业服务五大体系建设。服务平台建设取得新进展,落实了东部新城国际航运服务中心口岸"一站式"服务的功能布局和办公业务用房分配。海港通关中心增加了查验单位办公用房,并安排财政资金进行了装修改造。

【电子口岸建设稳步推进】 完成《宁波电子口岸信息平台建设发展总体规划调整研究》课题,并通过专家组论证。参与配合交通部门牵头完成了《第四方物流运输市场综合制度创新研究》课题。电子口岸管理机制进一步完善,制定了《宁波电子口岸政府推进项目投资开发建设管理暂行办法》和《宁波电子口岸信息平台运营考核暂行办法》,建立了政务项目的立项制度、课题责任人制度和绩效评价制度;根据财政资金的管理要求,建立了平台运营绩效考评制度。加大对电子口岸的投入,从2007年起3~5年内,市财政每年安排500万元电子口岸信息平台运营专项资金,安排500万元市电子口岸建设的项目扶持资金。积极推进电子口岸信息平台项目和基础框架建设,技术基础平台建设已整体竣工,并通过专家组验收。电子口岸公司通过整合现有资源,推出了"外贸八达通"和"企业E管家"两大新产品。目前,宁波电子口岸入网企业达到11 000家,项目达到90多个,平台日平均访问量达到5 500人次,日平均交换报文业务量达到2万份。

【反走私态势保持平稳】 2007年共查获各类走贩私案件2 753起(扣除一般简易程序案件),案值10.47亿元。抓获犯罪嫌疑人24名,采取强制措施46人次。查获行政违规案件201起,案值9.9亿元。海关、检验检疫、国税、外管、工商、外经贸等部门联合组织、联合推送、联合审定、联合公布了全市首批105家进出口诚信企业,并进行了授牌。建立了各缉私相关职能部门动态分析例会制度,增强各部门的协作配合和对反走私形势的控制能力。

2007年,宁波海关坚持以科学治关理念统领海关工作,扎实推进和谐海关建设,深入开展准军事化海关纪律部队建设,全面建设一流海关,实现了把关与服务"双赢",圆满完成了年度各项工作任务。宁波检验检疫局按照国家质检总局的统一部署,紧密结合地方党委政府的各项要求,坚持"争创一流、走在前列",抓重点、攻难点、扩大结合点,创新业,促和谐,圆满地完成了各项检验检疫工作。边检部队紧密结合当前的社会形势和宁波口岸的特点,坚持以业务建设为中心,全面提高边检执法服务水平,努力开拓创新,充分发挥职能作用,为营造安全稳定和谐的口岸环境作出了积极贡献。宁波海事局认真贯彻落实科学发展观的要求,全面统筹以水上安全监督管理为中心的各项工作,切实履行海事监管职责,有力地维护了辖区水上交通安全,促进了口岸的健康发展。宁波港集团、栎社国际机场、船运船贷货贷等口岸生产服务企业,拼搏创新,追求卓越,抓好安全生产,提高服务水平,在激烈的市场竞争中各项工作取得新的业绩。

在宁波口岸管理、查验和生产服务企业的共同努力下,口岸各部门牢固树立全局观念,妥善处理国家与地方、全局与局部、执法与服务等关系,互相配合,互相支持,实现口岸共赢发展。解放思想,坚持创新,向创新要效率,向创新要"编制",向创新要效益,走出一条靠创新求发展的路子,实现了口岸又好又快地发展。

【第七轮口岸大通关"四定"工作制度】 大通关办公室确定了5方面12项整改内容,明确了各责任单位,实行定时间、定目标、定要求,定责任的"四定"工作制度。

【推出"虚拟航班"业务】 宁波海关将监管车辆作为国际航班的地面延伸,企业可通过东航宁波分公司直接预订上海东航国际航班的舱位,由东航下属监管车队负责货物运输,每日定时发往上海,避免以往货物转关至上海后无法订舱、出运情况的发生,实现了上海浦东国际机场向宁波空港的延伸。

【开发海关监管区域信息化管理系统】 将保税区、出口加工区、保税物流园区三个保税监管区域统一为整体,形成"一线放宽、二线管住、区内简便、区间快捷"的区域管理模式,实现网上移动办公、三区数据共享,简化了卡口管理,方便了企业运作。

【电子口岸"四调四推"工作】 调整股权结构,推进公司法人治理;调整政府扶持办法,推进平台可持续发展;调整项目建设重点,推进开发应用范围;调整平台绩效考核和项目建设考核办法,推进平台及项目开发建设的规范有序。

【"外贸八达通"和"企业E管家"】 为企业提供航运信息、报关信息、货物追踪、外汇核销、网上报关等服务。

【电子口岸技术基础平台建设】 完成了规划、设计、开发三个阶段的工程,于2007年9月29日通过专家组验收,标志着宁波电子口岸基础平台建设已整体竣工。目前电子口岸基础平台可同时支持100个用户并发操作,峰值响应时间可达1秒,日处理报文量可达25万份。

【长三角区域"大通关"建设协作机制的建立】 宁波口岸积极参与区域大通关建设,与苏浙沪二省一市共同签署《长三角区域大通关建设协作备忘录》。

【与中部六省建立大通关合作机制】 2007年4月26日,市政府副秘书长、市口岸与打击走私办公室主任范海波代表宁波口岸在郑州召开的第二届中国中部投资贸易博览会上分别与山西、安徽、江西、湖北、湖南和河南中部六省签署《沿海部分省市与中部六省口岸办大通关合作框架协议》。

【共建合作激励机制,取得实效】 根据《宁波口岸共建合作书》的有关规定,组织开展了2006年度合作共建考评工作。考评采取考评组考评、相关企业评议、各单位自评相结合的方法,共向考评领导小组成员单位和企业代表发放考评表46份。经汇总意见,7家被考核单位都达到优秀。同时,在广泛听取各方意见的基础上,大通关办公室代表市政府向被考核单位发放了口岸合作共建奖励基金。

【大型货机起降宁波航空口岸】 澳大利亚航空公司B747-400货机分别于3月28日、4月3日从澳大利亚悉尼装载新西兰种牛飞往宁波。这是宁波航空口岸对外开放后首次保障外国籍大型货机起降任务。

2007年浙江海港口岸进出口运量统计表

单位:货运量(万吨)/集装箱(标箱)

项目 单位	类别	合计	比上年增长%	其中进口	比上年增长%	其中出口	比上年增长%
宁波口岸	货运量	11 339.48	8.12	8 946.45	4.03	2 393.03	26.77
	集装箱	8 178 100	32.54	3 898 300	31.85	4 279 800	33.18
温州口岸	货运量	128	-7.4	89.81	-12.8	38.19	8.2
	集装箱	92 527	11	45 552	6	46 975	17

浙江省

(续表)

项目 单位	类别	合计	比上年 增长%	其中进口	比上年 增长%	其中出口	比上年 增长%
舟山口岸	货运量	4 520.36	27.21	4 088.55	23.04	431.81	87.35
	集装箱	7 937	58.99	5 769	16.26	2 168	7 126.67
台州口岸	货运量	416.71	126.23	395.23	126.10	21.48	126.10
	集装箱	41 395	−14.07	20 797	−13.55	20 598	−14.58
嘉兴口岸	货运量	297.3	11.1	288.9	11.1	8.3	12.1
	集装箱	12 989	−30.66	8 774	−39.21	4 215	−1.93
总计	货运量	16 701.85	14.12	13 808.94	10.81	2 892.81	33.10
	集装箱	8 332 948	32.12	3 979 192	31.30	4 353 756	32.87

注：表中货运量数据来自海关。

2007年浙江海港口岸进出口货物统计表

单位：万吨

	单位	宁波口岸		温州口岸		舟山口岸		台州口岸		嘉兴口岸		总计	
类别		全年合计	同比增长%	全年合计	同比增长%	全年合计	同比增长%	全年合计	同比增长%	全年合计	同比增长%	全年合计	同比增长%
进出口货物运量合计		11 339.48	8.12	128	−7.4	4 520	27.2	416.73	126.2	297.2	11.1	16 701.41	14.15
进口货物	小计	8 946.45	4.03	89.81	−12.8	4 088.6	23.0	395.23	126.1	288.9	11.1	13 808.99	10.82
	1.原油	4 120	0.94			1 967.9	33.1			14.29	−28.8	6 094.59	9.21
	2.成品油	77.3	49.7	0	−100	266.9	3.7			5.86	3.4	351.83	12.31
	3.煤炭	143.2	75.7					116				259.2	138.92
	4.铁矿砂	2 707	−0.16	0	−100	1 559.21	18.3			0.14		4 266.35	3.73
	5.废金属(废船)	153.4	5.2	0	−100	5.31	1 802.3	170.16	−1.14			328.87	2.01
	6.液体化工	606	67			0	−100					606	−7.97
	7.钢(材)铁制品	45.3	1.1	0	−100	7.7	54	5.15	−62	2.8	−45	60.95	207.36
	8.硫磺	10.7	12.1									10.7	−57.18
	9.小麦	0.0196	−14.4			0.0043	−99.9					0.0239	19.5
	10.大豆(油菜籽)	124	−1.6	0	−100	131.18	12.4					255.18	2.81
	11.木材	0.0217	12.6	0	−100	3	50	0.027	−87	0.36	−0.03	3.4087	−93.16
	12.水产品	2.9	−0.98	0.07	−31.4	3.61	8.25	0.0019	−81.3	0	−100	6.5819	−62.02
	13.集装箱货	728.57	5.3	51.5	9.0	6.8	16.1	37.34	−9.7	36.57	18.4	860.78	18.04
	14.其他	228.04	90.48	38.24	655.73	135.82	315.61	66.55	6654	228.88	95.06	697.53	153.82

（续表）

单位\类别		宁波口岸 全年合计	宁波口岸 同比增长%	温州口岸 全年合计	温州口岸 同比增长%	舟山口岸 全年合计	舟山口岸 同比增长%	台州口岸 全年合计	台州口岸 同比增长%	嘉兴口岸 全年合计	嘉兴口岸 同比增长%	总计 全年合计	总计 同比增长%
出口货物	小计	2 393.03	26.77	38.19	8.2	431.8	87.4	21.5	127	8.3	12.1	2 892.82	33.28
	1.集装箱货	2 090.07	24.4	26.62	11.3	2.3		2.1	804	7.77	7.4	2 128.86	24.78
	2.成品油	117.9	53.7			23.13	171.1					141.03	52.88
	3.原油	0				73.58	12.6					73.58	−1.20
	4.水泥	9.4	−38.8	0.0002		229.76	12.8					239.1602	115.69
	5.水产品	15	−7.45	0.15	707.2	3.67	56.5	0.4	−21.2			19.22	−4.00
	6.植物产品	23.5	13.9		−100		−100	0.043	−81	0.004	−100	23.547	12.40
	7.液体化工	10	42.8									10	−25.26
	8.其他	127.16	78.90	11.42	3.16	99.36	138.79	18.96	673.88	0.53	−91.42	257.43	94.45

注：表中数据来自海关。

2007年浙江航空口岸出入境统计表

类别\项目	合计	同比增长%	内地	港澳	台湾	外国籍
出入境旅客 单位：人次						
出入境总数	1 530 960	5.0	524 257	203 822	281 814	521 066
其中出境	761 133	5.0	275 430	91 782	133 224	260 697
其中入境	769 827	5.0	248 827	112 040	148 590	260 369

出入境货物					单位：吨	
出入境总数	33 684	同比增长%	12.11	其中出境	23 303	其中入境	10 381

出入境飞机			单位：架次
出入境总数	14 684	其中出境	7 343	其中入境	7 341

2007年杭州航空口岸出入境统计表

		出入境旅客				单位:人次
类别 项目	合 计	同比增长%	内 地	港澳	台湾	外国籍
出入境总数	1 153 958	1.2	362 752	142 597	194 747	453 862
其中出境	570 682	1.6	186 988	63 349	92 325	228 020
其中入境	583 276	0.7	175 764	79 248	102 422	225 842
		出入境货物				单位:吨
出入境总数	23 428	同比增长%	9.4	其中出境	18 860	其中入境	4 568
		出入境飞机				单位:架次
出入境总数	10 821	其中出境	5 403	其中入境	5 418

2007年宁波航空口岸出入境统计表

		出入境旅客				单位:人次
类别 项目	合 计	同比增长%	内 地	港澳	台湾	外国籍
出入境总数	331 424	21.3	139 183	55 558	77 205	59 478
其中出境	166 405	20.0	75 220	25 991	36 327	28 867
其中入境	165 019	22.8	63 963	29 567	40 878	30 611
		出入境货物				单位:吨
出入境总数	8 855	同比增长%	24.42	其中出境	3 744	其中入境	5 111
		出入境飞机				单位:架次
出入境总数	3 216	其中出境	1 615	其中入境	1 601

2007年温州航空口岸出入境统计表

类别\项目	合计	同比增长%	内地	港澳	台湾	外国籍
出入境旅客 单位：人次							
出入境总数	45 578	1.7	22 322	5 668	9 862	7 726
其中出境	24 046	-1.5	13 222	2 442	4 572	3 810
其中入境	21 532	5.4	9 100	3 226	5 290	3 916
出入境货物 单位：吨							
出入境总数	1 401	同比增长%	-7.46	其中出境	699	其中入境	702
出入境飞机 单位：架次							
出入境总数	647	其中出境	325	其中入境	322

浙江口岸查验单位工作综述

杭州海关

2007年，杭州海关在海关总署的正确领导下，在浙江省各级党委、政府的关心支持下，紧紧围绕总署的部署，紧密联系浙江的实际，以科学治关理念统领海关工作，全面推进和谐海关建设，着力完善综合治税大格局，着力健全风险管理机制，着力推进准军事化海关纪律部队建设，各项事业取得进一步的发展。

【**税收工作量质并举，征管水平整体提高**】 2007年进一步充实完善税收征管质量综合考评办法，细化6大类22项考核指标的量化标准，建立全面科学的税收考核机制。重点开展各类业务监控分析，加大核查反馈力度，使主要质量指标处于正常区域。确保关区税收质量保持较好的水平。2007年，共征税款258.11亿元，同比增长28.1%，再创杭州海关税收历史新高。

【**监管通关改革显成效，绩效不断提升**】 积极推动区域通关、义乌小商品出口申报、保证金转税网上支付、个性化审单通道设置试点等多项改革，成效明显。2007年适用"属地申报、口岸验放"模式的A类企业达217家，比上年增长171.2%。网上支付缴纳税款160亿元，占总税款的61.91%，增长7.6倍，所占比例跃居全国海关前列。开展查验率科学设置试点工作，进一步提高了关区查验的准确性和有效性。2007年共监管进出口货物5 959.88万吨，同比增长29.18%；货值343.67亿美元，同比增长32.57%；审核报关单55.41万份，增长24.29%；监管进出境人员139.23万人次，邮件157.25万件。

【**保税加工改革稳步推进，监管能力明显加强**】 提高联网监管覆盖率，扩大中小型加贸企业仓库联网监管系统的应用，制定《杭州海关保税仓库合理布局规划》，规范关区保税仓库设立、撤销审批，有效引导保税仓库的规范运作与合理布局。加大加工贸易流程再造研究力度，稳步推进加工贸易监管转型升级。2007年关区加工贸易备案合同24 756份，金额154.24亿美元，同比分别增长2.27%和36.33%。内销征税11.56亿元，同比增长30.42%。

【打击走私成果显著，综合治理效能增强】 认真贯彻《总署党组关于实施宽严相济的刑事司法政策的意见》，进一步转变执法理念，提高执法水平。初步建立关区反走私责任制，加大打击行业性重大走私犯罪力度，组织开展"春潮行动"、"补天行动"、打击"三废"走私、打击手表走私等专项行动，破获了一批大要案。查获外籍旅客走私大麻烟52余千克，成功侦结我国海关迄今为止查获的最大走私毒品安眠酮案件，破获首起邮递渠道走私毒品案件。保持定期与省、市打私办及公检法等单位的沟通协调，反走私整体效能进一步提高。立案各类走私违法案件1 976起，案值15.57亿元，涉税2.62亿元，立案数、案值、涉税分别同比上升68.45%、52.94%和103.94%。

【统计数据质量稳定，监测预警作用强化】 加强对统计数据的审核与管理，确保关区数据质量达到第二步发展战略要求的标准。积极开展统计分析联合调研工作，与天津等海关联合调研撰写的《2007年全国农产品进出口调研报告》得到温家宝总理的批示，与北京等海关联合调研撰写的《2007年全国私营企业进出口调研报告》得到牟新生署长的批示，2007年共撰写各类统计分析文章114篇，充分发挥了海关统计为领导决策、为经济发展、为海关管理服务的作用。

【稽查机制得到完善，稽查力度加大】 有效整合关区稽查资源，不断丰富完善"三位一体"工作机制内涵，充分发挥稽查在海关整体改革发展中的重要作用。积极开展常规稽查、专项稽查、验证式稽查，2007年共稽查企业363家，覆盖面达到了总署规定的要求，通过稽查共补税入库778.37万元，移交缉私各类案件、线索63起，案值8.9亿元。

【构建企业管理新模式，规范企业行为】 加强企业报关注册登记、企业档案数据库、红名单企业培育、报关员IC卡记分等方面的管理，扎实做好基础工作。开展规范企业进出口行为工作，探索关企合作模式，提高企业整体守法意识。与浙江省打私与海防口岸办、国税联合开展守法诚信进出口企业推荐活动，推动企业诚信体系建设。

【海关法治化进程加快】 全面落实"五五"普法规划，开展一系列专题法制宣传教育活动，认真做好行政诉讼案件的应诉工作。2007年共立案301起，没收侵权货物价值2 739万人民币，分别是2006年的2.45倍和2.09倍。

【积极出谋划策，为浙江省政府决策提供服务】 本着为地方经济社会发展服务的思路，向浙江省政府报送《杭州海关关于支持浙江省经济发展思路和建议的报告》，受到浙江省政府领导的重视。提出《杭州海关关于支持浙江省国际物流发展的建议》，加大对国外针对我国设置贸易壁垒的商品、国家新出台政策相关的商品预警监测力度，及时全面分析浙江省进出口动态，为地方政府宏观决策和企业经营决策服务。

【推行通关改革，营造良好的通关环境】 在浙江关区全面实施"属地申报、口岸验放"的区域通关改革，进一步提高了通关效率，节约了物流成本。完善和提升浙江电子口岸功能，开发包装上线"空港大通关"、"浙江船舶动态管理系统"、"区域集装箱物流信息配送系统"等29个应用项目，目前浙江电子口岸网站访问人数居全国地方电子口岸首位。组织实施义乌小商品出口申报制度改革，开发"简化归类货物清单预录入系统"，创新义乌小商品出口监管模式，较好地实现了有效监管与高效服务的统一。

【为地方经济社会发展提供配套服务】 在衢州、丽水正式开关运作，全力支持浙江经济落后地区的外向型经济发展。落实国家减免税政策，支持地方招商选资、企业技术改造和重大项目建设，2007年共审批减免两税56.7亿元。成立重大招商项目服务小组，为萧山机场合资扩建和联邦快递进驻等重大项目建设提供政策服务。加大与海关总署、地方政府等有关部门的沟通协作，共同推进浙江省出口加工区、保税物流中心等特殊监管区域的申请设立建设工作,促进浙江省保税物流业的发展和加工贸易转型升级。

【坚持打防结合、宽严相济,落实执法为民要求】 坚持预防重于打击的理念,继续深入开展海关政策法规宣传,提高企业守法意识。坚持严格、公正、文明执法,妥善处理企业因政策不明、标准不清引发的案件,减少社会不和谐因素,积极支持"和谐浙江"、"平安浙江"建设。建立健全重大事项通报制度,加强与政府、司法部门的联系沟通,依靠地方党政、社会组织的力量,化解矛盾纠纷,营造和谐的执法环境。

2007年杭州海关业务统计表

项目		单位	业务量	同比(%)
货运量	合计	万吨	5 959.88	29.18
	进口	万吨	5 228.32	27.21
	出口	万吨	731.56	45.26
货值	合计	亿美元	343.67	32.57
	进口	亿美元	243.87	31.13
	出口	亿美元	99.80	36.23
监管运输工具		万辆、艘、架次	35.46	10.77
集装箱数量		万标箱	70.94	9.48
进出境人员		万人次	139.23	−1.00
行邮物品		万件	157.25	10.85
报关单		万份	55.41	24.29
累计注册企业		家	41 311	7.99
立案走私违规案件		起	1 942	70.35
立案走私犯罪案件		起	34	3.03
征收税款	合计	亿元	258.11	28.10
	关税	亿元	25.89	18.65
	进口环节税	亿元	232.22	29.26
减免税	免表数	份	13 737	26.70
	货值	亿美元	29.60	20.01
	减免税金额	亿元	56.70	18.70
加工贸易	备案合同	份	24 756	2.27
	备案合同金额	亿美元	154.24	36.33

浙江省

宁波海关

【概述】 2007年,宁波海关认真贯彻落实"依法行政、为国把关、服务经济、促进发展"的海关工作方针和"政治坚强、业务过硬、值得信赖"的海关队伍建设要求,坚持以科学治关理念统领海关工作,扎实推进和谐海关建设,深入开展准军事化海关纪律部队建设,全面建设一流海关,实现了把关与服务的"双赢",圆满完成了各项工作任务。2007年共审核报关单213.88万份,增长23.62%;监管进出口货物1.13亿吨,增长8.12%;进出口贸易总额1 117.99亿美元,增长29.27%;征收税款510.77亿元,增长12.42%。

【强化税收征管工作】 2007年,宁波海关不断健全完善征管制度规范,强化税收征管运行监控,定期开展税收质量考核评估,确保税收质量考核结果位居海关系统前列。针对2007年整体偏紧的税收形势,实施了税收户管制度、纳税大户重点服务制度等,加大了网上支付、网上担保模式推广力度,积极挖掘涵养税源,税收数量再创新高。2007年税收入库510.77亿元,同比增长12.42%,税收排名继续稳居全国海关第6位,税收流量553.9亿元,同比增长15.36%。2007年通过网上支付征收税款74.92亿元,增长60.19%。同时,进一步规范减免税审批和后续管理,着力解决综合治税中的热点难点问题,宁波关区综合治税大格局进一步巩固和完善。

【深化区域通关改革,促进"大通关"建设】 2007年,宁波海关着眼于区域经济发展,先后与厦门、福州等海峡西岸区域海关签订《"海西"区域通关改革联系配合办法》,与江西省上饶市、鹰潭市政府签署了建设"无水港"合作备忘录,并积极促进规范和简化转关运输监管业务发展,区域通关改革进一步深化,进口"应转尽转率"在全国海关居第2位。认真落实口岸"大通关"建设的各项工作,不断推进口岸"大通关"建设,深化"无纸报关"、"集中报关"作业模式,大力支持口岸开放,口岸整体环境不断优化,进、出口货物当天验放率分别达到65%和99%。开发完成"宁波海关集装箱货物管理系统",完善卡口控制与联网管理系统,实施推广选择查验系统,开展随机布控,物流监控更加严密和智能化,通关效率和监管效能显著提高。

【探索加工贸易管理新模式,提升保税监管水平】 2007年,宁波海关积极尝试加工贸易管理评估试点和加工贸易企业风险评估试点,完善职能监控和业务分析工作制度,不断提升保税监管水平,连续5年实现手册报核率和结案率"双一百"。同时,在宁波关区开展特殊监管区域和场所的全面调研,积极推进特殊监管区域、场所整合,认真做好出口加工区拓展保税物流等功能的试点工作,开发"三区合一"管理系统并投入试运行。加大政策宣讲力度,帮助企业积极应对2007年出口退税政策和加工贸易政策的重大调整。2007年加工贸易进出口总值为142.34亿美元,同比增长65.08%,宁波关区遗留合同数为0;海关特殊监管区域进出境货物总量68.6万吨,总值67.3亿美元,同比分别增长58.4%和153.3%;保税仓库入库货物总量229.8万吨,总值为11.64亿美元,同比分别增长22.4%和22.9%。

【树立和谐执法理念】 2007年,宁波海关牢固树立和谐执法理念,认真贯彻落实宽严相济的司法政策,注重理性执法,促进法律效果与社会效果的统一,坚持打击和规范相结合,引导行业规范经营。2007年组织开展了"利剑2007"、打击废物走私等6次专项行动,成功查办央批"4·27"专案,并深挖扩线,查获一系列废物走私案件。通过业务调研、业务协调、业务例会等多种方式解决执法疑难问题29项,出台《行政违法案件调查管理办法》等19项规章制度,并根据关区实际制定《行政违法案件立案标准》,推动关区行政执法的规范和统一。深入开展执法质量建设年活动,加强执法质量考核机制建设,2007年案件办理实现"四个零"(零有效投诉、零复议、零败诉、零赔偿)。全面实施关区打私绩效评估,加强与地方打私办、公检法等相关执法部门的联系配合,深化反走私综合治理,打私合力有效提升。2007年共查获走私违规案件3 938起，案值12.67亿元。其中刑事立案16起，案值2.77亿元；行政案件3 922起，案值9.91亿元；关区罚没入库8 102万元，同比增长17%。

2007年，宁波海关认真贯彻《海关总署关于加强直属海关风险管理工作的指导意见》，强化风险预警，防范业务风险，风险分析和风险监控取得成效，预定式布控有效率达26.2%；风险管理平台应用成效显著，2007年关区各单位运用风险平台共查获涉嫌走私违规案件113起，应补税款1 159万元，风险管理探索和创新能力进一步加强。共稽查企业395家，同比增加近1倍；查发各类问题企业141家，稽查有效率36%；稽查规范企业176家，增加29%；稽查补税54起，1 321万元；对119家企业实施稽查回访，提高了稽查执法服务水平；深入推进规范企业经营行为工作，及时调整企业类别，评定AA、A类企业17家，达标企业7家，调整企业类别23家；2007年内评定"红名单"企业4家，"黑名单"企业1家；全面实施报关员IC卡记分管理，累计对891名报关员实施记分13 914次，并开发完成了"宁波海关报关员执业岗位考核管理系统"，报关差错明显减少，通关效率有了较大的提高。加大报关企业实地勘验力度，报关市场进一步规范。

2007年，宁波海关统计工作水平稳步提高，实现业务统计数据"零差错"，统计工作综合水平继续位居海关系统一等行列；推广应用二期执法评估系统，实现统计查询系统和风险平台信息共享，拓展了执法评估系统的评估范围和深度，统计数据审核质量和工作效率有效提升；结合关区和口岸的特色组织开展专项调研，强化对省、市重点企业和宁波口岸进出口商品的监测预警分析，积极主动地为政府部门和广大企业提供及时有效的贸易数据和应付国外反倾销的对策建议，统计职能作用进一步发挥。

2007年，宁波海关"五五"普法开局顺利，与地方外经贸部门联合举办大型外经贸政策宣讲会8次、重点企业座谈会3次，并组织开展了"海关政策法规咨询会"网上直播以及专题法制宣传等活动，企业守法自律意识明显增强。行政执法责任制有效落实并顺利通过总署的检查，完成了综合管理运行控制系统的测试开发工作并投入正式运行，全体关员依法行政的能力和意识不断提高。深入开展了文件清理工作，废止规章制度44件、规范性文件68件，修改规章制度19件、规范性文件6件。扎实推进知识产权海关保护工作，年内组织开展了"海鹰行动"、"龙舟行动"等保护知识产权专项行动，取得明显的成效，2007年共查获各类侵权案件224起，案值3 655万元。

【科技强关，保障业务改革发展】 2007年，宁波海关坚持科技强关战略，业务科技一体化成效明显。制定《宁波海关科技应用项目管理规定》，开发宁波海关项目管理系统，加大科技项目整合力度，实现科技应用项目的统筹、规范和科学管理，保障和推动了关区业务的改革发展。全面实施电子口岸"产品化战略"，推出"外贸八达通"和"企业E管家"两大产品，基础架构的稳定性进一步提高，平台项目功能进一步完善，用户规模不断扩大。全年共办理电子口岸入网企业3 658家，累计入网企业11 137家。

2007年宁波海关业务统计表

项目		单位	业务量	同比%
货运量	合计	万吨	11 339.48	8.12
	进口	万吨	8 946.45	4.03
	出口	万吨	2 393.03	26.77

（续表）

项　目		单　位	业务量	同比%
货值	合计	亿美元	1 121.54	29.5
	进口	亿美元	445.11	20.8
	出口	亿美元	676.43	36.0
监管运输工具		万辆、艘、架次	12 762	5.13
集装箱数量		万标箱	622.28	28.46
进出境人员		万人次	78.00	18.54
行邮物品		万件	0	0
报关单		万份	213.88	23.62
累计注册企业		家	14 550	6.72
查处走私违规案件		起	3 358	34.21
征收税款	合计	亿元	510.77	12.42
	关税	亿元	43.22	11.0
	代征税	亿元	467.55	12.6
加工贸易	备案合同	份	10 737	4.3

浙江公安边防总队

【概述】 2007年，浙江省公安边防总队根据公安部边防局的统一部署，紧紧围绕"基础在认识、根本在队伍、重点在创新、关键在落实、目标在一流"的工作思路，大力开展提高边检服务水平活动，主动融入地方经济社会发展大局，立足实际改善服务设施、优化勤务模式、提高查验效率，为构建"和谐口岸"作出贡献，圆满地完成了边防检查任务，维护了口岸安全稳定。2007年共检查出入境飞机14 684架次、船舶18 254艘次；检查出入境旅客1 534 046人次、员工454 355人次；查处各类违法违规人员1 997人次。

【提高边检服务水平】 2007年，浙江公安边防总队从浙江省经济社会发展大局出发，积极开展提高边检服务水平工作。年内，总队召开提高边检服务水平动员部署会、整体推进会和达标攻坚行动部署会，抓好工作部署和宣传发动，改造现场设施，开展素质培训，深化服务内容。各边防检查站把执勤现场作为主阵地，把服务对象是否满意作为检验服务水平的惟一标准，改善服务措施，改进服务形象和勤务机制，推出系列精细化服务，建立评价监督机制，切实提高通关效能和服务水平。

【服务大通关建设】 2007年，浙江公安边防总队热情为地方大项活动服务，全力支持口岸开放工作，落实"365—24—1"和"5+2"工作制，确保出入境人员、交通运输工具"全天候"快捷通关。推出窗口首问责任制、挂牌上岗制、手续限期办结制等便利措施，成立"快速处置问题"小组，开通绿色通道，做到特事特办、急事急办，方便出入境人员通行和企业生产，提高口岸综合服务质量。参与浙江电子口岸建设，改版和整合船舶网上报检和旅游团网上申报系统，在浙江省5个海港口岸、3个空港口岸推广使用，真正达到口岸企业、执法管理部门、政府三方都满意的要求,为浙江口岸通关速度实现历史性跨越打下良好的基础。

【落实公安部12项措施】 从2007年10月1日开始,浙江公安边防总队全面落实公安部提高边检服务水平12项措施,即中国公民出境免填登记卡;中外旅客中转过境免填入、出境登记卡;推广旅客满意度电子评价系统,主动接受监督;发放"登陆指南",为入境船舶船员登陆提供便利;实行"提前加开通道"制度,缩短客流高峰期旅客候检时间;实行"蓝色提示线"制度,尽量减少旅客排长队;设立"紧急救助通道",解决旅客急难需求;对迟到旅客实行"免排队"服务,避免交通运输工具延误;推广"蛇形排队"候检模式,均衡旅客候检时间;开设"边检询问室",减轻旅客的心理压力;设立"边检服务热线"和"现场咨询台",方便旅客咨询;逐步推行旅客流量信息发布制度,方便旅客选择适宜时段出入境。深入贯彻"执法为民"思想,为出入境旅客和交通运输工具提供方便、舒适、安全的通关服务,促进驻地经济发展及和谐社会建设。

【推广AIS船舶动态管理系统】 2007年,浙江公安边防总队在浙江省各海港边防检查站推广应用AIS系统(全称为"边防出入境船舶自动识别与动态管理系统"),能自动对半径90公里海域特定船舶的数据进行采集,整合、分析和处理边检业务部分数据,借助计算机辅助决策功能,实现船舶动态管理,提高海港边检站管控能力。实现窗口和现场、机关和基层以及边检和船方、港方、代理方互通互联互动,有效缓解警力不足与执勤任务重的矛盾,平均每艘出入境船舶待港作业时间可缩短10分钟,提高了通关效率。

【构筑诚信管理服务体系】 2007年,浙江公安边防总队完善诚信管理服务体系,形成覆盖各出入境口岸的"信得过船舶"、"信得过企业"、"信得过航空公司"、"信得过旅行社"和先进个人评价机制,"诚信受益、失信惩戒"观念深入人心,进一步宽松口岸环境,营造"诚信、和谐口岸"氛围,维护了通关安全与生产秩序。

【加大反偷渡工作力度】 2007年,浙江公安边防总队严厉打击口岸偷渡活动,各边防检查站共查获偷渡案件13起19人次,接收遣返偷渡人员139人次。5月31日,杭州边防检查站在执行出境航班检查时,发现一名旅客的签证有伪造嫌疑,经立案侦查,于6月5日将涉嫌组织偷渡的嫌疑人赵某抓获。

2007年浙江省边防总队出入境旅客统计表

项目		入境方式			出境方式			合计
		船舶	飞机	小计	船舶	飞机	小计	
中国籍	因公	12	8 056	8 068	17	7 374	7 391	15 459
	因私	5	240 771	240 776	3	268 056	268 059	508 835
	香港	1	109 279	109 280	1	88 237	88 238	197 518
	澳门	0	2 762	2 762	0	3 545	3 545	6 307
	台湾	0	148 590	148 590	0	133 224	133 224	281 814
外国籍		411	260 369	260 780	338	260 697	261 035	521 815
华侨		12	1 211	1 223	0	1 075	1 075	2 298
合计		441	771 038	771 479	359	762 208	762 567	1 534 046

2007年浙江省边防总队出入境服务员工统计表

项目		入境方式			出境方式			合计
		船舶	飞机	小计	船舶	飞机	小计	
中国籍	因公	80 420	31 642	112 062	53 306	31 520	84 826	196 888
	因私	442	3 386	3 828	410	3 382	3 792	7 620
	香港	67	11 032	11 099	69	11 007	11 076	22 175
	澳门	0	316	316	0	316	316	632
	台湾	538	75	613	1 446	74	1 520	2 133
外国籍		95 348	16 711	112 059	96 086	16 762	112 848	224 907
合计		176 815	63 162	239 977	151 317	63 061	214 378	454 355

2007年浙江省边防总队出入境交通运输工具统计表

项目		入境			出境			合计
		船舶	飞机	小计	船舶	飞机	小计	
中国籍	内地	1 393	3 551	4 944	1 294	3 586	4 880	9 824
	香港	530	2 167	2 697	337	2 130	2 467	5 164
	澳门	0	278	278	0	276	276	554
	台湾	4	0	4	7	0	7	11
外国籍		8 426	1 345	9 771	6 263	1 351	7 614	17 385
合计		10 353	7 341	17 694	7 901	7 343	15 244	32 938

浙江出入境检验检疫局

【概述】 浙江检验检疫工作在浙江省委省政府和国家质检总局的正确领导下，以科学发展观为统领，坚持把创新作为推动发展事业的动力，坚持贯彻落实党的十七大精神，按照"发展、创新、服务、和谐"的工作思路，围绕"一年大突破，两年上台阶，三年大变样"的发展目标，切实贯彻落实"高要求管理，高效率运转，高质量服务"的总体要求，主动适应国际贸易环境出现的新变化、新形势，扎实推进制度建设、体系建设、能力建设、队伍建设、作风建设、发展环境建设和体制改革，各项重点工作均取得了明显的突破，展露出10个新的亮点。2007年成为浙江检验检疫事业改革变化最大、发展速度最快、干部职工精神面貌最好的一年。

【认真依法行政，执法成效显著】 浙江检验检疫局以服务浙江开放型经济又好又快发展为宗旨，主动顺应浙江省经济社会发展的新战略，"依托5个创新，实现了5个突破"，挖掘了服务保障潜力，在"中国制造"面临质疑的国际贸易环境下,全力支持浙江省对外经济以质取胜,严格控制国外不合格产品、疫病疫情、有毒有害物质输入。2007年,经浙江检验检疫局检验检疫的货物达1 440 231批、金额564.92亿美元,同比增长18.33%和23.68%。其中查出不合格货物6 835批次、金额10.13亿美元,同比增长88.50%和68.91%。共查验出入境人员138.76万人次,检疫飞机、轮船17 753架(艘)次、集装箱35.09万标箱,截获有害生物2 724批次(截获了一类危险性有害生物——印度腥黑穗病菌),检出各类疾病47 253例次,杜绝了口岸公共卫生事件的发生。

【树立新观念,谋划新思路】 从创新观念入手,做了大量的工作,经过一线调研交流、召开系统务虚会及年度工作部署会,强化了"跳出系统看系统、走出行业看行业","发展是第一要务"等观念;强化"把促进地方经济社会发展作为各项工作的出发点和落脚点"的意识;确立了"发展、创新、服务、和谐"的总体思路;确立了以科学发展观为统领,全面贯彻国家质检总局和浙江省委省政府的战略部署,紧紧围绕构建和谐浙江、建设平安浙江的大局,以"干在实处、走在前列"为标准,在促进浙江经济社会全面、协调、可持续发展中,"找准位置,有所作为"。对浙江检验检疫局发展方向进行了明确定位,统一了上下认识,为全面推进各项改革奠定了思想基础。

【修编新规划,绘制新蓝图】 浙江检验检疫局从调查研究着手,问计于基层,求教于实践,组织召开了浙江省系统第一次工作务虚会议,提出了"创新、服务、和谐、发展"的总体要求;在近期发展规划上,提出了"一年大突破、两年上台阶,三年大变样"的"三步走"发展战略;在远期发展规划上,制定了《检验检疫"十一五"发展规划》,明确了"全面提升综合质量、行业综合管理水平、队伍综合素质、廉政保障综合能力""4个全面提升"的长期战略目标,明确了8个方面的35项任务,提出了业务体系架构、基建项目、人才培养、财务增长等全范围的具体指标。

【实施新举措,开创新局面】 浙江检验检疫局在2007年工作任务上,确定了"一条主线、两个着力点、三个体系"的工作目标,部署了6个抓的具体任务。在重点任务上,从制约和影响事业发展的主要矛盾,以及干部职工关心的热点和焦点问题入手,提出了8件大事,新设立了财务核算中心、政研室、WTO室、驻京办事处,在国家质检总局和浙江省政府的政策和资金支持下,职工专用房按时竣工,开工建设了新的实验用房,挂牌成立了检科院。这些新举措,为浙江检验检疫局的工作开创了新的局面。

【探索监管新模式,提高把关服务效率】 2007年,浙江检验检疫局在推广科技手段应用上迈出了较大的步伐,监管能力和通关效率明显提高。2007年,全系统新增实施电子监管企业1 131家,累计达3 256家,位居全国前列;采用"全球眼"视频监控达到90处;浙江检验检疫局自主开发设计的短信平台系统覆盖用户已突破5万,年发送信息达43万条,为检、企沟通提供了极大的便利;与杭州海关初步实现了报检数据联网共享,在杭州萧山国际机场实施的"空中申报、落地验放"的快速通关模式,对改善通关环境,加快通关速度,发挥了重要作用。

此外,浙江检验检疫局开发启用了浙江省系统通用的电子缴费系统,实现了企业检验检疫费用网络直接自动缴纳;引进了两套高性能的小型网络控制机组系统,完成了机房的整体改造,实现了检验检疫业务数据的集中应用;完善和推广了认证监管资源管理系统,启用了进口免办强制性产品认证申报系统。以上做法,简化了办事流程,提高了办事效率,受到了企业的好评。

【采取多种举措,应对贸易壁垒】 及时应对REACH法案,最大限度地保护了出口企业。面对欧盟REACH法案的严峻形势,浙江检验检疫局第一时间会同浙江省经贸委联合浙江省外经贸厅成立了浙江省应对REACH制度工作组,出台了应对措施方案,多次联合对化工企业进行培训,成立了应对REACH工作小组,举办了REACH制度知识讲座和研讨会。同时,在中央电视台、浙江日报、《财经》杂志和地方媒体中开展广泛宣传,组织了浙江省范围的出口化学品情况和进出口化学品管理现状调查,向国家质检总局和浙江省政府报送了调查报告，浙江省吕祖善省长和钟山副省长作了专门的批示。

积极宣传ROHS指令和WEE指令，帮助企业符合要求。积极开展ROHS指令和WEE指令的应对工作，组织讲座培训，扩大宣传范围，对浙江省部分企业进行了相关调查，引导企业制定相关企业标准、添置检测设备，落实产品检测，使出口欧盟的产品符合指令要求，应对工作取得实质性的进展。

【探索新机制，创建新"三高"】 浙江检验检疫局坚持主动融入浙江经济社会大局，有效地发挥部门职能作用，抓好"履行职能与促进经济发展相结合、严格把关与主动服务相结合"。对内创新管理，深入开展"高质量服务、高效率运转、高要求管理"的"三高"建设活动。

浙江检验检疫局先后与宁波检验检疫局、浙江省卫生厅共同签订了协议，建立了应对浙江口岸公共卫生事件合作机制；与浙江省工商局签署了《合作机制备忘录》，建立了联络协调工作制度；与杭州海关在舟山召开了2007年度关检合作联席会议，双方一致推出了关检合作的新举措即《和谐口岸共建备忘录》，使关检合作进入了新阶段；参加了长三角区域大通关协作第一次联席会议暨《长三角大通关建设协作备忘录》签约仪式，会上，江苏、浙江、上海两省一市签署了《长三角大通关建设协作备忘录》，浙江局代表检验检疫部门进行了发言。

为加快融入浙江经济社会大局，有效地发挥部门职能，浙江检验检疫局积极促进国家质检总局与浙江省政府支持浙江港口经济又好又快发展合作机制，主动牵头会同宁波局和省质量技术监督局共同承担合作机制筹办工作，已完成了《国家质检总局与浙江省政府关于支持浙江港口经济又好又快发展合作备忘录》的起草工作。

【全力抓好质量安全专项集中整治】 2007年3月份以来，以美国为首的西方媒体，大肆恶意炒作中国出口食品及出口商品质量安全问题，制造中国商品威胁论。在当前产品质量和食品安全重大考验面前，浙江检验检疫局迎难而上、全局动员、上下联动、多措并举，切实做到思想上高度重视，组织上加强领导，工作中狠抓落实，全面部署落实进出口产品质量安全监管工作，并取得了明显成效。

2007年浙江检验检疫业务情况统计表

项目	货物检验检疫				交通工具检疫		集装箱检疫	健康检查及预防接种（人次）			
	批次	金额（万美元）	不合格批次	不合格金额（万美元）	轮船（艘）	飞机（架）		健康检查	AIDS监测	发现病例	预防接种
合计	1 440 231	5 649 165	6 835	101 280	6 207	11 546	350 921	57 060	58 290	47 253	33 521
出境	1 396 864	4 068 648	5 034	12 772	2 343	5 775	222 484	50 490	50 733	38 465	33 352
入境	43 367	1 580 517	1 801	88 507	3 864	5 771	128 437	6 570	7 557	8 788	169

项目	货物通关		出入境人员查验（人次）	签发检验检疫证书（份）	签发通关单（份）	签发出境换证凭单/入境货物检验检疫证明（份）	签发不合格通知单（份）	产地证			
	批次	金额（万美元）						普惠制产地证		一般原产地证	
								份数	金额（万美元）	份数	金额（万美元）
合计	79 634	1 728 647	1 387 585	95154	81 509	1 350 772	4 770	513 957	1 501 832	183 249	591 617
出境	48 641	315 014	682 459	92788	49 059	1 338 160	4 770	—	—	—	—
入境	30 993	1 413 633	705 126	2366	32 450	12 612	—				

宁波出入境检验检疫局

2007年，宁波检验检疫局按照国家质检总局的统一部署，紧密结合地方党委政府的各项要求，围绕"12-365"的工作部署，坚持"争创一流、走在前列"，抓重点、攻难点、扩大结合点，创新业，促和谐，不仅较圆满地完成了各项检验检疫工作，为浙江省宁波市开放型经济又好又快发展作出新的贡献，而且在深化"六大体系"建设促进事业科学和谐发展、强化监管增强工作的有效性、认真贯彻落实全国质量工作会议精神、举全局之力深入开展进出口产品质量和食品安全专项整治行动、加强队伍建设和文化建设等方面，取得了新的明显成效。

【业务概况】 2007年共检验检疫出入境货物48.25万批，货值417.57亿美元，同比分别增长17.65%和11.42%。其中检验检疫出境货物40.97万批，货值129.10亿美元，同比分别增长18.81%和33.83%；检验检疫入境货物7.28万批，货值288.47亿美元，同比分别增长11.51%和3.65%。检验检疫船舶11 824艘、飞机3 217架。与此同时，通过狠抓检验检疫问题检出率，检验检疫工作的有效性明显增强。经检验检疫发现不合格货物5 259批，比2006年增长了46.74%，检出率为1.09%，比2006年提高了0.29个百分点，增幅为36.25%。尤其是首次截获国内罕见的十二齿小蠹伞滑刃线虫；从美国进口大豆中截获红色种衣剂大豆，首次从来自美国进口大豆中截获蓝色种衣剂大豆，其中检出的噻虫嗪、咯菌腈两种农药成分也是全国首次在种衣剂大豆中发现。2007年行政处罚共立案1 736件，同比增长10.15%。

【圆满完成进出口产品质量和食品安全专项整治任务】 2007年8月~12月4个月期间，面对进出口产品质量和食品安全专项整治这场特殊的战役，全局上下讲政治、讲大局、讲奉献，各级领导深入一线、靠前指挥，迅速统一思想，认真狠抓落实，攻坚克难，选调60余名精兵强将组成工作组奔赴一线认真宣传贯彻了全国质量工作会议精神，圆满完成了5个100%的专项整治任务：对已备案的247个出口食品原料基地完成100%清查，对辖区内223家(次)出口食品卫生注册登记企业完成100%清查，对辖区内136家获得出口质量许可证的玩具、小家电等产品的生产企业完成100%清查，对非法进口的肉类、水果、废物等100%退货或销毁，对出口食品运输包装100%加贴检验检疫标志并实施严格监管，共查处各类案件近200起，涉及货值近6 000万元，罚没金额200余万元，移送司法机关案件2起，还形成了17个方面的调研报告，为产品质量和食品安全专项整治长效机制的建立打下了扎实的基础。

【推进业务管理改革与创新】 检验检疫监管体系科学发展，阶段性成果不断涌现。以"多点报检、集中审单、实时监控、电子抽单、统一派单、属地验放"为核心的宁波检验检疫业务区域一体化改革取得积极的进展，检验检疫业务区域一体化管理系统被列为国家质检总局2008年信息化项目。进出口企业诚信管理探索取得了新突破，软件系统2.0版在1.0版的基础上研发成功，使适用范围扩大到所有监管对象，企业诚信管理机制不断完善，被列入国家质检总局2007年课题并上升为总局版。在卫生检疫、进口废物原料查验领域全面实施电子监管，探索了植物产品电子监管模式改革，利用企业EPR系统对敏感食品生产加工、出境木质包装检疫处理实行电子自动采集数据，加大"无纸化"报检审单推进力度，探索利用企业应用集成(EAI)技术，实现对企业质量控制数据的自动采集，"无纸化"报检审单与电子监管相结合试点进一步推进，电子检验检疫体系进一步发展和完善。试行出口电器企业厂检员备案制度，尝试前推检验监管工作，强化源头监管，提高产品出厂质量；着力推行出口打火机商品"抽批检验"新模式，全面试行进口轻纺产品"抽批检验+集装箱检疫"新模式，继续推进出口轻纺产品过程监督检验模式；探索开展"国外船板生产企业质量管理和控制体系+实施装运前预检验+进口船板到货核查"的检验监管"前推后移"新模式，检验监管体系不断完善。着力巩固和深化进出口产品质量和食品安全专项整治成果，积极开展"全备案、全申报"制度和新型口岸查验系统的研究,探索建立"独立运行、闭环运作"的检验检疫口岸验放体系,得到国家质检总局领导的充分肯定。科学规划,适度整合,进一步加强了口岸检验检疫监管场地管理。出台制度规范出口食品、农产品、动植物产品分类管理工作,在对出口食品、农产品、动植物产品风险分析的基础上,推行出口食品、农产品、动植物产品企业的风险分析分类管理,监管效率进一步提高。积极开展出口食品原料基地检验检疫备案管理工作,茶叶基地第二阶段备案工作走在了全国系统前列。深入开展"把关与服务"研讨,深入推行"一地一策"、"一厂一策"、"一行一策",进一步落实扶优扶强措施。认证认可监管体系深入推进。出口商品免验工作取得新突破,3家出口企业通过国家质检总局的出口免验现场审核,其中2家已获出口免验资格,目前宁波地区获出口免验资格的企业已达5家。宁波地区首获输美日用陶瓷出口质量许可证和生产厂认证证书,实现"零"的突破。WTO研究工作成果丰硕,"破壁攻垒"成效显著,局WTO网建成,专家库不断完善,新华社对宁波出入境检验检疫局WTO应对情况作系列报道,系统内外辐射、影响力不断扩大。加强口岸一线疫病疫情布控,完善检疫措施,强化口岸传染病联防网络,口岸预警和卫生应急意识及核心能力建设明显增强。积极承办并参与全国系统卫生处理技能竞赛,大力开展卫生处理技能培训,赢得卫生处理技能大赛总分一等奖第二名,以及优秀组织奖,卫生处理应急处置能力不断提高。推广应用由出入境船舶网上申报和网上审批组成的"出入境船舶检疫管理系统",船舶卫生检疫监管效能进一步提高。推广应用出入境检验检疫审单预警系统、产地证业务电子管理系统,升级口岸查验短信申报系统,建立原产地业务和检验检疫业务数据定期排查机制,检务效能进一步提升。

【科研检测能力进一步提升】 积极推进"十一五"实验室建设规划的落实,实验室检测支撑保障体系进一步完善,由九大检测中心组成的"大中心"管理框架基本成型,实验室管理模式改革试点运行工作稳步推进。艾滋病确证实验室筹建完毕,顺利通过国家质检总局专家组的考核验收。宁海局筹建了以文具检测为主的综合实验室,进一步丰富和完善了基层一线检测体系及实验功能。加强重点实验室高精尖设备的投入,重点实验室建设得到进一步的加强。打火机实验室通过欧委会的认可,成为国内获得欧盟推荐的两家打火机检测机构之一。电气实验室CB实验室资质完成首次预评审。食品实验室通过了韩国食药厅专家组的现场检查,继续保持韩国食药厅认可的"国外公认检测机关"资质。危检中心被列入国家质检总局国家级重点实验室建设规划。科研水平迈上新台阶。2007年承担国家质检总局科技项目4项,申报2008年并已立项的国家质检总局科研项目有9项,其中6项为自主申报课题,3项为公开申报课题;负责制定行业标准19项,参与制定29项,完成国家质检总局成果登记16项,宁波局成果登记7项,发布宁波局方法17项;评选出宁波局科技进步奖一至三等奖29项,其中10项课题推荐参加2007年国家质检总局"科技兴检奖"评选,获得二等奖1项,三等奖4项,还有一等奖和二等奖各1项为共同参与。推荐9项课题申报2008年质检公益性专项项目的评审;1项课题在宁波市2007年重大科技攻关择优委托项目公开招标中中标,1项课题获宁波市农产品质量安全与标准化科技专项。推荐15篇论文参加年度宁波市自然科学优秀论文的评选、2篇论文参加第18届多国仪器仪表学术会议交流,5项课题申报浙江省2007年度分析测试科技计划项目。

2007年宁波检验检疫业务情况统计表

项目	货物检验检疫				交通工具检疫		集装箱检疫（标箱）	健康检查及预防接种（人次）			
	批次	金额（万美元）	不合格批次	不合格金额（万美元）	轮船（艘）	飞机（架）		健康检查	AIDS监测	发现病例	预防接种
合计	482 509	4 175 682	5 259	330 005	11 824	3 217	5 882 630	5 621	5 561	1 180	7 741
出境	409 712	1 291 007	2 998	7 767	5 498	1 616	2 650 620	3 081	3 053	661	7 663
入境	72 797	2 884 675	2 261	322 238	6 326	1 601	3 232 010	2 540	2 508	519	78

项目	货物通关		出入境人员查验（人次）	签发检验检疫证书（份）	签发通关单（份）	签发出境换证凭单/入境货物检验检疫证明（份）	签发不合格通知单（份）	产地证签证			
								普惠制产地证		一般原产地证	
	批次	金额（万美元）						份数	金额（万美元）	份数	金额（万美元）
合计	847 497	5 650 990	586 962	27 439	856 409	132 312	3 114	298 517	794 580	64 235	198 962
出境	766 646	2 536 161	290 618	22 883	775 494	111 638	3 114	—	—	—	—
入境	80 851	3 114 829	296 344	4 556	80 915	20 674					

浙江海事局

【概述】　2007年，浙江海事局组织巡航12 955次，巡航里程273 915海里。审核并发放水上水下施工作业许可证1 967份，发布航行通告1 900次、无线电航行警告793次。组织协调海上搜救行动194次，出动海事巡逻艇198艘次，协调出动专业救助船68艘次、飞机23架次，部队船艇47艘次，社会船艇参与救助545艘次；救助遇险人员1 664人次、成功获救1 537人次，人命救助成功率为92.37%。登记各类船舶8 071艘次；办理国内航行船舶进出港签证302万艘次、外轮进出口岸审批手续28 291艘次；实施港口国监督管理（PSC检查）455艘次，滞留76艘次；实施船旗国监督检查（FSC检查）7 353艘次，滞留252艘次。组织各类船员培训763期、27 732人次，办理各类船员证件63 622本（份），组织全国海船船员考试2期4 694人、全省丁类海船船员考试3期2 508人。安排国际航运公司安全管理规则审核12次、国内航运公司安全管理规则审核101次、船舶审核359次。2007年，辖区水上安全形势保持基本稳定。

【辖区水上交通安全形势基本稳定】　2007年，浙江海事局辖区共发生一般等级及以上水上交通事故81件、死亡/失踪106人（其中外国籍船舶死亡/失踪37人，渔船死亡/失踪41人，中国籍运输船舶死亡/失踪41人）、沉船59艘（其中外国籍船舶沉船4艘，渔船沉船8艘，中国籍运输船舶沉船37艘）、直接经济损失13 421.19万元，分别与2006年同比下降12.9%、上升24.7%、上升18.0%、上升73.1%。年度事故发生率0.265件/万艘次，死亡率0.347人/万艘次、船舶灭失率0.193艘/万艘次，直接经济损失率0.263元/吨，与2006年同比分别下降13.1%、上升24.4%、上升17.5%、上升54.7%。辖区水上交通安全形势基本稳定。

【船舶防抗台防突实现人员零死亡】　2007年，浙江海事局认真总结近年来的防抗台工作经验，详细分析2007年海上船舶防抗台形势，以防台预案为指导，严格按照辖区防抗台工作预案和操作手册，通过社会各方的努力，成功完成了"帕布"、"蝴蝶"、"圣帕"、"百合"、"韦帕""、罗莎"等10次防台工作。特别是2007年第13号、第16号超强台风"韦帕"和"罗莎"相继正面袭击浙江省，防台形势十分严峻。经科学决策，规范运作，与相关单位全力协作，取得了"不死人，零沉船"的佳绩，有力维护了台风季节浙江省海上安全形势的稳定。

2007年，浙江海事局认真执行《浙江省海上突发公共事件应急预案》，进一步强化搜救协调能力，先后成功处置多起险情等级高、社会影响大的海上突发事件，如1月22日柬埔寨籍木材船"诺贝尔"轮在金塘南锚地碰撞无动力起重船"四航奋进"轮沉没，船上19名人员全部安全获救；3月17日香港籍杂货物船"惠荣"轮在舟山嵊泗浪岗山东北水域与"鹏延"轮发生碰撞后沉没，12人获救；11月11日巴拿马籍船"INABAPRIDE"轮在春晓油气田附近沉没，20名外籍船员全部获救等，得到了浙江省委省政府的充分肯定，获得了社会的广泛赞誉。

【深化专项整治活动，认真履行监管职能】 2007年，浙江海事局共对来自31个船旗国的455艘次船舶实施了港口国检查（初始检查），发现缺陷3 531项，滞留船舶76艘次。单船缺陷数为7.76项，平均滞留率为16.7%。

根据东京备忘录（TOKYOMOU）的要求和交通部海事局"关于开展2007年ISM规则集中检查会战的通知"精神，浙江海事局于2007年9月1日至11月30日开展了ISM规则集中检查会战检查活动。在本次ISM检查活动中，实施ISM集中检查85艘次，共查出涉及ISM类缺陷178项，对涉及ISM重大缺陷的13艘次船舶实施了禁止离港。

根据交通部海事局"关于开展方便旗船舶安全操作集中检查活动的通知"精神，自2007年5月1日起对列入亚太地区港口国监督备忘录组织发布的黑名单的船旗国所属的船舶和半数以上船员为中国籍船员的方便旗船舶加大安全检查力度，共检查此类船舶314艘次，对61艘次船舶实施了禁止离港。

浙江海事局通过深入开展专项整治活动，认真履行海事监管职能，加大对到港外国籍船舶的安全检查力度，有力打击了低标准船舶，保障了船舶安全营运，稳定了海上交通安全形势。

【做好国际海研会分委会秘书处工作】 浙江海事局承担了国际海事研究会海上便利运输分委会秘书处工作，根据工作职责，积极开展有关便利国际公约相关文件的翻译和跟踪工作，编制了国际海事研究会便利运输分委会《便利运输通讯》，于2007年4月28日至29日召开了国际海事研究会便利运输委员会（分委会）第一次委员会议，邀请国内各直属海事局口岸管理方面的专家就国际航行船舶进出港检查新单证使用和执行情况、海事机构在电子口岸和大通关建设中的进展、面临的问题和对策进行研讨，推动中国便利海上运输委员会的运作。

为充分借鉴先进国家的口岸管理经验，更好地发挥海事在口岸中的作用，浙江海事局成立了"先进国家口岸管理研究"课题组，通过对各方的调研，收集查找相关资料，分析先进国家口岸管理的现状，寻求可供借鉴的成熟监管制度，进而提出我国亟需采取的措施和对策，在各方的努力下，课题研究进展顺利，通过了有关专家评审，为在下一阶段更好地发挥海事在口岸管理中的作用打下了良好的基础。

【积极推进船舶监督信息化】 重视船舶数据的规范录入，全面推行船舶登记系统和船舶动态系统的运行。现国际航行船舶进出口岸审批、港口国检查等数据已全部录入相关系统，并通过"船舶安检数据分析与绩效考核系统"综合考虑船期、船舶概况、APCIS系统中目标因素值等综合因素对目标船舶进行科学筛选，从而避免了检查的盲目性，提高了对低标准船检查的力度。采用这一方式有效地保证了港口国监督检查的针对性、有效性和合理性。

根据浙江省政府关于进一步加快"大通关"建设的要求，积极支持和参与浙江省电子口岸平台建设，充分利用水监一期、水监二期信息化成果，配合做好系统需求分析，及时提供了相关的数据格式，将国际航行船舶进口岸审批、危险货物申报审批等行政审批项目加入电子口岸平台。

2007年浙江海事局业务情况统计表

序号	数据名称	数据量
1	组织巡航次数(次)	12 955
2	巡航里程(海里)	273 915
3	审核并发放水上水下施工作业许可证(份)	1 967
4	发布航行通告(次)	1 900
5	无线电航行警告(次)	793
6	组织协调海上搜救行动(次)	194
7	出动海事巡逻艇(艘次)	198
8	协调出动专业救助船艇(艘次)	68
9	部队舰艇(艘次)	47
10	救助遇险人员(人次)	1 664
11	办理国内航行船舶进出港签证(万艘次)	302
12	外轮进出口岸审批手续(艘次)	28 291
13	实施港口国监督检查(PSC检查)(艘次)	455
14	PSC滞留(艘次)	76
15	实施船旗国监督检查(FSC检查)(艘次)	7 353
16	FSC滞留(艘次)	252
17	在册登记国际航行海船	45
18	在册登记运输船舶(海船)(艘)	5 046
19	在册登记非运输船舶(海船)(艘)	783
20	组织各类船员培训(期)	763
21	办理各类船员证件(本)	63 622
22	组织全国海船船员考试(期)(人)	2期4 694
23	全省丁类海船船员考试(期)(人)	3期2 508
24	办理危险货物进出口申报审批(艘次)	43 061
25	危险货物吞吐量(万吨)	13 200

浙江口岸大事记

1月10日
浙江省打私与海防口岸办陈智伟副主任接待来浙江省考察、交流地方电子口岸建设的辽宁省口岸办刘丹副主任一行。

1月10日
台州公安边防联合16家航运企业为辖区183艘货轮安装了监控设施,在全国率先实现了数字化全程实时安全监控。

1月31日
温州海关与上海海关之间首票实行"属地申报,口岸验放"通关模式进口的货物顺利通关。

2月1日
浙江省打私与海防口岸管理工作会议在杭州召开,浙江省政府钟山副省长出席会议并作重要讲话,浙江省政府副秘书长、浙江省打私与海防口岸办主任楼小东作工作报告,省、市、县有关单位160余人参加了会议。

2月1日
浙江电子口岸举行开通仪式,浙江省政府钟山副省长出席并讲话。

2月8日
浙江省打私与海防口岸办举行"2007年浙江省'共守国门'新春联欢会",浙江省口岸、打私、海防系统900余人参加了联欢,浙江省政府钟山副省长到会并致辞。

2月16日
浙江省委书记习近平在杭州听取宁波、杭州海关工作汇报并予以充分肯定,称"海关在促进浙江经济发展方面功不可没",同时对浙江省内海关新一年工作提出了把好国门、强化服务、深化改革、带好队伍等四方面希望。

2月20日
杭州边检站被确定为全国边检系统"提高边检服务水平"活动首批7个示范单位之一。

2月26日
浙江省政府钟山副省长在楼小东副秘书长等陪同下,专程到浙江省打私与海防口岸办调研。

3月3日
公安部边防局齐焕祥副局长在《公安边防部队爱民固边战略简报》(2007年第8期)上批示:杭州边检站行动快,很快将提高边检服务水平的要求贯穿到春节出入境旅客检查工作中,值得各单位借鉴。

3月6日
"浙江省港口口岸开放范围确认工作座谈会"在杭州召开,有关市口岸管理负责人和杭州海关、宁波海关、浙江出入境检验检疫局、宁波出入境检验检疫局、浙江海事局、浙江省边防总队、浙江省军区的代表参加了会议。

3月15日
浙江省口岸办组织省级查验单位对宁波港域口岸大榭港区宁波三菱化学5万吨级化工码头对外启用

准备工作进行了验收。

3月19日

"杭州航空口岸优质服务共建活动"表彰会在杭州召开。浙江省政府楼小东副秘书长、杭州市金胜山副市长、浙江省打私与海防口岸办陈智伟副主任等出席会议并讲话。

3月19日

中国民航总局正式同意温州机场实施飞行区扩建工程。

3月20日

"美国联邦快递中国区转运中心落户杭州签约仪式"在浙江省人民大会堂隆重举行。浙江省委副书记、省长吕祖善,浙江省委常委、杭州市委书记王国平等主要领导,联邦快递公司国际业务总务总裁邓博华等亚太和中国区代表,华东民航局以及省、市有关各方代表出席了签约仪式。

3月20日

交通部批准国际航行船舶临时进靠嘉兴港口岸海盐港区秦山码头(交海函〔2007〕105号)。

3月22日

浙江省打私与海防口岸办陈智伟副主任接待来杭州考察交流的四州省口岸办李毅主任一行。

3月27日

国家电子口岸委办公室在杭州召开地方电子口岸建设工作座谈会,全国14个省(自治区、直辖市)和6个辖市的有关代表50余人参加了会议。

3月30日

江苏省政府陈蒙蒙副秘书长一行10人来浙江省考察电子口岸。

4月3日

浙江省政府批准宁波港域口岸大榭港区宁波三菱化学有限公司5万吨级化工码头对外启用(浙政函〔2007〕45号)。

4月4日~5日

浙江省打私与海防口岸办陈智伟副主任等赴北京向国家口岸办、中编委办、交通部海事局汇报口岸工作。

4月6日

交通部批准国际航行船舶临时进靠台州港口岸大麦屿港区华能玉环电厂煤码头（交海函〔2007〕132号）。

4月12日

浙江省政府楼小东副秘书长分别会见马来西亚亚洲航空公司商务及国际事务执行总裁张慕陶先生和钱塘航空有限公司副董事长陈亚君先生。

4月13日

浙江省口岸办组织省级查验单位对嘉兴港口岸乍浦港区三期新世纪石化码头对外启用准备工作进行了验收。

4月16日

中外运敦豪携手扬子江快运航空公司开通"青岛—杭州—香港"货运包机航线,并于5月25日举行了正式开通仪式。

4月20日

香港海关关长汤显明一行首次走访宁波海关。

4月20日

宁波海关举行集中销毁侵权货物仪式，采用碾压、焚烧、填埋等环保方式，对2006年底以来查获的近3 500箱、价值500余万元的侵权货物进行了集中销毁。中央电视台、法制日报、国际商报、浙江日报等10余家中央和地方新闻媒体的记者到现场采访。

4月26日

浙江省政府钟山副省长在"杭州边检站提高边检服务水平工作专题报告"上批示："杭州边防检查站上年在营造良好的检查环境、提高口岸的通关效率、提高边检的服务水平等方面下了大力气，工作成效很明显，为浙江的社会经济发展作出了积极贡献。值此，我代表省政府向全站官兵致以崇高的敬意和衷心的感谢。随着对外开放的不断扩大，杭州边防检查站的任务必将越来越重，希望你们继续努力，为浙江的发展再作新的贡献。"

4月26日

宁波市政府副秘书长、宁波市口岸打私办主任范海波代表宁波口岸在郑州召开的第二届中国中部投资贸易博览会上分别与山西、安徽、江西、湖北、湖南和河南中部六省签署《沿海部分省市与中部六省口岸办大通关合作框架协议》。

4月27日

杭州市政府蔡奇市长在"杭州边检站提高边检服务水平专题报告"上批示：杭州边检站在提高边检服务水平活动中起到示范作用，为杭州争得荣誉，向同志们辛勤工作表示慰问和感谢。

4月28日

浙江省委常委、杭州市委书记王国平在"杭州边检站提高边检服务水平工作专题报告"上批示：应予支持，请景淼、桂莉同志专题研究后提出意见。

4月29日

浙江省委副书记、政法委书记夏宝龙在"浙江公安边防总队提高边检服务水平活动专题报告"上批示：浙江省边防总队的工作很有成绩，在过去的日子里出色地完成了各项任务，我相信在此项活动中也一定会取得好成绩，使浙江省的边防服务水平达到国内一流水准。

4月30日

浙江省政府打私与海防口岸管理委员会第2次全体会议在杭州召开，楼小东副秘书长主持会议并作工作报告，浙江省政府钟山副省长出席会议并作重要讲话。

4月30日

浙江省公安厅王辉忠厅长在"浙江公安边防总队提高边检服务水平活动专题报告"上批示：边防系统开展此项活动很有必要。在实行"大开放"、实施"大通关"的浙江，边检作为对外的一个窗口，既要把好国门，又要服务发展，真正做到管理一流、服务一流、文明一流、水平一流。

5月22日

浙江省政府副秘书长楼小东会见了韩国大韩航空公司货运常务副总裁李遇平先生和货运中国区总经理金大熙先生，听取了该航空公司在杭州的运营情况以及开辟新航线的打算。

5月25日

中外运敦豪在杭州举行了"中外运敦豪杭州口岸开业暨新航线发布仪式"，中外运敦豪大中国区总裁许克威先生、浙江省和杭州市及杭州萧山国际机场公司有关代表出席开业仪式，浙江省政府楼小东副秘书长出席仪式并致辞。

5月29日

海关总署出台支持浙江义乌小商品出口市场发展的若干意见。

5月30日

浙江省政府钟山副省长、楼小东副秘书长等出席在上海召开的长三角区域大通关协作第一次联席会议暨《长三角区域大通关建设协作备忘录》签约仪式，钟山副省长代表浙江省政府在协作备忘录上签字。

6月3日~5日

浙江省政府副秘书长、浙江省打私与海防口岸办主任楼小东等专程赴温州市、台州市，对口岸、海防和打私工作进行调研。

6月6日

杭州航空口岸首票"属地申报，口岸验放"货物顺利通关。

6月10日

浙江省政府副秘书长、浙江省打私与海防口岸办主任楼小东等专程赴舟山调研口岸工作。

6月18日~19日

公安部在杭州召开了全国公安边防部队"提高边检服务水平"现场推进会。

6月20日

浙江省政府副省长钟山在宁波海关上报的信息《宁波海关采取八项措施助推长三角区域经济一体化进程》（省府办《专报国办信息》第110期）上批示："宁波海关的八条措施很好，要积极实施，不断完善，推动'大通关'建设，促进'长三角'区域经济社会发展。"

7月10日

全国、省人大代表到杭州边防检查站视察"提高边检服务水平"工作。

7月10日

杭州萧山机场海关、杭州萧山国际机场有限公司、浙江电子口岸有限公司与澳门航空公司等6家中外航空公司签订了航空口岸SITA舱单电子数据传输合作备忘录，至此，杭州航空口岸开展国际货运业务的12家航空公司全部实现了舱单数据的联网申报。

7月11日

浙江省打私与海防口岸办陈智伟副主任一行赴杭州边防检查站进行慰问。

7月12日

浙江省打私与海防口岸办陈智伟副主任等赴北京，向国家口岸办汇报舟山港域口岸开放等情况。

7月13日

浙江省打私与海防口岸办陈智伟副主任主持召开省大通关建设工作领导小组办公室成员会议。

7月17日

浙江省政府副省长钟山在宁波海关上报的信息《宁波海关大通关建设取得明显成效》（省府办《专报信息》第600期）上批示："宁波市'大通关'工作领导重视，工作到位，成效明显。宁波海关在'大通关'建设中发挥重要作用，他们的一些做法要总结推广。"

7月17日

浙江省政府楼小东副秘书长等赴北京向国家民航总局汇报杭州萧山国际机场国际航线运行情况。

7月17日

浙江省打私与海防口岸办陈智伟副主任一行赴南京军区司令部进行慰问。

7月23日

浙江省打私与海防口岸办邵志华副主任一行赴解放军总参谋部慰问和汇报工作。

浙江省

7月31日

浙江省第一个副厅级检验检疫分支机构——杭州出入境检验检疫局举行揭牌仪式,浙江省副省长钟山宣布杭州出入境检验检疫局成立,浙江出入境检验检疫局局长阎震和杭州市副市长张建庭共同揭牌。

8月1日~3日

浙江省口岸办主任座谈会在温州市洞头县召开,全省各市、县口岸管理部门近50名代表参加了会议。

8月2日

国家口岸管理办公室批复同意,从10月1日至12月31日,义乌至香港的客运包机在义乌机场临时出入境。

8月27日

浙江省政府召开大通关建设工作领导小组会议,浙江省政府副省长、浙江省大通关领导小组组长钟山主持会议并对下一步大通关工作进行了部署,22个成员单位的分管领导和代表参加了会议。

8月29日

经宁波市政府批准,徐高春同志任宁波市口岸打私办党组书记、宁波市口岸打私办主任。

9月18日

厦门航空公司开通"杭州—福州—新加波"客运国际新航线。

9月21日

杭州与上海航空口岸之间的海关监管卡车航班正式实现了进出口双向贯通。

10月2日

义乌市政府举行"义乌—香港临时包机开通首航典礼",浙江省打私与海防口岸办副主任陈智伟出席典礼并致辞。

10月4日

公安部边防局程晟参谋长率工作组到杭州边防检查站督导,听取了情况汇报,查看了执勤设施,询问执勤人员对公安部"提高边检服务水平"12项措施的熟悉情况。

10月30日

南京军区函复浙江省政府,同意划定温州港状元岙港区水陆域开放范围。

11月7日

全国政协常委、社法委副主任张绪武视察宁波海关,听取宁波海关工作情况介绍,并题词"忠诚把关,文明服务"。

11月8日

杭州萧山国际机场二期工程举行开工典礼。浙江省副省长王永明,民航总局副局长高宏峰,浙江省和杭州市有关部门、香港机场管理局以及杭州萧山国际机场公司等有关领导出席了开工典礼,浙江省打私与海防口岸办副主任邵志华应邀出席。

11月14日

浙江省委书记赵洪祝在杭州萧山国际机场停留期间,亲切看望了杭州边检站的执勤官兵,听取了该站领导关于"开展提高边检服务水平"工作的汇报。

11月14日

浙江省政府钟山副省长在《杭州边防检查站工作简报》(第41期)上批示:余华光同志的报道我看了,深受感动和教育,他为我们树立了国门卫士的良好形象。出入有境,服务无境,希望全省各边防检查站官兵向余华光同志学习,不断提高浙江省边检服务水平,为浙江经济和社会发展作出新的贡献。

11月上旬

国家民航总局副局长高宏峰一行先后莅临杭州萧山国际机场和宁波栎社国际机场进行调研。

11月22日

急救在温投资台商的包机从温州直飞高雄。

11月28日

国家电子口岸委副主任、海关总署副署长李克农在《宁波海关围绕大通关核心流程实施电子口岸"产品化战略"》的信息上批示:"宁波电子口岸'产品化战略'之所以得到企业欢迎、地方政府赞许,根本原因在于发展目标定位准确,即'以需求为导向',不断满足客户的实际需求,竭力为口岸大通关和现代物流业发展服务。请电子口岸办、数据中心注意总结推广这一经验。"

11月28日

杭州市蔡奇市长带领市政府有关负责人,赴杭州萧山国际机场进行调研。

11月28日

浙江省最后一个地级市海关——丽水海关正式开关,结束了丽水地区没有海关的历史。

11月30日

国家电子口岸委副主任、海关总署副署长李克农听取宁波市政府关于宁波电子口岸建设情况的汇报。

12月1日

海关总署李克农副署长一行在杭州海关徐道文关长陪同下视察台州海关,并会见了台州市委、市政府主要负责人。

12月3日

宁波海关驻慈溪出口加工区办事处举行揭牌成立仪式,标志着慈溪出口加工区进入实质性运作阶段。慈溪出口加工区是当前我国开放层次最高、开放程度最大的特殊封闭区域之一。

12月5日~6日

浙江省口岸办组织省级查验单位先后对宁波港口岸大榭港区招商国际集装箱码头3号泊位、大榭开发区码头发展有限公司1号泊位和台州港口岸海门港区天天物流有限公司码头对外启用准备工作进行了验收。

12月10日

温州港乐清湾港区与迪拜环球港口集团举行意向性签字仪式,迪拜环球港口集团将投资12亿,合资建设两个多用途码头。

12月12日

公安部孟宏伟副部长在《公安边防部队提高边检服务水平工作专刊》(第90期)上批示:"请伟明、宏裕同志高度关心马庄同志的治疗,尽最大努力争取最好结果。组织专门班子总结他的事迹,给予表彰。"

12月26日

浙江省政府先后批复同意宁波港口岸大榭港区招商国际集装箱码头3号泊位、大榭开发区码头发展有限公司1号泊位和台州港口岸海门港区天天物流有限公司码头对外启用。

12月27日

宁波海关驻机场办事处与上海浦东国际机场海关在沪签署《宁波—上海出口联程中转货物监管合作备忘录》,中国东方航空公司宁波分公司宣布与宁波海关合作推出新型空运货物监管模式——沪甬"虚拟航班"正式开通。

宁波口岸大事记

1月10日~12日

宁波市委考察组对口岸打私办领导班子和领导班子成员情况进行全面考察。

1月18日

市大通关建设办公室组织召开了宁波口岸大通关建设工作座谈会,市大通关建设各成员单位参加了会议。

2月9日

邬和民副市长代表宁波市政府前往宁波海关、宁波出入境检验检疫局等口岸查验单位,走访慰问工作在宁波口岸一线的查验单位广大干部职工。

2月9日

市口岸打私办范海波主任带领有关处室领导前往武警宁波边防检查站、北仑边防检查站、大榭边防检查站、机场边防检查站等单位,走访慰问工作在宁波口岸一线的武警官兵。

2月13日

市口岸打私办张华燕副主任带领有关处室负责人慰问了宁波海事局。

2月15日

口岸打私办召开2006年度总结大会。范海波主任对2006年度口岸、打私、海防工作进行全面总结,同时,对2007年的工作进行部署。

3月15日

省、市两级政府口岸管理部门及查验单位,对大榭口岸港区宁波三菱化学公司5万吨级化工码头对外开放启用进行验收。经验收组审议,会议一致通过大榭港区三菱化学公司5万吨级化工码头开放启用的省级验收。

3月21日

召开市口岸协调委员会第五次全体会议暨市打击走私综合治理领导小组、市海防管理委员会会议。

4月26日

市政府副秘书长、市口岸与打击走私办公室主任范海波代表宁波口岸在郑州召开的第二届中国中部投资贸易博览会上分别与山西、安徽、江西、湖北、湖南和河南中部六省签署《沿海部分省市与中部六省口岸办大通关合作框架协议》。

8月18日~20日

全国打私办及部分沿海省市打私办主任来宁波参观考察打私工作开展情况。

8月29日

市口岸打私办召开全办职工大会,市领导宣布徐高春同志任市口岸打私办党组书记、市口岸打私办主任的任命决定。

9月3日

市口岸打私办徐高春主任带领相关处室人员到北仑四期、大榭开发区、梅山岛管委会进行工作调研。

10月11日~13日

徐高春主任带领市口岸打私办有关人员到省打私、海防、口岸办，省口岸查验单位，省军区进行走访调研。

10月17日~20日

市口岸打私办徐高春主任带领市口岸打私办有关人员到天津、青岛等沿海城市学习考察兄弟省市在口岸发展建设方面好的经验和做法。

11月5日~9日

宁波市政府副秘书长、市口岸打私办主任徐高春，副主任陈明，带口岸打私办职能处室领导到广州、深圳进行口岸打私海防工作考察。

11月7日~12日

对口接待参加食博会天津市代表团。

11月15日~17日

对口接待参加旅游洽谈会厦门市代表团。

12月28日

市政府举行宁波市进出口诚信企业授牌仪式。

安徽省

安徽口岸工作综述

2007年，安徽口岸工作紧紧围绕"深化口岸开放，完善口岸设施，发挥口岸职能"的总体思路，团结协作、努力拼搏，积极主动地为发展外向型经济服务，较好地完成了各项工作任务，有效地保证了口岸工作的顺利进行。

【口岸进出口运量再创历史新高】 据全省各口岸运量统计，2007年，安徽省口岸进出口运量突破1 000万吨，达1 127万吨，同比增长74%，再创历史新高。其中进口1 034万吨，同比增长101.9%；集装箱运输15.2万标箱，同比增长26.5%；到港船舶共3 081艘次（外籍轮191艘次），同比增长6.4%。2007年，全省口岸出入境人员6.9万人次，同比增长21%；出入境飞机707架次，同比增长23%。出入境人员和出入境架次均创历史最好水平。

【口岸开放取得突破性进展】 2007年9月30日，国务院批复同意马鞍山水运口岸对外籍船舶开放，10月31日省政府即以皖政[2007]128号文对马鞍山水运口岸对外籍船舶开放提出具体要求，要求2008年6月底前通过省口岸办组织的预验收，争取年内报请国家口岸办组织国家有关部门正式验收。

公务专机、旅游包机大幅增长。2007年，合肥航空口岸共接待境外商务专机（境外企业高管）、旅游包机28架次，同比增长250%。在国家口岸办和有关部门的大力支持下，黄山航空口岸开通国际临时直航包机。2007年全年，黄山至韩国、日本、香港等临时包机入出境航班、人数分别达到369架次和3.5万人次，同比增长99.5%和77.5%，临时直航国际包机出入境人员和出入境架次均创历史新高。这些境外专（包）机的开通，为安徽省国际旅游和外商来皖投资创造了便利条件，同时也取得了良好的经济效益和社会效益。

黄山航空口岸补列国家"十一五"口岸发展规划工作正有条不紊地向前推进。

【口岸基础设施建设步伐加快】 一是2005年7月4日，国务院批复同意池州水运口岸对外国籍船舶开放后，池州市委、市政府即组建池州口岸基础设施建设领导小组，加大对口岸基础设施建设的领导，12月底联检单位办公、业务和生活用房等主体工程已全部封顶。二是2007年9月30日，国务院批复同意马鞍山水运口岸对外籍船舶开放，2007年12月12日马鞍山市政府举行了马鞍山边防检查站建设工程奠基仪式，工程投资2 600万元，建筑面积7 000多平方米，主要有办公楼、营房和查验室等。三是铜陵港件杂货码头改扩建项目工程12月正式开工。该工程系省"861"计划重点项目，将铜陵港件杂货一期码头前沿向下游延伸145米，新建2个1 000吨级泊位，后方陆域部分征地153亩，配套建设仓储、堆场等设施及装备现代化专用机械，设计集装箱年通过能力为5万标箱，新增件杂货通过能力75万吨。项目投资概算为1亿元人民币，建设工期为一年。该项目建成投产后，将大大增强铜陵港集装箱和件杂货运输能力，提高铜陵口岸功能，为铜陵及周边地区外贸货物运输及物资集散创造更为畅通的口岸环境。四是积极推进黄山机场航站楼扩建项目工程。该项目已完成施工图纸设计、建设工程招投标、工程施工报建等工作，设计建筑面积4 600平方米，投资估算4 000万元，前期筹备工作已基本结束。五是做好合肥新桥国际机场口岸查验单位驻场办公设施规划工作。省口岸办牵头组织联检单位考察长春龙嘉机场和延吉机场，写出《考察报告》，提出合肥新桥国际机场口岸查验单位驻场机构办公设施建设的意见，专文上报省政府。五是多方筹集资金，对口岸现场设施进行改造和更新。

【大力开辟国际航线】 2007年12月2日,香港航空公司正式开通香港—合肥航线,这是2006年合肥骆岗机场扩大对外籍飞机开放以来,首家由境外航空公司执飞的航线。为保障香港航空公司合肥—香港航班旅客和货物顺利通关,安徽口岸办在首航前多次召开由机场联检单位、香港航空公司中国区负责人参加的协调会,就提高通关效率和服务水平、展示安徽口岸形象等具体工作,进行了磋商和协调。

【"大通关"取得跨越式发展,口岸通关环境进一步改善】 一是合肥海关与天津、青岛和湛江海关签署了《区域通关合作备忘录》,将安徽省进出口货物的通关口岸,从省内直接延伸到了"长三角"、"珠三角"和"环渤海"地区重要口岸,开展跨关区"属地申报、口岸验放"的区域通关业务,全年共完成货运量942万吨,货物总值14.7亿美元,实现了跨越式发展。为使更多的企业享受"属地申报、口岸验放"通关改革带来的实惠,合肥海关还推出了《"属地申报、口岸验放"企业资格审批暂行办法》,将适用企业范围从A类企业扩大到守法诚信的B类企业,使36家涉外企业享受到跨关区通关便利,受到广大进出口企业的一致好评。二是黄山机场公安分局揭牌和正式启用。黄山机场公安分局作为黄山机场的一个重要安全保障部门,将继续在确保空防安全、创造稳定治安环境等方面为黄山机场保驾护航。黄山公用型保税仓库项目共征地50亩,首期建设办公及市场设施3 600平方米,仓储基地4 500平方米,集装箱堆场及作业平地和停车场3 000平方米。保税仓库的设立帮助企业加快资金周转、降低生产成本和抵御市场风险,为黄山外向型经济发展起到积极的保障和促进作用。三是安徽出入境检验检疫局驻天长办事处暨该局技术中心玩具实验室揭牌,为天长外向型经济的发展提供极大便利。四是合肥海关驻骆岗机场办事处挂牌,为合肥航空口岸进出境人员、货物提供高效、便捷的服务,为合肥市外向型经济的快速发展创造更为优越的环境,适应全省对外开放、经济崛起的发展需要。

【口岸运量统计工作进一步规范】 一是根据各市口岸实际运行状况,按照"分类指导、重点突破"的原则,分解下达2007年各市口岸工作目标和工作任务。从2007年总体目标执行情况看,进出口货运量和出入境人员均超额完成年初下达的目标任务。二是以国家口岸办开展的"合理配置口岸管理资源,提高口岸整体通关效能"课题调研为契机,强化口岸基础工作,充实"安徽省长江港口资料库"。三是制定《安徽省航空口岸统计办法》和《安徽省水运口岸统计办法》,规范口岸统计,理顺工作渠道,及时、准确地反映口岸运行情况,为领导决策提供依据。

【口岸信息工作迈上新台阶】 一是及时向中国口岸协会、安徽省商务厅网站等报送信息,反映口岸动态,宣传安徽口岸。安徽口岸办连年被评为"全国口岸信息工作先进集体"和"全国口岸信息工作优秀信息员"。二是创办《安徽口岸》简报,设置口岸动态、信息交流、口岸政策法规、口岸数据、文明共建和他山之石等栏目,宣传国家和省里关于口岸工作的政策法规,宣传安徽口岸,反映口岸工作动态,交流口岸工作经验,提高安徽口岸通关效率和服务水平。三是筹建安徽口岸网站。该网站将设立口岸动态、新闻图片报道、文明共建等栏目,该网站的建成将为口岸各单位和口岸战线广大职工提供一个更为广阔、快捷的信息交流平台。

【口岸协调和联系机制进一步完善】 加强与海关、边防、检验检疫、海事等部门的联系,采取多种形式,及时协调解决口岸工作中出现的矛盾和问题。一是建立定期会议制度,通报情况,交流经验,布置任务。二是建立专题会议制度,及时解决口岸运行中出现的具体问题。三是建立登门拜访制度,不定期前往口岸联检单位拜访,争取口岸联检单位领导的理解和支持。四是建立走访制度,定期走访口岸服务对象,征求他们对口岸工作的要求和建议,从而改进工作。通过这些活动的开展,密切了与口岸联检单位和服务对象的关系,提高了口岸工作效率。

【服务意识进一步强化】 安庆市口岸办围绕"三项服务",即为企业服务、为查验单位服务、为上级服务;

协调四对关系，即协调查验单位与地方之间的关系、协调查验单位与企业之间的关系、协调查验单位之间的关系、协调企业之间的关系，主动配合企业揽货，会同有关部门，走访重点企业，引导和鼓励企业尽可能在本地报关、本港进出。芜湖市口岸办组织口岸查验单位深入重点外贸企业，现场解答国家有关法规、政策，为奇瑞公司超大型设备进口协调查验单位提供便利。马鞍山市检验检疫局以促进地方经济发展为己任，深入星马汽车集团提供现场服务，出实招、伸暖手，采取提前送政策、源头监管、科学把关、联手保护等4条措施，保护民族品牌，推动产品出口，使星马集团汽车出口驶上了快车道，全年出口整车2 210辆，货值过亿美元，同比分别增长640%和692%。

2007年口岸业务统计表

单位：万吨

类别	单位	全年累计	上年同期	±%
1. 运量	万吨	1127.37	647.87	74.0
其中：进口	万吨	1034.55	512.37	101.9
出口	万吨	92.82	135.5	−31.5
2. 到港船舶	艘	3081	2895	6.4
其中：外籍轮	艘	191	235	−18.7
3. 集装箱量(TEU)	个	152077	120212	26.5
4. 客运量	人次	69599	57556	21.0
5. 飞机	架次	707	575	23.0

2007年12月份口岸运量统计表

单位：万吨

口岸名称		运量	进口	出口	到港船舶(艘)	集装箱量(TEU)	全年累计	±%
芜湖		3.84	1.20	2.64	121	6279	67.60	21.8
铜陵		6.82	3.77	3.05	35	805	75.56	35.0
马鞍山		117.43	117.30	0.13	37	2515	949.30	91.5
安庆		0.68	0.09	0.59	37	590	6.20	7.9
池州		0.35	-	0.35	2	166	24.60	−16.4
蚌埠		0.33	0.02	0.31	-	191	4.01	−27.4
阜阳		0.02	0.02	-	-	10	0.1	100.0
合肥	人次	4232	-	-	-	-	26910	21.1
	架次	36	-	-	-	-	254	10.0
黄山	人次	448	-	-	-	-	42689	20.8
	架次	4	-	-	-	-	453	31.7

安徽口岸查验单位工作综述

合肥海关

2007年，根据中央"促进中部崛起"战略和安徽省"东向发展"战略这一综合发展的机遇，结合本省实际，合肥海关制定出实施支持安徽省外向型经济发展的9条措施，覆盖了减免税、加工贸易、区域通关等海关各项具体业务，为推动安徽中部崛起作出积极努力。全省全年外贸进出口总值159.3亿美元，为历史最高水平，较上年同期（下同）增长30.1%，位居全国第12位，中西部首位。其中，进口71.1亿美元，增长31.5%；出口88.2亿美元，增长29%；进出口、进口、出口增速分别高于全国水平6.6、10.7和3.3个百分点。全年监管进出口货物1 141万吨，首次突破千万吨，比上年同期增长72.7%，货值45.6亿美元，比上年同期增长34.7%。监管进出境旅客7.5万人次。2007年，合肥海关税收入库30.69亿元，与上年相比增长97.2%，在全国排名由第31位晋升到第26位。其中，征收关税4.07亿元，进口环节税26.62亿元。充分执行国家税收优惠政策，为安徽省企业减免两税14.5亿元。

【税收征管】 2007年，区域通关改革的深入开展、总署税收考核制度的正式实施、网上支付担保业务的出台，使合肥海关税收工作产生由量到质的飞跃。第一，加强执法监控力度，确保应收尽收。2007年，合肥海关先后开展了税单开单数与入库数差异核查、报关单申报数量规范核查、清理高耗能高污染行业专项核查、皮革及集成电路加工贸易专项核查等专项行动，全年审价补税3 023万元，较上年增长82.6%；归类补税249.64万元，增长86.56%。第二，区域通关改革不断推进促使本地税源回流。由于新的通关模式使得企业通关程序更加便捷，通关成本更低，收付汇及退税更快。越来越多的进出口企业选择在本地申报纳税。2007年，合肥海关共办理"属地申报、口岸验放"通关业务842票，征税14.6亿人民币，占全年征税的47.6%。第三，网上支付环境的深入优化提高了企业联网付税热情。2007年，网上支付税费银行担保方式首次支付成功，使得网上支付功能进一步健全，企业网上支付热情得到提高，全年有17家企业采用网上支付方式缴纳税款共计3.81亿元，是2006年的10.4倍。

【区域通关】 在实现与上海、宁波、南京口岸"属地申报、口岸验放"通关的基础上，2007年，合肥海关相继与天津、青岛、湛江海关签署了《区域通关合作备忘录》，将本省进出口货物的通关口岸从"长三角"地区拓展到"珠三角"和"环渤海"地区。区域通关模式下全年办理的货运量942万吨，货值14.7亿美元，分别占关区总量（值）的82.6%、32.2%。与此同时，"铁海联运"、"江海联运"、"长江内支线中转"、"公路集卡"、"空运直转"等多种转关方式并存，通关程序简捷、通关成本降低、运输方式便利，企业进出口物畅其流。"合肥西—上海芦潮港"铁路集装箱往返班列开通，大大便利了合肥地区大型企业出口，全年共有70多家企业通过此模式向海关申报出口报关单796票，标箱4 382只，货运量近3万吨，货物总值4 770万美元。

【稽查与缉私】 2007年，合肥海关稽查工作目标向"查发企业问题与促进企业守法自律并重"转变，通过利用风险分析及贸易调查方式，以行业式稽查为主要手段，针对价格瞒骗、归类差异，以及加工贸易利用企业关联关系进行违法操作等问题，先后开展了一般贸易进口旧挖掘机、一般贸易进口液晶面板、加工贸易进出口服装鞋业、减免税进口矿井机械及减免税进口饮料灌装设备五大行业专项稽查工作。全年稽查企业（单位）92家，查发各类问题22起，其中移交缉私案件、线索11起，涉案货值1.25亿元，涉税2 227万元，稽查补税2 364.68万元。缉私部门坚持打击走私不动摇，抓好刑事案件查处工作。全年刑事立案3起，案值4 469.2万元，涉税892.8万元，结案2起，案值137.97万元，涉税35.43万元，其中移送起诉1起；行政立案24起，案值9 113.49万元，涉税1 102.6万元，结案20起，案值2.12亿元，涉税1 959.33万元，罚款入库422.68万元。完成了"11.2"毒品案件的侦查、追捕和补证工作，抓获犯罪嫌疑人4名。首次查获走私枪支弹药案件，缴获走私入境弹头93发，弹壳96枚。有力促进了关区业务平稳、有序、健康发展。

【口岸建设】 2007年9月，马鞍山口岸对外籍船舶开放获得国务院批准。黄山机场飞行外籍旅游包机获得国家口岸办"集中申报、一次审批"重要支持。12月底，合肥海关驻骆岗机场办事处正式进驻机场，开办客、货运海关监管业务。池州海关筹建工作已完成设计与工程招标程序，主体建设正在进行。安徽电子口岸一期建设顺利完成"出口加工区辅助监管系统"等6个项目研发和部署，电子口岸专网扩建圆满结束，完成了合肥至北京、合肥至芜湖等地12条SDH线路和2条VPN线路的全线贯通，网络访问速度大大加快。全年办理电子口岸入网企业883家，同比增长22.13%，全省累计入网用户达到4 560家。10月份，全关区各报关行电子口岸预录入系统一次性整体切换到4.0版本，系统传输速度快，数据质量高，大大降低了企业的通关成本。

【企业管理】 2007年，合肥海关审批新增31家A类管理企业，审批同意18家企业参与跨关区"属地申报、异地验放"通关模式。推出《合肥海关"属地申报，口岸验放"企业资格审批暂行办法》，对适用"属地申报，口岸验放"通关模式的企业资格条件进行调整完善，让更多的诚信守法企业能够享受区域通关带来的便利。2007年向海关总署推荐1家"红名单"企业，2家全国"百优"报关企业，均获批准。加大规范企业行为宣传力度，利用向A类管理企业授牌的机会，向企业和地方政府宣传海关有关政策法规。与3家业务量大、信誉良好的进出口企业签订关企合作备忘录。

【保税监管】 2007年，关区备案加工贸易合同2 265份，合同金额20.8亿美元，分别增长23.97%和70%；核销结案合同1 822份，增长13.52%；芜湖出口加工区实现进出口6 135.82万美元，增长1.52倍。进一步推进安徽保税物流体系建设，支持地方设立出口加工区和保税物流中心。2007年3月向总署上报安徽迅捷物流有限公司在合肥设立保税物流中心的申请。2007年12月再次向总署申报了中外运合肥物流有限公司在合肥经济技术开发区设立保税物流中心的申请。确定优势产业，明确芜湖出口加工区建设方向，逐步形成以电子、小家电、新型材料等制造业为导向、具有中西部特色的出口加工区，全年进出口总值6 197万美元，同比增长150%。在此基础上，及时批准芜湖出口加工区启动二期工程建设。6月份，安徽省第一家专用型保税仓库——淮南矿业集团寄售维修型保税仓库通过海关验收正式投入使用。12月份，通过对黄山市速通物流有限公司设立公用型保税仓库的审批和验收。改变了皖北、皖南地区无保税仓库的历史，使省内形成北、南、中基本均匀分布且功能各有侧重的保税物流基础布局，为促进安徽省保税物流的发展提供了良好条件。

【知识产权保护】 持续加大知识产权保护力度，积极拓展知识产权海关保护工作范围。采用侵权风险信息提示手段，引导业务现场提升发现和查获知识产权侵权案件的能力。依法对某公司涉嫌侵犯"National"商标专用权案件进行了处理，妥善处理芜湖海关查获的"Diamond"知识产权案件。认真开展行邮渠道知识产权保护专项行动及长三角专项行动，打击利用邮递快件渠道侵犯知识产权行为专项行动，"龙舟行动"知识产权保护专项行动等。认真组织开展"国际海关日"、2007年知识产权保护宣传周、"8.8"海关法制宣传日、"12.4"法制宣传日等法制宣传活动。组织召开关区普法学法暨知识产权海关保护培训班，邀请耐克、阿迪达斯等国际知名品牌知识产权权利人介绍有关商标鉴定知识。

（方芳）

合肥海关2007年业务统计简表

指标	单位	2007年	与上年同比±%
进出口报关单总数	万张	2.8	25.2%
进出口记录条总数	万条	6.3	45%
进出口总值	亿美元	45.6	34.7%
其中：进口	亿美元	31.4	41.3%
出口	亿美元	14.2	22.2%
进出口货运量	万吨	1 140.5	72.7%
其中：进口	万吨	1 041.9	85.8%
出口	万吨	98.6	−0.8%
集装箱总数	万箱次	13.3	44%
集装箱箱载货物	万吨	104.4	24.7%
监管运输工具总数	辆艘	1 510	12.4%
出入境人员	万人次	7.5	17%
备案加工合同(纸质手册)	份	2 265	24%
合同备案金额(纸质手册)	亿美元	20.8	70%
经批准内销补税	亿元	1.1	−16.3%
刑事案件立案	起	3	50%
刑事案件案值	万元	4 469.2	3823.8%
查处走私行为案件	起	1	−50%
处理违规案数	起	23	53.3%
处理违规案值	万元	9 113.49	44.5%
税收入库	亿元	30.7	97.2%
其中：关税	亿元	4.1	57.9%
进口环节税	亿元	26.6	105%
审批减免两税	亿元	14.5	−30.5%
其中：关税	亿元	3.5	−34.0%
进口环节税	亿元	11.0	−36.4%

安徽省

安徽省公安边防总队

【部队概况】 安徽省公安边防总队，又称武警安徽省边防总队，现辖合肥、芜湖、黄山、铜陵、安庆、池州、马鞍山（马鞍山边防检查站正在组建中）7个正团级出入境边防检查站，担负对安徽对外开放口岸出入境人员及其行李物品、交通运输工具及其载运的货物实施边防检查，以及打击口岸非法出入境、走私、贩毒等违法犯罪活动等任务。

【边检业务】 2007年，安徽省公安边防部队共检查出入境人员74 022人次，检查监护出入境交通运输工具1 006艘（架）次（飞机709架次、船舶297艘次），同比分别增长了18.3%和12.9%，先后为2 836人次提供了出入境礼遇通行便利，为价值29亿元人民币的进出口货物提供了边防监护服务。

【部队建设】 2007年，安徽省公安边防部队继续深入实施以"抓基层、打基础、苦练基本功"为主要内容的"三基"工程建设，获得上级和地方政府多项荣誉。合肥边防检查站执勤业务二科被公安部边防管理局记集体三等功，当选为"合肥市巾帼文明岗"，再次被评为"全国青年文明号"；铜陵边防检查站监护中队被公安部边防管理局评为"全国公安边防部队基层建设标兵单位"。全省公安边防部队1人荣立二等功，14人荣立三等功，1人被评为"全国优秀人民警"，1人被评为"公安边防部队群众工作标兵"，1人被评为"我最喜爱的安徽十大人民警察"，6人分别被公安部边防管理局评为"优秀共产党员"、"优秀党务工作者"、"信息化建设先进个人"和"执法为民标兵"，62人被评为优秀警官、优秀士兵。

2007年4月份和12月份，池州、马鞍山边防检查站分别正式动工开建。

【开展提高边检服务水平活动】 2007年，安徽省公安边防部队深入开展了提高边检服务水平活动，坚持以服务为中心，以"人本、专业、安全"为服务理念，以"效率、亲切、严格"为工作信念，以"更快、更高、更严"为工作追求，改善口岸通关环境，提高口岸通关效率，促进安徽奋力崛起。2007年，全省公安边防部队共投入经费260万元，改善口岸边防检查执勤、服务设施，出台便民、利民措施22项，救助急、病、困出入境旅客、员工124人次，实现安徽航空口岸95%的旅客候检时间不超过25分钟，长江港口口岸出入境船舶代理公司通关报检时间缩短了60%以上。全省公安边防部队先后收到服务对象感谢信38封、锦旗14面，得到省、市两级领导12次肯定性批示，7条工作经验被公安部边防管理局在全国推广，合肥边防检查站被公安部边防管理局评为"全国公安边防部队提高边检服务水平工作先进单位"。

安徽出入境检验检疫局

【概况】 2007年共检验检疫出入境货物104 363批、货值62.2亿美元，同比分别增长16.8%和24.5%。其中，出境货物99 718批、49.8亿美元，同比增长16.8%和33.3%；入境货物4 645批、货值12.4亿美元，同比增长17.06%和-1.51%。在出境货物中检出111批、257万美元的不合格商品，不合格率分别为0.11%和0.05%。对进口货物检出不合格商品237批，对外索赔237批、金额444.41万美元（已经赔回355.52万美元）。检疫集装箱7.08万批，同比增长44%，发现问题461箱。卫生除害处理3.13万批，截获动植物疫情249批。检疫查验出入境飞机593架次、船舶297艘，同比分别增长24.86%和下降12.65%。查验出入境人员6.95万人次，同比增长17.13%，其中，出境人员35 733人次、入境人员33 810人次，同比分别增长11.75%和23.4%。开展健康检查20 355人次，同比增长32.51%。检出各种病例4 289例，同比增长53.07%，开展艾滋病检测20 489人次，同比增长32.39%，检出艾滋病病例4例，为2006年以前累计检出病例的总和。

【专项整治成效显著】 在专项整治过程中,全局抽调36人,组成由党组直接领导的6个"专项整治工作督查组"和"业务骨干工作组",集中办理了4起案件。对业务管理工作提出了16条建议,对全省备案的223家出口农产品生产企业和200个农产品原料基地进行了检查,限期整改和暂停出口报检的有45家,自动失效企业29家,吊销企业8家,取消生产出口资格21家,对6个生产基地分别提出了整改意见。分管局长率队,对全省出口玩具厂进行专项整治检查。召开了"全省出口玩具质量工作会议",对全省玩具生产企业、出口经营公司进行了国内外标准和质量管理的培训,对新列入许可证管理的玩具生产企业进行了摸底调查,已完成审核2家,为全面提升安徽省玩具总体质量安全水平打好基础。开展食品专项检查,对523批出口食品实施了百分之百加贴检验检疫标志的措施。通过专项整治,实现了"四个一批"和"六个百分之百"的目标。

【行政处罚有突破】 在专项整治期间,法制部门查处了霍山恒兴公司出口鳗鱼药残超标、芜湖三星灯饰公司劣质灯串、天长某公司逃检案等17起违法案件。处以罚款5家、销证10家、移送司法机关2家。稽查了13起违法案件,货值302万美元。

【认证工作稳步推进】 全年实施卫生注册登记企业112家,发放质量许可证71家,实施HACCP验证33家,出具CCC免办证书252家,质量体系评审认证382家,复审获证企业137家,监督审核778家,撤销认证资格232家,对外注册11家,指导生产企业建设出口农产品原料基地59家,备案基地209家,注册主导农产品出口示范基地14家。积极加大对符合条件的奇瑞等3家企业出口工业产品实行免检和支持,培育和帮助安徽省优秀企业达到出口免检标准。

【科技工作有新进展】 完成了2项具有国内领先水平的总局科研项目的鉴定工作和2项总局的科研项目;申报了4项总局立项课题,1项安徽省自然科学基金;申请了国家实用新型专利1项。制定、修订行业标准14项。在国外权威媒体发表论文1篇,获得质检总局科技进步一等奖1篇。

【实验室建设大发展】 技术中心生物实验室与跨国公司法国生物梅里埃公司合作,建成了安徽CIQ和生物梅里埃示范实验室,这是全国检验系统第三家与法国合作的示范实验室。目前正与美国公司合作建设"黄山茶叶重点实验室"的项目。据不完全统计,实验室检样13 484批,检测项目达到116 637个,同比分别增长了244%和177%,技术中心检测能力、检测业务和检测项目均创历史最高水平。

安庆海事局

【基本情况】 2007年,安庆海事局辖区内安庆和池州两港共进出国际航行船舶83艘次(外国籍船舶54艘次),其中靠泊安庆港19艘次,靠泊池州港64艘次。货物吞吐量为26.08万吨(其中进口2.21万吨,出口23.87万吨),其中安庆港2.45万吨,池州港23.63万吨。

【加强现场检查,严格把关】 2007年安庆海事局共开展PSC检查10艘次,缺陷总数67,平均单船缺陷为6.7项,较上年有明显提高。严格落实部局下达各项任务,在挂方便旗船舶安全操作集中检查会战活动和安全配员专项检查活动中,按照专项检查内容,认真填写有关表格,并在系统中及时输入相关数据。对进口岸的29艘中国国际航行船舶,由安检骨干人员实施开航前检查,严格把关,防止中国籍船舶在国外PSC检查中被滞留。2007年8月9日在对靠泊安庆港的"福达"轮进行开航前检查中,发现该船救生消防设备存在严重缺陷,安检人员对该船按照有关程序进行滞留,直到该船完全整改缺陷并复查合格后才准许开往国外港口,并且依法对该船违法行为实施了处罚。

【严格依法办事,展现良好海事形象】 口岸是国家的门户,海事部门对外国籍船舶实施港口国监督管理体现的是国家形象。海事局在开展涉外检查中,着装整洁,举止规范,严格依法办事,上船时主动向边防部门出示证件,严格按照国际保安规则的要求主动向船舶人员出示证件并进行上船登记。严格执行廉政制度,多次拒收船方赠送的钱物,积极树立良好海事形象,实现严格监管和优质服务并行。

【加强安检骨干队伍建设,提高口岸监管能力】 口岸管理工作涉及面广,业务性强,需要安检人员对船舶有关知识、国际公约相关要求、专业英语方面都能有所掌握。为此,局监管处积极创造良好的学习条件和机会,安排涉外管理人员参加部海事局举办的PSC培训班以及长江海事局举办的船舶安检骨干培训班。同时,相对固定涉外管理人员进行定向培养,不断提高口岸监管能力。

【强化机构建设】 2007年3月25日,成立了安庆海事局水上政务中心,统一对申报工作实施行政审批,进一步简化办事流程和手续,提高工作效率。

【加强横向联系,发挥综合管理优势】 注重同口岸相关部门的联系沟通和密切协作,共同做好口岸管理的相关工作,更好地服务地方经济发展。

【积极落实网上电子申报事项,提高服务水平】 开通船舶进口岸网上申报,极大程度地减轻了船舶代理的工作量。以前,池州的代理要坐车1个半小时赶赴安庆海事局申报船舶进口岸,现在只需在办公室上网填写《国际航行船舶进口岸申报单》,进行网上审批即可。池州港靠泊的船舶办理出口岸手续时,池州代理到池州海事处业务办办理即可,不再需要到局机关,极大地方便了企业,提高了工作效率,赢得了船舶代理和船公司的一致赞扬。

安徽口岸大事记

2月8日

召开全省口岸办主任会议。安徽省商务厅朱宁副厅长到会并作讲话,各市口岸办主任和业务骨干参加会议。

3月5日~8日

安徽省商务厅朱宁副厅长率省口岸办全体人员先后前往合肥海关、安徽出入境检验检疫局、安徽省边防总队等口岸单位拜访,并就如何加强口岸基础工作、扩大口岸开放、提高口岸通关效率等事宜与各单位进行交流和沟通。

3月7日

国家口岸管理办公室正式批复同意黄山航空口岸至韩国、日本、马来西亚、新加坡等国家部分城市的临时直航包机开放。

4月10日

安徽省商务厅朱宁副厅长会见芜湖海事局陈友生局长、安庆海事局胡一经局长一行。口岸办有关同志陪同会见。

4月13日

安徽省商务厅朱宁副厅长会见由省政府参事室陈进参事带队来调研的一行3人,并就长江水道皖江段的口岸建设现状、发展规划、口岸建设面临的主要矛盾和问题、拟采取的对策和措施等进行汇报。口岸办负责人参加了汇报会。

4月25日~27日
沿海部分省市与中部六省口岸大通关工作座谈会在郑州召开。口岸办相关负责同志参加了会议。

4月26日
沿海部分省市与中部六省口岸大通关合作框架协议在第二届中国中部投资贸易博览会（郑州）上举行签字仪式。王金山省长出席签字仪式，口岸办负责同志代表安徽省在协议书上签字。

5月
蚌埠站新国际箱堆场正式运营。

5月28日
在全国口岸信息工作会议上，安徽口岸办荣获"全国口岸信息工作先进集体"，肖黎蝉联"全国口岸信息工作优秀信息员"。

8月8日
黄山市口岸办挂牌成立。

9月6日
"长江黄金水道建设巡礼"系列主题宣传活动安徽段新闻通气会召开，中央电视台、经济日报等10余家中央与省内主要媒体的记者对安庆进行了采访报道。

9月13日
安徽省商务厅朱宁副厅长参加黄海嵩副省长主持召开的合肥新桥国际机场年内动工会议。口岸办负责同志随行。

9月28日
合肥海关正式批准安徽华茂进出口有限责任公司适用"属地报关、口岸验放"通关模式，标志着安庆海关实现与"长三角"一体化跨关区通关新模式。

9月30日
国务院批准（国函[2007]100号）马鞍山口岸扩大对外籍船舶开放。

10月24日
安徽省商务厅王福宏厅长召开口岸办座谈会，欢送即将退休的黄德夫同志，同时对履新担任口岸办主任的杨从军同志表示欢迎，希望能尽快适应新岗位，做出新业绩。

11月23日
省口岸办召开合肥航空口岸协调工作会议。

12月2日
香港航空有限公司正式开通合肥—香港航线，首航仪式在合肥骆岗国际机场隆重举行。省口岸办负责同志参加了首航仪式。

阜阳—合肥航线正式开通。

12月5日
安徽省商务厅王福宏厅长赴黄山航空口岸调研。口岸办负责同志随行。

12月8日
黄山保税仓库在徽州区城东工业园举行授牌暨开业典礼仪式，安徽省商务厅杨本清副厅长参加了典礼。

12月12日
安徽省商务厅朱宁副厅长应邀出席了马鞍山市委、市政府在金家庄区举行的马鞍山边防检查站建设工程奠基仪式。省口岸办负责同志陪同参加了仪式。

12月17日~18日

安徽省商务厅朱宁副厅长前往国家民航总局、总参作战部、国家口岸办，就黄山口岸扩大对外国籍飞机开放和2008年国际航班临时包机等相关事宜进行专题汇报。省口岸办负责同志随行。

12月26日

安徽出入境检验检疫局驻天长办事处暨该局技术中心玩具实验室在天长市揭牌，这在全省县级城市中属首家。

12月31日

长江安庆航道处分别与芜湖、九江航道处完成辖区调整交接。辖区调整后，安庆航道处将维护五步沟—马当矶156.5公里长江主航道。

池州口岸基础设施建设主体工程封顶。池州口岸设施建设工程主要由池州海关、出入境检验检疫局、边防检查站现场和业务用房组成，于2006年12月26日动工，是池州市政府"交钥匙"工程。该项目位于池州经济技术开发区，占地46.5亩，工程约计3 000万元，其中地方投资2 800多万元。由池州市商务局和口岸办负责工程建设。

福建省

福建口岸工作综述

2007年，全省各级口岸海防打私办在省委、省政府的正确领导下，全面贯彻科学发展观，紧紧围绕海峡西岸经济区建设这个中心，主动谋划、积极协调、有效运作、狠抓落实，口岸海防打私各部门树立"大外贸、大口岸、大基地"的观念，主动站位、主动融入、主动作为，推动全省口岸海防打私工作取得新进展、新成效，为促进全省外经贸又好又快发展，为全面推进海峡西岸经济区建设发挥了积极作用，作出了新的贡献。

【口岸客货运量再创新水平】 全省海港口岸外贸货运量7 625.60万吨，与上年同比（下同）下降3.3%（主要原因是受天然砂出口禁令影响，若扣除这一因素，则比增20.5%）；海运外贸集装箱吞吐量累计完成498.36万标箱，增长14.12%；海港口岸出入境旅客81.16万人次，增长20.09%；空港口岸出入境旅客219.01万人次，增长17.66%；空港进出口货运量12.32万吨，增长11.18%。全省口岸客货运量再创新水平。

【口岸开放和口岸管理取得新进展】 组织编制了《福建省港口口岸开放范围确认方案》，已经省政府常务会议研究通过，同意上报海关总署。会同有关部门提出了《福建省港口口岸划分及更名方案》，研拟了福建省原二类港口口岸归并相邻一类口岸方案。福州港口岸罗源湾港区扩大对外开放已进入国家有关部门审理程序，泉州港口岸围头、深沪港区对外开放已完成省级验收。启动了泉州港口岸石井港和宁德港口岸三沙港归并相邻一类口岸的相关申报工作。经省政府批准，启用了厦门港口岸招银港区1、2、4、5、6、14号泊位、东渡港区20号泊位、五通客运码头、国际旅游码头和泉州肖厝港口岸泰山石化5 000吨码头等新增涉外码头。经交通部和海关总署批准，允许福州港口岸连江华电可门火电厂专用码头、罗源狮岐3万吨级码头、连江瀚海船业文湾船厂和松下码头、厦门港口岸龙海国安船业福海船厂和紫顺船厂、东山冬古码头、宁德港口岸三沙港区临时进靠国际航行船舶作业以及晋江机场临时对外开放。扩大沿海地区与金门、马祖、澎湖直接往来，新批莆田秀屿港口岸作为对金、马、澎直接通航货运口岸，福州港、漳州港口岸分别实现碎石直航澎湖。新增厦门空港口岸作为清明、中秋两岸客运包机航点，实现了直航管理"常态化"。厦门港口岸查验管理一体化继续推进，成立了厦门港口岸查验部门协调小组，出台《提高厦门港口岸通关效率的具体措施》并抓好落实，各相关部门在推进厦门港口岸查验管理统一监管模式、统一查验标准、统一操作规程、互认查验检测结果、实现信息共享和业务联动上取得新进展，漳州招银港与海沧港的"海上驳运"业务正式开通试航。

【大通关建设实现新突破】 各级政府和口岸海防办、海关、检验检疫、海事等各有关部门认真按照省政府的要求，积极落实海关总署、质检总局、交通部等有关部委支持海西建设的一系列政策措施，努力用好用足政策，最大限度发挥政策效应，取得了明显的阶段性成效。大力推进海西口岸通道建设，组织有关部门赴中西部省区开展推介活动并取得成效。与湖南省口岸办签订了开展区域通关协作《备忘录》；会同沿海部分省市口岸办与中部六省口岸办签署了口岸大通关合作框架协议；与湖南省口岸办及张家界口岸办就张家界和武夷山两山航空对接与拓展两山航空港客源问题进行了初步磋商；组织省内相关部门到重庆等省区宣传推介福建对台口岸并就拓展吉隆坡—厦门—重庆航线取得共识。海关"属地申报、口岸验放"和检验检疫"直通式放行"通关模式、出入境旅检申报制度改革试点工作取得新的进展。福建电子口岸建设进展有序，福建电子口岸平台被列为2007年度福建省现代物流业重点项目、2007—2008年度全省示范物流项目，福建电子口岸门户网站正式开始为企业提供服务，平台7项成熟业务推广应用到漳州招银港区，自主开发了10个新的商务服务项目，可向企业提供28个项目的服务，平台直接服务的物流类企业有300余户，涵盖了厦门口岸所有的船代、码头、机场和大部分的货代、堆场、拖车公司，服务的外经贸企业达12 000多家。全省繁忙货运口岸实行每周7天工作制的成效进一步巩固扩大。为了客观反映福建省口岸大通关建设的情况，指导口岸通关部门进一步提升服务效率和水平，启动了口岸大通关评价体系建设，在全省范围内开展了大通关软硬环境满意度的社会调查测评，得到各相关部门的大力支持和省政府的肯定。测评初步结果，社会各界对福建省口岸通关环境总体上是满意的。研究制定了《福建口岸通关部门支持省重点项目和重点企业建设发展的具体措施》。加强福州空港口岸现场协调力度。进一步推动创新通关监管模式。福州海关试行无障碍通道管理等15项便捷服务措施。厦门海关扩大7天工作制、网上支付和审价绿色通道等范围，实行电子账册管理和"提前申报、先转后核"通关模式。福建检验检疫局在全国率先试行进口工业品企业分类管理，在风险分析的基础上对出口玩具、出口鞋类产品实施新的便捷监管模式。厦门检验检疫局在做好漳州局划转交接工作的同时，积极推动厦门港口岸检验检疫通关体制改革。省边防总队积极推行"温馨提示"、"双语服务"、"无接缝服务"、"六常服务"等特色服务。厦门边检总站开通"边检服务热线"，设立方便旅客的"现场咨询台"。海事部门对船舶进出口岸的查验实行24小时服务制，办理有关手续实行限时服务承诺制，确保适航、合规船舶的行政审批和查验工作全部在船舶在港时限内完成，实现船舶进出港"零待时审批"。

【积极促进对台口岸发展】 加强口岸平台建设，积极发挥对台优势。协调口岸查验部门积极推进全省空港口岸作为两岸节日客运包机航点、拓展全省海港口岸与台湾金、马、澎地区直接往来。国家相关部门批复同意厦门空港口岸作为清明、中秋两岸客运包机航点；莆田秀屿港口岸作为对金、马、澎直接通航货运口岸。福州港、漳州港口岸于5月分别实现碎石直航澎湖。会同省台办等相关部门积极协调推动在福州港口岸"两马"（马尾—马祖）航线比照"两门"（厦门—金门）模式开展包裹业务。积极跟踪落实福建省对台口岸查验单位人员增编，中央编办已批复同意给福州、厦门对台直接往来口岸查验单位增加101个人员编制。积极促进霞浦三沙对台水产品交易市场建设，经过努力，三沙港区临时进靠外轮获交通部批准。

全年两岸试点直航双向航行1 635航次，运载51.48万标箱，同比下降8.89%，其中福州至高雄港双向航行962航次，31.64万标箱（其中台方船舶往返560航次，15.21万标箱），同比下降2.34%；厦门至高雄港双向航行673航次，19.84万标箱（其中台方船舶往返410航次，14.92万标箱），同比下降17.70%。

全年直接往来完成出入境旅客77.75万人次，同比增长16.74%，其中入境39.07万人次，出境38.68万人次，同比分别增长16.17%和16.27%。分口岸：福州（马尾）完成5.28万人次，同比增长23.25%；厦门67.74万人次，同比增长11.50%；泉州4.73万人次，同比增长2.03倍。

【口岸精神文明建设再上新台阶】 组织开展全省门岸系统第五届"创文明行业、建和谐海西"竞赛活动，制定了全省口岸系统文明行业创建竞赛活动百分制考评标准和示范窗口测评标准，在全省确定23个省级文明行业创建工作示范点，分期分批组织巡查，推动发挥辐射带动作用。组织开展全系统"和谐海西立新功"青年文明号主题活动，全系统共有5位全国青年文明号集体负责人获评2006年度"福建省新长征突击手"。积极组织创建巾帼文明岗活动，推荐全系统4位全国"巾帼文明岗"负责人获评2007年度福建省"三八"红旗手。深入开展以诚信执法、诚信服务、诚信经营、诚信协作、诚信管理为主要内容的诚信口岸建设活动，组织宣传福建省口岸查验部门和生产运输服务企业开展诚信口岸建设的先进经验、做法和典型事迹。国家口岸办充分肯定福建省开展共建文明口岸工作的做法和经验。

2007年福建口岸外贸海运统计表

单位：(吞吐量)万吨/(集装箱)标箱/(旅客)人次

口岸	类别	全年完成量	同比(±%)	进口或入境累计	同比(±%)	出口或出境累计	同比(±%)
福州口岸	外贸吞吐量	1 494.7743	-46.48	475.9749	9.29	1 018.7994	-56.78
	国际集装箱	945 074	12.72	455 376	11.31	489 698	14.06
	入出境旅客	53 138	15.96	25 163	12.86	27 975	18.90
厦门口岸	外贸吞吐量	4 628.7720	24.07	2 165.2199	28.57	2 463.5521	20.36
	国际集装箱	3 970 562	13.92	1 930 974	14.59	2 039 589	13.29
	入出境旅客	710 872	15.70	358 335	15.99	352 537	15.40
漳州口岸	外贸吞吐量	444.3726	-1.85	278.7555	-21.70	165.6171	71.17
	国际集装箱	8 338	340.69	4 420	370.71	3 918	311.12
	入出境旅客						
泉州口岸	外贸吞吐量	723.8003	10.37	681.2023	13.29	42.5980	-21.81
	国际集装箱	50 934	55.81	41 638	71.52	9 296	9.32
	入出境旅客	47 599	205.18	24 568	187.51	23 031	226.58
莆田口岸	外贸吞吐量	104.5142	1.39	88.0675	-2.97	16.4465	33.58
	国际集装箱	8 649	0.74	4 342	2.45	4 307	-0.92
	入出境旅客						
宁德口岸	外贸吞吐量	229.3651	52.37	36.5184	496.90	192.8467	31.66
	国际集装箱						
	入出境旅客						
总计	外贸吞吐量	7 625.5985	-3.30	3 725.7385	17.47	3 899.8598	-17.27
	国际集装箱	4 983 557	14.12	2 436 750	14.75	2 546 808	13.52
	入出境旅客	811 609	20.09	408 066	20.10	403 543	20.07

2007年福建航空口岸客货运统计表

单位：（旅客）人次/（货量）吨

口岸 \ 项目	类别	全年完成量	同比（±%）	进口或入境累计	同比（±%）	出口或出境累计	同比（±%）
福州口岸	入出境旅客	546 106	9.44	270 958	12.87	275 148	6.26
	进出口货量	9 279.00	2.02	5 409	−6.45	3 870.00	16.81
厦门口岸	入出境旅客	1 627 848	21.15	799 783	20.60	828 065	21.68
	进出口货量	113 877.00	12.00	42 280	19.67	71 597.00	7.91
泉州口岸	入出境旅客	333		333			
	进出口货量						
武夷山口岸	入出境旅客	15 835	−15.47	7 751	−177.44	8 084	−13.48
	进出口货量						
总计	入出境旅客	2 190 122	17.66	1 078 825	18.21	1 111 297	17.13
	进出口货量	123 156.00	11.18	47 689	15.99	75 467.00	8.34

2007年福建海港口岸客运统计表

单位：人次

口岸 \ 项目		全年完成量	同比（±%）	其中					
				大陆	香港	澳门	台湾	华侨	外国籍
福州口岸	入境	25 163	12.86	1 085			24 078		
	出境	27 975	18.90	1 374			26 601		
	合计	53 138	15.96	2 459			50 348		
厦门口岸	入境	358 335	15.99		11 069		342 933		4 333
	出境	352 537	15.40		10 988		337 206		4 343
	合计	710 872	15.70		22 057		680 139		8 676
泉州口岸	入境	24 568	187.51	8 963	66	150	15 170		219
	出境	23 031	226.58	8 760	52	89	14 129		1
	合计	47 599	205.18	17 723	118	239	29 299		220
总计	入境	408 066	20.10	10 048	11 135	150	382 181		4 552
	出境	403 543	20.07	10 134	11 040	89	377 936		4 344
	合计	811 609	20.09	20 182	22 175	239	759 786		8 896

2007年福建口岸对台客货运统计表

单位：见表列

口岸	项目	类别	全年完成量	与上年同比±%
福州口岸	入出境旅客（人次）	入境	24 901	11.68
		出境	27 906	18.61
		合计	52 807	23.25
	进出口货运完成量（吨）	进口	15 030	
		出口	557 969	161.28
		合计	572 999	178.10
	海港国际集装箱（标箱）	进口		
		出口		
		合计		
	两岸试点直航完成箱量（标箱）	进口	154 222	−0.42
		出口	162 219	−4.10
		合计	316 441	−2.34
厦门口岸	入出境旅客（人次）	入境	341 570	11.81
		出境	335 855	11.18
		合计	677 425	11.50
	进出口货运完成量（吨）	进口	599	390.98
		出口	100 967	−20.88
		合计	101 566	−20.48
	海港国际集装箱（标箱）	进口		
		出口		
		合计		
	两岸试点直航完成箱量（标箱）	进口	82 900	−10.36
		出口	115 434	−22.27
		合计	198 334	−17.70

福建省

(续表)

口岸 \ 项目	项目	类别	全年完成量	与上年同比±%
泉州口岸	入出境旅客（人次）	入境	24 235	183.61
		出境	23 031	226.58
		合计	47 266	203.04
	进出口货运完成量（吨）	进口		
		出口	328 427	69.80
		合计	328 427	69.80
	海港国际集装箱（标箱）	进口		
		出口		
		合计		
	两岸试点直航完成箱量（标箱）	进口		
		出口		
		合计		
总计	入出境旅客（人次）	入境	390 706	16.17
		出境	386 792	16.27
		合计	777 498	16.74
	进出口货运完成量（吨）	进口	15 629	12 710.65
		出口	1 131 834	24.47
		合计	1 147 463	27.22
	海港国际集装箱（标箱）	进口		
		出口		
		合计		
	两岸试点直航完成箱量（标箱）	进口	237 122	−4.13
		出口	277 653	−12.60
		合计	514 775	−8.89

厦门口岸工作综述

【口岸运行】 2007年海港（八大港区）完成货物吞吐量8 117.2万吨，与上年比增（下同）12.45%，集装箱吞吐量462.7万标箱，比增15.29%；厦金航线进出旅客68.78万人次，比增13.21%；空港口岸年旅客吞吐量为150.99万人次，同比增长13.07%，是全国五大航空口岸之一；完成货邮吞吐量19.36万吨，比增10.63%；口岸出入境旅客总数为221.06万人次，比增13.24%。

【空港口岸开放管理】 截止2007年底，在厦门航空港口岸运营的国际及地区航空公司达17家，已开通国际航线21条，地区航线4条。航线遍及东南亚、韩国、日本、美国和欧洲等国家和地区，是华东地区重要的区域性航空枢纽。

厦门航空港口岸两岸节日包机日趋常态化。2007年圆满完成了两岸春节、清明、端午、中秋等节日包机的运输与保障任务。共执行两岸包机40架次，进出境台胞5 658人次，同比分别增长28.6%和15.5%。

【海港口岸开放管理】 做好新增码头对外开放启用工作，协调做好相关码头查验业务现场流程的确定和查验设施的配套建设。完成东渡国际邮轮中心、五通海空联运码头、20#国贸货运码头通过开放港区新增作业点的省级验收工作，并经省政府下文批准对外运营开放；嵩屿港区集装箱码头于4月20日试生产，厦门港迎来了世界最大集装箱船舶（全长397米）"艾玛—马士基号"。

厦门港目前共有集装箱班轮航线117条。其中美线12条，欧线9条，地中海线4条，澳洲线3条，中东线1条，新加坡线1条，菲律宾线1条，东南亚线3条，日本线13条，韩国线6条，台湾线10条，香港线16条，内支线15条。

加强合作，推进海沧港区口岸建设。 厦门市人民政府和中远集团签署了推进海峡西岸经济区建设合作备忘录。根据协议，双方将投资40亿人民币建造海沧港区14#~17#四个10万吨级集装箱泊位；厦门市政府与法国达飞集团、香港新创建集团签订海沧港区开发战略合作协议，助力厦门港迈向国际性中转枢纽港。法国达飞集团、香港新创建集团与厦门海沧投资总公司共同投资厦门海沧港区18#~19#两个10万吨级集装箱泊位，投资规模不少于20亿元人民币，该项目预计2009年上半年投产，3年内两个泊位的集装箱吞吐量将达到120万标箱。

【口岸大通关】 认真落实海关总署、国家检验检疫总局支持海西建设的各种举措，推动查验单位进一步出台各种便捷措施，创新大通关监管模式。开通24小时通关服务热线，及时协调解决通关过程中出现的问题。协调查验单位推行就近报关、多点报关、异地报关口岸放行、集中放行及上门验放等便捷措施；将监管时空前伸后延，解决通关手续过于集中在口岸通关现场的问题；建立保税区和港区"快速通关"的转关运输模式，努力解决内地和口岸之间异地通关限制较多的问题。厦门海关进口平均作业时间为1.66小时，远低于全国平均的6.65小时；出口平均作业时间为0.46小时，远低于全国平均的2.78小时。厦门出入境边防检查总站东渡站认真做好厦金直航边防检查工作，如遇有需要紧急出境、入境救治的病人或抢险救灾等特殊情况，立即开通"紧急救助通道"，尽可能提供通关便利。对迟到旅客实行"免排队"服务，优先办理边防检查手续，避免旅客耽误行程和交通运输工具延误，确保取道厦金航线往返两岸的台胞边检通关快捷、顺畅。边检民警办理每位台胞的边检手续时间平均不到20秒，基本实现台胞边检通关"零等待"。同时，厦门边检继续推广"入出境船舶网上报检系统"，通过预检的船舶靠泊即可装卸作业，在规定的时间内再办理出入境边防检查手续，有效缩短船舶滞港时间；在港区坚持实行7天工作制，为相关生产经营单位提供24小时通关服务，做到船舶、员工"随到随检"，提高口岸通关效率。厦门检验检疫局做好漳州局划转交接工作，积极推动厦门港口岸检验检疫通关体制改革。厦门海事局充分发挥VTS、AIS、CCTV等设备的组合优势，实现船舶进出港"零待时审批"。

助力打造厦门港"大通道"，积极拓展江西腹地，力求在更为广阔的中西部市场传导海西的辐射力。赣州—厦门国际集装箱班列正式开通，标志着赣厦海铁联运又有新进展。

【港口一体化】 厦门海关大力开展港区间移泊业务。厦门组合港港区包括漳州招银港、厦门海沧港和东渡港等，由于厦门口岸国际航线密集，漳州的进口货物多数都要经厦门口岸进境后再通过陆路转关运到漳州，出口亦要通过陆路运往厦门，不仅浪费了时间，还增加企业的运输成本。有了海上驳运业务，货物由国际干线轮装载从海沧港进境后，可直接转装驳船运至漳州招银港，在漳州招银港海关办理报关手续，相当于把国际干线航线延伸到漳州招银港；出口货物在招银港办结海关手续后，由驳船直接运抵厦门口岸上干线船出口。厦门海关为畅通厦门组合港内不同港区间物流通道而推动的港区间海上驳运业务，这是厦门海关支持海西建设的一项新举措。进一步提高了厦门组合港的竞争力，为进出口货物开辟了一条经济、便捷的海上物流通道。

积极推进厦门港口岸查验管理一体化工作，经中编办、国家质检总局正式批复，漳州检验检疫局从福建检验检疫局整建制划转给厦门检验检疫局管理。企业可凭漳州局签发的通关单直接向厦门口岸海关报关出口，从而建立了厦门港口岸检验检疫查验管理一体化体制。

【对台直航】 2007年每天有20个航班往返于厦金两地，通过厦金航线往来两岸的出入境旅客7年多来累计已超过244万多人次。

继续对台湾水果、花卉及鲜活产品实行快速申报、快速查验、快速放行，采取"同等优先、适当放宽、特事特办、简化手续、快验快放"等措施，确保台湾农产品"零滞港"。

载满着1 700吨漳州碎石，台湾"全富号"货轮驶离厦门同益码头，直航澎湖；厦门口岸首发团共有289名团员，分成10个旅游团队，赴澎湖地区旅游，标志着厦门至澎湖的客、货运直航正式开通。

【电子口岸】 加快福建电子口岸建设。海港方面，力争厦门市船舶网上报检系统正式投入使用。空港方面，抓紧空港EDI功能和数据中心服务功能的改造，提升空港生产、运营管理以及服务的协同工作水平。协调各单位共同推进福建省电子口岸的建设，力争将该平台建设成为具有一个"门户"入网、一种认证登陆和"一站式"办事等功能，集口岸通关执法管理及相关物流商务服务为一体的大通关统一信息平台，使口岸执法管理更加严密、高效，使企业进出口通关更加有序、便捷。

【口岸文明建设】 厦门出入境边防检查总站所属东渡站九队被评为"全国十佳巾帼文明岗"。厦门检验检疫局获1个全国级"青年文明号"、1个省十佳"青年文明号"。厦门口岸系统获得全省第四届文明行业的荣誉。

福建口岸查验单位工作综述

福州海关

【超额完成税收征管】 全关上下以综合治税统筹各项业务工作，不断提高税收征管效能，关区税收取得历史性突破。全年共征收关税和进口环节税44.78亿元，与上年同比（下同）增长25.5%，税收增幅高于全国平均水平,其中关税8.91亿元,增长21.6%;进口环节税35.87亿元,增长26.5%。继续完善G通道管理模式,实行动态管理,全年对9家企业进行通道调整。树立"税往快处流"理念,加强估价、归类、原产地、减免税和税收征管等职能的整合,出台了《福州海关关于调整现行审价事权的工作办法》,发挥专业集中审单优势,进一步规范执法,审价尺度逐步趋于一致。事权调整后,关区一般贸易进口货物审单时间从3.5小时降低为2.8小时,缩短了20%;进口布控实际命中率从1%上升到16.7%。对关区部分诚信企业非涉税的报关单实施"F通道"管理,全年为30家企业办理"F通道"报关单8 269票。加强与港区的沟通,将出口货物提前报关通关作业模式由外挂系统向内嵌转化,进一步提高了通关速度。福州口岸进口海关作业平均时间提速到4.75小时,出口海关作业平均时间递减1.06为小时,分别比全国海关平均水平低23.51%和76.33%,通关环境不断优化,综合治税整体合力显著增强;完善税收考核指标,提高征管质量。针对新的税收考评办法中确定的9项指标,强化税收职能管理,每月定期分析通报关区价格水平,对长期影响关区价格的商品进行ICS询价,全年关区价格水平为0.9840,始终保持在"绿色区域"。加大对同名商品归类差异和税单核销率的整治力度,开展加工贸易内销价格水平监控分析,全年各种渠道补税入库3 384.93万元。建立减免税审批预警核查,全年审批减免税货值8.83亿美元,减免税款14.87亿元,增长33.84%。积极推行税款网上支付,试行"网上银行担保",网上付税金额14.83亿元,同比增长78.67%,占全年税款总额的33.11%,超过年初设定的30%目标。

【提高口岸通关效率】 扎实推进业务改革,主动服务海西建设,全年共监管进出口货物总值153.6亿美元,同比增长14.4%,其中进口60亿美元,同比增长8.2%;出口93.6亿美元,同比增长18.8%。全面推动总署支持海西政策措施落实。发挥省会海关的作用,主动加强与厦门海关联系,通过召开两关联席会议,联合出台了进一步推进总署支持海西政策措施落实的具体措施。加强政策研究和统计分析力度,针对海西发展中遇到的问题,站在海关的角度提出对策和建议。在具体工作上把工作重点放在总署已明确、企业有要求、地方政府有积极性的工作上。年初制定《福州海关对台小额贸易监管操作规程》,3月出台简化两岸直航客运船舶申报手续的具体措施。对符合政策规定以对台小额贸易方式进口的台资企业生产设备零配件和原辅材料实行进口免税政策。积极推动在福州马尾、莆田湄洲岛、宁德三沙设立对台小额贸易交易市场,放开对台小额贸易船只吨位、交易金额限制,放宽经营范围限制。支持扩大福建口岸开放,同意福州港罗源港区、牛头湾作业区对外开放,使宁德港城澳港区、白马港区正式获准成为福建对台直航货运口岸等,有力地促进福建沿海与金马澎之间的人员往来和经贸交流。区域通关范围不断扩大,口岸通关效率显著提高。年内与长三角、珠三角和中西部地区的14个直属海关签订了区域通关协议,11月举办了16个海关参加的海西区域通关联络员会议,协调解决区域通关难题,初步实现区域通关常态化。区域通关的推广使地处内陆的三明海关,税收突破亿元。全年关区办理"属地申报、口岸验放"报关单570票,同比增长552.05%,货值1.39亿美元,同比增长279.72%,征收税款1.58亿元,同比增长228.62%。推动特殊监管区域建设,促进加工贸易转型升级。大力推进加工贸易联网监管,联网企业的进出口额占福州关区加工贸易进出口额的70.22%。重点推动福州、福清2个出口加工区的建设,有力配合地方政府吸引了一批优质加工贸易企业入区。区港联动项目审批获得重大进展,12月底国务院正式批复同意设立福州保税物流园,并与福州港江阴港区开展区港联动试点。积极支持福建省重点项目和重点企业发展。继续与各口岸管理部门加强协调配合,协调推动福厦两关出口集装箱"二次拼箱"业务,建立"海西大通关热线联络员"和大户企业协调员制度,提供"一口接收,首问负责"的一站式服务,全年共受理了350多项各类通关业务咨询。针对关区重点大型高新企业冠捷、捷联公司在迅速发展中遇到的政策难题,为企业争取到将其免税进口的生产模具转移到上游企业生产产品配套零部件专用的优惠政策。坚持和落实好7天工作制度,全年周末累计关员加班9 996人次,审核进出口报关单21 601份。积极应对国家出口退税、加工贸易目录修订等政策调整,帮助企业做好应对。对闽北竹制品出口退税调整影响等问题的调研,引起了总署和地方政府的高度重视。

【始终保持打私高压态势,为海西发展营造良好环境】 突出抓好打击走私,推进和谐执法,不断提升缉私能力。全年侦办刑事案件21起,总案值2.49亿元,为上年的6.5倍,涉案偷逃税款3 991.57万元,同比增长610.3%。查办行政案件392起,同比增长27.7%,再创历史新高,其中查办走私行为案件14起、违规案件378起。始终保持反走私高压态势。货运、加工贸易和特定减免税三大渠道缉私取得突破,共查获货运、加工贸易和特定减免税渠道走私犯罪案件13起,同比上升30%,涉案案值22 653万元,涉嫌偷逃税款3 600万元,分别占案件总数、总案值和偷逃税款总额65%、95%、95%。情报自侦能力得到有效提升。借助关区信息情报中心,加强风险管理和缉私情报的深度融合,与东南亚国家建立执法互助机制,全年刑事案件自侦率达到70%。关区区域性、行业性走私活动得到有效遏制。成功侦办了以严金荣为首的严氏家族走私冷冻水产品大案。现已查明该案涉案案值1亿多元,涉嫌偷逃税款3 000多万元;以及某海洋工程公司走私免税设备案,涉案案值1 000余万元,涉嫌偷逃税款近300万元。有效遏制非涉税渠道走私。加强邮递、机场旅检、"两马"航线旅检现场、宁德三沙对台监管点等现场的阵地控制,全年查获案件332起,查获毒品335克,文物、淫秽、非法出版物等357件。转变执法理念,提高执法水平。深入开展"执法质量建设年"活动,既坚持依法办案,又突出服务理念,全年未发生行政诉讼案件。加大知识产权海关保护工作力度。全年共查获知识产权案件537起,位居全国海关首位,案值1 487万元,为上年的1.6倍。查扣各类涉嫌侵权物品187万件,同比增长105%,其中货运渠道34起,行邮渠道503起,商标权案件524起,著作权案件13起。"龙舟行动"中,查获案件189起,列全国海关首位,查扣各类侵权物品43万件,货值59万元,有力打击了进出口侵权行为。先后邀请36家权利人代表和中国外商投资企业协会优质品牌保护委员会(QBPC)举办执法培训,加强与地方知识产权主管部门联系配合,推动形成综合治理局面。

【风险管理理念深入人心,业务改革整合取得进展】 提出了"一个平台,两项整合"的工作思路,探索风险管理理念由"虚"变"实"的实现途径。对各类风险信息(线索)进行整合,直属海关层面风险管理平台初步建立。福州海关风险管理平台一期8月马尾海关试点,10月8日起正式在关区全面推广。平台加强了对各类风险信息(线索)的有效整合,运行以来一线关警员的风险意识普遍提高。全年应用平台查获走私案件2起,案值38万元;查获违规案件46起,案值8 611万元;查获非案补税72起,案值7 837万元,实际补税入库1 162万元。业务现场根据风险提示和布控指令,提高了查获率,全年关区查获率为8.13%,同比增长19.38%;报署风险信息得分同比增长77%,列全国第11位;预定式风险布控有效率达76%,高于全国平均水平。对现有各类便捷通关措施进行整合,营造"守法便利"的通关导向。将各业务主管部门制定的交叉重叠、独立运作的各类便捷措施进行整合,出台了包括F通道、提前申报、预审价、预归类、上门验放、G通道通关以及专门申报窗口等在内的15条便捷通关措施,关区企业根据等级评定情况享受相应的便捷通关措施。享受优惠企业每票货物通关时间缩短15分钟,加工贸易行政许可业务在20分钟内办结。引入风险管理理念,加强对企业资信的动态管理,全年调整企业类别53家。关区现有企业6 015家,其中诚信企业37家,A类企业261家,B类企业5 741家。稽查系统"三位一体"工作取得进展。全年稽查企业168家,同比增长76.8%,稽查有效率38.36%,居全国第7位。反馈企业稽查情况372家(次),提高了以企业为单元的海关监管整体效能。

(林琳)

2007年福州海关主要业务统计表

单位：见表列

项目			2007年	2006年	同比（±%）
进出口货值（万美元）		合计	1 536 003	1 342 820	14.40
		进口	600 336	554 882	8.20
		出口	935 667	787 938	18.80
进出口货运量（吨）		合计	19 201 569	30 711 220	−37.48
		进口	6 800 231	5 496 695	23.71
		出口	12 401 338	25 214 525	−50.82
集装箱		集装箱总数（标箱次）	770 342	685 215	12.42
		箱载货量（吨）	5 723 755	4 840 264	18.25
监管运输工具		监管进出境总数（辆艘）	11 059	11 777	−6.10
	其中	进出境飞机（架）	4 127	3 533	16.81
		进出境船舶（艘）	6 932	8 244	−15.91
行邮		出入境人员（人次）	800 991	785 305	2.00
	其中	旅客（人次）	611 148	544 186	12.30
		运输工具服务人员（人次）	189 843	241 119	−21.27
		进出邮件、快递（件）	574 629	522 045	10.07
		其中：印刷品进、出口（件）	425 998	530 135	−19.64
加工贸易		加工贸易企业备案（家）	787	742	6.06
		进口料件备案额（万美元）	234 300	238 800	−1.88
		备案合同数（份）	4 103	4 968	−17.41
		核销合同数（份）	4 716	5 217	−9.60
企业注册（家）		注册总数	6 015	5 183	16.05
	其中	自理企业	5 956	5 121	16.31
		报关企业	59	62	−4.84
税收（亿元）		关税入库	8.91	7.33	21.56
		进口环节税入库	35.87	28.35	26.53
		两税合计	44.78	35.68	25.50
稽查		稽查企业（家）	132	80	65
		补税（万元）	1 782.34	3 851.27	−53.72

福建省

续表

项目			2007年	2006年	同比（±%）
缉私	刑事案件	立案 案数（起）	21	19	10.5
		案值（万元）	24 917.41	3 379.91	641.5
		偷逃税额（万元）	3 991.57	557.69	620.4
		犯罪嫌疑人（人）	56	65	-13.8
		结案 案数（起）	14	16	-12.5
		案值（万元）	15 191.75	4 309.38	252.5
		犯罪嫌疑人（人）	29	42	-31
	走私行为案件	立案 案数（起）	14	24	-41.7
		案值（万元）	271.55	1 094.42	-75.2
		偷逃税额（万元）	53.24	166.77	-68.1
		结案 案数（起）	21	13	61.5
		案值（万元）	968.5	713.43	35.8
		偷逃税额（万元）	137.59	148.22	-7.2
	违规违法案件	立案 案数（起）	378	296	27.7
		案值（万元）	17 276.87	24 601.04	-29.8
		结案 案数（起）	315	321	-2
		案值（万元）	13 925.44	25 937.73	-46.3
知识产权案件		案件数（起）	537	324	65.74
		案值（万元）	1 487	565	163.19

厦门海关

2007年，厦门海关继续解放思想，树立和落实科学治关理念，深化业务整合创新，通关效率不断提升，执法水平全面提高，服务发展富有成效。年内，厦门关区进出口报关单总数为176.46万份，比上年同期（下同）增长6.60%；进出口记录总条数为454.10万条，增长14.34%；进出口贸易总值为568.43亿美元，增长16.28%；海关监管的进出口货运量为4 299.31万吨，增长2.44%；监管集装箱总数365.05万标箱，增长11.07%；监管进出境运输工具3.60万辆（架艘），增长13.32%；完成税收入库160.29亿元，增长13.65%；办理减免关税5.08亿元，增长14.26%；减免进口环节税16.74亿元，增长24.14%；打击走私犯罪，刑事立案33起，案值2.70亿元，涉税0.97亿元；抓获犯罪嫌疑人127人；移送审查起诉26起71人。查处违规和走私行为，行政立案1 018起，案值5.3亿元，涉税0.66亿元。

【完善综合治税大格局】 在面临人民币汇率升值、进口税率下调等诸多不利因素的情况下，全关上下强化危机意识、大局意识、责任意识，加强税收考核，一线监管、后续管理和打击走私等3支力量良性互动，网上支付、征税进口货物绿色通道、审价绿色通道等便捷措施实施范围进一步扩大，征管能力和服务质量进一步提升。连续10年创年度税收总量新高，税收征管质量符合总署量化规定要求，价格水平始终处于"绿色区域"。

【全面提升监管通关效能】 对各项查验指标进行量化和分析评估，及时发现和解决问题；在关区各业务现场推广应用选择查验管理系统；落实处长巡视和科长带班制度，加强一线查验工作指导；加大非侵入式查验力度，提高H986等查验设备的科技应用；推进卡口控制与联网系统扩大试点工作，完成2.0版卡口联网与控制系统的切换任务；执勤武警的作用得到充分发挥，监管效能进一步提高。全年查获率达9.14%，同比提高0.59个百分点。通关效率大幅提升，进口平均海关作业时间1.48小时，远低于全国平均的6.65小时；出口平均海关作业时间0.44小时，远低于全国平均的2.78小时。2007年厦门海关执法评估综合评价列全国海关第二，其中商品查验进出口重点度、重点查验企业查获水平均在全国名列前茅。

【以打私力促贸易环境规范有序】 坚持"打团伙，破大案，摧网络"，综合运用刑事、行政执法手段，深入开展专项斗争和联合行动，相继破获了"01·08"、"3·15"和"9·19"等一批在全国有较大影响的大要案，大规模走私持续得到有效遏制。依托地方党政，完善"科镇挂钩"等反走私综合治理模式，实行现场缉私科双重管理，推进关警深度融合，形成反走私合力。树立"宽严相济"执法理念，实现打击与保护、管理与服务的统一。稽查工作实现战略转型，稽查效能显著提高，全年追、补征税款入库6 617万元，常规稽查覆盖面达13.44%，稽查有效率达15.64%。实时动态分类管理深入实施，企业诚信守法意识明显增强，关区的进出口贸易秩序进一步优化。

【加快区域海关协作和通关一体化进程】 一是拓宽领域、注重长效。在与中东西部14个海关共同签署区域通关联系配合办法的基础上，进一步拓展合作领域，完善海铁联运模式，拓展海空、陆空、空空联运，让中西部内陆地区企业能够"借船出海"，真正享受到"港口就在家门口"的便利，提高物流效率，不断增强海西经济的辐射力和影响力。二是提升层次，规范执法。加强区域海关管理联动，推动资源的有效合理配置，实现海关多方的优势互补、资源优化利用，探索和建立区域内虚拟审单中心，推行"属地报关、口岸验放"、"多点报关，口岸验放"等通关模式，确保"应转尽转"，使区域内海关执法更趋规范、统一，物流更为顺畅，通关更加便利，成本更加节约。三是总结经验，注重长效。不断完善区域海关联系配合机制，健全机构，推动区域海关合作向制度化、常态化发展。

【主动融入东南沿海对外开放综合大通道建设】 一是丰富和发展"大通关"建设的内涵和外延，综合运用各类先进科技手段，简化口岸通关环节，逐步实现进出口监管作业链的相互联动和全程电子化作业，做到"管得住，通得快"。二是大力发展国际中转业务，实行电子账册管理和"提前申报、先转后核"通关模式，简化跨港区转运程序，提升港口中转业务能力，促进厦门港中转业务快速发展，着力打造海西国际航运枢纽港群。三是在海运港区之间试行"海上驳运"业务，研究探索出口货物"提前申报、卡口分流、实货验放"通关模式，完善审单通道管理，进一步优化口岸通关环境，畅通海上物流；完成"电子关锁"前期准备工作，简化监管手续，逐步实现关锁由系统自动施封、解封，畅通陆路物流，不断增强厦门港口优势和辐射力，建设大厦门港。

【促进保税加工和保税物流转型升级】 一是积极推进海关特殊监管区域建设，按照加快厦门特殊监管区域"功能整合、政策叠加"试点的要求，重点推动厦门象屿保税区、保税物流园区、东渡港区的整合；积极支持设立海沧保税港区，努力当好"咨询员"、"宣传员"和"指导员"，促进地方保税物流业健康发展，为提升海西物流业发展注入新的活力；研究上报东渡港区、象屿物流园区和象屿保税区等三区整合框架方案，基本完成"区港联动"工作目标，实现区内"一次申报、一次查验、一次放行"；物流园区"海陆空铁"多层次联动初步形成，保税物流园区业务发展迅猛，全年园区海运一线进出境货值同比增长5倍。二是积极开展海关政策宣传,及时帮助企业解决生产经营、深加工结转、物流仓储等方面问题,简化手续,全面推广加工贸易联网监管制度,扶持培育大中型加工贸易企业形成产业链,积极引导加工贸易企业转型升级。三是进一步加大加工贸易实际监管力度,加工贸易合同报核率、结案率均达到100%,联网监管企业加工贸易进出口总值覆盖率达75.13%,有力地推动了关区内保税加工和保税物流同步健康发展。

【推动两岸经贸往来和对台"三通"】 一是进一步推进大嶝对台小额商品交易市场发展,使之成为海峡两岸商品交易的重要平台。年内通过直航进入大嶝市场的货物共2 528.2吨,增长129%,占大嶝市场进口总量的23.7%;货值544万美元,增长89.3%;共监管进入大嶝市场台湾商品货值1 339.6万美元,增长33%。二是以"小三通"促"大三通",建立健全海峡两岸人流、物流往来高效便捷、有效管理机制,积极推动台湾"零关税"农产品进口,推动厦金、泉金客货直航,推动包机的节日化、常态化,使海峡西岸成为两岸经济、文化沟通的重要通道。年内,共监管厦门与台北、高雄之间直航飞机40架次,监管进出境旅客5 658人次;监管厦、金"两门"航线直递包裹610袋,共1 830件,10.7吨。

【推广使用风险预警系统】 在全关区初步建立起具有厦门海关特色的风险参数库,推广使用风险预警系统;推动总关和隶属海关(业务现场)两级风险分析日常监控工作,风险分析监控能力得到有效提高,"由虚转实"取得实效;实现报关单100%自动风险甄别,关区风险信息得分位居全国海关第一名,运用风险平台查获各类违法、违规和非案补税情事927起,补税入库5 221万元。

【知识产权海关保护工作成效显著】 积极履行职能,提高执法透明度,突出保护重点,加强执法协作,扎实推进知识产权海关保护工作。通过召开专题座谈会、政策宣讲会,介绍知识产权海关法规、保护意义、执法程序及执法成效等,鼓励和引导国内企业积极寻求海关保护。全年共查获侵犯自主知识产权案件25起,案值人民币700多万元。同时,加强与地方工商、版权、公安、司法等部门的联系配合,在信息共享、执法培训、侵权认定、社会宣传、整治行动等方面开展执法协作,形成保护知识产权的合力,提高知识产权保护效能。2007年,共办理知识产权案件242起,案值人民币2 900多万元;有1名关员被世界海关组织评为知识产权执法工作"杰出关员",1名关员被评为"全国企事业知识产权管理先进工作者"。

【整顿规范报关服务市场】 紧紧抓住报关服务市场的主体——报关企业及其报关员这个关键点。一是年内组织开展整顿规范厦门关区报关市场专项行动,共受理、审查并制发行政许可决定书152份,共清理无实际报关业务的船代企业17家,规范报关企业分支机构设点备案96个,纠正不规范报关专用章1 613枚。二是加强与报关协会联系配合,制定《厦门海关报关员执业管理操作规程(试行)》和《厦门海关报关员IC卡记分考核管理操作规程(试行)》,加强对报关员的执业管理和培训考核力度,全年共举办4期专题培训班,对1 562位报关员进行18 939人次的计分,对其中89名计分超限报关员进行再培训考核。三是加强报关质量管理,实施报关差错的监控和考核、报关员记分考核、基层建设达标考核等3项考核措施,切实提高报关质量。

(吴建华)

2007年厦门海关主要业务统计表（一）

单位：见表列

项目		单位	2007年	2006年	同比±%
进出口报关单总数		张	1 764 598	1 655 389	6.60
进出口记录条总数		条	4 541 016	3 971 333	14.34
进出口贸易总值	合计	万美元	5 684 344	4 888 555	16.28
	进口	万美元	1 846 987	1 625 990	13.59
	出口	万美元	3 837 356	3 262 565	17.62
进出口货运量	合计	吨	42 993 105	41 967 413	2.44
	进口	吨	22 173 415	23 397 735	-5.23
	出口	吨	20 819 690	18 569 678	12.12
*口岸验放货运量	合计	吨	789 810	—	—
	进口	吨	786 487	—	—
	出口	吨	3 323	—	—
集装箱	集装箱总数	箱次	3 650 526	3 286 677	11.07
	集装箱箱载货物	吨	24 312 697	22 505 235	8.03
监管运输工具	监管进出境运输工具	辆架	36 031	31 797	13.32
	其中：进出境船舶	艘	20 465	18 002	13.68
	进出境飞机	架	15 566	13 795	12.84
货物查验	查验货物报关单	份	70 152	57 890	21.18
	查验率	%	4.08	3.40	—
	货物报关单查获	份	6 415	4 951	29.57
	查获率	%	9.14	8.55	—

*备注："口岸验放货运量"是指其他关区注册的企业在其他关区以"属地申报、口岸验放"方式申报，在厦门关区实际验放的货运量。上述数据为2007年7月新增指标，故不作同比。

2007年厦门海关主要业务统计表（二）

项目		单位	2007年	2006年	同比±%
企业注册		个	15 469	13 804	7.65
行邮渠道监管	进出境人员	人次	2 706 447	2 397 225	12.90
	其中：旅客	人次	226 286	1 964 150	15.08
	行邮物品、快件总数	件	9 279 440	8 005 465	15.91
	其中：行邮物品	件	8 046 841	7 056 928	14.03
	快件	件	1 232 599	948 537	29.95
	没收扣退印刷品	件	4 341	5 791	−25.04
	没收扣退音像制品	件	36 326	78 039	−53.45
加工贸易管理	备案加工合同	份	4 794	5 736	−16.42
	合同备案金额	万美元	817 749	795 006	2.86
	经批准内销补税	万元	79 846	181 918	−56.11
加工贸易手册实际进出口值	合计	万美元	1 842 452	1 650 063	11.66
	进口值	万美元	586 316	538 375	8.90
	出口值	万美元	1 256 136	1 111 688	12.99
税收	两税合计	万元	1 602 870	1 410 357	13.65
	关税入库	万元	224 224	191 076	17.35
	进口环节税入库	万元	1 378 646	1 219 281	13.07
减免税	减免关税	万元	50 782	44 444	14.26
	减免进口环节税	万元	167 442	134 882	24.14
侵犯知识产权案件	案件数	起	227	416	−45.43
	案值	万元	2 506	3 501	−28.41

福建省公安边防总队

【大力提高边检服务水平】 2007年，全省边检系统严格按照"以提高服务水平为中心，坚持通关效率，坚持严密管控"这一新时期边检工作指导方针，以开展提高边检服务水平活动为抓手，紧密结合口岸工作实际，全面推进服务理念、职业精神和专业素质"三大支柱"建设，边检窗口服务更加文明规范，通关环境进一步优化。一是坚持以人为本，狠抓服务理念转变，不断提高服务水平。通过开展主题教育和大讨论活动，举办讨论和培训等各种形式，不断强化官兵的职业精神，端正官兵的服务理念，牢固树立依法文明服务的意识，从思想上进一步夯实建设边检文明窗口的思想根基。在此基础上，突出抓好服务礼仪、基础业务培训，全面提升官兵依法、文明、规范执法服务能力。二是突出人文关怀，完善服务设施，进一步优化通关环境。多方筹资，先后投入200余万元用于更新改造口岸执勤现场的服务设施和购买执勤装备，建设完善了旅检现场的蛇行通道、宣传资料架、候检休息区等服务设施以及投诉箱、监督台、监控设备等监督设施，进一步规范了执勤现场场地设置和外观标识，口岸通关环境更加人性化、标准化。三是创新服务措施，落实服务承诺，积极提供优质高效的通关服务。结合贯彻落实公安部提高边检服务水平12项服务措施，积极探索，不断创新，先后推出了一站式自助填卡、两岸双语服务、不眠报检厅、残疾旅客、晚到旅客服务机制以及"边检110"、战士着便装执勤等便民服务措施，积极为服务对象提供更多的便利和实惠，赢得了各方的广泛赞誉。7个边检站被评为省口岸工作先进单位，武夷山边检站被武夷山市委市政府授予"爱民边检站"光荣称号，福州机场边检站女子旅检科被评为第十届省"十佳青年文明号"，3个单位被评为省级"青年文明号"。四是主动跟进，积极作为，全力服务保障口岸大通关和"海西"建设。紧紧围绕地方经济发展大局，克服点多、线长、警力紧张等实际困难，主动占位、跟进服务，全力支持闽台直接往来、口岸大通关建设和海峡西岸经济区建设。先后为来闽参加"5.18"海交会、"6.18"招商会、"9.8"贸洽会等多个重要代表团提供快捷、优质的通关服务，全年共检查出入境交通运输工具15 241艘（架）次、旅客员工839 151人次，受到地方政府和出入境人员的高度肯定。

【有效维护口岸安全稳定】 紧密结合"平安福建"建设，严格按照内紧外松的原则，严密做好口岸管控工作，严厉打击口岸偷渡、走私活动，不断净化口岸大通关工作环境，着力打造"平安和谐口岸"。一是强化科技管防力度。推进重点口岸、重点港区的远程监控系统升级改造，全面实施对执勤现场的全时段有效监控，同时大力推行以巡视巡查、卡口监护与闭路电视监控相结合的立体监管模式，确保口岸管控工作严密到位；推广建立AIS船舶自动识别管理系统，实现对交通运输工具的定点、定时、定船管控。二是保持对口岸违法违规活动的高压打击态势。针对国际航行船舶特别是远洋渔业船舶，在抵（离）口岸前（后）中途擅自改变航线，上下人员、装卸物品的现象时有发生的情况，联合边防、海警支队开展了声势浩大的专项清查活动，有效遏制了远洋渔船非法运载未持有效出入境证件人员出入境的苗头，有效净化了口岸正常出入境秩序。三是严密口岸查控工作。全面推行实现了属地布控、全国查控工作制度，有力确保了查控数据的及时性和准确性，保证了口岸查控工作万无一失。一年来，全省口岸未发生任何漏控、错控或违法犯罪人员闯关得逞事件，未发生任何重大执勤差错或执勤事故。共查处违法违规人员1 384人次，查获偷渡人员177人次、在控对象17人次、网上在逃人员5人次，为地方经济建设提供了有力的安全保障。

（林建凡）

2007年省公安边防总队主要统计数字表

单位：人员（人次）/运输工具（艘、架次）/案件（件次）

项 目	数 量
出入境人员总数	839 151
出入境旅客人数	662 419
出入境员工人数	176 732

福建省

续表

项　目		数　量
出入境中国公民	合计	692 934
	内地因公	123 708
	内地因私	265 349
	港澳居民	116 276
	台湾同胞	187 601
出入境外籍人员		146 217
海港出入境人数		228 389
空港出入境人数		610 762
出入境交通运输工具	合计	15 241
	飞机	6 419
	船舶	8 822
查获偷渡案件		177
查处违法违规案件		1 384
接收遣返情况		0

厦门出入境边防检查总站

2007年，在公安部出入境管理局党委的正确领导和省市党委政府的关心支持下，厦门出入境边防检查总站坚持以科学发展观为指引，认真学习贯彻十六届六中全会和十七大精神，立足于服务海峡西岸经济区建设发展需要，坚决落实全国边检工作会议和九总站工作会议部署要求，按照"一个中心、两个坚持"的方针，扎实开展提高边检服务水平工作，全面推进基层科队正规化建设达标活动，进一步夯实基层基础，强化队伍素质，提升服务水平，维护口岸和谐畅通和队伍安全稳定，保持各项建设良好发展势头。全年共检查出入境旅客员工2 565 536人次，出入境交通运输工具29 170艘（架）次，分别比上年增长13.24%和11.88%；查获偷渡人员134人，接收处理境外遣返人员1 812人，查处违反出入境管理法规人员1 512人次、交通运输工具9艘/架次。年内，按照上级部署要求，顺利完成两岸节日包机、香港回归十周年庆典活动、党的十七大等重大边检勤务任务，受到地方党委政府、广大中外籍旅客和口岸服务对象的一致好评。

【**转变执法理念，提升服务水平，努力建设一流行政执法队伍**】　　为促进和谐社会建设，实现行政管理水平与国际社会接轨，打好十七大和北京奥运边防检查两场硬战，年初，公安部在全国边检机关部署开展提高边检服务水平工作，总站所属东渡、高崎两个边检站被列入全国第一批29个重点口岸。面对机遇和挑战，总站变压力为动力，把鼓舞看做鞭策，以高度的政治责任感和历史使命感抓好这项工作。一是深入开展大学习、大讨论活动，发挥东渡边检站九队获评"全国十佳巾帼文明岗"的典型示范作用，开展"服务之星"评选活动，参与"建文明行业、创和谐海西"竞赛，采取走出去、请进来、结对子、搞共建等多种形式，积极营造舆论宣传和比学赶帮氛围，在队伍中大力倡导"效率、亲切、严格"的工作信念，"人本、专业、安全"的服务理念,以及"更快、更亲、更严"的工作追求,进一步打牢执法为民思想基础。二是围绕"职业精神、服务理念、专业素质"三大支柱建设,开展集中培训与岗位练兵活动,有针对性地加强一线检查员的服务技能、业务知识和警体素质训练,年内共举办提高边检服务水平培训班10期,服务礼仪、政务礼仪及民俗风情讲座4期,参训民警达1 041人次。三是在认真落实公安部12项服务措施的基础上,指导各边检站立足口岸特点,根据出入境人员实际需要,推出本语服务、晚到旅客服务、家庭通道服务、台前零等候、双语热线等10余项便民利民措施,使边检通关服务更精细、更温馨、更人性化。四是改造和平码头和高崎机场候检场所,增设查验通道,规范现场标识,有效缓解场地狭窄、旅客拥堵现象,口岸通关能力进一步增强。通过提高服务水平,总站的社会形象得到提升,对外影响逐步扩大,通关效率、服务态度和工作质量给地方党委政府和广大服务对象留下了深刻印象,厦门市委、市政府领导先后到总站走访调研,对总站服务工作给予充分肯定。9月19日菲律宾《世界日报》报道了一位旅菲华侨作家的来华经历,称从高崎机场入境时,边检机关快捷、亲切的服务"使他乡游子感觉宾至如归"。

【强化涉台工作,打造品牌特色,竭诚服务海西建设发展大局】 从做好台湾人民工作的大局出发,认真贯彻、落实中央涉台工作方针以及省、市党委和政府有关工作要求,主动站位,认真履职,积极稳妥地做好两岸节日包机和厦金航线边防检查工作,努力打造涉台工作边检服务品牌。年内,共检查两岸节日包机32架次,旅客4 751人次,厦金直航船舶74 405艘次,旅客677 391人次;验放福建居民赴金门、澎湖旅游团队1 002个22 529人次。一是增加警力部署,完善现场标识,严密勤务组织,督促落实《出入境边防检查勤务规范》、《边防检查服务规范》、《边防检查执勤八不准》等规章制度,圆满完成台交会、"两岸客家高峰论坛会"、国际马拉松、海峡两岸民间艺术节、"慈航菩萨圣像回归祖庭暨海峡两岸和平与发展祈福大法会"等重大活动的检查服务工作。二是针对福建居民赴金门旅游团队排队候检时间较长的问题,积极走访10余家组团社,广泛征求意见,多次召开专题工作座谈会,研究试行境内旅游团队出境预报预检、入境按散客查验的模式,以"化整为零"的形式,改进团队验放模式,大幅提高通关速度。三是密切跟踪国际邮轮中心建设进展情况,抓紧落实边检执勤设施建设,组织相关部门和执勤科队民警到兄弟总站考察,学习借鉴优化警力配置和勤务组织的新方案,做好厦金航线执勤现场搬迁新点的相关准备工作,确保入驻后边检工作顺利过渡、有序开展。

【开展专项行动,打击偷渡犯罪,切实维护口岸安全稳定畅通】 积极应对口岸偷渡活动的新动向、新特点,以"迅雷"专项行动为契机,及时制订工作方案,明确职责分工和行动重点,有针对性地开展防范打击口岸偷渡犯罪。空港边检站针对外国人偷渡入境案件上升趋势,采取有效措施,充分发挥区域性证件鉴别中心作用,加强外国证件检查培训,及时收集反馈证件信息,加大重点国籍旅客检查力度,遏制了此类案件多发势头。海港边检站以防范打击利用集装箱偷渡活动为重点,认真落实五部委《工作意见》,制定实施办法,强化工作措施,与口岸生产经营单位签订《反偷渡协议》,实施信用等级管理,将工作平台前移到港区、码头、堆场等生产经营单位,进一步完善口岸反偷渡工作群防群治网络和工作实效,年内未发现利用集装箱偷渡案件,有效维护了口岸正常的出入境秩序以及厦门港的良好声誉。遣返审查部门在理顺办案机制、增加人员配备的基础上,进一步加强案件审查工作,严格偷渡嫌疑人身份核查,加强与外国驻华使领馆交流,密切与地方公安机关联系协作,努力提高协同作战水平,不断增强打击合力与效能。年内,共查处以出境旅游、商务等名义实施境外偷渡案件49起62人、外国人偷渡案件24起43人次;查获涉案组织者8名、协助者2名,向各地公安机关通报案件、线索54起,地方公安机关根据线索共查获"蛇头"8人。

(吴俊生)

2007年厦门口岸出入境旅客统计表

单位：人次

国籍或地区		项目	出入境旅客		合计
			入境	出境	
中国籍		因公	11 876	11 961	23 837
		因私	296 913	317 572	614 485
		香港	82 543	88 276	170 819
		澳门	6 017	6 036	12 053
		台湾	397 761	397 056	794 817
外国籍			296 964	297 626	594 590
合计			1 092 074	1 118 527	2 210 601

2007年厦门口岸出入境员工统计表

单位：人次

国籍或地区		项目	入境方式			出境方式			合计
			船舶	飞机	小计	船舶	飞机	小计	
中国籍		因公	32 036	23 440	55 476	37 704	24 076	61 780	117 256
		因私	24 969	2 681	27 650	24 959	2 684	27 643	55 293
		香港	332	8 135	8 467	140	8 129	8 269	16 736
		澳门	0	378	378	0	377	377	755
		台湾	10 313	199	10 512	11 081	199	11 280	21 792
外国籍			41 655	24 859	66 514	51 231	25 358	76 589	143 103
合计			109 305	59 692	168 997	125 115	60 823	185 938	354 935

福建出入境检验检疫局

2007年，福建出入境检验检疫局共检验检疫出入境货物56.8万批，货值210.61亿美元，与上年分别同比（下同）增长0.2%和7.3%，其中出境货物53.39万批，货值155.05亿美元，分别比增0.1%和7.8%；入境货物3.41万批，货值55.56亿美元，分别比增1.0%和5.9%。检出不合格出口货物1 541批，货值5 122万美元，分别比增-2.9%和20.9%；不合格进口货物938批，货值66 843万美元，分别比增13.4%和59.2%。检疫进出境集装箱74.89万标箱，比增7.9%，交通工具17278艘（架）次，比增-4.3%，健康检查35 445人次，比增3%，艾滋病监测36 493人次，比增-0.1%，发现各类疾病和病毒携带者18 191例，比增72.4%，其中艾滋病携带者6

例。出入境人员检疫83.93万人次，比增8.3%。

【质量至上专项整治初战告捷】 福建检验检疫局先后成立进出口产品质量领导小组和食品安全工作领导小组、督导组、驻点工作组、专家组以及老干部、老专家参与的服务组，与国家质检总局工作组一道，7组联动，举全局之力，查问题、查隐患、查漏洞，找差距、找原因、找根源，抓整治、抓整改、抓督导，强管理、强措施、强机制，全力推进专项整治健康有序开展，取得良好成效。

企业和社会进出口产品质量意识明显增强。通过对外宣传和对企业的优质服务与倾心帮扶，专项整治行动得到地方政府与企业的理解和支持，企业产品质量第一责任人的意识显著增强。保障产品质量和食品安全的长效机制得到完善。陆续调研出台了系列工作规范，规范业务运作和对企业的管理，探索和实践溯源管理，落实召回制度。出口产品质量得到提升，出口实现逆势增长。通过专项整治，实施系列扶优限劣措施，并强化检验检测和口岸把关，辖区出口产品质量水平得到较大提升，在困难局面下，出口实现小幅增长，被国外通报的案例明显减少。条块协作进一步加强。与福州海关签订《关于打击食品走私的合作备忘录》，与福清市政府共同出台扶持水产品发展12条措施，与外经贸部门开展联合培训，与质监、农业、工商、卫生、经贸食品药品监督等部门开展联合执法行动，共计30多次。

在此期间，专项整治工作还凸现出十大工作亮点：

一是在全国首查"飞单"案，国家质检总局作出首份复议决定书，打赢了"三检合一"以来首例行政诉讼案。二是与福建省检察院联合开展加强预防职务犯罪工作联系配合机制，警示教育活动效果明显。三是建成全国首个"出口鳗鱼身份认证（网络）系统"，完善了追溯体系建设。四是构建出口食品质量安全长效机制，探索出5个新模式，即出口鳗鱼"311"安全监控模式、出口虾"5+1"养殖管理模式、出口大黄鱼连片整体备案管理模式、出口食用菌联合体基地备案管理模式、茶叶基地联作制管理模式。五是围绕一条主线，突出"两个抓手"，做好"三个结合"，发挥"四个办公室作用"，实施"五组联动"，专项整治取得明显实效。六是建立企业信息服务专刊、专栏，服务企业得到地方政府充分肯定。七是帮助企业提高质量管理水平，提升闽货美誉度，辖区获得出口免验证书的企业达到10家。八是扶持培育"产业群"，主动服务LNG、福炼一体化等重点项目。九是与地方外经贸、农业、海洋渔业、海关等加强条块协作，提升了把关服务聚合力。十是加强技术保障能力建设，全面提升了产品质量。

【严格把关确保国境安全】 坚持抓重点、攻难点、增亮点、拓宽结合点，加强执法把关，严防不合格产品和疫病、疫情传入、传出。

强化口岸卫生检疫。出台做强卫检9条措施，构建口岸疾病与公共卫生危害的监测、预警网络体系，完善口岸突发公共卫生事件监测与应对机制，增强口岸核心能力。口岸检疫监管重点向生物、化学、核辐射等因素所引发的疾病转变，向整体、系统的疾病控制转变，首次在福州长乐国际机场候机楼的空调冷却水中检出嗜肺军团菌，成为全局系统第6家在中央空调系统中检出军团菌的单位。

严防动植物疫情传入、传出。牵头组织8个直属局开展台湾农产品风险分析，探索科学合理的对台检验检疫措施。2007年共截获进境植物有害生物及发现不符合植物检疫要求的进境检疫物854批、1 911种次，批次增长40%。截获检疫性有害生物202种次，比增2.54%。截获疫情的业务种类，货检中截获1 472种次，占77.03%；运输工具检疫中截获266种次；旅客携带物和邮寄物检疫中截获142种次；木质包装检疫中截获31种次。

加严对重点、敏感、大宗商品的检验检疫。加强对出口玩具、童装童鞋等儿童用品、食品接触材料、塑料餐厨具和进口医疗器械、废物原料、旧机电等重点、敏感商品安全、卫生、环保项目的检测把关，对7批非法进口废料100%采取退运措施。对进出口大豆、饲料、水果、种苗、活动物等重点产品的疫情疫病、农兽药及其他有毒有害物质残留等重点项目加强检测把关。专项整治以来，检出竹筷SO_2超标、鱼苗带异尖线虫等不合格出口农产品10批,鱼粉、鱼油沙门氏菌超标及活鱼药残超标等不合格进口农产品75批,截获进境植物疫情185批、410种次,其中检疫性有害生物47种次。

强化行政执法稽查和大要案查处。2007年,共办结行政处罚案件90件,涉案金额1 192.59万美元,其中罚款88件,罚款金额685.53万元,案件办结总数和罚款案件数基本持平,罚款金额同比增长264.74%,创历史新高。其中直接查办的大案要案11件,涉案金额572.33万美元,罚款579.13万元,有力震慑了不法企业,维护了进出口商品检验检疫秩序。查办了8家企业"飞单"出口水产品系列案,涉案金额478.42万美元;国家质检总局对3家不服处罚决定的企业作出《行政复议法实施条例》施行以来首份行政复议决定,维持福建局处罚决定。加强对企业监督检查,经对辖区卫生注册登记企业实施监督检查,撤销了其中52家、暂停12家食品企业的卫生注册登记资格,受到守法企业的欢迎。

强化应急预警机制。一是完善口岸公共卫生预警应急机制。自主研发口岸媒介生物远程鉴定和预警系统,并在全省范围内推广应用,系统被国家质检总局卫生司选为口岸卫生电子监管系统的组成部分,进行二期开发并面向全系统推广应用。构建疾病与口岸卫生安全防控网络,实现了与地方卫生部门、疾病预防控制中心信息互通常态化。二是完善进出口食品预警应急机制。实施出口食品检测数据定期分析制度和2007年度进出口食品残留监控计划,监控进出口动植物源性食品1 828份,项次数10 039个。妥善处理了冷冻鱼致人中毒事件、牙膏二甘醇、糖果甲醛和罐头邻苯二甲酸酯等系列食品安全突发事件。三是完善动植物产品快速反应与预警应急机制。及时向国家质检总局报送从美国鱼粉中检出隐性孔雀石绿、从马来西亚鱼粉中检出三聚氰胺等信息,被国家质检总局警示通报采用。及时向地方政府通报普查发现备案饲料厂存有含三聚氰胺的饲料等信息,在取消相关企业备案资格的同时,将问题饲料移交地方饲料部门监管、处理。

【改革创新服务"海西"建新功】 细化落实国家质检总局"支持海峡西岸经济区建设28条意见",服务海西有新作为。一是条块协作机制进一步深化。先后与福建省海洋与渔业局、检科院签署合作协议,与省外经贸厅、农业厅、卫生厅等普遍建立了业务沟通合作机制。深化关检、检检协作,与厦门、广东、浙江、江苏、深圳、上海和安徽等兄弟直属局建立了专项业务协作关系,尤其是2007年3月下旬与厦门检验检疫局确立了"一个年会+四次协调会+一条热线"的合作新机制,沟通协作,争取共识和支持,效果良好。二是合力应对国外贸易壁垒。建立畅通的技术性贸易措施预警机制和双向信息沟通渠道,参与WTO其他成员TBT、SPS的通报评议,帮扶企业应对RoHS、REACH等国外技术壁垒,召集化矿、机电、检测、项目管理等方面的专家,加强对相关法律法规的收集与整理,对相关法规文件进行翻译和编写培训教材。与省外经贸厅、省海洋与渔业局联合举办应对欧盟REACH和EuPs宣传培训班、水产企业对欧盟注册研讨班等,引导企业积极应对国外技术壁垒。三是积极服务地方经贸发展。参与主办"第三届中国(莆田)木业投资贸易洽谈会",推动福建木材产业日趋壮大发展。帮扶1 846头"闽南黄牛"出口马来西亚,包括全国首次对马来西亚出口的336头种用牛,得到国家质检总局领导批示表扬。四是实施重点项目带动战略,服务重点项目、重点企业和县域经济有新成效。重点抓好宁德电机,福州汽车、电子、音视频设备、纺织,泉州电子、石化、轻纺,龙岩机械、农用车等具有特色重点产业的扶持。为福建炼化一体化、莆田LNG等特大项目制定专门服务措施、提供专人专项服务。针对进口纺织机械存在质量安全问题,敦促日本、比利时等境外生产企业进行整改,有效维护境内进口企业权益。新创办《福建国检信息·企业版》,向辖区2 000多家大中型企业分行业免费发送,广受欢迎。全面推广福建进出口企业检验检疫信息服务系统,仅电子转单和通关信息两项每年可为企业节省交通和人力费用超过4 000万元。

先行先试通关机制改革,深化大通关建设。一是率先试点实施直通放行制度。2007年年初即在辖区试点实施直通放行制度,优先选取免验、实施"绿色通道"制度、分类管理一类、实施"电子监管"等信用度高且产品质量自控能力强的282家出口企业,自2007年5月1日起,对其纳入出口直通放行目录的产品实施直通放行,简化了通关环节,提速、增效比较明显。二是试点实施旅检申报机制改革。作为国家质检总局指定的试点单位,自2007年2月18日起在辖区空港和沿海与金、马、澎客运口岸展开试点,运行情况良好,入境旅客每100人通关时间降至5~7分钟,且通道秩序井然;旅客携带物中应检物检出率明显提高。三是构建电子检验检疫和信息化平台。启用"监控中心",调试开通出口电子监管企业795家,初步形成视频监控系统的三级管理模式。建设"呼叫中心",通过统一的对外服务网站、短信、语音、邮件、传真等5种信息服务手段,向企业免费提供办理和查询检验检疫相关业务。目前,注册企业929家,查询业务量超过22万批次,为企业节约成本800多万元。四是继续支持口岸扩大开放。积极支持福州松下港口岸牛头湾作业区对外开放,支持设立东山对台农产品出口加工区,将泉州港围头港区对台小额贸易纳入常规监管;积极支持深圳—福州—大阪、杭州—福州—新加坡国际航线的开通,支持晋江至澳门临时客运包机在晋江机场入境;积极参与深沪、围头两个拟开放口岸的查验基础设施建设,做好进驻准备。2007年,福州局长乐办事处、福州保税区办事处相继挂牌成立,进一步方便了企业报检通关。

落实国家质检总局惠台政策措施,促进闽台交流合作。积极探索涉台检验检疫工作,实施快速便捷检验检疫措施。与台湾中华两岸事务交流协会进行交流,接待其总会长对福建检验检疫协会的访问,并就信息沟通,筹建台胞医疗中心和技术培训等事宜进行探讨。配合国家质检总局完成有关对台小额贸易检验检疫管理立法调研,牵头开展台湾水果等农产品检验检疫业务专项工作。支持增设泉州港围头港区为对台通航口岸,支持设立石井、马尾、三沙和湄洲对台小额商品交易市场。

深化检验监管模式转变,提高检验监管效能。创新检验监管模式,将法检制度与认证认可和标准化工作结合起来,与表外商品监督抽查、检验鉴定机构许可工作结合起来,深化分类管理,加大免验推荐力度,提高检验监管效能。健全管理、执行和检测"三位一体"的协调运作机制,加强在产品风险分析、重点检测项目确定、分类考核要求、抽批检验检测、不合格处置、日常监管和信息管理等环节上的协作配合,加快检验监管重点向安全、卫生、健康、环保和反欺诈等方面转变,增强检验监管的有效性。继续加强进口废料、旧机电等敏感商品和成套设备、大宗资源性产品的检验监管,防范有毒有害物质进境和不合格商品进口;完善集装箱监管规范,简化工作流程,深化集装箱场站登记、分类管理和集中预检工作。

积极推进认证认可和信用体系建设。一是认证认可工作有效性进一步增强。大力实施能力促进计划,帮扶260多家出口食品企业建立了SSOP、GMP、HACCP体系,备案了养殖场735家、蔬菜基地23万多亩。辖区免验企业增至10家,新增对外注册食品企业116家次,比增26.1%;113家企业获得出口食品卫生注册,46家企业获得出口食品卫生登记,37家企业获得出口质量许可,8家企业获得输美陶瓷认证。探索建立了"出口鳗鱼身份认证(网络)系统",并进一步扩展到茶叶、蔬菜、养殖虾、养殖罗非鱼和海捕水产品等产业,跟进建设原料及加工生产供应链身份追溯认证系统。二是建立企业信用管理平台,将3000多家企业纳入信用管理。出台实施"红黑名单"管理办法,将21家违规企业纳入"黑名单"管理。积极开展信用体系建设理论和信息管理应用数据系统探索。

深化实验室改革和建设,综合检测实力跨越提升。深化完善实验室资源整合、体制改革,实验室布局更加合理。规范实验室管理,制定了《福建局实验室"十一五"规划》,推进实验室"三电工程"建设,辖属重点实验室按照《国家级重点实验室能力建设与评定指南》加强建设和管理。福建省外来有害生物预警与控制工程技术研究中心正式通过省科技厅组织的验收,鳗鱼及食源性微生物、电气、杂草和林产化工等4个国家级重点实验室正在做验收准备。

【以人为本全面推进自身建设】 实施科技兴检、人才强检战略。8项课题列入国家质检总局2008年度自主申报计划,参与国家质检总局6项公开申报项目;主持36项行业标准的制定和修订工作,同比增长38%;主持8项国家标准,参与13项国家标准的制定和修订工作,较历年来主持的两项大幅提高;6项课题在福建省立项;首次作为主持单位荣获"中国标准创新贡献奖"(二等奖),成为质检系统2007年度惟一获二等奖及以上的两家单位之一;9项成果荣获国家质检总局"科技兴检"奖;加强在研课题督察,课题按期结题率、科研经费管理规范性不断提高。与中国检科院签订科研合作协议,启动首批9项科研课题的合作研究;巩固与福建农林大学等科研院所的科技协作关系,合作机制进一步深化;加强与荷兰皇家应用科学院等国外科研、政府机构的科技交流活动。

班子队伍建设进一步加强。继续推进绩效管理的理论化、体系化和电子化的研究,形成绩效管理的长效机制,保持整个队伍争创一流、持续提升的良好态势。探索建立权力监督制约机制,从权力制约、资金控制、干部任用监督等入手,完善源头防范机制,构建"内外结合,上下互动"的预防腐败网络机制,与省检察院建立预防职务犯罪协作机制,与海关建立廉政共建机制,与省行评代表和廉政监督员建立起监察沟通机制;内部建立纪检监察与执法稽查部门协作机制、一线执法人员廉洁责任制等。加强公务员队伍建设,继续开展检验检疫官试点工作。

(吴绍炳、陈宁)

2007年福建出入境检验检疫局业务统计表

项目 出入境	数据 	货物检验检疫		检验检疫不合格		交通工具				集装箱(个)		发现动植物疫情		货物通关		出入境人员查验(人次)	健康检查及预防接种(人次)			
		批次	金额(万美元)	批次	金额(万美元)	船舶(艘)	飞机(架)	火车(节)	汽车(辆)	合计	检出问题	种类数	种次	批次	金额(万美元)		健康检查	艾滋病监测	发现病例	预防接种
全年累计		568 025	2 106 107	2 479	71 965	10 846	6 432			748 894	1 574	48	105	17 998	82 254	72 999	2 867	2 926	1 473	4 784
其中	出境		1 550 491	1 541	5 122	5 380	3 217			343 847	37	3	3	15 402	52 790	36 424	2 815	2 874	1 444	4 784
	入境		555 616	938	66 843	5 466	3 215			405 047	1 537	46	102	2 596	29 464	36 575	52	52	29	
与上年同比增减%		0.2	7.3	2.7	55.7	-9.5	6.0			7.9	73.0	-56.8	-47.0	-8.8	-3.6	22.2	17.0	16.5	39.9	-9.9
其中	出境	0.1	7.8	-2.9	20.9	-9.5	6.0			-0.8	-68.4	50.0	0.0	-10.5	10.4	17.2	16.7	19.2	40.6	-9.9
	入境	1.0	5.9	13.4	59.2	-9.6	6.0			16.6	93.8	-57.8	-47.7	3.1	-21.3	27.6	33.3	-48.0	11.5	

备注：本表中上年同期比增数已扣除漳州局下半年数据。

福建省

厦门出入境检验检疫局

【概况】 2007年，厦门出入境检验检疫局共受理报检80.7万批，货值319.08亿美元，与上年同比（下同）分别增长9.08%和22.85%；实施货物检验检疫29.33万批，货值143.43亿美元。轮船检疫1.51万艘次，飞机检疫1.51万架次，集装箱检疫358.59万标箱，快件检疫95万件，邮包检疫48.5万件；完成出口货物包装鉴定9 962批，11.2亿件；完成重量鉴定669.26万吨，出境集装箱适载检验12.75万标箱。出入境人员检疫244.22万人次，出入境人员健康检查2.08万人次，艾滋病监测1.91万人次，预防接种7 663人次。通过检验检疫，检出不合格商品2 913批，货值5.27亿美元；截获各类动植物疫情286种1.47万种次，在出入境人员健康检查中共发现病例3 790人次，其中艾滋病毒感染者5例、性病10例。

【全力开展产品质量和食品安全专项整治行动】 8月~12月，按照质检总局和福建省政府的工作部署和要求，厦门检验检疫局举全局之力，全面开展厦门检区进出口产品质量和食品安全专项整治行动。做到"组织、宣传、责任、保障、督查"5个到位，落实"查、治、管、扶、建"5项措施，坚持"专项整治与日常检验检疫相结合、与有效应对突发公共事件相结合、与帮扶企业相结合、与建立长效机制相结合、与干部绩效考核相结合"5个结合，圆满完成了"六大任务"，达到了"八个100%"的目标。在全国首推食品安全问责制，局领导与9个分支机构一把手逐一签署了进出口食品和农产品质量安全责任书，建立了有效的专项整治工作责任机制；实行企业质量安全责任制，与500多家出口企业签订《质量安全承诺书》，增强了进出口企业质量第一责任人的意识，建立了较为完善的质量管理体系，促进了海西产品质量的提高和食品安全，向质检总局和地方政府、向海西人民交上了一份满意的答卷。

【狠抓出口食品农产品源头管理】 全面推行检验检疫备案制度，组织审核及换、放出口种植基地备案证书375份。经清理整顿，取消蔬菜基地387个、茶叶基地4个。目前厦门检区已备案农产品蔬菜种植基地共有597个，19.2万亩；茶叶基地104个，9.6万亩；出口果园75家；出口种苗花卉基地28家。与福建检验检疫局沟通，解决了厦门水产品出口企业异地基地备案问题。10月起，实施厦门口岸出口茶叶核销制度，进一步加强厦门口岸出口茶叶的溯源管理，确保出口茶叶的安全卫生质量。

【加强进出口食品检验检疫】 组建了出口茶叶、蔬菜、工业食品、化妆品风险评估小组，进行了输日蔬菜、茶叶农残风险评估，制定了出口蔬菜、茶叶农残重点检测项目、监控项目、抽批率。认真组织开展进出口动植物产品农药、重金属、生物毒素等各项残留监控工作。妥善处理了美国问题花生酱、牙膏中二甘醇、出口饲料三聚氰胺等一系列进出口食品安全突发事件，确保了厦门口岸进出口食品质量安全。

【加强重点敏感商品检验、监管】 围绕安全、卫生、环保、健康和反欺诈，加强对进口医疗器械、旧机电、汽车、废物原料的检验监管。一是严格进口医疗器械到货检验和入境验证工作，及时阻止了某外资医院不符合我国强制性要求的超低温医用冰箱入境。二是通过旧机电备案、成套设备的装运前检验等工作，限制高能耗高污染的旧机电产品、成套设备进口；加强对第一批、第二批实施能源效率标志产品（冰箱、洗衣机和空调）入境验证工作。三是做好与汽车产品认证机构、公安交管部门之间的衔接配合工作，在入境口岸利用VIN检验等手段，有效遏制不符合我国法律法规要求的车辆进口。四是做好进口废物的检验检疫监管工作，规范工作程序，明确工作要求，防止"洋垃圾"从厦门口岸入境。五是实施了进出口轻纺产品安全、卫生、环保项目的专项抽检，全年共抽检出口纺织品、服装、鞋类、皮革204批，检出8批进出口纺织品服装不合格；抽查检验进出口食品包装776批，共检出23批不合格。

【加强疫情、疫病防控】 一是认真实施了登革热、疟疾、艾滋病、高致病性禽流感等重点传染病监测和防控，成功处置了在口岸现场发现登革热病人等多起突发性公共卫生事件。二是开展了红火蚁、刺桐姬小蜂、三叶斑潜蝇、舞毒蛾等动植物疫情、疫病监测和预警。三是加强对集装箱空箱的疫情把关，完善了对进境空箱的跟踪检查及对场站的监督抽查制度。加强病媒生物监测，从出入境交通工具、集装箱、货物中发现病媒生物78.76万只，居全国第4位。四是积极推动厦门市委、市政府启动创建国际卫生海港、国际卫生机场工作。

【大力推进厦门港通关一体化进程】 经中编办、国家质检总局批准，6月12日，漳州检验检疫局正式由福建出入境检验检疫局划归厦门出入境检验检疫局管理，此为检验检疫系统最大的一次检区调整，使厦门检区由原来的厦门市辖6个行政区和5个港区，增加到包括漳州市在内的14个行政区和8个港区。此举有利于加快厦门港口岸查验管理一体化的实质性运作，为厦门港口经济发展注入新的活力。为此，厦门检验检疫局认真做好漳州局划转交接各项工作，做到思想不散、队伍不乱、工作不断，实现顺利交接。漳州局划转后，通过整合检验检疫资源，简化通关程序，提高了通关效率，取得了通关一体化的良好效果。

【积极探索对台检验检疫新机制】 一是积极试行对台旅检通道申报机制改革。作为全国第一个试点单位，从2月开始在厦金客运航线、厦门空港实施入境免收《健康申明卡》的新的健康申报模式，简化了查验手续，加快了旅客通关速度，提高了检出率，实现了人性化和谐通关和执法把关效能的提升。二是积极推动闽台物流商贸发展。采取"同等优先、适当放宽、特事特办、简化手续、快验快放"等措施，大力促进台湾水果、花卉、种苗、自捕鱼等农产品对大陆出口。支持厦门市对台小三通码头——同益码头的启动工作。三是认真做好漳浦台湾农民创业园建设、第九届海峡两岸（福建漳州）花卉博览会及农业合作洽谈会服务工作。四是就进口台湾优良种苗、台湾旅客携带物、台商参展农产品、出口金门蔬菜等检验检疫问题，主动向质检总局提出相关建议和可操作性方案。

【创新口岸查验机制】 一是在东渡港区对进口大宗化工、轻纺、机电、食品及动植物产品全面推行"港区查验为主、周边堆场查验为辅"的集中查验模式，建立了检港协作机制，使大宗进口机电及轻纺化矿产品的通关时间从5天~10天缩短到3天以下，提高了查验效率与疫情、疫病检出率，实现了检企共赢，受到企业好评。二是按照福建省政府的要求，克服各种困难，在东渡联检报关中心、海沧联检报关中心、空港货运联检报关中心和快件中心实行每周7天工作制，满足福建外经贸发展对口岸通关效率提出的新要求。三是加强关检合作，在厦门口岸开展了出口无纸化通关单联网核查试点工作。

【促进地方经济发展】 认真贯彻落实质检总局与福建省签署的合作备忘录以及关于支持海峡西岸经济区建设的28条意见，出台支持海峡西岸经济区建设45条具体措施，有力促进了海西经济区建设。一是积极支持地方重点项目建设。围绕福建省委提出的"项目带动和品牌带动"战略，先后对友达光电、达运精密、柯达图文影像、峻凌电子等新设立项目以及力隆氨纶二期、古龙罐头等改扩建项目推行项目管理，项目备案金额总值达1.99亿美元。积极支持明达公司开展回收PVC游戏用品业务，为企业增创数百万美元的经济收益。二是积极利用技术、信息、人才优势，主动为外贸企业提供热情服务。通过举办宣传培训活动和现场技术指导等多种方式，帮助企业提高应对国外技术性贸易壁垒的能力，扩大对外出口。鼓励和支持外贸出口企业用好用足普惠制原产地政策，全年共签发普惠制原产地证书14.9万份，货值36.9亿美元，为企业获得近3亿美元的关税减免。6月，厦门古龙罐头食品有限公司因对新加坡出口的一批古龙牌五香肉丁罐头被新加坡AVA检出硝基呋喃代谢物残留，被暂停出口。为此，厦门检验检疫局积极采取措施帮助企业进行整改，并最终使该企业产品全面恢复出口。

（吴琼）

2007年厦门出入境检验检疫局业务数据统计表

项 目	批次	与上年同比（±%）	金额（万美元）	与上年同比（±%）
受理报检	807 042	9.08	3 190 845.73	22.85
其中：出境	538 525	9.94	1 635 838.07	17.89
入境	268 517	7.38	1 555 007.65	28.53
货物检验检疫	293 345	23.06	1 434 260.82	28.05
其中：出境	190 311	39.45	644 019.55	50.85
入境	103 034	1.11	790 241.27	14.01
货物检验检疫不合格	2 913	68.38	52 704.12	75.34
其中：出境不合格	493	124.09	996.62	63.83
入境不合格	2 420	60.26	51 707.49	75.57
出入境轮船检疫（艘次）	15 118	11.82		
出入境飞机检疫（架次）	15 062	12.95		
出入境集装箱报检（万标箱）	358.59	6.23		
普惠制产地证（份）	146 836	17.72	369 300.54	30.01
一般产地证（份）	48 218	16.39	152 127.28	—22.48

福建海事局

2007年，在交通部和省委省政府的正确领导下，福建海事局坚持以科学发展观为统领，认真践行"三个服务"理念，紧紧围绕"安全监管"这一中心，强化管理，提高效能，把握机遇，加快发展，较好完成了年初确定的各项工作任务。全年一般等级及以上船舶交通事故起数、沉船艘数、死亡和失踪人数、直接经济损失与上年同比（下同）分别下降33.9%、60%、43.48%和51.76%，组织实施搜救行动121次，成功救助遇险船舶109艘、遇险人员1 197人，人命救助成功率达到95.84%，四项指标连续三年下降，水上交通安全形势展现了良好局面。

【狠抓专项整治，强化长效管理，辖区水上交通安全形势展现新局面】 低质量船舶专项治理活动通过国家四部委验收，辖区船舶技术状况得到明显改善；渡口渡船专项整治进一步深化，安全监管工作得到加强，渡运安全形势持续稳定。莆田局将客渡船监管、文明航区建设紧密结合，与地方政府和各行业管理部门齐抓共管,保障了人民群众的水上出行安全。采运砂船专项整治有效打击了碍航挖砂、违章运砂现象,砂船事故多发势头得到有效遏制;抓好节能减排和防污染专项整治,限制船舶污染物排放专项整治圆满完成了全部适用船舶的铅封工作。漳州局与地方政府联手治理海漂垃圾,保护了海洋环境清洁。"两防"专项整治活动摸底排查、梳理归并各类安全隐患5大类790项,并逐项进行治理整改,做到了"底数清、措施实、要求严"。

进一步强化重点区域、重点船舶、重点时段、重点环节的现场监管,保障了"四季三节"水上交通安全形势的稳定。在防台工作中,及时修订防台工作预案,编发《防台技术指南》,总结提炼"预、早、防、撤、通、实"六字防台实践要领,有效防抗了"帕布"、"蝴蝶"、"圣帕"、"韦帕"、"罗莎"等超强台风,实现了水上运输船舶防台"不死人,少损失"的工作目标。采取6项措施,强力推进NSM规则实施,全年共组织航运公司审核133家、船舶审核591艘次,辖区第三批适用NSM规则的公司和船舶已全部建立运行安全管理体系;制订、落实驻闽水上交通央企6项监管制度,切实加强了央企的行业管理;开展"船舶安检质量年活动",全年实施PSC检查302艘次,FSC检查3 440艘次,共滞留船舶163艘次,确保了船舶适航。开展了水上交通安全风险防范体系与机制等8个安全监管理论课题研究,风险预警预控防范能力得到增强。

2007年,全局辖区共发生一般以上水上交通事故19.5起(其中重大事故7起,大事故7.5起,一般事故5起),同比下降33.9%;沉船6艘,同比下降60%;死亡或失踪26人,同比下降43.48%;直接经济损失2 330.3万元,同比下降51.76%。四项指数均有不同程度的下降。水上交通安全形势持续稳定,稳中有降。

全年共办理船舶进出港签证598 286艘次,比增51.51%;进出口岸查验28 700艘次,比增11.48%;船舶安检3 441艘次,滞留率4.39%,其中港口国检查302艘次,滞留率6.29%;签发船员适任证书12 457本,比增3%;签发海员证6 853本,比增24%;实施航运公司审核222家,比增127%;实施船舶审核577艘次,比增649%。2007年,福建省海上搜救中心(含各分中心)共组织搜救行动121次,协调专业救助船舶32艘次、海事系统船艇100艘次、军队(含武警、边防)舰船12艘次,商船及其他社会船舶264艘次,专业救助飞机10架次,遇险人员1 249人,成功救助遇险人员1 197人,救助成功率达95.84%。遇险船舶142艘,获救109艘,成功率76.76%。

【践行"三个服务",融入海西建设,海事工作服务地方经济拓展新平台】 以打造福建平安海域,支持"海西"建设为出发点,积极促成交通部与福建省政府共同签署《交通部、福建省人民政府共建平安海域,推进海峡西岸经济区建设合作备忘录》,形成了海事系统与地方政府密切协作、共建双赢的新局面,拓展了福建海事服务地方经济新平台。

加强海事口岸管理,完善口岸查验机制,促进口岸大通关,推进外向型经济的发展。建立船舶、船公司、船员安全诚信制度;为关系国计民生的电煤等能源运输船舶开辟"绿色通道";在福州、泉州等10多个港区扩大开放或临时开放中积极作为,协助地方提高口岸开放层次和水平。

以规范海员教育培训为切入点,支持辖区航海职业教育发展,积极拓展船员市场,扩大船员队伍,满足辖区航运业的发展需要,积极促成"闽西北"农民船员培训,学员劳务外派率达1/3,拓宽了船员培训和劳务外派就业渠道,服务新农村建设效果初显。针对在建船舶抵押融资难题,开展专题研究,出台便利在建船舶抵押融资登记措施,支持了福建省造船业的持续健康发展。

【发挥对台优势,保障直航安全,海事对台协作迈出新步伐】 积极落实中央对台方针政策和交通部5点措施,以双向交流、考察、研讨、座谈等形式搭建交流平台,在海事监管、海上搜救、防止船舶污染等方面加强和台湾搜救协会等的沟通和协作。赴台参加"第二届台湾海峡海难救助研讨会",与台湾中华搜救协会、引水协会、船长公会等民间组织及院校达成了"信息多互通、人员多互访、协作应互信、搜救应互动"等四点共识,迈出海事对台协作的新步伐。

福建省

充分发挥福建与台湾的"五缘"优势,在实施"加强闽台海事交流协作,服务两岸"三通"的工作意见"基础上,圆满完成交通部立项的"台湾海峡两岸海上搜救协作机制"课题研究,加大"台湾海峡船舶定线制"研究力度,起草《台湾海峡通航船舶安全监督管理办法》,推进课题研究成果在两岸搜救、交管及防污染协作实践中的应用。强化直航船舶的通航监管和安全保障,实行流动执法和现场签证,加大重点水域的巡航密度,加强直航船舶安全检查,积极打造"平安"航线。

【加快基建步伐,推进信息化进程,现代海事监管迈上新台阶】 2007年,台湾海峡VTS、船员考试中心工程等5个项目通过了审查并批复立项;福州海上搜救中心工程、泉州泉港等8个海事处业务用房顺利竣工并通过验收;泉州海事局搜救指挥中心大屏幕投影显示系统工程、湄洲湾CCTV电视监控系统工程等施工进展顺利;台湾海峡VTS、湄洲湾VTS、VHF二期等重点工程项目前期工作稳步实施;10艘巡逻船完成建造或正在建造,基层一线统一配置了"海事执法包",海事监管支持保障能力进一步提高。

全力推进信息化重点项目的开发建设。海事综合业务管理系统进一步推进,小型船舶动态监管系统实施进展顺利,已完成各分支局30艘执法船艇定位监管终端及6套系统平台的安装运行,提升了对小型船舶的信息服务水平和有效监管能力。全力推广"船载客货系统",开通全国海船船员计算机终端考试,推行船员业务网上申报、发布、查询,推出网上船员考试练习系统,信息化进程加快。

(林晨)

2007年福建海事局辖区对外开放港口进出港船舶(海船)统计汇总表

船舶类别	进港船舶						
	艘数(艘)	总吨(吨位)	总载重量(吨)	载客量(客位)	船员人数(人次)	货物到达量(吨)	旅客到达量(人)
总数	262 264	308 148 773	333 629 180	53 824 638	2 006 673	108 557 679	33 507 836
中国籍船舶	253 739	146 977 232	144 137 167	53 414 328	1 842 124	81 543 602	33 230 399
其中:外贸船	5 674	10 682 751	11 528 316	645 719	65 375	2 815 314	231 774
船舶类别	出港船舶						
	艘数(艘)	总吨(吨位)	总载重量(吨)	载客量(客位)	船员人数(人次)	货物发送量(吨)	旅客发送量(人)
总数	263 685	309 230 493	334 335 005	53 809 899	1 952 855	74 764 873	31 955 002
中国籍船舶	255 080	147 905 260	144 920 366	53 399 905	1 787 978	46 748 595	31 797 086
其中:外贸船	5 488	10 629 860	12 083 774	645 929	63 288	2 644 225	228 485

福建口岸大事记

1月9日

海关总署缉私局电贺厦门海关缉私局成功侦破"0108"专案。2006年1月8日起的半年多时间,厦门海关立案并查明:以李强、吴成作为首的团伙先后14次利用"闽狮渔F583"、"闽狮渔F576"从菲律宾装运烟酒走私进境,共走私烟酒达22 521件,案值人民币9 769.9万元,涉嫌偷逃税款人民币5 878.6万元。

1月11日

福州、厦门海关与中、东、西部省区8个海关(即杭州、宁波、武汉、长沙、南昌、汕头、贵阳、银川海关)在海关总署鼓浪屿培训基地共同签署了《"海西"区域通关改革联系配合办法》。

省妇联、省口岸海防办联合向福州港务集团福州港客运站客运组授予"省巾帼文明岗"荣誉牌匾。

1月19日

按省文明办要求,省口岸海防办发文(闽口共建〔2007〕1号)于春节期间在全省口岸海防打私系统开展"文明春风暖万家"活动,针对性提出结对济困、慰问见义勇为先进分子家庭和开展社会志愿服务活动3项具体措施。

1月21日~22日

台湾中华两岸事务交流协会总会长谢正一先生来榕对福建检验检疫协会进行访问。期间,谢正一先生就信息沟通、筹建台胞医疗中心和技术培训等事宜进行交流。

1月29日

海关总署党组书记、署长牟新生出席厦门海关关长任职仪式。牟署长向新任的关党组书记、关长丁学辉同志颁发任命书,并对新一届党组提出希望和要求。

1月30日

厦门海关解新红被世界海关组织评为在知识产权执法工作中作出突出贡献的"杰出关员"。

2月1日

省委王三运副书记到马尾口岸查验单位慰问并视察"两马直航"春运工作。

厦门检验检验局率先在厦金客运航线实施出入境旅检通道申报机制试点改革。

2月2日

国家质检总局葛志荣副局长来闽出席国家质检总局与福建省共同推进海峡西岸经济区建设第二次联席会并视察福建质检工作。

2月10日

省口岸通关部门2007年新春慰问座谈会召开。省领导卢展工、黄小晶、梁绮萍、王三运、张家坤、鲍绍坤、陈少勇等参加座谈会。

2月11日

厦门检验检疫局在厦金航线旅检现场启用检疫犬,此为全国海港口岸首次启用检疫犬。

2月15日、18日

福建、厦门检验检疫局在福建省部分口岸开展出入境旅检申报制度改革试点工作。

2月15日

厦门检验检疫局在继厦金航线试点之后开始对厦门空港两岸客运包机实施出入境旅检通道申报机

制试点改革，厦门空港由此成为全国首个空港试点口岸。

2月16日

厦门海关缉私局依法将2006年"5·26"特大走私珍贵动物制品案移送审查起诉。经查，自2005年9月至2006年5月间，犯罪嫌疑人颜长芬、陈志强等人采用将穿山甲等珍贵动物夹藏在冻鱼货柜内伪报进口的方式，进口大量穿山甲等珍贵动物制品入境，案值高达人民币3 033.49万元。

2月19日

大年初二福州港客运站旅客进出港798人次，创下了"两马"航线开线以来单日进出旅客数量的历史新高。2月"两马"航线累计进出旅客高达6 757人次，也是通航历史上最高的。

2月24日

圆满完成春节两岸直航包机监管任务。共监管出入境包机航班20架次，其中内地航班12架次，台湾航班8架次；监管出入境旅客3 141人次。

3月5日

省口岸海防办推荐全系统23个服务窗口为全省第五届"创文明行业、建和谐海西"活动口岸系统行业示范点。

3月12日

福建省口岸海防打私办主任会议在福州召开。

3月13日

组织召开全省共建文明口岸领导小组成员年度会议，对2007年口岸、海防、打私系统文明创建工作进行全面部署。

3月20日

厦门市妇联代表全国妇联为东渡海关通关科授予"全国级巾帼文明岗"称号。

3月21日

海关总署监管司正式批复同意简化对台直航往来客运船舶申报手续，将申报单证由6份减少为3份。

4月1日

厦门检验检疫局机场办被省青年文明号组委会授予第九届"十佳"青年文明号荣誉称号。

4月4日

厦门高崎国际机场开通海峡两岸清明节包机航班。

4月10日

省长黄小晶和副省长叶双瑜、李川、苏增添等一行莅临福州新港国际集装箱码头视察并指导工作。

4月12日

厦门海关举办大规模销毁侵权货物活动暨保护知识产权新闻发布会。ADIDAS、NIKE、BOSCH等相关权利人应邀参加了此次销毁活动。新华社、中央电视台等10多家中央及地方媒体的记者现场采访。

4月23日~26日

省口岸海防办在河南省郑州市举办的第二届中博会上推介海西综合通道。

4月24日

省口岸海防办召开新版"福建口岸海防打私网"审定会，基本完成网站扩容改版工作并分解网站内容维护更新任务。

4月25日

中央机构编制委员会办公室批复国家质检总局《关于调整漳州出入境检验检疫局隶属关系的批复》

（中央编办复字〔2007〕45号），同意将漳州出入境检验检疫局由福建出入境检验检疫局划转到厦门出入境检验检疫局管理。

海关总署副署长李克农在福州会见福建省副省长叶双瑜，双方就福建电子口岸建设进行工作座谈。

4月28日

厦门海关签订首份厦门始发"一机到底"国际航线的监管联系配合办法——"关于厦门—广州—槟城航线载运客货业务的监管联系配合办法"。

福建检验检疫局福州机场办事处荣获"全国五一劳动奖状"，这是本次表彰中全国质检系统惟一获奖单位。

4月30日

省委卢展工书记在福建检验检疫局有关工作汇报上批示："工作持续拓展，成效持续显现，合力持续增强，望求持续实干。"

5月

厦门缉私局海缉处一中队（903艇）被评为2006年度"全国公安系统青年文明号"和2005—2006年度"全国优秀基层公安单位"；东渡海关货运机检科和驻同安办事处大嶝监管科被海关总署和共青团中央继续认定为2006年海关系统全国"青年文明号"。

5月9日

"CAPEHENRY"号集装箱轮首航至福州新港国际集装箱码头，标志着由美国总统与商船三井联合经营的东南亚航线在福州新港正式开通。

5月10日~12日

福建检验检疫局牵头召开台湾水果检验检疫业务专项工作研讨会，福建、厦门、广东、北京、天津、上海、宁波、深圳局和检科院代表参加。

5月13日

厦门检验检疫局杏林局及东渡办检务科被厦门市纠风办授予厦门市2005—2006年度"双满意"单位荣誉称号。

5月14日

省政府发文同意使用厦门港口岸开放范围内五通客运码头、东渡港区20号泊位和招银港区1、2、4、5、6、14号泊位等新增作业点。

5月15日

福州—澎湖海上货运直航在福州港务集团琯头对台贸易码头正式启动。

5月18日

海峡西岸经济区综合通道推介座谈会在福州举行，福建省口岸海防办与湖南省口岸办签署了"闽湘两省区域通关协作备忘录"。

5月19日

厦门港口岸实现与台湾澎湖地区海上货运直航。

5月22日

漳州港口岸实现与台湾澎湖地区海上货运直航。

5月31日

福州口岸青州4号泊位"金湖"轮首次出口台湾石粉，启动了新货源石粉出口业务。

6月

福州港务集团配合省交通厅到湖南长沙进行港口业务推介，以海西港口为主题，参会的有泛珠9省2

区的各界代表。

厦门缉私局督察处陈荣镇被公安部评为"全国公安机关警务督察先进个人",系全国海关缉私部门惟一获此荣誉的先进个人。

6月1日

省长黄小晶、副省长叶双瑜和李川分别对"福建检验检疫局支持福炼一体化项目建设八项措施"作出批示。

由海关总署办公厅牵头、福厦海关参与的"海关支持海峡西岸经济区建设"的署级课题顺利通过评审。

6月2日

泉州港口岸实现与台湾澎湖地区海上货运直航。

6月3日

台湾彰化县鹿港天后宫进香团妈祖信众294人从金门赴泉州谒祖进香,这是"泉州—金门"客运航线直航以来,经由该航线入泉人数最多的台湾进香团。

6月6日

切换扩容改版的"福建口岸海防打私网"上网试运行,7月1日正式运行。

6月15日

印尼至福州口岸可门港的国际能源航线正式开通。福建省榕江进出口公司向马尾海关申报从印尼进口的动力煤(烟煤)22691吨。

6月22日

厦门象屿保税区首票"区港联动"货物顺利通关。

6月27日

国台办批复同意增设莆田秀屿港口岸为对金、马、澎直接通航货运口岸。

6月28日

印发全省口岸系统开展第五届"创文明行业、建和谐海西"竞赛活动规划,要求各地分解制定相应规划,组织实施。

7月24日

厦门高崎机场海关与南昌海关驻昌北国际机场办事处签订"空陆联运转关监管联系配合办法",进一步严密两地海关之间转关货物的监管,方便企业跨区域通关,有效拓展厦门机场的进出口货源。

7月25日

漳州检验检疫局报检大厅被省口岸海防办授予"第五届'创文明行业,建和谐海西'创建活动示范点"荣誉称号。

8月11日

省人民政府公布福建省口岸通关部门服务省重点项目和重点企业建设发展具体措施。

8月14日

省委书记卢展工视察马尾港。

8月21日

省人民政府报请国务院批准福建省港口口岸划分调整及更名方案。

8月23日

省高级人民法院维持一审对"5319"邱宗满团伙走私普通货物案主犯邱宗闻、张永记的死刑判决。该案系厦门海关缉私局成立以来首起因走私普通货物、物品罪被判处死刑的案件,案值16.25亿元,涉税9.67

亿元。

8月31日

海关总署出台《关于大嶝对台小额商品交易市场管理办法》（海关总署令第163号），规定自2007年10月1日起，将交易市场免税商品携带额度由1000元提高到3000元人民币，同意台湾产卷烟从台湾进口到交易市场可免交验《自动进口许可证》。

9月

可门散货中心项目被评为2007年度福建省现代物流业重点项目。

厦门高崎机场海关关员李保来被共青团福建省委评为2007年福建省新长征突击手。

9月1日

即日起，厦门检验检疫局对所有经检验检疫合格的出口食品销售包装和运输包装加施检验检疫标志。

9月3日

经组织推荐，口岸系统厦门东渡海关通关科林双春等4位全国"巾帼文明岗"负责人获评2007年度福建省"三八"红旗手。

省口岸海防办函复同意漳州港口岸海隆码头开展国轮外贸运输业务。

9月5日

商务部办公厅和海关总署办公厅联合下发了《关于在部分对台小额贸易点试行更开放管理措施的通知》（商台字〔2007〕19号），正式放开试点口岸从事对台小额贸易台湾船舶的吨位和交易金额限制，并允许经营配额许可证商品。福建省福州马尾、泉州石井被列为第一批试点口岸，福清南青屿、长乐松下、东山铜陵、晋江深沪、厦门大嶝被列为第二批试点口岸。

9月8日

交通部与省政府在厦门签订了"共建平安海域，推进海峡西岸经济区建设"合作备忘录。

9月17日

福州海关与福建出入境检验检疫局联合签署"关于打击食品走私的合作备忘录"，就双方建立信息交流机制、案件线索移交及查扣私货的处理等问题作了详细规定，并约定每半年召开一次部门联席会议。

9月28日

福建居民赴澎湖地区旅游团在福州港客运站首发。

9月30日

厦门高崎国际机场开通两岸中秋节包机航班。

10月

厦门海关法规处张伟被评为"全国企事业知识产权管理先进工作者"。

10月1日

即日起至2008年3月31日厦门海关开展代号为"龙舟行动"的知识产权保护专项行动。

10月11日

福州马尾"安麒"号客轮在福州港客运站下水首航马祖。两马客运航线达到了每日两班。

10月15日

1 000吨级台轮"新货轮"在台湾基隆海关报关后，由基隆港启航，经马祖挂单后直航福州马尾对台码头停泊点。该船共载货42吨，货值3.8万美元。这是海关总署、商务部在部分对台小额贸易点试行更开放管理措施后台湾大吨位对台小额贸易船舶首次直航大陆。

福建省

10月17日

福州、厦门海关与重庆、成都、西安、兰州、西宁等5个海关签署了《"海西"区域通关改革联系配合办法》，实现跨省"属地申报、口岸验放"通关模式。

10月24日

经组织推荐，口岸系统厦门海沧海事处黄建炜等5位全国青年文明号集体负责人获评2006年度"福建省新长征突击手"。

10月25日

省人民政府同意使用厦门港和泉州港口岸开放范围内国际邮轮中心（厦金客运码头）和肖厝港区泰山石化码头等新增作业点。

10月28日

中央台办副主任叶克东带领由省台办、福州市政府、市台办、海协会等部门组成的考察团到马尾对台客运码头考察调研通关环境。

11月5日

省口岸海防办组织开展全省口岸通关环境测评满意度调查。

11月6日

省口岸与海防办在福州组织召开全省重点海空口岸生产运输服务企业诚信建设座谈会。

11月7日

省口岸海防办和厦门、漳州市口岸海防办（口岸办）在漳州举行福建电子口岸平台招商局码头入网签约仪式。

11月13日

三明海关与应邀出席"厦门——三明海铁联运业务推介会"的厦门东渡海关、厦门市海铁联运工作领导小组办公室以及厦门港务控股集团有限公司就"深化区域通关改革，推进'无水港'建设"进行工作交流。

11月22日

国家口岸办批复同意泉州晋江机场临时对外开放，开通澳门—泉州临时包机航班。

11月23日

福州保税区海关首次办理由香港经皇岗海关直通转关至福州保税区的车辆监管手续。与通常转关车辆使用的"海关监管货物载货登记簿"不同，该车使用的是"来往港澳地区汽车进出境签证簿"。

福州海关数据分中心顺利完成电子口岸专网新线路的路由设备安装及调试工作，成功实现与北京、上海两地节点的对接，为电子口岸系统的可靠运行奠定了基础。

11月26日

国家发改委下发《国家发展改革委关于福州港江阴港区4号和5号泊位工程项目核准的批复》（发改交运〔2007〕3154号），正式核准了江阴港区4号、5号泊位工程项目。

11月27日~28日

由福州、厦门海关牵头主办的2007年"海西"16关区域通关联络员工作会议在宁德召开。

11月28日

上午10:00~11:30福州海关首次通过门户网站就加工贸易政策调整及应对问题开展在线访谈，介绍加工贸易政策调整的背景、主要内容和管理方式的变化情况，并对网友们关心的台账保证金计算方式、联网监管变化、限制类商品深加工结转、出口加工区相关政策规定等问题进行解答。

在漳州组织全省口岸查验主管部门和设区市口岸海防办（口岸办）召开口岸系统加强诚信建设、推进文明行业创建工作座谈会。

11月29日

"宝江"轮装载贵溪化肥厂的4 800吨的化肥从马尾港务公司老港起航，福州港务集团为江西省出口货物开辟了一条新的出海通道。

12月3日

全国共建文明口岸工作研讨会在泉州召开。

12月6日

福州空港自开通国际航线以来年进出境旅客首次突破50万人次大关。迄今为止，福州海关机场办事处共监管进出境航班5 735班次，监管进出境旅客50.02万人次。

12月10日

省口岸海防办向省文明办报送全省口岸海防打私系统开展第五届"创文明行业、建和谐海西"竞赛活动情况。

12月12日

由福州港务集团承担开发的"福州市港口物流信息平台"科研项目，顺利通过验收。

副省长叶双瑜到连江黄岐对台小额贸易监管点调研。

12月13日

泉州港口岸深沪、围头港区扩大对外开放通过省级验收。

12月14日

参加由国家口岸管理办公室在广州组织召开的《口岸管理条例》立法座谈会。

12月18日

省委办公厅《八闽快讯（增刊）》刊载报道全省口岸系统开展第五届"创文明行业、建和谐海西"竞赛活动情况文章《优化通关环境、共建文明窗口》。

福州港城船舶代理有限公司在电子口岸成功传输1票出口清洁舱单，并经H2000确认成功，这是福州关区首票通过电子口岸系统传输的舱单数据。

12月21日

举行2007年度厦门关检合作联席会议暨出口货物无纸化通关单联网核查协议签字仪式和新闻发布会。双方共同签署了"出口货物无纸化通关联网核查启动协议书"，正式启动出口货物无纸化通关单联网核查系统。厦门口岸由此成为全国4个率先试点通关单电子联网核查的口岸之一。

12月22日

《福建日报》以《优化服务，为海西外贸提质提速》为题，报道福建检验检疫局落实总局出台的《支持海峡西岸经济区建设的意见》，主动融入、热情服务，用足、用活"28条"，促进海西外经贸发展迸发出新的活力。

12月28日

全省打击走私综合治理领导小组全体成员（扩大）会议召开。

12月29日

国务院办公厅正式批复，福州保税区二期未开发的1.2平方公里用地指标调整到福州港江阴港区，用于设立福州保税物流园区。这是继上海、青岛、宁波、大连、张家港、厦门、深圳和天津试点之后，国务院批准成立的第9个保税物流园区。设立福州保税物流园区，是海关总署落实支持海西建设的重要举措。

福建口岸专稿

发挥区位优势 拓展口岸功能
全力构建服务中西部的海峡西岸对外开放通道

福建省人民政府副秘书长、省口岸与海防办主任 林昌丛

继党的十六届五中、六中全会之后,党的十七大明确提出:"支持海峡西岸和其他台商投资相对集中地区经济发展。"海峡西岸地区经济发展在党的全国代表大会上得到高度重视和大力支持,海峡西岸经济区建设迎来了新的更大的发展机遇,必将取得新的更大的发展成效。海峡西岸经济区因台海而立,因口岸而兴。不论是建设服务祖国统一大业的前沿平台,还是完善全国区域发展布局,在加快东部发展中发挥福建后发优势,形成促进中部崛起和西部开发的东南沿海新的对外开放综合通道,在海峡西岸经济区建设中,口岸大则平台大,口岸通则通道通,口岸兴则福建兴,口岸旺则福建旺。

特别是构建服务西部开发和中部崛起的东南沿海新的对外开放综合通道,口岸的地位更为突出,作用更为重要。在新的机遇面前,在新的形势之下,进一步做好口岸工作、拓展口岸功能,积极参与和促进海峡西岸综合通道建设,为全面推进海峡西岸经济区作出新的贡献,是我们广大口岸工作者的中心任务。

一、海峡西岸综合通道区域通关建设取得的进展与成效

自福建省委、省政府提出建设海峡西岸经济区以来,我们认真落实卢展工书记对口岸工作提出的"开正门、堵邪门,保畅通、保安全,促发展、促提高"的要求,大力争取国家部委和中央垂直管理部门的支持,积极开展与内陆省份各方面的交流和合作,海峡西岸口岸与内陆经济联动的纽带作用不断增强。我省区域通关工作在起步较晚的情况下,进展明显加快,成效不断显现。

(一)起步较晚。我省开展海西综合通道建设区域通关协作工作起步较晚,而且不平衡。2004年厦门开始与江西赣州、南昌等地开展铁海联运、航空联程货运等形式的区域通关协作,目前才开通至江西的南昌、赣州、新余、九江、萍乡,广东的梅州和福建的三明、南平等班列。主要运输货物是铁矿砂、机电产品、服装、煤炭、化工原料、钢材、汽车、集成木材等。厦门市于2004年与赣州市政府签署了开展铁水联运的合作意向书,同时出台了《厦门市贷款道路(公路)车辆通行费征收管理办法》、《厦门市港务管理局关于2005年度港口收费优惠措施的实施意见》等优惠政策扶持铁海联运。2005年厦门外代在南昌设立办事处,福州港务集团也于2006年到江西省考察推介、招揽货源和开拓市场。

(二)进展较快。由于福建省委、省政府高度重视,海峡西岸综合通道建设近年来在软、硬件方面都取得突破性进展。公路、铁路连接中西部的快捷通道已基本形成,区域通关合作通道也已建立。

一是有关部门大力推进。在福建省口岸海防办、发改委、经贸委、交通厅分别组队到江西、湖南推介海西综合通道的基础上,福建省政府于2006年底组织相关部门到江西推介海西港口,推介会上福建省口岸海防办与江西省口岸办,福州海关与南昌海关,福建检验检疫局与江西检验检疫局,省经贸委与江西省经贸委都分别签署了合作备忘录。今年1月省政府出台了《鼓励中西部省份从福建港口进出口货物及投资建设码头泊位暂行规定》;4月在河南郑州召开的第二届中部博览会上,福建省口岸海防办又会同沿海部分省市口岸办与中部六省口岸办签署了口岸大通关合作框架协议;"5.18"海交会期间,省口岸海防办在福州还举办海西综合通道推介座谈会,湖南、湖北、河南、宁夏和江西等省区口岸办负责人应邀参加会议,并与

湖南省口岸办签订了《关于闽湘两省开展区域通关协作备忘录》；6月在湖南长沙召开的泛珠三角经贸洽谈会期间，省口岸海防办向与会省区书面宣传推介我省口岸资源优势暨综合通道和大通关建设情况，并与湖南省口岸办及张家界市口岸办就张家界和武夷山两山航空对接和拓展两山航空港客源问题进行了初步磋商，达成许多共识；8月再次组织口岸相关部门赴重庆等西南省区宣传推介海西综合通道，取得了较好的效果。

二是查验单位积极配合。2005年以来厦门海关先后与江西南昌、赣州和广东梅州等地海关签订了铁海联运协议，厦门检验检疫局与江西检验检疫局签署了铁海联运检验检疫工作合作备忘录，成立了双方分管局长为组长、职能处长为联络员的业务协调领导小组，共同推进两地间铁海联运。2006年5月，福州、厦门海关首票跨关区"属地申报、口岸验放"出口货物顺利通关，7月1日两关区域通关试点正式启动。海关总署支持海西建设有关措施出台后，两关抓住时机牵头与"海西区域"紧密关联的杭州、宁波、汕头、南昌、武汉、长沙、贵阳、银川等8个海关共同签订了《海西区域通关改革联系配合办法》。今年1月，福州、厦门海关按照企业自愿选择原则，将异地进出口前50名的企业"属地申报、口岸验放"通关模式推广应用工作分解到业务现场海关，及时收集企业反馈意见，建立联系配合机制，不断扩大受惠企业数量，区域通关进出口业务发展良好。10月又与重庆、成都、西安、兰州、西宁等西部海关签订了《区域通关改革联系配合办法》，在海西和西部地区间推广"属地申报、口岸验放"通关模式，实现跨关区通关"一次申报、一次查验、一次放行"，有效简化通关手续，缩短通关时间，降低物流成本，进一步畅通中西部地区企业的东部出海口。福建、厦门检验检疫局加强协作，两局轮流定期召开联席会议，建立"领导班子年会制度＋分管领导协调制度＋业务处室热线联络制度"，及时协调解决跨检区业务问题，并加强与泛珠三角区域检验检疫合作，与海南检验检疫局联合制定了"加强两岸农业合作"项目方案，与江西检验检疫局建立了协作关系，实行江西出口柑桔联合监管模式，加强种植基地的注册登记管理，实现检验检疫通关便利化，促进江西柑桔扩大出口。根据国家质检总局支持海西建设28条措施精神，福建检验检疫局于2007年4月15日至31日选取莆田市符合直通放行条件的部分企业在福清、马尾等地试行直通放行。随后将试点工作范围进一步扩大到下属所有分支机构，对首批28家试点企业在福州关区各口岸出口货物实行直通放行。7月1日漳州地区的非重点敏感出口货物由漳州检验检疫局签发通关单，在厦门口岸直接报关，实现漳州地区出口货物"直通放行"。

（三）成效较大。经过这几年的努力，福建省区域通关和铁海联运工作取得一定进展。上半年，福州海关办理跨区域属地申报进口报关单221票、货值7 544万美元，出口报关单21票、货值83万美元；厦门海关办理跨区域属地申报进口报关单148票、出口报关单25票，货值共14 904万美元，办理进出口转关2.6万份，涉及武汉、成都、南京、南昌、杭州、宁波、大连、西安等11个关区。新通关模式启动以来，已验放"属地申报、口岸验放"货物58万吨，货值2.25亿美元。2005年厦门铁海联运散货进出口265.99万吨，集装箱2 379标箱；2006年完成散货308.73万吨，集装箱3 200标箱。2007年铁海联运量完成5 131标箱，铁矿砂207.3万吨，铜精矿4.6万吨；周边省份从高速公路进入福建沿海港口的集装箱13 307标箱，铁海联运总量虽然不大，但增幅较大，发展势头良好。由于充分发挥有利因素，进一步畅通了西部内陆出海口，形成沿海口岸与西部口岸功能延伸、优势互补、共同发展的格局，更好地发挥了海西口岸对中、西部纵深腹地的辐射效应。

二、海峡西岸综合通道区域通关建设存在的困难与问题

由于历史与现实、硬件与软件等方面的因素制约，海峡西岸综合通道区域通关建设虽然取得明显进展，但也存在不少困难和问题。

一是口岸软硬环境。与广州、大连、上海、青岛、天津比较，从口岸干线船期和班次上看，福建省港口口岸相比以上五大口岸有一定差距；从通关服务上看，福建省港口口岸相比上海等先进口岸，总体通关效

率尚有差距；从港口硬件上看，福建一些港口设备陈旧，虽然进行了较大力度更新完善，但还不能满足江西等省进口铜精矿等高价值大宗货物对港口、铁路装卸工艺的要求；从进口货源看，湖南、江西等中西部省区主要进口货物为大宗铁矿石、铜精矿等，但福建目前还缺少大吨位专业码头，也较难吸引货源；从港口收费上看，据江西企业反映我省港口收费还有调整空间。

二是铁海联运成本。从已开展的铁海联运江西—厦门运行情况看，由于从厦门进入江西的货源不足，造成该线路的集装箱空箱严重缺乏，需耗费大量时间和资金调运空箱，厦门至江西线每箱亏损1 000多元，空箱调运造成的成本加大是两地合作的最大障碍。往福州方向尚未开通班列，货源和运能尚未找到最佳结合点，也是两地联运未得以进一步拓展的重要因素。此外福建与除江西以外的中西部省区由于不属同一铁路局，在班列开通、运价协调等方面尚存在困难。

三是物流基本走向。目前，中西部省区进出口货物绝大部分从广东、上海、天津、青岛口岸进出。究其主要原因，一是历史形成的物流惯性。二是广东、上海、天津、青岛口岸交通便利，港口条件好、干线航班多。中南省区京九、京广线和长江构成网格状交通干线，往广东、上海较为便捷；中西北省区由陇海线等将北方数省串成点线状，到天津、青岛十分便捷。三是赣、湘两省与广东、上海已开通班列，北方数省也有至天津、青岛的班列，货物流向已经形成。

三、海峡西岸综合通道区域通关建设面临的形势和态势

纵观全国口岸发展情况，海峡西岸综合通道区域通关建设既有难得的优势，也面临严峻的竞争态势。

一是海西优势。福建位于长江、珠江三角洲两个经济区之间，地处台湾海峡西岸，区位优势明显。福建省委、省政府从服务全国发展大局出发，明确提出福建要加快形成服务中西部发展的东南沿海新的对外开放综合通道，使福建港口成为内地便捷的出海口。卢展工书记、黄小晶省长、叶双瑜、李川副省长都亲自抓海西综合通道建设，黄省长还提出要将区域通关协作进一步拓展到宁夏、贵州等中西部省区。海峡西岸经济区建设已提升为党中央的决策，中央相关部委纷纷出台支持海峡西岸经济区建设的优惠措施，从更深层面发挥海西效应，促进综合通道建设向前发展。周边省市也积极响应，如江西省政府提出"对接长珠闽"，将海西作为其经济发展的推动力，这些都为我们抓住有利时机加快口岸发展、推进区域通关创造了良好条件。

二是对台优势。福建省与台湾省隔海相望，闽台经贸往来密切，海上客货直航发展迅速。目前，福州、厦门海港口岸已开辟对台湾高雄港试点直航，福州、厦门、泉州、漳州、莆田、宁德设有对台直接往来货运口岸，福州、厦门、泉州、莆田设有对台直接往来客运口岸，客、货直航逐步进入常态化，是中西部省区输台货物和人员往来的经济、便捷的海运口岸通道。如湖南省仅赴台老兵就有60多万，连亲属达200多万，湖南籍相当一些人士在台湾政经上有很大的影响。湖南省去年10月举办"首届中部贸易投资博览会"，江西省今年8月举办赣台经贸交流研讨会，都以吸引台资作为重要内容。中西部省区有依托福建口岸做好对台经贸合作的需求，许多投资中西部的台商也希望能充分利用这条便捷之路。

三是政策优势。近年来中央部委加大支持海峡西岸经济发展力度，海关总署、国家质检总局、国家税务总局、交通部海事局、民航总局等十多个部委出台了支持海峡西岸经济区发展的具体措施，提出了一些具有前瞻性、可操作性和含金量大的支持举措，允许福建先行先试。实施口岸大通关以来，福建省也出台一系列促进口岸环境建设的措施，省口岸海防办会同省内查验主管部门陆续出台了《福建省进一步提高口岸大通关工作效率具体措施》和《补充措施》，特别是近年来福建省政府加大了大通关建设力度，相继出台了《关于加快推进口岸大通关建设的若干意见》、《关于在全省繁忙海空港货运口岸实行每周七天工作制的通知》和《福建口岸通关部门支持服务省重点项目和重点企业建设发展的具体措施》，对福建省口岸

通关环境的改善起到重要作用。这些措施的出台都为区域通关协作创造了良好的口岸通关环境。

四是资源优势。福建是海洋大省，港口资源丰富，海岸线长度约占全国的1/6，可开发深水岸线长度居全国之前列。目前，全省已有11个国家一类开放口岸，其中海港口岸8个，空港口岸3个。全省生产性泊位达509个，其中万吨级以上深水泊位58个，年港口吞吐能力1.22亿吨，集装箱吞吐能力513万标箱，福州港口岸青州、马尾港区，厦门港口岸海沧、东渡港区，泉州港肖厝港区铁路可直达港口；目前全省港口在建、拟建和规划码头泊位211个，其中深水泊位143个，年设计通过能力3.34亿吨，其中集装箱1 285万标箱；预计"十一五"期间全省生产性泊位达577个，深水泊位157个，年港口吞吐能力3.35亿吨，集装箱吞吐能力达1 392万标箱，泉州、漳州、莆田、宁德港和福州港口岸罗源、江阴港区将建成直接到港铁路连接线。随着"两集两散"建设的集中推进，海西港口群建设将出现新的局面。借助福建的口岸资源优势为中西部省区外经贸服务，把福建港口建成中西部省区出海口是发展趋势。

五是通道优势。福建出省通道四通八达，制约福建的交通瓶颈已经极大缓解。在铁路建设方面，"十一五"期间，福建将加快推进温福、福厦、厦深、龙厦、向莆等干线铁路以及连接港口的支线、专用铁路等项目的前期和建设进程，实施鹰厦、外福、漳泉肖铁路改造、提升工程，形成省内"二纵三横"铁路网。在公路建设方面，以厦门港、福州港、湄洲湾港、宁德港四大港口为高速公路起终点，打通厦门港—漳州—长汀—江西界，福州港—闽清—沙县—泰宁—江西界，湄洲湾港—大田—永安—清流—宁化—江西界，以及宁德港—福安—政和—武夷山—江西界等高速公路主通道，配套建设重点港区高速公路支线、连接线，形成"三纵八横"高速公路主骨干架和快速的集疏港路网。

在看到优势、发挥优势的同时，我们也要看到海峡西岸区域通关建设面临的严峻竞争态势。由于历史原因，中西部省区与上海、广东、青岛、天津等传统大港交往十分密切。从目前情况看，这种联系还有进一步加强的趋势。在中北部，2005年天津市口岸办与北京、内蒙、宁夏、青海、甘肃、陕西、河北、新疆、山西、河南、四川等12省市区口岸办签订《中国北方跨区域口岸合作天津协议书》，今年天津市口岸办又拟牵头与北方12省市区口岸办签订《北方地区大通关协作协议书》；在中东部，2006年上海口岸办与包括江西、湖南在内的中部6省口岸办签订了《加强口岸大通关协作，促进物流进出口的框架协议》；2007年上海又与中铁集装箱公司签订合作协议，对南昌—上海集装箱铁路运输实施优惠，同时采取"梯次推进、点面辐射、区域一体"策略，探索建立长江流域大通关协作机制；在中南部，泛珠三角区域合作五大对接之一的国际区域物流对接中，湘潭、岳阳也都相继开通了开往河内的班列，深圳至长沙五定班列比原来中途编组时间缩短3天，重箱运输价格下降30%，在通关上实行点对点直转；江西、深圳、香港铁海联运也即将开通。上海、广东、青岛、天津等沿海省市都将中西部省区作为重要货源腹地，总体竞争态势已经形成，我们如果没有更优惠的政策措施，更优良的服务，更好的口岸环境，更主动的工作态势，那么很有可能在这场竞争中被边缘化、孤立化。海峡西岸港口会不会游离于环渤海、长三角、泛珠三角、泛北部湾港口群之外，应引起我们的高度关注。

四、海峡西岸综合通道区域通关建设的设想和建议

国内外的历史经验表明，口岸发展和出海口的开发建设对促进区域经济发展有着重要的作用。对于海峡西岸经济区的建设和发展而言，口岸是区域内部不断壮大港口群、产业群、城市群的支撑点，是区域之间不断扩大经济文化交流和人员往来的联结点，是整个区域经济建设、政治建设、文化建设、社会建设成效的展示点。福建口岸集聚带动辐射扩散窗口门户的功能作用将随着海峡西岸经济区建设的不断推进而日益彰显。当前，全省上下正在认真学习贯彻落实党的十七大精神，按照省委八届三次全会的部署，全面推进海峡西岸经济区建设。贯彻落实省委、省政府的总体决策部署，福建口岸工作要紧紧围绕建设科学发展的先行区和促进两岸交流合作的先行区，坚持"四谋发展"的实践主题和"四个重在"的实践要领，大

力实施项目带动和品牌带动，努力优化口岸基础设施和服务环境，不断延伸口岸协作空间和带动范围，依靠广大口岸工作者的创新精神和协作精神，把我省口岸建设成为推动海峡西岸科学发展的增长极，推动全国区域协调互动发展的协作区，推动两岸交流合作的桥头堡。从密切与中西部联系的角度分析，为使福建口岸成为内地便捷的出海口，促进海峡西岸综合通道建设，提出以下几点设想和建议。

（一）建设综合运输通道。加快建设厦门港、福州港、湄洲湾港等通往中西部、连接大京九的综合运输通道，实现主要港区与省内及周边地区的重要工业基地、产业中心、交通枢纽和重要城市间可通达铁路、高速公路，为我省港口成为内地出海口打下基础。

（二）构筑区域协作平台。一是建立区域口岸合作机制。在福建、江西、湖南三省口岸部门已就"闽、赣、湘区域通关协作备忘录"正式签约的基础上，启动协作机制，三省分别成立区域通关协作协调领导小组，负责研究部署区域通关的重点协作项目，制定相关物流发展规划，确定联运主体，组织协调各部门力量形成合力。建立闽赣湘三省区域通关协调领导小组联席会议制度，每年召开一次闽赣湘三省区域通关协调领导小组联席会，落实具体协作项目，研究解决区域协作中的有关问题。并积极促进将区域通关协作上升到省与省政府间的合作，由省与省政府签订协作备忘录。二是拓展区域通关协作领域。加强与浙江（浙南、浙西）和广东（粤东）、贵州、重庆、宁夏等中西部省区的区域通关协作，建立互联互动的区域协作机制。以建立联席会议形式或省与省口岸系统和海关、检验检疫部门之间的协作工作机制，共同研究推动海西与中西部省区区域通关协作。三是延伸区域通关通达腹地。采取走出去、请进来的办法，逐个与中西部各省区口岸办分别签订区域通关协作备忘录，充分发挥我省口岸的资源优势，将我省口岸向中西部延伸拓展，将广阔的中西部作为我省的港口腹地，做大做强我省口岸。为此建议成立福建省综合通道建设暨区域通关协作办公室，具体负责福建省综合通道建设和口岸区域通关协作工作。

（三）吸引货源进出口岸。在省政府出台《鼓励中西部省份从福建港口进出口货物及投资建设码头泊位暂行规定》的基础上，进一步协调铁路、交通、港口和查验部门在铁路运价、班列设置、高速公路收费、港口费用和查验监管手续上给予优惠、优先以保障快速便捷。

（四）推进区域通关改革。一是积极推动口岸查验部门进一步探索监管模式的改革。打破省区和关区、检区界限，推行跨省区和不同关区、检区间的区域大通关模式，要用足海关总署和国家质检总局支持海西建设的各种举措，福、厦海关在巩固海西区域通关改革成果的基础上，进一步和中西部地区海关签署"属地申报、口岸验放" 协议，把海关"属地申报、口岸验放"和检验检疫"直通式放行"通关模式覆盖面扩大到中西部省区。建立对口查验单位联络员制度，及时沟通解决通关中遇到的问题，同时做好对已签协议的跟踪落实和检查督促。二是探索建立区域海关、检验检疫通关合作平台。建立守法企业等级评估互认制，与中西部及周边海关、检验检疫互认守法企业，落实守法企业便利措施；建立区域海关、检验检疫风险协作工作机制，创建风险信息交换渠道和交流载体；建立区域海关知识产权保护执法合作机制，加强与周边海关知识产权情报交换和信息通报，提升区域海关知识产权保护水平；切实做好各项相关的配套工作。要抓紧"出口货物运抵报告"和"预配舱单"制度的推广应用，将出口提前申报与区域通关相结合，在公共服务平台开放舱单信息查询，借助海关系统、电子口岸和风险平台三个科技管理平台，保障区域通关有质的提高。

（五）大力开展多式联运。在巩固已有的厦赣"铁海联运"集装箱班列的基础上，开行一批联接福州、厦门与其他重要城市间固定的"铁海联运"车次。积极探索推行公路、海运集装箱联合运输方式，实现进出口货物的快速运输。在福州尚未开辟铁路班列情况下，宜先从公路突破。相关部门应制定优惠措施，包括高速公路费用的减免，高速路限速导致高速路不高速问题等等，才能辟出新径吸引货物。同时根据集装箱空箱运输问题，可发挥火车蓬车优势，江西、湖南报关，在福建口岸装箱拼箱，既可降低运费，又可解决空箱运输问题。

（六）不断优化口岸服务。省政府部门要牵头推介，港口企业更要主动出击，联络感情，推介港口，建立企业间的沟通机制，在重点城市设立办事处或直接进驻代理公司；降低港口费用，以比别人更低的成本，更优的服务吸引货源；要加强与中西部省区省、市、县和大型物流企业、厂矿的对接。邀请相关部门及进出口业务量较大的企业代表，到福建考察主要口岸及通道建设情况，加深他们对福建港口作为中西部省区便捷出海口的印象，以利于进一步推进合作。

（七）合作建设"无水港"。积极推动港口部门加强港口码头与货物仓储经营企业之间的合作，在交通干线沿线工业集中区或货物中转站，投资设立与福建港口码头直接联接的货物仓储基地，建立进出口货物集散中心，或鼓励内地省区在我省港口口岸投资建设货物仓储基地或码头，促进当地形成"无水港"。

（八）加快电子口岸建设。尽快实现与中西部省区电子口岸平台的信息共享和互联互通，为外贸货物进出口提供远程服务。

进一步推进对台口岸通关工作的对策建议

福建省口岸与海防办口岸管理处

福建地处海峡西岸，具有与台湾地区地缘近、血缘亲、文缘同、商缘广、法缘久的独特优势，福建口岸作为对台三通的前沿，在促进祖国统一大业中担负着特殊重任。多年来，我们在这方面做了积极的探索，取得了一定成效。但在进一步优化口岸通关环境，着力推进对台口岸工作上还有很多工作要做，在更好地服务两岸经贸交流合作和人员往来上更是大有可为。

一、福建对台口岸工作的基本情况

（一）对台口岸运行成效明显。海港方面，经国家交通部批准，福州、厦门港与台湾高雄港于1997年4月19日正式开展两岸海上试点直航。至2007年底两岸试点直航共双向航行19 196航次，运载集装箱486.47万标箱。2001年1月，中央批准福建沿海与金、马、澎开展直接往来工作，现已开通对台客运口岸4个（福州马尾港、厦门和平码头、莆田湄洲岛、泉州石井港），对台货运口岸6个（福州、厦门、泉州、漳州、宁德、莆田港）。2005年1月以来，经中央批准，还相继启动了福建居民赴金门、马祖和澎湖地区旅游，对台客运量进一步增长。7年来，福建省沿海与金、马、澎直接往来共往返旅客267.79万人次。目前，厦门和平码头客运站每天与金门对开20航班；福州马尾客运站每天与马祖对开2航班；泉州石井口岸每天与金门对开1个航班。2006年泉州石井口岸还相继实现了与澎湖的客货直航；2007年5月，福州、漳州港口岸实现了与澎湖的货运直航。空港方面，经民航总局批准，厦门空港成为2006年两岸春节包机航点，2007年以来，厦门空港又作为两岸清明、中秋包机航点，自2006年两岸包机厦门航点开通以来，乘坐节日包机往返两岸的台胞已达10 762人次。

（二）对台口岸通关保障有力。福建沿海与金马澎直接往来开展7年来，有关地方政府积极投入资金改善对台口岸硬件环境。同时，福建口岸各查验单位坚决服从服务于中央对台工作的大政方针，自觉调剂挖潜，克服人员不足、口岸设施简陋等困难，创新查验监管方式，确保了对台直接往来口岸的安全、便捷、畅通、高效。

（三）口岸对台通关措施积极有效。2005年中央决定进口台湾农产品，并对部分台湾农产品实行零关税，口岸查验部门坚决贯彻执行中央决定。福州、厦门海关开辟专门快速通关绿色通道，设立临时进出口专用查验窗口；福建、厦门检验检疫局通过即到即检等"五快"措施，实现台湾进口水果"零滞港"；边防检查部门大力开展网上预检，对直接往来客货轮和载运台湾水果船舶，除首次到港外均实行网上预检，船舶入境即可装卸。

二、对台口岸工作存在的主要问题

（一）口岸基础设施和查验配套设施建设相对滞后。福建省对台直接往来的客运口岸基本上依托原海港口岸通航香港航线的客运站，设施较为简陋，近年来虽做了一些更新修善，仍然难以适应闽台客运直航发展的需要。货运港口口岸这几年虽然建设了一批万吨级以上的深水泊位，但查验配套设施建设相对滞后，在一定程度上制约了港口口岸的吞吐能力和通关速度。

（二）口岸查验单位人员不足矛盾依然突出。近几年来，随着福建口岸外贸运输货物、出入境旅客以每年20%以上的速度递增，加上每周7天工作制等口岸通关新措施的实行，口岸查验单位所担负的查验、监管任务已远远超出当时口岸开放验收时的工作量，特别是2005年以来实施开放大陆居民赴金马澎地区旅游、从台湾地区进口农产品等措施，又使闽台直航口岸查验监管任务进一步加大。口岸查验单位的人员编制问题，已成为困扰福建口岸对台工作的一大难题。

（三）相关对台通关的政策需要进一步调整完善。对台口岸通关是一项政策性很强的工作，口岸查验部门所能采取的灵活措施有限，一些规定尚有进一步完善的空间。

三、推进口岸对台工作的对策和建议

按照福建省委"四谋发展"的要求，结合当前福建对台口岸工作实际，特提出推进对台口岸工作的对策和建议：

（一）加强对台口岸管理。

1、完善对台口岸管理。加强两岸海上试点直航、与金马澎直接往来、对台小额贸易点、台轮停泊点、对台渔工劳务输出点等涉台口岸的管理，建立以口岸综合管理部门牵头，台办、外经贸和交通等管理部门参加的口岸协调管理机制；争取国家对福建对台口岸基础设施和查验设施配套建设资金投入予以倾斜，设立福建对台口岸基础设施和查验设施配套建设专项补助资金，进一步改善对台口岸基础设施。

2、整合对台口岸资源。海港方面，沿海设区市各设1个对台货运口岸、1个对台客运口岸、1~2个对台小额贸易点；沿海各设区市要开展对台小额贸易点清理整顿工作，进一步完善监管设施，做大做强有效益的对台小额贸易点，不能满足查验监管要求且效益不明显的对台小额贸易点应予撤并。空港方面，以厦门机场口岸作为两岸节日包机航点为契机，推动包机的节假日化、常态化，争取增加福州机场口岸作为两岸客货包机直航定点口岸，增加武夷山空港口岸作为两岸旅游包机直航定点口岸。

3、规范对台口岸的开设程序。开设对台口岸原则上应在已有对外开放一、二类口岸的基础上进行，由各设区市台办牵头，会同同级口岸海防办（口岸办）征求口岸所在地军方和查验单位的意见，取得一致后逐级报批；充分利用"海峡西岸经济区"写入国家"十一·五"规划的契机，努力争取设立对台特区，先行先试；积极争取国家将设立对台口岸、确定赴台人员的审批权下放或委托福建办理。

4、发挥对台口岸的特殊功能。对台口岸要充分发挥特殊功能，适应对台客货运输的需求，增辟航线、航班，提高口岸对台客、货运输通过能力，扩大直接往来的成效；所有对台口岸要从实现两岸直接往来的需要出发，认真谋划、精心安排，同时通过对台口岸窗口，加强两岸口岸相关部门的交流与沟通，研究制定两岸全面直航的预案，切实做好迎接全面、直接、双向"三通"的准备工作，确保福建口岸随时可以应接两岸全面直航。

（二）优化对台口岸通关。

1、进一步优化对台口岸海关监管方式。海关在监管区原则上采用非侵入式的查验方式，加快查验速度，如遇特殊情况需要开箱查验且在码头不便操作时，经海关同意，可移至指定地点查验。

2、进一步简化对台口岸检验检疫程序。检验检疫部门实施24小时值班、靠泊船舶随到随检的船舶检疫措施；简化对小额贸易船舶、船员出入境申报，对经常往来的小额贸易船舶、船员实行卫生监管登记制度；常态下实施低风险管理，对涉台贸易船舶采用电讯检疫；对旅客及其携带物实施分类管理；对从台湾包机直航入境或从港澳转机入境的台湾旅客实施团队申报等便捷措施。

3、进一步改进对台口岸边防查验模式。边检部门对从事直接往来、且船员较为固定的船舶实行网上证检，简化船舶出入境手续；简化直航货运船舶船员证件查验方法，对大陆籍船员采取在其服务船舶工作期间年度首次出境和末次入境时加盖员工验证章的方法；改进边检查验模式，入境客轮检查与旅客检查同步进行，客轮靠岸后无特殊情况即可下客；积极推行赴金门、马祖、澎湖旅游团队预报预检措施，开设旅游团队专门通道。

4、进一步规范对台口岸船舶管理工作。海事部门建立福建省对台出入境船舶签证专用簿；建立船舶数据共享机制，对各口岸对台货运船舶入出境数据和记录实行资源共享，并对记录良好的对台货运船舶采取简化手续；对台轮实行服务性安全检查，提供安全信息服务；对试点直航和直接往来船舶采取特殊的国内航线的查验监管做法，比照港、澳地区船舶进行查验，对两岸间直航船舶除安全与防污染因素外不实行强制引航，免收引航费。

（三）扶持对台口岸现有业务。

1、促进台湾农产品进口。查验部门对台湾农产品设立专门的快速通道，业务现场设立专门窗口办理接单、审核、关税征收等通关业务；对花卉、优质水果种苗及鲜活产品进出口的报关报检采取优先接单、优先审核、及时查验。

海关对涉台农产品和深加工产品实行全天候通关；对台资企业为履行农副产品出口合同而进口的原材料、辅料（除国家另有规定外）给予保税进口；对进口台湾水果采取"提前报关、实货验放"的通关模式；对符合海关总署2005年第37号和2007年第6号公告的台湾地区水果，可按其申报价格予以征税，事后由关税职能部门实行价格监控并指导现场海关进行价格核查；对报关单填写规范、单证合法、齐全、有效且无需查验和纳税的，自申报之日起1个工作日内放行。

检验检疫部门对台湾农产品进口提供热线服务和咨询专窗及受理报检；对允许入境的水果提供快速审批；简化对台小额贸易点输入农产品的随附证书要求；对台湾鲜活农产品实行即约即派人到现场查验的快速查验方式，24小时内做出放行决定；对需要实验室检测的优先安排检验检测，样品一经送达立即开检，优先出证；对检出携带病虫害的入境台湾水果，不实施退运，经除害处理合格后立即放行，同时对两岸共患动植物病虫采取特殊灵活措施妥善处理。

边防检查部门对载运台湾水果的船舶，除首次到港外，均实行网上预检，船舶入境后即可装卸货物，上下作业人员。

海事部门对运载台湾农副产品、水果的台籍船舶，开通海上快捷"绿色通道"。

2、服务重点涉台项目。查验部门积极支持、提前介入服务、全力推动重点台资项目报批、落地和建设；采取有效措施，推进出口加工区、台商投资区、区港联动试点、海峡两岸（福建）农业合作试验区等的指导和建设；积极参与对台经贸平台建设，为"5.18"海峡两岸经贸交易会、"6.18"项目成果交易会、"9.8"中国国际投资贸易洽谈会以及海峡两岸机械电子商品交易会、海峡西岸纺织服装博览会、中国（晋江）国际鞋业博览会、海峡两岸（福建漳州）花卉博览会暨农业合作洽谈会等重大外经贸活动，提供优质的通关服务。

3、加强对台小额贸易。积极争取中央有关部门支持，允许小额贸易船只在对外开放口岸靠泊；允许金门产品免税进入大嶝对台小额贸易商品交易市场；对台小额贸易按大类进行监管；对低风险商品报检实施声明保证措施，逐批核查货证，先予卸货入库，并按最低比例抽样检测；对涉及进口强制认证的少量设备零配件由使用人提出自用保证，书面证明后准予使用；对台小额贸易的水产品，采用海域监测与现场检验相结合的方式，开设绿色通道。

4、规范对台砂石出口。结合福建实际情况制定《福建省对台砂石出口管理办法》；允许台湾小型船舶按合同需要进入我省沿海临时开放口岸进行装卸；对首次运载砂石的台湾小型船舶进行引航，对再次驶入的船舶除安全和防污染因素外不实行强制引航，在常态化下简化卫生监管措施。

（四）拓展对台口岸新业务。

1、扩大对台包裹业务。在利用厦门与金门航线的客运班轮运送两岸包裹业务（出口为在福建省内收寄的寄往金门和台湾地区其它县市的包裹、进口为金门和台湾地区其它县市收寄的寄往福建省的包裹）的基础上，积极争取将"两门"航线包裹业务扩大到"两马"和"泉金"以及澎湖航线，并根据业务发展情况扩大到大陆其他省市区寄达和收寄范围。

2、开展台货海上快递。按照"疏堵结合，以疏为主"的原则，发展海上台货快递业务，在具备监管条件的对台小额贸易点开展海上台货快递业务，对台资生产企业急需的机械模具、电子零配件、生产性少量原辅材料和台胞个人生活用品，由台湾承运人根据台商的委托，以货物包裹的形式，由渔船从金门、马祖、澎湖运到指定的对台小额贸易点，台湾包裹运载上岸后以手工操作附货物清单的方式报关报检，实现台货海上快递。

3、促进闽台双向旅游。建立闽台旅游交流与合作机制，争取实现闽台旅游线路对接，促进开辟连结福州、厦门、泉州、莆田、金门、马祖、澎湖主要景点和连接武夷山、阿里山与张家界等内陆省区景点的海、空旅游航线；将福建居民赴金、马、澎旅游延伸至台湾本岛；对大陆居民赴金马澎地区旅游，比照港、澳游的签证方式，把"金马澎游"办成大陆居民赴台旅游的先行示范和便捷通道。

4、推进两岸直接往来。积极推进两岸直接、双向、全面通航，争取海上试点直航口岸实现两岸直接通航；与金马澎直接往来口岸要充分发挥现有渠道作用，促进两岸人员和货物交往，争取直接往来货运航线延伸到台湾本岛，实现运载台湾农产品的台湾船舶弯靠金门、马祖进入直接往来货运口岸；推动福建沿海口岸与澎湖依照"两门"、"两马"模式，实现海上客货直航；对人员、货物进出对台口岸所发生的各种规费原则上按国内航班航线收费标准收取，部分收费经物价部门核准后采用减免办法给予方便优惠。

江西省

江西口岸工作综述

【概述】 2007年,江西口岸工作按照江西省开放型经济工作会议和全国口岸办主任会议的总体部署和要求,紧紧围绕提升口岸开放平台、推进大通关建设两大中心任务,抓住重点,务实推进,使口岸大通关效率得到明显提升,开辟国际航线实现新的突破,电子口岸实体平台建设完成上线运行,降低口岸运输成本取得新的成果,全年口岸各项工作得到较大发展。

【口岸客货运输】 全省口岸货运首次突破100万吨。2007年全省口岸进出口的货物累计109.5077万吨,国际集装箱88 899重标箱,同比分别增长43.37%和48.30%。其中:九江港水运口岸完成进出口货运量56.8837万吨,国际集装箱50 206重标箱,分别比上年同期增长33.60%和38.75%;南昌货运口岸作业区完成进出口货运量47.6027万吨,国际集装箱32 565重标箱,分别比上年同期增长48.14%和49.28%;赣州陆运口岸作业区完成进出口货运量4.6281万吨,国际集装箱6 128重标箱,分别比上年同期增长199.46%和215.06%。

南昌航空口岸客运首次突破5万人次,迈入全国达标航空口岸序列。1月~12月,南昌航空口岸出入境人员共计56 255人次,同比增长36.60%;通过共享航班号的方式运送国际旅客2 607人次;直接出入境飞机579架次,其中外国籍飞机4架次,港澳籍飞机156架次。

【口岸开放平台建设】 开辟国际航线实现重大突破。1月,在省委省政府领导的亲自推动下,紧紧抓住香港经贸代表团访赣的良机,成功组织召开了赣港航空合作座谈会,会后积极跟踪落实会谈成果。经过努力,成功引进了香港航空有限公司执飞南昌—香港航线,填补了江西每周只有4天飞香港留下的空白,积极争取南昌—墨尔本、悉尼共享国际航班获得海关总署批准。

铁海联运取得了新的成绩。2007年顺利开通了南昌—上海的"五定班列"、赣州—深圳的铁海联运班列,并促使南昌—深圳铁海联运班列转为"五定班列"进入铁道部运行图,进一步确保了此条线路的正常运行。目前,江西已经打通了至深圳、上海、厦门等铁海联运主要出海通道,全年通过铁海联运完成集装箱运输8164重标箱,占全省进出口集装箱量的9.18%,比上年提高了2.83个百分点。

水运内支线得到了进一步拓展。新开通了南昌—南京的水运内支线,为南昌—上海洋山港的内支线运输寻找到新的中转途径,同时也成功地将国际航运巨头美国总统轮船有限公司的服务引入到了南昌;上港集团投入"集海之明"号班轮,开通上海洋山—九江内支线班轮,实现了九江港与上海洋山港的无缝对接。

赣港澳公路运输进一步提速。南昌海关将赣粤港快速通关机制适用范围拓展到澳门,将原通关成本需要300元、用时1天~2天缩短为只需2元、用时3分钟,进一步提高了江西与港澳之间公路进出口货物运输的效率和效益。

出口加工区建设取得重大成绩。九江、南昌出口加工区先后通过国家验收,并实现出口创汇零的突破;赣州出口加工区经国务院批准设立,正在积极筹备预验收,预计2008年可顺利通过国家验收。目前,江西成为中部地区惟一设有3个出口加工区的省份,加工区数量在全国排名第六。

【口岸区域协作】 2007年,省口岸办公室与天津市、福建省、宁波市、青岛市、广州市、深圳市等地沿海口岸办公室签署了《沿海部分城市与中部六省口岸跨区域战略合作框架协议》；江西省政府分别与海关总署、国家质监总局签署了《关于促进中部崛起的合作框架协议》，与中国外运总公司签署了《关于同中部六省签署加快物流和物流金融发展的合作意向书》。

南昌海关固化与"长珠闽"口岸的联系配合机制，在搭建南昌至"长珠闽"地区八大口岸的基础上，积极搭建南昌至乌鲁木齐、南宁等"属地申报、口岸验放"区域通关平台，通过不断创新的区域通关作业模式，2007年南昌海关进口货物平均通关时间与上年相比提高122%，出口货物平均通关时间提高193%。江西出入境检验检疫局与深圳、厦门、珠海等重要沿海口岸检验检疫局机构建立了铁海联运检验检疫合作机制和江西出口柑桔检验检疫协作机制，建立了口岸"直通模式。"

【大通关】 健全和完善口岸综合管理机制。根据口岸协调领导小组各成员单位领导分工和人员变动的情况，及时报请省政府调整领导小组成员，完善省口岸工作协调领导小组机制；坚持南昌航空口岸协调机制和九江港水运口岸例会制度，发挥省市口岸综合管理部门作用。

南昌海关将海关总署支持中部地区崛起的意见等宏观政策措施进一步具体化、本土化，推出并实施了《南昌海关服务江西经济社会发展13项重点工作任务》，并完善通关监管应急处理机制，开通通关"110"，实施首问责任制、一次性告知制、限时办结制等一揽子制度，将解决企业通关问题的各项服务举措集约优化。

江西出入境检验检疫局继续深入贯彻实施《省部合作协议》和泛珠三角区域合作协议，积极开展把服务送园区、厂区和港区活动；全面推行电子申报、电子监管、电子放行的"三电工程"；认真坚持"5+2"无休息日的全天候预约服务。

江西省公安边防总队完善10项服务承诺，实行24小时服务热线，开设"绿色通道"，严格执行现场执勤"八不准"，认真落实公安部"提高边检服务水平"的12项便民措施。

九江海事局对沿江开发的重点项目实行特事特办，加强现场维护，确保市重点工程顺利进行。

【口岸机构建设】 吉安、新余等地积极开展加强口岸综合管理力度的调研，争取设立独立的口岸综合管理部门。上饶、鹰潭市根据口岸工作发展的需要，积极筹建口岸综合管理部门。上饶海关办事处获准设立，江西出入境检验检疫局驻高新区、新余市办事处顺利开检。

南昌市口岸办重点围绕发展铁海联运，降低进出口企业运输成本开展大量工作。使南昌铁海联运的品牌效应开始显现。九江市口岸办以市政府的名义制定下发了《关于优化口岸环境，提高通关效率，促进九江开放型经济发展若干意见》，组织编印了《九江口岸通关指南》，同时为探索港口口岸管理体制改革提出了合理化建议。赣州市口岸办积极推出"口岸服务体系进工业园区"的活动，并开通了赣州口岸移动信息平台，不定期发布口岸政策法规及通关措施。吉安市口岸办围绕健全口岸管理机构、规划口岸作业区建设、开行铁海联运班列开展了卓有成效的调研。新余市口岸办将完善当地口岸机构建设作为主要任务，并大力推进当地现代物流体系建设。宜春、景德镇等地重点围绕加快口岸通关，降低出口成本等方面积极开展工作。

【服务企业】 省口岸办充分发挥口岸综合协调管理职能，在海关及口岸有关单位的配合下，顺利解决了昌北国际机场海关监管仓库收费高、南昌港国际集装箱码头部分港口收费高以及赣江枯水导致进出口国际集装箱受阻等问题。特别是在协调海关监管仓收费工作中，协调仓库经营企业调整了仓库收费标准，取消了6项进出港货物收费，降低了3项进出港货物收费，延长了部分货物免费保管时间；促成了仓库经营企业与货主企业签订专项协议，对收费进一步优惠。

加强对重点企业的扶持。南昌海关推出4项举措，帮助企业用足用好优惠政策和措施：一是全程跟踪重点招商引资项目；二是优先扶持重点产业发展；三是大力支持重点进出口企业发展；四是进一步加大政策宣讲力度。江西出入境检验检疫局结合地方产业特色和区域特点，针对出口农产品、水产品、食品、烟花爆竹、有机农业开发等专项工作，积极开展检企合作：一是继续加强食品农产品种养殖基地建设；二是加强对出口陶瓷企业的技术扶持；三是强化了对烟花爆竹、打火机等危险品的检验监管；四是加大扶优扶强力度，积极扶持出口龙头企业。

【口岸重大项目】 江西电子口岸建设进展迅速。一是完成了电子口岸实体平台建设。顺利完成电子口岸方案设计招标和第一期设备采购两次招标的前期方案调研和设备选型工作，第一期设备顺利采购完毕，电子口岸实体平台已完成安装调试并上线运行。二是完成了电子口岸建设总体规划设计工作。三是完成了电子口岸应用项目开发调研。同时就电子口岸中的出口加工区园区信息管理系统和加工贸易联网审批系统的项目开发组织了多次调研，掌握了相关资料，软件招标和软件开发工作已在着手进行。

昌北机场国际航空货运枢纽中心项目稳步推进。昌北机场国际航空货运枢纽中心项目是江西省委、省政府主要领导高度重视的重大项目，2007年以来，就该项目已组织港方投资者与省内各相关单位进行多轮洽谈，目前项目总体上进展顺利，机场跑道扩建、申报国际航路、申请航空公司、机场货运中心经营资格等项目推进的关键环节正加紧推进。

【口岸调研】 认真开展署级调研课题研究。根据国家口岸管理办公室关于开展《合理配置口岸管理资源，提高我国口岸整体通关效能》课题研究的安排和部署，江西发挥内陆地区口岸牵头组织作用，通过召开内陆地区口岸办主任会议，编写和发放调查问卷表，召开口岸查验部门和经营单位专题征求意见会，走访统计、建筑、发改委、人事等部门，同时邀请省内建筑设计权威单位帮助对相关内容进行论证，并经过多次征求内陆其他12省的意见和建议，在此基础上形成了《内陆地区口岸查验配套设施建设标准》和《内陆地区口岸查验机构设置和人员编制管理标准》的论文，并上报国家口岸管理办公室。在国家口岸管理办公室11月份召开的署级课题论证会上，江西提出的《内陆地区口岸查验配套设施建设标准》被作为该项子课题的蓝本。

积极开展口岸工作专题调查研究。口岸各单位围绕口岸工作中出现的新情况、新问题，先后就外贸政策调整对江西开放型经济的影响、江西烟花爆竹出口运输渠道、降低口岸运输成本、直通港澳货柜车管理等问题开展了专题调研，并取得了丰硕的成果。南昌海关《我国农产品贸易规模持续扩大，相关发展问题亟待解决》、《今年1—5月我国工业硅出口步伐加快，廉价原料供应国地位急需扭转》获得了国务院温家宝总理的亲笔批示，还有如国家外贸政策调整对江西开放型经济发展影响的分析文章等都得到了省委省政府领导的高度关注，主要领导并对此给予充分肯定；江西出入境检验检疫局利用本局科研优势，不断提升检验检疫技术支撑能力，牵头组织的《WTO非农谈判中的非关税措施研究》中的烟花子课题，被WTO秘书处正式采纳，以TN/MA/W/90号文件形式向所有WTO成员国散发，申报的《进出口纺织品安全项目检验术语》等11项检验检疫行业标准，有7项获国家认监委立项。

（罗莎、罗江辉、詹瑞明）

江西省

2007年江西口岸进出口货运情况表

单位：万吨、重标箱

指标		本年累计数			上年累计数			增减比例（%）		
		进口	出口	合计	进口	出口	合计	进口	出口	合计
进出口货重		32.4686	77.0390	109.5076	21.2954	55.0858	76.3812	52.47	39.85	43.37
其中	水运	29.8363	60.1738	90.0101	20.7387	47.5267	68.2654	43.87	26.61	31.85
	陆运	2.2976	16.8067	19.1043	0.4662	7.5263	7.9925	392.84	123.31	139.03
	空运	0.3347	0.0585	0.3932	0.0905	0.0328	0.1233	269.83	78.35	218.90
进出口集装箱		27 526	61 373	88 899	19 073	40 871	59 944	44.32	50.16	48.30
其中	水运	26 031	49 500	75 531	18 715	36 057	54 772	39.09	37.28	37.90
	陆运	1 495	11 873	13 368	358	4 814	5 172	317.60	146.63	158.47
备注										

江西口岸查验单位工作综述

南昌海关

【概述】　2007年，南昌海关紧紧围绕迎接十七大、学习十七大、贯彻十七大，牢固树立和落实科学治关理念，坚持海关工作16字方针和队伍建设12字要求，以"小关自强，争创内陆一流海关"为目标，以和谐海关建设为主线，服务大局，主动作为，开拓创新，自强不息，业务建设和改革深入推进，把关服务水平不断提高，干部队伍素质进一步增强，执法服务受到好评，社会影响力明显提升，圆满完成了各项工作任务，有力支持地方经济社会发展，关区事业保持全面、协调、可持续发展的良好势头。海关总署和省委省政府主要领导多次予以高度评价。时任中共江西省委书记孟建柱同志亲临该关视察慰问，海关总署署长牟新生同志在该关党组工作汇报上作出了长达260余字的重要批示。该关工作经验和成功做法引起了海关总署和新闻媒体的关注，海关总署和中央新闻媒体相继到该关集中调研、采访。

【征收税款成倍增长】　围绕税收轴心，坚持量质并举，综合治税、科学征管，税收征管质量进一步提高，各项总署监控指标均保持在绿色区域。超额完成年度15亿元的税收计划，2007年税款入库19.65亿元，同比增长106%，其中征收关税2.41亿元，同比增长36.53%，进口环节税17.24亿元，同比增长123.11%，再创历史新高。

【打击走私再创佳绩】　坚持依法打击走私不放松，又大力推进和谐执法，行政案件实现零复议、零诉讼、零赔偿。2007年行政案件立案调查15起，案值5.8亿元，涉税1.02亿元。协查案件49起，再次查获1起毒品走私案，抓获犯罪嫌疑人4名，缴获海洛因613.9克。扫黄打非工作扎实开展，受到广泛好评。

【通关监管水平稳中有升】 选择查验机制基本建成，旅检、快件监管有效加强。推行巡回审单，审单作业更趋集约化、专业化。加强监管场所建设和运输工具管理，监管规范化水平进一步提高。关区监管业务量大幅增长，监管进出口货物总值34.78亿美元，同比增长71.48%；监管进出口货物总量259.86万吨，同比增长45.03%；监管进出境航班3 268架次，同比增长31.4%；监管进出境旅客5.76万人次，首次突破5万人次，同比增长34.04%；已结报关单数量3.64万份，同比增长47.12%。

【综合统计工作成果丰硕】 加强统计职能管理，关区统计工作整体水平进一步提高；加强统计监测监督，进出口监测预警系统和执法评估系统功能发挥明显；加强业务统计、贸易统计基础工作，上报数据实现零差错；统计分析质量进一步提升，时效性和前瞻性有效增强，2篇分析文章受到温家宝总理批示，5篇被中办、国办采用。

【风险管理和后续管理成效明显】 完善风险管理运作机制，审单中心和风险监控中心有机融合，转岗布控有效率达42.25%，同比提高17.7个百分点。自主开发的企业综合信息系统投入试运行，风险信息辅助决策、监控处置功能日益显现。有针对性开展企业稽查，稽查有效率进一步提高，发现涉嫌违规情事8起，货值11.35亿元，涉税1.92亿元。

【口岸平台开放力度进一步加大】 大力推动区域通关改革，促成开通南昌—上海、赣州—深圳等海铁联运和南昌—广州—墨尔本（悉尼）国际航班，推行"空中报关、落地验放"提前申报通关模式。固化与"长珠闽"口岸的联系配合机制，搭建南昌至乌鲁木齐、南宁等区域通关平台，推进上饶、鹰潭与宁波的"无水港"建设，将赣粤港快速通关机制适用范围拓展到澳门，江西进出口通道进一步打通，企业通关成本进一步降低。大力推动出口加工区建设，九江出口加工区运行正常，南昌出口加工区通过国家验收并封关运作，赣州出口加工区获准设立，各项建设进展顺利。江西成为目前中部地区惟一设有3个出口加工区的省份。新设海关驻上饶办事处、南昌出口加工区办事处，各项筹建工作有序开展。电子口岸建设稳步推进，实体平台应用开发正式启动。

【服务地方开放型经济发展受到好评】 以服务江西经济社会发展为己任，认真抓好《海关总署关于支持中部地区崛起的总体意见》的具体化、本土化，从固化服务机制、细化服务措施、深化服务内容、优化服务内涵、强化服务能力等5个方面，制定出台了《南昌海关支持江西经济社会发展的13项重点工作任务》，并通过召开新闻发布会对外公布。江西省省长吴新雄评价上述措施"非常实在，操作性强，服务大局力度大"。江西省开放型经济领导小组专门印发省直各部门学习借鉴。建立通关应急处理机制，通关"110"成为南昌海关服务"名片"。推行重点企业联系配合制度、首问负责制、一次性告知制、限时办结制，服务举措更加集约优化。建立、健全通关指引机制，主动跟进招商引资服务，帮助政府和企业用足、用好政策，2007年共办理减免税8.96亿元。优先支持江西主导产业、特色行业和重点诚信企业发展，大力推行个性化、精细化服务，实行"5天上班7天服务、24小时预约通关"，有效促进铜加工、光伏、造船、航空等产业发展，积极促成脐橙首次实现自营出口。通过采取集中办班等形式，分层级、按批次对江西省市、县两级分管外经贸工作的领导和大中小型企业负责人1 000多人进行培训，使其熟悉海关政策规定，地方开展外向型经济工作的实际操作能力进一步提高。紧密结合国家外贸政策调整和江西开放型经济发展，主动提供统计数据信息服务和政策研究建议，统计分析和调研报告多次得到江西省委、省政府主要领导的批示和肯定。

（黄奇峰）

2007年南昌海关主要业务统计表

部门		项目	单位	数值	增减（%）
监管		进出口货物总值	亿美元	34.78	71.48
		进出口货物总量	万吨	259.86	45.03
		报关单	份	36 518	49.9
		船舶	艘次	1 609	5.51
		火车	个	4 674	12.36
		汽车	辆次	2 791	153.04
		集装箱	个	73 742	41.23
		进出境飞机	架次	3 268	31.4
		进出境人员	人次	57 582	34.04
税收		关税	亿元	2.41	36.53
		进口环节税	亿元	17.24	123.11
		税收入库总计	亿元	19.65	106.98
		审批减免税	亿元	8.95	34.78
加工贸易		登记备案合同数	份	259.86	45.03
		合同备案金额	亿美元	36 518	49.9
企管		企业注册数	个	3 183	28.04
	其中	外资企业注册数	个	1 043	21.99
		外资企业投资总额	万美元	24 170 405.89	0.64
缉私		走私案件立案数/案件值	件/万元	1/-	-66.6/-
		行政案件立案数/案件值	件/万元	15/58 036	-25/336
		协查案件数	件	49	40

江西省公安边防总队

【概述】 2007年，江西省边防检查工作在公安部边防管理局(以下简称部局)和江西省公安边防总队(以下简称总队)的领导下，在部局边检处的指导下，以提高边检服务水平为中心，坚持通关效率，坚持严密管控，打造职业精神、专业素质和服务理念，提升了执法执勤服务水平，圆满完成了各项边防检查任务。截止至12月31日，共检查出入境旅客51 211人次，员工5 058人次，检查飞机576架次。查获在控人员1人次，查获违法违规43起43人次，无一起执勤责任事故，无一例投诉案件。南昌边检站被南昌市评为"2006—2007年度市文明单位"，南昌边检站执勤业务一科连续三年被授予全国"青年文明号"。

【提高边检服务水平】 党委高度重视，加强组织领导。一是列入党委会重要日程。总队、站两级党委将提高边检服务水平工作列入党委重要议事日程，常议常抓。多次召开党委会，分析形势，研究部署实施步骤。

二是层层动员部署。在2月10日总队召开提高边检服务水平动员部署会后，各边检站纷纷召开动员部署和誓师大会，迅速将提高边检服务水平工作在全总队推开。三是加强组织领导。总队成立了以总队领导为组长，司、政、后部门以上领导为成员的领导小组，设立了办公室；各站也成立了以军政主官为组长的领导小组，确保了提高边检服务水平工作组织有力、有条不紊；总队与各边检站签订了提高边检服务水平目标责任书，边检站间签订了结对共建协议书，积极落实责任，开展提高边检服务水平竞赛活动。四是加强督导，强力推进。2月份以来，总队先后14次下派督导组，深入机场、码头调研，对两站提高边检服务水平工作进行督导检查，指出存在问题，明确工作思路，帮助解决实际问题，确保了提高边检服务水平工作正确的发展方向。

采取多种形式，扎实向前推进。一是积极汇报，争取支持。年内，总队先后多次专题向各级领导及其他相关政府职能部门汇报总队提高边检服务水平工作的情况，听取指示；各边检站主动将提高边检服务水平工作会议精神、工作打算、进展情况、取得的成绩和困难，及时向当地政府、口岸管理部门汇报，赢得了各级领导和政府部门的肯定、赞扬与支持。二是召开会议，积极推进。

强化素质培训，培树服务理念。一是强化教育，转变服务理念。二是强化培训，提高服务技能。三是参观见学，拓宽工作思路。四是情景演练，增强实践能力。

完善监督机制，畅通服务渠道。一是完善监督、维权机制。4月27日，总队成立了由总队纪委书记、政委为组长，司、政、后部门领导及边检、督察、纪检等相关人员组成的提高边检服务水平内部监督委员会，聘请了江西省人大、省政协、省委台办、省政府外事侨务办、省口岸办、省旅游局、省文明办、省纠风办、南昌海关、江西出入境检验检疫局、东航江西分公司、省机场集团公司、江西日报社、江西电视台、海外旅行社、康辉旅行社等政府职能部门及联检单位、新闻媒体有关人员和服务对象为社会监督员，明确职责任务，公开投诉及受理方式，对服务水平工作进行全方位、全过程的监督；各站在成立内外监督机构的基础上，成立了现场维权小组，在维护群众利益、受理和调查服务对象的投诉举报，受理社会监督委员会转递的建议、意见和投诉的同时，维护边检官兵正当的执法权益。二是完善服务设施。4月6日，总队在互联网上开通了门户网站（www.jxbf.gov.cn），内设了征求意见专栏、服务监督、网上报检等栏目，给出入境旅客、交通运输工具提供在线服务；4月初，南昌站率先在执勤现场安装了旅客服务电子评价系统，租用机场电子显示屏，先后投入50余万元更换验证台、填卡台和护栏，增加了咨询台、服务台、触摸屏、座椅等硬件设施，更新了部分监控设施，配套建设了检查员学习室、证件研究室。三是推出便民举措。九江站结合港口边检工作实际，推出了船舶在港口零待时、手续办理零等候、执勤服务零距离、日常业务零差错、热情服务零争执的"五零"服务新举措，受到企业等服务对象的由衷欢迎。

【规范化建设】　严格落实两个规范。一是严格落实勤务规范。抓好新勤务规范的学习贯彻，两站按照新勤务规范的要求，根据新出入境边防检查信息系统特点，结合内陆口岸边检业务工作实际，进一步理清了工作环节，细化了标准，规范了动作，严密了勤务组织，切实推进了边防检查勤务规范化建设。二是严格落实查控规范。总队印制下发了专门的查控登记本，明确了主管领导、分管领导、查控工作人员的工作职责，细化了责任追究，确保了查控工作规范化运行。

规范法制工作机制。一是开展整改突出执法问题专项活动。年初成立了领导小组，明确指导思想和工作目标，划分工作阶段；深入基层执法科队，查找出10项执法突出问题，并制订了详细的整改计划。二是全面规范法制工作。依据《公安边防部队2007年法制工作要点》和《公安边防法制机构工作规范》，总队制定下发了《2007年法制工作要点》、《"三考"工作方案》和《基层执法服务队方案》，与边检站签订了执法责任状，修订完善了《执法质量考评办法》、《执法责任制规定》、《内部执法监督工作规定》、《执法过错责任追究实施细则》、《案件审核规定》和《执法检查工作规定》等制度，使法制工作逐步走上程序化、规范化和正规化的轨道。

【口岸反偷渡】 加强证件研究,提高伪假证件识别能力。总队依托南昌边检站成立了总队证件研究中心,利用证件研究网络,广泛收集各国护照、签证的最新样本资料,并抽调业务骨干,建立了总队证件研究中心和证件资料库,共收集了150多个国家(地区)近4 000种护照、签证和其他证件资料,并在此基础上加强证件研究,及时向一线前台反馈伪假证件特征等信息,加强偷渡案件研究,切实掌握偷渡活动的动向、规律和特点。各边检站通过网络,注重收集发生在兄弟口岸的最新偷渡安全,对偷渡活动规律、特点进行分析研究,突出对重点国家、重点人员的检查,切实掌握了反偷渡斗争的主动权。建立协作机制,提高处突能力。加强了与公安厅、安全厅、海关等单位密切协作,充分发挥维护稳定的整体效能,积极走访旅行社、航空公司、港务公司等,收集掌握影响口岸稳定的情况信息,力求实现对口岸突发事件早发现、早报警、早控制、早解决。

(何冠中)

2007年江西口岸出入境旅客统计表

项目		出入境旅客		合计
		入境	出境	
中国籍	因公	483	466	949
	因私	3 413	6 835	10 248
	香港	6 690	6 214	12 904
	澳门	43	41	84
	台湾	13 003	10 730	23 733
外国籍		1 813	1 480	3 293
华侨		69	59	128
合计		25 445	25 766	51 211

2007年江西口岸出入境员工统计表

项目		入境		出境		合计
		船舶	飞机	船舶	飞机	
中国籍	因公	0	1 847	34	1 868	3 749
	因私	0	8	0	8	16
	香港	0	449	0	447	896
	澳门	0	0	0	0	0
	台湾	0	0	0	0	0
外国籍		0	196	0	201	397
合计		0	2 500	34	2 524	5 058

2007年江西口岸出入境交通工具统计表

项目		入境		出境		合计
		船舶	飞机	船舶	飞机	
中国籍	内地	0	208	2	212	422
	香港	0	74	0	75	149
	澳门	0	2	0	2	4
	台湾	0	0	0	0	0
外国籍		0	2	0	1	3
合计		0	286	2	290	578

2007年江西口岸查获违法违规人员统计表

违法违规事项	次数	人数
偷渡	0	0
签证或签注无效	16	16
非法居留	27	27
合计	43	43

江西出入境检验检疫局

【概述】 2007年，江西出入境检验检疫局共检验检疫出入境货物10.4646万批50.0029亿美元，同比分别增长2.2%、30.5%，货值首次突破50亿美元，比2006年净增11.69亿美元。查验出入境人员57 884人次，增长33.7%；健康体检10 124人次，增长31.8%；艾滋病监测10 073人次，增长31.4%；交通工具检疫902架次，增长15.6%；集装箱检疫42 206标箱，增长25.8%；签发一般原产地证书6 111份42 027万美元，分别增长53.2%和104.3%；签发普惠制原产地证书13 374份77 849万美元，分别增长36.6%和39.4%。

【卫生检疫监管】 完善了江西口岸应对突发公共事件应急处理体系，落实了"一案三制一库"，建立健全了疫情风险评估、预警和快速反应工作机制，口岸公共卫生突发事件应对能力切实提高。加强传染病防控工作，建立了覆盖全省的口岸卫生检疫疫情、突发公共卫生事件的监测网络，每月定期编发《疫情信息》。加强口岸医学媒介监测管理，建立了口岸医学媒介生物监测点，形成了媒介生物监测网络。严格执行口岸从业单位卫生检疫行政许可准入制度，强化口岸从业人员卫生许可证、从业人员健康证、卫生知识培训证三证管理。

【进出境动植物检疫监管】 对全省供港活猪检疫注册饲养场开展猪口蹄疫、猪瘟、篮耳病、伪狂犬病等疫病监测，共监测猪血清4次928头份，获得5 000余个检测数据。

江西省

【进出口商品检验监管】 帮助江铃、江光等5家企业申请国家出口免验，3家企业通过初审；帮扶13家企业获准进入检验检疫"绿色通道"，2007年又推荐7家企业申请进入绿色通道；帮助企业用好用足普惠制及区域优惠贸易协定政策，2007年共签发《中国—智利自贸区协定》等新产地证653份，货值达300万美元，使企业享受到至少30万美元的关税优惠待遇。鞋和钢铁出口货值净增1亿美元以上，尤其是出口钢材量大大增加，货值近3亿美元，创历史之最；机电、车辆、轮胎、圣诞灯具、金属制品、化工品等16类商品出口增长强劲，货值净增1 000万美元以上。入境商品货值大幅增长，其中铜原料6.28亿美元，净增4.18亿美元，金属制品同比增长达193.57%，化工产品同比增长127.75%。

【认证认可工作】 2007年累计新发出口企业质量许可、卫生注册等各类证书98份，有效证书356份。对外推荐食品注册49家次，输美陶瓷注册10家次，HACCP官方验证17家次。完成质量体系认证审核91家，复审107家，监督审核695家。按照中共江西省委组织部、江西省国资委推广江西铜业公司党建工作质量管理体系认证经验的要求，继续扩大了党建工作质量管理体系认证试点，南昌钢铁有限责任公司等4家国有企业的党建工作质量管理体系通过了认证；抓住井冈山革命根据地创建80周年的契机，组织了对井冈山管理局及其所属的政治处、旅游处、风景名胜区管理局、股份公司、发展总公司、博物馆以及21个景点的质量管理体系和环境管理体系的双重认证。

【大通关建设】 全面实现了100%电子申报，电子签证率超过54%，电子转单率达到80%以上，全省已有400多家进出口企业实现了远程电子报检和产地证电子签证。检验检疫全过程电子化管理进程不断加快，目前全省已有77家出口企业安装了电子监管企业端软件，40家企业实施了出口电子监管，报检到签证放行的环节由11个减少到6个。研究开发的出口柑桔种植加工可视化远程电子监管系统，从种植、采摘、加工、储藏、运输、出口等各个环节对出口柑桔进行全过程有效监管，已通过省级鉴定并在77家出口企业安装。与深圳、厦门、珠海等重要沿海口岸检验检疫机构建立了海铁联运检验检疫合作机制和江西出口柑桔检验检疫协作机制，签署了4个合作协议（备忘录），建立了口岸"直通模式"，疏通了江西进出口货物的快速验放通道。

【科研与制标工作】 牵头完成的WTO非农产品非关税措施研究课题中的《我国焰火产品检验、测试、认证、认可等非关税措施研究》子课题研究成果，首次被国家商务部采用，作为我国《烟花和打火机标准和合格评定程序》提案参加WTO谈判，是我国WTO代表团在多哈回合非农产品非关税措施谈判中提出的惟一提案，标志着我国在WTO非农产品非关税措施谈判中由被动防御转向主动出击。科研制标成果显著，《出口柑桔低温杀虫处理技术研究》等4项课题获得国家质检总局立项，《进出口纺织品安全项目检验术语》等7项标准获得国家认监委立项，《进出口烟火爆竹制品安全性能检验规范大型地面礼花》、《进出口烟火爆竹制品安全性能检验规范罗马烛光》、《进出口纺织品检验通用技术要求抽样》等3项标准通过审议，《进出口纺织品安全项目检验规范》、《出口烟花爆竹系列标准(共23项)》分别获国家质检总局"科技兴检"二、三等奖；《检验检疫导入卓越评价模式的研究与示范》课题顺利通过鉴定。

【实验室工作】 江西出入境检验检疫局综合检测技术中心围绕检验检疫工作重点，加大了实验室送样检测力度，共检测5 067批6 368个样品42 590个检测项目，与上年同期相比分别增长49.1%、49.5%和27.4%；检出不合格样品674个，检出率为12.8%；成功完成了恶喹酸、苏丹红等7个方法20余个检测项目由HPLC向UPLC的完全转换，检测流程缩短了至少2倍，磺胺类等兽药仪器检测时间由原来的每样1小时缩短到12分钟。水产品安全卫生检测实验室通过考核，跻身国家级重点实验室行列。烟花爆竹实验室及时将《出口烟花爆竹药剂安全性能检测》前瞻性研究成果转化为技术标准，帮扶企业更新产品设计、改进药剂配方、强化源头管理，促进江西出口烟花爆竹突破1亿美元，同比增长32%。陶瓷实验室针对景德镇出口陶瓷"土锅"被日本媒体恶意炒作，出口全面停止的不利局面，帮扶企业优化技术方案，改进生产工艺，建立关键控制点,仅仅2个月时间,就使景德镇"土锅"重返日本市场。

【基础设施建设】 4月12日,江西出入境检验检疫局新余办事处挂牌成立,6月28日,江西出入境检验检疫局南昌高新区办事处挂牌成立。

【产品质量和食品安全专项整治】 2007年8月至12月,江西出入境检验检疫局认真贯彻落实国务院、国家质检总局和江西省委省政府的统一部署,在全省范围组织开展了声势浩大的进出口产品质量和食品安全专项整治行动。该局把国务院、国家质检总局提出的"3个100%"的整治目标,作为专项整治工作的重中之重,并以此推动了专项整治工作深入开展,增加了2个100%的整治目标。共派出8个工作组到分支机构,工作了4个多月,协助、参与、监督、指导一线开展专项整治。先后派出检查组500余个(次),检查人员1 300余人(次),清查出口产品生产企业和种植(养殖)基地700家,提出不符合整改要求1 780项(次),暂停43家企业出口,吊(注)销50家企业证书,查处违法案件30件。"5个100%"的专项整治目标任务全面完成。对非法进口肉类、水果、废物等100%退货或销毁。对172家备案和注册种植(养殖)场、141家出口食品加工企业100%进行清查。对出口食品运输包装100%加贴了检验检疫标志。对17家出口玩具生产企业100%进行清查。对全省1116家重点进出口企业100%建立了企业档案。与此同时,还组织清查出口节日灯生产企业8家、出口儿童服装生产企业7家,烟花爆竹、打火机、危险品包装、日用陶瓷、机电类高风险敏感商品出口企业354家。

(段利平)

2007年江西出入境检验检疫局业务统计表

项目		出境	入境	合计
出入境货物报检	批次(批)	94 845	9 801	104 646
	货值(万美元)	324 353	175 676	500 029
不合格出入境货物	批次(批)	593	227	820
	金额(万美元)	1 189	1 947	3 136
截获有害生物	旅检	49批73种次		
	木质包装	34批40种次		
	货物	1批2种次		
交通工具检疫	飞机(架)	289	288	577
	火车(节)	323	11	334
集装箱检疫(标箱)		21 722	20 484	42 206
		检出问题:2标箱		
出入境人员查验(人次)		29 196	28 688	57 884
		查出违规53人次90批		
监测体检(人次)		—	—	10 124
		发现病例:1148人次		
艾滋病监测(人次)		—		10 073

续表

项目		出境	入境	合计
预防接种（人次）		—	—	6 723
一般产地证签证	份数	—	—	6 111
	金额（万美元）	—	—	42 027
普惠制签证	份数			13 374
	金额（万美元）			77 849
鉴定业务	普包（批）	—	—	13 291

九江海事局

【概述】 2007年，九江海事局在长江海事局和地方政府的正确领导下，以交通部党组提出的"三个服务"要求（即服务国民经济和社会发展全局，服务社会主义新农村建设，服务人民群众安全便捷出行）作为各项工作的出发点和落脚点，结合辖区实际，找准切入点和着力点，通过理念创新、科技创新、体制机制创新和政策创新，不断加强制度建设，认真落实各项措施，便民利民，为合力建设长江黄金水道，促进沿江经济发展提供强有力的水上交通安全保障。以最优质的服务实现最严格的监管，以最有效的监管体现最优质的服务，辖区安全形势基本稳定，为国际航行船舶进出口岸提供良好的通航环境。

2007年，江西省和九江市大力发展港口开发和建设，20多个重点工程相继开工。九江海事局认真贯彻落实九江市委市政府关于"加强口岸建设，完善出口通关的各项措施，为外贸出口企业提供高效便捷服务"的指示精神，本着"便利、快捷、优惠"的原则，依照我国有关法律、法规和规章以及加入的有关国际公约，对进出口岸的国际航行船舶实施了及时有效的监督检查，客观、公正、高效办理了国际航行船舶进出口岸审批手续，针对特殊情况开辟一系列绿色通道，提高了九江口岸通关效率，圆满顺利完成2007年船舶进出口岸监督检查任务，连续第三届荣获江西省"文明行业"称号。

【强化现场监管】 水上安全监督管理是海事管理的生命线。2007年，九江海事局进一步强化水上安全监督管理，把握"442"监管规律（即：坚持依法行政、便民利民、依靠政府和标本兼治4项原则，把握重点水域、重点对象、重点时段、重点气况4个重点，抓住客渡船安全监管和安全管理网络2个关键），突出监管重点，抓好了4个重点环节，设立了4个超吃水船舶监控点，全面推行了"四类船舶"（20米以下渡船、小型吸砂船、水工作业船、渔船）作业人员、乘客穿救生衣制度，部署了5个现场驻守点，实施了新洲水道临时交通管制，加大巡航力度，重点打击了突出违法行为，净化了通航环境，促进了安全管理长效机制的全面落实。牵牢客、车渡船"牛鼻子"，落实渡船"116"长效管理机制，确保了372万人次、26万台次车辆的渡运安全，防止了群死群伤事故发生。

【加强了事故预防预控和应急快速反应建设】 全面落实水上安全预防预警机制。全面完成了GPS系统建设工程，新增GPS设备11台。开展了CCTV监控系统建设，6个CCTV监控点运行正常；完成了无线网桥的二期建设，大力推行各项应用系统的运行，各项管理系统得到有效应用，监管现代化水平得到逐步提高。

制订了《九江海事局水上交通安全预警制度实施细则》，建立了"四级预警、两级发布"的水上安全预警长效机制。积极应对了"罗莎"和"圣帕"台风的影响。各海事处根据不同的水域、不同的时间段和安全监管的不同要求,定时向广大的船舶播发安全信息和航行通(警)告,提示船舶驾引人员提起精神,谨慎操作,最大限度的减少了事故险情的发生。

同时大力强化自身软硬件建设,2007年,改建趸船2艘、新增40米趸船1艘,辖区7个应急救助站点有效运行,全局巡航救助站点设施、设备得到明显加强;开展了应急救助演练和雾航训练,提高了应急救助能力和水平,全年成功救助人员255人,船舶51艘,挽回经济损失3 600万元,人命搜救成功率为96.2%。

【推进安全管理体系】 稳步推进了第三批船公司NSM规则的实施,完成5家船公司年度审核,3家船公司临时审核和4家船公司初次审核工作。进一步强化了对公司体系运行的监控和指导,重点加强了对船公司的后续管理,引导辖区船公司走安全诚信之路,形成良好的公司安全氛围。

【强化船舶安全管理】 重点做好了船舶登记工作,全年共办理船舶登记295件,发放船舶IC卡50张。实行了电子签证,船舶签证46 246艘次,办理国际航行船舶出口岸手续3艘次。通过强化源头管理,确保了船舶适航。

【运行船员管理体系】 理顺考试和培训的关系,确保培训教学质量,提高船员的基本技能和专业素质,确保船员适任。

【强化危管防污工作】 强化防污备案管理,全面实施危险品码头安全与防污染评审制度,督促港口作业单位按国家标准和规范配备足够数量防污染设施、设备,将装卸环节作为防泄漏的监管重点,对辖区所有危险品码头全部实施了船岸对接表,积极实施交通部11号令,开展了危险货物码头"查隐患、查漏洞、查措施"三查活动,消除了一批突出隐患,解决了部分危险品码头作业的历史遗留问题,危险品运输船舶技术条件得到改善,从业人员素质得到了提高。

开展了限制船舶污染物排放专项行动,共铅封船舶13艘次,整改污染物接收单位缺陷20项,培训污染物接收作业人员29人,开展船舶防污染核查531次,发放宣传资料1 156份,提高了辖区船舶船员及相关从业人员的环保意识。

【主动服务地方经济发展】 主动作为,提前介入,九江海事局派员上门走访了城西板块开发办、九江二桥勘探、214码头、东海造船公司等重点项目,积极、及时宣传了海事管理的法规政策,介绍岸线安全使用审批和水工作业审批程序和要求,重点跟踪了九江城西港集装箱码头建设和二桥建设施工等重大项目的进展,为工程的顺利进行,为沿江物流基础设施建设,为九江市口岸经济建设作出了应有的努力。

(龙营华、刘水红、刘晓梅)

2007年海事业务工作数据表

项目	数据名称	数据量
一、搜救管理	搜救次数	31
	获救船舶(艘)	51
	获救人员	255
二、船舶监督管理	办理船舶进出港签证(艘次)	46 246
	国际航行船舶进出口岸(艘次)	3
	安全检查(艘次)	2 325
	船舶登记(艘)	295

续表

项目	数据名称	数据量
三、通航管理	发布航行通（警）告次数（次）	19
	水上水下施工作业审批（项）	19
四、船员管理	办理船员证书（本）	781
五、日常巡航	巡航时间（小时）	19 502
	检查船舶（艘次）	38 949
	纠正违章（艘次）	5 397
六、危险品管理	船舶载运危险货物申报（艘次）	2 966
	载运外贸危险品集装箱船舶申报（艘次）	124
	外贸危险品集装箱申报（标箱）	211
七、防污管理	铅封船舶（艘次）	13
	接收船舶垃圾（艘次）	1 641
	接收船舶垃圾（吨）	42.2
	接收油污水及残油（艘次）	640
	接收油污水及残油（吨）	305.1

江西口岸大事记

1月10日

江西电子口岸服务中心揭牌仪式在南昌举行，这标志着江西省电子口岸服务中心正式成立。

1月17日

江西出入境检验检疫局与南昌市人民政府签署"关于应对南昌口岸公共卫生事件合作协议"。

1月19日

香港特首曾荫权率领香港江西考察团抵达南昌航空口岸，开始对赣进行为期3天的考察访问。

1月20日

江西—香港航空合作座谈会在南昌举行，省委书记孟建柱、香港特首曾荫权出席座谈会并讲话，来自香港特区政府、香港机场管理局及国泰航空、港龙航空、香港快运航空、香港航空4家香港主要航空公司的行政总裁与江西省有关部门负责人参加了座谈会。

1月31日

吉安口岸石溪头集装箱码头开工仪式隆重举行。该工程是江西"十一五"交通建设的重点工程，是年内吉安市十大重点基础设施项目之一。

2月26日

在南昌市开放型经济工作会议上,江西省口岸办、南昌海关、江西出入境检验检疫局、南昌边防检查站再次荣获服务开放型经济工作先进单位奖。

3月6日

南昌边检站召开全站官兵誓师大会,全面部署"提升边检服务水平"工作,明确提出至2007年年底,南昌航空口岸边检服务工作达到香港水平。

3月12日

江西省外经贸系统工作会议在南昌顺利召开。南昌海关、江西出入境检验检疫局、省国税局等单位领导出席了会议。这次会议首次将口岸工作纳入了会议内容,也是近几年来省外经贸系统召开的规模大、效率高、工作实、成效好的一次会议。

3月19日

江西省委常委、常务副省长凌成兴在南昌会见海关总署党组成员、副署长龚正。

3月21日

赣州市口岸工作领导小组在章贡区沙河工业园举行市级口岸服务体系进工业园区授牌仪式。

3月28日

赣州至深圳铁海联运业务试运行启动仪式在赣州火车东站货场举行。

3月30日

国家电子口岸委办公室在南昌召开全国地方电子口岸建设工作座谈会。

4月12日

赣州口岸协会筹备处在赣龙大酒店十三楼会议室召开赣州口岸协会成立大会。

4月15日

九江港水运口岸圆满完成了年度第一艘船舶——中国籍"神鹤"号油轮的各项查验任务,该船直接驶往韩国蔚山港。

4月17日

南昌海关与乌鲁木齐海关签订区域通关联系配合办法。通过此协议,取得资格的企业可选择该口岸使用跨关区"属地申报、口岸验放"通关模式办理进出口业务。

4月18日

由中海集装箱运输股份有限公司、中铁集装箱运输有限公司合作的南昌至上海国际集装箱海铁联运班列在南昌北站举行了首发仪式。江西省委常委、常务副省长凌成兴宣布发车令,南昌市委常委、常务副市长王詠,江西省口岸工作协调领导小组常务副组长、省外经贸厅副厅长刘翠兰等领导以及南昌海关、江西出入境检验检疫局、南昌铁路局等相关单位负责同志出席了首发仪式。

4月18日

南昌—深圳铁海联运班列正式进入铁道部运行图,转为五定班列运行。

4月24日

南昌海关举行"通关110"热线开通新闻发布会。

4月26日

在第二届中博会上,江西省口岸工作协调领导小组常务副组长、省外经贸厅副厅长刘翠兰代表江西省口岸办与天津市、福建省、宁波市、青岛市、广州市、深圳市等地沿海口岸办公室签署了《沿海部分城市与中部六省口岸跨区域战略合作框架协议》。

4月26日

江西省公安边防总队在南昌召开"提高边检服务水平,促进江西崛起新跨越"新闻发布会。

4月29日

江西省公安总队召开提高边检服务水平工作社会监督委员会成立大会。

5月9日

国务院办公厅函复(国办函[2007]50号)江西省人民政府、海关总署同意在赣州经济开发区内设立江西赣州出口加工区,规划面积2.93平方公里,四至范围为:东至通站西路,南至105国道,西至对门岭,北至机场路。

5月11日

吉安海关、南昌海关驻昌北机场办事处被继续认定为国家级青年文明号。

5月16日

江西九江举行"打造开放港口城市"高层论坛。

5月23日~25日

中国口岸协会2007年信息工作座谈会在贵州省贵阳市召开,江西口岸信息工作再获殊荣,省口岸办公室荣获2006年口岸信息工作先进集体一等奖,九江、赣州市口岸办获先进集体特别奖。

6月12日

江西省委常委、南昌市委书记余欣荣视察了南昌出口加工区的建设进展情况。

6月15日

南昌昌北国际机场航站楼服务质量共同促进委员会成立大会在江西省机场集团公司顺利召开。

6月15日

香港航空有限公司开通南昌—香港航班新闻发布会在南昌隆重举行。

6月19日

国务院总理温家宝在总署《海关要情》269期综合采用南昌海关撰写的相关硅材料分析文章上作了重要批示。

6月26日

中共武警江西省边防总队第一届委员会第一次全体(扩大)会议在南昌召开。

6月27日~28日

2007年江西省口岸信息工作座谈会在赣州市召开,来自全省口岸系统近30余名信息员及代表参加了会议。中国口岸协会副秘书长冯存诚同志到会指导。

6月28日

江西出入境检验检疫局南昌高新区办事处建成,并开展检验检疫业务。

6月29日

赣州市口岸办与厦门市海铁联运办公室联合在赣州举办"赣州—厦门"集装箱铁海联运班列开通仪式暨推介会。

7月2日

《南昌市物流业发展规划(2007年~2020年)》正式出台,南昌将用13年的时间完成现代区域物流中心建设,实现从传统物流向现代物流的转变。

7月3日

九江市口岸办在九江海关组织召开"优化九江口岸环境,提高口岸通关效率"专题研究会。

7月4日

中共江西省委书记、省人大常委会主任孟建柱视察了南昌海关。孟书记先后接见了南昌海关全体副处以上干部,实地考察了南昌海关通关"110"办公室和报关大厅,参观了南昌海关建设成果展,并慰问关(警)员。

7月9日

江西省首个境外航空公司——香港航空有限公司正式开通南昌—香港航线首航仪式在南昌昌北国际机场隆重举行。江西省委常委、副省长赵智勇出席仪式并宣布香港航空有限公司南昌—香港航线开通。口岸各联检单位、省内各有关单位以及香港航空、旅游界嘉宾出席了仪式。

7月12日

江西省机场集团公司召开南昌昌北国际机场争创全国文明机场动员大会。

7月13日

海关总署同意九江港口岸开放范围重新确认方案。

7月19日

赣州市政府新闻办、市口岸办召开赣州"铁海联运"新闻发布会。

7月30日

南昌出口加工区按照海关总署封关验收的要求完成了一期建设,并通过南昌海关的预验收。

8月1日

赣州海关、赣州检验检疫局、兴国县人民政府举行了《关于加快兴国县开放型经济发展合作备忘录》签约仪式。

8月1日

赣州出入境检验检疫大楼正式开工奠基。

8月3日

经海关总署批准,江西昌河铃木汽车有限责任公司等7家企业被批准为"红名单"企业。

8月

南昌首家公用型保税仓库——江西昌大瑞丰公司公用型保税仓库顺利通过南昌海关验收,正式投入运营。该保税仓库位于南昌高新技术产业开发区内,总面积3 000平方米。

8月7日

江西省公安边防总队梅沙系统正式与全国联网运行。

8月10日

经江西省政府批准,江西省打私办发文增加江西省对外经济贸易合作厅、江西出入境检验检疫局、中国银行业监督委员管理会江西监管局、国家外汇管理局江西省分局、江西边防总队为成员单位。

8月14日

江西省委副书记王宪魁到江西出入境检验检疫局视察工作。

8月15日

江西省口岸系统2006年度省级"青年文明号"授牌仪式在南昌海关驻高新办事处举行。仪式上,南昌海关驻高新办事处被授予口岸系统2006年度省级"青年文明号"。

8月17日

江西省口岸办公室召开了全省各旅游城市支线机场航线开辟工作研讨会。

8月20日

九江市人民政府办公厅印发了《关于优化口岸环境，提高通关效率，促进九江开放型经济发展若干意见》。

8月21日

江西省省长、省委副书记吴新雄，省委常委、常务副省长凌成兴，副省长洪礼和在南昌昌北国际机场会见了民航总局局长杨元元一行。

8月

民航总局"全国文明机场"考评组抵达南昌，开始对南昌昌北国际机场实施考评。

8月28日

江西省政府与中国民航总局在南昌签署《关于加快江西民航发展的会议纪要》。省长吴新雄出席仪式，民航总局副局长高宏峰和省委常委、常务副省长凌成兴分别代表双方签字并讲话，副省长洪礼和主持签字仪式。签字仪式前，江西省委书记孟建柱、省长吴新雄、省委副书记王宪魁分别会见了来赣出席签字仪式的高宏峰副局长一行。

8月

《南昌昌北国际机场总体规划（2006版）》获得中国民航总局批复（民航函[2007]665号）。此次批复的总体规划将成为南昌机场今后30年的发展蓝图，也将成为江西省进行机场发展用地控制、净空保护、产业布局和城乡规划控制的重要依据。

8月29日~31日

国家质检总局党组成员、纪检组长郭汝斌在江西考察质检工作并强调，检验检疫部门要在全面安排、统筹兼顾的情况下，把工作着力点放到落实全国质量工作会议、全国产品质量和食品安全专项整治工作电视电话会议精神上来，增强执行力，提高有效性，打好产品质量和食品安全专项整治这场硬仗。

8月30日

南昌海关系统被评为第三届省级文明行业，九江海事局连续三届蝉联江西省"文明行业"称号。

9月8日

南昌出口加工区通过了由海关总署、国家发改委、财政部、国土资源部、商务部、国家税务总局、国家工商总局、国家质检总局、国家外汇管理局9部委组成的联合验收小组的联合封关验收。

9月14日

南昌—南宁海关跨关区"属地申报、口岸验放"通关模式正式启动。

9月25日

海关总署正式批复南昌海关，同意设立南昌海关驻上饶办事处。该办事处为正处级海关机构，所辖区域为上饶市和鹰潭市。

9月30日

上港集团投资建设九江城西港区暨参与重组九江港口集团签约仪式在南昌举行。

10月

通用硅太阳能电力（南昌）有限公司正式入驻南昌出口加工区，成为南昌出口加工区自2007年9月7日正式封关运行以来的首家落户企业。

10月16日~17日

海关总署调研组在南昌海关调研，期间前往江西省对外贸易经济合作厅就海关支持服务江西经济社会发展等方面情况听取意见、建议。

10月18日

南昌—南京内支线班轮首航仪式在南昌国际集装箱码头举行。这标志着南昌—南京国际集装箱内支线班轮运输正式开通，该航线是继1996年江西远洋开通南昌—上海内支线班轮后的第二条由南昌出发的内支线班轮航线。

10月30日

九江城西港口一期工程奠基暨沿江20个重大项目开工仪式举行。

10月30日

江西省政府对外发布《江西省九江沿江开发总体规划》。

11月3日

南昌海关、江西出入境检验检疫局、宁波海关、宁波出入境检验检疫局、宁波港集团公司与上饶市、鹰潭市分别签署《建设上饶"无水港"合作备忘录》和《建设鹰潭"无水港"合作备忘录》。

11月6日

南昌海关、南宁海关区域通关改革合作备忘录签字仪式在南宁举行。

11月8日

南昌海关、深圳海关区域通关改革合作备忘录签约仪式在深圳海关举行。

11月12日

南昌海关、广州海关区域通关改革合作备忘录签约仪式在广州海关举行。

11月13日

南昌海关、黄埔海关区域通关改革合作备忘录签约仪式在黄埔海关举行。

11月26日~28日

国家质检总局党组书记李传卿一行在江西督查专项整治工作并进行调研。

11月

江西南丰三家蜜桔种植加工企业顺利通过了由CQC（中国质量认证中心）组织的CHINAGAP（中国良好农业规范）质量管理体系现场审核，成为中国首批前三家通过CHINAGAP审核的柑桔种植加工企业。

11月

南昌航空口岸出入境人员突破5万人次，首次迈入全国达标航空口岸序列。

12月11日~15日

国家质检总局在九江组织召开WTO非农产品非关税措施研讨会，国家质检总局国际司、商务部世贸司和全国检验检疫系统的WTO、烟花及打火机专家20余人参加了会议。

12月18—21日

国家质检总局党组成员、国家认监委主任孙大伟率督查组在江西检查质检系统产品质量和食品安全专项整治工作。

12月20日

经过民航华东地区管理局航空保安审计组为期3天的后续审计，南昌昌北国际机场如期完成3月份航空保安审计组提出的28个整改项目的整改，顺利通过后续审计。

12月21日

昌北国际机场旅客吞吐量首次突破300万。

山东省

山东口岸工作综述

【口岸概况】 山东省海岸线全长3 024.4公里,约占全国海岸线的1/6。沿海岸线有天然港湾20余处,近陆岛屿296个。现有一类、二类口岸30个。在15个一类口岸中,有青岛、济南、烟台、威海4个航空口岸,其中青岛、烟台空港已被国务院批准为国际机场;有11个海港口岸,分别为青岛、烟台、日照、威海、龙口、岚山、蓬莱、莱州、石岛、龙眼和东营港。空港口岸数量居全国第一位,海港口岸数量居全国第二位。山东省委、省政府高度重视口岸工作,各口岸贯彻落实科学发展观,不断加大口岸建设与扩大开放的力度,截至2007年底,共有国际(地区)航线51条,其中客运航线43条(包括10条虚拟航线),货运航线8条。33条正式国际(地区)客运航线中,青岛有16条,烟台有9条,威海有5条,济南有3条。海港口岸有大、中、小泊位320个,通过能力达3亿多吨。2007年,青岛港口岸丽星物流液化码头泊位通过开放验收,正式对外启用;荣成俚岛港、好当家港及相关水域实现临时对外开放。

【外贸运输】 2007年,全省港口货物吞吐量完成5.44亿吨,比上年增长22.12%。外贸进出口货运量达到3.42亿吨,与上午同比增长16.27%,其中进口完成2.49亿吨,同比增长15.47%,并呈逐年上升态势;出口完成9 251.59万吨,同比增长18.46%。国际集装箱吞吐量完成1 125.54万个标箱,同比增长21.29%。其中青岛海港外贸集装箱运输量达到946.23万个标箱,占全省的84%。全年口岸外贸进出港船舶24 428艘次,增长10.1%。

全省各口岸外贸运输在各大港口竞争激烈的形势下依然保持上升态势,其中青岛港外贸货运量完成1.9亿吨,占全省海港口岸外贸货运量的55.68%;烟台港完成2 047.6万吨,占全省外贸货运量的6%;日照(含岚山)港完成9 516.63万吨,占全省外贸货运量的27.86%;威海港完成1 197.2万吨,占全省外贸货运量的3.5%;龙口港完成1 419.1万吨,占全省外贸货运量的4.12%。其余如石岛、龙眼、蓬莱、莱州等港口合计约占3%。从外贸进出口货种看,进口货运量较大的有非金属矿、钢铁、铁矿石和成品油,分别较上年增长94.74%、22.84%、13.33%和10.3%。出口方面,货运量较大的是化肥,增长2.3倍;其次是钢铁,增长12.22%。食盐、煤炭、水泥等货物出口出现负增长。

【入出境旅客】 各口岸不断加大国际航线开辟力度,积极增加国际航线、航班密度,全年入出境旅客人数达到295.02万人次,比上年增长了19.29%。4个航空口岸入出境旅客量达到220.88万人次,比上年增长26.89%,较"九五"末的64万人次增长了3.5倍。国际航线进出空港飞机22 718架次,增长了25.5%。海港入出境客运总人数达到74.15万人次,占全省入出境总人数的25.13%。青岛、日照、威海、龙眼、烟台、石岛等海港口岸入出境人数的比例基本相等。

2007年山东海港一类口岸外贸运输统计表

口岸 \ 项目	外贸进出口 累计(万吨)	同比增长%	进口(万吨) 累计	出口(万吨) 累计	国际集装箱(TEU) 累计	同比增长%
青岛港	19 016.4	12.32	13 072.3	5 944.08	9 462 341	22.86
烟台港	2 047.6	7.60	1 420.2	627.4	1 100 066	4.84
日照港	6 779.64	13.04	5 661.31	1 118.33	81 858	71.27
威海港	1 197.2	30.84	564.5	632.7	306 448	25.06
龙口港	1 491.1	46.23	1 052.1	439	153 763	23.89
岚山港	2 736.99	24.97	2 517.93	219.06		
石岛港	302.83	18.32	165.73	137.1	104 149	0.93
龙眼港	257.6	1 115.09	139.9	117.7	46 797	428.60
蓬莱港	175.38	45.69	159.16	16.22		
莱州港	148	601.42	148	0		
东营港						
合计	34 152.73	16.27	24 901.14	9 251.59	11 255 422	21.29

2007年山东口岸运行情况

名称 \ 项目		单位	2007年	2006年	同比增长(%)
进出口外贸货值		亿美元	1 226.2	952.9	28.68
海港口岸	进出口货物	亿吨	3.415	2.937	16.28
	国际集装箱	万TEU	1 125.5422	927.9985	21.29
	出入境船舶	艘次	24 428	22 192	10.08
	出入境旅客	万人次	741 481	73.24	1.24
航空口岸	进出口货物	亿美元	94.56	62.54	51.20
	出入境飞机	架次	22 718	18 101	25.51
	出入境旅客	万人次	2 208 767	174.07	26.89

山东省

2007年山东口岸出入境旅客统计表

单位：人次

口岸 项目	青岛空港	烟台空港	济南空港	青岛海港	烟台海港	威海海港	石岛海港	日照海港	龙眼海港	合计
累计	1 494 118	325 392	121 378	159 252	86 045	119 556	83 885	137 215	155 530	2 950 248
同比增减%	21.19	37.46	6.52	2.15	-7.81	-25.88	-23.18	-0.51	108.44	19.29
入境	741 204	161 051	60 006	80 490	43 846	61 756	42 303	68 504	76 638	1 462 558
出境	752 914	164 341	61 372	78 762	42 199	57 800	41 582	68 709	78 892	1 487 690

【口岸文明共建】 全省口岸第九次文明共建评比是贯穿全年的重点工作。2007年初，山东省口岸办、文明办、纠风办联合召开了有中央驻鲁查验单位和各市口岸办分管领导参加的全省口岸共建工作座谈会，就新形势下如何开展口岸文明共建活动以及如何做好第九次评比工作进行了深入研讨。会后3部门联合下发了《关于做好2006~2007年度共建文明口岸总结评比工作的通知》及《评比标准》，对深入开展全省口岸文明共建活动及本年度评比工作进行了详细的部署。年底，组织召开了第九次全省共建文明口岸活动评审会议，评出9个"全省文明口岸"，106个"共建文明口岸先进单位"，73名"共建文明口岸先进个人"，21个"全省口岸文明示范窗口"和10名"全省口岸十大文明标兵"。口岸共建文明活动的开展，起到了凝聚人心、增进团结、提升服务、促进发展的作用，树立了山东口岸的良好形象。

【大通关】 山东是在全国实施大通关工程最早的口岸之一。2007年，按照山东省政府工作报告中提出的"加快大通关建设"的要求，省口岸办积极协调中央驻鲁查验单位，采取了多种切实有效的措施，不断改善口岸通关环境。检验检疫系统采用对不同的进出口货物采取不同口岸查验模式的方法，制定了进出境食品、工业品《口岸查验工作规范》；继续推广应用国家质检总局的出口电子监管系统，加大电子执法工程建设工作力度，将重点转移到提高应用质量上来。青岛海关出台了支持扩大进口的6条措施，促进贸易平衡发展；出台了7项支持奥帆赛措施；开展出口加工区拓展保税物流功能试点，支持保税物流中心申办和验收。海事部门积极推行IC卡签证工作，配合地方政府全力打造"船舶在港零待时"服务品牌。边防检查下大力提高服务水平，完善通关设施，有效遏制偷渡活动。青岛港口岸继续推行国际集装箱航行船舶在港零待时，通过将海事、边防、海关和检验检疫的全部通关手续进行前置和后移，优化了通关环境，加快了通关速度。青岛空港口岸还正式启动了开放式通关模式。与2006年相比，全省港口吞吐量、外贸进出口货运量、国际集装箱、出入境旅客人数，分别增长25.8%、15.6%、26%和20%。

【电子口岸建设】 2007年，山东省政府工作报告中明确提出加强电子口岸建设，同时将该项目列入山东省"十一五"10项信息化重点工程。年初，山东省政府办公厅专门下发了《关于加强山东电子口岸建设有关问题的通知》，要求各级政府和有关部门树立全局意识，积极支持山东电子口岸的建设和发展。山东省电子口岸建设领导小组自2006年成立以来，为解决机构筹建、资金落实及其他问题发挥了重要作用。按照山东省政府常务会议的决议，山东省财政投资的3 000万元已经到位，青岛市政府和查验单位等相关部门投入的资金正在运作中。山东电子口岸建设将根据本省实际情况，深入贯彻科学发展观，走可持续发展的道路，以现有电子口岸基本框架为基础，组建投资主体多元化的股份制运营公司，实现市场化运作。通过整合资源，扩大投资，建成全省统一的、能够为各口岸提供有效服务的大通关信息平台，力求达到政府、查验单位和社会"三满意"。2月份，山东省电子口岸建设领导小组向海关总署副署长、国家电子口岸委副主任李克农汇报了山东电子口岸建设情况；3月份，山东省口岸办公室在南昌国家电子口岸办公室召开的地方电子口岸建设工作座谈会上通报了山东电子口岸建设的思路和工作步骤。山东的做法得到了李克农副署长和国家电子口岸办公室领导的充分肯定。

【口岸开放与航线开通】 第一，加快口岸建设与扩大开放步伐。5月份，全省海洋经济工作会议召开之后，山东省口岸办公室会同青岛海关、山东省边防总队、山东出入境检验检疫局、山东海事局等国家驻鲁查验单位，对山东海港口岸扩大开放工作进行了专题调研，实地查看了39个新建作业区（码头、泊位）及其查验设施建设情况，召开了9个座谈会，进一步摸清了海港口岸开放范围内新增作业点面临的实际情况，对各口岸上报的开放计划进行认真筛选，明确开放重点。12月底，山东省口岸办公室组织国家驻鲁查验部门和有关单位，对青岛港口岸丽星物流液化码头泊位进行了开放验收。日照、莱州、龙口、石岛等港口扩建项目的开放验收正在协调之中。

第二，组织港口口岸开放范围确认工作。按照国家5部委《关于确认港口口岸开放范围意见的通知》，山东省口岸办公室牵头，建立了由青岛海关、山东省边防总队、山东海事局、山东出入境检验检疫局、济南军区司令部作战部等相关部门参加的海港口岸开放范围确认工作联络协调机制，在海港口岸所在地政府、国家驻海港口岸查验单位和驻军的积极参与下，目前已形成了《山东省港口口岸开放范围确认方案（草案）》。

第三，增加空港国际航线、航班。积极做好开通济南至日本航线的工作，争取到国家民航局口头答复，同意将省会城市济南列为对日承飞点。积极协调青岛、烟台、威海等空港，增加飞韩国、日本及香港地区航线、航班。年内青岛、烟台、威海3个空港共增加了6条国际客（货）运航线，航班数量也有较大幅度增加。截至年底，山东空港国际（地区）航线达到51条，通往日本东京、大阪、福冈、名古屋，韩国首尔、仁川、釜山、大邱、中国香港等9个城市。同时增加航班密度，旅客入出境人数由2006年的247.31万人次上升到295.02万人次，比上年增长19.29%。

第四，提升陆路口岸使用效能。继续加大陆、海口岸间直通，拓展陆路口岸的功能，采取快速转关监管模式，不断完善"多点报关、口岸验放"的运作模式，发挥陆路口岸的作用。

【口岸综合管理】 不断完善自身建设。重新设计更新了全省口岸外贸运输月度报表，增加了图形分析，使表格内容更详尽，更直观；逐步建立文档电子化管理系统，整理多年的口岸档案；编报了2007年全省口岸查验设施建设资金项目。

圆满完成山东省委、省政府交办的多项重大外事任务。主要有日本首相福田康夫、维和人员、俄罗斯米罗诺夫主席等专机出入境通关礼遇任务，尤其是日本首相专机出境任务的圆满完成获得外交部的高度赞扬。同时完成30余次南非、美国、新加坡、日本、韩国及我国台湾、香港等国内外要客，以及省委、省人大、省政府、省政协领导空港入出境通关礼遇安排工作。

做好口岸宣传工作。以电台、电视台、报纸等新闻媒体为窗口，以中国口岸网站为平台，及时掌握口岸信息，大量宣传山东口岸建设与发展、口岸共建、电子口岸建设、大通关等口岸相关情况。年内，中国口岸网及大众日报、省电台、电视台均多次采用了宣传口岸的稿件，共计50余篇。2007年，山东省口岸办获得中国口岸协会颁布的信息工作一等奖。

加强省口岸协会的指导工作。针对省口岸协会面临换届的实际情况，多次召开专门会议，细致、详尽地履行各项程序，指导协会的换届工作。

山东口岸查验单位工作综述

青岛海关

【概况】 2007年,青岛海关认真贯彻落实海关工作"依法行政,为国把关,服务经济,促进发展"的方针和队伍建设"政治坚强,业务过硬,值得信赖"的要求,以科学发展观统领全局,以质量管理为中心,以改革创新为动力,以思想文化建设为保障。年内,在山东各口岸共监管进出口货物2.82亿吨,比上年增长15.0%;进出口总值1 490.1亿美元,比上年增长28.1%;进出集装箱644.9万箱,比上年增长25.4%;进出境飞机23 347架次,比上年增长23.8%;进出境船舶23 273艘次,比上年增长7.5%;运输工具服务人员80.9万人次,比上年增长9.9%;进出境旅客276.3万人次,比上年增长15.9%;邮政和非邮政快件288.5万件,比上年增长15.2%;征收税款601.2亿元,比上年增长19.8%;罚没收入1.15亿元,比上年增长5.0%;立案走私犯罪嫌疑案件59起,比上年增加3.5%;备案加工贸易合同54 660份,比上年减少15.0%;合同备案金额111.3亿美元,比上年减少10.2%;审核货物报关单319.9万份,比上年增长12.6%。

【税收征管】 围绕税收轴心,狠抓征管质量,加强综合治税,2007年,入库税款601.2亿元,增收99亿元,首次突破600亿大关,居全国第四位。其中,审价补税5.5亿元,增长29.2%,居全国第二位;归类补税4 513万元,增长98.6%,居全国第四位;稽查补税7.1亿元,增长54%,居全国第一位;加工贸易内销征税9.05亿元,居全国第九位。网上付税531亿元,占开征税款的87.2%。

【查缉走私】 打击走私成绩显著。依托风险分析,突出打击重点,实施整体联动,精确打击能力明显提高。年内,共侦办走私犯罪案件59起,案值4.4亿元,涉税7 850万元,抓获犯罪嫌疑人165名。查办行政违法案件1 517起,案值8.7亿元,涉税7 936万元。罚没入库1.1亿元,连续4年过亿元。

【通关监管】 监管审单效能进一步提升。加强物流监控,完善选查机制,完成青岛黄岛港监管示范点建设,启用青岛流亭机场快件监管中心。强化审单管理,发挥专家审单作用,整体审单质量提高。年内,青岛关区共监管进出境货物2.82亿吨、进出口总值1 490.1亿美元,分别增长15%、28.1%,分列全国海关第二位和第四位。审核报关单320万票,增长12.6%。查验货物10.5万票,查获率7.6%,高出全国海关平均水平1.8个百分点。无纸通关报关单106.4万票,占出口报关单总量的44.8%,无纸报关单数量、网上支付、联网监管企业数量均居全国海关系统第二位。多点报关成效明显,山东内地75%以上的企业采用多点报关模式通关,报关单计124万票,占青岛关区报关单总量的38.7%。区域通关合作开展顺利,已与10个海关开展区域通关合作,青岛关区应转尽转率达99.9%,外省份9 796万吨货物在山东口岸通关,占山东口岸货运总量的35%。拓展中韩车载物流监管模式,实现中韩两国公路对接。

【加工贸易与保税监管】 严格手册核销和内销征税作业,强化保税场所和特殊区域监管,保税监管更趋严密。年内,共备案加工贸易手册6.44万份,办理电子账册255份,加工贸易进出口总值572.5亿美元。手册报核及时率和手册结案及时率始终保持在99.9%以上。加工贸易联网监管企业856家,备案值408.7亿美元,联网监管覆盖率达68%。

【风险管理和后续管理】 推进风险管理实际应用,完善风险信息采集、加工和处置机制,风险管理的支持作用日益显现。风险信息已覆盖商品总数的84.1%,具有风险信息提示和处置要求的报关单比例达17.6%。加大稽查工作力度,稽查工作由单纯查发案件、补征税款向与规范企业行为、引导守法自律并举转变。

【法制建设】 法制体系更趋完善，新制定关区性制度20个，复议诉讼案件比上年减少60%。知识产权保护共查处涉嫌侵权案件117起，案值1 171万元，同上年相比分别增长64.7%和102.9%。

【综合统计与科技】 突出为地方经济发展和各级领导决策服务的职能，向海关总署、山东省政府报送统计专报270多篇，其中海关总署、中办、国办采用110篇次，有7篇次得到中共中央领导批示。积极开展执法评估，有效发挥统计监督作用。科技工作开发推广署级项目7项，关级项目15项，荣获海关总署优秀科技项目奖5项。做好H2000系统维护，加强了信息系统安全管理，提高了技术保障能力和服务水平。

【支持地方经济发展】 全力支持经济社会协调发展，认真落实"四个转变"即工作定位的转变、关企关系的转变、工作理念的转变、工作方法的转变。推进各项改革，大力促进外向型经济发展。诚信企业管理总数达221家，报关单比例和纳税比重分别达12.4%和23.4%。

围绕地方战略部署，深入济南、青岛地区开展了同大企业面对面的现场办公，出台了支持扩大进口的6条措施，促进贸易平衡发展。开展出口加工区拓展保税物流功能试点活动，支持保税物流中心的申办和验收，促进保税物流的发展。发挥咨询协调中心作用，完善通关咨询与应急处理机制，成为海关服务品牌。实行"5+2"工作制，方便进出口货物快速通关。推进山东电子口岸建设，提高电子口岸服务水平。充分发挥门户网站作用，实行关务公开。年内，山东省、青岛市领导共对海关工作给予批示、表扬30余次，青岛海关并收到社会各界表扬信100余封。

山东口岸2007年海关主要业务统计表

指标	单位	数量	同比±%
进出口货运量	万吨	28 164	15.0
进口	万吨	21 341	16.4
其中：转关运输	万吨	600	32.9
出口	万吨	6 823	10.9
其中：转关运输	万吨	240	41.6
进出口总值	亿美元	1 490.1	28.1
进口	亿美元	679.0	25.5
其中：一般贸易	亿美元	415.2	29.5
加工贸易	亿美元	207.5	31.1
出口	亿美元	811.1	30.4
其中：一般贸易	亿美元	428.2	29.7
加工贸易	亿美元	365.0	29.9
集装箱总数（标箱）	万箱	644.9	25.4
监管进出境运输工具总数	艘（架）次	46 620	15.1
进出境飞机	架次	23 347	23.8

山东省

续表

指标	单位	数量	同比±%
进出境船舶	艘次	23 273	7.5
运输工具服务人员	万人次	80.9	9.9
进出境旅客	万人次	276.3	15.9
进出口货物报关单	万份	319.9	12.6
进口	万份	82.4	10.9
出口	万份	237.5	13.2
其中：无纸通关	万份	106.4	33.6
报关单记录条数	万条	595.7	14.2
接受转关货物申报单	万份	18.2	23.2
进出口查验数	份	105 426	49.2
进出口人均查验数	份/人	786.8	75.9
进出口查验率	%	3.4	40.0
进出口查获数	份	7 994	−3.5
进出口人均查获数	份/人	59.7	13.7
进出口查获率	%	7.6	−35.3
备案加工合同（纸质）	份	54 660	−15.0
合同备案金额（纸质）	亿美元	111.3	−10.2
内销征税	亿元	9.2	2.5
保税仓库货物出库征税	亿元	22.0	−29.9
征收税款	亿元	601.2	19.8
关税	亿元	88.2	27.0
进口环节税	亿元	513.0	18.7
其中：网上付税	亿元	531.0	29.0
罚没收入	万元	11 455	5.0
立案走私犯罪嫌疑案件	起	59	3.5
立案走私行为案件	起	52	15.6
违规案件立案	起	1 462	25.7
进出境行邮物品	万件	17.8	11.0
印刷品和音像制品	万件	172.1	4.3
邮政和非邮政快件	万件	288.5	15.2
行邮渠道扣、退物品	件	33 676	15.5

山东公安边防总队

【概况】 2007年,山东省公安边防总队全面贯彻落实全国边检工作会议精神,以提高边检服务水平为中心,坚持通关效率,坚持严密管控,全面加强"服务理念、专业素质、职业精神"三大支柱建设,使执勤设施更加完善,旅客通关高效便捷,服务水平显著提高。2007年,全省共检查出入境船舶24 428艘次,飞机22 718架次,检查出入境旅客2 799 916人次、员工743 129人次,分别比上年同比增长10.1%、25.5%、16.9%、14.1%,圆满完成了各项边防检查任务。

【提高边检服务水平】 2007年以来,各边检站全面贯彻全国边防检查工作会议精神,全省港口边检站全部实行了24小时值班备勤制度、大型旅游团预报预检制度,以及检查1名港澳旅客不超过15秒钟、其他旅客不超过45秒钟,手续不符事件处理在30分钟内完毕的限时办结制度;结合口岸实际推出"绿色通道"、"微笑服务"、"预约服务"、"登门办理手续"等一系列服务举措,使口岸通关环境明显改善,通关效率更为便捷、高效。圆满完成了"好运北京—2007青岛国际帆船赛"、中国赴苏丹维和部队第二批第一梯队人员入境和第三批第一梯队人员出境、香港特别行政区全国政协委员考察团、冰岛大型访华团、俄罗斯联邦委员会主席代表团、菲律宾总统阿罗约等人员入出境及沿海城市其他各种国际交流会议的边防检查任务,展示了提高边检服务水平的工作成果,树立了国门卫士新形象,得到了国家、省、市有关领导的高度评价,也为做好2008年北京奥运会期间的边检工作积累了宝贵经验。6月4日,周永康同志对部局简报刊载的《中国边防检查站的变化》一文中的"怀着愉快的心情入境中国,怀着期待下次再来的心情出境中国"作出重要批示:我们要的就是这种心情!这为提高边检服务水平工作指明了方向,提出了新的更高标准。全省14个边检站被评为"山东省共建文明口岸先进单位",4个执勤业务科被评为省共建文明口岸示范窗口,青岛边检站执勤业务二科被全国妇联和第29届奥组委授予"全国巾帼文明示范岗"。青岛机场及黄岛、济南边检站分别顺利通过了公安部、部局的提高边检服务水平工作达标验收。

【完善通关设施】 各边检站按照"一切围绕现场、一切为了现场、一切保障现场"的思路,把工作重心放在现场,在自筹经费的同时,进一步争取地方党委、政府和有关部门的支持,争取更多的投入,完善了各类边检标志,充实了电子公告栏内容,设置了通关提示公告牌;用中、英、韩、日4种语言重新制作了外国人入出境登记卡填写式样,在填卡台前摆放了可升降座椅、老花镜、签字笔等;划定了黄色候检线和蓝色提示线;安装了与梅沙系统兼容的旅客满意度电子评价系统等。全年各边检站共改造执勤现场25个,改造、新增查验通道12条、验证台15个、咨询台18个、各类标志牌224个、其他服务设施143个,较好地改善了服务环境,方便了服务对象办理各类边检手续,为旅客创造了温馨、舒心、便捷的通关条件。

【通关服务及专业培训】 3月份,总队分两批派15个边检站站长及业务骨干员参加部局统一培训,听取了外交部和国内知名大学著名专家、国航乘务员培训中心专职礼仪辅导员、奥组委专家等的授课示讲。在参加部局5期远程视频培训的基础上,依托青岛机场、烟台边检站2个培训基地,借助社会资源,对检查员进行分期脱产培训,在现役制检查员开展大规模集中培训新模式方面进行了卓有成效的探索和尝试。全年共培训站领导157人次,科领导941人次,检查员2 609人次,覆盖率均达100%,人员业务素质和服务技能明显提高。官兵专业素质有了4个明显变化:一是资料录入快,二是验放速度快,三是处理问题快,四是准确安全,基本做到了录入旅客资料、查控、识别伪假证件、新系统操作、法律法规运用、办理行政案件、处理勤务问题准确率100%。一线检查员普遍做到了检查一名普通旅客不超过45秒,检查一名港澳旅客不超过15秒,处理一般勤务问题不超过30分钟,95%的旅客边检候检时间不超过25分钟。

【查控工作】 各级边检机关全面贯彻落实全国网络布控工作电视电话会议精神,有针对性地组织业务学习,强化培训,切实提高相关工作人员的业务水平和工作责任心,明确了边检、机要、技术等各部门责任和工作要求,严密接、布、查、处等各个工作环节,健全和完善了各项工作机制,顺利完成总队及全省各边检站对本地所有待处理的查控名单多头关联记录的确认,确保了与全国各单位梅沙系统查控模块程序同步正常运行,受到全国查控系统通报表扬。

【反偷渡】 为有效遏制偷渡活动,切实维护我国国际声誉和良好的出入境、边境管理秩序,按照部局统一部署,于6月30日至11月30日组织开展了打击利用旅游商务等名义组织他人偷越国(边)境活动的"迅雷"专项行动,通过成立专项行动领导小组、广泛宣传发动、严密工作措施,坚决遏制我国公民利用出境旅游、商务等名义从口岸偷渡突出的势头,严厉打击了口岸偷渡设备活动,有效治理了各类违法违规行为,为"平安山东"建设作出了贡献。为全力做好"好运北京—2007青岛国际帆船赛"期间的口岸安全稳定工作,自7月下旬到8月下旬,各海港边检站克服高温酷暑、警力不足等困难,认真组织勤务,开展了为期1个月的阶段性登轮检查,严格落实"见人、见证、见船"的登轮检查模式,加强对重点航线、重点时段和重点船舶的在港管理和监护,防止枪支、弹药、毒品等违禁物品被偷运入境,有力地维护了口岸安全稳定和正常的出入境秩序。全年共查获偷渡分子503人,接收遣返309人,处理违法违规人员747人次,其他96人,有力地维护了口岸安全稳定。

【规范服务】 为保障服务规范落实到位,使执勤人员有一个形象、直观的学习标准,总队受部局委托,从全省抽调15名业务骨干,聘请山东电视台3名专业人员,经过50多天的努力,制作了《提高边检服务水平规范化执勤示范片》,对边检服务设施、执勤人员形象、勤务组织流程等进行了统一规范,并对执勤服务的具体环节进行了总结,创造性地提出了"旅客检查八步服务法"和"台外执勤六步服务法",为一线检查员规范服务提供了借鉴,有力地指导了各站提高边检服务水平工作。为加强服务规范的养成,促进提高边检服务水平工作,总队多次派出工作组进行督导检查。全省各边检站普遍建立了"每天服务讲评、每周回放执勤录像、每月研讨服务举措、每季度回访服务对象"制度,全方位检查监督,利用科学公正的监督评价机制,把检查员的切身利益与服务质量挂钩,促进边检服务向高水准"养成"和"定式"迈进,极大地优化了边检通关环境。

【勤务改革】 针对执勤警力不足、入出境人员和交通运输工具越来越多的现状,边防总队立足现有条件,积极探索新型执勤模式,充分发挥科技作用,挖掘执勤潜力,有效地提高了口岸通关能力。一是各边检站准确把握"服务、效率、管控"三者的关系,在不断提高服务水平的同时全力维护口岸安全稳定,切实做到"在服务中实施管理,在管理中体现服务"。二是海港边检站于4月份全部实现了网上报检。该系统由总队统一建设网上报检数据库,实现多站合一的报检模式,避免了重复建设,减少了资源浪费。三是在科学组织勤务上下功夫。有旅检任务的边检站对执勤业务科进行调整,打破编制限制,成立了多个执勤小组,实行弹性工作制,建立值班、休息、备勤的循环执勤模式,同时建立了与客运部门畅通的信息沟通渠道,根据旅客流量适时调整上勤人员,最大限度地减少台内检查员的无效等待时间,保证检查员始终以饱满的精神状态服务旅客。

山东出入境检验检疫局

2007年,山东出入境检验检疫局在国家质检总局和山东省委、省政府的正确领导下,在地方各级党委、政府的大力帮助支持下,认真贯彻落实党的十七大、中央和全省经济工作会议精神,视把关为使命,以服务为宗旨，把发展当己任，依法施检，优质服务，真抓实干，开拓创新，较好地完成了各项工作任务，检验检疫监管工作有效性进一步提高，有力地促进了山东经济社会又好又快发展。

【相关数据】 主要业务指标继续保持高位增长。2007年共完成传染病监测体检105 189人次，同比增长9.4%；体检中共发现各种病例42 648例（其中艾滋病6例），同比增长27%。检验检疫出入境货物105.6万批，货值835.4亿美元，同比分别增长12.4%和16.4%，其中，出境货物88.3万批，货值372.1亿美元，同比分别增长12.6%和17.9%；入境货物17.3万批，货值463.3亿美元，同比分别增长11.6%和15.2%。发现不合格货物10 462批，货值75.3亿美元，同比分别增长4%和26.3%，其中，入境不合格货物9 167批，货值74.2亿美元，同比分别增长7.3%和27.7%。检疫出入境船舶22 046艘次，飞机22 513架次，同比分别增长2.9%和24.9%。检疫集装箱537万标箱，同比增长17.9%。签发出入境检验检疫证书40.7万份、出入境通关单113.6万份，同比分别增长6.2%和14.1%。

【进出口食品安全】 针对我国食品等产品质量面临的国内外严峻形势，党中央、国务院做出了在全国范围内开展产品质量和食品安全专项整治行动的重大部署，山东检验检疫局把此项工作列为2007年的首要任务，举全省系统之力贯彻落实好国家质检总局、山东省政府的各项目标任务，将检验检疫专项整治"3个100%"的目标，细化分解为10项专项整治任务和15个100%的工作目标，全面深入地开展了专项整治行动，取得了显著成效。

专项整治工作以来，对全省系统辖区内所有种养殖基地、出口企业、代理报检单位进行了纵到底、横到边的拉网检查，全省共检查出口企业11 493家，其中出口法检企业7 171家，占法检企业总数的100%；围绕重点产品、重点企业、重点口岸、重点环节开展10个专项整治行动和6个集中专项整治行动，共清查出口食品原料基地4 405家，取消备案基地资格的423家；清查出口卫生注册登记企业2 833家，取消资格的企业240家；对52 353批出口食品100%加贴检验检疫标志；对127批货证不符、存在安全卫生问题的进口食品及非法进口的肉类100%退货或销毁；对114批不合格废物原料100%予以退货处理；发现纠正企业存在问题2 600多项，督导1 200多家企业投资2亿多元进行软、硬件改造。

通过声势浩大的专项整治工作，全社会产品质量和食品安全意识深入人心，企业"产品质量第一责任人"的观念日益牢固，出口经营秩序更加规范，检验检疫全过程监管能力明显增强，全省进出口产品质量和食品安全水平明显提高，特别是出口产品检出率和国外通报率全面下降，共检出出口不合格产品1 295批，货值1.19亿美元，同比分别减少14.4%和24.5%；全省出口食品农产品被国外预警通报率下降75%。在山东举行的全国产品质量和食品安全专项整治第二次现场会上，吴仪副总理和与会代表对山东出口产品和食品农产品安全管理给予了充分肯定。

【执法把关】 一是狠抓疫病疫情防控工作，不断提高疫情检出率。经检疫，共从3 388批入境农副产品中检出疫情，同比增长43.4%，疫病疫情检出率为6.8%，同比提高2.09个百分点。共从3 519批木质包装中检出检疫危险性害虫和一般性害虫，同比增长36.2%，检出率为6.39%，同比提高0.1个百分点。共从8 022艘入境船舶中检出检疫性危险害虫、一般性害虫和病媒昆虫，同比增长69.2%，检出率为76.33%，同比提高28.74个百分点。二是切实加强涉及安全、卫生、环保等重点敏感进口大宗货物的检验检疫监管。针对山东口岸进口铁矿、橡胶、棉花的数量和货值位居全国第一，大豆、木薯干等进口量位居全国第一，进口煤炭、原油的数量和货值位居全国第二的实际，有针对性地完善了进境废物原料、机电、矿产品、棉花等重点敏感产品的检验检疫监管规程和重大问题应急预案，检验检疫工作质量不断提高，涉及国计民生的重点敏感大宗工矿产品检出不合格情况大幅提高。全年共检出不合格进口棉花2 397批、铁矿436批、废物原料393批、旧机电产品301批，同比分别增长29%、28%、101%和52%。全年因检出不合格产品出证对外索赔或调价约计超过6 000万美元。

山东省

【检验检疫监管能力】 一是继续加大电子执法工程建设工作力度。继续推广应用国家质检总局的出口电子监管系统,将电子执法工程建设的重点转到提高应用质量上来,截至目前,该系统已在全省22个分支局所辖3630家企业上线运行,实际应用率达到100%,位于全国前列。加大视频监控范围,基本将视频监控覆盖到全省重点、敏感监控环节和监控区域。

二是积极探索口岸查验模式改革。针对口岸查验管理新形势和新任务,在风险分析和分类管理的基础上,对不同的进出口货物采取不同的口岸查验模式;制定了进出境食品、工业品《口岸查验工作规范》;对进口食品参照国外发达国家的模式试行了自动扣留查验模式;对出口食品在黄岛口岸建立了集中口岸查验业务、集中查验地点、集中人力"三集中"的查验模式,确保口岸查验既能"检得出"又能"管得住"、"放得快"。

三是切实加强全省口岸检验检疫设施建设。认真做好《国家对外开放口岸出入境检验检疫设施建设管理规定》的宣传贯彻工作,修订和完善了《山东对外开放口岸检验检疫设施规划、建设及验收管理办法》,高起点定位,高标准规划口岸检验检疫配套设施。2007年完成了对青岛西海岸出口加工区、潍坊港等9个开放口岸(码头)的预验收工作。特别是青岛口岸港区查验场地取得突破性进展,检验检疫专用查验区已顺利启用。

【服务地方经济】 一是大力实施以质取胜战略。积极开展认证认可、出口免验等工作,新办出口卫生登记企业417家,新颁质量许可证240家,累计企业2 668家获得出口卫生登记证书,746家企业获得质量许可证,均列全国第一;完成ISO9000、HACCP等各类认证667家;潍柴动力、青岛澳柯玛等5家企业出口商品免验通过国家质检总局审查,山东获证企业达到18家,位居全国前列。二是稳步推进出口商品结构调整。积极促进机电产品、高新技术产品出口,严格控制高能耗、高污染产品出口,选择200家有自主知识产权和发展潜力、技术附加值高的机电、轻工、纺织三类生产企业作为重点帮扶对象,实施"双百帮扶计划"。三是不断创新服务经济发展工作机制。结合开展产品质量和食品安全专项整治行动,山东检验检疫局领导带队深入全省17个地市政府、200余家企业调研座谈,广泛征求意见和建议,出台帮扶政策38条。加强部门配合协作,与青岛海关签署了《进一步加强产品质量和食品安全工作合作协议》,与省技术监督局签订了《建立加强产品质量安全监管合作机制的备忘录》,共同促进全省产品质量和食品安全水平的全面提高。帮助企业利用普惠制、原产地政策,签发普惠制原产地证书29万份、89.5亿美元,同比分别增长6.9%和22.9%;签发亚太贸易协定证书30 775份、9.8亿美元,居全国第一位;签发中国—东盟证书15 884份、4.2亿美元,居全国第四位。四是努力提供方便快捷的通关服务。扩大直通式电子报检范围,目前全省系统已实现100%电子报检,全省直通式报检企业已达5 000余家,大大节省了报检时间,减轻了企业负担。研发推广检验检疫收费网上支付系统,目前全省享受到电子缴费便利的企业已达781家。加快行政许可网上审批步伐,研发了卫生注册登记网上审批系统。2007年以来对来自非疫区并取得"卫生证书"的2 022艘入境船舶全部实施了电讯检疫,节省船舶疏港时间16 176小时。

【检测技术】 一是大力加强实验室建设和仪器设备投入。紧密结合进出口产品质量和食品安全专项整治行动,按照地区进出口产品特点,进一步调整了全省实验室整体规划和布局,既减少重复投资,又使省内各市实现就近报检和检测。在青岛建成17 000平米国家级检验检疫技术中心;在黄岛口岸建成棉花、橡胶、轮胎等国家级重点实验室,既兼顾口岸,又服务全省。积极争取国家质检总局和地方政府对检验检疫实验室建设、仪器设备的资金投入和政策支持,新增2个国家级重点实验室,总数达到20个,居全国直属局第一位。目前,全省系统实验室检测实力和技术能力大大增强,检测效率明显提高,为进出口产品质量和食品安全,打破国外技术壁垒奠定了坚实的技术基础。二是努力保持科研制标在全国系统的领先优势。山东检验检疫局18项科研成果获得国家质检总局"科技兴检奖",获奖数量连续3年位居直属局第一。在国家质检总局下达的2007年度科研项目计划中山东局18个牵头项目列入计划,连续3年立项数量位居全国系统前两名。在国家认监委下达的2007年度行业标准制定修订计划中,山东局39个牵头项目列入计划,首次在全国直属局中位居第一。

山东海事局

【概况】 2007年,山东海事局认真落实交通部、部海事局和山东省委、省政府的决策部署,按照以"抓班子、带队伍、强素质、促和谐、树形象,抓管理、搞改革、谋发展、保中心、上水平"为基本着力点的工作思路,细化目标,强化责任,深化管理,优化服务,开拓创新,狠抓落实,辖区安全形势保持稳定,目标任务完成良好,全局呈现又好又快发展的态势。

【海事监管工作】 坚持把客滚船安全监管作为重中之重。召开山东、辽宁海事局的客滚船监管联席会议,紧密联合省交通厅齐抓共管共同做好客滚船监管工作,"安全畅通文明"航线创建活动进一步深化。开展中日、中韩航线客箱船安全监管情况专题调研,组织召开专题座谈会,有针对性地制定中日、中韩航线客箱班轮管理方案。深入调查研究,高质量完成国家安监总局立项的客滚船安全监督规律性研究课题。

严格船舶监督检查,狠抓船公司和船员的源头管理工作。全年共实施外轮港口国监督451艘次,滞留38艘次,平均滞留率8.40%;国轮安全检查2 137艘次,滞留120艘次,平均滞留率5.60%。加大船公司安全管理体系日常管理力度,提高体系运行质量。完成航运公司安全管理体系审核105次,船舶审核140艘次。严格运行船员考评发质量体系,完成海船船员专业培训、特殊培训27 110人,水手/机工、GMDSS适任培训10 896人,适任统考10期计5 241人,丁类及小型海船船员考试504人,签发各类证书80 533本。

积极开展"防船舶碰撞防泄漏"专项整治活动,派出督察组44个,督察航运企业139家;活动中出动执法人员27 376人次,出动执法船艇15 719艘次,并取得明显成效。针对2006年辖区雾季水上交通事故多发的情况,组织开展了"雾季百日安全会战",在辖区一般以上等级事故同比减少30%,雾航事故同比减少80%。开展客运船舶、船舶安全配员专项检查和方便旗船安全操作检查集中会战等专项行动,并取得明显成效。按照省政府要求,2007年8月21日~10月22日组织开展了60日安全整治大检查活动,为人民群众安全便捷出行和党的十七大胜利召开创造了良好的水上交通安全环境。山东海事局获全省2007年"安全生产月"活动组织奖。

【搜救应急工作】 11月份成立了省政府分管省长为主任,各有关部门、驻鲁部队和武警共同参加,以山东海事局为日常办事机构的山东省海上搜救中心,省、市、县三级海上搜救组织体系全面形成,使山东省海上搜救工作进入一个新的阶段。受省政府委托,牵头编制完成了山东省"十一五"期间水上突发公共事件应急体系建设规划。开展危险货物事故应急对策研究,编制辖区重点危险货物事故应急处置指南。先后签署了《山东海事局山东省海洋与渔业厅合作协议》、《山东海事局山东省气象局关于共同做好海上交通应急与搜救气象服务的协议》,并与北海救助局、北海第一救助飞行队联合召开了专题救助安全会议,加强了相互间的工作联系与协作,充分利用各方资源共同做好海上交通安全和搜救应急工作。积极与辽宁、江苏等相邻省市探索搜救区域协作,已与辽宁省海上搜救中心进行了沟通,达成搜救合作意向,日照局与连云港局已达成协议并实施搜救合作。加强应急演习,7月11日成功举办了日照市海上搜救与防污染应急演习,得到了日照市政府的高度评价。

积极探索建立社会化、多元化的溢油应急投入机制。按照交通部、地方政府和企业共同投入的思路,编制完成了《山东沿海溢油应急能力建设方案》。切实加强与青岛市政府相关领导、部门及各相关企业的沟通，落实相关建设项目，积极推进青岛综合溢油应急能力建设工作，编制完成了《青岛海上溢油应急能力建设方案》并于12月18日经青岛市市长办公会审议通过，青岛市政府决定向青岛溢油应急能力建设项目投入资金2 000万元，有关码头企业的投资也已书面确认，青岛港口集团现有污油回收船已改造完毕，临岸储炼设施企业就储备应急器材进行了积极的回应。青岛海上溢油应急能力建设工作从机制上取得了重大突破，对全国沿海溢油应急能力建设也起到了一定的示范作用。

在交通部、部海事局和省政府的正确领导和有关单位、部门的密切配合下，山东局组织救助行动166次，救助人员1 063人，救助成功率93.2%；救助船舶76艘次，救助有效率为95%。协调船艇2118艘次，协调飞机40架次。先后成功防抗了温带风暴潮、13号台风"韦帕"，妥善处置了"5.12"、"9.15"、"10.28"等涉外重大险情事故，共启动省、市两级船舶污染应急预案8次，成功处置了多起重特大船舶载运危险货物和船舶污染事故险情，有效完成了"大庆91"轮溢油污染事故损害赔偿调解的主要工作，根据西北太行动计划为韩国"HebeiSpirit"轮溢油事故提供了援助物资。2007年山东局搜救应急工作得到交通部、省政府的充分肯定和韩国、朝鲜等外国使领馆的致信感谢，树立了海事形象，为交通部门赢得了荣誉。山东局被评为全国海（水）上搜救先进单位。

【规范管理】 加强海事法制建设，制定全面推进依法行政实施意见和法制宣传教育第五个五年规划实施方案。山东海事局组织拟定的《青岛海上交通安全管理条例》通过了青岛市人大审议并自9月1日起实施。向省政府法制办报送了2008年《山东省海上搜救条例》立法项目和2008年~2012年地方立法建议。适应新的海事执法监管模式要求，组织了对新形势下如何开展执法督察工作的专题研讨，制定了《山东海事局海事行政执法督察管理办法》，进一步理顺执法、督察工作关系，规范了海事行政执法、督察工作。认真贯彻落实部局及山东局政风工作会议精神，组织起草了《山东海事局问责实施办法》、《山东海事局现场执法全程录音管理规定》和《山东海事局执法督察网络视频系统管理规定》等一系列规章制度。

积极推进综合质量管理体系建设。建立了涵盖全局三级机构和海事业务、行政、党群等各项海事管理活动的综合质量管理体系。体系已于2007年9月1日起在全局范围内试运行，全局业务、行政、党群等各项工作基本步入标准化、制度化、规范化和程序化的轨道并已初步显现成效。

【服务地方经济社会发展】 为更好地服务地方经济社会发展，山东局多次主动向省政府汇报工作。5月份山东省政府召开了全省17个沿海和内陆地市的政府分管领导、地方海事和省直有关部门负责同志参加的全省海事工作座谈会，为山东海事发展和海事部门做好"三个服务"奠定了坚实的基础。

积极扶持辖区船员教育和培训机构的发展，辖区船员教育和培训机构已发展到13家，另有2家培训机构已筹备完毕并经现场验收。

加大了对辖区公共航道（路）、锚地的规划力度，完成了日照港锚地的调整工作，完成了引航员登离点的调整、划定工作。在青岛水域实施了船舶定线制和报告制，有力地保障了青岛水域的航行安全，大大提高了青岛港的通航效率。将通航安全技术评估成功经验推广应用到通航环境管理当中，组织开展了辖区通航环境综合评估工作，在辖区通航环境综合评估的基础上根据部海事局的统一要求，组织完成了山东辖区船舶定线制规划。

针对辖区的施工船舶事故多发的苗头，联合省交通厅和省安监局制定了《山东省水上水下施工作业管理办法》，并在此基础上制定了施工船舶简化配员标准和施工船舶船员培训标准等辅助文件，提出了一揽子的解决方案，调动各方力量共同做好水上水下施工管理工作。

深入开展"大通关"活动，积极推行IC卡签证工作，配合地方政府全力打造"船舶在港零待时"服务品牌。全力以赴做好2007年奥运会帆船测试赛、2007年全国首届水上运动大会等赛事的海事保障工作，连续两年被评为青岛奥运会帆船测试赛"突出贡献单位"。

山东口岸大事记

1月18日、22日、28日
济南空港口岸圆满完成3批405名维和人员专机归国各项服务保障工作。

1月31日
孙守璞副省长一行走访青岛海关、省检验检疫局。孙副省长代表山东省政府对海关和检验检疫为全省经济发展作出的突出贡献给予高度评价。

2月2日
孙守璞副省长在济南会见了国家电子口岸委副主任、海关总署副署长李克农。李克农副署长听取了山东电子口岸建设领导小组的工作汇报,在充分肯定山东电子口岸建设成绩的同时,对下一步工作提出新的要求。

2月15日
山东省政府办公厅公布山东电子口岸运营公司筹建组人员名单,省口岸办副主任苗俊礼任组长,青岛市政府口岸办、青岛海关派员任副组长,成员由中国电子口岸数据中心、山东出入境检验检疫局派员组成。

3月3日~6日
山东海事局成功组织防抗了自1969年以来最强的一次温带风暴潮。风暴潮引发的11起海上险情事故全部被成功处置,154名遇险人员全部安全获救,辖区共有814艘各类运输船舶、施工船舶和数万艘渔船安全在港锚泊避风,创造了强风暴潮下无一人伤亡的"奇迹"。

3月13日~14日
全省口岸办主任工作会议在济南召开。会议回顾并总结了2006年口岸工作,以新的观念、新的思路部署安排了2007年口岸工作重点。孙守璞副省长到会作了重要讲话。

3月30日
国家电子口岸办在南昌召开地方电子口岸建设座谈会。省口岸办副主任苗俊礼代表山东电子口岸领导小组办公室参会,并与上海、江西两省市一同作了大会发言。

4月3日
首航中东地区航线的"先锋"号、"太平洋"号货轮靠泊日照港,加载货物后前往波斯湾、印度、巴基斯坦、红海等中东地区。至此,由上海CPM公司和日照港第三港务公司合作开发的中东件杂货班轮航线正式开通,这是继日照至韩国的件杂货班轮航线开通以来的第二条外贸班轮航线。

4月6日
全省口岸共建工作座谈会在青岛召开。省口岸办组织省文明办、纠风办及中央驻鲁查验单位和各市口岸办分管领导,就新形势下如何开展口岸文明共建活动以及如何做好第九次评比工作进行了深入研讨。

4月11日
青岛空港口岸召开联席会议,研究部署2007中国(青岛)奥运帆船赛与旅游国际论坛和中日韩旅游部长会议保障工作。

4月18日
山东省委书记李建国在济南听取青岛海关关长李书玉的工作汇报。李建国书记对青岛海关各项工作给予高度评价，对海关全力支持山东省经济社会发展所做的工作表示感谢。

4月24日

山东省委副书记、省长韩寓群在青岛会见海关总署署长牟新生。牟署长感谢山东省委、省政府多年来对海关工作的理解和支持，表示海关将紧紧围绕经济建设中心，严格落实中央对海关提出的工作要求，把关与服务并举，业务与队伍齐抓，为国家经济发展作出更大贡献。

韩寓群省长在青岛海关呈报的工作汇报上作出批示："青岛海关多年来在海关总署的直接领导下，坚持贯彻落实科学发展观，坚持抓班子建设、抓队伍建设、抓制度建设、抓行风建设，取得显著成效，为山东经济和外贸发展起到了有力推动作用。我代表省委、省政府向以书玉同志为班长的青岛海关全体同志表示衷心感谢。"

4月26日

国家口岸办在郑州召开沿海部分省市与中部六省口岸大通关工作座谈会。山东省青岛口岸办在会上同上海、天津、福建、宁波、广州、深圳等沿海六省市和河南、河北、安徽、江西、湖北、湖南等中部六省口岸办负责同志在口岸大通关合作框架协议上签字。

7月18日

青岛西海岸出口加工区顺利通过由海关总署会同国家发展改革委、财政部、国土资源部、商务部、税务总局、工商总局、质检总局、外汇局组成的联合验收组的封关验收。

7月23日

公安部副部长孟宏伟到济南机场边检站视察工作，勉励官兵再接再厉，打造边检服务的品牌。

7月25日

国家口岸办公室副主任罗文金、中编办杨司长一行到威海口岸调研。

中韩整车物流正式运营备忘录在青岛签署。青岛海关、韩国建设交通部、韩国仁川机场公社等中、韩单位出席了签字仪式。

8月30日

民航华东地区空中交通管理局山东分局成立。山东分局直属民航华东地区空管局，实行行业垂直专业管理。

9月8日

青岛港前湾四期开工建设。前港四期位于前港新区南岸，与青岛港前港区一、二、三期码头隔海相望。该工程码头岸线总长度2 640米，规划建设8个水深18米~20米大型顺岸集装箱泊位，年设计通过能力640万标准箱，可停靠15 000TEU的巨型集装箱船。

9月18日

我国第三批赴苏丹维和部队第一梯队150名官兵从济南空港口岸出境。口岸查验部门按照有关规定对维和部队及随机物资等给予通关便利。

9月30日

青岛海关推出特种车辆"车载物流"监管新模式。

10月8日

山东省副省长才利民对青岛海关报送的《青岛海关关于开展区域通关情况的报告》作出批示："青岛海关开展区域通关，对延伸山东省港口触角，加强港口腹地建设具有重要意义，对优化山东省外经贸环境，提高国际竞争力具有积极推动作用。望海关与港口联手深化区域通关，为山东省经济又快又好发展作出积极贡献。"

10月17日

国务院正式批复同意潍坊港一类口岸对外开放。

10月26日

全国产品质量和食品安全第二次现场会议在潍坊召开,国务院副总理吴仪到会并作重要讲话。

11月1日

山东省副省长才利民在《山东检验检疫局与青岛海关关于进一步加强进出口产品质量和食品安全工作合作有关情况的报告》上批示:"山东检验检疫局、青岛海关开展关检合作,是新形势下部门协作的创举,是联合把关、严守国门、服务经济发展的新举措。望在实践中不断探索完善,既严格把关,又不断提高通关效率,为山东省经济科学发展、又好又快发展作出新贡献。"

11月27日

山东省委书记李建国在省委常委、秘书长王敏和副省长郭兆信的陪同下视察了济南空港口岸机场。

12月25日

烟台港港口年货物吞吐量首次突破亿吨大关,进入全国亿吨大港行列,位列全国沿海港口第11位。

河南省

河南口岸工作综述

2007年,河南省人民政府口岸办紧紧围绕河南省委、省政府各项决策和重点工作开展口岸工作,找准口岸工作与河南经济社会发展的结合点,着眼全省对外开放大局,认真梳理工作思路,积极为省政府领导建言献策,实施大通关,构筑大平台,建设大口岸,服务大开放,促进了全省外向型经济的健康发展。据统计,2007年全省口岸进出口货运量482.4万吨,同比增长83.6%,其中郑州铁路东站货运口岸进出口货运量72万吨,同比增长57.2%,办理国际集装箱18 925个,同比增长35.2%;郑州航空口岸操作全货机航班28架次,出口货物1571吨。航空口岸飞行出入境航班914次,出入境人员83 836人次,同比增长15.0%。

【整合有关资源,努力构建立体交通物流体系】 2007年,河南省政府口岸办力促林德国际物流发展有限公司、郑州新郑国际机场管理有限公司、河南省建设投资总公司、郑州市建设投资总公司合资成立了郑州航空港物流发展有限公司,注册资金5 000万元人民币。该公司已开通郑州至德国帕希姆机场的货运航班,初步打通了河南到欧洲的空中通道。国际货运航线的开通,提升了郑州机场的知名度,带动了河南省相关物流产业的发展,促进了外向型经济的快速发展。

同时,陆运口岸建设进一步加快。一是郑铁东站不断完善口岸功能,充分挖掘货运潜力,积极组织进出口货源,努力扩大货运市场,力争把郑铁东站一类口岸建设成为全国最大的内陆陆运货运口岸。目前郑铁东站货运口岸已开通了郑州东至九龙、青岛、连云港、天津等4条出海通道,其中至青岛、连云港班列为国际集装箱"五定"班列。同时,与上海、深圳、满洲里、阿拉山口、二连浩特等口岸也有较大的业务量。二是河南公路港发展有了新突破。2006年河南和天津口岸等有关方面签订了合作建设河南无水港的框架协议。2007年,不断加大工作力度,先后投入1 300万元,对监管区、工作现场、报关大厅等基础设施进行了改造,注册成立了河南豫津国际物流有限公司,郑州海关、河南检验检疫局等查验单位已派出机构正式进驻无水港,业务已开始运作。

【积极引进市场主体,开拓国际(地区)航线】 一是结合实际,出台了开辟国际航线的综合性支持政策。为支持河南省航空事业发展,引导国内外航空企业开发河南航空运输市场,牵头组织开辟国际航线联席会议成员单位,在借鉴外省、市做法的基础上,在财政支持、入境客人景点门票、机场收费、客源宣传组织、通关服务等方面提出了一系列优惠政策、措施。省政府决定设立河南省民航发展专项补助资金,出台了《河南省民航发展补助资金管理办法(试行)》(豫政办文[2007]43号)。以此为契机,河南省口岸办、河南省财政厅、郑州市政府进一步加大宣传力度,联合邀请各家航空公司驻郑州机构负责人,召开政策宣讲会,广泛宣传河南省情和开辟国际航线的支持政策,加深航空公司对河南的了解,增强他们在河南开辟国际航线的信心。二是努力开通郑州至韩国的定期航线。韩国和日本作为河南省入境旅游的重要客源和商品出口市场、外资来源地,是河南开通直飞航线的高端市场。通过不断加强与韩国和日本旅游、航空公司以及国内航空公司的沟通与联系,在2006年南方航空公司开通郑州至韩国首尔航线的基础上,成功吸引大韩航空公司进驻河南,并于2007年9月初开通了首尔至郑州的国际客运航线,目前运营状况稳定,上座率持续上升。三是积极到香港、台湾联系开通郑州至香港、台湾航线事宜。争取增加郑州至香港航线的航班密度,郑州—香港定期航班由每周4班增加到每周7班,目前正在做引进第二家航空公司的准备工作,进一步串飞台港航线。

【加快大通关建设,促进外向型经济发展】 大通关是大流通的一个重要环节,不仅能理顺一个地区的货物流、信息流、资金流,而且对投资环境的改善、贸易的便利化、现代物流的发展具有重要意义。一年来重点做了以下工作:

一是协调有关方面进一步创新口岸通关作业流程,提供便利化服务。结合河南实际,积极协调口岸查验单位改革口岸作业流程,建立高效便捷、监管严密的通关模式。郑州海关实行"属地报关、口岸验放"、河南出入境检验检疫局实行"产地检验,口岸放行"等新的通关模式。河南公安边防总队积极开展"提高边检服务水平"活动,创新便民措施,提供人性化服务。同时,口岸查验单位还实行24小时通关制度和"5+2"预约工作制,为进出口企业提供周到、便捷的服务。为进一步加快通关速度,正积极探索"三单合一"的通关方法。这些措施,有效简化了河南货物进出口、人员出入境程序,健全了服务网络,完善了监管布局,拓宽了货物进出境渠道。

二是积极与国家有关部委沟通,争取给予政策支持。在协调查验单位创新口岸通关作业流程的同时,主动向海关总署、国家质检总局等部委汇报沟通,多次陪同省政府领导或者组织有关方面赴京,争取对河南口岸工作给予支持。第二届中博会期间,海关总署、国家质检总局与中部六省人民政府签署了《关于促进中部崛起的合作框架协议》。海关总署进一步出台了《关于支持中部崛起的总体意见》;国家质检总局进一步落实与河南省签署的《关于促进河南重点农产品出口合作备忘录》,与河南省建立了促进河南农产品联席会议制度。

三是加强区域通关合作,促进口岸功能延伸。积极与沿海口岸加强联系、沟通,促进跨区域大通关建设。第二届中博会期间,河南省政府口岸办承办了沿海部分省市与中部六省口岸大通关会议,会议组织中部六省口岸办与沿海部分省市口岸办签署了《口岸大通关合作框架协议》。2007年7月,河南省进一步与天津方面签订了《北方地区大通关建设协作备忘录》、《建设内陆无水港意向书》。这些举措为河南货物的进出口、投资贸易的便利化搭建了新的平台。

四是建立了河南省大通关工作联席会议制度。为了适应产业梯度转移步伐加快和河南省开放型经济快速发展的新形势,帮助河南企业解决在外贸进出口、设备引进、吸引外资、对外投资等方面以及外商投资企业遇到的实际困难和问题,提高企业市场竞争能力,根据河南省政府领导意见,建立了由史济春副省长任召集人,省政府口岸办公室主任薛云伟任副召集人,河南省发改委、商务厅、口岸办、郑州海关、河南出入境检验检疫局、河南公安边防总队、河南省国家税务局、河南省地方税务局、河南省工商局、河南省外汇管理局、郑州铁路局、河南省外商投资协会、河南省贸促会等单位分管负责人组成的河南省大通关工作联席会议制度。

五是电子口岸建设取得新成效。河南电子口岸自2006年11月8日正式开通运行以来,着力推广联网监管电子账册,实行网上税费支付系统,在现有门户网站的基础上增加了"在线咨询"栏目,进一步加强对"加工贸易联网监管"、"区域通关"、"进出口业务数据查询统计"、"保税区、区区联动"等特色性项目的开发和应用,现已成功通过现场服务窗口为企业提供技术维护上百余次,通过技术热线服务窗口为企业解决有关电子口岸安装、维护、使用等问题近千个,通过互联网在线服务窗口为企业提供口岸动态信息800余条。电子口岸已发展成为具有一个"门户"入网、一次认证登录和"一站式"办事等功能、集口岸通关执法管理及相关物流商务服务为一体的大通关信息平台。

【努力把郑州出口加工区打造成为河南省对外开放新的平台】 一年来,河南省政府口岸办认真抓好郑州出口加工区各项优惠政策的落实,为投资者提供一流的政策环境,敦促加工区管委会把招商引资作为第一要务,切实取得又好又快的发展。据统计,全年登记注册项目10个,注册资金约4.1亿元;开工项目3个,完成固定资产投资12.6亿元。合同利用外资约5 115万美元,实际利用外资8 717万美元。实现进出口总额1.8亿美元,其中出口创汇3 200万美元。完成工业增加值7 000万元,完成工业销售收入2.5亿元。

同时,郑州航空港保税物流中心(B型)项目开始启动。按照省政府的统一安排,积极与郑州市政府、郑州机场管理有限公司、郑州航空港物流发展有限公司进行沟通协调,整合郑州航空港物流发展有限公司和郑州出口加工区的有关资源,积极推动郑州航空港保税物流中心(B型)项目建设。目前以郑州航空港物流发展有限公司为依托的项目建设主体已经具备,该公司正在做项目论证及申报工作。

【努力营造政策环境,认真做好反走私综合治理工作】 按照"把关与服务并重,打击与防范并重,惩治与教育并重"的工作思路,协调有关方面配合郑州海关加大反走私综合治理的教育宣传力度,营造良好的政策环境,有效防范了走私违法犯罪活动的发生。

一是建立反走私综合治理工作新机制,进一步理顺河南省反走私工作。一年来,召开了全省反走私综合治理工作会议,认真研究河南省反走私工作形势,结合实际,在坚持和完善"联合缉私,综合治理,统一处理"缉私体制的基础上,建立了"省政府统一领导,郑州海关牵头,省口岸办协调,各有关部门共同参与"的工作新机制。有关方面各负其责,相互配合,协同作战,形成了反走私工作的合力。

二是加强正面宣传教育,有效防范走私违法犯罪行为的发生。协调各有关单位相互协作、相互配合、相互支持,要求把关与服务并重、打击与防范并重、惩治与教育并重、倡导诚信守法经营,规范企业进出口行为,不断推进企业守法诚信体系建设,促进河南省对外贸易健康发展。通过各有关部门的共同努力,广大进出口企业及其管理人员的法律素养、守法意识得到很大提高,避免了企业由于不懂法、不知法而违法的现象发生,进出口环境明显改善。河南省走私犯罪案件和海关行政执法案件的发案率逐年下降,2007年全省走私犯罪案件和海关行政执法案件的发案率分别下降75%和54%,特别是国有企业在改制过程中发生的涉及减免税设备的违法案件的发案率年内下降为0。

三是坚持打击走私不松动,反走私工作成效显著。协调郑州海关、河南公安等职能部门创新工作模式,开展联合打私,发挥联合作战功能,严厉打击危害严重的走私犯罪案件,有力震慑了走私违法犯罪分子。2007年,郑州海关立案走私犯罪案件2起,案值139万元(人民币,下同),涉嫌偷逃国家税款37万元;立案行政案件15起,案值2 603万元,涉税533.7万元。结案行政执法案件15起(含2006年立案的案件2起);收缴属于禁止、限制进出境文物的古钱币1 342枚,收缴无进口证明轿车1辆,罚没入库1 031.5万元。

【认真做好第二届中博会期间承担的各项工作】 一是圆满完成了第二届中博览会期间郑州航空口岸出入境旅客通关工作。二是做好《海关总署国家质检总局中部六省人民政府关于促进中部崛起的合作框架协议》、《沿海部分省市与中部六省口岸大通关合作框架协议》、《中国对外贸易运输(集团)总公司中国工商银行股份有限公司中国国际投资促进会与山西、安徽、江西、河南、湖北、湖南省人民政府关于加快中部6省物流和物流金融发展的战略合作意向书》等协议文本的起草和组织协调工作,促进了以上3份重要合作协议的签署。三是积极争取国家口岸管理办公室在河南省举办沿海部分省市与中部六省口岸大通关工作座谈会,加强了河南口岸与沿海主要口岸的沟通交流。四是做好国家口岸管理办公室盛光祖主任在豫期间的接待工作。期间还接待了中国对外贸易运输(集团)总公司、韩国大韩航空公司、美国联邦快递、UPS以及广州市政府代表团,并与大韩航空公司签订了《河南省人民政府口岸办公室韩国大韩航空公司关于开通韩国首尔至河南郑州定期国际航线的合作协议》。

【切实做好全省重特大活动的口岸接待工作】 年内,重点为中原文化港澳行代表团、中国国民党名誉主席连战一行来豫、中博会重要宾客到郑、济南军区赴苏丹维和部队人员进出境等重要活动提供了安全、快捷、高规格的通关服务。

【加强统计、信息和宣传工作】 一年来,在各口岸查验单位的大力支持下,逐步建立起河南口岸统计制度,切实加强了统计、信息和宣传工作。利用统计资料,进行形势分析,为领导提供及时、准确的口岸统计数据,发挥了参谋助手作用;及时上报口岸信息,国家口岸办和口岸协会全年采用河南口岸办提供的信息5篇;积极利用已有渠道和网络平台,多方面、多角度对河南口岸工作进行宣传,树立了良好的口岸形象。

【为口岸相关单位提供优质高效服务】 切实发挥好桥梁纽带作用,做好海关、检验检疫、边防、机场公司、铁路、公路等口岸相关单位的联系、协调和服务工作,积极促进相关单位协同配合,为进出口企业和出入境旅客提供便利化服务,协调好、解决好企业在通关环节反映的问题。

(张杰)

河南口岸查验单位工作综述

郑州海关

2007年,郑州海关根据河南加快"两大跨越"、推进"两大建设"历史任务的总要求,树立和落实科学治关理念,进一步完善综合治税大格局,健全风险管理机制,深入开展准军事化海关纪律部队建设,求真务实,整合创新,不断提高把关服务能力,积极制定海关支持中原崛起的具体措施,进一步服务和促进河南经济社会的发展,成效显著。

【解放思想,转变观念,结合郑州海关实际深入贯彻落实十七大精神】 2007年5月郑州海关新一届党组成立后,把了解情况、调查研究作为首要任务,前后利用3个多月的时间,通过各种形式,对地方政府和领导、企业、关区所有处级单位进行了广泛深入的走访调研。新一届党组紧紧围绕河南省八次党代会确定的"加快经济大省向经济强省跨越、加快文化资源大省向文化强省跨越"和"努力推进和谐中原建设、全面推进党的建设新的伟大工程"的历史任务,明确提出了"不以小关不作为,小关也有大作为"的新工作理念。牟新生署长对这一理念的提出给予了充分肯定,并于岁尾欣然为郑州海关亲笔题写了新工作理念。

为落实中央和海关总署促进中部地区崛起的重大战略决策和总体部署要求,郑州海关成立了专门的政策研究小组,制定了"郑州海关支持中原崛起10项措施"。12月12日,郑州海关联合河南省人民政府新闻办公室专题举行"郑州海关支持中原崛起十项措施"新闻发布会,来自中央、香港驻豫、省内等30余家主流新闻媒体到会,取得良好的社会反响。

【目标明确,重点突出,以完善综合治税大格局统筹海关各项业务工作】 融合关区各种监管力量,构建综合治税长效机制。坚持以依法治税、综合治税,不断提高税收征管水平。成立综合治税领导小组,指导、协调、推进关区综合治税工作。进一步融合关区各种监管力量,分工明确,职责到位,努力构建综合治税长效机制,使综合治税各项工作常态化、机制化。在税收征管工作中依托关税分析监控系统、海关风险平台、同名商品差异分析系统等先进管理手段,定期对关区各业务现场税收情况进行通报,对大宗、敏感、特殊等商品进行重点监控,关区税收连续实现历史性突破。2007年,郑州海关税收入库28.08亿元,增长60%,创建关以来历史新高。其中关税6.88亿元,增长39%,进口环节税21.20亿元,增长68%。

强化通关监管基础作用,着力培育内陆海关监管特色。结合内陆实际,进一步整合优化通关监管资源,不断创新监管手段,增强海关监管的针对性和高效性。根据海关总署支持中部地区崛起和中部地区"大通关"建设的要求,郑州海关始终把推广区域通关作为通关监管业务改革的一项重要工作,着力推动此项工作。主动加强与口岸海关合作,构建区域通关快速通道。目前,已分别与天津、满洲里、上海、南京(包括连云港)、青岛等5个口岸海关开通"属地申报、口岸验放"业务,与其他主要口岸海关也将陆续开通此项业务。大力加强宣传,积极走访企业,大力培育试点企业,逐步推广,不断扩大适用范围,让更多企业了解海关区域通关便利措施。编发宣传资料,召开推介会、新闻发布会等,向政府、企业、社会广泛宣传区域通关改革,扩大了区域通关的影响面。2007年郑州海关开通"属地申报、口岸验放"的企业为81家,合计进出口报关单1 633票,征收税款11.13亿元,占全年总税款的39.6%;进出口货运量261.6万吨,占全年总货运量的54.2%。

打击走私违规行为,净化进出口通关环境。结合河南实际,坚持"打防结合、综合治理、突出重点、坚持不懈"的打私工作方针,在不断完善"省政府统一领导、郑州海关牵头、河南省口岸办协调、各有关部门共同参与"工作机制的基础上,建立健全反走私综合治理部门联席会议制度、举报奖励制度和经费保障制度,以及重大案件联合督办、重大问题联合调研、重要情况相互通报等工作机制,加强与有关执法部门的联系配合,深化反走私综合治理。年内,立案走私普通犯罪案件2起,案值139万元,涉嫌偷逃国家税款37万元,其中1起案件是通过深挖扩线查获的;立案行政执法案件15起,案值2 603万元,涉税533.7万元;收缴属于禁止、限制进出境文物的古钱币1 342枚,收缴无进口证明轿车1辆,罚没入库1 031.5万元。

强化海关统计监督和预警作用,提高统计服务水平。不断加强海关统计分析,拓展统计服务领域。对海关主要行政执法活动进行动态监测分析,查找各项业务环节潜在风险。拓宽信息沟通渠道,每月定期向省、市政府及商务厅(局)、统计局、口岸办等相关部门提供综合进出口统计资料。不断加强对重点商品和大宗进出口商品的调研力度,提高统计分析和政策咨询的针对性和准确性。有2篇分析文章被温家宝总理和牟新生署长阅批,1篇分析报告得到省委书记、省长和主管副省长的同时批示,较好地服务了领导决策,提升了海关统计的影响力。

完善加工贸易和保税监管,提高规范化管理水平。不断加强加工贸易和保税监管,积极引导河南省加工贸易转型升级。在国家加大宏观调控力度、大幅调整加工贸易政策的情况下,积极引导企业妥善应对冲击。在实现对加工贸易的监管由合同管理为主向企业管理为主、由纸质手册管理为主向电子账册管理为主转变的同时,大力推进加工贸易管理模式改革,使河南省加工贸易管理水平得到进一步提高。稳步推行加工贸易联网监管,积极拓展保税物流监管业务,大力推进郑州出口加工区健康发展,积极支持申报建立河南保税物流中心。2007年全省加工贸易进出口总值24.87亿美元,备案手册870份,手册报核841本,结案883份,联网监管13家。

推进风险管理机制的建立健全,提高风险管理水平。建立完善关区风险管理协调运作机制,积极探索风险、稽查、企管"三位一体"的工作模式,积极开展业务运行监控,实现风险管理"由虚变实",在风险信息采集报送、平台操作运用、重点企业和商品监控分析、布控查验等方面都取得一定成效,同时,积极转变思想观念,按照守法便利的原则试运行通道调整工作,关区风险管理水平不断提高。

加强稽查工作力度,提高后续管理水平。按照"稽查一家、教育一片、规范一行"的要求,注重引导企业守法自律;抓住"企业"和"商品"两条主线,完成郑州海关2007年稽查工作任务,全年共稽查企业11家;认真落实企业分类管理制度,积极推荐河南省企业参评全国进出口企业"红名单";提高海关后续管理水平,实行报关员记分管理及推广应用报关员持IC卡申报;顺利组织并完成报关员资格全国统一考试河南考区工作,2007年河南考区网上报名9 387人,比上年增长107.13%,创历史新高。

【**努力构建和谐海关,促进河南省对外经济发展**】 立足海关职能,积极参与郑州新郑国际航空物流中心的规划建设,积极支持中原国际陆港建设,推出"郑州海关支持中原崛起10项措施",为中原崛起建言献策。2007年现场业务处根据省里统一部署，搬迁至河南公路港办公。推行电子口岸、网上支付等一系列便捷通关措施，加快通关速度，促进河南省对外贸易的平稳快速增长。全力做好货运包机监管工作，受到省市两级政府的高度重视。充分利用各种渠道和窗口，展现郑州海关良好形象。2007年6月份以来，郑州海关参与撰写的2篇调研报告和信息得到温家宝总理的圈阅或批示，另有7篇统计信息被《海关要情》采用，《政研参考》、《海关情况交流》、《综合呈报》等陆续都有郑州海关的文章刊发。加强与各部门间联系配合，共同服务外向型经济发展。与新乡市政府、河南出入境检验检疫局共同签署《关于进一步扩大新乡市对外开放战略合作框架协议》。针对国企改制时企业不当处置海关监管货物等问题，与河南省发改委、商务厅联合发文引导规范企业；与省纪委、省纠风办、科技厅、卫生厅等积极配合，扩大了海关的影响，共同服务河南省外向型经济发展。

河南公安边防总队

2007年，河南公安边防总队，坚持以提高边检服务水平为中心，秉承以人为本、执法为民宗旨，坚持内强素质、外树形象，注重强化服务理念，不断创新服务举措，主动服务地方经济建设，文明规范执勤，严格公正执法。截止2007年12月31日，共检查出入境人员83 745人次，比上年同期增长15.62%；检查飞机898架次，比上年同期减少4.47%，圆满完成了出入境边防检查各项工作任务。

【转变服务理念，打牢业务基础，全力提高服务水平】 2007年，河南公安边防总队将提高边检服务水平工作摆在中心位置，高起点谋划，高标准要求，全方位推动，促进了边检服务水平稳步提高，确保了活动扎实有效进行。

一是抓住根本，积极转变服务理念。年初，总队认真开展了"提高边检服务水平大学习、大讨论"活动，确立了"服务理念、专业素质、职业精神、培训措施、勤务改革、机制创新"等"六大主题"，深化官兵对"一个中心，两个坚持"及"三大支柱"的理解，统一了部队思想认识。

二是狠抓培训，努力提高专业素质。坚持业务基础培训不放松。开展了"专业技能培训月"活动，从法律知识、勤务处置、证件鉴别、外语交流及文字输入等方面对检查员进行了全员额培训，并结合大韩航空开航，着重加强了韩国人文、地理及出入境证件的专题学习。坚持服务礼仪培训高标准。集中开展了"服务礼仪培训"和检查员轮训活动，组织检查员系统学习边防检查服务规范、勤务工作规范，使检查员的言行举止初步达到了"姿态端正、语言得体、微笑自然、问候真诚、口语流利"的工作标准。坚持紧盯目标培训严要求。先后组织业务骨干6批20人次到上海、杭州、重庆、南宁、长沙、罗湖等地进行参观学习，借鉴兄弟单位先进做法，增强检查员感性认识，深化培训效果。

三是着眼长远，全面完善工作机制。完善了勤务保障制度。郑州边检站先后出台了《郑州边检站提高边检服务水平执勤服务量化考评实施办法》、《"文明之星"评选办法》、《定期召开业务研讨和经验交流会方案》，做到定期对服务实践中遇到的情况、个案资料进行积累总结。完善了内外监督制度。成立了由纪委牵头，警务、纪检、审计等指挥中心部门参加的内部监督小组，成立了社会监督委员会，制定了《内部监督工作实施办法》、《社会监督实施办法》，通过新闻媒体向社会公开《边防检查服务承诺》和三级投诉电话，并在互联网上开通了河南边检信息网，实现了与省政府政务网、电子口岸的链接，丰富了社会监督平台，畅通了社会监督渠道。

四是结合实际，不断拓展服务内涵。不断深化服务内涵，首次提出"为河南经济建设提供主动服务、为口岸航空运营提供效率服务、为旅游公司提供便捷服务、为出入境旅客提供人本服务"的新"四个服务"工作理念，形成了河南边检服务新特色。

五是围绕现场，着重抓好服务细节。加强执勤现场服务规范化建设，研究制定了《边防检查勤务和服务工作手册》，边检服务程序更加清晰。加强现场服务硬件设施建设，确保现场改造符合上级要求。营造和谐的边检服务氛围，制作了警务公开栏，悬挂了温馨热情的边检服务宣传标语，设立了文明服务岗和礼仪引导员，切实落实便民利民服务措施，营造以人为本、人性化服务的氛围，把边检限定区域变成边检服务区域，把边检咨询台变成边检服务台，为出入境旅客营造了温馨舒适、文明快捷的通关环境。

【抓好制度创新，规范执法行为，确保口岸通关效率】 一是抓制度创新，促通关效率。郑州边检站结合公安部12项服务措施及口岸实际，制定了《检查通道配置预案》、《临时通道启用预案》，积极落实口岸流量分析制度，定期对旅客流量和航班数据进行分析汇总，根据客流和航班高峰规律提前加开检查通道，有效提升了通关效率。自行设计印制了中英文双语的"通关服务指南"，详细说明了通关流程、检查方法、注意事项及边检站联系方式，为确保广大旅客快速通关提供了有力保障。开通了"紧急救助通道"和"迟到免排通道"，为有特殊需求的出入境旅客提供通关便利。

二是抓专项勤务，树社会形象。始终站在服务河南对外开放的高度，紧紧围绕省政府"打造开放型经济发展平台"的目标，坚持主动服务，有效作为，先后为中国赴苏丹维和部队出境、埃塞俄比亚遇袭同胞入境、"第二届中部贸易博览会"、洛阳牡丹花会、"拜祖大典"、郑汴国际马拉松赛等国际、国内重大活动提供了文明高效的通关服务，展现了边防检查机关规范高效的专业素质和文明热情的服务形象。

三是抓执法规范，倡执法为民。狠抓法律文书填写质量，制定下发了《边防检查行政案件法律文书填写及办案卷宗制作指南》，实现了基层执法单位文书填写规范化、标准化。狠抓执法台账规范化建设，制定了《河南边防总队执法档案管理规定》，有力增强了执法档案管理的规范化和专业化，确保了公正文明执法。狠抓执法责任落实，严格落实单位分管领导、部门主官和法制人员签订三级"执法工作责任状"，确保案件办理的各个环节责任到人、措施到位。

【严格查控制度，严密管控措施，确保口岸安全稳定】 一是进一步完善查控工作机制。多次召开全省规范交控工作机制协调会，对交接控工作流程、权限、注意事项及责任划分进行了进一步明确，提高了防范打击能力，确保了查控工作安全、准确、及时。

二是加大了口岸反偷渡工作力度。充分利用公共网络渠道，宣传国家反偷渡工作政策，揭露偷渡活动危害，营造人人反偷渡的社会氛围；充分利用公安网络资源，掌握各地动态，扩大情报来源；开设网上偷渡动态专栏，及时分析全国口岸案例，总结各地偷渡形势，有针对性地开展反偷渡工作。进一步加强了与河南省综治委、河南省公安厅、省政府口岸办和机场公司等单位的联系沟通，借鉴、汲取其他总队反偷渡工作机制建设的经验做法，定期进行信息研究判断，及时通报工作动态，完善了交流机制，扩大了合作力度，维护了正常的出入境秩序，确保了口岸安全稳定。

三是开展了外国人管理基本情况专项调研工作。按照上级统一部署，河南公安边防总队积极配合省公安厅开展了外国人管理专项调研工作，制定了《外国人管理基本情况调研工作方案》，确立了"外国人入出境管控、信息汇总研判、重点国家动态把握和重点人员过程管理"的调研工作思路；以调查外国人入出境边防检查和查处违法违规情况为重点，总队领导多次率调研小组深入执勤一线，开展摸底调查，听取各边检站调研情况汇报，分析掌握规律、特点，加大对外国人出入境边防检查工作，严把入口关，全面推动专项调研工作落实。

河南出入境检验检疫局

2007年，河南出入境检验检疫局坚持以科学发展观为指导，牢记"两个务必"，紧紧依靠总局和省委、省政府的正确领导，强化平台意识，突出专项整治，狠抓工作质量，较好地完成了各项工作任务，业务总量持续增长。全年共检验检疫出入境货物57 648批次，货值44.6616亿美元，分别比上年同期增长8%和5%。其中出境货物4.87万批，货值30.39亿美元，分别比上年同期增长9.9%和4.5%。全年共检疫火车88节、飞机902架次；检疫集装箱13 397标箱；签发检验检疫各类证书81 634份，比上年同期增加3 183份，增长4.1%。

【全力以赴打好专项整治特殊战役】 根据总局和省政府的部署要求，结合河南进出口食品等商品实际情况，细化整治方案，责任落实到位，确定了9项工作要求、6个100%的量化指标。将专项整治活动细化分解为15项大目标和87个小目标，纳入绩效目标追踪考核，具体分解到部门，落实到基层。按照国家质检总局重心下移、靠前指挥的要求，从省局机关抽调了政治素质、政策水平、业务技能、组织协调能力等方面都比较突出的干部，组成8个工作组，下派到分支局、办事处和业务处室，对贯彻落实全国质量工作会议精神进行指导，同时调整人员，充实口岸一线，共同开展专项整治行动。按照国务院《特别规定》要求，加大了对违规违法企业和典型案件的重点打击力度，做到了清理一批、关停一批、整改一批、打击一批，有力震慑了违法违规行为。共查获逃漏检、货证不符等违法违规行为18例；对9家企业进行全省点名通报批评；行政处罚结案35起，其中13家企业被吊销卫生注册证书；作罚款处理的5起，罚款金额18万元；17家企业因存在对产品安全、卫生、质量构成严重威胁因素被暂停了出口报检，责令限期整改。

【执法把关能力和水平全面提升】 河南出入境检验检疫系统认真履行维护公共安全的重要职责，强化口岸疫病疫情预警和快速反应机制建设，健全监测网络，始终抓住不合格商品、有害生物、疫情疫病、有毒有害物质的检出率这四个核心指标，大大提高了把关有效性。全年共检出不合格货物575批、货值2 638万美元。其中，出境不合格商品308批、货值1 129万美元，同比分别增长32.2%和23.1%。对外索赔216批，货值1 033.1万美元。

一是疫情疫病截获成绩显著。全年共检疫出入境人员20 479人次，同比增长26.2%；预防接种36 058人次，比上年同期增加7.1%。发现病例3 394例，其中传染性疾病721例，艾滋病4例，性病22例，肺结核3例，肝炎5例，乙肝表面抗原阳性571例。截获入境动植物疫情23批。机场办全年查获截留物54批（次）40种，检出国家禁止入境检疫性有害生物7种。东站办全年截获38批（次）18种外来有害生物，批次同比增长42%，截获的外来生物的危害性明显增强，8种医学媒介生物截获了6种。

二是重大突发事件应对得力。2007年，面对突如其来的猪高致病性蓝耳病、美国宠物食品原料三聚氰胺事件、牙膏二甘醇事件、在埃罹难同胞遗体专机入境等一系列突发事件，始终保持高度的政治敏锐性，完善预警应对机制，加强检验检测，冷静、有效应对。

三是依法行政取得新进展。深入推进行政执法责任制，对行政执法依据进行了全面梳理，科学界定了执法责任和设置执法岗位；统一格式，形成全局行政执法岗位责任表；制定了《河南出入境检验检疫局行政执法责任评议考核办法（试行）》、《河南出入境检验检疫局行政执法过错责任追究办法》，明确了行政执法过错行为、责任人、追究方式和追究程序等。

【服务水平和质量明显提升】 一是多策并举支持地方经济发展。结合实际，出台了个性化的服务措施，制定出台了促进河南出入境物流业发展9项措施和《关于"十一五"期间促进河南机电产品扩大出口、转变出口增长方式、提高出口增长质量和效益的实施意见》，选择出口汽车、纺织机械、起重设备等产品重点帮扶，促使河南品牌汽车逐步做大做强。全省共出口汽车561批8 672台，货值近2.5亿美元，同比货值增长

85.6%。制定了促进河南重点项目建设10项措施，保障了郑州燃气电站、南水北调穿黄工程等重点项目进口设备都顺利投入使用。

二是应对技术性贸易措施有为有效。组织完成了河南省国外技术性贸易壁垒损害调查工作；积极指导企业应对欧盟REACH法规、电子电气指令、能效标志等技术性贸易壁垒，在进行全面普查的基础上，开展全方位的宣传，采取多形式的培训，建立与商务、协会、企业的协作机制，使全省进出口企业对REACH的认知度从2006年的7.8%上升到目前的92%。

三是着力推动河南农产品食品扩大出口。全年检验放行出口农产品10 804批、货值5.7亿美元，同比增长14%。尤其在认证认可、扶持特色产品出口等方面取得了喜人成绩。推动良好农业规范（GAP）认证试点工作成效显著，17家试点企业通过认证，获证数量位居全国第二。新增国外卫生注册企业9家，保持国外卫生注册企业70家。

四是扶优扶强提升河南出口竞争力。帮助张弓酒和河阴石榴获得地理标志注册保护，总数在全国仍位居第二。积极利用普惠制和区贸优惠等国际关税优惠政策，签发普惠制原产地证22 861份，同比增长6%；签证金额20亿美元，同比增长38%。签发区贸优惠原产地证2 687份，同比增长140%；签证金额2亿美元，同比增长503%。按平均关税减免幅度8%计算，两种优惠原产地证共使河南省出口企业享受到了1.8亿美元的关税优惠。全面推进大通关建设。目前河南局电子监管上线运行企业192家，比2006年增加54家；对295个产品实施了电子监管。推荐"许继集团"、"郑州一棉"等8家河南企业成为国家一类出口企业。

【科技兴检成绩显著】 一是科研制标工作取得新进展。全年申报标准修订项目获总局立项11项，同比增加120%。科技计划项目立项6项，同比增长200%，项目经费增加140%。在食品检测专项制标活动中获农残兽残制标项目5项，添加剂制标项目4项。在公益性项目申报方面有重大突破，公益性项目《用能产品能效技术性措施体系研究和公共网络信息平台建设工程》目前已批复，项目经费99万元。"检验检疫专用X光机检查设备"和"国外纺织品原料PRA风险分析及其对策研究"顺利通过总局鉴定。

二是信息化建设实现新突破。建设完成了河南检验检疫局政务网站、视频会议系统、IT维护信息系统、呼叫中心系统等信息系统，对绩效管理系统、电子监管系统以及相关业务系统进行了升级改版工作。建立并试运行"河南局科技文献信息网"，科技情报和标准收集查询工作成效明显。

三是检测实力不断增强。组织有关专家对重点实验室仪器设备进行论证，做好实验室仪器设备配置工作。2007年为农残兽残实验室购置设备86台套、价值1 119万元，在食品、农产品方面的检测能力大大提高；填补了河南局在蜂蜜、果汁掺假检测领域的空白。截至2007年底，河南局实验室各类仪器设备达到915台套、价值5 595万元，初步形成以食品、农产品、体检检测为主，以纺织、包装、植物检测为辅的监测体系。

河南口岸大事记

1月17日

省政府口岸办主任薛云伟主持召开会议，专题研究郑州航空口岸国际航空物流业发展问题。有关单位的负责人参加了会议。

1月19日

省政府口岸办在新郑国际机场主持召开现场会议，专题研究郑州航空口岸临时国际候机楼投入运营前的有关准备工作。有关单位的负责人参加了会议。

2月28日

史济春副省长主持召开会议,专题研究第二届中博会期间开通郑州至太原、合肥、南昌、武汉、长沙等地航线事宜。

3月1日

省政府口岸办和郑州海关、河南出入境检验检疫局等单位负责同志先后到国家质检总局、海关总署汇报第二届中博会期间拟签署的《海关总署国家质检总局中部六省人民政府关于促进中部崛起的合作框架协议》、《沿海部分省市与中部六省口岸大通关合作框架协议》等有关事宜,两署(局)领导均表示支持签署协议。当天下午,又分别到联邦快递、中外运空运发展有限公司拜访,邀请其参加第二届中博会,希望其到河南开展业务。

3月5日

为落实省长办公会议纪要(〔2006〕138号)精神,政府口岸办主任薛云伟主持召开会议,专题研究加快郑州航空港物流发展公司筹组问题。

3月6日

省政府口岸办副主任宋林主持召开会议,专题研究口岸查验单位正式进驻河南公路港事宜。有关单位的负责人参加了会议。

3月22日

大韩航空公司北京支店总经理朴寅采一行两人就开通首尔至郑州国际客运航线事宜来豫考察。省政府口岸办组织召开座谈会,旅游局、河南旅游集团、中国中旅集团等单位的负责人参加座谈。

3月28日

省政府口岸办主任薛云伟赴北京参加第二届中博会重大签约项目协调会;到国家口岸管理办公室汇报口岸大通关工作座谈会的筹备情况以及《沿海部分省市与中部六省口岸大通关合作框架协议》文本的准备情况。

3月30日

省政府口岸办召开会议,专题研究第二届中博会期间郑州航空口岸的通关接待工作。

4月1日

为做好第二届中博会期间郑州航空口岸的通关接待工作,口岸办组织口岸查验单位和郑州机场公司,利用香港嘉利集团董事长郭孔丞一行乘公务机来豫考察之机,模拟演练中博会通关接待工作。

4月4日

为进一步做好第二届中博会期间郑州航空口岸的通关接待工作,省政府口岸办组织口岸查验单位和郑州机场公司,利用意大利不凡帝范梅勒糖果集团董事长不凡帝一行乘公务机来豫考察之机,再次模拟演练中博会通关接待工作。

4月5日

省政府口岸办配合国家口岸管理办公室在郑州召开了沿海部分省市与中部6省口岸大通关工作座谈会筹备会,对会议正式召开前的各项准备工作做了认真总结,对下一阶段工作进一步做了周密部署。

4月9日

省政府口岸办主任薛云伟参加连云港市政府在郑州召开的市情说明会,并与连云港市政府、口岸办及港口集团交流了两地扩大口岸合作事宜。

4月10日

省政府口岸办与中国对外贸易运输(集团)总公司沟通在第二届中博会期间准备签署《中国对外贸易运

输(集团)总公司中国工商银行股份有限公司中国国际投资促进会与山西、安徽、江西、河南、湖北、湖南省人民政府关于加快中部六省物流和物流金融发展的战略合作意向书》的相关事宜。

4月13日

省政府口岸办印发《河南省人民政府口岸办公室关于进一步做好河南航空口岸重要旅客通关礼遇工作的通知》(豫口办〔2007〕10号),进一步规范了重要旅客出入河南航空口岸通关礼遇的程序。

4月19日

为做好第二届中博会期间境外政要、重要客商通关工作,省政府口岸办与联检单位共同制订了第二届中国中部投资贸易博览会期间郑州航空口岸通关工作方案,并向中博会会务组报送了《第二届中国中部投资贸易博览会期间郑州航空口岸通关工作方案》(豫口办〔2007〕11号)。

4月24日~5月1日

郑州航空口岸共组织查验参加第二届中博会的出入境飞机32架次,查验出入境人员2 958人。其中境外政要、重要客商15批次,人员121人次,给予通关礼遇的14批117人次。

4月25日

香港特首曾荫权、澳门特首何厚铧来豫参加第二届中博会,省政府口岸办组织口岸查验单位按国宾待遇给予了通关礼遇。

沿海部分省市与中部六省口岸大通关工作座谈会在郑州召开。张大卫副省长出席会议并致辞,海关总署副署长、国家口岸管理办公室主任盛光祖发表书面讲话。国家口岸管理办公室专职副主任罗文金主持会议。天津、上海、福建、宁波、青岛、广州、深圳及中部六省口岸办公室主要负责人、驻豫口岸查验单位、省直有关部门、部分省辖市政府负责人、中央驻豫及省新闻单位的记者,共100余人出席了会议。

4月25日~27日

国家口岸管理办公室盛光祖主任在豫参加第二届中国中部投资贸易博览会,代表海关总署签署了《海关总署国家质检总局中部六省人民政府关于促进中部崛起的合作框架议》,出席了"万商西进"高峰论坛并作《促进中部崛起是海关重要使命》的演讲。

4月26日

《海关总署国家质检总局中部六省人民政府关于促进中部崛起的合作框架协议》签字仪式上午在郑州国际会展中心举行。国务院副总理吴仪、河南省委书记徐光春、商务部部长薄熙来、国家质检总局局长李长江、国家口岸办主任盛光祖和山西省省长于幼军、安徽省省长王金山、江西省省长吴新雄、湖北省省长罗清泉、湖南省省长周强、河南省省长李成玉出席。海关总署副署长盛光祖、国家质检总局副局长魏传忠、山西省副省长宋北杉、安徽省副省长文海英、江西省副省长赵智勇、湖北省副省长李春明、湖南省副省长贺同新、河南省副省长史济春共同签署。此协议进一步明确了海关总署、国家质检总局对中部地区的支持措施,对于形成省部合作机制,加强中部地区的大通关建设,优化中部地区投资贸易环境,加快一类口岸和相关设施建设,支持海关、检验检疫机构在各地开展工作,为实现中部地区经济社会又好又快发展创造了条件。

4月26日~27日

韩国大韩航空公司代表团访豫,史济春副省长会见了代表团。

5月14日~16日

香港太古集团中国业务董事何祖英一行3人应邀来豫考察。

5月25日

2007年河南省反走私综合治理工作会议在郑州召开。会议传达了《国务院关于进一步加强反走私工作的通知》(国发〔2007〕3号)和《全国反走私综合治理办公室关于印发2007年反走私综合治理工作要点的通知》(全打〔2007〕1号)精神,总结分析了2006年全省反走私工作,安排部署了2007年反走私工作。史济春副省长出席会议并作重要讲话。

郑州海关举行新老关长交接仪式。海关总署党组成员、政治部主任鲁培军代表海关总署宣读了郑州海关关长任免的决定;史济春副省长代表省政府对原任关长周冀中在任期间对河南各方面工作的支持表示感谢,对新任关长栗洪显到河南工作表示欢迎。

6月1日

河南公安边防总队召开提高边检服务水平社会监督委员会第一次会议。河南边防总队总队长冯新礼通报了河南省开展提高边检服务水平工作的情况,明确了边防检查工作的指导思想,提出了"人本、专业、安全"的服务理念,并向社会公布了《边防检查服务承诺》。

6月12日~14日

长春市政府口岸办一行5人来河南省考察口岸工作。

6月28日

省政府口岸办召开会议,专题研究郑州航空口岸国际联检厅改造问题。

7月7日

天津市政府口岸办主任周德洪一行5人来豫,邀请省政府领导出席7月19日在天津举行的"推进区域口岸合作座谈会暨天津电子口岸与物流信息平台开通仪式"。

7月19日

史济春副省长带领各有关单位负责人组成的河南代表团赴天津,出席由海关总署、国家质检总局、天津市人民政府共同主办的"推进区域口岸合作座谈会暨天津电子口岸与物流信息平台开通仪式"。

8月14日

下午,省委常委、常务副省长李克,副省长史济春主持召开省长办公会议,专题研究河南省开辟国际客运航线工作。会议听取了省政府口岸办关于大韩航空公司开通首尔至郑州国际航线进展情况的报告,对相关事宜做出安排。会议要求各有关方面要站在全省对外开放的高度,进一步提高认识,增强紧迫感,克服保守封闭思想,开拓性开展工作,积极做好开辟新国际航线的相关工作。

8月15日

郑州市政府会同省政府口岸办在郑州航空港召开空港整体建设规划座谈会。

8月17日

为落实8月14日省长办公会议精神,省政府口岸办召开会议,专题研究大韩航空公司开通首尔至郑州国际航线有关事宜。

8月22日

史济春副省长主持召开省长办公会议,专题研究大韩航空公司开通首尔至郑州国际客运航线有关准备工作。

8月31日

由林德国际物流有限公司、郑州新郑国际机场管理有限公司、省建设投资总公司、郑州市建设投资总公司共同出资,注册资本为5 000万元的郑州航空港物流发展有限公司正式注册成立。该公司将依托郑州国际机场,利用林德国际物流有限公司业已成熟的物流服务体系,致力发展郑州至世界各地的航空物流运输。

河南省

9月3日

大韩航空公司正式开通首尔–郑州–首尔国际客运航线。省政府口岸办主任薛云伟、大韩航空公司中国本部总经理智昌熏、郑州新郑国际机场管理有限公司副总经理王爱荣及郑州航空口岸相关单位的负责人参加了首航仪式。

9月4日

郑州航空港物流发展有限公司操作的一架空客A300货机从郑州机场飞往印度德里。这是郑州航空港物流发展有限公司成立后运营的第一架国际货运航班。

9月8日

为落实北方12省、市、自治区政府(口岸办)签订的《北方地区大通关建设协作备忘录》和《建设内陆无水港意向书》，河南人民广播电台、山西人民广播电台、河北人民广播电台、内蒙古人民广播电台和天津人民广播电台联合举办了天津港与内陆无水港相互支持发展的直播节目。省政府口岸办副主任宋林应邀到河南广播电台直播室介绍河南与天津共同建设河南无水港的进展情况及下一步促进措施。

9月12日

中国民用航空郑州空中交通管理中心更名为中国民用航空河南空中交通管理分局，12日上午在郑州正式挂牌。

9月14日

河北省口岸代表团一行12人到河南省考察陆运口岸工作。

9月14日~28日

我国驻苏丹维和部队人员进行换防，其中950名维和人员从郑州航空口岸进出国境。

9月21日~26日

史济春副省长带领河南代表团，在德国出席郑州至德国帕希姆国际货运航线开通仪式。

9月30日

内蒙古自治区口岸办主任哈斯巴根一行4人来豫考察口岸工作。

10月18日

全省良好农业规范(GAP)试点工作总结暨首批获证试点企业颁证大会在郑州举行。会议对全省良好农业规范(GAP)试点工作情况进行了总结，对顺利通过中国质量认证中心良好农业规范(GAP)认证审核的开封市七彩虹农业经济发展有限公司等17家企业颁发了GAP证书。

10月18日~19日

中国保税区、出口加工区加工贸易最新政策宣讲会在郑州召开。会议由中国保税区、出口加工区协会(简称两区协会)主办，郑州经济技术开发区、郑州出口加工区承办，全国10家保税区、60家出口加工区及部分省市加工贸易企业代表120余人参会。两区协会会长甄朴出席会议，并莅临郑州出口加工区调研。

11月2日

受史济春副省长委托，省政府口岸办主任薛云伟会同省外侨办、郑州新郑国际机场管理有限公司、林德国际集团等单位负责人，赴上海同德国梅克伦堡州副州长舍得尔一行进行会谈。双方就开通郑州至德国帕希姆机场国际货运航线、建立省州友好关系等方面交换了意见。

11月30日

新亚欧大陆桥开通15周年庆典仪式在连云港市举行，省政府口岸办副主任宋林参加了庆祝仪式。

12月6日

天津市政府口岸办一行4人来豫考察电子口岸工作。双方就电子口岸在河南"无水港"的应用进行了座谈,并实地考察了"无水港"的建设情况。

12月12日

上午,省政府新闻办公室举行"郑州海关支持中原崛起10项措施"新闻发布会。省政府副秘书长王春生出席新闻发布会并讲话,省政府口岸办主任薛云伟出席新闻发布会。

12月13日~14日

国家《口岸管理条例》立法座谈会在广州市召开,省政府口岸办主任薛云伟参加了会议。

12月17日

郑州新郑国际机场改扩建项目口岸验收会议在郑州机场举行,新航站楼通过口岸验收。

12月24日

福建省打私办一行13人来豫考察,与河南省口岸有关方面进行了座谈交流。

12月24日~28日

海峡两岸合作经济组织"千社(会)千品"成果展示展销会在郑州举行,郑州航空口岸给予通关礼遇。

12月26日

宁夏回族自治区政府口岸办主任雷德民一行5人到河南省考察口岸工作,双方在郑州航空口岸进行了座谈交流。

12月29日

郑州新郑国际机场改扩建工程竣工并投入使用。省委书记徐光春、省长李成玉、民航总局副局长高宏峰等领导出席了竣工启用仪式。

湖北省

湖北口岸工作综述

【口岸概况】 2007年,湖北口岸工作认真贯彻省委、省政府关于口岸工作的指示,特别是贯彻落实《湖北省人民政府关于进一步加强"大通关"建设的若干意见》,深入开展调查研究,找出影响湖北口岸"大通关"建设的突出问题,采取切实有效的措施,探索新的通关模式,简化通关手续,降低通关成本,方便外贸货物进出,口岸工作效率明显提高,"大通关"建设取得较好成效,湖北的投资环境得到了进一步改善。2007年,湖北省进出口贸易总额148.58亿美元,同比增长26.6%。实际利用外资27.66亿美元,同比增长12.97%。湖北口岸完成外贸货运量2 013.19万吨,同比增长178.9%;国际集装箱运量完成16.92万标箱(重箱),同比增长9.7%。口岸出入境人数14.02万人次,同比增长29.4%。

【区域通关合作】 近几年来,湖北口岸与上海口岸就两地口岸在发挥口岸功能,提高口岸通关效率,实施长江流域快速通关,促进现代国际物流发展方面建立了紧密的合作关系。根据湖北口岸与上海口岸签署的《关于依托长江黄金水道,加强两地口岸"大通关"合作,促进现代国际物流发展的合作协议》,武汉海关、武汉港与上海海关、上海港分别签署了合作协议。同年底,湖北省口岸办在武汉主办了"上海与中部6省大通关合作第一次联席会议",建立了"六省一市口岸'大通关'联席会议制度",进一步加强了区域通关合作,积极推行跨区域"属地报关、口岸验放"的监管模式。2007年,湖北电子口岸与上海亿通公司就建设湖北电子口岸签署了具体合作协议,进一步深化了两地口岸通关合作,并在中部六省与上海口岸合作的基础上,进一步向沿海主要口岸拓展,进一步理顺湖北口岸的出海通道。2007年4月,在河南郑州举办的第二届中国中部投资贸易博览会上,湖北口岸又与中部及上海、天津、宁波、青岛、深圳等沿海主要口岸签署了跨区域战略合作框架协议。

根据中部六省与上海框架协议以及中部六省与部分沿海主要港口城市框架协议,武汉海关以"点、线、面"为着力点,深化区域通关改革。一是突出重点区域、重点企业、重点商品。二是拓展区域通关合作线路。武汉海关分别与"海峡西岸"、"珠三角"地区的福州、厦门、深圳、广州、湛江、南宁等6个海关签订了区域通关合作协议,将武汉关区区域通关合作线路扩大至10个海关,满足了企业不同的物流需求。三是扩大企业参与面。组织关区所有A类企业参加区域通关推介会,宣传区域通关便利措施;按照守法便利原则,经企业申请,全年已核准62家企业采用"属地申报、口岸验放"作业模式通关,较上年增加21家。

【提升通关效率】 2007年,湖北口岸各单位认真贯彻落实《湖北省人民政府关于进一步加强"大通关"建设的若干意见》,改革创新通关制度,提高通关效率。武汉海关积极推行"属地申报、口岸验放"、"提前报关、货到验放"、"集中选查、集中接单、多点验放"和"一章通"等通关作业模式,从机制上保障了快速通关作业。扩大便捷通关企业范围,为重点企业量身订做通关措施。针对重点企业需求实施个性化服务措施,对武钢、大冶特钢、大冶有色金属等公司进出口货物通关采取"优先接单、优先放行"、"即报即放、先放后征"等措施,对农产品、鲜活商品通关设立绿色通道。2007年,武汉关区进出口平均海关作业时间为4.89小时,同比提速40.2%。湖北出入境检验检疫局继续深化检验检疫业务改革,构建了全新的出口商品合格评定体系,从根本上改变了传统的从最终产品抽样检验的方式,初步实现了从单一的抽样检测判定转变为科学的合格评定,从基于个人为主的判定方式转变为程序化、公开化、科学化的评定方式,从事后把关转变为事前把关。出口商品合格评定程序的推广和应用,从根本上加快了货物的通关速度,解决了货物的检验瓶颈,原来每单(批)货物从报检到检测,再到出证放行,历时要一周左右的时间,现在则缩短为1小时左右,极大地提高了检验速度和检测水平。湖北公安边防总队在改善口岸通关环境、创新便民利民举措上狠下功夫,全力提高边检工作效率和服务质量,营造安全、便捷、畅通、和谐的口岸通关环境,竭诚为出入境人员提供人本、专业、安全的边检通关服务。在原先承诺的正常情况下92%的旅客候检时间不超过30分钟的基础上,要求一线执勤人员进一步提高验放工作效率,确保正常情况下边检执勤现场95%以上的旅客等候办理边防检查手续的时间不超过25分钟。

湖北省国家税务局积极配合"大通关"建设,全省各级国税部门大力推进出口退税科学化、精细化和规范化管理,狠抓出口退税进度,做到了又好又快地退税。2007年,在国家大幅度降低出口退税率的情况下,积极争取计划支持,确保应退尽退;推行网上申报,提高退税效率,出口退(免)税取得了较好的成绩。全省已办理出口货物退(免)税资格认定的企业达3 551户,发生退(免)税业务的有1 882户。全年共办理出口退(免)税45.92亿元,比上年增长20.7%,增加了7.88亿元,为促进湖北省经济社会发展作出了积极的贡献。

湖北省外汇管理局牢固树立寓管理于服务之中的工作理念,采取多种有效措施,积极支持"大通关"建设。为了提高服务质量和服务水平,在日常柜台服务中实行"工作无缺位制"、"首接责任制"、"服务行为规范"等,同时在服务大厅专设了客户自助服务区,对外公布各业务科室服务内容、联系电话、传真电话及受理工作时间、时限等,以督促工作人员文明行政、依法行政。进一步优化出口核销方式,在全省实行了"远程核销",核销窗口延伸到的基层县市达到22个。截止到2007年底,实行进口报关单无纸化核销的重点大型企业已达11家。为进一步促进贸易便利化,加快企业出口退税速度,湖北省外汇管理局积极加强与税务部门的协作,对"出口收汇核报系统"退税数据统计进行了调整,改变以往按月报送数据的做法,按半月一次的速度向税务部门提供出口收汇核销信息,以方便税务部门和企业及时将收汇数据与退税数据进行核对,从而加快退税速度,为企业退税提速。

【电子口岸建设】 2005年10月21日,省政府与海关总署共同签署了《关于建设湖北电子口岸的合作备忘录》,并成立了湖北省电子口岸建设领导小组,制订了《湖北电子口岸平台建设实施方案》。2007年,湖北电子口岸入网用户总数达5 000家,在内陆地区居于首位。全年关区通过网上支付系统征收税款22.07亿元,比上年同期增长4倍,网上支付税款金额约占关区征税总额的1/3。2007年8月,湖北电子口岸信息平台建设规划通过省电子政务办组织和专家评审,并且争取到电子口岸建设资金。为了加快电子口岸的建设,成立了由省商务厅、武汉市东西湖区政府、武汉海关、武汉市外经贸局等单位组成的湖北省电子口岸筹建小组,目前,各项工作正在稳步推进之中。

【落实"2·1工程"】 为认真落实湖北省委、省政府关于实施"2·1"工程(即水运2天到上海,铁路1天到深圳)的要求,水路运输方面,在2006年中远开通武汉至上海洋山直达快航、实现了水路运输2天到上海洋山的基础上,为增加直达快航班轮的密度,以适应外贸进出口货物出运的需要,上海集装箱公司于2007年4月份开通了武汉至上海洋山直达快航班轮,每周1班。目前,武汉至上海洋山的直达快航班轮每周两班。铁路运输方面,武汉铁路局利用第八次铁路大提速的机会,使"82751"专列从武汉到深圳的运行时间由48小时压缩到36小时(1.5天)。

【口岸基础设施建设】 2007年湖北省口岸办会同省财政厅认真落实"大通关"建设经费,并争取进入年度财政预算。6月初召开了各市口岸办主任与查验单位相关负责人参加的"'大通关'经费说明会",对"大通关"建设经费的申报工作进行了说明,提出了要求。7月初召开了"大通关"建设经费预算工作会,对各单位申报的建设项目及经费进行初审。8月召开"大通关"建设预算会议,对各市口岸办及查验单位申报的建设项目及经费进行汇总审核。经过与省财政厅共同对"大通关"建设项目进行审核,2007年省财政安排"大通关"建设经费1 000余万元,并已落实到位。

【口岸管理】 为保证《湖北省人民政府关于进一步加强"大通关"建设的若干意见》落到实处,成立了由省及武汉市口岸办牵头、口岸查验单位及相关部门参加的武汉口岸"大通关"建设协调小组,下设武汉水(公、铁)运口岸协调办公室和航空口岸协调办公室。协调小组每半年召开一次会议,各协调办每季度召开一次会议。一是协调和解决口岸通关过程中各单位之间的关系,处理"大通关"建设中的矛盾和问题,重点帮助企业解决好在通关过程中出现的问题。二是通报"大通关"建设的进展情况,总结、交流阶段工作经验,沟通信息,增进互相之间的了解。三是检查、督办省政府关于"大通关"建设的各项决策落实的情况,保证"大通关"建设的顺利推进。

【口岸文明共建】 2007年,根据湖北省政府关于进一步加强"大通关"建设的要求,省口岸办积极与省精神文明建设委员会办公室协商,把口岸系统共建社会主义精神文明活动纳入省级精神文明建设的范围,并与省精神文明办公室联合行文,对开展口岸系统精神文明共建活动提出了明确要求。根据湖北口岸系统共建活动的要求,2007年是评比年,省口岸办已于8月7日下发了《关于开展2007年全省口岸系统精神文明共建评比活动的通知》。为了配合共建评比工作,组织了口岸系统"大通关"杯乒乓球友谊比赛,各市口岸办及口岸查验单位共11个代表队参加了此次活动,收到了良好的效果。

湖北口岸查验单位工作综述

武汉海关

【海关数据】 2007年,武汉海关在海关总署的正确领导下,落实中央经济工作会议精神,树立科学治关理念,坚持以构筑综合治税大格局统筹各项业务工作,各项建设取得了全面进步。2007年,湖北省外贸进出口总值148.58亿美元,比上年增长26.6%,进出口规模创历史新高。其中出口81.74亿美元,增长30.6%;进口66.84亿美元,增长22%。全年贸易顺差14.9亿美元,增加7.11亿美元,增长91.3%。一般贸易进出口108.53亿美元,增长28.6%,占全省进出口总值的73%。其中,出口57.84亿美元,增长30%,比上年高3个百分点,占出口总值的70.8%;进口50.66亿美元,增长26.9%,比上年增加9.8个百分点,占进口总值的75.8%。加工贸易继续稳步增长,出口增幅仍然明显高于进口增幅。加工贸易进出口32.96亿美元,增长24.9%,占全省进出口总值的22.2%。其中出口23亿美元,增长30.3%,比上年高3.3个百分点,高于同期加工贸易进口16.1个百分点,占同期出口总值的28.1%。

【货运监管】 货运监管坚持以舱单管理为主线,加强了对转关业务的监控,推广使用了选择查验系统,创新了查验机制,狠抓了审单质量,监管通关效率大幅提高,实现了"管得住、通得快"。关区监管通关主要业务指标均有明显增长。监管进出口货运量2 013.2万吨,同比增长178.9%,实现了历史跨越;进出口报关单11.1万份,同比增长13.3%,首次突破10万大关;关区综合查验率4.1%,查获率13%;进出口报关单修改率为5.7%,同比减少36%;人工审单布控有效率达55%,同比增加5.5%;审单作业时效进一步提高,当日审结率超过92%,达到历史最好水平。

【税收征管】 加强税收分类指导，强化监控分析，税收征管质量明显提高。全年税收入库72.98亿元，同比增长25.7%，再创历史新高。根据海关总署公布的考核结果，武汉海关各项税收征管质量考核指标均趋于最优值，实现了税收量质并举。保税监管改革取得新进步，年内审批设立保税仓库8家。武汉阳逻港保税物流中心（A型）报批工作稳步进行。全年备案加工贸易合同2 445份，加工贸易实际进出口金额达32.96亿美元，增长24.94%；内销征税1.49亿元；新增联网企业1家；审批减免税18亿元。

【查缉走私】 以情报为先导，打私效能明显提高。综合运用刑事执法、行政执法和综合治理3种手段，始终保持打私高压态势。加强情报分析，全年受理举报线索13起，接收关区移交案件35起。立案侦办刑事案件4起，其中涉税案件3起，涉税226万元；非涉税走私文物案件1起，查扣涉案国家三级文物3件。共抓获犯罪嫌疑人19名，采取刑事强制措施29人次，办理追逃边控30人次。立案调查行政案件36起，案值6.86亿元，涉税1.02亿元；结案33起，案值3.5亿元，罚没入库1670万元。行政案件实现了零复议、零诉讼、零赔偿，刑事案件起诉合格率达到了100%。

【海关统计】 统计监督预警作用明显增强，统计审核手段不断丰富。顺利完成统计和执法评估系统的安装、调试、推广工作。业务统计数据审核全年无差错。组织撰写内陆海关版预警子系统业务需求报告，圆满完成了海关总署交给的系统项目设计工作任务。统计分析文章数量与质量不断提高，为社会各界提供了及时、便利的数据咨询服务。全年共撰写《海关统计与分析》69篇，其中总署《海关要情》采用12篇次，中办、国办采用8篇次。

【海关稽查】 综合运用风险分析、外部审计、贸易调查手段，开展常规稽查、专项稽查和验证稽查，海关后续管理水平不断提高。全年共稽查企业81家，查获有违法嫌疑企业33家，货值4.03亿元，查获率40.7%，追补税893万元。加强双记分管理，规范关区报关市场秩序，有效规范了报关员和报关单位的报关行为，调整了40家企业的管理类别，5家企业被总署批准为"红名单"企业。

【区域通关】 积极推进区域通关改革，全年核准62家企业采用"属地申报、口岸验放"作业模式通关。与"长三角"地区海关采用"属地申报、口岸验放"的报关单量占关区总量的94.5%。分别与"海峡西岸"、"珠三角"地区的福州、厦门、深圳、广州、湛江、南宁等6个海关签订了区域通关合作协议。区域通关合作线路已扩大至10个海关，满足了企业的不同物流需求。实施通关提速，通关效能不断提升。推行"提前报关、货到验放"、"集中选查、集中接单、多点验放"、"担保验放"和"一章通"等通关作业模式，从机制上保障了快速通关的需要。扩大便捷通关企业范围，新批准7家企业为关区内便捷通关企业。继续在驻江汉办事处和驻机场办事处实行"5+2"工作制，其他现场实行"24小时全天候无节假日预约通关"制度，满足了企业全天候通关需求。全年关区进出口平均海关作业时间为4.89小时，同比提速40.2%，通关效率达到部分沿海口岸的水平。

湖北公安边防总队

【概况】 2007年，湖北省公安边防总队在公安部边防管理局和湖北省公安厅党委的正确领导下，深入学习贯彻十七大精神，全力提高边检服务水平，取得了阶段成果；新党委班子凝心聚力谋发展，核心作用明显；边防执勤执法任务圆满完成，确保了口岸稳定；打基础，强素质，科学建设和谐警营；打造科技强警、双拥共建、规范理财"三大品牌"，部队呈现出全面协调发展的良好势头。

【提高边检服务水平】 2007年初，省边防总队武汉边检站被部边防管理局列为提高边检服务水平先行示范达标站，总队、站两级班子以时不我待的紧迫感与执法为民的使命感，千方百计克服重重困难，官兵团结一心，精神振奋，队伍焕发了空前活力，示范工作取得了阶段性成果。一是争取支持。湖北省政府拨出专项经费支持总队提高边检服务水平工作，确保完成了总队、站两级指挥中心建设和武汉边检站、三峡边检站前场改造、提升边检服务水平试点等重大任务，为总队中心工作提供了有力保障。二是培育职业精神。开展提高边检服务水平主题教育，总队主官带队，专门组成宣讲团开展巡回宣讲，提出"让旅客由满意变为感动"工作目标，进行换位思考，开展情景模拟训练，官兵迅速实现服务理念的转换。三是开展提高边检服务水平"大讨论"活动，提高了思想认识。四是执勤执法安全和谐。借助"三考"契机，加强法制建设，内外监督并举，狠抓勤务安全，确保了口岸安全和谐。全年总队共检查出入境人员140 368人次；检查出入境飞机1 679架次，船舶10艘次；查处违法违规人员6人，查获偷渡案件1起1人。无漏查、漏控和投诉问题发生。全年8次开辟绿色生命通道，帮助旅客1 000余次；为湖北省12个"会赛节"1 000多人次提供了快捷通关服务，为贵宾提供礼遇128人次，社会反响良好。

【发挥班子核心作用】 省边防总队党委班子进行调整后，党委成员牢记"三先"，严格自身要求，不断累积经验，凝心聚力干事业，部队建设持续、健康、规范、稳定发展。一是抓学习，班子核心领导作用进一步增强。二是干实事，解难题，为官兵创造良好的工作生活环境。加强指导、协调，三峡边检站营房建设进展顺利，汉口边检站营房已经验收，圆满解决了遗留多年的南湖机场原办公楼土地遗留问题，完成了总队房改发放"两证"工作。

【正规化建设】 一是"保底工程"得到强力实施。省边防总队把安全作为"保底工程"，出台了26条禁令，制定了领导干部离开驻地、一般干部使用车辆请示报告制度，并开展专项活动，全年共派出督察人员16批39人次，采取有力措施扭转了不利局面。二是实施精细化管理从严治警。出台《总队正规化管理指挥工作方案》，在各单位重点部位安装了视频监控设备、车辆门禁系统，部队管理基本实现了"日常管理规范化、勤务管理精细化、营区管理视频化"的目标。三是保障方式更加科学合理。改革了车辆年审、驾驶员培训和技能鉴定模式，把总队年审车辆的状况全部放到地方交管部门车辆检测站检测，有效防止了车辆机械性事故的发生。精心准备，圆满完成了"07式"车辆牌证和"07"新式服装的换发任务。面向基层，服务基层，装备、调配机关及各边检站车辆9台，提高了总队车辆运输综合保障能力。四是素质培训更加适应时代要求。委托武警武汉市支队代训军事骨干，举办了军事体能比武活动。

【科技强警】 信息化建设走在前列，基础网络建设得到加强。总队网络信息高速公路出口带宽扩容16倍，内部信息高速公路带宽扩容5倍，在全国边防内陆部队中居于领先水平。总队被表彰为公安边防部队信息化工作先进单位。

【双拥共建】 总队以关爱无助儿童工程为抓手，积极参与和谐社会建设。拨出2万元关爱无助儿童专款，发动官兵捐款4 000元，23次走访慰问6名无助儿童。总队及武汉边检站、汉口边检站向江汉区慈善总会捐款1.5万元。汉口边检站资助的儿童安娜为牢记边防官兵情谊，将生日改为8月1日；武汉边检站官兵长期帮扶对象曾文寂坚持写作，被评为"武汉市十大杰出残疾人"。汉口边检站青山监护中队"爱民小分队"、黄石边检站爱民巡逻队全年共出动警力1 000余人次，多次扑灭驻地山火，受到了汉口、黄石港口集团和驻地社区群众的赞誉。总队再次被评为省级"最佳文明单位"，3个边检站被评为市级"文明单位"。

2007年湖北口岸边防检查主要数据统计表

项目				合计	入境	出境
出入境人员（人次）	总计			140 368	68 776	71 592
	出入境员工（人次）			13 333	6 632	6 701
	出入境旅客（人次）	总计		127 035	62 144	64 891
		中国籍（人次）	合计	102 877	51 164	51 713
			大陆公民（人次） 小计	44 899	19 871	25 028
			大陆因公	4 938	2 210	2 728
			大陆因私	39 961	17 661	22 300
			港澳居民（人次）	24 914	14 472	10 442
			台湾同胞（人次）	33 064	16 821	16 243
			华侨（人次）	306	210	96
		外国籍（人次）		24 158	10 980	13 178
入出境飞机（架次）				1 679	835	844
入出境船舶（艘次）				10	6	4
查获违法违规				6起6人		
查获偷渡				1起1人		

注：大陆因私旅客人数中含华侨人数。

湖北出入境检验检疫局

【概况】 2007年，共完成出入境货物检验检疫75 815批，货值52亿美元，同比分别增加15%和22.4%；在入境动植物及其产品中共截获各类有害生物37种次；完成集装箱检验检疫130 859标箱；出入境飞机检疫1 608架次；出入境人员查验132 372人次，健康检查数23 095人，发现病例数9 101例，预防接种数31 814人；签发普惠制签证24 308份，签证金额10.5亿美元，同比分别增加11.1%和23.4%；签发一般原产地签证5 009份，签证金额3.3亿美元，同比分别增加26.2%和73.7%。

【专项整治】 在全国开展产品质量和食品安全专项整治工作中，湖北检验检疫局共投入4 200人次参加专项整治行动。完成对出口食品原料基地300家的清查工作，清查率达100%，其中水产品备案基地24个、猪肉备案基地36个、蔬菜备案基地16个、茶叶备案基地16个、蜂产品备案基地177个、其他备案基地31个；清查玩具生产企业4家；全省所有出口食品卫生注册登记企业共221家100%地清查，其中卫生注册企业117家，卫生登记企业104家；对非法进口水果、肉类、旧机电产品等实施了拉网式排查，对非法进口产品实施100%退货或销毁；对出口食品运输包装100%加贴检验检疫标志，共有1 407批次，涉及水产品、蛋品、蔬菜、茶叶、工业食品等品种。共查出不合格蛋制品3批，不合格板栗2批，不合格小龙虾2批，不合格玩具1

批。截获并销毁入境旅客禁止携带物品40批、52种商品；销毁非法进口肉品7.22吨；清查出26家有问题的卫生注册登记企业并取消其资格，暂停出口生产的企业6家。

【构建把关服务长效机制】 狠抓出口食品农产品源头管理，全面加强对出口蔬菜、茶叶、蜂蜜、水产品、活猪、活牛、水生动物、蛋品、肉品等种植、养殖基地的备案管理及后续监管。全省共备案各类出口种植、养殖基地476家，对年审不合格的采取限期整改、暂停出口或取消注册备案资格，促使企业增强质量意识，提高备案基地管理水平，确保源头监管的有效性。2007年国外预警通报中国出口食品不合格信息近300多次中，湖北省大宗出品食品如小龙虾、回鱼、蜂蜜、茶叶等均无一例因安全卫生原因遭到国外的预警通报。

加强疫病疫情及药物残留的监控。制定监控方案，明确监控重点、监控项目和监控要求。全年共开展24个品种、280个样品的植物源性食品的残留监控，监控品种和样品数同比分别增加60%和47%；完成370个点的实蝇监测任务；开展对供港猪场、家禽养殖基地、注册饲料厂等2 000多份样品疫病普查和重大疫病及兽药残留监测；对全省水样、土壤、虾样等6 500个样品进行了农药残留监测，开展进口棉花农残检验检测；加强对进出境特殊物品监管和口岸媒介生物监测，共开展各口岸媒介生物监测36次。完善与省市卫生主管部门的联系机制与疫情通报制度，积极应对登革热、疟疾等重大疫情。通过全方位监控，为检验检疫日常监管、严防疫病疫情传入传出提供了科学依据，做到了有的放矢，增强了工作的有效性。

【完善合格评定体系和"三率"考核体系】 对已制定的合格评定程序文件进一步修订完善并持续改进，实现全省范围内的规范统一，增强程序文件的可操作性；对没有纳入合格评定的出口商品不留死角，做到逐步覆盖所有出口商品，并严格按程序文件实施检验检疫；积极探索制定进口棉花、芝麻、钢材、塑料等商品的合格评定程序。2007年湖北局共制定、修订合格评定程序文件55份，进一步增强了检验检疫整体把关服务能力。以提升检验检疫业务工作质量为目标，不断完善"三率"考核体系。对原有的"三率"考核办法进行了修订，较好地落实了出口商品产地检验和进口商品目的地检验。2007年完成检验检疫商品的货值和批次有较大幅度提升，基本实现了与全省外贸发展的同步增长，同时业务工作质量明显提高，证单差错明显减少。

【加大行政执法力度，维护国家经济安全】 2007年湖北检验检疫局对执法机构进行了完善，成立了执法稽查办公室，理顺执法程序，转变工作方式，加大对违法案件的查处力度。2007年重点对非法进口旧机电、肉品等案件进行了查处，共立案查处违法案件16起，罚款金额27.1万元；暂停了两名报检员的报检资格，吊销了两家生产企业的养殖注册证书；对一批价值400万元的旧机电设备实施了退运处理。受处罚的当事人涉及到生产企业12家，涉及到代理报检企业5家。通过立案查处，进一步规范了检验检疫工作秩序，维护了国家经济安全，较大地提升了检验检疫执法形象。加大对表外商品的监督抽查，为国家质检总局提供了湖北地区婴幼儿服装和用品、出口针织内衣、出口食品包装容器、便携式医疗设备等《目录》外商品安全卫生方面的有效信息，共组织抽查了78种商品，涉及22个进口国家、25个出口企业，形成完整的电子档案，为以后的《目录》外商品监督抽查工作积累了丰富经验和有效数据。对全局144名业务人员授权签字资格进行了清理和重新审定，确保湖北局业务工作程序的合法性，对明确业务工作依据和责任、落实责任追究起到了积极作用。

【促进中部崛起】 国家质检总局与湖北省政府签署了《关于促进湖北成为中部崛起重要战略支点的合作备忘录》，湖北检验检疫局结合备忘录的内容，成立了领导小组和6个专项工作小组，明确了工作重点和目标任务，重点在促进农产品出口、支持湖北省优势产业发展，服务湖北省重大项目和重点工程，加快推进大通关建设，积极创建武汉国际卫生机场，推进以质取胜战略等方面积极调研，主动服务，抓好落实。

【促进优势产业发展】 全面落实湖北检验检疫局与东风汽车公司签订的《检企合作备忘录》，规范汽车出口秩序，支持湖北汽车产业健康发展。2007年湖北地区出口汽车货值达3亿美元左右，同比增长150%。积极协助武钢通过出口热轧材免验审核;积极参与武汉锅炉厂出口的大型锅炉等制造过程的检验。建立有效监管体系,推进湖北装备产品和高新技术产品出口。2007年冠捷显示科技出口显示器继续保持大幅增长,出口批次、货值分别为3 340批、6.04亿美元,同比分别增长50%、27%。

【推进检验检疫通关创新】 推进大通关建设,争取地方政府及职能部门支持,口岸服务功能进一步提升。坚持执行"5+2"工作制和24小时预约工作制,充分利用电子监管及数据大集中建设信息平台的条件,在全省范围内实行进出境货物通报通签业务,在重点进出口企业推行无纸化报检试点,极大地简化了工作流程,为企业提供快捷、高效的服务。积极贯彻落实国家质检总局"直通放行"工作机制,目前全省已有154家企业实施直通放行。积极争取与"珠三角"、"长三角"检验检疫机构建立合作机制,先后与上海、深圳、宁波、江苏、珠海等检验检疫局进行磋商,初步达成合作意向,并与宁波局共同签署了《关于建立检验检疫业务协调机制合作备忘录》,保证湖北省主要进出口货物快速通关。积极推进地理标志产品保护工作,2007年新增襄樊程河柳编、宜昌窑湾蜜桔获地理标志产品保护,襄樊麦冬、洪湖大闸蟹、武当道茶等7个产品也正在评审和论证之中。

【应对国外技术贸易壁垒】 密切关注和追踪湖北省主要贸易国家或地区实施TBT/SPS对湖北出口产品的影响。积极应对欧盟REACH法规,组建湖北局应对"REACH"法规工作小组,举办中部地区应对欧盟REACH法规培训班,联合中部6省协会建立"REACH"专家支持系统,搭建湖北省应对"REACH"法规公益服务平台。发挥信息和技术优势,深入重点企业开展REACH法规培训和应对指导,主动给湖北省政府呈报应对REACH的专项报告,争取地方政府和职能部门支持。湖北检验检疫局化学品分类鉴别与评估实验室被国家质检总局批准为国家级重点实验室,成为全国质检系统2007年惟一新增的国家级重点实验室。

【应对突发事件】 针对美国FDA对中国输美鮰鱼采取的自动扣留,湖北检验检疫局采取切实措施,打破美国FDA的技术壁垒,帮助出口企业冲破美国对鮰鱼片出口的封杀。在确保鮰鱼片质量安全的前提下,率先在全国组织3个鮰鱼加工厂的15个货柜130多吨的鮰鱼片输往美国,目前已有100多个货柜、2 000多吨的鮰鱼片出口到美国。

【推进认证认可工作】 2007年帮助773家企业获得ISO9000、ISO14000、OHSAS18000、HACCP等体系认证,颁发CCC认证证书3 000余份,有效提升了湖北省企业的产品质量和管理水平。在全省几十家出口重点企业中开展GAP认证试点,采用多种方式进行MPS花卉认证宣传,对湖北省13家MPS认证试点企业开展了花卉GAP技术培训和应用推广工作。

湖南省

湖南口岸工作综述

2007年,在省委、省政府的正确领导下,在省直各单位和中央驻湘有关单位的大力支持配合下,经全省口岸系统共同努力,湖南口岸继续保持了又好又快的发展态势。

【口岸客、货运量快速增长】 全省航空口岸出入境航班累计4 444个、出入境人员50.56万人次,同比分别增长39%和17%。长沙航空口岸国际(地区)货物运输4 690吨,其中直达货物运输1 161吨,同比增长30%。岳阳城陵矶水运口岸外贸货物运输240万吨。其中出口65万吨,同比增长44%;进口175万吨,同比增长13%;集装箱6.5万标箱,同比增加5 000标箱。

【召开全省口岸工作3次重要会议】 口岸工作引起了省委省政府的高度重视。1月、3月、5月,周强省长、贺同新副省长、李妙和与王光明副秘书长,先后3次主持召开会议,专题研究口岸工作。省政府相继形成第103次《湖南省人民政府常务会议纪要》、《关于全省口岸工作有关问题的会议纪要》,全面推动了全省口岸工作。

【形成支持旅游产业发展的基本思路】 3月,根据省委培养壮大湖南旅游支柱产业的战略决策和《省委省政府关于进一步加快旅游产业发展的决定》精神,为全力支持全省入境旅游的发展,省政府口岸办提出全省口岸工作支持旅游支柱产业"四个一"基本思路,即确立一个理念:口岸必须服从于服务于入境旅游的发展大局;建设一个中心:把长沙航空口岸建成中部地区国际航空客运中心;扩大开放一个口岸:张家界航空口岸对外国籍飞机开放;形成一个机制:与口岸各有关单位合力推进机制

【提出湘南三市承接珠三角产业转移的系列举措】 6月,为加快湘南三市承接珠三角产业转移步伐,在省委省政府召开的湘南三市承接珠三角产业转移会议上,省口岸办提出5项措施强力推进:加快推进主要包括郴州出口加工区、郴州公路口岸在内的湘南三市口岸平台建设;整合口岸资源、提高大通关效率;切实搞好口岸区域大通关合作;适时调整全省香港直通车指标管理方式并组建直通车队;逐一研究湘南三市对口岸工作的要求和建议,搞好配合与服务。

【促进口岸大通关工作健康发展】 在充分调研、借鉴兄弟省市经验并广泛征求联检单位和有关市州意见的基础上,制定了全省口岸大通关工作指导性文件《关于加快推进口岸大通关建设的若干意见》。先后组织口岸单位到北京、四川、重庆、新疆、西藏、辽宁、安徽、广东、福建等省市口岸考察学习大通关工作,也热情接待了国家口岸办、北京、上海、新疆、福建等地领导和口岸同仁,促进了口岸区域合作深入发展。4月,参与签订了《海关总署、国家质检总局、中部六省人民政府关于促进中部崛起的合作框架协议》、《沿海部分省市与中部六省口岸大通关合作框架协议》、《长沙航空口岸与广州白云航空口岸航班代码共享合作协议》。5月,与福建省政府口岸办签订了《两省区域通关协作备忘录》。6月,签订了《海南省和湖南省共同鼓励国内外航空公司执飞两省国际航班的框架协议》。

【出台口岸发展政策措施】 为认真贯彻落实省政府常务会议精神,建立了500万元全省口岸发展资金,研究制定了《湖南省口岸发展专项资金管理办法》,已于10月颁发执行。与长沙海关、湖南出入境检验检疫局深入研究,并借鉴其他省市经验,建立了长沙航空口岸协管员、协检员队伍,大大缓解了联检单位查验力

量紧缺的矛盾。配合全省航空口岸出入境人员突破50万人次目标任务，出台了对国际旅行社、联检单位的奖励办法。《湖南省口岸综合管理办法》已通过省法制办的审查，即将报省政府常务会议审定。

【加大全省口岸宣传力度】　11月，召开全省口岸工作情况通报会，组织新华社等15家新闻媒体到口岸联检单位进行现场采访。湖南日报推出了13篇系列报道，湖南卫视新闻联播进行了重点报道，新华社、中新社、美国侨报、大公报、香港商报等发出新闻稿件60多篇，在国内外产生了较大反响。年底，组织了湖南航空口岸出入境人员突破50万人次庆祝活动，湖南口岸的持续高速发展又一次成为新闻媒体的报道热点。

【开拓新的国际（地区）航线航班】　1月张家界—香港航线顺利复航。4月、5月长沙至新加坡、日本鹿儿岛包机航班相继开通。6月张家界—九寨黄龙航线试运行，终于完成了全省引入九寨沟欧美旅客、推动张家界航空口岸加快发展的战略布局。

【抓好口岸基础设施建设】　长沙边检站新办公楼建成投入使用，长沙航空口岸国际厅改扩建顺利完成，金霞保税物流中心建成，黄花国际机场跑道盖被加厚建设工程开工。岳阳城陵矶内河水运口岸老港区改造完成，新港区建设全面铺开。岳阳洪源物流和长沙全洲医药海关公用保税仓已经建成。湖南电子口岸虚拟平台建设取得新进展。郴州公路口岸、岳阳公路口岸、长沙霞凝港水运口岸正在抓紧建设。娄底、醴陵铁路口岸也在进行可行性论证。郴州出口加工区通过国家九部委检查验收封关运行。

【强化长沙航空口岸管理协调工作】　充分履行职能，指定专人负责，加强对中部省份最大、最繁忙口岸长沙航空口岸的直接管理协调。每逢首航、夜航、大型航班进出港、多架航班进出港、省领导、港澳台贵宾、外国政要和重要客商出入口岸，省口岸办均驻现场值班。为做好长沙航空口岸国际厅改扩建和第三代航站楼设计工作，先后召开10多次协调会议，研究国际厅改扩建和搬迁方案，并组织口岸联检单位到兄弟省市考察学习先进管理经验。12月底长沙航空口岸国际厅搬迁工作基本完成并试运行，第三代航站楼设计方案已经多次修改完善。

【做好泛珠会议及口岸礼遇通关接待工作】　制订了泛珠会议全省空港、铁路、公路接待方案，口岸各单位共迎送国内外贵宾250余批次、6 000多人次。全年共圆满完成省政府赋予的礼遇通关接待任务400余批次、8 100余人次。

【推动基层口岸工作】　省口岸办与有关市州领导和部门密切沟通，积极推动各地口岸工作。长沙市政府成立口岸机构，推动长沙保税物流中心建设，建立长沙市重要政务商务外事活动协调机制。岳阳市口岸办进行公路口岸选址，促进城陵矶新港区建设，推动直航工作。张家界市口岸办进行航空口岸扩大开放的准备工作。郴州市政府做好联检单位对出口加工区的预验收、国家九部委验收和公路口岸筹建工作。株洲、娄底市政府进行铁路口岸建设可行性调研工作。

【加强口岸落地签证工作】　省公安厅人口与出入境管理局争取了专门的签证机构和编制，安排了专用签证场地和设施。6月长沙航空口岸通过公安部组织的验收，正式开办外国人签证业务。7月长沙航空口岸举行落地签证业务开办仪式和新闻发布会，使长沙成为内陆省份中继西安、武汉、成都之后第四个具备口岸签证权的城市。12月长沙航空口岸新国际厅建成中部省份航空口岸一流窗口式签证室。全年共签证19395人次。

【保证国际物流快速通道高效运行】　与铁路、海关、出入境检验检疫等部门密切配合，主动跨部门跨行业开展合作，不定期加强沟通，及时解决进出口货物在海关、出入境检验检疫、铁路装车、运输等环节的困难，保证了湖南到越南国际快速物流通道的高效运行。目前每个月的运量平均达750标箱，相当于上年半年的运量。国际物流快速通道大大促进了全省国际货运的发展。

【积极协调打击走私工作】　协助做好省打私办的工作，加强与全国打私办的联系，召开全省打击走私联络员工作会议，传达贯彻《国务院关于进一步加强反走私工作的通知》；本着执行法律与服从大局、法律效果与社会效果相统一的原则,研究部署了全年及今后一个时期打击走私工作任务。积极协调海关、公安、检察等部门正确处理把关与服务的关系,积极推动泛珠三角区域打私联系配合机制,参与区域内的各项活动。

2007年度湖南航空口岸出入境人员、航班统计资料

项目		年累计（人次）	长沙航空口岸（人次）	张家界航空口岸（人次）
合计		505 683	497 546	8 137
中国籍	小计	207 190	200 177	7 013
	因公	5 585	5 584	1
	因私	37 288	37 262	26
	港澳	78 747	72 383	6 364
	台湾	85 570	84 948	622
外国籍		259 763	259 415	348
服务员工		38 730	37 957	776
航班数（个）		4 444	4 348	96

2007年度长沙航空口岸国际（地区）直达货运综合统计资料

单位:吨

单位项目	年累计	与上年同期累计比较		南航湖南公司年累计	黄花机场公司年累计
		增减量	增减（%）		
合计	1 161.108	266.466	30	303.1	858.008
出口	616.47	42.537	7	124.4	492.070
进口	544.638	223.929	70	178.7	365.938

湖南口岸查验单位工作综述

长沙海关

【概况】 全年监管进出口货物754.2万吨，征收税款23.08亿元，增长20.21%；打击走私刑事立案4起，结案3起，案值840万元，采取强制措施12人次；行政立案42起，案值1.85亿元，结案38起，罚没入库1 044万元；查获外籍旅客携带毒品海洛因2 290克。监管进出境国际邮件63.3万件；办理留学回国人员购车手续161票、进出境人员分离运输行李107票；查获各类违规案件76起；查缉各类禁限印刷品886册、音像制品（含盗版软件）3 356件，退运、依法处理各类印刷品约9 800件，并查获首起涉嫌濒危动物制品走私案件，共计查获象牙制品140件，追缴藏匿的象牙制品54件。

【综合治税】 坚持以综合治税为统筹，以税收征管质量为牵引，认真落实综合治税责任制，深入推进"应转尽转"工作，监管业务量继续增长；加强通关业务监管和后续管理，实际监管到位，确保应收尽收；狠抓税收征管质量监控和考核，税收应收尽收水平得到提高；加强基础工作和能力建设，综合治税长效机制进一步健全完善。全年监管进出口货运量754.2万吨，征收税款23.08亿元，增长20.21%，超额完成全年21.64亿元的任务，再创历史新高。

【支持"富民强省"】 认真贯彻落实总署支持中部崛起总体意见，服务湖南"富民强省"战略，研究实施了10个方面50条具体支持措施。深入推行区域通关改革，快速通关体系不断完善；认真落实国家税收优惠政策，减免税9.42亿元，有力支持了湖南重点企业和产业的发展；出口加工区、保税物流中心等特殊监管区域建设快速发展，郴州出口加工区顺利通过了国家九部委的正式验收并封关运行；主动适应航空港口进出境人员大幅增长的需要，确保通关便捷和顺畅，湖南航空港口进出境人员突破50万人次，为湖南省外贸发展和招商引资创造了良好的环境。长沙海关的支持措施和成效得到张春贤书记、周强省长、甘霖副省长等省领导的充分肯定和社会各界的广泛好评。

【打击走私】 切实加强对缉私工作的统一领导，始终保持打击走私高压态势，积极推进打私综合治理，打私工作取得新突破。全年刑事立案4起，案值729万元，刑事结案3起，案值840万元，采取强制措施12人次；行政立案42起，案值1.85亿元，结案38起，罚没入库1 044万元。毒品走私案顺利一审宣判，14名走私犯罪嫌疑人被分别判处死刑6人、死缓2人、无期徒刑5人、有期徒刑15年1人，取得重大胜利。在黄花机场旅检现场查获外籍旅客携带毒品海洛因2 290克，实现关区旅检现场缉毒零的突破。

【风险管理】 以风险管理统筹关区各项改革，坚持整合创新、稳步推进，业务管理更加规范，业务运作更加顺畅。积极推行区域通关作业改革，"属地申报、口岸验放"适用范围进一步扩大。以企业守法便利为原则，以税收风险监控为手段，积极探索建立纳税人管理制度。引入风险式审单方法，推广应用规范申报，实现了审单过程的"耳聪目明"。推行侦审合一的刑事执法办案模式，进一步规范了办案业务操作规程。

【统计分析和监测预警】 统计数据质量和安全管理进一步强化，确保了报关单统计数据的质量；统计分析和监测预警能力进一步提高，在湖南省统计工作会议上做了典型发言；执法评估能力进一步提高，有力地服务了各项业务工作；海关统计服务社会作用进一步发挥，满足了企业和各界对外贸数据信息的需求。综合统计处被海关总署记集体三等功，被省政府授予"政务信息先进单位"，被省统计局评为"湖南省贸易外经统计先进单位"。

湖南省

湖南省公安边防总队

【概况】 全年检查出入境人员505 683人次，检查飞机4 444架次，共查处违法违规人员73人，查获控制对象2人、非法出入境案件2起10人；礼遇专包机93架次，为贵宾1 958人次提供了通关礼遇；未发生任何执勤事故和有效投诉事件。

【职业精神培养】 以构建和谐口岸、和谐社会为出发点和归宿，深入开展了"假如我是一名旅客"的讨论活动，引导官兵换位思考，与服务对象进行角色转换，教育引导官兵用尊重、体恤和关怀的态度看待服务对象；以人为本，旅客至上，对出入境旅客常怀敬爱之心和敬爱之情，真正把他们当作主人、亲人，变被动服务为主动服务，由仅在现场的服务拓展到现场以外更广泛的服务。

【服务技能培训】 对照《边防检查服务规范》，认真研究入出境手续不符和怀疑在控处理等容易引起投诉的情形，通过规范行为举止尤其是规范文明服务用语和情况处置各环节，进一步细化了每个执勤岗位的服务定式；制定了《精细化服务标准》，编印了《边防检查执法服务工作手册》，作为官兵日常学习、培训和执勤工作的基本依据。针对工学矛盾突出的情况，积极探索弹性学习模式，开发了"网上在线学习考试系统"，在执勤现场为检查员配备学习电脑，为检查员执勤间隙学习创造条件。

【通关环境建设】 总队对照《服务设施建设标准》，改造完善现场服务设施，营造温馨和谐氛围。在检查通道上增设了中、英、韩文对照的指示牌，方便旅客候检和通行；在入出境现场分别设置咨询台，安排检查员向旅客介绍入出境相关知识；设立大型电子显示屏，滚动播放通关流程、便民措施、友情提示和服务承诺；在填卡台放置资料架，提供《出入境通关服务指南》和《旅游指南》；设置卡通警察图板，营造温馨、亲切的氛围，拉近了与旅客的距离。长沙边检站以国际厅改扩建为契机，加强协调、争取支持，使现场执勤用房由5间扩大到13间，查验通道由12个增加到17个，并重新统一制作了边检服务标志、验证台、咨询台、投诉箱等，改进了监控设备，使监控信息储存时间达3个月以上，边检现场服务设施进一步规范。

牵头落实"舒畅工程"，做好旅客服务的前置和延伸工作。主动联合口岸联检单位和机场相关部门，积极整合口岸有效资源，形成合力，进一步优化候检和通关环境。推出"航班正点"行动，对非正常航班，联检单位主动协助航空公司稳定旅客情绪，使航班正点率大大提高。同时增设四类绿色通道：开设"礼遇通道"，为党政军领导、知名人士、重要访问团及商贸考察团等提供通关便利；开设"一站式通道"，对危重病人等特殊旅客一次性办妥通关手续；开设"爱心通道"，为老弱病残孕旅客提供扶助和便利；开设"快速通道"，为出入境旅游团提供快捷通关服务。

科学调配警力，优化勤务组织。总队坚持向科学调配警力和优化勤务组织要效率，要求检查员在航班开始办理手续前30分钟抵达现场，办理旅客检查手续前5分钟进入检查台，确保旅客及时接受检查。将民航值机信息接入执勤点，第一时间了解航班时间和旅客流量，根据旅客流量调整上勤人员，最大限度地减少台内检查员的等待时间，保证检查员始终以饱满的精神状态服务旅客。及时调整航班通道开通比例，保证旅客排队超过"蓝色提示线"时增开通道，兑现旅客检查不超过45秒（其中港澳旅客不超过15秒）和处理问题不超过30分钟的服务承诺，达到了95%的旅客等候时间不超过25分钟。

【便民利民措施】 认真落实了公安部12项服务措施。在现场显著位置公布了中国公民免填出入境登记卡的温馨提示；制作了"迟到免排"提示标牌，设立"边检询问室"，设置"蓝色提示线"和"蛇形通道"，尽量缓解旅客等候的焦虑心理；在检查大厅设置了搁物架、便民箱及饮水机等便民设施；对因出入境手续不符而行程受阻的旅客，还主动帮助其改签机票、提取行李、说明手续的补办途径，受到了旅客的衷心欢迎和感谢。

拓展了服务范围。主动走访生产企业,了解其服务需求,定期为企业员工开展口岸通关培训,积极宣讲边检政策法规,规范企业经营管理行为。针对旅游团队多的实际,采取"三提前"检查措施,即旅行社提前传真或用电子邮件报送团队名单、边检站提前预录旅游团队名单、提前对旅游团队进行引导,加快了旅游团通关速度。针对航空公司在经营活动中出现的违规行为,不是一罚了之,而是寄送《执法寄语》,帮助其查找原因、解决问题,加强内部管理。

积极向省市政府报送边检数据分析报告和工作动态,为政府工作决策提供参考。主动服务中博会、珠洽会、湖南国际旅游节等大型商贸活动,加强与举办方协作配合,热情为境外客商提供便利高效的服务。在第四届"珠洽会"等重大专项勤务中,长沙边检站荣获了省政府颁发的"优质服务奖"。

【强化监督机制】 抓好内部监督。成立了各级监督工作组,制定了《监督工作实施办法》,通过监控系统看形象、"梅沙"系统看质量、现场督查看效果,对执勤执法人员履行职责情况实施监督,及时纠正工作中存在的问题。总队监督工作组对照服务水平评价体系标准,先后6次到执勤现场对勤务组织、执勤纪律、服务态度、查验速度及警容仪表等进行督察,每周至少2次运用监控系统对现场情况进行抽查,每天通过梅沙系统抽检6个航班的记录,对前一日检查录入质量进行检查。通过检查,推动了边检站的工作,差错率明显减少。

强化社会监督。为增强边检工作的透明度,实现警务公开,总队聘请了人大、政协、新闻媒体、涉边单位和经常出入境旅客担任边检执法服务社会监督员,成立了边检执法服务社会监督委员会,召开了2次联席会议,听取社会各界对边检工作的意见和建议,并组织到执勤现场检查评议边检工作。各边检站也开展了广泛的社会监督,邀请社会监督员召开了座谈会,向出入境旅客发放征求意见卡,在现场及互联网公布了三级举报投诉电话及电子信箱,安装"旅客满意评价系统",扩大了社会监督面,确保了边检服务质量的提高。

接受媒体监督。为营造氛围,增强官兵的职业自豪感,赢得社会各界的理解、支持和认同,4月28日,总队组织了提高边检服务水平工作宣传策划会,邀请省委宣传部、新华社湖南分社、湖南日报、湖南卫视、湖南广播电台等单位有关负责同志,指导边检宣传工作。7月,《边防警察报》整版对长沙口岸打造"更快更亲更严"的通关环境进行了专题报道。11月中旬,由省政府新闻办、口岸办邀请的新华社、人民日报、中新社、香港大公报、香港文汇报、香港商报、湖南卫视、湖南日报等十几家境内外媒体到总队和长沙边检站执勤现场采访报道提高边检服务水平工作。湖南卫视、湖南经视、湖南政法频道、长沙公共频道、张家界电视台等省内媒体时常从多角度、多方位对提高边检服务水平工作进行宣传报道。

湖南出入境检验检疫局

【概况】 全局共检验检疫进出境货物80 603批次,货值42.22亿美元,检出不合格货物825批,货值4 404万美元;发现动植物疫情55种次,截获有害生物1 349种次;查验入境旅客携带物品2 562批,销毁2 158批,退回135批,检疫合格放行269批;查验出入境人员50.45万人次,发现传染病245例,其中艾滋病7例、性病76例、肺结核33例、肝炎125例、其他4例,发现澳抗阳性627例,发现非传染病5 373例;查验出入境交通工具9 430辆(节、架、艘),其中飞机4 493架、汽车4 144辆、船舶789艘、火车4节;查验出入境邮件24.32万件,发现禁止进境物51批。

【支持全省对外开放】 为加强对检验检疫口岸工作的领导,成立了以分管副局长为组长的口岸工作领导小组。充分发挥职能优势,为全省口岸发展壮大建言献策,积极配合、支持、参与全省口岸规划、口岸建设、口岸调研等工作,积极服务泛珠三角经贸洽谈会、食博会等重大活动。

【指导检验检疫查验设施建设】 全程参与郴州出口加工区验收有关工作。从规划设计开始,全程参与加工区建设,制定检验检疫查验设施建设方案与建设要求,多次与郴州市政府进行沟通,多次现场指导加工区检验检疫设施建设,为出口加工区顺利通过出9部委组织的验收发挥了重要作用。

积极参与长沙口岸检验检疫查验设施建设。向长沙市政府提出了口岸建设实施意见。研究提出了长沙黄花国际机场新扩建航站楼国际厅检验检疫现场工作用房和检疫用地建设方案。积极争取解决霞凝港检验检疫设施建设和办公、检疫设施不完善等问题,多次催促政府一并解决。对长沙金霞保税物流中心检验检疫查验设施建设问题积极与长沙市联系,研究、协商有关意见。

对益阳、娄底政府提出成立检验检疫办事机构事宜开展了实地调研,宣传了设立机构的意义、方式、程序、验收等规定。局党组先后在长沙和益阳会商益阳市政府主要领导,共同研究有关问题。同时,对岳阳松阳湖码头改造、张家界机场口岸检验检疫设施建设提出了指导意见。

【履行查验监管职责】 加强查验监管,确保口岸安全。加强对进出境人员、旅客携带物以及货物的查验工作,加强疫情监测,有效防止了疫病疫情的传入传出,保证了出入境人员的生命健康,确保了口岸安全和食品安全。

加强了对出入境集装箱、木质包装检验检疫监管。各口岸检验检疫机构结合实际制定了加强对出入境货物木质包装、集装箱监督管理、除害处理的规章制度,不断加强现场检验检疫监管和对卫生处理、除害处理过程的监督管理,有效地降低了出入境安全卫生风险。

加强口岸货物储运场所监管。各口岸检验检疫机构经常深入储运场所,监督检查各项卫生、安全法规及制度落实情况,确保其有效性。指导和督促有关单位取得口岸储存卫生许可证,通过口岸储存场地和集装箱场站考核。在城陵矶入境口岸和长沙机场等安装了电子监管系统,方便了企业,提高了检验检疫监管水平。

加强对航空配餐企业的监管。长沙机场办事处指导两家航空配餐企业建立科学的管理体系,督促企业进行HACCP体系认证,提高食品卫生安全水平。此外,长沙和张家界机场办事处还主动加强与机场卫生管理部门的联系,共同做好机场范围内的场地、水源卫生状况、病媒防控和空气监测等工作。

积极开展有害生物监测。口岸检验检疫机构一直坚持开展有害生物监测,对口岸蚊蝇类、鼠类、红火蚁、松才线虫等有害生物进行监测和病媒本底调查,有效地防范了外来有害生物的入侵。对已经发现的疫情,采取得力控制措施,防止疫情扩散。

【改善监管环境】 充实口岸检验检疫工作力量。近年来,为适应物流发展和工作需要,该局连年充实口岸一线工作人员,投入的力量在编制数量的基础上增加了30多人。岳阳检验检疫局实行关口前移、服务延伸,在城陵矶港现场设立了机构,极大地方便了城陵矶口岸业务。

加大现场监管设施投入。在长沙国际机场旅检通道、仓库和配餐企业实施了电子监管,购置了红外热成像快速自动搜索测温仪等设备,建设了临时留验室和媒介展示室等基础设施。口岸检验检疫监管能力的增强,对实现"严密监管下的快速通关"提供了有力保障。

简化手续,优化环境。深化"满意在检验检疫"活动;简化工作环节,实现"一站式"服务;缩短流程时间,明确时限要求;实行"5+2"工作制和节假日值班制度,实行预约24小时受理报检出证,随到随检,随时放行。

简化流程,提高效率。长沙机场办事处简化流程,实施分类管理,大幅度提高了工作效率和通关效率,旅客通过通道的时间由10秒缩短到5秒,抽检携带物时间将从5分钟缩短到3分钟;截获禁止进境物的准确率也从50%提高到90%。

加强协作,齐抓共管。加强与长沙海关的联系,努力落实关检合作机制备忘录,加强业务交流和合作,建立通关单联网核查机制,联合打击进出境逃漏检。加强与其他各口岸检验检疫的协作,抓紧落实泛珠三角区域检验检疫合作有关事项,及时解决全省进出口货物通关放行的实际问题,以提高效率。加强与省口岸办以及各市州口岸管理部门的联系,建立了检验检疫政策法规宣传和齐抓共管口岸检验检疫监管工作的沟通渠道。

【建立健全预警和应急机制】 成立由局长龙新平任组长的突发公共卫生事件处置领导小组和防核及辐射领导小组,将应对包括恐怖袭击在内的突发事件的能力作为一项重要工作来抓。同时,规范了信息报告制度,确保及时发现、及时报告、及时预警、及时处理各类突发事件。结合湖南口岸实际,组织专家编写了多个应急预案和技术方案。针对口岸应急与反恐工作突发性强的特点,加大投入,实现物资、设备、人员等的常备化管理。与有关单位建立定期沟通机制。近年来,全局妥善处理了京九、沪九直通车上发生的5起卫生突发事件,并与有关部门成功处置了多起突发公共卫生事件。

岳阳海事局

【强化安全监督】 全年辖区共发生险情事故41件,其中一般以上等级水上交通事故1起,安全状况综合评估指数大大低于目标任务100,为48.2,安全状况总体评判为明显好转;碰撞事故为零;未发生4小时以上阻航事件,未发生一次死亡10人及以上和重大船舶污染事故。

不断规范通航秩序。继续从细化监管规律入手,坚持做到了有声巡航、有情巡航和有效巡航,开展了4次全航段巡航和一次全航段夜航,保持了辖区通航秩序和通航环境良好;大力推进中游分道航行规则,培训了3 073名船员,对辖区5个单行控制段和13个横驶区实施了驻点管理,保证了规则的有效实施;加强了荆岳长江大桥施工区管理,抽调了海巡31419艇24小时驻守施工区,在大桥围堰吊装、桥墩封底等重点施工期,积极组织4艘海巡艇进行了48小时不间断维护;积极强化了辖区安全预防预警机制,完善了航行通(警)告发布,建立了安全信息短信群发平台、电视专栏滚动播发平台和内外网即时公告平台。

继续深化"三船"管理规范运作。认真组织实施了新的签证规则;继续实施安检创精品工程,举办了1次持证安检员培训班,抽调安检骨干对辖区客渡船开展了交叉安全检查和船舶安检质量考评;开展了2期干线船员培训、统考;对辖区155名渡船船员进行了培训和评估;加大违法记分力度;对体系内的3家船公司进行了公司审核,加强了审核后跟踪。2007年,共开展船舶进出港口签证23 249艘次;办理船舶登记117艘次;完成内河船舶安全检查878艘次。

【实施科学管理】 积极开展渡船管理深化年活动,制定了《岳阳海事局恶劣天气渡船管理应急预案》等5项规定;坚持落实渡船首班开航报告、末班收渡报备制度和积极推进20米以下渡船强制穿救生衣制度,开展了渡船安全周活动;坚持了常规巡查与定期巡查相结合、GPS监控与航前航后报备相结合、日常宣教与现场盯防相结合、临时通报与定期联系走访相结合、隐患整改与典型表彰相结合、规范管理与"三免一送"相结合,将"116"机制落到了实处。全年共免费赠送救生衣306件,组织渡口渡船巡查435次,检查客渡船9 426艘次,现场驻守1 427次,禁航190艘次,专项维护学生过渡260艘次。

有效实施客渡船科学监管。辖区海事处各出新招,洪湖海事处积极实施内外部有效联动,积极探索科学管理模式,并在此基础上编写出了《渡船管理科学化体系手册》,12条客渡船安全渡运行为得到进一步规范;临湘海事处继续坚持与临湘交通局、忠防镇政府、教育联组和学校在节日、假日对"学生渡"的专船维护,并开展了安全知识进校园活动;城陵矶海事处引导客渡船实行"联合体"管理,渡船由"联合体"统一调度,营运收入由"联合体"统一分配,违章处罚由当事船舶承担,使得超载、冒雾航行等违法行为得到有效遏制，客渡船公司化管理初见成效。

加强"五小"船舶管理。积极开展了辖区"五小"船舶调研，掌握了"五小"船舶基本情况，建立了"五小"船舶数据库；积极走访了当地政府和相关职能部门，寻求各方支持，逐步形成由政府统一领导和职能部门协作的"五小"船舶安全管理综合治理的合力；采取有效管理措施，开展了打击"五小"船舶非法渡运活动，"五小"船舶非法渡运情况得到较大程度的扼制。

【推进"四化"建设】 加强平台建设，管理信息化保障能力得到提高。完善了光纤骨干网的建设，对内网光纤进行了改造，网络接入由原来的2M升级扩容到4M；将城陵矶、监利、临湘、洪湖海事处由原无线传输方式改为有线光纤传输，改善了全辖段信号传输的稳定。完善了无线网桥建设，新建了华容洪山头无线网桥发射基站和反咀囤船无线网桥，实现了无线网桥覆盖率100%。完成了内、外网改版，增加了政务受理、公开、公示等功能，并初步建立和试行了信息化运行管理质量评估机制。继续组织开展了应用软件的使用培训，强化应用，保证了网上长江海事、船舶动态管理系统和OA系统等系统使用率100%。

合理调配搜救力量，反应快速化能力得到提升。完成了华容海事处反咀执法大队40米趸船（一期）及配套设施的基本建设，开展了监利海事处塔市驿执法大队码头建设前期工作。新增设了荆岳大桥执法大队，新投入了1囤3艇2车，通过合理调配海事囤、海巡艇，基本实现了海事处"153040"覆盖率100%。认真落实了巡航执法与动态应急待命制度；积极组织开展了雾航、夜航应急演练，并与荆州海事局、荆岳大桥指挥部、巴陵石化公司等单位联合举行了3次搜救演习。2007年，海事局共接到险情报告41次，遇险人员709人，获救人员707人，人命救助成功率99.7%。

继续强势推行海事管理体系，执法规范建设取得显著成效。继续把握海事管理体系主线，坚持了一月一检查，一会一强调，抓住"四个纳入"不放松，海事管理体系基本做到规范、高效运行。完成了3.1版体系文件的编写；开展了体系内审和有效性评价，已经过长江海事局年度审核。全面运行了行政处罚软件，加强了软件使用的指导与检查。

突出重点，监管现代化水平不断提高。岳阳海事局海事业务用房已进入实质装修阶段，城陵矶海事处办公楼改造正在紧张进行，基本建设力度得到了加强；升级并运行了城陵矶三江口CCTV、海巡31438和海巡31223移动CCTV，CCTV运行管理和维护得到了加强；开展了荆岳大桥施工区CCTV监控系统筹建工作，重点水域、大桥施工区和渡船GPS监控面又得到了较大的扩展。为8艘客渡船免费配备了蓄电池，客渡船GPS上线率得到了保证。目前海事局共建设固定CCTV监控系统2处、移动CCTV监控系统4处，有10艘渡船、1艘汽渡、8艘海巡艇、1辆执法车安装了GPS，监管现代化建设发展势头良好。

【加强内部建设】 服务大局，稳步推进了联合执法工作。于3月22日正式启动了岳阳区段联合执法工作，完成了6个水上政务中心、5个执法点建设，培训局执法人员117人次；组织召开了联合执法领导小组成员会议，制定了联合执法工作制度、政务中心工作规范，对联合执法日常工作进行了指导和跟踪管理，并现场走访船舶单位7次、走访船员117人次，积极征求对联合执法工作的意见和建议，保证了联合执法工作稳步、规范开展。

湖南口岸大事记

2月12日

长沙边检站执行香港至长沙N8131次航班入境检查任务时，查处1名持用伪造加拿大护照入境的中国福建籍人员。

2月14日

省委常委、副省长徐宪平主持召开湖南省机场扩建工作联系会议，专题研究长沙黄花国际机场和张家界荷花机场扩建工作等有关问题。

省政府办公厅召开2006年度全省口岸系统总结表彰会议。省政府经济顾问邹育文主持，省政府副秘书长王光明宣读表彰通报，省政府口岸办主任徐双荣作全省口岸工作总结发言，省政府副省长贺同新出席会议并作重要讲话。

2月16日

省政府副秘书长王光明率省政府口岸办一行5人到长沙航空口岸国际厅现场慰问边防、海关、检验验疫、机场安检等口岸单位现场查验人员。

3月11日

省编委办以湘编办函[2007]19号批复同意长沙市口岸办为正县级机构。

3月13日

省公安边防总队召开提高边检服务水平工作誓师大会，传达贯彻全国边检工作会议精神。

3月15日

长沙海关分别与广州海关、黄埔海关签订"属地申报、口岸验放"合作协议。

3月28日

省长周强主持召开第103次省政府常务会议，听取全省口岸工作情况汇报，并形成《会议纪要》。

4月1日

长沙海关黄花机场办事处从旅检入境渠道查获一起南非籍女性旅客携带行李夹藏毒品海洛因2 290克。

4月11日

长沙海关在邮检渠道查获一批涉嫌禁止进口的象牙制品140件，净重6.95千克。

4月25日

省口岸办与广州市口岸办签订《长沙航空口岸与广州白云航空口岸航班代码共享合作协议》。

4月26日

省口岸办参与签订《沿海部分省市与中部六省口岸大通关合作框架协议》。

5月9日~12日

长沙海关靳晨光关长赴香港出席2007年泛珠三角"商贸通关便利化论坛"暨"区域海关关长联席例会"。

5月14日

受周强省长、肖捷常务副省长委托，贺同新副省长主持召开会议，专题研究贯彻落实第103次省政府常务会议精神、加强全省口岸建设的有关问题,并形成《关于全省口岸工作有关问题的会议纪要》。

5月18日

省口岸办与福建省口岸办签订《两省区域通关协作备忘录》。

岳阳城陵矶港(松阳湖)新港一期工程开工。省政府副秘书长李兴华、岳阳市长黄兰香以及交通部水运司副司长肖大选等领导出席奠基仪式。

5月20日

周强省长在长沙黄花国际机场听取省边防总队彭志平总队长关于部队深入开展"爱民固边"战略和全面提高边检服务水平活动的情况汇报。

5月21日

省口岸办主任徐双荣参加省委、省政府召开的湘南三市承接珠三角产业转移书记、市长座谈会,并提出措施强力推进。

5月22日

张家界市政府代市长赵小明主持召开市政府办公会议专题,听取口岸工作汇报。

5月31日

省委常委、长沙市委书记陈润儿,市政府常务副市长向力力听取省边防工作汇报。

省政府口岸办组织郴州市政府、长沙海关、湖南出入境检验检疫局、省发改委、省财政厅、省商务厅、省国土资源厅、省国税局、省工商局、省外汇管理局,对郴州出口加工区(一期)开发的1.4平方公里区域的基础设施和监管设施进行预验收。

6月8日

张家界至九黄航线开始运行,18日张家界举行隆重的开航庆典仪式。省政府常务副秘书长刘明欣出席庆典仪式并作重要讲话。

6月10日

省口岸办参与签订了《海南省和湖南省共同鼓励国内外航空公司执飞两省国际航班的框架协议》。

6月12日

海关总署副署长刘文杰在长沙海关靳晨光关长的陪同下,视察了郴州出口加工区和郴州海关基建工地,并会见了郴州市党政主要负责人。

6月22日

省口岸办主任徐双荣考察岳阳太阳桥物流园,并就岳阳公路口岸网络建设选址进行调研。

7月3日

长沙航空口岸举行落地签证业务开办仪式,省政府经济顾问邹育文主持了开办仪式,省委常委、省政法委书记、省公安厅厅长李江出席会议并作重要讲话。

省委常委、省政法委书记、省公安厅厅长李江在公安厅副厅长唐中元和总队领导的陪同下,到长沙边检站视察工作。

7月10日~11日

香港海关考察团一行4人到长沙海关就长沙来往香港的进出口陆路运输货物的转关问题进行调研。

7月20日

由海关总署、国家发改委、财政部、国土资源部、商务部等9部联合组成的验收组对湖南郴州出口加工区进行正式验收。甘霖副省长出席签字仪式并与联合验收组组长孙群副司长共同为出口加工区揭牌。

7月27日

最高人民法院、最高人民检察院、海关总署第八次打击走私犯罪联席会议在张家界培训基地举行。

7月30日

副省长甘霖"八一"前夕专程到省边防总队看望慰问官兵,并听取部队工作汇报。

8月3日

长沙海关与电子口岸、中信银行签订税费网上支付三方合作协议,至此,与长沙海关签订该协议的银行增至8家。

8月10日

长沙边检站查处一起韩国旅游团持伪假团体签证非法入境案件。

8月24日~26日

香港特别行政区商务及经济发展局局长马时亨率领香港高级经贸代表团一行45人对郴州出口加工区进行考察,副省长甘霖、商务部副部长周若军、长沙海关副关长熊松海及郴州市党政主要领导陪同考察。

9月10日~11日

根据省政府专题会议关于建设全省"两空、四水、十二路"立体口岸开放体系精神,省政府口岸办赴醴陵市进行设立醴陵铁路口岸可行性和物流产业发展状况调研。

9月26日

株洲海关驻醴陵办事处正式开关,并对外办理海关业务。

10月1日

省边防总队按照公安部要求,为进一步提高边防检查服务水平,为出入境旅客和交通运输工具提供方便、舒适、安全的通关服务,出台新的措施。

10月8日

南航湖南分公司与长沙海关等单位协商开通了长沙—韩国首尔货运航线。

10月9日

省政府口岸办会同省财政厅制定了《湖南省口岸发展专项资金管理暂行办法》,并正式颁布实施。

10月17日

长沙海关靳晨光关长一行到岳阳考察保税仓库和公路口岸的开放准备情况,岳阳市长黄兰香、副市长宋爱华、岳阳海关关长汤浩陪同。

10月19日

长沙海关驻郴州出口加工区办事处正式开关,并对外办理海关业务。

10月24日

为落实甘霖副省长"年内长沙航空口岸出入境人员突破50万人次目标"的指示,省政府口岸办主持召开口岸工作座谈会,研究部署年内口岸工作。

11月2日

省委副书记梅克保听取长沙海关工作汇报,对海关支持湖南实施新型工业化建设所做的工作给予充分肯定。

11月3日

长沙黄花国际机场启动跑道道面盖被工程建设,跑道厚度由35厘米增加到45厘米,长度由2 600米增加到3 200米,机场飞行区等级达到4E型,能够起降国内所有的大型飞机。

湖南省

11月6日

副省长甘霖听取省边防总队郭群政委关于总队开展提高边检服务水平的专题工作汇报。

11月13日

省政府召开全省口岸工作情况通报会。省政府副秘书长王光明主持，省政府口岸办及湖南口岸各单位负责人向新华社、中新社等中央驻湘新闻单位，文汇报、大公报、香港商报等香港媒体以及湖南日报等省内各大媒体，通报了2006年以来湖南口岸跨越式发展情况。会后，省政府新闻办组织各新闻单位到口岸现场及口岸各单位采访。

长沙海关和全国13个关区开通"属地报关、口岸报关"通关新模式。

11月15日

南航湖南分公司正式加入天合联盟。

11月16日

岳阳洪源公共保税仓库正式挂牌营业，岳阳市长黄兰香、省口岸办主任徐双荣、长沙海关副关长王宁等相关领导出席庆典。

12月8日

长沙黄花国际机场国际厅改扩建完成并试运行。

12月10日

"湖南口岸"电子政务网正式运行。

12月14日

国家口岸办在广州召开《国家口岸综合管理条例》立法座谈会。省口岸办主任徐双荣等全国七个省市口岸办主任出席。

12月16日

省政府再次向国务院请示，为长沙边防检查站增加编制。

12月28日

湖南航空口岸年出入境人数突破50万人次。省政府在长沙黄花机场国际厅举行庆典活动，甘霖副省长出席并讲话。省政府口岸办给韩国客人姜京姬女士赠送纪念品，南航湖南分公司为姜京姬女士赠送往返中国机票一张。

甘霖副省长出席长沙海关2007年度总结表彰大会并讲话。

12月26日~29日

国家口岸办在张家界举办"全国地方口岸主管部门办公网络系统"培训班，来自全国各省市口岸办40多人参加了培训。

12月31日

长沙黄花国际机场年旅客吞吐量807万人次，同比增长22.4%，在全国机场排名第13位；张家界荷花机场年旅客吞吐量152万人次，同比减少1.3%。

湖南口岸专稿

湖南省人民政府副省长贺同新
在全省口岸系统总结表彰大会上的讲话
（2007年2月14日）

同志们：

今天，我很高兴出席2006年度全省口岸系统总结表彰会议。以省政府办公厅的名义召开总结表彰会议，这是口岸开放16年的第一次，体现了省委省政府对口岸工作的高度重视，也是对去年口岸工作的充分肯定。在此，我代表省人民政府向获得2006年度全省口岸系统先进单位和先进个人表示热烈祝贺，向为全省对外开放和社会经济发展作出贡献的口岸系统全体干部职工表示感谢。刚才，双荣同志代表全省口岸系统的发言，全面总结了去年取得的成绩，客观分析了目前存在的问题，明确提出了今年的工作思路，这些我都原则同意。下面我讲两点意见：

一、要充分肯定全省口岸系统所取得的成绩

去年，在省委省政府的正确领导下，全省口岸系统团结协作，开拓创新，做了大量的卓有成效的工作，也取得了很大的成绩。我认为可以主要归纳成以下4个方面：

（一）准确把握口岸和入境游的关系，实现了口岸出入境人数跨越式增长。近两年，口岸系统加强与旅游部门的合作，在境外旅游客源市场开拓、航线开通方面做了大量的工作，取得了很大成绩。特别是顺应张家界景区韩国游客多的形势，加大拓展韩国航线的力度，千方百计争取长沙与韩国对等飞行航权，相继引进5家航空公司，开通3条长沙至韩国的航线，使长沙航空口岸实现跨越式发展。去年，口岸出入境旅客达42.43万人次，增长408%；出入境旅客量跃居中部六省首位，比中部其他五省航空口岸的总和还多17.1万人次，增幅为全国第一，作为一个中部内陆省份能取得这样好的成绩来之不易，值得充分肯定。

（二）妥善处理监管和服务的关系，保障了外向型经济快速发展的需要。口岸系统各单位始终坚持"依法行政、为国把关、服务经济、促进发展"的方针，寓监管于服务中，有力保障了我省外向型经济发展的需要。主要表现在：口岸各查验部门依法对所有出入境人员、货物和交通工具进行查验，维护了国家利益、经济安全和公平竞争秩序；积极推进口岸"大通关"建设，努力提高大通关效率，优化了投资环境；与上海、福建等省市口岸建立了跨区域口岸"大通关"合作交流机制；推进了电子口岸建设；实施区域通关改革，推广了"属地申报、口岸验放"新型通关模式；完善航空口岸"多点报关，机场验放"通关模式，建立了快速通关体系；推进检验检疫监管模式改革，电子报检和电子签证率达到100%；全面实施"爱民固边"战略，推出便民措施，有效地提高了旅游团队的通关效率；为首届中博会、湖南—香港金融交流合作洽谈会、奥比斯眼科飞行医院、俄罗斯空军天门山特技飞行表演等大型经贸活动提供了礼遇通关优质服务等。

（三）正确对待分工与协作的关系，增强了口岸系统的凝聚力和战斗力。边防、海关、检验检疫都是中央驻湘机构，都是口岸大通关建设中不可或缺的一个环节，能够正确处理中央与地方的关系，从服务湖南对外开放和经济社会发展大局出发，围绕"优化通关环境、优化口岸服务、优化协作配合"等，加强协作，密切配合，增强整体功能。省政府口岸办立足小机构，思考大战略，促进大发展，按照全面贯彻落实科学发展观的要求，以建设"安全、便捷、高效"的一流口岸为目标，以提高口岸大通关效益为主线，敢于牵头，善于牵头,以"口岸发展,联检单位发展"的理念凝聚人心。"口岸发展,联检单位发展"这个提法很好,不过我这里还要补充一下,"湖南发展,口岸发展;口岸发展,联检单位发展"要更确切一些。实践证明也是如此。去年全省口岸系统取得很大的成绩,就是口岸系统各单位相互理解,相互支持,相互配合,增强凝聚力和战斗力的结果。

（四）统筹兼顾规范与发展的关系,推动了全省口岸体系建设。我省口岸建设多年来一方面先天不足,基础设施滞后,查验流程不合理,需要进一步规范,另一方面布局不合理,服务功能比较单一,需要进一步发展。口岸系统各单位都能够统筹考虑规范与发展的关系,在规范中推动发展,在发展中逐步规范,初步形成了适应我省对外开放和外向型经济发展的口岸开放体系。省政府批准开放了郴州、岳阳公路口岸,筹备开放长沙霞凝港水运口岸、长沙和醴陵铁路口岸等。长沙航空口岸改扩建工程已列入国家"十一五"规划,国际厅改扩建进入施工阶段。张家界航空口岸改扩建工程和扩大对外国籍飞机开放已纳入国家"十一五"规划,长沙边防检查站新办公楼已建成投入使用。岳阳城陵矶水运口岸老港区改造基本完成,新港区建设正在实施,武汉至城陵矶231公里航道整治列入了交通部"十一五"规划。郴州出口加工区和长沙金霞海关保税物流中心基础设施已经建成,达到了封关运行的基本要求。

这些成绩的取得,是口岸系统团结协作、奋力拼搏的结果,是省政府口岸办善于牵头、锐意进取的结果,是省直部门和有关市州大力支持的结果,充分说明全省口岸工作已经迈上了新台阶,也说明口岸系统干部职工是一支政治坚定、业务过硬、值得信赖的队伍。

二、要切实加强口岸大通关建设

省第九次党代会提出"全方位、深层次、大力度推进对外开放","形成对外大开放的立体交通网络",周强省长在政府工作报告中明确指出:"加强口岸建设,提高大通关效率。"这是今后一个时期做好口岸工作的总的要求,我们一定要把思想认识统一到省第九次党代会和周强省长政府工作报告精神上来。当今世界经济全球化、区域经济一体化、实施中部崛起战略以及泛珠三角区域经济合作等,为我省经济社会发展提供了难得的历史机遇,同时也给口岸工作提出了新的要求,口岸工作面临的形势是机遇与挑战并存。去年,我省外向型经济发展较快,进出口总额73.53亿美元,增长22.4%,实际利用外资25.93亿美元,增长25.14%,接待入境旅游者97.08万人次,增长34.86%,世界500强已有40家来湘投资。但也必须清醒看到加入世贸组织过渡期基本结束,逐步实行国民待遇,优惠政策越来越少。国内外企业备加关注的已不再是"两免三减"等优惠政策,而是建立公平的竞争秩序和营造良好的投资环境,关注口岸监管水平和通关效率,要求口岸人便于行,货畅其流,以降低通关成本,增强国际竞争力。口岸作为对外开放的窗口和形象,必须认真研究在扩大湖南对外开放、促进"两个转移"、推进"三化"进程中,如何提供高效率规范的服务,如何提升把关与服务的能力和水平。

（一）要充分认识口岸对我省扩大对外开放和发展外向型经济的特殊作用。口岸是国家主权的象征,是开展国际经贸、国际交往和国际旅游的必经通道。口岸既是对外开放的窗口和形象,又是提高大通关效率的平台。口岸各单位是维护国家和人民利益、促进外向型经济发展的重要职能部门,要进一步增强做好口岸工作的责任感、使命感和荣誉感。湖南作为中部内陆省份,必须依托口岸走出国门,走向世界。口岸以其特有的功能和优势,在我省融入经济全球化、区域经济一体化和进一步扩大对外开放、促进"两个转移"、发展外向型经济的进程中,正扮演着越来越重要的角色,发挥越来越重要的作用。多开放一个口岸,就多为我省外向型经济发展搭建了一个平台,多开通一条国际航线,就多为我省走向世界架起了一座桥梁。

（二）要更新行政执法观念,正确处理把关与服务的关系。口岸各查验部门要在促进行政执法观念更新、推进行政执法方法创新上下功夫,注重行政执法的社会效果,妥善处理好把关与服务。要正确处理执行法律与服务大局的关系,强化大局意识和宏观思维,辨证地把握局部利益和全局利益的关系、法律效果与社会效果的关系，不能简单地就案办案、孤立办案和机械办案，不能"只见树木，不见森林"。要正确处理严格执法和与时俱进的关系，认真分析口岸行政执法出现的新情况、新问题，以发展的眼光，妥善处理执法过程中出现的各种新类型和疑难案件。对涉及口岸管理法律法规政策界限模糊的领域，必须在把关与服务之间搞好利益平衡；划定和适用法律法规政策的界限，应当有利于创造宽松的投资环境，有利于促进地方经济发展。总之，实施行政执法要积极追求社会效果最大化，并以社会效果的优劣作为反馈信息来调整后续行政执法行为，既要始终维护国家利益和经济安全，维护公平竞争的秩序，又要保障对外开放和优化投资环境，促进我省开放型经济发展。我在海关年度总结表彰会上曾经强调过，要正确把握国家与地方的利益关系。海关、边防、检验检疫均为中央驻湘机构，代表国家行使权力，维护国家利益。国家利益，实质上是地方利益的集合，全国各省、市、自治区利益整体集中起来就是国家利益。口岸各单位在依法依规的前提下维护地方利益，就是维护国家利益。绝对不能出现表面上是维护国家利益，实质上妨碍地方发展，而最终损害国家利益的事件发生。

（三）要大力推进"大通关"建设，进一步优化投资环境。近年来，口岸系统在推动"大通关"建设方面做了许多工作，对提高通关效率、改善投资环境发挥了重要作用。但目前我省在口岸管理方面仍然存在管理交叉、条块分割、手续繁杂、效率不高等问题。据最近世界银行对我国120个城市投资环境的调查评估，我省长沙、株洲、岳阳、衡阳、郴州、常德6市通关时间平均约20天，是东南部省份通关所需时间的两倍。如果进出口时间减少5天，外资企业数量将提高17%。从这个意义上说，通关效率是投资环境，通关效率是生产力，其重要性怎么评价都不为过。省政府口岸办要统筹推进"大通关"协调服务工作，组织口岸有关单位、企业和政府有关部门，对"大通关"工作体制机制、电子平台、通关收费、货运货代等方面开展专题调研，找出瓶颈问题，提出有针对性的对策和措施，制定规范我省"大通关"工作的综合指导性文件。要完善我省与长三角、珠三角区域"大通关"合作机制，确定重点合作项目。要继续扩大"属地报关、口岸验放"区域通关一体化作业的企业范围，整合通关资源，简化通关手续，形成便捷通关、信息畅通、反应灵敏、协调及时的工作机制。要扩大电子口岸的应用范围，开展进出口企业基础数据联网、管制货物监管信息联网、出入境游客信息联网和口岸物流、运输工具信息管理等重点应用项目的开发和试点工作，逐步实现全口岸、全流程、大范围的应用。

（四）要密切协同配合，共同促进我省口岸又好又快发展。口岸是多部门、多环节、多功能的结合体，做好口岸工作需要省直各有关部门、口岸联检各单位、各有关市（州）密切配合，通力协作。对于我省口岸发展存在的问题，省政府常务会议将专题研究一次，并在此基础上形成加强全省口岸工作的若干意见。各有关单位要从我省对外开放的大局出发，各负其责，各尽其职。省政府口岸办要进一步履行综合协调的职能，逐步理顺口岸管理体制与机制，为省委省政府加强口岸工作当好参谋和助手。口岸查验单位要以促进我省外向型经济发展为己任，寓监管于服务之中。省发改委要把口岸基础设施建设纳入全省国民经济和社会发展总体规划，加强口岸基础设施建设，完善口岸布局，改善联检单位办公和生活条件。省财政厅要根据口岸规划、建设和管理的需要，加大资金支持力度，确保口岸有序、高效运行。省公安厅、省边防总队要适应我省旅游发展的新形势，积极做好港澳个人游和口岸的落地签证工作，为出入境旅客提供方便、快捷的服务。省旅游局要加强与口岸的协调配合，搞好市场预测、市场规划、市场培育、航线拓展宣传，形成口岸发展与出入境旅游繁荣的双赢局面。省机场管理集团公司要对航空口岸的通行能力认真进行研究，加快实施改扩建方案，满足口岸人流、物流快速增长的需要。长沙市政府要参照其他省会城市对新开国际航线航班的补贴及对口岸查验人员的补贴办法，加大对口岸工作的支持力度，推动长沙地区的口岸建设和管理再上新台阶。岳阳市政府要抓紧抓好城陵矶港改扩建工作，与省交通厅密切配合做好武汉至城陵矶231公里航道正式对外开放工作，为直航扫除障碍。张家界市政府要抓紧做好张家界航空口岸扩大对外开放的工作，努力改善海关、检验检疫、边防的办公、生活条件。郴州市政府要发挥毗邻粤、港、澳的优势，加快郴州公路口岸建设。长沙、郴州市政府要抓好保税物流中心和出口加工区的招商引资工作，力争封关运作就能取得实际效果。

同志们，过去的一年，全省口岸系统积极探索了一条口岸又好又快发展的路子，实现了航空口岸业务的跨越式发展。开创这一大好局面不容易，要保持和发展就更不容易。今年，口岸工作面临任务更加繁重、更加艰巨。希望大家振奋精神，与时俱进，扎实工作，开拓创新，为进一步促进我省扩大对外开放、推进"三化"进程、加快实现富民强省作出新的贡献。

春节即将来临，在此，我祝愿全省口岸系统全体干部职工及家属春节快乐，身体健康，工作顺利，家庭幸福！

湖南省人民政府副省长甘霖
在郴州出口加工区颁证仪式上的讲话
（2007年7月20日）

尊敬的国家九部委验收小组各位领导，各位嘉宾、同志们：

今天，我们在这里隆重举行湖南郴州出口加工区验收合格证书颁证仪式，这标志出口加工区由基础设施建设阶段转入正式封关运行。在此，我代表湖南省人民政府表示热烈的祝贺！对国家九部委的关怀、支持和帮助表示衷心的感谢，对做了大量卓有成效工作的中央驻湘单位、省直有关部门和郴州市广大干部群众致以崇高的敬意！

湖南是我国中部的一个重要省份，南临粤港澳，北接中原腹地，东联长三角，西达川贵渝，联接东西，贯通南北，相对于中西部其他省份，具有承接沿海发达地区特别是"珠三角"产业内移的区位优势。近年来，我省经济社会发展取得了长足进步。2006年，全省实现生产总值7 493亿元，增长12.1%，人均生产总值11 830元，接近1 500美元。全省进出口总额达到73.53亿美元，其中出口50.94亿美元。实际使用外资25.93亿美元，使用境内省外资金885亿元，世界500强企业已有40家落户湖南。今年上半年，全省进出口总值46.59亿美元，其中出口31.58亿美元，同比分别增长47.9%和48.1%；实际利用外资15.87亿美元，内联引资实际到位586亿元，同比分别增长31.35%和26.1%。上个月，我省成功举办了第四届泛珠三角区域合作与发展论坛暨经贸洽谈会，签署合作项目797个，合同资金近2 000亿元。

郴州为湖南的"南大门"，自古以来为中原通往华南沿海的"咽喉"要道，是接受华南经济圈辐射的前沿阵地，在我省承接"珠三角"产业转移中处于特别重要的位置。建设郴州出口加工区，是省委、省政府顺应"两个转移"、扩大利用外资、引进战略投资者、加快加工贸易转型升级、推进新型工业化进程的一项重大举措，也是我省外向型经济发展到一定阶段的必然要求。郴州出口加工区顺利通过国家九部委的验收，对我省进一步提升对外开放水平、促进中部崛起战略实施、加快实现富民强省战略目标、推动湖南经济社会又好又快发展具有重大意义，为郴州乃至全省承接沿海地区产业梯度转移提供了良好的平台，为香港、澳门产业延伸发展腹地提供了更便捷条件。

值得可喜的是，郴州出口加工区成功实现了边建设、边招商，目前入园企业已有8家，合同引资35亿元。我希望郴州市委、市政府以出口加工区正式封关运行为契机，加强园区管理，加大招商引资力度，引进更多战略投资者入园，特别要重视引进电子、信息等高科技企业入园。海关、检验检疫部门要正确处理监管与服务的关系，为入园企业提供优质、高效、便捷的通关服务，真正实现高水平管理、高效率运行。

我相信，有国家九部委的亲切关怀，有省委、省政府的高度重视，有中央驻湘单位和省直有关部门的大力支持，有郴州市委、市政府和出口加工区管委会的精心组织、高效管理，郴州出口加工区这颗湘南明珠一定会放射出璀璨的光芒，一定会为郴州乃至全省的对外开放和外向型经济发展作出更大的贡献。

谢谢大家！

湖南省口岸发展专项资金管理暂行办法
（2007年10月9日）

第一章 总则

第一条 为加强和规范湖南省口岸发展专项资金管理，提高资金使用效益，支持和促进口岸工作发展，根据省政府《关于全省口岸建设有关问题的会议纪要》（湘府阅[2007]51号）和财政管理的有关规定，结合我省实际情况，制定本办法。

第二条 湖南省口岸发展专项资金的来源为：

（一）省级财政预算安排；

（二）其他来源。

第三条 湖南省口岸发展专项资金属于财政专项资金，必须专款专用。

第二章 使用原则和使用范围

第四条 湖南省口岸发展专项资金的使用应遵循以下原则：

（一）符合全省口岸规划和布局；

（二）注重效益，厉行节约；

（三）公开透明、运作规范。

第五条 湖南省口岸发展专项资金的使用范围：

（一）对开拓新的国际航线和省政府决定增开的为口岸拓展国际客源市场配套的国内航线给予适当补助；

（二）对购置、维护、保养口岸现场查验设备给予适当补助；

（三）对口岸现场海关、检验检疫部门经省政府批准聘用的临时人员经费缺口给予适当补助；

（四）口岸文明共建活动；

（五）口岸课题调研、学习培训及考察交流；

（六）推进全省口岸大通关建设；

（七）国内外跨区域口岸通关协作；

（八）其他有利于我省口岸建设的事项。

第三章 资金申报与管理

第六条 省直有关单位资金申请报告直接报送省政府口岸办和省财政厅。

第七条 各市州口岸办商同级财政部门审定,提出资金申请报告,联合行文报送省政府口岸办、省财政厅。

第八条 省政府口岸办根据我省口岸工作发展情况,研究提出口岸发展专项资金安排初步方案,经与省财政厅协商一致后,由省财政厅拨付专项资金至用款单位。

第四章 监督检查

第九条 各口岸办应积极配合各地财政部门加强对口岸发展专项资金使用情况的监督、检查,考核评价资金使用效益。

第十条 任何单位和个人不得虚报、冒领、截留、滞留、挪用、侵占口岸发展专项资金,或者擅自改变资金使用范围。发生上述违法行为的,由财政部门依照国务院《财政违法行为处罚处分条例》进行处罚。涉嫌犯罪的,移送司法机关依法追究刑事责任。

第十一条 口岸发展专项资金使用单位拒不接受财政、审计部门监督的,应当责令改正。拒不改正的,暂停拨付资金或停止拨付资金;已经拨付的,责令其停止使用,并收回资金。

第五章 附则

第十二条 本办法由省财政厅和省政府口岸办负责解释。

第十三条 本办法自发布之日起实行。

广东省

广东口岸工作综述

【概况】 2007年，广东口岸工作在省委、省政府正确领导下，在国家口岸办的指导和驻粤口岸各查验单位及其上级主管部门的大力支持配合下，全省各级口岸管理部门认真贯彻落实全国口岸工作会议精神，紧紧围绕确保口岸安全畅通、改善通关环境、提高通关效率、提高对外开放水平的目标，扎实推进各项工作的开展并取得显著成效，口岸基础设施建设取得重要进展，查验监管技术手段科技创新稳步推进，粤港、粤澳口岸合作再上新的台阶，全省口岸总体保持协调运行和安全畅通。

据统计，2007年经广东省口岸入出境人员2.76亿人次，同比增长6.2%；入出境交通工具1 862万辆（艘、列、架）次，同比增长2.3%；进出口货物3亿吨，同比增长0.5%；进出口集装箱2 597万标箱，同比增长2.8%；省内海关税收实际入库1 536.8亿元，同比增长19.9%。口岸工作的显著成效，有力地促进了广东外经贸的发展，2007年进出口贸易总额达6 430.5亿美元，同比增长20.2%；实际利用外资金额171.3亿美元，同比增长18%。

【工作亮点】 粤港、粤澳间口岸新建项目分流作用初步体现，老口岸通关压力明显缓解。珠海横琴口岸新旅检楼、深圳湾口岸、福田口岸在年内先后建成投入使用，对拱北口岸、罗湖口岸、皇岗口岸等陆路口岸起到了较好的分流作用。2007年，文锦渡口岸同比客流量减少11.4%，车流量同比减少8.1%；皇岗口岸客流量同比减少2.3%，车流量同比减少3%。

口岸进出口货物和集装箱总量继续保持稳定增长，货值显著提高，但进口出现负增长。2007年，全省口岸进出口货物3亿吨，同比增长0.5%，同期外贸进出口总值为6 340.5亿美元，同比增长20.5%，表明进出口货物货值有了显著提高。同时，全省口岸进口货运量约1.7亿吨，同比降低1.6%；港口进口集装箱1 010万标箱，同比减少3.8%，是近年来首次出现负增长。

客运口岸查验监管技术手段科技创新进一步推广运用，旅客通关效率不断提高。深圳、珠海边检部门完成旅检通道"港澳居民自助查验系统"的扩容和兼容工作，并于2007年5月将该系统推广运用于内地赴港澳游的旅客。目前，深圳罗湖、珠海拱北等8个口岸共建有自助查验通道239条，占上述口岸总通道数近41%；旅客通关时间只需8秒左右，受到出入境旅客一致好评。

【着力抓好口岸规划建设】 2007年以来，全省各级口岸管理部门根据《国家"十一五"口岸发展规划》总体要求和国家口岸办关于进一步加强口岸规划管理工作的部署，加大力度对全省口岸布局进行合理规划和整合，同时按照突出重点、务求实效的原则，扎实推进重点口岸新建项目建设，取得了显著的成效，特别是深圳湾口岸的建成启用，国家主席胡锦涛出席了开通仪式并为口岸开通剪彩，为香港回归10周年献上了厚礼，谱写了广东省口岸建设史上的新篇章！此外，一批口岸新建项目在年内也先后建成、通过验收并对外开放投入使用，更进一步增强了全省口岸的通关能力，现有口岸的通关压力得到有效缓解。

陆路口岸方面：深圳湾口岸、福田口岸作为粤（深）港两地口岸的重点合作基建项目，在国务院有关部门的统筹和大力支持下，经过粤（深）港两地政府和口岸相关单位密切配合、全力以赴，克服时间紧、问题多、难度大等不利因素，按计划在上半年完成了基础设施建设和对外开放各项准备工作，于7月1日和8月15

日如期顺利开通。

港口口岸方面：根据《国务院关于已开放港口口岸新建码头启用等有关问题的批复》（国函〔2002〕120号）的规定，加强与驻粤口岸查验单位的沟通、协调工作，2007年共有9个项目、30个码头泊位相继建成投入使用；同时，在国家口岸办的大力支持下，广东纳入《国家"十一五"口岸发展规划》的港口口岸新建项目按计划逐步实施并取得了良好的进展，汕头港口岸广澳港区、深圳LNG接收站码头和广州港口岸南沙港区对外开放已获国务院的批准，深圳大铲湾口岸、汕尾港扩大对外开放项目已完成对外开放项目申报工作。

航空、铁路口岸方面：广州白云国际机场货运（联邦快递）专用跑道建设顺利推进，二期国际候机楼工程建设准备工作正在抓紧进行；潮汕机场（汕头机场）迁建项目已获国家批准，正在开展前期准备工作；广深港高速铁路筹建工作按计划推进。

二类口岸整合和进出境货运车辆检查场方面：佛山、江门、中山等市二类口岸整合处理的试点工作已进入上报阶段；进出境货运车辆检查场建设也有新的进展，惠州车检场于5月29日通过了正式验收，并于6月18日正式投入营运；经协调海关、检验检疫部门，完成肇庆大旺、茂名车检场的审批事项。

【着力抓好口岸查验监管手段科技创新项目的完善升级和推广应用】 不断推进旅客"自助查验系统"的扩容和兼容工作。至2007年底，深圳罗湖、文锦渡、沙头角、深圳湾、福田口岸共建有自助查验通道170条，珠海拱北、横琴、九洲港口岸共建有自助查验通道69条，占上述口岸总通道数近41%；5月份，该系统推广运用于内地赴港澳游的旅客。经常往返内地及港澳之间的港澳居民和内地旅客基本上都已申办并能熟练使用"自助通关卡"，通关时间只需8秒左右。"自助查验系统"的推广运用，不但极大地推动了粤港、粤澳之间的通关便利化，而且有效地缓解了粤港、粤澳之间口岸的通关压力，受到社会各界的广泛好评。

继续推进拱北口岸"一站式"电子验放系统的完善升级工作。省政府领导对此项工作高度重视，并专门拨出专款，针对"一站式"系统运作存在的不稳定性等主要问题，在认真查找分析原因的基础上拟定了完善升级方案，并通过了查验单位及相关部门专家的评估。

扎实推进口岸查验通关流程改革试点工作。在国家口岸办的大力推动和悉心指导下，海关、检验检疫部门通力合作，在深圳福田口岸共同对出入境旅客随身携带行李物品实行"一机两屏"查验模式，有效地促进了口岸查验部门的资源共享，优化了口岸通关流程，加快了口岸通关速度。

【着力抓好粤港、粤澳口岸合作项目的跟进落实】 高质量完成深圳湾口岸"一地两检"查验模式的落实安排，确保了深圳湾口岸如期顺利开通。

作为粤（深）港两地重点合作基建项目的深圳湾口岸、福田口岸在2007年7、8月份相继建成投入使用，从根本上缓解了粤港陆路口岸之间的通关压力；规划中的港珠澳大桥口岸选址问题前期论证工作已基本完成。

开通珠三角水路客运口岸至香港机场航线的相关工作扎实推进，客轮北行挂港运营问题已经解决；有关开通珠海九洲港至香港国际机场水上客运航线的问题，粤港双方经协商达成共识，报经省政府批准，于2007年7月上旬正式开通。

粤澳合作联席会议确定的口岸合作其他事项逐一跟进落实。拱北口岸扩建、珠澳口岸延长通关时间、珠澳跨境工业区专用口岸增加附属功能等有关事宜，通过专题磋商已基本达成共识。

【着力抓好口岸协调管理，确保口岸高效运行和安全畅通】 注重抓口岸通关安全工作。坚持开展经常性的安全生产大检查工作，督促、指导各地进一步健全完善口岸通关安全制度，特别是在重大节假日客流量高峰期，都派出安全检查小组赴重点口岸现场督促检查，确保全省口岸保持安全畅通。

注重抓口岸突发事件应对工作。2007年4月和6月，省口岸办会同口岸各查验单位及相关部门及时平息了两起香港有关运输协会酝酿组织货车司机在沙头角、文锦渡和皇岗口岸进行罢驶、慢驶的行动，维护了口岸的正常运作和安全畅通，得到了省政府主要领导的充分肯定。

注重抓重点项目、重要能源物资在口岸的进口通关问题。为解决广东各主要电厂、重点建设项目专用码头煤、油、气等能源物资和生产设备进口的通关问题，先后协调解决了11个石化码头泊位和5个煤码头对外开放和临时对外开放，应急办理了12艘次外籍船舶临时进入非开放水域作业手续，确保了企业的正常生产和居民生活所需电、油、气的正常供应。

注重抓暂停使用口岸恢复开放的协调工作。经报国家口岸办核准并协调澳门及口岸各相关部门，2007年5月1日珠海横琴口岸新旅检大楼启用，旅检通道恢复对外开放；梅州机场也于11月底恢复对香港通航。

【着力抓好口岸专题调研，积极探索口岸发展新路子】 积极参与国家口岸办布置的专题调研活动。会同有关地方口岸管理部门和有关查验单位完成了"关于查验单位人力资源合理配置"和"口岸设施建设标准"课题调研报告的撰写和上报工作。

针对重点口岸的建设管理问题展开专项调研。主要针对珠澳口岸24小时通关、珠澳之间各个口岸的功能定位及客货分流、拱北与关闸口岸下一步改造扩建中如何衔接等有关粤（珠）澳口岸通关问题开展调研，并分别形成专题调研报告上报省政府。

围绕"大通关"建设工作展开全面调研。多次深入口岸一线开展调研工作，通过调研进一步摸清情况，并在调研中促进重点、难点问题的解决。

2007年广东口岸有关数据

项目		2007年1~12月	同比%
1. 进出口货运总量（万吨）		30 036	0.5
其中	进口	17 036	−1.6
	出口	13 000	3.3
2. 进出口集装箱总量（万TEU）		2 597	2.8
3. 从水运口岸进出口的货运量（万吨）		25 974	1
其中	进口	15 448	−1.3
	出口	10 527	4.5
4. 从水运口岸进出口的集装箱（万TEU）		2 159	3.4
其中	进口	1 010	−3.8
	出口	1 149	10.7
5. 征收关税（亿元）		261.9	15.9
6. 进口环节税（亿元）		1 274.9	21.4
7. 入出境运输工具(万辆艘次)		1 862	2.3

其中	船舶（万艘次）	31.7	1.5
	汽车（万辆次）	1 823	2.3
	火车（万列次）	2.5	-9.7
	飞机（万架次）	5	16.9
8. 入出境人员（万人次）		27 613	6.2

深圳口岸工作综述

【概况】 2007年是深圳口岸大发展的一年。深圳湾和福田两个大型口岸如期开通，大铲湾海港口岸一期两个泊位投入生产性试运行，3个二线新设检查站开通使用，口岸客流、车流、物流持续增长。全年，深圳口岸入出境人员1.78亿人次，日均48.7万人次，比上年增长6.4%，占全国口岸出入境人员总量的52%、广东全省的64.5%；出入境车辆1 539.3万辆次，日均4.2万辆次，比上年增长0.9%，占全国口岸出入境车辆总量的76%、广东全省的83%。深圳港外贸货物吞吐量15 274.11万吨，增长20.4%；集装箱吞吐量2 109.92万标准箱，增长14.24%。深圳机场国际旅客吞吐量72.06万人次，增长51.8%；国际货物吞吐量12.4万吨，增长44.2%。经二线各检查站进入特区人员4.95亿人次，进入特区车辆1.44亿辆次。在广东省外经贸工作和口岸工作会议上，深圳市再次获得"口岸大通关建设特等奖"。

【深圳湾口岸开通】 深圳湾口岸是国家"十五"重点建设项目，1997年12月国务院总理办公会议批准立项，2000年国务院港澳办确定了"以粤港分界线为界，各自投资、共同建设、各自拥有、各自管理"的建设原则，2002年11月国务院总理办公会议批准项目工程可研报告，2003年5月交通部批准大桥初步设计，同年8月28日大桥动工，其口岸配套设施建设与主体工程建设一并进行，2007年5月31日通过竣工验收。7月1日，深圳湾口岸正式开通启用。国家主席胡锦涛出席了开通仪式，并为口岸开通剪彩。

深圳湾口岸工程由口岸查验区、深圳湾大桥和深圳侧接线三大部分组成。深圳湾口岸查验区由深港两地政府投资，深方总投资约12亿元人民币，港方约17亿元人民币，其中港方口岸查验区由香港特区政府委托深圳市政府与深方口岸查验区一起同步建设。深圳湾大桥从深圳蛇口东角头填海区跨海至香港鳌勘石，全长5 545米，其中大桥深圳侧2 040米，香港侧3 505米，按高速公路标准建设，设计行车速度100公里/小时，双向六车道加两侧紧急停靠带，桥宽38.6米，设计寿命120年。深圳湾大桥深圳段投资约9亿元人民币。深圳侧接线长约4.48公里，连接口岸至深圳前海港湾大道，采用下沉道路，过境车辆通过3.09公里的六车道高速公路隧道穿越城市建成区，总投资约21亿人民币。

深圳湾口岸是一个客货综合性口岸，按照"一地两检"查验模式运作，深港双方口岸均建设在深方界内，口岸总用地面积117.9公顷，其中深圳用地76.3公顷，香港用地41.6公顷。设计日通过能力为：旅客6万人次；车辆5.86万辆，其中货车4.32万辆次/日、小汽车1.39万辆次/日、大客车0.15万辆次/日。深圳湾口岸通关实行24小时开放。深圳湾口岸是按照"一地两检"查验功能需求设计建设的，是国内首个实施"一地两检"查验新模式的口岸，也是迄今为止世界同类口岸中最大的现代化、智能化口岸。其主要特点是深港双方的查验区域均设在深圳区域内，实现了深港口岸查验单位在一栋大楼内查验，出入境旅客由上落车两次减少至一次，大大缩短了出入境旅客的通关时间，使深港两地间的最短车程减至半小时。

中国口岸年鉴

【福田口岸开通】 福田口岸系经深圳市政府与香港特别行政区政府商定，在深圳福田保税区东侧新建的一个旅检口岸，总用地面积62962平方米，总建筑面积84198平方米（口岸旅检大楼高24米，地上三层，地下一层）。福田口岸由联检大楼和人行通道桥组成。人行通道桥连接福田口岸联检大楼和香港九广铁路落马洲管制站，是贯穿深圳地铁4号线和香港轻铁东部支线的口岸枢纽工程。桥长240米（深方116米，港方124米），桥宽16.5米，上下两层，单向行走，分别供深港出入境旅客使用（上层为出境＜南行＞，下层为入境＜北行＞）。通道桥为独塔双索面斜拉桥，桥的主体为带顶盖及玻璃幕墙的双层承重钢结构，桥内设有照明、空调、消防、排烟、抽湿、自动步行梯（深圳方每层各有一部长80.5米的自动步行梯）、综合安防等系统。福田口岸联检楼概算投资约4.4亿元人民币；深港皇岗/落马洲人行通道桥投资约1.82亿元人民币。福田口岸设计日过境旅客通过能力为25万人次，福田口岸通关时间为每日6:30至24:00时。

8月15日，香港特别行政区政府和深圳市人民政府联合在福田口岸举行开通仪式。福田口岸的开通，是粤港、深港合作取得的又一重大成果，对于促进深港两地经济社会的联系和发展，对于进一步加强香港与内地的合作交流、保持香港的长期繁荣稳定，有着积极而重要的意义。

【口岸设施改造】 皇岗、文锦渡等老口岸的设施改造工作得到强力推进。皇岗口岸改造工程按计划完成了各项报批工作，并由市口岸办移交市建筑工务署，于2007年3月底正式动工，年底已完成市政道路工程量的30%。文锦渡口岸旅检场地的改造工程已先后完成项目建议书、可研究报告编制、场地勘察测量、用地方案图审批及环境评估报告编制工作，进入用地预审和建设用地规划许可等报建工作阶段。

【口岸通关合作】 面对深圳口岸日益增长的通关压力，深圳口岸切实加大协调力度，保持口岸高效运行。年初，召开了深圳市口岸管理委员会全体（扩大）会议，全面分析口岸工作形势，对2007年的口岸重点工作做了安排和部署。口岸管理部门针对出现的新情况、新问题，及时与口岸各单位协调沟通，力争把问题解决在现场和基层。特别是针对海关查验标准调整后出现的新情况，多次与深圳海关和交警部门召开协调会，分析原因，及时采取应急措施，确保了口岸的安全畅通。深港双方通过口岸部门的联络，保持深港口岸的和谐联动。通过节日过境小组会晤制度、日常边境联络官联络制度、突发事件应急处理等工作机制，及时通报情况、共享信息。在防台风期间，及时保持与港方的联系，随时准备启动深圳湾口岸防台风应急预案。在春节、清明节、"五一"、"十一"黄金周等口岸旅客入出境高峰期间，及时召开两地联络官和查验单位有关人员参加的"深港节日旅客过境小组"会议，分析形势，预测流量，制定应急措施，共同商讨节假日期间罗湖、皇岗口岸过境旅客的疏导和配合问题，并向口岸各有关单位发出通知提出要求。特别加大了对旅行团和内地旅客的疏导力度，采取了一系列疏导旅行团和个人游的措施，从而保持了口岸通关的良好秩序。深圳口岸还加强了对口岸应急预案的演练，在深圳湾口岸组织深港双方进行了恶劣天气和重大交通事故演练、消防灭火救援和反恐深港联合演练，在福田口岸联合进行了消防演练，进一步提高了处置口岸突发事件的能力。

【海空港口岸开放】 根据市政府提出的力争年底前两个深水泊位投入生产性试运行的要求，积极抓好大铲湾口岸对外开放有关的申报跟踪工作，争取国家有关部门对该项目的支持。同时协调抓好码头生产设施与查验监管设施的同步建设，协商解决了查验单位的临时办公业务用房和综合办公大楼的建设及分配问题。12月21日，大铲湾海港口岸一期4#、5#泊位按期投入生产性试运行。2007年，停靠孖洲岛新修船基地进行维修的大型外国籍船舶近20艘，实现了在安全搬迁的同时顺利生产的目标，有力推动了深圳市大型船舶维修行业的发展。大鹏液化天然气（LNG）专用码头顺利通过了由省口岸办牵头组织的对外开放验收，并获得国家口岸办正式批准该专用码头正式对外开放。蛇口集装箱码头三期7#、盐田港三期扩建工程10#、11#和大铲湾一期4#、5#五个新建深水泊位投入使用，有效地缓解了本市港口泊位不足的问题。经过查验单位和相关企业的共同努力，空港口岸的通关效率和服务质量得到明显提高。

【特区检查站建设】 为配合市政府近年全面实施"一横八纵"交通工程，2007年新城、新区、福龙3个检查站按时开通。针对特区管理线上出现的新情况和新问题，加强对特区管理线的管理，协调完成了南头检查站每逢暴雨积水的整治及移交管理方案，在二线各检查站实施了内地居民凭身份证过关的简便通关手续，按照市政府对重点区域交通综合改造的任务分解，完成了对放宽布吉小关和禾坑肚耕作口的社会车辆及公交车辆通行的协调工作，解决了二线24个耕作口附近居民的人、车出入限制问题。完成了对8个检查站"穿衣戴帽"改造工程方案的审定，拆除了检查站主要建筑物和通道上一批不规范的户外广告，进一步净化、美化了"二线"检查站的环境。

(深圳口岸办 李岩 袁本阳)

广东口岸查验单位工作综述

海关总署广东分署

2007年，广东省内海关在海关总署和广东省委、省政府的正确领导下，以科学发展观为统领，把关服务能力进一步增强、干部队伍整体素质进一步提高，圆满完成了各项工作任务。

【积极推进监管通关改革创新，适应和促进广东外经贸的大发展】 一是"属地申报、口岸验放"通关方式进一步扩大。年内，省内海关之间、广东各海关与泛珠三角区域内其他海关之间均已实施"属地申报、口岸验放"通关方式。二是跨境快速通关系统进入实质性试运行阶段。成功启动深圳皇岗口岸与深圳机场之间、皇岗口岸与广州白云机场之间、皇岗口岸与黄埔海关东莞寮步车检场之间的跨关区试点，试点线路皆平稳运行。完成卡口控制与联网系统的升级切换工作，在广州萝岗、东莞长安等车检场至深圳盐田启动卡口系统实车验放试点。电子关锁单锁试运作效果良好，GPS监控系统试点推广计划稳步推进。三是出台便利措施，促进广东外源型经济发展。湛江海关出台了支持区域合作、促进粤西发展的8项措施，并同湛江、茂名两市政府签署了合作备忘录。广州海关、黄埔海关联合推出支持广州空港、海港发展的措施。深圳、拱北、汕头、江门等海关紧密结合省情、市情，深入调查研究，出台了支持外源型经济发展的具体措施。

2007年广东省进出口贸易总值为6 340.5亿美元，比上年同期增长20.2%，占全国进出口总值的29.2%。其中出口3 692.5亿美元，增长22.2%，占全国出口总值的30.3%；进口2 648亿美元，增长17.5%，占全国进口总值的27.7%。全年广东省实现外贸顺差1 044.5亿美元。

【加强区域海关合作，促进泛珠三角区域商贸通关便利化】 继续发挥泛珠三角区域海关关长联席例会、联络员会议和情况通报"三大平台"的作用，"海关积极参与和推动泛珠三角区域合作的10项措施"得到进一步落实。5月，海关总署与香港海关共同主办，广东分署参与承办的2007年泛珠三角"商贸通关便利化论坛"暨"区域海关关长联席例会"在香港成功举办。内地、香港、澳门三地海关共同发表了《泛珠三角区域海关联合宣言》，确认了粤港海关货物查验结果参考互认、跨境快速通关、企业守法记录共享等8个领域深化合作。曾庆红副主席5月30日对此作出批示："祝贺会议的召开并取得实际成果。"

【完善加工贸易实际监管，促进广东加工贸易转型升级】 一是认真贯彻落实商务部、海关总署第44号公告。加强宣传解释和咨询工作，积极参与国家和省有关部门组织的调研，及时、主动收集各界意见、建议向上级反映并取得积极成效，减少了扩大银行保证金台账"实转"范围对广东加工贸易企业的震动，确保了44号公告的顺利实施。二是继续深化加工贸易联网监管改革，促进广东加工贸易的健康发展和转型升级。对省内1 906家加工贸易企业实施联网监管，联网监管覆盖率为63.7%。与广东省外经贸厅密切合作，加快广东省加工贸易联网监管公共平台建设和推广步伐，全省已有580家加工贸易企业安装了公共平台外经审批系统。开展纸质手册电子化试点的企业已达3 385家。三是积极支持海关特殊监管区域及保税监管场所建设，促进保税加工和保税物流业的协调发展。四是积极构建海关与企业新型战略合作伙伴关系。推动省内海关企业管理数据库指标设定的标准化；探索对企业实施"户籍式"管理的途径和方式；参与建设广东省企业基础信息共享系统工作。

【加强税收征管和打击走私工作，营造守法便利的进出环境】 在税收征管方面，完善管理制度，理顺职能分工，提高综合治税能力。加强税收长效机制建设，坚持税收监控和考核办法，确保税收征管质量。提供优质服务、营造良好的通关环境，巩固和培育税源，圆满完成全年税收任务。2007年广东海关税收入库1 542.76亿元，占全国的20.34%，增长20.38%，各项监控指标均处于良好水平。

在打击走私方面，认真开展打私专项斗争和联合行动，扎实推进反走私综合治理。根据上级部署和广东关区实际，组织开展了12项专项斗争和联合行动，取得了突出成效。全年，广东各海关共查获走私案件6 077起，案值25.21亿元，同比分别上升30.2%和下降64.3%；违规案件立案15 292起，案值80.37亿元；共对1 628名犯罪嫌疑人采取强制措施；向检察机关移送起诉走私犯罪案件462起、嫌疑人903名。由分署牵头，省内多个海关缉私部门与香港海关密切配合，在省公安部门的有力支持下，经过一年多的艰苦努力，成功侦破了案值3亿元的"6120"特大走私案件，缴获切割车3 300辆，得到了吴仪副总理批示肯定。积极参加禁毒人民战争，拱北、汕头海关首次查获自2006年以来千克以上人体藏匿走私毒品大案；承担了广东省禁毒委禁毒帮扶督导广州市的工作。2007年，广东各海关立案侦办毒品走私案件182宗，抓获犯罪嫌疑人169名，缴获各类毒品373千克、易制毒化学品苯基丙酮7吨。

【着力加强法制建设，依法行政水平进一步提升】 一是推进知识产权海关保护工作全面发展。推进粤港海关加工委托书快速验证机制合作，香港海关根据广东分署反馈的光盘生产加工委托书核查结果，成功检控香港一光碟生产厂及其持牌人；牵头省内海关开展了与港、澳海关保护知识产权联合执法行动4次，查获侵权案件23宗。二是普法工作和"扫黄打非"工作取得积极成效。2007年，广东海关共查缴各类非法出版物141.6万余份，查获万张以上光盘走私案件10宗，查获涉案光盘260.71万张。三是依托广东贸管联席会议机制解决执法重点、难点问题。海关办理废物进口、办理国货复进口、各发证部门签发许可证情况等数据的季度信息共享机制运作顺畅。开展"两废"监管、濒危野生动植物进出境管理、全省机电产品出口增长方式等调研。四是加强复议、应诉工作，促进省内海关执法水平提升。推行复议人员资格制度，规范复议行为，依法、公正、高效地解决争议。

【着力"内强素质"，队伍建设取得新成果】 2007年，广东海关坚持从严治关方针，着力加强队伍建设和行风建设，着力建设服务型海关、责任型海关和法治型海关，努力提高执法能力和服务水平。一是把开展新时期海关精神大讨论活动与省委部署的"三服务一促进"主题实践活动相结合，深入进行世界观、人生观、价值观的教育，抓好"春风送暖"、"阳光便民"等5项行动的落实，推动和谐社会与和谐海关建设。二是推进海关党风廉政建设和反腐败长效机制建设，严格贯彻执行"海关人员6项禁令"，开展自查自纠，积极推行关务公开，执法透明度不断提高。三是加强领导班子建设和思想政治工作，发挥工、青、妇的桥梁纽带作用，队伍的凝聚力、战斗力进一步增强。四是坚持内强素质与外树形象相结合，开展全员岗位练兵，加强专项知识学习和技能训练，营造"钻研业务、争创一流"的良好氛围；加强制度建设和规范化管理，关风、关貌、关纪得到进一步提升。五是积极参与省委组织的"十百千万"工程驻村工作，年内启动水利工程、村文化广场建设等重点帮扶项目4个，共投入帮扶资金27万元，帮扶工作取得实际成效。

(林升)

广州海关

2007年，在海关总署的正确领导下，广州海关坚持以邓小平理论、"三个代表"重要思想和科学发展观为指导，坚持科学治关理念，提出了"思想建关，能力强关，廉政把关，发展兴关"的全面建设思路，通过改革、整合、创新，有力地加强了业务建设和队伍建设，服务促进了区域经济的发展，完成了全年工作任务。

【抓好税收征管工作，税收持续稳定快速增长】 坚持以税收为轴心，紧紧把握住税源、征管和入库3个环节，加强基层税收征管的执行力，充分运用科学的评估体系，把握了税收的进度和质量。全年税收入库292.01亿元，同比增长30.32%。其中，关税60.07亿元，增长19.69%；进口环节税231.93亿元，增长33.39%。

【立足创新模式，推动通关监管的改革整合】 适应广东经济发展战略的调整，坚持进行适应性创新。提出"一关通"理念，着力构建区域内海关公共服务平台，实现了舱单互认、监管互助、诚信企业互认；顺利推进通关监管作业运行改革整合试点工作，提升监管智能化、通关高速化的水平，实现了70%以上的报关单进入F通道快速放行，通关效率和查验效能进一步提高。全年监管进出口货运量4 100万吨，比上年增长了16.3%，货值819.23亿美元，增长了18.3%。监管进出境人员1 028万人次，增长9.2%；监管进出境邮递物品和快件4 133万件，下降4.7%。

【推进了加工贸易监管改革和保税政策的运用，促进了区域经济转型升级】 以信息化的手段，改革监管模式，实施流程再造，改革了传统的纸本管理模式，推进了纸质手册电子化、联网监管，加工贸易集中审核改革试点取得了成功。充分发挥保税政策在区域发展中的作用，将保税政策有效地支持地方转化为物流运行的方式，建立新型的保税监管模式，开发了电子海关保税仓监管系统，为企业提供政策咨询、业务指导、监管模式、信息化建设等全方位的服务。全年加工贸易进出口值达到了571.54亿美元，同比增长11.29%。联网企业582家，进出口总值368.38亿美元。

【有力打击了走私违法活动，维护了进出口贸易秩序】 加强了打私工作运行机制建设，做到既提高了整体打击效能，又稳妥处理好新形势下海关执法中遇到的矛盾和问题。全年立案走私案件271宗，案值8.26亿元；立案违规案件717宗，案值7.26亿元，抓获犯罪嫌疑人228人。组织了"猎鹰"缉毒行动，在旅检现场、快件渠道有力地打击了毒品走私，查获毒品案件106宗，缴获海洛因等毒品239.2千克，抓获犯罪嫌疑人151人。

【深入抓好企业管理、后续稽查、风险管理的职能的实现】 提出"一窗通"、"全关通"的理念，以入驻广州市政务服务中心开展审批和咨询为契机，运用网络化手段，实现全关审批业务的互联互通，提高了服务企业的质量和水平。以企业为重点和单元，建立了一企一户企业档案，实行企业分类和活动状况评估的管理，为实施风险管理奠定了基础。

稽查工作以分级和行业为重点的后续职能定位得到落实，以企业、货物、市场的相关关系实施分级稽查和行业稽查，发挥了后续稽查发现得准、查得好、移交得快的作用。

以风险公告板、企业电子管理系统、责任评估为主要子系统的直属海关风险管理平台已经建立，使全关各部门的执法风险管理活动实现了良性的互动；使风险管理由研究转向了实际运用，并见成效，在保证海关执法的工作上发挥了重要的作用。

【发挥统计预警和调控作用，促进执法整体水平的提高】 进一步加强基础数据管理工作，注重业务统计和执法评估服务科学决策、执法运行的作用的发挥。建立了与地方统计部门统计数据的共享机制，为促进地方经济发展提供了分析决策的基础数据。建立泛珠三角区域海关统计数据库,为构建统一的海关公共服务平台提供了信息数据服务和支持。海关统计在风险管理中的基础数据和预警监测作用得到充分发挥。年内全关共有30篇统计分析文章被广东省政府和中办、国办采用。

【抓好思想政治工作建设和教育培训,提高队伍的思想素质和能力】 坚持把思想政治工作作为灵魂和生命线来抓,开展理想信念教育、职业道德教育和海关精神大讨论,引导干部用正确的世界观、人生观、价值观来判断和处理问题。抓好文化建设,弘扬广州海关团结、务实、和谐、进取的时代主旋律,增强队伍的凝聚力和向心力。深入开展党风廉政纪律教育活动,增强教育传播的及时性和广泛性,促进关员自觉增强反腐倡廉的思想意识,确保海关队伍廉洁从政,有效履行把关服务职能。

广州海关2007年主要业务统计表

指标	单位	本月		1月至本月累计	
		数值	同比±%	数值	同比±%
进出口报关单总数	份	221 918	4.0	2 524 292	6.3
进出口记录条总数	条	550 039	7.4	6 073 369	9.9
进出口商品总值	万美元	734 736	14.1	8 192 310	18.3
进口	万美元	337 552	18.1	3 688 014	16.7
出口	万美元	397 185	10.9	4 504 297	19.5
进出口货运量	万吨	379	17.4	4 100	16.3
进口	万吨	223	39.1	2 325	22.7
出口	万吨	156	−4.0	1 774	9.0
税收指标					
税收入库	万元	188 960	79.1	2 920 067	30.3
关税入库	万元	39 236	80.0	600 718	19.7
进口环节税入库	万元	149 724	78.9	2 319 348	33.4
加工贸易内销征补税	万元	7 490	38.5	89 401	29.7
实际减免税总值	万元	29 489	−21.5	364 425	−10.9
监管指标					
集装箱总数	箱次	323 572	8.8	3 758 015	5.9
集装箱箱载货物	万吨	229	4.7	2 642	11.0
监管运输工具总数	辆(艘、节、架)	84 514	2.9	1 014 658	0.9
汽车	辆	62 416	1.0	753 660	1.6
火车	节	9 899	8.9	122 087	−3.5
船舶	艘	8 343	−1.8	97 434	−5.1

广东省

（续表）

指标	单位	本月		1月至本月累计	
		数值	同比±%	数值	同比±%
飞机	架	3 856	41.8	41 477	19.4
查验货物报关单	份	7 238	1.1	86 682	8.4
货物报关单查获	份	338	-6.6	3 316	-26.9
报关单查验率	%	3.6	—	3.7	—
报关单查获率	%	4.7	—	3.8	—
经大铲中途监管船舶	艘	12 240	-6.3	129 184	-8.4
实有加工贸易企业	个	—	—	4 686	-2.5
备案加工合同	份	645	-49.3	10 403	-30.8
合同备案金额	万美元	88 190	-41.8	1 494 288	-4.0
报核加工合同	份				
加工贸易进出口总值	万美元	363 201.0	7.4	4 273 119.0	12.6
进口	万美元	129 947.0	9.5	1 557 031.0	9.5
出口	万美元	233 254.0	6.2	2 716 088.0	14.4
深加工结转进出口总值	万美元	113 892.0	4.9	1 234 918.0	18.6
进口	万美元	50 895.0	1.5	574 358.0	15.7
出口	万美元	62 997.0	7.7	660 560.0	21.2
行邮指标					
出入境人员	万人次	92	13.6	1 028	9.2
邮、快递总数	万件	384	3.3	4 133	-4.7
邮递、印刷、音像制品	万件	273	-3.2	2 905	-12.8
快件	万件	112	23.8	1 228	22.4
稽查、缉私指标					
备案企业	家	—	—	22 080	1.4
稽查企业	家	32	0.0	474	17.0
稽查补税	万元	687.1	16.8	8 326.8	-14.3
罚没收入入库	万元	287.0	-68.4	13 757.0	19.0
立案违规总案数	起	61	48.8	719	25.9
立案违规总案值	万元	1 830.8	41.2	72 756.0	78.5
立案走私总案数	起	13	-62.9	274	-11.0
立案走私总案值	万元	104.8	-95.5	82 616.6	-75.5

(续表)

指标	单位	本月		1月至本月累计	
		数值	同比±%	数值	同比±%
走私犯罪立案案数	起	5	−61.5	130	−6.5
走私犯罪立案案值	万元	211.0	−90.2	78 847.2	−76.5
立案案件偷逃税额	万元	37.7	−90.4	22 756.3	−52.8
走私犯罪结案案数	起	9	−55.0	113	52.7
走私犯罪结案案值	万元		−100.0	98 283.4	−0.6
结案案件偷逃税额	万元		−100.0	11 926.4	−58.5
采取强制措施人数	人	6	−73.9	229	−6.5
查获知识产权案件	起	18	157.1	339	96.0
查获知识产权案值	万元	193.3	21 815.1	2 914.4	620.8

深圳海关

深圳关区目前共有开放口岸25个(含2007年开放的深圳湾、福田),其中一类口岸18个(包括海运口岸8个,陆路口岸8个,铁路口岸1个,空港口岸1个);二类口岸7个(包括海运口岸6个,陆路口岸1个)。目前,深圳关区口岸进出境业务量成逐年增长态势。

党的十六大以来,深圳海关在总署的领导下,坚持海关工作16字方针和队伍建设12字要求,贯彻落实科学治关理念,坚持解放思想,争当海关改革创新排头兵,争创一流海关,各项工作取得了可喜的成绩。

【税收征管工作取得显著成效】 认真落实构建综合治税大格局的要求,加强税收征管长效机制建设,确保量质并举,应收尽收,为中央财政增收作出应有的贡献。2003年至2007年,征收税款由382亿元增长至604亿元,年均增长16%。坚持应转尽转,2007年转出税收同比增长40%。税收征管质量不断提升,2007年一般贸易进口商品的价格水平达到1.0026。此外,5年共审批减免税307亿元,确保了国家税收优惠政策的落实。

【反走私工作保持了高压态势】 调整调查和缉私职能,整合打私资源,打私工作绩效不断提升。逐步构建起反走私预警防控、查缉拦截和打击制裁"三道防线",保持了打击走私高压态势。2003年至2007年共查获各类走私案件2.8万起,案值74亿元,移送起诉2 070人,查获各类毒品563千克、各类违禁印刷品及音像制品630万件。查办各类案件的数量在全国海关占较大比重。

【监管通关工作效能明显提升】 深入开展"创新查验机制"工作,实施了集中查验、选查分离、大型技术检查设备应用模式等改革,建立了三级机动查验机制,提升了关区查验作业的规范化水平和实际效能。推进中美CSI和中欧安智贸合作项目,积极促进对外贸易安全与便利。完善旅客通关管理系统,加强快件监管,行邮监管工作水平不断提高。2003年至2007年共监管进出境旅客8亿人次,监管进出口货物总值1.2万亿美元,监管进出境运输工具6 960万辆(艘、节、架)。

【保税监管工作取得新进展】 完善了内外勤海关分离作业模式,开发推广了"加工贸易综合管理信息平台",开展了业务主办制和纸质手册电子化试点工作。推广联网监管,5年来联网企业新增527家,目前联网企业进出口总值占关区的74%。改革特殊区域监管模式,促进特殊监管区域和海关保税监管场所不断发展。开展出口监管仓库入仓即予退税试点工作，目前出口监管仓业务量占全国总量的八成。

【统计监督服务职能不断强化】 统计数据质量进一步提高，统计分析工作进一步加强，推出了一批有分量的精品分析文章。5年来共撰写上报统计分析文章1 043篇，190篇次被中办、国办信息载体采编，15篇调研报告得到了国家领导人的批示。执法评估系统应用成效显著，5年共撰写执法评估报告96篇，编发《统计监督信息》143篇，各单位充分运用执法评估系统，对相关业务进行了有效监控。

【海关稽查工作开创了新局面】 风险管理运作模式逐渐成熟，建立了总关和隶属海关两级风险分析布控中心，推广应用了风险信息平台，完善了风险、缉私情报和统计执法评估的一体化运作。风险管理原理和方法已紧密融合到海关工作的各个环节。5年来，通过风险信息平台及相关系统查获走私、违规案件5 659起，案值18.8亿元。

企业稽查制度不断完善，积极开展常规稽查和专项稽查，逐步实施了验证稽查，为构建综合治税大格局和提高后续管理效能发挥了积极作用。5年来，稽查部门共稽查企业3 660家，稽查补税6亿元。

企业管理工作方法不断创新，实施了企业信用等级管理，有效发挥了分类管理和信用管理的综合优势，建立了与守法企业的合作伙伴关系，企业管理工作的基础作用日益显现。

【各项业务改革取得新突破】 近年来，深圳海关除了认真落实总署统一部署的改革，还结合自身实际推进了一系列重大改革。2003年，推广和完善自动核放系统。2004年，在海运口岸启动新一轮通关作业改革。2005年，推出"客户协调员"制度。2006年，推进通关监管、业务分析监控和执法监督系统、管理资源"三项整合"。2007年，进一步完善"风险式分类监管通关制度"，实施了客户协调员企业诚信通关模式。

【支持和促进经济发展取得积极成果】 推出了抗非典特殊时期扶持经贸发展的8条措施，支持大型企业发展的10项措施，支持深圳市实施自主创新战略、建设国家创新型城市6项配套措施。积极采取各种措施促进外向型经济发展，2007年，深圳市进出口总值达2 876亿美元，连续两年在全国位居首位，其中出口高达1 685亿美元，外贸出口实现了15连冠。

此外，落实中央CEPA政策，促进香港与内地经贸关系深度融合。积极开展区域海关合作，支持和促进泛珠三角区域经济发展。推进了"规范和简化转关监管"、跨关区"属地申报、口岸验放"项目的试点，开展了连接深港的"空港物流快线"、"深港物流绿色通道"和连接深澳的"深澳航线"等跨境快速通关项目。

【法制建设扎实推进】 加强了规范性文件管理。建立了法律顾问委员会制度，健全和完善了审理委员会制度。认真落实海关行政执法过错纠正和行政执法责任追究有关规定，强化了行政执法责任制。大力开展法制培训和宣传。复议应诉工作开展良好。知识产权海关保护取得显著成效，5年来共查获进出口侵权案件1 250宗，案值超过1亿元。关务、警务公开工作得到社会各界的肯定。

【科技工作的服务保障作用更加突出】 完成了H2000系统切换，业务运作更加规范统一。开发完善了大量业务应用系统，为重大业务改革和建设提供了技术支持与保障。电子口岸建设进一步发展，联网应用效能进一步显现，目前，电子口岸入网企业已达48 250家，居全国首位。推广应用了海关涉密办公系统和政务办公系统。建成了有深圳海关特色的门户网站。5年来，在海关优秀科技项目评审中，4个项目获一等奖，5个项目获二等奖，19个项目获三等奖。

【队伍建设取得突出成绩】 以2003年首授关衔为契机，全面深入开展准军事化海关纪律部队建设，加强内务管理狠抓"外树形象"，推进岗位练兵狠抓"内强素质"。开展了保持共产党员先进性教育、弘扬红其拉甫海关艰苦奋斗精神、"争做忠诚国门卫士"等主题教育活动，2007年，结合新时期海关精神大讨论活动，提炼了深圳海关核心价值观，凝聚了队伍的职业认同和发展共识。领导班子建设、干部人事管理、教育培训工作不断加强，队伍精神面貌有了明显提高。5年来，共有72个集体、132人次受到中央和省部级单位表彰。

此外，内部运作机制更加科学有效，建立并完善了应急机制和值班制度，政策研究工作不断加强，新闻宣传、政务信息等工作取得显著成效。工会、团委、妇联等群众团体围绕中心工作开展多种活动，发挥了突出的作用。安全保卫措施到位。老干部工作有声有色。海关学会和报关协会工作卓有成效。

2007年是香港回归10周年，也是深圳海关更名10周年，深圳海关开展了系列活动，对外集中宣传报道，对内认真回顾总结。通过深圳海关的窗口，反映全国海关认真落实中央"一国两制"政策，为支持香港经济社会繁荣发展、促进香港与内地交往的不断扩大所作的贡献，同时也起到了进一步振奋精神、鼓舞士气、增强队伍职业荣誉感和使命感的作用。2006年，深圳海关还积极筹建两个新口岸的海关机构，为确保深圳湾、福田两个超大型口岸的顺利开通运行以及今后的发展打下了良好的基础。同时，大铲湾口岸海关的各项筹建工作也在紧张有序地开展。

广东省

拱北海关

2007年，在海关总署、广东分署正确领导下，拱北海关以科学发展观和科学治关理念统揽全局，认真贯彻党的十六届六中全会、十七大和全国海关关长会议精神，结合关区实际，继续坚持"解放思想、改革创新、强化管理、狠抓落实"总体工作思路，叫响"落实年"口号，全面落实海关工作16字方针和队伍建设12字要求，以综合治税统筹业务工作，以风险管理统筹各项改革，进一步推进服务型、责任型、法治型海关建设，整体工作继续保持了健康有序、稳步推进的良好发展势头。

【坚持量质并举，税收征管取得新成绩】 全年税收入库86.39亿元，同比增长22.4%，超额完成全年税收计划，再创税收历史新高。一是推进综合治税大格局建设，做好税源调查、税收预测和监控分析；发挥一线监管、后续管理和打击走私3支力量的作用，健全打击价格瞒骗长效管理机制。二是完善征管考核办法，积极开展审价等执法检查，制定关税岗位操作规范，发挥5个关税业务技术小组作用，及时协调解决业务疑难问题，狠抓征管质量。三是发挥拱北原产地办公室作用，制定加强原产地证书认证等10项措施，密切与澳门经济局等联系配合，全面落实港澳CEPA政策。全年进口港澳CEPA零关税货值9 424万美元，占全国CEPA受惠进口总值的16.8%，关税优惠金额3 810万元。四是理顺减免税备案审批职能，落实国家税收优惠政策，全年审批减免税货值7.92亿美元，减免税款13.45亿元，同比增长分别为19.2%和22.6%。

【完善"大打私、打大私"格局，打击走私取得新战果】 贯彻宽严相济执法理念，完善"大打私、打大私"缉私工作格局，始终保持打击走私高压态势。全年共立案查处各类走私违法案件3 012起，案值20.03亿元，涉税1.63亿元；抓获走私犯罪嫌疑人314名，移送检察院审查起诉79起140人10个单位，法院判决79起158人9个单位；全年上缴罚没收入1.87亿元，增长19.8%。一是认真落实反走私责任制，完善反走私绩效综合评估制度，发挥海关各业务环节在打击走私中的基础性作用，推进关警深度融合，提高打私合力。二是发挥情报信息导向作用，破大案、打团伙、摧网络，牢牢把握反走私斗争主动权。全年立案侦办案值千万元以上案件34起，成功打掉9个走私犯罪团伙。三是突出重点，加大对危害国家食品安全、环境卫生和人民健康的走私活动的打击力度，全年查获冻品2 372.6吨、固体废物1 018.1吨；口岸缉毒工作取得重大突破，查获毒品案件数和查获毒品量分别增长1.69倍和4.46倍。四是推进反走私综合治理，与地方打私办、执法部门和澳门海关开展联合行动11次，取得良好的社会效应。

【强化通关监管工作，"管得住、通得快"取得新进展】 一是推广"一站式交单放行"通关模式改革，实现关区80%以上进出口报关手续集约化作业、一站式办理，进、出口货物平均通关时间比以往缩短15%和29%。二是扩大"属地申报、口岸验放"区域通关模式适用范围，对291家企业实行网上支付，落实粤澳过境货物监管模式和粤澳空陆联运通关模式，扩大水路转关业务范围，通关效率不断提高。三是创新风险管理模式，积极构建通关监管、关税、审单"三位一体"的风险防控工作机制，试点推广卡口控制与联网系统、选择查验系统、旅客通关风险管理系统，开发商品图文信息平台、审单通系统、审单110系统、"风险信息管理系统"，在保持较高通关效率的同时，切实提高风险防控能力。四是推进通关监管规范化建设。开展规范报关单申报工作；加强行邮管理和改革，会同相关部门加大治理"水客"力度；配合地方政府开展产品质量和食品安全专项整治行动。五是做好协勤武警长效机制建设，将执勤武警纳入地方政府"双拥"范畴，关警"三共"活动进一步深化。

【完善诚信守法管理体系，加大稽查和企业管理力度】 一是召开新闻发布会，推出关区首批54家"诚信守法企业"给予6项最大化守法便利通关措施，关企新型合作伙伴关系得到和谐发展。二是推进诚信守法体系建设，调整127家企业海关管理类别，对3 447家高信用等级企业、122家低信用等级企业实施风险式信用管理；加大规范企业力度，对800多家大中型企业近6 000名管理人员、报关员进行了政策辅导，与民营、外资、台商企业协会等中介组织签订合作备忘录，对488名报关员开展报关差错记分考核；完善企业守法资信档案库，清理了2 323家企业档案。三是综合运用多种稽查方式，强化后续管理，服务综合治税。

【发挥预警监测作用，统计决策服务水平进一步提高】 一是严格贸易统计数据和报关数据质量管理，推广TSD系统和CSD优化版（V1.4）系统，制定报关单数据使用安全管理办法，全年保持贸易统计、业务统计和数据管理3个"零差错"，连续5年获海关统计工作综合评比一等奖。二是推广应用执法评估二期系统，开展统计分析和监测预警，发挥辅助决策作用，增强统计信息服务职能。

【大力推进法制基础建设，依法行政能力不断增强】 一是推广海关贸易管制监测分析系统，开展重点敏感商品贸管执法检查，协调省、市有关部门顺利完成跨境处置澳门废燃料油入境监管任务。二是制定知识产权案件行政处罚罚款幅度参照标准，建立旅检现场查获侵权物品新模式，积极开展打击侵权专项和联合行动。全年查获侵权案件128起、案值548.2万元，92%以上案件是海关依职权主动查获的。三是加强行政复议工作，发挥案件审理委员会审核把关作用，建立行政复议和诉讼案件剖析制度。四是结合纪念《海关法》颁布实施20周年开展系列活动，进一步加大了法制教育力度。

【推广保税监管"流程再造"改革，加工贸易转型升级态势良好】 一是推广"流程再造"新型保税监管作业模式取得积极成效。对598家企业推广纸质手册电子化改革，对占加贸进出口总值74.6%的766家企业实施了联网监管。二是推进珠澳跨境工业区建设，制定海关管理办法及操作规程，开发信息化系统，确保各项业务运作顺畅；协助地方政府申报中山保税物流中心、珠海保税区政策整合改革，配合珠海市开展加贸合同"电子公章系统"试点。三是健全保税链条式风险管理机制，建立涵盖保税监管全过程的风险评估体系，防范新的"三无企业"和"死合同"。

【推进口岸建设，"大通关"建设进一步深化】 一是地方电子口岸平台建设取得新进展，健全了拱北电子口岸建设领导小组工作制度，拟定了平台建设框架，开发了珠澳跨境工业区珠海园区信息化管理系统、高栏液态货物联网监管系统并成功上线运行。二是配合地方政府编制口岸发展规划，积极支持九洲港—香港机场航线开通、珠海机场临时口岸开设和珠海国际赛车场承办"A1世界杯汽车大奖赛"等重大国际赛事，积极参与港珠澳大桥等涉及海关的各类口岸管理事务。三是与检验检疫部门稳步推进关检"一机两屏"工作，促进口岸"大通关"建设。

【加大行风建设力度，阳光海关建设初见成效】 一是加强关务（警务）公开，在全关36个现场投入使用关务（警务）公开管理系统，全年共解答网上咨询事项2 500个，受理率100%，办结率99.4%，群众满意率99.3%。拱北海关以评比总分第一的成绩被评为全国海关系统关务（警务）公开先进单位，拱北海关门户网站年度考评综合得分也位列全国海关第一，被评为全国海关优秀门户网站。二是对企业问题实现"一窗对外，集中办理，专人跟踪，全程负责"，实现99%审批项目在窗口一次办结，确保执法公开、公正、透明。三是加强行风建设，组织开展行风状况及文明执法等专项调查，开展对业务办事时限专项效能监察，落实海关人员"6项禁令"和"红包"公布制度。拱北海关12个基层科室被珠海市确定为"群众满意窗口单位"，在中山市"三服务一满意"基层评议机关作风活动中，海关连续3年被评为"满意单位"，共有104家企业（单位）致送锦旗、牌匾或感谢信。

拱北海关2007年业务量统计表

项目		2007年度数据	与2006年度相比（±%）
进出口报关单总数		184.51万份	4.89
其中	进口	64.06万份	2.11
	出口	120.45万份	6.42
进出口总值		578.86亿美元	18.28
其中	进口	240.84亿美元	21.16
	出口	338.02亿美元	16.31
进出口货运量		9 345万吨	3.03
其中	进口	1 058万吨	17.01
	出口	8 287万吨	1.49
集装（标准）箱数量		183.49万箱次	7.76
进出境运输工具		289.20万辆次	10.70
其中	汽车	282.25万辆次	10.82
	船舶	6.95万艘次	5.91
全年税收实际入库		86.39亿元	22.4
其中	关税	15.86亿元	8.12
	代征税	70.53亿元	26.20
进出境旅客		8 468万人次	6.45
查获走私案件		1 628起，案值4.39亿元	40.83、-36.55
违规案件		1 341起，案值15.62亿元	-24.83、-32.82
实际罚没总值		1.87亿元	19.8
受理走私犯罪案件		111起，案值2.14亿元	14.43、-28.19

汕头海关

【简况】 汕头海关关区范围包括粤东的汕头、梅州、汕尾、潮州和揭阳5个地级市及其所属县（市、区），关区面积约3.1万平方公里，人口2 000多万，陆地海岸线长约809公里。关区内有一类海运口岸5个（汕头港、汕尾港、南澳港、潮阳港、潮州港），航空口岸2个（汕头外砂机场、梅州机场）；二类水运口岸5个（内有码头及泊位6个），陆运货检场14个，保税区专用码头（广澳深水港码头）1个，对台小额贸易口岸7个，临时监管点2个。

【以打击走私和税收征管为重心，各项业务稳步开展，把关服务质量不断提升】 反走私斗争深入开展。树立"打私强则汕头海关强,打私强则汕头海关安"的理念,始终坚持打私"不动摇、不松懈、不麻痹",牢牢掌握关区反走私斗争主动权。严防货运、行邮渠道走私,在旅检渠道连续查获3宗毒品走私入境案,缴获走私毒品6263克;推进反走私综合治理,向粤东党政通报走私动态38次,联合地方政府打私办开展关区走私态势专题调研12次;牵头召开粤东地区反走私综合治理工作座谈会,全国打私办、广东分署及粤东五市打私办等14家单位参加了会议;策划粤东海上反走私联合演练,海关、海警、边防共12艘执法舰艇参加了演练。创新反走私宣传模式,通过门户网站网络直播海上联合演练,开展"与海关共奋进,齐建和谐关区"宣传教育活动,把爱心扶贫助学与反走私宣传有机结合起来,并且国家级媒体采访团组织进行了专题采访报道。

税收征管"质中求强"。全面落实总署税收征管质量考核办法,实时监控各现场征管质量动态;开展税收检查,实现以查代训,此举被关税司在网页上转载推介。征管指标均处于高端位置,总署公布的8项指标中,有5项处在最优值,3项处于优良区间。

加工贸易和保税监管稳步推进。牵头召开首次粤东五市关贸保税加工联席工作会议,签署《逾期手册管理长效机制合作备忘录》,建立粤东五市关贸联席工作会议制度和加工贸易综合管理机制。推进加工贸易流程再造,开展纸质手册电子化试点。

通关监管新机制逐步建立。应用监管职能运行监控系统,建立健全通关监管内控机制;完善审核处置—复核监督—规范指导"三位一体"审单管理新机制,进一步发挥审单作业平台作用;完善组织领导、协调配合、勤务规范、管理教育、业务培训和后勤保障等6项机制,关警长效机制建设进一步加强。

后续监管空间不断拓展。稽查工作从"以查发问题为主"向"查发问题、规范企业、加强后续监管并重"转变,对申请调整为A类及以上的12家企业开展验证稽查,服务企业成功上调监管类别。清理整顿报关企业,营造"诚信守法便利,失信违法惩戒"的社会舆论氛围,扶持关区5家企业进入"红名单"。

统计工作亮点频频。参加总署统计系统岗位练兵达标考核取得全优的成绩,满分率达76%,是全国25个优秀率100%的直属海关之一;连续75个月保持上报总署海关统计数据零差错记录,贸易统计数据质量控制始终处于较高水平;全年撰写统计分析文章和新闻稿件213篇,被中办、国办采用10篇次,总署采用21篇次,广东分署采用33篇次,地方政务信息以及媒体采用14篇次,温家宝总理等中央领导批示2篇次,牟新生署长批示1篇次,预警监测作用进一步发挥。

法制建设扎实开展。开展行政许可执法检查;制定海关行政执法过错纠正暂行规定和海关行政执法责任追究暂行规定,总署推行行政执法责任制检查组对汕头海关有效推行行政执法责任制给予充分肯定。继续保持行政诉讼案件"零败诉"和"零赔偿"记录。

【以启动强关战略规划为契机,业务改革不断深入,风险管理逐步"由虚变实"】 全面启动强关战略规划。成立强关战略规划课题组,在全关范围内开展强关战略规划的研究和编制活动。确立强关的目标是:以"全关员工综合素质的提高"为强关战略的最显著标志,坚持走内涵式发展道路,全面、协调推进海关各项改革与建设,到2010年,基本建成"队伍强、业务精、作风硬、基础实"的现代化强关。

积极参与区域通关改革。积极参与"3+1"模式区域通关改革,切实推广"属地申报、口岸验放"应用规模;全力推进海峡西岸经济区域通关改革,正式启动与厦门海关、福州海关的"海西"区域通关合作;继续推进跨区域航空口岸出口转关业务的发展,开通了汕头机场与广州、深圳、厦门等周边机场货物陆空联运转关业务模式;推动与深圳(大鹏)海关开展"汕头—盐田"内支航线进口转关业务;实施"卡口控制与联网系统"试点运行工作;开展"转关自动审核放行"试点,实现转关货物计算机自动核放;稳步推进区域水运监管改革,完善"来往港澳小型船舶快速通关系统"。

充分应用风险管理手段。加强前期预警、中期布控和后期核查工作,开发应用"汕头海关风险管理信息系统",整合业务信息载体发布渠道。做好选择查验系统上线前的准备工作,通过对舱单和报关单电子数据进行实时风险分析,以人机对话的方式,科学确定查验重点,提高查验的针对性。

【以进驻行政服务中心为标志,对地方经济社会发展的融入度进一步提高,服务型海关建设不断深化】 启动"一站式"办公现场。积极推动汕头市政府实行"一站式"政务建设,10月26日,汕头市行政服务中心"一站式"办公现场正式对外办公,汕头海关首期进驻15名海关工作人员,开展6大类51个项目的业务,截至年底,海关受理的业务量已占整个"一站式"办公现场业务量的38%。

落实支持关区民营企业发展10项措施。研究细化操作规程,拟定高科技民营企业适用通关便利措施,出台适用民营企业的预审价、纳税人管理、预归类制度等相关办法,主动向地方政府、有关部门和有关企业推介有关措施,为揭阳市的鞋类、潮州市的陶瓷等支柱产品的扩大出口营造了良好的通关环境。

大力推广通关便利措施。建立价格业务管理相对人身份认证制度,实施3种价格"预管理"工作模式;建立健全主要纳税企业电子档案,召开纳税大户座谈会,以使海关的措施"适销对路"。组织开展F通道企业备案清理工作;落实24小时通关制度,出台并实施《汕头海关24小时预约监管管理办法》。

推进关区保税物流业发展。批准设立保税仓库,关区保税物流业实现了零的突破。推进汕头保税区转型发展,专门成立支持促进汕头保税区发展领导小组和调研小组,围绕如何更好推动保税区转型和加快发展等问题开展调研,提出向"一区多园发展模式"转型的建议,得到地方政府的充分肯定和高度评价,并获得总署加贸司支持。

加大关务公开工作力度。积极推行网上关务公开,规范性文件、海关廉政纪律、海关机构设置、职责权限、热线电话等内容在门户网站公布率达到100%;完善"行政许可"、"下载中心"等栏目,门户网站年度考评荣获总署"网站保障示范网站"单项奖;通过自查、抽查、突击检查、暗访等方式对全关各单位关务(警务)公开情况开展检查;派员参加总署关务公开课题研究;及时总结、推广、完善以"阳光海关工程"为代表的关务公开典型经验;主动接受外部监督,继续聘请关风关纪义务监督员。

黄埔海关

2007年,黄埔海关在科学治关理念的指导下,在强关建设成为全关共识的基础上,确立了"整体推进,重点突破,迈出强关建设坚实步伐"的工作主题。一年中,该关紧扣主题,奋发图强,点面结合,量质并举,平稳中见彰显,从容中现成效,业务建设和队伍建设齐头并进,多项工作取得较大突破,在强关之路上迈出了坚实一步,基本实现了预定工作目标,成效主要体现在以下4个方面。

【业务指标平稳增长】 在近几年业务量增长趋缓的情况下,坚持量质并举、以质促量,主要业务指标实现了较大增长。全年税收入库380.48亿元,创历史新高,保持全国海关第七位。进出口商品总值1 464.1亿美元、统计进出口报关单560.8万份、记录条数1 478.9万条,分别位居全国海关第五、第三和第三位。加工贸易业务稳步发展,备案金额786.1亿美元,手册进出口值1 086.6亿美元,分别位居全国海关第二和第四位。保税物流取得突破性进展,保税仓和出口监管仓进出货值达到64.7亿美元,增加了137%。打击走私战果突出,立案侦查走私犯罪案件的案值、执行缴库和查获偷逃税款分列全国海关第一、第二和第三位;立案调查违规案件数量、案值和涉税额均位居全国海关第二位。稽查监督力度加大,全年稽查企业数、稽查发现率、移交案件、查获涉税额均列全国海关前三位。

【执法水平再上台阶】 在2006年取得长足进步的基础上,一鼓作气继续提升执法水平,并以此为切入点有效带动了整体工作水平的提高。一年来,各项执法指标普遍提升和优化,部分弱项指标的明显改善带动了该关执法评估综合排名从2006年全国海关的第18位攀升到第三位。执法水平的提升使综合治税的统筹作用更加明显，有力拉动了税收增长，使该关在由于客观原因进口货运量小幅下降的情况下，税收仍然增长了21.1%，增幅创近年来最高水平，其中由于价格水平日趋合理就为国家多征收税款43.8亿元。税收质量考核在税收前十位海关中由2006年排名第八位到2007年名列前茅。执法水平的提升也带来了多方面的积极效应：通关效率继续提高，进出口当天放行率达到98%；实际监管进一步加强，在查验率控制在3.2%的情况下，查获率达到11.4%，风险布控整体有效率达到10.6%，高于全国海关平均水平2.8个百分点。同时，提升执法水平使全关上下工作热情得到激发，事业心和责任感得到增强，管理得到优化，形成了不甘人后、争先创优的可喜局面。

【改革整合不断深入】　在泛珠海关合作框架内，以促进广州海港、空港发展为切入点，通过支持"珠江驳运快线"、白云机场东莞货站、实施"舱单互认、就地报关"、互享快捷通关待遇等措施，与广州海关开展通关合作，方便了企业，支持了地方经济发展。先后与多个兄弟海关签订跨关区"属地申报、口岸验放"合作协议，"应转尽转"得到落实，全年转出税款6.5亿元，大幅增长80.5%，并成为全国办理出口转关报关单数量最多的海关。风险管理、加工贸易流程再造和智能化通关"三项改革"在全国海关起到了先行作用：海关总署风险参数维护管理中心黄埔分中心正式成立，建立了该关首个总署外脑机构；先后有23个兄弟海关前来学习交流业务风险预警监控系统应用情况；积极推进纸质手册电子化改革，试点企业达到2 709家，开出电子化手册3 108本，居全国海关首位；智能化陆路通关监管模式进一步优化和推广。"三个平台"建设走在全国海关前列：在全国海关首次推出加工贸易边角余料网上拍卖平台，为在这一领域有效降低执法风险和廉政风险进行了尝试；成功研发风险管理平台，为海关执法和管理提供了有力的辅助支持；率先开发企业诚信守法管理系统，为推行企业户籍式管理奠定了基础。在全国海关首创稽查质量量化考核制度，实施以风险管理为导向的分类稽查作业新模式，在探索加强后续管理机制方面取得了实质性进展。

【内强素质成效初显】　该关以准军事化为统筹、以内强素质为重点加强队伍建设。培训干部得到普及，全年举办各级各类培训班635期，培训各级关员1.5万人次。岗位练兵和技能竞赛全面展开，在全国海关缉私和统计系统两项技能竞赛中，共有10位同志入围决赛圈，成为入围人数最多的海关之一。狠抓领导干部作风、机关作风和行业作风建设并取得初步成效，基层领导干部作风测评的平均满意度达到94%；整顿"文山会海"效果显著，全关性会议次数同比下降了32.3%，关发文数量减少了38.3%。加大反腐倡廉力度，廉政建设取得明显成效，全年处理信访举报48件、查处违纪案件3宗、给予党纪政纪处分5人，使队伍廉洁从政的自觉性进一步提高。

在上述工作实现新跨越的同时，其他工作也取得了可喜成绩：业务预警监控与信息处置系统等9个项目获得全国海关优秀科技项目奖，获奖项目数量在全国海关名列前茅；知识产权保护案例同时入选"海关十佳"和QBPC最佳案例；顺利通过国家审计，成为未做出审计决定的5个直属海关之一；统计分析、关务公开、新闻宣传分别排名全国海关第一、第二和第九位，均创历史新高；关级重点课题研究正式启动并取得初步成果；互联网站被评为全国海关十大优秀网站，并获得栏目创新网站奖；在全国海关率先推行财装效能管理，办公费等消耗性费用同比下降了6%。

黄埔海关的工作得到了上级的充分肯定和鼓励：该关党组与其他7个兄弟海关党组一起，受到总署党组的通报表扬；在全国海关关长会议、党风廉政建设会议以及稽查、关税、财装、统计、督审、武警执勤等多个专业会议上，该关分别做了大会发言或书面交流；监察室和缉私局海上缉私处荣获"全国海关系统先进集体"，孔令瑜同志被评为"全国海关系统先进工作者"，是海关系统四年一度的"双先"表彰获奖数量最多的海关之一。

江门海关

2007年，江门海关在海关总署的正确领导和广东分署的有力指导下，坚持"巩固、创新、发展"的工作原则，深化业务改革整合，内强队伍素质，推进党风廉政建设，一年来各项工作任务完成情况良好，获得了多项荣誉。全年监管进出口货物878.3万吨，货值120.35亿美元，分别增长23.7%和14%；税收实际入库22.58亿元，创历史新高，同比增收5.03亿元，增长28.66%，增幅高于全国海关和广东省内海关平均水平；监管集装箱64.3万箱次，增长9.5%；监管进出境运输工具12.48万辆（艘）次；验放进出境旅客47.11万人次。江门市外贸进出口总值123亿美元，增长14%；阳江市外贸进出口总值11.6亿美元，增长3%。江门海关被评为"江门市文明单位"；外海办事处非贸科、新会海关驻港办事处分别获得"全国巾帼文明岗"和"全国青年文明号"称号；新会海关驻港区办事处和马学忠同志分别被国家人事部和海关总署授予"全国海关系统先进集体"和"全国海关系统先进工作者"称号。至2007年末，江门海关共设正处级机构35个，副处级机构1个，正科级机构162个，干部职工1 306人。

【综合治税大格局进一步完善，税收入库创历史新高】 2007年，江门海关围绕海关总署税收质量考核实施办法，建立健全税收质量评估制度，不断提高税收征管质量。加强与省内口岸海关的联系配合，使关区进口货物在口岸海关应转尽转，拓宽税收来源。2007年税收实际入库22.58亿元，其中关税5.08亿元，进口环节税17.50亿元。同时税收质量保持良好水平。

【提高保税监管水平，纸质手册电子化改革顺利推进】 继续推广联网监管，推进纸质手册电子化改革，进一步简化作业流程，提高作业效率。2007年共有341家企业与江门海关签订电子化手册协议，占关区纸质手册管理企业的37.6%，联网监管企业91家，进出口值覆盖率达60.5%。积极贯彻国家调整加工贸易管理的政策措施，及时向地方有关部门和企业提出决策参考建议；联合地方举办政策宣讲会2次，参加企业达800多家，有效确保国家政策的顺利实施。完善出口监管仓库和保税仓库管理规程，大力支持地方发展保税物流业。2007年，江门关区保税仓库保税货物入库金额1.1亿美元，增长131%。江门大昌慎昌出口监管仓库列入海关总署、国家税务总局批准的入仓退税政策试点范围。

【参与区域海关合作，提高服务区域经济发展能力】 加强与地方党政的联系配合，积极参与区域海关合作，探讨、尝试有利于地方对外经济贸易发展的思路和措施。与江门市人民政府联合举办"支持区域经济促口岸物流发展推介会"；联合地方外经贸部门举办外经贸信息发布会12次；向地方报送海关统计信息49期。主动扶持地方重点能源企业、重要税源企业、出口骨干企业等重大项目建设。加强与香港特区政府驻粤经贸办、香港工业总会珠三角协会江门分部等行业协会的联系沟通，积极服务地方招商引资工作。推出"江门海关支持区域经济发展8项措施"。与深圳海关等口岸海关签订《关于水运转关监管业务联系配合办法》，在全关区范围内推广"水运转关"、"属地申报、口岸验放"等通关监管模式。截至2007年底，"水运转关"模式已覆盖关区75%的业务口岸，参与企业431家，全年货运量达38万吨，增长87%。共有3个口岸分别与泛珠3个口岸海关结对开展跨关区"属地申报、口岸验放"业务，办理进出口货物货运量2.7万吨，货值5 119万美元，通关效率稳步提高，进口平均作业时间10.8小时，同比减少7.6小时；出口平均作业时间0.8小时，同比减少0.6小时。

【发挥统计监测预警作用，执法评估和统计分析取得新成绩】 加强对各个业务执法环节的评估分析，有效提高业务管理质量，执法评估综合评价连续两年名列各直属海关前茅，统计工作量化考核指标达到总署综合统计司一等的要求。统计分析文章获得中央领导和总署领导批示7篇次，被中办、国办采用20篇次。

【加大打击走私工作力度,成功查办一批大案要案】 2007年,江门海关深入分析关区反走私工作的特点和规律,建立健全发现、控制、打击、预防"四位一体"的打击走私信息情报网络,强化情报分析,整合情报资源,提高反走私监测预警能力。集中力量侦办了一批大案、要案,重点开展了打击一般贸易渠道价格瞒骗、加工贸易飞料、减免税货物倒卖等涉税走私的专项活动,维护了地方经济和社会秩序。与拱北、黄埔、深圳等海关密切合作,查办海关总署缉私局一级挂牌督办的"6120"专案。2007年共立案走私案件10起,同比下降41.2%,案值3 257.3万元,增长50.7%;处理违规案件123起,下降32.4%,案值10 025.8万元,增长113.3%,抓获在逃犯罪嫌疑人17人。

【加强法制建设,做好进出口领域知识产权保护工作】 2007年,对江门海关规范性文件进行清理,共废止277份业务文件,保留376份业务文件。深入开展"五五普法"活动,培育法治精神。举办三次法制宣传专题普法活动,举办与管理相对人的对话会。加大知识产权保护工作力度,支持自主创新,2007年共查获涉嫌侵权案件52宗,案值886万余元。

【抓好队伍建设,提高干部队伍素质】 2007年,江门海关以教育培训和岗位练兵为手段,有效提高队伍素质。组织党组成员、机关负责人到拱北、深圳海关参观学习,分两批次组织全关81名处级领导干部到上海海关学院接受培训。年内举办关一级培训班29期,培训人数达858人次。以抓好缉私、统计两个先行部门的达标考核工作为切入点,推动全员岗位练兵。在全国海关缉私部门岗位练兵比武和统计部门业务技能竞赛中,均有选手晋身决赛,其中任炎平同志进入全国海关统计系统"十优"行列,莫启智、区泽能同志获得"海关缉私系统岗位练兵业务能手"称号。同时,抓好党风廉政建设责任制的落实,促进机关作风、领导干部作风和行风建设,提高干部队伍拒腐防变能力。

江门海关2007年主要业务量统计表

项目		本年度	上年度	同比%
监管进出口货物总值(万美元)	合计	1 203 455	1 055 305.9	14
	进口	348 203	314 446.2	10.7
	出口	855 252	740 859.8	15.4
监管进出口货运量(万吨)	合计	878.3	709.7	23.7
	进口	545.9	383.6	42.3
	出口	332.4	326.1	1.9
集装箱	集装箱总数(万箱次)	64.3	58.8	9.5
	箱载货物(万吨)	359.5	334.7	7.4
监管运输工具	合计(辆、艘)	124 763	118 256	5.5
	汽车(辆次)	99 949	92 779	7.7
	船舶(艘次)	24 814	25 477	-2.6
税收(万元)	合计	225 824	175 519	28.66
	关税	50 844	44 599	14
	进口环节税	174 980	130 920	33.65

广东省

（续表）

项目		本年度	上年度	同比%
行邮	出入境人员（人次）	665 539	712 694	−6.6
	其中：旅客（人次）	471 117	506 176	−6.9
	进出邮、快递（件）	160 238	308 479	−48.1
报关单数(万份)		40.5	40.78	−0.7
	进口	8.6	9.3	−7.6
	出口	31.9	31.4	1.6
报关单记录条总数（万条）		111	106.8	3.9
	进口	29.7	30.4	−2.3
	出口	81.3	76.4	6.4
立案走私	立案案件（起）	10	17	−41.2
	立案案值（万元）	3 257.3	2 160.8	50.7
查处违规	违规案件（起）	123	182	−32.4
	违规案值（万元）	10 025.8	4 700.7	113.3
上缴罚没（万元）		1 337	3 119	−57.13
保税	备案合同（纸质手册）	1 969	2 394	−17.8
	报核合同（份）	5 418	6 379	−15.1
	结案合同（份）	5 418	6 379	−15.1
审批减免税	货值（亿美元）	2.79	2.36	18.23
	减免税款（亿元）	5.25	4.78	9.74

湛江海关

2007年湛江海关站在新的历史起点上，以邓小平理论、三个代表重要思想和科学发展观为指导，在海关总署、广东分署的正确领导下，在地方党政以及社会各界的支持、指导和配合下，凝聚全关力量，发扬创新精神，落实科学治关理念，着力推进服务经济、综合治税、风险管理、队伍建设、综合保障、科学管理等6项机制建设，为推动现代化粤西雄关建设奠定了坚实基础。

【进一步完善综合治税机制，税收再创新高】 一年来，在特别困难（油价下跌、油厂维修等）的情况下，实现税收净入库累计136.54亿元，超额完成全年130亿元的税收任务，再创历史新高。

引导重视税收、重视业务的氛围。本届党组在关区工作会议上进一步提出"海关发展的根在业务"的思想，强调湛江海关要发展必须先发展业务，引导全关形成重视税收、重视业务的价值取向。上半年关区工作分析会后，工作重心转移到业务建设和内部管理上来，关区上下积极实践粤西雄关发展理念，在思想上、行动上都体现出做强业务、做好服务、共同发展积极向上的风貌。

加强税收征管制度建设。健全科学的税收考评和监督机制，制定实施《湛江海关税收质量考核实施办法》，使用"公式定价商品备案应用系统"，完善关区纳税大户企业档案，探索诚信纳税管理机制，制发湛江海关信任征管办法，推动信用征管，推进业务岗位工作标准化建设，修订完善各项业务工作指引，清理各项业务规章制度。一系列举措进一步完善了税收征管机制，为科学计征、依法计征提供了机制保障。

努力提高通关效率。有针对性地开展业务改革，努力提高通关效率，巩固原有税源，拓宽新税源。移植风险分析系统、启动税收信任征管模式、尝试大宗散货"预、确"申报制度，推广应用选择查验系统，开发大宗散货联网管理系统，推进联网监管改革力度，推进电子口岸项目建设。进出口货物平均海关作业时间接近全省平均水平，通关环境大大改善，有力地促进了港口物流发展，新的税源商品不断增加，新增进出口企业190多家。

加强后续管理。不断完善稽查系统"1+4"工作管理模式，建立关区稽查工作例会、基层海关稽查情况季度报告和稽查信息每周一报等制度，形成关区稽查部门业务工作"一盘棋"。规范企业行为的管理，完善企业信用档案管理系统，帮扶企业工作向纵深发展。发挥风险、稽查、企业管理"三位一体"工作机制的作用，积极建立操作便利、优势互补、分工协作的联系配合机制，充分运用后续管理的信息优势和把关优势，辅助决策、服务一线，服务综合治税。

打击走私工作屡建奇功。成立关级课题组，开展新形势下反走私工作课题研究，探索反走私工作新途径。与现场监管部门建立配合机制，多渠道、多形式参与一线监管。积极开展反走私综合治理，制定《湛江海关反走私综合治理管理规定》，加强与地方党政及有关执法部门联系配合。针对"两飞"走私的特点和打击难点，加大情报经营力度，研究和把握走私规律和态势，不断增强反走私的针对性和有效性，坚持"打现行"和"打团伙"相结合，取得很好的打击效果。年内，海关共抓获走私飞艇5艘，现场查获走私香烟约637箱，案值约113.9万元人民币；查扣"飞机仔"10辆，查获走私香烟811箱，并端掉走私香烟中转点4个，狠狠打击了走私分子的嚣张气焰，引起中央高层关注，引起良好的社会反响。

【积极推进服务经济机制，促进地方经济发展再立新功】 建立与地方政府沟通联系机制。海关与湛江、茂名市政府建立双方合作共赢长效机制，推出了《湛江海关业务职能部门湛江市外经贸部门业务联系协调工作办法》，落实《湛江市外经贸局与湛江海关综合统计处联席会议制度》，研究建立关企联动服务系统。广泛与商界合作沟通，大力宣传海关政策。组织工作班子跟进地方党政发展战略，构建海关、政府、企业捆绑式发展模式。

出台8项措施服务地方经济发展。举办支持区域合作促进粤西发展发布会，推出"湛江海关支持区域合作促进粤西发展8项措施"，与湛江、茂名市政府签署合作备忘录，掀起了促进地方经济发展小高潮，受到了汤炳权常务副省长、刘文杰副署长及省市领导充分肯定。这些真诚的举措和不懈努力，有力地促进了地方经济发展，同时，大大提升了海关形象。

努力开拓业务。做好企业分类管理工作，为企业创造条件享受便利措施。继续积极参与和促进泛珠区域合作，推动区域通关改革，努力拓展海关新业务。湛江关区域通关合作的范围从泛珠区域范围扩展至长三角区域范围，从只与内陆关合作扩大到与沿海关的互为属地、与口岸海关的合作，为实现湛江港9 000万吨目标积极拓展业务。探索加强环北部湾海关合作，开展湛江快件监管中心筹建，恢复吴川工作组等。

深入推进关港合作，支持港口物流发展。根据企业需求，圆满解决了内外贸同船运输、24万立方米油罐申报公用型液体危险品保税库、20万吨级铁矿石码头配套后方堆场海关监管区验收、云南铜业等大型企业进口保证金给予宽松政策等难题。积极支持4个油码头泊位申请对外开放验收工作，支持湛江港申办设立保税物流中心（B型）的筹建工作。

【从战术层面探索风险管理机制，抵御风险能力不断提高】 推广应用风险管理系统。移植、推广风险预警系统，为风险管理由虚转实迈出关键步伐，从实质上推进风险管理机制建设。风险管理战术层面作用进一步发挥，服务关领导、各职能部门和业务现场。开展风险分析与处置，加强风险防控力度。风险管理信息、风险管理基础得以加强，风险信息积分在全国海关的排名从年初的30名上升到目前的17名。

风险管理通力合作局面初步形成。实施关区查验率动态管理，改变各业务现场统一查验率标准的传统做法，根据"以风险管理统筹各项改革"的精神，优化通关作业流程，开展通道参数调整，推进合署作业。各业务部门加强联系配合，推动关区业务整合创新，将各业务职能部门的职能优势整合到一起，形成了关区防范风险的整体合力，初步实现了各职能部门将自身职能以参数形式作用于现场的共同愿望。

【夯实综合保障机制，科技工作亮点频闪】 研究制定湛江海关基本建设总体规划，推进基本建设。完成了湛江海关大院基本建设总体规划。总关办公楼整修、总关武警营房、霞海办业务技术用房、物流园区监管场和霞海进出境货柜车辆查验场、私货仓等5个项目按程序有效推进。10项工程陆续铺开，经济适用住房、草潭海查基地工程等历史遗留工程重新启动，并得到有效推进。

开源节流，增强财力保障。加强支出管理，严格资金的审批管理，全面推进节约型海关建设。加大各项结余资金清理和统筹安排使用的工作力度，提高资金使用效益。

科技工作亮点频显。坚持走科技强关路子，勇于探索创新，科技工作发展迅速，有效地发挥了信息技术的基础性、先导性作用，为全关各项工作的全面发展提供了有力的保障，并在某些方面走在了海关系统前面，取得了不俗的成绩。攻克"一机两网"技术难关，找到了解决方法，得到了总署科技司的肯定，为建设节约型海关作贡献。自行研发的"湛江海关网络警察系统"为全国10多个海关应用，成为湛江关首次向兄弟海关输出的科技项目。

湛江海关2007年主要业务统计表

项目		单位	数量	与上年比	项目		单位	数量	与上年比
监管进出口货物总值		万美元	1 571 919.4	14.3%	进出境人员		人次	108 201	12.2%
其中	进口	万美元	1 257 734.6	11.6%	其中	进境	人次	54 859	12.3%
	出口	万美元	314 184.8	26.5%		出境	人次	53 342	12.1%
征收税款		万元	1 365 387.7	6.6%	查获违规及其他案件		宗	45	15.4%
其中	关税	万元	86 829.6	50.7%	查获违规及其他案值		万元	1 999.72	70.6%
	代征税	万元	1 278 558.1	4.5%					
进出口货物减免税		万元	75 700	42%					

广东公安边防总队

2007年，广东边防总队边防检查工作以提高服务水平工作为中心，着力推进"三大支柱"建设，按照中央政治局常委、政法委书记周永康同志"向更高水准的定式迈进"与公安部副部长孟宏伟同志提出的"抓好精细服务"、"不在一时，重在养成"的要求，全员参与，全面落实，全程推进，全力开展以提高服务水平为中心的各项业务工作，执勤能力有了新进步，边检服务有了新形象，边检作为有了新提高。2007年共检查入出境人员4 825 773人次，比2006年增加1.24%，其中旅客3 711 716人次，同比增加1.62%，员工1 114 057人次，与2006年持平；检查交通运输工具129 686艘（列、架）次，同比减少3.34%。现将主要工作情况综述如下。

【坚持以提高边检服务水平为中心，服务水平和窗口形象全面提升】 狠抓精细服务，提高服务层次。在旅检方面，大力推广获得孟宏伟副部长批示推广的东莞边检站刘洋"四心"服务法和江门边检站精细服务法，制定了《台内、台外检查员精细服务法》和《查验系统故障时勤务和服务工作实施方案》。货检方面，制定了《监护中队勤务和服务工作规范》、《海港边检服务工作规范（试行）》，细化各岗哨、报检员、办证员、监护员、巡查员等岗位服务标准，并在南海边检站试点。各边检站从实际出发，推出一系列精细服务和便民措施。中山边检站制定了各岗位服务标准，讲究"站姿、坐姿、行姿、着装、言谈"5个方面的形象细节，面对旅客自觉做到"心境美、语言美、动作美、笑容美"。东莞边检站旅检现场实行"引导员、咨询员、督导员、讲解员、验证员"的"五员"制度，建立验证台"前有引导、后有督导"的执勤模式。顺德边检站在不违反政策、原则的基础上，边检服务做到"好事快办、难事巧办、急事急办、特事特办"。南海边检站向社会承诺，10分钟内完成船舶证件检查，15分钟内完成船体检查。

建立评价体系，落实服务制度。公安部"服务水平评价体系"实行以后，细化制定了《服务水平考评具体办法》，把边检站服务质量纳入广东边防总队日常检查和班子考核中，把领导业务学习、边检服务、业务建设情况作为重要内容进行检查考核，以衡量各边检站党委的工作能力和工作成绩。研究制定了"检查员服务、业务能力等级评定制度"，建立健全检查员服务质量考评、业务能力考试与奖金、奖励、晋职、量化评定及评先创优挂钩的长效激励机制。同时认真落实服务规范、服务承诺、执勤八不准、12项服务措施、《服务监督工作实施办法》等规章制度，经常检查，经常督导，变制度要求为常态，变服务规范为定式。

培育树立服务典型，狠抓宣传推动。各边检站积极开展"春暖之星"、"每周一星"、"我最喜欢的检查员"等评比活动，培育树立了22个业务科、25名先进个人，形成了"人人争做服务能手、人人争当服务模范"的良好氛围。在坚持典型引路的同时，加大宣传力度，开设了公安网服务专栏和经验交流专栏，建立了信息报送及情况通报制度，总队共编写简报、专刊50多期。中山、东莞、南海、顺德、江门、佛山、汕尾、潮州等边检站依托地方政务网开设互联网站，各边检站积极通过电视、广播、报纸、期刊等媒体宣传提高边检服务水平工作，累计发稿1000多篇。5月6日，中央电视台第四套"中国新闻"专题播出中山边检站提高服务水平工作报道、南海边检站专题片《南海好边防》，广东卫视"人在他乡"栏目录播东莞边检站旅检科服务专题片。

开展提高边检服务水平工作以来，总队边防检查工作受到地方党政领导和社会各界的广泛肯定。5月31日，省委副书记、省长黄华华亲临中山边检站旅检现场检查指导，充分肯定该站服务工作。省人大常委会主任欧广源，省委常委、常务副省长汤炳权，公安厅长梁伟发等80多位省、地党政领导莅临边检执勤一线，肯定边检服务工作成效，30多位省、地党政领导批示肯定边检工作，20多位市（区）领导到边检站现场办公，帮助解决困难。东莞市政府下拨220万元作为东莞边检站提高服务水平工作专项经费。中山、江门、新会、台山、三埠、茂名等边检站提高服务水平工作在当地市直机关行风评比中名列前茅，地方主要领导深入调研推广有关做法。各边检站共收到锦旗、牌匾80多个，感谢信200多封，形成了一个地方党委政府支持、社会认可的良好外部环境，为提高服务水平工作纵深发展提供了强大助力。2007年10月13日，佛山中外运仓码有限公司齐龙飞总经理专门致信总队吕文彦总队长、衡长福政委，称赞南海边检站是"最高效的边检服务、最热情负责的边防警察"。孟宏伟副部长批示公安部边防局派人专门考察该站服务工作并将考察报告呈周永康部长阅示。

【坚持素质强警，执法执勤和服务能力全面提高】 加大培训力度，完善学习平台。完善、推广网上业务学习考核系统，建立服务、业务知识网上考核制度，组织业务骨干编写《边防检查服务、业务工作案例汇编》，针对边检服务和执法执勤中常见的各类问题，以案说法，以例示教，提高服务培训和业务学习的实效性。总队投入100万元，在东莞沙田建设总队检查员培训基地；各边检站累计投入260多万元，新建、改建培训设施。中山边检站自主开发了"业务培训管理系统"，集业务资料查询与考试测试功能于一体，得到公安部边防局傅宏裕政委的好评。

坚持素质育警，狠抓细节养成。借鉴香港入境事务处的经验和做法，重点提高检查员快速查验能力、政策法规运用能力、勤务高效组织和问题快速处置能力。先后分期分批组织站长、参谋长、值班参谋、业务科领导集中开展业务和边检礼仪培训，并成立边检服务技能示范班，拍摄了台内、台外检查员服务示范片，开展巡回示范教学。通过培训，使执勤人员达到"六会、三注重"，即：会勤务、会礼仪、会法规、会外语、会电脑、会处置；注重警容警姿、表情神态、证照接还、印章加盖、手势导引等细节培训，注重常用外语、接人待物、文明用语、风土人情、宗教知识等礼仪培训，注重勤务规范、计算机录入、心理调适、伪假证件甄别等技能培训。

加强横纵交流，开展比学赶帮。以香港入境事务处为学习目标，以职改站为学习和竞争对象，广泛开展结对共建、互访互学、交流协作活动。密切与香港入境事务处沟通交流，全方位学习港方先进经验。5月，广东边防总队吕文彦总队长率部分边检站站长赴香港入境事务处考察，建立了资源共享、反偷渡合作和参观互训机制；先后组织了6批边检业务骨干赴香港入境事务处培训、参观。同时，加强与职改边检站的交流。5月，广东边防总队与广州边检总站建立了业务交流和结对共建机制，开展"互访互学、共建共进"活动。全省18个现役边检站都已与省内职改站或内部结对共建，经常开展互派互访、业务交流、勤务协作活动，比、学、赶、帮氛围浓厚。

【坚持严格管控，维护口岸安全和正常出入境秩序】 在大抓服务、效率提高的同时，全面加强出入境管控工作，严格落实勤务规范，把好证件查验关，打击口岸偷渡活动。工作中加强对重点人员、重点地区、重点部位的检查防范，特别是针对近年来利用集装箱偷渡活动猖獗的情况，加强了出境船舶查验工作，对热点航线国际船舶实施重点检查；严格船体检查和码头巡查，督促船方加强自管，落实梯口管理；加强与友邻单位的联系，多方联手防范，确保安全。加强对口岸偷渡活动手段、规律、动态的综合分析工作，充分发挥东莞、中山、顺德、江门、南海、肇庆边检站6个反偷渡信息点的作用，加强世界各国护照、签证资料的搜集整理工作，大力推进网上资源共享；各边检站利用各种方式方法，加强识别伪假证件、文检仪操作技能培训，及时汇编反偷渡案例下发检查员学习，不断提高检查员对世界各国（地区）证件的认识率、眼看识伪率、借助仪器识伪率，有效地提高了检查员识别伪假证件的能力。年内，共查获偷渡人员4人，持宣布作废证件人员7人，有效维护了口岸正常出入境秩序和国家主权、安全。

【坚持科技强警，服务环境和查验设施显著改善】 加大科技投入，提高查验工作硬件水平。重点抓好3项服务、业务工作应用系统建设。一是视频监控系统。2007年底前，所有旅检现场和货检执勤点新装或改造监控系统，实现音频、视频监控信息实时传送到总队和边检站办公室，便于服务监督和考评。二是网上业务学习、考核系统。开发专门软件,定期维护业务资料和题库,搭建网上业务学习、资料查询和自考、联考技术平台,便于检查员业务学习。三是证件查验、辨伪系统。投入专项资金,为边检站购置、配备了一批先进的证件查验和辨伪设备,向地方公安机关申请"居民身份证"网上核查数字证书,便于现场查验和辨伪工作。

规范设施建设,营造亲和环境。按照设施人性化、通关便捷化、标志清晰化、环境亲和化的要求,制定了旅检现场设施建设标准、货检现场设施建设标准,规范建设各类现场引导标志、候检设施和查验设施。中山客运港全面改造后,现场设施整体水平高;东莞边检站争取地方支持100万元,在常平分站建设旅客自助查验系统,2008年将投入使用;高明边检站投入26万元,在旅检现场建设电子引导系统和电子触摸屏查询系统。2007年以来,各边检站共投资300多万元,升级改造或新建视频监控系统。有的边检站还在旅检现场配备了电熨斗、擦鞋机、饮水机、老花镜、微笑服务台笔、便民药箱、航班表、茶水、杂志、报纸、卡通人物形象引导等。全省边检站现场设施规范化、标准化、人性化程度明显提高。

广州出入境边防检查总站

2007年,广州出入境边防检查总站在公安部出入境管理局党委和地方党委、政府的正确领导下,认真贯彻落实科学发展观和构建社会主义和谐社会总要求,紧紧围绕提高边检服务水平这根主线,继续把基层科队正规化建设作为有力抓手,推进执法服务和队伍建设水平的全面提升,圆满完成了以服务为中心的各项任务。全年共检查出入境人员8 890 342人次,交通运输工具99 962艘(架、列)次,与2006年同比分别增长10.2%和3.2%。年底总站51个科队(含前两年已达标44个科队)均被评为达标单位,实现了3年基层科队100%达标的工作目标。年内全总站有2个单位和12名民警荣立三等功,15个单位和73名民警受到嘉奖;有4个党组织和16名党员受到部局党委表彰,有16个党组织和51名党员受到总站党委表彰;还有48个先进集体和个人受到地方各级党委和政府表彰。

【强化服务理念,深入开展提高边检服务水平工作】 总站以"人本、专业、安全"的理念不断加强出入境边防检查工作,不断提高边检服务水平。以"以服务为中心,以信息为导向"的思想为指导,创新改革勤务模式。在现场实行了"五员"勤务制度(即引导员、咨询员、督导员、讲解员、验证员),各边检站共推出了包括"电子评价器"、"电子触摸屏"、"开设绿色通道"、"温馨提示"、"需扶助旅客小憩处"等93项精细服务措施,向社会公布了包括"95%以上旅客等候检查不超过25分钟"、"国际航行船舶随报随检"等31条服务承诺。2007年10月1日起,根据公安部的统一部署,全面施行提高边检服务水平12项措施,包括中国公民出境免填登记卡,中外旅客中转过境免填入、出境登记卡,设立迟到免排通道,实行蛇行派位等等。极大方便了出入境旅客,收到了良好的社会效果。

【扎实推进基层科队正规化建设达标工作】 2005年起,公安部出入境管理局以政治合格、业务精通、作风优良、执法公正,树立"文明国家窗口"良好形象为目标,开展了为期3年的基层科队正规化建设达标活动。3年来,总站按照公安部总体工作部署,针对当前基层科队建设中存在的突出问题和薄弱环节,不断加强队伍、业务和后勤技术保障建设,认真组织开展达标活动。至年底,总站51个基层建制科队全部达到了正规化建设标准。通过开展基层科队正规化建设达标活动,出入境边防检查队伍整体形象明显好转,基层警务保障条件明显改善,文明执勤执法能力明显提高,得到了社会各界和广大旅客的普遍欢迎。

【积极开展反偷渡和清理"三非"外国人专项行动】 总站加强与广州市政府、口岸职能部门、经营单位的联系和沟通,成立了由市政府牵头的广州港口口岸防范和打击利用集装箱偷渡活动协调小组,总站负责日常具体工作的组织和协调,初步形成了广州地区反偷渡联合工作机制。开展以打击利用出境旅游、商务等名义组织他人偷越国(边)境活动为主要内容的"迅雷"专项行动,与广州市公安局联合侦破了一起特大组织他人偷渡案件,抓获"蛇头"2名,涉案人员7名。与此同时,总站按照公安部的统一部署,开展了清理"三非"外国人专项整治行动。全年共查获偷渡人员641人次,接收境外遣返989人次。总站遣返审查所全年共接收审查案件60宗116人,查清"蛇头"身份53人,抓获"蛇头"17人,有力地打击了口岸非法出入境活动。

【强化监督机制,严格队伍管理】 总站主要从内、外部两个渠道探索建立监督和评价机制,灵活运用旅客满意度电子评价系统、问卷调查、统计分析、召开警务评议会、社会反映、专项考评等多种形式,强化对队伍的监管,强化对勤务工作的督导,促进提高服务水平和达标工作的扎实开展。聘请共60名特邀监督员,主动接受监督,不断改进工作。在各口岸设置了35个意见箱和8条诉求热线电话,安装了108个服务质量电子评价器,旅客评价满意度达到了99.8%。建立经常性的提高服务水平和达标工作专项督察以及视频监控录像周倒查制度,严格执勤和队伍日常管理,队伍的精神风貌得到进一步提升。

深圳出入境边防检查总站

2007年,深圳边检总站深入贯彻党的十七大精神,紧紧围绕提高边检服务水平和上级各项决策部署,狠抓"三大支柱"建设,不断创新服务举措,严密口岸管控,深入推进基层科队正规化建设,大力加强队伍思想政治工作和纪律作风建设,推动了业务工作和队伍建设的健康、稳定、和谐发展,较好地完成了以边防检查为中心的各项任务。全年共查验出入境人员17 770万人次,同比增长6.4%;汽车15 393 221辆次,同比增长0.9%;船舶98 082艘次,同比增长3.3%;飞机13 368架次,同比增长15%;列车2 095列次,同比增长15%。

【加强教育引导,强化服务理念】 全国边检工作会议以后,总站坚持从实际出发,在全总站民警、工人中深入开展了"提服"工作大学习和"畅谈边检职业精神"大讨论活动,在总站内部网开设了"提服"学习专栏,刊载各单位学习动态以及民警学习心得等内容,有效地进行教育引导。组织了2 300多名一线民警分76批到香港入境事务处参观学习,切身感受香港同仁的职业风范;加强典型示范引导,大张旗鼓地开展"文明使者"、"执勤能手"评选活动。通过开展形式多样的教育引导,以"出入境旅客满意"为标准的新观念正逐渐成为全体民警的共识,为广大旅客提供高效文明的通关服务正逐渐成为全体民警的自觉行动。

【加强业务培训,强化专业素质】 以民警岗位必备的专业技能为重点,创新培训方式,积极引导民警苦练基本功,提高专业素质。总站组织了180名服务水平较好的民警进行了骨干示范培训,在皇岗、深圳湾站调入民警岗前培训和2007年新招民警初任培训中,增加了文明规范执勤的培训内容。各站积极创新培训方法,不断丰富培训内容。各类形式的培训,促进了民警文明规范执勤的养成,有效提升了队伍的专业素质和业务技能。

【推行精细化服务,强化高水准的养成】 注重从细节上改进、提高服务水平,认真研究落实部局"边防检查服务规范"的具体意见,制定了实施细则;结合实际制定了"海港边检服务规范"、"列车检查边检服务规范"、"投诉处理流程"、"执勤事件处置指引"和"文明执勤奖惩办法",对各类执勤岗位的服务要求,执勤民警的警容警姿、表情、眼神、语言、动作、情绪等言行举止,执勤中各类事件和投诉处置的程序、说辞、责任等作出明确具体规定,并将民警文明服务工作情况纳入绩效考核和年终考评。各站积极完善执勤设施,优化通关环境,受到广大旅客的欢迎和好评。

【创新服务举措,展现职业精神】 充分发挥创造性,以人本的理念,按旅客喜欢的方式,积极推出展现职业精神的服务举措。创新监督服务水平评议办法,率先启用和推广旅客评价系统,在检查通道装置服务评价器,检查员当面接受旅客监督评价;对现场执勤情况进行远程实时监督,实行执勤录像倒查抽查,强化对服务水平的监督。罗湖站针对旅客流量大、变化快的情况,推出设置"蓝色提示线"办法,当旅客排队超线即增开通道,被列为部局在全国边检系统推行的12项措施之一。针对居住深圳的在香港就读的过关学童较多的情况,设置了"深港走读学童专用通道";皇岗站制作了《出入境边防检查手续指南》,针对出境游团队较多的情况开发了"旅团排队叫号系统",变被动服务为主动服务,出入境旅客对总站服务水平满意度不断上升。

【优化勤务组织,确保口岸畅通】 结合深圳湾和皇岗地铁新口岸开通,在对全总站勤务组织模式进行了全面深入调研的基础上,对各站勤务组织和科队设置进行了科学调整和优化,精心设置执勤小单元,推行弹性上班制度。在皇岗站实行客流高峰期旅检、货检、小车检查、监护警力全站范围内调配的动态勤务模式;机场站非一线验证队采取一人多岗工作模式,充实更多警力到一线验证队。通过优化勤务组织,有效盘活了警力资源,在警力减少的情况下,确保业务执勤工作的顺利完成,口岸通关效率大幅提高。较好地完成了清明节、复活节、"五一"、"十一"、圣诞等重大节假日期间客流疏导任务。尤其是清明、复活节期间,深圳口岸出入境人员连续多日超过64万人次;罗湖口岸连续5日客流量超过36万人次,最高一天达38.8万人次,口岸保持畅通有序,首次取消了以往节假日客流高峰期拉"隔离绳"分批验放的做法;皇岗口岸出入境人员达101万人次,日均超过20万人次,4月7日创下211 950人次的历史新高,均基本解决高峰期堵塞现象。

【加大打击力度,维护出入境秩序】 始终保持打击非法出入境活动的高压态势,加强反偷渡专业技能培训和情报调研工作,加大案件查处力度。先后举办了14期证件识别培训班,证件资料库增加了3 500余份各种真伪证件图像资料。进一步密切与地方公安机关、香港入境处等部门的协作,与香港入境处建立了伪假证件信息通报机制,集中开展了两次打击利用集装箱偷渡的拉网式码头清理行动,认真落实部局"迅雷"行动,并组织开展了"秋风"专项行动。在"迅雷"行动中,成功查获利用河南嵩山少林寺武术代表团出国演出名义组织他人偷渡加拿大的"6.30"案件,查获江西、湖北、湖南等地195人以散客形式出境企图偷渡欧美国家的"8.28"案件线索,两案均被部局列为专项督办案件。同时,加大对外国人非法出入境的打击力度,年内查获外国籍非法入出境人员100名。查获藏匿交通运输工具企图偷渡香港的越南人8名,均有吸毒史,其中艾滋病毒携带者4名。严厉打击了非法出入境活动,有力维护了口岸出入境秩序。

【高标准建设,确保新口岸顺利开通】 深圳湾口岸是香港回归祖国10周年的献礼工程,又是我国第一个实行"一地两检"的新型现代口岸;福田口岸连接深港地铁,共有146条通道,客流容量大。总站始终把两个口岸的边检组建工作作为一项重要的政治任务来抓。按照部领导"新口岸、新气象、新面貌"的指示精神,及时抽调精干人员组成筹建工作组,精心组织筹备工作。积极向地方党委政府汇报工作,密切与口岸有关单位沟通协调,使基础设施、技术工程及时到位,口岸候检场地得到合理划分,筹建经费及时拨付,保障了边检组建工作的顺利进行。高标准建设了综合查验系统、旅客自助通道、快捷通系统、闭路电视监控系统、通信系统,确保口岸的疏通和指挥反应能力。装备了较先进的验证台、指挥台、调研仪器、处突器材等执勤设备,确保执勤工作需要。针对"一地两检"的口岸特点,装置了防车辆冲关系统、口岸围网感应电缆报警系统等技术设施,增强安全管控能力。合理调配警力,从各站抽调528名警力配备深圳湾站和皇岗站,组织新调人员进行了脱产培训和实战培训,提高业务执勤技能,确保适应新的岗位需要。并组织了模拟运行演练,组织反恐处突队进行封闭式强化训练和现场演练,对口岸限定区域29个重点部位实行24小时不间断守护警戒,确保口岸区域的管控安全。7月1日,深圳湾执勤民警以良好的精神风貌接受了胡锦涛总书记的检阅。总站因圆满完成深圳湾开通仪式期间的各项安全保卫工作,被公安部荣记集体二等功。

(王少林)

广东省

2007年深圳边检总站业务统计表

项目（单位）		数量
人员（人次）	内地居民	26 085 508
	港澳居民	141 007 682
	台湾同胞	2 565 944
	外国人	8 044 439
	小计	177 703 573
车辆（辆次）		15 393 221
列车（列次）		2 095
船舶（艘次）		98 082
飞机（架次）		13 368

珠海出入境边防检查总站

【概况】 2007年，珠海出入境边防检查总站共检查入出境旅客员工8 436.5万人次，同比增长5.67%，检查出入境交通运输工具288万辆（艘）次，同比增长10.79%，全年未发现买关卖关、违反"五条禁令"等重大案件事故和严重违法违纪行为。共有11个单位荣立集体三等功，16个单位受到集体嘉奖，38名民警荣立个人三等功，211名民警工人受到各级嘉奖。

【提高边检服务水平工作】 以开展大学习、大讨论活动为载体，狠抓服务理念的培养和职业精神的树立，切实夯实队伍思想基础。从3月初，总站分为5个阶段部署开展"提高服务水平，我该怎么办"大学习、大讨论活动，每个阶段围绕一个专题展开学习讨论，做到边讨论、边学习、边提高。总站和各边检站党委班子成员按责任分工，分头深入基层挂点单位，与基层民警同学习、同讨论，帮助民警真正提高对边检服务水平工作的认识，并组织开展了"金点子征集"活动，发动民警群策群力，为提高服务水平工作献计献策。

以疏导旅客为第一需求，改进勤务组织，加大科技投入力度，提高整体通关效能。一是积极改进勤务组织模式，加强警力向一线倾斜，缓解一线警力紧张问题。二是前移疏导措施，加强口岸信息预报，引导旅客错峰通关。三是因地制宜，充分挖掘口岸现有资源扩充通道。拱北、湾仔边检站在出境旅客高峰期将入境旅客查验通道临时改为出境查验通道，进一步提高了口岸疏导能力。

做好旅客自助查验系统升级推广工作，进一步发挥系统的规模效应。为从整体上提高通关效率，总站进一步加大科技投入力度，2007年，分别在九洲、横琴口岸新建旅客自助通关系统17条，使总站自助查验通道总数达到69条。全年自助查验通道共验放旅客3 870万余人次，占同期口岸旅客验放量的46.45%，有效缓解了日益严峻的通关压力。

进一步细化服务措施，积极拓展延伸服务领域，努力提高服务的精细化水平。为使边检服务工作最大限度满足社会各界的需求，总站在各口岸全面落实部局12项便民措施，并结合实际不断加以细化，推出更多服务举措。拱北边检站推行增设"设立旅游团公共休息区"等18项服务举措；拱北、横琴边检站为车道安装降温消暑设备，九洲边检站在旅检大厅设立"等候室"等。

努力加大宣传工作力度，加强公共关系建设，不断扩大边检社会影响力。总站积极利用各类媒体大力宣传边检提高服务水平工作措施和工作中涌现的先进典型，共在新闻媒体播发稿件688篇，其中中央级83篇，省级103篇，市级357篇，境外媒体145篇，并制作工作汇报视频短片20多部，有力扩大了对外影响。

【基层正规化建设】 以巩固基层党支部规范化建设为根本，进一步规范和创新队伍管理机制。针对基层科队领导普遍比较年轻、缺乏抓支部建设经验的情况，总站党委一是强化班子成员对基层支部的挂钩指导责任，要求各边检站吸收支部书记参加党委中心组理论学习，定期参加挂点支部的组织生活，加强传帮带；二是积极创新和规范各项管理制度，进一步建立完善队伍管理长效机制；三是扎实推进警心工程，实实在在做好关爱民警工作。

创新培训模式，不断提高队伍整体素质。总站年内先后对副处级、科级领导干部和普通民警三个层面进行了大规模培训，圆满完成了2007年新警培训工作，并从健全管理机制、拓宽培训思路、创新培训形式三个方面着手，努力提高培训质量。

积极改进思想政治工作模式，努力用主流文化充实队伍，营造积极向上的警营文化氛围。总站针对不同层次民警的需求，以树立边检形象、稳定队伍思想、营造和谐警队为目的，改进思想工作方式，努力用主流文化充实队伍、凝聚警心。一是以抒发真情为切入点，大力弘扬敬业奉献精神，进一步激发队伍活力。二是坚持以竞赛带动普及、以普及浓厚氛围，努力营造具有边检特色的警营文化氛围。

深化干部人事制度改革，进一步推进干部管理民主化、制度化、规范化建设。一是加大竞争上岗、非领导职务选升与工作实绩挂钩力度，进一步完善组织机制。二是严格按照有关规定，认真做好工资套改工作，保护民警切身利益；并严格落实干部休假、出国、外出参观学习等审批制度，加强对干部出入境证件的管理。三是完善档案管理机制，积极推进档案管理的标准化、科学化。

【纪检监督】 狠抓制度落实，完善惩防体系和监督制约机制。总站在落实2006年度责任制奖惩的基础上，继续与各级主管层层签订《党风廉政建设暨预防案件事故责任书》，将廉政建设任务分解落实到人，强化各级领导责任。同时，积极开展内部审计检查，加大对各种经济活动的监督力度。

突出重点，创新形式，进一步加大队伍内部监督管理力度。总站督察部门一是以"五条禁令"、"八不准"为重点开展重点督察，加大对重点环节、重要时段的监督检查，并通过健全联系点制度，开展随警督察等形式，创新督察形式。二是积极拓宽外部监督渠道，广泛接受外部监督，总站及各站共聘请特邀监督员107名，主动加强联系走访，专门召开座谈会，听取意见建议，有力促进了边检工作质量的提高和执法环境的改善。三是进一步落实维权制度，保障民警合法权益。总站进一步发挥"保护民警执法权益委员会"作用，加大了维护民警权益工作力度。

【后勤保障】 总站始终坚持保障向一线倾斜的方针，积极加强经费管理、装备管理，加大基本建设力度，扎扎实实为基层办实事，解决民警实际问题。

一是加大对一线办公场所、执勤装备的投入，着力改善基层单位执勤、备勤条件。总站积极根据国库集中支付改革要求，认真做好预算分配工作，上级下拨的项目经费全部用于基层一线，并配合提高边检服务水平工作，投入400多万元资金用于口岸硬件建设。

二是积极推进后勤管理机制改革，建立新型财务管理体系，提高经费使用效益。加强节流，积极压减公用经费，紧缩行政性公用支出，严格限制接待标准，控制车辆维修开支、核定油料开支，把有限的资金使用到"刀刃"上。同时，积极推进总站服务中心的设立工作，并于8月22日正式挂牌成立，建立管理制度，开始财务运转，以加强对出租物业的管理。

三是抓好基建项目建设，为总站的长远发展打下坚实基础。为解决民警工人住房困难问题，总站把安居工程项目作为全年基建工作的重中之重，于年初正式开工，并严格加强项目施工管理，确保工程质量。同时，积极抓好总站民警训练基地配套改造工程；完成总站民警单身宿舍及配套工程的报建工作；上报拱北站办公业务楼、横琴站办公业务楼两项目评审资料，为总站的长远发展打下坚实基础。

(李远航)

珠海出入境边防检查总站2007年业务统计表

单位 \ 查验类别	出入境人员（万人次）	同比增长（%）	出入境交通运输工具（万辆、艘次）	同比增长（%）
全总站	8 436.5	5.67	288	10.79
拱北站	7 965.1	4.03	215	12.04
九洲站	225.4	14.63	2	19.1
横琴站	165.4	154.02	68.7	6.52
湾仔站	67.8	32.76	1.7	34.64
高栏站	3.4	46.73	0.2	61.68
斗门站	8.0	-27.39	0.14	1.07
万山站	1.4	-4.22	0.24	-33.31

汕头出入境边防检查总站

【概况】 2007年，汕头出入境边防检查总站在公安部出入境管理局党委的正确领导和地方党委政府的大力关怀支持下，坚持以邓小平理论和"三个代表"重要思想为指导，以科学发展观统领全盘工作，深入学习贯彻党的十六届六中全会、十七大精神，紧紧围绕构建社会主义和谐社会的总目标、总要求，进一步深化执法为民思想，坚持以提高边检服务水平为主线，以公安机关"三基"工程建设和基层科队正规化建设为载体，大力加强边检队伍建设和边检业务建设，强化服务理念，培养民警职业精神，努力打造一流边检执法队伍，创造一流边检服务水平。全年共检查出入境旅客119 763人次、员工61 710人次，检查出入境飞机1 381架次、船舶4 338艘次，查处违反出入境管理法律法规人员103人次。

【圆满完成基层科队正规化建设达标活动】 总站将正规化建设作为贯彻落实公安部"三基"战略与提高边检服务水平的重要抓手，坚持多项措施并举，全力推进基层科队正规化建设工作。一年来，勤务组织更加科学规范，队伍精神面貌焕然一新，基层硬件条件大幅改善，民警专业素质明显提升。总站经过调研制定了《出入境（港）船舶边检报检管理规定（试行）》，规范了船舶报检程序；制定了《汕头出入境边防检查总站执法工作规范（试行）》，规范执法办案程序，每季度对各站开展了执法质量检查，年终组织了执法质量考评，促进了严格、公正、文明执法。11月初，公安部考核工作组对总站4个申报达标科队进行了考核验收，对3个已达标科队进行了抽考，申报达标科队全部达标，抽考科队完成情况良好，圆满完成了基层科队正规化建设达标活动。

【提高边检服务水平工作】 2月份召开的全国边防检查工作会议将边检工作指导方针调整为："以服务为

中心,坚持通关效率,坚持严密管控。"总站认真贯彻落实"一个中心、两个坚持"的指导方针,狠抓提高服务水平工作,逐步实现了从以管理为主向服务为中心的转变、从被动服务向主动服务的转变、从简单化服务向人性化服务的转变,社会满意度不断提升,提高服务水平工作亮点纷呈。

总站坚持以"一流的专业队伍、一流的服务水平、一流的职业地位和一流的工作氛围"为目标,深入开展提高边检水平工作,研究制定了《汕头总站提高边检服务水平工作实施方案》、《提高服务水平工作专项培训方案》、《贯彻公安部提高边检服务水平推进会精神实施方案》,举办了5期"提服"专项培训班,汇编下发了《提高服务水平工作问答50题》,印发了《人民警察礼仪手册》。龙湖站与潮州边检站、外砂站与梅州边检站、潮阳站与汕尾边检站开展了结对子携手共建活动。积极参加口岸大通关建设,服务招商引资经贸活动,为促进地方经济建设添砖加瓦,在汕头市承办的国际泳联马拉松游泳世界杯赛、粤台经济技术贸易交流会、2007年春季汕头市招商引资经贸活动及中央电视台"同一首歌"在汕演唱会等大型活动中,检查员在国门窗口都展现出边检民警良好的精神风貌。在受到出入境旅客普遍赞誉的同时,总站提高边检服务水平工作也得到了市委、市政府的高度重视和充分肯定。2月13日,市委书记黄志光同志在总站的专题汇报材料上批示:"汕头出入境边防检查总站提升边检工作服务水平的意见很好,不但适用于边检总站,也适用于所有口岸单位,更适用于市委市政府的各个部门,要加强软件建设,提供方便、快捷、高效的通关环境,为加快汕头的发展,振兴汕头的经济而共同努力。"

【提高口岸防控能力工作】 汕头总站按照出入境边防检查工作的要求,继续严格执行各项业务工作规范,严格执法,热情服务,促进了旅检业务、海港业务等项工作的进步和发展。通过规范工作程序、完善基础设施、强化职能发挥等多项工作,努力强化边检机关的口岸防控能力,确保粤东口岸的安全、稳定和正常出入境秩序。以强化时限性和准确性为重点,严格落实边检站站长、一线队队长、专职民警三级责任制度。为了更加方便船舶办理入出境手续,适应口岸大通关建设的需求,响应汕头市政府建设粤东中心港口城市的号召,积极进驻汕头港物流中心和长驻广澳港区,设置了统一规范的边防检查窗口,实现了汕头港入出境船舶手续一站式服务,"文明国家的窗口"形象得到进一步巩固和加强,受到社会各方面的一致好评。

【口岸反偷渡工作】 2007年,汕头总站始终将打击偷渡违法犯罪活动作为检查工作的重点,以建立完善反偷渡工作体制和运作机制为突破口,切实加大打击、防范和管理、教育等各项工作力度,把重点放在伪假证件的发现及识别、打击利用集装箱偷渡和爬船偷渡方面,在打击团伙性偷渡上下工夫,深挖"蛇头"组织。以提高边检服务水平为契机,继续做好一线执勤人员的培训工作。不断加大与地方公安机关的协作配合,使汕头口岸的偷渡活动得到有效遏制。汕头口岸的反偷渡工作呈现良好的发展态势,连续数年来没有发生大规模偷渡得逞案件。

【科技强警工作】 2007年,技术保障工作创新局面。第一,增加投入,为边检工作提供有力技术支撑。一年来,总站为基层购置了一批先进的技术设备,提高了边检科技含量。为外砂站安装执勤现场LED电子通道显示牌和服务质量电子评价系统;抓好外砂站和龙湖站执勤现场电子触摸屏查询系统和监控系统数字大屏幕显示屏建设;为龙湖站办公营区安装闭路电视监控系统;建设总站UPS集中监控系统;完成总站信息中心机房改造。第二,建章立制,规范技术装备的管理和维护工作。制定了《汕头总站技术装备管理暂行规定》和《汕头总站技术值班和技术维护管理制度》,抓好技术装备的购置、登记、配发、维护、报废等环节的制度化,开展技术装备普查登记,对全总站现有技术装备进行全面的统计。第三,培养人才,全面提高技术保障工作水平。总站加强了技术人员的培训,选送技术人员参加部局或其他总站举办的专业培训;培养基层技术骨干,提高技术水平和处理故障能力。

【警务保障工作】 2007年,汕头总站根据年度工作计划,在认真研究经费需求,充分进行市场调研的基础上,科学合理地编报了2007年部门预算,给各项工作的顺利开展提供了坚实保障。从优待警,把关爱民警的各项措施落到实处。总站领导坚持以人为本,立足"怀爱警之心、做爱警之事"的原则,积极为民警办实事、办好事。关心民警工人身心健康,4月份总站门诊部组织体检,完善健康档案;11月为全站民警工人注射流感疫苗。逐步建立心理健康服务制度,有针对性地做好民警工人的心理疏导工作,帮助其调整心态,释负减压。开展创建节约型边检机关活动,大到加强政府采购、汽车维修使用,小到打印纸双面使用,通过制定、落实具体的节约措施,为总站节约了大量的经费。总站以"后勤保障向一线倾斜"为原则,加强了基层硬件建设,保障一线执勤先进设备和必要办公条件的配备,提高了业务执勤的现代化水平,不断加强服务意识,确保各项执勤工作的圆满完成。

2007年汕头口岸出入境旅客统计表

单位:人次

项目	入境	出境	合计	备注
中国籍	36 208	34 855	71 063	
外国籍	24 888	23 812	48 700	
合计	61 096	58 667	119 763	

2007年汕头口岸出入境员工统计表

单位:人次

项目	入境	出境	合计	备注
中国籍	29 327	28 204	57 531	
外国籍	2 294	1 885	4 179	
合计	31 621	30 089	61 710	

2007年汕头口岸出入境交通运输工具统计表

单位:艘(架)次

项目	船舶	飞机	合计	备注
出境	2 144	689	2 833	
入境	2 194	692	2 886	
合计	4 338	1 381	5 719	

广东出入境检验检疫局

【概况】 2007年广东检验检疫局共检验检疫出入境货物488.9万批,货值1 863.8亿美元。检出不合格的出入境货物25 868批,货值39.35亿美元,同比分别增长31.9%和66.5%。检疫查验出入境人员1 297.4万人次,发现可疑症状者1 907人次；监测体检出入境人员12.5万人次，同比增长9.4%，发现病例3.1万人次，同比增长9.3%；预防接种13万人次；艾滋病监测近8万人次，检出HIV抗体阳性30例。检疫出入境交通工具65.7万架（辆、艘）次，查出存在卫生问题的交通工具2 251辆（艘、列）次。签发普惠制产地证75.3万份，签证商品金额233.4亿美元，可降低关税约11.7亿美元；签发一般产地证43.6万份，签证商品金额96.3亿美元。完成外商投资财产鉴定444批，查出高价低报32批，升值率为21.6%；查出低价高报33批，降值率为12.7%，挽回直接经济损失492万美元。

【进出口产品质量和食品安全专项整治】 根据国家质检总局部署，开展了进出口产品质量和食品安全整治行动。先后派出4批共40个工作组、督查组和巡查组，深入到辖区33个分支局、100个办事处对专项整治工作进行全方位、全过程、深层次的检查和督导，确保了各项整治措施的有效落实。全面完成了"3个100%"的专项整治任务。对184吨非法入境冻肉、1 149吨非法入境废物全部进行销毁或退运处理；对全省1 104个备案注册出口食品原料基地、1 139家出口食品卫生注册登记企业全部进行清查；对需要加贴CIQ标志的出口食品运输包装全部加贴了标志。对玩具质量安全实施了严密监控，对获得出口玩具质量许可证的1 385家企业全部进行清查。端掉4个制售和伪造检验检疫证书的窝点。

【出入境检验检疫业务改革】 大力推进"两个认可"工作，累计已有3 200多家出口生产企业实验室和1万多名管理及检测技术人员通过了"两个认可"；制定并逐步完善了涉及127类产品的500多个监控项目表单和133个具体出口产品的电子监管应用规程；强化了电子监管实施人员的业务培训和对出口生产企业的宣贯。实施电子监管的企业总数已超过5 000家。通过电子监管系统监管的生产批达120万批，放行100多万批。在前两年对23个进境敏感商品口岸成功实施视频监控的基础上，又在6个客运口岸建立了视频监控系统。口岸视频监控系统覆盖全省73个口岸近200个监控点，对进境敏感商品的质量把关起到了极其重要的作用。在符合条件的实施电子监管的企业中逐步实行了直通式报检和无纸化报检，在东莞、湛江、江门等分支局开展了通关无纸化试点工作。开展了电子通关单联网核查的前期调研，提出了协同开展电子通关联网核查的工作意见，确保了1月1日电子通关单联网核查的顺利实施。在全国率先开展进出口货物全申报工作。在东莞、中山、江门等19地试点推行了进出口货物全申报制度，试点工作成效显著。共受理报检装载《目录》外货物集装箱47万批、集装箱58万个，《目录》外疫区来货8万批。

【口岸卫生检疫】 加强口岸检疫查验和传染病监测，在周边东南亚国家登革热疫情日益严峻的形势下，有效防止了输入性登革热病例的传播。广州机场局检出4例输入性登革热病例，占广州市总数的40%。加大了口岸食品卫生监督力度。对口岸食品生产经营单位实施进货索证和追溯制度，对不符合法定要求的原料坚决查封。积极落实口岸食品卫生监督分级管理，4家口岸食品生产经营单位通过A级单位审核。在出入境交通工具、集装箱及货物中共截获医学媒介生物72万余只。妥善处置了外籍船员诺如病毒感染性腹泻暴发等多起突发公共卫生事件。积极参与和指导广州南沙港区开展国际卫生港口的创建工作。

【进出口动植物及其产品把关】 从进境动植物及其产品中截获有害生物和有毒有害物质1 891种7.05万批次，同比分别增长2.1%和34.3%，占全系统的40%。首次从美国进境的饲用大豆中截获重大检疫性害虫——谷斑皮蠹，连续3次从进境美国小麦中截获小麦矮腥黑穗病菌（TCK）；连续两次退运美国大豆，总数达1 227吨。从进境的2 514批次食用水生动物中检出48批次有毒有害物质超标。其中连续从东南亚国家进境食用水生动物中检出孔雀石绿、硝基呋喃类、重金属砷及镉等有毒有害物质，国家据此对部分国家的6种产品实施批批扣留检验措施。全面加强了出口农产品安全质量的检验检疫监管。实行了农产品生产企业的注册登记管理，限期整改67家，注销注册资格35家。加强了对进出口饲料及饲料添加剂、宠物食品的检疫监管，出口饲料及宠物食品实行"三聚氰胺"批批检测合格后放行；加强了高致病性禽流感、高致病性猪蓝耳病等疫情防控。继续推进"人—机—犬"三位一体把关模式，配备检疫犬上岗查验的旅检口岸达到6个，旅客携带、邮寄动植物检出率明显提高。

【进出口食品安全监管】 1~11月，共检出进口不合格食品、化妆品1 168批，重量6.57万吨，货值4 816万美元，同比分别增长118％、10％、30％。全力以赴确保了供港澳食品高质、安全、足量和顺畅供应。开创了对供港塘鱼实行检验检疫封识管理和供港活猪实行电子耳标管理的监管模式，有效解决了供港鲜活农产品运输过程的监管难题。全面加强出口食品安全卫生监管。大力推行"公司+基地+标准化"的生产管理模式，加快构建以"一个模式，十项制度"为主要内容的出口食品安全管理体系。对12类食品原料实施了登记备案制度，建立了原料基地异地审核和处罚制度，先后取消了170多家食品原料备案基地出口供货资格。

【进出口商品检验监管】 进一步加强了对进口敏感商品的检验把关。实现了旧机电备案的电子化管理，共接受进口旧机电备案4 142批，其中实施装运前检验1 974批，涉及安全、卫生、环保问题的装运前一次检验不合格批次近80％；加强了对进口废物原料的检验监管，严格按照新的进口废物原料环控标准和SN规程对进口废物原料实施到货检验。共检验进口废物原料7.34万批，重量1 228.6万吨，货值60.7亿美元，重量和货值分别增长14.8％和54.8％。全面加大对出口玩具的检验监管力度。在全国率先制定出口玩具检验监管工作规范，并率先推行出口玩具首件备案制度，不断加强出口玩具安全项目检测能力建设。进一步强化了对灯具、小家电等重点出口商品的检验监管。严格采取8项措施对出口灯具安全质量实施有效监管。从源头抓好大型成套设备检验监管。从项目立项、可行性分析和合同签订环节入手，加强装运前预检验、到货检验和进口核销，有效解决了大型设备进口检验的技术难题。共登记预报检项目30多个，实施预检验12批，同比增加30％。

【认证认可工作】 全年评审企业671家，其中卫生注册登记企业282家、出口质量许可证企业389家；审核发放各类证书4 835份，其中卫生注册登记证书406份、HACCP验证证书177份、出口质量许可证296份；推荐对外注册备案企业114家。对辖区内获证企业全部进行清查，暂停卫生注册获证企业132家、吊销191家；暂停出口质量许可证获证企业244家、取消452家。对122家输美水产品生产企业进行了全面核查验证，为93家企业换发了新版HACCP证书，暂缓25家企业推荐注册，取消4家企业注册资格。进一步规范了免办工作，简化了审批手续，缩短了出证周期；加强监督抽查，对获证的进口玩具、电线电缆等六大类产品进行监督检查，严肃处理了多起违法违规行为；全面落实《出口玩具许可（登记注册）实施细则》，严格玩具出口许可。广东局评审中心利用完善的网络和分支局区域优势创造性开展工作，全年共签订体系认证合同556份，比上年同期增长146份；对517家企业实施了注册审核，同比增长15.4％。完成认证的东莞展览馆成为广东省首个通过ISO9000认证的综合性展览场馆；与健力宝集团签订了ISO9000、HACCP双体系多场所认证合同；与金宝电子（中国）有限公司、中海石油基地集团公司物流分公司签订了三标（ISO9000、ISO14000和OHSMS18000）一体化认证协议。

【促进外贸增长方式转变】 圆满完成迎接欧盟对粤出口与食品接触材料的评估检查和美国FDA官员3次来粤对我出口水产品药残控制工作的考察，有力推动了我国餐厨具及其他与食品接触器和水产品的出口。积极指导帮助企业应对欧盟化学品REACH法令。先后举办了20多期有4 000多家企业6 000多名企业代表参加的宣贯会，进一步提高了企业对REACH法令的认知和重视程度。加强了自由贸易区的新优惠原产地政策等优惠政策的宣传，签发各类自贸区优惠原产地证4.14万份，签证商品货值13.2亿美元，扩大了对自贸区国家的产品出口。帮扶企业走出国门。全力帮扶湛江国联水产开发有限公司突破美国自动扣检措施；大力扶持汕头鳗联公司养殖场连续22年创造我国烤鳗产品输日"零事故"记录，并于年内在日本东京开设第一家中国品牌烤鳗专卖店；加强对输往美国、加拿大、欧盟、港澳等国家和地区水果的源头监管，加大出口扶持力度，有力推动了广东名优水果的出口。加快推进分类管理和免验工作。2007年广东局共有118家企业获得一类企业资格。完成了对316家出口竹木草制品生产加工企业的分级分类考核确认工作。汕头骅威玩具、江门大长江摩托车、广州虎头牌电池获得国家出口免验资格；广东宜华木业股份有限公司和广东琅日特种纤维制品有限公司等2家企业获得农产品免验资格殊荣（全国仅11家）。

（暴小衡）

深圳出入境检验检疫局

【概况】 2007年，深圳检验检疫局以"集聚优势求突破，和谐发展创佳绩"为主题，认真开展产品质量和食品安全专项整治工作，深化口岸查验制度改革，加强疫情疫病防控，各方面均取得新成绩。年内，共检验检疫出入境货物154.5万批，货值898.1亿美元。检疫监管出入境人员1.7亿人次，发现传染病病例5 970人次，预防接种1.88万人次。检疫进出境动植物及其产品32.13万批。检疫出入境交通工具1 556万辆（艘）次，检疫出入境航空器1.34万架次；检验检疫出入境邮政快件2 584万件，查验集装箱2 176万标箱；签发FA证书66.6万份；签发CO证书22.6万份；签发中国—东盟自由贸易区等区域性优惠证书4.5万份，签证金额10.43亿美元；办理使馆认证984份。共检验检疫进口废物原料1.3万批，重量358.7万吨，金额7.4亿美元；共完成援外物资的检验34批。经该局检验把关的供港蔬菜已经连续12年没有发生过"毒菜"事件。

【产品质量和食品安全专项整治】 在专项整治行动中，共派出执法人员3.51万人次，检查监管企业1.76万厂（场）次。限期整改企业1 292家，暂停246家产品质量不稳定企业的出口报检业务，取消、注销各类许可证195份；办理行政处罚案件2041宗，收缴罚没款682.8万元。向媒体公布了首批进出口企业信用"红、黑"名单，涉及企业共86家，其中获得信用A级（"红名单"）的企业69家，信用D级（"黑名单"）的企业15家。举办各类宣贯会174场，有1.6万家企业共3万人次到会；建立企业档案7 655份。制定修订操作规范、工作指引716份，制定新标准43个和新的检测方法103个，全面落实了国家质检总局规定的"3个100%"的整治目标。此外，还完成了根据深圳口岸特点新增的"8个100%"工作目标，即实施出口质量许可制度生产企业百分之百清查、代理报检企业百分之百清查、市场采购物流出口企业百分之百清查、口岸内食品生产和销售单位百分之百清查、出口企业百分之百建立质量档案、出口水果果园及包装厂百分之百注册登记、花卉及苗木种植场生产企业百分之百注册登记、进口产品收货人百分之百备案。

【打击逃漏检和高值低报】 2007年，深圳检验检疫局重点加大了打击逃漏检、治理"高价低报"、打击"飞单"的力度，有效地维护了检验检疫工作秩序。年内，加强价格审核，治理"高价低报"；实施关检数据比对，严查"假单"。分析进出口商品数据50余万条，共发现异常数据近10万条，查实使用假纸质通关单31份，涉嫌骗取通关单或买卖单证106份，低报货值56份，查获伪造检验检疫证书24份。采取八项措施打击"飞单"。查出28家涉嫌"飞单"企业，注销了5家代理报检单位的代理资格，对160家自理报检单位实施临时封号。查实的一起使用假冒单证出口米粉的案例被国家质检总局作为典型案例通报。严格HS编码校对审核，杜绝转换HS编码逃检行为。年内，对2 000多家辖区企业备案商品的HS编码进行了逐一审核，查出146种法检商品使用了目录外编码和品名，经与深圳海关协调，对126种错误编码予以更正。联合深圳市公安刑侦局，查获一起倒卖检验检疫证单的团伙，现场收缴通关单136份、对账本11本、台账11本、收据1本、印章9枚。

【执法把关】 2007年，深圳口岸检验检疫把关成效显著，不合格检出率大幅提高。年内，出入境货物检验检疫不合格批次为4 869批，其中工业产品不合格批次为1 947批，动物产品110批，植物产品2 470批，食品化妆品332批。进出口机电产品检验方面，检出不合格批次1 264批，货值9 751万美元。进口食品、化妆品检验检疫方面，进口食品检验不合格83批次，涉及货值1 433万美元。传染病监测方面，共完成出入境人群传染病监测体检6.11万人次，发现HIV感染者8例、梅毒阳性252例、开放性肺结核可疑病人56例、乙型病毒性肝炎524例，签发健康证明书6.03万本，完成口岸饮食从业人员体检3 648人次，检出HbAg(+)151例、传染性肺结核10例。动植物检验检疫方面，共检测动植物样品9.3万批次20.2万项目，检出有害生物364种1.01万种次，其中检疫性有害生物78种5211种次。首次检出检疫性有害生物达14次，创历史新高。如首次截获中国尚无记录的害虫粗脊虎天牛；首次截获中国尚无记录的重要林木害虫暗瘤长蠹；首次截获中国最新公布的检疫性有害生物桃实蝇；首次从泰国进口的榴莲中检出三带实蝇；首次从印度进境皮革木质包装材料中截获爪泰乳白蚁；首次从欧盟成员国斯洛伐克进境原木中截获云杉八齿小蠹；首次从加拿大进口的黄豆中检出检疫性有害生物——豆荚斑驳病毒等。

【妥善应对突发事件】 2007年，深圳检验检疫局妥善应对了一系列突发事件。6月，一艘停靠在深圳蛇口港友联船厂进行维修的印度籍船舶上有18名外籍船员和5名中国修船工人先后出现不明原因发热症状。该局迅速启动应急预案，及时采取各种防控措施，使此次最后确诊为"甲型流感局部暴发流行"的疫情得到及时、有效的控制，确保了数千名员工的身体健康安全。

7月，菲律宾宣布"中国产大白兔奶糖含有甲醇"事件发生后，深圳检验检疫局迅速行动，对100份进口糖果、蜜饯样品进行检测比对，以科学、准确的数据证明中国出口糖果、蜜饯甲醛含量与国外生产的同类产品无显著差异，为国家质检总局化解危机提供了有力证据。

8月，深圳检验检疫局在对进口机电产品专项抽查检验中发现产自法国的特福牌电热水壶（型号：BF6120）防水试验不合格，主要原因是采用了英国斯瑞克公司生产的某款连接器。该局及时将检测结果上报国家质检总局，质检总局据此发布了该产品的风险警示通报。11月13日，在英国斯瑞克公司代表见证的复核实验中，该局再次验证了检测结果的准确性，维护了中国检验检疫部门的形象和权威。

8月初，"中国制造"玩具被召回事件发生后，深圳检验检疫局按照国家质检总局要求，立即展开调查，暂停了香港导源公司在深圳的下属企业旺奇制品厂的出口质量许可证，对专用生产设备及所有尚未出口的原料、半成品、成品进行了查封。11月，香港导源公司就此事对中国玩具制造行业和"中国制造"声誉所带来的负面影响作了公开道歉。年内，深圳市玩具出口8.44万批次，货值20.5亿美元，与上年同比分别增长34.8%和45.3%，未受到召回事件的影响。

【科技兴检】 2007年，深圳检验检疫局继续加大"科技兴检"力度，科研工作成绩斐然。年内，在国家质检总局"科技兴检奖"活动中，共有26项科研成果获奖，居全国质检部门第二，其中一等奖5项，二等奖12项，三等奖9项。该局动植中心章桂明博士参与研究的"转基因植物产品检测体系的建立及其在国际贸易中的应用"课题，在国家科技奖励大会上荣膺国家科技进步二等奖。在深圳市首届科技创新奖评选中，该局上报科研成果21项，有4项获奖。其中"国境口岸出入境人员体温智能视频监控与应急指挥系统"获重大工程类奖项。另有6项标准获得国家认监委"中国标准创新贡献奖"三等奖，7项发明获得国家发明专利。该局还组织鉴定了科研项目41个，审定标准13个，其中"智能机械手自动消毒系统"的使用，大大提高了通关速度，获得质检总局科技进步二等奖。

【新口岸顺利开检】 2007年，深圳检验检疫局科学规划，多方协调，确保了深圳湾、福田两个新口岸顺利开检。年内，在作为香港回归10周年献礼工程的深圳湾、福田两个新口岸的规划、建设中，该局坚持高标准、高起点，合理布局，把口岸卫生检疫设施建设纳入规划之中。经多方沟通与协调，确保了新口岸检验检疫工作间、电子导引系统、体温视频监控系统等如期完成并投入使用，为口岸传染病监测和疫情疫病防控打下了坚实基础。

7月1日，深圳湾口岸顺利开通。在开通庆典活动中，深圳检验检疫局刘胜利局长和列队方阵受到胡锦涛总书记的亲切接见，刘胜利局长还就红外热成像体温视频监控系统的功能向胡锦涛总书记作了汇报，胡锦涛总书记称赞说："你们的工作更人性化了。"

8月15日,福田口岸正式开通。为确保口岸顺利开通和出入境旅客安全,深圳检验检疫局成立了皇岗检验检疫局旅检一处,承担福田口岸出入境旅客携带物查验、传染病防控及口岸卫生监管任务。

【启动创建国际卫生港口工作】 2007年,深圳检验检疫局加强沟通协调,协助盐田国际集团公司夯实基础,争取成功申报"国际卫生港口"。2月14日,深圳检验检疫局、盐田港集团公司、盐田国际集装箱码头公司等相关单位召开创建"国际卫生海港"动员大会,标志着创建"国际卫生港口"正式启动。这是继2000年深圳宝安国际机场成功创建"国际卫生机场"之后,提高深圳城市及港口声誉和国际知名度的又一举措,对进一步改善深圳港口卫生状况,促进深圳地区对外经贸发展具有重要意义。

(杨宝剑 贝景波 邹映红)

2007年深圳出入境检验检疫局(含下级机构)出入境检验检疫业务总表

金额单位:万美元

机构	货物检验检疫		检验检疫不合格		交通工具				集装箱(个)	发现动植物疫情		货物通关		出入境人员查验(人次)	健康检查及预防接种(人次)			
	批次	金额	批次	金额	船舶(艘次)	飞机(架次)	火车(节次)	汽车(辆次)	合计	检出问题	种类数	种次	批次	金额		健康检查	艾滋病监测	发现病例	预防接种
总计	1 544 716	8 981 118	4 869	105 599	96 610	13 434	8 758	15 437 219	21 755 695	26 245	364	10 052	1 901 419	8 881 367	169 912 303	61 149	61 149	5 970	18 815
出境	987 720	4 642 616	713	1 634.59	50 185	6 671	4 497	7 726 588	11 583 902	95	5	9	1 555 383	6 209 335	85 515 295	9 793	9 793	942	18 815
入境	556 996	4 338 502	4 156	103 965	46 425	6 763	4 261	7 710 631	10 171 793	26 150	363	10 043	346 036	2 672 032	84 397 008	51 356	51 356	5 028	0

珠海出入境检验检疫局

【综述】 2007年，珠海出入境检验检疫局共检验检疫进出境货物48.6万批，货值331.73亿美元，同比分别增长了0.69%和17.32%。其中：出境货物检验检疫31.20万批，货值171.99亿美元，同比分别增长了0.61%和25.20%；入境货物检验检疫17.40万批，货值159.74亿美元，同比分别增长了0.99%和36.12%。检出进出境不合格货物318批，货值3 531万美元。其中：出境不合格货物116批，货值288万美元，同比分别增长了34.88%和237.41%；入境不合格货物202批，货值3 242万美元，同比分别增长了-22.31%和66.01%。

检疫出入境交通工具263.38万艘（辆）次，集装箱58万个，分别同比增长6.46%、7.93%。监测出入境人数8 406.79万人次，同比增长6.41%；预防接种484人次，检出HIV感染者1例，梅毒28例，乙肝表面抗原阳性1 505例。检验检疫快件347.3万件，重量5.62万吨，货值人民币12亿元，同比分别增长123.26%、167.62%和75.18%；检验检疫进出境邮寄物2.27万件，同比增加38.41%，两者共检出不合格物品263批，重量9.9吨。截获植物检疫性有害生物9种74批，其他有害生物94种418批。

签发普惠制原产地证书25 518份，签证金额7.72亿美元；签发一般原产地证书19 508份，签证金额9.69亿美元。核查进口毛坯钻石284批，重量35.71万克拉，货值1.1亿美元，分别同比增长24.02%、15.79%、9.64%。

【狠抓专项整治】 专项整治做到"五个到位"，即抓组织领导，专项整治督查指导到位；抓宣传贯彻，专项整治工作部署到位；抓质量监管，敏感产品质量监管到位；抓执法检查，专项整治执法行为到位；抓技术检测，专项整治技术保障到位。组织开展岗位技术大练兵活动；根据业务的需求，研发检测新项目27个；在专项整治期间，技术保障部门实行三班制，随送随检。圆满完成三个百分之百专项整治目标，即百分之百销毁走私进境冻品831.961吨，从旅检通道截获禁止进境物1 993批，重量3 635.9千克；百分之百清查出口食品原料基地132家，限期整改暂停出口15家，注销47家；出口食品运输包装百分之百加贴检验检疫标志。

【落实《合作备忘录》】 成立贯彻落实《关于实施以质取胜战略促进转变外贸增长方式合作备忘录》的质量兴市项目组、促进农产品出口项目组等五个项目组，制定了工作目标，落实了责任部门，为促进地方经济发展扎扎实实做了一些工作。一是落实减免农产品收费政策，减免检验检疫目录内出口农产品收费5 350批，出口农产品企业得到了实惠。二是启动了珠海格力公司分体壁挂式空调器免验扩项和珠海汉胜公司超柔同轴电缆出口免验工作程序。帮助麒麟啤酒（珠海）有限公司解决包装材料标签难题，为企业挽回经济损失700多万元。三是会同珠海市科技局制定《关于共同促进珠海科技创新合作行动方案》，推动在珠海市建立国家级食品、化学品、电器安全检测重点实验室，搭建开放式检测资源共享平台。四是积极推进社会主义新农村建设，帮助东澳村建立出口水产品养殖、苗木种植、农产品加工等生产基地，重点规范了该村出口水产品养殖基地管理。帮助该村完成1 500亩出口水产品养殖基地的注册评审，促进水产品顺利加工出口。被珠海市评为2006~2007年度帮扶斗门工作先进集体。五是主动与地方和港澳政府及联检单位建立沟通协调机制；与拱北海关建立相关进出口商品协助查询机制，开辟了"获得目录外商品质量状况信息"的新途径；完善粤港澳和"泛珠三角"交流与合作机制，努力构建高效和谐的出口通关环境。

【口岸公共安全】 2007年8月份以来，珠海市面临爆发登革热疫情的严峻形势，该局迅速采取有力措施，监测并防控登革热疫病向外传播，由于工作主动及时，受到珠海市政府主要领导的高度评价。一是行动迅速，疫情刚出现就马上成立防控应急处理领导小组，严格执行登革热零报告制度；加大对出入境人员的健康申报、体温检测和医学巡查力度，检测了2 050例出入境人员和医院送来的疑似发热病人血样，发现IgM阳性3例、IgG阳性46例。二是防控到位，派出200多人次深入疫点现场督促检查，落实责任，确保布雷图和伊幼蚊虫人工容器指数控制在安全范围内。三是配合主动,全力投入珠海市爱国卫生集中整治行动,主动与市CDC合作,有效防止了登革热疫情从珠海口岸传入传出。积极参加市反恐演习,有效提升应对和处置突发公共卫生事件的能力。制定《珠海口岸食品卫生监督分级管理实施方案》,全面推行口岸食品卫生监督量化分级管理制度。

【完善监管措施】 全年共检验检疫出口韩国、港澳等国家和地区活禽525.3万只,活畜12.39万头,水生动物10168批1.34万吨,水果1.6万吨,蔬菜2.1万吨,确保没有发生大的质量安全事故,有效地维护了港澳市场的繁荣稳定。2007年7月,澳门媒体连篇报道了猪肉出血情况,引起澳门民众高度关注,该局应民政总署的要求和总局领导的指示,迅速派员赴澳门实地调查,邀请国内肉类卫生研究领域专家参与研究,并结合实验室检验结果,查明事件发生原因,建议有关方面改进技术,妥善解决了供澳活猪宰后肌肉出血问题。针对澳门市场的特殊要求,对海捕鱼类试行以"离境口岸监测"为主的监管模式,并建立和实施了常规监测计划。按规定增加了出口食用水生动物注册养殖场注册项目,做好出口前监测工作。全面改用H5N1禽流感疫苗,提高了免疫的效果。与珠海市动植物防疫监督检验中心联合行动,对南岳联兴等5个供澳蔬菜备案种植基地进行农残抽检,达到检测和监管数据共享。积极推进出口食品加工企业"公司+基地+标准化"的管理模式,对进口食品、化妆品企业全面实施质量安全承诺制度。对国家重点产品、重点项目实施了更加严格的检查。共检出进口不合格食品29批90.3吨,及时上报总局风险信息19条,其中3条被总局作为食品预警信息发布通报。

【疫病疫情信息和监测】 在美国宠物食品"三聚氰胺"事件发生后,该局组织编报相关信息36期;撰写的《三聚氰胺污染谷朊粉可能性的科学推断》被总局《质检专报》采纳,引起国务院领导高度重视;翻译整理美方自身动物饲料存在问题的相关材料,为总局及时调整应对措施提供事实依据。编制《质检总局世界动物卫生信息管理系统需求方案》,为建设国际动物疫情数据库,构建电子化动物卫生信息平台奠定基础。完成疫情信息编报工作任务,编发《国际动物疫情信息》281期,《卫生检疫信息》33期,质检总局据此发布有关疫病疫情公告20个、禁令14项、解除禁令6项。

【加强科技兴检】 2007年该局有15个项目获得质检总局、广东省和珠海市科研立项及122万元的经费支持,是历年来获立项数目最多的一次。其中鱼类及其养殖水体传带禽流感病毒的研究获得珠海市重大项目40万元的资助;检验检疫行政执法电子平台等9个项目获质检总局2008年科研立项;首次参与科技部国家"十一五"重大科技支撑计划中2个科研项目子课题的研究;组织完成7项成果鉴定。投入1 364万元购置全自动酶工作站、变性高效液相色谱仪等大型仪器设备;通过了中国实验室国家认可委员会的复评审及食品安全室资质专项监督检查,电气安全实验室成为挪威Nemko认可的检测实验室;重新规划实验室建设,报请总局新增食品安全检测、化学品安全检测两个国家级重点实验室。食品安全检测实验室被批准为珠海市惟一的食品安全检测技术公共实验室。艾滋病确证实验室连续7年在卫生部组织的全国艾滋病确证实验室质量考评中取得优异成绩,在2007年质量考评中,以100分的优异成绩名列全国第一。加强软科学研究,《与SPS有关的贸易纠纷及案例研究》获质检总局"科技兴检奖"三等奖;参加2007年粤港深珠卫生检疫、动植物检疫与食品卫生安全控制会议,提交论文12篇。收集"科技兴检奖"获奖论文112篇,编入珠海局优秀科技论文集。

(邓笑符 维京)

广东海事局

【概况】 广东海事局坚持以邓小平理论、"三个代表"重要思想为指导,认真落实科学发展观,明确提出"由大变强"的跨越式发展目标,紧紧围绕张德江书记批示的"服务于广东改革发展、争当行业排头兵"的工作思路,坚持深化体制改革,突出水上交通安全监管和口岸海事管理工作重点,为广东经济发展作了积极的努力,得到了交通部、海事局和各级地方政府的充分肯定,也赢得了社会各界的赞誉。

【高度重视口岸海事管理工作、积极服务广东经济发展】 广东海事局清醒地认识到,口岸物流把握着外贸经济的命脉,港口口岸对广东省外贸经济发展起着举足轻重的作用,以增进沟通协调,服务发展大局,促进外贸发展,提高通关效率,保障安全畅通的口岸管理工作思路,以"服务于广东改革发展、争当行业排头兵"为工作目标,以"航行更安全,海洋更清洁"为宗旨,坚持深化体制改革,突出水上交通安全监管和口岸海事管理工作重点,为维护国家权益,促进广东省经济和水运事业的发展作出了贡献。

统计数据显示,2004年至2007年4年间,国际航行船舶进出口岸查验艘次、进出港船舶货物吞吐量等各项指标均有较大幅度的增长。

【积极配合各级地方政府,做好重点口岸、码头建设及对外开放工作】 组织有关部门,做好水工审批工作。随着广东经济的快速发展,港口口岸进一步扩大,水上水下施工项目以及进出港口的船舶进一步增多,为了确保安全,该局积极组织相关部门,做好工程项目审批工作。对广州南沙港一、二期工程,惠州港通用码头改扩建,惠州中海壳牌公司码头等,积极组织开展海上工程项目的通航论证工作,提出合理化建议和要求,并参与了惠州市港口规划和海域堪察规划工作。

积极配合各级地方政府,做好口岸开放及国际航行船舶进出非对外开放水域工作。对于惠州港口岸新增码头、泊位的对外开放工作,海事局主动协助省口岸管理部门、惠州市政府做了大量的工作,解决惠州港海上搜救中心,惠州港船舶交管中心和油类、化学品海上泄漏应急中心的建设问题,为惠州港的可持续发展做好海事监管的前期保障工作。在广州港南沙港区尚未正式对外开放的情况下,为解决南沙港区临时停靠国际航行船舶的问题,海事局积极主动协助交通运输部、省政府相关职能部门,克服种种困难,落实解决国际航行船舶临时进出的问题。通过海事局及有关单位的努力,确保了惠州中海壳牌南海石化项目的顺利投产,使广州港南沙港区2007年实现了集装箱吞吐量400万标准箱的骄人业绩。

【加大科技投入、完善监管体系,改善口岸通关环境,切实提高口岸通关效率】 为了确保广东水上交通安全畅通,圆满完成各项任务,为广东经济发展作出更大贡献,该局争取部海事局的大力支持,不断加大基础设施及科技的投入,逐渐完善监管体系。一是开创了直升机巡航监管新方法,建立了直升机、船舶交通管理系统(VTS)和海巡船艇相结合的立体监管新模式,大大提高了海巡的威慑力,提前4年实现了《中国海事发展纲要》提出的目标。二是推进技术创新,针对当今海事发展趋势,大力促进信息化建设,加快软件系统的推广和应用,提高了辖区监管能力,对珠江水域主航道的航标进行了等间距、同步闪、LED化、夜间标牌显示等综合效能改造,使航标效能有了质的飞跃,海上快速公路的雏形基本形成;进一步推广了世界首创的蓝色光"沿岸通航标志",并作为中国建议案,向国际航标协会(IALA)提交,引起国际航标界的极大关注;完成了南海海区航标遥测遥控试运行工作,有效地缩短了航标发现故障时间,减少了可能发生的故障,提高了航标可利用率,航标正常率达到99.93%,达到部颁标准;建造了我国第一艘排水量最大、科技含量最高的南海海区3 000吨级的巡视执法船"海巡31",船上配备了国内第一台光电跟踪取证系统、第一个取证化验室,海事系统第一套船载直升机起降、指挥系统,海事现场指挥信息网络系统等高科技先进设备。该船的投入使用,开拓了毗邻区和专属经济区海域的监管,维护国家海洋权益,水上安全监管能力有了新的飞跃。通过这一系列的举措，大大完善了水上安全监管体系，有力地保障了水上交通安全畅通，使得航运更方便、快捷，促进了航运经济的发展。例如从桂山岛至黄埔港64千米的航程，由原来的8个小时缩短至5个小时，大大缩短了船舶航行时间，提高了船舶的通航效率，每年可为航行于珠江口水域的船舶节约巨大的成本，从安全和经济发展的角度促进了物流的发展。港口口岸通关环境的改善，为船舶进出港口口岸的安全、畅通提供了保障，确保了外贸物流的顺畅。

【加强对国际航行船舶临时进出非开放口岸和水域监管，为广东外贸经济的快速发展排忧解难】 该局以改革的眼光，促进经济发展的理念，务实的工作方法，积极配合省口岸主管部门，向上级反映广东口岸实际情况，取得上级的理解和支持。在当地政府、港口经营人、码头业主提请申报的过渡期，执行"一船一靠一批"的工作程序，与海关等查验部门一起办理好这些码头在过渡期间的临时靠泊手续。通过采取以上措施，为国际航行船舶临时进出非开放码头和水域创造条件，使得一些重点码头、水域能够为广东外向型经济的持续发展发挥重大作用。

在对国际航行船舶临时进出非开放口岸和水域监管的工作中，该局注重规范海事口岸工作程序，制定了《广东海事局船舶进出口岸监督管理暂行办法》，规范国际航行船舶临时进出非开放码头和水域的工作流程。

目前，海事局辖区除东莞虎门港口岸、潮州港口岸、广州番禺南沙港口岸、新会港口岸、万山港口岸桂山作业区的开放水域已确认外，其他口岸都没有明确开放水域。2002年国务院专题调研组完成粤东地区调研后，向省政府提出尽快把各开放口岸的开放水域范围报国务院确认，国务院《关于已开放港口口岸新建码头启用等有关问题的批复》（国函[2002]120号）明确了加强和规范口岸管理的工作程序。为了从根本上有效解决口岸规模、功能对广东外向型经济发展的制约问题，该局积极配合省口岸办对辖区开放水域范围的划定做好各项准备工作，促使港口经营人、码头业主尽快通过省政府有关部门向交通主管部门按时、按要求申报，力争早日实现码头的对外开放。

深圳海事局

【概况】 2007年，深圳海事局认真落实科学发展观，围绕实现海事工作现代化的核心目标，努力构建适应深圳港航事业发展的先进海事监管体系。2007年，深圳港口货物吞吐量1.99亿吨，集装箱吞吐量2 109.92万标箱，同比分别增长13.13%和14.24%；港口船舶进出口签证29.84万艘次、辖区船舶交通流量约50万艘次，同比分别增长13.95%和9%。全年，辖区发生水上交通事故14宗（其中一般等级以上事故5宗），死亡1人、沉船2艘，直接经济损失378.5万元，同比分别下降30%、增加1人、下降33.33%和73.30%，呈"三降一升"的态势。在辖区船舶交通流量持续增长的情况下，船舶交通事故率稳定在十万分之三左右，继续保持在建局以来的最低点。

【水上安全监管】 2007年，深圳海事局积极促进地方立法，组织开展了休闲船舶安全管理立法和《深圳经济特区海域污染防治条例》修改、调研工作；制定了《深圳湾公路大桥桥区水域交通安全管理规定》和《专属经济区原油过驳作业监督管理办法》等一批规范性文件，进一步规范海事业务，促进依法行政；完成了"中国海员网"初步设计，做好《船员条例》及新的《船舶签证管理规则》的宣传贯彻、实施工作；严厉查处深圳市南澳旅游公司服务公司办理船舶登记手续弄虚作假案件，加强了休闲船舶源头管理。在辖区水上安全形势日益严峻的情况下，认真把握安全管理的规律和特点，进一步推行长效管理机制，各项海事业务全面发展：全年，VTS接受船舶报告45.51万艘次，实施船舶跟踪21万艘次，同比分别增长12.66%和减少17.29%；实施PSC检查312艘次，FSC检查760艘次，同比分别增长1.63%和6.89%；实施ISM审核14宗、NSM审核17宗、船舶各类审核81艘次；安全监管散装危险货物2 896万吨、集装箱危险货物24.3万标箱，同比分别增长7%和3%，其中装载危险货物出口集装箱的抽查率为16%；征收国家规费3.8亿元，同比增长11.18%。

【信息化建设】 2007年，深圳海事局完成海事监管整合平台建设并逐步投入运行，海事监管形成了在线申报和网上审批、目标选择、移动执法、无缝处罚的信息化管理闭环，并建设了船员考试系统。其中自主开发的"船载集装箱危险货物监管系统"运行以来，有效缩小集装箱危险货物谎报瞒报的查找范围，为事故应急行动提供准确信息依据，被交通部选定参加2007中国数字创新与发展论坛暨交通信息通信新技术成果展示；配合部海事局实施海事应急指挥辅助系统试点工程，配套开展了卫星应急试验网、溢油监控信息联动的预警预控技术平台研究，CCTV一期工程和视频整合平台的建设；为满足海事服务质量管理体系有效、高效运行，启动内部综合管理平台的建设；为提供优质的公共服务，启动信息发布系统建设，将形成连接社会公众、行政相对人、海事系统和局内各部门的统一沟通平台；加强信息基础设施的建设，完成达到国家A类标准中心机房的建设，可满足信息化建设长远发展的需要。随着信息化的不断推进，深圳海事局正逐步形成涵盖"海事监管、应急指挥、公共服务、内部综合"的一体化技术支撑体系。

【"两防一救"工作】 2007年，深圳海上搜救分中心在各成员单位的积极配合下，认真做好海上"两防一救"（防污染、防台风和人命救助）工作，及时有效地救助遇险人员和船舶，有效地组织港口船舶做好台风防抗工作，有力地保障辖区水域人员生命、财产安全，保护海洋环境，为深圳港口发展保驾护航。在防抗台风工作中，深圳海上搜救分中心始终坚持以"预防为主，防抗结合"为原则，及早部署，周密安排，辖区海域没有因受台风影响而发生伤亡事故。在突发事件应急处置方面，成功处置了高速客船"斗门"主机故障、集装箱船"粤肇庆货2003"火灾以及油轮"粤惠州货8628"碰撞、"COSCODAMMAM"轮集装箱落海、"CMACGMFIDELIO"轮危险货物泄漏爆炸等重特大险情，及时有效的挽救了人命和财产损失，有力地保障了水上交通安全和港口的正常生产；处理海星码头水域油污、盐田码头"胜荣"轮溢油污染等海上溢油污染事故，及时清除海上油污，有效地保护了海上生态环境。全年共接到水上报警147次，组织、协调或参与搜救行动77次，出动各类船艇135艘次。先后成功救助遇险人员248人，救助成功率达到96.1%，成功救助遇险船舶5艘，挽回直接经济损失920万元。

【船舶登记与船员管理】 2007年船舶登记工作严格按法定程序开展，未发生违规登记情况。全年完成业务情况为：所有权登记86起；签发国籍证书147份；抵押权登记28起；光租登记15起；变更登记80起；注销登记73起；无抵押权登记8起；核发配员证书128份；签发连续概要记录9份；制作发放IC卡89张。接待法院、律师、社会公众及船舶利害关系人对船舶资料的查询共16次。总业务量为679艘次。全年，深圳海事局共签发各类船员证书24 857本，其中海员证9 934本；海员出境证明5 306张，共计6 946人次；船员服务簿428本。举行各类船员考试128期，共计3 738人次；签发适任证书536本，专业和特殊培训合格证8 554张。征收船员考试费、发证费累计145.1080万元，其中船员考试费82.7765万元，船员证书工本费62.3315万元。

【开展专项整治】 2007年，深圳海事局按照上级的统一部署，组织开展"全国安全生产月"、渡口渡船安全管理专项整治、"方便旗船舶安全操作集中检查"、"船舶安全配员专项检查"、"老旧液货船安全检查"、"限制船舶污染物排放专项行动"、"防船舶碰撞防泄漏专项整治"、西部公用航道施工船违法抛泥综合整治等一系列专项整治行动。其中"两防"专项整治期间，深圳海事局共出动人员4 373人次，检查航运企业47家，检查船舶6 218艘次，发现隐患989项，督促整改隐患985项。查处违章船舶377艘次。实施行政强制14次，实施行政处罚377次。在组织渡口渡船安全管理专项整治中，获市政府专项经费支持，基本解决辖区农用船更新改造及船员无证问题，有效遏制了东部水域渔船非法载客现象。在各类活动中，坚持专项治理和长效管理机制相结合,促进了安全监管的成效,确保重点时段和重点环节的安全。辖区水上交通事故四项指标全线走低,辖区水上安全形势继续保持良好的态势。

【创新海事监管体系】 2007年,为确保辖区安全形势稳定,深圳海事局积极创新管理理念,在建立西部通航安全长效管理机制的基础上,逐步将长效管理机制推广到各项海事业务领域。开展海事安全风险管理,建立月度安全工作分析会议制度,定期分析辖区安全工作态势,全面排查安全隐患并狠抓事前预防工作;努力提高船舶安全监管质量,颁布实施《深圳港籍船舶质量综合管理办法》,建立了目标船选船系统、船舶滞留案例调查机制、船舶检验质量管理协调机制等运行机制,实施船旗国质量综合管理;针对深圳港水域多项重大工程同步建设,给通航环境、秩序安全带来新的影响,采用系统工程理论,开展深圳港口和航道安全评估,加强水域交通规划研究并出台了相关交通监管方案,进一步改善了辖区水域的通航环境;结合辖区的特点,将长效管理机制与各类专项整治有机结合,使辖区水域通航秩序进一步好转;加强了VTS信息、助航服务,实现VTS监控水域船舶的闭环监管,通航管理效能得到显著提高。

【推进深港水上交通安全管理一体化】 2007年,深圳海事局结合深圳港与香港水域相连的特点,继续深化深港两地海事机构更紧密合作关系,逐步推进深圳与香港水上交通安全管理一体化。积极推进深港两地水上交通安全管理一体化,符合两地经济社会发展的大趋势,适应两地港航业发展对安全的需求。2006年,深圳海事局与香港海事处在深圳举行工作会晤,就深港水域海事监管工作中双方共同关注的七项议题进行了深入探讨和协商,达成了共识并加以推进和落实。

【试行海事职衔制】 2007年11月13日,交通部海事局在深圳海事局举行隆重的授衔大会,标志海事执法人员职衔制管理进入实施阶段。职衔制衔级由一级总监至二级监督员共分为4等11级,深圳海事局首次授予海事职衔230人,占应授衔人员99.6%。自2006年12月28日正式启动试点筹备工作以来,深圳海事局组织人员对职衔制相关问题进行深入研讨,注重学习借鉴国内外职衔制管理的成功经验,拟定了《深圳海事执法人员海事职衔制管理办法(试行)》等六个文件。

(石西津)

广东口岸大事记

1月9日

省口岸办派员参加由国家发展改革委牵头,交通部、国务院港澳办、广东省政府以及香港、澳门特区政府组成的港珠澳大桥协调小组在广州召开的第一次会议,研究港珠澳大桥口岸选址、融资、环保等问题。

1月9日~10日

省口岸办牵头组织驻省、潮州口岸查验单位及潮州市政府、外经贸局等单位有关负责人组成的验收组,对潮州市华丰造气厂有限公司2 000吨级码头对外开放前准备工作进行验收。

1月29日

粤港合作联席会议第八次工作会议在广州白天鹅宾馆隆重举行,汤炳权常务副省长与香港特别行政区政务司许仕仁司长共同主持会议。招玉芳主任参加会议。

1月31日
招玉芳主任主持召开全省口岸工作座谈会。全省21个地级以上市口岸办、口岸局负责同志参加会议。
2月14日
梁耀文厅长、招玉芳主任陪同汤炳权常务副省长慰问海关总署广东分署。
2月16日
梁耀文厅长、招玉芳主任陪同汤炳权常务副省长赴深圳罗湖口岸、福田口岸和深圳湾口岸，对春节期间坚守在口岸一线的查验单位工作人员和工程建设者们进行慰问，并在深圳湾口岸召开现场座谈会。
3月7日~9日
省口岸办派员陪同国家口岸办有关领导赴东莞铁路口岸、深圳湾口岸及深圳福田口岸进行专题调研。
3月14日~16日
招玉芳主任陪同商务部领导调研泛珠三角横琴经济合作区及珠澳跨境工业区情况。
3月22日
招玉芳主任会见港粤直通巴士协会代表团一行，并研究深圳湾口岸直通巴士安排有关工作。
3月26日
省口岸办派员前往江门市出席荷塘口岸综合大楼启用仪式。
4月4日~5日
招玉芳主任前往湛江、茂名，就如何加快雷州市流沙港口岸开展近洋运输业务试点工作及口岸专项资金使用绩效进行调研。
4月10日
省口岸办派员参加国务院发展研究中心调研组主持召开的关于华南临空物流调研会议。
4月11日
梁耀文厅长、招玉芳主任陪同汤炳权常务副省长视察深圳深港西部通道工程建设进展情况。
4月15日
省口岸办派员与省政府办公厅、海关总署广东分署有关同志赴深圳与深圳口岸有关单位研究处理香港司机罢驶事件。
4月16日
招玉芳主任参加全国政协副主席、国家港澳办主任廖晖率领国家有关部委负责人在深圳召开的深圳湾口岸建设协调会。
4月17日
招玉芳主任陪同全国政协副主席、国家港澳办主任廖晖和汤炳权常务副省长在深圳西部通道调研。
4月18日
省口岸办派员赴澳门参加粤澳口岸合作专责小组第一次会议。粤方由省口岸办牵头组织珠海市口岸局、拱北海关、珠海边检总站、珠海检验检疫局参加，澳方由澳门特区政府保安局牵头组织民政总署、工务运输局、海关、警察局等部门参加。
4月23日
省口岸办派员参加由省公安厅、港澳办主持召开的粤港第二十二轮汽车技术会谈。
4月29日
省政府办公厅召集相关部门人员陪同澳门全国人大代表考察拱北、横琴口岸并召开座谈会，省口岸办派员参加。

4月30日

招玉芳主任赴珠海出席横琴口岸新联检楼启用暨旅检通道恢复对外开放剪彩仪式并在大会上致辞。

5月8日

省口岸办派员参加省政府唐豪副秘书长主持召开的粤港合作联席会议第十次会议筹备工作会议。

5月14日

省口岸办派员随同省政府唐豪副秘书长赴深圳对深圳湾口岸进展工作进行督查,并听取建设单位和查验单位的情况汇报。

5月17日

省口岸办在深圳主持召开对香港有关人员及物资在深圳湾口岸开通前出入境等有关问题的专题协调会议。海关总署广东分署、省公安厅、省公安边防总队及驻深圳口岸查验单位负责人参会。

5月18日

省口岸办派员陪同黄华华省长赴深港西部通道暨深圳湾口岸工程现场检查建设及开通筹备工作。

5月21日~22日

省口岸办派员赴珠海就拱北口岸通关情况进行调研。

5月23日~25日

省口岸办派员赴贵州参加中国口岸协会2007年信息工作座谈会。

5月29日

省口岸办在惠州主持召开惠州进出境货运车辆检查场验收会议。海关总署广东分署、广东检验检疫局、深圳海关、惠州海关、惠州检验检疫局、惠州市政府、惠州市口岸局有关负责同志参会。

5月30日

省委组织部在省外经贸厅召开会议,宣布邬公权同志任省外经贸厅副厅长、党组副书记、省口岸办主任(正厅级);招玉芳同志调任省国土资源厅担任厅长、党组书记。

5月30日

省口岸办派员参加汤炳权常务副省长主持召开的研究做好深港西部通道工程暨深圳湾口岸开通准备的工作会议。

5月31日

省口岸办在东莞召开论证口岸配套设施建设和查验机构设置人员编制标准座谈会。广州、深圳、珠海、汕头、佛山、惠州、东莞、中山、江门等市口岸主管部门以及省口岸办相关处室负责同志参会。

6月1日

省口岸办在深圳市主持召开深圳口岸查验单位协调会,就深圳湾和福田口岸的验收准备工作情况进行专题研究。

6月4日~6日

邬公权主任赴深圳市参加国家口岸办验收组召开的深圳湾口岸验收会议。

6月6日~8日

邬公权主任陪同国家口岸办罗文金副主任一行分别到深圳、惠州、佛山市就三市港口口岸开放与建设、二类口岸整合处理等问题进行调研。

6月14日

邬公权主任赴北京参加全国政协副主席、国务院港澳办主任廖晖主持召开的深圳湾口岸评估会议。

6月19日

邬公权主任陪同省政府唐豪副秘书长到深圳湾口岸督办有关事项。

6月27日上午

省口岸办派员赴深圳,会同深圳市口岸办等部门,布置应对粤港两地货柜车司机拟组织"停驶"行动的有关突发事件预案。

6月27日

省口岸办派员赴香港与香港运输署和10多家运输公司座谈,确保"七一"口岸安全畅通。

6月27日~7月1日

省口岸办派员陪同国家口岸办有关业务负责同志前往中山、江门和佛山市对二类口岸管理进行调研。

6月28日

省口岸办派员会同省政府办公厅综合二处、海关总署广东分署有关人员赴珠海,与珠海市政府、市口岸局及相关查验单位共同探讨粤澳口岸实施24小时通关问题。

7月1日

梁耀文厅长、邬公权主任出席深圳湾口岸开通仪式。

7月1日~13日

省口岸办组织驻省查验单位赴北欧进行口岸考察。

7月4日~6日

省口岸办派员赴上海市参加国家口岸办召开的建立沿海省市口岸协作机制和文明口岸建设工作会议。

7月9日

省口岸办派员参加省政府唐豪副秘书长主持召开的粤港合作联席会议联络员会议。

7月10日

邬公权主任出席珠海市九洲港客运口岸至香港国际机场水上航线开通仪式。

7月10日~13日

邬公权主任到东莞、惠州市进行口岸调研。

7月17日

邬公权主任赴香港参加粤港合作联席会议第九次工作会议。

23日~25日

邬公权主任陪同国家口岸办、中央编办调研组到深圳、东莞、广州等口岸进行调研。

7月25日

省口岸办派员陪同汤炳权常务副省长对湛江口岸工作和加工贸易企业进行调研。

7月31日

邬公权主任赴深圳市参加由国家口岸验收组召开的福田口岸验收会议。

8月1~2日

邬公权主任作为黄华华省长率领的粤方代表团成员,赴香港参加粤港合作联席会议第十次会议。

8月8日上午

省口岸办派员赴深圳与香港运输及房屋局、运输署、海关、入境事务处、警务处等部门联合召开专题会议,就粤港两地口岸通关、加快过境车辆行走深圳湾口岸等问题交换意见。

8月9日

省口岸办派员参加省发展改革委牵头组织的与香港运输及房屋局在广州召开的港珠澳大桥等大型跨境基建非正式会议。

8月10日

省口岸办组织驻省查验单位对广州小虎石化码头对外开放进行验收。

广东省

8月13日

省口岸办召开通报会,通报加快过境车辆行走深圳湾口岸等有关问题。香港货柜车主联会、落马洲中港货运联会、香港货运司机协会、香港货柜运输业职工总会、港粤运输业联会等组织的代表参会。

8月13日~14日

邬公权主任陪同黄华华省长到肇庆市调研。

8月15日

邬公权主任陪同汤炳权常务副省长出席深圳福田口岸开通仪式。

8月20日~24日

省口岸办派员参加省人大立法评估调研工作组赴珠海、惠州市,就实施《广东省沿海挖沙采石出口作业点和港澳籍小型船舶进出广东沿海挖沙采石出口作业点作业的行政许可规定》进行调研和评估。

9月10日~11日

省口岸办组织由驻省、深圳市口岸查验单位及深圳市口岸办等单位有关负责人组成的验收组,对广东深圳大鹏液化天然气(LNG)专用码头对外开放前准备工作进行验收。

9月10日~18日

邬公权主任带团到内蒙古自治区参观、学习口岸通关经验。深圳、珠海、东莞、惠州口岸办(局)等负责同志参加。

9月14日~18日

省口岸办派员赴重庆市和湖北省宜昌市,参加中国口岸协会第三届常务理事会暨中国口岸论坛。

9月18日~20日

省口岸办派员赴河北秦皇岛,参加国家口岸课题调研第三阶段调研内容座谈会。

9月24日

邬公权主任陪同黄华华省长会见并宴请香港特区政府政务司唐英年司长一行。

9月28日

粤港第七轮直通客运车辆过境班次安排会议在广州举行。粤方由省口岸办邬公权主任牵头,省公安厅、交通厅、港澳办、海关总署广东分署、深圳市口岸办、深圳海关、深圳边检总站、深圳检验检疫局等单位的代表参加,港方由运输及房屋局副秘书长李丽仪女士牵头,香港运输署、海关、入境事务处、警务处等部门代表参加。

10月11日

邬公权主任陪同汤炳权常务副省长会见并宴请海关总署李克农副署长一行。

10月12日

省口岸办主持召开推进保留运作的原二类口岸处理工作座谈会,驻省、驻穗口岸有关查验单位负责同志参会。

10月15日~16日

邬公权主任到珠海就横琴口岸客货车通道临时建筑安全隐患问题进行调研。

10月18日

邬公权主任与来粤进行航空口岸调研的上海市口岸办一行进行座谈。

10月24日~25日

邬公权主任赴汕尾市就加快汕尾港口岸红海湾港区对外开放问题进行调研。

10月25日

2007年粤澳口岸第二次非正式会议在珠海召开。省口岸办派员参加。双方就拱北、横琴以及跨工区口岸的通关问题交换了意见。

11月2日

省口岸办牵头组织由驻省、东莞口岸查验单位及东莞市口岸局等单位负责人组成的验收组，对东莞虎门港口岸同舟石化码头和三江石化码头对外开放前准备工作进行验收。

11月9日

省口岸办牵头组织由驻省、珠海口岸查验单位及珠海市口岸局等单位负责人组成的验收组，对珠海港口岸粤裕丰钢铁有限公司原料码头对外开放进行验收。

11月26日

省口岸办在东莞市组织召开粤港铁路客运口岸工作例会。

11月28日~29日

省口岸办派员赴澳门与澳门特区政府保安司、海关、出入境事务厅、土地公务运输局等部门负责人员，就横琴口岸至莲花口岸过境巴士车牌运输等问题进行会谈。

12月3日~5日

省口岸办派员赴福建省参加国家口岸办召开的集中研究修改共建文明口岸活动相关文件会议。

12月13日

梁耀文厅长赴澳门参加2007年粤澳合作联席会议。

12月14日

梁耀文厅长陪同汤炳权常务副省长到珠海、中山市调研外经贸、口岸工作，并参加在拱北口岸联检楼召开的现场工作会议。

12月14日~15日

省口岸办派员参加国家口岸办在广州市召开的《口岸管理条例》立项座谈会。

12月25日

梁耀文厅长陪同汤炳权常务副省长慰问广东出入境检验检疫局工作人员。

12月26日

省口岸办组织由驻省、驻湛江口岸查验单位及湛江市政府、市口岸办有关负责同志组成的验收组，对湛江港口岸4个新增油码头泊位对外开放前的生产设施和查验配套设施进行验收。

广西壮族自治区

广西口岸工作综述

2007年，在广西自治区党委、政府的正确领导和支持下，广西口岸抓住机遇，坚持以邓小平理论、"三个代表"重要思想和党的十七大精神为指导，在各相关部门和口岸查验单位的大力支持和通力协作下，全面贯彻落实科学发展观，采取积极措施，加快口岸基础设施建设，不断完善口岸通关环境，较好地完成了各项工作任务，有效地保证了口岸工作顺利进行。2007年，全自治区口岸过货量4 947万吨，同比增长27.32%；口岸进出境旅客566万人次，同比增长27.42%；口岸进出境集装箱17万个标箱，同比增长25.78%。

【口岸基础设施建设】 2007年，中央、自治区财政共投入广西口岸建设资金7 000多万元，使广西口岸基础设施得到进一步完善。其中，2007年完工投入使用的口岸建设项目共6个，即东兴口岸联检大楼改扩建、东兴口岸边民出入境自助查验通道、爱店口岸联检楼、硕龙口岸联检楼、南宁航空口岸货物联检楼、梧州口岸李家庄码头改造等项目。至2007年底，全区口岸在建项目有9个，即友谊关口岸服务中心、友谊关关楼大门改造、东兴口岸二期改造、东兴二桥口岸区规划、水口口岸通道扩建、龙邦口岸联检楼改扩建、龙邦边检站站部综合楼、岳圩口岸联检楼、北海铁山港联检大楼等建设项目。

【口岸对外开放工作】 根据自治区人民政府印发的《广西现有港口口岸开放范围确认工作实施方案》，自治区口岸办认真做好广西港口口岸开放范围的确认工作，2007年完成梧州、贵港、柳州等内河口岸开放范围的评审和上报工作。

做好龙邦口岸升格开放工作。自治区口岸办积极配合国务院办公厅，海关总署，国家口岸办，国家质检总局，公安部边防局，出入境管理局，外交部，总参作战部等部门做好对龙邦口岸的正式验收工作。4月17日龙邦口岸通过国家验收，10月25日正式对外开放。

【电子口岸建设工作】 经过半年的整改、完善、优化运行，广西电子口岸首期建设项目系统运行正常，并于2007年4月8日通过了评审验收。至此，广西在国内率先建成了中越边境公路出入境车辆联检核放系统，实现了海关、检验检疫、边防等相关联检部门的数据共享、联网申报、联网核查、联网作业。该系统投入运行后，明显提高了友谊关口岸的通关效率，取得了较好的经济和社会效益。

广西电子口岸首期建设项目的成功经验主要体现在：一是自治区党委、政府高度重视广西电子口岸建设，成立领导组织机构，形成了有效的协调推动机制；二是正确把握广西电子口岸的定位，首期建设项目是以凭祥口岸的实际业务需求为导向，科学规划，切实可行，具有广西地方特色；三是坚持地方政府与口岸联检部门共建的管理模式，由自治区口岸办牵头协调，南宁海关负责承建，其他部门紧密配合，初步实现了广西电子口岸"共建、共享、共管"的设计思想；四是积极落实资金，确保建设资金到位，自治区在财政紧张的情况下拨出专款，保证项目建设资金需求，确保广西电子口岸顺利开展。

2007年广西电子口岸建设重点围绕自治区党委、政府提出的"一轴两翼"区域合作构想和加大建设广西出海大通道目标，在总结、完善广西电子口岸首期项目的同时，全面规划和建设广西北部湾经济区电子口岸应用系统，提升广西沿海口岸综合竞争力。一是组织相关部门2次深入到广西海港口岸进行调研；二是组织相关部门到上海、天津进行调研，学习先进省市在海港口岸推广应用电子口岸项目的经验，针对广西实际情况，进一步完善广西2007年海运物流服务平台的建设方案；三是在总结和调研的基础上，提出防城港电子口岸建设方案，报自治区人民政府审批，争取2008年正式投入使用。

【口岸"大通关"工作】 2007年5月，由自治区党委书记、自治区人大常委会主任刘奇葆率领的广西代表团访问了越南、印度尼西亚、菲律宾、马来西亚、新加坡5国。访问期间，刘奇葆书记在拜会越南国家领导人和越南有关部门负责人时，提出了广西桂林至越南河内公路客货运输直通问题，得到了越方积极回应并表示大力支持。自治区主席陆兵也就此提出了明确要求。自治区党委常委、自治区副主席李金早在会晤越南交通部常务副部长吴盛德时就此项工作进行具体协商，双方同意尽快开展工作，李金早副主席建议此项工作要列出时间表，争取在2008年第五届中国—东盟博览会前实现广西桂林至越南河内公路客货运输直通。自治区口岸办作为牵头部门，一是积极落实领导小组机构人员名单，并报自治区人民政府审定下发；二是制定本部门工作方案；三是组织自治区交通厅、公安厅、外办、南宁海关、广西出入境检验检疫局、广西公安边防总队等广西桂林至越南河内公路客货运输直通工作广西领导小组办公室组成单位人员赴新疆调研，学习和借鉴新疆在跨国运输直通工作方面的成功做法和经验；四是拟定《中越公路客货运输直通工作方案》，并上报自治区人民政府审批。

积极推进广西友谊关口岸"一站式"检查的组织实施。在友谊关口岸实施"一站式"检查得到了亚行和我国有关部门的大力支持。2007年3月，在北京召开的第二次大湄公河次区域（GMS）国家便利运输联委会上，我国代表团团长、国家便利运输委员会副主席、交通部副部长翁孟勇表示，根据亚行倡议，中国将与越南协商，争取使中越友谊关和友谊口岸早日成为实施便利运输协定的出入境站点。

积极推动东兴口岸边民出入境自助查验通道建设。10月1日东兴口岸边民出入境自助查验通道正式开通投入使用，成为广西口岸"大通关"快进快出的新亮点。

【国际合作】 2007年8月29日，在越南广宁省党政代表团访问广西期间，自治区商务厅与越南广宁省商贸厅本着相互信任的原则，共同签署了《中国广西壮族自治区商务厅与越南广宁省商贸厅关于进一步加强口岸协作和经贸往来的协议》，在"关于双方通关时间、口岸正常工作日、建立口岸会晤磋商机制、加强信息交流与建立突发事件应急合作机制"等方面达成多项共识。

【口岸综合管理工作】 积极参与设立海关特殊监管区域的规划和申报工作。党中央、国务院及国家有关部门十分重视和支持广西在北部湾经济区设立保税港区等海关特殊监管区工作，自治区口岸办把这项工作作为中心工作来抓，积极发挥政策优势和协调职能作用，参与广西北部湾经济区保税港区、综合保税区等海关特殊监管区域的规划和实施工作。

配合内蒙古口岸办做好"合理配置口岸管理资源，提高口岸整体通关效能"课题研究工作；根据北部湾新区开放开发需要，开展广西外贸货物流向课题研究工作，提出了泛北部湾通关便利化意见。

进一步加强口岸统计、信息和宣传工作。积极向广西商务之窗网站、广西商务信息、中国口岸信息等专业网站和刊物投稿，为各级政府、有关单位及时提供口岸相关数据信息；多次邀请广西日报、广西电视台、广西电台等新闻媒体参与口岸重大事件的宣传报道，营造良好的口岸宣传氛围。

广西壮族自治区

2007年广西口岸运量情况表

项目 内容	货运量（万吨）						客运量（万人次）					
	进出口累计	同比(±%)	进口累计	同比(±%)	出口累计	同比(±%)	出入境累计	同比(±%)	入境累计	同比(±%)	出境累计	同比(±%)
海运口岸	4 564.03	27.31	3 556.72	27.93	1 007.31	25.15	26.054	30.04	13.12	31.55	12.934	28.53
河运口岸	127.14	48.63	59.18	129.02	67.96	13.82	0	0	0	0	0	0
公路口岸	129.41	−17.69	59.04	−24.44	70.37	−11.04	487.084	28.75	245.59	24.91	241.49	32.91
铁路口岸	125.85	121.06	39.38	64.15	86.47	159.05	0.73	−2.67	0.44	15.79	0.29	−17.14
航空口岸	0.1	−52.38	0.05	−73.68	0.05	150	51.88	15.51	24.52	14.5	27.36	16.43
合计	4 946.54	27.32	3 714.38	27.71	1 232.16	26.1	565.75	27.42	283.67	24.21	282.08	30.83

广西口岸查验单位工作综述

南宁海关

2007年，在海关总署的正确领导和自治区党委、政府的大力支持下，南宁海关坚持以科学发展观为指导，深入学习贯彻党的十七大精神，认真落实全国海关关长会议精神，以科学治关理念为统领，突出构建和谐海关工作主线，扎实抓好队伍、业务建设，全面履行把关服务职能，较好地完成了各项工作任务。全年监管进出口货物4 794万吨，进出口总值117.83亿美元；监管进出境运输工具26.62万辆（艘、架）次、进出境人员483.43万人次。审批加工贸易备案合同432份，金额5.9亿美元；审批减免税20.44亿元；税收入库73.85亿元。查获走私案件784起，案值6.15亿元，抓获走私犯罪嫌疑人160人；稽查企业66家；全年上缴罚没收入3 345.9万元。

【税收征管】 以综合治税大格局为统筹，加强业务建设，全面提升把关服务能力。坚持以税收工作为"轴心"，以综合治税大格局统筹业务建设，认真做好税源调查和税收预测，抓好重点税源商品的风险分析、监控预警工作，加强对税收动态的实时跟踪分析和监控；强化一线管理的协作配合，完善监管通关、审单、加工贸易、统计、风险管理、稽查、企业管理等职能部门的协作配合机制，实行纳税企业分类管理，加大稽查补税、核销补税力度，进一步完善税收定期评估、通报制度；围绕归类、减免税、原产地、税收计征入库等各环节，制定税收任务和质量考核规定，细化和完善税收征管质量考核体系，全面实施税收业务质量管理，税收征管的整体效能进一步提高，征收税款大幅增长。全年征收税款73.85亿元，同比增长43.1%，比上年多收22.24亿元，创建关以来税收历史新高。

【打击走私】 坚持把货运渠道作为打击走私的重点，密切监管现场与缉私部门的协作配合，有效提高监管现场查发走私案件的能力。针对南宁关区陆路边境线和海岸线长、绕越设关地"蚂蚁搬家"走私难以有效打击的实际，改变层层设防封堵的策略，加强情报经营，集中警力打团伙、摧网络、破大案，通过重点打击幕后走私犯罪团伙来有效遏制"蚂蚁搬家"走私。积极推进综合治理，加强与地方党政及有关部门的协作配合，加大反走私综合治理力度，改善执法环境，切实改变海关单打独斗的局面。2007年，南宁海关立案调查走私行为案件748起，案值4 247万元，分别下降11.4%和增长1.5%；抓获走私犯罪嫌疑人160人，增长9.6%；上缴罚没收入3 345.9万元，增长1.7%。打团伙、破大案的成果突出，先后查获"1·6"、"3·29"、"10·17"等特大走私汽车案件。

【通关监管】加强监管区域、监管场所的规范化建设，进一步完善和落实各项监管制度，制定并实施《业务岗位操作手册》，进一步健全各岗位业务标准化规范，完善审单机制，创新查验方法，规范作业流程，理顺各业务环节的关系；推行通关监管新机制，建立转关业务分析监控机制，"转关自动审放"试点取得成功；继续深化区域通关合作，整合各类便捷通关措施，积极推进电子口岸建设，加强口岸执法协作与信息共享，进一步健全广西口岸执法合作协调机制，创造良好的口岸通关环境，一线监管得到有效加强。切实落实国家加工贸易管理新政策和新措施，设立加工贸易通关专用通道，推行派员驻点监管制度，加大知识产权海关保护力度，推广加工贸易联网监管试点，积极应用保税业务监控分析系统，不断提高关区加工贸易及保税监管能力。全年备案加工贸易合同432份，金额5.9亿美元。以风险分析为先导，广泛开展贸易调查，采取海关稽查和企业自查相结合的方式，根据一般贸易、加工贸易和特定减免税货物的监管实际，抓住重点，通过常规稽查、专项稽查和验证式稽查相结合，实施有效的后续管理。全年稽查企业66家，稽查补税入库1 299.82万元；发现涉嫌走私违规案件2起，货值2 815万元。坚持"守法便利"原则，落实分类管理措施，规范企业行为。实行"大客户协调员"制度，增进关企双向互动，帮助企业解决进出口环节遇到的困难和问题。新评定适用A类管理企业14家，全国"红名单"企业1家，调整企业管理类别14家。通过落实监管到位的要求，南宁海关在货运量和货值均大幅增长的情况下，较好地实现了"管得住"与"通得快"的统一。全年监管进出口货物4 794万吨，货值117.83亿美元，同比分别增长15.8%和48.1%。

【服务经济】 2007年，南宁海关主动把海关工作融入到广西经济社会发展大局，采取多种措施促进广西经济发展。

支持西部大开发，将支持广西实施西部大开发作为重中之重的工作来抓，为建设富裕和谐文明新广西作出了积极贡献。南宁海关成立了支持西部大开发领导小组，建立了相关的工作机制，实施"南宁海关进一步支持广西实施西部大开发十项措施"，支持和服务的工作项目得到全面落实，有力地促进了广西外经贸的发展。2007年，广西外贸进出口总值92.8亿美元，同比增长39.2%，列西部地区第三位。其中，出口51.1亿美元，增长42.3%，进口41.7亿美元，增长35.5%。全年累计贸易顺差9.4亿美元，增长82.7%。

支持推动海关特殊监管区建设，全力支持广西申请设立海关特殊监管区，促进了广西北部湾经济区的开放开发。南宁海关专门成立了课题研究小组，广泛考察其他省市设立海关特殊监管区的模式和成功经验，积极参与广西自治区设立广西北部湾经济区海关特殊监管区的选型、选址和论证、申报工作。

服务中国东盟博览会。按照"通关高效、监管到位、服务优质、形象良好"的总体要求，南宁海关出台了《服务中国—东盟博览会的十项长期便利措施》，开发应用中国—东盟博览会展品通关监管系统，完善通关管理制度，提高展品通关效率，积极主动做好有关部门的联系沟通工作，推动会展监管长效机制建设，为博览会的圆满顺利举行提供了坚实的通关保障服务。博览会期间共监管进境展品252票，申报价值总计45万美元，监管进出境航班101架次、宾客9 370人次。广西自治区党委、政府及各国参展商对南宁海关的服务工作给予一致好评。

广西壮族自治区

2007年主南宁海关要业务数据统计表

项目		单位	业务量	同比（±%）
进出口货运量		万吨	4 794	15.8
其中	进口	万吨	3 638	13.7
	出口	万吨	1 156	22.9
进出口总值		亿美元	117.83	48.1
其中	进口	亿美元	70.61	43.6
	出口	亿美元	47.22	55.3
监管运输工具		辆（艘、架）次	266 182	18.6
集装箱		标箱	204 796	43.6
进出境人员		万人次	483.43	10.0
邮、快递物品		万件	59.68	43.2
加工贸易合同备案		份	432	13.4
合同备案金额		万美元	59 011.9	30.1
查获走私案件		起	784	−10.5
走私案件案值		亿元	6.15	192.8
税收入库		亿元	73.85	43.1
其中	关税	亿元	12.38	34.7
	进口环节税	亿元	61.46	44.9
上缴罚没收入		万元	3 345.9	1.7
审批减免税		亿元	20.44	41.9

广西公安边防总队

2007年，广西公安边防总队以党的十六届六中全会关于构建社会主义和谐社会的总要求为指导，紧紧抓住"服务理念、专业素质和职业精神"三大支柱建设，认真贯彻落实全国边检工作会议精神，深入开展提高边检服务水平工作，边检业务建设水平有了明显提升，为地方经济建设营造了和谐、快捷、便利的口岸通关环境，圆满完成了各项边防检查任务。截至12月31日，全总队共检查出入境人员3 548 674人次（旅客3 326 865人次，服务员工221 809人次）；检查出入境交通运输工具16 538艘（架、列、辆）次；查处偷渡案件12起26人次，查处违法违规人员181人次；与越方举行会晤和涉外活动81次。

【切实加强组织领导，为提高边检服务水平工作提供组织保障】 全国边检工作会议召开后，总队党委认真研究制定了《广西公安边防总队提高边检服务水平活动方案》，把提高边检服务水平作为中心工作来抓。各边防检查站按照总队的部署，结合陆、海、空、内河口岸实际研究制定贯彻实施方案，成立专项工作领导小组,并以召开站党委会、官兵大会、研讨会等形式积极组织部署动员,确保了提高边检服务工作的有效开展。总队各级主动汇报,积极创建良好的公共关系,赢得了地方党委、政府和有关部门的关注与支持。

【强化队伍建设,为开展提高边检服务水平工作提供素质保障】 各级紧密围绕"服务理念、专业素质和职业精神"三大支柱的建设,努力在提升队伍政治素质上下工夫,不断提高检查员队伍的思想政治觉悟,改进服务理念,增强事业心、责任感。总队集中开展了边检服务理念专题教育、"边检优质服务征文"活动、"弘扬公安边防精神,提高边检服务水平"专题演讲比赛和"星级服务检查员"评比活动,树立先进典型,推广典型经验,激发官兵斗志,使之成为推动提高边检服务水平达标工作的原动力。围绕业务工作需要,总队采取多种形式积极组织开展服务技能、边检业务、伪假证件鉴别、外语、心理学、外事和服务礼仪等知识培训,有效推动了队伍整体素质的提高。按照《边检服务规范》的要求,参照和借鉴《边防检查服务示范片》的模式,从接还证动作、人证对照、资料录入、加盖验讫章、着装举止、精神面貌等基础技能和基本行为着手,不断强化和培养检查人员文明规范习惯的日常养成,大力倡导语言、仪表、服务、秩序、环境五种行为规范,进一步促进了检查员文明执勤的养成。充分利用内部局域网络优势,推行网上边检业务研讨模式,形成了"区域一体、成果共享"的良好局面,为提高一线执勤人员的业务能力和素质、促进业务工作的创新开展搭建了一个学习交流的平台。采取"走出去,请进来"的办法,组织执勤一线业务人员到高速公路收费站、中国移动公司营业厅、税务服务厅等地方先进服务行业观摩体验,邀请礼仪专家为一线检查员讲授礼仪基本常识,扩展检查员视野,不断提高对岗位礼仪规范的认知度。

【加强边检业务基础建设,为提高边检服务水平工作提供服务保障】 总队先后投入资金200多万元统一定制了咨询台、便民服务箱、填卡台等服务设施,为旅检单位购置了出入境旅客评价系统。为桂林、南宁、友谊关、东兴边检站配备了《边防检查信息触摸屏查询系统》。各边检站多渠道争取支持,在口岸新建、改建、扩建过程中,提前介入、积极参与规划和设计,及时解决执勤现场设置不合理、设施不规范等问题。东兴市政府投入专项资金按照部局制定的《边检执勤现场设施建设标准》全部更新了口岸边检执勤设施。龙州县政府投入专项资金对口岸候检室和联检大厅进行改造,将查验通道由4条增加到8条,并更换了验证台和查验设备。靖西县政府拨款对龙邦口岸执勤现场进行改造和重建,已通过国家口岸办组织的验收并正式对外开放。加强对桂林、南宁两个部局达标边检站进行重点帮扶,并将友谊关、东兴边检站纳入总队级达标试点单位,认真研究制定具体的推进措施,在勤务改革、检查指导、经费等方面给予重点支持、关注和投入,确保了达标工作稳步推进。针对当前大多数单位警力紧张的问题,以桂林边检站为试点单位,在分析口岸客流规律的基础上,积极探索打破以科为单位整建制上下勤限制,缩小执勤单元,做到科学有效应对口岸边防检查任务,使检查员能够有足够的培训学习、休息时间,以最佳状态投入工作。

【拓宽服务渠道,优化通关环境,促进提高边检服务水平工作取得实效】 全区各边检站根据所处地理位置、口岸类型、主要服务对象类别等实际情况,以实现"一流的服务水平"为目标,以贯彻落实公安部"12项措施"为契机,立足出入境旅客需求,积极拓宽服务渠道,完善边检服务举措,着力抓好提高边检服务水平配套保障工作,努力打造服务品牌,争创文明窗口,努力构建温馨、和谐、快捷、便利的口岸通关环境。总队通过创建"广西边检服务网",向社会公布"24小时边检服务热线"和三级投诉电话,方便出入境旅客及相关单位咨询。桂林边检站认真总结工作经验,成功推出"温馨、VIP、救助、专勤、延时、预检"六种服务,建立"移动、便利、优先、临时"四种新的查验模式;在出入境值勤现场设置了立体声环绕音响在旅客候检时播放轻音乐,缓解旅客的旅途疲劳和厌烦情绪。在填卡台设置英、日、泰、韩等四种语言的出入境登记卡填写模板。钦州、北海、防城边检站把报检大厅作为展示边检服务形象的平台,将服务对象的需求体现在报检大厅规划、设计和设置的每一个环节,专门设置报检人员填单台,并购置了沙发、雨伞、擦鞋机、饮水机等便民用品。同时,根据海港船员的实际需求,精心设计制作了中英文"船员登陆指南"和

"便民服务卡",涵盖宣传边检法律法规,体现边检服务精神,提供边检紧急救助,特别服务热线,区域医疗、餐饮、住宿、购物地图以及汽车、列车、飞机时刻表等内容,成为中外船员在港期间的出行指南。防城边检站还制作了"办理登轮许可证温馨提示"、"办理船员换班须知"和"办理出入境船舶边防检查手续须知"等三种卡片,大大方便了船方办理相关手续。此外,该站开设了"便民服务移动电话专线",保证出入境手续办理快速便捷。友谊关、东兴、水口关等边检站结合陆地口岸的特点,积极与越方会晤磋商,共同建立口岸应急联动机制,各自设立紧急救助通道,为因紧急情况出入境的人员在第一时间提供最为快捷的通关服务。桂林边检站研究制订了《执勤服务质量考评实施办法》,逐项明确执勤人员言行举止的文明礼仪标准,建立系统的考评体系,强化对单位、个人的奖惩,严格作风、素质养成,大力推进边检服务标准化、程序化、精品化。各边检站分别邀请当地党政机关、人大、政协、联检单位及经常出入境旅客成立了边检服务水平社会监督委员会,定期组织召开会议听取意见和建议、通报情况,并通过互联网、新闻媒体公布三级投诉电话,设立现场及互联网投诉邮箱,广泛接受社会各界的监督评议。通过开展提高边检服务水平工作,边检执法服务水平有了进一步提高,规范执法管控为重、真诚服务以人为本的工作理念深入人心,文明规范执法、竭尽全力为出入境旅客排忧解难成为边检官兵的自觉行为,以实际行动赢得了上级的充分肯定和地方党委、政府及广大出入境旅客的广泛好评。8月1日,公安部孟宏伟副部长在公安边防部队爱民固边战略简报上作出重要批示,充分肯定了东兴边检站积极救助境外受困中国公民的做法。武警总部政治委员喻林祥上将、自治区李金早副主席、自治区公安厅文起洁副厅长等领导同志分别对总队提高边检服务水平工作给予了高度赞扬。自治区党委常委、钦州市委书记黄道伟,防城港市副市长陈可猛称赞边检站是口岸经济发展的助推器和护卫舰。联合国世界旅游组织秘书长弗朗加利在桂林出境时被桂林边检站的优质服务所感动,题写了"没有一个好的机场,就没有一次成功的旅行,感谢你们的服务"的留言。

2007年广西口岸出入境旅客员工统计表

单位:人次

项 目	入 境	出 境
旅 客	1 659 496	1 667 452
员 工	109 841	111 636
合 计	1 769 337	1 779 088

2007年广西口岸出入境边民统计表

单位:人次

项 目	入 境	出 境
中国边民	870 351	870 841
越南边民	600 843	585 590
合 计	1 471 194	1 456 431

2007年广西各口岸出入境数据表

单位：人次

单位	旅客入境	旅客出境	旅客合计	员工入境	员工出境	员工合计
南宁	52 651	61 902	114 553	6 042	5 896	11 938
桂林	192 924	210 370	403 294	15 992	15 995	31 987
北海机场	0	0	0	0	0	0
友谊关	307 469	307 612	615 081	139	139	278
东兴	963 801	945 705	1 909 506	0	0	0
水口关	6 261	6 200	12 461	0	0	0
防城	23	23	46	22 661	24 620	47 281
北海	131 616	132 159	263 775	38 499	38 454	76 953
钦州	0	0	0	5 814	5 507	11 321
梧州	0	0	0	7 038	6 785	13 823
柳州	0	0	0	83	219	302
贵港	0	0	0	1 308	1 593	2 901
合计	1 654 745	1 663 971	3 318 716	97 576	99 208	196 784

广西出入境检验检疫局

【综述】 广西检验检疫局以科学发展观统领检验检疫工作，紧紧围绕国家质检总局和自治区的中心工作，突出推进泛北部湾经济合作、疫病疫情防范和口岸通关建设，较好地履行了保国安民职责，在促进广西经济社会又好又快发展中作出了积极的贡献。全年共检验检疫出入境货物16.7万批次，货物总值94.7亿美元，其中检出不合格货物850批次，总值15.3亿美元。检疫出入境交通工具26万辆（艘、架）次，出入境人员452万人次，检疫入境集装箱21.2万个标准箱。

【疫病疫情监测】 2007年，广西检验检疫局针对越南禽流感疫情继续呈大面积暴发，距离我国边境最近的疫点只有10千米，对广西造成严重威胁的实际，采取措施进一步加强防控工作，完善口岸突发公共卫生类事件应急预案体系和应急指挥机制；加强与越南检验检疫机构的合作，做好大豆、木薯干等大宗重点动植物及其产品的检验检疫和后续监管，防止有害杂草和有毒有害物质传入；完善口岸传染病监测与控制体系方案，开展口岸媒介监测防控工作，加强霍乱、艾滋病、登革热、疟疾等重要传染病防控，特别是针对10月以来越南流行霍乱疫情，迅速启动防控工作机制，落实防控措施，认真落实卫生检疫的"八项制度"和"五个不漏"，加强防控措施的督促检查，有效地防止了疫情传入；认真落实首届中国—东盟检验检疫合作论坛达成的《南宁共识》，进一步推进与东盟国家尤其是与邻国越南对应机构的合作交流，先后召开了中国—越南认证认可合作研讨会、卫生检疫业务交流会议，与越南广宁国际卫生检疫中心共同签署了会谈纪要，并成功开展了"中越边境陆路口岸突发公共卫生事件应急处置联合演练"。各口岸机构继续密切与越方检验检疫机构的定期会晤和交流，互通情报，增进互信，共同做好口岸疫情把关工作。全年从进境植物及植物产品中检出有害生物123种562种次；从出入境人员中检出病例4 088例，其中传染病及病毒携带者2 100多例，艾滋病毒感染者21例。

【检验检疫监管】 加强对进境旧机电产品和废物原料的检验监管，坚决杜绝不合格机电产品和废物原料入境。加强重大工程设备的检验监管，重点做好石化、林浆纸、龙滩水电站、德保铝等重大工程项目的把关服务。加强对化矿金属及危险品安全、健康、环保项目的检验监管，加强对矿产品放射性检测及有害元素的监控，按REACH法规开展进出口化学品安全管理研究和严格监管。加强出口烟花爆竹检验监管工作，及时采取措施加快通关验放速度，支持企业出口。采取措施切实加强食品、农产品检验监管，重点加强进出口动植物源性食品残留物质监测，认真完成国家质检总局下达的进口食品残留物质监控任务，切实提高有毒有害物质的检出率。加强出口食品添加剂使用、备案和日常监管，加强对重点、敏感食品添加剂的监测，积极推进食品生产企业的诚信体系建设。积极开展疫情、有毒有害物质残留信息收集和分析工作，及时发布风险预警通报，指导企业规避风险。妥善应对进出口食品安全突发事件，及时查清广西出口不合格产品的原因并敦促企业整改。加强对存在安全隐患或不合格的进出口食品，如出口大米及米制品转基因成分、花生酱、植物源性蛋白食品、牙膏以及化妆品等的摸底调查和溯源工作。与海关、边防、水产畜牧、公安、工商等部门建立合作机制，形成合力，共同打击进口肉类产品非法入境行为，全年共查获非法进口肉类共18批，重量370多吨。

【服务泛北部湾区域经济建设】 2007年以来，广西检验检疫局结合中央、质检总局和自治区关于推进泛北部湾经济合作的部署要求，把服务泛北部湾经济建设作为全年工作的重点，结合实际，积极开展理论探讨和实践，推出了一系列关于检验检疫服务区域经济发展的理论文章，进一步理清了检验检疫部门服务和推动泛北部湾经济合作的思路和举措，得到了总局党组的高度重视，并于10月底下发了《国家质检总局关于支持泛北部湾区域经济合作的若干意见》，得到了自治区原党委书记刘奇葆等自治区领导的高度称赞。同时，结合中石油千万吨(钦州)油品加工、林浆纸一体化、中电防城港电厂、防城港钢铁项目等一批重大项目相继进入广西北部湾经济区开工建设，广西检验检疫局充分发挥检验检疫部门的信息技术优势，积极为重大项目建设搞好把关服务和保驾护航，并结合实际认真做好实验室、检测技术、人才培养等软硬件的储备建设。切实加强北海出口加工区、凭祥南山物流园区等进出口物流基地的检验监管。积极配合地方政府做好承接东部产业转移工作。努力推动广西建设多区域经济合作的物流基地、商贸基地、加工制造基地。

【服务第四届中国—东盟博览会】 广西检验检疫局在总结服务历届中国—东盟博览会经验的基础上，进一步完善了服务博览会的长效机制，将服务工作纳入了常态管理。制定了对入境参展物品检疫审批、通关作业等八条便利措施。结合产品质量和食品安全专项整治行动，加强对参展食品的检验监管，实施分类管理并专门配备了快速检测设备，使农残、二氧化硫等检测时间从3~5天缩短到半小时。据统计，第四届博览会期间该局共检验检疫参展食品、饮料、木制品、化妆品等共173批，货值30万美元，共19大类139种，截获有害生物9种89头。共检疫查验入出境航班94班次，查验入出境人员6 600多人次。

【服务第一届中国—东盟质检部长会议】 2007年10月28~30日，第一届中国—东盟质检部长会议在南宁召开。广西检验检疫局在总结2006年服务首届中国—东盟检验检疫合作论坛经验的基础上，举全局之力，认真做好质检部长会议的各项会务服务工作。一方面，积极争取自治区党委、政府的重视和支持，将质检部长会议列入了第四届中国东盟博览会的专场活动统筹安排，成为9个专场活动中自治区领导出席规格最高、人数最多的活动之一。另一方面，集中全系统人力和物力，精心部署，周密安排，全力以赴做好各项服务工作，为会议的成功举办作出了贡献，得到了国家质检总局领导和国内外与会代表的肯定。本次会议代表共142人，其中东南亚国家联盟代表90人，中国代表52人。会议围绕食品安全的主题进行磋商并通过了

《南宁联合声明》，初步建立了中国—东盟质检部门合作磋商机制。国务院副总理曾培炎、东盟秘书处秘书长王景荣出席开幕式并致辞。

【中越边境贸易管理】 2007年，广西检验检疫局把规范边贸管理列为进出口产品质量和食品安全的专项整治内容，借贯彻全国质量工作会议的东风，切实探索规范边贸管理的思路和方法。一是以政协提案的形式建议自治区政府重视加强边贸管理，得到了地方各级政府的理解、重视和支持。二是高度重视越南市场对中国产品的质量反映，对越南媒体报道"中国电热水壶含有砒霜"事件，及时采取了有针对性的应对措施。三是加强调研分析，积极探索对越南边贸的检验检疫监管模式，提出了在维护中国产品声誉，维护人类安全、卫生、健康，维护贸易各方合法权益，突出重点、兼顾一般和促进边贸健康发展5项原则和抓大限小、与国际规则接轨、加强源头管理、实行风险分类管理和进一步加强国际合作5个解决边贸管理难点问题的思路。根据这些原则和思路，起草了11个规范边境贸易的管理办法，并形成4个配套方案上报国家质检总局决策参考。对高风险的农产品水果，及时召开会议部署落实出口水果产地检验检疫、口岸查验制度和进出口水果检验检疫溯源制度，并协调地方政府学习借鉴深圳做法，在出口量最大的凭祥口岸建立配送中心，加强监管。广西检验检疫局积极探索规范边贸管理的思路和做法，得到了国家质检总局领导的重视和肯定。

【检验检疫通关管理】 广西检验检疫局认真贯彻国家质检总局领导提出的"广西局工作重点在口岸"的指示精神，结合自治区构建海、陆、空广西国际大通道的部署要求，重点抓好凭祥友谊关电子口岸使用功能的完善和优化，通过高科技把关手段和服务措施提高口岸通关效率。积极建议并协助自治区有关部门完成了防城港电子口岸建设前期调研论证工作。进一步加大电子检验检疫的推广步伐，有5家企业建成开通了视频监控系统，14家企业实施了电子监管系统。完成了全区系统业务数据大集中，在梧州、北海、贵港、钦州口岸应用了废物原料电子监管系统，在东兴、凭祥、龙邦、北海、水口口岸实现了"一机两屏"查验机制。继续做好出口企业分类管理、出口免验、直通式、绿色通道、原产地标志保护、进出口产地预检验等检验检疫监管模式调整，帮助玉柴机器股份有限公司获国家质检总局批准实施出口免验，实现了广西出口免验企业零的突破，有1家企业通过了原产地标志保护。

2007年广西出入境检验检疫业务情况表

金额单位：万美元

业务项目	出入境货物检验检疫				交通工具				集装箱（个）		发现动植物疫情		货物通关		出入境人员查验（人次）
	批次	金额	检验检疫不合格		船舶（艘次）	飞机（架次）	火车（节次）	汽车（辆次）	总量	检出问题	种类数	种次	批次	金额	
			批次	金额											
合计	167 138	947 316	850	153 236	42 487	5 005	31 014	182 821	194 659	39	123	521	123 731	975 582	4 522 404
出境	104 407	328 093	353	1 307	21 340	2 506	15 507	91 414	93 813	29	48	388	61 567	356 827	2 211 621
入境	62 731	619 223	497	151 929	21 147	2 499	15 507	91 407	100 846	10	75	133	62 164	618 756	2 310 783

广西海事局

2007年，广西海事局以科学发展观为统领，坚决贯彻落实交通部党组及部海事局和自治区党委、政府的决策部署，牢牢把握服务于中国—东盟自由贸易区和泛北部湾经济区建设以及构建和谐社会的大局，围绕水上安全监管中心工作，强化监管，优质服务，各项工作取得了新的进展。

【辖区水上安全形势】 2007年广西海事局共处置海（水）上报警147次，救助遇险人员804人，救助船舶52艘，搜救有效率97.9%，重特大险情没有发生漏报、瞒报或超时限上报的现象，事故数、沉船数、经济损失数同比分别下降2.7%、32%和44%，在港口吞吐量和船舶交通流量快速增长、水上水下施工和各种涉水活动日趋频繁的情况下，全年辖区未发生死亡10人以上的水上交通事故和重大船舶污染事故。

【专项整治工作】 通过自治区政府季度防范重特大安全事故工作例会，该局向全区做出"两防"（防船舶碰撞、防泄漏）专项整治工作部署，对主要港口水域、航道、通航密集区和跨河桥梁、船闸、坝区进行了全面调查摸底和集中整治。各级海事机构开展了船舶最低安全配员大检查、方便旗船舶安全集中检查、海员证管理大检查、限制船舶污染物排放专项行动，以及砂石运输船施工船安全专项整治，大力排查和督促整改安全隐患。加强对全区渡口渡船建立安全责任制和渡口渡船规范化的督查，推动整改及验收工作，全区共完成更新改造客圩渡船158艘，渡口改造和渡改桥项目51个。

【通航水域管理】 全年累计巡航里程57.6万海里，同比增加10%，主要通航水域的巡航检查覆盖面达100%。加强了长洲水利枢纽工程截流施工、船闸试通航期间及枯水期的安全监督管理，采取多项有力措施妥善处置了长洲枢纽船闸试通航期间及枯水期造成的大量船舶滞航问题，得到地方政府和企业高度评价；牵头召开了滇、黔、桂三省（区）库区水上交通安全管理首次联席会议，协调解决库区水上交通安全管理工作上存在的共性问题，将龙滩库区和百色水利枢纽的水上交通安全管理纳入天生桥三省（区）交通、海事协调机制，进一步完善了共管库区水上交通安全长效管理协调工作机制；召开沿海港口引航安全管理工作座谈会，落实了整改隐患和防范事故措施。

【船舶监督管理】 全年共办理船舶进出港口签证125.3万艘次，同比增长41.6%；船舶登记7 554艘次，同比增长21.33%；完成PSC检查201艘次、船舶安全检查8 416艘次，单船缺陷率等主要指标达到全国沿海平均水平；对26家公司183艘体系内船舶进行了安全管理体系审核，其中6艘船舶未通过审核，开出不合格项1 823项，并进行了跟踪整改。积极参与广西自治区电子口岸建设，结合水监信息系统建设，缜密分析海事监管流程，为广西电子口岸提供了海事监管法律依据、申报和办理程序。11月，举办了广西海事局金融机构船舶抵押知识学习研讨班，初步建立起金融机构与司法部门和船舶行政管理部门的交流沟通平台，促进了金融机构与各有关部门的协调。

【船员管理】 出台了《广西海事局船员适任评估员管理办法》等3项制度，组建了40人的海船船员适任评估员队伍，实行了无纸化考试，全年共完成船员考试和评估考试40期，考试评估船员5 958人次，严厉查处了考试作弊船员和事故引航员。

【危防管理】 2007年4月，海事局与交通部烟台溢油应急中心合作，在桂林举办了由各油类码头安全管理和溢油应急反应人员共52人参加的溢油应急高级培训班，对相关应急反应预案和溢油应急处置、组织指挥进行了培训与桌面演练。加强了重点水域的监管，起草并联合桂林市人民政府出台了《桂林漓江船舶安全和防污染监督管理规定》，为桂林漓江船舶安全监管和防止污染水域提供了法规层面的支持保障。与香港海事处联合召开了香港特区"商船（防止空气污染）规例"宣讲会，为广西航区船公司、船员正确认识和维护自身权益提供一个平台。

【服务经济和社会发展】 继续优化通航和通关环境,对电煤等重点物资运输采取了便利及安全保障措施,简化船舶申报手续,提高了通关和监管效率。全年辖区港口完成货物吞吐量1.46亿吨,同比增长28.3%,集装箱吞吐量44万标箱。大力支持重点工程建设,全年审批水工项目88项,全面开展码头工程通航安全环境评估报告的评审活动,保证了中国石油广西石化公司1 000万吨炼油厂的10万吨级码头、钦州燃煤电厂的7万吨级卸煤专用码头工程的顺利进展;继续做好重点水工项目的施工通航安全维护工作,钦州海事局主动牵头协调港口管理局、施工单位和码头业主等38个单位成立10万吨级航道施工期间船舶通航协调领导小组,对进出港船舶实施统一协调指挥,先后发布船舶通航信息1 201艘次,有效协调了船舶通航与航道施工的矛盾。

【应急反应能力不断提升】 出台了《广西海上搜救中心水上险情应急反应程序》、《广西海上搜救中心气象信息保障应急反应预案》和《广西海上搜救中心海上医疗援助应急反应预案》,对《广西海上搜救应急预案》进行了修改完善并通过自治区人民政府审定发布。与自治区通信管理局联合出台了《广西海上搜救移动通信手机定位工作方案》,为搜救行动中通过手机定位确定遇险船舶概位提供了工作指南。2007年5月22日,防城港海事局成功处置3起海上险情,成功救助越南籍船员15人、中国籍渔民1人,中央电视台等新闻媒体作了报道。防城港海事局获全国海上搜救先进单位称号,"海巡1912"船获全国海上搜救先进集体称号。

2007年广西海事业务数据统计表

项 目	数据名称(单位)	数据量
搜救管理	搜救次数(次)	65
	获救船舶(艘)	53
	获救人员(人)	804
	参与搜救力量(驾/艘)	158
船舶监督管理	船舶进出港签证(艘次)	1 253 223
	办理船舶最低安全配员证书(艘次)	3 080
	船舶安全检查(艘次)	8 416
	安全管理体系审核(次)	183
	进、出港口船舶总吨位(万吨)	254 161 195
	进、出港口船舶(艘次)	1 253 223
	船舶登记(次)	7 554
通航管理	发布航行通(警)告(次)	192
	水上水下施工作业审批(次)	88
	水上水下施工作业现场监督管理(小时)	22 043
	乡镇渡口船安全检查次数(次)	7 091
	乡镇渡口船安全检查行程(千米)	308 988

(续表)

项　目	数据名称(单位)	数据量
船员证件	船员考试(人次)	5 958
	船员发证(本)	39 740
事故调查	事故调查(次)	119
日常巡航	巡航时间(小时)	50 834
	巡航次数(次)	14 182
	巡航里程(海里)	576 258
危管防污	危险货物通过量(万吨)	805
	办理船舶装载危险品货物的审核手续(次)	6 026
	处理船舶污染事故(起)	0
	处理污染事件(件)	0
	运输危险货物船舶进出港(艘次)	5 678
	检查危险货物船舶(艘次)	1 848
	危险货物集装箱(标箱)	12 170
	辖区防污检查(艘次)	3 345

广西口岸大事记

1月12日

南宁海关负责侦办"5·11"特大走私盗版光盘案和"6·8"走私盗版光盘案的两个专案组荣获2006年全国"扫黄打非"有功集体称号，南宁海关隶属的凭祥海关缉私分局民警农军民荣获2006年全国"扫黄打非"有功个人称号。

1月26日

龙邦边防检查站新站建设开工。

1月27日

海关总署党组成员、政治部主任鲁培军参加南宁海关领导班子交接仪式，宣布由杨建同志任南宁海关关长。

1月30日~31日

广西检验检疫局张祖昌副局长在东兴口岸与越南广宁省卫生厅代表团会晤。

2月7日

交通部冯正霖副部长在自治区人民政府、广西海事局、自治区交通厅和北海市人民政府有关领导的陪同下,对北海市水路春运安全工作进行检查。

2月8日

南宁海关召开2007年关区工作会议暨关区党风廉政建设和反腐败工作会议。自治区李金早副主席亲临会场并作重要讲话。党组书记、关长杨建代表关党组作了主题报告。

2月10日~11日

质检总局全国卫生检疫工作会议在桂林召开。

2月

南方航空公司采用代码共享方式,开通桂林经广州至洛杉矶、巴黎、悉尼3条延伸国际航线。

3月6日~8日

全国质检系统财务决算会议在南宁召开。国家质检总局计财司齐京安司长、王铁夫副司长和广西局易克钦副局长出席了会议。

3月20日

自治区党委常委、自治区副主席李金早赴京拜会海关总署,海关总署党组副书记、副署长盛光祖会见了李副主席一行,双方共同签署了《广西壮族自治区人民政府、海关总署关于建设广西电子口岸的合作备忘录》。

3月22日

公安部反恐局副局长熊德生视察友谊关口岸。

3月29日~31日

国家质检总局支树平副局长参加广西局党组民主生活会并分别到凭祥友谊关、浦寨口岸和北海、防城港口岸进行工作调研。

4月6日

中央政治局委员、国务委员兼公安部部长周永康到钦州、东兴口岸视察工作。国务院副秘书长李适时、广西壮族自治区党委书记刘奇葆、政府主席陆兵等领导陪同视察。

4月11日

广西出入境检验检疫局在东兴市主办"中国—越南认证认可合作研讨会",来自国家认监委、中国合格评定国家认可中心、中国质量认证中心、广西出入境检验检疫局、东兴出入境检验检疫局的16名代表与来自越南科技部标准质量局的6名代表参加了此次研讨,就实验室、3C、食品HACCP等重点领域的认证认可合作方面进行了研讨,达成了认证认可合作共识,明确了下一步合作的主要领域。

4月13日

国务院参事室崔战福主任(正部级)一行19人到凭祥口岸调研。

4月17日

龙邦口岸顺利通过国家一类口岸验收。

4月17日~19日

全国政协经济委员会"推进北部湾区域经济合作与发展"专题组到广西沿海口岸进行调研。

4月27日

自治区人民政府副主席李金早对《南宁海关关于进一步支持广西实施西部大开发工作情况的报告》作出批示:"南宁海关在支持广西大开发方面态度积极,措施得力。向你们学习!"

4月29日

交通部副部长冯正霖一行在自治区、崇左市有关领导陪同下到友谊关口岸视察。

5月11日

钦州海关与钦州大洋粮油有限公司、广西新天德能源有限公司、东方资源（钦州）有限公司、广西金桂浆纸业有限公司等4家钦州大型临海工业企业签订大客户协调员制度合作备忘录，这标志着南宁海关首个大客户协调员制度在钦州海关辖区正式运行。

5月21日~22日

交通部海事局党委书记梁晓安在广西海事局耿文福局长、梁宇书记等陪同下，到南宁海事局检查指导工作。

5月29日

广西检验检疫局黄涛局长在东兴口岸指挥举行中越陆路边境口岸突发公共卫生事件处置联合演习。质检总局、广西检验检疫局、越南卫生部预防局、越南广宁省卫生厅、越南卫生检疫中心的有关领导在现场观摩了联合演习。

6月11日

国家质检总局李传卿书记到广西调研，自治区党委副书记、常务副主席郭声琨，自治区副主席陈武会见调研组一行。

6月14日

全国人大常委会委员、内务司法委员会副主任陶驷驹在自治区人大、广西公安边防总队有关领导陪同下到友谊关口岸视察。

6月14日

广西检验检疫局与广西水产畜牧局签订出口水产品养殖基地备案合作备忘录。

6月23日

桂林至巴厘岛航班开通，该航班由印度尼西亚狮子航空公司执行。

7月4日

海关总署常务副署长盛光祖一行在自治区、崇左市和凭祥市有关领导陪同下到友谊关口岸视察。

7月10日

广西出入境检验检疫协会召开成立大会。自治区人民政府副主席李金早到会作了重要讲话、广西检验检疫局黄涛局长致辞，会议通过了协会章程，选举了协会正副会长、正副秘书长、常务理事、理事等，布置了协会第一届理事会工作计划。

8月26日~28日

以交通部海事局梁晓安书记为组长的交通部"两防"专项整治第六督查组在广西海事局和广西区航务管理局有关领导的陪同下，对北海市、钦州市、防城港市和贵港市"两防"专项整治活动情况进行了督查。

8月28日~30日

南宁海关代表团赴越南广宁省海关局进行2007年边境会晤。关长杨建与广宁省海关局局长阮光兴举行了会谈，就进一步加强行政互助、共同打击走私违法行为、加强双方边境口岸通关事务合作、完善双方会晤合作机制、共同开展深化双方合作问题的研究等方面进行磋商。

10月25日

龙邦口岸举行升格开放仪式。

10月28日

第一届中国—东盟质检部长会议开幕。国务院副总理曾培炎、东盟秘书长王景荣到会致辞，质检总局局长李长江主持开幕式。

11月28日

广州军区司令员章沁生中将在广西军区及崇左市有关领导的陪同下到友谊关口岸视察。

12月11日

交通部副部长徐祖远到广西梧州协调解决长洲枢纽堵航问题,在协调会上提出了八项解决措施和要求。

12月20日

由广西海事局、香港海事处共同主办的香港海事处"商船(防止空气污染)规例"宣传贯彻会在南宁召开。广西海事局副局长张志颖主持会议,香港海事处船舶事务科助理处长李启良先生和香港海事处本地船舶安全部高级验船主任陈铭佑先生到会并发言。

12月28日

南宁海关与自治区发展改革委、自治区经委、自治区商务厅、北部湾(广西)经济区管委会办公室、自治区外事办、广西博览局、自治区西开办、自治区口岸办公室、商务部驻南宁特派办等9部门签署行政互助合作备忘录并举行第一次联席会议。

12月31日

2007年,南宁海关全年累计征收净入库税款73.84亿元,同比增长43%,创历史新高,超额完成税收计划16.8亿元。

海南省

海南口岸工作综述

【概况】 截至2007年底,海南省有经国务院批准开放的5个一类海港口岸和2个一类空港口岸,分别为:海口港(1957年开放、2004年10月扩大开放)、洋浦港(1990年开放)、八所港(1958年开放)、三亚港(1983年开放)、清澜港(1995年开放);海口美兰国际机场(2003年开放)、三亚凤凰国际机场(1994年开放)。

2007年,全省口岸出入境旅客85.9万人次,比2006年增长63.6%。其中:空港口岸出入境旅客为80.3万人次,海港口岸出入境人数为5.6万人次,分别比2006年增加55.5%、534.1%;出入境飞机6 984架次,比2006年增加27.7%;出入境船舶4 446艘次,比2006年增加32.4%;出入境货物1 264.4万吨,比2006年增加263.3%。

【口岸开放与建设得到快速发展】 一是积极推进洋浦港口岸扩大开放。加快推进洋浦港口岸水域扩大开放,跟踪督促洋浦口岸办做好口岸开放前的基础设施建设,目前关于洋浦港口岸水域扩大开放的请示已报国务院,并向有关部门征求意见。先后2次向交通运输部成功申报洋浦海南炼化、金海浆纸专用码头临时进靠外籍船舶的特批。二是积极支持三亚凤凰岛国际邮轮码头的试运行和临时开放,确保了外籍邮轮的靠泊和邮轮码头的正常运营。三是指导八所港口岸认真做好开放水域范围内新建危险品码头的验收前准备工作,并及时组织口岸查验单位对该码头进行验收,使该码头得以正式对外启用。四是认真做好一类口岸开放范围确认工作。先后对海口、三亚、洋浦、八所、清澜等5个一类口岸开放范围区域进行划定确认,并向国务院上报划定确认方案。

【口岸"大通关"建设效果明显】 一是牵头协调各口岸查验单位联合制定出台了《关于优化通关环境的措施》,从建立口岸联动协调机制、创新监管模式、提高查验水平等方面加强通关环境的改善。协调组织美兰机场公司、机场口岸查验单位开展了海口美兰机场国际航班发生疫情应急演练。二是进一步完善了联席会议制度,坚持每半年召开一次联席会议;建立完善了口岸工作联络协调机制,定期或不定期召开联络协调会议,协调和解决海南省在外经贸、口岸查验检验运行工作中的重要问题。三是做好"三大节日"旅客出入境工作。春节、"五一"、国庆期间,针对空港航班密度高、客流量大、起降时间过早过晚等情况,省口岸办加大协调力度,及时处理发生的问题和特殊情况,做到了运营正常、无投诉和安全畅通。四是圆满完成各项国际性会议和活动的通关服务保障。先后组织协调保障博鳌亚洲论坛年会、世界小姐赛、两岸农业合作论坛、环海南岛国际公路自行车赛等重大国际性会议和活动的出入境专包机、航班、人员及其行李物品等便捷通关。五是积极协调有关部门做好鱼苗出口管理和报批。年内共报批62艘外籍船舶进出非开放水域装运637万尾鱼苗,创汇644万美元,取得较好的经济效益。六是不断完善工作机制。制定下发了《关于海口美兰机场口岸国际航班保障工作的若干规程》;研究制订了《关于加强我省直通香港(澳门)运输车辆指标管理的暂行办法》。七是认真组织口岸课题调研,配合上海市口岸办做好课题调研工作,完成了"合理配置口岸管理资源,提高口岸整体通关效能"课题调研。开展机场通关环境的调研,积极推进海南口岸签证、免签证优惠政策的落实。

【口岸基础设施建设得到明显改善】 一是重点推进三亚空港国际中转厅、口岸综合办公楼的建设、改进

海南省

和完善。二是协调解决海口美兰机场、三亚凤凰机场国际厅通风降温设施,更新口岸查验设备,不断改善通关条件。三是协调机场公司为公安"落地"签证增建办证场地和设施,较好地解决了入境旅客因办"落地"签证手续而滞留时间长的通关"瓶颈"问题。四是更新口岸查验设备,完善配套设施,改进查验手段,省口岸办出资7万元,支持秀英边防检查站进行电子检查系统改造升级。五是按照统筹规划、分步实施、有序推进的要求,加快了电子口岸建设,制定了《海南省电子口岸建设方案》,实现了海南企业口岸业务网上申办,加快了实货通关速度,提高了口岸管理水平。

【开放部分航权试点工作快速推进】 2007年海南开放航权试点工作取得了新的进展。为解决海南省开放航权航路问题,海南省政府和民航局制定了"南边开口、北面开放"的目标,得到了海、空军的大力支持和总参谋部的批准,8月30日海口、三亚航路正式全面开放。全年共开辟国际航线39条(其中定期航线14条,不定期航线25条)。执飞海南国际航班的国内外航空公司有25家。在新开辟三亚—莫斯科、三亚—圣彼得堡、三亚—海参崴、三亚—阿拉木图、三亚—哈巴罗夫斯克等5条洲际航线的基础上,5月7日又开通了从英国曼彻斯特直飞三亚的定期旅游包机航线,11月5日俄罗斯大西洋联盟航空公司执飞莫斯科—海口包机航班。"第五航权"和"中途分程权"不断扩展。成功开辟香港—海口—三亚—香港、香港—三亚—海口—香港航线,俄罗斯洲际航空公司执飞莫斯科—三亚—广州—莫斯科航线,海南航空公司执飞海口—南宁—曼谷—海口航线等中途分程权航线。省海防与口岸办根据不同的国家、航空公司、航线和客源特点,协商各单位研究制定具体的通关查验和服务保障操作流程。积极探讨泛珠三角区域航权合作,海南省政府与湖南、贵州、四川、江西4省签署了国际航班合作框架协议。根据《海南省开放航权若干政策规定实施细则》(琼府办[2006]3号)文件精神,积极为各执飞海南的国际航空公司、机场、旅行社申请政府财政支持,共计为24家航空公司、包机单位和机场发放2006年度国际航班补贴1974.6万元,有效保证和促进了海南国际航空市场和国际旅游市场的迅猛发展。

【开展构建和谐文明口岸活动】 按照省海防与口岸办的统一部署,组织开展了以尊重、诚信、协商、配合为宗旨,以维护主权、依法行政、灵活处理、确保畅通为要求,以廉政高效、文明和谐为目标,以建立联席会议制度,建立服务、协作配合的工作机制等措施为保障的构建和谐文明口岸活动。先后组织召开口岸查验单位共建精神文明、构建和谐口岸动员及倡议会议,启动海口美兰机场、海口港联检单位共建精神文明、构建和谐口岸活动。美兰出入境边防检查站向全省口岸查验单位发出了"提高服务水平、构建和谐口岸"的倡议,提出在口岸系统开展"服务更优一些、通关更快一些、业务更专一些、倾听更多一些"的"四更"优质服务活动,获得口岸系统各单位的热烈响应。分别组织海港口岸、空港口岸查验单位、服务单位,机场,航空公司,港口,码头等单位开展丰富多彩的文体活动,体现了口岸单位团结协作精神,展示了口岸系统队伍的精神风貌。

(胡绵德)

海南口岸查验单位工作综述

海口海关

【概述】 2007年,海口海关认真贯彻海关工作16字方针和队伍建设12字要求,主动把海关工作放在地方经济社会发展大局考虑,转变理念,科学治关,把握特点,突出"特"字,正确处理好"把关与服务、严密监管与快捷通关、打击走私与维护正常进出口贸易秩序、海关自身发展与促进海南经济社会发展"等4个方面的关系,实现打击与保护、管理与服务、法律效果与社会效果的三个统一,以转变理念、抢抓机遇、深化改革、内强素质的特别之为,争当改革开放的"排头兵",积极探索实践关区建设和发展的"特色之路",较好地完成各项工作任务,开创了和谐关区建设的新局面。

【税收征管】 海口海关突出抓好税收轴心工作,坚持以提高征管能力和税收质量为重点,创新税收征管模式,探索建立健全纳税人管理制度,加强对重点税源商品和重点税源企业管理,加强税收形势监控分析,确保应收尽收。全年海口海关税收净入库53.19亿元,与上年相比增加26.59亿元,增长100%,其中关税5.09亿元,同比增长14.7%,进口环节代征税48.1亿元,同比增长1.2倍,创历年新高;税款入库数在全国41个直属海关中列第21位,上升6位,税款增幅居全国第4,审价补税2 044.24万元。依法用足用好国家赋予海南的各项优惠政策,全年共依法审批减免税货物4.4亿美元。

【查缉走私】 海口海关缉私部门建立和完善关区反走私责任制,强化隶属海关关长和各业务部门一把手为打私工作第一责任人的意识和责任,积极探索海关缉私部门与其他业务部门深度融合的工作机制。坚持打击走私工作"不动摇,不松懈,不麻痹",坚持"以打促税,切实提高打击走私效能"的指示要求,以打击重点涉税商品走私为主线,紧贴业务现场一线开展缉私工作,保持打私高压态势。根据海南四面环海和口岸点多面广等特点,深入研究本关区反走私工作的规律,完善实时监控、风险分析与情报经营相结合的反走私预警分析机制,始终把握反走私工作的主动权。加强海上走私和非设关地点情报调研和经营,加强海陆联动,加强与北部湾周边海关协作,坚决遏制关区海上走私活动。通过召开全省打私工作会议,进一步提高全社会对打私工作重大意义的认识,增强综合治理能力,同时坚持宽严相济,最大限度地减少、化解不和谐因素和矛盾。全年共立案查办各类走私违法案件43宗,案值约1.63亿元,涉税约2 162万元;罚没款入库共483.47万元;抓获在逃犯罪嫌疑人15名,经检察机关批准执行逮捕犯罪嫌疑人30名,移送审查起诉案件11宗39人。

【监管工作】 2007年,海口海关业务量保持强劲增长态势,各项业务指标均创历史新高。全年共监管进出口货物1 480万吨,货值66.87亿美元,同比分别增长69.4%和1.1倍;监管进出境运输工具12 598辆(艘)次,进出境人员102.5万人次,同比分别增长27.7%和61.3%。2007年在全国海关执法评估综合评价中获得96.18分,排名11位,分别比上年提高4.12分和5位。

【海关统计】 海口海关贸易统计实现连续10年无差错,业务统计连续8年无差错。该关制订统计工作的操作规范、评比办法和考核规定,规范数据管理,提高统计质量,确保海关统计数据的准确和安全。建立执法评估风险信息应用反馈机制,积极应用执法评估系统,更好地服务关区业务管理工作。建立进出口监测预警综合分析制度,加强进出口情况监测预警和海关业务统计分析,通过《海口海关工作专报》定期向海南省有关部门通报对外经济贸易情况,为领导决策提供可靠的信息支持和决策辅助。

【风险管理】 海口海关研究制定《海口海关党组关于运用风险管理机制加强业务职能管理工作的指导意见》,开发运用"海口海关企业信息管理平台",继续推进"进出口企业诚信守法体系"建设,完善关区风险管理工作格局和运作模式。根据关区主要税源商品集中的特点,制定《对关区重点企业主要税源商品监管通关模式指导意见》,按照"以企业为管理单元,企业和货物并重"和"管得住,通得快"的原则,明确占关区税收的90%以上的11种主要税源商品的商品风险、企业类别、监管、通关、后续管理重点等,优化报关单通道判别标准,实施差别通关措施。设立基层海关稽查风险机构,制定《风险管理落实在基层的工作方案》,运用风险管理手段,降低查验率、提高查获率,全年进口查验率3.83%,查获率6.71%;出口查验率0.98%,查获率14.29%;全年进出口查获率为8.62%,比同期全国平均水平高出0.98个百分点。

海南省

【通关环境建设】 海口海关根据海南岛屿型经济的特点和港口分布情况，利用信息化手段，有效整合了省内口岸和关区各业务现场的管理资源，率先在全省范围推出"多点报关，异地放行"的通关模式，构建出"海南省虚拟统一通关现场"，实现岛内进出口货物"一次申报、一次查验、一次放行"，减少了通关环节，降低了物流成本，方便了企业通关。目前应用该模式的企业达58家，进出口货物379票，进出口货运量5 685.73吨，货值3735.9万美元。积极为大企业大项目提供"量体裁衣"式的个性化服务，主动与海航集团、一汽海马、海南炼化、金海浆纸等大型重点企业签订MOU备忘录，建立海关与企业联系配合机制，根据企业特点和需求，积极为企业提供前期政策的宣传、项目论证、减免税审批、快速通关和事后的跟踪服务工作等方面的个性化服务。同时积极推进海南电子口岸建设，推广泛珠三角区域通关模式和海南—广东口岸内支线转关运输监管模式，有效延伸海南口岸功能。设立海口秀英港通关监管现场、洋浦神头港通关中心，恢复清澜海关正常开展业务，采取提前申报、先放后税、门对门验放等通关便捷措施，全面实现海关一线监管快速通关，出口平均通关时间为0.51小时，比上年度缩短0.11小时；进口平均通关时间为5.9个小时，比上年度缩短2.64个小时。

2007年，海口海关以"规范建设年"为契机，大力推行业务执法规范，修订完善《海口海关业务执法规范》，规范23类业务的执法职责、依据、程序和要求。结合岗位练兵，强化缉私、统计、关税等7类业务培训，巡回授课，严格考核。开展关区业务执法大检查，全面考评关区业务执法状况和质量。改革业务咨询模式，广泛接受社会监督，年内业务咨询投诉、复议诉讼案件发生率均为零。认真组织知识产权海关保护"龙舟行动"专项行动，成功查获2宗商标专用权案件。

【支持和服务地方经济发展】 2007年，海口海关新一届党组认真贯彻胡锦涛总书记关于海南要突出经济特区的"特"字的重要指示，主动把海关工作融入地方经济社会发展的大局，以突出经济特区的"特"字为切入点，以支持设立洋浦保税港区为重点，积极推进海口保税区区位调整、海南国际旅游岛申报工作，全面贯彻"海关总署支持海南省进一步扩大对外开放的总体意见和具体答复意见"，积极促进海南经济社会又好又快发展，得到海南省委、省政府和社会各界充分肯定。在海南省委宣传部及海南主要媒体联合举办的2007"感动海南"评选活动中，海关以最高票数被评为2007年"感动海南"的3个集体单位之一。

【准军事化海关纪律部队建设】 海口海关紧紧围绕政治素质、业务素质、内部管理水平"三个明显提高"的目标，始终坚持准军事化管理与纪律作风建设、机关建设与基层建设、内强素质与外树形象"三个统一"，全面深入地推进准军事化海关纪律部队建设。组织制定党组加强岗位练兵工作的意见、部分业务岗位练兵学习考核工作计划和《岗位练兵考核与奖惩办法》，结合实际，突出实效，关区岗位练兵工作取得阶段性成果。深入开展"新时期海关精神大讨论"主题教育活动，通过树立先进典型和创建"青年文明号"，营造学先进、赶先进的氛围，年内洋浦经济开发区海关通关科、审单处吕丽珠同志分别被评为全国海关先进集体和先进个人。

2007年海口海关主要业务情况统计表

类别	指标名称		单位	本年度累计数	同比(±%)
监管	货运量		吨	14 802 076	69.4
	其中	进口	吨	11 538 647	102.3
		出口	吨	3 263 429	7.7
	货运值		万美元	668 688	111
	其中	进口	万美元	512 043	132.7
		出口	万美元	156 645	61.9
	监管运输工具		艘(架)次	12 598	27.7
	其中	船舶	艘次	5 561	28
		飞机	架次	7 037	27.4
	企业注册(时点数)		个	1 807	17.6
	进出口货物报关单(接单)		份	25 688	7
	其中	进口	份	11 161	-2.4
		出口	份	14 527	15.5
	进出口货物记录条数		条	49 417	-3.7
	其中	进口	条	24 075	-12.6
		出口	条	25 342	6.5
加工贸易管理	实有加工贸易生产企业		个	67	21.8
	备案加工合同		份	107	8.1
	备案加工合同金额		万美元	70 012	59.4
	加工贸易手册实际进出口值		万美元	135 494	101.6
	其中	进口	万美元	66 761	70
		出口	万美元	68 733	166.9
行邮	进出境人员		人次	1 025 355	61.3
	其中	进出境旅客	人次	847 188	61.5
		运输工具服务人员	人次	178 167	60.3
	邮递物品		件	12 770	-0.9
	其中	进口	件	7 355	-16.1
		出口	件	5 415	31.5

海南省

续表

类别	指标名称		单位	本年度累计数	同比（±%）
税收	税收合计		万元	53 1895	100
	其中	关税	万元	50 868	14.7
		增值税	万元	480 954	117.0
		消费税	万元	73	82.6
		罚没收入	万元	1 153	222.9
保税区	境外运入区内货运量		吨	10 047 611	122.1
	境外运入区内货运值		万美元	387 974	190.7
缉私	缉私结案的走私犯罪嫌疑案件		起	11	37.5
	缉私结案的走私犯罪嫌疑案件案值		万元	4 920	−51.1
	结案走私行为案件		起	8	−46.7
	结案走私行为案件案值		万元	80	−98.3
	结案违规案件		起	28	−65
	结案违规案件案值		万元	1 777	−87.3
	结案其他违法案件		起	0	−100
	结案其他违法案件案值		万元	0	−100

（莫建东）

海南省公安边防总队

【概述】 2007年，海南省公安边防总队共检查出入境人员601 351人次，其中旅客489 484人次，服务员工110 685人次，与上年相比分别增长1.61倍、1.69倍、1.32倍；检查出入境交通工具6 689架（艘）次，其中飞机3 746架次、船舶2 943艘次，分别增长91.94%、1.31倍和58.14%。处理违法违规60人次。年内，未发生职务性违法违纪案件和执勤事故，无引发行政复议。

【全力保障口岸通关工作】 三亚边检站紧紧着眼于三亚邮轮经济的发展和三亚"国际旅游年"活动，结合三亚口岸实际对邮轮勤务模式进行了大刀阔斧的改革，在联检厅检查与锚地登轮检查相结合的邮轮检查的"三亚模式"基础上，充分利用梅沙系统团体验放功能，对邮轮检查方式进行大胆创新，创造性地总结出了"大型豪华邮轮快速通关法"，得到了部局领导的充分肯定，并向全国推广其做法，福建东渡站、广东湛江站、海口秀英站和马村站等边检站先后前来该站学习交流。随着凤凰国际机场客流量的迅速增长，特别是俄罗斯免签团旅客的大量增加，凤凰边检站坚持以提高服务水平为中心，以旅客需求为导向，竭力创新服务形式，在人员编制不变的情况下，实行一人两套验讫章，建立三个检查科轮流执勤模式，达到执勤、备勤、补休"三班倒"的工作目标，并创造性自主研发了"免签团验放外挂辅助程序"，在为旅客提供最大便利的同时使执勤人员得到充分的休息，大大地提高了通关效率。

【全力开展提高边检服务工作】 为贯彻部局杭州推进会精神,总队于7月初部署开展了"提高边检服务水平达标活动",强势推进提高边检服务水平工作。一是加强宣传教育,转变服务理念。总队党委先后组织开展了"提高边检服务水平大家谈"活动、征集"金点子"活动和"边检职业精神大讨论"活动。同时编发《提高边检服务水平工作简报》,在总队信息网开辟"提高边检服务水平专栏",为官兵的学习、讨论活动搭建平台,通过组织开展演讲、征文、辩论活动等形式,不断强化服务意识,夯实人本、专业、安全的服务理念。二是完善硬件设施,抓好执勤现场的改造。2007年总队全力以赴抓好边检执勤现场硬件设施的改造,先后筹集下拨资金80余万元,为凤凰站安装了现场监控设备,为洋浦站通关服务中心配备了各类执勤设施。同时,各站积极自筹资金,按照《边防检查现场设施标准》和公安部12项服务措施的要求,规范了现场标志、验证台、引导台、填卡台、咨询台、投诉箱等执勤设施30余项,增设了宣传架、候检椅、便民服务箱、大屏幕电子显示屏等便民设施20余项,突显了现场设施的人性化。三是加强机制建设,抓好制度保障的落实。总队以部局"边检服务评价体系"和《公安边防部队提高边检服务水平监督工作实施办法》为基础,借鉴杭州站、北仑站的先进经验,结合总队边检工作实际,建立健全了评价机制、监督机制、激励机制、培训机制等一整套保障机制。四是解决突出问题,抓好通关速度的提升。针对凤凰口岸俄罗斯旅游团通关慢的问题,总队派出工作组进驻凤凰站调研,根据俄罗斯旅游团没有全陪导游、自由散漫不愿排队的特点,指导凤凰站依托梅沙系统研发了"俄罗斯旅游团外挂系统",同时积极与旅行社协调配合,允许国内导游提前介入,协助引导候检,有效提高了俄罗斯旅客的验放速度。目前,俄罗斯旅客的通关速度比过去缩短了三分之一多,一个旅游团可在22分钟内验放完毕。总队举一反三,指导三亚站结合邮轮特点,创造性地将整船旅客作为一个"大旅游团",通过事先贴在护照上的序号调验预录资料,随到随检,无需排队,破解了单人、小团验放排队候检时间长的瓶颈,被公安部邮轮调研组誉为"三亚模式",并在部局培训班上作了经验交流。五是深化勤务改革,突出人性化管理和服务。凤凰边检站结合实际,实行了一人两套章、三个科轮流上岗的"三班倒"勤务模式,有效保证了检查员足够的休息时间。同时充分发挥电子监控系统功能,组织部分警力在备勤室"隐身"备勤,实行"隐身服务",缓解旅客的心里压力。

【坚持素质强警,强化人员培训,打造一流专业队伍】 2007年,总队继续走素质强警之路,以提高边检服务水平活动为契机,积极强化各类培训工作,实现队伍素质专业化。一是完善培训条件。总队编印了《基础业务知识5000题》、《提高边检服务水平工作资料集》等资料600余册下发到每一位干警手中,大大方便了培训工作和干警自学。凤凰站、洋浦站建立了业务培训中心,为有效开展培训工作提供了保障。二是创新培训形式。在集中授课的基础上,总队依托内部网络,积极开展网上培训、网上研讨、网上考试,摆脱了集中培训的地点、人员和时间限制,强化了培训的效果。三是丰富培训内容。除了业务知识培训,总队和边检站年内还举办服务礼仪培训班4期,伪假证件鉴别和执勤执法技能培训班1期,举办英语、越南语、俄语培训班8期,计算机培训班5期,受训人员达600多人次。四是及时检验培训效果。通过与职改站结对竞赛的形式,组织凤凰站与美兰站、三亚站与秀英站开展"比素质、比速度、比服务"的"三比"活动,通过竞赛对比,检验培训效果,营造你追我赶、积极向上的良好氛围。

【加大宣传力度,提升边检社会地位】 年初,总队与《海南日报》、《特区法制报》、海南在线等多家媒体达成共建协议,在媒体公布"边检服务承诺",公开监督、投诉渠道,并要求媒体配合提高边检服务水平活动,做好宣传工作。遇到重大勤务,总队还及时邀请媒体记者跟踪采访。年内,总队边检系统共邀请媒体开展专访活动12次,在各类媒体发表稿件660余篇,在社会上引起了强烈的反响,边检工作的公众认可度和社会地位得到了有效提升。

海南省

2007年海南省公安边防总队验放出入境人员数据表

项目 口岸	入境		出境		合计	
	人次	同比增减	人次	同比增减	人次	同比增减
凤凰机场	245 414	1.54倍	248 241	1.56倍	493 655	1.55倍
三亚港	33 237	3.78倍	32 831	3.78倍	66 068	3.78倍
洋浦港	16 371	87.96%	13 652	91.12%	30 023	89.38%
八所港	6 640	49.79%	4 723	1.03倍	11 363	68.17%
清澜港	169	−15.08%	73	−23.16%	242	−21.49%
合计	301 831	1.58倍	299 520	1.64倍	601 351	1.61倍

（吴栋荣）

海口出入境边防检查总站

【概述】 2007年，海口出入境边防检查总站在海南省委、省政府和公安部、部六局的领导下，深入贯彻党的十七大和全国边检"两会"精神，紧紧围绕提高边检服务水平中心工作，在强化边检执勤、推进"三基"工程建设和构建严明和谐总站上狠下工夫，圆满完成了2007年海口总站工作会议提出的各项任务。全年检查出入境人员427 262人次，比2006年增长34%；检查出入境交通运输工具4 658艘（架）次，比2006年增长10.69%。查获在控对象、网上追逃人员10余人次，处理行政案件153起160人次。圆满完成"博鳌亚洲论坛"2007年年会等重要活动的边防检查工作，有力推动了海南对外开放和经济社会发展。

【边检服务水平明显提升】 海口出入境边防检查总站在全体民警中先后开展了"提高边检服务水平再上新台阶，我们怎么办"及"我是边检警察，我就是服务者"等3次大学习、大讨论活动；建立了以"HPS岗位服务标准"和"每日评判制度"为主的服务制度体系；推出了统一用警机制、卡口执勤点"24小时值班"制、空港流动检查模式和海港绿色通道查验模式、旅游团接待专办员制度、设立"边检爱心服务区"、开设旅客免填卡提示栏、设置旅客通关电子显示系统、现场安装旅客电子评价平台等30多项服务举措。边检工作指导方针初步实现了由"以管控为中心"向"以服务为中心"的战略转移。"人本、专业、安全"的服务理念和"尊重亲和、用心服务"的执勤理念深入警心，服务措施不断精细，服务领域大幅拓展，通关环境全面优化，边检服务水平不断向高水准的"养成"和"定式"迈进。总站边检服务水平工作受到各级党委、政府充分肯定，赢得社会广泛关注，得到旅客普遍认可，旅客满意度始终保持在98%以上。

【口岸管控能力稳步增强】 进一步推进查控工作规范化建设，完善查控报警事件处理流程，确保了查控工作万无一失；加强口岸"处突"能力建设，成功处置外轮"南海女皇"号弃船事件等10多起突发事件；先后开展了"迅雷"和"打击利用集装箱偷渡"专项行动，严厉打击非法出入境活动，有力保障了口岸安全。

【基层基础工作迈上新台阶】 坚持落实总站三级培训机制，苦练"六项"基本功，总站各级共举办4期服务规范、10期服务标准全员培训班，3期外语尖子班，组织了40多次岗位场景模拟演练，开展了每周每人不少于4小时以上的基本功轮训，受训民警达1 300人次，培养了一批业务骨干和执勤能手。大力推进警务信息化建设，建立梅沙系统五级应急保障体系，正式开通了总站互联网政府网站，优化了口岸执勤技术装备,购置219部台式电脑和49部手提电脑升级梅沙系统和总站综合信息系统客户端,购置80部对讲机配发各站;加大了网络应用系统建设和检查业务软件的研发力度,改版总站综合信息网,全面优化功能设置;开发大型邮轮旅客电子名单新型软件与海南电子口岸对接,开发"旅游团名单网上报检导入查验系统程序",大大缩短通关时间,实现工作效率成倍提高。总站所属10个基层(所)队全部通过公安部六局正规化达标考核验收和复核,顺利实现基层科队正规化建设"三年战略目标"。秀英、美兰站机要室顺利通过部局考核验收,达到二级标准。基层基础工作扎实推进,警务保障能力稳步提升。

【队伍保持严明、和谐、稳定】 坚持力行"五规",逐步完善了岗位责任目标绩效量化考评、干部人事管理等机制,大力推行领导职位竞争上岗、非领导职位竞争选升和干部轮岗交流制度;坚持领导干部"五带头",开展总站机关领导下基层当普通民警活动;开展机关办公秩序整治活动,全面整顿机关作风;经常性开展法纪廉政教育,组织了为期3个月的廉政文化建设活动。总站两级党委和各党支部的凝聚力和战斗力得到新的提高,队伍持续平稳健康发展,连续第9年实现"查布控工作和队伍廉洁不出大问题、不发生民警职务性违法犯罪、不发生重大业务执勤事故、不发生有影响的群众投诉,领导班子战斗力、民警综合素质、边检业务水平和综合保障能力稳步提高"的队伍建设目标,全站民警整体素质得到提升。

【文明高效机关创建活动成果显著】 积极倡导共建文明和谐口岸,秀英、美兰站先后向海口港4家联检单位和全省口岸单位发出了"创建和谐口岸"的倡议,受到省政府的高度重视和大力支持,6月1日专门召开全省口岸工作会议,倡导推动全省文明和谐口岸建设。9月5日,海南省直机关工委在美兰站召开有115个省直厅局级单位参加的"文明高效机关"创建活动经验交流会,会上把海口总站定位为"带动口岸整体环境优化,构建服务型政府的领头羊"。4月,美兰站出境队被公安部和共青团中央授予全国公安系统"青年文明号"称号;五一前夕,总站团委被评为海南省直属机关"五四红旗团委";总站连续第8年获"海南省义务献血先进单位",连续第3年获省级"卫生红旗单位";秀英站被评为"海口市卫生先进单位"和"海口市绿化先进单位";秀英站旅检队被海南省直工委评为"巾帼文明岗"。

(曾永红)

海南出入境检验检疫局

【概述】 2007年,海南出入境检验检疫局共完成出入境货物检验检疫14 387批、货值526 713万美元,与上年度相比,批次减少2.61%、货值增加112.99%;完成出入境交通工具检疫查验11 428艘(架)次,比上年度增加26.66%;出入境人员卫生查验1 012 040人次,比上年度增加64.75%;涉外人员健康体检3 216人次,比上年度增加33.22%。

2007年,在检验检疫中共检出不合格出入境货物661批、货值达5 343万美元,分别比上年度上升67.77%和53.14%,截获各类有害生物105种类1 511种次,分别比上年度上升33.3%和75.0%;从出入境人员中检出各种检疫传染病285例,比上年度增加45.41%。

2007年,海南出入境检验检疫机构共签发产地证书4 744份,签证金额24 010万美元,分别比上年度减少39.38%和27.00%。其中签发一般产地证书1 946份,签证金额8 692万美元,分别比上年度减少45.41%和45.53%;签发普惠制产地证书2 798份,签证金额15 318万美元,分别比上年度减少33.76%和9.08%。2007年,海南出入境检验检疫局共签发各类出入境检验检疫证单37 928份,其中签发出境检验检疫证单29 314份,签发入境检验检疫证单8 614份。

【科技兴检】 一是科研申报。2007年,海南检验检疫局共向国家科技部和国家质检总局申报科研项目23

项,比上年度增加2.3倍。其中"热带花卉采后保鲜技术研究"和"热带农林主要入侵有害生物监测预警技术与可持续控制"等科技项目已通过科技部的立项初评审,"文心兰产业化推广技术"通过省科技厅组织的专家立项评审,"进口食品中的多种硫酸盐检测方法——离子色谱法"等6个标准项目被国家认监委批准为主持制定单位,"结核病检疫规程"等3个行业标准被国家认监委批准为第一参加单位。李小幼局长主持的"出口农产品"三三"制检验检疫监管模式研究"获得国家质检总局科技支撑项目立项。二是科研制标。2007年,共完成国家质检总局科技项目1项,继续实施2项;完成检验检疫行业标准制定、修订项目6项,送审2项。三是科技人员推荐和科技项目评选。2007年,组织制定《海南出入境检验检疫局"十一五"科技发展规划》,选拔12名科技人员为首批学科带头人和带头人培养对象,评选2005~2006年度"科技兴检"奖,其中一等奖1项、二等奖4项、三等奖4奖,优秀科技著作1部和优秀科技论文23篇。

【进出口产品质量和食品安全专项整治工作】 根据全国产品质量和食品安全专项整治行动的统一部署,海南出入境检验检疫局从7月下旬到11月止,进行了为期4个月的进出口产品质量和食品安全专项整治行动,共抽调31名专业干部组成了5个工作小组,派驻八所局、洋浦局、三亚局和三亚凤凰机场办和海文地区各分支机构,加强专项整治工作,检查督导落实各项专项整治任务,取得显著的整治效果。一是非法进口的肉类、水果、废物百分之百退货或销毁。在专项整治期间,联合省工商、质监等部门开展2次专项检查行动,对全省10家冷库、25家高档酒店(宾馆)、24家超市、7家快餐店、10家进口食品商行以及主要批发市场进行检查,就地封存4 190箱当场不能提供合法进口有效证单、超过保质期限、无中文标签或中文标签不合格的进口食品,并依法进行了相应处理。二是出口食品农产品种植(养殖)备案基地和出口食品注册登记企业百分之百得到清查。在专项整治期间,对89家出口食品卫生注册登记企业、401家出口水产品备案养殖基地、37家出境水生动物注册备案养殖场(中转场)、3家供港活动物注册饲养场、1家供港蔬菜备案种植基地、57家出口水果登记果园、20家出口水果注册包装厂、6家出口花卉备案种植基地和9家进出口种子(苗木)备案种植基地全面进行清查,对有问题的150家企业(基地)视情况分别实施了吊销相关资质、暂停出口、责令限期整改等处理,其中68家企业(基地)被取消相关资质。三是出口食品运输包装百分之百加贴检验检疫标志。在专项整治期间,共施检出口食品农产品2 267批,货值15 035万美元,共发放CIQ标志约710万枚,其中对出口食品运输包装需加施CIQ标志的有661批,加施标志120万枚。

【把关服务"大企业进入,大项目带动"战略】 海南检验检疫局积极配合海南省"双大"战略实施,主动介入跟踪服务海南重点工业项目,创新检验检疫监管模式,实现了"提速、增效、减负、严密监管"。对炼油、汽车、摩托车、拖拉机、变压器、纺织品、木制品等工业产品企业实施重点跟踪帮扶,加强其出口产品的质量监管,加快受理其急需的进口重要能源、物资和设备的报检通关,促进了海南重点工业产品的大进大出。全年完成进出口工业产品检验检疫46.6亿美元,同比增长1.37倍,占全年出入境货物检验检疫总值的88.5%,其中仅油品就顺利完成了735.2万吨、货值36.82亿美元的进口原油和73.6万吨、货值4.15亿美元出口成品油的重点检验任务,进口原油和出口成品油的检验总重量和总货值同比分别增长2.23倍和2.42倍。全年海马汽车成功出口26批903辆汽车,货值878.7万美元,取得了海南汽车批量出口的突破。全年还有25批77台、货值371万美元的自主创新产品干式变压器出口美国、加拿大、土耳其等国家,出口数量、货值同比分别增长1.41倍和1.68倍。帮助海南椰海贸易有限公司拉舍尔毛毯通过国家出口免验现场审查,首次实现海南地产品出口免验和全国拉舍尔毛毯生产企业获出口免验资格两个"零"的突破,拉动海南省出口工业产品质量迈上了一个新台阶。

【创新出口农产品"三三制"检验检疫监管模式】 2007年,海南检验检疫局按照扶优与治劣、治标与治本的原则,运用现代管理理念和科学技术,以产品、企业、市场为三大要素,以抓源头、抓过程和抓关口为三大环节,以源头准入、过程监控、关口重点抽查检验为三大模块,探索农产品出口"三三制"检验检疫监管模式,提高检验检疫工作质量和工作效率,提高出口农产品检验检疫监管水平和验放速度,推动海南热带高效农业发展。至2007年12月31日,全省已有450家种植(养殖)企业的22.5万亩出口种植、养殖基地通过检验检疫备案,覆盖了全省18个市县中的16个市县。其中于2007年通过的供港澳蔬菜备案基地达31家5.1万亩,实现了"零"的突破。有18家果园或包装加工厂获得直接输美、澳大利亚注册登记资格;有106家出口企业获得质检总局卫生注册登记或检验检疫注册资格,出口食品加工企业国外注册率已达56%。2007年,海南农产品出口总值4.12亿美元,同比增长73.3%,成为全国农产品出口增长最快的省份,产品远销美国、欧盟、日本、俄罗斯等70多个国家和地区。

(陈明梓)

海南海事局

【概述】 2007年,在交通部、部海事局的正确领导下,在海南省委、省政府的关心支持下,海南海事局以党的十七大精神为指导,以科学发展观为统领,以落实"三个服务"为主线,以建设平安辖区为重点,团结一致,扎实工作,锐意进取,开拓创新,顺利完成了年度各项工作任务,为"十一五"总体目标的实现奠定了坚实的基础。

【船舶管理】 2007年,海南海事局共核发船舶所有权证书12本,办理中英文船舶国籍证书10本,签发中英文船舶配员证书15本、船舶光租登记证明10张、注销船舶证书16本。完成国际公司审核6家次,完成国内公司审核18家次。进一步推进第三批国内公司及船舶实施NSM规则。海南片区14家建立安全管理体系的第三批国内航运公司以及所属41艘船舶均顺利通过初次审核并获得相应的证书。全年共检查外国籍船舶91艘次,共检查中国籍船舶641艘次,对不符合规定要求的船舶实施滞留,共滞留外国籍船舶9艘次、中国籍船舶75艘次。统一部署开展两个专项检查活动,共检查中国籍沿海船舶1 600艘次,发现154艘次船舶存在缺陷,滞留船舶25艘次;共检查外国籍船舶23艘次,滞留船舶6艘次。

【海上危险货物运输管理和海域污染防治】 全年共签发"油污损害民事责任或其他财务保证证书"28份;审核"船舶垃圾管理计划"10份;审批"船上油污应急计划"(包括更新)共17份;签发船舶记录文书15本;签发"程序与布置手册"9份。认真做好船舶污染物排放专项行动。根据交通部海事局的有关通知要求,结合海南辖区的实际情况,制订了《海南海事局2007年限制船舶污染物排放专项行动实施方案》,按时对辖区适用铅封的130艘船舶实施铅封,完成率达100%。

【船员管理】 全年共签发各类船员证件5 016本,举行船员适任证书考试和评估共15期832人次,举行各类船员专业培训和特殊培训考试和评估共65期2 070人次。认真做好《船员条例》宣传贯彻工作。6月份海南海事局按照交通运输部海事局的部署,制定了辖区开展《船员条例》宣传贯彻的工作方案,并在7月11日结合庆祝"航海日"活动之机,组织辖区海事、交通、船级社、船东协会和各航运单位进行宣传贯彻。通过宣传贯彻,提高了各级船员管理单位的认识,加深了对《船员条例》内涵的理解和认识,为贯彻执行《船员条例》奠定了基础,另外还通过走访船公司,加强对船公司和船员的宣传,进一步提高船员和船公司维护船员合法权益的意识,督促船公司落实好船员权益保障措施,稳定船员队伍,确保航行安全。

【通航管理】 海南海事局共完成水上水下施工作业审批23件,组织进行通航评估论证评审4项;发布航行通告44份,中英文航行警告各52份,准确率达100%。海南海事局继续加大对琼州海峡和粤海火车轮渡通道等重要航路的巡航力度,有重点地开展港口水域和施工作业水域的巡航执法行动,认真查处船舶在港内乱停乱泊、违法作业等水上违法违章行为,维护良好的通航秩序。全年开展海区巡航215次,港区巡航1 785次,内河巡航204次,累计巡航时间4 772小时,累计巡航航程36 011海里,累计出动船艇1 723艘次,完

海南省

成巡航工作任务合计3 412次。辖区发生一般等级以上水上交通事故11起，死亡6人，直接经济损失为800万元，沉船或全损艘数为2艘，上述事故四项指标和上年同期相比，事故起数增加了83%，死亡人数减少了25%，直接经济损失增加了16%，船舶沉没或全损艘数减少了60%。

【海上遇险搜救工作】 全年共接受海上遇险报警165次，经核实，对77起海上遇险事故组织了救助行动，共协调派出救助船舶257艘次，飞机24架次，涉及遇险人员1 405人（其中外籍人员114人），成功救助1 291人，救助成功率98.51%；死亡和失踪21人。防台抗台工作中，先后派出执法人员1 156人次，出动船舶49艘次，出动车辆201辆次，发布台风信息569则，检查和疏导进出港船舶4 002艘（含渔船），处理险情10起，其中组织救助遇险人员行动6次，处置搁浅船舶5艘，救助遇险人员135人，经救助无人员伤亡，取得"零死亡"的成效。

【海南海上溢油应急反应、消防及搜救综合演习】 5月14日，在洋浦举行"2007年海南海上溢油应急反应、消防及搜索救综合演习"。演习由海南省人民政府主办，海南海事局协办，由相关政府部门和企业共18家单位参加。演习模拟洋浦港附近海域一油轮触礁发生溢油并引发火灾，相关救助单位紧急组织救助。演习共动用29艘船舶，1架救助直升机，以及包括1 000米围油栏、2台撇油器在内的防污器材，2辆救护车和码头相关消防设备设施。64家搜救成员单位及相关单位共100多名代表到场观摩。这次演习引起中央及地方媒体的高度关注，共派出30多位记者对这次演习进行了全方位的报道。

【防船舶碰撞防泄漏专项整治活动】 为贯彻落实《交通部安全监管总局关于广东"6·15"九江大桥船撞桥梁事故的通报》（交安委明电[2007]8号）和《关于开展防船舶碰撞防泄漏专项整治活动的通知》（交海发[2007]304号）的精神，海南海事局和海南省交通厅共同研究起草了《关于开展防船舶碰撞防泄漏专项整治活动的通知》，在辖区范围全面开展防船舶碰撞防泄漏专项整治"两防"活动。据统计，在"两防"期间，海南省共出动检查人员3 955人次、车辆675辆次、船艇611艘次；对78家航运企业、61个渡口、42个码头、15 002艘次船舶（包括渡船、工程船和旅游船）、4座通航水域桥梁、通航密集区、水上水下施工作业区进行了检查，共查出安全隐患4 757项，已落实整改4 538项，正在整改219项。

【法规建设】 根据交通部海事局安排，起草了《海事行政执法业务工作流程》公司管理部分内容。组织有关部门研究了《中华人民共和国海上搜救条例》（送审稿）、《游艇管理规定》（征求意见稿）、海事管理职责框架、《海事行政执法业务工作流程》（征求意见稿）、与海事管理职责相关的国内法与国际法规定的一览表、《海事行政执法责任制实施办法》（征求意见稿），提出修改意见和建议。

研究并答复了《海南省海洋环境保护条例》（送审稿）、《海南省无线电管理办法》（送审稿）、《海南省车船税实施办法》（代拟稿）、《关于海南省"十一五"期间突发公共事件应急体系建设规划》（征求意见稿）等多个规范性文件征求意见。此外还对海南省公安边防总队《关于我省渔船渔民被周边国家抓扣事件频发情况的调查报告》进行了研究，向省政府办公厅提出答复意见。

【基础设施建设】 完成海口海事局业务用房建设工程，八所海事局业务用房附属配套工程，以及白沙门航标、危防、VTS设备基地的建设；完成海口海事监管基地工程、海口航标转运场工程、海南海事局沿海辖区甚高频（VHF）安全通信系统工程、60米巡逻船建造工程的招投标工作，并已投入建设。

【航运安全保障】 至2007年底，海南海事局所辖航标已由2006年的187座增加到196座，其中，视觉航标166座，雷达应答器17座，RBN-DGPS站台3座、AIS1套（由8座基站和辖区中心组成），其他航标1座。全年共开展航标维护59 634座天，航标正常维护559 570座天，失常61座天，航标正常率99.89%，航标维护正常率99.94%。雷达应答器正常工作率99.93%，RBN-DGPS信号可利用率为99.94%，AIS基站的正常率为99.99%，各项指标均超部颁标准。

（邢诒江）

海南口岸大事记

2月25日

海南省副省长姜斯宪会见海口海关李蓝雪关长,专题研究推进洋浦经济开发区建设。姜副省长对海关的建言献策和全力支持给予充分肯定。

3月2日

罗保铭省长,姜斯宪、陈成副省长一行到海口海关、海南出入境检验检疫局调研,并慰问一线工作人员。对驻琼口岸查验单位工作给予了充分肯定。

3月20日

海南省委副书记蔡长松一行7人,乘坐意大利歌诗达邮轮公司的"阿兰格拉"号邮轮从三亚出境考察。蔡书记对三亚边检站方便快捷、优质高效的通关工作给予了充分肯定和高度赞扬。

4月10日

海关总署盛光祖副署长在海口会见海南省主要党政领导。海南省委书记卫留成、省长罗保铭就海南扩大开放的有关工作与盛副署长进行沟通。

4月12日~13日

海关总署党组副书记、副署长盛光祖及总署综合调研组到海南调研。海南省省长罗保铭和副省长姜斯宪、省政府秘书长许俊会见海关党组副书记、副署长盛光祖及总署综合调研组一行。海南省政府与海关总署综合调研组举行座谈会,就海关总署与海南省政府建立联系沟通机制达成共识。

4月30日

海关总署向海南省政府发了《海关总署关于印送支持海南扩大开放的总体意见和具体答复意见的函》,海南省委书记卫留成、省长罗保铭、省委常委许俊、副省长陈成分别就作出批示,对海关总署大力支持海南扩大开放的举措表示衷心感谢。

5月7日

英国著名旅游企业Mytravel集团的英国任我行航空公司VZ086P号飞机抵达三亚凤凰国际机场,实现英国曼彻斯特至三亚的的旅游包机航班首航。

5月30日

海口海关召开"海南省虚拟统一通关现场"通关模式新闻推介会。海南省副省长姜斯宪,省政府有关厅局、省口岸单位的领导,企业代表以及海口海关各单位负责人近180人参加了推介会。

6月21日

亚洲最大的丽星邮轮公司属下的"宝瓶星"号豪华邮轮首航三亚。三亚市政府在凤凰岛国际邮轮码头大厅广场举行了隆重的"丽星邮轮首次停靠三亚凤凰岛国际邮轮港欢迎仪式"。

7月18日

按照"南边开口、北面开放"的目标,民航中南局批准海口、三亚飞行程序。7月30日民航总局空管局公布海口、三亚航路开放的信息。8月30日,海口、三亚航路正式全面开放。

8月26日

海南省省长罗保铭在省政府会见海口海关党组全体成员,对该关全力支持海南省进一步扩大开放,积极发展外向型经济表示充分的肯定和感谢。

8月31日

海口海关启动应急预案，简化验放手续，协助台北"国际SOS救援中心"派出的急救包机运送一名患病台湾游客回台救治。

9月13日

海南省姜斯宪副省长召开分管单位主要负责人会议，听取口岸查验单位主要领导工作汇报。

9月24日

国务院正式批准海南建立洋浦保税港区，成为我国继上海洋山、天津东疆、大连大窑湾保税港区之后的第4个保税港区。

10月11日

海南省人民政府在海口新国宾馆召开洋浦保税港区新闻发布会。

11月13日

海南省委书记卫留成、省长罗保铭带领海南省20多个厅局的主要负责人到洋浦就保税港区建设工作进行实地调研并听取工作汇报。

12月1日

第57届世界小姐总决赛在海南省三亚市举行。三亚凤凰国际机场口岸查验单位对来自100多个国家的100多名世界小姐提供了优质的口岸通关服务。

12月13日

海口美兰机场首次举行国际航班疫情应急处置演练，检验口岸有关应急预案、应急指挥体系、应急队伍的应急反应能力和应对重大疫情的应急处置能力。

12月21日

海南出入境检验检疫局和珠海出入境检验检疫局在海口市共同签署了《关于促进海南供澳门农产品扩大出口合作协议》。海南省副省长姜斯宪会见了双方与会代表。

12月28日

海南出入境检验检疫局与海口海关联合举办"通关单联网核查系统"培训班，来自全省各地外贸企业的报关报检人员共300多人参加了培训学习。

重庆市

重庆口岸工作综述

【概况】 2007年，重庆口岸工作认真贯彻党中央、国务院和市委、市政府有关口岸工作的各项决策和部署，围绕建设长江上游最大口岸城市总体目标，坚持以科学发展观统揽口岸工作，求突破，促发展，创佳绩，改革创新政府口岸管理体制，探索扩大内陆口岸开放新模式，积极探索口岸管理体制创新，全面推进大通关建设，加快基础设施建设，优化口岸环境，确保口岸运行安全、畅通、高效，助推内陆开放型经济再上新台阶。

2007年，重庆市进出口总额突破70亿美元，达到74.4亿美元，同比增长36%，口岸国际货物吞吐量达到491万吨，集装箱吞吐量24.3万标箱，出入境人数27万人次，国际邮件260万件。重庆关区共监管进出口货物333万吨，货值达59.2亿美元，检验检疫出入境货物40 803批，货值30.57亿美元，边检检查出入境航班2 095架次，检查出入境人员198 738人次。

水运口岸：完成国际货物吞吐量461.4万吨，集装箱24.2万标箱，同比分别增长10.2%和16.6%，长江黄金水道作用显著。

航空口岸：进出港人数突破1 000万人次，进出港货物14.35万吨，同比分别增长28.6%和19.4%，其中出入境人数达到27万人次，国际货邮9 287吨，国际邮件260万件，同比分别增长20.7%、98.3%和22.8%，航空货运较快发展。

铁路口岸：完成国际货物吞吐量28.5万吨，集装箱1 125标箱，同比分别增长10.7%和38.7%。

周边货源占比：口岸辐射功能增强，周边货源占全市国际货物比例达到30%，区域门户口岸地位得到巩固。

2007年既是重庆市口岸工作打基础、上台阶，也是逐步显现成效的一年，市口岸办通过积极争取国家政策支持、注重基础设施硬件投入、建立大通关协作机制、发挥资金引导作用、打造特色服务品牌，口岸基础设施逐步完善，口岸功能明显增强，协作机制作用凸显，通关模式不断创新，口岸效率显著提高。

【口岸基础设施逐步完善，促进口岸经济快速发展】 人和公路口岸、寸滩港配套保税物流仓储设施、重庆电子口岸实体平台、重庆口岸保税物流通关信息系统等一批口岸重大项目竣工投入使用，寸滩港口岸联检大楼、涪陵港海关综合大楼等配套设施相继动工，2008年可建成投入使用，将进一步促进口岸经济的快速发展，为建设长江上游航运中心奠定基础。

【口岸通关效率提高，协作机制成效显著】 实施"提前报检，提前报关，实货放行"、"便捷通道"、"区域通关"、"跨区快速通关"等通关模式，全面推进"属地通关、口岸验放"区域通关，探索特殊监管区管理模式创新，出口加工区实现无纸化通关作业，口岸通关效率大幅提高。进出口货物通关时间水运口岸由过去4天缩短为10小时，航空口岸由6小时缩短为1~2小时；进出境旅客通关时间由90分钟缩短为30分钟，验放通道增加一倍。积极建立与沿海各口岸的通关协作机制，充分发挥重庆市水运口岸"关港贸检"、航空口岸季度工作会两个协调机制作用，基本形成服务优良、程序简便、快捷高效的口岸环境，延伸口岸功能，增强对区域经济的辐射和带动作用，打造长江上游航运中心，加快建设内陆一流口岸。

【拓展保税物流试点成效显著】 2007年初,自国务院批准重庆为全国7个首批在出口加工区拓展保税物流功能试点城市以来,试点工作成效显著,入区物流企业、仓储设施建设、保税物流业务等均处于全国领先地位。招商引资成效明显,新增入区企业8家,使区内企业总数增加一倍。在区内新建的1.8万平方米保税仓储设施6个月即建成投入使用。投资300万元建设的综合管理信息系统顺利上线运行,区内全面实施无纸化通关。区内业务拓展取得突破性进展,成功进行了区外货物入区退税出口、国外货物进口保税配送出区、深加工贸易结转、一般贸易货物的仓储和配送等5类主导业务,并尝试开展了国际采购、进口配件维修等新兴业务。据海关统计,截至2007年12月实现进出口总额1.68亿美元(其中保税物流业务实现1.44亿美元),同比增长近6倍,一举超过广西北海跃升至中西部(含东北)地区18个出口加工区的第2位,最大限度地发挥了西部地区保税物流中心中转集散功能和政策优势,为重庆及周边省区企业提供了成本低、效率高、功能完善的进出口平台,为探索内陆保税港区建设提供了成功经验。

【开通重庆—上海外贸集装箱快班轮,内支线运输品牌效应显现】 凭借长江黄金水道,打造水路运输品牌,推动开通重庆—上海定港口、定航线、定船期、定运时、定运价的"五定"外贸集装箱快班轮(以下简称快班轮)。快班轮每周10班,全年开通520班,全程运时144小时,其中在港时间24小时,在途运输时间120小时,较普通班轮提前1周抵达上海港,大大吸引了周边货物经重庆港中转,内支线运输品牌效应显现,重庆作为长江上游枢纽港作用进一步发挥。

【大力开发国际航线,重点发展航空货运】 航空口岸基础设施建设步伐加快,机场第二跑道开工建设,国际联检楼完成改造,综合能力显著增强。基地公司培育力度加强,新设立了重庆航空、西部航空两家本土航空公司,圆了重庆人拥有本土航空公司的梦想,航空运力由7架增加到30多架,通航城市由40多个增加到60多个,航线网络日渐完善。运用航空发展专项资金,加大国际航线培育,新开重庆—曼谷、重庆—东京航班,台湾华航747全货包机10架次安全抵达重庆江北机场,直达国际(地区)航线发展到8条。

【开展共建文明口岸活动】 深入开展优化通关环境、优化口岸服务、优化协作配合、深化廉政共建的文明口岸创建活动,在航空口岸实施"提高服务水平联动协作"活动,以点带面;与海关、检疫和边防签署廉政共建协议,树口岸新风;加强市场主体培育,重庆民生、太平洋、美联三家货代企业入选全国货代百强企业,在重庆口岸形成以自建为基础、自建带共建、共建促自建的文明口岸新格局。

重庆口岸查验单位工作综述

重庆海关

【概况】 2007年,重庆海关共监管进出口货物333万吨,进出口货值59.2亿美元,分别增长91.2%、41.6%;监管进出境旅客21.2万人次、进出口邮包及快件107.4万件,分别增长9.0%、66.7%;监管进出口集装箱17万标箱,增长23.1%。受理进出口报关单8.6万份,增长21.7%。加工贸易备案合同金额3.27亿美元,增长118.6%。办理减免税13.5亿元,增长45.7%。全年税收净入库36.1亿元,同比增长17%,其中征收关税11.2亿元,增长11%;进口环节税24.9亿元,增长20%。

【强化税收征管质量】 充分发挥海关综合治税机制的作用,在积极拓展税源的同时,针对关区价格水平、归类差异等方面存在的突出问题,通过采取专人专岗二次复核方式,以及建立"科室每周自查、关(处)每月抽查、监审室每季度督察"制度、关区每季度一次的业务形势分析会制度和半年一次的工作评估制度等措施,上下联动、部门协同、多管齐下,形成综合治税合力。全关提前35天完成全年税收任务。

【深化通关作业改革】 积极推行接打放一体化、选择查验、预约查验、网上支付、单证放行和卡口放行分离等作业模式,逐渐改变传统的操作习惯,变被动等待为主动服务。积极配合口岸海关做好"规范和简化转关监管"模式的推广,真正落实转关运输监管"应转尽转"。全力推广运用跨关区"属地申报、口岸验放"区域通关改革,参与区域通关企业42家,结对运行口岸10个,与19个海关签署了区域通关合作备忘录,拉动了重庆关区进出口业务的快速增长,为企业节约了物流成本和人工成本。

【加强反走私综合治理】 积极开展缉私警察派驻海关业务现场查缉试点,组织实施"补天行动"、打击船用零配件违法出口等一系列专项行动,侦破"8·27"毒品走私案。认真贯彻落实国务院三号文件精神,提议并承办了全市反走私工作会议,推动了反走私综合治理。全年,刑事行政立案20起,案值5 853.4万元,补税524.3万元,罚没收入406.2万元;办理协查案件40起;查获走私汽车3辆,缴获毒品海洛因100余克,收缴反动、淫秽和宗教等非法宣传品近3 000余件。稽查企业55家,涉及进出口货值8.47亿美元,稽查覆盖率为14.94%,稽查补税入库420.6万元。

【发挥统计服务功能】 坚持做到专职与兼职统计员队伍建设并举、传统手段与现代化手段并用、对内服务与对外服务并重,贸易统计数据、报关单数据、业务统计数据质量进一步提高,执法评估分析服务中心工作成效明显。重庆海关统计部门完成的《重庆直辖十周年对外贸易研究》被上海图书馆收藏,参与了海关总署组织的出口退税税率调整后的影响及对策联合调研,多篇统计分析文章被中办、国办、海关要情采用或获地方党政领导批示,4篇论文在总署获奖。全年累计为地方提供贸易统计数据30余万条。

【加强法制工作规范】 以H2000通关作业流程及操作规范为标准,采取重点核查与全面普查相结合的方式,积极加强执法监督工作。组织筹划了"4·26知识产权保护周"、"8·8海关法制宣传周"等一系列法制宣传活动;认真组织开展知识产权保护"龙舟行动",在出口环节查获一起涉嫌侵犯备案商标权的案件。积极应对华克公司、富士公司等6起行政诉讼案件,其中4起胜诉,2起正在审理中。

【推进各项改革整合】 积极推动风险管理机制建设,拟订了风险管理机制建设总体规划,认真做好风险管理信息平台的维护和应用工作。组织开展业务、政务和队伍规范化管理,移植搭建"职能管理综合平台",着力探索业务协调、督察内审、年终考核相结合的执法监控、队伍管理、廉政监督"三位一体"的内控机制长效管理模式。积极推动科技创新,信息化管理手段被广泛地运用于业务、队伍、政务等各个方面。积极推动理论创新,健全了政研机构,配合重庆市政府完成了《重庆保税港区建设可行性研究报告》,协助总署完成了支持重庆试验区建设工作调研和课题研究报告的起草任务,20余篇政研文章和工作情况交流被总署载体采用。

【积极支持试验区建设】 围绕试验区建设,研究出台了"重庆海关支持重庆经济社会发展十项服务措施",在全关组织开展了"人人为试验区献一计"活动,配合重庆市政府向海关总署提请支持重庆试验区建设"9+1"工作建议,提议签署署—市合作协议。主动加强内外合作,先后与4家大型企业、产业园区及驻地政府签署了合作备忘录,与成都、上海、天津、深圳等海关签署了区域合作框架协议。积极推动重庆物流发展,尝试进行陆空联运,运用"深港物流快线",为重庆与香港的贸易往来,以及通过香港中转欧美进出口货物,开辟了一条全新的物流途径;采取"多点报关"等5项便捷通关措施,确保重庆"五定"快班轮的顺利开通;利用出口加工区拓展保税物流功能试点的政策平台,让重庆企业赶上享受原出口税率优惠政策的"末班车"。不断优化口岸服务环境,开通了"通关110",着手建立"客户协调员"制度,关党组成员还分赴区县和企业开展调研,宣传政策,了解需求,听取意见,切实为试验区建设提供全方位服务。积极支持社会公益事业,还联系兄弟海关向重庆市红十字会捐款捐物价值近200万元。

重庆市公安边防总队

【概况】 2007年，重庆边防总队坚持以十七大精神为指针，深入贯彻落实公安部边防管理局党委扩大会议和全国边防检查工作会议精神，围绕提高边检服务水平为中心，以维护口岸和谐稳定为龙头，严厉打击口岸违法犯罪，积极服务经济社会发展，全面加强部队建设，全力构建和谐警营，圆满完成了党的十七大、香港回归10周年、建军80周年、重庆直辖10周年、菲律宾总统访问等一系列重大活动的边防保卫执勤任务，确保提高边检服务水平工作取得突破性进展。

【边检工作理念实现了革命性转变】 重庆边防总队通过开展转变执法观念、树立服务理念和边检职业精神教育，使执勤人员对"一个中心，两个坚持"（以提高边检服务水平为中心，坚持通关效率，坚持严密管控）的指导方针、"三大支柱"（服务理念、职业精神、专业素质）、"四个一流"（一流的专业队伍，一流的服务水平，一流的职业地位，一流的工作氛围）以及职业精神等论述有了比较深刻的理解和认识，执勤人员的执法理念从过去的以管控为主转变到以服务为中心。

推出"7S"服务标准，促目标转变。重庆边防总队研究提出了微笑、真诚、规范、快速、严格、安全、满意的"7S"边检服务标准（7个词的英文均以字母"S"开头），并将其细化成30项具体指标，作为衡量优质服务的评价标准，为边检服务工作探索了新路子，使执勤人员在边检工作中学有新要求，干有新标准，较好地推动了工作。

开展边检服务实践，促行为转变。通过边检服务实践不断深化对以服务为中心的认识，增强服务的主动性和创造性。检查员根据自己的服务实践总结了"镜面服务法"、"快乐服务法"、"超级服务法"等许多服务工作法，重庆边防总队及时加以总结并在执勤现场推广运用。执勤人员自觉体会旅客感受，逐渐形成了时时想服务、事事讲服务、处处抓服务、自觉服好务的良好氛围，受到出入境旅客的赞扬。

【边检队伍专业素质和服务能力明显增强】 重庆边防总队通过开展服务技能、业务基础知识强化训练，严格落实服务规范，建立了严格的服务标准，执勤人员的服务技能和专业素质更加扎实、全面，服务出入境旅客的综合能力得到明显增强。根据公安部边防管理局下发的《边防检查服务规范》，将服务礼仪和服务规范作为2007年上半年培训的重点，组织编写了《提高边检服务水平培训手册》，分两批对总队执勤业务科执勤人员进行了边检工作流程、服务动作和服务语言等基本技能的理论培训和情景模拟培训。2007年下半年，制定了《提高边检服务水平专项业务技能培训方案》，大力开展专项业务技能培训，提高了检查员综合业务技能和对各类勤务问题的应变处置能力。在全体官兵中开展了"亲善问候"活动，营造良好的服务大环境，促进了执勤人员服务意识的日常养成。建立培训和奖惩机制，出台了《边检服务明星评选办法》，确保培训取得实效，让检查员学有榜样，赶有目标。

【狠抓细节服务，提升服务品质】 改善服务环境，彰显人文关怀。在边检现场新增旅客座椅，供上了年纪、行动不便或遇有业务问题的旅客休息。配备饮水机、婴儿车和便民箱，满足旅客不时之需。降低验证台高度，方便旅客与检查员进行交流，体现平等尊重。统一边检现场各种服务标志，增加了边检服务公告牌，设计印制"出入境边防检查指南"，方便了出入境旅客了解掌握边防检查手续办理流程和有关要求。全面落实了公安部边检服务12项措施，营造了温馨愉快的通关环境。

优化勤务组织，确保旅客快速通关。一是根据旅客流量预测开设通道。建立旅客流量预测机制，根据航空公司预报的旅客人数，按照出境每名检查员检查30名旅客，入境每名检查员检查25名旅客的比例进行警力配置和通道开设，使查验通道候检队伍不超过20人，另增加机动检查员，应对旅客临时增加的特殊情况，保证了旅客快捷通关和出入境航班的准点率。二是根据旅客构成情况分类开设查验通道。采取分季节、分时段、分航班、有针对性地按旅客构成开设通道，比如针对在旅游旺季，入境港澳旅客人数较多的情况，专门开设港澳旅客专用通道，进行集中快速验放，大大提高了整体通关速度。三是优化查验模式和验证流程。利用旅游团队网上预报检系统对团队进行预检，专设旅游团队候检区，改进入境旅游团队验放模式，缩短了团队旅客候检时间。优化检查员验证流程环节，进一步提高了验放速度。

改进服务内容，提供"四个"服务。坚持围绕旅客的最大利益和最大需求细化边检服务内容。开展微笑服务，用热情和微笑迎接五洲宾客。设置边检服务引导员，在第一时间为旅客送去微笑和问候，引导填写出入境登记卡，接受业务咨询，实行首问负责制，及时帮助旅客解决通关过程中遇到的问题，使旅客一到边检现场，就有被重视、被关注的良好感受。开展温馨提醒服务，主动提醒前往不稳定国家或地区的中国公民注意人身、财产安全，提醒旅客证件有效期、居留期限，生日、节日送祝福等。开展亲情服务，执勤人员主动问好，对行动不便的旅客或老人、小孩，起身站立双手接递证件。在勤务中重点关注出入境老台胞、残障人士、患病人员等"十三类人员"，开设专门通道，提供细致入微的帮助。开展超值服务，注重出入境旅客的心理预期和感受，在满足旅客现实需要的同时，在服务中多做一点，做得更细一点，如为旅客提供机场信息、重庆交通旅游咨询等个性化服务。

改变问题处理方式，维护旅客出入境权益。改变以往查控报警让旅客在验证台后站立等候的做法，在向旅客做好解释的同时，让旅客在座椅上休息等候。将事实清楚、情节简单的行政案件处理地点移到边检询问室，改变以往执法人员与旅客面对面的询问处理方式，采取与旅客并排坐的形式进行问题的交谈处理，缓解旅客紧张情绪，减轻旅客压力。在查验报警、证件鉴别、行政处罚中，依法履行解释告知义务，维护旅客的知情权，切实保障旅客权益。

深化服务内涵，推进服务延伸。主动为重庆市政府提供出入境数据信息和数据分析，为重庆市政府增开航线、航班提供决策依据；主动为重大政治、经贸、文化活动提供优质服务；在重庆市政府公共信息网站便民服务栏增设了边检服务热线电话，为市民提供24小时咨询服务；建立了边检服务口岸协作机制；完善了公务机、非定期专包机便捷查验措施。2007年先后为重庆直辖10周年庆典、渝洽会暨全球采购会、菲律宾总统阿罗约访问重庆、重庆三峡国际旅游文化节、重庆市国际经济顾问团年会、台湾华航货运包机提供了优质的边防检查服务，为200多位国内外政要、知名人士提供出入境边防检查礼遇和通关便利，受到了党委、政府的充分肯定和好评。

开展服务创新，不断推出创新举措。面对边检战略性调整对工作提出的新要求，重庆边防总队不断创新理念，创新培训，创新勤务组织，创新监督，创新举措，设计印制了方便旅客提意见建议的旅客意见明信片，制作推广使用了边检快速通关提醒器，推动建立了机场整体服务联动协作模式，实行了团队提速通关新模式，启用了可选择语言服务通关模式，有力推动了边检服务质量提升。

采取走出去、请进来，以监督促服务。重庆边防总队聘请口岸单位、出境游组团社、人大政协等单位的代表当社会监督员，每季度召开一次社会监督员座谈会，定期走访政府、口岸联检单位、航空公司、出境游组团社，以书面专函的形式征求意见、建议，主动接受监督。在执勤现场，向旅客、口岸单位发放调查问卷，建立边检网站，在现场设置宣传栏、电子触摸屏、边检服务意见箱，公开边检服务流程、服务承诺和监督投诉电话，畅通外部监督渠道，方便社会各界对边检服务工作进行监督，改进和提高边检服务水平。

【维护稳定，努力构建和谐口岸】 2007年重庆边防总队加大投入，强力推进信息化建设，为口岸执勤工作保驾护航。先后完成了指挥系统和音视频联网系统建设、一级网升级和高清视频会议系统建设，顺利通过了公安部边防管理局三年信息化检查验收，实现了机场监控系统升级，实现了3个月以上的影音资料保存和查询，达到了公安部提高边检服务水平工作的要求。

根据新的边检信息系统的功能特点和要求，认真贯彻落实查控工作规范，规范工作流程，严密接、布、查、处各个环节，提高查控准确性，增强管控能力。邀请重庆市公安局、国安局等涉及网络布控工作单位的相关负责人参加总队网络布控工作座谈会，建立了合作机制。进一步完善了口岸突发事件紧急处置预案，实施了处突演练，有效防止了境内外敌对分子、暴力恐怖分子、"法轮功"顽固分子和其他严重经济、刑事犯罪分子从口岸内潜外逃，打击口岸非法出入境活动。

2007年重庆边防总队共检查出入境航班2 093架次，出入境旅客、员工198 738人次，查获口岸偷渡案件2起2人，在控对象和网上追逃人员5起5人，查处其他违法违规46起46人，未发生旅客投诉事件，未发生执勤执法事故，实现了严密管控，维护了口岸和谐稳定。

【出入境旅客和党委政府的满意度空前提升】 据调查，出入境旅客对边检服务的满意率达到了99%以上，出入境旅客对边检服务的认同度极大提高，满意率排口岸联检单位第一位。重庆边防总队提高边检服务水平工作得到了重庆市有关党政领导的充分肯定和支持。重庆市委常委、政法委书记、公安局长刘光磊经常关心过问重庆边防总队提高边检服务水平工作。重庆市副市长吴家农先后3次对重庆边防总队提高边检服务水平工作作出重要批示，并全力帮助解决实际问题。新华社《内部参考》、《解放军报》、《中国国门时报》、新加坡《联合早报》等10余家媒体刊发文章，对重庆边防总队提高边检服务水平工作给予了高度评价。并多次受到重庆江北国际机场旅客服务质量共同促进委员会的表彰。

重庆市出入境检验检疫局

【概况】 2007年，重庆检验检疫局共检验检疫出入境货物40 803批，货值30.57亿美元。其中，出境36 380批，货值24.66亿美元，进境4 423批，货值5.9亿美元，发现不合格出入境货物88批，货值1 146万美元。检疫集装箱16.5万箱、飞机2 180架次、进出境邮件183 427件。查验出入境人员194 012人次，实施健康检查9 581人次，艾滋病监测9 737人次，预防接种9 214人次，检出8例艾滋病感染者、35例性病感染者、671例乙肝病毒携带者、8例活动性肺结核患者。在进境邮件中截获禁止进境物37批次。在货物和集装箱及木质包装检疫查验中，截获滑刃线虫、活体线虫等多种检疫害虫27种次。

【签证管理】 重庆检验检疫局全年共签发检验检疫证书证单181 245份，其中证书140 059份，证单41 186份。签发普惠制产地证9 591份，签证金额3.75亿美元；区域优惠产地证1 590份，签证总金额1.22亿美元；一般产地证3 851份，签证金额1.69亿美元。对45家自理报检单位备案登记企业予以年审换证，接受外贸企业自理报检单位备案登记330家，通过报检员注册90人。目前，共受理外贸企业自理报检单位备案登记1 604家，代理报检单位注册登记5家，报检员注册392人。组织2次报检员资格统一考试，共624名报检员报考，456人取得报检员资格证。

全面推广电子报检，电子报检率达到100%。全局转入转出电子转单17 355批，金额13亿美元。

【出境检验检疫及管理】 重庆检验检疫局全年检验检疫动植物及其产品、食品、纺织品、轻工品、化矿产品、金属产品、机电产品等出境货物36 380批，货值24.66亿美元。其中不合格产品10批，货值73.93万美元，不合格原因主要为品质规格和包装不符合要求。检验检疫出境集装箱125 074箱，检疫出境飞机1 151架次。查验口岸出境人员102 472人次。实施传染病监测，监测体检出境人员8 314人次，艾滋病监测8 487人次，发现梅毒、乙肝病毒携带者等监测性病例1 293例，预防接种9 214人次。

推进检验检疫监管模式改革，提高了监管有效性。以"安全、卫生、环保和反欺诈"为检验监管重点，实施关键控制点的重点检验监控，逐步实现了对企业生产的动态管理、严密监管。在出口食品监管中，开始实施"三项备案"制度，即出口食品生产企业原料基地备案、食品添加剂备案、进口食品经营单位备案制度。在出口机电产品监管中,进一步完善了"体系考核+型式试验+过程监管+抽批检验"的检验监管模式,采取抓源头,强化过程监管,突出产品的一致性。大力推进农业标准化示范区建设,积极推进出口食品"公司+基地+标准化"生产管理模式。2007年,重庆市通过初评、现场考核,备案出口蔬菜、柑橘、茶叶基地11家,其中备案蔬菜基地5家,实现了重庆口岸供港蔬菜零的突破。

重庆检验检疫局在出口企业大力推行电子监管,启用了视频监控工程,对重庆重要的水路和空运口岸实施24小时实时监控;启用了口岸卫生电子监管系统实施电子监管,对卫生处理单位的卫生除害处理实施现场监督检查。引进两只进口检疫犬用于机场口岸查验检疫;重庆空港正式建成人工查验、X光机检查和检疫犬查验"人、机、犬"三位一体的查验模式。根据重庆永川、江津两地检验检疫工作需要,成立了重庆检验检疫局驻永川办事处。九龙坡港检验检疫局进驻重庆寸滩国际集装箱码头,开展现场查验和卫生除害工作。

【进境检验检疫及管理】 重庆检验检疫局全年检验检疫动植物及产品、食品、纺织品、轻工品、矿产品、金属及制品、化工品、机电产品等进境货物4 423批,货值5.9亿美元。其中不合格产品78批,货值1 072.24万美元,不合格原因主要为品质规格、数重量不符合要求。检验检疫入境集装箱37 981箱,检疫入境飞机1 029架次。查验入境人员91 540人次,实施监测体检1 267人次,艾滋病监测1 250人次,发现200例病例。

加强进境旧机电商品检验监管。2007年重庆市进口旧机电产品共44批,数量7 849台(套),货值5 728.4万美元,主要是机械设备、仪器仪表和电器电子产品。主要进口国家和地区是日本、美国、欧盟、中国台湾和香港。到货检验中,一次检验合格13批,7 237台(套),货值231.2万美元;检验不合格需整改31批,312台(套),货值5 497.2万美元;一次检验不合格需退运为零。发现的问题主要集中在电气安全、机械安全和卫生状况上。

进境货物中机械及设备产品为检验检疫大宗商品。检验检疫进口成套设备159批,3 621台(套),货值6 802.0万美元,主要来自日本、美国、欧盟和中国台湾;检验检疫进口医疗设备340批,1 469台(套),货值3 403.6万美元,主要来自中国香港、美国、欧盟和日本。进口成套设备和医疗设备质量情况总体稳定,不合格原因主要是数量短少、部分配件漏发。共出具索赔证书61份,索赔金额202万美元。重庆市西南医院从美国进口了一台辐射计量仪,检验中发现辐射计量准确度达不到国家标准,无法应用于肿瘤病人的治疗,判为不合格产品。由于涉及健康安全,该局检验人员作出退货处理,进行了全机更换。

检验检疫进口金属及制品498批,2.03万吨,货值5 418.9万美元,主要有冷轧钢(卷)板、热轧钢(卷)板、冷轧不锈钢板、合金钢管、铜带、铝箔、铝管等。进口国(地区)主要是日本、韩国、德国、瑞典、哈萨克斯坦、英国、中国台湾等,总体质量情况较好。

在进境集装箱检验检疫中,来自检疫传染病疫区的有106标箱,来自动植物疫区的有38 181标箱。该局对39 524标箱进境集装箱实施了卫生除害处理,发现带有疫情的154标箱,检出率为3%。从来自德国、英国、日本、中国台湾、意大利、荷兰等14个国家和地区的33批集装箱中截获大头蝇、丝光绿蝇、侧刺短角花蝇、太原丽蝇、淡色库蚊等媒介生物及死鸟1只,熏蒸药品残留气罐3只及瘤鞘蕨甲、拟双刺长蠹、白腹皮蠹、缩颈蕨甲、异腹长椿、米扁虫、赤拟谷盗等其他有害生物20余种。

【进出口产品质量和食品安全专项整治】 2007年9月至12月,重庆检验检疫局在重庆市开展了进出口产品质量和食品安全专项整治行动,组成工业品和食品两支检查小组负责对市内企业开展集中检查。在专项整治行动中,重庆检验检疫局共出动检验检疫人员600余人次,检查各类企业195家,查出企业各方面存在的问题500多条,对近百家企业提出整改要求。

在专项整治行动中,重庆检验检疫局重点加大对食品生产企业的监管力度。一是对非法进口肉类、水果进行百分之百销毁。二是对出口种养备案基地进行了百分之百清查。对37家出口种养殖备案企业进行清查,清查率百分之百,因管理不善暂停备案出口养殖基地3家。三是对出口食品卫生注册登记企业进行了百分之百清查。共对重庆辖区93家出口食品卫生注册登记类企业进行了清查,清查率百分之百,其中暂停报检要求整改6家,取消自动失效食品卫生注册登记资格15家。四是对出口饲料及添加剂加工企业进行了百分之百清查。对5家出口饲料备案企业、10家农产品加工企业进行了清查,清查率百分之百。五是对出口食品运输包装百分之百加施检验检疫标志。全年共检查工业品企业55家,提出了166项整改意见,暂停了1家包装企业的出口报检。共查处5个违法违规案件,有力地打击了逃漏检行为。

(彭 莺)

四川省

四川口岸工作综述

2007年，在四川省委、省政府的领导下，省口岸系统各部门、企业和有关市（州）口岸办，认真学习贯彻党的十七大精神，高举中国特色社会主义伟大旗帜，以邓小平理论和"三个代表"重要思想为指导，全面贯彻科学发展观，为四川经济、社会发展作出了贡献；确保各开放口岸运行良好、安全、通畅，未发生任何事故。

【航空口岸】 2007年，成都航空口岸全年共验放国际航班及出入境飞机17 374架次，同比增长21.57%，其中验放直航国际航班7 484架次，同比增长29.3%；验放经停国内航点的国际航班9 890架次，同比增长16.3；共验放和运输国际旅客88.95万人次，同比增长20.46%，其中搭乘直航国际航班的旅客83.95万人次，同比增长14.75%；搭乘经停国内航点国际航班的国际旅客5万人次，同比持平。全年共验放中外航空公司员工6.73万人次；共验放、运输进出境货物1.88万吨，同比增长12.57%。为外国籍人士办理口岸签证1 712份，为台湾同胞办理口岸签注616份。为1 669人次的进、出境重要客人及所乘专（包）机提供了口岸礼遇和服务保障。

【铁路口岸】 2007年，各铁路口岸全年共验放、运输进出口物资86.6万吨，同比增长26.4%；国际集装箱58 966个标箱，同比增长26.95%。其中成都火车东站口岸进出口物资为40.12万吨，同比增长20.26%；国际集装箱18 123个标箱，同比增长8.63%。成都青白江口岸进出口物资为42.76万吨，同比增长35.74%；国际集装箱35 722个标箱，同比增长36.19%。绵阳口岸进出口物资3.49万吨，同比减少3.6%；国际集装3 075个标箱，同比减少12.87%。攀枝花口岸进出口物资为0.22万吨，同比增长1000%；国际集装箱106个标箱，同比增长1414%。乐山口岸没有进出口物资。

【水运口岸】 2007年，泸州水运口岸全年共验放、运输进出口物资71.39万吨，同比增长29.80%；国际集装箱52 331个标箱，同比增长36.79%；开行泸州至上海的班轮774个航次，同比减少2.4%。

【公路口岸】 2007年，成都公路口岸全年共验放、运输进出口物资32.84万吨，同比增长42.22%；国际集装箱15 642个标箱，同比增长43.24%。

【国际邮件】 2007年，成都国际邮件互换局和海关监管中心全年共交换、查验国际邮件总包6.75万袋，同比增长6.3%；国际邮件134.12万件，同比减少5.66%。

【为四川省对外经济贸易服务】 国家驻川各查验执法部门，积极出台报关、报检、边检新举措；民航、铁路、交通部门（企业）有效组织涉外运输业务，充分发挥各开放口岸作用，为四川省对外经济贸易和国际旅游的发展作出了贡献。

中国电子口岸数据中心成都分中心为901家企业办理电子口岸入网手续，制作IC卡1 932张，报关员卡154张，更新IC证书2 030张。

继与天津、青岛口岸签订全面合作协议后，又由四川省政府口岸办公室牵头同上海口岸系统签订了全面合作协议；成都海关、四川出入境检验检疫局与沿边沿海各重要出入境口岸的同行均签订了双边合作协议，进一步优化了四川省外贸物资的进出境环境。

【完成专项工作情况】 在四川省查验、运输、服务部门（企业）的共同努力下，2007年所确定的各项口岸工作圆满完成。主要有以下几方面：

（一）圆满完成了四川省举办的"第八届西博会"等大型涉外活动有关口岸的保障工作，为国（境）外重要来川访问团组及所乘专（包）机提供口岸礼遇、服务保障。

（二）成都双流国际机场新货运站于4月正式对外营业；成都国际邮件快件处理中心于12月正式对外营业；宜宾水运口岸于12月通过验收，省政府行文同意于2008年2月1日正式对外开放。

（三）绵阳出口加工区于11月通过国家九部（委、局）验收，获准封关运行。

（四）按时完成上级布置的成都航空口岸调研课题和《中国口岸年鉴》、《四川年鉴》的组稿工作。

（五）开展九寨黄龙机场开放航空口岸和泸州水运口岸二类升一类的相关工作。

2007年四川省口岸运行情况表

名称	项目	单位	全年工作量	同比(±%)
航空口岸	进出境飞机	架次	17 374（其中经停国际航班9 890）	21.5
	进出境旅客	人次	889 500（其中乘经停国际航班的国际旅客50 000）	20.46
	进出境货物	吨	18 800	12.57
	落地签证、签注	人次	2 328	148.45
铁路口岸	进出境货物	吨	866 000	26.4
	国际集装箱	标箱	58 966	26.95
水运口岸	进出境货物	吨	71 390	29.80
	国际集装箱	标箱	52 331	36.79
公路口岸	进出境货物	吨	328 400	42.22
	国际集装箱	标箱	15 642	43.24
国际邮件	国际邮件	万件	134.12	−5.66

（刘礼明 谌红）

四川口岸查验单位工作综述

成都海关

【概况】 2007年，成都海关监管进出口货物总值59.8亿美元，同比增长45.8%；进出口货运量62.2万吨，同比增长31%；监管进出境旅客89万人次，同比增长20.7%；验放进出境邮递物品261.9万件。关税及进口环节税入库合计32.8亿元，同比增长18.8%。全年备案审批加工贸易合同600份，同比增长10%；加工贸易进出口总值34.5亿美元，同比增长86%，其中出口加工区监管进出口货值22.79亿美元，同比增长130%。出口加工区进出口总值连续4年保持中西部地区第一名。打击走私及处理违规案件，行政立案34起，案值5 703.6万元，调查终结并移送审理32起；刑事立案3起，案值1 109.8万元；缴获毒品海洛因4.5千克；共对5人采取强制措施；移送检察院审查批捕2案3人。

【综合治税，量质并重】 成都关区全年税收价格水平、归类差异率和税收进度均保持了较好的水平，通过归类、审价补税1 182万元。进一步完善了关区税收量化考核评估方法，建立了关区归类数据库，加强了关区税收工作的专业培训。加大对税收征管工作的综合协调力度，调动海关一线监管、后续管理、打击走私三支力量，有力地推进了关区税收征管长效机制的建设。关区税收征管能力得到不断提高，确保了全年税收任务的完成。

【通关监管效能提升】 成都海关优化审单资源配置，建立"动态审单"模式，拓宽绿通道和"F"通道，完善风险式审单模式，人工审单比例下降了30.5%，海关平均作业时间下降到12.7小时，通关效率提高了近一倍。充分运用风险管理和选择查验系统的监控作用，确保实际监管到位。绵阳出口加工区正式封关运行，新邮政监管中心正式启用，支持地方口岸规划和建设，提前介入和适时跟踪青白江铁路集装箱中心、泸州港一期扩建、二期建设工程和宜宾港、九黄机场口岸监管场站的规划和建设，提出合理化建议，确保符合海关监管要求、满足地方发展的需要。

【风险管理和稽查工作扎实开展】 推广完善"双重循环"和"双向配合"工作机制，加强风险分析中心、风险分析处置专家组建设，提高风险管理的实际效能。该关全年共发布风险提示33期，提示各类风险信息400余条。根据海关总署的部署，积极做好直属海关风险管理平台建设的准备工作。更新稽查理念，从原来的以"办案"为主转向以"规范"为主，将企业稽查与分类管理相结合，对拟升A类或"红名单"的企业开展验证稽查。全年共对51家企业实施了稽查，补税771.6万元，办理企业注册835家；进一步规范报关行为，实施报关员报关和计分管理。圆满完成了总署下达的对关区12家企业的专项稽查任务。

【打击走私不断深入】 坚持"打防结合，综合治理，突出重点，坚持不懈"的打私工作方针，综合运用刑事、行政执法手段，集中力量打击重点渠道、敏感商品的涉税和非涉税走私犯罪活动。以组织实施"猎鹰行动"为主线，深入持久地开展关区打击毒品走私犯罪活动斗争；参与办理中纪委牵头的"11·17"专案，侦破了海关总署及公安部领导关注、海关总署缉私局挂牌督办的"2·28"枪案；加强情报经营，扎实开展关区打击低报价格走私专项行动。认真开展执法质量年建设，保持了"零复议、零诉讼"的纪录，案件执行率达100%；遵循宽严相济的执法理念，坚持宣传、帮教、惩处相结合的方针，保持打私高压态势和文明执法、理性执法并重。

【以促进发展为目标，服务地方经济建设】 成都海关结合贯彻2007年初海关总署制定下发的《关于支持西部大开发的总体意见》研究制定了进一步支持四川对外开放的10条措施、支持四川服务外包的6条措施和支持绵阳科技城发展的6项措施,进一步加大服务地方经济建设力度。一是深化区域通关改革。通过泛珠三角合作平台等措施,相继与湛江、南宁、重庆、广州、上海、深圳、天津、黄埔共8个海关开通了区域通关模式,实现跨关区的"一次申报、一次查验、一次放行";与重庆海关建立了直属内陆海关间区域合作的新模式。二是进一步完善关区内"多点申报,机场、泸州验放"的模式,将双流机场和泸州水运码头口岸效应延伸到成都以外的绵阳、乐山、宜宾等地区,实现关区口岸和监管资源的有效整合。三是推行"一站通"新通关模式促进空运口岸提高通关效率,在一个地点一次交单、一次申报、一次放行(非查验货物)。新模式试行后,机场海关在15分钟内完成非查验货物的通关。四是开展无纸化报关试点。加工西区英特尔公司开展"无纸化报关"试点并成功运行,每单货物自申报、查验到出区,平均用时缩短到10分钟。

(金 羽)

2007年成都海关主要业务工作量统计表

类别	单位	全年工作量	同 比(±%)
进出口总值	亿美元	59.8	45.8
进出口货运量	万吨	62.2	31
入库关税	万元	87 736	14
入库代征税	万元	241 184	20.8
两税合计	万元	328 920	18.8
审批减免税货物总值	亿美元	11.5	19.9
报关单统计	万份	11.2	28.7
进出口集装箱	箱次	36 596	20.1
进出境飞机	架次	8 729	20.7
进出境旅客	万人次	89	20.7

四川省公安边防总队

【概况】 2007年,四川省公安边防总队认真贯彻公安部进出境管理局党委扩大会议和省公安厅党委的指示精神,以党的十七大精神为指导,以提高边检服务水平为中心,以维护国家主权和社会政治稳定为首要任务,大力弘扬公安边防精神,严厉打击口岸违法犯罪,积极服务经济社会发展,深入推进"三基"工程,全面加强部队建设,圆满完成了各项边防任务。

2007年,该总队共检查出入境航班7 656架次,比2006年增长了30%;检查出入境人员908 959人次,同比增长了23%;查获在控对象8人次,查处偷渡案件14起30人,接收处理境外遣返人员186人次;依法查处违反出入境边防法律、法规人员42人次。

【大幅提升边检服务水平,高效服务省市对外开放】 四川省公安边防总队认真贯彻全国边防检查工作会议精神,制定下发了"提高边检服务水平活动方案"和"工作进度表",组队前往杭州、上海浦东边检站进行考察,举办了"规范军人养成,提高边检服务水平"集训班、提高边检服务水平科长业务培训班和礼仪培训班,完善了勤务监督机制、处理投诉机制、考核评估体系以及工作激励机制,改革勤务组织模式,落实奖惩兑现,推行星级检查员评定,每月评选"服务之星",推行阳光警务,设立投诉箱,公布投诉电话,开通网上投诉,聘请社会监督员,广开言路,加强社会监督。以"一切为旅客着想,打造舒适、人性化通关环境"为出发点,先后投入60余万元对执勤现场硬件设施进行了增添和改造,拉近边防检查和旅客之间的距离,认真落实公安部12条便民利民措施,在确保港澳旅客不超过15秒、其他旅客不超过45秒快速通关的基础上,根据不同服务对象需求,积极提供文明热情服务。

该总队坚持把边防检查融入地方经济社会发展大局之中,积极主动走访省市有关单位征求意见和建议,为"坚持科学发展、构建和谐四川"服好务,2007年先后为西班牙国王卡洛斯、菲律宾总统阿罗约,以及参加第八届西博会、女足世界杯等重大外事、商务、体育活动的贵宾2 000余人次提供了通关礼遇和方便,社会各界和出入境人员对边检服务质量的满意度达99%。

【全力维护国家主权,确保口岸安全稳定】 该总队突出主业地位,严格把关守门,2007年共布控4 269人,查获在控对象8人、抓获网上逃犯2人,协助相关部门核查出入境记录36起232人,维护了国家主权和安全。针对外籍不法分子利用成都至荷兰航线偷渡到欧洲的新动向,对内成立法制队增强研判、预警和查获能力,对外密切与欧洲移民机构的合作,加大对非法出入境的打击力度,确保了出入境秩序正常,2007年共查获偷渡案件14起30人,接收处理境外遣返120起186人,查处违规人员42人次。2007年出动警力30批200余人次,参与并协助吉林、云南、广东、新疆等边防部门办理偷渡和毒品案件5起,押送、转运偷渡犯罪嫌疑人员20余人。在"3·22"朝鲜籍人员非法入境案中,该总队配合吉林边防总队抓获偷渡人员21人;该总队经办的"5·21"伪假匈牙利签证案被公安部出入境管理局作为典型案例通报全国;在"2·28"特大贩卖新型毒品案中,配合新疆总队捣毁一个贩毒团伙,抓获主要涉案人员4人,缴获毒资20万元,有效维护了国家安全和口岸正常出入境秩序。四川边防总队还建立了口岸接收境外遣返人员基本情况统计和定期向地方公安机关出入境管理部门通报的制度,为共同防范打击非法出入境活动壮大了声势。

(王丽媛)

2007年成都口岸出入境旅客统计表

单位:人次

项目		出入境旅客		合计
		入境	出境	
中国籍	因公	6 133	6 668	12 801
	因私	114 626	132 370	246 996
	香港	49 314	48 610	97 924
	澳门	892	906	1 798
	台湾	98 199	95 332	193 531
外国籍		144 262	143 193	287 455
合计		413 426	427 079	840 505

2007年成都口岸出入境员工统计表

单位：人次

项目		出入境员工		合计
		入境	出境	
中国籍	内地	15 723	15 988	31 711
	香港	4 503	4 486	8 989
	澳门	264	263	527
	台湾	517	514	1 031
外国籍		12 534	12 503	25 037
合计		33 541	33 754	67 295

四川出入境检验检疫局

【概况】 2007年，四川出入境检验检疫局(以下简称四川局)共完成检验检疫进出口货物61 962批次，总货值364 429万美元，其中，进口货物8 445批，货值109 691万美元；出口货物53 517批，货值254 737万美元。检出不合格货物182批，货值961万美元，其中，进口货物70批，货值392万美元；出口货物112批，货值569万美元。查验出入境人员857 479人次，口岸从业人员体检4 763人次，出入境人员健康检查18 403人次，出入境人员艾滋病监测18 739人次，预防接种20 700人次，检出病例2 294人次。

【加强进口商品监管】 2007年，四川局狠抓涉及安全、卫生、健康、环保等重点敏感商品的检验检疫监管，加强口岸查验力度。严格审核企业报检资料，联合相关部门在口岸、堆场、冷库、批发市场、废料加工厂等敏感区域加强了监督检查，进行严格的现场抽样检验检疫；加强了进境商品的市场检查及抽查，先后开展了进口花生酱、服装、水果等的市场检查、抽查。每个月还定期将进口食品、进口食品容器检验检疫情况通过局对外网站和新闻媒体向社会公布。

全年共检出进境不合格货物70批，货值392万美元，检出禁止进境违规邮寄物品43.51千克，退运未办理备案审批手续的入境旧机电设备3批。

【加强出口产品检验监管】 2007年，四川局按照质检总局有关出口检验检疫的新规定，加强出口产品检验监管。对出口饲料、畜产品加工企业实施了备案登记；对出口食品使用植物蛋白原料情况进行了调查；对全省27家食品包装生产企业实施了备案考核，对10大类近百种小类食品包装容器进行了检验监管。对人类食品和动物饲料添加剂及原料产品检验检疫问题进行了业务分工和协调。

全年在出口商品中检出不合格货物112批，货值569万美元，并首次在出口饲料中检出三聚氰胺。

【严厉打击逃漏检行为】 2007年，四川局在全省检验检疫机构推行了"入境货物口岸内地联合执法系统"，制定了《异地入境通关货物检验检疫监督管理办法》，建立了相应的行政处罚、联合执法系统工作流程，开展了针对异地入境通关货物逃漏检的专项稽查，对历史挂单数据进行了逐项催报和清理。查处逃、漏检等违法违规案件8起。全川系统的报检落实率和金额落实率较年初有了很大提升。

【开展产品质量和食品安全专项整治行动】 2007年8月~12月，按照党中央、国务院、国家质检总局的统一部署，四川局开展了进出口产品质量和食品安全专项整治行动。按照"一手抓检验检疫自身工作质量，一手抓进出口产品质量安全"的工作思路，四川局从自身、政府、企业等事关质量安全的各个方面入手开展工作。通过历时4个月深入、扎实的专项整治，四川出口食品原料基地已百分之百清查完毕，265家基地被取消备案资格，17家被暂停出口，32家被要求限期整改。出口食品运输包装百分之百加贴CIQ标志，累计加贴标志2 058批，200余万枚。292家出口卫生注册登记企业百分之百进行了检查，限期整改、暂停报检21家，取消注册登记41家。全川890家出口企业签订了产品质量安全承诺书，建立了712家企业的质量档案。查获逃检及货证不符的进出口货物23批，发现涉嫌违反检验检疫法律法规及特别规定的案件8起，实施行政处罚4起，立案调查2起，向质监、药监部门移交2起；阻止了66批不合格商品的出口，涉及金额252万美元。检出不合格进口商品24批，涉及金额128万美元，出口食品检出率提高130%。在入境口岸，从进境集装箱检出有害生物近20批次，退运货物2批次，销毁非法进口货物2批，对外签发索赔证书12份。

【加快大通关建设】 2007年，四川局管辖企业中新增一类管理企业7家，二类管理企业21家，使一类管理企业达到55家，二类管理企业达到80家；新增升达、攀钢两家出口免验企业，使全省免验企业达到4家，免验企业数在西部地区处于领先地位，其中攀钢重轨成为西部地区首家重工业出口免验产品；新增电子监管企业9家，使电子监管企业达到78家。对执行绿色通道制度的20家企业实施了口岸免查验。推行货物直通放行改革，向质检总局推荐了59家企业实施直通放行，并与深圳、天津检验检疫局签订了直通合作备忘录。

以推行报检员差错管理制度为契机，加强对报检单位及报检人员的差错管理和诚信教育，进一步规范了报检工作，纠正了2起违规代理报检事件。加大检验检疫工作流程改革，进一步简化了报检信息和证单更改程序，加强了出境货物快速核放管理，开展了出境木质包装签证改革试点，在确保产品质量的前提下以电子化手段简化工作环节，加快验放速度。

【加强口岸卫生监管，理顺口岸卫生监管体系】 2007年，四川局在双流机场成功创建国际卫生机场的基础上，通过与地方卫生行政部门和机场卫生部门的协调，承担了整个双流机场的卫生监督工作，进一步明确了四川局国境口岸卫生行政主管部门的地位，理顺了口岸卫生监督的关系。四川局在全川各分支机构指定了专人领导和负责卫生检疫工作，弥补了机构设置的不足，充实了人员力量。

2007年，四川局制定了口岸从业人员卫生知识宣传培训制度，分10批对15家口岸食品生产销售单位的食品管理人员和从业人员共计1 254人进行了相关法律法规以及卫生知识的培训；规范了口岸卫生监督行政许可工作，完善了口岸食品生产经营单位、服务行业等卫生许可证的签发程序，对口岸单位进行了卫生考核，换发卫生许可证180份，对口岸从业人员4 700多人进行了体检，颁发国境口岸从业人员健康证4763份，确保了国境口岸内的食品生产经营单位、公共场所符合国家卫生标准；建立了口岸食品安全投诉举报渠道，发挥了社会监督的作用。

【加强口岸疫情疫病防控】 根据相关法律法规，四川局与双流机场建立健全了一整套传染病分级分类监测管理体系，并与地方相关医疗机构合作，建立了隔离、留验、运送和治疗的联动处置机制；在做好日常监管的同时，根据质检总局要求，重点加强了口岸人禽流感防控、蒙古国炭疽、鼠疫防控、霍乱等肠道传染病防控的工作，严防疫情传入；与省宗教局共同制定朝觐人员卫生检疫协作机制，做好四川朝觐人员的出入境卫生检疫，保障朝觐穆斯林的健康安全，2007年四川局为36名赴麦加朝觐穆斯林办理了规定手续；加强口岸艾滋病防控，通过经常性宣传教育与重点宣传教育相结合，采用设置宣传栏，发放宣传手册，播放宣传片以及加强劳务输出、旅游团体集中培训咨询等多种形式开展防控工作；加强对口岸卫生处理工作的管理，强化了对卫生处理日常监管单位及卫生从业人员的消毒知识培训，开展了对辖区内口岸卫生处理企业的检查，提高了口岸卫生处理水平，强化了疫情疫病的防控能力。

经临床检查和实验室检验，2007年，四川局共检出病例2 294例，依法遣返患有禁止入境疾病外国人4名，截留销毁未办理卫生检疫审批手续的出境血液制品1袋。

【做好地方大型活动检验检疫工作】 2007年，女足世界杯、亚洲赛车节、第58届中国国际医疗器械秋季博览会、"2007成都·泰国风情周"在成都举办，四川局积极做好各项活动的检验检疫工作，提前介入，快速审核、查验、放行，为各项活动的顺利开展提供了有力的保障。"风情周"活动结束后，泰国驻成都总领事馆专程为四川局送来感谢信，称赞"检验检疫工作效率和服务水准达到了国际水平，并由此深刻地感受了成都良好的投资软环境，增加了在蓉投资的信心"。

（龙卫东 罗媛）

2007年四川出入境检验检疫业务情况表

业务项目	货物检验检疫		检验检疫不合格		发现动植物疫情	
	批次	金额（万美元）	批次	金额（万美元）	种类数	种次
合计	61 962	364 429	182	961	1	—
出境	53 517	254 737	112	569	1	—
入境	8 445	109 691	70	392	—	—

业务项目	货物通关		出入境人员查验（人次）
	批次	金额（万美元）	
合计	10 240	64 955	857 479
出境	5 037	21 448	439 133
入境	5 203	43 507	418 346

业务项目	健康检查及预防接种（人次）				交通工具			集装箱（个）	
	健康检查	艾滋病监测	发现病例	预防接种	火车（节）	汽车（辆）	飞机（架）	合计	检出问题
合计	18 403	18 739	2 294	20 700	—	—	7 596	25 706	—
出境	16 627	16 944	2 287	20 699	—	—	3 790	7 284	—
入境	1 776	1 795	7	1	—	—	3 806	18 422	—

四川口岸大事记

1月9日

国家质检总局副局长支树平,四川省委副书记甘道明,四川省政府副省长黄小祥,国家质检总局党组成员、卫生监管司司长宋明昌出席了成都双流国际机场"国际卫生机场"授牌仪式暨总结表彰大会。

四川省口岸系统一季度领导同志联席会议在省政府召开。省政府口岸办公室李毅主任主持会议。

2月8日

四川省公安边防总队召开党委扩大会议,学习贯彻公安边防部队2007年党委扩大会议精神和全国边防检查工作会议精神,回顾总结2006年的工作,分析当前部队面临的形势和存在的问题,研究部署2007年的工作任务。

2月13日

四川省政府黄小祥副省长到省政府口岸办慰问,祝全体同志春节快乐!

2月15日

四川省政府黄小祥副省长到成都海关慰问,祝全体关员春节快乐!

2月18日

四川省政府口岸办主任李毅会同成都海关、四川出入境检验检疫局、省公安边防总队领导同志到成都航空口岸慰问春节在一线值班的同志。

3月6日

韩国大韩航空公司开通了"首尔—成都—布鲁塞尔"货运航班。

3月12日

成都海关在成都航空口岸查获、收缴走私毒品海洛因3.2千克。

3月15日~24日

四川省政府口岸办组织驻川查验部门,有关市州口岸办、企业负责同志赴长江部分水运口岸和川沪高速公路考察。

4月3日

成都双流国际机场航空口岸新货运站竣工并正式启用。

4月6日

四川省口岸系统第二季度领导同志联席会议在省政府召开,李毅主任主持会议。

4月13日

四川出入境检验检疫局与深圳出入境检验检疫局举行进出口商品通关合作备忘录签字仪式。四川省政府副省长黄小祥、成都市副市长曾万明、四川省商务厅副厅长刘欣出席签字仪式。四川检验检疫局局长王吉顺与深圳检验检疫局局长刘胜利共同签订"进出口商品通关合作备忘录"、"关于确保四川供港水果蔬菜安全、扩大出口的合作备忘录"。

5月9日

在四川省政府口岸办、驻川各查验部门支持下,柬埔寨吴哥航空公司开通了"成都—暹粒"航班。

5月21日

四川省政府口岸办主任李毅参加全国政协组织的关于"西部出海大通道建设"调研会。

四川省

5月21日~28日

四川省政府口岸办组织全省口岸查验部门、双流国际机场、各航空公司顺利完成参加第八届西部国际博览会出入境国际(地区)客人的迎、送工作。

5月22日

成都海关驻南充办事处正式对外开办业务。

5月28日

中共中央政治局委员、国务院副总理曾培炎视察成都出口加工区企业英特尔成都公司。

5月29日

成都市委副书记、市长葛红林到成都海关调研。

5月30日

四川省政府副省长黄小祥到四川绵阳出口加工区调研。

7月3日

四川省上半年口岸办主任会议在省政府召开。会议由省政府口岸办李毅主任主持。

7月4日

四川省第三季度口岸系统领导同志联席会议在省政府召开。省政府口岸办李毅主任主持会议。

成都海关关长朱仪仁、副关长肖力陪同四川省政府副省长黄小祥到成都高新区调研。

7月9日~11日

海关总署党组成员、纪检组长胡玉敏率检查组到成都海关检查推行行政执法责任制工作情况。

7月19~20日

四川出入境检验检疫局局长王吉顺赴天津出席天津市政府与海关总署、国家质检总局联合举办的推进区域口岸合作座谈会暨天津电子口岸与物流信息平台开通仪式,并与天津检验检疫局签署了"检验检疫业务合作备忘录"。

8月2日

成都海关与重庆海关签订"成都海关与重庆海关区区域合作框架协议定"。

8月17日

成都海关与上海海关在成都联合召开关企座谈会,成都海关关长朱仪仁、上海海关关长孙毅彪出席会议。

8月24日

海关总署党组成员、缉私局局长吕滨视察成都双流机场海关旅检现场。

8月27日

四川省政府副省长黄小祥在成都海关主持召开有关成都市、绵阳市设立保税物流园区的研讨会。

8月28日

四川省政府口岸办副主任李熊同志到江苏无锡参加全国口岸管理业务培训会议。

8月29日

四川省政府口岸办主任李毅同志率领口岸查验部门有关人员到江苏苏州、北京考察保税物流园区有关情况。

8月30日

四川省政府黄小祥副省长在成都市高新区主持召开"省级涉外部门和金融机构支持成都高新技术产业开发区发展的共建协议签署仪式"活动。

9月13日

长江黄金水道与海关通关管理研讨会在成都召开,中国海关学会会长赵光华到会并讲话。

9月28日

四川省第四季度口岸系统领导同志联席会议在省政府召开。会议由省政府口岸办主任李毅主持。

11月1日

四川省绵阳出口加工区顺利通过国家九部、委(署、局)联合工作组的验收。

12月12日

四川省宜宾水运口岸(安阜码头)顺利通过四川省政府验收工作组验收。

12月12日

成都国际邮件快件中心在成都双流航空港经济开发区正式挂牌对外营业。

贵州省

贵州口岸工作综述

【概况】 贵州位于祖国西南腹地,是一个少数民族聚居区,处于不沿边、不沿江、不沿海的三不沿状况。长期以来,由于地理位置和自然条件的限制,贵州对外交往不够活跃。新中国成立后,贵州逐步建立起完整的公路、铁路和航空网络,交通条件得到了巨大改善,对外交往日趋频繁。1992年9月,经国务院批准,贵州省开放了第一个国家一类口岸——贵阳航空口岸。经过十几年的发展,贵阳航空口岸开通的航线从1992年的贵阳—香港一条地区航线增加到目前的贵阳—曼谷、贵阳—澳门、贵阳—新加坡等4条国际和地区航线,并即将开通贵阳至韩国、日本等国的国际航线;执飞航空公司从口岸设立之初的中国国际航空公司1家增加到现在的中国南方航空公司、澳门航空公司、新加坡胜安航空公司、新加坡惠旅航空公司及香港快运航空公司等6家。

【口岸开放建设】 贵阳航空口岸自2005年正式扩大对外国籍飞机开放以来,口岸得到较大发展,出入境人数继2006年实现翻番后,2007年再创历史新高,达到56 003人次。为了更好发挥口岸在推动贵州经济社会发展方面的作用,贵州省人民政府口岸办公室组织口岸各查验单位及相关单位在贵州省经济贸易委员会党组书记赵友良的率领下,对贵州省内的铜仁和兴义两个支线机场进行考察,并将考察黎平机场和荔波机场,争取在贵州再设立一个航空口岸,配合贵州省发展旅游业的规划,促进贵州旅游业的发展;同时,充分利用贵广快速铁路和贵广高速公路即将开工建设的契机,发挥贵州在西南地区的交通区位优势,争取在贵州设立一个公路货运口岸,打造贵州立体对外开放格局。

【口岸通关建设】 2007年,贵州省人民政府口岸办一方面以提高口岸工作效率为目标,坚持定期召开口岸工作例会,协调全省口岸综合管理工作;加强现场值班制度,及时研究解决问题;提高口岸通关速度、货物通过能力及作业能力,实现统一行动,密切配合。同时,贵阳航空口岸各查验单位通过完善制度、提高业务水平、加强服务等,在把好关的同时,努力为进出境旅客和货物提供一个快速便捷的通关环境。【口岸精神文明建设】 2007年,贵州省口岸办根据国家口岸办关于开展口岸精神文明建设的相关要求,坚持以邓小平理论、"三个代表"重要思想和党的十七大精神为指导,深入贯彻科学发展观,构建和谐口岸,积极开展口岸精神文明建设,通过举办座谈会、联谊会等多种形式的活动,丰富了口岸工作人员的业余生活,加强了口岸各单位的交流,增强了口岸系统的凝聚力,促进了口岸工作的开展。此外,各查验单位牢固树立国门意识,团结协作,以自身精神文明建设为基础,共建文明口岸为目标,通过多种形式的自建、共建活动,以自建带共建,共建促自建,树立了贵州口岸的良好形象,为贵阳龙洞堡国际机场获得2007年"全国文明机场"称号作出了贡献。

【口岸客货运量】 2007年,通过贵阳航空口岸出入境的飞机542架次,同比减少3.90%,其中出境飞机271架次,同比减少3.90%,入境飞机271架次,同比减少3.90%,出入境人员56 003人次,同比增长0.34%,其中出境27 848人次,同比增长0.17%,入境28 155人次,同比增长0.50%。出入境货物共322吨,同比减少34.95%,货值4929万美元,同比减少43.07%。

2007年贵阳航空口岸客货运量表

项目(单位)		数量	同比(±%)
出入境交通工具 (架次、辆次)	总数	542	−3.90%
	出境	271	−3.90%
	入境	271	−3.90%
出入境人员 (人次)	总数	56 003	0.34%
	出境	27 848	0.17%
	入境	28 155	0.50%
出入境货物(吨)	总数	322	−34.95
	出境	134	−47.86
	入境	188	−21.01
出入境货值 (万美元)	总数	4 929	−43.07
	出境	1 547	−48.96
	入境	3 382	−39.90

(张培书)

贵州口岸查验单位工作综述

贵阳海关

【概述】 2007年，贵阳海关紧紧围绕"坚持科学治关、建设和谐海关、提高领导能力、内强队伍素质、规范执法行为、促进经济发展"的工作思路，贯彻"依法行政、为国把关、服务经济、促进发展"的海关工作16字方针，支持地方外向型经济发展。2007年，贵阳海关共监管进出口转关运输货物106.47万吨，总值4.32亿美元；征收关税和进口环节税2.58亿元人民币；审批减免税1.12亿美元；加工贸易合同备案53个，合同金额2.14亿美元；监管进出境旅客5.6万人次，监管行李物品14.6万件。

【量质并举，综合治税】 2007年，根据全国海关关长会议精神，贵阳海关继续深化综合治税大格局建设，推进一线监管、后续管理和打击走私3支力量的良性互动，把税收工作重心转移到提高征管能力和征管质量上来，采取措施确保应收尽收。一是加强税收征管和监控分析。以税收征管质量为重点，规范征管作业流程，全面落实归类、估价、原产地管理、减免税审批、保证金征收、后续管理等各项规定。认真执行保税货物内销归类、审价制度，完善保税业务监控分析和加工贸易联网监管运行系统，促进关区联网监管的健康发展。二是提高通关效率和监管质量。加快建立通关监管职能运行监控、物流信息监控等系统和空运舱单预录入制度,规范铁路监管场所和旅检现场的管理。深化通关制度改革,最大限度地提高通关效率。三是稳定和扩大税源,坚持走访税收大户,召开"属地申报、口岸验放"通关新模式推介会,争取更多的关区企业在贵阳报关。四是适时调整缉私工作思路。根据全国海关缉私工作会议精神,结合贵阳关区实际,树立"以防为主、打防结合、规范执法、保障发展"的缉私工作新思路,促进打私效能的提高。以缉私、稽查合作机制为切入点,进一步贴近海关业务现场,强化关警融合,以风险分析为手段,加大加工贸易,减免税货物,关区主要进出口商品价格分析、监控工作,从中发现案件线索,加强案件防范工作;学习广州白云机场海关查缉毒品的先进经验,进一步推进旅检、货运渠道查缉毒品工作。五是强化海关统计预警、监测作用。完善报关单数据质量监控分析系统,保证统计数据的准确性;开展统计执法评估工作,加强统计对各项业务的预警、监测和指导作用。经过努力,贵阳海关2007年共征收两税2.58亿元人民币,同比增长100%,创建关以来税收征管历史新高。

【主动服务,促进地方经济发展】 为适应区域经济协调发展的形势,贵阳海关坚持以推广区域通关改革为突破口,以贯彻海关总署支持西部大开发相关措施为契机,联系贵阳关区实际,制定出台促进贵州经济跨越式发展的措施,全力促进贵州外贸经济快速发展。重点抓了以下4个方面的工作:一是全面推进"应转尽转"、"属地申报,口岸验放"通关模式的运行。该关成立了区域通关改革推广工作领导小组,分析贵州省外贸形势,明确工作重点,主动走访口岸海关,先后与南宁、湛江、黄埔、厦门、深圳、广州等15个海关签订了区域通关合作备忘录,在省内主要媒体集中宣传报道,收到良好的社会效果。目前,贵州省内已有多家企业采用"属地申报,口岸验放"通关模式顺利通关,海关职能作用得到有效发挥。二是加强实地调研,制定出台措施。关领导深入有关地市,加强对关区外向型经济的调研,重点选择了关区内外向型经济基础好、潜力大的地区以及重点企业,听取他们的意见和建议,在认真研究贯彻海关总署支持西部大开发总体意见的基础上,制定出台了《贵阳海关支持贵州经济跨越式发展十项措施》,受到企业和地方党政的好评。贵州省政府办公厅《信息与调研》全文转发了贵阳海关的10项措施。三是加快贵阳高新区办事处、遵义海关和地方电子口岸建设步伐。多次与贵阳、遵义等地方政府沟通、联系,努力促使地方政府加大督促、协调力度,确保贵阳高新区办事处和遵义海关功能完善,尽早完工。积极推进地方电子口岸建设进度,目前虚拟平台已建设完成,正在向实体过渡。四是提高海关统计服务水平。紧紧围绕地方经济工作重点调整工作思路,突出海关统计为地方经济发展和各级领导决策的服务职能,密切关注宏观经济运行态势和进出口动态,为贵州省委、省政府决策提供服务;全年共撰写各类统计分析文章13份,受到地方党政的好评。

2007年贵阳海关业务统计一览表

类别	项目	单位	本年累计	同比(±%)
总值	进口合计	万美元	30 825	32.6
	现场业务处	万美元	27 445	55.7
	机场办	万美元	3 382	−39.9
	海运	万美元	25 977	63.5
	铁路	万美元	1 059	−18.7
	公路	万美元	330	4.4
	空运	万美元	3 458	−39.8
	出口合计	万美元	12 332	46.5
	现场业务处	万美元	10 783	100.3
	机场办	万美元	1 547	−49.0
	海运	万美元	7 787	152.2
	铁路	万美元	2 794	31.7
	公路	万美元	365	16.6
	空运	万美元	1 386	−52.1
	进出口合计	万美元	43 156	36.3
货运量	进口合计	吨	928 567	1938.3
	现场业务处	吨	928 379	1948.6
	机场办	吨	188	−21.0
	海运	吨	927 321	1997.9
	铁路	吨	989	6.7
	公路	吨	62	−7.5
	空运	吨	195	−20.1
	出口合计	吨	136 091	230.0
	现场业务处	吨	135 957	231.8
	机场办	吨	134	−47.9
	海运	吨	105 239	488.0
	铁路	吨	30 602	33.2
	公路	吨	118	11.3
	空运	吨	132	−49.2
	进出口合计	吨	1 064 658	1126.7

贵州省

续表

类别	项目	单位	本年累计	同比（±%）
报关单	进口合计	份	2 040	-29.8
	现场业务处	份	755	-19.2
	机场办	份	1 285	-34.9
	出口合计	份	1 555	-21.2
	现场业务处	份	676	-15.7
	机场办	份	879	-22.3
	进出口合计	份	3 595	-25.7

（孙 伟）

贵州省公安边防总队

【概述】 2007年，贵州边防总队紧紧围绕公安部边防局党委的工作部署，结合口岸实际，大力强化官兵服务意识、全面提高边检服务水平、坚持严密口岸管控、提高通关效率，在较短的时间内了取得了明显成效，出入境人员满意度大幅提升，口岸通关环境更为和谐，服务地方经济建设的能力进一步增强，为实现口岸成为文明国家窗口、塑造新时期文明边检卫士的目标打下坚实基础。牢固树立主权、安全意识，严密口岸查控的重任，严防境内外敌对分子和不法分子内潜外逃，广大官兵以高度的政权意识、责任意识和警惕性，确保以边检服务工作为中心的各项任务顺利进行。在重大节假日以及地方经济文化重大活动期间，一方面做好服务工作，为广大出入境旅客创造便捷、通畅的通关环境，树立国家窗口形象，发挥口岸窗口优势，为贵州的经济建设和旅游宣传作出贡献；另一方面，加强对重点人员、重点航线的查控力度，严防境内外敌对分子，民族分裂分子，邪教分子，不准出（入）境人员和严重经济、刑事犯罪分子潜入潜出，进行破坏活动。

【基础设施建设】 在公安部边防局党委和地方政府的关心支持下，2007年，贵州边防总队完成了新营区办公楼的建设工程。目前，总队主办公楼、勤务中队营房、食堂、招待所干部公寓楼、篮球场、网球场、游泳池等配套设施一应俱全，营区道路和营区内绿化带也全部完工，部队营区实现了跨越式发展，成为设施完善、功能齐全、环境优美的一流营区。

【业务统计资料】 2007年，贵阳边防检查站共检查贵阳至香港、澳门、新加坡等国家和地区出入境旅客56 003人次，其中入境26 030人次、出境25 708人次；员工4 265人次，其中入境2 125人次、出境2 140人次；航班542架次。全年布控9 419人次，撤控23 508人次，协助国安、公安、法院、检察院、纪检等部门核查各类违法嫌疑人百余人次；未查获在控人员；查处违法违规事件25起，无偷渡案件。

（一）总体情况：出入境旅客中，中国籍旅客45 230人次（入境22 972人次、出境22 618人次）；外国籍旅客6 148人次（入境3 058人次、出境3 090人次）。中国籍旅客中，内地5 754人次（入境2 716人次、出境3 038人次）；港澳同胞8 518人次（入境4 293人次、出境4 225人次），比上年增加31.17%；台胞31 077人次（入境15 786人次、出境15 291人次）。出入境服务员工和交通运输工具中，中国籍员工3 279人次（入境1 636人次、出境1 643人次）；外国籍员工987人次（入境489人次，出境498人次），比2006年增加50.12%。航班542架次（入境271架次，出境271架次），比2006年减少3.98%。

（二）入境外国籍人员情况：全年共有外国籍人员3 547人次入境，较2006年增加221.6%。主要客源国是新加坡，1 639人次，占总数的46.2%，其余分别是泰国599人次、美国186人次、澳大利亚150人次、马来西亚143人次、英国61人次、其他国家769人次。从入境事由看：会议/商务2人次、访问239人次、观光/休闲2 758人次、探亲访友5人次、就业36人次、学习4人次、定居3人次、服务员工489人次、其他11人次；从所持签证看：公务1人次、任职就业3人次、访问238人次、旅游1 107人次、免签2 122人次、乘务18人次、礼遇2人次、商务1人次、其他55人次。

（三）出境内地公民情况：出境内地居民4 258人次，比2006年上升30%，其中旅客3 038人次，占总数的71.35%，比2006年增加31.34%；员工1 220人次，占总数的28.65%，比2006年增加27.08%。出境内地居民旅客中，前往港澳1 224人次、台湾702人次、泰国608人次、新加坡348人次、澳大利亚42人次。从出境事由看：会议/商务358人次、访问257人次、观光/休闲1 668人次、探亲访友344人次、就业38人次、学习51人次、定居285人次、返回常住地25人次、其他12人次。

（金若珩）

贵州出入境检验检疫局

【概述】 2007年，贵州出入境检验检疫局共检验检疫出入境货物1.63万批次，货值13.27亿美元，同比批次减少了3.4%，货值增加了30%。其中出口12.21亿美元，同比增长39.3%，进口1.06亿美元，同比下降26.5%。检验检疫进出口货值及出口、进口货值分别占全省的58.4%、83.3%和13.1%，进出口货物检验检疫覆盖率远远高于全国平均水平。全年检出不合格进出口货物169.89万美元，同比增加95.7%；其中出口货物检验检疫不合格130.01万美元，同比增加130.7%。签发原产地证3 133份，签证金额2.4亿美元，同比分别增加0.8%和34.3%；其中普惠制原产地证2 567份，签证金额1.5亿美元，按平均可获减关税5%计算，可为贵州出口企业获得750万美元的普惠制关税优惠。

【建章立制，夯实基础】 为全面完成专项整治工作任务，贵州检验检疫局结合实际，建立完善了30余项检验检疫监管制度，为建立健全及完善进出口产品质量和食品安全长效监管机制奠定了基础。

首先，按照建立完善食品、农产品安全监管链条的要求，加强了对进出口食品、农产品的检验检疫监管，努力形成环环相扣的监管链条，进一步确保了进出口食品、农产品安全卫生。一是制订、完善了《出口食品企业卫生注册登记工作规程》、《出口商品生产企业分类管理办法》等9个管理制度，切实加强了对出口食品及高风险农产品的注册登记与备案管理，确保出口食品全部来自注册登记企业，符合国家规定。二是建立完善了出口农产品产地检验检疫责任制，联合贵州省农业厅等相关部门制订了《贵州省出口农产品农业投入品适用监督管理办法》，进一步规范管理，按要求对所有出口农产品实施产地检验检疫，并对出口农产品生产、加工、存放、运输等实施全过程监管，从源头上提高出口农产品的质量和安全水平。三是研究制定了《贵州出入境检验检疫局进出境动植物及其产品检验检疫监督管理办法》、《贵州出入境检验检疫局进出境农产品检疫处理监督管理工作规程》等若干制度，并严格按要求开展工作。四是积极推广、建立了"公司+基地+标准化"管理模式。加强对出口基地的监管，从源头上把好出口食品原料质量关。五是制定了《贵州出入境检验检疫局出口食品追溯、召回管理办法》、《贵州出入境检验检疫局出口预包装食品风险预警及快速反应管理办法》、《贵州出入境检验检疫局进出境农产品和食品质量安全突发事件应急处置预案》等，进一步加强对进出口食品、农产品的检验检疫与监管，建立完善风险预警、应急处置与质量追溯体系，完善对企业的诚信体系管理，确保进出口食品、农产品质量与安全。

其次，按照建立工业品质量安全监管链条的要求，制定了《贵州检验检疫局3C免办工作规程》、《出口商品注册登记管理工作规程》、《机电轻纺产品源头管理监管办法》、《出口危险货物包装容器质量许可工作规程》等制度，进一步完善了进出口工业品的源头管理、型式试验、强制认证、出口产品注册登记等制度，确保各项措施落实到位。

第三，进一步建立完善了进出口小家电等高风险敏感产品检验监管制度，制定了《出口小家电型式试验管理办法》，并建立出口小家电生产企业监管档案，加强对出口企业的监管。严格实施质量许可制度，获得质量许可的企业方可出口产品，对存在问题企业从严处理，及时吊销其质量许可证书，不准其产品进出口。

【创新查验模式】 2007年1月10日，由贵州省公安厅警犬培训中心训练的两条英国斯宾格犬顺利通过了贵州检验检疫局的现场验收，正式在贵阳国际机场投入使用。贵阳航空口岸使用检疫犬，开创了3个第一，一是贵州省有史以来第一次使用检疫犬；二是在全国内陆航空口岸第一次使用检疫犬；三是在全国第一次开展了与公安部门合作使用检疫犬的新模式。2007年，使用检疫犬先后2次从入境旅客携带的水果中剖检出检疫性有害生物——桔小实蝇。检疫犬在贵阳国际机场的正式投入使用，形成了"人、机、犬"三位一体的检疫查验模式，对提高禁止进境物的检出率，提高旅客的通关速度，加快动植物检疫与国际接轨，保护贵州生物安全和人民群众身体健康等发挥出了重要的作用。

【顺利实施通关单联网核查工作】 为全面贯彻落实海关总署和国家质检总局联合发布的"实施通关单联网核查"的公告及国家质检总局下发的"关于做好通关单联网核查有关工作的通知"的精神，贵州检验检疫局及时采取措施，制定了详尽的贯彻实施意见，确保通关单联网核查工作的顺利实施。

一是加强领导，健全机构。成立了由分管副局长任组长的通关单联网核查工作领导小组及实施小组，分别负责全局通关单联网核查工作的领导、统一部署与协调及实施办法、相关制度的制定和日常工作。二是认真组织学习，加强宣传贯彻。分别举办了全局20余人参加的内部学习培训班及90余人参加的企业宣传贯彻会，学习传达了有关精神，讲解了通关单联网核查的目的、意义、基本概念、基本流程、主要内容、操作程序等，为通关单联网核查的顺利实施奠定了基础。三是完备设施，确保通畅。加强技术保障，按时完成了通关单联网核查系统软件的安装、调试与CIQ系统升级，做好CIQ系统的日常维护，确保电子通关信息发送的准确、通畅。四是加强审核，准确实施。要求自软件安装完毕，CIQ系统升级之日起，局本部及分支、派驻机构须严格按照要求，将签发的所有通关单信息通过质检电子平台，经口岸电子平台传输给海关，同时进一步完善企业报检信息及检验检疫信息的录入，加强对报检信息与检验检疫证单的审核，确保通关单及其发送信息的准确性和完整性，保障进出口货物顺利通关。五是建立机制，加强协调。加强与贵阳海关的联系、沟通与协调，充分发挥"关检协作"机制作用，与海关建立常态协调机制与应急处理机制，明确双方职责、实施范围、共同原则与协调事项，制定双方业务规程等，确保通关单联网核查工作的顺利实施。

【口岸监测工作】 2005~2007年，贵州出入境检验检疫局按照每季度监测一次的频率，对贵阳国际机场国际候机厅和出入境航空器进行了微小气候和空气质量的卫生学监测。通过对3年监测结果的分析，国际候机厅和出入境航空器空气质量状况良好，所有监测点的监测数据均在国家标准范围以内；候机楼隔音效果较好，航空噪声对候机厅的影响不大。同时也发现国际候机厅和出入境航空器内气温和相对湿度有时不合格，主要是由于夏季气温偏高，而冬、春季温湿度偏低，加之国际候机厅内空调系统开放时间过短，通风不够，受室外温湿度影响较大等原因造成不合格。此外，候机厅内有部分监测点照度在冬季未能达标，原因是室外自然采光较差，室内部分照明灯未开启。通过对3年监测结果的比较，还发现以前由于国际航班相对较少，出入境旅客也较少，国际候机厅及出入境航空器空气污染物处于较低水平。2007年以来，随着贵州旅游事业的快速发展，出入境航班和旅客都大大增加，出入境人员也逐渐由散客为主转变为以旅游团队为主，因而对候机厅和航空器空气质量的影响也随之增加。为此，加强国际候机厅和出入境航空器空气质量的监测，确保空气质量控制在国家标准之内，保障广大出入境旅客健康的任务依然艰巨。同时，完成贵阳龙洞堡国际机场口岸媒介昆虫监测工作。经过1年的监测，共监测到德国小蠊、美洲大蠊、澳洲大蠊、褐斑大蠊等4种蜚蠊196只，家蝇、大头金蝇、日本腐蝇、白头亚麻蝇、丝光绿蝇等3科15种苍蝇276只，其中日本腐蝇、白头亚麻蝇为监测到的新种媒介昆虫。口岸媒介昆虫监测工作为贵阳龙洞堡国际机场创造国际卫生机场打下了基础。

【疫情截获情况】 2007年，贵州检验检疫局先后在来自瑞士、法国的标有IPPC（国际植物保护公约）、HT（热处理）及DB（去树皮）等标志的入境货物木质包装中截获缨尾目衣鱼（Lepismasaccharina）、鞘翅目窃蠹科（Anobiidae）害虫以及活虫、虫蛹等有害生物。对发现疫情的木质包装及时进行了销毁处理。

【基础设施建设】 2007年，经国家质检总局批准，贵州出入境检验检疫局六盘水办事处正式成立并对外挂牌办公；两个派驻机构——凯里办事处和贵阳机场办事处的基础设施建设相继完工，举行了竣工剪彩暨揭牌仪式。贵州检验检疫机构在全省的布局更加合理，为地方经济的发展奠定了坚实的基础。

(王志文)

贵州口岸大事记

1月10日

贵阳航空口岸检疫犬验收暨启动仪式在贵阳国际机场举行。

2月2日

贵州省人大副主任杨序顺在省边防总队总队长罗卫东、政委张志刚的陪同下来到贵州公安边防总队检查指导工作。

2月6日

海关总署副署长李克农一行代表海关总署党组莅临贵阳海关慰问视察。同日，李副署长会见贵州省副省长蒙启良。

2月12日

省委副书记曹洪兴、副省长肖永安、省人大副主任姜延虎、省政协副主席相小青等领导率贵州省"双拥"慰问团一行18人对贵州边防总队官兵进行了新春慰问。

3月14日~16日

西南、华南片区数据中心经验交流会在贵阳海关召开。

3月22日

贵阳海关、中国银行贵州省分行、中国电子口岸数据中心（贵阳分中心代表）与部分企业共同签署了"网上支付税费服务协议书"，标志着贵阳关区网上付税费工作进入实施推广阶段。

5月22日

《中华人民共和国海关化验管理规定》起草工作研讨会在贵阳海关召开，来自海关总署和全国海关各归类分中心的30位代表参加会议。

5月27日

澳门特别行政区行政长官何厚铧率领的考察团一行130余人从贵阳航空口岸出境返澳，顺利完成对贵州为期两天的商务考察和投资洽谈活动。

5月27日

贵州省副省长肖永安在省政府副秘书长吴跃的陪同下莅临贵州边防总队检查指导工作。

5月29日

贵阳海关召开《贵阳海关促进贵州经济跨越式发展十项措施》新闻发布会。

6月

贵州边防总队执勤业务一科被公安部和共青团中央授予"2006年度全国公安系统'青年文明号'单位"。

7月23日

在中国人民解放军建军80周年来临之际，贵州省委常委、政法委书记、公安厅长崔亚东，公安厅副厅长、边防总队第一书记、第一政委彭德全，代表厅党委亲切慰问贵州边防总队官兵。

7月26日

贵州边防总队庆祝建军80周年座谈会暨提高边检服务水平推介会隆重召开。贵州省委副书记王富玉，省委常委、政法委书记、公安厅长崔亚东及省经贸委、省公安厅、省口岸办、海关、检验检疫、民航等多家单位的主要领导受邀出席会议。

8月1日

贵州省肖永安副省长与省委宣传部、省民政厅、省财政厅、省劳动和社会保障厅及贵阳市政府的领导，到贵州边防总队亲切看望慰问官兵。

8月2日

国家质检总局蒲长城副局长到贵阳南明老干妈风味食品有限公司考察调研。

8月17日

国家质检总局批复，同意成立贵州出入境检验检疫局六盘水办事处。

9月13日~14日

协调制度管理委员会暨原产地管理委员会会议在贵阳召开。

9月28日

贵州出入境检验检疫局六盘水办事处举行挂牌仪式。

9月30日

由上海海关牵头，汕头、呼和浩特、贵阳等海关联合调研撰写的《当前我国矿产资源产品出口情况分析》得到了温家宝总理的批示。此前，海关总署牟新生署长也作过批示。

12月28日

贵州出入境检验检疫局在贵阳龙洞堡国际机场举行贵阳机场办事处综合办公楼竣工剪彩暨揭牌仪式，省政府肖永安副省长参加仪式并与贵州出入境检验检疫局高达礼局长共同为贵阳机场办事处揭牌。

12月28日~30日

海关估价技术委员会国际工作组会议在贵阳海关举行。会议着重讨论了中国海关参加WCO估价技术委员会和参加南亚国家实施WTO估价协议的有关情况，并就我国海关估价方面的一些问题进行讨论。

（张培书）

云南省

云南口岸工作综述

【口岸客货流量】 2007年全省各口岸共检查出入境人员1540.4万人次，同比增长5％；检查出入境交通运输工具190.4万辆（艘、架、列）次，同比增长14.2％；货运量651万吨，同比增长41.5％；进出口货值32.7亿美元，同比增长21.6％。从云南口岸进出口的货值占全省外贸进出口总额的37.2％。其中一类口岸出入境人员1 266万人次，其中出境629万人次，入境637万人次；出入境交通工具148.7万辆（艘、架、列）次，其中出74.7万辆（艘、架、列）次、入境74万辆（艘、架、列）次；进出口货物549.6万吨，其中出口266.7万吨、进口282.9万吨；货值29.6亿美元，其中出22.6亿美元、进口7亿美元。二类口岸出入境人员274万人次，其中出境149万人次，入境125万人次；出入境交通运输工具42万辆次，其中出境21万辆次，入境21万辆次；进出口货物101万吨，其中出口28万吨、进口73万吨；货值3.1亿美元，其中出口2亿美元、进口1.1亿美元。一类口岸出入境人员、出入境交通运输工具、进出境货运量、进出口货值分别排名前5的口岸分别是：瑞丽、河口、孟定清水河、昆明机场、磨憨；瑞丽、河口、磨憨、畹町、腾冲猴桥；河口、腾冲猴桥、瑞丽、磨憨、景洪港；河口、昆明机场、瑞丽、磨憨、景洪港。二类口岸出入境人员、出入境交通运输工具、进出境货运量、进出口货值排名前3位的口岸分别是盈江、章凤、南伞；盈江、南伞、孟连；盈江、章凤、打洛；盈江、南伞、孟连。

【口岸规划与开放】 合理配置全省口岸资源，不断扩大开放度。1、孟定清水河口岸于2004年经国务院批准为国家对外开放口岸。在各级有关领导部门的重视下，经过三年的建设，孟定清水河口岸查验基础设施基本完善。国家口岸办会同外交部、公安部、质检总局和云南省政府组成的验收组，于2007年11月7日对孟定清水河口岸对外开放前的准备工作进行了检查验收，正式对外开放。2、2007年11月13日，国务院正式批准打洛为国家一类口岸。3、2007年3月16日由省口岸办牵头组织国家驻滇口岸查验单位及省有关部门，对景洪港关累码头联检楼进行了验收，并正式启用。4、向省政府上报了丽江机场口岸、河口公路、南伞口岸、都龙通道开放为国家口岸和天保口岸扩大对第三国人员开放及开通新寨、二甫边民通道和设立坪河、新寨、二甫边民互市点意见。5、积极向国家有关部门建议《中华人民共和国和缅甸联邦政府关于中缅边境管理与合作的协定》增加盈江（那邦—拉咱）、片马—大田坝、沧源（永和—班歪）、孟连（勐阿—班康），并列为对等开放的口岸，保证《国家"十一五"口岸发展规划》的落实。

【口岸建设】 按照《国家"十一五"口岸发展规划》的要求，省口岸办制定了《云南省"十一五"口岸、通道建设规划》，对口岸建设的基本目标任务作了详细规划，上报省政府批准后实施。2007年全省已有13个口岸（昆明机场、景洪机场、景洪港、思茅港、瑞丽、河口、天保、腾冲猴桥、盈江、章凤、畹町、金水河、孟定清水河）和关累码头联检楼建好并投入使用，有6个口岸（磨憨、打洛、沧源、片马、孟连、南伞、田蓬）正在建设中，河口公路口岸和章凤口岸拉勐通道已完成前期工作；口岸查验监管货场已建好10个；瑞丽、河口、天保、金水河、孟定清水河、章凤等口岸国门建成。同时，配合有关部门向国家争取口岸建设补助资金1120万元，口岸管理运行经费5 797万元，不断加强和完善口岸查验基础设施。配合省发改委制定了《云南省国家陆路边境口岸联检查验设施项目建设贯彻国家有关标准的实施意见》，对口岸建设的标准和规模形成了规范性的规定，使口岸建设进入标准化管理，极大提高了口岸的建设水平和使用效率。

【口岸便利化通关】 按照国务院和省委、省政府关于口岸"大通关"建设的要求,进一步深化口岸通关模式改革,把政府行政监管能力和效率体现在"大通关"建设中,为促进口岸经济的发展,提供便利化政策保障,各口岸查验部门在"大通关"改革中不断推出新政策、新举措。边防推行3项口岸边防检查服务承诺;6项边防检查服务措施;12项提高边检服务水平措施;24小时备勤制度。边防检查部门在延长开、闭关时间的同时,对口岸闭关后,遇有特殊情况需要出入境的交通运输工具、人员及特殊货物做到随到随检。目前,平均进出口通关速度由原来的3.3天下降到1.6天;当天放行率进口达到90%,出口66%。昆明海关制定实施了《进一步支持西部大开放,促进云南经济社会发展的40项措施》,实行24小时预约通关,设立24小时通关热线电话,逐步实行全省口岸24小时通关;支持铁海联运业务发展,全面推广关区内"属地申报,口岸验放"模式。检验检疫部门在所有口岸实行24小时"全天候、无假日"预约工作制度;建立"关检"、"检贸"合作机制,利用泛珠三角检验检疫等区域合作平台,积极开展地区间合作,不断提高口岸通关效率。按照国务院办公厅关于加强电子口岸建设的通知,经省政府批准成立了云南省电子口岸领导小组,积极推进口岸便利化通关工作。国家交通部和商务部在昆明举办的大湄公河次区域便利货物及人员跨境运输"一站式"、"一个窗口"通关模式业务培训及研讨,使口岸查验部门进一步明确了"一站式"、"一个窗口"模式运作的规定和要求。根据中越两国《关于在中越河口—老街启动实施便利货物及人员跨境运输协定的谅解备忘录》,河口—老街跨境口岸于2007年9月30日起正式开始实施"一站式"检查模式的第一阶段工作。同时,省政府向国家积极争取将磨憨和瑞丽口岸增列为"一站式"试点口岸。

为促进全省口岸软环境建设,省口岸办制定了《云南省口岸运行考核暂行办法》。该《办法》规定,从2006年起,以20个国家一类和二类口岸作为范围,以每年的口岸流量为依据,按照当年的口岸通关便利化经费为额度,安排各口岸的工作经费。分配比例按口岸联检部门和县(市)口岸办各占40%,州(市)口岸办占20%的办法执行,对口岸进行考核,兑现口岸工作经费,建立激励机制,增强口岸通关效率。

【口岸管理与协调】 为把口岸建设和管理工作提高到一个新的战略高度,经云南省政府批准成立了云南省口岸管理领导小组,由分管口岸工作的副省长兼任组长,进一步加强对口岸工作的领导,增强了对口岸管理工作的协调力度,在政策面上不断研究制定符合云南实际的政策及办法,保证了全省口岸综合管理工作的有效开展。

按照国家口岸办关于"合理配置口岸管理资源,提高口岸整体通关效能"的课题任务要求,配合云南省口岸有关部门通过调研、咨询、论证,完成了"合理配置口岸管理资源,提高口岸整体通关效能"云南口岸的课题任务。

【口岸查验】 2007年公安边防检查部门共检查管理出入境人员1 553万人次,其中出境824万人次,入境729万人次;共检查出入境交通运输工具196万辆(艘、架、列),其中出境96万辆、入境100万辆;查获贩毒案件2 425起,抓获犯罪嫌疑人2 265人,缴获各类毒品1 7286 353千克;查破走私案件55起,抓获涉案人员85人,案值197万元;查获军用枪支367支,子弹等8 504发(枚),炸药1 538克;查获边空对象168人;查获立案和网上追逃人员27人;查获偷渡案件45起;抓获偷渡人员129人;抓获非法出入境714起2 712人。

海关共监管进出口货物727万吨,其中进口货物426万吨,出口货物301万吨;进出口货值38.8亿美元,其中进口12.9亿美元,出口25.8亿元美元;监管进出境旅客208万人次;查获各类案件(立案)538起,案值3 039万元人民币。

出入境检验检疫局共受理报检出入境货物14.2万批次,货值 45.37万美元(其中边民互市产品52 208批次,货值14.33亿元);出入境人员卫生检疫795.21万人次,健康检查4万人次,检疫和消毒处理交通运输工具42.62万辆(艘、架、节)次;从进出口货物中检验出不合格产品114批,其中检出有毒害物资26批次;从进境植物及植物产品中检出有害生物6 887次。

【口岸业务培训】 2007年，省口岸办在西双版纳州举办了全省口岸业务干部培训班，省内边境州、市、县的各级口岸管理干部70余人参加了培训。同仁们共同交流了口岸发展、口岸改革等方面的先进经验，探索云南"大通关"建设和口岸出入境人员、货物、货值增量发展的新思路。通过培训，进一步提高了业务干部对口岸综合管理的政策水平和业务能力，增强了做好口岸工作的责任感。

云南口岸查验单位工作综述

昆明海关

2007年，昆明海关在海关总署党组的正确领导下，在云南省委、省政府和地方有关部门的关心支持下，以邓小平理论和"三个代表"重要思想为指导，认真学习贯彻党的十六大、十七大以及中央经济工作会议精神，全面落实海关工作16字方针和队伍建设12字要求，坚持科学发展观，牢固树立和落实"科学治关"理念，紧紧围绕现代海关制度第二步发展战略目标，加强服务型、责任型和法治型海关建设，按照全国海关关长会议的总体部署，继续坚持关党组"求真务实、与时俱进、真抓实干、敢抓善管"的总体指导思想，更新观念，解放思想，深化改革，较好地完成了全年各项工作任务。

【税收征管质量进一步提高，税收创历史新高】 一是加强价格、归类、原产地、减免税、加工贸易和税收征管的监控力度，防止税收"跑、冒、滴、漏"。二是加强与地方有关部门及辖区重点企业的协调合作，积极拓展综合治税内涵。三是综合分析总署税收调整政策，准确预测关区税收增幅走势。四是全面推进片区价格管理，继续完善纳税人管理制度，实行税收征管工作量化考核，推动税收征管模式转型。五是积极推广H2000电子手册系统，强化关区加工贸易手册的监控。六是加强税收风险管理和监控分析。加强税收风险信息采编和发布，适时调整下发关区重要大宗、特殊、敏感商品清单，确保各项价格指标均处于合理区间。

【口岸管理职能作用充分发挥，通关监管效能不断提升】 一是积极推动昆明关区口岸建设规范化、标准化管理进程。二是进一步提高关区查验工作水平。制定查验工作指导方案，对各项查验指标作出明确规定。三是加强对边境进出境机动车辆监管，通过对辖区内走私、购买、使用外籍车辆违法活动开展综合整治，确保进出境运输工具全部纳入海关系统管理。四是通过设置边民互市二线验证点，制定边民互市管理操作规程，适时升级边民互市管理系统等多项综合治理措施。五是规范行邮物品监管。加大对行邮渠道违禁物品的查缉和对免税品的监管力度。六是加强监管技术设备配备，建立了监管技术设备管理工作绩效评估制度。七是建立健全协作式审单机制，实施风险式分类审单，充分运用布控手段，查找处置审单疑点和风险，着力强化规范申报，全面提高审单质量。八是积极做好武警协勤的前期准备工作。

【始终保持打私高压态势，反走私斗争成效明显】 坚持打击走私"不动摇，不松懈，不麻痹"，充分发挥情报主导作用，全面加强缉私执法质量建设，切实发挥缉私工作在关区综合治税大格局中的保障作用。一是进一步加大对涉税走私案件的打击力度。年内先后侦办了"4.17走私橡胶案"、"5.03走私大米案"等一批大、要案，打掉了一批长期在边境地区；采用"化整为零、蚂蚁搬家"方式进行走私的团伙。二是加大与一线监管部门的配合，共同打击正面监管渠道的走私违法活动。开展了打击木材、矿产品走私、利用边民互市渠道逃避国家税管和"两烟"打假打私等专项查缉行动，保障了正常的进出口贸易秩序，维护了边疆稳定。三是持续深入开展关区"禁毒人民战争"。加大对重、特大毒品案件和易制毒化学品走私违法活动的打击力度。海关先后开展了"飞鹰二号"、"猎鹰行动"、"秋季扫毒战役—南线扫毒专项行动"等缉毒专项行动。继续加强境外禁毒执法合作。四是严密防范和有效遏制ODS非法贸易、废物走私等环境违法犯罪活动，以及野生动植物及其制品走私活动。

【风险防控能力逐步增强，后续稽查工作积极开展】 紧紧围绕现代海关制度第二步发展战略中心环节，逐步完善关区风险防控体系，努力提高关区整体风险的防控能力。进一步健全完善风险管理机制，突出风险分析监控重点，加强部门协作配合，加大风险分析监控力度，优化关区风险处置手段，积极探索风险分析与处置方式的多样化。做好风险管理平台2.2版的推广应用，认真落实风险分析成果转化。不断提高后续管理水平，积极探索规范边贸企业管理的有效途径和促进企业诚信守法的海关企业管理模式。建立诚信企业档案，完善企业分类管理，着力推进企业诚信守法体系建设。认真开展常规稽查和专项稽查，切实做好验证稽查试点工作。以报关员IC卡管理系统实施为契机，加强了对报关员的规范化管理。

【统计预警监测水平不断提高，统计监督作用充分发挥】 以提高报关单数据质量为目标，以数据审核、统计分析、执法评估为重点，以"为领导决策服务、为对外贸易发展服务、为海关管理服务"为方向，强化关区统计业务基础建设。加强海关基础数据库管理，提高报关单数据质量，提升贸易统计、业务统计、执法评估和进出口监测预警水平。及时提供进出口贸易情况、分析报告和动态信息，充分发挥统计服务指导和监督职能作用，统计分析层次和水平不断提高。

【法制建设继续加强，执法能力和依法行政水平逐步提高】 以创建法治型海关为目标，努力提高关区依法行政水平，进一步规范关区执法行为。扎实开展"五五"普法工作，多渠道、多层次地加大法制宣传和培训工作力度。组织开展关区规范性文件清理，全年清理关区规范性文件24份，并逐一提出修改、完善、废止及规范管理的审查意见。做好系统参数维护工作，保障关区H2000正常运行。加强关区贸易管制工作，突出对进口生产原料贸易管制。认真抓好CITES履约执法"海关管理年"各项活动，推动生物多样性保护，保障公共安全及公众利益。切实抓好关区知识产权海关保护工作，全年共查获侵犯知识产权案件24起。认真做好复议、诉讼工作，将近年来关区发生的复议、诉讼案件制作成案例，深入进行剖析，着力提高执法能力。

【找准把关与服务的平衡点，积极支持地方经济发展】 坚持依法行政与完善服务并举，不断提升服务层次与水平。一是全力支持西部大开发建设和云南省实施"走出去"战略。主动适应云南经济社会不断发展的需要，制定实施了《昆明海关进一步支持西部大开发，促进云南经济社会发展的40项措施》。二是全面推行便捷通关措施，提高通关效率。积极实施区域通关改革，支持"海铁联运"业务发展，全面推广关区内"属地申报，口岸验放"模式，新增加霞海海关作为该关跨关区"属地申报，口岸验放"与沿海口岸开通的第三对通道，与厦门海关就区域合作共同草拟合作协议，使受益企业进一步增加，受益进口货物从单一的一般征税货物，扩展到进口减免税设备。三是积极宣传和落实海关税收优惠政策，帮助地方政府和企业正确理解、运用好优惠政策。四是积极支持云南加工贸易和保税业务发展，推进云南外贸增长方式转变。2007年，云南加工贸易合同备案金额5.2亿美元。五是及时向各级地方党政提供统计咨询服务。年内，共向省委、省政府报送各类统计预测分析信息60多篇，被采用50篇，省领导批示3篇。大量统计数据、分析文章在新闻媒体发表，广受社会和企业欢迎。六是积极配合云南省政府妥善处理中缅木材、矿产品贸易摩擦，采取了相应措施有效遏制非法进出境经济活动，维护了中缅边境的和平安定。

【海关国际合作与交流全面推进】 全方位、多渠道、深层次地开展海关国际合作，增进对外交流与互访。认真推动与周边国家海关的双边友好往来与合作，积极探索中越两国边境海关互助合作的新途径，组织了首次与越南直属海关的会晤，建立了定期会晤机制，并签署了会谈纪要。完成了2005年以来中越边境海关合作与互助工作评估。积极参与大湄公河次区域海关合作及贸易便利化进程，务实推进中越河口—老街实施《GMS跨境便利客货运输协定》工作。组织考察团前往周边国家先后考察了老挝、泰国、越南等次区域国家部分边境口岸实施"一站式检查"的情况,加强海关国际问题研究,牵头对昆明海关实施《跨境客货便利运输协定谅解备忘录》前期准备工作进行专题研究,较好地实现了研究成果的转化。配合海关总署对河口—老街实施《跨境客货便利运输协定谅解备忘录》操作模式进行了深入研究和论证,配合亚行完成了河口—老街实施《协定》的操作手册的拟订。年内,召开了首次关区外事工作座谈会,并下发了关于开展国际合作的指导意见。

云南省公安边防总队

2007年,云南省边防检查工作在上级业务部门及总队党委的正确领导下,紧紧围绕总队党委的工作部署,以提高边检服务水平工作为中心,全面加强边防检查队伍和业务规范化建设,努力提高执勤执法质量和服务水平,圆满完成了各项边防检查任务,为巩固边防检查基础工作,维护边境长治久安,保障地方经济健康发展做出了贡献。

全年共检查出入境人员15 536 893人次(出境8 245 292人次,入境7 291 601人次;其中中国籍4 298 245人次,外国籍11 238 648人次),比2006年上升13.29%。空港检查1 033 402人次,比2006年上升11%;水港28 882人次,比2006年下降21.1%;陆港14 474 609人次,比2006年上升5.8%。检查持护照(证件)出入境旅客2 874 128人次,比2006年上升52.6%。共检查出入境交通运输工具1 961 448辆(架、艘、列)次,比2006年上升9.72%。其中飞机9 390架次,比2006年上升10.1%;船只5 812艘次,比2006年上升118.7%;火车1 980列次,比2006年下降21.9%;机动车辆1 944 266辆次,比2006年上升8.8%;出入境员工301 110人次,比2006年上升28.6%。

管理出入境边民12 662 765人次(其中一类口岸为9 396 291人次),比2006年下降5.6%(其中中国籍2 555 340人次,缅甸籍6 732 500人次,老挝籍245 351人次,越南籍3 129 574人次)。

查获偷渡案件38起共138人次;向境外遣返418起其877人次;接收境外遣返217起其499人次;抓获非法出入境714起2 712人次;与邻国对口业务部门会谈会晤及公务联系49次;开展友好活动58次。

【深入开展提高边检服务水平活动,促进服务质量的提高】 全国边防检查工作会议召开之后,总队党委高度重视,成立专门的领导小组,着力抓好各项工作的落实。对所有检查人员进行了全员培训,解决了工作要求一般、业务素质不高等问题;从硬件和软件方面重点加强了昆明、西双版纳边防检查站,为年内达标奠定基础;以旅客满意为标准,不断改进自身的服务工作,提升服务质量;建立监督机制,定期开展警务评议活动,并进行跟踪问效;加大经费投入,增强边检业务的科技含量,积极创造快捷、舒适的通关环境。同时狠抓勤务规范化建设,努力提高通关效率,服务水平有了较大的提升。

【扎实推进边检"三基"工程的实施,维护口岸正常出入境秩序和社会政治稳定】 全省边防检查机关按照部局、省公安厅和总队的统一部署,结合云南边境实际,夯实基层基础工作,苦练边检基本功,推进"三基"工程建设,强化出入境秩序管控能力,维护了口岸正常出入境秩序。根据"三检"合一的工作要求,针对云南口岸和边民通道众多、情况较为复杂的形势,结合出入境边防执勤工作实际,严格落实各项勤务规定,用制度来规范执勤程序,用制度来管理执勤建设,进一步提升边防执勤工作能力,促进了边境口岸和通道的规范化建设,确保了出入境的通行畅通。认真落实"两个规范",进一步提升了口岸查验工作能力。根据党中央、国务院对清理遣返境外"三非"人员的有关指示精神和公安部的统一部署,于2007年1月开展了清理遣返境外"三非"人员专项行动,收效明显,有效地维护了边境地区社会政治稳定。

【执法为民,便利往来,提高边防部门服务云南省"大通道"建设的水平】 充分利用"网上报检系统",实行出入境旅游团队预报预检制度,有力缩短了旅游团在口岸的停留时间;在警力不足的情况下,瑞丽、畹町、河口、磨憨、猴桥等边防检查站，打洛、拉邦、章凤等边境检查站，拉线、曼庄等边防工作站，克服困难，延长口岸（通道）开关时间，最大限度地满足了口岸（通道）出入境需要。各边检单位均实行了24小时备勤制度，对口岸（通道）关闭后，遇有特殊情况需要出入境的交通运输工具、人员及特殊货物做到随到随检。

【2007年通关便利化措施】 推行3项口岸边防检查服务承诺。根据提高边检服务水平工作方案，总队于2007年初推出了3项口岸边防检查服务承诺：一是坚持的服务理念是：人本、专业、安全。竭诚为出入境人员提供专业、便捷、人性化的通关服务。二是确保旅客快速通关，保证95%以上的旅客等候办理边防检查手续不超过25分钟。三是公正执法，礼貌待人，佩戴警号或执勤证件，接受监督。对各类投诉，自接到之日起30日内答复处理情况。

推出6项边防检查服务措施。为确保替代种植项下的企业、人员、交通运输工具载运的货物能高效、安全通关，尽可能降低企业损失和减少运行成本，总队于2007年2月14日起在全省所有口岸（通道）实行六项边防检查服务措施：一是各边防检查站实行24小时备勤制度，预约通关。二是为边境地区常住居民免费签发《边境地区出入境通行证》。三是允许持《中华人民共和国出入境通行证》的替代种植项下企业人员从限定一个国家级口岸出入境，变通为可从中缅、老国家级口岸出入境。四是替代项下的企业人员、车辆可由项目实施地就近的口岸（通道）出入境，由邻近的边防检查站临时派出人员办理出入境手续。五是对替代项下企业人员，属边境地区常住居民的，允许持《中缅、老边境地区出入境通行证》从设有边防检查机构的中缅、老多个边境口岸（通道）分别出入境；其余持有效证件的人员可从设有边防查控机制的8个国家级口岸、8个二类口岸和5条边民通道出入境。六是主动为替代项下企业及人员提供相关的出入境信息和法律法规咨询。

实行提高边检服务水平12项措施。从解决广大出入境旅客最为关注的通关问题出发，为出入境旅客和交通运输工具提供方便、舒适、安全的通关服务，更好地服务经济发展，促进社会和谐。从2007年10月1日起，总队在全省瑞丽、河口、景洪港等12个国家级对外开放口岸实行提高服务水平12项措施：一是中国公民出境免填登记卡，提高通关速度。二是中外旅客中转过境免填入、出境登记卡。对于24小时内在同一机场过境且不出口岸限定区域的中外旅客，免填入境登记卡和出境登记卡，并一次办结过境手续。三是推广旅客满意度电子评价系统，主动接受监督。四是发放"登陆指南"，为入境船舶船员登陆提供便利。五是实行"提前加开通道"制度，缩短客流高峰期旅客候检时间。六是实行"蓝色提示线"制度，保证旅客以合理时间通关。七是设立"紧急救助通道"，解决旅客急难需求。八是对迟到旅客实行"免排队"服务，避免交通运输工具延误。九是推广"蛇形排队"候检模式，均衡旅客候检时间。十是开设"边检询问室"，减轻旅客心理压力。十一是设立"边检服务热线"和"现场咨询台"，方便旅客咨询。十二是逐步推行旅客流量信息发布制度，方便旅客选择适宜时段出入境。

云南出入境检验检疫局

2007年，云南检验检疫局在顺利实现新老领导班子交替的同时，本着继承与发展相结合的原则，以"依法行政、严格把关、服务经济、促进发展"为宗旨，根据云南省"十一五"发展规划要求，结合云南局实际，围绕"抓亮点、攻难点、扩大结合点"的工作部署，以开展产品质量和食品安全专项整治工作为主线，各项工作取得明显成效。

【举全局系统之力，打好产品质量和食品安全专项整治攻坚战】 云南局把专项整治工作作为2007年工作的重中之重来抓，结合云南实际，采取成立专门机构加强领导、组成工作组深入基层、领导带头拉网检查、帮扶企业建立长效机制等十项措施，切实有效地开展专项整治工作，取得明显成效。全面清查出口食品原料基地。对辖区内备案的75家出口食品原料基地进行了100%的清查；在清理检查1 300余家企业的基础上，全面清查出口食品卫生注册登记企业。共对318家出口食品生产企业进行了100%的"拉网式"检查；出口食品运输包装100%加贴了检验检疫标志；严厉打击非法进口禁止进境物的违法行为。共立案查处18件违法案件，对查获的400多批（次）、130多万元（含边民互市商品）的非法入境产品进行了100%退货或销毁处理。

【抓关键攻难点，检验检疫工作显现新亮点】 突出技术地位，充分发挥技术保障和技术支撑作用。全面加强实验室能力建设，11个分支局的实验室通过了CNCA、CNAS的评审；省局技术中心突出加强食品、烟草、花卉、虫媒病四个国家级重点实验室能力建设，将危包实验室纳入质量管理体系，7个实验室顺利通过了CNAS复评审+扩项评审，检测能力认可范围从2002年的110个标准和检测项目，扩展到目前涉及云南进出口商品主要质量、安全和卫生项目367个，增加了233.6%；艾滋病确证实验室在卫生部组织的全国艾滋病确证实验室2007年质量考评中，取得了100分的优异成绩，并列全国第一。

狠抓工作质量，不合格产品及疫情检出率得到提高。结合云南口岸实际，省局加强了对进口重点敏感产品的现场检验检疫和实验室检测，把提高不合格产品和疫情检出率当作执法把关能力建设的重点抓好抓实。2007年，口岸进境植物疫情截获批次大幅增加，疫情检出率明显提高，截获有害生物批次在全国直属局中的排名从上年的第8位上升到第5位；进口机电产品不合格检出率达4.9%，高于全国平均水平；HIV检出阳性数属全国系统第一。

服务特色经济，促进农产品扩大出口。省局采取与深圳局签订实施《关于确保云南供港水果蔬菜安全扩大出口的合作备忘录》，加强了产地局与口岸局之间的合作关系；同时，会同省农业厅、商务厅将国内认证基地按照出口检验检疫要求加以完善和转化，加大基地备案和源头管理等六大措施，提高了云南供港农产品的竞争力，促进云南农产品扩大出口。截止10月31日，经考核合格的供港蔬菜企业共有77家，生产基地102块、面积10.1万亩、培训合格的植保员195名。仅9~10月份，供港蔬菜达2.3万吨，23个品种。

加强除害处理，提高把关的有效性。进境原木的除害处理是防止木材害虫传入的关键。2007年，省局积极宣传，稳步推进，在全省口岸全面启动开展了进境原木的熏蒸除害处理工作；并严格按照国家质检总局党组的统一要求，在对全局除害处理工作进行全面清理整顿和规范的基础上，从工作之初，严格管理，加强培训，规范操作，确保全局木材熏蒸处理工作的规范、安全、科学和有效性。

实施"科技兴检"战略，检验检疫能力得到提升。云南局"六种重要动物外来病早期快速检测试剂盒研究"等6个科研项目顺利通过总局的科技成果鉴定；"水泡性口炎、口蹄疫、猪水泡病和猪瘟病毒检测技术"获2007年度总局"科技兴检奖"一等奖；"进出口鲜切花气调除害处理技术研究"等4个项目获三等奖；"中老边境动物疫病调查研究"等5个项目荣获2006年度云南省科学技术进步类三等奖。

【突出重点，切实履行好严格把关，保国安民的神圣职责】 严格把关，确保口岸公共卫生安全。一是采取有效措施，防止了泰国、缅甸、越南等国家的登革热、霍乱、口蹄疫、禽流感等重大疫病疫情传入。二是加强对重点、敏感进出口商品检验检疫监管，坚决防止有毒有害物质和不合格产品出入境。三是制定了《口岸应急预案体系建设和应急管理组织体系建设》，狠抓突发卫生事件的应急管理和口岸卫生安全工作。

加强源头管理，严把进出口食品安全质量关。一是与各分支局签订《食品安全工作目标责任书》，推行食品安全工作目标责任制和责任考核制。二是加强边境口岸及直属办事处辖区内卫生监管力度，对边境进口量较大的食品制定实施《边境进口食品监控计划》，重点检测项目，保障口岸食品安全。三是进一步加大进出口食品安全卫生监督管理执法工作，查堵非法入境动植物及其产品和食品的销售渠道，在重大节假日前组织相关部门对所辖的超市、酒吧的进口酒类、餐调料、食用油脂、糖果、饮料等进行专项检查。

完善和规范业务管理，积极探索新的监管模式。落实《省局各业务部门对分支机构边境检验检疫业务工作指导意见》，加强了对分支局工作的管理和指导。各分支局从加强自身能力建设和提高把关服务水平两个方面入手，大力加强边境贸易的检验检疫和监管工作。创新工作机制，把加强进出口企业诚信体系建设和建立企业产品质量和食品安全管理档案作为提高产品质量的重要措施加以实施。认真开展进出口商品的监督抽查工作。根据总局对《目录》外商品实施全面监管的要求，研究制定了《2007年进出口商品监督抽查的工作方案》，组织开展了进出口商品监督抽查工作，较好地完成了流通领域内的进口服装、进口食品包装及包装材料、进口家用便携式血糖仪、电子血压计、出口化肥、出口牙膏、天体望远镜、数控卧式车床等进出口商品的监督抽查任务。

【扩大结合点，进一步加强合作与交流】加强外部沟通和协作，营造良好工作环境。积极促成总局和云南省政府达成了签署《关于促进云南特色农产品出口暨推进境外罂粟替代种植防制艾滋病合作备忘录》的意向；加强与海关、商务、农业、卫生等相关单位的协调配合，利用关检合作机制，形成整治合力，共同打击逃漏检和其他违法行为，在景洪港、天保等6个口岸实行了"一机两屏"；与农业、商务部门合作加强基地备案和源头管理，提高了云南供港农产品的竞争力，促进云南外向型经济的发展；与卫生部门合作，建立传染病联防联控机制，增强了口岸疫情把关工作的有效性。

加强系统内合作，提高执法的有效性。一是与深圳局、广东局等单位就供港蔬菜、进口种苗花卉等签定合作备忘录，通过此形式，密切了产地局与口岸局间的联系，建立了源头把关与口岸快速通关的合作机制。二是与标法中心、检科院开展检测、科研等技术合作，联合开展"中越、中老、中缅口岸鼠及蚊传疾病联合监测"项目合作，开展进出境食品标签管理、东盟国家动植检法规收集、云南花卉数据建立等方面合作。三是技术中心与云南大学化学科学与工程学院签订协议，建立技术合作及人才培养基地。

积极参与区域合作和国际合作，进一步发挥检验检疫工作作用。一是积极参与中国—老挝北经济合作、中国—东盟自由贸易区建设和泛珠区域合作。二是加强与毗邻云南境外相关机构的会晤。三是云南局及所属河口局、红河局、勐腊局先后与越南、老挝相关机构进行会晤，互通工作信息，促进协作与配合。

云南口岸大事记

3月16日

由云南省人民政府口岸办公室牵头，省发改委、省外办（州外办代）、昆明海关、云南出入境检验检疫局、云南省公安边防总队等单位派员参加，组成省联合验收组，会同西双版纳州人民政府和相关单位的领导，共同对关累码头联检楼使用功能进行了验收，并一致通过验收。

4月21日

云南省副省长刘平在市、县领导的陪同下到南伞口岸视察，并亲切看望、慰问了一线值班关员。

4月24日

昆明海关联同中国光大银行昆明分行向昆明地区50家进出口企业现场演示了网上支付关税——"银关保"操作模式。

5月8日

亚洲开发银行专家组一行5人赴磨憨口岸就大湄公河流域全面实施交通运输便利化进行考察。

5月29日

省商务厅(省口岸办)在昆明召开了全省口岸办主任会议。

6月18日

越南莱州省马鹿塘口岸管委会副主任黎青海,率领马鹿塘口岸管理委员会相关人员到红河州州政府所在地蒙自进行友好访问。

7月15日

中国交通部在昆明举办为期8天的培训班,对《大湄公河次区域便利货物及人员跨境运输协定》进行培训,推动大湄公河次区域各国间人员和货物便捷流动。

7月20日

由省财政厅牵头,省发改委、省商务厅(口岸办)共同举办的亚行贷款云南口岸贸易便利化项目申报培训会在昆明召开。

10月30日

标志着东方航空公司首次开通的昆明—加尔各答国际航线成功首航,从印度加尔各答安全飞抵昆明国际机场,这条被誉为"空中丝绸之路"的航线是目前中国与印度之间最便捷的通道。

11月7日

由国家口岸办牵头组成的口岸开放验收组,通过了对孟定清水河口岸对外开放前准备工作的验收。

11月23日

经国务院国函[2007]117号文批复同意云南西双版纳州打洛口岸对外开放为国家一类口岸,口岸性质为国际公路客货运输口岸。

11月30日~12月5日

2007年越中边境经济贸易交易会在越南老街口岸举办。

12月2日~5日

云南省口岸管理业务干部培训班在景洪市举办。

12月7日

历时3天的首届磨憨口岸边民集市交易活动结束,现货交易和经济技术合作成交额达8 000多万元。

12月26日

经民航总局批准,昆明机场口岸正式开通全货机运输航班。执行航班为孟加拉国的Bismillah航空公司,开通达卡(孟加拉)—昆明—达卡(孟加拉)的全货包机航班,机型为AN12,载货量为18吨。该航班的正式开通,为昆明机场口岸出口至欧洲的货物开辟了一条新的空中运输通道。

西藏自治区

西藏自治区口岸工作综述

【口岸数量】 截至2007年,西藏自治区经国家批准开放的一类口岸4个,二类口岸1个。一类口岸是:樟木、普兰、吉隆陆路口岸,拉萨航空口岸。二类口岸:日屋陆路口岸。按运输方式划分:航空口岸1个;4个陆路口岸中,位于中印、尼边境1个,位于中尼边境3个。

【口岸客货运量】 2007年全自治区出入境旅客12.77万人次,同比增长40%;出入境交通运输工具3.08万台(架)次,同比增长30.8%;出入境货物8.9万吨,同比增长30.44%。

【口岸开放迈出新步伐】 恢复开放亚东口岸各项准备工作有序开展。根据中共中央、国务院下发《关于进一步做好西藏发展稳定工作的意见》(中发[2005]12号)提出的"要做好亚东边贸口岸的建设工作,加快边境口岸的开放和建设,加快连接南亚地区陆路大通道建设,积极促进与南亚区域贸易的发展"的精神。按照中央和自治区已经确定的"在建设和开放边境贸易市场的同时,积极推进亚东口岸的恢复开放"的思路和部署,认真做好亚东口岸恢复开放的前期准备工作。在国家有关部门的指导下,一是推动解决制约中印边贸发展的商品种类限制问题。二是自2007年起,将中印通过乃堆拉山口开展边境贸易的期限由每年的6月1日至9月30日延长至5月1日至11月31日。2007年亚东边境交易总额为446万元。三是《亚东口岸联检基础设施建设可行性研究报告》、《亚东口岸联检楼方案设计》经征求相关部门意见和建议,目前正在作进一步修改和完善。上述工作的开展为亚东口岸的恢复开放奠定了良好的基础。

【口岸建设有了新突破】 自治区口岸各部门认真落实张庆黎书记、向巴平措主席、邓小刚副主席对口岸工作的重要指示,启动了樟木口岸新联检楼建设项目,该联检楼总建筑面积3 032平方米,总投资为1 256万元,将于2008年5月建成并正式投入使用;加快了普兰、吉隆、日屋等口岸的基础设施建设。吉隆口岸加快开放各项前期工作有序开展。一是完成了口岸联检楼、住宅和附属工程初步设计;二是由我国援建的尼泊尔沙拉公路(面对我国的吉隆口岸)各项前期准备已基本就绪,并由自治区所属企业在近期开工建设;三是自治区人民政府决定,从西藏外贸发展促进资金中拨出1 300万元,新建吉隆口岸中尼界桥"热索桥"。

【加强调研,积极探索口岸发展的新模式】 一是根据自治区党委、政府领导视察口岸时的重要指示,结合樟木口岸发展的实际,本着理顺体制、属地管理、减少层次和提高效率的原则,就樟木口岸管理体制、清理收费、停车场及联检楼建设等问题开展了相关工作,并向自治区人民政府上报了《关于理顺樟木口岸管理体制建议的请示》,待批复。二是组成工作组赴樟木就口岸收费问题进行了调研。三是认真开展了"加快吉隆口岸建设,促进扩大开放"的专题调研,向区党委、政府提出了建设性意见,为下一步将开展的提升吉隆一类口岸功能的各项工作,打下了良好的基础。

【推进大通关建设,改善口岸通关环境】 按照打造"通关便利、服务周到、功能完备"的通商口岸的要求,一是加快推进中国西藏与尼泊尔经贸磋商机制建设。二是狠抓了樟木口岸管理和联检楼建设。三是樟木口岸出入境检验检疫局与海关协商,形成了在樟木口岸既能够有效把关又能够提速增效的"一单两报、共同查验"作业模式。四是为提高检测质量和检测效率,出入境检验检疫局将在新联检现场投入使用的同时,建成并启用汽车消毒通道(汽车消毒池),并计划投资200万元,购置安装汽车通道式γ辐射及中子探测器以及汽车整车消毒设备。五是边防检查站增设了通道式X光安全检查仪并向社会公布了边检服务三项承诺：承诺正常情况下，验入一名旅客时间不超过45秒，港澳旅客不超过15秒，95%的旅客在口岸候检时间不超过25分钟；承诺对外公布投诉电话和邮箱地址，接受社会各界的监督。承诺对各类投诉案件，在自接到投诉之日起15日内做出处理决定答复投诉人。六是2007年西藏自治区与甘肃省签订了跨区域口岸合作议定书，与黄埔、深圳、上海、天津4个海关就实施该通关模式签署了合作备忘录。

【边境贸易突飞猛进，取得可喜成绩】 为确保年内各项边贸工作目标落到实处，通过对重点企业、重点地区、重点商品的跟踪服务，及时为企业提供有关周边国家市场需求等信息，特别是有关尼泊尔和印度两国贸易政策、市场需求等情况，为企业开拓市场、寻找商机创造了条件。确保了全自治区边境贸易持续健康快速的增长势头。2007年西藏自治区边境小额贸易进出口总额为2.21亿美元，同比增长48.23%，首次突破2亿美元大关。

【存在的问题】 一是缺乏自治区口岸发展总体规划。截至目前，对全自治区口岸发展、建设缺乏全面科学的总体规划，各口岸分项发展规划滞后，影响了西藏自治区口岸建设的进一步发展。二是建设资金不足，口岸整体基础设施建设严重滞后，制约了口岸的经济建设和对外开放步伐，口岸的功能没有得到充分发挥。三是印度、尼泊尔口岸基础设施建设滞后，除对尼的樟木口岸外，普兰、吉隆、日屋口岸都由于印、尼口岸基础设施，尤其是公路建设滞后(中方公路建设也存在滞后问题)，影响了两国口岸的开放力度和进出境贸易，同时，也制约了中方的口岸建设进程。四是各级口岸管理机制不健全、不统一，地方协调有限。口岸体制的不顺已影响到各地口岸工作的顺利进行，因此，口岸管理机制的改革势在必行。

西藏自治区2007年口岸运量统计表1

项目\类别	货运量（吨）						客运量（人次）					
							旅客					
	进出口累计	同比(%)	进口累计	同比(%)	出口累计	同比(%)	出入境累计	同比(%)	入境累计	同比(%)	出境累计	同比(%)
公路口岸	88 909	30.56	3 655	−20.99	85 254	34.32	94 360	20	38 161	13	56 199	27
航空口岸	7	−68.18	6	−64.71	1	−80	33 332	62	20 150	70	13 182	52
合计	88 916	30.57	3 661	−20.86	85 255	34.32	127 692	40	58 311	36	69 381	43

西藏自治区2007年口岸运量统计表2

项目\类别	客运量（人次）						交通运输工具（架、台次）					
	边民											
	出入境累计	同比(%)	入境累计	同比(%)	出境累计	同比(%)	出入境累计	同比(%)	入境累计	同比(%)	出境累计	同比(%)
公路口岸	1 840 629	154	931 084	170	909 545	136	30 360	34%	15 804	37	14 556	29
航空口岸	0	0	0	0	0	0	396	24%	198	26	198	22%
合计	1 840 629	154	931 084	170	909 545	136	30 756	28	16 002	32%	14 754	25

西藏自治区2007年各口岸进出口货物量、出入境旅客、交通运输工具情况统计表1

项目\名称	货运量（吨）						客运量（人次）					
							旅客					
	进出口累计	同比(%)	进口累计	同比(%)	出口累计	同比(%)	出入境累计	同比(%)	入境累计	同比(%)	出境累计	同比(%)
樟木口岸	88 788	30.42	3 585	-22.77	85 203	34.25	90 400	19	35 642	8	54 758	38
普兰口岸	121	100	70	100	51	100	3 960	19	2 519	18	1441	21
吉隆口岸	0	0	0	0	0	0	0	0	0	0	0	0
拉萨航空口岸	7	-68.18	6	-64.71	1	-80	33 332	52	20 150	54	13 182	52
日屋口岸	0	0	0	0	0	0	0	0	0	0	0	0
亚东边贸市场	0	0	0	0	0	0	0	0	0	0	0	0
合计	88 916	30.57	3 661	-20.86	85 255	34.32	127 692	40	58 311	365	69 381	43

西藏自治区2007年各口岸进出口货物量、出入境旅客、交通运输工具情况统计表2

项目\名称	客运量（人次）						交通运输工具（架、台次）					
	边民											
	出入境累计	同比(%)	入境累计	同比(%)	出境累计	同比(%)	出入境累计	同比(%)	入境累计	同比(%)	出境累计	同比(%)
樟木口岸	1 806 423	169	913 472	191	892 951	150	28 512	27	14 991	32	13 601	23
普兰口岸	21 676	-18	11 252	-19	10 424	-18	0	0	0	0	0	0
吉隆口岸	1 416	82	785	104	631	60	0	0	0	0	0	0
拉萨航空口岸	0	0	0	0	0	0	396	24	198	26	198	22
日屋口岸	0	0	0	0	0	0	0	0	0	0	0	0
亚东边贸市场	11 114	201	5 575	202	5 539	200	1 771	351	813	314	958	388
合计	1 840 629	154	931 084	170	909 545	136	30 759	28	16 002	32	14 757	25

西藏自治区口岸查验单位工作综述

拉萨海关

2007年，根据海关总署部署和形势要求，在西藏自治区党委、政府的关心指导下，结合关区实际，认真学习贯彻党的十七大等会议精神，贯彻落实科学发展观、海关工作16字方针和队伍建设12字要求，严格执法，强化监管，提高通关效率，服务地方经济，较好地完成了各项工作任务。

【业务数据】 全年共监管进出口货物89 009吨，增长30%。其中进口3 735吨，减少21%；出口85 274吨，增长34%。监管进出境飞机391架次，增长37%；汽车17 664辆次，增长5%；人员115 698人次，增长24%。共查获以反动宣传品为主的各类违禁品966份，增长12%。2007年西藏对外贸易总值达3.93亿美元，增长19.81%，连续6年保持2位数增长。

【深入落实综合治税大格局，超额完成税收任务】 拉萨海关分析面临的税收征管形势，研究制定了深入落实综合治税大格局的8项措施并严格实施。一是对已经审批过的减免税货物加强后续管理和稽查，确保国家税源不流失。二是加大对关区重点税源商品的分析与研究，做到重点掌控。三是充分运用和发挥风险管理平台强大的信息功能，加强对重点商品、纳税大户等进行专项分析，同时建立重点商品的预警机制，实时掌握税收动态。四是制定《拉萨海关化验工作制度实施细则（试行）》，与上海化验分中心建立密切联系，加强对进口商品的化验。五是成功举办了关区"商品归类管理规定及商品归类系统"培训班，提升了关员征税工作水平。六是顺利应用《关税监控平台》3.0版，开设《关税监控报告》载体，撰写《关税监控报告》3篇。七是在2007年税率普遍下调，特别是在关区主要税源商品进口大幅下降的情况下，积极联系西藏通信服务公司等企业，广开税源。八是制定了《拉萨海关关于海关税收考核的实施办法》，并狠抓落实。2007年，拉萨关区各项税收考核指标均符合总署要求。全年共征收税款2 013万元（其中关税340万元，进口环节税1 673万元），超额68%完成全年税收计划。

【推进通关业务改革，切实提高监管效能】 一是经与相关部门协商，制定跨关区及关区内"属地申报、口岸验放"的通关模式，并于2007年10月试行成功。2007年拉萨海关还与黄埔、深圳、上海、天津4个海关就实施该通关模式签署了合作备忘录。二是积极与自治区国检局磋商，于2007年7月在樟木口岸正式实施"一单两报"模式，做到了一次申报、一次查验、一次放行。三是实施"5+2"工作制，保障通关快速便捷。全年进出口报关单数达2 674份，增长14.5%。四是2007年西藏电子口岸新增入网企业39家，总计入网企业达215家。在拉萨海关数据分中心的积极协调下，拉萨海关、中国银行西藏分行、西藏电子口岸三方与西藏两家企业共同签署了开展网上支付业务的各项协议。随后，上述两家企业还在无中国银行分支机构设立的西藏阿里普兰口岸，成功实现通过网上支付开展报关业务。五是通过对西藏环通报关行和西藏讯通报关行进行专项整顿，规范了报关代理行为和报关市场秩序，改善了通关环境。此外还开展了樟木口岸关口前移、拉萨火车货运站海关监管点设立和武警协勤部队进驻等的前期准备工作。

【打击走私成效显著】 一是综合运用好刑事与行政两种执法手段，坚持以各口岸为重点区域，以毒品、珍贵动植物及制品、反动宣传品、文物、武器弹药等走私活动为打击重点，确保西藏进出口贸易正常有序地开展。全面加大旅检、邮检、货运各监管现场及边境口岸的查缉力度，2007年拉萨海关驻机场办事处再次成功查获1起进境旅客走私毒品案件，查获海洛因1 983克。继续开展代号为"雪獒"的查缉毒品走私专项行动。二是不断加大情报基础建设。三是建立健全了办案逐级审核把关责任制和检查考核机制,提高办案质量。全年共查获刑事案件9起,案值645.79万元,偷逃税款5.59万元,抓获犯罪嫌疑人13人;行政案件34起,案值150余万元,偷逃税款10.59万元。查获的主要物品有:枪支10支,毒品海洛因2 047.94克,虎皮4张,豹皮23张,石斛草4 105公斤,淫秽光盘9 950张,红木9.3吨。与此同时,在年底开展的执法质量建设考核中,刑事案件的批捕率、起诉率和判决率均为100%,办案质量有了显著提升。

【数据统计、分析工作再上新台阶】 一是加强对统计数据、企业的监督力度,实现统计监督、贸易统计、执法评估和CSD联动,对结关放行后的数据严格把关,加大执法评估力度。全年共编发《拉萨海关统计监督》8期,编发上报海关总署统计司的《拉萨海关统计分析》文章9篇,上报自治区党委、政府的《拉萨海关统计专报》10篇,编发《拉萨海关执法评估报告》12期,共有7篇被采用。贸易统计、业务统计和数据质量均保持零差错。统计部门全年分别从税收征管质量、通关速度、查验率、查获率等各层面进行执法评估,收效显著。

【风险管理取得阶段性成果,应用水平显著提高】 积极研发"拉萨海关企业商品提示系统",成功搭建统一的计算机工作平台,利用科技手段直接反应在H2000通关系统上,为各部门开展分析与应用提供网络化管理环境,为开展风险综合防控工作积累管理经验。

构建风险综合防控体系,形成三大板块。一是立体板块。整合缉私、监管通关、稽查等7个部门的风险管理资源,落实《拉萨海关风险管理部门联系配合办法》,构筑"立体式"的综合防控体系。二是横向板块。整合各业务职能部门的风险分析资源,实现风险管理平台、执法评估系统、TSD贸易统计系统等系统的互补运用,突出预警性。三是纵向板块。加强风险管理信息采集、分析、决策、处置、反馈、评估建设,明确各层级职责,发挥风险分析监控中心实时监控的作用。

发挥风险信息基础先导作用,达到4个百分之百。一是以信息化促机制,企业信息整合率达到100%。二是建立管理机制,信息共享率达到100%。三是增强透明度,信息报送部门覆盖率达到100%。四是加强领导,信息量增长100%。2007年拉萨海关通过风险平台报送工作快讯、风险动态、风险分析、经验交流和典型案例共298篇,其中被总署平台采用69篇,采用率约25%,是2006年的400%。2007年,拉萨海关风险管理信息在全国41个海关中排名第26位。

【法制宣传力度不断加大,知识产权保护水平不断提高】 保护知识产权工作水平不断提高,为保护权利人的合法权益做出了应有的贡献,多次受到海关总署领导的表扬。全年共查获货管渠道的出口侵权案件40起,非货管渠道侵权案件1起,依法放行6起,侵权商品数量48 148余件,总案值567 350元。侵权商标涉及"Adidas"、"NIKE"等10余种国内外知名品牌,品种多为服装、鞋、帽、小家电等日常用品。

拉萨海关2007年业务统计表

项目	单位	数量	比上年增长%
进出口货物总值	亿美元	2.92	39.55
其中:进口货物总值	亿美元	0.21	55.98
出口货物总值	亿美元	2.7	38.43
监管进出口货物总量	万吨	8.9	30.44
其中:进口货物总量	万吨	0.4	

项目	单位	数量	比上年增长%
出口货物总量	万吨	8.5	34
监管运输工具	万辆(架)	1.81	
其中:汽车	万辆次	1.77	5
飞机	架次	391	36.71
监管进出境人员	万人次	11.57	24.12
监管邮递物品	万件	1.19	6.1
征收税款	万元	2 013	超额68%完成全年税收计划
其中:关税	万元	340	
进口环节税	万元	1 673	
查获刑事案件	起	9	
案值	万元	645.79	
行政案件	起	34	
案值	万元	150	

西藏自治区公安边防总队

2007年，全自治区各出入境边防检查站在上级业务部门的具体指导和自治区党委、政府、公安机关的正确领导下，以党的十七大精神和全国边检工作会议精神为指导，以开展"提高边检服务水平"活动为契机，坚持"一个中心，两个坚持"，圆满完成了以"提高边检服务水平"为中心的各项工作任务。

【业务数据】 2007年，全自治区共检查出入境人员1 408 345人次，交通运输工具30 759台(架)次；在口岸查获偷渡人员52人，在控人员4人，其他违法违规人员87人；查获毒品740.5克，大麻脂51千克；未发生职务性违法犯罪案件，未发现重大行政责任事故和重大执法执勤事故，未发现群众举报和有责任投诉事件。

【提高工作效率，增强服务意识】 2007年以来，全自治区边检机关在两级党委的正确领导和业务部门的具体指导下，严格按照"提高边检服务水平"工作目标，研究制定有针对性的工作措施，严格执法，热情服务，强基固本，与时俱进，大力开展"落实勤务规范化，提高边检服务水平"活动，边防检查服务水平不断提高，地方党委、政府和人民群众的满意率不断提升，口岸更加安全、畅通。

抓好组织领导。全国边检工作会议召开以来，西藏公安边防总队将"提高边检服务水平"活动当作一把手工程来抓，成立了由军政主官亲自挂帅的活动领导小组，并由相关处室人员组成了内部督导领导小组，不定期地对各边检站活动开展情况进行督导检查，各边检站也成立了相应的组织机构。

优化勤务组织形式。各边检站制作了《边防检查服务手册》，设立了标志牌，公布了边防检查相关法律法规、服务承诺、收费标准、注意事项等信息，并在检查台显著位置公布当班检查员的证号；购置了旅客满意度测评仪，主动接受旅客和群众监督；从杭州为全自治区各边检站统一订购了验讫章包和执勤包；在互联网上建立了"西藏公安边防总队提高边检服务水平信息网"并于6月份开通，实现了网上团签申报。

西藏自治区

重建联检大楼，完善现场设施。西藏公安边防总队根据口岸边检现场建设标准，提出了关口前移并重建聂拉木联检楼方案被自治区政府采纳，有力地推动了边检现场规范化建设的进程。拉萨边检站在对执勤现场服务设施状况进行准确评估的基础上，参照《国家对外开放口岸边防检查现场服务保障设施建设标准》，争取地方资金40万元，对边检执勤现场进行了改造，对验证台、填卡台、咨询台等执勤设施和大型电子显示屏、便民服务台等服务设施做了规范、更新。

完善监督工作机制，畅通了监督渠道。一是强化了外部督导。西藏公安边防总队于2007年5月下旬组织召开了提高边检服务水平座谈会，并成立社会监督委员会，从自治区党委、人大、政府、政协以及新闻媒体、服务企业等社会各界，聘请了15名社会监督员对提高边检服务水平活动进行监督。各站均成立了社会监督委员会，聘请了社会执法监督员，对外公布了三级投诉电话和电子信箱，主动接受社会各界人士的监督。

【认真履行职责，维护口岸安全畅通】　严格落实站领导带班上勤等制度，加大证件、行李物品检查力度，抓紧十七大、"10.17"以及"11.04"等敏感时期的出入境边防检查工作，着力打击持伪假证件和通过冒名顶替实施的偷渡活动，严密防范和打击不法分子的潜入潜出。

对查获的偷渡人员，坚持从快、从严的原则。为确保聂拉木口岸"8.08"事件快速、稳妥处理，聂拉木边检站在总队的统一领导和指挥下，结合口岸实际，修改完善了口岸处置突发事件预案，组织官兵实地开展了"处突演练"，效果明显。

按照公安部边防局的统一要求，西藏公安边防总队2007年先后两次对"梅莎"系统进行升级，进一步完善口岸查布控信息系统，为查控勤务顺利实施提供了强有力的信息支持，确保了查布控工作的万无一失。为了给广大出入境旅客提供舒适快捷的通关环境，边防总队积极向自治区公安厅汇报工作，先后购置了缉毒越野车一辆、通道式X光安全检查仪、便携式X光安全检查仪、人体藏毒检查仪、轻质防弹衣、计算机等总价值140多万元的执勤和办公设备，并完成了拉萨机场、聂拉木边检站有关设备的安装调试和业务人员培训工作。

【加强与邻居国的警务合作】　为加强西藏自治区边防检查机关与尼泊尔移民和警察机关的警务合作，西藏公安边防总队积极与有关部门联系并报经公安部边防局批准，尼泊尔科达里移民局局长巴尔卡西·帕萨达博迪和科达里陆军长官卡甘达热·热吉巴斯尼特一行代表团，于11月15日~18日对西藏公安边防总队进行了友好访问。访问期间，西藏自治区公安厅厅长王宾宜和西藏公安边防总队欧洛布穷总队长亲切接见并宴请了代表团，对尼泊尔科达里移民局和科达里陆军驻中尼友谊桥部队为西藏自治区在打击走私贩毒、维护正常出入境秩序方面给予的协助表示衷心的感谢，对双方长期以来建立的警务合作机制表示满意，并希望双方能够进一步加强合作，扩大交流，共同促进两国边境地区的稳定和发展。

西藏边防2007年业务统计表

项　目	出入境旅客 （人次）		出入境边民 （人次）		出入境交通运输工具 （台、架次）	
	入境	出境	入境	出境	入境	出境
	58 311	69 381	931 084	909 545	16 002	14 757
合计	127 692		1 840 629		30 759	

西藏2007年检查各口岸出入境交通运输工具统计表

项目	入境方式（台、架次）			出境方式（台、架次）			合计
	汽车	飞机	小计	汽车	飞机	小计	
拉萨航空口岸	0	198	198	0	198	198	396
樟木口岸	14 991	0	14 991	13 601	0	13 601	28 592
亚东边贸市场	813	0	813	958	0	958	1 771
合计	15 804	198	16 002	14 556	198	14 754	30 759

西藏2007年检查各口岸出入境人员统计表

项目	旅客（人次）			边民（人次）			合计
	入境	出境	小计	入境	出境	小计	
拉萨航空口岸	20 150	13 182	33 332	0	0	0	33 332
樟木口岸	35 642	54 758	90 400	913 472	892 951	1 806 423	1 896 823
普兰口岸	2 519	1 441	3 960	11 252	10 424	21 676	25 636
吉隆口岸	0	0	0	785	631	1 416	1 416
亚东边贸市场	0	0	0	5 575	5 539	11 114	11 114
合计	58 311	69 381	127 692	931 084	909 545	1 840 629	1 968 321

西藏自治区出入境检验检疫局

2007年，西藏自治区检验检疫局在国家质检总局和自治区党委、政府的正确领导下，坚持以邓小平理论和"三个代表"重要思想为指导，全面落实科学发展观，紧紧围绕国家质检总局、自治区党委、政府的工作部署，为促进西藏自治区"一加强、两促进"的历史任务，为维护西藏农牧业安全和人民健康安全做出了重要贡献。

【检验检疫业务】 2007年，检验检疫出入境货物2 630批，货值20 201万美元，与2006年同期相比（以下简称同比）分别增长8.2%和24.7%。其中，出境2 397批，货值19 094万美元；检验检疫不合格货物31批，全部为出境，货值24万美元，同比分别增长42%和9%。签发普惠制原产地证40份，货值261万美元，一般原产地证8份，货值33.2万美元；检疫汽车23 840辆次，同比增长27.4%，其中：出境9 397辆次，入境14 443辆次；检疫飞机444架次。查验出入境人员115 327人次，同比增长42%；完成出入境健康检查1 478人次，发现病例58人次，其中检出梅毒阳性6例，乙肝14例，丙肝1例，其他37例；预防接种140人次，艾滋病监测231人次；

西藏自治区

签发从业人员健康证440份；检疫行李269 568件，国际邮包1 663件；布设实蝇监测点120个，监测虫头数6 165头。其中，南瓜花实蝇3 962头，桔小实蝇1 986头，待鉴定实蝇12种，217头。从852名尼泊尔司乘人员中检出HIV可疑1例、梅毒阳性21例、乙肝9例、丙肝5例；从被检查的739名口岸从业人员中，检出梅毒阳性21例，乙肝52例，丙肝2例。

【**产品质量和食品安全专项整治效果显现**】 一是按照国家质检总局和自治区专项整治的总体部署，根据西藏的实际，将樟木口岸作为专项整治工作的重点地区，把边贸进出口产品质量和食品安全作为重点领域；将拉萨航空口岸、亚东边贸市场作为严查禁止进境物的整治重点；将普兰口岸作为严禁动物及其产品进境的整治重点。二是在口岸对进出口商品加大检验检疫力度，针对存在严重质量问题的商品，会同口岸相关部门开展了声势浩大的集中销毁活动，有力维护了"中国制造"的国际形象。通过为期四个月的"查、治、管、扶、建"5项措施的到位，口岸出口食品已实现了100%加贴"QS"标志；出口家电产品已基本实现100%加贴"3C"标志；对非法进口的敏感货物做到了100%退运或销毁。西藏局与西藏口岸从事食品服务行业的商户和出口企业分别签订了食品质量安全承诺书，边贸进出口商品质量显著提高，经营秩序明显改善，口岸食品更加安全。三是为巩固专项整治成果，在建立和完善制度上下工夫。通过完善《边贸管理办法》、建立口岸食品经销商的实名登记和诚信档案，签订《食品质量安全承诺书》、签订统一的交易合同书等措施，确保专项整治效果长期化；进一步强化市场采购出口产品的质量监管，全面落实出口水果来自注册果园的要求，努力提升西藏边贸出口产品的质量和档次。

【**全力投入小反刍兽疫疫情防控工作**】 2007年7月，西藏局获悉尼泊尔国小反刍兽疫疫情已逼近西藏部分边境地区后全面开展防控工作。一是根据国家质检总检总局和自治区党委、政府的安排部署及疫情发展的态势，以普兰口岸为重点，采取关口前移、设卡消毒、口岸巡查等措施严禁贸易性活动物进境，严禁小反刍驮畜进境，严格做好驮畜的隔离检疫，严禁过境寄养、过境放牧行为。在樟木口岸、拉萨航空口岸、亚东边贸市场，进一步加大对进境交通工具、携带物、邮寄物的查验力度，严厉打击非法进口动物产品行为。二是根据牲畜发病的病理特性，及时组建专家组研制诊断方法，通过课题组专家的不懈努力，"小反刍兽疫快速检测试纸卡研制"取得了成功，填补了西藏自治区在防止小反刍兽疫疫情领域的一项空白。三是针对阿里地区基层兽防力量薄弱、技术设备匮乏的实际，派出专家组对该地区及所属县的相关人员开展了小反刍兽疫诊断方法培训，并向4个边境县兽医部门分别赠送了疫病诊断所需的仪器、药品和试剂，为阿里地区小反刍兽疫疫情防控工作奠定了坚实基础。四是初步建立并有效实施"口岸外来动物疫病疫情防御屏障"，截获禁止入境动物产品300余次，截获并销毁非法偷运入境动物产品1起，扑杀9头偷运入境的黄牛，拦截尼泊尔过牧活羊347只。

【**卫生检疫能力建设得到进一步加强**】 进一步完善了《西藏出入境检验检疫局突发公共卫生、核事件应急处置总体方案》。落实了实名登记、质量安全承诺、卫生许可等制度，严肃查处了无证商户。进一步加大了对外籍司乘人员、口岸从业人员等高危人群的健康检查。首次实现了普兰口岸出入境人员的健康体检和拉萨航空口岸通道上HIV快速检测及微小气候空气质量监测，为高原航空口岸的微小气候状况建立了本底数据。首次开展了针对亚东边民及从业人员的传染病本底调查，获得了该区域的基础数据。

【**促进发展有声有色**】 一是积极帮助西藏特色产品实现出口。在西藏局的帮助下，2007年全自治区有848吨山南大蒜出口尼泊尔、2吨松茸出口日本、4吨冬虫夏草出口香港、34.7吨蓝湿皮出口荷兰。二是提高通关效率更好地为企业服好务。通过与拉萨海关的共同努力，于2007年7月在樟木口岸正式实施了"手工一单两报、低风险产品共同查验"模式，大大提高了樟木口岸通关效率。三是加强国际间合作沟通协调机制。西藏局与尼泊尔农业部首席检疫官一行在拉萨进行了会谈，确定了双方的合作内容和方式；为积极推进中尼检验检疫执行层面的合作，初步形成了樟木局与尼方边境口岸相关部门之间的沟通协调机制。

【科技兴检亮点纷呈】 一是承担的《西藏拉萨市H5、H9型禽流感血清学监测》科研项目通过了自治区科技成果鉴定,该项研究摸清了拉萨地区H5及H9型禽流感感染情况和免疫状态,为西藏禽流感检疫、监测和防控工作提供了科学依据。二是主持深圳三方圆生物科技有限公司和深圳检验检疫局动植中心等共同参与的"小反刍兽疫快速检测试纸卡研制"项目通过了国家质检总局专家组的鉴定。三是由国家质检总局立项的《西藏贡嘎国际航空口岸鼠种调查与疾病控制》科研课题,通过了专家组的评审和鉴定。该项目的研究成果填补了国内高原机场鼠传疾病媒介生物学研究的空白,属该领域国内领先水平。国家质检总局立项的《进出口藏香检验规程》(修订)、《水产品中多种农药和兽药残留的系统分析方法研究》、《亚东县传染病本底调查》、《国际旅行者高原保健安全措施研究》项目顺利实施;国际合作《西藏地区国境口岸及出入境人员艾滋病预防干预项目》已接近尾声。西藏局技术中心顺利通过ISO/IEC17025:2005认可和计量认证监督评审"二合一"现场评审,保健中心通过计量认证监督评审和体检实验室能力验证。

西藏出入境检验检疫2007年业务总表

项目	货物检验检疫		检验检疫不合格		交通工具				集装箱(个)		发现动植物疫情	
	批次	金额(万美元)	批次	金额(万美元)	船舶(艘)	飞机(架)	火车(节)	汽车(辆)	合计	检出问题	种类数	种次
总计	2 630	20 201	31	24		444		23 840				
出境	2 397	19 094	31	24		224		9 397				
入境	233	1 107				220		14 443				
西藏局本部	61	3 738				8						
出境	38	3 588				4						
入境	23	150				4						
拉萨航空口岸	3	1				436						
出境						220						
入境	3	1				216						
樟木口岸	2 566	16 462	31	24				23 840				
出境	2 359	15 506	31	24				9 397				
入境	207	956						14 443				

西藏出入境检验检疫2007年业务总表

(续表)

项目	货物通关		出入境人员查验	健康检查及预防接种（人次）			
	批次	金额（万美元）	（人次）	健康检查	艾滋病	发现病例	预防接种
总计	2 835	17 427	115 327	1 478	231	58	134
出境	2 591	16 147	61 311	347	74	17	134
入境	244	1 280	54 016	1 131	157	41	
西藏局本部	20	300	115	345	231	2	134
出境	9	52	88	188	74	1	134
入境	11	248	27	157	157	1	
拉萨航空口岸	4	2	39 895				
出境			16 314				
入境	4	2	23 581				
樟木口岸	2 811	17 124	75 317	1 133		56	
出境	2 582	16 095	44 909	159		16	
入境	229	1 029	30 408	974		40	

西藏自治区口岸大事记

1月

西藏自治区人民政府办公厅就樟木口岸联检大楼进行改造或重建问题召开专题会议。

1月13日

以人大副委员长李铁映为首的中央代表团一行20人抵达拉萨贡嘎机场,于当日从拉萨航空口岸前往尼泊尔进行国事访问。停留其间,李铁映副委员长对拉萨边检站官兵表示了慰问。

1月22日

西藏自治区出入境检验检疫局党组书记、局长房成利,副局长丹增卓玛参加了西藏首次获得出口食品卫生注册的拉萨啤酒有限公司和西藏冰川矿泉水有限公司卫生注册证书颁证仪式。

1月30日

西藏自治区人民政府副主席邓小刚在自治区出入境检验检疫局党组书记、局长房成利陪同下前往国家质检总局,就西藏检验检疫工作及需要质检总局协调解决的问题与质检总局党组成员、副局长葛志荣及相关司室领导进行了会谈。

5月4日

正在樟木口岸调研的西藏自治区党委书记张庆黎，党委常委、秘书长公保扎西，自治区副主席邓小刚等领导，到聂拉木边防检查站看望慰问边防官兵。张书记希望官兵们牢记党和人民的重托，不辱使命，履行职责，大力实施"爱民固边"战略，在打击走私、贩毒、偷渡外逃等违法犯罪活动方面再立新功，为西藏的发展稳定，为使伟大祖国的西南边陲固若金汤，做出新的更大的贡献。最后张书记为友谊桥中队官兵题词"忠诚卫士"。

5月31日

樟木口岸新联检楼正式开工建设。

6月26日

公安部周永康部长签署表彰通令，表彰全国公安边防部队在开展"三访四见"活动、爱民固边战略等各项工作中作出突出贡献的先进集体和个人。边防总队司令部情报处处长米玛旺堆、日喀则支队兰巴拉边防工作站站长晏启权分别荣记个人一等功，帕里边防派出所所长裴奕被评为"全国优秀人民警察"。

7月6日

西藏自治区出入境检验检疫局党组书记、局长房成利，向自治区副主席邓小刚汇报"羊X疫情"及西藏自治区检验检疫局的工作建议。

7月16日~18日

西藏自治区出入境检验检疫局副局长徐自忠会同自治区农牧厅有关领导赴山南督导"羊X疫情"防控工作。

7月27日

公安部边防局陈伟明局长、傅宏裕政委签发表彰通令：霍尔、帕羊边防派出所，马攸桥边境检查站，记集体三等功，旦增巴珠、贡秋顿珠记个人二等功。

7月25日~28日

西藏自治区出入境检验检疫局副局长徐自忠长率工作组到樟木口岸及机场办事处进行进出口产品质量和食品安全专项检查，部署"羊X疫情"等重大动物疫病防控工作。

7月

普兰边检站与尼泊尔警察机关就尼方人员在我国境内实施持枪抢劫的有关问题举行边防会晤。

全自治区口岸出入境检查机关加强边防检查工作，严防羊X疫情从口岸传入我国境内。

全自治区各边防检查站开展打击利用出境旅游商务等名义组织他人偷越国边（境）活动专项行动。

全自治区边防检查站全面实现网络查布控。

8月

聂拉木边检站与尼泊尔科达里移民局就尼泊尔启用新版边民出入境通行证进行边防会晤。

全自治区各边防检查站开始执行关于公务普通护照免签的规定。

8月9日

西藏自治区党委常委、政法委书记，公安厅党委书记、厅长、西藏边防总队第一政委、第一书记王宾宜，与自治区赴樟木工作组来到友谊桥中队临时指挥所，对中尼友谊桥战备执勤及处突工作进行督导。

8月27日

西藏自治区出入境检验检疫局纪检组长乔柏参加了由自治区副主席邓小刚主持的中尼经贸洽谈有关事宜研讨会。

8月29日

西藏自治区出入境检验检疫局召开全局职工大会,再次动员部署小反刍兽疫防控工作。

8月31日

全国人大常委会副委员长热地在西藏自治区党委常委、政法委书记、公安厅党委书记、厅长、西藏边防总队第一政委、第一书记王宾宜,西藏自治区党委常委、政府常务副主席白玛赤林等领导陪同下,莅临西藏公安边防总队机关视察工作,亲切接见驻拉萨官兵,并与总队机关部分干部合影留念。热地副委员长强调,现在西藏公安机关面临的任务还很艰巨,斗争还很复杂,希望全体官兵再接再厉,为西藏的稳定和发展做出新的贡献,让党中央和全国人民放心。

9月3日

西藏自治区出入境检验检疫局房成利局长、何体森副局长、丹增卓玛副局长、乔柏纪检组长参加全区质量工作会议。

9月10日

西藏自治区邓小刚副主席一行代表团从拉萨口岸前往尼泊尔进行访问,同时对拉萨边检站执勤现场进行了视察。

9月12日

在吉隆口岸调研的西藏自治区党委副书记、区人民政府主席向巴平措亲切看望慰问了吉隆边检站官兵。他勉励全体官兵要继续发扬人民军队光荣传统和优良作风,强化主业,履职尽责,为建设"和谐西藏、平安边境",维护重要战略机遇期边境地区社会政治稳定作出新的更大的贡献。

10月12日~17日

2007年第六次西部地区口岸办(委)主任联席会议在西藏自治区拉萨召开。

11月7日

在普兰口岸调研的西藏自治区党委副书记张裔炯对普兰边防检查站一线执勤点——斜尔瓦执勤点进行了工作视察。

12月6日

以自治区政府副主席德吉为首的工作组在吉隆口岸调研。

12月25日

西藏自治区人民政府副主席邓小刚主持召开了全区口岸领导小组会议,听取了领导小组办公室关于西藏自治区口岸工作情况汇报,并就2008年全区口岸工作进行了部署。

陕西省

陕西口岸工作综述

2007年口岸各单位在陕西省委、省政府和国家口岸管理办公室及相关部门的领导下，认真贯彻执行党的方针政策、继续贯彻执行国务院办公厅《关于进一步提高口岸工作效率的通知》和陕西省政府《关于进一步加快口岸建设的若干意见》的文件精神，努力工作，不断创新，为推动陕西外向型经济的快速发展构筑平稳牢固、最具吸引力的招商引资平台作出了积极贡献。口岸已成为陕西省精神文明建设、经济文化建设和和谐社会发展的重要窗口。

【领导重视，部门支持配合，推动口岸建设快速发展】 近年来，陕西省政府主要领导十分关注陕西口岸建设，多次作出重要指示；省商务厅对新航线的开辟积极协调；西安海关、陕西出入境检验检疫局、陕西省边防总队等查验单位努力开展调研学习，提出了支持地方经济建设的政策措施，签署了《西安海关—陕西出入境检验检疫局合作备忘录》，并广泛征求省商务厅等地方政府有关部门意见，签订建立联席合作机制协议，为提高口岸运行效率探索新路径。榆林市、宝鸡市政府进一步加强对陆路货运口岸的管理和研究，制定了改造货运口岸的意见和办法。陕西省口岸办邀请省级相关部门参加，组织口岸查验部门和有关重点进出口企业赴福建、满洲里、青岛、连云港、广州等地的航空、陆运、电子口岸学习考察，积极研究探索跨区合作新途径、新模式。2007年5月，与连云港市口岸委、青岛市口岸办签订口岸合作议定书，进一步扩大了内陆进出口企业"属地申报、异地验放"的大通关规模。同时，在调研的基础上，认真组织相关部门和单位进行讨论，起草了《关于进一步加快陕西航空口岸建设的实施意见》和《陕西陆路货运口岸管理办法》。

【航空口岸文明、高效、安全，运行效率稳步提高】 努力做好航空口岸国际航班出入境协调管理工作。2007年1月~12月，西安航空口岸执行监管西安至曼谷、首尔、釜山、东京、名古屋、香港等国际（地区）航线航班和西安至欧美等地内部代码共享进出境航班7 100架次，同比增长8.8%，进出境旅客30.3万人次，同比增长18.5%；监管货物7 400吨，同比增长2.7%；货值12.5亿美元，增长8.7%；空运快件5.9万件，增长29.1%；检验检疫出入境物品41 050批次，货值36.25亿美元。

圆满完成重客、要客出入航空口岸外交礼遇协调服务工作。2007年各口岸查验部门积极工作，热情服务，圆满完成了法国总统萨科齐、塔吉克总统莫马利·拉赫莫诺夫、比利时王储菲利普、俄国杜马代表团等国家重要客人的礼遇接待工作。对在陕西召开的国际道德经论坛、欧亚经济论坛、第44届亚太民航局长会议和我国第七批赴刚果（金）维和部队从西安航空口岸空运出境任务等重大活动，全力投入协调接待，获得好评，并得到省政府的通报表彰。

加大协调管理，及时解决工作中出现的问题和困难。陕西省口岸办始终坚持航空口岸例会制度，对重大节假日和重要外事任务均召开专题会议进行部署，始终把保证口岸安全放在第一位。对机场二期扩建工程、口岸现场布局规划建言献策，加强协调联检单位的办公、生活区建设等问题。为加快陕西省国际航空业务发展，开辟国际新航线，2007年省口岸办在省商务厅主要领导的协调下，组织有关部门多次赴上海、北京等地调研，并走访、拜会中国国际航空公司、东方航空公司，初步拟定了开辟至欧美航线的方案，为省政府决策新国际航线项目开发提供了依据。

陕西省

【陆路货运口岸建设扎实推进，初显成效】 进一步拓展口岸合作新途径，做好口岸物流服务工作。继2006年陕西省与新疆、天津签署跨区域口岸大通关合作协议后，2007年陕西省又与青岛、连云港口岸签署了跨区域口岸大通关合作协议；中铁集装箱运输有限责任公司西安分公司与青岛前湾集装箱码头有限责任公司及连云港港口集团公司签署了班列合作协议；西飞集团进出口有限公司、金堆城钼业集团有限公司进出口公司分别与青岛海程邦达国际货运代理有限公司签署了委托代理协议书和铁路运输委托代理协议书。这些跨区域口岸合作协议的签署，推进了口岸功能的延伸，为陕西省进出口企业货物运转提供了方便。

全力支持榆林市口岸办开展陆路货运口岸建设工作。榆林陆路货运口岸于2007年3月正式挂牌，目前工作人员已到位，并完成了口岸联检单位办公楼及查验现场的选址、规划设计等工作。2007年5月省口岸办组织榆林市口岸办及土地规划等部门赴青岛、大连等沿海口岸考察调研；6月1日榆林市口岸办与青岛市口岸办、连云港市口岸委在榆林市签署了口岸战略合作框架协议书。进一步促进了榆林国家级能源化工基地、榆林口岸建设和口岸经济的发展。

支持宝鸡口岸基础设施改造。为提高完善宝鸡陆路货运口岸功能，促进宝鸡市外向型经济的发展，2007年陕西省口岸办积极争取一定资金用于宝鸡陆路货运口岸添置装卸设备以及基础设施的改造。

铁路货物运输效能显著提高。2007年4月份开通了西安至青岛"五定班列"，截至12月底共发运136列，7 010车。西安火车西站已成为西北地区最大的惟一五星级综合性货运站，2007年1月~12月，共发送集装箱10.1万标箱，其中国际箱3.6万标箱，近54万吨。陕西省口岸办就农副产品的季节性运输问题加强协调，对进入陕西省境内的集装箱的堆放、农副产品冷藏库项目等，多次赴西安铁路局、西安火车西站、西延铁路局等部门进行协调解决和调研。对关闭西安大兴路二类货运口岸，开发西安国际港务区陆路货运口岸进行了重点调研和协调。

【电子口岸建设工作在探索中全面展开】 2006年12月，陕西省政府办公厅下发了《关于加强陕西电子口岸建设的通知》，2007年1月开通了陕西电子口岸虚拟平台门户网站，6月召开了电子口岸联席会议制度第一次全体会议，确定了电子口岸的规划、新上项目、建设资金运行管理等工作。陕西省信息产业厅、陕西省商务厅、西安海关、陕西出入境检验检疫局、陕西省边防总队、西安咸阳国际机场、西安火车西站也都承担了有关电子口岸项目建设研究和开发任务。目前，正在建设的上网运行项目有"基础网络集成系统"，"电子口岸空港作业系统"等。

【成立陕西省口岸协会，适应口岸发展新形势】 为更好地发挥口岸的桥梁纽带作用，作好上情下达、下情上报工作，积极沟通协调下级与上级、企业与企业、中介与中介的关系，根据中国口岸协会的要求，借鉴兄弟省市口岸协会的经验，结合陕西省口岸工作实际，2007年11月，由陕西省口岸办、陕西西美机械设备进出口有限责任公司等12家单位倡议，经陕西省民政厅同意，陕西省口岸办牵头筹备成立了陕西省口岸协会，协会的成立是对陕西口岸政务工作最有力的补充。陕西省口岸协会将以"三个服务"即：为政府部门和相关企事业单位服务，为提高口岸通关效率服务，为促进国际贸易和发展国际交往服务为宗旨，为进出口贸易创造更便捷的口岸通道，更多的贸易渠道和机会，积极提供必要的政策支持和良好的信息服务，为搭建一个畅通、安全、便捷的口岸工作环境做好各项服务工作。

陕西口岸查验单位工作综述

西安海关

2007年是西安海关的"整合创新年"。在海关总署党组的正确领导下，在陕西省委、省政府的关心支持下，以邓小平理论和"三个代表"重要思想为指导，认真贯彻落实党的十七大精神，以促进陕西经济发展为出发点和落脚点，按照西安海关4年发展规划的部署，大力推进业务改革，深入开展准军事化海关纪律部队建设，理顺思路，抓住重点，整合创新，为早日建成"精品海关"迈出了坚实的第一步。

【税收再创历史新高】 税收入库18.76亿元，比上年增长28.5%，再创历史新高。西安海关按照"质量并举，以质为先"的原则，年内重点提高了税收征管质量：一是加强分析。开展同名商品价格差异分析、税款入库分析、专项商品和专门企业分析，提高税收征管准确性。二是提高归类一致性。为3家主要进出口企业的300余项商品制作了"归类指导手册"，对104项存在归类疑难的商品进行了归类认定，提高了执法统一性，2007年8月份以来关区同名商品归类差异率一直保持为零。三是创新审价管理模式。对海关总署下发的一级价格风险参数库中涉及商品进行重点监控，对落棉、集成电路芯片等商品进行了价格认定，及时解决了价格指标异常问题，建立价格资料数据库，有效提高了关区商品价格水平，全年审价补税92.48万元；四是积极推进税费网上支付。目前与西安海关签订网上支付协议的企业达116家、商业银行10家，网上支付税款6.03亿元，增长1.2倍，占税收总额的32.1%。

【通关环境进一步优化】 全年监管进出口货运量109.94万吨。通关效率不断提高，监管能力有效增强。一是自8月1日起推行了"风险式审单作业模式"。按照企业信誉度，设置了人工审单通道、绿色通道、直放通道等3种类型通道，方便信誉高的企业快速通关，通关时间平均缩短30%。二是积极促成北京—西安—北京卡车航班开通，极大地缓解了西安国际空港航空运力、机型等不足，促进了物流发展。三是继续推进"属地申报，口岸验放"通关模式。与银川、厦门、福州海关签订了区域通关协议。目前与西安海关开通该模式的口岸已达8个，采用该模式的企业达48家，进出口货物37.78万吨，占关区进出口总量的34.4%。四是加强对报关企业和报关员的管理。在H2000系统中设置监控参数，对因报关员原因产生的错误适时通知其委托企业，增强报关员责任心。举办了3期报关员和报关业务负责人培训班，培训人员432人次，报关差错率下降了85%。

【反走私工作效能进一步增强】 全年立案38起，案值2.52亿元。积极转变执法理念，提高反走私综合效能。一是贯彻落实"宽严相济"执法理念。根据陕西省情，在执法中视情节区别对待，召开"违规企业法制宣传会"，避免企业因法律知识欠缺导致违法违规情事发生。二是注重情报收集。对企业进出口活动实行全程监控，通过线索排查查获两起案值千万元以上的案件。三是稽查理念从"以注重查发问题为主"向"以促进企业守法自律为主"转变。对申请A类管理的3家企业首次开展了验证式稽查，促成省内3家企业进入海关总署"红名单"，目前全省享受"红名单"优惠政策的企业已达6家。四是开展旅检岗位缉毒演练。共派出5批共23人赴广州白云机场海关跟班作业，丰富了缉毒工作知识。在快件渠道查获了含有兴奋剂成份的药品共5 900粒，这是西安海关首次查获限制性兴奋剂药品。五是自10月1日起积极开展知识产权保护"龙舟行动"。截至年底共查获涉嫌侵犯知识产权货物15批次、11.4万件，10月~11月查获的侵权商品数量在西部海关排名第一。

【统计分析评估力度不断加大】一是数据质量得到保证。创新数据审核方法，建立差错数据库和差错反馈机制，加强对统计人员业务知识的培训，确保数据质量。二是统计分析更加贴近实际。围绕陕西经济发展大局，对钼矿砂、苹果汁等支柱商品进行跟踪分析，对蚕丝、汽车等特色商品加大分析力度，增加了每月陕西省与西部11省区、西安市与西部10个省会城市的对比分析，为陕西省8地市撰写专题分析，共撰写分析文章21篇，增长9.5倍。三是实现执法评估分析常态化。定期运用执法评估、关税监测、风险预警等多种手段，查找分析业务工作中的问题和症结，撰写评估分析及监督信息25篇。四是认真做好统计咨询。与西安海关签订统计咨询协议的政府及企事业单位达23家，全年提供咨询服务754人次，增长12.4%，出具统计数据证明422份，增长32.7%。

【具有关区特色的风险管理模式初见成效】一是研发启用了"业务综合管理系统"。实现了职能部门网上监控、风险分析网上发布、业务联系网上流转等多项功能，全年共发布业务联系单220份、风险作业单35份、职能监控分析报告66篇，在提高关区执法统一性、提高管理效率方面进行了积极探索。二是积极整合各业务部门分析成果。提炼成可作用于H2000系统的参数，为业务现场提供事前预警，共捕中报关单539票。三是充分发挥风险管理平台效能。根据需求开发了监控报关差错、监控属地申报口岸验放等14个子程序，方便业务现场查询相关数据。四是围绕重点开展风险分析。把分析监控重点放在企业守法状况、商品归类和价格等方面，撰写风险分析报告27篇，业务监控分析报告11篇，向缉私部门移交线索两条。

【支持服务陕西经济发展】围绕"服务型海关"建设开展政策研究工作，从简单、被动执行政策逐步向主动参与当地经济决策转变，深层次、全方位助推陕西建设"西部强省"。

以陕西发展为己任，力争使海关工作与陕西发展大局"合拍共振"。一是主动走访省发改委、商务厅、口岸办等外经贸主管单位，密切联系、加强沟通，更加主动地发挥海关作用。二是关领导带队赴陕北、关中等多家进出口企业走访调研，开展"通关成本"问卷调查。赴榆林调研开放口岸及设立海关事宜，通过座谈交流，宣传了政策，达成了共识。三是研究部署《海关支持西部大开发的总体意见和答复陕西省的具体意见》，对26条支持措施和答复陕西省19个问题的具体意见进行明确分工，制定了近期和长期目标，积极推进落实。四是与陕西出入境检验检疫局签订了《关检合作协调机制备忘录》，简化办事流程，提高通关效率，优化陕西省"大通关"环境。

以深化改革为抓手，力推加工贸易成为陕西外贸新的增长点。全年备案加工贸易合同362份，备案料件金额5.98亿美元，增长24.3%。一是积极探索加工贸易监管新思路。承接了海关总署加工贸易领域4项改革课题和两项试点工作，目前已全部圆满完成。二是继续加快出口加工区建设。拓展保税物流及研发、检测、维修业务试点进展顺利。西安出口加工区A区保税物流项目围网及监管设施顺利通过验收，构建了西北地区惟一的保税物流平台，已在4家物流企业、50家生产企业开展保税物流试点。三是"纸质手册电子化"改革试点成功，目前已有两家企业开展试点，为相关企业开展加工贸易业务提供了方便。

以个性化服务为手段，力促大中型国有企业进出口业务快速发展。针对陕西省企业主要是大中型国有企业信誉度较高的特点，西安海关在"管得住"的前提下，为大中型国有企业提供更加便利的个性化服务。一是对资信度高的西飞、金堆城等企业实行总担保，实现了当天到货、当天报关、当天提货，解决了企业在生产过程中出现的特、急件通关以及近亿元资金占用问题。二是主动上门、积极跟进，协助宝鸡石油钢管厂完成了国际上一次授标最大的钢管制造合同，共监管货运量36.15万吨，企业创汇5.37亿美元。三是积极为符合规定的大中型企业及国家重点建设项目办理减免税手续，全年审批减免税12.52亿元，有力地支持了大中型企业发展及国家重点项目的建设。

以政策提醒和良性互动为重点，力建关企"全方位"交流机制。一是建立新政速递机制。与17家进出口企业、科研机构签订了合作备忘录，在新政策出台1个工作日内通过邮件向企业发出提醒，增强了政策宣传的实效性和针对性。二是加强互联网门户网站建设。栏目由27个增至51个,网站信息做到了每日更新,"关长信箱"、"人民来信"、"业务咨询"等互动栏目答复率达到了100%,畅通了社会各界与海关交流的渠道。三是多角度、全方位做好宣传工作。陆续开展了"《海关法》颁布实施20周年"、"12.4法制宣传日"等法制宣传活动,在新闻媒体开设专栏介绍海关政策,加强新闻策划,集中宣传报道西安海关服务陕西经济的主要做法和成效,树立了海关对外良好形象。

西安海关2007年业务统计简表

类别		单位	2007年	2006年	同期对比(%)
报关单数量		万张	4.6	4.06	13.3
其中	进口	万张	2.5	2.29	9.1
	出口	万张	2.1	1.77	18.7
监管进出口货物		万吨	109.94	122.22	-10.1
其中	进口	万吨	74.59	84.46	-11.7
	出口	万吨	35.35	37.76	-6.4
进出口贸易总额		亿美元	30.81	22.8	35.1
其中	进口	亿美元	15.5	14.52	6.8
	出口	亿美元	15.31	8.28	84.9
监管进出境航班及包机		架次	7 096	6 522	8.8
查验进出境旅客行李物品		万人次	30.34	25.6	18.5
其中	进境	万人次	14.81	12.61	17.4
	出境	万人次	15.53	12.99	19.5
登记备案加工贸易合同		份	362	384	-5.7
备案进口料件金额		亿美元	5.98	4.81	24.3
本关区企业登记备案		家	626	625	0.2
征收税款		亿元	18.76	14.6	28.5
其中	征收关税	亿元	7.44	2.96	1.5倍
	增值、消费税	亿元	11.32	11.64	-2.8
审批减免税金额		亿元	12.52	12.6	-0.7
其中:国内投资项目减免税		亿元	6.19	5.46	13.3
科教用品减免税		亿元	1.65	2.12	-22.1
国外投资项目减免税		亿元	1.52	2.07	-26.7
其他减免税		亿元	3.16	2.95	7.1
立案行政案件		起	38	30	26.7
违法价值		亿元	2.52	3.34	-24.6

陕西省

(续表)

类别	单位	2007年	2006年	同期对比（%）
偷逃税额	万元	0	0	—
罚没收入	万元	682	306	1.2倍
受案刑事案件	起	1	2	−50
案值	万元	10.65	217	−95.1
涉税	万元	0.75	37	−98
扣押违法所得	万元	0	0	—

陕西省公安边防总队

2007年，陕西省公安边防总队大力开展"提高边检服务水平"活动，以建设"文明国家的窗口"和"最优秀的行政执法队伍"为目标，忠实履行职责，强化岗位练兵，切实提高素质，全力以赴维护口岸安全稳定，努力为陕西省对外开放和经济建设营造优质、快捷、顺畅的通关环境。

【紧扣陕西改革发展和对外开放大局，主动跟进】 按照省、市政府提出的建设"国际化、市场化、人文化、生态化"的发展理念，紧密结合省情、市情和自身特点，适应"大通关"建设要求，充分发挥口岸优势。先后向省、市两级党委、政府呈报了《落实"十一五"规化，发挥口岸优势，顺畅通关环境，促进陕西经济发展的几项措施和建议》和《落实"十一五"规化，发挥口岸优势，顺畅通关环境，促进西安经济发展的几项措施和建议》两份专题报告，为党委、政府制定区域经济发展计划提供参考，赢得了省、市两级领导的高度肯定和重视。

陕西省委副书记、省长袁纯清，陕西省委常委、政法委书记、公安厅党委书记宋洪武，省政府秘书长秦正，省公安厅副厅长、总队党委第一书记、第一政委雷鸣放充分肯定了总队开展"提高边检服务水平"活动情况，并作出了批示，鼓励总队官兵团结一致，在提高服务水平活动中取得更大的成绩。西安市委常委、西安市常务副市长董军专题听取总队工作情况汇报后，专门安排市政府办公厅召集西安市相关单位召开专题会议讨论总队提出的3项促进西安经济发展的建议。陕西省委常委、西安市委书记孙清云，陕西省副省长张伟，省政府副秘书长梁和平，西安市委常委、副市长李秋实在察看了边检执勤现场后，高度评价总队提高边检服务水平工作。

【狠抓"三基"工程建设，大力开展"提高边检服务水平"活动】 根据公安部统一部署，以全国边检工作会议精神为指导，坚持"以服务为中心"，狠抓"职业精神、专业素质、服务理念"三大支柱建设，建立健全严格公正的考核评价机制、奖优罚劣的激励机制、开放透明的监督机制，坚持严密管控，坚持通关效率，全力提升执勤人员的服务能力和服务水平，使边检站成为文明国家的窗口，检查员成为中华民族的文明使者，努力为陕西省对外开放和经济建设营造优质、快捷、顺畅的通关环境。

圆满完成法兰西共和国总统尼古拉·萨科齐、塔吉克斯坦共和国总统、俄罗斯国家杜马主席格雷兹洛夫率领的代表团、西班牙王国第一副首相、埃及行政发展部部长达尔维什、韩国前总理李寿成、菲律宾前总统拉莫斯、澳大利亚西澳州下议院议长访华、国民党名誉主席连战先生访陕、解放军第六批赴刚果（金）维和工兵、医疗分队、2007年欧亚经济论坛、第十一届中国东西部合作与投资贸易洽谈会、丁亥年清明节公祭轩辕黄帝典礼活动、国际道德经论坛、第44届亚太地区民航局长会议、香港快运航空公司首航等重大礼遇检查任务。

【严格组织勤务,确保口岸安全稳定】 执勤过程中,严格落实各项规章制度和执勤现场纪律,严密组织勤务,不断提高检查员责任心和使命感,有效堵塞执勤现场工作的各个漏洞。坚持在重大节假日前和敏感时期组织各业务科进行处置突发事件勤务演练,努力提高执勤科队处置突发事件的能力和水平,确保西安口岸的安全、稳定和畅通。

【畅通投诉渠道,健全监督机制,认真接受广泛的社会监督】 总队在执勤现场醒目位置设置了征求意见及投诉台,通过现场公告栏、互联网、宣传册等形式公布对外共开承诺、24小时三级投诉电话、执勤八不准等内容,定期走访、发放调查表,广泛接受监督。投资2万余元安装了旅客电子评价系统,为旅客提供便捷的服务质量反馈渠道。自5月20日安装启用,共有22 920名旅客参与了评价,满意度达99.5%,其中非常满意有20 302人,占88%。从人大、政协、媒体、旅游团领队及经常出入境的旅客中聘请了51名社会监督员,召开提高边检服务水平社会监督员联席会,向社会监督员通报提高边检服务水平的开展情况,征求意见和建议,主动接受监督。

【与地方咨询管理力量合作,推进勤务工作规范合理科学】 总队与西安君氏管理咨询公司合作,解决优化勤务班次、设立关键岗位、科学组织勤务等问题。有效地提高了边检工作效率,加快了通关效率,合理配置了警力,降低了检查员的工作强度。在此基础上,又结合西安边检站现实情况,完善了《陕西省公安边防总队执勤现场流程规范》,更加规范了执勤执法的程序,取得了很好的效果。

【不断改善现场服务设施,制定便民利民措施,为通关旅客提供优质通关环境】 对执勤现场设施、指示标志等进行了更换及增设,在填卡台上添置了笔和老花镜,在咨询台上放置了便民箱和"有困难找边防"的提示立牌,为等待候检的旅客安置了座椅,设置了饮水机、纸杯为旅客提供饮水,为迟到、需扶助人员开通了专用通道。结合实际制定了旅游团通关快捷便民措施:对于持有团体签证的外国旅游团及中国公民出国(境)旅游团,团队人数超过10人的,复印团体签证或团体名单表进行多通道验放,大幅度减少旅行团通关时间。现在西安口岸,95%的旅客通关时间不超过15分钟,旅客满意度不断上升。

【拓展宣传阵地,加大宣传力度,广泛征求社会各界意见建议】 与政府相关部门联系,在互联网上建立了中华人民共和国西安边防检查站门户网站,充分发挥互联网公开、透明、影响广泛的优势,大力宣传"提高边检服务水平"活动的进展、成果。加大向上级部门、各新闻媒体的投稿力度,加大宣传力度。公安部边防管理局"提高边检服务水平"简报第57期以"抓细求实效 用真心服务换旅客满意"为题报道了总队提高边检服务水平工作取得的成绩,陕西电视台等省主流媒体也4次进行专题报道,扩大了边防总队的影响力。

2007年西安口岸主要业务数据

2007年西安口岸共开通定期直航国际及地区航线5条,即西安至香港(由东航西北公司、香港港龙公司、香港快运公司执行),西安至韩国首尔(由东航西北公司、韩国韩亚航空公司执行),西安至韩国釜山(由韩国大韩航空公司执行),西安至日本东京(由日本航空公司执行),西安至泰国曼谷(由泰国曼谷航空公司执行)。全年共检查出入境人员290 913人次,其中旅客264 862人(外国人占48.3%,香港、澳门、台湾居民及华侨占34.2%,内地居民占17.5%),员工26 051人,航班2 759架次。与2006年相比,旅客增加了18.75%(外国人增加了3.7%,香港、澳门、台湾居民及华侨增加了35.4%,内地居民增加了41.4%),交通运输工具员工增加了17.7%,交通运输工具增加了30.3%。

内地居民自西安口岸出境按前往目的地排序,前9名依次为香港(36%)、泰国(26.2%)、韩国(15.8%)、日本(6.3%)、台湾(3.4%)、澳大利亚(3%)、新西兰(2.3%)、新加坡(1.8%)、马来西亚

（1.1%）。

自西安口岸入境的外国人按国籍排序，前9名依次为韩国（49.6%）、日本（21.7%）、泰国（6.4%）、美国（5.9%）、澳大利亚（2.8%）、马来西亚（2.7%）、英国（2.2%）、加拿大（1.8%）、新加坡（1.1%）。

陕西出入境检验检疫局

【概述】 2007年，陕西检验检疫局高举邓小平理论和"三个代表"重要思想伟大旗帜，贯彻落实科学发展观，切实按照总局和陕西省政府的工作部署，全面履行检验检疫职能，进一步提升了服务陕西经济社会的有效性和贡献率；抓住产品质量和食品安全专项整治行动的历史机遇，强化监管，促进服务，确保了检验检疫业务新发展。

【业务情况】 检验检疫出入境货物41 050批、36.25亿美元，占同期陕西外贸进出口总额的50.8%，货值增长29.52%；检出不合格货物218批，货值2 997万美元，不合格品检出率0.53%；出证索赔896.73万美元；签发各类原产地证书23 896份，17.17亿美元，同比增长2%和33%。开展出入境人员健康体检11 546人次，同比增长9.79%，预防接种15 906人次，同比增长13.91%。检疫出入境飞机2 737架次，同比增长23.23%；查验出入境旅客262 915人次，同比增长16.25%；查验出入境员工24 135人次，同比增加16.2%。

【口岸把关】 加强对高危人群和危险物品的入境管理工作，强化了口岸传染病防控，全年检出传染病患者及感染者364人，从入境外籍人员中检出艾滋病感染者两例。牵头成立并首次召开了西北地区鼠疫、出血热、布鲁氏菌病联防联控小组工作会议。进一步加强进出境旅客和交通工具的检疫查验，不断完善关检联合把关机制，提高了旅客携带物品查验率和有害生物检出率。从入境集装箱货物、旅客携带物中检出检疫性有害生物15批，对不合格木质包装全部进行了销毁。开展了口岸医学媒介生物调查。

【敏感商品监管】 加强对进口医疗器械、旧机电设备等敏感商品的检验监管，建立风险预警机制，对进口英国的不合格医疗设备做了退运处理。从美国进口营养乳蛋白粉中检出硒含量超标，做出退货处理。收集进口国标准，研究检测方法，保证了重点钼产品的出口。对出口小家电产品的安全质量进行调查和抽样试验，对6家产品安全控制体系存在问题的企业，暂停出口质量许可，限期整改。对输往欧、美、日等国家和地区的纺织品及服装，加大成品抽查比例，严格对甲醛、偶氮染料等有毒有害物质的含量检测。进一步加大了对出口食品包装物的监管。充分利用口岸内地联合执法系统，电子转单落实率达98%以上。严格处罚逃漏检等违法行为，全年实施行政处罚42起。

【专项整治行动】 陕西检验检疫局始终围绕国务院《关于进一步加强食品等产品安全监督管理的特别规定》这条主线，制定了《陕西检验检疫局进出口产品质量和食品安全专项整治行动实施方案》，狠抓落实，取得了明显效果，产品质量问题快速反应能力得到加强。

【清查出口食品农产品基地】 对所有注册出口食品加工厂、原料基地、出口水果果园、加工厂以及出口活牛备案饲养场等进行拉网式检查。清查出口食品卫生注册企业88家，暂停出口1家，取消资格14家；清理出口食品原料基地430家，暂停出口1家，取消资格23家；全面考核清查注册登记果园435家、注册加工厂57家。实现了对注册出口食品加工厂、原料基地、注册登记果园和加工厂的100%清查。

【建立出口产品质量和食品安全长效监管机制】 积极推行"公司+基地+标准"的模式，做好原料基地的农残普查和病虫害及疫情疫病的监测工作。建立企业产品质量承诺制度，实行不合格产品召回制度。通过开展进出口商品风险分析及对策研究，建立和完善不同商品的监管办法，出口产品必须首先符合进口国标准，其次按照合同标准进行检验。对出口食品运输包装100%加贴了CIQ标志。

【建立出口产品质量和食品安全监管网络】 与省果业局联合下发了《关于加强果品质量安全工作的通知》，明确禁止出口果汁原料果使用废旧包装袋，要求采用符合卫生标准的塑料袋、网袋，防止有害物污染。先后与深圳、天津、内蒙古检验检疫局签署合作备忘录，建立内地与口岸联合监管新模式。与西安海关、中国人民银行西安分行、省商务厅、省工商局建立协作机制，拓宽合作渠道，完善监管网络。

【应对技术壁垒】 联合省商务厅等单位开展应对欧盟REACH制度培训，鼓励企业加强REACH研究，采取联合方式向欧盟注册，降低成本，开展"绿色"产品认证，有效应对国外技术壁垒。对基础设施完备、有出口潜力的龙头企业，采取帮扶措施，完善管理制度，建立质量保证体系，加快卫生注册，促进其扩大出口。

【服务重大项目建设】 通过出台《促进装备制造业发展服务措施》加大对大型出口企业的服务力度，积极配合地方政府和企业做好对陕西重点工程引进成套设备的检验监管。加大对大型出口企业的服务力度，扩大对彩虹集团出口免验范围，对出口免验产品实行无纸化报检。完成对陕西宝鸡忠诚机床股份有限公司出口免验审核。深化检验检疫签证流程改革和出口工业品加工企业分类管理，提高工作效率。

【促进农产品出口】 认真落实国家质检总局、陕西省政府《关于促进陕西水果、果汁出口合作备忘录》，及时出台了《促进陕西食品、农副产品出口八条措施》，有效促进了陕西水果、果汁出口。积极推动中国良好农业操作规范（GAP）认证工作，落实水果出口检验检疫新规定，加强出口水果果园及其加工厂注册备案工作，实现了陕西苹果首次出口南非。加强出口果汁原料果质量安全监管，特别是加强出口果汁原料果采摘、收购和运输等环节的监督管理，对原料果质量标准做出新规定，从源头抓好出口果汁的质量安全，促进了陕西出口果汁加工业健康发展。

【科研及检测能力】 全年完成科研项目1项，获专利3项，制定"浓缩苹果中耐热耐酸菌检测方法"、"兵马俑复制品"等行业和地方标准12项，获部（省）级科研立项5项，行业标准立项14项，获准项目大幅提高。检验检疫技术中心、保健中心和3个分支机构实验室全部通过认可/计量认证"二合一"评审并获得证书。为应对出口食品安全严峻局面，建立了高效液相色谱（HPLC）检测方法，短期内掌握"三聚氰胺"、"二甘醇"检测方法；准确检测出"大白兔"奶糖及果脯中甲醛含量。检测领域不断扩大，新扩展果汁中苹果多酚等检测项目20多项。

【分支机构发展】 在分支局设立检验检疫技术分中心，扩大分支局干部任免权，帮助分支局开展人员业务技能培训，完善管理制度和管理规范，提高检验检疫和监管水平。汉中、宝鸡、榆林3个分支局的业务量增幅均达到80%~100%，把关和服务水平明显提高。加强陆运口岸办事处和西安出口加工区办事处建设，理顺了业务关系，强化了监管手段。

【基础设施建设】 综合实验用房于2007年底竣工投入使用。航空口岸检验检疫基础设施建设完成征地，建设项目获总局批准。旧办公楼维修改造项目完成招标，开始进行施工。

陕西口岸大事记

1月16日

在深圳航空公司举办的"2006年度深圳航空全国优秀机场"评比活动中，西安咸阳国际机场荣获"年度杰出机场奖"、"优秀机坪服务奖"和"优秀维修服务奖"等3个奖项，获奖数量在所有参评机场中位居

陕西省

第一。

中国货运邮政航空公司"西安—武汉—上海"定期货运航班开始运营,改写了咸阳机场没有定期货运航班的历史。

1月24日~25日

陕西检验检疫局召开2007年度工作会议,赵德全副省长出席并讲话,刘兴范局长作工作报告。

1月26日

召开全省口岸工作第一次全体会议暨陕西电子口岸虚拟平台门户网站开通,赵德全副省长参加开通仪式。

2月6日

省公安厅隆重召开厅机关"争先恐后勇创一流"活动动员大会,陕西边防总队荣获"精神文明建设先进单位"称号。

3月13日

西安海关与浦发银行西安分行、中国电子口岸数据中心联合举行网上税费支付合作协议签字仪式。截至目前,西安海关已与8家商业银行签订了网上支付税费协议。

3月14日

陕西公安边防总队邀请东方航空西北分公司空乘专业培训人员举办礼仪知识讲座。

3月21日

《西安海关与银川海关"属地申报、口岸验放"联系配合办法及实施细则》在西安签订,这是西安海关首次作为口岸海关与兄弟海关签订"属地申报、口岸验放"协议。

3月23日

榆林市人民政府口岸办公室正式挂牌成立。

3月29日

经省级政府批准,省电子口岸联席会议办公室正式开展工作。

4月1日

西部机场集团航空物流(西安)有限公司与东航西北公司签约,按照《咸阳机场中转货物操作办法》进行货物中转,这一举措为西安咸阳国际机场实现货物中转业务奠定了基础。

4月4日

经国家民航总局批准,香港快运航空公司执行西安至香港的定期航班,旺季期间该航线航班密度增加至每天3班。

4月6日

省电子口岸联席会议办公室与西安未来国际软件有限责任公司签订《陕西电子口岸网络综合布线建设合同》,4月28日,该项目完成并通过验收。

在第十一届中国东西部贸易与投资洽谈会上,西部机场集团公司、德国法兰克福机场集团、中国航空(集团)有限公司和西部机场集团航空物流(西安)有限公司正式签署西安咸阳国际机场股份制改造项目投资合作协议。

4月22日

陕西省副省长张伟在陕西边防总队长赫登文的陪同下,深入咸阳机场边检执勤现场视察指导工作。

5月24日~31日

省电子口岸联席会议办公室组织相关部门企业负责人、技术人员赴福建、青岛等地进行电子口岸大通关第一批上网项目的学习调研，标志着陕西省电子口岸项目建设进入启动阶段。

5月29日

省政府颁发《陕西省电子口岸联席会议工作制度》。

5月31日

与青岛、连云港口岸委（办）分别签署跨区域口岸合作议定书。

6月1日

榆林、青岛、连云港市口岸办（委）在榆林签署口岸合作框架协议。

6月14日

给予赴刚果（金）维和部队通关礼遇。

6月27日

省政府副秘书长庄长兴主持召开省电子口岸联席会议第一次全体会议。

6月29日

中国国际航空公司申请的北京—西安—北京卡车航班业务正式开通，咸阳机场海关对首批进口的83件、5 581公斤货物实施了监管。

7月5日~7日

陕西检验检疫局在兰州牵头召开第一届西北六地检验检疫局鼠疫、出血热、布鲁氏菌病联防联控工作会议。

7月13日

省电子口岸联席会议办公室分别召开陕西电子口岸首批电子口岸大通关建设项目建议书论证会议、陕西电子口岸"空港电子作业系统"、"基础网络及集成系统"建设方案评审会议。随后省信息化领导小组办公室，批准了"空港电子作业系统"、"基础网络及集成系统"建设方案。

7月15日

省委常委、西安市委书记孙清云在陕西公安边防总队马壮政委的陪同下视察西安咸阳国际机场边检执勤现场。

7月19日

陕西与天津等12省区市政府共同签署《北方地区大通关建设协作备忘录》，同时12省区市口岸办共同签署《建设内陆无水港合作意向书》。

7月24日

在西安市政府主办的"2007新加坡—西安投资暨旅游推介会"上，西部机场集团公司总裁何喜奎与Dnata集团总裁加利·查普曼分别正式签署合资合同。12月15日，该集团公司与阿联酋迪拜Dnata集团合作成立的西安德纳达航空服务公司挂牌。合资公司名称为西安Dnata航空服务有限公司，注册资本3 000万元，西部机场集团公司持股55%。

8月1日

陕西省委常委、常务副省长赵正永，省委常委、西安市委书记孙清云，市委副书记、市长陈宝根，市委常委、西安市副市长韩松，副市长兼经济技术开发区主任岳华峰等省市领导及有关厅局负责人近50人视察西安出口加工区A区。

西安海关为西安某公司办理了第一份以加工企业为单元的电子化手册备案资料库，标志着西安关区加工贸易纸质手册电子化管理模式的正式启用。

陕西省

8月27日

西安机场海关举行升国旗暨新办公楼启用仪式。

9月5日~7日

边防总局齐焕祥副局长一行到陕西边防总队检查指导工作。

9月10日

为期10天的"中国陕西省—韩国合作周"在韩国首都首尔闭幕。各口岸查验部门为"韩国周"活动提供优质通关保障。

9月12日

西安咸阳国际机场1号航站楼正式启用。民航总局局长杨元元,陕西省委常委、副省长洪峰等领导出席了启用仪式。新启用的1号航站楼由南航集团独家冠名,南航、厦航、川航和重庆航空共同使用。启用后,咸阳机场候机楼使用总面积达到10万平方米,大大缓解了机场候机楼资源紧张的局面。

9月17日

西安咸阳国际机场荣获由民航总局精神文明建设指导委员会组织考评的"全国文明机场"称号,表彰大会于9月26日在北京举行。

9月21日

海关总署牟新生署长一行在省政府赵德全副省长、梁和平副秘书长、西安海关周凤琴关长等领导陪同下视察西安出口加工区B区,并为驻区海关机构题词"履行海关职责,助推经济发展"。

10月17日

西安海关出席在厦门举行的厦门、福州、成都、重庆、西安、兰州、西宁七海关区域通关改革《联系配合办法》签字仪式,并与厦门海关签订区域通关协议,至此,与西安海关签定区域通关协议的海关增至8家。

10月27日

鲲鹏航空公司在西安人民大厦举行隆重的开航庆典,由深航与美国梅萨航空集团联合成立的中国民航首家中外合资的专业支线航空公司——鲲鹏航空公司正式落户咸阳机场,成为西安咸阳国际机场第四家基地航空公司。鲲鹏航空公司的进入,对丰富西安咸阳国际机场机型结构,促进西安咸阳国际机场支线航空发展具有十分重要的意义。

11月9日

西安咸阳国际机场隆重举行年旅客吞吐量突破1 000万人次庆典活动,标志着西安咸阳国际机场跨入繁忙机场行列,在构建区域枢纽机场的进程上取得了重要的阶段性成果。

11月13日

西安海关与陕西出入境检验检疫局在西安签订合作协调机制备忘录。

11月21日

省电子口岸联席会议办公室委托陕西省采购招标有限责任公司完成了"空港电子作业系统"、"基础网络集成系统"两个项目的招标谈判工作。

11月22日

受海关总署委托,西安海关会同省发改委、商务厅、国土资源厅和出入境检验检疫局共同组成联合验收小组,对西安出口加工区A区保税物流项目围网及监管设施进行验收。该保税物流平台是西北五省及四川、湖北、河南、山西、内蒙等十省区惟一的一家。

11月23日

陕西省口岸协会成立。

11月24日

机场海关完成对首次来华访问的法国总统尼古拉·萨科齐一行4架专机的监管任务,按有关规定对法国总统及其随行人员予以礼遇,并对随行87名记者携带的摄影摄像器材进行监管。

12月15日

省电子口岸联席会议办公室与福建电子口岸股份有限公司签订《陕西电子口岸空港电子作业系统协议书》。

12月19日

省电子口岸联席会议办公室与西安未来国际软件有限公司签订《陕西电子口岸基础网络及系统集成项目建设合同》,标志着项目进入实施阶段。

12月29日

公安部现役办副军职调研员周伟同志到陕西公安边防总队检查指导工作。

甘肃省

甘肃口岸工作综述

【概述】 甘肃以古甘州、肃州两地首字而得名。全省总面积42.58万平方公里,地处黄土高原、内蒙古高原、青藏高原的交汇处,分属黄河、长江、内陆河三大流域。地形呈狭长状,东西长1 655公里,南北最窄处25公里。多数地方海拔在1 500米到3 000米之间。年均降水量不到300毫米,各地气候差别较大,生态环境复杂多样。全省现辖12个市、两个民族自治州,86个县市区,总人口2 635万。省内有55个民族成份,少数民族人口230万人,占总人口的8.8%。回族、藏族人口较多,东乡族、保安族、裕固族是甘肃省独有的少数民族。甘肃历史文化厚重,是中华民族和华夏文化的重要发祥地之一。甘肃资源比较丰富,境内已探明储量的矿产有92种,有10种矿产资源保有储量居全国第1位,34种居全国前5位。煤炭资源保有储量86.76亿吨,石油资源储量12.4亿吨,天然气探明储量67.25亿立方米。水能、风能、太阳能资源都十分丰富。野生动植物种类繁多,其中野生中药材950多种,是全国的主产区之一。旅游资源得天独厚,有全国重点文物保护单位43处,国家级历史文化名城4个。

甘肃经过建国以来的开发建设,形成了以石油化工、有色冶金、机械电子等为主的工业体系,是我国重要的能源、原材料工业基地。2007年,全省实现国民生产总值2 669亿元,比上年增长11.8%,人均生产总值突破了1 017.5美元。大口径财政收入391.6亿元,增长32.7%;一般预算收入190.6亿元,增长35%;农民人均纯收入达到2 294元。全省城乡市场进一步协调发展,国内贸易稳步增长,全年实现社会消费品零售总额833.3亿元,比上年增长16.1%。进出口贸易增势强劲,近年来保持了44%的年均增幅。2007年全省外贸进出口总值为54.96亿美元,同比增长44%,其中出口16.59亿美元,同比增长10%;进口38.36亿美元,同比增长66%。进出口贸易逆差为21.77亿美元。

2007年甘肃省进出口货量约为550万吨,其中出口约170万吨,进口约380万吨。主要货物品种及数量为:钢材110万吨,硅铁20万吨,苹果汁5万吨,以及镍、柠檬酸、炭化硅、杂豆、番茄酱、葵花籽等。

【口岸分布】 1992年甘肃省经国务院批准的一类口岸有两个,即兰州中川机场航空口岸和马鬃山陆路边境口岸。兰州航空口岸是甘肃省直接同国际间接轨的空中通道,马鬃山陆路边境口岸则是甘肃省与蒙古国进行边境贸易往来的陆路通道。口岸的开通,打破了深居中国西北内陆的甘肃省长期以来与外界隔绝的封闭状态。

兰州中川机场位于兰州市西北部的永登县境内,海拔1 948米;距兰州市中心67公里,有高速公路相通。兰州航空口岸于1992年11月24日经国务院批准,开通了兰州至香港的旅游直航包机航线,是甘肃省直接对外开放的空中通道。自2004年兰州航空口岸被国家确定为穆斯林朝觐出入境口岸以来,出入境人数不断增加。2007年底共查验出入境航班31架次,出入境旅客9 488人次,与2006年同比,出入境人数增加1 029人,出入境航班增加5个架次。

马鬃山陆路边境口岸位于甘肃省酒泉地区的肃北蒙古族自治县马鬃山镇。该区西邻新疆,南接玉门市、安西县,东靠内蒙自治区的额济纳旗,北与蒙古国的戈壁阿尔泰省相连,有65.017公里的边境线。全区总面积4.2万平方公里,人口1 178人,其中与蒙古国有亲缘关系的有184人。马鬃山陆路边境口岸开放于

1992年9月，共开关5次，过货4次，进出境货物1 500吨，实现贸易额443.5万元。1993年8月，由于蒙古国单方面原因，关闭了那染色布斯台口岸，致使马鬃山口岸关闭至今。多年来，省委、省政府对重新开放马鬃山口岸十分重视，先后通过各种渠道，与蒙古国中央政府和地方政府接触，提出了重新开放马鬃山—那染色布斯台口岸的愿望。在我国外交部和国家口岸办的重视和支持下，双方政府先后举行了多次会谈，并签订了加强贸易合作、共同努力推动马鬃山—那染色布斯台口岸重新开放的合作备忘录和议定书。但由于复通马鬃山—那染色布斯台口岸需由两国间中央政府达成一致，致使该口岸的复通工作停滞不前。

【口岸发展思路】 按照科学规划、合理布局、有所创新的原则，甘肃省口岸发展的总体战略布局是：以兰州航空口岸、兰州无水港建设和新设敦煌航空口岸为重点，以欧亚大陆桥西陇海兰新线甘肃段为主线，以沿线12个市、州为两翼，通过一、二类口岸并举，陆空口岸同步发展，打造西北物流中心和黄金旅游线，提高口岸流量，最终形成口岸开放战略新格局。

【口岸建设情况】 兰州航空口岸。进一步完善兰州中川机场设施建设，积极向国家争取相关政策，依托以兰州为枢纽的优势，向国家民航总局申报，尽快将兰州中川机场从现在的4D级提升为4E级国际机场，同时向国家口岸管理办公室申请，将兰州中川机场批准为正式对外开放口岸。随着甘肃省对外开放的不断深入，国际航空市场业务的扩大，兰州中川机场近年来得到快速发展，已具备保障国际航班的条件，成为西北地区重要的航空港和I级国际备降机场。目前，在兰州中川机场运营的国内航空公司共有10家，其中海南和东方两家航空公司在此设立了基地公司。承担国际包机、货机、备降等飞行计划的国外和地区航空公司有：新加坡、泰国、日本、马来西亚、荷兰皇家、港龙等航空公司，主要承运旅游、公务、朝觐包机等业务或选择兰州机场为备降场。开通国内外航线40余条，通航城市达40多个，每周计划执行国内定期航线航班600班次左右。自"十五"以来兰州中川机场共执行国际包机和备降航班近500架次，运送出入境旅客3万余人。近几年，兰州中川机场保持着较快的发展速度，保障运输起降架次、旅客吞吐量增幅平均达30%以上。曾接待过哈萨克斯坦总统专机、急救病人包机、世界银行行长专机、联合国维和部队包机、国际和地区公务机等。荷兰皇家航空公司已正式同兰州机场公司签订了协议，将兰州机场作为该公司国际航线的备降机场，纽西兰、亚洲运营、港龙等国际和地区航空公司也正在与兰州机场洽谈备降事宜，海航在近期制定的甘肃航空市场"北斗星"发展战略中，计划开通兰州至韩国、日本、马来西亚、新加坡等地的国际旅游包机或定期航班，以构架国际航线网络。

新设敦煌航空口岸。进一步加大设立敦煌航空口岸的工作力度，通过各种渠道积极向国家口岸管理办公室申报，以便取得国家口岸管理办公室的理解和支持。改革开放以来，敦煌的产业结构得到快速调整，经济有了较快发展。2007年，国内生产总值达到29.09亿元，财政收入达到2.31亿元；农民人均纯收入达到5 306元，城市居民可支配收入达到10 800元。全年接待中外游客140万人次，其中外宾8.6万人次，旅游业总收入达到8.06亿元，旅游业已成为敦煌经济发展的支柱产业。随着人民生活水平的不断提高和旅游业的快速发展，敦煌日益成为国内外人士观光旅游的最佳胜地。2006年底，海关总署对甘肃省提出的设立敦煌航空口岸作了如下批示："在国家有关部委研究《国家"十一五"口岸发展规划》时，敦煌机场未能列入。总署将密切关注该机场的发展情况。若敦煌地区确有重大外交、经济、政治活动，总署可考虑以临时批准开放的方式予以支持"。目前，申请敦煌季节性临时对外开放的工作正在抓紧进行。

马鬃山陆路边境口岸。2006年底，海关总署对甘肃省提出的需要海关总署具体支持办理事项，特别是对甘肃提出的马鬃山陆路边境口岸的重新开放作了如下批示："赞成并积极支持马鬃山口岸复通。此前曾多次会同外交部就开通马鬃山口岸与蒙古国商谈，未获该国同意。总署将继续会同外交部加强与蒙方协商会谈"。根据海关总署批示精神，省口岸办将继续加大马鬃山口岸重新开放的工作力度，采取多种形式，力争通过外交途径争取马鬃山口岸的早日复通。目前，复通马鬃山口岸的工作正在积极向前推进。

加强公铁海（无水港）口岸建设。根据2007年7月19日甘肃省商务厅（口岸办）和天津市口岸委签署的《内陆无水港建设协作意向书》，该项工作由甘肃物产集团和中通国际远洋物流有限公司联合编制可行性报告，并签署了合作意向书。此项工作在各方努力下正逐步推进。

甘肃口岸查验单位工作综述

兰州海关

【坚持综合治税，各项业务工作圆满完成】 兰州海关以构建综合治税大格局统筹业务工作，逐步形成了监管、缉私、稽查等各业务之间整体联动、协调运转的良性机制，坚持综合治税、依法减免、科学征管、应收尽收，为国家财政多做贡献。在坚持量质并举做好海关税收的同时，通过有重点的打、防、整、治活动和打私专项斗争维护了进出口秩序，物流监管有效地实现了严密监管与高效运作，H2000等业务系统的充分应用为加强业务工作提供了科技保障，海关稽查促进企业提高了守法经营和自律意识，以税收为统揽的各项工作不断取得新成绩。据统计，全年监管进出口货运总量99.31万吨，货物总值22.94亿美元；加工贸易合同备案金额1.64亿美元；实际减免两税4.01亿元；审结行政案件7起，案值9 362.86万元；监管进出境人员10 255人次。特别是完成税收22.1亿元，比上年增长69%，税收质量列西部前列，已连续6年保持税收的高速增长。

【落实区域通关改革措施，实际监管能力和通关效率得到提高】 积极宣传推广"属地申报，口岸验放"通关模式，广泛开展区域通关合作和试点工作，与上海、乌鲁木齐等5个口岸海关新签署了区域通关合作协议，试点口岸增至8个关区的26个一类口岸，适用企业达到16家。甘肃电子口岸建设取得阶段性进展，电子口岸平台网站正式开通，开通网上支付的企业近40家，企业在网上缴纳税款占全年税款总额的比例达到81.86%。规范通关、查验、加贸管理等通关业务的操作流程，实行对外窗口标准化作业，进一步简化通关手续，提高了通关效率。进出口报关单平均通关时间从2006年的9.44小时和2.12小时下降到5.11小时和1.56小时。全力支持地方口岸和特殊监管区域建设，对兰州中川机场申报国际航空口岸，敦煌机场临时开放等建设规划、设备设施的规定和需求提供咨询意见。

【增强主动服务意识，全力支持地方外向型经济发展】 兰州海关主动把海关工作置于甘肃经济社会发展大局中，切实在解放思想、更新观念、改进作风、提升服务上下工夫。认真落实海关总署支持西部大开发的总体意见，经过充分调研，出台了《兰州海关支持西部大开发的21条措施》，通过召开支持西部大开发措施通报会对外发布。从提高通关效率、支持重点项目、服务重点企业、扶持加工贸易转型升级等8个方面提出具体措施，认真加以落实。坚持落实24小时预约通关、门到门验放等便捷措施，对A类企业、重点国有大中型企业进口货物提供"三优先"服务，为鲜活冷冻商品、大宗散货、超高超限货物等带有关区特点的进出口货物落实针对性的便捷通关措施，提高服务质量。认真落实各项减免税政策，做好振兴装备制造业、省内重点引进和技术改造项目等的政策咨询服务和减免税审批工作，帮助从事进出口贸易活动的企事业单位正确理解、充分运用国家优惠政策，全年办理减免税4.01亿元。隶属海关酒泉顺利挂牌开办业务，天水监管组职能不断完善，在服务地方企业、促进地方外向型经济发展方面的作用逐步发挥。围绕地方党委、政府工作重点开展课题调研,围绕资源类产品、农产品出口、振兴装备制造业、民营进出口企业发展等课题从海关工作角度向地方党委政府提出积极建议。海关统计预警、监测、分析功能进一步发挥,服务地方宏观经济水平和统计信息社会化服务程度进一步提高。

【发挥海关缉私、稽查作用,优化进出口环境】 坚持以打促税,对涉税走私活动实施重点打击和综合治理,协同有关部门开展了"补天专项行动"、"扫黄打非"、"整规宣传月"等专项活动,建立了"四位一体"的查缉毒品情况系统,增强了打私威慑力。积极推进全省反走私综合治理,召开了打击走私综治成员单位联席会议,协作配合机制进一步健全,打私合力明显提高。积极探索内陆海关规范企业行为工作的有效途径,努力建设风险、稽查、企管三位一体联合后续监管的工作机制,初步实现了"稽查一批企业,规范一个行业"的目标。推进企业诚信管理机制,积极鼓励进出口企业参加"红名单"、AA类、A类企业的评定,保证守法企业充分享受海关优惠措施。2007年共办理新企业注册258家,比上年同期增加13%,关区有效在册企业达962家。其中,关区"红名单"企业4家、AA类企业3家、A类企业达20家。

兰州出入境边防检查站

2007年,兰州出入境边检站在上级党委的正确领导下,以邓小平理论和"三个代表"重要思想为指导,全面落实科学发展观,围绕"提高边防检查服务水平"活动和"三基"工程建设,加大工作力度,突出重点,整体推进,为努力实现"一个中心,两个坚持"和"三步走"的提高边检服务水平战略目标,狠抓了边检执勤执法、部队正规化管理和基层建设,各项建设取得了长足发展。

【落实两个"规范",严密勤务组织,圆满完成出入境航班边防检查任务,确保口岸安全畅通】 兰州出入境边防检查站党委始终把边防检查工作摆在首要位置,坚持一切为中心工作服务的原则,按照《出入境边防检查服务规范》、《出入境边防检查勤务工作规范》,进一步完善了勤务制度、验讫章管理等制度,立足当前,着眼长远,先后制定了《兰州边检站开展提高边检服务水平活动实施方案》、《兰州边检站落实<总队"提高边检服务水平,开展全员业务练兵工作方案">实施计划》以及《兰州边检站文明执勤用语规定》、《兰州边检站检查员考评办法》、《兰州边检站提高边检服务水平监督工作机制》、《兰州边检站提高边检服务水平维权机制》等9个方案、计划和18种制度、规定,制定完善了18类表、簿、册,为提高边检服务水平工作的开展提供了行动规范和目标指引。围绕"提高边检服务水平"活动,规范勤务组织程序,圆满完成出入境边防检查任务,针对甘(肃)青(海)两省穆斯林群众赴沙特朝觐和兰州军区维和部队等出入境,短时间内口岸大进大出等情况,站党委想方设法,制定专门的方案,圆满完成兰州军区赴刚果(金)维和工程部队官兵边防检查任务、日本福岛直接飞抵敦煌的国际临时包机的入境边防检查任务、2007年甘肃、青海穆斯林群众赴沙特朝觐包机等临时航班边防检查任务,共检查出入境飞机42架次,出入机旅客、员工12 131人次,未发生执勤事故。在执勤过程中,检查员规范的勤务动作,严整的军人作风,高效的通关效率,热情的服务态度,受到了市政府、联检单位、机场公司以及出入境旅客的好评,充分展现了兰州边检站在"提高边检服务水平"活动中所取得的成果,在甘肃省的朝觐工作表彰大会上,被评为"朝觐工作先进单位",一人被评为"朝觐工作先进个人"。

【深入贯彻落实《评价体系》,加强口岸现场改造工作】 按照"一切围绕现场、一切为了现场、一切保障现场"的要求,对照部局《评价体系》和《边检现场标志、标识标准》,本着"节俭、美观、齐全、完善"的原则,对现场设施进行了全面改造。一是开通了站部到执勤现场网络,方便了执勤数据的传输、上报、查询、监督。购置了U盘、移动硬盘等技术设备,完善了执勤应急设备,同时,落实了部局信息化建设三年规划检查验收的各项准备工作，并通过了验收，为更好地实现提高边检服务水平总体目标奠定了基础。二是自主设计研发了兰州边防检查站互联网主页。三是规范了公报内容，丰富了宣传形式。全年共制作宣传设施8件，印制各类宣传卡片和手册3 500多份，使旅客能够一目了然地看清相关边检规章，熟悉通关程序，达到了美观大方、直观醒目的要求。四是规范、完善了各类现场标识。根据部局统一规范，结合兰州口岸现场实际，更新、规范、制作了各类标识22件（套），方便旅客识别。五是更新改造了现场设施。按规范改造了验证台，更新了台内座椅，制作完善了填卡台、投诉台和咨询台等，同时还建立了备勤室、检查员休息室、值班室，为更好地落实勤务规范做了比较充分的准备，在旅客候检区域放置休息座椅和便民箱、饮水机等便民服务设备，营造了便捷、舒适、温馨、和谐的边检查验环境。六是认真落实"公安部边检服务水平12项措施"，在现场增设了"迟到免排"、"蓝色警戒线"等标志，想旅客之所想，解旅客之所难，灵活处置各类问题，尽量满足旅客需求。

【加强内外监督，兑现服务承诺，广泛争取意见】　　一是健全内部监督机制。先后成立了兰州边防检查站"提高边检服务水平"维权小组、兰州边防检查站"提高边检服务水平"监督小组等领导、监督机构，对全站业务工作的开展情况、执勤人员服务表现、出入境旅客投诉等情况及时进行调查研究和解决。二是建立外部监督机制。兰州边检站聘请了省口岸办、省民族宗教局、省旅游局、兰州海关、省检验检疫局、城关区拱星墩街道和兰州机场集团公司、甘肃日报、甘肃法制报等单位的9名社会监督员，并向受聘监督员颁发了聘书和证件，先后召开了3次"提高边检服务水平"社会监督员座谈会暨媒体通联会，公布了"边防检查服务承诺"和"十项便民措施"，发出有效征求意见表30余份。三是强化现场监督。在执勤现场醒目位置公开了《边防检查服务承诺》、"边检执勤八不准"、《边防检查标准》等公告牌，设置投诉意见箱，公布投诉渠道和方法，公开部局、总队、边检站三级投诉电话。设立了监督台，实行挂牌上勤，公布执勤人员编号、姓名和职务，自觉接受出入境旅客监督。四是充分利用现场电视监控系统功能，建立现场执勤录像抽查制度。勤务后，召开专门勤务分析会，组织全体业务人员收看监控录像，及时发现问题并加以改进。五是主动作为，积极汇报，争取地方党委政府和相关单位支持。年内开展"提高边检服务水平"活动以来，在总队领导的支持下，边检站积极与地方党委政府和相关单位取得联系，多次主动向兰州市政府领导汇报了边检站机构设置、担负的主要任务和开展"提高边检服务水平"工作情况、全员业务培训以及机场设施建设等方面的情况。

【大力培养人文精神，切实提高官兵思想道德素质，树立公安边防部队为民服务的良好形象】　　兰州边检站以中华文化的优秀传统积极引导官兵、熏陶官兵，不断提高官兵思想道德修养，在执勤执法中，凸现以人为本的原则。一是规范个体形象，从仪容仪表、言行举止抓起，要求每个检查员做到"头发不整洁不上勤、衣服不熨不上勤、皮鞋不亮不上勤"，严格落实"上勤前检查、执勤中提醒、下勤后讲评"制度。二是提升整体形象。为把"提高边检服务水平"活动引向深入，按照公开、透明的原则，通过问卷调查、座谈走访等形式，广泛征求官兵及社会各界意见，建立健全了内外监督评价体系，并在口岸设立了中国公民出境告示牌、边防检查标准牌和举报箱，公布了部局、总队和站三级举报电话等。

　　2007年兰州出入境边检站圆满地完成了以边防检查工作为中心的各项任务，取得了较好的成绩，今后的工作中将继续扎实有效地开展"提高边检服务水平"活动，树好"窗口"文明形象，不断提高检查员综合素质，建设一支高水平的检查执法队伍，圆满完成出入境边防检查任务，努力做到"四个一流"，即：一流的专业队伍、一流的服务水平、一流的职业地位、一流的工作氛围。

兰州边防检查站2007年业务统计表

出入境航班架（次）	31
出入境人数	10 024

甘肃出入境检验检疫局

2007年，甘肃检验检疫局在国家质检总局和甘肃省委、省政府的领导下，坚持以邓小平理论和"三个代表"重要思想为指导，认真贯彻落实党的十七大精神，以深化检验检疫监管为主线，把开展产品质量和食品安全专项整治活动作为2007年工作的重中之重，严格监管，强化服务，使全局工作呈现出新起色、取得了新的成绩。

【全面履行职能，着力提高检验检疫工作水平】 2007年，甘肃检验检疫局各部门团结协作，奋勇拼搏，全面完成了岗位目标责任书规定的任务。全年共检验检疫出入境货物11 131批，货值157 072万美元，同比增长分别为12.22%和10.58%。其中，出境10 176批，货值76 971万美元，同比增长为14.30%和减少10.49%；入境955批，货值80 102美元。同比分别减少6.00%和增加42.90%。经检验发现不合格商品56批，货值351万美元。不合格率分别为0.50%和0.22%。其中，出境46批，货值259万美元，不合格率分别为0.45%和0.34%；入境10批，货值92万美元，不合格率分别为1.05%和0.11%。入境发现病害一批，茄子种子上发现烟草花叶病毒，货值24美元。口岸出入境人员检疫查验7 927人次，同比增加3.36%。其中，出境2 637人次，同比减少37.02%；入境5 290人次，同比增加51.92%。预防接种5 483人次，同比减少21.20%；健康体检及艾滋病监测1 892人次；同比减少9.08%；发现病例数203人次，同比增加36.24%。保健中心艾滋病初筛实验室首次查出一名HIV抗体阳性者，送北京国际旅行卫生保健中心艾滋病确证实验室确认为阳性。全面落实了产品质量和食品安全专项治理整顿的各项指标，完成了"五个百分百"：出口蔬菜种植基地100%得到清查；出口水果果园、包装厂100%得到清理；出口食品卫生注册企业100%得到整顿；出口食品运输包装加贴标志100%落实到位；违法行为100%得到查处。

【齐抓共管，着力提升出口产品质量和食品安全管理水平】 甘肃检验检疫局一贯重视食品质量安全问题，坚决贯彻总局关于食品质量安全的各项决策和相关文件精神，检疫人员经常深入工厂、车间第一线，抓源头、抓管理、抓制度，使甘肃省的出口食品生产企业不断提高质量意识，2007年全省经检验检疫出口的产品质量安全从未发生过退货索赔情况。2007年产品质量和食品安全专项整治行动开展后，从检验检疫人员到出口企业管理和生产人员，产品质量安全的意识和责任有了很大的提高。

加强出口水果检验检疫监管，切实提高出口水果质量安全水平，有力促进了全省水果产品的出口。会同地方果业主管部门，对全省出口水果果园、包装厂进行了100%的清理，共清查输泰和供港澳注册果园18.6万亩，清查水果包装厂14家。甘肃局要求注册登记果园严格按照"公司+基地+标准化"的模式运作，并与平凉市政府共同推进良好农业规范（GAP）标准的宣传和实施，将平凉金果集团经过GAP认证的5 000亩果园作为出口水果示范园，以点带面，进而推动全省出口水果果园管理上水平上档次。据统计，2007年全省出口水果创汇614万美元，同比增长124%。贸易国由原来的泰国、俄罗斯、新加坡、吉尔吉斯斯坦等4个国家增加为泰国、俄罗斯、印度、阿联酋、马来西亚、印度尼西亚、哈萨克斯坦、吉尔吉斯斯坦等8个国家。

完善出口食品追溯管理制度，出口食品运输包装100%加贴了检验检疫标志。制定了标志管理办法和作业指导书，指定专人订购、分发。按总局规定的标志加施范围已累计对934批出口食品加施了检验检疫标志。出口食品运输包装加贴检验检疫标志已100%落实到位。

加强许可证管理企业后续监管，出口食品卫生注册企业100%得到清理整顿。全省出口食品卫生注册登记企业65家，甘肃局对其进行拉网式检查，实现了100%的清查。检查中吊销了两家问题较为严重的卫生注册登记企业的注册资格，暂停报检13家企业，要求限期整改，经整改验收后，已全部恢复报检。

提高执法力度，违法行为100%得到查处。在专项整治期间，甘肃局发现酒泉市某脱水蔬菜公司在卫生注册地以外另设生产加工点生产出口脱水蔬菜，以公司卫生注册编号出口。甘肃局经过严密调查掌握了企业违法事实，对该企业进行了处罚。针对省内个别未注册企业向外省出口食品厂提供半成品的案例，甘肃局加强与兄弟局的协作配合，提高了监管的有效性。与陕西检验检疫局密切配合，对省内某未注册果汁加工厂向陕西某出口果汁企业提供半成品的行为进行督促检查，加强源头管理，并敦促该企业向当地检验检疫机构申请卫生注册。

根据形势发展变化，创新监管手段。对整治过程中发现的问题，甘肃局及时召开会议进行研究部署，提出整改措施，建立长效机制，改革监管模式，创新监管手段，提高监管有效性。一是充分利用现代科技手段，提高效率，严密监管。对5家企业进行电子（数据）监管，还对6家出口食品加工企业进行远程电子（视频）监管。现在，在甘肃检验检疫局监控室里，可以看到生产线及关键控制点上工人操作情况，从而加大了过程控制的力度，提高了监控的有效性。

【着力提升甘肃省农产品在国际市场的竞争力】 支持地方政府，率先把良好农业规范(GAP)标准引入平凉市所辖泾川县、静宁县和庄浪县的苹果种植示范基地建设中，在平凉金果集团开展了甘肃省首家(GAP)体系认证。2007年平凉金果出口单价和出口订单均大幅增长，并且呈现出良好的发展势头。作为平凉市农村经济支柱之一的苹果产业的发展，必将有力促进当地农民增收和农村增效。11月22日平凉市委市政府适时召开了"平凉金果"展销新闻发布会，在全省取得了良好的示范效应。对甘肃省农产品知名品牌、特色产品、优势农产品开展地理标志产品保护认证工作。已累计帮助12家企业完成了地理标志产品保护认证注册工作，占同期全省获证企业总数的75%，目前还有"漳县蚕豆"、"玛曲牦牛"等9种产品地理标志保护的工作正在进行中。加强对供港活牛育肥场的监管，促进活牛供港出口。甘肃局严格按照《供港澳活牛检验检疫管理办法》的要求，加强了对注册育肥场的监督管理，引导和鼓励场方自己加工和配制饲料，以降低饲料中含有违禁药物或限量药物超标的问题。通过甘肃局的监管和指导，2007年160头活牛顺利通过检疫发送香港。

【着力提高对促进甘肃经济又好又快发展的有效性】 改革完善检验检疫监管模式，提高检验检疫工作效率。2007年以来，甘肃局积极参与地方电子口岸建设，主动为联检单位提供报检数据，推动更多的企业安装企业端软件，实现更多的企业电子报检和电子签证，目前共有5家企业实行电子监管，数据监管已正常运行，视频监管已在试运行中。对天水市装备制造企业出口机电产品实施"两种管理"、"五种模式"的检验检疫监管新模式，变事后检验为事前把关，强化了源头和产品实现过程的监管，加快了验放速度，检验放行周期由原来的最长5天缩至最短2小时。兰州河桥硅电资源有限公司等8家企业，被国家质检总局核准为出口工业产品一类生产企业，享受分类管理优惠待遇。

认真贯彻落实检贸合作机制和关检合作备忘录，按照监管有效、资源共享、协同执法原则，推动关检合作、检贸合作；与连云港检验检疫局和天津检验检疫局签订了合作协议，建立了通畅、快捷的异地检验检疫协作机制，促进了货物的快进快出；认真落实《关于支持甘肃省大型企业和重点建设项目八条服务措施》，与酒泉钢铁公司签订了检企合作备忘录，发挥进口设备驻现场办公室的作用，保障了重点引进项目——酒钢公司不锈钢生产线的顺利安装调试；坚持适时向当地政府、出口企业通报国外技术壁垒的最新情况。2007年举办了欧盟REACH制度培训班，将国家质检总局关于应对欧盟REACH制度的新政策、新措施及时传达给企业，帮助企业开展具体的技术、信息储备和应对工作。

及时处置好口岸疫病疫情突发事件。密切关注国内外疫情动态，全力构筑陆港、空港检验检疫防线。认真学习贯彻《国际卫生条例》，把口岸卫生监督工作作为难点来突破，利用穆斯林朝觐包机运行的时机，做好穆斯林群众包机卫生检疫和临时备降飞机的应急检疫查验工作，落实口岸重点传染病防控工作措施，进一步完善口岸传染病应急处理机制建设，加强卫生处理单位的安全和质量管理，加强疫情报告管理和卫生检疫电子监管工作。6月份，对刚果（金）返回轮换的维和分队口岸查验给予了便利，受到了州军区有关部门的好评。

出入境检验检疫业务统计表1

项目	货物检验检疫				交通工具				集装箱（个）	
	批次	金额（万美元）	检验检疫不合格		船舶（艘）	飞机（架）	火车（节）	汽车（辆）	合计	检出问题
			批次	金额（万美元）						
本年累计	11 131	157 072	56	289		41			60	
出境	10 176	76 970	46	259		20				
入境	955	80 102	10	29		21			60	
上年同期累计	9 919	142 045	28	220		38			121	
出境	8 903	85 990	15	90		18				
入境	1 016	56 055	13	130		20			121	
比上年同期增减（%）	12.22	10.58	100	31.17		7.89			−50.41	
出境	14.3	−10.49	206.67	186.91		11.11				
入境	−6	42.9	−23.08	−77.53		5			−50.41	

出入境检验检疫业务统计表2

项目	发现动植物疫情		货物通关		出入境人员查验（人次）	健康检查及预防接种（人次）			
	种类数	种次	批次	金额（万美元）		健康检查	艾滋病监测	发现病例	预防接种
本年累计	1	1	1 300	59 398	7 927	1 892	1 892	203	5 483
出境			136	5 565	2 637	1 387	1 387	174	5 483
入境	1	1	1 164	53 833	5 290	505	505	29	
上年同期累计	1	1	1 263	52 999	7 669	2 081	2 081	149	6 958
出境			132	12 338	4 187	1 726	1 726	144	6 958
入境	1	1	1 131	40 661	3 482	355	355	5	
比上年同期增减（%）			2.93	12.07	3.36	−9.08	−9.08	36.24	−21.2
出境			3.03	−54.89	−37.02	−19.64	−19.64	20.83	−21.2
入境			2.92	32.4	51.92	42.25	42.25	480.00	

甘肃口岸大事记

甘肃省口岸办积极配合国家宗教局、中国伊斯兰教协会，并组织协调口岸各查验单位顺利完成了2006~2007年度甘、青两省区近4 000名穆斯林赴麦加朝觐的出入境查验任务，再次受到国家宗教局、中国伊斯兰教协会及相关部门的好评。

甘肃省口岸办积极配合连云港港务局在兰州成功举办了"连云港港服务甘肃经济发展推介会"受到了连云港港务局及甘肃省进出口企业的好评。

甘肃省口岸办积极协调口岸各查验单位，顺利完成了维和部队从卢旺达直飞兰州入境的查验任务，受到了兰州军区后勤部的好评。

在国家口岸管理办公室的关心支持下，在海航集团和地方政府以及口岸各联检单位的共同努力下，完成了敦煌国际厅改造项目。2007年10月17日实现了敦煌机场的临时开放，首架由日本直飞敦煌的临时包机顺利从敦煌入境。

2007年6月甘肃省口岸办与西藏自治区口岸办签署了甘肃—拉萨跨区域口岸合作议定书。

2007年7月甘肃省口岸办与天津市口岸委签署了建设内陆无水港合作意向书。

宁夏回族自治区

宁夏口岸工作综述

【目标任务】 2007年，自治区口岸建设的目标是：航空口岸开通国际(地区)航班；国内航空运输新开航班航线和增加已有部分航线航班密度；确保2007年宁夏朝觐群众从银川出入境；调研论证宁夏国际空港物流园区项目；调研论证和指导规划建设银川开发区和石嘴山惠农区陆路口岸(铁海联运)项目；积极推进银川至中东、韩国、西亚等地的国际客、货运包机；稳步推进电子口岸建设等。在自治区领导的大力推动和各成员单位的共同努力下，在国家有关部门的支持下，自治区口岸各项工作顺利推进，基本完成了年初提出的目标。

【口岸开放情况】 一是国内航线航班有了增加。按照自治区党委、政府两个会议纪要的要求，主要有两个方面的工作。一是积极向国家民航总局申请银川—北京时刻，千方百计增加银川至北京的航班密度。二是主动联系国内各大航空公司，积极开辟增加银川到国内其他城市的航线航班。增加银川—北京航班主要困难是北京时刻问题。自二月起，口岸办就和机场集团一起联系民航总局，了解申请程序和关键环节，并联系落实由东航执飞新增航班，三月份全国两会期间，齐同生副主席亲赴民航总局会见了民航总局杨国庆副局长，提交了自治区政府要求增加航班时刻的函。联航到银川考察后于6月18日开通了北京(南苑)—银川航班，每周三班。2007年，新增的航线有银川—重庆—贵阳、青岛—银川—敦煌、银川—成都—昆明、银川—太原—天津航线航班；调整机型增加运力及由经停改、增直飞班次的航线有银川—北京、广州、上海、银川—杭州，银川—武汉等航线。二是银川—香港定期航班开通，国际客货运包机有了进展。国际航线的开通主要涉及开通香港客运定期航班(包机)、保证2007年朝觐包机从银川出入境、逐步开通银川到日本、韩国、东南亚、西亚、东欧等地客货运包机等，其中香港定期航班和朝觐包机是工作重点。

为确保宁夏穆斯林朝觐包机从银川机场口岸出入境，口岸办多次和民航总局、国家伊协及航空公司联系朝觐包机事宜，5月份专程拜访了国家伊协和东方航空公司，经自治区民委和口岸办努力，国家民委同意并安排东方航空公司承担2007年宁夏朝觐包机任务。10月份，自治区口岸办又会同民委连续召开朝觐包机保障工作会议，部署落实相关工作。宁夏穆斯林朝觐包机出境任务已完成，出境旅客1 600人安全到达麦加。

【陆路口岸建设】 陆路口岸是依托天津港建设的内陆二类口岸(无水港)，有石嘴山惠农二类陆路口岸和银川开发区二类陆路口岸两个项目。按照自治区党委常委会议纪要"抓紧论证、尽快确定"的要求，口岸办多次到石嘴山调研，积极和海关、检验检疫局、经委等单位协调联系，征求意见。3月14日，口岸办向自治区政府提交了同意石嘴山市二类陆路口岸的建议报告，自治区政府于4月5日正式批准(宁政函[2007]40号)，同意设立惠农陆路(二类)口岸。惠农至天津塘沽五定班列已于2007年4月下旬开行，目前每两天开行一列。项目总投资1.17亿元，占地面积近23万平方米(约340亩)，其中堆场占地8万平方米(约120亩)。项目建设内容主要有口岸物流区、办公生活区和口岸信息系统建设。物流区按功能划分为铁路专用线、集装箱堆场；进出口检验检疫区、海关监管区及监管设施建设。办公生活区按功能划分为联检单位办公用房、企业办公用房及工作人员生活用房等。项目全部建成后可实现年吞吐量10万只标准集装箱，年物流配送能力为200万吨，预计年可实现营业收入55 600万元。银川市陆路口岸建设，已完成了可行性报告的调研工作，银川市提出了初步项目规划，占地总面积2 500亩，总投资12.5亿元，分三期建设，一期1 200亩投资4.16

亿元，二期600亩投资4.24亿元，三期700亩投资3.65亿元。

【区域通关合作】 在陆路口岸建设上，天津口岸办、海关、港务局、船公司等单位响应天津市委、政府的号召，对宁夏区陆路口岸建设给予了积极主动的大力支持。为加快发展，天津市提出了进一步改善口岸环境，提高工作效率，强化服务意识，为天津市及腹地省市经贸发展提供优质服务的口号。天津市口岸办和宁夏自治区口岸办于2007年3月签署了《天津市与宁夏回族自治区跨区域口岸合作备忘录》。天津口岸相关部门按照天津市人民政府加强天津口岸与中西部腹地口岸跨口岸区域合作的要求，多次派人到宁夏考察调研和指导，2007年6月，天津市政府柴中达副秘书长率交委、口岸办、海关、检验检疫局等单位到银川就跨区域口岸合作进行交流洽谈。宁夏出入境检验检疫局与天津检验检疫局签署了检验检疫业务合作备忘录。这些合作文件的签署和实施，将区域口岸合作项目化、具体化，为自治区无水港建设打下了基础。天津口岸办把支持惠农项目建设列为2007年重点工作之一，明确了责任处室和人员，并提出了和宁夏口岸相关部门共同努力，把惠农项目做成两地跨区域口岸合作示范项目的意见。

【电子口岸建设】 根据宁波电子口岸会议精神，借鉴其他省市特别是西部省市的经验，结合宁夏区目前进出口业务量不大的特点，依托中国电子口岸的平台信息资源，以虚拟方式建立宁夏电子口岸。目前，宁夏区电子口岸平台雏形在银川海关已初步建成，部分进出口企业外贸业务已在电子口岸平台试运行，2007年2月13日在银川海关举行了揭牌仪式，实现了宁夏区各执法部门和进出口企业的基本信息交换及进口付汇、出口收汇、网上退税、网上支付、网上报关等电子口岸业务在宁夏区的推广应用。11月12日，口岸办和海关组织了口岸建设成员单位座谈会，对电子口岸建设相关问题进行了讨论和部署。宁夏电子口岸建设计划分两步走，首先依托中国电子口岸软硬件基础建设虚拟平台，实现中国电子口岸现有应用项目在宁夏电子口岸的开通，初步建立起宁夏区电子口岸信息应用平台雏形，在这些基础上探索宁夏地方特色的口岸应用项目，再逐步发展建立实体平台，扩大宁夏电子口岸的应用范围。

宁夏口岸查验单位工作综述

银川海关

【概况】 2007年，银川海关在各部门大力支持下，紧紧围绕海关年度工作思路，以积极推进宁夏航空口岸建设，促进宁夏经济发展为指导，以强化各项业务建设和队伍管理为抓手，发扬艰苦奋斗精神，努力完成了工作任务。一是结合实际完成了机场办事处在空港旅检、航空货运、通关模式、业务流程、操作规程和岗位职责的制订。及时走访商务厅、口岸办、旅游局、机场集团、边防总队、商检局、安全厅等有关单位，积极主动掌握口岸联检单位筹建动态，为领导统筹决策当好参谋。二是全力做好了银川—香港国际航班试航的通关、监管工作。之前还特别对海关抽调参加旅检工作关员进行了岗前业务培训和现场演练，确保了对试航航班、机组人员和出境旅客正常监管业务的办理。三是认真制定了机场办事处办公家具、技术设备、办公设施配置需求方案。严格履行了议标、签报程序，协助服务中心、技术科完成了采购配备工作。四是制定了空港进出境旅检通道建设方案，检查指导旅检监管区域通道改建工作，申请调拨、安装测试调试了旅检现场X光机，协调口岸办配备了申报台、查验台、填报台、隔离带等设施，制作了旅检红绿通道灯箱标志和宣传牌。

【运行数据】 2007年共办理空运进出口货物通关229票、货运量35.17吨、货值371.12万美元、征款470.7万元（其中：关税107.59万元，增值税363.11万元）。旅检监管国际航班260架次，机组人员2 210人次、进出境旅客5 667人次，行李物品6 190件。旅检通道退运人民币4万元，征收行邮税5票，共计3 570元。

【业务建设】 7月20日，随着银川—香港定期航班的首航，结束了银川海关没有旅检业务的历史。分析航线，进出境旅客情况，把西夏文物、毒品、反动出版物、散发性宗教宣传品确定为禁止进出境物品的查验重点，把关员熟悉业务、熟练操作、热情服务、工作到位、举止文明、执法严谨作为衡量工作的标准。近五个月来，从航班监管到机组、旅客申报通关、机检查验等各业务环节以及对行李物品征、免、扣、退处理原则的掌握执行，基本做到了规范、有序、准确和扎实有效。根据国家宗教事务局关于2007年宁夏和部分外省朝觐人员从银川机场进出境的安排，为了保障穆斯林朝觐包机、人员有序、准时、快速地从银川空港口岸通关，机办制定详尽周密的工作方案。同时，按照关党组关于切实做好朝觐包机、机组、旅客和行李物品进出境通关工作的指示精神，全办人员统一思想，提高认识，正确掌握海关有关法律、法规、规定和国家民族宗教政策的执行尺度，圆满完成了这一事关民族团结、社会稳定、国家安全和海关形象的重大工作任务，受到各界好评。

【思想建设】 构建和谐口岸、争当文明窗口，紧紧围绕"服务经济、促进发展、构建和谐"的总要求，强化为进出口企业、为进出境旅客服务的意识，并以此为主要议题，制定发布方便企业和旅客通关的服务措施，先后与综合业务处召开税费网上支付企业座谈会，与机场商检局召开了共建和谐口岸座谈会，举办了海关、航服公司、航空公司服务企业座谈会和海关、机场航服业务工作研讨交流会，主动加强与联检单位的联系沟通。积极倡导机场、航空公司为进出口企业、为进出境旅客提供优质服务，及时了解联检单位、报关企业、通关旅客对机办工作的意见建议，切实改进和促进工作作风。在构建"和谐"口岸活动中，做到大事讲原则，小事讲风格，并且建立不定期向机场集团、联检单位通报工作制度，努力树立了文明窗口形象。

【队伍管理】 注重抓好全员平时的政治学习和廉正教育的同时，认真开展了以《海关人员6项禁令》、《海关人员外勤工作九不准》规定的对照自查工作和以"八荣八耻"、"树立八种良好作风"、"十七大精神"为主要内容的学习教育活动。倡导发扬吃苦耐劳、艰苦奋斗、勤俭建关的优良作风，努力做到思想不乱、作风不散、管理不松、廉政建设坚持长抓不懈、长备无患、警钟长鸣。出现了旅检关员拒收旅客赠物的良好行为。做管理人的工作，首先要坚持以身做则，重视模范带头和率先垂范作用。工作中要求别人做到时，自己首先要做到。要求一切问题主动查找主观原因。日常工作实行逐级管理，及时请示汇报和情况反馈制度。岗位工作坚持"谁主管，谁负责"原则。业务督导工作实行带班员制度，日常管理采取用制度规范每个人的行为，并自觉做到制度面前人人平等。

宁夏公安边防总队

【概况】 2007年，宁夏公安边防总队在部局党委的正确领导下，以党的十六届六中全会精神和党的十七大会议精神为指导，坚持科学发展观，紧紧围绕深化"爱民固边"战略，"提高边检服务水平"工作这个中心，脚踏实地，真抓实干，开拓创新，锐意进取，较好地完成了以边检执勤为中心的各项工作，实现了"两个确保"（确保口岸平安畅通、确保部队安全稳定），"三个提升"（提升班子自身建设能力，提升部队正规化管理水平，提升服务社会经济发展大局的能力）的工作目标，做到"三个满意"（让出入境旅客满意、让地方党委和政府满意、让部局和自治区公安厅满意）。

【自身能力建设】 加强学习，着力提高党委班子理论修养和决策能力。坚持党委中心组学习制度，对党的十六届六中全会和十七大会议精神、中央领导重要批示精神、公安部及部局党委重大决策部署率先学、深

宁夏回族自治区

入学,真正用党的先进理论统一思想、武装头脑、指导工作,打牢讲团结、干事业、谋发展的思想基础。坚持民主集中制,增强班子的凝聚力和战斗力。始终坚持党委统一的集体领导下的首长分工负责制,正、副书记及每个党委成员都充分发挥自身作用,恪尽职守,同心同德。立足实际、勇于创新,谋发展、求突破。宁夏边防总队刚成立,底子薄,困难多,党委"一班人"清醒地认识到肩负的职责和使命,将务实创新和发展作为一切工作的出发点,集中全体官兵的智慧和力量,加强教育监督,转变工作作风。按照党员领导干部廉洁从政从警的各项规定,深入细致地分析当前部队存在的突出问题,采取有效措施,切实在转变官兵工作作风上下工夫,在落实"立警为公、执法为民"思想上出真招、鼓实劲,真正查找出部队内部管理中存在的问题和隐患,努力化解各种矛盾,堵塞工作中的漏洞。

【大力推进"爱民固边"战略,全面提高边检服务水平】 打造"稳定、安宁、和谐"口岸。认真组织官兵学习孟宏伟副部长、陈伟明局长、崔芝昆局长的重要讲话精神,拟定了《总队提高边检服务水平工作方案》和《认真贯彻落实提高边检服务水平工作的意见》,用会议精神统一思想、凝聚力量。《总队提高边检服务水平工作推进方案》确定了"抓基本、抓重点、抓建设、抓特色、抓宣传"的工作思路,采取以"点"带面的方法,即:找准支点、把握重点、破解难点、挖掘亮点。强化检查员队伍的服务理念、提高专业素质、培养职业精神,进一步增强了官兵对提高边检服务水平是构建社会主义和谐社会重要举措的认识。加强业务培训,提高检查员队伍素质。总队党委结合部队组建初期的实际,提出了"以检查员队伍的高素质实现边检工作的高水平"的目标,组织检查员进行礼仪培训、民族政策教育,举办演讲比赛,坚持每月定期开展勤务研讨,举办伪假护照证件识别培训等,使检查员队伍业务基础素质明显提高。

【严格落实执勤执法规范,不断提高边检服务质量】 总队认真落实边防检查工作"两个规范",在进一步完善执勤现场设施的同时,坚持以人为本,增设了休息座椅、饮水机、便民服务箱、医药箱、阅报架等,印制《出入境旅客通关指南》等宣传手册,在执勤现场场设置"迟到免排"、"中国人免填出入境登记卡"告示牌、"蓝色提示线"、"蛇形排队通道"和"现场咨询台"等设施,最大限度地为出入境旅客提供方便、舒适、安全的通关环境;遵守执勤执法程序,坚持"效率、亲切、严格"的工作信念,"更快、更亲、更严"的工作追求,在管理中体现服务,官兵热情的服务态度、良好的精神状态,赢得了出入境旅客的一致好评;主动为出入境旅客做好事33件,帮助旅客找回失物11件,帮助行动不方便旅客运送行李238人次,受到了社会各界的广泛好评。全年无诉讼、无复议,无执勤事故发生。

【积极开展岗位练兵,认真落实"三基"工程建设】 继续深入开展"大练兵"活动。本着"干什么,练什么,缺什么,补什么"的原则,在全总队范围内继续开展政治练兵、军事练兵、业务练兵、后勤练兵,着眼于提高官兵整体素质,有步骤、有计划、分阶段地开展,做到了"时间、人员、内容、效果"四落实。扎实开展"三考"工作。结合部局开展的以"基本法律知识考试、执法办案卷宗考评、信访工作考查"为主要内容的"三考"活动。紧扣长远目标认真制定法律学习方案,多方收集相关法律资料,多次开展以法律知识、执法卷宗制作和信访工作为主要内容的讲座,充分发挥考核平台,以考促学,从十月份开始,把"三考"法律知识的全部内容分成10次考核,每次考试后组织人员对试卷进行诠释和讲解,共同学习,整体推进。采取轮流担任"小教员"的形式,针对考试中暴露出的问题和难点,指定专人研究、备课,集中组织辅导,营造"比、学、赶、帮、超"的良好氛围,有效调动官兵学习法律知识的积极性,法律素质和执法办案水平明显提高。

宁夏出入境检验检疫局

【概况】 2007年,宁夏检验检疫局按照"把握一条主线、实现三个提高、突出六项重点工作"要求,从银川

中国口岸年鉴

空港口岸的实际情况出发，本着有所为，有所不为的原则，积极宣传口岸检验检疫工作的重要性，协调内外工作关系，努力进取、认真开拓工作领域，奠定了良好的基础。

【运行数据】 2007年共接送出入境国际航班227架次，其中出境115架次，入境112架次；出入境人数3 591人，其中出境2 801人，入境790人；传染病监测3 591人次，发现发热旅客2人，经传染病排除后，及时给发热旅客对症服药，未发现传染病病例。共截获禁止入境物16批，植物及植物源性产品9批，动物及动物源性产品7批，经实验室检疫培养未发现有害生物。

【完善检验检疫功能】 国际航班开通后，在做好国际航班检验检疫工作的同时，积极向驻机场单位宣传检验检疫法规，解决他们对口岸检疫、卫生监督工作的法律地位、工作内容尚缺乏必要的了解，会给彼此之间的沟通及工作上的衔接和协作带来一定困难的问题。食品卫生快速检测涉及7个单位/(部门)，66项/(次)；微小气候监测9项，11次，并按照规定对34位从业人员进行了32小时的卫生知识培训，对新建冷鲜库实施了预防性卫生监督2次。媒介生物的初步摸底调查工作中在候机厅内发现蟑螂，经鉴定为德国小蠊，该种蟑螂在河东机场的部分场所不同程度地存在。为此督促机场进行了2次灭蟑工作，取得一定成效，使得口岸卫生检疫和卫生监督工作进入了全面的起步阶段。为完成机场局网络建设，做到"与相关管理和业务部门实现互联互通和信息共享，实现通关环节的有效协调，提高整体工作效率。"宁夏局积极与法综处协作，完成了机场局网络改造任务，网络改造工程验收合格，待时开通。

【加强基础建设，提高工作效能】 口岸检验检疫是一项对外代表国家主权，对内行使行政职权的神圣使命，它对每个人的工作都有着具体的要求，需要工作人员具有优秀的道德情操、精湛的专业知识、良好的工作技能和强烈的国门意识，而要满足这些要求，就必须在各自的工作岗位上不断学习，不断提高。一年来，通过学习并用科学发展观指导工作实践，全局提升了检验检疫为经济发展服务的认识，强化了国门意识，积极开拓工作领域。一是明确岗位职责，做到一岗多能。二是加强制度建设，规范工作行为。三是推行政务公开，坚持依法行政。四是强化学习培训，提升队伍素质。

【完善查验设施，提升执法效能】 在政府采购小组的指导下，添置完善了旅检通道中诊疗室、预防接种室、留观室所需的内外科接种诊疗器械及相应装备；在出入境通道内购置安装了远红外体温监测系统和X光机显示屏；建立了食品卫生快速检测实验室，添置了相关的口岸食品卫生快速检测设备；完成了联检楼内各项办公、检测工作条件，完善了网络系统；为确保、提升机场检验检疫执法能力提供了良好的硬件设施。

【思想建设为主，推进精神文明】 自筹建以来，宁夏局把思想建设放在一切工作的首位。结合学习内容和机场的工作实际分阶段地提出工作要求，并通过广泛的交流，了解每个同志的思想动态，及时与他们沟通，尽可能的解决他们的困惑和困难，争取所有人员同心同德地为机场局的发展努力工作。同时认真学习了中纪委7次全会精神，提高了预防腐败和清廉执法的能力。

宁夏口岸大事记

1月8日
自治区党委书记陈建国主持常委会，专题研究部署口岸工作。

1月23日
自治区政府王正伟代主席主持召开常务会议，专题研究口岸工作，确定了口岸工作目标和任务。

1月28日

重新调整了自治区口岸建设工作领导小组,王正伟代主席任组长。

2月13日

宁夏电子口岸揭牌仪式在银川海关举行,自治区张来武副主席出席仪式。

2月19日

自治区政府齐同生副主席参加了自治区口岸办组织的银川—香港航线试航仪式,标志着宁夏首条国际(地区)航线正式开通。

3月18日

天津市口岸办和宁夏自治区口岸办在天津签署了《天津市与宁夏回族自治区跨区域口岸合作备忘录》。

4月5日

自治区政府以宁政函[2007]40号文批准设立惠农陆路(二类)口岸(无水港)。惠农至天津塘沽五定班列已于2007年4月下旬开行。

5月11日

自治区党委书记陈建国亲自主持了宁夏与南航在航空领域的合作会谈。王正伟主席出席了合作备忘录签订仪式。合作备忘录的签订,为增加银川出入境航线航班、拓展国际业务奠定了扎实的基础。

6月26日

自治区政府批复同意设立银川二类陆路口岸(无水港)。

7月2日

自治区口岸办、银川海关机场办事处、宁夏出入境检验检疫局机场局在银川河东机场挂牌。

7月20日

银川—广州—香港航线正式通航,每天一班。民航总局局长杨元元、自治区主席王正伟、南航常务副总裁何宗凯出席仪式。

8月7日

银川航空口岸检验检疫监督工作座谈会在银川召开,驻机场单位的业务主管参加了会议,增进了机场各单位对口岸检验检疫工作的了解和支持。

9月10日

国家民航总局正式批准2007年度宁夏朝觐包机从银川出入境,由东航执飞,共往返14架次。

9月24日

自治区口岸办与东航共同协调宁夏穆斯林朝觐包机保障工作。

11月7日

自治区口岸办主持召开了宁夏穆斯林朝觐包机保障工作协调会,口岸联检单位及相关单位负责人参加了会议。

11月19日~12月5日

由东航执飞的宁夏穆斯林朝觐包机首次从银川出境,1600人宁夏穆斯林群众安全到达麦加。

青海省

青海口岸工作综述

【概况】 2007年，青海省口岸工作在国家口岸办和省委、省政府的正确领导和总体部署下，以"三个代表"重要思想和党的十六大、十七大会议精神为指导，牢固树立科学发展观，着眼对外发展经济的大局，以发展青海省内陆口岸建设为侧重点，遵循"科学、合理、完善"的原则，认真实施国家"十一五"口岸发展规划。一年来，省口岸领导小组各成员单位克服困难、立足实际、加强协作，积极配合，大力支持，互通信息，做了卓有成效的工作，为青海省扩大对外开放工作奠定了基础。

【有关数据】 2007年前三季度全省进出口累计完成44 291万美元，同比增加2 672万美元，增长6.4%。其中出口完成27 151万美元，同比减少6 822万美元，下降20%；进口完成17 139万美元，同比增加9 494万美元，增长124.2%。省民用机场公司共飞行8 162驾(次)飞机，完成任务的91.91%，运输旅客84.7343万人次，完成年计划任务的90.92%，运输货邮4 381.8吨，预计到年底将完成飞行9 166驾次，完成旅客吞吐量9.3万人次，货邮5 124吨。全省接待入境游客49 176次，同比增长18.7%；接待国内游客985.88万人次，增长23.3%；旅游外汇收入1 543.28万美元，增长20.5%；实现旅游总收入46.42亿元人民币，增长33.2%。

【推动口岸开放和基础建设】 根据国务院《关于同意西宁航空口岸对外国籍飞机开放的批复》精神，省委、省政府高度重视口岸建设工作，省长宋秀岩、副省长骆玉林同志多次对口岸工作作出重要批示，亲自过问和协调口岸建设工作。要求各级政府一定要因势利导，抓住机遇，强化开放意识、口岸意识，增强紧迫感、使命感，把口岸建设和管理作为扩大开放和振兴经济的当务之急，纳入全省国民经济和社会发展的总体规划。要不失时机地加快青海省口岸建设，尽快形成直通式的国际通道，缩短与境外交往的距离，营造良好的投资环境和对外交流环境，扩大利用外资和进出口贸易的规模，带动青海省国民经济持续、快速、健康发展。同时，及时调整成立了由省商务厅、青海检验检疫局、西宁海关、武警青海省边防总队等16个成员单位组成的青海省人民政府口岸管理领导小组，设立了青海省人民政府口岸管理办公室，编制人员3名，办公室设在青海省商务厅，并明确了其工作职能、工作任务和工作目标。

为加快青海省口岸建设工作，依据海关总署《口岸开放验收规程》，结合青海省实际，省政府投资600多万元，对国际联检大厅进行了改建。省口岸办、省民用机场公司在建设过程中，遵循"科学、合理、完善"的原则，加强口岸规划、指导、协调和管理，整合和优化各方资源，立足实际，克服困难，科学规划，加速建设，目前，已建成独立的封闭区域和隔离围网；配置了符合监管要求的卡口设备，并进行联网；对查验机构计算机联网，实现了相关数据的传送和交换；安装了具有储存功能的监视监控系统，能够满足实施全方位24小时监控需要；海关、出入境检验检疫实现了"一机双屏"模式；设置了查验单位相对集中的工作区域，并安装了相应的标志、标牌。联检单位办公场所具备网络、通讯、取暖等基本的工作和休息条件。5月22日，顺利通过了省政府对西宁市曹家堡机场国际联检大厅的预验收工作，为口岸开放做出了卓有成效的工作。

青海省边防总队是新建单位，人员来自全国各地，对工作环境不熟，生活习惯也不适应。省口岸办结合青海和部队实际，发挥职能作用，加强协调力度，克服重重困难，积极联系各相关单位，帮助部队解决困难,改善工作和生活环境。在各单位、各部门配合和支持下,先后争取国家建设资金125万元,省财政办公经费62万元,省发改委解决查验设施建设资金45万元。尤其在部队营区土地选址工作中,多次协调西宁市政府、市国土和规划等部门,确定了"站队合一"建设方案和营区选址位置,解决了50亩营区建设用地。省发改委依据国家和军队的有关政策标准,核定各类用房总建设面积6 967平方米,省政府预算建设总投资额为3 043万元(土地征集资金为1 343万元,建设资金为1 700万元)。

【密切配合,超前工作】 青海省口岸开放后,为有效落实各项监管制度,各联检单位发挥各自职能优势,实现资源共享、全面合作、超前工作。根据《海关总署、质检总局关于印发<海关总署、质检总局关于建立关检合作机制备忘录>的通知》精神,西宁海关与青海出入境检验检疫局共同制定了《关于西宁机场航空口岸旅检现场工作联系配合办法》(简称《办法》)。该《办法》进一步明确了关检双方在口岸旅检现场有效利用X光机"一机双屏"的优势,共同对进出境物品实施严密监管的管理办法以及应对疫情疫病突发事件中的责任和义务;规范了动植物及其产品的移交规程和移交单据;建立了关检联络员制度。青海出入境检验检疫局制定印发了《青海检验检疫局核辐射恐怖事件紧急处置预案》、《青海检验检疫局国境口岸突发公共卫生事件应急处理预案》、《青海检验检疫局生物恐怖事件紧急处置预案》、《青海出入境检验检疫局进出境重大动物疫情应急处置预案》和《口岸检验检疫过程规范流程》,完善了工作管理体制和应对机制,并投入经费84.9万元,完成了机场口岸疫病疫情检测、监控、工作台等专业设备的购置,现已全部到位。同时,举办了口岸食品从业人员卫生知识培训班,全面提高了口岸食品从业人员的法律意识、质量意识、安全意识、卫生意识,为确保口岸食品卫生安全工作奠定了基础。西宁海关投入经费100多万元,完成了国际联检大厅旅检现场海关标志、公告栏、工作台等现场办公设备及2台X光机的制作、安装和调试工作,并广泛开展调研,学习和借鉴其他内陆口岸的经验和做法,探索青海省口岸监管工作机制;及时对旅检人员进行法律、英语和现场旅检等业务的培训工作,掌握了航空口岸进出境监管的规范程序、工作方法,提高了关员的综合执法素质。同时,积极与海关总署联系,汇报口岸开放工作进展,取得了海关总署的大力支持,并配备了部分查验设备,为青海省口岸开放工作奠定了良好的基础。

【推动区域通关】 为加强与沿海省市口岸合作,副省长骆玉林亲自带队,由省商务厅、青海检验检疫局、西宁海关和省口岸办组成的代表团,按照"携手共建、密切配合、优势互补、共同发展"的原则和"政府推动、部门支持、企业运作"的模式,就建设北方地区大通关协作机制和建立青海省内陆无水港等工作,前往天津市进行了考察,并参加了天津市政府在滨海新区召开的"推进区域口岸合作座谈会暨天津电子口岸与物流信息平台开通仪式"。活动期间,副省长骆玉林同志代表青海省政府与天津市政府和12个省、市、自治区领导签订了《北方地区大通关建设协作备忘录》,省口岸办、省商务厅、青海检验检疫局和西宁海关分别与对口部门签订了大通关、建设无水港意向书。此次活动,为青海省建立口岸大通关、建设无水港奠定了良好的基础,将逐步推进和实现海关、检验检疫、海事、港口及相关企业互联互通和信息共享,形成联网申报、联网核查、联网作业的通关协作机制,并将逐步改善和发展青海省铁路运输、海铁联运和集装箱公路运输运行质量,提高交通管理服务水平,降低运输成本,实现区域交通管理联动和信息化。同时,利用天津东疆保税港区与保税物流中心(B型)货物允许自由调拨的政策,实现东疆保税港区与青海省的功能联动、信息联动、营运联动,落实24小时通关制度和"5+2"工作制,保证无水港货物随到、随办、随放,简化手续、迅速通关、缩短周期、降低成本、提高效率,为青海省进出口货物提供更加方便快捷的服务。

青海口岸查验单位工作综述

西宁海关

西宁海关根据青海省政府有关工作部署，立足海关职能，始终以积极主动的态度，认真做好口岸申报、口岸考察、人员培训、设备安装等相关准备工作，积极推动西宁机场航空口岸开放和内陆无水港建设工作。

【切实发挥纽带作用，做好协调服务工作】 一是积极争取国家口岸办的支持帮助。自2005年11月以来，为切实有效地做好西宁机场口岸开放相关工作，加快工作进程，西宁海关先后4次派人专门前往海关总署和国家口岸办汇报口岸开放进展情况，主动反映青海实际，并协调联系青海省政府主管副省长与署领导会晤。海关总署、国家口岸办对西宁机场口岸开放给予了大力支持，及时与国家有关部委协调落实，使青海省申报口岸开放方案顺利通过了审定。二是主动加强与机场方面的联系配合。在西宁机场口岸建设之初，西宁海关主动走访省口岸办、省民用机场有限责任公司等，就机场口岸的布局建设、旅（货）检通道设置等问题主动进行磋商，使其在建设过程中既要做到规范有序，又要充分考虑西宁机场建设的实际困难，保证了口岸基础建设顺利推进。三是派员赴陕宁晋三省（区）机场航空口岸考察学习。2006年底，西宁海关派员参加了由青海省商务厅牵头组织的陕宁晋三省（区）机场航空口岸建设考察学习。分别与陕西省、山西省、宁夏自治区口岸办进行了座谈交流，听取了当地口岸开放、建设的情况介绍，实地考察参观了陕西咸阳国际机场、山西太原武宿机场、宁夏银川河东机场的航空口岸旅检现场，与当地海关进行了工作交流。通过考察学习，进一步掌握了机场口岸开放的整体运作和细节问题，工作思路更加明晰，取得了较好的效果

【提前组织学习培训，做好自身准备工作】 在2006年初，西宁海关专门派员到西安咸阳国际机场实地考察学习机场口岸各联检单位的布局、旅（货）检通道设置、海关旅（货）检查验设施（设备）配制、海关与其他联检单位的协作机制及工作流程和规程等。通过座谈交流、现场观摩、搜集相关资料，对咸阳机场国际航班候机楼的整体布局、进出境各联检单位的格局、相互间的协调和海关旅检通道设置、查验设备的使用维护、工作流程以及人员配备等有了较为全面、直观的了解。随后，又专门抽调本关通关、监管、稽查、缉私等部门的关员，到西安咸阳机场海关跟班学习。通过在机场口岸实地学习进出境货物、物品的监管查验的具体操作，掌握航空口岸进出境监管的规范程序、工作方法，熟悉口岸监管业务。跟班学习后，对关内人员进行了口岸监管业务基本执法依据和航空口岸基本通关监管业务再培训。同时，每周组织一线关员学习旅检通关监管常用英语。从多方面入手，为西宁口岸开放提前做好准备

【积极落实机场口岸旅检现场设备及关检合作机制】 鉴于青海省财政较为困难，为解决旅检通道监管查验设备问题，西宁海关于2005年底向总署递交了西宁机场口岸旅检所需设备的报告，在总署监管司的大力支持下，所需设备于2006年3月调拨到位。按照青海省政府要求，西宁海关于2007年4月份按期完成了口岸旅检现场2台X光机的安装调试，5月份完成了旅检现场海关标志、公告栏等的制作、安装，西宁机场口岸开放中涉及海关方面的基础准备工作已就绪。

在此基础上，2007年5月17日，西宁海关与青海出入境检验检疫局对西宁机场口岸旅检现场海关X光机进行了监控屏幕分线及现场运行测试，测试效果良好，为顺利实现旅检现场关检"一机两屏"管理做好了准备。另一方面，根据《海关总署、质检总局关于印发<海关总署、质检总局关于建立关检合作机制备忘录>的通知》精神，西宁海关与青海出入境检验检疫局共同制定了《西宁海关、青海出入境检验检疫局关于西宁机场航空口岸旅检现场工作联系配合办法》（简称《办法》），进一步明确了关检双方在口岸旅检现场

有效利用X光机"一机双屏"的优势，共同对进出境物品实施严密监管的管理办法以及应对疫情疫病突发事件中的责任和义务；规范了动植物及其产品的移交规程和移交单据；建立了关检联络员制度。该《办法》的制定，为西宁机场口岸开放后关检双方发挥各自职能优势，实现资源共享、全面合作，有效落实各项监管规定打下了良好基础。

【加强与地方政府沟通协商，加快无水港建设步伐】 一是积极加强领导、提前谋划工作思路。北方12省、市、自治区推进区域口岸合作座谈会后，西宁海关党组立即召开专题会议进行研究部署，成立了由主管副关长任组长，相关业务部门负责人为成员的工作领导小组，结合青海省外向型经济和现代物流发展实际，提出前期工作思路。同时，主动与天津、石家庄、郑州、西安、银川等海关联系沟通，了解和借鉴各地内陆无水港建设的基本情况及海关便捷通关措施等，为青海省内陆无水港建设前期准备工作打下了一定的基础。二是主动走访省内企业、深入进行调查研究。为了进一步了解青海省开展内陆无水港建设的基本情况，2007年9月，西宁海关抽调专人走访了青海朝阳物流园区建设领导小组办公室，主动了解内陆无水港建设的前期准备工作及遇到的问题，并就其提出的关于设立保税仓库和保税物流中心等问题做出了具体解答、提供了海关的相应政策法规。此外，10月19日至25日，西宁海关会同青海朝阳物流园区建设领导小组办公室，组成专题调研组，对石家庄、西安内陆无水港建设情况和天津港、青岛港经营情况进行了考察。通过考察全面了解了内陆无水港建设启动所需的各项前期准备工作，吸取了其他地区内陆无水港建设的工作经验。三是加强广泛宣传、加快推进无水港建设。青海省进出口贸易发展缓慢，内陆无水港建设比较被动。为推进青海内陆无水港建设步伐，提高企业对内陆无水港的认知。11月7日，西宁海关、青海朝阳物流园区和天津港有限公司与省内重点进出口企业进行了座谈，向企业详细介绍了内陆无水港主要功能、作业模式及内陆无水港对当地企业发展带来的便利等，并对企业现场提出的问题进行了解答。同时，西宁海关相企业做出了进一步规范简化手续，提供通关便利，提高整体物流运作效率的服务承诺。

青海省公安边防总队

【筹建工作】 在省政府的高度重视及亲切关怀下，在省政府口岸办及其他相关职能部门的大力支持和帮助下，青海省公安边防总队筹备组按照"以征地和营建筹备为中心，以执勤现场设施规范化建设和勤务准备为重点，争取各方支持，力争年内尽早立项，力争完成征地并做好营建前的部分准备工作"的思路和目标，扎实推进筹建工作。近一年来，筹建工作取得了阶段性的进展：省发改委核定安排了边防总队营房建设投资。青海省发改委以青发改函[2007]195号文件正式核定总队营区内各类用房总建筑面积6 967平方米，其中，业务用房建筑面积1 711平方米，生活服务用房建筑面积1 734平方米，干部战士宿舍建筑面积3 522平方米。根据以上核定的项目总建筑面积，核定总投资1 700万元（不含征地拆迁费用）。西宁市人民政府初步确定城东区联合村，湟中路南延长线以西、凤凰山路以北、康南路以东为总队行政划拨建设用地50亩，目前正向省政府报批中。

【执勤现场规范化建设】 青海省政府为了加快西宁机场口岸开放的步伐，采取了一边报国务院批准一边改建国际联检厅的做法。2006年9月，在边防尚未进驻西宁前就完成了对国际联检厅的改造和装修。总队筹备组介入工作后，依据公安部《边防检查现场执勤设施规范化建设标准》，提出了调整和完善现场执勤用房、检查通道和标志标牌的意见和建议，目前已基本落实。

按照中华人民共和国西宁边防检查站的边防检查查验设备装备标准，请示公安部组织了统一采购订货，省发改委追加执勤现场闭路电视监控系统专门款项后，总队按照《武警边防部队执勤闭路电视监控系统建设标准》拟制了技术方案，与部边防局统一招标选定的供应商进行了项目洽谈。

【自身建设】 贯彻落实党的十七大精神，按照省委省政府提出的建设"富裕、文明、和谐"新青海的战略部署,在省委省政府和公安部的领导下,努力把西宁航空口岸建设成为党和人民放心的安全通道、服务经济建设的绿色通道、方便人民群众往来的和谐通道。

根据公安部关于全国边防检查站建设的统一部署,以提高边防检查服务水平为中心,坚持通关效率,坚持严密管控,确立"人本、专业、安全"的服务理念,"更快、更新、更严"的工作追求和"效率、亲切、严格"的工作信念,通过加强服务理念、专业素质、职业精神三大工程建设,打造优秀的行政执法队伍,树立西宁航空口岸文明窗口的形象,为进一步改善投资环境作出努力。

【机制建设】 建立信息报送机制和服务大型展会及招商活动工作机制。定期汇总和分析出入境人员的动态信息,为政府相关部门制定相关政策提供决策参考;在青洽会、环青海湖国际自行车赛、国际藏毯博览会以及省市政府组织的招商引资活动,主动介入,制定工作预案,跟进服务,展示边检机关良好的精神风貌和优质服务水平。

青海出入境检验检疫局

【概况】 青海省西宁曹家堡机场作为国家一类口岸已获国务院批准对外开放,按照省政府正式通航的工作部署,青海出入境检验检疫局有计划、分步骤地积极推进口岸建设工作,完成了设备购置、业务培训,业务流程、业务规范、监控措施等方面的准备工作,为机场口岸通航做了一定的工作。

【业务统计】 2007年1月~12月,青海出入境检验检疫局共对2 906人次出入境人员实施了监测体检和预防接种,办理《国际旅行健康证明书》792本,《国际预防接种证明书》2 638本;检验检疫出入境货物3 026批,货值33 358.0万美元。其中:检验检疫出境货物2 725批,金额13 958.1万美元,同比批次增长10.1%、金额下降62.9%。检出不合格货物46批,金额243.3万美元,批次与金额不合格率分别为1.7%和1.7%,同比批次增长0.4%,金额增长1.5%。检验检疫入境货物301批,金额19 400.1万美元,同比批数下降1.3%,金额下降27.5%。检出不合格货物16批,不合格金额23.4万美元,批次和金额不合格率分别为5.3%和0.1%,同比批数下降5.2%,金额下降0.6%。出证索赔金额376.5万美元。为青海企业挽回经济损失376.5万美元,折合人民币2 748.5万元。

【人员培训】 深入开展调研,学习、借鉴临近省区内陆航空口岸的经验和做法。青海检验检疫局先后派15人次在咸阳机场进行旅检业务、卫生监督、卫生处理等培训,熟悉和掌握了机场口岸的检疫查验业务流程和相关业务知识,并在西宁机场多次进行模拟演练,为通航后检验检疫工作的顺利开展做好了人员储备。对来自机场口岸辖区内的6家相关食品企业及其相关从业人员249人进行了口岸食品从业人员卫生知识培训,并颁发了卫生健康证书,全面提高了口岸食品从业人员的法律意识、质量意识、安全意识、卫生意识,为确保口岸食品安全工作奠定了基础。

【基础建设】 检疫查验"两屏"到位,已与海关"两机"连接调试完毕,并与西宁海关协作建立了"一机双屏"口岸检疫查验机制,共同草拟了《西宁曹家堡机场空港旅检现场西宁海关青海出入境检验检疫局工作联系配合办法》,待口岸开通后可实现检验检疫、海关X光机"一机两屏"模式,实现两家对X光机物理图像的信息共享。机场口岸卫生监管机构确认:在省政府的协调下,明确了口岸开放后青海出入境检验检疫局为机场口岸卫生监督行政管理机构。应急预案的制定:结合口岸对外开放,制定了《青海检验检疫局国境口岸突发公共卫生事件应急处理预案》、《青海检验检疫局生物恐怖事件紧急处置预案》和《青海出入境检验检疫局进出境重大动物疫情应急处置预案》等3个预案,完善了工作管理体制和应对机制。组建了口岸卫生处理专业队伍,编制了《口岸检验检疫过程规范流程》,制定了相应的作业指导书,确保口岸开通后各项工作有序开展。

【区域合作】 青海检验检疫局、天津检验检疫局合作备忘录的签署。青海出入境检验检疫局与天津出入境检验检疫局与2007年7月18日共同签署了《青海出入境检验检疫局天津出入境检验检疫局检验检疫业务合作备忘录》，确定了合作目标、合作内容、合作项目、工作机制等内容。建立了信息交流机制，推动口岸与内地检验检疫合作机制建设，对经由天津港的青海进出口企业的相关质量信息，两局及时通报对方，加强出口退运信息的收集和传递。

新疆维吾尔自治区

新疆口岸工作综述

【概况】 新疆口岸工作在自治区党委、政府的领导下，在国家口岸办和中央有关部委的指导和大力支持下，各级口岸主管部门和联检单位密切配合、齐心协力，认真贯彻落实全国口岸办主任会议精神，全面落实科学发展观，加大协调服务的力度，以扩大口岸开放和畅通能源大通道为主要任务，以提高口岸运输能力、通关效率、完善通关服务功能为突破口，以"大通关"制度建设和口岸基础设施建设为重点，以管理创新和技术创新为手段，解放思想，真抓实干，深入实际，进一步加强对全区口岸工作的领导和管理，加大协调服务力度，克服铁路换装能力制约、部分口岸通关不畅等不利因素影响，使全区口岸继续保持平稳、高效、安全运行，口岸过货量、贸易额等较2006年有了较大增长，促进了自治区对外贸易的发展和国家向西战略的实施。

【口岸运行情况】 2007年，全自治区口岸共检查入出境人员1 915 359人次，同比增长46.9%。其中：旅客1 384 028人次，同比增长49.6%；员工382 406人次，同比增长34%；边民互市88 374人次，同比增长96.4%；旅游购物60 551人次，同比增长26%。

全区共检查入出境交通工具290 729辆（列、架）次，同比增长35.4%。其中：飞机5 709架次，比2006年增长36.7%；火车10 840列次，比2006年减少3.9%；汽车274 180辆次，比2006年增长37.6%。

全疆口岸共完成进出口货物1 949.4363万吨，同比增长20%。其中：进口1 194.5468万吨（含管道输油477.72万吨），同比增长3.9%；出口754.8895万吨，同比增长61.3%（含一般贸易出口742.1934万吨，同比增长64.9%；边民互市出口5.6085万吨，同比减少11.5%；旅游购物出口7.8076万吨，同比减少32%）。

其中，铁路口岸完成进出口货物1 203.7164万吨，占全区口岸进出口货物量的61.75%；公路口岸完成进出口货物265.658万吨，占全区口岸进出口货物量的13.63%；航空口岸完成进出口货物2.3419万吨，占全区口岸进出口货物量的0.12%；中哈间管道输油共完成进口原油477.72万吨，占全区口岸进出口货物量的24.5%。

全疆口岸实现贸易额136.9752亿美元，同比增长65.4%。其中：进口60.4009亿美元，同比增长73.8%；出口76.5743亿美元，同比增长59.4%（含旅游购物1.1392亿美元，同比增长9.8%；边民互市2 838万美元，同比增长3.6%）。

阿拉山口口岸过货量连续12年居全国陆路口岸第二位，中哈原油管道运营正常，全年输油477.72万吨，阿拉山口口岸真正成为国家陆上能源安全通道。

塔克什肯口岸因蒙方西部诸省对其依赖性日渐增强，已成为他们购物的主要市场。同时，中方多家企业进驻蒙方开展筑路、勘矿等施工建设，大量设备从口岸出口。2007年口岸边贸经济水平继续保持增长势头。

【口岸运行特点】 2007年是新疆口岸发展最快的一年，尤其是口岸入出境人数和贸易额增长更为突出。出口继续保持强劲增长的势头，同比增长61.3%，管道进口原油占全区的比重不断增加，而铁路口岸进出口货物量则由于石油管道国家政策及国际国内市场行情等因素的影响，首次出现负增长。口岸旅游购物、边民互市贸易、蔬菜等出口已成为新疆地产品出口的新的增长点。边境小额贸易发展持平稳上升势头，废旧金属的入境大幅下降。

商品结构实现市场化调整，出口商品种类在不断拓展。机电产品、植物产品、矿产品增势强劲，具有良好的发展前景。

【口岸开放与管理】 口岸服务意识进一步提高，支持地方经济建设和对外交往活动的力度进一步加大，实地调研，及时协调解决口岸通关过程中出现的各种问题的主动性进一步增强，多次召开口岸协调会，研究解决口岸通关中存在的问题，保证了口岸的安全畅通、正常运转和重要贸易活动的顺利进行。

2007年，新疆口岸办多次协调军区、"一关两检"等部门，就中蒙、中哈、中塔、中巴口岸闭关期间的临时开关达成一致意见，保证了重要物资的及时过境、喀什地区"南亚、中亚商品博览会"的成功举办和在吉尔吉斯举行的"上海合作组织"峰会顺利召开。

2007年，老爷庙口岸延长开关时间30天，保障了中国水电集团在蒙古国建设水电工程项目中的建设物资、设备及时出境。

中塔之间的卡拉苏口岸于2007年5月~10月下半月继续临时开放，比原定时间延长开放40天。

2007年9月12日，国务院批准卡拉苏口岸作为国际公路客货运输口岸对外开放。

2007年6月10日，乌鲁木齐国际机场口岸签证办公室正式成立并开始办理口岸签证业务，这标志着乌鲁木齐国际机场西部门户枢纽机场地位的进一步确定和服务功能的进一步提升。

2007年乌鲁木齐国际机场口岸国际航班正点率近80%，同期提高17%。

2007年新疆口岸办与江苏省连云港市签订了口岸跨区域合作意向书，与天津口岸部门签署了共同建设无水港的合作协议，为扩大跨区域口岸合作，更好地发挥第二条"亚欧大陆桥"的辐射带动作用，奠定了良好基础。

【打击走私活动创建平安口岸】 进一步加强了治安管理和安全防范工作，全区口岸各单位紧密合作，打防结合，继续加大对"三股势力"、"金新月"毒品入境、阻留零散朝觐活动、武器偷运、偷渡等走私犯罪活动的打击力度，有力地威慑了犯罪违法行为，捍卫了国家利益，为维护边境地区的社会稳定和贸易秩序提供了良好的保障。喀什口岸委针对毒品走私猖獗的情况，与联检部门开展专项行动，严密管控，取得了良好的效果，2007年未查检出一例毒品走私。喀什边防派出所抓获企图越境参加境外分裂势力团伙15名、越界人员2名、偷渡巴基斯坦人员1名。塔克什肯口岸派出所立刑事案件6起，侦破4起；立治安案件16起，查处16起；调解民事纠纷和办理公民求助64起。

【规划建设】 新疆口岸办和各地州口岸委认真落实国务院32号文件，做好全区口岸的规划建设工作，重新制定和修改自治区口岸区域整体发展规划（包括近期目标、中远期规划），重新编制了新疆维吾尔自治区"十一五"口岸查验单位机构编制规划，明确了急需开工建设的工程项目情况，各地州口岸委（办）都对口岸做出了较为详尽的发展规划，使新疆口岸的发展更加科学有序。2007年自治区口岸办共筹集落实口岸建设资金17 406万元，并会同自治区财政厅妥善安排下达了口岸建设项目资金；会同自治区发改委向国家上报了2008年新疆自治区口岸建设项目计划；积极向国家申报，将都拉塔口岸对第三国开放列入"十一五"规划工作，落实了都拉塔口岸检验机构、人员编制。对都拉塔、卡拉苏口岸的规划进行评议研究工作已完成。

严格按照有关规定和程序，对国家下达的口岸国门建设项目招投标工作顺利完成，对设计方案和工程预算进行了多次评议和专家评审，确保了这项工作的科学、严谨、公开和透明。

《伊尔克什坦口岸下迁总体规划方案》已通过自治区建设厅规划管理中心的评审，自治区人民政府批准。

【口岸协调机制】 中哈、中蒙口岸地方政府协商机制启动。2007年11月29日~30日，在新疆霍尔果斯口岸举行了中哈口岸地方联合协调小组第一次会议。中哈地方口岸联合协调小组中方组长为新疆维吾尔自治区副主席胡伟,哈方组长为阿拉木图第一副州长多仁阔夫·维克多·阿那托利耶维奇。中国国家口岸管理办公室、外交部的代表和哈萨克斯坦驻华使馆的代表出席了会议。会议由中方副组长、新疆维吾尔自治区人民政府副秘书长许观斌主持。双方签订了《中哈地方口岸联合协调小组细则》和《中哈边境口岸地方联合协调小组第一次会议纪要》。

同时,新疆口岸办还与蒙古国相邻省区建立了口岸合作会谈机制。这些机制的启动,对进一步加强新疆自治区与周边国家在口岸协调管理方面的联系,及时有效解决双方口岸通关过程中出现的各种问题,将发挥积极作用。

【中哈霍尔果斯国际边境合作中心】 中哈两国共同筹建的中哈霍尔果斯国际边境合作中心是建立在中哈两国霍尔果斯口岸的跨境经济贸易区和区域合作项目,是我国与其他国家建立的首个国际边境合作中心,也是上海合作组织框架下区域合作的示范区。合作中心总面积5.28平方公里,其中中方区域3.43平方公里,哈方区域1.85平方公里,中心实行封闭管理,享有中哈两国共同赋予的特殊政策。中心功能定位为商务洽谈、商品展示和销售、仓储运输、宾馆饭店、商业服务设施、金融服务、举办各类区域性国际经贸会议等。

合作中心中方区域按照"境内关外"模式进行管理,人员和货物可在中心内跨境自由流动,并享有以下政策优惠:由中方境内进入中心的基础设施建设物资和区内设施自用设备,视同出口,实行退税。由哈方进入中心中方区域的基础设施建设物资和区内设施自用设备免征关税及进口环节增值税。旅客携带物品从中心进入中方境内的,每人每日一次携带物品免税额8 000元人民币。同时,在中方境内、靠近中心的位置将建立面积为9.73平方公里的中方配套区域,作为支撑中心发展的产业基地。

2006年6月3日,该合作中心中方区域正式开工建设。目前中方合作中心启动建设以来共筹建资金6亿元,合作中心控制性规划已通过自治区有关部门评审,各项基础性工作顺利进行,合作中心运营主体已设立。已编制出台合作中心和配套区产业政策规划和配套政策。防洪堤坝工程基本完工,联检中心主体工程已完工。现哈方与我方工程进展基本持平。

【重点项目】 霍尔果斯口岸的国际物流中心项目已投资12 200万元,边民互市市场及国际会展中心已建成投入使用。国际客服中心已投资6 000多万元的中心主楼、仓储设施、配套服务设施及保鲜库已建成并投入使用。中央商务区已投资8 850万元,一期项目国际商贸中心主体正常运营。

【区域经济】 充分利用口岸能源资源通道优势,不断改善口岸投资环境,区域经济进一步发展。阿拉山口口岸将比较大的企业和项目作为重点,贸易企业招商和生产企业招商并重,为在口岸经营的企业提供优质服务,继续投入资金完善工业园区,使中国中钢集团、中铁集装箱公司、胜利金属制品等比较大的企业和项目落户口岸。2007年落实全口径招商引资项目11个,计划总投资5.72亿元;当年计划投资3.32亿元,完成投资2.52亿元。其中工业项目8个,计划投资4.87亿元,当年计划投资2.97亿元,完成投资2.44亿元,完成目标任务的110%。口岸注册企业425户,注册资金13.1亿元。其中私营企业319户,注册资金9.25亿元。登记个体工商户471户,注册资金22 09万元。

霍尔果斯口岸全年签订招商引资协议14个,其中工业项目5个,商业开发项目9个,协议金额6.25亿元,到位资金3.4亿元。

塔克什肯口岸2007年从事商贸经营个体工商户已发展到223户。中煤公司、地区广大实业有限责任公司等企业在塔克什肯口岸与蒙方开展了矿产开发合作,开采的主要品种有煤、钨、铅等,6月份开采的钨矿砂已从口岸进口。同时,在蒙方搞建设的新疆兵团八建、新疆奇台路桥工程公司落户塔克什肯口岸,提升了口岸的人流、物流和资金流。

【新型工业化建设已见成效】 阿拉山口口岸加快工业园区建设,加大对企业的服务、协调力度,重点工业项目建设进展顺利,通过对原博州钢铁公司实施破产重组后,成立了胜利金属制品公司,该公司计划投资9 200万元恢复生产、扩大生产规模,现已完成投资3 820万元。投资5 000万元的阿拉山口中油瑞晨管道安装防腐有限公司铁路专用线和防腐生产线扩建项目已完工,铁路专线已通过验收;计划投资3亿元的阿拉山口地平线石油天然气有限公司原油、液化气炼化、储运项目已投入资金1.77亿元,一期工程普货场已验收通车,目前正在建设危化品换装场和罐区;计划投资8 000万元的中铁集装箱运输有限公司集装箱换装场项目,已完成投资810万元。口岸工业经济发展的后劲和可持续发展能力进一步增强。

新疆口岸查验单位工作综述

乌鲁木齐海关

2007年,在海关总署党组的领导和自治区党委政府的指导帮助下,乌鲁木齐海关以科学发展观和科学治关理念为指引,认真贯彻党的十七大、国务院32号文件和全国海关关长会议精神,以"打基础,抓管理,带队伍,促发展"总体要求为着力点,全面落实海关工作16字方针和队伍建设12字要求,深入推进"突出两个重点,推动一个发展区,加强四项建设"的总体思路,有效履行了海关各项职能,圆满完成了全年各项任务,有力推动了各项改革和建设事业的和谐发展。2007年,乌鲁木齐海关共监管进出口货物1 665万吨,增长23.8%;其中,进口货物1145万吨,增长11.98%;出口货物520万吨,增长61.18%;原油管道进口441万吨,占进出口总量的26.5%。全年监管运输工具82万辆(架)次,增长10.8%;监管进出境人员行李物品184万人次,增长43%;认真落实制止零散朝觐有关规定,积极配合国家民族宗教委员会做好有组织的朝觐活动,顺利完成2 706名朝觐旅客监管任务。

【积极推进改革,完善物流监控,监管通关更趋规范严密】 针对新疆外贸进出口大幅度增长的新情况,积极拓展监管时空,加速口岸验放,实现了转关运输的"一次申报、一次查验、一次放行",最大限度地减少货物在海关监管场所的滞留时间。紧跟总署改革步伐,推广快速通关、便捷通关等改革措施和铁路口岸信息平台、"联网报关"等联网项目,进一步完善关务公开制度,严守通关时限的承诺,扩大24小时通关或值班、预约报关的范围,对原油、球团矿等大宗货物实行集中报关、快速通关方式,保证各现场投诉电话和咨询热线畅通,健全现场通关事务应急处理机制,有力提高了通关效率、降低了企业通关成本,经济社会效益显著。

【坚持综合治理,保持高压态势,缉私工作稳步提高】 一是对口岸反走私形势、走私对象、特征、手法等进行认真分析,积极应对反走私在政治、经济、文化、军事等方面所面临的新挑战。二是严厉打击民族分裂势力、极端宗教势力、暴力恐怖势力"三股势力"以及"法轮功"顽固分子的渗透和破坏活动,密切注视国内外敌社情况,大力查处走私国家濒危物种的犯罪行为,加大对武器、弹药、毒品以及反动宣传品等危害国家安全的违禁物品的查处力度,堵塞各种渗透渠道,切实做好"三反"工作。三是充分发挥行政执法与刑事执法的作用,密切加强与地方公检法等相关部门的协作配合,加大反走私舆论宣传力度,加强内部执法监督,改善外部执法环境,加大关员反走私知识和业务技能培训,全面提高打击走私的命中率和威慑力,维护正常的外贸秩序。2007年,以空港旅检渠道和货运渠道为重点,深入开展了打击毒品走私夏季专项行动和"利剑—2007"缉毒专项斗争,共查获走私毒品案件8起,查获毒品海洛因27 285克,有力地打击了"金新月"地区毒品走私蔓延势头。全年共侦办各类走私违规案件266起,案值2.81亿元,其中刑事案件16起、行政案件250起,抓获犯罪嫌疑人16名,查获反动宣传品7 042件,罚没收入净入库1 150万元。

【推进关企合作,诚信管理稳步实施】 坚持"便利守信、惩戒失信"的原则,在乌鲁木齐地区选择了3个条件完善、信誉良好、业务量较大的二类口岸推行了诚信管理试点工作。通过整顿监管秩序,实施出入库卡口管理,配备海关协管员等措施,帮助企业建立了自我管理、自我约束的自律机制,缓解了海关监管力量不足与监管压力过大的矛盾,有效规避了海关监管风险。认真做好总署"红、黑名单"企业的推荐和后续管理工作,严格落实"红名单"企业的通关便利措施,继续发挥"红、黑名单"企业昭示优劣的作用。举办新闻发布会,为列入总署"红名单"企业榜的8家企业颁牌,宣传各项优惠措施和通关便利,引导企业加强自律,诚实守信。全年注册登记进出口企业1 232家,审批A类管理企业10家,其中3家列入总署"红名单"企业榜。主动对企业开展多形式、多渠道的培训指导,提高关区报关从业人员和收发货企业负责人的业务技能,年内共培训企业人员1 152名。

【积极推动"大通关"建设】 按照提高口岸工作效率的要求,该关始终把推动"大通关"作为一项重点工作,研究确定了对内简化作业程序,对外加强联系配合,主动开展调研,积极建言献策,努力推动大通关格局早日形成的工作思路。一是通过加强调研,把握重点,适时提出符合新疆实际的"大通关"运作模式。二是与自治区有关部门、协会主动协调,积极配合,妥善解决通关过程中出现的各种问题。三是深化业务改革,重视科技应用,竭力营造宽松便捷的通关环境。成立了通关事务应急小组,完善了业务疑难问题和现场即决事务联系处理机制,协调解决通关过程中的疑难问题;建立和实行业务差错责任追究制度,修订和完善各项业务管理制度和操作规程,全面规范各项业务工作;建立AB角制度,确保及时为企业办理通关手续;推行24小时通关或值班、预约报关、"门到门"监管、设立出口快速通道等措施,不断加快通关速度。推广应用H2000通关系统、"口岸电子执法系统"等,并先后与外汇管理局、国税局、相关银行推广应用了进口付汇核查系统、出口退税系统,极大地方便了企业办理通关手续。通过实施以上措施,进出口货物在海关的通关时间大大缩短。

【坚持科技强关,建设电子口岸】 电子口岸采取"电子底账+联网核查"的办法从根本上解决了不法企业利用假报关单套、骗汇、骗退税等问题。乌鲁木齐海关目前共完成2 217家企业的入网资格审核工作,制作法人卡2 217张,操作员卡2 916章。在业务应用项目方面,已经实现了和新疆外汇管理局、国税局、自治区工商银行等4家银行电子数据联网,推广了出口收汇、进口付汇、出口退税、网上支付、进口领域企业基础信息共享等跨部门数据交换系统;并配合海关H2000系统推广应用在阿拉山口海关、乌鲁木齐海关推广应用了电子口岸报关行版预录入系统。

【发挥整合效应,改革措施更趋完善】 在关区政务网上开通了"职能管理系统"、"综合协调系统"和"网上答疑系统",综合协调、具体指导和跟踪督办关区各项业务改革。海关与国检局"一机两屏"工作模式在空港口岸和部分陆路口岸推广,加快了口岸旅客通关速度。中哈海关联合监管作业第一阶段试点工作在都拉塔公路口岸正式启动,有利推动了两国海关通关手续的进一步简化。区域通关合作进一步扩大,与16个直属海关签订了区域通关合作备忘录,启动了区域通关"属地报关、口岸验放"作业模式,有力地促进了区域经济的快速发展。目前,关区适用此项通关模式的企业由9家增加到71家,全年受理区域通关进口报关单393票,货运量2.77万吨、贸易值约3.4亿美元,征收关税1.39亿元。

【关注外贸动态,应对能力显著增强】 针对霍尔果斯、伊尔克什坦、阿拉山口等口岸出现的货物压港、车辆滞留、通关不畅等问题,乌鲁木齐海关积极配合国家口岸办及有关部委开展调研,主动提出具体的应对措施和工作建议,有效地缓解了口岸通关不畅问题。面对周边国家调整税收政策以及执行车辆外部尺寸和载货重量新规定对运输企业带来的影响,配合有关部门加强企业规范管理,及时做好宣传和规劝工作,有效降低了企业经营成本,规避了贸易风险。充分发挥海关外事工作的作用,与周边国家海关深入开展行政合作互助,积极协调解决货物通关中遇到的问题,为提高口岸通关速度奠定了良好的基础。认真研究中哈霍尔果斯国际边境合作中心功能定位,确定海关监管模式,明确海关作业流程,并积极协助有关部门做好相关政策的制定工作。完成了新疆电子口岸门户网站建设和上线试运行工作,进一步完善了电子口岸服务平台功能。针对部分企业的边贸经营权问题,主动向新疆自治区主管领导说明情况,加强与外经贸主管部门沟通协调,明确海关对边贸政策的执行意见,妥善处理了边境小额贸易政策执行问题,保持了自治区外贸的持续快速发展。2007年,新疆外贸进出口总值达137.1亿美元,增长50.7%,其中,出口115亿美元,进口22.1亿美元,分别增长66.1%、12.7%。

乌鲁木齐海关2007年度主要业务统计表

主要业务指标		2007年	2006年	同比(%)
外贸进出口（亿美元）	总值	137.1	91	50.7
	进口	60.5	71.4	−15.3
	出口	76.6	19.6	289
进出口货物（万吨）	总计	1 665	1 345	23.8
	进口	1 145	1 022	12.0
	出口	520	323	61.0
进出境运输工具（万辆架次）		82	74	10.8
进出境人员（万人次）		184	128	43
征收税款（亿元）	合计	56.78	35.74	58.87
	关税	4.23	3.03	39.44
	进口环节税	52.55	32.71	60.67
审批减免税（亿元）		20.3	13.76	47.5
案件办理	刑事案件（起）	16	11	45.5
	案值（万元）	1 811.5	191.6	845.5
	行政案件（起）	250	300	−16.7
	案值（万元）	26 281.3	22 600	16.3
罚没收入（万元）		1 150	975.5	17.9

新疆公安边防总队

【概况】 2007年,新疆维吾尔自治区边防检查工作在新疆公安边防总队党委和上级业务部门的正确领导下,"以提高服务水平为中心,坚持通关效率,坚持严密管控",按照"提高边检服务水平"总体规划,全面加强和改进边检服务工作,采取超常规动作,全力强化服务理念,提升专业素质,培养职业精神,打造服务品牌,边检服务水平、口岸通关效率显著提升。各边检站在全力提高服务水平的同时,高度重视口岸查缉工作,站在维护新疆社会政治稳定的高度,正确处理把关与服务的关系,强化口岸查缉工作,全力维护自治区的社会政治稳定。同时,抓好口岸反偷渡工作,全力维护口岸正常通关秩序,圆满完成了各项边防检查任务。全年检查出入境人员1 810 671人次,较上年同期增长46.5%。其中:中国籍550 292人次,外国籍1 260 379人次;入境901 026人次,出境909 645人次;检查交通运输工具辆294 610(架、列)次,较上年同期增长43.1%,其中飞机5 805架次,火车10 840列次,汽车277 965辆次。共查获各类在控对象一批;查获非法出入境案件7起7人次、违法违规人员1 312人次。全自治区各边防检查站与对方边检(移民)机关共举行工作会晤209次,会谈16次。

【扎实推进提高边检服务水平工作】 2007年,新疆公安边防总队牢固树立服务理念、培养专业素质、弘扬职业精神,科学探索实践,创新监督机制,全力以赴打好提高边检服务水平攻坚战,执勤服务水平得到了大幅提升。一是总队党委高度重视,强化组织领导,边检队伍的专业素质明显提升。总队成立领导小组,出台了《新疆公安边防总队提高边检服务水平活动方案》。始终将强化职业精神、转变服务理念、提升专业素质作为基础性工作抓紧抓好。年内在全疆边检站开展了"边检职业精神教育月"活动,举办了四期业务培训班,专门研发了《边防检查前台录入、考核软件》,提高了检查员快速、准确录入能力,该软件已被推广到全国。同时制定了《新疆公安边防总队边防检查服务标准》,规范边检执勤人员仪容仪表、言行举止。举办"边防检查业务知识及技能竞赛",有力带动了检查员队伍素质的整体提升,年内乌鲁木齐、霍尔果斯、阿拉山口等6个边检站工作达到预期目标。二是加大软硬件建设力度,树立边检服务品牌。新疆公安边防总队、各边检站克服经费紧张等困难,坚持"一切围绕现场、一切为了现场"的原则,加大经费投入,对照公安部边防管理局杭州现场会标准,努力改善了现场执勤服务条件。针对新疆口岸客观实际,各边检站积极改革勤务机制,拓展服务内容,创新服务举措,提高服务工作的针对性和主动性。据不完全统计,提高边检服务水平工作开展以来,全区边检站共计救助遇险、受困旅客229人次,车辆267辆次,为我国10余家涉外公司、120余名公民维护了合法权益,为涉外企业开通"绿色通道"92次,总计挽回经济损失1 600余万元。三是用作为换地位,活动效果显著。新疆公安边防总队积极走访了自治区外办及中国新疆国际旅行社、中国外运等单位,广泛征求意见、建议,及时妥善解决服务对象提出的问题。强化内外监督,《公安边防部队提高边检服务水平监督工作实施办法(试行)》下发后,总队制定出台了《新疆公安边防总队文明执勤监督办法》,在监督机制建设方面走在了全国前列,口岸通关环境进一步优化,通关效率进一步提升。各单位提高边检服务水平活动赢得了地方党委政府、涉外企业和出入境旅客的广泛欢迎,自治区各级领导在各口岸视察期间均对各边检站开展提高边检服务水平活动工作给予了高度肯定。中央电视台、人民日报、人民公安报、新疆日报、中国新闻网和新疆电视台等新闻媒体多次专题报道了各边检站"提高边检服务"水平活动。

【配合自治区相关部门做好制止零散朝觐工作】 根据自治区2007年制止零散朝觐工作会议和自治区朝觐工作会议精神,新疆公安边防总队早安排、早部署、早谋划,专门召开会议研究部署制止零散朝觐工作,研究制定针对性措施,加强查控,认真做好制止零散朝觐工作,将中央和自治区各项部署落到实处,没有发

新疆维吾尔自治区

生零散朝觐人员滞留国外事件。

【完成重大检查任务】 2007年，新疆公安边防总队根据公安部边防管理局和新疆军区相关要求，高度重视，精心组织、周密部署，圆满完成"和平使命-2007上合组织联合军演"参演部队出入境检查工作；同时，高效率完成了夏季特奥会运动员等重大出入境的边防检查任务。

【完成中吉高层会谈工作】 受公安部边防管理局委托，新疆公安边防总队邀请吉尔吉斯斯坦共和国边防总局代表团于2007年8月1日至4日在乌鲁木齐市举行了高层会谈。通过会谈，进一步加深了与该国边防总局的友谊，双方表示将在共同打击"三股势力"，防范偷运毒品、武器弹药、走私、非法出入境等违法犯罪活动等方面进一步加强合作。

新疆出入境检验检疫局

【基本概况】 2007年，新疆检验检疫局以深入学习贯彻党的十七大精神及中央经济工作会议精神为主线，认真贯彻落实国务院32号文件精神和全国质量工作会议精神，全面开展专项整治行动，紧紧围绕国家质检总局和自治区党委、政府确定的工作目标，按照"服务经济、促进发展"的要求，切实履行职能，努力提高检验检疫工作的有效性，促进新疆经济社会又好又快发展。完成了各项工作任务。共检验检疫出入境货物129 938批，货值84.94亿美元，同比分别增长6.96%和55.34%。其中，出境货物84 307批，货值32.34亿美元，同比增长40.93%和124.96%；入境货物45 631批，货值52.6亿美元，同比批次下降26.0%，货值增长30.51%。

全年共检验检疫出入境动物及其产品2 284批，货值7 445万美元，批次同比下降0.48%，货值同比增长15.53%。其中，出境动物及其产品208批，货值2 136万美元，批次与货值同比增加48.57%和75.43%；入境动物及其产品2 076批，货值5 309万美元，批次同比下降3.67%，货值同比增加1.57%。发现入境动物疫情10批，13种类，19种次。

全年共检验检疫出入境植物及其产品18 785批，货值3.12亿美元，批次与货值同比增加6.19%和3.8%。其中，出境植物及其产品14 742批，货值1.98亿美元，批次与货值同比增长24.33%和96.66%；入境植物及其产品4 043批，货值1.14亿美元，批次与货值同比下降30.73%和43.02%。检出不合格出境植物及其产品209批，货值508万美元。发现出境植物疫情4批，1种类，4种次。发现入境植物疫情8批，14种类，18种次。

全年共检验出入境食品及化妆品10 022批，货值4.1亿美元，批次与货值同比增长20.2%和49.02%。其中，出境食品及化妆品9 932批，货值4.08亿美元，批次与货值同比增长20.45%和49.09%；入境食品及化妆品90批，货值182万美元，批次同比下降2.17%，货值同比增长35.82%。

全年共签发出入境各种检验检疫证单233 771份（出境160 528份，入境73 243份）；签发通关单155 051份（出境114 369份，入境40 682份）；普惠制产地证签证4 545份，货值43 591万美元。普惠制区域优惠产地证签证210份，货值717万美元。一般产地证签证399份，货值3 779万美元。

【产品质量和食品安全专项整治】 新疆检验检疫局按照国家质检总局和自治区政府的统一部署，及时成立了专项整治工作领导小组进行专项整治工作。截止到2007年12月，新疆检验检疫系统共清查了437个注册果园，清查率100%；清查了36家注册登记包装厂，清查率100%；清查了129个出口备案蔬菜基地，清查率100%；清查了全疆49个出口可食性动物产品养殖基地，清查率100%；清查了151家卫生注册登记出口食品加工企业，清查率100%；清查了10家取得进境油料加工资质的油料加工厂，清查率100%；出口食品加贴检验检疫标志1 197批，实现了出口食品运输包装100%加贴检验检疫标志。

【口岸卫生检疫监管】 2007年，针对新疆口岸分布广、情况复杂以及国内外重大疫情多发的严峻形势，应对口岸突发事件公共卫生应急管理工作需要和WHO新修订的《国际卫生条例〔2005〕》于2007年6月15日正式实施的要求，为提高应对口岸突发公共卫生事件的能力，加强卫生检疫基础建设，新疆检验检疫局对全疆各口岸卫生监督工作现状进行摸底调查，加强传染病监测，抓好联防联控，加大灭鼠灭蚤力度，加强出入境卫生检疫，严防疫病疫情发生，推动了口岸食品卫生监督分级管理工作的开展。在阿拉山口口岸完善了鼠间鼠疫监测方案，新增加了监测点，形成野外、城乡结合部和城区三个层次采样点，建立了科学的监测模式。

【动物疫病疫情监测】 为有效防止重大动物疫病疫情传入传出及为新疆进出口动物及动物产品的风险分析提供可靠的科学依据，新疆检验检疫局针对全疆出口动物源性食品生产企业的备案养殖场和出口禽蛋备案养殖场的牛、羊、猪、鸡以及进口皮毛，进行了口蹄疫免疫效价、病毒的监测和禽流感免疫效价、病毒的监测。根据计划，全年检测样品935份，得出2 201个检测结果，其中：禽流感监测409份；口蹄疫监测498份；进境皮毛口蹄疫病毒监测28份。较2006年监测522个样品、得出1 341个检测结果相比较，分别增加了79.1%和64.1%。

【动物源性食品农兽残监控】 出口动物源性食品农兽残监控新增加了牛肉和中兽药中违禁兽药的检测，残留物质监控对象有牛、羊、猪、鸡、鱼和中兽药。共抽取623个检测样品，检测项目345个，得出检测结果1 807个。其中：检出有残留的结果56个，检出率为9%。阳性结果数（大于MRL）为12个，阳性率为0.19%。从检测材料、动物品种超标数量高低分布来看，依次为中兽药粉＞水产品＞肠衣＞饲料＞猪。按不同类检测物质超标数量高低依次为：氯霉素＞硝基呋喃类＞化学元素。通过实施残留监控，掌握了新疆动物源性食品存在的主要问题，防止了不合格动物源性食品的出口。

【有害生物监测】 为加强实蝇和其他外来有害生物监测工作，在全疆范围内设置诱捕器检测点391个，顺利完成了监测任务。在新疆各口岸进境种苗、木材、木质包装等的检疫和出入境旅客的查验中，共截获禁止进境物4 193批，截获有害生物43种属，2 133批次。截获检疫性有害生物5种属，17批次。其中，9月21日，首次从美国进境货物木质包装中截获1头美洲大蠊雌虫，及时对该批货物的木质包装进行了检查和除害处理，彻底消除外来疫情隐患。

【认证认可工作】 2007年，进一步提高认证有效性，用好认证和标准化手段，促进企业自检自控能力，提高出口企业国际竞争力。积极开展出口食品种植基地登记、出口食品生产企业卫生注册登记及出口动物源性食品审查和评估工作，推动HACCP管理体系在食品企业的应用；不断完善出口食品生产企业卫生注册工作程序，推进网上审批制度的施行，加大对企业定期检查和拉网检查的力度，开展异地评审和卫生注册规范的宣传和培训工作。全年共受理出口食品企业卫生注册登记申请70家，通过审核获证企业41家，自动撤回4家，尚在办理中的企业25家。截至2007年，新疆地区共有145家出口食品生产企业获得了卫生注册登记证书，其中卫生注册类企业112家，卫生登记类企业33家；共考核出口危险货物包装容器生产企业15家；共办理《免于办理强制性产品认证证明》17份。对辖区内16家出口食品生产企业的认证有效性进行了检查，占应查企业数量的32.7%，超额完成了国家认监委要求的3%的清查比例；帮助企业对外注册，拓展新市场。帮助新疆3家肉类屠宰加工企业顺利通过国家认监委向阿联酋推荐出口肉类企业异地评审检查组的考核。推荐对巴基斯坦出口牛羊肉企业2家，对埃及出口去骨牛肉企业1家。

积极推广国际质量管理体系认证工作。2007年，完成质量管理体系认证现场审核171家，其中颁发认证证书76家。共累计颁发质量管理体系认证证书666家。其中ISO9001质量管理体系496家，ISO14001环境管理体系90家，OHSAS18001职业健康安全体系40家，HACCP食品安全管理体系40家。新增的认证领域有银行、税务、医院、政府机关等。年内为企业培训管理体系内审员1 124人，为提高新疆企业的管理水平和产品质量发挥了积极作用。

【乌鲁木齐火车西站设立监管点】 为加快铁路口岸通关速度，在乌鲁木齐火车西站物流园设立了出口商品检验监管点。将乌铁西站、北站出口边贸货物集中在乌鲁木齐铁路西站物流园进行统一检验检疫监管，对出境火车货物实施检验检疫合格后在铁路运单上加盖放行章，阿拉山口铁路口岸查验直接放行。通过在乌鲁木齐火车西站装车地实施检验检疫，实现了检验工作前移，减少了出口货物在阿拉山口口岸的停留时间，极大地提高了出口货物的通关速度。

【应对技术壁垒促进纺织品出口】 2007年，为应对国外贸易技术壁垒，新疆检验检疫部门对出口服装、纱线、牛仔布等纺织品，重点加强安全卫生项目的检验监管，采取从源头控制产品质量，加强对原辅材料和生产过程的检测和控制，要求企业在选择染料时，选择非禁用偶氮绿色环保染料；加强对出口服装半成品、成品的抽查力度，严格按照欧盟禁令及相关标准进行检测，结果显示均符合要求，保证了新疆服装顺利出口到欧盟等国际市场；及时向有关出口经营单位和生产企业宣传通报欧盟的有关指令及相关的法律法规，以便积极采取应对措施。2007年，共检验出口棉纱235批，货值272万美元；出口牛仔布37批，货值88万美元；出口服装230批，货值1 789万美元。

【原产地证签发工作】 国家质检总局从2007年8月1日起，在全国范围内启用新的原产地业务电子管理系统，新疆检验检疫局根据新旧系统转换的要求，顺利启用新的原产地业务电子管理系统，并利用各种形式向出口企业做好宣传。同时针对罗马尼亚、保加利亚、列支敦士登开始执行欧盟普惠制新方案，开展了对出口这些国家产品普惠制原产地证明书的签发工作。在签发原产地证书工作中，不但引导企业用足、用活普惠制产地证，还积极拓展区域性优惠原产地证，指导企业针对不同国别、不同出口品种享受关税减免的优惠政策，使普惠制产地证和区域性优惠原产地证得以充分利用，企业出口的商品因此享受到相关的进口减免关税待遇，提高了增强企业在上国际市场的竞争力。年内共签发一般原产地证书399份，货值3 779万美元；签发普惠制产地证4 545份，货值43 591万美元；签发区域优惠产地证书210份，货值717万美元。企业享受关税优惠2 500余万美元。

2007年新疆出入境检验检疫工作统计表

项目		合计	出境	入境
货物检验检疫	总批数	129 938	84 307	45 631
	总货值（亿美元）	84.94	32.34	52.6
	不合格批数	1 566	466	1 100
	不合格货值（万美元）	4 320	1 292	3 028
工业品检验	批数	107 546	68 054	39 492
	货值（亿美元）	76.97	26.06	50.91
	不合格批数	1 298	211	1 087
	不合格货值（万美元）	3 528	510	3 018

续表

项目		合计	出境	入境
动物及动物产品检验	批数	2 284	208	2 076
	货值（万美元）	7 445	2 136	5 309
	检出疫情批数	11	1	10
植物及植物产品检疫	批数	18 785	14 742	4 043
	货值（亿美元）	3.12	1.98	1.14
	不合格批数	12	4	8
食品及化妆品	批数	10 022	9 932	90
	货值（亿美元）	4.1	4.08	0.02
	不合格批数	53	46	7
	不合格货值（万美元）	266	264	2
交通工具检疫	飞机(架)	5 367	2 772	2 595
	火车(节)	524 898	262 449	262 449
	汽车(辆)	212 552	105 955	106 597
集装箱监督检疫	标箱数	97 972	69 263	28 709
监测体验及预防接种	疾病监测人数	43 825	41 530	2 295
	艾滋病监测人数	42 797	38 351	4 446
	发现病例数	5 133	4 784	349
	预防接种人次	46 198	46 198	
签发出入境检验检疫证单	份数	233 771	160 528	73 243
签发通关单	份数	155 051	114 369	40 682
签发一般原产地证书	份数	399	399	
	货值（万美元）	3 779	3 779	
签发普惠制产地证书	份数	4 755	4 755	
	货值（万美元）	44 308	44 308	

新疆口岸大事记

2月

经国家口岸办批准,老爷庙口岸4、6、10月开关时间顺延至次月6日。

2月2日

阿拉山口公路口岸首次出口2套4台超大型变压器,贸易货值800万美元,单套单车运输重量达到133吨,运输重量和货值均创公路口岸开关以来历史之最。

阿拉山口公路口岸开通中哈城市之间的国际道路旅客运输线路,由乌鲁木齐—阿拉山口—塔尔迪库尔干,全长960公里。

2月4日

自治区副主席胡伟率工作组赴吉木乃口岸考察调研,确定口岸边民互市贸易范围向吉木乃县城延伸。

3月17日

哈萨克斯坦总理卡西姆·马西莫夫一行考察了我国目前惟一的铁路、公路、石油管道三种运输方式并存的阿拉山口口岸,参观了中哈石油管道库区、海关报关大厅、铁路联检大厅和铁路换装站等。马西莫夫希望双方充分利用阿拉山口口岸,积极推动两国毗邻地区的经贸合作,实现互利双赢。

3月19日

乌鲁木齐—阿拉山口—阿拉木图国际客运线路首班客车从阿拉山口公路口岸出境。阿拉山口口岸国际客运线路增至4条,其中铁路1条,公路3条。该线路从乌鲁木齐市始发,目的地为哈萨克斯坦阿拉木图市,全程约1 500公里,往返用时3天,每星期发两个班次。运营车型为豪华卧铺客车,满载31人,预计年运送旅客2 000人左右。

3月31日

为落实温总理视察连云港期间的指示精神,连云港市人民政府研究室副主任邓维鉴、交通部规划设计院高工孙翰冰等4人组成的连云港发展战略调研组赴阿拉山口口岸对口岸集装箱货运、海陆联运等情况进行了调研,为下一步连云港港区重新规划和进一步推动陇海兰新经济带发展做好基础性工作。

4月4日

自治区人大工作组赴伊尔克什坦口岸,就伊尔克什坦口岸下迁等事宜进行实地考察调研。

4月19日

自治区政协副主席江珊一行到哈密市老爷庙口岸调研。

4月26日

由商务部欧洲司、中国驻哈萨克斯坦使馆商务处,新疆维吾尔自治区党委、政府、军分区、有关厅局级领导和地州外办、各口岸联检单位联合组成的中方代表团与哈萨克斯坦工贸部部长为团长的哈方代表团在霍尔果斯口岸就中哈霍尔果斯国际边境合作中心项目进行了会谈。

5月5日

中共中央政治局委员、新疆维吾尔自治区党委书记王乐泉视察霍尔果斯口岸,对中哈霍尔果斯国际边境合作中心的建设做出了重要指示。

5月31日~6月2日

中共中央政治局委员、新疆维吾尔自治区党委书记王乐泉在博尔塔拉蒙古自治州考察调研。他强调要依托口岸优势,加快基础设施建设步伐,大力进行经济结构调整,以发展外向型经济为着力点,推进新型工业化进程,努力把博州建设成为我国向西开放的前沿阵地和进出口加工基地。

6月5日

兰州军区"建边、管边、控边"军警兵民处置突发事件联合演习在阿拉山口口岸举行。

6月10日

乌鲁木齐国际机场口岸签证办公室正式成立并开始办理口岸签证业务。

6月27日

中哈阿拉山口口岸与多斯特克口岸政府间第三次会晤在多斯特克镇举行。哈国多斯特克镇政府向我方提供了该镇规划、建设和发展的有关情况和信息。

6月28日~7月2日

第三届中国新疆喀什·中亚南亚商品交易会组委会在新疆怡发会展中心召开。周边国家政府官员及中外使节、商会代表等外宾213人次参加会议。

7月23日

自治区人民政府副主席胡伟暨自治区外经贸工作座谈会会议代表赴霍尔果斯口岸考察指导工作。

7月26日

西部计划志愿服务的6名大学生志愿者走向阿拉山口口岸各工作岗位,开始了为期一年的志愿服务行动。

8月3日

国家外汇管理局李东荣副局长一行赴霍尔果斯口岸考察。

8月4日

国家外汇管理局会议代表团赴霍尔果斯口岸进行调研考察、座谈。

8月7日

全国人大副委员长韩启德一行赴霍尔果斯口岸考察了工业园区、国门、中哈霍尔果斯国际边境合作中心、国际商贸中心。

8月17日

国务院总理温家宝一行赴霍尔果斯口岸考察。

8月28日

全国政协副主席董建华一行赴霍尔果斯口岸考察。

9月5日~10日

根据中央和国务院领导批示,国家口岸办副主任罗文金带领国家8个有关部委的领导来乌鲁木齐,就霍尔果斯口岸通关不畅问题召开专题调研会,自治区人民政府副主席胡伟参加会议。会后,罗主任一行赴霍尔果斯口岸进行实地考察调研,之后又赴阿拉山口和吐尔尕特口岸进行工作考察调研。

9月9日

中国宝石鉴定中心主任张蓓莉一行赴霍尔果斯口岸考察。

9月10日

连云港口岸考察团一行赴阿拉山口口岸进行为期两天的考察活动,双方口岸为进一步巩固和发展15年来的友好合作关系,促进新亚欧大陆桥扩大运输规模并保持持续、快速、健康发展,签署了《关于进一步加强大陆桥运输合作关系的协议》。

中国国民党荣誉主席连战一行到霍尔果斯口岸考察。

9月12日

首届霍尔果斯国际出口商品交易会在霍尔果斯口岸举行,为期3天的交易会共接待中外客商2万余人,完成交易额43 636万元。

10月15日

中哈原油管道已累计向中石油独山子石化分公司输送哈国原油529万吨,累计安全运行437天。

10月20日

自治区人民政府副主席胡伟在自治区口岸办、海关、检验检疫等部门领导的陪同下,视察红其拉甫口岸,就口岸的发展和规划等作出了重要指示。

10月22日

自治区联合调查组赴塔城检查验收边贸互市。

霍尔果斯口岸举行了中哈霍尔果斯(中国)—霍尔加斯(哈萨克斯坦)口岸连接中哈铁路工作组第二次会谈,并实地察看了双方铁路在霍尔果斯连接的规划区域。

11月1日

铁道部经济规划院、新疆自治区发改委调研组赴吐尔尕特口岸调研。

11月4日

阿拉山口铁路口岸过货量突破1 000万吨,达到1 001.2万吨。

11月12日

中国开发区协会专家赴霍尔果斯口岸就合作中心产业发展、功能定位和政策管理等进行调研、论证。海关、国检局、边检站、合作中心开发建设公司、运管站、国税局、地税局、经济发展局、工商局、社会发展局、财政局参加了此次座谈会。

11月29日~30日

中哈地方口岸联合协调小组第一次会议在霍尔果斯口岸举行。中哈地方口岸联合协调小组中方组长为新疆维吾尔自治区人民政府副主席胡伟,哈方组长为阿拉木图第一副州长多仁阔夫·维克多·阿那托利耶维奇。中国国家口岸管理办公室、外交部的代表和哈萨克斯坦驻华使馆的代表出席了会议。会议由中方副组长、新疆维吾尔自治区人民政府副秘书长许观斌主持,双方签订了《中哈地方口岸联合协调小组细则》和《中哈边境口岸地方联合协调小组第一次会议纪要》。

12月11日

公安部党委书记、部长孟建柱一行赴霍尔果斯口岸考察调研。

12月20日

中国水利水电建设总公司向哈密地区口岸委赠送锦旗,就老爷庙口岸支持企业发展、多次为其协调口岸通关等相关事宜表示感谢。

12月28日

阿拉山口铁路年出口运量达到了500.013万吨,突破500万吨大关,较2006年出口运量313.2万吨增幅59.2%,全年出口量503万吨,成为全国出口量最大的铁路口岸之一。

12月

阿拉山口国家级石油化工矿产重点实验室投入使用。该实验室是我国第189个、新疆第3个国家级重点实验室,是国家质检总局根据阿拉山口口岸的经济战略地位和过货形势批准设立的,项目总投资2 590万元。

冠捷科技集团

用心专注　领航视界

冠捷科技集团是一家大型高科技外商投资企业，主要从事电脑显示器及平面电视的研究开发、生产制造和销售推广业务，主要产品为：彩色显示器（CRT MONITOR）和液晶显示器（LCD MONITOR）。

冠捷科技集团现拥有8大生产制造基地、5大销售中心及两大研发中心。其中6大制造基地位于中国大陆，另两大制造基地则位于巴西和波兰，5大销售中心分别位于美国、巴西、德国、印度及日本，两大研发中心分别位于中国台湾及中国大陆。

冠捷科技集团正着手在波兰兴建厂房，并开始就墨西哥建立厂房的计划进行可行性研究，即将藉此踏入全球化生产制造商的行列。全球员工人数自1990年创设之初的不足1000名至现今已达到25 000名的规模。

1990年12月，于福建省福清市投资成立冠捷电子（福建）有限公司，1992年5月正式投产，成为当时率先投资中国大陆的IT制造商之一。

1997年8月，于北京合资成立北京东方冠捷电子有限公司，南北生产基地的建立，优化了产品供应链。

1999年10月，冠捷科技股票于香港、新加坡两地同步上市。

2001年，冠捷科技集团成为全球第二大显示器制造商。

2002年6月，于福建省福清市投资成立福建捷联电子有限公司，专门从事液晶显示器（LCD MONITOR）和液晶电视（LCD TV）的生产销售业务，生产规模进一步扩大，产品种类进一步完善。

2004年6月，于武汉投资成立冠捷显示科技（武汉）有限公司，产品包括彩色显示器（CRT MONITOR）和液晶显示器（LCD MONITOR）等，产品销售区域进一步覆盖大陆中西部城市。

2004年12月，冠捷科技与飞利浦签订意向书，2005年9月，冠捷科技正式全面接收飞利浦全球个人电脑显示器及低端平板电视的生产制造业务。苏州飞利浦消费电子有限公司成为集团子公司，并于2007年6月更名为冠捷科技（苏州）有限公司。

2005年9月9日，国家商务部部长薄熙来（前排右二）莅临冠捷参观指导。

2005年9月6日，国务院副总理曾培炎（左二）及福建省、市领导视察冠捷。

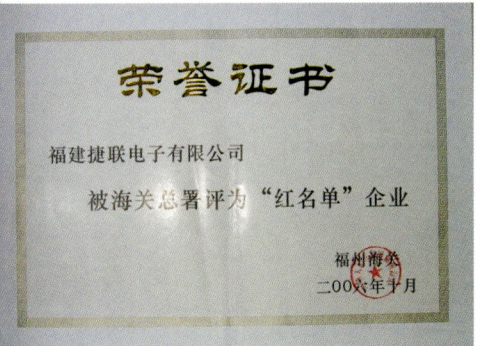

2005年12月，北京东方冠捷电子有限公司更名为冠捷科技（北京）有限公司，成为冠捷科技全资子公司。同年，成为全球第一大显示器制造商。

2006年5月，于宁波投资成立冠捷科技（宁波）有限公司，进一步提升了集团的生产制造能力。

至此，冠捷科技已在中国大陆形成了北京、福建、武汉、苏州、宁波五大生产基地及强大的供应链。

2007年4月，冠捷科技在波兰投资成立全资子公司，并将于2008年下半年投产。

冠捷科技以优异的品质和服务，赢得了世界各大电脑制造商的肯定和信赖，在业界享有盛名。与此同时，冠捷科技的自有品牌"AOC"也不负众望，在系列产品市场上占有率显著提升。2006年，"AOC"品牌显示器首次成为中国自有品牌显示器市场销售量和销售额的"双料亚军"，成功晋级为中国第二大显示器品牌。

2007年1月，冠捷AOC获得了"2006-2007中国显示器市场年度成功企业"、"2006-2007中国LCD显示器市场年度成长最快企业"双料大奖。2007年6月经世界杰出华商协会评选，冠捷科技集团入选"2007全球华商企业500强"，名列第77名。2007年9月，冠捷科技集团经世界杰出华商协会杰出华商评价委员会评审，入选"2007全球华商高科技500强"，名列第三名。这不仅是对"AOC"品牌的充分肯定，更充分表明"AOC"品牌已得到业界和广大消费者的高度认可。

在机遇与挑战并存的市场环境中，冠捷科技仍将持续加强研发能力，发挥经营团队的专业才能与经验，在竞争激烈的市场中争取更多的商机，挑战更高的目标。

冠捷科技集团
冠捷电子（福建）有限公司
福建捷联电子有限公司

地　址：福建省福清市元洪路上郑
电　话：86-591-85285555

网　址：www.tpvaoc.com
传　真：86-591-85285447

江阴苏南国际集装箱码头
Jiangyin Sunan International Container Terminal

江阴苏南国际集装箱码头位于江阴临港新城新港区内，地处长江三角洲几何中心，距洋山港260公里，是南京下游长江港口群的中心点。码头专业从事集装箱业务，提供包括集装箱装卸、储存、拆装、货代、船务等在内的全方位服务。码头于2006年3月正式开港运营，6月13日启动外贸业务，2007年6月通过对外开放省级验收。码头口岸机构设置齐全，已形成了一个较为完善的口岸通关平台。

临港国际物流园

箱量发展
凭借独特的区位优势，坐拥雄厚的集装箱腹地资源，预计2010年经济腹地外贸集装箱生成量将超过300万标箱，发展前景广阔。2007年货物吞吐达5069万吨，集装箱26万标箱。2008年预计可达45万TEU。

建设概况
陆域规划总面积近80万平方米，设计年吞吐能力100万标箱，已使用堆场67万平方米。外港码头利用长江岸线589米，前沿水深-12米，终年不冻不淤，拥有3个万吨级深水泊位，最大靠泊能力5万吨；内港池1090米，前沿水深-4～-5米，可同时停靠5000吨级船舶8艘。

设备系统
已配备4台岸桥、4台门机、8台轨道吊、2台正面吊，1台堆高机、6台叉车，装卸能力强大。信息管理、监控设施等均采用最先进的设备系统，引进上海港集装箱码头的管理模式和技术，为相关企业提供优质服务。

航线航班
主要开辟了三个方面的航线：近洋航线、沿海内贸航线、长江内支线，航班密度每周可达51班。2007年开辟了"江阴-釜山"的国际集装箱直达航线，以及"江阴-日本"的HDS精品快航。内贸航线南起防城、海口，北到丹东、大连，长江上游追溯到重庆、泸州，都有直达、中转干、支线船到达。近期新增"江阴-釜山"、新开"江阴-台湾"等近洋航线。

配套物流
紧邻码头的江阴临港国际物流园，于2007年9月底投用，已被批准为江苏省重点物流基地及无锡临港仓储物流服务外包基地。园区占地12万平方米，建有7座标准仓库共36000平方米，堆场及配套设施84000平方米。其中两座仓库已申请保税功能，并挂牌设立为进境动物产品定点仓储单位。可提供货物的保税仓储、贴牌包装、分拆分拣、拼箱转运、采购配送等服务。一大批具有区域影响的供应链服务如纺织品、进口羊毛、麦芽、PTA等将在此孵化成型，形成以港口为依托、服务纵深150公里的区域性物流中心。

集装箱堆场

集装箱堆场

龙门吊

地址：江阴新港大道1号（江阴临港新城新港区）
电话：0510-86847733　　传真：0510-86847070
邮编：214442　　网址：www.jysct.com.cn

利达光电股份有限公司

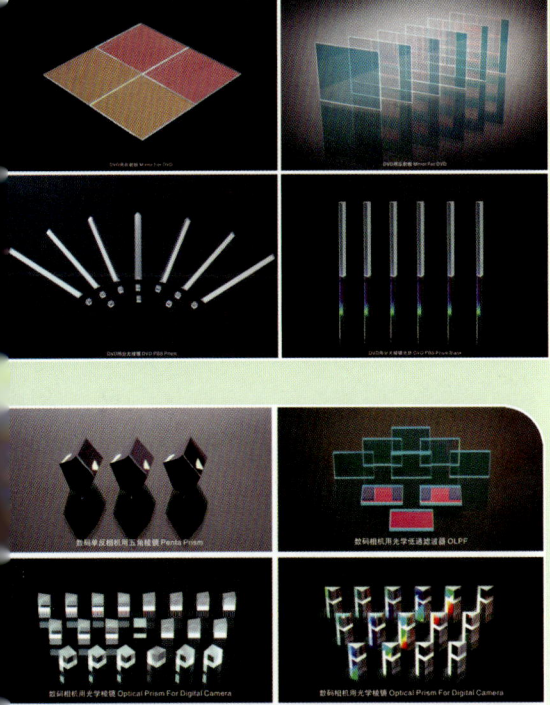

利达光电股份有限公司是国内著名、国际知名的光学元组件制造企业。其主要经营范围：光学零件、光学薄膜产品、光学镜头、光学引擎、光学辅材、光学仪器及相关产品的研发、生产、销售和售后服务。其产品的应用领域：数字投影机、数字高清大屏幕投影电视、数码相机、DVD、航空航天探测等高精度光学系统。公司的主要产品中有70%销往日本、美国、德国、韩国、香港、台湾等国家和地区。

公司长期将光学薄膜技术作为核心技术重点培育。目前，已形成较为完整的光学薄膜技术产业链。公司是我国装备水平最高、规模化生产能力最大的光学镀膜产品生产企业之一。

公司的发展目标是"以光学元件加工为基础，以光学薄膜技术为核心，积极向产业链下游延伸，成为世界一流的光电企业"。

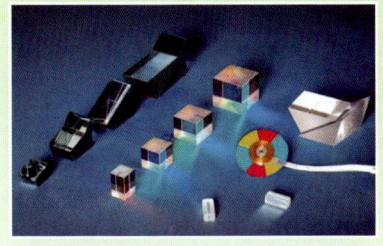

FISCAN 为北京奥运和社会公共安全提供安全检查解决方案及服务保障

● FISCAN®小型背散射X射线检查车
可对各种车辆、货物实施检查；亦可用于人体非接触的隐蔽检查。

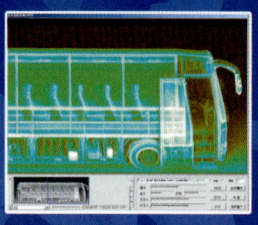
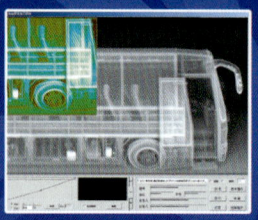

突出车辆外形，检查图片作为辅助

● IG-SCAN-MC集装箱检查系统
反恐防暴、缉毒缉私的FISCAN®最新产品

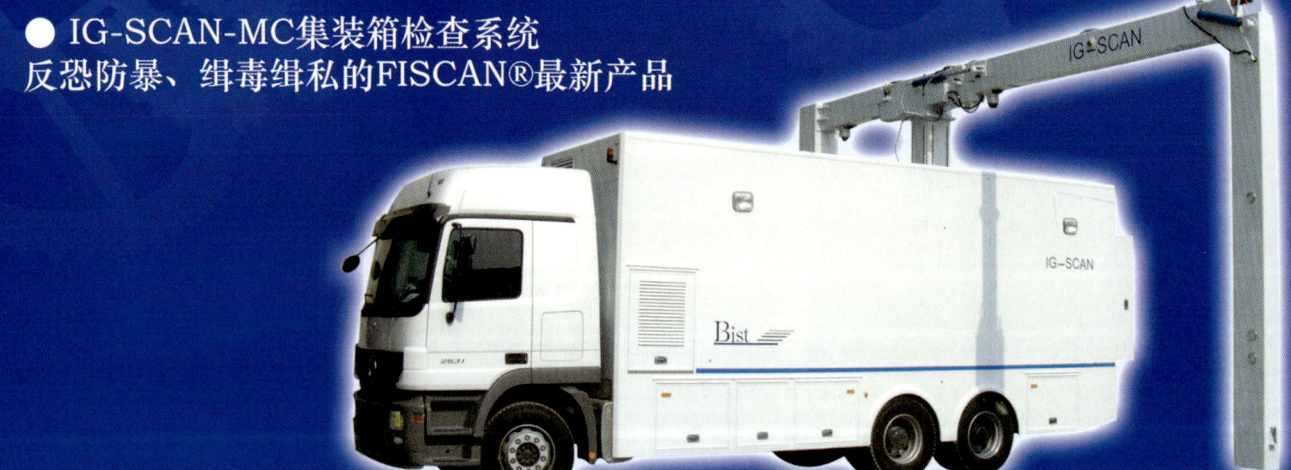

北京中盾安民分析技术有限公司
BEI JING ZHONG DUN AN MIN FEN XI JI SHU YOU XIAN GONG SI

单位：公安部第一研究所
地址：北京首都体育馆南路1号
　　　北京市昌平区科技园区火炬街2号
邮编：100044 （102200）

电话：010-88513627~36　88513411~13
传真：010-68421178
网址：www.fri.com.cn
电子邮件：fiscan@fri.com.cn

大亚科技集团有限公司

董事局主席：陈兴康

大亚科技集团有限公司是中国工业企业500强之一，农业产业化国家重点龙头企业、国家高新技术企业和中国最大的民营森工企业，为上市公司"大亚科技"（股票代码000910）和"圣象集团"的控股股东。集团主要工业基地位于长三角经济圈和珠三角经济带，公司在美国设有国际营销中心和IT研发中心，现有包装、木业、汽配和IT4大产业。主要产品有各类高档中高密度纤维板、强化地板、实木复合地板、实木家具、超薄型铝箔、铝箔复合材料、真空镀铝和铝转移材料、印刷制品、烟用丙纤丝束、铝制汽车轮毂、现代通讯网络设备等，其产销规模和市场占有率长期位居同行业领先地位。2007年集团公司实现销售收入103亿元人民币，出口创汇38 500万美元。

大亚木业是集团公司目前的主导产业。公司坚持以市场需求为导向、以林业资源为依托、以节能环保为根本、以终端产品为最终发展方向，以高起点、高投入、高标准为目标，构建面向"三农"的经济高效的产业链和价值链。目前，公司已在江苏、江西、安徽、广东、福建、黑龙江等地建成8条高档人造板生产线，形成人造板及其下游终端产品的产业链和价值链，拥有年产180万立方米人造板、年4 500万平方米复合地板和3亿美元的出口家具生产能力，被国家有关部委誉为"中国木业航母"。大亚人造板产销规模已居"中国第一、亚洲第一，世界第六"。圣象地板建有覆盖全国的销售网络，设有2 300个经销网点，产品连续11年产销量位居全国第一，2006年"圣象"品牌入选"中国500个最具价值品牌"，品牌价值达45.01亿元人民币，位居中国建材行业榜首。公司生产的"DareGlobal"人造板、铝箔，"圣象"实木地板、强化地板等4类产品相继获得"国家免检产品"、"中国名牌产品"或"中国驰名商标"等称号。人造板和地板产品还相继获得中国环境标志产品认证证书。

大亚集团本着"追求卓越、挑战极限"的企业精神，坚持科学发展和可持续发展战略，不断推进企业技术创新和产业结构升级，大力开展节能减排和循环利用工程，积极实施"走出去"战略，全面打造和提升企业核心竞争力，努力把企业建成拥有自主知识产权、国际著名品牌、完善的研发体系、高素质的经营管理团队的，在全球细分市场拥有绝对控制力的国际知名企业集团，力争2015年挺进世界500强。

圣象强化地板

生产线中央控制室

圣象康树实木地板

德国进口的连续压机生产线

公司地址：江苏省丹阳经济开发区金陵西路95号
电话：0511-86882222
传真：0511-86981312
网址：www.DareGlobal.com

登/鹏/物/流
D&P International Logistics Co.,Ltd
准确 / 安全 / 快捷 / 周到

◆ 公司简介

登鹏物流成立于2001年，经过自身努力和多年国际物流积累的丰富经验，公司不断发展壮大，现已发展成为以珠海为总部，下设香港、澳门、广州、深圳和中山等分公司、在中国大陆及港澳台地区拥有优质的全方位服务平台的大型综合性快递物流企业。公司员工上百名，均受过严格的专业培训；公司以科学管理为先导，积极创建高绩效的学习团队，努力打造登鹏物流品牌，致力于推动中国快递物流服务行业规范化发展。

登鹏物流秉承"登高望远，鹏程万里"的企业精神，根据客户的实际情况和需求，本着"准确、安全、快捷、周到"的服务宗旨，为客户量身定制合理的物流运输方案，并以勤勉的态度，尽职尽责的专业服务与客户建立起全面的友好合作关系，共创美好明天。

◆ 业务范围

☆港澳台进出口快件服务
☆港澳台一般贸易进出口、代理整柜、散货报关服务
☆香港、澳门中转货物的代理清关服务
☆珠三角地区物流仓储、中转和配送服务
☆国际空运、海运服务
☆国内、国际快递服务
☆国内空运、快运及派送服务
☆异地取件、小批量采购代垫款业务
☆一般国际贸易服务

地址：珠海市前山明珠南路2158号华业大厦3栋
电话：0756-8607650　　　传真：0756-8607691
网址：http:// www.dpmy.com

宜兴市旺达物流有限公司

总经理：孔柏松

  宜兴市旺达物流有限公司是由宜兴市资产经营公司投资设立的国有独资企业，由宜兴市口岸管理办公室主管，是国家二类口岸宜兴港、宜兴海关直通点和公共型保税仓库以及旺达物流中心（省重点物流基地）的经营主体，是宜兴地区规模最大的综合服务型物流企业，实现了通关功能、保税功能、码头作业功能和仓储运输功能以及物流信息功能等多种功能的叠加。

  公司地处苏浙皖三省交界的宜兴经济开发区内，东临芜申运河，南接宁杭高速、104国道，西处锡宜高速宜兴西出口及342省道，北通新长铁路宜兴北站和沪宁高速，距南京禄口机场和江阴港均约1小时车程，交通十分便利和畅通。公司占地面积12万平方米，拥有岸线150米，千吨级多用途泊位2个，集装箱堆场4万平方米，海关监管仓库3千平方米，室外保税仓库2万平方米，室内保税仓库2千平方米。拥有海关监管车6辆，货运车辆总载重达380吨，30.5T门式起重机一台，意大利进口的集装箱正面吊一台以及各种型号的专用叉车，可满足各类集装箱作业、仓储作业和货物运输作业的一切需求。

  宜兴港作为国际集装箱运输的起始港和目的港，参与国际集装箱运输港到港、门到门运输；海关直通点汇集报关、报检、货代、船代、银行、保险、理货、物流等各种服务功能，可一条龙办结进出口手续；保税仓库可为国外供应商和国内采购商及进出口企业实现快速方便的进口采购；物流中心为全市企业和货运车辆提供全方位的物流信息。公司以"平台服务为基础，码头经营为主业，货物运输为辅助"作为发展方向，以"更快更省更安全"作为服务宗旨。

公司地址：江苏宜兴经济开发区北环路东侧8号   邮编：214201
电话：0510-87112358   传真：0510-87111912   网址：http//www.wdwl.com.cn

中山市中炬东协物流有限公司

中山市中炬东协物流有限公司是中山火炬（集团）有限公司与中山市协调仓储有限公司于2003年8月合资成立的现代化物流公司。公司位于国家级中山火炬高技术产业开发区，注册资本3 000万元人民币，拥有现代化保税、监管仓库57。000余平方米，拥有96个装卸平台，24小时全方位监控，仓库年流转能力达66。000立方，1亿件货物以上，是一家集海空订仓、装卸、包装、流通加工、仓储、报关、运输、配送、代理进出口、一级国际货代、物流信息服务为一体的综合性物流园区。

中炬东协物流秉持"领导为基层服务，后勤为一线服务，一线为客户服务"的理念，实行现代企业制度，规范经营、科学管理，以国家级中山火炬开发区为平台，为区内及周边企业提供"一站式"全方位的第三方物流服务。

为解决区内企业对于保税物流的需求，在政府及海关的扶持下，中炬东协物流有限公司开展了保税仓储服务。秉承多年的第三方物流服务经验，同时依托公共型保税仓的优势，以优质的服务和完善的信息作支撑，致力于构建立足沿海、辐射全国、连接全球的物流供应链，为客户提供全套物流解决方案和一体化的物流服务。

中山市中炬东协物流园的成立旨在完善本关区保税物流环境，并为协调和简化海关监管与企业保税物流运作之间的关系起到重要作用。以进口保税仓和出口监管仓为目标主体构建而成的保税物流平台，可根据客户的不同需求，定制诸多个性化物流方案。境外货物进入保税仓可暂免税免证，可以为企业产生时间价值、库存价值、资金周转、节约物流成本。为了避免多次进仓多次报关带来的不便，利用货物分拨平台，海外料件可以整批进仓分批提货，也可以整批进仓然后分拨给不同的客户，从而减少报关风险、节约运输成本和货物积压成本。

企业理念：领导为基层服务，后勤为一线服务，一线为客户服务
经营宗旨：为客户提供一个可靠、富弹性、低成本、高效益的物流服务

仓库大门

门闸

监控中心

消防系统

ISO9001:2000 认证证书

中山市中炬东协物流公司保税监管仓

服务至上、诚信为本
科学管理、持续改进

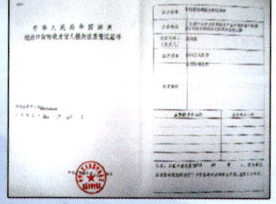
报关注册登记证书　　保税仓库注册登记证书

联系方式：
总　　机：0760-85339000　　传　真：0760-88583930
关务部：0760-88583931　　客服部：0760-88583902
地　　址：广东省中山市火炬高技术产业开发区丹丽路22号　　邮　编：528437
Email：jeczhongshan@jecgl.com

石岛港 SHI DAO PORT

港口介绍：

石岛港地处山东半岛的最东端黄海中部，荣成市石岛管理区东南端的石岛湾西侧，位于东经122°26′42″，北纬36°52′57″，1989年被批准为国家一类开放口岸。至今已建成为一个集客滚、集装箱、散杂货冻品、成品油和船舶修理等功能完善的现代化港口。公司下设国际物流公司、集装箱公司、装卸公司、航运公司、船代、报关报检、进出口、远东集装箱运输、外轮理货、外轮供应、客运站、保税仓库、拖轮服务等专业化服务部门。

港口建设：

港口码头沿线总长3 950米，泊位水深-9～-13米，共有生产性泊位17个，其中万吨级以上泊位7个，年设计吞吐能力2 000万吨。

专用集装箱码头主要经营集装箱装卸、转运、装拆箱、修箱、冷箱PTI、海关监管仓储、多式联运、陆运等相关业务。

码头拥有集装箱桥吊6台，集装箱轮胎吊6台，32吨门机1台，卡尔码集装箱正面吊3台，卡尔玛空箱堆高机2台，卡尔玛重叉车1台，现代化机械设备齐全。

港口集装箱拖车200余辆（其中120辆为海关监管车），码头设计年吞吐量80万标箱，岸式单机作业平均效率28自然箱，闸口设计每天进出车辆1000架次。

起重量为10吨门座式起重机15台，20吨门座式起重机1台，用于散杂货装卸；16吨电吊3台，用于堆场作业。

另拥有30.5T-40.5T集装箱岸桥6台，35.5T-40.5T集装箱场桥6台，320T浮吊一艘，2 200马力-3 600马力拖轮共3艘，环保清油船1艘。码头最大起重能力300

航线情况：

石岛-韩国仁川客滚班轮航线，每周三班，每周二、四、日自石岛开航。

石岛-韩国群山客滚班轮航线，每周三班，每周一、三、六自石岛开航。

石岛-青岛公共外贸内支线，每周三班，每周一、三、五自石岛开航。

石岛-日本关西线，每周一班，每周五自石岛开航。

石岛-日本关东线，每周二班，每周二、五自石岛开航。

石岛-韩国平泽线，每周一班，每周三自石岛开航。

石岛-韩国釜山、日本门司、博多每周一班，每周日自石岛开航。

石岛-广州内贸航线，每周一班。

石岛-泉州内贸航线，每周一班。

2007年公司通过ISO9001：2000质量管理体系审核，取得了质量管理体系认证证书。实施"科技兴港"的理念，加大科技投入，积极推进信息化建设。先后引进并改进办公自动化管理系统、码头管理系统、GPS全球定位系统，建立了完善的信息交流平台，实现了公司资源共享和最佳分配，港口管理体系化日趋完善，港口创新服务理念不断优化。

石岛新港始终坚持"以人为本，服务社会"的服务宗旨，依托港口地理优势和区域资源优势，为本地企业通往世界搭建了良好的平台，有效带动了周边产业的迅速崛起，对促进地区经济快速发展，加快对外开放起着举足轻重的作用。

石岛新港港务股份有限公司董事长尹远华及全体员工
热忱欢迎各界人士前来我港指导、合作！

地址：山东省荣成市石岛海港路299号　　　　电话：(0631) 7288888
传真：(0631) 7286379　　　　　　　　　　　网址：www.cnsdnp.com

汽车衡
梅特勒-托利多

为海关提供全面称重解决方案与金牌服务

如需更多了解,请访问
www.mtchina.com
或联系梅特勒-托利多

客户互动中心

4008客户互动中心
销售与咨询热线: 4008-878-788

联系地址: 江苏省常州市新北区太湖西路111号
邮编: 213125
电子邮箱: ad@mt.com

泰丰集团

自泰丰创立52年来，因在新科技与人才培育方面的不断投资，得以享有稳健的成长。我们时时从客户角度出发、秉持诚信与创新之信念，热切期盼您的来函并与您一同成长。

结合常年累积的产业经验与技术、完整的市场资讯、先进科技和行销能力，泰丰将携旗下"飞德勒轮胎"和"英雄轮胎"不断地致力于提升客户满意度，提供超性能、高品质、高安全性之先进环保轮胎。

回顾泰丰的历史与现状，泰丰秉持着"持续创新"（Always Innovation）的企业理念与座右铭而不断进步、演化。在此，泰丰集团真诚的邀请您和我们一同开创"飞德勒轮胎"及"英雄轮胎"的未来。

董事长：马述健

泰丰集团 Federal Group
泰丰轮胎（江西）有限公司
FEDERAL TIRE (Jiangxi) CO., LTD.

江西省南昌市上海路639号 邮编：330029
No.639, Shanghai Rd., Nanchang City, Jiangxi, China
TEL:+86-791-831-0138 FAX:+86-791-830-8132
e-mail: chinasales@federaltire.com.tw   www.federaltire.com

叶水福物流（厦门）有限公司

　　叶水福集团是新加坡注册的一家知名跨国物流供应链管理公司，主要为全球500强企业提供物流方案设计和度身定制的物流服务，目前业务遍及全球。

　　叶水福物流（厦门）有限公司是叶水福集团旗下的一家子公司，2003年12月3日在厦门工商行政管理局登记注册，在厦门主要为戴尔公司、联想移动、林德叉车、ABB高压开关有限公司提供物流供应链管理服务；目前在厦门拥有公共保税仓库、保税物流园仓库、专用保税仓库、非保税仓库等约30 000平方米的仓库，2007年度进口总额为10.23亿美金，出口金额为9.3亿美金，预计2008年进出口总金额将达到30亿美金。公司决定在厦门保税物流园与厦门港务合作建立新仓库，作为在厦门长期发展的基地，预计2009年建成的60 000平方米现代化仓库可投入使用；公司计划逐步将物流供应链管理的先进模式运用到厦门更多企业，让物流业务在厦门这座港口城市能够得到更快更好的发展。随着海西经济区的快速发展和两岸三通的预期，公司对今后在厦门的发展充满信心；若两岸三通，台商在海西经济区的投资将会加大，同时两岸的运输费用、物流操作成本将大大降低、操作效率大幅提高，势必为物流行业提出新的需求并提供广阔的市场空间。

　　真诚欢迎各界朋友垂询！洽谈业务！

重庆ABB变压器有限公司

胡锦涛总书记视察
重庆ABB变压器有限公司

试验中的变压器

公司为三峡工程式
右岸电站提供的主变压器

　　重庆ABB变压器有限公司位于重庆市的风景名胜——华岩湖畔，占地面积120,000平方米，主要从事500kV及以上超高压电力变压器、电抗器及高压直流换流变压器的设计与生产。作为ABB在中国最大的单笔投资，该公司已成为ABB全球最大的变压器生产厂，年生产能力达50,000MVA。

　　公司的管理体系完全按照ABB对全球所有公司的统一要求执行，质量与安全管理体系完全与国际接轨。到目前为止，公司已参与众多国内外大型项目工程的建设。客户的信任进一步巩固了重庆ABB变压器有限公司在变压器行业的领导地位，特别是在500kV超高压及大容量产品领域。

　　重庆ABB变压器有限公司不仅是ABB全球最大的变压器制造厂，也是ABB全球的变压器设计中心之一。同时，也是ABB在亚太地区的绝缘件和冷却器制造中心，为ABB亚太地区的变压器生产企业提供一流质量的绝缘件和冷却器。

重庆 ABB 变压器有限公司
地　　址：重庆九龙坡区中梁山华岩南村1号　　　邮　编：400052
电　　话：023-65093688　　　　　　　　　　　　传　真：023-65093310

粤兴机电工程（中山）有限公司座落在珠江三角洲中部的中山市火炬高技术产业开发区，是香港珠江集团船厂有限公司的全资子公司，总投资近2000万元人民币，拥有10000平方米的厂区。

多年来公司致力于MTU、MWM船用、陆用、车用发动机和发电机组，ZF齿轮箱、REINTJES齿轮箱及船用喷水推进器的专业维修及零配件供应。多年来，除承接母公司代理的高速客轮的维修工程外，也对外承接了各船公司船舶、海关船艇的W6大修工程。

以人为本，技术为先，公司经过多年的技术积累，已经拥有20多名持有上述设备维修资格证书的工程师及技师，其中大部分技师从事MTU机器维修经验均达15年以上。目前，公司已经获得MTU W6级认可指定维修工场资格、海关总署认可MTU主机维修网点资格。

粤兴机电工程（中山）有限公司
电话：0760-8829 3800
网址：www.yuething.cn
地址：中山市火炬高技术产业开发区丹丽路
传真：0760-88287866
邮箱：cks_zsyh@hotmail.com

榆林市人民政府口岸办公室
YU LIN SHI REN MIN ZHENG FU KOU AN BAN GONG SHI

白玉仁副市长授牌

崔平主任与青岛口岸办领导签订口岸合作协议

航空口岸审查会

榆林市人民政府口岸办是2006年6月经榆林市政府批准设立的正处级事业单位，财政全额预算，编制12人，设主任1名，副主任2名；内设政秘、综合、法规、电子口岸中心三科一中心，目前人员已到位。2007年做了以下主要工作：

（一）3月下旬单位挂牌成立。购置办公车辆、用具，招聘借调了部分工作人员，建立了一系列机关工作生活制度，机关开始运作。

（二）加大宣传信息交流工作。建立了榆林口岸网站（http://www.yulinport.org.cn）。印发了"榆林口岸信息"16期共计1600余份，利用报纸和杂志、期刊、广告牌匾等各种传媒工具向社会宣传口岸和口岸办工作。

（三）评选揭晓了榆林口岸标识。

（四）会同有关部门前往青岛、大连、烟台、太原等地考察口岸及通关中心大楼等办公生活设施建设；完成口岸联检大楼土地征用、规划等前期工作。

（五）积极开展设立榆林航空口岸论证申报工作。从4月下旬开始与有关部门分别考察了国内银川和国外中东迪拜航空口岸建设情况；5月下旬通过市政府成立了榆林航空口岸建设协调领导小组；8月中旬起草形成了《榆林市航空口岸及其附属设施项目可行性研究报告》并通过了中央驻陕查验单位和省有关部门的评审。12月22日以市政府名义向省政府提出报告，正逐级上报。

（六）推动设立榆林海关工作。通过省政府上报国务院已批转至海关总署。

（七）与青岛、连云港市口岸单位共同签署了口岸跨区域合作协议。

（八）与榆林出入境检验检疫、机场、铁路等相关部门，联合签署了合作备忘录，商议建立了联席会议、定期通报和信息交流制度等。

高创（苏州）电子有限公司
K-TRONICS(SUZHOU) TECHNOLOGY CO.,LTD

高创（苏州）电子有限公司是一家外商独资企业，成立于1998年9月30日，注册资金1,770万美元，投资总额为2,920万美元，员工2000余人，工厂面积133,400m²，通过ISO9001/ISO14001-2004认证，主要经营范围是：生产新型显示器（平板显示器），可兼容数字电视，液晶显示高文件微型计算器，大屏幕液晶投影电视机等新型通讯电子产品及上述各类产品之零组件，销售本公司自产产品，从事非配额许可证管理，非专营商品的收购出口业务，并可参加自产产品的出口配额招标，2007年4月开始被南京海关选为首批诚信试点企业。

东莞力达五金压铸制品厂

东莞力达五金压铸制品厂是一家集设计、生产、加工、服务、销售为一体并通过ISO9001认证的专业企业，创建于1988年，座落于中国制造业城市、五金重镇——东莞长安镇，工厂占地面积8,000多平方米，拥有员工400多人。先进的机器设备，优秀的设计、制造管理人员及完善的销售网络，使力达建厂20年，依然屹立在同行之首，产品远销海内外，深受客户及同行业好评。

公司主营合金类（锌合金，铝合金，铅锡合金等）产品，包括：五金压铸件，礼品（促销礼品及旅游礼品），工艺品，首饰，汽车装饰品等。

公司服务过的客户包括：迪士尼（Disney），雅芳（AVON），诺基亚（NOKIA），索尼爱立信（Sony Ericsson）等知名品牌。

力求完美，达到双赢，振兴民族工业！是力达人坚持不懈的长远目标。力达五金压铸制品厂积极推进ISO9001（2000）管理模式，一向重视产品的质量建设。公司持着"创意的设计、优良的品质、优惠的价格、客户的满意"这一宗旨为各客商提供最优质的服务。

"力达压铸，铸造经典"，力达压铸五金愿与大家携手，共同铸造美好未来！

青岛现代造船有限公司
QingDao Hyundai Shipbuilding Co.Ltd

韩国知名企业现代集团下属现代综合商社和具有30年历史的灵山船业股份有限公司共同投资，于2005年5月18日成立了青岛现代造船有限公司。合资公司投资总额为6,000万美元，注册资本为2,000万美元，在职员工共3,000余人。公司现有3,000～7,000吨级船台四座，2.3万吨级船台一座，13,000吨级船坞一座和200米、500米舾装码头各一个。主营业务为一般船舶设计、生产销售，造船的相关配件、半成品的生产销售，船舶的修理、改造及相关配套服务，产品100%外销。

青岛现代造船厂所处地区气候宜人，降水量较少，波高较低，潮流和湿度适当，拥有得天独厚的地理条件。因周围的造船配套行业较为成熟，可保证顺畅的造船器材的采购及供应，并能获得足够的电力和工业用水。另外，从青岛国际机场到本厂只有50分钟的车程，而且造船厂入口处直接与公路网相连，客户能迅速、方便地访问本厂。

青岛现代造船有限公司成立后，投入巨资大规模补充和改善原来较为落后的生产基础和设施，在基础设施方面，已经建设完毕23,000吨级船台一座、500米舾装码头、现代化封闭式涂装车间，并完成了生产区域供气管道的铺设等工作。在生产设备方面，新购60吨、150吨、300吨门吊各一座和150吨平板车、进口等离子切割机、200多台韩国产二氧化碳焊机等设备，极大的提高了生产效益并达到年建造数量15艘的能力。做为青岛三大造船基地之一，省市各级领导多次访问我厂并对我公司的发展情况给予充分肯定和赞扬。

合资公司成立至今，已经签定了40艘船舶建造合同，造船订单已经排至2011年下半年。目前，公司已成功为希腊建造了5600吨级化学品船，预计2008年将有10艘油船和化学品船建造完成，为尽快成长为可建造2万吨级油轮和化学品运输船的世界一流造船厂奠定了基础。

青岛现代造船有限公司拥有30多人的韩国技术团，向全体在职员工传授韩国的先进造船技术，并通过实行透明经营、正道经营、成果主义经营的管理方法，以"变化与速度"为经营方针，来努力改善员工的福利待遇。目前公司全体员工已全身心地投入到生产工作中，正在为建设世界一流的中型船厂而努力奋斗。

地　　址：山东省青岛胶南市灵山卫镇　　　　邮　编：266427
总经理：金相佑　　　　　　　　　　　　　　电　话：0532-83180000
传　　真：0532-83183281　　　　　　　　　 网　址：www.qingdaohyundai.com

DSSC
大宇造船海洋(山东)有限公司

IN GOOD FAITH
IN GOOD HANDS

Code of conduct based on trust and passion

(1) 公司名称：大宇造船海洋（山东）有限公司
(2) 公司成立：2005年9月13日
(3) 资本金：7,990万 USD（韩国大宇造船海洋株式会社 100% 独资）
(4) 公司面积：1期：992,000；2期：187,500
(5) 主要建筑物：加工／组装／涂装车间等13个建筑物
　　　　　　　　船首船尾车间／涂装车间等10个建筑物新建及增设
(6) 主要产品：船舶用分段，陆地／海上平台设备等
(7) 工厂启动：2007年4月20日：开始生产
(8) 生产能力：1期：年产Block 18万吨以上
　　　　　　　2期：年产Block 30万吨
(9) 人员规模：截止到2008年6月份：2,600名

东兴口岸

东兴口岸位于我国西南陆地边境线与大陆海岸线的汇合处，北纬21°31′，东经108°07′，在中越边境的最东端，东南濒临北部湾，北面背靠十万大山，属南亚热带季风气候区。东兴口岸处在东兴市繁华市区，通过中越北仑河大桥和越南芒街口岸连接，北仑河大桥长111米，宽10米。目前口岸通关时间是8：00-20：00。东兴口岸距广西首府南宁170公里、防城港市38公里，由高速公路和一级公路相连；距越南广宁省首府下龙市180公里、首都河内308公里，是我国边境线上的重要口岸之一。

东兴口岸是对外开放的国家一类口岸，是我国通往越南和东南亚最便捷的通道之一。1958年，国务院批准东兴口岸对外开放，其对应口岸是越南社会主义共和国芒街口岸。在越南抗美救国战争期间，东兴口岸是我国援越物资的主要输出通道。1978年底，因中越两国关系恶化东兴口岸一度关闭，1994年4月17日国务院批准东兴口岸恢复对外开放。一直以来，东兴口岸查验各单位团结协作，密切配合，充分发挥各自积极性，使东兴口岸各方面工作取得了显著的成绩，呈现出团结协作、文明把关、热情服务、高效快速的口岸工作新局面，出入境人员位居全国陆路边境口岸前列，是经济效益和社会效益较为显著的边境一类口岸。2007年经东兴口岸出入境人员为382万人次，出入境货物为20.70万吨，货值达24550.04万美元。2008年1～6月，经东兴口岸出入境人员为242.07万人次，出入境货物为10.36万吨，货值达13292万美元。

培养通关精英的摇篮

——大连锦程通关学校
中国口岸协会大连培训基地

地　　址：大连市大连湾宋家135号
网　　址：WWW.JCTG.CN
咨询电话：0411-87108500　87108900　84336055　800-709-7079

第三篇

2007年颁布的口岸工作有关法规

中华人民共和国海关总署令第155号

《中华人民共和国海关加工贸易单耗管理办法》已于2006年12月21日经署务会议审议通过，现予公布，自2007年3月1日起施行。2002年3月11日海关总署令第96号发布的《中华人民共和国海关加工贸易单耗管理办法》同时废止。

署长 牟新生
二〇〇七年一月四日

中华人民共和国海关加工贸易单耗管理办法

第一章 总 则

第一条 为了规范加工贸易单耗（以下简称单耗）管理，促进加工贸易的健康发展，根据《中华人民共和国海关法》及其他有关法律、行政法规的规定，制定本办法。

第二条 海关对单耗的管理适用本办法。

第三条 单耗是指加工贸易企业在正常加工条件下加工单位成品所耗用的料件量，单耗包括净耗和工艺损耗。

第四条 加工贸易企业应当在加工贸易备案环节向海关进行单耗备案。

第五条 单耗管理应当遵循如实申报、据实核销的原则。

第六条 加工贸易企业向海关提供的资料涉及商业秘密，要求海关保密并向海关提出书面申请的，海关应当依法予以保密。加工贸易企业不得以保密为由，拒绝向海关提供有关资料。

第二章 单耗标准

第七条 单耗标准是指供通用或者重复使用的加工贸易单位成品耗料量的准则。单耗标准设定最高上限值，其中出口应税成品单耗标准增设最低下限值。

第八条 单耗标准由海关根据有关规定会同相关部门制定。

第九条 单耗标准应当以海关公告形式对外发布。

第十条 单耗标准适用于海关特殊监管区域、保税监管场所外的加工贸易企业，海关特殊监管区域、保税监管场所内的加工贸易企业不适用单耗标准。

第十一条 海关特殊监管区域、保税监管场所外的加工贸易企业应当在单耗标准内向海关进行单耗备案或者单耗申报。

海关特殊监管区域、保税监管场所外的加工贸易企业申报的单耗在单耗标准内的，海关按照申报的单耗对保税料件进行核销；申报的单耗超出单耗标准的，海关按照单耗标准的最高上限值或者最低下限值对保税料件进行核销。

第十二条 尚未公布单耗标准的，加工贸易企业应当如实向海关申报单耗，海关按照加工贸易企业的实际单耗对保税料件进行核销。

第三章 申报单耗

第十三条 申报单耗是指加工贸易企业向海关报告单耗的行为。

第十四条 加工贸易企业应当在成品出口、深加工结转或者内销前如实向海关申报单耗。

加工贸易企业确有正当理由无法按期申报单耗的，应当留存成品样品以及相关单证，并在成品出口、深加工结转或者内销前提出书面申请,经主管海关批准的,加工贸易企业可以在报核前申报单耗。

第十五条 加工贸易企业申报单耗应当包括以下内容:
(一)加工贸易项下料件和成品的商品名称、商品编号、计量单位、规格型号和品质;
(二)加工贸易项下成品的单耗;
(三)加工贸易同一料件有保税和非保税料件的,应当申报非保税料件的比例、商品名称、计量单位、规格型号和品质。

第十六条 下列情况不列入工艺损耗范围:
(一)因突发停电、停水、停气或者其他人为原因造成保税料件、半成品、成品的损耗;
(二)因丢失、破损等原因造成的保税料件、半成品、成品的损耗;
(三)因不可抗力造成保税料件、半成品、成品灭失、损毁或者短少的损耗;
(四)因进口保税料件和出口成品的品质、规格不符合合同要求,造成用料量增加的损耗;
(五)因工艺性配料所用的非保税料件所产生的损耗;
(六)加工过程中消耗性材料的损耗。

第十七条 加工贸易企业应当采取纸质或者电子数据形式申报单耗。

第十八条 加工贸易企业可以向海关申请办理单耗变更或者撤销手续,但下列情形除外:
(一)保税成品已经申报出口的;
(二)保税成品已经办理深加工结转的;
(三)保税成品已经申请内销的;
(四)海关已经对单耗进行核定的;
(五)海关已经对加工贸易企业立案调查的。

第四章 单耗审核

第十九条 单耗审核是指海关依据本办法审查核实加工贸易企业申报的单耗是否符合有关规定、是否与加工实际相符的行为。

第二十条 海关为核查单耗的真实性和准确性,可以行使下列职权:
(一)查阅、复制加工贸易项下料件、成品的样品、影像、图片、图样、品质、成分、规格型号以及加工合同、订单、加工计划、加工报表、成本核算等账册和资料;
(二)查阅、复制工艺流程图、排料图、工料单、配料表、质量检测标准等能反映成品的技术要求、加工工艺过程以及相应耗料的有关资料;
(三)要求加工贸易企业提供核定单耗的计算方法、计算公式;
(四)对保税料件和成品进行查验或者提取货样进行检验或者化验;
(五)询问加工贸易企业的法定代表人、主要负责人和其他有关人员涉及单耗的有关情况和问题;
(六)进入加工贸易企业的货物存放场所、加工场所,检查与单耗有关的货物以及加工情况;
(七)对加工产品的单耗情况进行现场测定,必要时,可以留取样品。

第二十一条 海关对加工贸易企业申报的单耗进行审核,符合规定的,接受加工贸易企业的申报。

第二十二条 海关对加工贸易企业申报单耗的真实性、准确性有疑问的,应当制发《中华人民共和国海关加工贸易单耗质疑通知书》(以下简称《单耗质疑通知书》,格式见附件),将质疑理由书面告知加工贸易企业的法定代表人或者其代理人。

第二十三条 加工贸易企业的法定代表人或者其代理人应当自收到《单耗质疑通知书》之日起10个工作日内,以书面形式向海关提供有关资料。

第二十四条 加工贸易企业未能在海关规定期限内提供有关资料、提供的资料不充分或者提供的资料无法确定单耗的,海关应当对单耗进行核定。

第二十五条 海关可以单独或者综合使用技术分析、实际测定、成本核算等方法对加工贸易企业申报的单耗进行核定。

第二十六条 单耗核定前,加工贸易企业缴纳保证金或者提供银行担保,并经海关同意的,可以先行办理加工贸易料件和成品的进出口、深加工结转或者内销等海关手续;加工贸易企业实行银行保证金台账实转,且台账实转金额不低于应缴税款金额的,可以免予提供担保。

第二十七条 加工贸易企业对单耗核定结果有异议的,可以向作出单耗核定海关的上一级海关提出书面复核申请,上一级海关应当自收到复核申请后45日内作出复核决定。

第五章 附则

第二十八条 本办法下列用语的含义:

净耗,是指在加工后,料件通过物理变化或者化学反应存在或者转化到单位成品中的量。

工艺损耗,是指因加工工艺原因,料件在正常加工过程中除净耗外所必需耗用、但不能存在或者转化到成品中的量,包括有形损耗和无形损耗。工艺损耗率,是指工艺损耗占所耗用料件的百分比。单耗=净耗/(1-工艺损耗率)。

技术分析方法,是指海关通过对成品的结构、成份、配方、工艺要求等影响单耗的各种因素进行分析和计算,核定成品单耗的方法。

实际测定方法,是指海关运用称量和计算等方法,对加工过程中单耗进行测定,通过综合分析核定成品单耗的方法。

成本核算方法,是指海关根据会计账册、加工记录、仓库账册等原料消耗的统计资料,进行对比和分析,计算核定成品单耗的方法。

第二十九条 违反本办法,构成走私或者违反海关监管规定行为的,由海关依照《中华人民共和国海关法》和《中华人民共和国海关行政处罚实施条例》的有关规定予以处理;构成犯罪的,依法追究刑事责任。

第三十条 本办法由海关总署负责解释。

第三十一条 本办法自2007年3月1日起施行。2002年3月11日海关总署令第96号发布的《中华人民共和国海关加工贸易单耗管理办法》同时废止。

中华人民共和国海关总署令第156号

《中华人民共和国海关进口货物直接退运管理办法》已于2006年12月21日经署务会议审议通过,现予公布,自2007年4月1日起施行。

署长 牟新生
二〇〇七年二月二日

中华人民共和国海关进口货物直接退运管理办法

第一条 为了加强对进口货物直接退运的管理,保护公民、法人或者其他组织的合法权益,根据《中华人民共和国海关法》及其他有关法律、行政法规的规定,制定本办法。

第二条 在货物进境后、办结海关放行手续前,进口货物收发货人、原运输工具负责人或者其代理人(以下统称当事人)申请将全部或者部分货物直接退运境外的,或者海关根据国家有关规定责令直接退运的,适用本办法。

进口转关货物在进境地海关放行后,当事人申请办理退运手续的,不适用本办法,应当按照一般退运手续办理。

第三条 进口货物直接退运由直属海关或者其授权的隶属海关决定。

第四条 在货物进境后、办结海关放行手续前，有下列情形之一的，当事人可以向海关申请办理直接退运手续：

（一）因国家贸易管理政策调整，收货人无法提供相关证件的；

（二）属于错发、误卸或者溢卸货物，能够提供发货人或者承运人书面证明文书的；

（三）收发货人双方协商一致同意退运，能够提供双方同意退运的书面证明文书的；

（四）有关贸易发生纠纷，能够提供法院判决书、仲裁机构仲裁决定书或者无争议的有效货物所有权凭证的；

（五）货物残损或者国家检验检疫不合格，能够提供国家检验检疫部门根据收货人申请而出具的相关检验证明文书的。

第五条 申请进口货物直接退运应当在载运该批货物的运输工具申报进境后、海关放行货物前，由当事人以书面形式向货物所在地海关提出申请。

第六条 当事人向海关申请直接退运，应当按照海关要求提交《进口货物直接退运申请书》（格式见附件1）、证明进口实际情况的合同、发票、装箱清单、已报关货物的原报关单、提运单或者载货清单等相关单证、符合申请条件的相关证明文书以及海关要求当事人提供的其他文件。

第七条 对当事人提出的进口货物直接退运申请，海关应当根据下列情况分别作出处理：

（一）当事人不具备进口货物直接退运申请资格的，应当作出不予受理的决定；

（二）申请材料不齐全或者不符合法定形式的，应当当场或者在签收申请材料后5日内一次告知当事人需要补正的全部内容，逾期不告知的，自收到申请材料之日起即为受理；

（三）申请材料仅存在文字性、技术性或者装订等可以当场更正的错误的，应当允许当事人当场更正，并由当事人对更正内容予以签章确认；

（四）申请材料齐全、符合法定形式，或者当事人按照海关的要求提交全部补正申请材料的，应当受理进口货物直接退运申请。

依据前款第（二）项规定作出告知，以及决定受理或者不予受理进口货物直接退运申请的，应当制发相应的《中华人民共和国海关进口货物直接退运申请告知书》（格式见附件2）、《中华人民共和国海关进口货物直接退运申请受理决定书》（格式见附件3）、《中华人民共和国海关进口货物直接退运申请不予受理决定书》（格式见附件4），并加盖本海关行政许可专用印章，注明日期。

第八条 除当场作出直接退运决定的外，直属海关应当自受理直接退运申请之日起20日内作出决定，对于经审查决定予以直接退运的，应当向当事人制发《中华人民共和国海关准予进口货物直接退运决定书》（以下简称《准予直接退运决定书》，格式见附件5）；对于经审查决定不予直接退运的，应当向当事人制发《中华人民共和国海关不予进口货物直接退运决定书》（格式见附件6）。

20日内不能作出决定的，经直属海关负责人批准，可以延长10日，并应当制发《中华人民共和国海关延长直接退运审查期限通知书》（格式见附件7），将延长期限的理由告知当事人。

第九条 对在当事人申请直接退运前，海关已经确定查验或者认为有走私违规嫌疑的货物，不予办理直接退运，待查验或者案件处理完毕后，按照海关有关规定处理。

第十条 本办法未明确规定的进口货物直接退运程序，依照《中华人民共和国海关实施〈中华人民共和国行政许可法〉办法》的有关规定办理。

第十一条 在货物进境后、办结海关放行手续前，有下列情形之一依法应当退运的，由海关责令当事人将进口货物直接退运境外：

（一）进口国家禁止进口的货物，经海关依法处理后的；

（二）违反国家检验检疫政策法规，经国家检验检疫部门处理并且出具《检验检疫处理通知书》或者其他证明文书后的；

（三）未经许可擅自进口属于限制进口的固体废物用作原料，经海关依法处理后的；

（四）违反国家有关法律、行政法规，应当责令直接退运的其他情形。

第十二条 对需要责令进口货物直接退运的，由海关根据相关政府行政主管部门出具的证明文书，向当事人制发《中华人民共和国海关责令进口货物直接退运通知书》（以下简称《责令直接退运通知书》，格式见附件8）。

第十三条 当事人收到《准予直接退运决定书》或者《责令直接退运通知书》后应当按照海关要求向海关办理进口货物直接退运的申报手续。

第十四条 当事人办理进口货物直接退运的申报手续时,除另有规定外,应当先填写出口报关单向海关申报,再填写进口报关单,并在进口报关单"关联报关单"栏填报出口报关单号。

第十五条 进口货物直接退运的,应当按照《中华人民共和国海关进出口货物报关单填制规范》填制进出口货物报关单,并符合下列要求:

(一)"备注"栏填写《准予直接退运决定书》或者《责令直接退运通知书》编号;

(二)"监管方式"栏均填写"直接退运"(代码"4500")。

第十六条 经海关批准或者责令直接退运的货物不需要验凭进出口许可证或者其他监管证件,免予征收各种税费及滞报金,不列入海关统计。

第十七条 对货物进境申报后经海关批准直接退运的,在办理进口货物直接退运出境申报手续前,海关应当将原进口报关单或者转关单数据予以撤销。

第十八条 因进口货物收发货人或者承运人的责任造成货物错发、误卸或者溢卸,经海关批准或者责令直接退运的,当事人免予填制报关单,凭《准予直接退运决定书》或者《责令直接退运通知书》向海关办理直接退运手续。

第十九条 进口货物直接退运应当从原进境地口岸退运出境。对因运输原因需要改变运输方式或者由另一口岸退运出境的,应当经由原进境地海关批准后,以转关运输方式出境。

第二十条 保税区、出口加工区及其他海关特殊监管区域和保税监管场所进口货物的直接退运参照本办法有关规定办理。

第二十一条 违反本办法,构成走私或者违反海关监管规定行为的,由海关依照《中华人民共和国海关法》和《中华人民共和国海关行政处罚实施条例》的有关规定予以处理;构成犯罪的,依法追究刑事责任。

第二十二条 本办法由海关总署负责解释。

第二十三条 本办法自2007年4月1日起施行。

中华人民共和国海关总署令第157号

《中华人民共和国海关暂时进出境货物管理办法》已于2007年2月14日经署务会议审议通过,现予公布,自2007年5月1日起施行。1976年9月20日发布的《中华人民共和国海关对出口展览品监管办法》、1986年9月3日海关总署发布的《中华人民共和国海关对暂时进口货物监管办法》、1997年2月14日海关总署令第59号发布的《中华人民共和国海关对进口展览品监管办法》、2001年12月24日海关总署令第93号发布的《中华人民共和国海关暂准进口单证册项下进出口货物监管办法》同时废止。

署长 牟新生

二〇〇七年三月一日

中华人民共和国海关暂时进出境货物管理办法

第一章 总 则

第一条 为了规范海关对暂时进出境货物的监管,根据《中华人民共和国海关法》(以下简称《海关法》)及有关法律、行政法规的规定,制定本办法。

第二条 经海关批准，暂时进出关境并且在规定的期限内复运出境、进境的货物适用本办法。

第三条 本办法所称暂时进出境货物包括：

（一）在展览会、交易会、会议及类似活动中展示或者使用的货物；

（二）文化、体育交流活动中使用的表演、比赛用品；

（三）进行新闻报道或者摄制电影、电视节目使用的仪器、设备及用品；

（四）开展科研、教学、医疗活动使用的仪器、设备和用品；

（五）在本款第（一）项至第（四）项所列活动中使用的交通工具及特种车辆；

（六）货样；

（七）慈善活动使用的仪器、设备及用品；

（八）供安装、调试、检测、修理设备时使用的仪器及工具；

（九）盛装货物的容器；

（十）旅游用自驾交通工具及其用品；

（十一）工程施工中使用的设备、仪器及用品；

（十二）海关批准的其他暂时进出境货物。

使用货物暂准进口单证册（以下称ATA单证册）暂时进境的货物限于我国加入的有关货物暂准进口的国际公约中规定的货物。

第四条 除我国缔结或者参加的国际条约、协定及国家法律、行政法规和海关总署规章另有规定外，暂时进出境货物可以免于交验许可证件。

第五条 暂时进出境货物除因正常使用而产生的折旧或者损耗外，应当按照原状复运出境、进境。

第六条 暂时进出境货物的进境、出境申请由直属海关或者经直属海关授权的隶属海关核准。

第七条 暂时进出境货物应当在进出境之日起6个月内复运出境或者复运进境。

因特殊情况需要延长期限的，ATA单证册持证人、非ATA单证册项下暂时进出境货物收发货人应当向主管地海关提出延期申请，经直属海关批准可以延期，延期最多不超过3次，每次延长期限不超过6个月。延长期届满应当复运出境、进境或者办理进出口手续。

国家重点工程、国家科研项目使用的暂时进出境货物以及参加展期在24个月以上展览会的展览品，在18个月延长期届满后仍需要延期的，由主管地直属海关报海关总署审批。

第八条 ATA单证册项下暂时进出境货物，由中国国际商会向海关总署提供总担保。

除另有规定外，非ATA单证册项下暂时进出境货物收发货人应当按照海关要求向主管地海关提交相当于税款的保证金或者海关依法认可的其他担保。

在海关指定场所或者海关派专人监管的场所举办展览会的，经主管地直属海关批准，可以就参展的展览品免于向海关提交担保。

第九条 暂时进出境货物因不可抗力的原因受损，无法原状复运出境、进境的，ATA单证册持证人、非ATA单证册项下暂时进出境货物收发货人应当及时向主管地海关报告，可以凭有关部门出具的证明材料办理复运出境、进境手续；因不可抗力的原因灭失或者失去使用价值的，经海关核实后可以视为该货物已经复运出境、进境。

暂时进出境货物因不可抗力以外其他原因灭失或者受损的，ATA单证册持证人、非ATA单证册项下暂时进出境货物收发货人应当按照货物进出口的有关规定办理海关手续。

第十条 异地复运出境、进境的暂时进出境货物，ATA单证册持证人、非ATA单证册项下暂时进出境货物收发货人应当持主管地海关签章的海关单证向复运出境、进境地海关办理手续。货物复运出境、进境后，主管地海关凭复运出境、进境地海关签章的海关单证办理核销结案手续。

第十一条 除本办法另有规定外，海关按照《中华人民共和国行政许可法》及《中华人民共和国海关实施〈中华人民共和国行政许可法〉办法》规定的程序和期限办理暂时进出境货物行政许可事项。

第二章 暂时进出境货物的核准

第十二条 货物暂时进出境申请应当向主管地海关提出。

ATA单证册持证人向海关提出货物暂时进出境申请时，应当提交真实有效的ATA单证册正本、准确的货物清单以及其他相关商业单据或者证明。

非ATA单证册项下的暂时进出境货物收发货人向海关提出货物暂时进出境申请时，应当按照海关要求提交《货物暂时进/出境申请书》（格式文本见附件1）、暂时进出境货物清单、发票、合同或者协议以及其他相关单据。

第十三条 海关就ATA单证册项下暂时进出境货物的暂时进出境申请批准同意的，应当在ATA单证册上予以签注，否则不予签注。

海关就非ATA单证册项下暂时进出境货物的暂时进出境申请作出是否批准的决定后，应当制发《中华人民共和国海关货物暂时进/出境申请批准决定书》（格式文本见附件2）或者《中华人民共和国海关货物暂时进/出境申请不予批准决定书》（格式文本见附件3）。

第十四条 暂时进出境货物申请延长复运出境、进境期限的，ATA单证册持证人、非ATA单证册项下暂时进出境货物收发货人应当在规定期限届满30日前向货物暂时进出境申请核准地海关提出延期申请，并提交《货物暂时进/出境延期申请书》（格式文本见附件4）以及相关申请材料。

直属海关受理延期申请的，应当于受理申请之日起20日内制发《中华人民共和国海关货物暂时进/出境延期申请批准决定书》（格式文本见附件5）或者《中华人民共和国海关货物暂时进/出境延期申请不予批准决定书》（格式文本见附件6）。

隶属海关受理延期申请的，应当于受理申请之日起10日内根据法定条件和程序对申请进行全面审查，并将审查意见和全部申请材料及时报送直属海关。直属海关应当于收到审查意见之日起10日内作出决定并制发相应的决定书。

属于本办法第七条第三款规定情形的，ATA单证册持证人、非ATA单证册项下暂时进出境货物收发货人应当向主管地直属海关提出申请。直属海关应当于受理延期申请之日起10日内根据法定条件和程序对申请进行全面审查，并将审查意见和全部申请材料及时报送海关总署。海关总署应当自收到审查意见之日起10日内作出决定。

第三章 暂时进出境货物的监管

第十五条 ATA单证册项下暂时进出境货物申报时，ATA单证册持证人应当向海关提交有效的ATA单证册。

非ATA单证册项下暂时进出境货物申报时，货物收发货人应当填制海关进出口报关单，并向海关提交货物清单、《中华人民共和国海关货物暂时进/出境申请批准决定书》和其他相关单证。

第十六条 境内展览会的办展人以及出境举办或者参加展览会的办展人、参展人（以下简称办展人、参展人）应当在展览品进境或者出境20日前，向主管地海关提交有关部门备案证明或者批准文件及展览品清单等相关单证办理备案手续。

展览会不属于有关部门行政许可项目的，办展人、参展人应当向主管地海关提交展览会邀请函、展位确认书等其他证明文件以及展览品清单办理备案手续。

第十七条 展览会需要在我国境内两个或者两个以上关区内举办的，进境展览品应当按照转关监管的有关规定办理转关手续。进境展览品由最后展出地海关负责核销，由出境地海关办理复运出境手续。

第十八条 展览会需要延期的，办展人、参展人应当在展期届满前持原批准部门同意延期的批准文件向备案地海关办理有关手续。

展览会不属于有关部门行政许可项目的，办展人、参展人应当在展期届满前持相关证明文件在备案地海关办理有关手续。

第十九条 办展人、参展人应当于进出境展览品办结海关手续后30日内向备案地海关申请展览会结案。

第二十条 下列在境内展览会期间供消耗、散发的用品（以下简称展览用品），由海关根据展览会的性质、参展商的规模、观众人数等情况，对其数量和总值进行核定，在合理范围内的，按照有关规定免征进口关税和进口环节税：

（一）在展览活动中的小件样品，包括原装进口的或者在展览期间用进口的散装原料制成的食品或者饮料的样品；

（二）为展出的机器或者器件进行操作示范被消耗或者损坏的物料；

（三）布置、装饰临时展台消耗的低值货物；

（四）展览期间免费向观众散发的有关宣传品；

（五）供展览会使用的档案、表格及其它文件。

前款第（一）项所列货物，应当符合以下条件：

（一）由参展人免费提供并在展览期间专供免费分送给观众使用或者消费的；

（二）单价较低，作广告样品用的；

（三）不适用于商业用途，并且单位容量明显小于最小零售包装容量的；

（四）食品及饮料的样品虽未按照本款第（三）项规定的包装分发，但确实在活动中消耗掉的。

第二十一条　展览用品中的酒精饮料、烟草制品及燃料不适用有关免税的规定。

展览用品属于国家实行许可证件管理的，应当向海关交验相关证件，办理进口手续。

本办法第二十条第一款第（一）项所列展览用品超出限量进口的，超出部分应当依法征税；第一款第（二）项、第（三）项、第（四）项所列展览用品，未使用或者未被消耗完的，应当复运出境，不复运出境的，应当按照规定办理进口手续。

第二十二条　进境展览品在非展出期间应当存放在海关指定的监管场所，未经海关批准，不得移出。因特殊原因确需移出的，应当经主管地直属海关批准。

进境展览品经海关批准同意移出指定监管场所，但是进境时未向海关提交担保的，应当另外提供相应担保。

第二十三条　海关派员进驻展览场所执行监管任务时，展览会主办人或者承办人应当提供办公场所和必需的办公设备，为海关工作人员执行公务提供便利。

第二十四条　为了举办交易会、会议或者类似活动而暂时进出境的货物，按照本办法对展览品监管的有关规定进行监管。

第二十五条　暂时进出境货物确需进出口的，暂时进出境货物收发货人应当在货物复运出境、进境期限届满30日前向主管地海关申请，经主管地直属海关批准后，按照规定办理进出口手续。

第四章　ATA单证册的管理

第二十六条　中国国际商会是我国ATA单证册的出证和担保机构，负责签发出境ATA单证册，向海关报送所签发单证册的中文电子文本，协助海关确认ATA单证册的真伪，并且向海关承担ATA单证册持证人因违反暂时进出境规定而产生的相关税费、罚款。

第二十七条　海关总署在北京海关设立ATA核销中心。ATA核销中心对ATA单证册的进出境凭证进行核销、统计以及追索，应成员国担保人的要求，依据有关原始凭证，提供ATA单证册项下暂时进出境货物已经进境或者从我国复运出境的证明，并且对全国海关ATA单证册的有关核销业务进行协调和管理。

第二十八条　ATA核销中心在业务活动中统一使用《ATA单证册追索通知书》、《ATA单证册核销通知书》、《ATA单证册缴款通知书》（格式文本见附件7、8、9）。

第二十九条　海关只接受用中文或者英文填写的ATA单证册。

第三十条　进境ATA单证册在进境后发生毁坏、灭失等情况的，ATA单证册持证人应当持原出证机构补发的ATA单证册到主管地直属海关进行确认。

补发的ATA单证册所填项目应当与原ATA单证册相同。

第三十一条　ATA单证册项下暂时进境货物申请延长期限超过ATA单证册有效期的，ATA单证册持证人应当向原出证机构申请续签ATA单证册。续签的ATA单证册经主管地直属海关确认后可替代原ATA单证册。

续签的ATA单证册只能变更单证册有效期限,其他项目均应当与原单证册一致。续签的ATA单证册启用时,原ATA单证册失效。

第三十二条 对ATA单证册项下的过境、转运、通运货物,海关凭ATA单证册中的过境联办理进出境手续。

ATA单证册持证人需要对ATA单证册项下暂时进出境货物转关的,海关凭ATA单证册中的过境联办理转关手续。

第三十三条 ATA单证册项下暂时进境货物未能按照规定复运出境或者过境的,ATA核销中心应当向中国国际商会提出追索。自提出追索之日起9个月内,中国国际商会向海关提供货物已经在规定期限内复运出境或者已经办理进口手续证明的,ATA核销中心可以撤销追索;9个月期满后未能提供上述证明的,中国国际商会应当向海关支付税款和罚款。

第三十四条 ATA单证册项下暂时进境货物复运出境时,因故未经我国海关核销、签注的,ATA核销中心凭由另一缔约国海关在ATA单证上签注的该批货物从该国进境或者复运进境的证明,或者我国海关认可的能够证明该批货物已经实际离开我国境内的其它文件,作为已经从我国复运出境的证明,对ATA单证册予以核销。

发生前款规定情形的,ATA单证册持证人应当按照规定向海关交纳调整费。在我国海关尚未发出《ATA单证册追索通知书》前,如果持证人凭其他海关出具的货物已经运离我国关境的证明要求予以核销单证册的,海关免予收取调整费。

第五章 附 则

第三十五条 违反本办法,构成走私行为、违反海关监管规定行为或者其他违反《海关法》行为的,由海关依照《海关法》和《中华人民共和国海关行政处罚实施条例》的有关规定予以处理;构成犯罪的,依法追究刑事责任。

第三十六条 从境外暂时进境的货物转入保税区、出口加工区等海关特殊监管区域和保税监管场所的,不属于复运出境。

第三十七条 海关对用于装载海关监管货物的进出境集装箱以及进出境租赁货物不适用本办法。

享有外交特权和豁免的外国驻华机构或者人员暂时进出境物品不适用本办法。

第三十八条 暂时进出境物品超出自用合理数量的,参照本办法监管。

第三十九条 ATA单证册持证人、非ATA单证册项下暂时进出境货物收发货人、办展人、参展人可以委托代理人代为办理有关海关手续。代理人代为办理的,代理人还应当向海关提供被代理人出具的授权委托书。

第四十条 本办法有关用语的含义:

展览会、交易会、会议及类似活动是指:

(一)贸易、工业、农业、工艺展览会,及交易会、博览会;

(二)因慈善目的而组织的展览会或者会议;

(三)为促进科技、教育、文化、体育交流,开展旅游活动或者民间友谊而组织的展览会或者会议;

(四)国际组织或者国际团体组织代表会议;

(五)政府举办的纪念性代表大会。

在商店或者其他营业场所以销售国外货物为目的而组织的非公共展览会不属于本办法所称展览会、交易会、会议及类似活动。

展览品是指:

(一)展览会展示的货物;

(二)为了示范展览会展出机器或者器具所使用的货物;

(三)设置临时展台的建筑材料及装饰材料;

(四)宣传展示货物的电影片、幻灯片、录像带、录音带、说明书、广告、光盘、显示器材等;

(五)其他用于展览会展示的货物。

主管地海关,指境内展览会、交易会、会议及类似活动所在地海关或者货物进出境地海关。

第四十一条 本办法规定的海关实施海关行政许可的期限以工作日计算,不含法定节假日。

第四十二条 本办法由海关总署负责解释。

第四十三条 本办法自2007年5月1日起施行。1976年9月20日发布的《中华人民共和国海关对出口展览品监管办法》、1986年9月3日海关总署发布的《中华人民共和国海关对暂时进口货物监管办法》、1997年2月14日海关总署令第59号发布的《中华人民共和国海关对进口展览品监管办法》、2001年12月24日海关总署令第93号发布的《中华人民共和国海关暂准进口单证册项下进出口货物监管办法》同时废止。

中华人民共和国海关总署令第158号

《中华人民共和国海关进出口货物商品归类管理规定》已于2007年2月14日经署务会议审议通过,现予公布,自2007年5月1日起施行。2000年2月24日海关总署令第80号发布的《中华人民共和国海关进出口商品预归类暂行办法》同时废止。

署长 牟新生

二〇〇七年三月二日

中华人民共和国海关进出口货物商品归类管理规定

第一条 为了规范进出口货物的商品归类,保证商品归类结果的准确性和统一性,根据《中华人民共和国海关法》(以下简称《海关法》)、《中华人民共和国进出口关税条例》(以下简称《关税条例》)及其他有关法律、行政法规的规定,制定本规定。

第二条 本规定所称的商品归类是指在《商品名称及编码协调制度公约》商品分类目录体系下,以《中华人民共和国进出口税则》为基础,按照《进出口税则商品及品目注释》、《中华人民共和国进出口税则本国子目注释》以及海关总署发布的关于商品归类的行政裁定、商品归类决定的要求,确定进出口货物商品编码的活动。

第三条 进出口货物收发货人或者其代理人(以下简称收发货人或者其代理人)对进出口货物进行商品归类,以及海关依法审核确定商品归类,适用本规定。

第四条 进出口货物的商品归类应当遵循客观、准确、统一的原则。

第五条 进出口货物的商品归类应当按照收发货人或者其代理人向海关申报时货物的实际状态确定。以提前申报方式进出口的货物,商品归类应当按照货物运抵海关监管场所时的实际状态确定。法律、行政法规和海关总署规章另有规定的,按照有关规定办理。

第六条 收发货人或者其代理人应当按照法律、行政法规规定以及海关要求如实、准确申报其进出口货物的商品名称、规格型号等,并且对其申报的进出口货物进行商品归类,确定相应的商品编码。

第七条 由同一运输工具同时运抵同一口岸并且属于同一收货人、使用同一提单的多种进口货物,按照商品归类规则应当归入同一商品编码的,该收货人或者其代理人应当将有关商品一并归入该商品编码向海关申报。法律、行政法规和海关总署规章另有规定的,按照有关规定办理。

第八条 收发货人或者其代理人向海关提供的资料涉及商业秘密,要求海关予以保密的,应当事前向海关提出书面申请,并且具体列明需要保密的内容,海关应当依法为其保密。

收发货人或者其代理人不得以商业秘密为理由拒绝向海关提供有关资料。

第九条 海关应当依法对收发货人或者其代理人申报的进出口货物商品名称、规格型号、商品编码等进行审核。

第十条 海关在审核收发货人或者其代理人申报的商品归类事项时,可以依照《海关法》和《关税条例》的规定行使下列权力,收发货人或者其代理人应当予以配合:

(一)查阅、复制有关单证、资料;

（二）要求收发货人或者其代理人提供必要的样品及相关商品资料；

（三）组织对进出口货物实施化验、检验，并且根据海关认定的化验、检验结果进行商品归类。

第十一条 海关可以要求收发货人或者其代理人提供确定商品归类所需的资料，必要时可以要求收发货人或者其代理人补充申报。

收发货人或者其代理人隐瞒有关情况，或者拖延、拒绝提供有关单证、资料的，海关可以根据其申报的内容依法审核确定进出口货物的商品归类。

第十二条 海关经审核认为收发货人或者其代理人申报的商品编码不正确的，可以根据《中华人民共和国海关进出口货物征税管理办法》有关规定，按照商品归类的有关规则和规定予以重新确定，并且根据《中华人民共和国海关进出口货物报关单修改和撤销管理办法》等有关规定通知收发货人或者其代理人对报关单进行修改、删除。

第十三条 收发货人或者其代理人申报的商品编码需要修改的，应当按照《中华人民共和国海关进出口货物报关单修改和撤销管理办法》等规定向海关提出申请。

第十四条 海关对货物的商品归类审核完毕前，收发货人或者其代理人要求放行货物的，应当按照海关事务担保的有关规定提供担保。

国家对进出境货物有限制性规定，应当提供许可证件而不能提供的，以及法律、行政法规规定不得担保的其他情形，海关不得办理担保放行。

第十五条 在海关注册登记的进出口货物经营单位（以下简称申请人），可以在货物实际进出口的45日前，向直属海关申请就其拟进出口的货物预先进行商品归类（以下简称预归类）。

第十六条 申请人申请预归类的，应当填写并且提交《中华人民共和国海关商品预归类申请表》（格式文本见附件1）。

预归类申请应当向拟实际进出口货物所在地的直属海关提出。

第十七条 直属海关经审核认为申请预归类的商品归类事项属于《中华人民共和国进出口税则》、《进出口税则商品及品目注释》、《中华人民共和国进出口税则本国子目注释》以及海关总署发布的关于商品归类的行政裁定、商品归类决定有明确规定的，应当在接受申请之日起15个工作日内制发《中华人民共和国海关商品预归类决定书》（以下简称《预归类决定书》，格式文本见附件2），并且告知申请人。

第十八条 申请人在制发《预归类决定书》的直属海关所辖关区进出口《预归类决定书》所述商品时，应当主动向海关提交《预归类决定书》。

申请人实际进出口《预归类决定书》所述商品，并且按照《预归类决定书》申报的，海关按照《预归类决定书》所确定的归类意见审核放行。

第十九条 《预归类决定书》内容存在错误的，作出《预归类决定书》的直属海关应当立即制发《中华人民共和国海关商品预归类决定书撤销通知单》（以下简称《通知单》，格式文本见附件3），通知申请人停止使用该《预归类决定书》。

作出《预归类决定书》所依据的有关规定发生变化导致有关的《预归类决定书》不再适用的，作出《预归类决定书》的直属海关应当制发《通知单》，或者发布公告，通知申请人停止使用有关的《预归类决定书》。

第二十条 直属海关经审核认为申请预归类的商品归类事项属于《中华人民共和国进出口税则》、《进出口税则商品及品目注释》、《中华人民共和国进出口税则本国子目注释》以及海关总署发布的关于商品归类的行政裁定、商品归类决定没有明确规定的，应当在接受申请之日起7个工作日内告知申请人按照规定申请行政裁定。

第二十一条 海关总署可以依据有关法律、行政法规规定，对进出口货物作出具有普遍约束力的商品归类决定。

进出口相同货物，应当适用相同的商品归类决定。

第二十二条 商品归类决定由海关总署对外公布。

第二十三条 作出商品归类决定所依据的法律、行政法规以及其他相关规定发生变化的，商品归类决定同时失效。

商品归类决定失效的，应当由海关总署对外公布。

第二十四条 海关总署发现商品归类决定存在错误的，应当及时予以撤销。

撤销商品归类决定的，应当由海关总署对外公布。被撤销的商品归类决定自撤销之日起失效。

第二十五条 因商品归类引起退税或者补征、追征税款以及征收滞纳金的,按照有关法律、行政法规以及海关总署规章的规定办理。

第二十六条 违反本规定,构成走私行为、违反海关监管规定行为或者其他违反《海关法》行为的,由海关依照《海关法》和《中华人民共和国海关行政处罚实施条例》的有关规定予以处理;构成犯罪的,依法追究刑事责任。

第二十七条 本规定由海关总署负责解释。

第二十八条 本规定自2007年5月1日起施行。2000年2月24日海关总署令第80号发布的《中华人民共和国海关进出口商品预归类暂行办法》同时废止。

中华人民共和国海关总署令第159号

《中华人民共和国海关办理行政处罚案件程序规定》已于2007年2月14日经署务会议审议通过,现予公布,自2007年7月1日起施行。

署长 牟新生

二〇〇七年三月二日

中华人民共和国海关办理行政处罚案件程序规定

第一章 总 则

第一条 为了规范海关办理行政处罚案件程序,保护公民、法人或者其他组织的合法权益,根据《中华人民共和国行政处罚法》、《中华人民共和国海关法》、《中华人民共和国海关行政处罚实施条例》(以下简称海关行政处罚实施条例)及有关法律、行政法规的规定,制定本规定。

第二条 海关办理行政处罚案件的程序适用本规定。法律、行政法规另有规定的除外。

海关侦查走私犯罪公安机构办理治安管理处罚案件的程序依照《中华人民共和国治安管理处罚法》、《公安机关办理行政案件程序规定》执行。

第三条 海关办理行政处罚案件应当遵循公正、公开、及时和便民的原则。

第四条 海关办理行政处罚案件,在少数民族聚居或者多民族共同居住的地区,应当使用当地通用的语言进行查问和询问。

对不通晓当地通用语言文字的当事人,应当为其提供翻译人员。

第五条 海关办理行政处罚案件过程中涉及国家秘密、商业秘密、海关工作秘密或者个人隐私的,应当保守秘密。

第二章 一般规定

第六条 海关发现的依法应当由其他行政机关或者刑事侦查部门处理的违法行为,应当制作案件移送函,及时将案件移送有关行政机关或者刑事侦查部门处理。

第七条 海关在调查、收集证据时,办理行政处罚案件的海关工作人员(以下简称办案人员)不得少于2人,并且应当向当事人或者有关人员出示执法证件。

第八条 办案人员有下列情形之一的,应当回避,当事人及其代理人有权申请其回避:

(一)是本案的当事人或者当事人的近亲属;

（二）本人或者其近亲属与本案有利害关系；
（三）与本案当事人有其他关系，可能影响案件公正处理的。

第九条 办案人员的回避，由其所属的直属海关或者隶属海关关长决定。

第十条 办案人员要求回避的，应当提出书面申请，并且说明理由。

办案人员具有应当回避的情形之一，没有申请回避，当事人及其代理人也没有申请他们回避的，有权决定他们回避的海关关长可以指令他们回避。

当事人及其代理人要求办案人员回避的，应当提出申请，并且说明理由。口头提出申请的，海关应当记录在案。

第十一条 对当事人及其代理人提出的回避申请，海关应当在3个工作日内作出决定并且书面通知申请人。

对海关驳回回避申请有异议的，当事人及其代理人可以在收到书面通知后的3个工作日内向作出决定的海关申请复核1次；作出决定的海关应当在3个工作日内作出复核决定并且书面通知申请人。

第十二条 在海关作出回避决定前，办案人员不停止办理行政处罚案件。在回避决定作出以前，办案人员进行的与案件有关的活动是否有效，由作出回避决定的海关根据案件情况决定。

第十三条 化验人、鉴定人和翻译人员的回避，适用本规定第八条至第十二条的规定。

第十四条 海关办理行政处罚案件的证据种类主要有：

（一）书证；
（二）物证；
（三）视听资料、电子数据；
（四）证人证言；
（五）化验报告、鉴定结论；
（六）当事人的陈述；
（七）查验、检查记录。

证据应当经查证属实，才能作为认定事实的根据。

第十五条 海关收集的物证、书证应当是原物、原件。收集原物、原件确有困难的，可以拍摄、复制足以反映原物、原件内容或者外形的照片、录像、复制件，并且可以指定或者委托有关单位或者个人对原物、原件予以妥善保管。

收集物证、书证的原物、原件的，应当开列清单，注明收集的日期，由有关单位或者个人确认后盖章或者签字。

收集由有关单位或者个人保管书证原件的复制件、影印件或者抄录件的，应当注明出处和收集时间，经提供单位或者个人核对无异后盖章或者签字。

收集由有关单位或者个人保管物证原物的照片、录像的，应当附有关制作过程及原物存放处的文字说明，并且由提供单位或者个人在文字说明上盖章或者签字。

提供单位或者个人拒绝盖章或者签字的，办案人员应当注明。

第十六条 海关收集电子数据或者录音、录像等视听资料，应当收集原始载体。收集原始载体确有困难的，可以收集复制件，注明制作方法、制作时间、制作人、证明对象以及原始载体存放处等，并且由有关单位或者个人确认后盖章或者签字。

海关对收集的电子数据或者录音、录像等视听资料的复制件应当进行证据转换，电子数据能转换为纸质资料的应当及时打印，录音资料应当附有声音内容的文字记录，并且由有关单位或者个人确认后盖章或者签字。

第十七条 违法行为在2年内未被发现的，不再给予行政处罚。法律另有规定的除外。

前款规定的期限，从违法行为发生之日起计算；违法行为有连续或者继续状态的，从行为终了之日起计算。

第十八条 期间以时、日、月、年计算。期间开始的时和日，不计算在期间内。期间届满的最后一日是法定节假日或者法定休息日的，以其后的第一个工作日为期间届满日期。

期间不包括在途时间，法定期满前交付邮寄的，不视为逾期。

第十九条 当事人因不可抗拒的事由或者其他正当理由耽误期限的，在障碍消除后的10日内可以向海关申请顺延期限，是否准许，由海关决定。

第二十条 海关送达行政法律文书，应当直接送交受送达人。受送达人是公民的，本人不在交其同住成年家属签收；受送达人是法人或者其他组织的，应当由法人的法定代表人、其他组织的主要负责人或者该法人、组织负责收件的人签收；受送达人有委托接受送达的代理人的，可以送交代理人签收。

直接送达行政法律文书，由受送达人在送达回证上签字或者盖章，并且注明签收日期。送达回证上的签收日期为送达日期。

第二十一条 受送达人或者与其同住的成年家属拒绝签收行政法律文书，送达人应当邀请见证人到场，说明情况，在送达回证上注明拒收事由和日期，由送达人、见证人签字或者盖章，把行政法律文书留在受送达人的住所，即视为送达。

第二十二条 直接送达行政法律文书有困难的，可以委托其他海关代为送达，或者邮寄送达。

委托其他海关代为送达的，应当向受托海关出具委托手续，并且由受托海关向当事人出示。

邮寄送达的，应当附有送达回证并且以送达回证上注明的收件日期为送达日期；送达回证没有寄回的，以挂号信回执或者查询复单上注明的收件日期为送达日期。

第二十三条 海关对中华人民共和国领域内有住所的外国人、无国籍人、外国企业或者组织送达行政法律文书，适用本规定第二十条至第二十二条规定。

海关对中华人民共和国领域内没有住所的外国人、无国籍人、外国企业或者组织能够直接送交行政法律文书的，应当直接送达。受送达人有委托接受送达的代理人的，海关可以向代理人直接送达，也可以向受送达人在中华人民共和国领域内设立的代表机构或者有权接受送达的分支机构、业务代办人直接送达。海关对授权委托有疑问的，可以要求代理人提供经过公证机关公证的授权委托书。

直接送达行政法律文书有困难并且受送达人所在国的法律允许邮寄送达的，可以邮寄送达。

海关向我国香港、澳门和台湾地区送达法律文书的，比照对中华人民共和国领域内没有住所的外国人、无国籍人、外国企业或者组织送达法律文书的相关规定执行。

第二十四条 受送达人是军人的，通过其所在部队团以上单位的政治机关转交。

受送达人是被监禁的或者被劳动教养的，通过其所在监所、劳动改造单位或者劳动教养单位转交。

受送达人在送达回证上的签收日期，为送达日期。

第二十五条 经采取本规定第二十条至第二十四条规定的送达方式无法送达的，公告送达。

依法予以公告送达的，海关应当将行政法律文书的正本张贴在海关公告栏内。行政处罚决定书公告送达的，还应当在报纸上刊登公告。

公告送达，自发出公告之日起满60日，视为送达；对在中华人民共和国领域内没有住所的当事人进行公告送达，自发出公告之日起满6个月，视为送达。

法律、行政法规另有规定，以及我国缔结或者参加的国际条约中约定有特别送达方式的除外。

第二十六条 违法事实确凿并且有法定依据，对公民处以50元以下、对法人或者其他组织处以1000元以下罚款或者警告的行政处罚的，可以按照《中华人民共和国行政处罚法》第五章第一节的有关规定当场作出行政处罚决定。

第三章　案件调查

第一节　立　案

第二十七条 海关发现公民、法人或者其他组织有依法应当由海关给予行政处罚的行为的，应当立案调查。

第二十八条 海关受理或者发现的违法线索，经核实有下列情形之一的，不予立案：

（一）没有违法事实的；

（二）违法行为超过法律规定的处罚时效的；

（三）其他依法不予立案的情形。

海关决定不予立案的，应当制作不予立案通知书，及时通知举报人、线索移送机关或者主动投案的违法嫌疑人。

第二节　查问、询问

第二十九条 办案人员查问违法嫌疑人、询问证人应当个别进行，并且告知其依法享有的权利和作伪证应当承担的法律责任。

违法嫌疑人、证人应当如实陈述、提供证据。

第三十条 办案人员查问违法嫌疑人,可以到其所在单位或者住所进行,也可以要求其到海关或者指定的地点进行。

办案人员询问证人,可以到其所在单位或者住所进行。必要时,也可以通知证人到海关或者指定地点进行。

第三十一条 查问、询问应当制作查问、询问笔录。

查问、询问笔录上所列项目,应当按照规定填写齐全,并且注明查问、询问开始和结束的时间;办案人员应当在查问、询问笔录上签字。

查问、询问笔录应当当场交给被查问人、被询问人核对或者向其宣读。被查问人、被询问人核对无误后,应当在查问、询问笔录上逐页签字或者捺指印,拒绝签字或者捺指印的,办案人员应当在查问、询问笔录上注明。如记录有误或者遗漏,应当允许被查问人、被询问人更正或者补充,并且在更正或者补充处签字或者捺指印。

第三十二条 查问、询问聋、哑人时,应当有通晓聋、哑手语的人作为翻译人员参加,并且在笔录上注明被查问人、被询问人的聋、哑情况。

查问、询问不通晓中国语言文字的外国人、无国籍人,应当为其提供翻译人员;被查问人、被询问人通晓中国语言文字不需要提供翻译人员的,应当出具书面声明,办案人员应当在查问、询问笔录中注明。

翻译人员的姓名、工作单位和职业应当在查问、询问笔录中注明。翻译人员应当在查问、询问笔录上签字。

第三十三条 海关首次查问违法嫌疑人、询问证人时,应当问明违法嫌疑人、证人的姓名、出生日期、户籍所在地、现住址、身份证件种类及号码、工作单位、文化程度、是否曾受过刑事处罚或者被行政机关给予行政处罚等情况;必要时,还应当问明家庭主要成员等情况。

违法嫌疑人或者证人不满18周岁的,查问、询问时应当通知其父母或者其他监护人到场。确实无法通知或者通知后未到场的,应当记录在案。

第三十四条 被查问人、被询问人要求自行提供书面陈述材料的,应当准许;必要时,办案人员也可以要求被查问人、被询问人自行书写陈述。

被查问人、被询问人自行提供书面陈述材料的,应当在陈述材料上签字并且注明书写陈述的时间、地点和陈述人等。办案人员收到书面陈述后,应当注明收到时间并且签字确认。

第三十五条 查问、询问时,在文字记录的同时,可以根据需要录音、录像。

第三十六条 办案人员对违法嫌疑人、证人的陈述应当认真听取,并且如实记录。

办案人员不得以暴力、威胁、引诱、欺骗以及其他非法手段获取陈述。

第三节 检查、查验

第三十七条 办案人员依法检查运输工具和场所,查验货物、物品,应当制作检查、查验记录。检查、查验记录由办案人员、当事人或者其代理人签字或者盖章;当事人或者其代理人不在场或者拒绝签字或者盖章的,办案人员应当在检查、查验记录上注明,并且由见证人签字或者盖章。

第三十八条 办案人员依法检查走私嫌疑人的身体,应当在隐蔽的场所或者非检查人员视线之外,由2名以上与被检查人同性别的办案人员执行。

检查走私嫌疑人身体可以由医生协助进行,必要时可前往医疗机构作专业检查。

第四节 化验、鉴定

第三十九条 在案件调查过程中,需要对有关货物、物品进行取样化验、鉴定的,由海关或者海关委托的化验、鉴定机构提取样品。提取样品时,当事人或者其代理人应当到场;当事人或者其代理人未到场的,海关应当邀请见证人到场。

提取的样品应当予以加封确认,并且填制提取样品记录,由办案人员或者海关委托的化验、鉴定机构人员、当事人或者其代理人、见证人签字或者盖章。

海关提取的样品应当及时送化验、鉴定机构化验、鉴定。

第四十条 依法先行变卖或者经海关许可先行放行有关货物、物品的，海关应当提取1式2份以上样品；样品份数及每份样品数量以能够认定样品的品质特征为限。

第四十一条 化验、鉴定应当交由海关化验鉴定机构或者委托国家认可的其他机构进行。有关货物、物品持有人或者所有人应当根据化验、鉴定要求提供化验、鉴定所需的有关资料。

第四十二条 化验人、鉴定人进行化验、鉴定后，应当出具化验报告、鉴定结论。

化验报告、鉴定结论应当载明委托人和委托化验、鉴定的事项，向化验、鉴定部门提交的相关材料，化验、鉴定的依据和使用的科学技术手段，化验、鉴定部门和化验、鉴定人资格的说明，并且应当有化验、鉴定人的签字和化验、鉴定部门的盖章。通过分析获得的鉴定结论，应当说明分析过程。

第四十三条 当事人对化验报告、鉴定结论有异议的，可以申请重新化验、鉴定1次；海关经审查确有正当理由的，应当重新进行化验、鉴定。

化验、鉴定费用由海关承担。但是经当事人申请海关重新化验、鉴定的，如果化验、鉴定结论有改变的，化验、鉴定费用由海关承担；如果化验、鉴定结论没有改变的，化验、鉴定费用由重新化验、鉴定申请人承担。

第五节 查询存款、汇款

第四十四条 在调查走私案件时，办案人员查询案件涉嫌单位和涉嫌人员在金融机构、邮政企业的存款、汇款，需要经直属海关关长或者其授权的隶属海关关长批准。

第四十五条 办案人员查询案件涉嫌单位和涉嫌人员在金融机构、邮政企业的存款、汇款，应当表明执法身份，出示海关协助查询通知书。

第六节 扣留和担保

第四十六条 海关依法扣留货物、物品、运输工具、其他财产及账册、单据等资料，应当出示执法证件，制作扣留凭单送达当事人，当场告知其采取扣留的理由、依据及其依法享有的权利。

扣留凭单应当记载被扣货物、物品、运输工具或者其他财产的品名、规格、数量、重量等，品名、规格、数量、重量当场无法确定的，应当尽可能完整地描述其外在特征。扣留凭单应当由办案人员、当事人或者其代理人、保管人签字或者盖章；当事人或者其代理人不在场或者拒绝签字或者盖章的，办案人员应当在扣留凭单上注明，并且由见证人签字或者盖章。

海关依法扣留货物、物品、运输工具、其他财产及账册、单据等资料，可以加施海关封志。加施海关封志的，当事人或者其代理人、保管人应当妥善保管。

第四十七条 海关扣留货物、物品、运输工具、其他财产以及账册、单据等资料的期限不得超过1年。因案件调查需要，经直属海关关长或者其授权的隶属海关关长批准，可以延长，延长期限不得超过1年。但是复议、诉讼期间不计算在内。

第四十八条 在人民法院判决或者海关行政处罚决定作出之前，对扣留的危险品或者鲜活、易腐、易烂、易失效、易变质等不宜长期保存的货物、物品以及所有人申请先行变卖的货物、物品、运输工具，需要依法先行变卖的，应当经直属海关关长或者其授权的隶属海关关长批准。

海关在变卖前，应当通知先行变卖的货物、物品、运输工具的所有人。如果变卖前无法及时通知的，海关应当在货物、物品、运输工具变卖后，通知其所有人。

第四十九条 海关依法解除对货物、物品、运输工具、其他财产及有关账册、单据等资料的扣留，应当制发解除扣留通知书送达当事人。解除扣留通知书由办案人员、当事人或者其代理人、保管人签字或者盖章；当事人或者其代理人不在场，或者当事人、代理人拒绝签字或者盖章的，办案人员应当在解除扣留通知书上注明，并且由见证人签字或者盖章。

第五十条 有违法嫌疑的货物、物品、运输工具无法或者不便扣留的，当事人或者运输工具负责人向海关提供担保时，办案人员应当制作收取担保凭单送达当事人或者运输工具负责人，收取担保凭单由办案人员、当事人、运输工具负责人或者其代理人签字或者盖章。

收取担保后，可以对涉案货物、物品、运输工具进行拍照或者录像存档。

第五十一条 海关依法解除担保的，应当制发解除担保通知书送达当事人或者运输工具负责人。解除担保通知书由办案人员及当事人、运输工具负责人或者其代理人、保管人签字或者盖章；当事人、运输工具负责人或者其代理人不在场或者拒绝签字或者盖章的，办案人员应当在解除担保通知书上注明，并且由见证人签字或者盖章。

第五十二条 依法对走私犯罪嫌疑人实施人身扣留依照《中华人民共和国海关实施人身扣留规定》的程序办理。

第七节 调查中止和终结

第五十三条 海关办理行政处罚案件，在立案后发现当事人的违法行为应当移送其他行政机关或者刑事侦查部门办理的，应当及时移送。

行政处罚案件自海关移送其他行政机关或者刑事侦查部门之日起中止调查。

第五十四条 海关中止调查的行政处罚案件，有下列情形之一的，应当恢复调查：

（一）其他行政机关或者刑事侦查部门已作出处理的海关移送案件，仍需要海关作出行政处罚的；

（二）其他行政机关或者刑事侦查部门不予受理或者不予追究刑事责任，退回海关处理的。

第五十五条 经调查后，行政处罚案件有下列情形之一的，可以终结调查：

（一）违法事实清楚、法律手续完备、据以定性处罚的证据充分的；

（二）没有违法事实的；

（三）作为当事人的自然人死亡的；

（四）作为当事人的法人或者其他组织终止，无法人或者其他组织承受其权利义务，又无其他关系人可以追查的；

（五）其他行政机关或者刑事侦查部门已作出处理的海关移送案件，不需要海关作出行政处罚的；

（六）其他依法应当终结调查的情形。

第四章 行政处罚的决定

第一节 案件审查

第五十六条 海关对已经调查终结的行政处罚案件，应当经过审查；未经审查程序，不得作出撤销案件、不予行政处罚、予以行政处罚等处理决定。

第五十七条 海关对行政处罚案件进行审查时，应当审查案件的违法事实是否清楚，定案的证据是否客观、充分，调查取证的程序是否合法、适当，以及是否存在不予行政处罚或者减轻、从轻、从重处罚的情节，并且提出适用法律和案件处理意见。

有关案件违法事实不清、证据不充分或者调查程序违法的，应当退回补充调查。

第五十八条 不满14周岁的人有违法行为的，不予行政处罚，但是应当责令其监护人加以管教。已满14周岁不满18周岁的人有违法行为的，从轻或者减轻行政处罚。

第五十九条 精神病人在不能辨认或者不能控制自己行为时有违法行为的，不予行政处罚，但应当责令其监管人严加看管和治疗。间歇性精神病人在精神正常时有违法行为的，应当给予行政处罚。

第二节 告知、复核和听证

第六十条 海关在作出行政处罚决定前，应当告知当事人作出行政处罚决定的事实、理由和依据，并且告知当事人依法享有的权利。

作出暂停从事有关业务、暂停报关执业、撤销海关注册登记、取消报关从业资格、对公民处1万元以上罚款、对法人或者其他组织处10万元以上罚款、没收有关货物、物品、走私运输工具等行政处罚决定之前,应当告知当事人有要求举行听证的权利。

在履行告知义务时,海关应当制发行政处罚告知单,送达当事人。

第六十一条　除因不可抗力或者海关认可的其他正当理由外,当事人应当在收到行政处罚告知单的3个工作日内提出书面陈述、申辩和听证申请。逾期视为放弃陈述、申辩和要求听证的权利。

当事人当场口头提出陈述、申辩的,海关应当制作书面记录,并且由当事人签字或者盖章确认。

当事人放弃陈述、申辩和听证权利的,海关可以直接作出行政处罚决定。当事人放弃陈述、申辩和听证权利应当有书面记载,并且由当事人或者其代理人签字或者盖章确认。

第六十二条　海关在收到当事人的书面陈述、申辩意见后,应当进行复核；当事人提出的事实、理由或者证据成立的,海关应当采纳。

第六十三条　海关不得因当事人的申辩而加重处罚,但是海关发现新的违法事实的除外。

第六十四条　经复核后,变更原处罚告知事实、理由、依据、处罚幅度的,应当重新制发海关行政处罚告知单,并且依据本规定第六十条至第六十三条的规定办理。

第六十五条　当事人申请举行听证的,依照《中华人民共和国海关行政处罚听证办法》规定办理。

第三节　处理决定

第六十六条　海关关长应当根据对行政处罚案件审查的不同结果,依法作出以下决定:

(一)确有违法行为,应当给予行政处罚的,根据其情节和危害后果的轻重,作出行政处罚决定；

(二)依法不予行政处罚的,作出不予行政处罚决定；

(三)有本规定第五十五条第(二)至(四)项情形之一的,撤销案件；

(四)符合海关行政处罚实施条例第六十二条第(三)、(四)、(五)项规定的收缴条件的,予以收缴；

(五)违法行为涉嫌犯罪的,移送刑事侦查部门依法办理。

海关作出行政处罚决定,应当做到认定违法事实清楚,定案证据确凿充分,违法行为定性准确,适用法律正确,办案程序合法,处罚幅度合理适当。

第六十七条　对情节复杂或者重大违法行为给予较重的行政处罚,应当由海关案件审理委员会集体讨论决定。

第六十八条　海关依法作出行政处罚决定或者不予行政处罚决定的,应当制发行政处罚决定书或者不予行政处罚决定书。

第六十九条　行政处罚决定书应当载明以下内容:

(一)当事人的基本情况,包括当事人姓名或者名称、海关注册编码、报关员海关注册编码、地址等；

(二)违反法律、行政法规或者规章的事实和证据；

(三)行政处罚的种类和依据；

(四)行政处罚的履行方式和期限；

(五)不服行政处罚决定,申请行政复议或者提起行政诉讼的途径和期限；

(六)作出行政处罚决定的海关名称和作出决定的日期,并且加盖作出行政处罚决定海关的印章。

第七十条　不予行政处罚决定书应当载明以下内容:

(一)当事人的基本情况,包括当事人姓名或者名称、海关注册编码、报关员海关注册编码、地址等；

(二)违反法律、行政法规或者规章的事实和证据；

(三)不予行政处罚的依据；

(四)不服不予行政处罚决定,申请行政复议或者提起行政诉讼的途径和期限；

(五)作出不予行政处罚决定的海关名称和作出决定的日期,并且加盖作出不予行政处罚决定海关的印章。

第七十一条　行政处罚决定书应当在宣告后当场交付当事人；当事人不在场的,海关应当在7日内将行政处罚决定书送达当事人。

第七十二条 根据海关行政处罚实施条例第六十二条的规定收缴有关货物、物品、违法所得、运输工具、特制设备的,应当制作收缴清单送达被收缴人。

走私违法事实基本清楚,但是当事人无法查清的案件,海关在制发收缴清单之前,应当制发收缴公告,公告期限为3个月,并且限令有关当事人在公告期限内到指定海关办理相关海关手续。公告期满后仍然没有当事人到海关办理相关海关手续的,海关可以根据海关行政处罚实施条例第六十二条第一款第(四)项的规定予以收缴。

第七十三条 收缴清单应当载明予以收缴的货物、物品、违法所得、运输工具、特制设备的名称、规格、数量或者重量等。有关货物、物品、走私运输工具、特制设备有重要、明显特征或者瑕疵的,办案人员应当在收缴清单中予以注明。

第七十四条 收缴清单由办案人员、被收缴人或者其代理人签字或者盖章。

被收缴人或者其代理人拒绝签字或者盖章,或者被收缴人无法查清但是有见证人在场的,应当由见证人签字或者盖章。

没有被收缴人签字或者盖章的,办案人员应当在收缴清单上注明原因。

根据海关行政处罚实施条例第六十二条第一款第(四)项的规定而制发的收缴清单应当公告送达。

第五章　行政处罚决定的执行

第七十五条 海关作出行政处罚决定后,当事人应当在行政处罚决定书规定的期限内,予以履行。

海关对当事人依法作出暂停从事有关业务或者执业、撤销其注册登记、取消其报关从业资格等行政处罚决定的执行程序,由海关总署另行制定。

第七十六条 当事人确有经济困难向海关提出延期或者分期缴纳罚款的,应当以书面方式提出申请。

海关收到当事人申请延期、分期执行申请后,应当在10个工作日内作出是否准予延期、分期缴纳罚款的决定,并且制发通知书送达申请人。

海关同意当事人延期或者分期缴纳的,应当及时通知收缴罚款的机构。

第七十七条 同意当事人延期或者分期缴纳罚款的,执行完毕的期限自处罚决定书规定的履行期限届满之日起不得超过180日。

第七十八条 当事人逾期不履行行政处罚决定的,海关可以采取下列措施:

(一)到期当事人不缴纳罚款的,每日按照罚款数额的3%加处罚款;

(二)当事人逾期不履行海关的处罚决定又不申请复议或者向人民法院提起诉讼的,海关可以将扣留的货物、物品、运输工具变价抵缴,或者以当事人提供的担保抵缴,也可以申请人民法院强制执行。

第七十九条 海关依照本规定第七十八条规定采取加处罚款、抵缴措施之前,应当制发执行通知书并且送达当事人。

第八十条 受海关处罚的当事人或者其法定代表人、主要负责人在出境前未缴清罚款、违法所得和依法追缴的货物、物品、走私运输工具的等值价款的,也未向海关提供相当于上述款项担保的,海关可以制作阻止出境协助函,通知出境管理机关阻止其出境。

阻止出境协助函应当随附行政处罚决定书等相关行政法律文书,并且载明被阻止出境人员的姓名、性别、出生日期、出入境证件种类和号码。被阻止出境人员是外国人、无国籍人员的,应当注明其英文姓名。

第八十一条 当事人或者其法定代表人、主要负责人缴清罚款、违法所得和依法追缴的货物、物品、走私运输工具等值价款的,或者向海关提供相当于上述款项担保的,海关应当及时制作解除阻止出境协助函通知出境管理机关。

第八十二条 将当事人的担保抵缴或者将当事人被扣留的货物、物品、运输工具依法变价抵缴罚款之后仍然有剩余的,应当及时发还或者解除扣留、解除担保。

第八十三条 自海关送达解除扣留通知书之日起3个月内,当事人无正当理由未到海关办理有关货物、物品、运输工具或者其他财产的退还手续的,海关可以将有关货物、物品、运输工具或者其他财产提取变卖,并且保留变卖价款。变卖价款在扣除自海关送达解除扣留通知书之日起算的仓储等相关费用后,尚有余款的,当事人在海关送达解除扣留通知书之日起1年内应当前来海关办理相关手续,逾期海关将余款上缴国库。

第八十四条 自海关送达解除担保通知书之日起1年内,当事人无正当理由未到海关办理财产、权利凭证退还手续的,由海关将相关财产、权利凭证等变卖折价或者兑付,并且上缴国库。

第八十五条 向人民法院申请强制执行的,海关应当填写申请执行书,并且提供人民法院要求提供的其他材料。

第八十六条 申请人民法院强制执行应当符合《最高人民法院关于执行〈中华人民共和国行政诉讼法〉若干问题的解释》的规定并且在下列期限内提起:

(一)行政处罚决定书送达后当事人未申请行政复议或者向人民法院提起诉讼的,在处罚决定书送达之日起3个月后起算的180日内;

(二)复议决定书送达后当事人未提起行政诉讼的,在复议决定书送达之日起15日后起算的180日内;

(三)第一审行政判决后当事人未提出上诉的,在判决书送达之日起15日后起算的180日内;

(四)第一审行政裁定后当事人未提出上诉的,在裁定书送达之日起10日后起算的180日内;

(五)第二审行政判决书送达之日起180日内。

第八十七条 当事人实施违反《中华人民共和国海关法》的行为后,发生企业分立、合并或者其他资产重组等情形,对当事人处以罚款、没收违法所得或者依法追缴走私货物、物品、运输工具等值价款的,应当将承受当事人权利义务的法人、组织作为被执行人。

第八十八条 有下列情形之一的,应当中止执行:

(一)处罚决定可能存在违法或者不当情况的;

(二)申请人民法院强制执行,人民法院裁定中止执行的;

(三)行政复议机关、人民法院认为需要中止执行的;

(四)其他依法应当中止执行的。

根据前款第(一)项情形中止执行的,应当经直属海关关长或者其授权的隶属海关关长批准。

中止执行的情形消失后,应当恢复执行。

第八十九条 有下列情形之一的,应当终结执行:

(一)据以执行的法律文书被撤销的;

(二)作为当事人的自然人死亡的;

(三)作为当事人的法人或者其他组织被依法终止,又无权利义务承受人的,也无其他财产可供执行的;

(四)海关行政处罚决定履行期限届满超过2年,海关依法采取各种执行措施后仍无法执行完毕的,但是申请人民法院强制执行情形除外;

(五)申请人民法院强制执行的,人民法院裁定中止执行后超过2年仍无法执行完毕的;

(六)申请人民法院强制执行后,人民法院裁定终结执行的;

(七)其他依法应当终结执行的。

第六章 简单案件处理程序

第九十条 海关对行邮、快件、货管、保税监管等业务现场及其他海关监管业务中违法事实清楚,违法情节轻微的案件,可以适用简单案件处理程序。但适用本规定第二十六条规定程序的除外。

第九十一条 适用简单案件处理程序的案件,海关进行现场调查后,可以直接制发行政处罚告知单,当场由当事人或者其代理人签收。

第九十二条 有以下所列情形之一的,海关可以当场作出行政处罚决定:

(一)当事人当场放弃陈述、申辩或者听证权利的;

(二)当事人当场进行陈述、申辩,经海关当场复核后,当事人或者其代理人接受复核意见。

当事人当场放弃陈述、申辩、听证的权利,或者当场进行陈述、申辩以及是否接受复核意见的情况,应当有书面记载,由当事人签字或者盖章确认。

当场作出行政处罚决定的,应当制发行政处罚决定书,并且当场送达当事人。

第九十三条 适用简单案件处理程序过程中,有下列情形之一的,海关不得当场作出行政处罚决定,应当按照一般程序规定办理:

(一)海关对当事人提出的陈述、申辩意见无法当场进行复核的;
(二)海关当场复核后,当事人对海关的复核意见仍然不服的;
(三)当事人当场依法向海关要求听证的;
(四)海关认为需要进一步调查取证的。

第七章 附 则

第九十四条 办案人员玩忽职守、徇私舞弊、滥用职权、索取或者收受他人财物的,依法给予处分;构成犯罪的,依法追究刑事责任。

第九十五条 海关对外国人、无国籍人、外国企业或者组织给予行政处罚的,适用本规定。

第九十六条 本规定由海关总署负责解释。

第九十七条 本规定自2007年7月1日起施行。

中华人民共和国海关总署第令160号

《中华人民共和国海关珠澳跨境工业区珠海园区管理办法》已于2007年2月14日经署务会议审议通过,现予公布,自2007年4月8日起施行。

署长 牟新生
二〇〇七年三月八日

中华人民共和国海关珠澳跨境工业区珠海园区管理办法

第一章 总 则

第一条 为了规范海关对珠澳跨境工业区珠海园区(以下简称珠海园区)的监管,根据《中华人民共和国海关法》(以下简称海关法)和其他有关法律、行政法规的规定,制定本办法。

第二条 珠海园区是经国务院批准设立的海关特殊监管区域。珠海园区实行保税区政策,与中华人民共和国关境内的其他地区(以下称区外)之间进出货物在税收方面实行出口加工区政策。

第三条 海关在珠海园区派驻机构,依照本办法对进出珠海园区的货物、物品、运输工具以及珠海园区内企业、场所实行24小时监管。

第四条 珠海园区实行封闭式管理。珠海园区与区外以及澳门园区之间,应当设置符合海关监管要求的围网隔离设施、卡口、视频监控系统以及其他海关监管所需的设施。

珠海园区和澳门园区之间设立专用口岸通道,用于两个园区的货物、物品、运输工具以及人员进出。珠海园区和区外之间设立进出区卡口通道,用于珠海园区与区外之间的货物、物品、运输工具以及人员进出。

第五条 珠海园区内不得建立商业性生活消费设施。除安全保卫人员和企业值班人员外,其他人员不得在珠海园区居住。

第六条 珠海园区可以开展以下业务:

（一）加工制造；
（二）检测、维修、研发；
（三）拆解、翻新；
（四）储存进出口货物以及其他未办结海关手续货物；
（五）进出口贸易，包括转口贸易；
（六）国际采购、分销和配送；
（七）国际中转；
（八）商品展示、展销；
（九）经海关批准的其他加工和物流业务。

第七条 珠海园区内企业（以下简称区内企业）应当具有法人资格，具备向海关缴纳税款以及履行其他法定义务的能力，并且在区内拥有专门的营业场所。特殊情况下，经直属海关批准，区外法人企业可以依法在珠海园区内设立分支机构。

区内企业应当按照《中华人民共和国海关对报关单位注册登记管理规定》以及相关规定向海关办理注册登记、变更、注销、行政许可延续以及换证等手续。

第八条 区内企业应当依据《中华人民共和国会计法》以及国家有关法律、行政法规的规定，设置符合海关监管要求的账簿、报表，记录本企业的财务状况和有关进出珠海园区货物、物品的库存、转让、转移、销售、加工、使用和损耗等情况，如实填写有关单证、账册，凭合法、有效凭证记账并且进行核算。

第九条 海关对区内企业实行电子账册监管制度和计算机联网管理制度。

珠海园区行政管理机构或者其经营主体应当在海关指导下通过"电子口岸"平台建立供海关、区内企业以及其他相关部门进行电子数据交换和信息共享的计算机公共信息平台。

区内企业应当建立符合海关联网监管要求的计算机管理系统，按照海关规定的认证方式，提供符合海关查阅格式的电子数据并且与海关信息系统联网。

第十条 区内企业不实行加工贸易银行保证金台账制度。

第十一条 有下列情形之一的，区内企业应当在情况发生之日起5个工作日内书面报告海关，并且办理相关手续：
（一）遭遇不可抗力的；
（二）海关监管货物被盗窃的；
（三）区内企业分立、合并、破产的。

第十二条 法律、行政法规禁止进出口的货物、物品，不得进出珠海园区。

第二章 对珠海园区与境外之间进出货物的监管

第十三条 海关对珠海园区与境外之间进出的货物实行备案制管理，但法律、行政法规另有规定的货物除外。珠海园区与境外之间进出的货物，由货物的收发货人或者代理人填写进出境货物备案清单，向海关备案。

对于珠海园区与境外之间进出的货物，区内企业提出书面申请并且经海关批准的，可以办理集中申报手续，但法律、行政法规和规章另有规定的除外。

第十四条 珠海园区与境外之间进出的货物应当向珠海园区主管海关申报。珠海园区与境外之间进出货物的进出境口岸不在园区主管海关管辖区域的，区内企业应当办理有关手续。

第十五条 珠海园区与境外之间进出的货物，不实行进出口配额、许可证件管理，但法律、行政法规和规章另有规定的除外。

第十六条 从境外进入珠海园区的货物，除法律、行政法规另有规定外，按照以下规定征收进口关税和进口环节税：
（一）珠海园区生产性的基础设施建设项目所需的机器、设备和其他物资，予以免税；
（二）区内企业自用的生产、管理设备和自用合理数量的办公用品及其所需的维修零配件，建设生产厂房、仓储设施所需的物资、设备，予以免税；

（三）珠海园区行政管理机构自用合理数量的管理设备和办公用品及其所需的维修零配件，予以免税；

（四）区内企业为加工出口产品所需的原材料、零部件、元器件、包装物料，予以保税；

（五）转口货物、在珠海园区储存的货物和展览品、样品，予以保税；

（六）上述规定范围外的货物或者物品从境外进入珠海园区，应当依法纳税。

本条前款规定的从境外免税进入珠海园区的货物出区进入区外的，海关按照货物进口的有关规定办理手续；需要征税的，按照货物出区时的实际状态征税；属于配额、许可证件管理商品的，区内企业或者区外收货人还应当向海关出具进口配额、许可证件。

从珠海园区运往境外的货物免征出口关税，但法律、行政法规另有规定的除外。

第三章　对珠海园区与区外之间进出货物的监管

第十七条　珠海园区内货物运往区外视同进口，海关按照货物进口的有关规定办理手续。需要征税的，按照货物出区时的实际状态征税；属于配额、许可证件管理商品的，区内企业或者区外收货人还应当向海关出具进口配额、许可证件。

以一般贸易方式经珠海园区进入区外，并且获得香港或者澳门签证机构签发的CEPA优惠原产地证书的货物，可以按照规定享受CEPA零关税优惠。

第十八条　区内企业在加工生产过程中产生的边角料、废品，以及加工生产、储存、运输等过程中产生的包装物料，区内企业提出书面申请并且经海关批准的，可以运往区外，海关按出区时的实际状态征税。属于进口配额、许可证件管理商品的，免领进口配额、许可证件；属于列入《禁止进口废物目录》的废物以及其他危险废物需出区进行处置的，有关企业凭珠海园区行政管理机构以及所在地的市级环保部门批件等材料，向海关办理出区手续。

区内企业在加工生产过程中产生的残次品内销出区的，海关按内销时的实际状态征税。属于进口配额、许可证件管理的，企业应当向海关出具进口配额、许可证件。

第十九条　珠海园区内货物运往区外的，由区内企业、区外收货人或者其代理人向海关办理申报手续。

第二十条　区内企业跨关区配送货物或者异地企业跨关区到珠海园区提取货物的，可以在珠海园区主管海关办理申报手续，也可以按照规定在异地企业所在地海关办理申报手续。

第二十一条　区内企业需要将模具、原材料、半成品等运往区外进行加工的，应当在开展外发加工前，凭承揽加工合同或者协议、承揽企业营业执照复印件和区内企业签章确认的承揽企业生产能力状况等材料，向珠海园区主管海关办理外发加工手续。

委托区外企业加工的期限不得超过6个月，加工完毕后的货物应当按期运回珠海园区。在区外开展外发加工产生的边角料、废品、残次品、副产品不运回珠海园区的，海关应当按照实际状态征税。区内企业凭出区时委托区外加工申请书以及有关单证，向海关办理验放核销手续。

第二十二条　经珠海园区主管海关批准，区内企业可以在区外进行商品展示，也可以承接区外商品的展示，并且比照海关对暂时进出境货物的有关规定办理进出区手续。

第二十三条　在珠海园区内使用的机器、设备、模具和办公用品等海关监管货物，区内企业或者珠海园区行政管理机构向珠海园区主管海关提出书面申请，并且经珠海园区主管海关核准、登记后，可以运往区外进行检测、维修。区内企业将模具运往区外进行检测、维修的，应当留存模具所生产产品的样品或者图片资料。

运往区外进行检测、维修的机器、设备、模具和办公用品等，不得在区外用于加工生产和使用，并且应当自运出之日起60日内运回珠海园区。因特殊情况不能如期运回的，区内企业或者珠海园区行政管理机构应当在期限届满前7日内，以书面形式向海关申请延期，延长期限不得超过30日。

检测、维修完毕运回珠海园区的机器、设备、模具和办公用品等应当为原物。有更换新零件、配件或者附件的，原零件、配件或者附件应当一并运回区内。对在区外更换的国产零件、配件或者附件，需要退税的，由区内企业或者区外企业提出申请，园区主管海关按照出口货物的有关规定办理手续，签发出口货物报关单证明联。

第二十四条　货物从区外进入珠海园区视同出口，海关按照货物出口的有关规定办理手续。属于出口应税商品的,按照有关规定进行征税;属于配额、许可证件管理商品的,区内企业或者区外发货人还应当向海关出具出口配额、许可证件。

货物的出口退税,除法律、行政法规另有规定外,按照以下规定办理:

(一)从区外进入珠海园区供区内企业使用的国产机器、设备、原材料、零部件、元器件、包装物料以及建造基础设施、企业和行政管理部门生产、办公用房所需合理数量的基建物资等,海关按照出口货物的有关规定办理手续,签发出口货物报关单证明联;

(二)从区外进入珠海园区供区内企业和行政管理机构使用的生活消费用品、交通运输工具等,海关不予签发出口货物报关单证明联;

(三)从区外进入珠海园区的进口机器、设备、原材料、零部件、元器件、包装物料、基建物资等,有关企业应当向海关提供上述货物或者物品的清单,并且办理出口报关手续;上述货物或者物品已经缴纳的进口环节税,不予退还。

第二十五条 区内企业运往区外进行外发加工的货物,加工生产过程中使用国内料件并且属于出口应税商品的,加工产品运回区内时,所使用的国内料件应当按规定缴纳出口关税。

从区外运到区内供区内企业自用并且不再出区的物资,区内企业应当向海关提供有关物资清单,经海关批准放行。

第二十六条 对于珠海园区与区外之间进出的货物,企业提出书面申请并且经海关批准的,可以办理集中申报手续,并且适用每次货物进出时海关接受该货物申报之日实施的税率、汇率,但法律、行政法规和规章另有规定的除外。集中申报的期限不得超过30日,并且不得跨年度办理。

第四章 对珠海园区内货物的监管

第二十七条 珠海园区内货物可以在区内自由流转。区内企业之间转让、转移货物的,双方企业应当及时将转让、转移货物的品名、数量、金额等有关事项向海关备案。

第二十八条 区内企业可以将本企业加工生产的产品转入其他海关特殊监管区域以及区外加工贸易企业进一步加工后复出口,海关参照出口加工区货物出区深加工结转的有关规定实施监管。

第二十九条 区内企业自开展业务之日起,应当每年向珠海园区主管海关办理报核手续,珠海园区主管海关应当自受理报核申请之日起30日内予以核销。区内企业有关账册、原始单证应当自核销结束之日起至少保留3年。

第三十条 因不可抗力造成珠海园区内货物损坏、灭失的,区内企业应当及时书面报告珠海园区主管海关,并且提供保险、灾害鉴定部门的有关证明。经珠海园区主管海关核实确认后,按照以下规定处理:

(一)货物灭失,或者虽未灭失但完全失去使用价值的,海关依法办理核销和免税手续;

(二)进境货物损坏,失去原使用价值但可以再利用的,区内企业可以向海关办理退运手续。要求运往区外的,由区内企业提出申请,并且经珠海园区主管海关核准后,按照出区时的实际状态办理海关手续;

(三)区外进入珠海园区的货物损坏,失去原使用价值但可以再利用,并且向区外出口企业进行退换的,可以退换为与损坏货物同一品名、规格、数量、价格的货物,并且向珠海园区主管海关办理退运手续。

需要退运到区外的货物,区内企业向珠海园区主管海关提出退运申请,提供注册地税务主管部门证明其货物未办理出口退税或者所退税款已退还税务主管部门的证明材料和出口单证,并且经珠海园区主管海关批准的,可以办理退运手续;属于已经办理出口退税手续并且所退税款未退还税务主管部门的,按照本条第一款第(二)项的有关规定办理。

第三十一条 因保管不善等非不可抗力因素造成货物损坏、灭失的,按照以下规定办理:

(一)对于从境外进入珠海园区的货物,区内企业应当按照一般贸易进口货物的规定,以货物进入珠海园区时海关接受申报之日适用的税率、汇率,依法向海关缴纳损毁、灭失货物原价值的进口环节税;

(二)对于从区外进入珠海园区的货物,区内企业应当重新缴纳出口退还的国内环节有关税款,海关根据有关单证办理核销手续。

第三十二条 区内企业生产属于被动配额管理的出口产品,应当事先报经有关部门批准。

第三十三条　海关对于珠海园区与其他海关特殊监管区域或者海关保税监管场所之间流转的保税货物,实行继续保税监管。

货物从已经实行国内货物入区(仓)环节出口退税制度的海关特殊监管区域或者海关保税监管场所转入珠海园区的,海关不予签发出口货物报关单证明联。货物从未实行国内货物入区(仓)环节出口退税制度的海关特殊监管区域或者海关保税监管场所转入珠海园区的,按照货物实际离境的有关规定办理申报手续,由转出地海关签发出口货物报关单证明联。

第五章　对进出珠海园区运输工具和个人携带货物、物品的监管

第三十四条　运输工具和个人进出珠海园区的,应当经由海关指定的专用通道,并且接受海关监管和检查。

第三十五条　货运车辆、非货运车辆进出珠澳跨境工业区专用口岸通道的,应当经主管部门批准,并且按照《中华人民共和国海关关于来往香港、澳门公路货运企业及其车辆和驾驶员的管理办法》(以下简称港澳车辆管理办法)向珠海园区主管海关办理备案手续。

澳门车辆进出珠澳跨境工业区专用口岸通道的,申请人应当在报经主管部门批准后,持主管部门批文、车主/企业、汽车、驾驶员等有关资料向珠海园区主管海关申请备案,并且提供海关认可的担保,海关签发《来往澳门汽车进出境签证本》。

第三十六条　港/澳籍货运车辆、非货运车辆以及澳门车辆从珠澳跨境工业区专用口岸通道进境后,应当在3个月内复出境;特殊情况下,经珠海园区主管海关同意,可以在车辆备案有效期内予以延期,延长期限不得超过3个月。

第三十七条　对于从珠澳跨境工业区专用口岸通道进境的货运车辆,海关按照港澳车辆管理办法及其有关规定进行监管。

对于从珠澳跨境工业区专用口岸通道进境的非货运车辆、澳门车辆,海关比照港澳车辆管理办法及其有关规定进行监管。

第三十八条　进境的港/澳籍货运车辆、非货运车辆可以从珠海园区进入珠海市区或者从珠海市区进入珠海园区。

从珠澳跨境工业区专用口岸通道进入珠海园区的澳门车辆,不得从珠海园区进入区外。

第三十九条　经珠澳跨境工业区专用口岸通道进出珠海园区、澳门园区人员携带的行李物品,应当以自用合理为限,海关按照进出境旅客行李物品监管的有关规定进行监管。

进出珠澳跨境工业区专用口岸通道车辆的备用物料和驾驶员携带的行李物品,应当以旅途需要为限,超出旅途需要的,海关不予放行。

第四十条　珠海园区与区外之间进出的下列货物,经海关批准,可以由区内企业指派专人携带或者自行运输:

(一)价值1万美元以下的小额货物;

(二)因品质不合格复运区外退换的货物;

(三)已办理进口纳税手续的货物;

(四)企业不要求出口退税的货物;

(五)其他经海关批准的货物。

第六章　附　则

第四十一条　除国际中转货物和其他另有规定的货物外,珠海园区与境外之间进出的货物,列入海关进出口统计。珠海园区与区外之间进出的货物,列入海关单项统计。

区内企业之间转让、转移的货物,以及珠海园区与其他海关特殊监管区域或者海关保税监管场所之间流转的货物,不列入海关统计。

第四十二条　本办法下列用语含义:

澳门园区，是指经国务院批准设立的珠澳跨境工业区的澳门园区。

货运车辆，是指依照港澳车辆管理办法规定在海关备案，从事来往粤澳公路货物运输的粤澳两地牌照车辆。

非货运车辆，是指经主管部门批准，并且按照规定在海关备案、来往粤澳的粤澳两地牌照商务车辆、私人小汽车。

澳门车辆，是指在珠海园区投资设厂的境外商户的澳门籍货运车辆和私人小汽车，以及澳门专业货运公司的货运车辆。

第四十三条 海关对珠海园区管理的其他事项，由拱北海关比照本办法以及国家有关规定予以处理。

第四十四条 违反本办法，构成走私行为、违反海关监管规定行为或者其他违反海关法行为的，由海关依照海关法和《中华人民共和国海关行政处罚实施条例》的有关规定予以处理；构成犯罪的，依法追究刑事责任。

第四十五条 本办法由海关总署负责解释。

第四十六条 本办法自2007年4月8日起施行。

中华人民共和国海关总署令第161号

《中华人民共和国海关进出境印刷品及音像制品监管办法》已于2007年2月14日经署务会议审议通过，现予公布，自2007年6月1日起施行。1991年6月11日海关总署令第21号发布的《中华人民共和国海关对个人携带和邮寄印刷品及音像制品进出境管理规定》同时废止。

署长 牟新生
二○○七年四月十八日

中华人民共和国海关进出境印刷品及音像制品监管办法

第一条 为了规范海关对进出境印刷品及音像制品的监管，根据《中华人民共和国海关法》（以下简称《海关法》）及其他有关法律、行政法规的规定，制定本办法。

第二条 本办法适用于海关对运输、携带、邮寄进出境的印刷品及音像制品的监管。

进出境摄影底片、纸型、绘画、剪贴、手稿、手抄本、复印件及其他含有文字、图像、符号等内容的货物、物品的，海关按照本办法有关进出境印刷品的监管规定进行监管。

进出境载有图文声像信息的磁、光、电存储介质的，海关按照本办法有关进出境音像制品的监管规定进行监管。

第三条 进出境印刷品及音像制品的收发货人、所有人及其代理人，应当依法如实向海关申报，并且接受海关监管。

第四条 载有下列内容之一的印刷品及音像制品，禁止进境：

（一）反对宪法确定的基本原则的；

（二）危害国家统一、主权和领土完整的；

（三）危害国家安全或者损害国家荣誉和利益的；

（四）攻击中国共产党，诋毁中华人民共和国政府的；

（五）煽动民族仇恨、民族歧视，破坏民族团结，或者侵害民族风俗、习惯的；

（六）宣扬邪教、迷信的；

（七）扰乱社会秩序，破坏社会稳定的；

（八）宣扬淫秽、赌博、暴力或者教唆犯罪的；

（九）侮辱或者诽谤他人，侵害他人合法权益的；

（十）危害社会公德或者民族优秀文化传统的；

（十一）国家主管部门认定禁止进境的；

（十二）法律、行政法规和国家规定禁止的其他内容。

第五条 载有下列内容之一的印刷品及音像制品，禁止出境：

（一）本办法第四条所列内容；

（二）涉及国家秘密的；

（三）国家主管部门认定禁止出境的。

第六条 印刷品及音像制品进出境，海关难以确定是否载有本办法第四条、第五条规定内容的，依据国务院有关行政主管部门或者其指定的专门机构的审查、鉴定结论予以处理。

第七条 个人自用进境印刷品及音像制品在下列规定数量以内的，海关予以免税验放：

（一）单行本发行的图书、报纸、期刊类出版物每人每次10册（份）以下；

（二）单碟（盘）发行的音像制品每人每次20盘以下；

（三）成套发行的图书类出版物，每人每次3套以下；

（四）成套发行的音像制品，每人每次3套以下。

第八条 超出本办法第七条规定的数量，但是仍在合理数量以内的个人自用进境印刷品及音像制品，不属于本办法第九条规定情形的，海关应当按照《中华人民共和国进出口关税条例》有关进境物品进口税的征收规定对超出规定数量的部分予以征税放行。

第九条 有下列情形之一的，海关对全部进境印刷品及音像制品按照进口货物依法办理相关手续：

（一）个人携带、邮寄单行本发行的图书、报纸、期刊类出版物进境，每人每次超过50册（份）的；

（二）个人携带、邮寄单碟（盘）发行的音像制品进境，每人每次超过100盘；

（三）个人携带、邮寄成套发行的图书类出版物进境，每人每次超过10套的；

（四）个人携带、邮寄成套发行的音像制品进境，每人每次超过10套的；

（五）其他构成货物特征的。

有前款所列情形的，进境印刷品及音像制品的收发货人、所有人及其代理人可以依法申请退运其进境印刷品及音像制品。

第十条 个人携带、邮寄进境的宗教类印刷品及音像制品在自用、合理数量范围内的，准予进境。

超出个人自用、合理数量进境或者以其他方式进口的宗教类印刷品及音像制品，海关凭国家宗教事务局、其委托的省级政府宗教事务管理部门或者国务院其他行政主管部门出具的证明予以征税验放。无相关证明的，海关按照《中华人民共和国海关行政处罚实施条例》（以下简称《实施条例》）的有关规定予以处理。

散发性宗教类印刷品及音像制品，禁止进境。

第十一条 印刷品及音像制品的进口业务，由国务院有关行政主管部门批准或者指定经营。未经批准或者指定，任何单位或者个人不得经营印刷品及音像制品进口业务。

其他单位或者个人进口印刷品及音像制品，应当委托国务院相关行政主管部门指定的进口经营单位向海关办理进口手续。

第十二条 除国家另有规定外，进口报纸、期刊、图书类印刷品，经营单位应当持国务院新闻出版行政主管部门的进口批准文件、目录清单、有关报关单证及其他需要提供的文件向海关办理进口手续。

第十三条 进口音像制品成品或者用于出版的音像制品母带（盘）、样带（盘），经营单位应当持《中华人民共和国文化部进口音像制品批准单》（以下简称《批准单》）、有关报关单证及其他需要提供的文件向海关办理进口手续。

第十四条 非经营音像制品性质的单位进口用于本单位宣传、培训及广告等目的的音像制品，应当按照海关的要求交验《批准单》、合同、有关报关单证及其他需要提供的文件；数量总计在200盘以下的，可以免领《批准单》。

第十五条 随机器设备同时进口，以及进口后随机器设备复出口的记录操作系统、设备说明、专用软件等内容的印刷品及音像制品进口时，进口单位应当按照海关的要求交验合同、发票、有关报关单证及其他需要提供的文件，但是可以免领《批准单》等批准文件。

第十六条 境外赠送进口的印刷品及音像制品,受赠单位应当向海关提交赠送方出具的赠送函和受赠单位的接受证明及有关清单。

接受境外赠送的印刷品超过100册或者音像制品超过200盘的,受赠单位除向海关提交上述单证外,还应当提交国务院有关行政主管部门的批准文件。

第十七条 出口印刷品及音像制品,相关单位应当依照有关法律、法规的规定,向海关办理出口手续。

第十八条 用于展览、展示的印刷品及音像制品进出境,主办或者参展单位应当按照国家有关规定向海关办理暂时进出境手续。

第十九条 运输、携带、邮寄国家禁止进出境的印刷品及音像制品进出境,如实向海关申报的,予以收缴,或者责令退回,或者在海关监管下予以销毁或者进行技术处理。

运输、携带、邮寄国家限制进出境的印刷品及音像制品进出境,如实向海关申报,但是不能提交许可证件的,予以退运。

第二十条 下列进出境印刷品及音像制品,由海关按照放弃货物、物品依法予以处理:

(一)收货人、货物所有人、进出境印刷品及音像制品所有人声明放弃的;

(二)在海关规定期限内未办理海关手续或者无人认领的;

(三)无法投递又无法退回的。

第二十一条 违反本办法,构成走私行为、违反海关监管规定行为或者其他违反《海关法》行为的,由海关依照《海关法》和《实施条例》的有关规定予以处理;构成犯罪的,依法追究刑事责任。

第二十二条 进入保税区、出口加工区及其他海关特殊监管区域和保税监管场所的印刷品及音像制品的通关手续,依照有关规定办理。

第二十三条 享有外交特权和豁免的外国驻中国使馆、领馆及人员,联合国及其专门机构以及其他与中国政府签有协议的国际组织驻中国代表机构及人员进出境印刷品及音像制品,依照有关规定办理。

第二十四条 各类境外企业或者组织在境内常设代表机构或者办事处(不包括外国人员子女学校)及各类非居民长期旅客、留学回国人员、短期多次往返旅客进出境公用或者自用印刷品及音像制品数量的核定和通关手续,依照有关规定办理。

第二十五条 本办法下列用语的含义:

印刷品,是指通过将图像或者文字原稿制为印版,在纸张或者其他常用材料上翻印的内容相同的复制品。

音像制品,是指载有内容的唱片、录音带、录像带、激光视盘、激光唱盘等。

散发性宗教类印刷品及音像制品,是指运输、携带、邮寄进境,不属于自用、合理数量范围并且具有明显传播特征,违反国家宗教事务法规及有关政策的印刷品及音像制品。

以下,包括本数在内。

第二十六条 本办法由海关总署负责解释。

第二十七条 本办法自2007年6月1日起施行。1991年6月11日海关总署令第21号发布的《中华人民共和国海关对个人携带和邮寄印刷品及音像制品进出境管理规定》同时废止。

中华人民共和国海关总署令第164号

《中华人民共和国海关保税港区管理暂行办法》已于2007年8月29日经海关总署署务会议审议通过，现予公布，自2007年10月3日起施行。

署长　牟新生
二〇〇七年九月三日

中华人民共和国海关保税港区管理暂行办法

第一章　总　则

第一条　为了规范海关对保税港区的管理，根据《中华人民共和国海关法》（以下简称海关法）和有关法律、行政法规的规定，制定本办法。

第二条　本办法所称的保税港区是指经国务院批准，设立在国家对外开放的口岸港区和与之相连的特定区域内，具有口岸、物流、加工等功能的海关特殊监管区域。

第三条　海关依照本办法对进出保税港区的运输工具、货物、物品以及保税港区内企业、场所进行监管。

第四条　保税港区实行封闭式管理。保税港区与中华人民共和国关境内的其他地区（以下称区外）之间，应当设置符合海关监管要求的卡口、围网、视频监控系统以及海关监管所需的其他设施。

第五条　保税港区内不得居住人员。除保障保税港区内人员正常工作、生活需要的非营利性设施外，保税港区内不得建立商业性生活消费设施和开展商业零售业务。

海关及其他行政管理机构的办公场所应当设置在保税港区规划面积以内、围网以外的保税港区综合办公区内。

第六条　保税港区管理机构应当建立信息共享的计算机公共信息平台，并通过"电子口岸"实现区内企业及相关单位与海关之间的电子数据交换。

第七条　保税港区的基础和监管设施、场所等应当符合《海关特殊监管区域基础和监管设施验收标准》。经海关总署会同国务院有关部门验收合格后，保税港区可以开展有关业务。

第八条　保税港区内可以开展下列业务：

（一）存储进出口货物和其他未办结海关手续的货物；

（二）对外贸易，包括国际转口贸易；

（三）国际采购、分销和配送；

（四）国际中转；

（五）检测和售后服务维修；

（六）商品展示；

（七）研发、加工、制造；

（八）港口作业；

（九）经海关批准的其他业务。

第九条　保税港区内企业（以下简称区内企业）应当具有法人资格，具备向海关缴纳税款以及履行其他法定义务的能力。特殊情况下，经保税港区主管海关核准，区外法人企业可以依法在保税港区内设立分支机构，并向海关备案。

第十条　海关对区内企业实行计算机联网管理制度和海关稽查制度。

区内企业应当应用符合海关监管要求的计算机管理系统，提供供海关查阅数据的终端设备和计算机应用的软件接口，按照海关规定的认证方式和数据标准与海关进行联网，并确保数据真实、准确、有效。

海关依法对区内企业开展海关稽查,监督区内企业规范管理和守法自律。

第十一条 区内企业应当依照《中华人民共和国会计法》及有关法律、行政法规的规定,规范财务管理,设置符合海关监管要求的账册和报表,记录本企业的财务状况和有关进出保税港区货物、物品的库存、转让、转移、销售、加工和使用等情况,如实填写有关单证、账册,凭合法、有效的凭证记账和核算。

第十二条 保税港区内港口企业、航运企业的经营和相关活动应当符合有关法律、行政法规和海关监管的规定。

第十三条 国家禁止进出口的货物、物品不得进出保税港区。

第十四条 区内企业的生产经营活动应当符合国家产业发展要求,不得开展高耗能、高污染和资源性产品以及列入《加工贸易禁止类商品目录》商品的加工贸易业务。

第二章 对保税港区与境外之间进出货物的监管

第十五条 保税港区与境外之间进出的货物应当在保税港区主管海关办理海关手续;进出境口岸不在保税港区主管海关辖区内的,经保税港区主管海关批准,可以在口岸海关办理海关手续。

第十六条 海关对保税港区与境外之间进出的货物实行备案制管理,对从境外进入保税港区的货物予以保税,但本办法第十七条、第十八条和第三十九条规定的情形除外。

按照本条前款规定实行备案制管理的,货物的收发货人或者代理人应当如实填写进出境货物备案清单,向海关备案。

第十七条 除法律、行政法规另有规定外,下列货物从境外进入保税港区,海关免征进口关税和进口环节海关代征税:

(一)区内生产性的基础设施建设项目所需的机器、设备和建设生产厂房、仓储设施所需的基建物资;

(二)区内企业生产所需的机器、设备、模具及其维修用零配件;

(三)区内企业和行政管理机构自用合理数量的办公用品。

第十八条 从境外进入保税港区,供区内企业和行政管理机构自用的交通运输工具、生活消费用品,按进口货物的有关规定办理报关手续,海关按照有关规定征收进口关税和进口环节海关代征税。

第十九条 从保税港区运往境外的货物免征出口关税,但法律、行政法规另有规定的除外。

第二十条 保税港区与境外之间进出的货物,不实行进出口配额、许可证件管理,但法律、行政法规和规章另有规定的除外。

对于同一配额、许可证件项下的货物,海关在进区环节已经验核配额、许可证件的,在出境环节不再要求企业出具配额、许可证件原件。

第三章 对保税港区与区外之间进出货物的监管

第二十一条 保税港区与区外之间进出的货物,区内企业或者区外收发货人按照进出口货物的有关规定向保税港区主管海关办理申报手续。需要征税的,区内企业或者区外收发货人按照货物进出区时的实际状态缴纳税款;属于配额、许可证件管理商品的,区内企业或者区外收发货人还应当向海关出具配额、许可证件。对于同一配额、许可证件项下的货物,海关在进境环节已经验核配额、许可证件的,在出区环节不再要求企业出具配额、许可证件原件。

区内企业在区外从事对外贸易业务且货物不实际进出保税港区的,可以在收发货人所在地或者货物实际进出境口岸地海关办理申报手续。

第二十二条 海关监管货物从保税港区与区外之间进出的,保税港区主管海关可以要求提供相应的担保。

第二十三条 区内企业在加工生产过程中产生的边角料、废品,以及加工生产、储存、运输等过程中产生的包装物料,区内企业提出书面申请并且经海关批准的,可以运往区外,海关按出区时的实际状态征税。属于进口配额、许可证件管理商品的,免领进口配额、许可证件;属于列入《禁止进口废物目录》的废物以及其他危险废物需出区进行处置的,有关企业凭保税港区行政管理机构以及所在地的市级环保部门批件等材料,向海关办理出区手续。

区内企业在加工生产过程中产生的残次品、副产品出区内销的，海关按内销时的实际状态征税。属于进口配额、许可证件管理的，企业应当向海关出具进口配额、许可证件。

第二十四条 经保税港区运往区外的优惠贸易协定项下货物，符合海关总署相关原产地管理规定的，可以申请享受协定税率或者特惠税率。

第二十五条 经海关核准，区内企业可以办理集中申报手续。实行集中申报的区内企业应当对1个自然月内的申报清单数据进行归并，填制进出口货物报关单，在次月底前向海关办理集中申报手续。

集中申报适用报关单集中申报之日实施的税率、汇率，集中申报不得跨年度办理。

第二十六条 区外货物进入保税港区的，按照货物出口的有关规定办理缴税手续，并按照下列规定签发用于出口退税的出口货物报关单证明联：

（一）从区外进入保税港区供区内企业开展业务的国产货物及其包装物料，海关按照对出口货物的有关规定办理，签发出口货物报关单证明联。货物转关出口的，启运地海关在收到保税港区主管海关确认转关货物已进入保税港区的电子回执后，签发出口货物报关单证明联；

（二）从区外进入保税港区供保税港区行政管理机构和区内企业使用的国产基建物资、机器、装卸设备、管理设备、办公用品等，海关按照对出口货物的有关规定办理，签发出口货物报关单证明联；

（三）从区外进入保税港区供保税港区行政管理机构和区内企业使用的生活消费用品和交通运输工具，海关不予签发出口货物报关单证明联；

（四）从区外进入保税港区的原进口货物、包装物料、设备、基建物资等，区外企业应当向海关提供上述货物或者物品的清单，按照出口货物的有关规定办理申报手续，海关不予签发出口货物报关单证明联，原已缴纳的关税、进口环节海关代征税不予退还。

第二十七条 经保税港区主管海关批准，区内企业可以在保税港区综合办公区专用的展示场所举办商品展示活动。展示的货物应当在海关备案，并接受海关监管。

区内企业在区外其他地方举办商品展示活动的，应当比照海关对暂时进境货物的管理规定办理有关手续。

第二十八条 保税港区内使用的机器、设备、模具和办公用品等海关监管货物，可以比照进境修理货物的有关规定，运往区外进行检测、维修。区内企业将模具运往区外进行检测、维修的，应当留存模具所生产产品的样品或者图片资料。

运往区外进行检测、维修的机器、设备、模具和办公用品等，不得在区外用于加工生产和使用，并且应当自运出之日起60日内运回保税港区。因特殊情况不能如期运回的，区内企业或者保税港区行政管理机构应当在期限届满前7日内，以书面形式向海关申请延期，延长期限不得超过30日。

检测、维修完毕运回保税港区的机器、设备、模具和办公用品等应当为原物。有更换新零件、配件或者附件的，原零件、配件或者附件应当一并运回保税港区。对在区外更换的国产零件、配件或者附件，需要退税的，由区内企业或者区外企业提出申请，保税港区主管海关按照出口货物的有关规定办理手续，签发出口货物报关单证明联。

第二十九条 区内企业需要将模具、原材料、半成品等运往区外进行加工的，应当在开展外发加工前，凭承揽加工合同或者协议、承揽企业营业执照复印件和区内企业签章确认的承揽企业生产能力状况等材料，向保税港区主管海关办理外发加工手续。

委托区外企业加工的期限不得超过6个月，加工完毕后的货物应当按期运回保税港区。在区外开展外发加工产生的边角料、废品、残次品、副产品不运回保税港区的，海关应当按照实际状态征税。区内企业凭出区时委托区外加工申请书以及有关单证，向海关办理验放核销手续。

第四章 对保税港区内货物的监管

第三十条 保税港区内货物可以自由流转。区内企业转让、转移货物的，双方企业应当及时向海关报送转让、转移货物的品名、数量、金额等电子数据信息。

第三十一条 区内企业不实行加工贸易银行保证金台账和合同核销制度，海关对保税港区内加工贸易货物不实行单耗标准管理。区内企业应当自开展业务之日起，定期向海关报送货物的进区、出区和储存情况。

第三十二条　申请在保税港区内开展维修业务的企业应当具有企业法人资格,并在保税港区主管海关登记备案。区内企业所维修的产品仅限于我国出口的机电产品售后维修,维修后的产品、更换的零配件以及维修过程中产生的物料等应当复运出境。

第三十三条　区内企业需要开展危险化工品和易燃易爆物品生产、经营和运输业务的,应当取得安全监督、交通等相关部门的行政许可,并报保税港区主管海关备案。

有关储罐、装置、设备等设施应当符合海关的监管要求。通过管道进出保税港区的货物,应当配备计量检测装置和其他便于海关监管的设施、设备。

第三十四条　区内企业申请放弃的货物,经海关及有关主管部门核准后,由保税港区主管海关依法提取变卖,变卖收入由海关按照有关规定处理,但法律、行政法规和海关规章规定不得放弃的货物除外。

第三十五条　因不可抗力造成保税港区货物损毁、灭失的,区内企业应当及时书面报告保税港区主管海关,说明情况并提供灾害鉴定部门的有关证明。经保税港区主管海关核实确认后,按照下列规定处理:

(一)货物灭失,或者虽未灭失但完全失去使用价值的,海关予以办理核销和免税手续;

(二)进境货物损毁,失去部分使用价值的,区内企业可以向海关办理退运手续。如不退运出境并要求运往区外的,由区内企业提出申请,经保税港区主管海关核准,按照海关审定的价格进行征税;

(三)区外进入保税港区的货物损毁,失去部分使用价值,且需向出口企业进行退换的,可以退换为与损毁货物相同或者类似的货物,并向保税港区主管海关办理退运手续。

需退运到区外的,属于尚未办理出口退税手续的,可以向保税港区主管海关办理退运手续;属于已经办理出口退税手续的,按照本条第一款第(二)项进境货物运往区外的有关规定办理。

第三十六条　因保管不善等非不可抗力因素造成货物损毁、灭失的,区内企业应当及时书面报告保税港区主管海关,说明情况。经保税港区主管海关核实确认后,按照下列规定办理:

(一)从境外进入保税港区的货物,区内企业应当按照一般贸易进口货物的规定,按照海关审定的货物损毁或灭失前的完税价格,以货物损毁或灭失之日适用的税率、汇率缴纳关税、进口环节海关代征税;

(二)从区外进入保税港区的货物,区内企业应当重新缴纳因出口而退还的国内环节有关税收,海关据此办理核销手续,已缴纳出口关税的,不予以退还。

第三十七条　保税港区货物不设存储期限。但存储期限超过2年的,区内企业应当每年向海关备案。

因货物性质和实际情况等原因,在保税港区继续存储会影响公共安全、环境卫生或者人体健康的,海关应当责令企业及时办结相关海关手续,将货物运出保税港区。

第三十八条　海关对于保税港区与其他海关特殊监管区域或者保税监管场所之间往来的货物,实行保税监管,不予签发用于办理出口退税的出口货物报关单证明联。但货物从未实行国内货物入区(仓)环节出口退税制度的海关特殊监管区域或者保税监管场所转入保税港区的,视同货物实际离境,由转出地海关签发用于办理出口退税的出口货物报关单证明联。

保税港区与其他海关特殊监管区域或者保税监管场所之间的流转货物,不征收进出口环节的有关税收。

承运保税港区与其他海关特殊监管区域或者保税监管场所之间往来货物的运输工具,应当符合海关监管要求。

第五章　对直接进出口货物以及进出保税港区运输工具和个人携带货物、物品的监管

第三十九条　通过保税港区直接进出口的货物,海关按照进出口的有关规定进行监管;出口货物的发货人或者其代理人可以在货物运抵保税港区前向海关申报;出口货物运抵保税港区,海关接受申报并放行结关后,按照有关规定签发出口货物报关单证明联。

第四十条　运输工具和个人进出保税港区的,应当接受海关监管和检查。

第四十一条　进出运输工具服务人员及进出境旅客携带个人物品进出保税港区的,海关按照进出境旅客行李物品的有关规定进行监管。

第四十二条　保税港区与区外之间进出的下列货物,经海关批准,可以由区内企业指派专人携带或者自行运输:

（一）价值1万美元以下的小额货物；
（二）因品质不合格复运区外退换的货物；
（三）已办理进口纳税手续的货物；
（四）企业不要求出口退税的货物；
（五）其他经海关批准的货物。

第六章 附 则

第四十三条 从境外运入保税港区的货物和从保税港区运往境外的货物列入海关进出口统计，但法律、行政法规和海关规章另有规定的除外。从区外运入保税港区和从保税港区运往区外的货物，列入海关单项统计。

区内企业之间转让、转移的货物，以及保税港区与其他海关特殊监管区域或者保税监管场所之间往来的货物，不列入海关统计。

第四十四条 违反本办法，构成走私行为、违反海关监管规定行为或者其他违反海关法行为的，由海关依照海关法和《中华人民共和国海关行政处罚实施条例》的有关规定予以处理；构成犯罪的，依法追究刑事责任。

第四十五条 经国务院批准设立在内陆地区的具有保税港区功能的综合保税区，参照本办法进行管理。

第四十六条 本办法由海关总署负责解释。

第四十七条 本办法自2007年10月3日起施行。

中华人民共和国海关总署令第165号

《中华人民共和国海关关务公开办法》已于2007年8月29日经署务会议审议通过，现予公布，自2008年5月1日起施行，2005年12月27日海关总署令第137号发布的《中华人民共和国海关关务公开办法》同时废止。

署长　牟新生

二〇〇七年九月五日

中华人民共和国海关关务公开办法

第一条 为了保障公民、法人和其他组织的知情权、参与权和监督权，增强海关工作透明度，促进依法行政，充分发挥海关信息对人民群众生产、生活和经济社会活动的服务作用，根据《中华人民共和国海关法》、《中华人民共和国政府信息公开条例》以及其他法律、行政法规的规定，制定本办法。

第二条 本办法所称的关务公开，是指海关在依法履行职责过程中，对涉及公民、法人和其他组织权利义务事项的内容、程序以及其他依法应当公开或者可以公开的海关信息，予以公开并接受监督的行为或者措施。

本办法所称的海关信息，是指海关在履行职责过程中制作或者获取的，以一定形式记录、保存的信息。

第三条 关务公开应当遵循公正、公平、便民、客观的原则。

第四条 海关应当及时、准确地公开海关信息。海关发现影响或者可能影响社会稳定、扰乱社会管理秩序的虚假或者不完整信息的，应当在其职责范围内发布准确的信息予以澄清。

第五条 关务公开由海关总署、直属海关、隶属海关和各派出机构依照法律、行政法规以及本办法的要求组织实施。

第六条 海关应当加强对关务公开工作的组织领导。

海关总署办公厅是全国海关关务公开工作的主管部门,负责推进、指导、协调、监督全国海关的关务公开工作。直属海关、隶属海关和各派出机构办公室或者承担办公室职能的其他机构是海关关务公开工作主管部门,负责推进、指导、协调、监督本关区关务公开工作。

海关关务公开工作主管部门的具体职责是:

(一)组织制定关务公开的规章制度、工作规则,研究制定关务公开方案,确定关务公开的具体范围、形式、程序等事宜;

(二)组织协调本单位各业务机构的关务公开工作;

(三)组织维护和更新关务公开信息;

(四)受理向海关提出的关务公开申请;

(五)组织编制关务公开指南、关务公开目录和关务公开工作年度报告;

(六)负责对拟公开海关信息的保密审查;

(七)与关务公开有关的其他职责。

海关其他业务主管部门应当主动公开本部门应当公开的海关信息,积极协助关务公开工作主管部门开展相应工作。

第七条 海关应当加强对关务公开工作的监督和检查。

监察部驻海关总署监察局是全国海关关务公开工作的监督部门,负责对全国海关关务公开的实施情况进行监督、检查。

直属海关、隶属海关和各派出机构的监察部门,负责对本关区关务公开的实施情况进行监督、检查。

第八条 海关应当建立健全关务公开协调机制。海关发布的海关信息涉及其他行政机关的,应当与有关行政机关进行沟通、确认,保证海关信息准确发布。

海关发布的海关信息依照国家有关规定需要批准的,未经批准不得发布。

第九条 海关应当主动公开以下海关信息:

(一)海关规章以及以海关总署公告、直属海关公告形式发布的其他规范性文件;

(二)海关行政许可的事项、依据、条件、数量、程序、期限以及申请行政许可需要提交的全部材料目录及办理情况;

(三)海关作出具体行政行为的依据、程序、时限和救济途径等;

(四)海关的机构设置、职责权限以及办公地点、办公时间和联系电话;

(五)业务现场海关人员的姓名、职务、职责、工号、办公电话;

(六)涉及进出口货物贸易的海关综合统计资料;

(七)海关集中采购项目的目录、标准及实施情况;

(八)海关行政事业性收费的项目、依据、标准;

(九)海关职业纪律、工作纪律和行为规范;

(十)其他涉及公民、法人或者其他组织切身利益、需要社会公众广泛知晓或者参与以及法律、行政法规、海关总署规定应当主动公开的事项。

海关拟作出的决策、制定的规定或者编制的规划、计划、方案等,涉及公民、法人或者其他组织的重大利益或者有重大社会影响的,应当将有关草案向社会公开,充分听取公众意见。

第十条 属于主动公开范围的海关信息,应当自该海关信息形成或者变更之日起20个工作日内予以公开。法律、行政法规对关务公开的期限另有规定的,从其规定。

第十一条 除本办法第九条规定的应当主动公开的海关信息外,公民、法人或者其他组织还可以根据自身生产、生活、科研等特殊需要,向海关申请获取相关海关信息。

第十二条 海关信息有下列情形之一的,不予公开:

(一)涉及国家秘密以及危及国家安全、公共安全、经济安全和社会稳定的;

(二)属于商业秘密或者公开后可能导致商业秘密被泄露的;

(三)属于个人隐私或者公开后可能导致对个人隐私权造成不当侵害的;

（四）属于海关工作秘密的；
（五）公开后可能会损害公共利益或者公民、法人、其他组织合法权益的；
（六）法律、行政法规和海关总署规定不予公开的其他情形。
涉及商业秘密、个人隐私的海关信息，经权利人同意公开的，海关可以予以公开。

第十三条 海关应当建立健全海关信息发布保密审查机制，明确审查的程序和责任。

海关在公开海关信息前，应当依照《中华人民共和国保守国家秘密法》以及其他法律、行政法规和国家有关规定对拟公开的海关信息进行审查。

不能确定海关信息是否可以公开时，海关应当依照法律、行政法规和国家有关规定报有关主管部门或者同级保密工作部门确定。

第十四条 海关应当将主动公开的海关信息，通过海关门户网站、新闻发布会以及报刊、广播、电视等便于公众知晓的方式公开。

以海关总署令形式公布的海关规章以及以海关总署公告形式发布的其他海关规范性文件还应当在《海关总署文告》上刊登。

海关可以根据需要，在海关业务现场等办公地点设立关务公开资料提供点、信息公告栏、电子信息屏等设施，公开海关信息。

第十五条 海关制作的信息，由制作该信息的海关负责公开；海关从公民、法人或者其他组织获取的信息，由保存该海关信息的海关负责公开。法律、行政法规对海关关务公开的权限另有规定的，从其规定。

第十六条 海关应当编制、公布海关关务公开指南或者关务公开手册和海关关务公开目录，并及时更新。

海关关务公开指南，应当包括海关信息的分类、编排体系、获取方式，海关关务公开工作主管部门的名称、办公地址、办公时间、联系电话、传真号码、电子邮箱等内容。

海关关务公开目录，应当包括海关信息的索引、名称、内容概述、生成日期等内容。

第十七条 公民、法人或者其他组织依照本办法第十一条规定申请获取海关信息的，应当填制《海关信息公开申请表》（格式见附件），以书面形式（包括数据电文形式）向海关提出申请；采用书面形式确有困难的，申请人可以口头提出申请，由受理该申请的海关代为填写《海关信息公开申请表》，并交由申请人签字确认。

第十八条 对申请公开的海关信息，海关根据下列情况分别作出答复：

（一）属于公开范围的，应当告知申请人获取该海关信息的方式和途径；
（二）属于不予公开范围的，应当告知申请人并说明理由；
（三）依法不属于本单位公开或者该海关信息不存在的，应当告知申请人，对能够确定该信息的公开机关的，应当告知申请人该行政机关的名称、联系方式；
（四）申请内容不明确的，应当告知申请人作出更改、补充。

申请公开的海关信息中含有不应当公开的内容，但是能够作区分处理的，海关应当向申请人提供可以公开的信息内容。

第十九条 海关认为申请公开的海关信息涉及商业秘密、个人隐私，公开后可能损害第三方合法权益的，应当书面征求第三方的意见；第三方不同意公开的，不得公开。但是，海关认为不公开可能对公共利益造成重大损害的，应当予以公开，并将决定公开的海关信息内容和理由书面通知第三方。

第二十条 收到海关信息公开申请，能够当场答复的，海关应当当场予以答复。

不能当场答复的，海关应当自收到申请之日起15个工作日内予以答复；如需延长答复期限的，应当经海关关务公开工作主管部门负责人同意，并告知申请人，延长答复的期限最长不得超过15个工作日。

申请公开的海关信息涉及第三方权益的，海关征求第三方意见所需时间不计算在本条第二款规定的期限内。

第二十一条 公民、法人或者其他组织向海关申请提供与其自身相关的海关信息的，应当出示有效身份证件或者证明文件。

公民、法人或者其他组织有证据证明海关提供的与其自身相关的海关信息记录不准确的，有权要求海关予以更正。该海关无权更正的，应当转送有权更正的海关或者其他行政机关处理，并告知申请人。

第二十二条 海关依申请公开海关信息，应当按照申请人要求的形式予以提供；无法按照申请人要求的形式提供的，可以通过安排申请人查阅相关资料、提供复制件或者其他适当形式提供。

申请公开海关信息的公民存在阅读困难或者视听障碍的，海关应当为其提供必要的帮助。

第二十三条 海关依申请提供海关信息，除可以收取检索、复制、邮寄等成本费用外，不得收取其他费用。海关不得通过其他组织、个人以有偿服务方式提供海关信息。

海关收取检索、复制、邮寄等成本费用的标准由国务院价格主管部门会同国务院财政部门制定。

第二十四条 申请公开海关信息的公民确有经济困难的，经本人申请、海关关务公开工作主管部门负责人审核同意，可以减免相关费用。

第二十五条 海关应当建立健全海关关务公开工作考核制度、社会评议制度和责任追究制度，定期对关务公开工作进行考核、评议。

第二十六条 海关应当在每年3月31日前公布本单位上一年度的关务公开工作年度报告。

关务公开工作年度报告应当包括下列内容：

（一）海关主动公开海关信息的情况；

（二）海关依申请公开海关信息和不予公开海关信息的情况；

（三）海关关务公开的收费及减免情况；

（四）因关务公开申请行政复议、提起行政诉讼的情况；

（五）关务公开工作存在的主要问题及改进情况；

（六）其他需要报告的事项。

第二十七条 公民、法人或者其他组织认为海关不依法履行关务公开义务的，可以向海关监察部门、关务公开工作主管部门或者上一级海关举报。收到举报的海关或者部门应当予以调查处理。

公民、法人或者其他组织认为海关在关务公开工作中的具体行政行为侵犯其合法权益的，可以依法申请行政复议或者提起行政诉讼。

第二十八条 海关及其工作人员违反本办法的规定，有下列情形之一的，由海关监察部门或者上一级海关责令改正；情节严重的，对海关直接负责的主管人员和其他直接责任人员依法给予处分；构成犯罪的，依法追究刑事责任：

（一）不依法履行海关信息公开义务的；

（二）不及时更新公开的海关信息内容、海关信息公开指南和海关信息公开目录的；

（三）违反规定收取费用的；

（四）通过其他组织、个人以有偿服务方式提供海关信息的；

（五）公开不应当公开的海关信息的；

（六）违反本办法规定的其他行为。

第二十九条 海关缉私部门适用警务公开的有关规定。警务公开规定没有明确的，适用本办法。

第三十条 本办法由海关总署负责解释。

第三十一条 本办法自2008年5月1日起施行。2005年12月27日海关总署令第137号发布的《中华人民共和国海关关务公开办法》同时废止。

中华人民共和国海关总署令第166号

《中华人民共和国海关行政复议办法》已于2007年8月29日经署务会议审议通过，现予公布，自2007年11月1日起施行。1999年8月30日海关总署令第78号发布的《中华人民共和国海关实施〈行政复议法〉办法》同时废止。

署长　牟新生

二〇〇七年九月二十四日

中华人民共和国海关行政复议办法

第一章　总　则

第一条　为了规范海关行政复议，发挥行政复议制度在解决行政争议、建设法治海关、构建社会主义和谐社会中的作用，根据《中华人民共和国行政复议法》（以下简称行政复议法）、《中华人民共和国海关法》（以下简称海关法）和《中华人民共和国行政复议法实施条例》（以下简称行政复议法实施条例）的规定，制定本办法。

第二条　公民、法人或者其他组织认为海关具体行政行为侵犯其合法权益向海关提出行政复议申请，海关办理行政复议事项，适用本办法。

第三条　各级海关行政复议机关应当认真履行行政复议职责，领导并且支持本海关负责法制工作的机构（以下简称海关行政复议机构）依法办理行政复议事项，依照有关规定配备、充实、调剂专职行政复议人员，为行政复议工作提供财政保障，保证海关行政复议机构的办案能力与工作任务相适应。

第四条　海关行政复议机构履行下列职责：

（一）受理行政复议申请；

（二）向有关组织和人员调查取证，查阅文件和资料，组织行政复议听证；

（三）审查被申请行政复议的具体行政行为是否合法与适当，拟定行政复议决定，主持行政复议调解，审查和准许行政复议和解；

（四）办理海关行政赔偿事项；

（五）依照行政复议法第三十三条的规定，办理海关行政复议决定的依法强制执行或者申请人民法院强制执行事项；

（六）处理或者转送申请人依照本办法第三十一条提出的对有关规定的审查申请；

（七）指导、监督下级海关的行政复议工作，依照规定提出复议意见；

（八）对下级海关及其部门和工作人员违反行政复议法、行政复议法实施条例和本办法规定的行为依照规定的权限和程序提出处理建议；

（九）办理或者组织办理不服海关具体行政行为提起行政诉讼的应诉事项；

（十）办理行政复议、行政应诉、行政赔偿案件统计和备案事项；

（十一）研究行政复议过程中发现的问题，及时向有关机关和部门提出建议，重大问题及时向行政复议机关报告；

（十二）其他与行政复议工作有关的事项。

第五条　专职从事海关行政复议工作的人员（以下简称行政复议人员）应当具备下列条件：

（一）具有国家公务员身份；

（二）有良好的政治、业务素质；

（三）高等院校法律专业毕业或者高等院校非法律专业毕业具有法律专业知识；

（四）从事海关工作2年以上；

（五）经考试考核合格取得海关总署颁发的调查证。

各级海关行政复议机关应当支持并且鼓励行政复议人员参加国家司法考试；取得律师资格或者法律职业资格的海关工作人员可以优先成为行政复议人员。

第六条 行政复议人员享有下列权利：

（一）依法履行行政复议职责的行为受法律保护；

（二）获得履行职责应当具有的工作条件；

（三）对行政复议工作提出建议；

（四）参加培训；

（五）法律、行政法规和海关规章规定的其他权利。

行政复议人员应当履行下列义务：

（一）严格遵守宪法和法律；

（二）以事实为根据，以法律为准绳审理行政复议案件；

（三）忠于职守，尽职尽责，清正廉洁，秉公执法；

（四）依法保障行政复议参加人的合法权益；

（五）保守国家秘密、商业秘密、海关工作秘密和个人隐私；

（六）维护国家利益、社会公共利益，维护公民、法人或者其他组织的合法权益；

（七）法律、行政法规和海关规章规定的其他义务。

第七条 海关行政复议机关履行行政复议职责，应当遵循合法、公正、公开、及时、便民的原则，坚持依法行政、有错必纠，保障法律、行政法规和海关规章的正确实施。

第八条 海关行政复议机关应当通过宣传栏、公告栏、海关门户网站等方便查阅的形式，公布本海关管辖的行政复议案件受案范围、受理条件、行政复议申请书样式、行政复议案件审理程序和行政复议决定执行程序等事项。

海关行政复议机关应当建立和公布行政复议案件办理情况查询机制，方便申请人、第三人及时了解与其行政复议权利、义务相关的信息。

海关行政复议机构应当对申请人、第三人就有关行政复议受理条件、审理方式和期限、作出行政复议处理决定的理由和依据、行政复议决定的执行等行政复议事项提出的疑问予以解释说明。

第二章 海关行政复议范围

第九条 有下列情形之一的，公民、法人或者其他组织可以向海关申请行政复议：

（一）对海关作出的警告，罚款，没收货物、物品、运输工具和特制设备，追缴无法没收的货物、物品、运输工具的等值价款，没收违法所得，暂停从事有关业务或者执业，撤销注册登记，取消报关从业资格及其他行政处罚决定不服的；

（二）对海关作出的收缴有关货物、物品、违法所得、运输工具、特制设备决定不服的；

（三）对海关作出的限制人身自由的行政强制措施不服的；

（四）对海关作出的扣留有关货物、物品、运输工具、账册、单证或者其他财产，封存有关进出口货物、账簿、单证等行政强制措施不服的；

（五）对海关收取担保的具体行政行为不服的；

（六）对海关采取的强制执行措施不服的；

（七）对海关确定纳税义务人、确定完税价格、商品归类、确定原产地、适用税率或者汇率、减征或者免征税款、补税、退税、征收滞纳金、确定计征方式以及确定纳税地点等其他涉及税款征收的具体行政行为有异议的（以下简称纳税争议）；

（八）认为符合法定条件，申请海关办理行政许可事项或者行政审批事项，海关未依法办理的；

（九）对海关检查运输工具和场所，查验货物、物品或者采取其他监管措施不服的；

（十）对海关作出的责令退运、不予放行、责令改正、责令拆毁和变卖等行政决定不服的；
（十一）对海关稽查决定或者其他稽查具体行政行为不服的；
（十二）对海关作出的企业分类决定以及按照该分类决定进行管理的措施不服的；
（十三）认为海关未依法采取知识产权保护措施，或者对海关采取的知识产权保护措施不服的；
（十四）认为海关未依法办理接受报关、放行等海关手续的；
（十五）认为海关违法收取滞报金或者其他费用，违法要求履行其他义务的；
（十六）认为海关没有依法履行保护人身权利、财产权利的法定职责的；
（十七）认为海关在政府信息公开工作中的具体行政行为侵犯其合法权益的；
（十八）认为海关的其他具体行政行为侵犯其合法权益的。

前款第（七）项规定的纳税争议事项，公民、法人或者其他组织应当依据海关法的规定先向海关行政复议机关申请行政复议，对海关行政复议决定不服的，再向人民法院提起行政诉讼。

第十条 海关工作人员不服海关作出的处分或者其他人事处理决定，依照有关法律、行政法规的规定提出申诉的，不适用本办法。

第三章 海关行政复议申请

第一节 申请人和第三人

第十一条 依照本办法规定申请行政复议的公民、法人或者其他组织是海关行政复议申请人。

第十二条 有权申请行政复议的公民死亡的，其近亲属可以申请行政复议。

第十三条 有权申请行政复议的法人或者其他组织终止的，承受其权利的公民、法人或者其他组织可以申请行政复议。

法人或者其他组织实施违反海关法的行为后，有合并、分立或者其他资产重组情形，海关以原法人、组织作为当事人予以行政处罚并且以承受其权利义务的法人、组织作为被执行人的，被执行人可以以自己的名义申请行政复议。

第十四条 行政复议期间，海关行政复议机构认为申请人以外的公民、法人或者其他组织与被审查的具体行政行为有利害关系的，应当通知其作为第三人参加行政复议。

行政复议期间，申请人以外的公民、法人或者其他组织认为与被审查的海关具体行政行为有利害关系的，可以向海关行政复议机构申请作为第三人参加行政复议。申请作为第三人参加行政复议的，应当对其与被审查的海关具体行政行为有利害关系负举证责任。

通知或者同意第三人参加行政复议的，应当制作《第三人参加行政复议通知书》，送达第三人。

第三人不参加行政复议，不影响行政复议案件的审理。

第十五条 申请人、第三人可以委托1至2名代理人参加行政复议。

委托代理人参加行政复议的，应当向海关行政复议机构提交授权委托书。授权委托书应当载明下列事项：

（一）委托人姓名或者名称，委托人为法人或者其他组织的，还应当载明法定代表人或者主要负责人的姓名、职务；
（二）代理人姓名、性别、年龄、职业、地址及邮政编码；
（三）委托事项和代理期间；
（四）代理人代为提起、变更、撤回行政复议申请、参加行政复议调解、达成行政复议和解、参加行政复议听证、递交证据材料、收受行政复议法律文书等代理权限；
（五）委托日期及委托人签章。

公民在特殊情况下无法书面委托的，可以口头委托。公民口头委托的，海关行政复议机构应当核实并且记录在卷。

申请人、第三人解除或者变更委托的，应当书面报告海关行政复议机构。

第二节 被申请人和行政复议机关

第十六条 公民、法人或者其他组织对海关作出的具体行政行为不服,依照本办法规定申请行政复议的,作出该具体行政行为的海关是被申请人。

第十七条 对海关具体行政行为不服的,向作出该具体行政行为的海关的上一级海关提出行政复议申请。

对海关总署作出的具体行政行为不服的,向海关总署提出行政复议申请。

第十八条 两个以上海关以共同的名义作出具体行政行为的,以作出具体行政行为的海关为共同被申请人,向其共同的上一级海关申请行政复议。

第十九条 海关与其他行政机关以共同的名义作出具体行政行为的,海关和其他行政机关为共同被申请人,向海关和其他行政机关的共同上一级行政机关申请行政复议。

申请人对海关总署与国务院其他部门共同作出的具体行政行为不服,向海关总署或者国务院其他部门提出行政复议申请,由海关总署、国务院其他部门共同作出处理决定。

第二十条 依照法律、行政法规或者海关规章的规定,下级海关经上级海关批准后以自己的名义作出具体行政行为的,以作出批准的上级海关为被申请人。

根据海关法和有关行政法规、海关规章的规定,经直属海关关长或者其授权的隶属海关关长批准后作出的具体行政行为,以直属海关为被申请人。

第二十一条 海关设立的派出机构、内设机构或者其他组织,未经法律、行政法规授权,对外以自己名义作出具体行政行为的,以该海关为被申请人,向该海关的上一级海关申请行政复议。

第三节 行政复议申请期限

第二十二条 海关对公民、法人或者其他组织作出具体行政行为,应当告知其申请行政复议的权利、行政复议机关和行政复议申请期限。

对于依照法律、行政法规或者海关规章的规定,下级海关经上级海关批准后以自己的名义作出的具体行政行为,应当告知以作出批准的上级海关为被申请人以及相应的行政复议机关。

第二十三条 公民、法人或者其他组织认为海关具体行政行为侵犯其合法权益的,可以自知道该具体行政行为之日起60日内提出行政复议申请。

前款规定的行政复议申请期限依照下列规定计算:

(一)当场作出具体行政行为的,自具体行政行为作出之日起计算;

(二)载明具体行政行为的法律文书直接送达的,自受送达人签收之日起计算;

(三)载明具体行政行为的法律文书依法留置送达的,自送达人和见证人在送达回证上签注的留置送达之日起计算;

(四)载明具体行政行为的法律文书邮寄送达的,自受送达人在邮政签收单上签收之日起计算;没有邮政签收单的,自受送达人在送达回执上签名之日起计算;

(五)具体行政行为依法通过公告形式告知受送达人的,自公告规定的期限届满之日起计算;

(六)被申请人作出具体行政行为时未告知有关公民、法人或者其他组织,事后补充告知的,自公民、法人或者其他组织收到补充告知的通知之日起计算;

(七)被申请人作出具体行政行为时未告知有关公民、法人或者其他组织,但是有证据材料能够证明有关公民、法人或者其他组织知道该具体行政行为的,自证据材料证明其知道具体行政行为之日起计算。

具体行政行为具有持续状态的,自该具体行政行为终了之日起计算。

海关作出具体行政行为,依法应当向有关公民、法人或者其他组织送达法律文书而未送达的,视为该有关公民、法人或者其他组织不知道该具体行政行为。

申请人因不可抗力或者其他正当理由耽误法定申请期限的,申请期限自障碍消除之日起继续计算。

第二十四条 公民、法人或者其他组织认为海关未依法履行法定职责,依照本办法第九条第一款第(八)项、第

（十六）项的规定申请行政复议的，行政复议申请期限依照下列规定计算：

（一）履行职责的期限有法律、行政法规或者海关规章的明确规定的，自规定的履行期限届满之日起计算；

（二）履行职责的期限没有明确规定的，自海关收到公民、法人或者其他组织要求履行职责的申请满60日起计算。

公民、法人或者其他组织在紧急情况下请求海关履行保护人身权、财产权的法定职责，海关不及时履行的，行政复议申请期限不受前款规定的限制。

第二十五条 本办法第九条第一款第（七）项规定的纳税争议事项，申请人未经行政复议直接向人民法院提起行政诉讼的，人民法院依法驳回后申请人再向海关申请行政复议的，从申请人起诉之日起至人民法院驳回的法律文书生效之日止的期间不计算在申请行政复议的期限内，但是海关作出有关具体行政行为时已经告知申请人应当先经海关行政复议的除外。

第四节 行政复议申请的提出

第二十六条 申请人书面申请行政复议的，可以采取当面递交、邮寄、传真、电子邮件等方式递交行政复议申请书。

海关行政复议机关应当通过海关公告栏、互联网门户网站公开接受行政复议申请书的地址、传真号码、互联网邮箱地址等，方便申请人选择不同的书面申请方式。

第二十七条 申请人书面申请行政复议的，应当在行政复议申请书中载明下列内容：

（一）申请人基本情况，包括：公民的姓名、性别、年龄、工作单位、住所、身份证号码、邮政编码；法人或者其他组织的名称、住所、邮政编码和法定代表人或者主要负责人的姓名、职务；

（二）被申请人的名称；

（三）行政复议请求、申请行政复议的主要事实和理由；

（四）申请人签名或者盖章；

（五）申请行政复议的日期。

第二十八条 申请人口头申请行政复议的，海关行政复议机构应当依照本办法第二十七条规定的内容，当场制作《行政复议申请笔录》交申请人核对或者向申请人宣读，并且由其签字确认。

第二十九条 有下列情形之一的，申请人应当提供相应的证明材料：

（一）认为被申请人不履行法定职责的，提供曾经申请被申请人履行法定职责的证明材料；

（二）申请行政复议时一并提出行政赔偿申请的，提供受具体行政行为侵害而造成损害的证明材料；

（三）属于本办法第二十三条第五款情形的，提供发生不可抗力或者有其他正当理由的证明材料；

（四）法律、行政法规规定需要申请人提供证据材料的其他情形。

第三十条 申请人提出行政复议申请时错列被申请人的，海关行政复议机构应当告知申请人变更被申请人。

申请人变更被申请人的期间不计入行政复议审理期限。

第三十一条 申请人认为海关的具体行政行为所依据的规定不合法，可以依据行政复议法第七条的规定，在对具体行政行为申请行政复议时一并提出对该规定的审查申请。

申请人在对具体行政行为提起行政复议申请时尚不知道该具体行政行为所依据的规定的，可以在海关行政复议机关作出行政复议决定前提出。

第四章 海关行政复议受理

第三十二条 海关行政复议机关收到行政复议申请后，应当在5日内进行审查。行政复议申请符合下列规定的，应当予以受理：

（一）有明确的申请人和符合规定的被申请人；

（二）申请人与具体行政行为有利害关系；

(三)有具体的行政复议请求和理由;

(四)在法定申请期限内提出;

(五)属于本办法第九条第一款规定的行政复议范围;

(六)属于收到行政复议申请的海关行政复议机构的职责范围;

(七)其他行政复议机关尚未受理同一行政复议申请,人民法院尚未受理同一主体就同一事实提起的行政诉讼。

对符合前款规定决定受理行政复议申请的,应当制作《行政复议申请受理通知书》和《行政复议答复通知书》分别送达申请人和被申请人。《行政复议申请受理通知书》应当载明受理日期、合议人员或者案件审理人员,告知申请人申请回避和申请举行听证的权利。《行政复议答复通知书》应当载明受理日期、提交答复的要求和合议人员或者案件审理人员,告知被申请人申请回避的权利。

对不符合本条第一款规定决定不予受理的,应当制作《行政复议申请不予受理决定书》,并且送达申请人。《行政复议申请不予受理决定书》应当载明不予受理的理由和法律依据,告知申请人主张权利的其他途径。

第三十三条 行政复议申请材料不齐全或者表述不清楚的,海关行政复议机构可以自收到该行政复议申请之日起5日内书面通知申请人补正。补正通知应当载明以下事项:

(一)行政复议申请书中需要修改、补充的具体内容;

(二)需要补正的有关证明材料的具体类型及其证明对象;

(三)补正期限。

申请人应当在收到补正通知之日起10日内向海关行政复议机构提交需要补正的材料。补正申请材料所用时间不计入行政复议审理期限。

申请人无正当理由逾期不补正的,视为其放弃行政复议申请。申请人有权在本办法第二十三条规定的期限内重新提出行政复议申请。

第三十四条 申请人以传真、电子邮件方式递交行政复议申请书、证明材料的,海关行政复议机构不得以其未递交原件为由拒绝受理。

海关行政复议机构受理申请人以传真、电子邮件方式提出的行政复议申请后,应当告知申请人自收到《行政复议申请受理通知书》之日起10日内提交有关材料的原件。

第三十五条 对符合本办法规定,且属于本海关受理的行政复议申请,自海关行政复议机构收到之日起即为受理。

海关行政复议机构收到行政复议申请的日期,属于申请人当面递交的,由海关行政复议机构经办人在申请书上注明收到日期,并且由递交人签字确认;属于直接从邮递渠道收取或者其他单位、部门转来的,由海关行政复议机构签收确认;属于申请人以传真或者电子邮件方式提交的,以海关行政复议机构接收传真之日或者海关互联网电子邮件系统记载的收件日期为准。

第三十六条 对符合本办法规定,但是不属于本海关管辖的行政复议申请,应当在审查期限内转送有管辖权的海关行政复议机关,并且告知申请人。口头告知的,应当记录告知的有关内容,并且当场交由申请人签字或者盖章确认;书面告知的,应当制作《行政复议告知书》,并且送达申请人。

第三十七条 申请人就同一事项向两个或者两个以上有权受理的海关申请行政复议的,由最先收到行政复议申请的海关受理;同时收到行政复议申请的,由收到行政复议申请的海关在10日内协商确定;协商不成的,由其共同上一级海关在10日内指定受理海关。协商确定或者指定受理海关所用时间不计入行政复议审理期限。

第三十八条 申请人依法提出行政复议申请,海关行政复议机关无正当理由不予受理的,上一级海关可以根据申请人的申请或者依职权先行督促其受理;经督促仍不受理的,应当责令其限期受理,并且制作《责令受理行政复议申请通知书》;必要时,上一级海关也可以直接受理,并且制作《直接受理行政复议申请通知书》,送达申请人和原海关行政复议机关。上一级海关经审查认为海关行政复议机关不予受理行政复议申请的决定符合本办法规定的,应当向申请人做好说明解释工作。

第三十九条 下列情形不视为申请行政复议,海关行政复议机关应当给予答复,或者转由其他机关处理并且告知申请人:

(一)对海关工作人员的个人违法违纪行为进行举报、控告或者对海关工作人员的态度作风提出异议的;

（二）对海关的业务政策、作业制度、作业方式和程序提出异议的；
（三）对海关工作效率提出异议的；
（四）对行政处罚认定的事实、适用的法律及处罚决定没有异议，仅因经济上不能承受而请求减免处罚的；
（五）不涉及海关具体行政行为，只对海关规章或者其他规范性文件有异议的；
（六）请求解答法律、行政法规、规章的。

第四十条 行政复议期间海关具体行政行为不停止执行；但是有行政复议法第二十一条规定情形之一的，可以停止执行。决定停止执行的，应当制作《具体行政行为停止执行决定书》，并且送达申请人、被申请人和第三人。

第四十一条 有下列情形之一的，海关行政复议机关可以决定合并审理，并且以后一个申请行政复议的日期为正式受理的日期：
（一）两个以上的申请人对同一海关具体行政行为分别向海关行政复议机关申请行政复议的；
（二）同一申请人对同一海关的数个相同类型或者具有关联性的具体行政行为分别向海关行政复议机关申请行政复议的。

第五章 海关行政复议审理与决定

第一节 行政复议答复

第四十二条 海关行政复议机构应当自受理行政复议申请之日起7日内，将行政复议申请书副本或者行政复议申请笔录复印件以及申请人提交的证据、有关材料的副本发送被申请人。

第四十三条 被申请人应当自收到申请书副本或者行政复议申请笔录复印件之日起10日内，向海关行政复议机构提交《行政复议答复书》，并且提交当初作出具体行政行为的证据、依据和其他有关材料。

《行政复议答复书》应当载明下列内容：
（一）被申请人名称、地址、法定代表人姓名及职务；
（二）被申请人作出具体行政行为的事实、证据、理由及法律依据；
（三）对申请人的行政复议申请要求、事实、理由逐条进行答辩和必要的举证；
（四）对有关具体行政行为建议维持、变更、撤销或者确认违法，建议驳回行政复议申请，进行行政复议调解等答复意见；
（五）作出答复的时间。

《行政复议答复书》应当加盖被申请人印章。

被申请人提交的有关证据、依据和其他有关材料应当按照规定装订成卷。

第四十四条 海关行政复议机构应当在收到被申请人提交的《行政复议答复书》之日起7日内，将《行政复议答复书》副本发送申请人。

第四十五条 行政复议案件的答复工作由被申请人负责法制工作的机构具体负责。

对海关总署作出的具体行政行为不服向海关总署申请行政复议的，由原承办具体行政行为有关事项的部门或者机构具体负责提出书面答复，并且提交当初作出具体行政行为的证据、依据和其他有关材料。

第二节 行政复议审理

第四十六条 海关行政复议案件实行合议制审理。合议人员为不得少于3人的单数。合议人员由海关行政复议机构负责人指定的行政复议人员或者海关行政复议机构聘任或者特邀的其他具有专业知识的人员担任。

被申请人所属人员不得担任合议人员。对海关总署作出的具体行政行为不服向海关总署申请行政复议的，原具体行政行为经办部门的人员不得担任合议人员。

对于事实清楚、案情简单、争议不大的海关行政复议案件，也可以不适用合议制，但是应当由2名以上行政复议人员参加审理。

第四十七条 海关行政复议机构负责人应当指定一名行政复议人员担任主审，具体负责对行政复议案件事实的审查，并且对所认定案件事实的真实性和适用法律的准确性承担主要责任。

合议人员应当根据复议查明的事实，依据有关法律、行政法规和海关规章的规定，提出合议意见，并且对提出的合议意见的正确性负责。

第四十八条 申请人、被申请人或者第三人认为合议人员或者案件审理人员与本案有利害关系或者有其他关系可能影响公正审理行政复议案件的，可以申请合议人员或者案件审理人员回避，同时应当说明理由。

合议人员或者案件审理人员认为自己与本案有利害关系或者有其他关系的，应当主动申请回避。海关行政复议机构负责人也可以指令合议人员或者案件审理人员回避。

行政复议人员的回避由海关行政复议机构负责人决定。海关行政复议机构负责人的回避由海关行政复议机关负责人决定。

第四十九条 海关行政复议机构审理行政复议案件应当向有关组织和人员调查情况，听取申请人、被申请人和第三人的意见；海关行政复议机构认为必要时可以实地调查核实证据；对于事实清楚、案情简单、争议不大的案件，可以采取书面审查的方式进行审理。

第五十条 海关行政复议机构向有关组织和人员调查取证时，可以查阅、复制、调取有关文件和资料，向有关人员进行询问。

调查取证时，行政复议人员不得少于2人，并且应当主动向有关人员出示调查证。被调查单位和人员应当配合行政复议人员的工作，不得拒绝或者阻挠。

调查情况、听取意见应当制作笔录，由被调查人员和行政复议人员共同签字确认。

第五十一条 行政复议期间涉及专门事项需要鉴定的，申请人、第三人可以自行委托鉴定机构进行鉴定，也可以申请行政复议机构委托鉴定机构进行鉴定。鉴定费用由申请人、第三人承担。鉴定所用时间不计入行政复议审理期限。

海关行政复议机构认为必要时也可以委托鉴定机构进行鉴定。

鉴定应当委托国家认可的鉴定机构进行。

第五十二条 需要现场勘验的，现场勘验所用时间不计入行政复议审理期限。

第五十三条 申请人、第三人可以查阅被申请人提出的书面答复、提交的作出具体行政行为的证据、依据和其他有关材料，除涉及国家秘密、商业秘密、海关工作秘密或者个人隐私外，海关行政复议机关不得拒绝，并且应当为申请人、第三人查阅有关材料提供必要条件。

有条件的海关行政复议机关应当设立专门的行政复议接待室或者案卷查阅室，配备相应的监控设备。

第五十四条 申请人、第三人查阅有关材料依照下列规定办理：

（一）申请人、第三人向海关行政复议机构提出阅卷要求；

（二）海关行政复议机构确定查阅时间后提前通知申请人或者第三人；

（三）查阅时，申请人、第三人应当出示身份证件；

（四）查阅时，海关行政复议机构工作人员应当在场；

（五）申请人、第三人可以摘抄查阅材料的内容；

（六）申请人、第三人不得涂改、毁损、拆换、取走、增添查阅的材料。

第五十五条 行政复议期间有下列情形之一，影响行政复议案件审理的，行政复议中止，海关行政复议机构应当制作《行政复议中止决定书》，并且送达申请人、被申请人和第三人：

（一）作为申请人的自然人死亡，其近亲属尚未确定是否参加行政复议的；

（二）作为申请人的自然人丧失参加行政复议的能力，尚未确定法定代理人参加行政复议的；

（三）作为申请人的法人或者其他组织终止，尚未确定权利义务承受人的；

（四）作为申请人的自然人下落不明或者被宣告失踪的；

（五）申请人、被申请人因不可抗力，不能参加行政复议的；

（六）案件涉及法律适用问题，需要有权机关作出解释或者确认的；

（七）案件审理需要以其他案件的审理结果为依据，而其他案件尚未审结的；

（八）申请人依照本办法第三十一条提出对有关规定的审查申请，有权处理的海关、行政机关正在依法处理期间的；

（九）其他需要中止行政复议的情形。

行政复议中止的原因消除后，海关行政复议机构应当及时恢复行政复议案件的审理，制作《行政复议恢复审理通知书》，并且送达申请人、被申请人和第三人。

第三节 行政复议听证

第五十六条 有下列情形之一的，海关行政复议机构可以采取听证的方式审理：

（一）申请人提出听证要求的；

（二）申请人、被申请人对事实争议较大的；

（三）申请人对具体行政行为适用依据有异议的；

（四）案件重大、复杂或者争议的标的价值较大的；

（五）海关行政复议机构认为有必要听证的其他情形。

第五十七条 海关行政复议机构决定举行听证的，应当制发《行政复议听证通知书》，将举行听证的时间、地点、具体要求等事项事先通知申请人、被申请人和第三人。

第三人不参加听证的，不影响听证的举行。

第五十八条 听证可以在海关行政复议机构所在地举行，也可以在被申请人或者申请人所在地举行。

第五十九条 行政复议听证应当公开举行，涉及国家秘密、商业秘密、海关工作秘密或者个人隐私的除外。

公开举行的行政复议听证，因听证场所等原因需要限制旁听人员数量的，海关行政复议机构应当作出说明。

对人民群众广泛关注、有较大社会影响或者有利于法制宣传教育的行政复议案件的公开听证，海关行政复议机构可以有计划地组织群众旁听，也可以邀请有关立法机关、司法机关、监察部门、审计部门、新闻单位以及其他有关单位的人员参加旁听。

第六十条 行政复议听证人员为不得少于3人的单数，由海关行政复议机构负责人确定，并且指定其中一人为听证主持人。听证可以另指定专人为记录员。

第六十一条 行政复议听证应当按照以下程序进行：

（一）由主持人宣布听证开始、核对听证参加人身份、告知听证参加人的权利和义务；

（二）询问听证参加人是否申请听证人员以及记录员回避，申请回避的，按照本办法第四十八条的规定办理；

（三）申请人宣读复议申请并且阐述主要理由；

（四）被申请人针对行政复议申请进行答辩，就作出原具体行政行为依据的事实、理由和法律依据进行阐述，并且进行举证；

（五）第三人可以阐述意见；

（六）申请人、第三人对被申请人的举证可以进行质证或者举证反驳，被申请人对申请人、第三人的反证也可以进行质证和举证反驳；

（七）要求证人到场作证的，应当事先经海关行政复议机构同意并且提供证人身份等基本情况；

（八）听证主持人和其他听证人员进行询问；

（九）申请人、被申请人和第三人没有异议的证据和证明的事实，由主持人当场予以认定；有异议的并且与案件处理结果有关的事实和证据，由主持人当场或者事后经合议予以认定；

（十）申请人、被申请人和第三人可以对案件事实、证据、适用法律等进行辩论；

（十一）申请人、被申请人和第三人进行最后陈述；

（十二）由申请人、被申请人和第三人对听证笔录内容进行确认，并且当场签名或者盖章；对听证笔录内容有异议的，可以当场更正并且签名或者盖章。

行政复议听证笔录和听证认定的事实应当作为海关行政复议机关作出行政复议决定的依据。

第六十二条 行政复议参加人无法在举行听证时当场提交有关证据的，由主持人根据具体情况限定时间事后提交并且另行进行调查、质证或者再次进行听证；行政复议参加人提出的证据无法当场质证的，由主持人当场宣布事后进行调查、质证或者再次进行听证。

行政复议参加人在听证后的举证未经质证或者未经海关行政复议机构重新调查认可的，不得作为作出行政复议决定的证据。

第四节 行政复议附带抽象行政行为审查

第六十三条 申请人依照本办法第三十一条提出对有关规定的审查申请的，海关行政复议机关对该规定有权处理的，应当在30日内依照下列程序处理：

（一）依法确认该规定是否与法律、行政法规、规章相抵触；

（二）依法确认该规定能否作为被申请人作出具体行政行为的依据；

（三）书面告知申请人对该规定的审查结果。

海关行政复议机关应当制作《抽象行政行为审查告知书》，并且送达申请人、被申请人。

第六十四条 海关行政复议机关对申请人申请审查的有关规定无权处理的，应当在7日内按照下列程序转送有权处理的上级海关或者其他行政机关依法处理：

（一）转送有权处理的上级海关的，应当报告行政复议有关情况、执行该规定的有关情况、对该规定适用的意见；

（二）转送有权处理的其他行政机关的，在转送函中应当说明行政复议的有关情况、请求确认该规定是否合法。

第六十五条 有权处理的上级海关应当在60日内依照下列程序处理：

（一）依法确认该规定是否合法、有效；

（二）依法确认该规定能否作为被申请人作出具体行政行为的依据；

（三）制作《抽象行政行为审查告知书》，并且送达海关行政复议机关、申请人和被申请人。

第六十六条 海关行政复议机关在对被申请人作出的具体行政行为进行审查时，认为需对该具体行政行为所依据的有关规定进行审查的，依照本办法第六十三条、第六十四条、第六十五条的规定办理。

第五节 行政复议决定

第六十七条 海关行政复议机构提出案件处理意见，经海关行政复议机关负责人审查批准后，作出行政复议决定。

第六十八条 海关行政复议机关应当自受理申请之日起60日内作出行政复议决定。但是有下列情况之一的，经海关行政复议机关负责人批准，可以延长30日：

（一）行政复议案件案情重大、复杂、疑难的；

（二）决定举行行政复议听证的；

（三）经申请人同意的；

（四）有第三人参加行政复议的；

（五）申请人、第三人提出新的事实或者证据需进一步调查的。

海关行政复议机关延长复议期限，应当制作《延长行政复议审查期限通知书》，并且送达申请人、被申请人和第三人。

第六十九条 具体行政行为认定事实清楚，证据确凿，适用依据正确，程序合法，内容适当的，海关行政复议机关应当决定维持。

第七十条 被申请人不履行法定职责的，海关行政复议机关应当决定其在一定期限内履行法定职责。

第七十一条 具体行政行为有下列情形之一的，海关行政复议机关应当决定撤销、变更或者确认该具体行政行为违法：

（一）主要事实不清、证据不足的；

（二）适用依据错误的；

(三)违反法定程序的;
(四)超越或者滥用职权的;
(五)具体行政行为明显不当的。

第七十二条 海关行政复议机关决定撤销或者确认具体行政行为违法的,可以责令被申请人在一定期限内重新作出具体行政行为。

被申请人应当在法律、行政法规、海关规章规定的期限内重新作出具体行政行为;法律、行政法规、海关规章未规定期限的,重新作出具体行政行为的期限为60日。

公民、法人或者其他组织对被申请人重新作出的具体行政行为不服,可以依法申请行政复议或者提起行政诉讼。

第七十三条 被申请人未按照本办法**第四十三条**的规定提出书面答复、提交当初作出具体行政行为的证据、依据和其他有关材料的,视为该具体行政行为没有证据、依据,海关行政复议机关应当决定撤销该具体行政行为。

第七十四条 具体行政行为有下列情形之一,海关行政复议机关可以决定变更:
(一)认定事实清楚,证据确凿,程序合法,但是明显不当或者适用依据错误的;
(二)认定事实不清,证据不足,但是经海关行政复议机关审理查明事实清楚,证据确凿的。

第七十五条 海关行政复议机关在申请人的行政复议请求范围内,不得作出对申请人更为不利的行政复议决定。

第七十六条 海关行政复议机关依据本办法**第七十二条**规定责令被申请人重新作出具体行政行为的,除以下情形外,被申请人不得作出对申请人更为不利的具体行政行为:
(一)不作出对申请人更为不利的具体行政行为将损害国家利益、社会公共利益或者他人合法权益的;
(二)原具体行政行为适用法律依据错误,适用正确的法律依据需要依法作出对申请人更为不利的具体行政行为的;
(三)被申请人查明新的事实,根据新的事实和有关法律、行政法规、海关规章的强制性规定,需要作出对申请人更为不利的具体行政行为的;
(四)其他依照法律、行政法规或者海关规章规定应当作出对申请人更为不利的具体行政行为的。

第七十七条 海关行政复议机关作出行政复议决定,应当制作《行政复议决定书》,送达申请人、被申请人和第三人。

《行政复议决定书》应当载明下列内容:
(一)申请人姓名、性别、年龄、职业、住址(法人或者其他组织的名称、地址、法定代表人或者主要负责人的姓名、职务);
(二)第三人姓名、性别、年龄、职业、住址(法人或者其他组织的名称、地址、法定代表人或者主要负责人的姓名、职务);
(三)被申请人名称、地址、法定代表人姓名;
(四)申请人申请复议的请求、事实和理由;
(五)被申请人答复的事实、理由、证据和依据;
(六)行政复议认定的事实和相应的证据;
(七)作出行政复议决定的具体理由和法律依据;
(八)行政复议决定的具体内容;
(九)不服行政复议决定向人民法院起诉的期限和具体管辖法院;
(十)作出行政复议决定的日期。

《行政复议决定书》应当加盖海关行政复议机关的印章。

《行政复议决定书》一经送达,即发生法律效力。

《行政复议决定书》直接送达的,行政复议人员应当就行政复议认定的事实、证据、作出行政复议决定的理由、依据向申请人、被申请人和第三人作出说明;申请人、被申请人和第三人对《行政复议决定书》提出异议的,除告知其向人民法院起诉的权利外,应当就有关异议作出解答。《行政复议决定书》以其他方式送达的,申请人、被申请人和第三人就《行政复议决定书》有关内容向海关行政复议机构提出异议的,行政复议人员应当向申请人、被申请人和第三人作出说明。

经申请人和第三人同意,海关行政复议机关可以通过出版物、海关门户网站、海关公告栏等方式公布生效的行政复议法律文书。

第七十八条 《行政复议决定书》送达申请人、被申请人和第三人后,海关行政复议机关发现《行政复议决定书》有需要补充、更正的内容,但是不影响行政复议决定的实质内容的,应当制发《行政复议决定补正通知书》,并且送达申请人、被申请人和第三人。

第七十九条 有下列情形之一的,海关行政复议机关应当决定驳回行政复议申请:

(一)申请人认为海关不履行法定职责申请行政复议,海关行政复议机关受理后发现被申请人没有相应法定职责或者被申请人在海关行政复议机关受理该行政复议申请之前已经履行法定职责的;

(二)海关行政复议机关受理行政复议申请后,发现该行政复议申请不符合受理条件的。

海关行政复议机关的上一级海关认为该行政复议机关驳回行政复议申请的理由不成立的,应当责令其恢复审理。

第八十条 申请人在行政复议决定作出前自愿撤回行政复议申请的,经海关行政复议机构同意,可以撤回。

申请人撤回行政复议申请的,不得再以同一事实和理由提出行政复议申请。但是,申请人能够证明撤回行政复议申请违背其真实意思表示的除外。

第八十一条 行政复议期间被申请人改变原具体行政行为,但是申请人未依法撤回行政复议申请的,不影响行政复议案件的审理。

第八十二条 行政复议期间有下列情形之一的,行政复议终止:

(一)申请人要求撤回行政复议申请,海关行政复议机构准予撤回的;

(二)作为申请人的自然人死亡,没有近亲属或者其近亲属放弃行政复议权利的;

(三)作为申请人的法人或者其他组织终止,其权利义务的承受人放弃行政复议权利的;

(四)申请人与被申请人达成和解,并且经海关行政复议机构准许的;

(五)申请人对海关限制人身自由的行政强制措施不服申请行政复议后,因申请人同一违法行为涉嫌犯罪,该限制人身自由的行政强制措施变更为刑事拘留的,或者申请人对海关扣留财产的行政强制措施不服申请行政复议后,因申请人同一违法行为涉嫌犯罪,该扣留财产的行政强制措施变更为刑事扣押的;

(六)依照本办法第五十五条第一款第(一)项、第(二)项、第(三)项规定中止行政复议,满60日行政复议中止的原因仍未消除的;

(七)申请人以传真、电子邮件形式递交行政复议申请书后未在规定期限内提交有关材料的原件的。

行政复议终止,海关行政复议机关应当制作《行政复议终止决定书》,并且送达申请人、被申请人和第三人。

第六节 行政复议和解和调解

第八十三条 公民、法人或者其他组织对海关行使法律、行政法规或者海关规章规定的自由裁量权作出的具体行政行为不服申请行政复议,在海关行政复议机关作出行政复议决定之前,申请人和被申请人可以在自愿、合法基础上达成和解。

第八十四条 申请人和被申请人达成和解的,应当向海关行政复议机构提交书面和解协议。和解协议应当载明行政复议请求、事实、理由和达成和解的结果,并且由申请人和被申请人签字或者盖章。

第八十五条 海关行政复议机构应当对申请人和被申请人提交的和解协议进行审查,和解确属申请人和被申请人的真实意思表示,和解内容不违反法律、行政法规或者海关规章的强制性规定,不损害国家利益、社会公共利益和他人合法权益的,应当准许和解,并且终止行政复议案件的审理。

准许和解并且终止行政复议的,应当在《行政复议终止决定书》中载明和解的内容。

第八十六条 经海关行政复议机关准许和解的,申请人和被申请人应当履行和解协议。

第八十七条 经海关行政复议机关准许和解并且终止行政复议的,申请人以同一事实和理由再次申请行政复议的,不予受理。但是,申请人提出证据证明和解违反自愿原则或者和解内容违反法律、行政法规或者海关规章的强制性规定的除外。

第八十八条 有下列情形之一的,海关行政复议机关可以按照自愿、合法的原则进行调解:

（一）公民、法人或者其他组织对海关行使法律、行政法规或者海关规章规定的自由裁量权作出的具体行政行为不服申请行政复议的;

（二）行政赔偿、查验赔偿或者行政补偿纠纷。

第八十九条 海关行政复议机关主持调解应当符合以下要求:

（一）调解应当在查明案件事实的基础上进行;

（二）海关行政复议机关应当充分尊重申请人和被申请人的意愿;

（三）组织调解应当遵循公正、合理原则;

（四）调解结果应当符合有关法律、行政法规和海关规章的规定,不得违背法律精神和原则;

（五）调解结果不得损害国家利益、社会公共利益或者他人合法权益。

第九十条 海关行政复议机关主持调解应当按照下列程序进行:

（一）征求申请人和被申请人是否同意进行调解的意愿;

（二）经申请人和被申请人同意后开始调解;

（三）听取申请人和被申请人的意见;

（四）提出调解方案;

（五）达成调解协议。

调解期间申请人或者被申请人明确提出不进行调解的,应当终止调解。终止调解后,申请人、被申请人再次请求海关行政复议机关主持调解的,应当准许。

第九十一条 申请人和被申请人经调解达成协议的,海关行政复议机关应当制作《行政复议调解书》。《行政复议调解书》应当载明下列内容:

（一）申请人姓名、性别、年龄、职业、住址（法人或者其他组织的名称、地址、法定代表人或者主要负责人的姓名、职务）;

（二）被申请人名称、地址、法定代表人姓名;

（三）申请人申请行政复议的请求、事实和理由;

（四）被申请人答复的事实、理由、证据和依据;

（五）行政复议认定的事实和相应的证据;

（六）进行调解的基本情况;

（七）调解结果;

（八）申请人、被申请人履行调解书的义务;

（九）日期。

《行政复议调解书》应当加盖海关行政复议机关的印章。《行政复议调解书》经申请人、被申请人签字或者盖章,即具有法律效力。

第九十二条 申请人和被申请人提交书面和解协议,并且要求海关行政复议机关按照和解协议内容制作《行政复议调解书》的,行政复议机关应当进行审查,申请人和被申请人达成的和解协议符合本办法**第八十九条**第（四）项、第（五）项规定的,海关行政复议机关可以根据和解协议的内容按照本办法**第九十一条**的规定制作《行政复议调解书》。

第九十三条 调解未达成协议或者行政复议调解书生效前一方反悔的,海关行政复议机关应当及时作出行政复议决定。

第七节 行政复议决定的执行

第九十四条 申请人认为被申请人不履行或者无正当理由拖延履行行政复议决定书、行政复议调解书的,可以申请海关行政复议机关责令被申请人履行。

海关行政复议机关发现被申请人不履行或者无正当理由拖延履行行政复议决定书、行政复议调解书的,应当责令其限期履行,并且制作《责令限期履行行政复议决定通知书》,送达被申请人。

第九十五条 申请人在法定期限内未提起行政诉讼又不履行海关行政复议决定的,按照下列规定分别处理:

(一)维持具体行政行为的海关行政复议决定,由作出具体行政行为的海关依法强制执行或者申请人民法院强制执行;

(二)变更具体行政行为的海关行政复议决定,由海关行政复议机关依法强制执行或者申请人民法院强制执行。海关行政复议机关也可以指定作出具体行政行为的海关依法强制执行,被指定的海关应当及时将执行情况上报海关行政复议机关。

第九十六条 申请人不履行行政复议调解书的,由作出具体行政行为的海关依法强制执行或者申请人民法院强制执行。

第六章 海关行政复议指导和监督

第九十七条 海关行政复议机关应当加强对行政复议工作的领导。

海关行政复议机构按照职责权限对行政复议工作进行督促、指导。

第九十八条 上级海关应当加强对下级海关履行行政复议职责的监督,通过定期检查、抽查等方式,对下级海关的行政复议工作进行检查,并且及时反馈检查结果。

海关发现本海关或者下级海关作出的行政复议决定有错误的,应当予以纠正。

第九十九条 海关行政复议机关在行政复议期间发现被申请人的具体行政行为违法或者需要做好善后工作的,可以制作《行政复议意见书》,对被申请人纠正执法行为、改进执法工作提出具体意见。

被申请人应当自收到《行政复议意见书》之日起60日内将纠正相关行政违法行为或者做好善后工作的情况报告海关行政复议机构。

第一百条 海关行政复议机构在行政复议期间发现法律、行政法规、规章的实施中带有普遍性的问题,可以向有关机关提出完善立法的建议。

海关行政复议机构在行政复议期间发现海关执法中存在的普遍性问题,可以制作《行政复议建议书》,向本海关有关业务部门提出改进执法的建议;对于可能对本海关行政决策产生重大影响的问题,海关行政复议机构应当将《行政复议建议书》报送本级海关行政首长;属于上一级海关处理权限的问题,海关行政复议机关可以向上一级海关提出完善制度和改进执法的建议。

第一百零一条 各级海关行政复议机关办理的行政复议案件中,申请人与被申请人达成和解协议后海关行政复议机关终止行政复议,或者申请人与被申请人经调解达成协议,海关行政复议机关制作行政复议调解书的,应当向海关总署行政复议机构报告,并且将有关法律文书报该部门备案。

第一百零二条 海关行政复议机构在办理行政复议案件的过程中,应当及时将制发的有关法律文书在海关行政复议信息系统中备案。

第一百零三条 海关行政复议机构应当每半年向本海关和上一级海关行政复议机构提交行政复议工作状况分析报告。

第一百零四条 海关总署行政复议机构应当每半年组织一次对行政复议人员的业务培训,提高行政复议人员的专业素质。

其他海关行政复议机构可以根据工作需要定期组织对本海关行政复议人员的培训。

第一百零五条 海关行政复议机关对于在办理行政复议案件中依法保障国家利益、维护公民、法人或者其他组织的合法权益、促进海关依法行政和社会和谐、成绩显著的单位和人员,应当依照《海关系统奖励规定》给予表彰和奖励。

海关行政复议机关应当定期总结行政复议工作,对在行政复议工作中做出显著成绩的单位和个人,应当依照《海关系统奖励规定》给予表彰和奖励。

第七章 法律责任

第一百零六条 海关行政复议机关、海关行政复议机构、行政复议人员有行政复议法第三十四条、第三十五条、行政复议法实施条例第六十四条规定情形的，依照行政复议法、行政复议法实施条例的有关规定处理。

第一百零七条 被申请人有行政复议法第三十六条、第三十七条、行政复议法实施条例第六十二条规定情形的，依照行政复议法、行政复议法实施条例的有关规定处理。

第一百零八条 上级海关发现下级海关及有关工作人员有违反行政复议法、行政复议法实施条例和本办法规定的，应当制作《处理违法行为建议书》，向有关海关提出建议，该海关应当依照行政复议法和有关法律、行政法规的规定作出处理，并且将处理结果报告上级海关。

海关行政复议机构发现有关海关及其工作人员有违反行政复议法、行政复议法实施条例和本办法规定的，应当制作《处理违法行为建议书》，向人事、监察部门提出对有关责任人员的处分建议，也可以将有关人员违法的事实材料直接转送人事、监察部门处理；接受转送的人事、监察部门应当依法处理，并且将处理结果通报转送的海关行政复议机构。

第八章 附则

第一百零九条 海关行政复议期间的计算和行政复议法律文书的送达，依照民事诉讼法关于期间、送达的规定执行。

本办法关于行政复议期间有关"5日"、"7日"的规定是指工作日，不含节假日。

第一百一十条 海关行政复议机关受理行政复议申请，不得向申请人收取任何费用。

海关行政复议活动所需经费、办公用房以及交通、通讯、监控等设备由各级海关予以保障。

第一百一十一条 外国人、无国籍人、外国组织在中华人民共和国境内向海关申请行政复议，适用本办法。

第一百一十二条 海关行政复议机关可以使用行政复议专用章。在海关行政复议活动中，行政复议专用章和行政复议机关的印章具有同等法律效力。

第一百一十三条 海关行政复议机关办理行政复议案件、海关作为被申请人参加行政复议活动，该海关行政复议机构应当对有关案件材料进行整理，按照规定立卷归档。

第一百一十四条 本办法由海关总署负责解释。

第一百一十五条 本办法自2007年11月1日起施行。1999年8月30日海关总署令第78号发布的《中华人民共和国海关实施〈行政复议法〉办法》同时废止。

中华人民共和国海关总署令第167号

《海关总署关于废止部分海关规章的决定》已于2007年9月18日经署务会议审议通过，现予公布。

署长 牟新生
二〇〇七年十一月二日

海关总署关于废止部分海关规章的决定

为推进海关依法行政，经全面清理，现决定对下列海关规章予以废止：

一、《海关总署关于尸体、棺柩和骨灰进出境管理问题的通知》（1984年6月25日海关总署[84]署行字第540号文发布）

二、《关于无代价抵偿进口货物的征免税规定》（1984年10月25日海关总署署税[1984]894号文发布，1995年5月23日署税[1995]383号修改）

三、《关于律师查阅海关案卷的办法》（1987年6月18日海关总署[87]署调字第625号文发布）

四、《中华人民共和国海关对经济技术开发区进出境货物的管理规定》（1988年4月26日海关总署[88]署货字第445号文发布）

五、《中华人民共和国海关对进口减税、免税和保税货物征收海关监管手续费的办法》（1988年9月20日海关总署令第1号发布）

六、《中华人民共和国海关对沿海开放地区进出境货物的管理规定》（1989年2月15日海关总署令第5号发布，1993年4月10日署监一[1993]623号文修改）

七、《中华人民共和国海关对华侨、港澳台同胞捐赠进口物资监管办法》（1989年12月26日海关总署令第10号发布）

八、《中华人民共和国对外商投资企业物资公司进口物资保税管理办法》（1991年3月5日海关总署令第17号发布）

九、《中华人民共和国海关对国家高新技术产业开发区进出口货物的管理办法》（1991年9月2日海关总署令第26号发布）

十、《中华人民共和国海关对进出海南省洋浦经济开发区货物、运输工具、个人携带物品和邮递物品的管理办法》（1992年7月27日海关总署令第32号发布）

十一、《中华人民共和国对进出上海浦东新区的货物、运输工具、行李物品和邮递物品的管理办法》（1992年10月7日海关总署令第37号发布）

十二、《中华人民共和国海关对国家旅游度假区进出口货物管理规定》（1993年2月24日海关总署令第45号发布）

十三、《中华人民共和国海关关于对出口纺织品非法转口的处罚规定》（1994年7月2日海关总署令第48号发布）

十四、《中华人民共和国海关对苏州工业园区进出口货物的监管办法》（1995年7月12日海关总署令第53号发布）

十五、《中华人民共和国海关关于对违反〈关于新疆棉花以出顶进管理暂行办法〉行政处罚适用法律、法规的决定》（1999年5月12日总署令第72号发布）

十六、《中华人民共和国海关关于违法内销或者转让加工贸易保税货物处罚办法》（1999年9月14日海关总署令第76号发布）

中华人民共和国国家质量监督检验检疫总局令第95号

《进口医疗器械检验监督管理办法》已经2007年5月30日国家质量监督检验检疫总局局务会议审议通过，现予公布，自2007年12月1日起施行。

局长 李长江

二〇〇七年六月十八日

进口医疗器械检验监督管理办法

第一章 总 则

第一条 为加强进口医疗器械检验监督管理，保障人体健康和生命安全，根据《中华人民共和国进出口商品检验法》（以下简称商检法）及其实施条例和其它有关法律法规规定，制定本办法。

第二条 本办法适用于：

（一）对医疗器械进口单位实施分类管理；

（二）对进口医疗器械实施检验监管；

（三）对进口医疗器械实施风险预警及快速反应管理。

第三条 国家质量监督检验检疫总局（以下简称国家质检总局）主管全国进口医疗器械检验监督管理工作，负责组织收集整理与进口医疗器械相关的风险信息、风险评估并采取风险预警及快速反应措施。

国家质检总局设在各地的出入境检验检疫机构（以下简称检验检疫机构）负责所辖地区进口医疗器械检验监督管理工作，负责收集与进口医疗器械相关的风险信息及快速反应措施的具体实施。

第二章 医疗器械进口单位分类监管

第四条 检验检疫机构根据医疗器械进口单位的管理水平、诚信度、进口医疗器械产品的风险等级、质量状况和进口规模，对医疗器械进口单位实施分类监管，具体分为三类。

医疗器械进口单位可以根据条件自愿提出分类管理申请。

第五条 一类进口单位应当符合下列条件：

（一）严格遵守商检法及其实施条例、国家其他有关法律法规以及国家质检总局的相关规定，诚信度高，连续5年无不良记录；

（二）具有健全的质量管理体系，获得ISO9000质量体系认证，具备健全的质量管理制度，包括进口报检、进货验收、仓储保管、质量跟踪和缺陷报告等制度；

（三）具有2名以上经检验检疫机构培训合格的质量管理人员，熟悉相关产品的基本技术、性能和结构，了解我国对进口医疗器械检验监督管理；

（四）代理或者经营实施强制性产品认证制的进口医疗器械产品的，应当获得相应的证明文件；

（五）代理或者经营的进口医疗器械产品质量信誉良好，2年内未发生由于产品质量责任方面的退货、索赔或者其他事故等；

（六）连续从事医疗器械进口业务不少于6年，并能提供相应的证明文件；

（七）近2年每年进口批次不少于30批；

（八）收集并保存有关医疗器械的国家标准、行业标准及医疗器械的法规规章及专项规定，建立和保存比较完善的进口医疗器械资料档案，保存期不少于10年；

(九)具备与其进口的医疗器械产品相适应的技术培训和售后服务能力,或者约定由第三方提供技术支持;

(十)具备与进口医疗器械产品范围与规模相适应的、相对独立的经营场所和仓储条件。

第六条 二类进口单位应当具备下列条件:

(一)严格遵守商检法及其实施条例、国家其他有关法律法规以及国家质检总局的相关规定,诚信度较高,连续3年无不良记录;

(二)具有健全的质量管理体系,具备健全的质量管理制度,包括进口报检、进货验收、仓储保管、质量跟踪和缺陷报告等制度;

(三)具有1名以上经检验检疫机构培训合格的质量管理人员,熟悉相关产品的基本技术、性能和结构,了解我国对进口医疗器械检验监督管理的人员;

(四)代理或者经营实施强制性产品认证制度的进口医疗器械产品的,应当获得相应的证明文件;

(五)代理或者经营的进口医疗器械产品质量信誉良好,1年内未发生由于产品质量责任方面的退货、索赔或者其他事故等;

(六)连续从事医疗器械进口业务不少于3年,并能提供相应的证明文件;

(七)近2年每年进口批次不少于10批;

(八)收集并保存有关医疗器械的国家标准、行业标准及医疗器械的法规规章及专项规定,建立和保存比较完善的进口医疗器械资料档案,保存期不少于10年;

(九)具备与其进口的医疗器械产品相适应的技术培训和售后服务能力,或者约定由第三方提供技术支持;

(十)具备与进口医疗器械产品范围与规模相适应的、相对独立的经营场所。

第七条 三类进口单位包括:

(一)从事进口医疗器械业务不满3年的进口单位;

(二)从事进口医疗器械业务已满3年,但未提出分类管理申请的进口单位;

(三)提出分类申请,经考核不符合一、二类进口单位条件,未列入一、二类分类管理的进口单位。

第八条 申请一类进口单位或者二类进口单位的医疗器械进口单位(以下简称申请单位),应当向所在地直属检验检疫局提出申请,并提交以下材料:

(一)书面申请书,并有授权人签字和单位盖章;

(二)法人营业执照、医疗器械经营企业许可证;

(三)质量管理体系认证证书、质量管理文件;

(四)质量管理人员经检验检疫机构培训合格的证明文件;

(五)近2年每年进口批次的证明材料;

(六)遵守国家相关法律法规以及提供资料真实性的承诺书(自我声明)。

第九条 直属检验检疫局应当在5个工作日内完成对申请单位提交的申请的书面审核。申请材料不齐的,应当要求申请单位补正。

申请一类进口单位的,直属检验检疫局应当在完成书面审核后组织现场考核,考核合格的,将考核结果和相关材料报国家质检总局。国家质检总局对符合一类进口单位条件的申请单位进行核准,并定期对外公布一类进口单位名单。

申请二类进口单位的,直属检验检疫局完成书面审核后,可以自行或者委托进口单位所在地检验检疫机构组织现场考核。考核合格的,由直属检验检疫局予以核准并报国家质检总局备案,直属检验检疫局负责定期对外公布二类进口单位名单。

第三章 进口医疗器械风险等级及检验监管

第十条 检验检疫机构按照进口医疗器械的风险等级、进口单位的分类情况,根据国家质检总局的相关规定,对进口医疗器械实施现场检验,以及与后续监督管理(以下简称监督检验)相结合的检验监管模式。

第十一条 国家质检总局根据进口医疗器械的结构特征、使用形式、使用状况、国家医疗器械分类的相关规则以及进口检验管理的需要等,将进口医疗器械产品分为:高风险、较高风险和一般风险三个风险等级。

进口医疗器械产品风险等级目录由国家质检总局确定、调整,并在实施之日前60日公布。

第十二条 符合下列条件的进口医疗器械产品为高风险等级:

(一)植入人体的医疗器械;

(二)介入人体的有源医疗器械;

(三)用于支持、维持生命的医疗器械;

(四)对人体有潜在危险的医学影像设备及能量治疗设备;

(五)产品质量不稳定,多次发生重大质量事故,对其安全性有效性必须严格控制的医疗器械。

第十三条 符合下列条件的进口医疗器械产品为较高风险等级:

(一)介入人体的无源医疗器械;

(二)不属于高风险的其他与人体接触的有源医疗器械;

(三)产品质量较不稳定,多次发生质量问题,对其安全性有效性必须严格控制的医疗器械。

第十四条 未列入高风险、较高风险等级的进口医疗器械属于一般风险等级。

第十五条 进口高风险医疗器械的,按照以下方式进行检验管理:

(一)一类进口单位进口的,实施现场检验与监督检验相结合的方式,其中年批次现场检验率不低于50%;

(二)二、三类进口单位进口的,实施批批现场检验。

第十六条 进口较高风险医疗器械的,按照以下方式进行检验管理:

(一)一类进口单位进口的,年批次现场检验率不低于30%;

(二)二类进口单位进口的,年批次现场检验率不低于50%;

(三)三类进口单位进口的,实施批批现场检验。

第十七条 进口一般风险医疗器械的,实施现场检验与监督检验相结合的方式进行检验管理,其中年批次现场检验率分别为:

(一)一类进口单位进口的,年批次现场检验率不低于10%;

(二)二类进口单位进口的,年批次现场检验率不低于30%;

(三)三类进口单位进口的,年批次现场检验率不低于50%。

第十八条 根据需要,国家质检总局对高风险的进口医疗器械可以按照对外贸易合同约定,组织实施监造、装运前检验和监装。

第十九条 进口医疗器械进口时,进口医疗器械的收货人或者其代理人(以下简称报检人)应当向报关地检验检疫机构报检,并提供下列材料:

(一)报检规定中要求提供的单证;

(二)属于《实施强制性产品认证的产品目录》内的医疗器械,应当提供中国强制性认证证书;

(三)国务院药品监督管理部门审批注册的进口医疗器械注册证书;

(四)进口单位为一、二类进口单位的,应当提供检验检疫机构签发的进口单位分类证明文件。

第二十条 口岸检验检疫机构应当对报检材料进行审查,不符合要求的,应当通知报检人;经审查符合要求的,签发《入境货物通关单》,货物办理海关报关手续后,应当及时向检验检疫机构申请检验。

第二十一条 进口医疗器械应当在报检人报检时申报的目的地检验。

对需要结合安装调试实施检验的进口医疗器械,应当在报检时明确使用地,由使用地检验检疫机构实施检验。需要结合安装调试实施检验的进口医疗器械目录由国家质检总局对外公布实施。

对于植入式医疗器械等特殊产品,应当在国家质检总局指定的检验检疫机构实施检验。

第二十二条 检验检疫机构按照国家技术规范的强制性要求对进口医疗器械进行检验;尚未制定国家技术规范的强制性要求的,可以参照国家质检总局指定的国外有关标准进行检验。

第二十三条 检验检疫机构对进口医疗器械实施现场检验和监督检验的内容可以包括:

(一)产品与相关证书一致性的核查;

(二)数量、规格型号、外观的检验;

（三）包装、标签及标志的检验，如使用木质包装的，须实施检疫；
（四）说明书、随机文件资料的核查；
（五）机械、电气、电磁兼容等安全方面的检验；
（六）辐射、噪声、生化等卫生方面的检验；
（七）有毒有害物质排放、残留以及材料等环保方面的检验；
（八）涉及诊断、治疗的医疗器械性能方面的检验；
（九）产品标识、标志以及中文说明书的核查。

第二十四条 检验检疫机构对实施强制性产品认证制度的进口医疗器械实行入境验证，查验单证，核对证货是否相符，必要时抽取样品送指定实验室，按照强制性产品认证制度和国家规定的相关标准进行检测。

第二十五条 进口医疗器械经检验未发现不合格的，检验检疫机构应当出具《入境货物检验检疫证明》。

经检验发现不合格的，检验检疫机构应当出具《检验检疫处理通知书》，需要索赔的应当出具检验证书。涉及人身安全、健康、环境保护项目不合格的，或者可以技术处理的项目经技术处理后经检验仍不合格的，由检验检疫机构责令当事人销毁，或者退货并书面告知海关，并上报国家质检总局。

第四章 进口捐赠医疗器械检验监管

第二十六条 进口捐赠的医疗器械应当未经使用，且不得夹带有害环境、公共卫生的物品或者其他违禁物品。

第二十七条 进口捐赠医疗器械禁止夹带列入我国《禁止进口货物目录》的物品。

第二十八条 向中国境内捐赠医疗器械的境外捐赠机构，须由其或者其在中国的代理机构向国家质检总局办理捐赠机构及其捐赠医疗器械的备案。

第二十九条 国家质检总局在必要时可以对进口捐赠的医疗器械组织实施装运前预检验。

第三十条 接受进口捐赠医疗器械的单位或者其代理人应当持相关批准文件向报关地的检验检疫机构报检，向使用地的检验检疫机构申请检验。

检验检疫机构凭有效的相关批准文件接受报检，实施口岸查验，使用地检验。

第三十一条 境外捐赠的医疗器械经检验检疫机构检验合格并出具《入境货物检验检疫证明》后，受赠人方可使用；经检验不合格的，按照商检法及其实施条例的有关规定处理。

第五章 风险预警与快速反应

第三十二条 国家质检总局建立对进口医疗器械的风险预警机制。通过对缺陷进口医疗器械等信息的收集和评估，按照有关规定发布警示信息，并采取相应的风险预警措施及快速反应措施。

第三十三条 检验检疫机构需定期了解辖区内使用的进口医疗器械的质量状况，发现进口医疗器械发生重大质量事故，应及时报告国家质检总局。

第三十四条 进口医疗器械的制造商、进口单位和使用单位在发现其医疗器械中有缺陷的应当向检验检疫机构报告，对检验检疫机构采取的风险预警措施及快速反应措施应当予以配合。

第三十五条 对缺陷进口医疗器械的风险预警措施包括：
（一）向检验检疫机构发布风险警示通报，加强对缺陷产品制造商生产的和进口单位进口的医疗器械的检验监管；
（二）向缺陷产品的制造商、进口单位发布风险警示通告，敦促其及时采取措施，消除风险；
（三）向消费者和使用单位发布风险警示通告，提醒其注意缺陷进口医疗器械的风险和危害；
（四）向国内有关部门、有关国家和地区驻华使馆或者联络处、有关国际组织和机构通报情况，建议其采取必要的措施。

第三十六条 对缺陷进口医疗器械的快速反应措施包括：
（一）建议暂停使用存在缺陷的医疗器械；

（二）调整缺陷进口医疗器械进口单位的分类管理的类别；
（三）停止缺陷医疗器械的进口；
（四）暂停或者撤销缺陷进口医疗器械的国家强制性产品认证证书；
（五）其他必要的措施。

第六章 监督管理

第三十七条 检验检疫机构每年对一、二类进口单位进行至少一次监督审核，发现下列情况之一的，可以根据情节轻重对其作降类处理：
（一）进口单位出现不良诚信记录的；
（二）所进口的医疗器械存在重大安全隐患或者发生重大质量问题的；
（三）经检验检疫机构检验，进口单位年进口批次中出现不合格批次达10%；
（四）进口单位年进口批次未达到要求的；
（五）进口单位有违反法律法规其他行为的。
降类的进口单位必须在12个月后才能申请恢复原来的分类管理类别，且必须经过重新考核、核准、公布。

第三十八条 进口医疗器械出现下列情况之一的，检验检疫机构经本机构负责人批准，可以对进口医疗器械实施查封或者扣押，但海关监管货物除外：
（一）属于禁止进口的；
（二）存在安全卫生缺陷或者可能造成健康隐患、环境污染的；
（三）可能危害医患者生命财产安全，情况紧急的。

第三十九条 国家质检总局负责对检验检疫机构实施进口医疗器械检验监督管理人员资格的培训和考核工作。未经考核合格的人员不得从事进口医疗器械的检验监管工作。

第四十条 用于科研及其他非作用于患者目的的进口旧医疗器械，经国家质检总局及其他相关部门批准后，方可进口。

经原厂再制造的进口医疗器械，其安全及技术性能满足全新医疗器械应满足的要求，并符合国家其他有关规定的，由检验检疫机构进行合格评定后，经国家质检总局批准方可进口。

禁止进口前两款规定以外的其他旧医疗器械。

第七章 法律责任

第四十一条 擅自销售、使用未报检或者未经检验的属于法定检验的进口医疗器械，或者擅自销售、使用应当申请进口验证而未申请的进口医疗器械的，由检验检疫机构没收违法所得，并处商品货值金额5%以上20%以下罚款；构成犯罪的，依法追究刑事责任。

第四十二条 销售、使用经法定检验、抽查检验或者验证不合格的进口医疗器械的，由检验检疫机构责令停止销售、使用，没收违法所得和违法销售、使用的商品，并处违法销售、使用的商品货值金额等值以上3倍以下罚款；构成犯罪的，依法追究刑事责任。

第四十三条 医疗器械的进口单位进口国家禁止进口的旧医疗器械的，按照国家有关规定予以退货或者销毁。进口旧医疗器械属机电产品的，情节严重的，由检验检疫机构并处100万元以下罚款。

第四十四条 检验检疫机构的工作人员滥用职权，故意刁难的，徇私舞弊，伪造检验结果的，或者玩忽职守，延误检验出证的，依法给予行政处分；构成犯罪的，依法追究刑事责任。

第八章 附 则

第四十五条 本办法所指的进口医疗器械，是指从境外进入到中华人民共和国境内的，单独或者组合使用于人体的仪器、设备、器具、材料或者其他物品，包括所配套使用的软件，其使用旨在对疾病进行预防、诊断、治疗、监护、缓解，对损伤或者残疾进行诊断、治疗、监护、缓解、补偿，对解剖或者生理过程进行研究、替代、调节，对妊娠进行控制等。

本办法所指的缺陷进口医疗器械，是指不符合国家强制性标准的规定的，或者存在可能危及人身、财产安全的不合理危险的进口医疗器械。

本办法所指的进口单位是指具有法人资格，对外签订并执行进口医疗器械贸易合同或者委托外贸代理进口医疗器械的中国境内企业。

第四十六条 从境外进入保税区、出口加工区等海关监管区域供使用的医疗器械，以及从保税区、出口加工区等海关监管区域进入境内其他区域的医疗器械，按照本办法执行。

第四十七条 用于动物的进口医疗器械参照本办法执行。

第四十八条 进口医疗器械中属于锅炉压力容器的，其安全监督检验还应当符合国家质检总局其他相关规定。属于《中华人民共和国进口计量器具型式审查目录》内的进口医疗器械，还应当符合国家有关计量法律法规的规定。

第四十九条 本办法由国家质检总局负责解释。

第五十条 本办法自2007年12月1日起施行。

中华人民共和国国家质量监督检验检疫总局令第96号

《口岸艾滋病防治管理办法》已经2007年5月30日国家质量监督检验检疫总局局务会议审议通过，现予公布，自2007年12月1日起施行。

局　长　李长江

二〇〇七年六月二十八日

口岸艾滋病防治管理办法

第一章　总　则

第一条 为了做好国境口岸艾滋病的预防、控制工作，保障人体健康和口岸公共卫生，依据《中华人民共和国国境卫生检疫法》及其实施细则和《艾滋病防治条例》等法律法规的规定，制定本办法。

第二条 本办法适用于口岸艾滋病的检疫、监测、疫情报告及控制、宣传教育等工作。

第三条 国家质量监督检验检疫总局（以下简称国家质检总局）主管全国口岸艾滋病预防控制工作，负责制定口岸艾滋病预防控制总体规划，对全国口岸艾滋病预防控制工作进行组织、协调和管理。

第四条 国家质检总局设在各地的出入境检验检疫机构（以下简称检验检疫机构）负责制定所辖口岸区域艾滋病预防控制的工作计划，对口岸艾滋病预防控制工作进行组织、协调和管理，实施检疫、监测、疫情报告及控制、开展宣传教育。

第五条 检验检疫机构应当配合当地政府做好艾滋病预防控制工作，与地方各级卫生行政主管部门、疾病预防控制机构、公安机关、边防检查机关等建立协作机制，将口岸监控艾滋病的措施与地方的预防控制行动计划接轨，共同做好口岸艾滋病预防控制及病毒感染者和艾滋病病人的监控工作。

第六条 检验检疫机构应当在出入境口岸加强艾滋病防治的宣传教育工作，对入出境人员有针对性地提供艾滋病防治的咨询和指导，并设立咨询电话，向社会公布。

第二章 口岸检疫

第七条 检验检疫机构应当加强对入出境人员以及入出境微生物、人体组织、生物制品、血液及其制品等物品（以下简称特殊物品）的检疫和监督管理工作。

第八条 患有艾滋病或者感染艾滋病病毒的入出境人员，在入境时应当向检验检疫机构申报，检验检疫机构应当确认申报内容的真实性，并对其进行健康咨询，同时应当通知其目的地的检验检疫机构及疾病预防控制部门。

第九条 在境外居住1年以上的中国公民，入境时应当到检验检疫机构设立的口岸艾滋病监测点进行健康检查或者领取艾滋病检测申请单，1个月内到口岸检验检疫机构或者县级以上的医院进行健康体检。

第十条 申请出境1年以上的中国公民以及在国际通航的交通工具上工作的中国籍员工，应当持有检验检疫机构或者县级以上医院出具的含艾滋病检测结果的有效健康检查证明。

第十一条 申请来华居留的境外人员，应当到检验检疫机构进行健康体检，凭检验检疫机构出具的含艾滋病检测结果的有效健康检查证明到公安机关办理居留手续。

第三章 口岸监测

第十二条 国家质检总局应当建立健全口岸艾滋病监测网络。检验检疫机构根据口岸艾滋病流行趋势，设立口岸艾滋病监测点，并报国家质检总局备案。

检验检疫机构按照国务院卫生行政主管部门和国家质检总局制定的艾滋病监测工作规范，开展艾滋病的监测工作，根据疫情变化情况和流行趋势，加强入出境重点人群的艾滋病监测。

第十三条 国家质检总局根据口岸艾滋病预防控制工作的需要，确定艾滋病筛查实验室和确证实验室。艾滋病筛查和确证实验室应当按照国家菌（毒）种和实验室生物安全管理的有关规定开展工作。

检验检疫机构承担艾滋病检测工作的实验室应当符合国务院卫生主管部门的标准和规范并经验收合格，方可开展艾滋病病毒抗体及相关检测工作。

第十四条 检验检疫机构为自愿接受艾滋病咨询和检测的人员提供咨询和筛查检测，发现艾滋病病毒抗体阳性的，应当及时将样本送艾滋病确证实验室进行确证。

第十五条 检验检疫机构应当按照国家有关规定，严格执行标准操作规程、生物安全管理制度及消毒管理制度，防止艾滋病医源性感染的发生。

第四章 疫情报告及控制

第十六条 检验检疫机构及其工作人员发现艾滋病病毒感染者和艾滋病病人时，应当按照出入境口岸卫生检疫信息报告的相关规定报告疫情。

疫情信息应当在6小时内通过卫生检疫信息管理系统进行报告。

第十七条 检验检疫机构应当按照有关法律法规的规定及时向当地卫生行政部门通报口岸艾滋病疫情信息。

第十八条 检验检疫机构应当对检出的艾滋病病毒感染者、艾滋病病人进行流行病学调查，提供艾滋病防治咨询服务。艾滋病病毒感染者、艾滋病病人应当配合检验检疫机构的调查工作并接受相应的医学指导。

第十九条 检验检疫机构为掌握或者控制艾滋病疫情进行相关调查时，被调查单位和个人必须提供真实信息，不得隐瞒或者编造虚假信息。

未经本人或者其监护人同意，检验检疫机构及其工作人员不得公开艾滋病病毒感染者、艾滋病病人的相关信息。

第二十条 检验检疫机构应当对有证据证明可能被艾滋病病毒污染的物品，进行封存、检验或者消毒。经检验，属于被艾滋病病毒污染的物品，应当进行卫生处理或者予以销毁。

第五章　保障措施

第二十一条　口岸艾滋病预防控制经费由国家质检总局纳入预算，设立检验检疫机构艾滋病防治专项经费项目，用于艾滋病实验室建设及口岸艾滋病的预防控制工作。

第二十二条　检验检疫机构负责所辖口岸艾滋病预防控制专业队伍建设，配备合格的专业人员，开展专业技能的培训。

第二十三条　艾滋病预防控制资金要保证专款专用，提高资金使用效益，严禁截留或者挪作他用。

第六章　法律责任

第二十四条　任何单位和个人违反本办法规定，不配合检验检疫机构进行艾滋病疫情调查和控制的，检验检疫机构应当责令其改正；情节严重的，根据《中华人民共和国国境卫生检疫法》及其实施细则的有关规定予以处罚；构成犯罪的，依法追究刑事责任。

第二十五条　检验检疫机构未依照本办法的规定履行艾滋病预防控制管理和监督保障职责的，根据《艾滋病防治条例》的有关规定，由上级机关责令改正，通报批评。

第二十六条　检验检疫机构工作人员违反本办法规定有下列情形，造成艾滋病传播、流行以及其他严重后果的，由其所在单位依法给予行政处分；构成犯罪的，依法追究刑事责任：

（一）未依法履行艾滋病疫情监测、报告、通报或者公布职责，或者隐瞒、谎报、缓报和漏报艾滋病疫情的；

（二）发生或者可能发生艾滋病传播时未及时采取预防控制措施的；

（三）未依法履行监督检查职责，发现违法行为不及时查处的；

（四）未按照技术规范和要求进行艾滋病病毒相关检测的；

（五）故意泄露艾滋病病毒感染者、艾滋病病人涉及个人隐私的有关信息、资料的；

（六）其他失职、渎职行为。

第七章　附　则

第二十七条　本办法由国家质检总局负责解释。

第二十八条　本办法自2007年12月1日起施行。此前规定与本办法不一致的，以本办法为准。

中华人民共和国国家质量监督检验检疫总局令第97号

《进口商品残损检验鉴定管理办法》已经2007年5月30日国家质量监督检验检疫总局局务会议审议通过，现予公布，自2007年10月1日起施行。

局长 李长江
二〇〇七年七月六日

进口商品残损检验鉴定管理办法

第一章 总 则

第一条 为加强进口商品残损检验鉴定工作，规范检验检疫机构和社会各类检验机构进口商品残损检验鉴定行为，维护社会公共利益和进口贸易有关各方的合法权益，促进对外贸易的顺利发展，根据《中华人民共和国进出口商品检验法》及其实施条例，以及其他相关法律、行政法规的规定，制订本办法。

第二条 本办法适用于中华人民共和国境内的进口商品残损检验鉴定活动。

第三条 国家质量监督检验检疫总局（以下简称国家质检总局）主管全国进口商品残损检验鉴定工作，国家质检总局设在各地的出入境检验检疫机构（以下简称检验检疫机构）负责所辖地区的进口商品残损检验鉴定及其监督管理工作。

第四条 检验检疫机构负责对法定检验进口商品的残损检验鉴定工作。法检商品以外的其他进口商品发生残损需要进行残损检验鉴定的，对外贸易关系人可以向检验检疫机构申请残损检验鉴定，也可以向经国家质检总局许可的检验机构申请残损检验鉴定。

国家质检总局和各地检验检疫机构对检验机构的残损检验鉴定行为进行监督管理。

第五条 检验检疫机构根据需要对有残损的下列进口商品实施残损检验鉴定：

（一）列入检验检疫机构必须实施检验检疫的进出境商品目录内的进口商品；

（二）法定检验以外的进口商品的收货人或者其他贸易关系人，发现进口商品质量不合格或者残损、短缺，申请出证的；

（三）进口的危险品、废旧物品；

（四）实行验证管理、配额管理，并需由检验检疫机构检验的进口商品；

（五）涉嫌有欺诈行为的进口商品；

（六）收货人或者其他贸易关系人需要检验检疫机构出证索赔的进口商品；

（七）双边、多边协议协定、国际条约规定，或国际组织委托、指定的进口商品；

（八）相关法律、行政法规规定须经检验检疫机构检验的其他进口商品。

第二章 申 报

第六条 法定检验进口商品发生残损需要实施残损检验鉴定的，收货人应当向检验检疫机构申请残损检验鉴定；法定检验以外的进口商品发生残损需要实施残损检验鉴定的，收货人或者其他贸易关系人可以向检验检疫机构或者经国家质检总局许可的检验机构申请残损检验鉴定。

第七条 进口商品的收货人或者其他贸易关系人可以自行向检验检疫机构申请残损检验鉴定，也可以委托经检验检疫机构注册登记的代理报检企业办理申请手续。

第八条 需由检验检疫机构实施残损检验鉴定的进口商品,申请人应当在检验检疫机构规定的地点和期限内办理残损检验申请手续。

第九条 进口商品发生残损或者可能发生残损需要进行残损检验鉴定的,进口商品的收货人或者其他贸易关系人应当向进口商品卸货口岸所在地检验检疫机构申请残损检验鉴定。

进口商品在运抵进口卸货口岸前已发现残损或者其运载工具在装运期间存在、遭遇或者出现不良因素而可能使商品残损、灭失的,进口商品收货人或者其他贸易关系人应当在进口商品抵达进口卸货口岸前申请,最迟应当于船舱或者集装箱的拆封、开舱、开箱前申请。

进口商品在卸货中发现或者发生残损的,应当停止卸货并立即申请。

第十条 进口商品发生残损需要对外索赔出证的,进口商品的收货人或者其他贸易关系人应当在索赔有效期届满20日前申请。

第十一条 需由检验检疫机构实施残损检验鉴定的进口商品,收货人或者其他贸易关系人应当保护商品及其包装物料的残损现场现状,将残损商品合理分卸分放、收集地脚,妥善保管;对易扩大损失的残损商品或者正在发生的残损事故,应当及时采取有效施救措施,中止事故和防止残损扩大。

第十二条 收货人或者其他贸易关系人在办理进口商品残损检验鉴定申请手续时,还应当根据实际情况并结合国际通行做法向检验检疫机构申请下列检验项目:

(一)监装监卸;
(二)船舱或集装箱检验;
(三)集装箱拆箱过程检验;
(四)其他相关的检验项目。

第三章 检验鉴定

第十三条 检验检疫机构按国家技术规范的强制性要求实施残损检验鉴定。尚未制订规范、标准的可以参照国外有关技术规范、标准检验。

第十四条 进口商品有下列情形的,应当在卸货口岸实施检验鉴定:

(一)散装进口的商品有残损的;
(二)商品包装或商品外表有残损的;
(三)承载进口商品的集装箱有破损的。

第十五条 进口商品有下列情形的,应当转单至商品到达地实施检验鉴定:

(一)国家规定必须迅速运离口岸的;
(二)打开包装检验后难以恢复原状或难以装卸运输的;
(三)需在安装调试或使用中确定其致损原因、损失程度、损失数量和损失价值的;
(四)商品包装和商品外表无明显残损,需在安装调试或使用中进一步检验的。

第十六条 检验检疫机构在实施残损检验鉴定时,发现申请项目的实际状况与检验技术规范、标准的要求不符,影响检验正常进行或者检验结果的准确性,应当及时通知收货人或者其他贸易关系人;收货人或者其他贸易关系人应当配合检验检疫工作。

第十七条 检验检疫机构在实施残损检验鉴定过程中,收货人或者其他贸易关系人应当采取有效措施保证现场条件和状况,符合检验技术规范、标准的要求。

检验检疫机构未依法作出处理意见之前,任何单位和个人不得擅自处理。

如果现场条件和状况不符合本办法规定或检验技术标准、规范要求,检验检疫机构可以暂停检验鉴定,责成收货人或者其他贸易关系人及时采取有效措施,确保检验顺利进行。

第十八条 涉及人身财产安全、卫生、健康、环境保护的残损的进口商品申请残损检验鉴定后,申请人和有关各方应当按检验检疫机构的要求,分卸分放、封存保管和妥善处置。

第十九条 对涉及人身财产安全、卫生、健康、环境保护等项目不合格的发生残损的进口商品,检验检疫机构责令退货或者销毁的，收货人或者其他贸易关系人应当按照规定向海关办理退运手续，或者实施销毁，并将处理情况报作出决定的检验检疫机构。

第二十条 检验检疫机构实施残损检验鉴定应当实施现场勘查，并进行记录、拍照或录音、录像。有关单位和个人应当予以配合，并在记录上签字确认，如有意见分歧，应当备注。

第四章 监督管理

第二十一条 国家质检总局及各地检验检疫机构依法对在境内设立的各类进出口商品检验机构和在境内从事涉及进口商品残损检验鉴定的机构、人员及活动实行监督管理。

第二十二条 未经国家质检总局的许可，任何机构和个人不得在境内从事进口商品残损检验鉴定活动。

第二十三条 已经国家质检总局许可的境内外各类检验机构必须在许可的范围内，接受对外经济贸易关系人的委托办理进口商品的残损检验鉴定；其现场检验人员应当随身带有国家质检总局对其机构、人员资格许可的有关证件并接受检验检疫机构的检查。对无证从事检验鉴定活动的人员，检验检疫机构可责令其离开现场并作相应的处理。

上述各检验机构应当遵守法律、行政法规的规定，接受国家质检总局及各地检验检疫机构的监督管理和对其违法违规活动的查处。

第五章 附　则

第二十四条 收货人或者其他贸易关系人对检验检疫机构的残损检验鉴定结果有异议的，可以在规定的期限内向作出检验鉴定结果的检验检疫机构或者其上级检验检疫机构以至国家质检总局申请复验，同时应当保留现场和货物现状。受理复验的检验检疫机构或国家质检总局应当按照有关复验的规定作出复验结论。

当事人对检验检疫机构、国家质检总局作出的复验结论不服的，可以依法申请行政复议，也可以依法向人民法院提起诉讼。

第二十五条 当事人对所委托的其他检验机构的残损检验鉴定结果有异议的，可以向当地检验检疫机构投诉，同时应当保留现场和货物现状。

第二十六条 各地检验检疫机构以及经国家质检总局许可的检验机构及其工作人员应当遵守本办法的规定。

对违反本办法规定的，国家质检总局和各地检验检疫机构应当按照《中华人民共和国进出口商品检验法》及其实施条例的规定对有关责任人进行处罚。

第二十七条 检验检疫机构依法实施残损检验鉴定，按照国家有关规定收取费用。

第二十八条 本办法所称其他贸易关系人，是指除进口商品收货人之外的进口商、代理报检企业、承运人、仓储单位、装卸单位、货运代理以及其他与进口商品残损检验鉴定相关的单位和个人。

第二十九条 本办法由国家质检总局负责解释。

第三十条 本办法自2007年10月1日起施行，1989年7月8日原国家进出口商品检验局发布的《海运进出口商品残损鉴定办法》同时废止。

中华人民共和国国家质量监督检验检疫总局令第99号

《出境水生动物检验检疫监督管理办法》已经2007年7月24日国家质量监督检验检疫总局局务会议审议通过，现予公布，自2007年10月1日起施行。

局　长　李长江
二〇〇七年八月二十七日

出境水生动物检验检疫监督管理办法

第一章　总　则

第一条　为了规范出境水生动物检验检疫工作，提高出境水生动物安全卫生质量，根据《中华人民共和国进出境动植物检疫法》及其实施条例、《中华人民共和国进出口商品检验法》及其实施条例、《中华人民共和国食品卫生法》、《中华人民共和国农产品质量安全法》、《国务院关于加强食品等产品安全监督管理的特别规定》等法律法规规定，制定本办法。

第二条　本办法适用于对养殖和野生捕捞出境水生动物的检验检疫和监督管理。从事出境水生动物养殖、捕捞、中转、包装、运输、贸易应当遵守本办法。

第三条　国家质量监督检验检疫总局（以下简称国家质检总局）主管全国出境水生动物的检验检疫和监督管理工作。

国家质检总局设在各地的出入境检验检疫机构（以下简称检验检疫机构）负责所辖区域出境水生动物的检验检疫和监督管理工作。

第四条　国家质检总局对出境水生动物养殖场、中转场实施注册登记制度。

第二章　注册登记

第一节　注册登记条件

第五条　出境水生动物养殖场、中转场申请注册登记应当符合下列条件：

（一）周边和场内卫生环境良好，无工业、生活垃圾等污染源和水产品加工厂，场区布局合理，分区科学，有明确的标识；

（二）养殖用水符合国家渔业水质标准，具有政府主管部门或者检验检疫机构出具的有效水质监测或者检测报告；

（三）具有符合检验检疫要求的养殖、包装、防疫、饲料和药物存放等设施、设备和材料；

（四）具有符合检验检疫要求的养殖、包装、防疫、饲料和药物存放及使用、废弃物和废水处理、人员管理、引进水生动物等专项管理制度；

（五）配备有养殖、防疫方面的专业技术人员，有从业人员培训计划，从业人员持有健康证明；

（六）中转场的场区面积、中转能力应当与出口数量相适应。

第六条　出境食用水生动物非开放性水域养殖场、中转场申请注册登记除符合本办法**第五条**规定的条件外，还应当符合下列条件：

（一）具有与外部环境隔离或者限制无关人员和动物自由进出的设施，如隔离墙、网、栅栏等；

(二)养殖场养殖水面应当具备一定规模,一般水泥池养殖面积不少于20亩,土池养殖面积不少于100亩;
(三)养殖场具有独立的引进水生动物的隔离池;各养殖池具有独立的进水和排水渠道;养殖场的进水和排水渠道分设。

第七条 出境食用水生动物开放性水域养殖场、中转场申请注册登记除符合本办法**第五条**规定的条件外,还应当符合下列条件:
(一)养殖、中转、包装区域无规定的水生动物疫病;
(二)养殖场养殖水域面积不少于500亩,网箱养殖的网箱数一般不少于20个。

第八条 出境观赏用和种用水生动物养殖场、中转场申请注册登记除符合本办法**第五条**规定的条件外,还应当符合下列条件:
(一)场区位于水生动物疫病的非疫区,过去2年内没有发生国际动物卫生组织(OIE)规定应当通报和农业部规定应当上报的水生动物疾病;
(二)养殖场具有独立的引进水生动物的隔离池和水生动物出口前的隔离养殖池,各养殖池具有独立的进水和排水渠道。养殖场的进水和排水渠道分设;
(三)具有与外部环境隔离或者限制无关人员和动物自由进出的设施,如隔离墙、网、栅栏等;
(四)养殖场面积水泥池养殖面积不少于20亩,土池养殖面积不少于100亩;
(五)出口淡水水生动物的包装用水必须符合饮用水标准;出口海水水生动物的包装用水必须清洁、透明并经有效消毒处理;
(六)养殖场有自繁自养能力,并有与养殖规模相适应的种用水生动物;
(七)不得养殖食用水生动物。

第二节 注册登记申请

第九条 出境水生动物养殖场、中转场应当向所在地直属检验检疫局申请注册登记,并提交下列材料(一式3份):
(一)注册登记申请表;
(二)工商营业执照(复印件);
(三)养殖许可证或者海域使用证(不适用于中转场);
(四)场区平面示意图及彩色照片(包括场区全貌、场区大门、养殖池及其编号、药品库、饲料库、包装场所等);
(五)水生动物卫生防疫和疫情报告制度;
(六)从场外引进水生动物的管理制度;
(七)养殖、药物使用、饲料使用、包装物料管理制度;
(八)经检验检疫机构确认的水质检测报告;
(九)专业人员资质证明;
(十)废弃物、废水处理程序;
(十一)进口国家或者地区对水生动物疾病有明确检测要求的,需提供有关检测报告。

第十条 直属检验检疫局应当对申请材料及时进行审查,根据下列情况在5日内作出受理或者不予受理决定,并书面通知申请人:
(一)申请材料存在可以当场更正的错误的,允许申请人当场更正;
(二)申请材料不齐全或者不符合法定形式的,应当当场或者在5日内一次书面告知申请人需要补正的全部内容,逾期不告知的,自收到申请材料之日起即为受理;
(三)申请材料齐全、符合法定形式或者申请人按照要求提交全部补正申请材料的,应当受理申请。

第十一条 每一注册登记养殖场或者中转包装场使用一个注册登记编号。
同一企业所有的不同地点的养殖场或者中转场应当分别申请注册登记。

第三节 注册登记审查与决定

第十二条 直属检验检疫局应当在受理申请后5日内组成评审组,对申请注册登记的养殖场或者中转场进行现场评审。

第十三条 评审组应当在现场评审结束后5日内向直属检验检疫局提交评审报告。

第十四条 直属检验检疫局收到评审报告后,应当在10日内分别做出下列决定:

(一)经评审合格的,予以注册登记,颁发《出境水生动物养殖场/中转场检验检疫注册登记证》(以下简称《注册登记证》),并上报国家质检总局;

(二)经评审不合格的,出具《出境水生动物养殖场/中转场检验检疫注册登记未获批准通知书》。

第十五条 进口国家或者地区有注册登记要求的,直属检验检疫局评审合格后,报国家质检总局,由国家质检总局统一向进口国家或者地区政府主管部门推荐并办理有关手续。进口国家或者地区政府主管部门确认后,注册登记生效。

第十六条 《注册登记证》自颁发之日起生效,有效期5年。

经注册登记的养殖场或者中转场的注册登记编号专场专用。

第四节 注册登记变更与延续

第十七条 出境水生动物养殖场、中转场变更企业名称、法定代表人、养殖品种、养殖能力等的,应当在30日内向所在地直属检验检疫局提出书面申请,填写《出境水生动物养殖场/中转包装场检验检疫注册登记申请表》,并提交与变更内容相关的资料(一式3份)。

变更养殖品种或者养殖能力的,由直属检验检疫局审核有关资料并组织现场评审,评审合格后,办理变更手续。

养殖场或者中转场迁址的,应当重新向检验检疫机构申请办理注册登记手续。

因停产、转产、倒闭等原因不再从事出境水生动物业务的注册登记养殖场、中转场,应当向所在地检验检疫机构办理注销手续。

第十八条 获得注册登记的出境水生动物养殖场、中转包装场需要延续注册登记有效期的,应当在有效期届满30日前按照本办法规定提出申请。

第十九条 直属检验检疫局应当在完成注册登记、变更或者注销工作后30日内,将辖区内相关信息上报国家质检总局备案。

第三章 检验检疫

第二十条 检验检疫机构按照下列依据对出境水生动物实施检验检疫:

(一)中国法律法规规定的检验检疫要求、强制性标准;

(二)双边检验检疫协议、议定书、备忘录;

(三)进口国家或者地区的检验检疫要求;

(四)贸易合同或者信用证中注明的检验检疫要求。

第二十一条 出境野生捕捞水生动物的货主或者其代理人应当在水生动物出境3天前向出境口岸检验检疫机构报检,并提供下列资料:

(一)所在地县级以上渔业主管部门出具的捕捞船舶登记证和捕捞许可证;

(二)捕捞渔船与出口企业的供货协议(含捕捞船只负责人签字);

(三)检验检疫机构规定的其它材料。

进口国家或者地区对捕捞海域有特定要求的,报检时应当申明捕捞海域。

第二十二条 出境养殖水生动物的货主或者其代理人应当在水生动物出境7天前向注册登记养殖场、中转场所在地检验检疫机构报检,报检时应当提供《注册登记证》(复印件)等单证,并按照检验检疫报检规定提交相关材料。

不能提供《注册登记证》的,检验检疫机构不予受理报检。

第二十三条 除捕捞后直接出口的野生捕捞水生动物外,出境水生动物必须来自注册登记养殖场或者中转场。

注册登记养殖场、中转场应当保证其出境水生动物符合进口国或者地区的标准或者合同要求,并出具《出境水生动物供货证明》。

中转场凭注册登记养殖场出具的《出境水生动物供货证明》接收水生动物。

第二十四条 产地检验检疫机构受理报检后,应当查验注册登记养殖场或者中转场出具的《出境水生动物供货证明》,根据疫病和有毒有害物质监控结果、日常监管记录、企业分类管理等情况,对出境养殖水生动物进行检验检疫。

第二十五条 经检验检疫合格的,检验检疫机构对装载容器或者运输工具加施检验检疫封识,出具《出境货物换证凭单》或者《出境货物通关单》,并按照进口国家或者地区的要求出具《动物卫生证书》。

检验检疫机构根据企业分类管理情况对出口水生动物实施不定期监装。

第二十六条 出境水生动物用水、冰、铺垫和包装材料、装载容器、运输工具、设备应当符合国家有关规定、标准和进口国家或者地区的要求。

第二十七条 出境养殖水生动物外包装或者装载容器上应当标注出口企业全称、注册登记养殖场和中转场名称和注册登记编号、出境水生动物的品名、数(重)量、规格等内容。来自不同注册登记养殖场的水生动物,应当分开包装。

第二十八条 经检验检疫合格的出境水生动物,不更换原包装异地出口的,经离境口岸检验检疫机构现场查验,货证相符、封识完好的准予放行;

需在离境口岸换水、加冰、充氧、接驳更换运输工具的,应当在离境口岸检验检疫机构监督下,在检验检疫机构指定的场所进行,并在加施封识后准予放行;

出境水生动物运输途中需换水、加冰、充氧的,应当在检验检疫机构指定的场所进行。

第二十九条 产地检验检疫机构与口岸检验检疫机构应当及时交流出境水生动物信息,对在检验检疫过程中发现疫病或者其他卫生安全问题,应当采取相应措施,并及时上报国家质检总局。

第四章 监督管理

第三十条 检验检疫机构对辖区内取得注册登记的出境水生动物养殖场、中转场实行日常监督管理和年度审查制度。

第三十一条 国家质检总局负责制定出境水生动物疫病和有毒有害物质监控计划。

直属检验检疫局根据监控计划制定实施方案,上报年度监控报告。

取得注册登记的出境水生动物养殖场、中转场应当建立自检自控体系,并对其出口水生动物的安全卫生质量负责。

第三十二条 取得注册登记的出境水生动物养殖场、中转场应当建立完善的养殖生产和中转包装记录档案,如实填写《出境水生动物养殖场/中转场检验检疫监管手册》,详细记录生产过程中水质监测、水生动物的引进、疫病发生、药物和饲料的采购及使用情况,以及每批水生动物的投苗、转池/塘、网箱分流、用药、用料、出场等情况,并存档备查。

第三十三条 养殖、捕捞器具等应当定期消毒。运载水生动物的容器、用水、运输工具应当保持清洁,并符合动物防疫要求。

第三十四条 取得注册登记的出境水生动物养殖场、中转场应当遵守国家有关药物管理规定,不得存放、使用我国和进口国家或者地区禁止使用的药物;对允许使用的药物,遵守药物使用和停药期的规定。

中转、包装、运输期间,食用水生动物不得饲喂和用药,使用的消毒药物应当符合国家有关规定。

第三十五条 出境食用水生动物饲用饲料应当符合下列规定:

（一）国家质检总局《出境食用动物饲用饲料检验检疫管理办法》；
（二）进口国家或者地区的要求；
（三）我国其它有关规定。

鲜活饵料不得来自水生动物疫区或者污染水域，且须经检验检疫机构认可的方法进行检疫处理，不得含有我国和进口国家或者地区政府规定禁止使用的药物。

观赏和种用水生动物禁止饲喂同类水生动物（含卵和幼体）鲜活饵料。

第三十六条 取得注册登记的出境水生动物养殖场应当建立引进水生动物的安全评价制度。

引进水生动物应当取得所在地检验检疫机构批准。

引进水生动物应当隔离养殖30天以上，根据安全评价结果，对疫病或者相关禁用药物残留进行检测，经检验检疫合格后方可投入正常生产。

引进的食用水生动物，在注册登记养殖场养殖时间需达到该品种水生动物生长周期的三分之一且不少于2个月，方可出口。

出境水生动物的中转包装期一般不超过3天。

第三十七条 取得注册登记的出境水生动物养殖场、中转场发生国际动物卫生组织(OIE)规定需要通报或者农业部规定需要上报的重大水生动物疫情时，应当立即启动有关应急预案，采取紧急控制和预防措施并按照规定上报。

第三十八条 检验检疫机构对辖区内注册登记的养殖场和中转场实施日常监督管理的内容包括：
（一）环境卫生；
（二）疫病控制；
（三）有毒有害物质自检自控；
（四）引种、投苗、繁殖、生产养殖；
（五）饲料、饵料使用及管理；
（六）药物使用及管理；
（七）给、排水系统及水质；
（八）发病水生动物隔离处理；
（九）死亡水生动物及废弃物无害化处理；
（十）包装物、铺垫材料、生产用具、运输工具、运输用水或者冰的安全卫生；
（十一）《出口水生动物注册登记养殖场/中转场检验检疫监管手册》记录情况。

第三十九条 检验检疫机构每年对辖区内注册登记的养殖场和中转场实施年审，年审合格的在《注册登记证》上加注年审合格记录。

第四十条 检验检疫机构应当给注册登记养殖场、中转场、捕捞、运输和贸易企业建立诚信档案。根据上一年度的疫病和有毒有害物质监控、日常监督、年度审核和检验检疫情况，建立良好记录企业名单和不良记录企业名单，对相关企业实行分类管理。

第四十一条 从事出境水生动物捕捞、中转、包装、养殖、运输和贸易的企业有下列情形之一的，检验检疫机构可以要求其限期整改，必要时可以暂停受理报检：
（一）出境水生动物被国内外检验检疫机构检出疫病、有毒有害物质或者其他安全卫生质量问题的；
（二）未经检验检疫机构同意擅自引进水生动物或者引进种用水生动物未按照规定期限实施隔离养殖的；
（三）未按照本办法规定办理注册登记变更或者注销手续的；
（四）年审中发现不合格项的。

第四十二条 注册登记养殖场、中转场有下列情形之一的，检验检疫机构应当注销其相关注册登记：
（一）注册登记有效期届满，未按照规定办理延续手续的；
（二）企业依法终止或者因停产、转产、倒闭等原因不再从事出境水生动物业务的；
（三）注册登记依法被撤销、撤回或者《注册登记证》被依法吊销的；
（四）年审不合格且在限期内整改不合格的；
（五）一年内没有水生动物出境的；

（六）因不可抗力导致注册登记事项无法实施的；
（七）检验检疫法律、法规规定的应当注销注册登记的其他情形。

第五章 法律责任

第四十三条 从事出境水生动物捕捞、养殖、中转、包装、运输和贸易的企业有下列情形之一的，由检验检疫机构处三万元以下罚款，情节严重的，吊销其注册登记证书：

（一）发生应该上报的疫情隐瞒不报的；
（二）在检验检疫机构指定的场所之外换水、充氧、加冰、改变包装或者接驳更换运输工具的；
（三）人为损毁检验检疫封识的；
（四）存放我国或者进口国家或者地区禁止使用的药物的；
（五）拒不接受检验检疫机构监督管理的。

第四十四条 从事出境水生动物捕捞、养殖、中转、包装、运输和贸易的企业有下列情形之一的，由检验检疫机构按照《国务院关于加强食品等产品安全监督管理的特别规定》予以处罚。

（一）以非注册登记养殖场水生动物冒充注册登记养殖场水生动物的；
（二）以养殖水生动物冒充野生捕捞水生动物的；
（三）提供、使用虚假《出境水生动物供货证明》的；
（四）违法使用饲料、饵料、药物、养殖用水及其它农业投入品的；
（五）有其它逃避检验检疫或者弄虚作假行为的。

第四十五条 检验检疫机构工作人员滥用职权，故意刁难，徇私舞弊，伪造检验结果，或者玩忽职守，延误检验出证，依法给予行政处分；构成犯罪的，依法追究刑事责任。

第六章 附 则

第四十六条 本办法下列用语的含义是：
水生动物：指活的鱼类、软体类、甲壳类及其它在水中生活的无脊椎动物等，包括其繁殖用的精液、卵、受精卵。
养殖场：指水生动物的孵化、育苗、养殖场所。
中转场：指用于水生动物出境前短期集中、存放、分类、加工整理、包装等用途的场所。

第四十七条 出境龟、鳖、蛇、蛙、鳄鱼等两栖和爬行类动物的检验检疫和监督管理参照本办法执行。

第四十八条 本办法由国家质检总局负责解释。

第四十九条 本办法自2007年10月1日起施行。原国家出入境检验验检疫局1999年11月24日发布的《出口观赏鱼检疫管理办法》，国家质检总局2001年12月4日发布的《供港澳食用水生动物检验检疫管理办法》自施行之日起废止。

中华人民共和国国家质量监督检验检疫总局令第103号

《进出口商品数量重量检验鉴定管理办法》已经2007年7月24日国家质量监督检验检疫总局局务会议审议通过，现予公布，自2007年10月1日起施行。

局长　李长江
二〇〇七年八月二十七日

进出口商品数量重量检验鉴定管理办法

第一章 总 则

第一条 为加强进出口商品数量、重量检验鉴定工作，规范出入境检验检疫机构（以下简称检验检疫机构）及社会各类检验机构进出口商品数量、重量检验鉴定行为，维护社会公共利益和进出口贸易有关各方的合法权益，促进对外经济贸易关系的顺利发展，根据《中华人民共和国进出口商品检验法》（以下简称《商检法》）及其实施条例，以及其它相关法律、行政法规的规定，制订本办法。

第二条 本办法适用于中华人民共和国境内的进出口商品数量、重量检验鉴定活动。

第三条 国家质量监督检验检疫总局（以下简称国家质检总局）主管全国进出口商品数量、重量检验鉴定管理工作。

国家质检总局设在各地的出入境检验检疫机构（以下简称检验检疫机构）负责所辖地区的进出口商品数量、重量检验鉴定及其监督管理工作。

第四条 检验检疫机构实施数量、重量检验的范围是：

（一）列入检验检疫机构实施检验检疫的进出境商品目录内的进出口商品；

（二）法律、行政法规规定必须经检验检疫机构检验的其它进出口商品；

（三）进出口危险品和废旧物品；

（四）实行验证管理、配额管理，并需由检验检疫机构检验的进出口商品；

（五）涉嫌有欺诈行为的进出口商品；

（六）双边、多边协议协定、国际条约规定，或者国际组织委托、指定的进出口商品；

（七）国际政府间协定规定，或者国内外司法机构、仲裁机构和国际组织委托、指定的进出口商品。

第五条 检验检疫机构根据国家规定对上述规定以外的进出口商品的数量、重量实施抽查检验。

第二章 报 检

第六条 需由检验检疫机构实施数量、重量检验的进出口商品，收发货人或者其代理人应当在检验检疫机构规定的地点和期限内办理报检手续。

第七条 进口商品数量、重量检验的报检手续，应当在卸货前向海关报关地的检验检疫机构办理。

第八条 散装出口商品数量、重量检验的报检手续，应当在规定的期限内向装货口岸检验检疫机构办理。

包（件）装出口商品数量、重量检验的报检手续，应当在规定的期限内向商品生产地检验检疫机构办理。需要在口岸换证出口的，由商品生产地的检验检疫机构按照规定签发包括数量、重量在内的出境货物换证凭单，发货人应当在规定的期限内持换证凭单和必要的凭证向出口口岸检验检疫机构申请查验，经查验合格的，由口岸检验检疫机构签发包括数量、重量在内的货物通关单或者证书。

对于批次或者标记不清、包装不良，或者在到达出口口岸前的运输中数量、重量发生变化的商品，收发货人应当在出口口岸重新申报数量、重量检验。

第九条 以数量交接计价的进出口商品，收发货人应当申报数量检验项目。对数量有明确要求或者需以件数推算全批重量的进出口商品，在申报重量检验项目的同时，收发货人应当申报数量检验项目。

第十条 以重量交接计价的进出口商品，收发货人应当申报重量检验项目。对按照公量或者干量计价交接或者含水率有明确规定的进出口商品，在申报数量、重量检验时，收发货人应当同时申报水分检测项目。

进出口商品数量、重量检验中需要使用密度（比重）进行计重的，收发货人应当同时申报密度（比重）检测项目。

船运进口散装液体商品在申报船舱计重时，收发货人应当同时申报干舱鉴定项目。

第十一条 收发货人在办理进出口商品数量、重量检验报检手续时，应当根据实际情况并结合国际通行做法向检验检疫机构申请下列检验项目：

（一）衡器鉴重；

（二）水尺计重；

（三）容器计重：分别有船舱计重、岸罐计重、槽罐计重三种方式；

（四）流量计重；

（五）其它相关的检验项目。

第十二条 进出口商品有下列情形之一的，报检人应当同时申报船舱计重、水尺计重、封识、监装监卸等项目：

（一）海运或陆运进口的散装商品需要运离口岸进行岸罐计重或衡器鉴重，并依据其结果出证的；

（二）海运或陆运出口的散装商品进行岸罐计重或衡器鉴重后需要运离检验地装运出口，并以岸罐计重或衡器鉴重结果出证的。

第十三条 收发货人或其代理报检企业在报检时所缺少的单证资料，应当在检验检疫机构规定的期限内补交。

第三章 检 验

第十四条 进口商品应当在收货人报检时申报的目的地检验。大宗散装商品、易腐烂变质商品、可用作原料的固体废物以及已发生残损、短缺的进口商品，应当在卸货口岸实施数量、重量检验。

出口商品应当在商品生产地实施数量、重量检验。散装出口商品应当在装货口岸实施数量、重量检验。

第十五条 检验检疫机构按照国家技术规范的强制性要求实施数量、重量检验。尚未制订技术规范、标准的，检验检疫机构可以参照国家质检总局指定的有关标准检验。

第十六条 检验检疫机构在实施数量、重量检验时，发现报检项目的实际状况与检验技术规范、标准的要求不符，影响检验正常进行或检验结果的准确性，应当及时通知报检人；报检人应当配合检验检疫机构工作，并在规定的期限内改报或增报检验项目。

第十七条 检验检疫机构实施数量、重量现场检验的条件应当符合检验技术规范、标准的要求。

收发货人、有关单位和个人应当采取有效措施，提供符合检验技术规范、标准要求的条件和必要的设备。

收发货人、有关单位和个人未及时提供必要的条件和设备，检验检疫机构应当责成其及时采取有效措施，确保检验顺利进行；对不具备检验条件，可能影响检验结果准确性的，不得实施检验。

第十八条 检验检疫机构实施衡器鉴重的方式包括全部衡重、抽样衡重、监督衡重和抽查复衡。

第十九条 固体散装物料或不定重包装且不逐件标明重量的进出口商品可以采用全部衡重的检验方式；对裸装件或不定重包装且逐件标明重量的包装件应当逐件衡重并核对报检人提交的原发货重量明细单。

对定重包装件可以全部衡重或按照有关的检验鉴定技术规范、标准，抽取一定数量的包装件衡重后以每件平均净重结合数量检验结果推算全批净重。

第二十条 以公量、干量交接计价或对含水率有明确规定的进出口商品，检验检疫机构在检验数量、重量的同时应当抽取样品检测水分。

检验中发现有异常水的，检验检疫机构应当责成有关单位及时采取有效措施，确保检验的顺利进行。

第二十一条　报检人提供用于进出口商品数量、重量检验的各类衡器计重系统、流量计重系统、船舶及其计量货舱、计量油罐槽罐及相关设施、计算机处理系统、相关图表、数据资料必须符合有关的技术规范、标准要求；用于数量、重量检验的各类计量器具，应当依法经检定合格并在有效期内方可使用。

第二十二条　进出口商品的装卸货单位在装卸货过程中应当落实防漏撒措施和收集地脚；对有残损的，应当合理分卸分放。

第二十三条　检验检疫机构实施数量、重量检验时应当记录，可以拍照、录音或录像。有关单位和个人应当予以配合，并在记录上签字确认，如有意见分歧，应当备注或共同签署备忘录。

第二十四条　承担进口接用货或出口备发货的单位的计重器具、设施、管理措施以及接发货过程应当接受检验检疫机构的监督管理和检查，并在检验检疫机构规定的期限内对影响检验鉴定工作及其结果准确性的因素进行整改。

第四章　监督管理

第二十五条　国家质检总局及各地检验检疫机构依法对在境内设立的各类进出口商品检验机构和在境内从事涉及进出口商品数量、重量检验的机构、人员及活动实施监督管理。

第二十六条　检验机构从事进出口商品数量、重量鉴定活动，应当依法经国家质检总局许可。未经许可的，任何机构或个人不得在境内从事进出口商品数量、重量鉴定活动。

第二十七条　已经国家质检总局许可的境内外各类检验鉴定机构必须在许可的范围内接受对外经济贸易关系人的委托，办理进出口商品的数量、重量鉴定；其现场鉴定人员应当随身携带国家质检总局对其机构、人员资格许可的有关证件并接受检验检疫机构的检查。

对无证从事鉴定活动的人员，检验检疫机构可以责令其离开现场并做相应的处理。

第五章　法律责任

第二十八条　擅自破坏进出口商品数量、重量检验现场条件或者进出口商品，影响检验结果的，由检验检疫机构责令改正，并处3万元以下罚款。

第二十九条　违反本办法规定，未经国家质检总局许可，擅自从事进出口商品检验鉴定业务的，由检验检疫机构责令停止非法经营，没收违法所得，并处违法所得一倍以上三倍以下的罚款。

从事进出口商品检验鉴定业务的检验机构超出其业务范围的，或者违反国家有关规定，扰乱检验鉴定秩序的，由检验检疫机构责令改正，没收违法所得，可以并处10万元以下的罚款，国家质检总局或者检验检疫机构可以暂停其6个月以内检验鉴定业务；情节严重的，由国家质检总局吊销其检验鉴定资格证书。

第三十条　检验机构鉴定人员进行现场鉴定时未携带有关证件的，由检验检疫机构给予警告，并责令其离开现场。

检验机构指派无证人员从事鉴定工作的，由检验检疫机构处3万元以下罚款。

第三十一条　检验检疫机构的工作人员滥用职权，故意刁难当事人的，徇私舞弊，伪造检验结果的，或者玩忽职守，延误检验出证的，依法给予行政处分；构成犯罪的，依法追究刑事责任。

第六章　附　则

第三十二条　本办法下列用语的含义：

公量，是指商品在衡重和化验水分含量后，折算到规定回潮率（标准回潮率）或者规定含水率时的净重（以公量结算的商品主要有棉花、羊毛、生丝和化纤等，这些商品容易吸潮，价格高）。

干量，是指商品的干态重量，商品实际计得的湿态重量扣去按照实测含水率计得的水分后得到的即商品的干态重量（以干量结算的商品主要有贵重的矿产品等）。

岸罐计重，是指以经过国家合法的计量检定部门检定合格的罐式容器（船舱除外）为工具，对其盛装的散装液体商品或者液化气体商品进行的数、重量检验鉴定（包括测量、计算）。其中，罐式容器包括了立式罐、卧式罐、槽罐（可拆卸或者不可拆卸的槽罐）。

抽查复衡，是衡器鉴重合格评定程序中的一个环节。指针对合格评定对象（主要是经常进出口大宗定重包装的商品的收货人或者发货人），由检验检疫机构从中随机抽取部分有代表性的商品在同一衡器上进行复衡，检查两次衡重的差值是否在允许范围内，以评定其程序是否处于合格状态的检验方法

收集地脚，是指在装卸过程中由于撒、漏的或者是在装卸后残留的小部分商品称为地脚货物，地脚货物应当及时收集计重，扣除杂质，合并进整批重量出证，而不能简单作为损耗扣除。

第三十三条 报检人对检验检疫机构的数量、重量检验结果有异议的，可以在规定的期限内向作出检验结果的检验检疫机构或者其上级检验检疫机构以至国家质检总局申请复验，同时应当保留现场和货物现状。受理复验的检验检疫机构或者国家质检总局应当在规定的期限内作出复验结论。

当事人对检验检疫机构、国家质检总局作出的复验结论不服的，可以依法申请行政复议，也可以依法向人民法院提起诉讼。

第三十四条 对外经济贸易关系人对所委托的其他检验鉴定机构的数量、重量鉴定结果有异议的，可以向当地检验检疫机构以至国家质检总局投诉，同时应当保留现场和货物现状。

第三十五条 检验检疫机构依法实施数量、重量检验，按照国家有关规定收取费用。

第三十六条 本办法由国家质检总局负责解释。

第三十七条 本办法自2007年10月1日起施行，原国家进出口商品检验局1993年12月16日发布的《进出口商品重量鉴定管理办法》同时废止。

中华人民共和国交通部令2007年第2号

《中华人民共和国国际船舶保安规则》已于2007年3月12日经第3次部务会议通过，现予公布，自2007年7月1日起施行。

部长　李盛霖
二〇〇七年三月二十六日

第一章　总　则

第一条　为加强国际航行船舶保安管理，根据经过修订的《1974年国际海上人命安全公约》（以下简称"SOLAS公约"）和《国际船舶和港口设施保安规则》（以下简称"ISPS规则"）的规定，制定本规则。

第二条　本规则适用于下列从事国际航行的中国籍船舶和从事国际航运业务的中国公司以及进入中国管辖海域的外国籍船舶：

（一）客船；

（二）500总吨及以上的货船；

（三）500总吨及以上的特种用途船；

（四）移动式海上钻井装置。

适用本规则的船舶以下简称船舶。

本规则不适用于军用船舶和仅用于政府公务用途的船舶。

第三条　交通部主管全国船舶保安工作。中华人民共和国海事局负责具体执行SOLAS公约和ISPS规则规定的缔约国政府船舶保安主管机关的职责。

交通部在沿海设立的海事管理机构按照本规则具体履行下列职责：

（一）负责管理船舶保安员和公司保安员的培训，对通过规定的船舶保安培训并经考试合格者，签发相应的培训合格证；

（二）接收船舶海上保安信息，并在法定的职责内按照规定的程序采取相应的行动；

（三）向已经进入中国领海或者已经报告拟进入中国领海的船舶提供相应的保安信息，向相关部门通报保安信息，并按照法定职责采取相应的行动；

（四）实施船舶保安监督管理，检查《船舶连续概要记录》、《国际船舶保安证书》、《临时国际船舶保安证书》、保安报警装置、保安演习以及本规则规定的其他船舶保安事项，检查已经批准的船舶保安计划以及修订内容的有效性；

（五）对船舶保安员、公司保安员实施监督管理；

（六）中华人民共和国海事局规定的其他船舶保安职责。

第四条　本规则下列用语的含义是：

（一）特种用途船，是指根据船舶功能的需要而载有12名以上特殊人员（包括乘客）的机械自航船舶，包括以下类型：

1. 从事科研、考察及测量的船舶；

2. 用于海上人员训练的船舶；

3. 不从事捕捞的鲸船及鱼类加工船；

4. 不从事捕捞的其他海洋生物资源加工船；

5. 设计特点与作业方式与第1目至第4目相类似的其他船舶。

(二)船港界面活动,是指船舶与港口之间的人员来往、货物装卸或者接受港口服务时发生的交互活动。

(三)船到船活动,是指从一船向另一船转移物品或者人员且与港口设施不相关的行为。

(四)保安事件,是指威胁船舶、港口设施或者船港界面活动、船到船活动安全的任何可疑行为或者情况。

(五)保安联络点,是指由交通部公布并设立在各直属海事管理机构的联络点。船舶、公司可通过该联络点向海事管理机构就船舶保安事项请求建议或者援助,报告关于其他船舶、动向或者通信的任何保安问题。

(六)保安等级,是指可能导致保安事件或者发生保安事件的风险级别划分。

(七)保安声明,是指船舶与其所从事活动的港口设施或者其他船舶之间达成谅解的书面协议,规定各自的保安措施。

(八)《船舶保安计划》,是指为确保在船上采取旨在保护船上人员、货物、货物运输单元、船舶物料或者船舶免受保安事件威胁的措施而制订的计划。

(九)船舶保安员,是指由公司指定的承担船舶保安责任的船上人员。该保安员对船长负责,其职责包括实施和维护《船舶保安计划》以及与公司保安员和港口设施保安员进行联络。

(十)公司保安员,是指由公司所指定的,负责开展船舶保安评估、制订和报批《船舶保安计划》、实施和维持批准后的《船舶保安计划》,并与港口设施保安员和船舶保安员进行联络的人员。

(十一)港口设施保安员,是指被指定负责落实《港口设施保安计划》的制订、实施、修订和维护工作,并与船舶保安员和公司保安员进行联络的人员。

(十二)公司,是指承担安全与防污染管理责任和义务的航运企业,包括船舶所有人、经营人、管理人和光船承租人。

第二章 船舶保安等级

第五条 船舶保安等级从低到高分为三级,分别是保安等级1、保安等级2和保安等级3。

保安等级1是指应当始终保持的最低防范性保安措施的等级。

保安等级2是指由于保安事件危险性升高而应在一段时间内保持适当的附加保护性保安措施的等级。

保安等级3是指当保安事件可能或者即将发生(尽管可能尚无法确定具体目标)时应在一段有限时间内保持进一步的特殊保护性保安措施的等级。

第六条 中华人民共和国海事局应当根据威胁信息的可信程度、得到佐证的程度、具体或者紧迫程度以及保安事件潜在的后果确定和调整船舶的保安等级。

前款所称威胁信息包括但不限于以船舶为载体或者工具对下列对象产生威胁的信息:国家安全、公共安全、公共卫生、公共环境、公共资源、海上通信安全、重要设施安全、社会治安等。

第七条 船舶保安等级由交通部发布。

交通部发布船舶保安等级时,可以视情发出适当的指令,并向可能受到影响的船舶提供保安信息。

第三章 船舶和公司的保安要求

第一节 一般规定

第八条 船舶应当按照SOLAS公约的要求和中华人民共和国海事局的规定,配备船舶自动识别系统(AIS)、《船舶连续概要记录》,安装船舶保安警报系统,标记船舶永久识别号。

第九条 公司应当履行以下职责:

(一)负责对所属船舶进行船舶保安评估;

(二)负责编制《船舶保安计划》和已批准计划的后续修订;

(三)实施经过批准的《船舶保安计划》;

(四)采取适当的措施,避免泄漏船舶保安评估或者《船舶保安计划》及其相关的保安敏感性、保密性资料;

（五）应当安排一名或者数名人员作为公司保安员，确定每人所负责的船舶，并确保其能够24小时与船舶、港口设施保安员和海事管理机构保持联系；

（六）向船籍港海事管理机构及时提供最新的公司保安员名单以及24小时联络方式等资料；

（七）在每艘船舶上指定一名适合履行船舶保安职责的人员作为船舶保安员；

（八）为船舶保安员、公司保安员、船长履行职责提供必要的条件；

（九）赋予船长在船舶保安以及在必要时请求公司或者海事管理机构提供帮助方面的决定权；

（十）根据确定的保安等级，采取相应的保安措施；

（十一）组织、参加船舶保安培训、训练和演习；

（十二）收集船舶保安信息，并向相关部门报告或者通报。

第十条 在各等级保安状态下，船舶应当按照经批准的船舶保安计划开展工作。

发现保安威胁，在船舶保安等级未确认改变之前，船舶可以按照经过批准的保安计划，采取高于其所处保安等级的保安措施，包括附加保护性措施和特殊保护性措施。

船舶的保安等级高于其拟进入或者所在港口的保安等级，船舶应当立即将此情况通知拟进入或者所在国家的保安联络点。

船舶的保安等级低于其拟进入或者所在港口的保安等级，船舶应当立即按照本船的《船舶保安计划》升高船舶的保安等级至不低于港口的保安等级，并向拟进入或者所在国家的保安联络点报告。

第十一条 船长在职责范围内做出的维护船舶安全或者保安的决定，不受公司或者任何其他人员的限制。其中包括拒绝人员(经确定为SOLAS公约、ISPS规则缔约国政府正式授权的人员除外)及其物品上船或者拒绝装货（包括集装箱或者其他封闭的货运单元）。

不论处于何种保安等级，船长在任何时候对船舶的安全负有最终责任。如果有理由相信执行任何有关指令会危及船舶的安全，船长可以要求澄清或者修改指令。

第十二条 船舶在进入中华人民共和国港口之前、在港口期间，船长和船舶保安员应当履行下列义务：

（一）了解拟挂靠的港口设施履行SOLAS公约和ISPS规则的情况；

（二）与我国海事管理机构公布的保安联络点联系，以确定适合其的船舶保安等级，并掌握有关船舶保安等级的任何变化；

（三）与拟挂靠的港口设施的保安员联系，了解该港口设施的保安等级，并掌握有关港口设施保安等级的任何变化；

（四）如果保安联络点确定了该船需要提升保安等级并就此发出指令，船长和船舶保安员应当向保安联络点确认已收到关于保安等级改变的指令，并确认已开始实施《船舶保安计划》所列明的措施和程序；如果在实施中遇到任何困难，应当与港口设施保安员联系，并协调适当的行动；

（五）如果船舶按照本条第（四）项规定需要提高的保安等级或已处于的保安等级高于其拟挂靠或所在港口的保安等级，船长和船舶保安员应当立即将此情况通知港口所在地海事管理机构和港口设施保安员，并在必要时与港口设施保安员协调适当的行动。

第十三条 在中华人民共和国领海或者拟进入中华人民共和国领海的船舶，发现可能影响所在区域海上保安的任何信息，应当立即向沿岸保安联络点报告。

第二节 船舶保安评估

第十四条 公司保安员应当确保船舶保安评估由具备评价船舶保安技能的人员按照本规则、SOLAS公约和ISPS规则的要求开展，并对船舶保安评估的妥善实施负有最终责任。

公司可以由公司保安员实施保安评估，也可就某一具体船舶的保安评估委托具备船舶保安评估资质的机构实施，实施船舶保安评估的机构应当对评估的结论负责。

第十五条 船舶保安评估应当符合下列要求以及中华人民共和国海事局规定或者认可的船舶保安评估规范：

（一）确定现有保安措施、程序和操作；

(二)确定并评价应予重点保护的船上关键操作;
(三)确定船上关键操作可能受到的威胁及其发生的可能性,以确定并按优先顺序排定保安措施;
(四)找出船舶设施、设备和重要部位以及方针和程序中的弱点,包括人为因素。

船舶保安评估应当包括现场保安检验。现场保安检验应当检查和评估船上的现有保护措施、指南、程序和操作。

船舶发生重大变化时,应当及时重新进行保安评估。前述重大变化包括:船舶的通信、报警、消防、救生等重要设备结构、功能发生变化,船舶的保安组织机构、职责和协调程序发生重大变化,船舶发生了保安事件等。

第十六条 如果同一公司所有、租赁或者管理的船舶的种类,通信、报警、消防、救生等主要设备、结构相同或者相近,经向海事管理机构说明,可以共同评估并制作一份《船舶保安评估报告》。

第十七条 完成船舶保安评估后,评估人应当制作书面的《船舶保安评估报告》。

《船舶保安评估报告》应当由公司加以审查、接受并保存。

《船舶保安评估报告》应当保密,公司和承担船舶保安评估的机构应当制定并落实防止擅自接触、泄露的措施。

第三节 船舶保安计划

第十八条 《船舶保安评估报告》被公司接受后,公司应当根据船舶保安评估已经确定的船舶特点、潜在威胁和薄弱环节等情况,编制《船舶保安计划》。

《船舶保安计划》应当就本规则定义的三个保安等级作出规定,并至少包括以下内容:

(一)船舶的保安组织机构以及各自职责;
(二)标明船舶保安员和公司保安员,包括公司保安员的24小时联系方式;
(三)船舶与公司、港口设施、其他船舶和具有保安职责的有关主管机关的关系;
(四)保安等级1状态下应当落实的保安措施,以及保安等级提高时应当落实的全部附加和特别保安措施;
(五)《船舶保安计划》的保密措施;
(六)《船舶保安计划》的定期审查和更新程序;
(七)与海事管理机构、港口设施保安员及其他部门联系、报告的程序,船舶内部联系和报告保安事件的程序;
(八)防止将企图用于攻击人员、船舶或者港口的武器、危险物质和装置擅自携带上船的措施;
(九)对限制区域的确定以及防止擅自进入限制区域的措施;
(十)防止擅自上船的措施;
(十一)对保安威胁或者保安状况的破坏作出反应的程序,包括维持船舶或者船港界面的关键操作的规定;
(十二)对缔约国政府在保安等级3时可能发出的指令作出反应的程序;
(十三)在保安威胁或者保安状况受到破坏时的撤离程序;
(十四)保安活动审核程序;
(十五)与计划有关的培训、训练和演习程序;
(十六)确保检查、测试、校准和保养船上装备的任何保安设备的程序;
(十七)测试或者校准船上装备的任何保安设备的频度;
(十八)指明船舶保安警报系统启动点的安装位置;
(十九)船舶保安警报系统的使用,包括试验、启动、关闭、复位和减少误报警的程序、说明和指导;
(二十)保安和监控设备或者系统的类型和维护要求;
(二十一)建立、保持和更新危险货物或者财产及其地点清单的程序;
(二十二)向有关缔约国政府联络点报告的程序;
(二十三)自身要求签署《保安声明》的条件以及如何处理港口设施提出《保安声明》要求的做法;
(二十四)位于非缔约国的港口、与不符合SOLAS公约第XI-2章和ISPS规则A部分的港口设施或者未取得《国际船舶保安证书》的船舶发生界面活动以及与固定、浮动平台或者就位的移动式海上钻井装置进行界面活动时将采取的程序和保安措施。

第十九条 公司应向中华人民共和国海事局或者其指定的海事管理机构提出《船舶保安计划》审查申请。

中华人民共和国海事局或者其指定的海事管理机构应当自受理申请之日起20个工作日内书面做出批准或者不批准《船舶保安计划》的决定。

对于批准的，应当出具批准文书，对不批准的，应当书面告知理由。

第二十条 《船舶保安计划》批准后，船舶不得擅自更换该计划中所述的任何保安设备。

船舶更换已经批准的《船舶保安计划》涉及的任何保安设备，应当与本规则和ISPS规则规定的内容等效。

更换保安设备后的《船舶保安计划》应当经批准该计划的海事管理机构重新认可后方可实施。

第二十一条 船舶重新进行保安评估，公司或者公司保安员应当对《船舶保安计划》作出相应的修订后，按本节规定的程序提出申请。

第二十二条 《船舶保安计划》应当保密。

在符合下列条件时，执法人员可以查看《船舶保安计划》中与不符合情况有关的具体部分：

（一）有明确理由相信船舶不符合SOLAS公约第XI-2章或者ISPS规则A部分的要求，且只能通过审查船舶保安计划的相关要求验证或者纠正不符合情况；

（二）中国籍船舶征得船籍港海事管理机构或者船长的同意，但对计划中的保密信息未经中华人民共和国海事局另行同意，不能受到检查；

外国籍船舶征得其所属缔约国政府或者船长的同意，但对计划中的保密信息未经其所属缔约国政府同意，不能受到检查。

本条前款所述的保密信息包括：

（一）对限制区域的确定以及防止擅自进入限制区域的措施；

（二）对保安状况受到的威胁或者破坏作出响应的程序，包括维持船舶或者船港界面的关键操作的规定；

（三）对缔约国政府在处于保安等级3时可能发出的任何指令作出响应的程序；

（四）船舶上负有保安责任人员的职责和船舶上其他人员在保安方面的职责；

（五）确保检查、测试、校准和保养船上任何保安设备的程序；

（六）指明船舶保安警报系统启动点所在位置；

（七）船舶保安警报系统的使用，包括试验、启动、关闭和复位以及限制误发警报的程序、说明和指导。

第二十三条 如果同一公司所有、租赁或者管理的船舶的种类，通信、报警、消防、救生等主要设备、结构相同或者相近，事先取得船籍港海事管理机构同意，可以共同制作一份《船舶保安计划》。

第四节 审核和发证

第二十四条 从事国际航行的船舶必须持有《国际船舶保安证书》或者《临时国际船舶保安证书》。

《国际船舶保安证书》或者《临时国际船舶保安证书》应当随船携带。

第二十五条 中国籍船舶应当向中华人民共和国海事局或者其指定的海事管理机构申请《国际船舶保安证书》。

中华人民共和国海事局或者其指定的海事管理机构应当自受理申请之日起的10日内，对船舶是否具备取得《国际船舶保安证书》的条件进行审核，并对审核合格的船舶核发《国际船舶保安证书》，审核不合格的，书面告知理由。

有下列情况之一的，中华人民共和国海事局或者其指定的海事管理机构应当核发《临时国际船舶保安证书》：

（一）在交船时或者在投入营运或者重新投入营运之前，船舶没有《国际船舶保安证书》；

（二）船舶从SOLAS公约和ISPS规则的一缔约国政府换旗到另一缔约国政府；

（三）船舶从一非SOLAS公约和ISPS规则缔约国政府换旗到一缔约国政府；

（四）公司承担了其以前未经营过的某一船舶的经营责任。

第二十六条 《国际船舶保安证书》的有效期最长不超过5年，《临时国际船舶保安证书》的有效期最长不超过6个月。

第二十七条 船舶应当按照中华人民共和国海事局的规定，在《国际船舶保安证书》有效期内的第2周年和第3

周年之间,至少申请一次船舶保安期间审核。

第二十八条　中国籍船舶有以下情况之一的,应当申请附加审核:

(一)在接受海事管理机构检查时,检查人员有充分理由确认船舶不符合ISPS规则A部分及本规则的要求;

(二)船舶保安计划作出修正并经批准后,公司应当在3个月内申请对船舶进行附加审核,以检查修正后计划的执行情况;

(三)船舶因不满足ISPS规则的要求被滞留、被禁止进港或者驱逐出港。

第五节　船舶保安声明

第二十九条　海事管理机构可以根据船港界面活动或者船到船活动对人员、财产和环境可能造成危险程度的判断,要求船舶与港口设施或者其他船舶签署《保安声明》。

签署《保安声明》的双方,应当确保在船舶与港口设施或者其他船舶之间就各方所分别采取的保安措施达成协议,说明各自的责任,并按照协议开展行动。

第三十条　在下列情况下,船舶可以要求与港口设施或者其他船舶签署《保安声明》:

(一)该船舶所处的保安等级高于其所从事界面活动的港口设施或者另一船舶的保安等级;

(二)在中华人民共和国政府与其他缔约国政府之间有涉及某些国际航线或者这些航线上的特定船舶的关于《保安声明》的协议;

(三)曾经有涉及该船舶或者涉及该港口设施的保安威胁或者重大保安事件;

(四)该船舶位于一个不要求具有和实施经过批准的《港口设施保安计划》的港口设施;

(五)该船舶与另一艘不要求具有和实施经批准的《船舶保安计划》的船舶进行船到船活动;

(六)符合该船舶《船舶保安计划》要求签署《保安声明》的其他条件。

对于上述第(一)项至第(五)项签署《保安声明》的请求,有关港口设施或者船舶应当回应。

船舶接到港口设施或者其他船舶签署《保安声明》的请求,应当予以回应。

第三十一条　《保安声明》应当由船长或者船舶保安员、港口设施保安员代表相关各方签署。

《保安声明》应当根据保安等级变化做相应的改变或者重新签署。

《保安声明》应当留船保存3年。

第六节　船舶保安的训练、演习

第三十二条　为了保证《船舶保安计划》的有效实施,公司应当每隔3个月进行一次船舶保安训练,测试下列威胁保安的因素:

(一)对船舶、货物、船舶基础设备或者系统以及船舶物料的损坏或者破坏;

(二)劫持或者扣留船舶或者船上人员;

(三)未经允许进入船舶的人员(包括藏于船上的偷渡人员);

(四)走私武器或者设备(包括大规模杀伤性武器);

(五)使用船舶载运企图制造保安事件的人员、设备;

(六)使用船舶本身作为损坏或者破坏的武器;

(七)在港或者锚泊时从海上发动的攻击;

(八)在海上时的攻击。

如果一次有25%以上船员发生变更,而这些人员在最近的适当间隔期中没有参加过该船的保安训练,则必须在发生变更后的一个星期内进行训练。

第三十三条　为了保证《船舶保安计划》的有效实施,测试通信、协调、资源共享和应答能力,公司保安员、船舶保安员应当每日历年至少参加一次由公司或者海事管理机构组织的保安演习,最长间隔不超过18个月。

保安演习可以采用实地或者模拟的形式,也可以与相关演习结合进行。

中国籍船舶如果参加国外有关主管当局组织的保安演习,应当事先通报船籍港海事管理机构。

未事先通报的,海事管理机构不予承认。

第七节 船舶保安记录

第三十四条 船舶应当保存涉及以下活动的记录:
(一)培训、训练、演习;
(二)保安状况受到的威胁和保安事件;
(三)保安状况受到的破坏;
(四)保安等级的改变;
(五)与船舶保安状况直接有关的通信;
(六)保安活动的内部审核和评审;
(七)对船舶保安评估的定期评审;
(八)对船舶保安计划的定期评审;
(九)对船舶保安计划任何修正的实施;
(十)船舶保安设备的保养、校准和测试,包括对船舶保安警报系统的测试;
(十一)在任何港口进行船港界面活动时其所处的保安等级;
(十二)在任何港口进行船港界面活动时所采取的特别和附加的保安措施;
(十三)任何船到船活动时维持的适当的保安程序;
(十四)其他与船舶保安有关的实用信息(但不包括船舶保安计划的细节)。

第三十五条 船舶应当对船舶保安记录加以保护,防止擅自接触、删除、破坏、修改或者泄露。

船舶应当建立专门的船舶保安记录簿。

船舶保安记录应当存船保留3年。

第八节 对保安员和有关人员的要求

第三十六条 公司保安员和船舶保安员,应当按照ISPS规则的有关要求,完成海事管理机构规定的船舶保安培训,具备履行其职责的知识和能力。

公司和船舶的其他相关人员,应当按照ISPS规则的有关要求,经过相应的培训,具备履行其担任职责方面的知识和能力。

第三十七条 公司保安员履行下列职责:
(一)利用适当的保安评估和其他相关信息,就船舶可能遇到威胁的情况提出建议;
(二)确保船舶保安评估得以开展;
(三)确保《船舶保安计划》得以制定、提交批准以及随后得以实施和维护;
(四)确保对《船舶保安计划》进行适当修改,以纠正缺陷并符合各船舶的保安要求;
(五)安排对保安活动进行内部审核和审查;
(六)安排船舶进行初次和后续的审核;
(七)确保迅速解决和处理在内部审核、定期审查、保安检查和其它审核期间确定的缺陷和不符合项;
(八)加强保安意识和警惕性;
(九)确保负责船舶保安的人员受到适当的培训;
(十)确保船舶保安员和有关港口设施保安员之间的有效沟通与合作;
(十一)及时接收海事管理机构发布的船舶保安信息,并确保将信息及时传递到公司所属船舶;
(十二)确保保安要求和安全要求的一致性;
(十三)若采用了姊妹船或者船队的保安计划,确保每条船舶的计划均准确反映该船具体信息;
(十四)确保海事管理机构为某一特定船舶或者某一组船舶批准的任何替代或者等效措施得以实施和保持。

第三十八条 船舶保安员履行下列职责:

（一）承担船舶的定期保安检查，确保船舶保持适当的保安措施；

（二）保持和监督《船舶保安计划》的实施；

（三）与船上其他人员和有关港口设施保安员协调货物和船舶备品装卸中的保安事项；

（四）对《船舶保安计划》提出修改建议；

（五）向公司保安员报告内部审核、定期审查、保安检查和其它审核期间所确定的缺陷和不符合项，并采取纠正措施；

（六）加强船上保安意识和警惕性；

（七）确保为船上人员提供充分的培训；

（八）报告所有保安事件；

（九）与公司保安员和有关港口设施保安员协调实施《船舶保安计划》；

（十）确保正确操作、测试、校准和保养保安设备。

中国籍船舶的船舶保安员无法履行职责的，海事管理机构出具书面的证明文件，指定其他船员短时间替代船舶保安员的职责，并由船公司通知船舶停靠的下一港口的海事主管当局。

第四章 海上保安报警和处置

第三十九条 中国海上搜救中心总值班室是全国船舶和港口设施保安的总联络点，负责全国船舶和港口设施的保安报警接收和保安信息联络工作。

第四十条 交通部在沿海设立的各海事管理机构的值班室，负责下列事项的对外联系工作：

（一）接收港口保安信息和船舶保安信息，针对接到的保安报警及时按照船舶保安应急反应程序采取通告有关部门等保安行动；

（二）对船舶提供保安建议或者援助；

（三）为拟进入我国领海和港口的船舶提供保安信息和保安通信联系；

（四）按规定程序向中国海上搜救中心总值班室报告保安信息。

第四十一条 当出现威胁船舶、船港界面活动或者船到船活动安全的任何可疑行为或者情况，船长或者船舶保安员应当向船舶所在公司进行船舶保安报警。

公司保安员收到船舶保安报警后，应当立即与保安事件发生地的海事管理机构联系，报告船舶的船名、船籍、位置、船舶种类、船上人员和货物情况、受到的保安威胁等情况，同时通报船籍港海事管理机构；

如涉及到港口设施，还应通报港口设施所在地港口行政管理部门。

第四十二条 船舶应当制定并落实有关措施妥善使用船舶保安警报设备，以防止船舶发生误报警。

保安报警的测试应当避免采取直接与海上保安联络点之间测试的方式，以保证海上保安报警线路的畅通。

第四十三条 船舶发生误报警，应当采取措施立即消除，并向有关海事管理机构报告；

海事管理机构以及其他单位和个人因对误报警采取行动支付的额外费用，由误报警的船舶承担。

第四十四条 中华人民共和国海事局负责统一对外发布除保安等级以外的船舶保安信息，并发布全国性或者局部重要性的船舶保安指令。

各海事管理机构根据中华人民共和国海事局的授权，向相关单位发布船舶保安信息和指令。

第四十五条 海事管理机构收到港口保安事件和其他港口保安信息，应当按照应急反应程序，通知相关的公司和船舶，协调港口设施和船舶的保安行动，同时及时通报港口行政管理部门。

第四十六条 海事管理机构收到中华人民共和国管辖水域内船舶的保安报警后，应当按照规定的程序及时采取应急反应措施。

海事管理机构收到中华人民共和国管辖水域外船舶的保安报警后，应当立即向中华人民共和国海事局报告，由中华人民共和国海事局按照规定的程序采取通知该船舶航行位置附近国家等行动。

第五章 监督检查与法律责任

第四十七条 海事管理机构依法对船舶保安活动实施的监督检查,任何单位或者个人不得拒绝、妨碍或者阻挠。

有关单位或者个人应当接受海事管理机构依法实施的监督检查,并为其提供方便。

海事管理机构的工作人员实施监督检查时,应当出示执法证件,表明身份。

第四十八条 海事管理机构应当对船舶的下列保安事项进行监督检查:

(一)《国际船舶保安证书》或者《临时国际船舶保安证书》及证书签发机关的有效性;

(二)《船舶保安计划》在船上实施的有效性;

(三)《船舶连续概要记录》记载和保存的情况;

(四)船舶永久识别号的标识情况,以及保安报警装置、船舶自动识别系统(AIS)的配备情况;

(五)中华人民共和国海事局规定的其他检查事项。

经检查,海事管理机构有明显理由认为船舶不符合SOLAS公约第V、XI章、ISPS规则A部分和本规则要求的,海事管理机构可以对船舶采取进一步强制检查、责令船舶立即或者限期纠正、限制操作(包括限制在港内活动)、责令驶向指定地点、禁止进港、滞留船舶、驱逐出港等行政强制措施。

第四十九条 对拟进入中华人民共和国港口的国际航行船舶,海事管理机构可以在其提交国际航行船舶进口岸申请的同时要求提供以下信息,以确保船舶符合SOLAS公约第XI章、ISPS规则和本规则的要求:

(一)船舶当前运营所处的保安等级;

(二)船舶挂靠前10个港口进行船港界面活动时其所处的保安等级;

(三)船舶挂靠前10个港口进行船港界面活动时所采取的特别和附加的保安措施;

(四)船舶挂靠前10个港口进行船港界面活动时维持的适当的保安程序;

(五)船舶挂靠前10个港口与未取得《国际船舶保安证书》的船舶发生界面活动或者与固定、浮动平台或者就位的移动式海上钻井装置进行界面活动时采取的保安程序和保安措施;

(六)其他海事管理机构要求提供的实用保安信息。

对于船舶未按要求提供前款所述的信息,或者海事管理机构认为提供的信息不符合SOLAS公约第XI章、ISPS规则和本规则的要求,海事管理机构可以采取强制检查、责令船舶立即或者限期纠正、责令驶向指定地点、禁止进港等行政强制措施。

第五十条 对外国籍船舶按照第四十八、四十九条规定采取强制检查、责令船舶立即或者限期纠正、限制操作(包括限制在港内活动)、责令驶向指定地点、禁止进港、滞留船舶、驱逐出港的行政强制措施,中华人民共和国海事局应当将此情况通报船旗国海事当局和国际海事组织。

采取禁止进港或者驱逐出港的措施,还应当通知可知的船舶随后拟挂靠港口的国家当局以及其他有关沿岸国。

第五十一条 对于挂靠未按规定取得有效《港口设施保安符合证书》的我国港口设施的船舶,港口所在地海事管理机构应当采取禁止进港或者驱逐出港的行政强制措施。

第五十二条 对于违反本规则规定的中国公司,海事管理机构可以责令改正;

情节严重的,可以责令对有关船舶重新进行保安评估或者修订《船舶保安计划》。

第五十三条 违反本规则规定,公司保安员和船舶保安员未经必要的培训,海事管理机构可以责令公司更换;

公司保安员和船舶保安员未能履行本规则规定的职责,海事管理机构可以责令其参加保安培训,情节严重的,可以责令公司暂停或者撤销其保安员资格。

第五十四条 对于违反本规则的行为,依法应当给予海事行政处罚的,海事管理机构按照交通部颁布的海事行政处罚有关规定实施行政处罚。

第五十五条 海事管理机构工作人员违反本规则规定,滥用职权,玩忽职守,给人民生命财产造成损失的,由所在单位或者其上级主管机关给予行政处分;

涉嫌犯罪的,依法移送司法机关。

第六章 附 则

第五十六条 中华人民共和国海事局可以许可中国籍船舶实施等效于SOLAS公约第XI章、ISPS规则A部分所述措施的其他保安措施。

交通部应当将许可该种保安措施的要求、程序等细节通知国际海事组织秘书长。

第五十七条 中国籍船舶的《船舶保安计划》、《国际船舶保安证书》和《临时国际船舶保安证书》的许可条件和程序，按照交通部颁布的关于海事行政许可条件和程序的有关规定执行。

第五十八条 《国际船舶保安证书》、《临时国际船舶保安证书》的内容和格式，由中华人民共和国海事局按照SOLAS公约和ISPS规则的要求统一制定。

第五十九条 本规则自2007年7月1日起施行。

但是，500总吨及以上的特种用途船自2008年7月1日起适用本规则。

交通部于2004年6月16日发布的《船舶保安规则》（交海发〔2004〕315号）同时废止。

中华人民共和国交通部令2007年第10号

《中华人民共和国港口设施保安规则》已于2007年11月30日经第12次部务会议通过，现予公布，自2008年3月1日起施行。

部长　李盛霖

二〇〇七年十二月十七日

第一章 总 则

第一条 为加强港口设施保安工作，根据经修订的《1974年国际海上人命安全公约》(以下简称SOLAS公约)、《国际船舶和港口设施保安规则》(以下简称ISPS规则)和《国际海运危险品规则》，制定本规则。

第二条 为航行国际航线的客船、500总吨及以上的货船、500总吨及以上的特种用途船和移动式海上钻井平台服务的港口设施保安工作，适用本规则。

第三条 本规则下列用语的含义是：

（一）船港界面活动，是指船舶与港口之间人员往来、货物装卸或者接受其他港口服务时发生的交互活动；

（二）港口设施，是指在港口发生船港界面活动的场所，包括码头及其相应设施和航道、锚地等港口公用基础设施；

（三）船到船活动，是指从一船向另一船转移物品或者人员的行为；

（四）保安事件，是指威胁船舶、港口设施、船港界面活动和船到船活动安全的任何可疑行为或者情况；

（五）保安等级，是指可能发生保安事件的风险级别划分；

（六）港口设施保安评估，是指港口所在地港口行政管理部门通过对港口设施保安状况进行分析并提出相关保安措施建议的活动；

（七）港口设施保安计划，是指港口设施经营人或者管理人根据保安评估报告为确保采取旨在保护港口设施和港口设施内的船舶、人员、货物、货物运输单元和船上物料免受保安事件威胁的措施而制订的计划；

（八）港口设施保安主管，又称港口设施保安员，是指被港口设施经营人或者管理人指定负责制定、实施、调整

《港口设施保安计划》,并与船舶保安员和船公司保安员进行保安联络的人员;

(九)保安声明,是指发生船港界面活动时,港口设施与船舶为协调各自采取的保安措施签署的书面协议(式样见附件1);

(十)经指定的保安组织,是指具备相关能力,经交通部指定可以受委托从事港口设施保安评估、编写《港口设施保安评估报告》、制订《港口设施保安计划》、提供港口设施保安咨询服务的组织;

(十一)替代保安协议,是指我国政府与其他SOLAS公约缔约国政府就相互间固定短程航线上的港口设施签署的双边或者多边保安协议;

(十二)港口设施保安训练,是指对经批准的《港口设施保安计划》规定内容的部分或者全部保安措施和应急反应程序进行的练习;

(十三)港口设施保安演习,是指为了验证、评价和提高各级保安组织、相关部门、港口设施及人员的综合反应和协调配合能力,通过模拟保安事件,根据经批准的《港口设施保安计划》进行的多单位参与、协同进行的练习;

(十四)港口设施管理人,是指航道、锚地等港口公用基础设施的管理主体。

第四条 交通部主管全国港口设施保安工作,履行下列职责:

(一)制定并发布全国港口设施保安工作制度和技术标准;

(二)确定并发布港口设施保安等级和各保安等级的基本保安措施(内容见附件2)及3级保安状态下的保安指令;

(三)审查《港口设施保安评估报告》,提出修改意见和建议;

(四)批准《港口设施保安计划》;

(五)建立全国港口设施保安管理信息系统,收集、整理、分析港口设施保安信息并按规定向相关单位提供,视情向国际海事组织、相关缔约国政府以及国内其他相关部门通报;

(六)颁发《港口设施保安符合证书》(式样见附件3),监督和检查《港口设施保安符合证书》年度核验工作;

(七)签署替代保安协议;

(八)指定可以受委托从事港口设施保安评估、编写《港口设施保安评估报告》、制订《港口设施保安计划》、提供港口设施保安咨询服务的组织;

(九)组织全国性的港口设施保安演习。

第五条 省级交通(港口)管理部门负责本行政区域内的港口设施保安工作,具体履行下列职责:

(一)负责《港口设施保安符合证书》年度核验工作;

(二)收集、整理、分析并向相关单位提供港口设施保安信息;

(三)组织区域性港口设施保安演习。

第六条 港口所在地港口行政管理部门履行下列职责:

(一)负责组织港口设施保安评估和评估报告的后续修订;

(二)监督检查《港口设施保安计划》的实施;

(三)收集、整理、分析并向有关单位提供港口设施保安信息;

(四)组织本港港口设施保安演习;

(五)对其管理的港口公用基础设施进行保安评估,编写《港口设施保安评估报告》;

(六)受交通部委托,对申请《港口设施保安符合证书》的港口设施实施经批准的《港口设施保安计划》情况进行检查并提交检查报告;

(七)受省级交通(港口)管理部门委托,对申请《港口设施保安符合证书》年度核验的港口设施上一年度的保安工作进行核查并提交核查报告;

(八)监督检查港口设施保安费的征收和使用。

第七条 港口设施经营人或者管理人履行下列职责:

(一)负责制订《港口设施保安计划》和已批准计划的后续修订;

(二)实施经批准的《港口设施保安计划》;

(三)为港口设施保安主管履行职责提供必要的条件;

（四）在3级保安状态下，实施交通部发出的保安指令；
（五）收集、整理、分析并向有关部门提供港口设施保安信息；
（六）进行港口设施保安训练，参加港口设施保安演习。

港口设施经营人按照规定收取港口设施保安费。

第八条 港口设施保安是港口安全管理的重要内容，应当与港口生产经营统筹考虑，遵循节约、环保、资源共享的原则。

第九条 港口设施的保安评估和保安计划的制定及实施的有关费用由港口设施保安费支出。

第二章 保安等级

第十条 交通部应当根据相关情报信息，国内外形势以及影响社会政治稳定的因素，威胁信息的可信程度、威胁信息得到印证的程度、威胁信息的具体或者紧迫程度和保安事件的潜在后果，确定港口设施的保安等级。

地方各级交通(港口)管理部门可以向交通部提出变更港口设施保安等级的建议。

第十一条 港口设施的保安等级从低到高分为三级，分别是保安等级1、保安等级2和保安等级3。

保安等级1是指应当始终保持的最低防范性保安措施的等级。

保安等级2是指由于保安事件危险性升高而应在一段时间内保持适当的附加保护性保安措施的等级。

保安等级3是指当保安事件可能或者即将发生（尽管可能尚无法确定具体目标）时应当在一段有限时间内保持进一步的特殊保护性保安措施的等级。

第十二条 交通部确定港口设施保安等级为2级或者3级的依据消失时，应当及时调整港口设施的保安等级。

交通部确定实施3级保安时，在必要的情况下应当发出适当的保安指令，并向可能受到影响的港口设施提供与保安有关的信息。

第十三条 港口设施经营人或者管理人应当根据保安等级的变化，按照经批准的《港口设施保安计划》及时调整保安措施。

在3级保安状态下，港口设施的经营人或者管理人应当执行交通部发出的保安指令，省、自治区交通（港口）管理部门和港口所在地港口行政管理部门应当监督保安指令的执行。

第十四条 交通部变更港口设施保安等级，应当根据具体情况及时以适当的方式通知有关的交通（港口）管理部门、海事管理机构、港口设施经营人或者管理人。

第十五条 各级交通（港口）管理部门、海事管理机构、港口设施经营人或者管理人收到港口设施保安等级变更的决定后，应当予以确认，并报告所采取的相应措施。

第十六条 计划入港或者在港的船舶保安等级高于港口设施的保安等级时，港口设施保安主管应当与船舶保安员或者船公司保安员协商，对有关情况做出评估，确定适当的保安措施，签署《保安声明》；

计划入港或者在港的船舶保安等级不得低于该港口设施保安等级。

第十七条 港口设施经营人或者管理人应当将港口设施保安等级变更过程中的有关情况予以记录，作为进行港口设施保安评估、编写《港口设施保安评估报告》、制（修）订《港口设施保安计划》、实施经批准的《港口设施保安计划》的参考依据。

第三章 保安评估

第十八条 港口所在地港口行政管理部门负责港口设施保安评估，也可以委托经指定的保安组织进行保安评估。

第十九条 港口设施保安评估应当符合交通部制定的港口设施保安评估规范。

港口设施保安评估应当进行现场保安检验。

现场保安检验包括检查和评估港口的现有保安措施、程序和操作。

第二十条 对港口设施进行保安评估应当评估下列事项：
（一）设施的保安状况；
（二）设施的结构、布局情况；

(三)对人员进行保护的安全体系；

(四)保安工作程序；

(五)无线电和电信系统,包括计算机系统和网络；

(六)如被损害或者被用于非法窥测,会对人员、财产或者港口作业构成危险的其他区域。

第二十一条　港口设施保安评估应当进行以下工作：

(一)确定和评估重点保护的财产和基础设施；

(二)对可能威胁财产和基础设施的因素及其发生的可能性进行识别,并确定相应的保安要求；

(三)根据可能威胁财产和基础设施的因素及其发生可能性的识别结果,以及相应的保安要求,对采取的保安措施进行鉴别、选择和优化；

(四)分析港口设施和人员的安全保护体系、运营流程等,确定其中可能导致保安事件的薄弱环节,提出消除薄弱环节或者降低薄弱环节影响的措施。

第二十二条　港口设施保安评估完成后应当编写评估报告。

《港口设施保安评估报告》应当结合港口设施实际情况,全面反映评估的开展情况,内容主要包括：

(一)港口设施的基本情况,包括设施种类、位置、经营人、所有人等情况；

(二)港口设施的保安现状调查及分析；

(三)保安事件预测及风险控制评估；

(四)风险评估方法及应用；

(五)可能导致保安事件的薄弱环节及说明；

(六)消除薄弱环节或者降低薄弱环节影响的措施建议；

(七)评估结论。

第二十三条　《港口设施保安评估报告》完成后应当送交通部征求意见。

第二十四条　交通部应当在收到材料后二十个工作日内对《港口设施保安评估报告》提出修改意见和建议。

交通部可以根据需要,建立全国港口设施保安专家库,组织专家开展本条第一款规定的工作。

参加上述工作的人员应当由保安、风险分析、港口行政管理、港口经营、港口设计与工程、船舶经营与管理和海事方面的专家组成。

第二十五条　港口设施的保安评估每五年进行一次。

港口设施发生重大变化时,应当重新进行保安评估。

重新进行保安评估及相关程序按照本章规定办理。

前款所称重大变化包括港口主要设施或者其功能发生重大变化,港口设施保安组织、通信系统、保安工作的协调与配合程序发生重大改变,港口设施发生了重大保安事件等。

第二十六条　如果同一经营人所经营的多个港口设施位置、运营方式、设备和设计相类似,可以共同评估并制作一份《港口设施保安评估报告》。

第二十七条　《港口设施保安评估报告》应当保密,港口设施和承担港口设施保安评估的机构应当制定并落实防止擅自接触、泄露的措施。

第四章　保安计划

第二十八条　港口设施经营人或者管理人负责制订《港口设施保安计划》,也可以委托经指定的保安组织制订。

制订《港口设施保安计划》应当根据《港口设施保安评估报告》、交通部提出的修改意见和建议进行。

第二十九条　《港口设施保安计划》应当包含下列内容：

(一)港口设施经营人或者管理人所确定的负责实施《港口设施保安计划》的机构或者部门；

(二)负责实施《港口设施保安计划》的组织与其他有关单位的联系和必要的通信系统；

(三)港口设施保安主管及二十四小时联系方式；

(四)1级保安状态下的保安措施和保安等级提高时的全部附加措施和特殊的保安措施；

（五）根据经验和实际情况对《港口设施保安计划》进行经常性评价,并不断完善的安排;

（六）《港口设施保安计划》保密措施;

（七）向交通（港口）管理部门报告的程序;

（八）港口设施内部报告保安事件的程序;

（九）便利船上人员登岸或者人员变动以及来访者上船的程序和措施;

（十）对保安状况受到的威胁或者破坏做出反应的程序,包括维护港口设施或者船港界面的关键操作的规定;

（十一）对交通部在3级保安状态下发出的保安指令的反应程序;

（十二）在保安状况受到威胁或者破坏的情况下撤离人员的程序;

（十三）负有保安责任的港口设施人员和设施内参与保安事务的其他人员的职责;

（十四）与船舶保安活动进行配合的程序,特别是港口设施的保安等级低于船舶的保安等级时港口设施应当采取的程序和保安措施;

（十五）港口设施内船舶的保安报警系统被启动后做出反应的程序;

（十六）针对与曾靠泊过非缔约国港口的船舶、不适用ISPS规则的船舶以及固定（浮动）平台或者移动式海上钻井平台进行船港界面活动的程序和保安措施。

第三十条 对港口设施重新进行保安评估时,港口设施经营人或者管理人应当按照本规则规定重新制订《港口设施保安计划》。

当港口设施发生本规则第二十五条以外的情况变化时,港口设施经营人或者管理人可以对《港口设施保安计划》进行必要的调整,但交通部声明未经其同意不得改变的内容除外。

第三十一条 《港口设施保安计划》完成后应当报交通部审查批准。

第三十二条 交通部应当在受理后二十个工作日内对《港口设施保安计划》审查完毕,必要时可以组织对港口设施的现场检查。

第三十三条 《港口设施保安计划》应当保密。

港口设施经营人或者管理人、审查批准计划的机构应当制定并落实防止擅自接触、泄露的措施。

未经交通部同意,任何人不得泄露其内容。

在下列条件下,执法人员可以查看《港口设施保安计划》:

（一）各级港口行政管理部门进行港口设施保安现场检查时;

（二）《港口设施保安符合证书》年度核验过程中需要对《港口设施保安计划》内容实施情况进行核实时。

第三十四条 港口设施经营人或者管理人应当全面落实批准后的《港口设施保安计划》,包括配备必要的保安人员,安装使用保安设备设施,制定并执行各项保安制度、措施和程序。

第三十五条 港口设施经营人或者管理人应当按照交通部规定的保安标准配备保安、交通、通信装备,按照规定设置港口设施内的标志。

第三十六条 新建或者改扩建的港口设施的保安设备设施应当与港口设施主体工程同时设计、同时建设、同时验收、同时投入使用。

第三十七条 港口设施经营人或者管理人在执行保安措施时,应当最大限度地减少对乘客、船舶、船上人员和来访者、货物以及相关服务的干扰或者延误。

第三十八条 各级交通（港口）管理部门应当对港口设施经营人或者管理人在执行《港口设施保安计划》过程中涉及海事、海关、公安（边防）、检验检疫等部门的相关事宜给予必要的协调。

第三十九条 非经常性地为国际航行船舶提供服务的港口设施和处于试生产阶段的港口设施,经港口所在地港口行政管理部门同意,可以不制订《港口设施保安计划》,但应当采取适当的保安措施来达到保安要求。

港口所在地港口行政管理部门应当对港口设施采取的保安措施是否适当进行现场监管。

第五章 港口设施保安符合证书

第四十条 《港口设施保安计划》实施后,港口设施经营人或者管理人应当向交通部申请《港口设施保安符合证书》，并将申请书抄送港口所在地交通（港口）管理部门。

第四十一条 交通部受理申请后应当委托港口所在地港口行政管理部门对《港口设施保安计划》落实情况进行检查并提出检查意见，必要时也可以组织直接检查。

对检查合格的，交通部颁发《港口设施保安符合证书》。

对检查不合格的，不予颁发证书，并说明理由。

《港口设施保安符合证书》应当自受理之日起二十个工作日内完成颁发工作。

二十个工作日内不能作出决定的，经本机关负责人批准，可以延长十个工作日，并应将延长期限的理由告知申请人。

《港口设施保安符合证书》由交通部指定的负责人签发，并在签发后通知相关交通（港口）管理部门。

第四十二条 《港口设施保安符合证书》的有效期为五年。

在有效期内每年由省级交通（港口）管理部门核验一次。

《港口设施保安符合证书》年度核验期限为签发之日起每周年的前三个月和后三个月。

第四十三条 港口设施经营人或者管理人应当于《港口设施保安符合证书》签发之日起每周年的前三个月内，向省级交通（港口）管理部门提出年度核验申请，并提交如下材料：

（一）《港口设施保安符合证书》年度核验申请表；

（二）《港口设施保安符合证书》正、副本；

（三）港口设施保安年度工作报告；

（四）港口设施保安主管及相关人员具备履行其职责的知识和能力的证明；

（五）港口设施保安自评表；

（六）其他需要提交的文件。

前款所称港口设施保安年度工作报告由港口设施保安主管负责编写，港口设施经营人或者管理人应当盖章确认。

港口设施保安年度工作报告应当全面反映《港口设施保安计划》的落实情况、接受相关培训情况、保安训练、演习情况及记录、保安事件发生的情况及记录、《港口设施保安计划》修改记录等内容。

第四十四条 省级交通（港口）管理部门应当自受理之日起二十个工作日内完成《港口设施保安符合证书》年度核验。

二十个工作日内不能完成的，经本机关负责人批准，可以延长十个工作日，并应将延长期限的理由告知申请人。

年度核验内容包括：

（一）港口设施保安组织结构；

（二）港口设施保安主管及相关人员是否具备履行其职责的知识和能力；

（三）港口设施保安设备状况及运行情况；

（四）港口设施保安通信状况；

（五）港口设施保安规章制度及实施情况；

（六）港口设施保安训练、演习情况；

（七）《港口设施保安计划》所确定保安措施及程序的落实情况；

（八）港口设施保安事件发生及应对情况；

（九）《港口设施保安计划》的年度调整情况；

（十）其他与港口设施保安工作有关的事项。

除前款规定外，港口设施于上一次核验后发生过本规则第二十五条第三款规定的重大变化的，年度核验主管部门应当审查港口设施是否已重新进行保安评估并重新制订《港口设施保安计划》。

年度核验时，省级交通（港口）管理部门可以对港口设施上一年度的保安工作进行核查，也可以委托港口所在地港口行政管理部门核查并接受其提交的核查报告。

第四十五条 下列情况年度核验不得通过：

（一）保安设备设施状况不符合《港口设施保安计划》规定；

（二）港口设施保安主管、港口设施其他保安人员不具备履行其职责的知识和能力；
（三）未按照规定进行或者参加保安训练、演习；
（四）未按照规定收取和使用港口设施保安费。

第四十六条 通过年度核验的港口设施，由省级交通（港口）管理部门主管领导或者其授权的人员（仅限授权1名）在《港口设施保安符合证书》正、副本上签字并加盖专用章。

前款所指的主管领导或者其授权的人员应当向交通部备案。

第四十七条 未通过年度核验的港口设施，由省级交通（港口）管理部门主管领导或者其授权的人员在年度核验申请书上签署意见并退还申请人，责令其限期改正。

港口设施经营人或者管理人在期限内改正完毕，可以重新申请《港口设施保安符合证书》年度核验。

第四十八条 省级交通（港口）管理部门应及时将下列情况报交通部备案：
（一）通过年度核验的港口设施；
（二）未通过年度核验的港口设施；
（三）未按本规则第四十二条规定时间申请年度核验的港口设施；
（四）在年度核验过程中隐瞒有关情况或者提供虚假材料的港口设施；
（五）连续两个年度未申请年度核验的港口设施；
（六）发生过本规则第二十五条第三款规定的重大变化但未重新进行保安评估并重新制订《港口设施保安计划》的港口设施。

第四十九条 交通部应当将全国《港口设施保安符合证书》年度核验情况予以公布。

第五十条 《港口设施保安符合证书》记载的内容发生变化或者证书丢失、毁损时，应当向交通部书面申请换发或者补办，并附相关证明材料。

交通部核发新证书时，应当公告原证书作废。

第六章 港口设施保安主管

第五十一条 港口设施经营人或者管理人应当指定具备履行其职责的知识和能力的人员担任港口设施保安主管。

第五十二条 港口设施保安主管应当由专人担任。

一人只能担任一个港口设施的港口设施保安主管。

第五十三条 港口设施保安主管履行下列职责：
（一）配合港口设施保安评估对港口设施进行初次全面保安检查；
（二）确保港口设施按本规则的规定制订《港口设施保安计划》；
（三）对港口设施进行定期保安检查，保证《港口设施保安计划》有效实施；
（四）对《港口设施保安计划》所载内容进行经常性评价和必要的调整；
（五）进行港口设施相关人员保安意识和警惕性的教育；
（六）确保港口设施保安工作人员获得充分的培训；
（七）与相关机构和人员保持信息沟通，向有关部门报告危及港口设施保安的事件并保存事件记录；
（八）与船公司和船舶保安员协调实施《港口设施保安计划》；
（九）签署《保安声明》；
（十）与提供保安服务的机构协调保安工作；
（十一）确保港口设施保安人员符合相关要求；
（十二）确保正确操作、测试、校准和保养保安设施设备；
（十三）在接到船舶保安员请求时，协助其确认登船人员的身份。

第五十四条 当港口设施保安主管被告知船舶在履行SOLAS公约第Ⅺ-2章和ISPS规则的要求或者在实施《船舶保安计划》所列的措施和程序遇到困难时，以及在港口设施处于3级保安的情况下，港口设施的经营人或者管理人执行交通部发出的保安指令遇到困难时，港口设施保安主管和船舶保安员应进行联络并协调适当的行动。

第五十五条 港口设施保安主管在船舶入港之前和船舶在港口期间，应当履行下列义务：

（一）了解船舶履行SOLAS公约和ISPS规则的情况；

（二）与船舶保安员或者船公司保安员联系，了解该船舶的保安等级，并掌握有关船舶保安等级的任何变化；

（三）在与船舶建立联系后，港口设施保安主管应当将港口设施保安等级及其任何后续变化通知港内靠泊船舶和将要靠泊的船舶，并向船舶提供必要的保安信息。

第五十六条 当港口设施的保安等级确定为2级或者3级后，港口设施保安主管应及时确认《港口设施保安计划》所列的对应保安措施和程序得到执行，并应当立即与相关船公司和船舶保安员取得联系并协调适当的行动。

第五十七条 当港口设施保安主管得知船舶所处的保安等级高于港口设施的保安等级时，应当及时报告港口所在地港口行政管理部门，并与船舶保安员取得联系并协调适当的行动，包括按照各自的《保安计划》操作，并可视情填写或者签署《保安声明》。

第七章 保安声明

第五十八条 在下列情况下，应船舶的要求，港口设施经营人或者管理人应当与船舶签署《保安声明》：

（一）该船所处的保安等级高于与之发生界面活动的港口设施的保安等级；

（二）中国政府与其他缔约国政府之间有涉及某些国际航线或者这些航线上的特定船舶关于《保安声明》的协议；

（三）曾经有过涉及该船或者涉及该港口设施的保安威胁或者保安事件。

第五十九条 在港口设施保安评估所确定的需要引起特别注意的船港界面活动开始前，应港口设施经营人或者管理人的要求，船舶应当与港口设施经营人或者管理人签署《保安声明》。

前款所称需要引起特别注意的船港界面活动，包括在人口密集或者经济上重要的作业场所或者在其附近的设施进行的作业，以及旅客上下船舶、危险货物或者有害物质的过驳或者装卸作业、船舶曾经靠泊过本规则第二条规定以外的港口设施等。

第六十条 港口设施所在地港口行政管理部门可以根据船港界面活动对人员、财产、环境可能造成危险程度的判断，要求船、港双方签署《保安声明》。

第六十一条 《保安声明》由港口设施保安主管与船长或者船舶保安员签署。

第六十二条 《保安声明》应当根据保安等级变化做相应的改变或者重新签署。

第六十三条 《保安声明》应当由港口设施保安主管保存三年。

第八章 港口设施保安培训、训练和演习

第六十四条 港口设施保安主管及下列从事港口设施保安工作的人员，应当按照ISPS规则的有关要求，完成交通部规定的港口设施保安培训，具备履行其职责的知识和能力：

（一）从事港口设施保安行政管理工作的人员；

（二）从事港口设施保安评估的人员；

（三）制订《港口设施保安计划》的人员；

（四）参加《港口设施保安评估报告》、《港口设施保安计划》审查批准和预审工作的人员；

（五）港口设施经营人中主管安全、生产的副总经理。

其他从事与港口设施保安有关工作的人员，应当按照ISPS规则的有关要求，经过相应的培训，具备履行其担任职责方面的知识和能力。

第六十五条 万吨级以上的港口设施应有六人以上具备履行保安职责方面的知识和能力，万吨级以下的港口设施应有三人以上具备履行保安职责方面的知识和能力。

第六十六条 港口设施经营人或者管理人应当对其员工进行相关保安基础知识和岗位保安要求的教育或者培

训,使其有针对性地了解并掌握《港口设施保安计划》中与其职责相关的内容,并保证其具备如下知识:

(一)各保安等级的含义和本岗位保安要求;

(二)辨认和探察武器、危险物质和装置;

(三)辨认可能威胁保安者的特点和行为模式;

(四)紧急撤离、简单救护等自我保护技术。

第六十七条 港口设施应当进行保安训练和演习,确保港口设施人员熟练履行其在各保安等级所承担的保安职责,发现并及时改进任何保安缺陷。

第六十八条 港口设施的经营人或者管理人应当保证至少每三个月进行一次港口设施保安训练。

训练应当根据《港口设施保安计划》进行,目的是对经批准的《港口设施保安计划》全部或部分内容进行测试。

第六十九条 各级交通(港口)管理部门应当组织保安演习。

保安演习至少每年进行一次,两次演习间隔不得超过十八个月。

演习应当结合经批准的《港口设施保安计划》,通过模拟一定保安事件情景,根据船港界面活动所涉及的各项保安要求,由多单位参与、协同进行,验证、评价和提高港口设施保安人员的综合反应能力,加强各级保安组织、各相关部门的整体反应和协调配合能力。

演习应当编制演习方案,并报送上级交通(港口)管理部门备案。

第七十条 港口设施的经营人或者管理人应当参加包括有关部门、船舶保安员共同进行的保安演习。

第七十一条 港口设施保安训练、演习可以采用实地或者模拟的形式,也可以与相关训练、演习结合进行。

第七十二条 训练、演习完成后,应当进行评估并记录存档。

第九章 保安信息与联络

第七十三条 中国海上搜救中心总值班室是全国港口设施保安总联络点,负责全国港口设施的保安报警接收和保安信息联络工作。

各地方港口行政管理部门值班室是所在地港口设施保安联络点,负责下列事项的全天候联系工作:

(一)接收港口设施保安信息,向相关海事管理机构了解船舶保安信息,针对接收到的保安报警及时按照应急反应程序采取保安行动,并视情通报有关部门;

(二)将港口设施保安信息及时通报海事管理机构,并为相关船舶提供保安建议或者援助;

(三)向中国海上搜救中心总值班室报告保安信息。

第七十四条 港口设施保安主管收到保安报警后,应立即与港口所在地港口行政管理部门联系,报告港口设施名称、位置,经营人或者管理人名称,设施内相关船舶、人员和货物,受到的保安威胁等情况。

港口设施保安主管应当随时保持通信联络畅通。

第七十五条 港口所在地港口行政管理部门收到相关船舶保安事件和其他船舶保安信息,应当按照应急反应程序,通知相关的港口设施,协调港口设施和船舶的保安行动。

第七十六条 交通部根据国际公约规定和工作需要,向国际海事组织报送港口设施保安信息,并负责接收和向国内相关部门、机构传送相关信息。

第七十七条 港口设施保安相关信息发生变化后港口设施经营人或者管理人应当向原报送单位及时发出更正信息。

第七十八条 各级交通(港口)管理部门应当建立信息系统,保证港口设施保安信息的及时报送、接收、分析和转发。

第十章 监督检查与法律责任

第七十九条 各级交通(港口)管理部门依法对港口设施保安活动实施的监督检查,任何单位或者个人不得拒绝、妨碍或者阻挠。

有关单位或者个人应当接受港口行政管理部门依法实施的监督检查,并为其提供必要的方便。

港口行政管理部门的工作人员实施监督检查时,应当出示执法证件,表明身份。

第八十条　港口所在地港口行政管理部门应当对港口设施的下列保安事项进行监督检查:

（一）《港口设施保安符合证书》的有效性;

（二）《港口设施保安计划》的实施效果,包括保安措施实施过程中的协调性;

（三）港口设施保安主管和相关人员对保安知识的掌握情况。

第八十一条　交通部应当对《港口设施保安符合证书》年度核验工作进行监督检查,发现不符合规定的,应当要求省级交通（港口）管理部门予以纠正。

第八十二条　未按规定取得有效《港口设施保安符合证书》且不符合本规则第三十九条规定的港口设施,不得为航行国际航线船舶提供服务。

对于违反前款规定,擅自为航行国际航线船舶提供服务的港口设施,由港口所在地港口行政管理部门予以警告并责令停止违法行为,并可处以3万元以下罚款。

第八十三条　对于违反本规则规定,港口设施保安主管和相关人员未经必要的培训,港口行政管理部门可以责令更换;

港口设施保安主管和相关人员未能履行本规则规定的职责,港口行政管理部门可以责令其参加保安培训,情节严重的,可以责令暂停或者撤销其港口设施保安主管资格。

第十一章　附　则

第八十四条　交通部通过"中国港口设施保安网"公布与港口设施保安相关的公开信息。

第八十五条　本规则自2008年3月1日起施行。

但为500总吨及以上特种用途船服务的港口设施自2008年7月1日起适用本规则。

交通部于2003年11月14日发布的《港口设施保安规则》（交水发[2003]500号）同时废止。

第四篇

全国口岸运行主要数据统计表

进出口商品总值表（1）

上栏单位：百万元人民币
下栏单位：百万美元

年份	进出口总值	出口总值	进口总值	差额 (+出超、-入超)	比上年增减±%	
					出口	进口
1981年	73,534	36,761	36,773	-12	-	-
1982年	77,137	41,383	35,754	5,629	12.6	-2.8
1983年	86,015	43,833	42,182	1,651	5.9	18.0
1984年	120,103	58,056	62,047	-3,991	32.4	47.1
1985年	206,671	80,886	125,785	-44,899	39.3	102.7
1986年	258,037	108,211	149,826	-41,615	33.8	19.1
1987年	308,416	146,995	161,421	-14,426	35.8	7.7
1988年	382,179	176,672	205,507	-28,835	20.2	27.3
1989年	415,592	195,606	219,986	-24,380	10.7	7.0
1990年	556,012	298,584	257,428	41,156	52.6	17.0
1991年	722,575	382,710	339,865	42,845	28.2	32.0
1992年	911,962	467,629	444,333	23,296	22.2	30.7
1993年	1,127,102	528,481	598,621	-70,140	13.0	34.7
1994年	2,038,190	1,042,184	996,006	46,178	97.2	66.4
1995年	2,349,994	1,245,181	1,104,813	140,368	19.5	10.9
1996年	2,413,386	1,257,643	1,155,743	101,900	1.0	4.6
1997年	2,696,724	1,516,068	1,180,656	335,412	20.5	2.2
1998年	2,684,968	1,522,354	1,162,614	359,740	0.4	-1.5
1999年	2,989,623	1,615,977	1,373,646	242,331	6.1	18.2
2000年	3,927,325	2,063,444	1,863,881	199,563	27.7	35.7
2001年	4,218,362	2,202,444	2,015,918	186,526	6.7	8.2
2002年	5,137,815	2,694,787	2,443,027	251,760	22.4	21.2
2003年	7,048,345	3,628,789	3,419,556	209,232	34.7	40.0
2004年	9,553,909	4,910,333	4,643,576	266,757	35.3	35.8
2005年	11,692,177	6,264,809	5,427,368	837,441	27.6	16.9
2006年	14,097,145	7,759,459	6,337,686	1,421,773	23.9	16.8
2007年	16,674,019	9,345,563	7,328,456	2,017,107	20.4	15.6

进出口商品总值表（2）

上栏单位：百万元人民币
下栏单位：百万美元

年 份	进出口总值	出口总值	进口总值	差 额 (+出超、-入超)	比上年增减±%	
					出 口	进 口
1981年	44,022	22,007	22,015	-8	-	-
1982年	41,606	22,321	19,285	3,036	1.4	-12.4
1983年	43,616	22,226	21,390	836	-0.4	10.9
1984年	53,549	26,139	27,410	-1,271	17.6	28.1
1985年	69,602	27,350	42,252	-14,902	4.6	54.1
1986年	73,846	30,942	42,904	-11,962	13.1	1.5
1987年	82,653	39,437	43,216	-3,779	27.5	0.7
1988年	102,784	47,516	55,268	-7,752	20.5	27.9
1989年	111,678	52,538	59,140	-6,602	10.6	7.0
1990年	115,436	62,091	53,345	8,746	18.2	-9.8
1991年	135,634	71,843	63,791	8,052	15.7	19.6
1992年	165,525	84,940	80,585	4,355	18.2	26.3
1993年	195,703	91,744	103,959	-12,215	8.0	29.0
1994年	236,621	121,006	115,615	5,391	31.9	11.2
1995年	280,864	148,780	132,084	16,696	23.0	14.2
1996年	289,881	151,048	138,833	12,215	1.5	5.1
1997年	325,162	182,792	142,370	40,422	21.0	2.5
1998年	323,949	183,712	140,237	43,475	0.5	-1.5
1999年	360,630	194,931	165,699	29,232	6.1	18.2
2000年	474,297	249,203	225,094	24,109	27.8	35.8
2001年	509,651	266,098	243,553	22,545	6.8	8.2
2002年	620,766	325,596	295,170	30,426	22.4	21.2
2003年	850,988	438,228	412,760	25,468	34.6	39.8
2004年	1,154,554	593,326	561,229	32,097	35.4	36.0
2005年	1,421,906	761,953	659,953	102,001	28.4	17.6
2006年	1,760,396	968,936	791,461	177,475	27.2	19.9
2007年	2,173,726	1,217,776	955,950	261,825	25.7	20.8

2007年全国口岸出入境人员排序表

序号	口岸名称	出入境人员（人次）	比重（%）	比去年同期±%
0	合　计	353,675,432	100.0	7.7
1	广东口岸	281,427,797	79.5	6.0
2	上海口岸	18,912,359	5.3	11.7
3	北京口岸	14,922,250	4.2	17.3
4	广西口岸	4,834,303	1.4	10.0
5	黑龙江口岸	4,196,527	1.2	12.3
6	云南口岸	3,967,595	1.1	23.9
7	内蒙古口岸	3,809,107	1.1	17.9
8	山东口岸	3,574,067	1.0	14.6
9	福建口岸	3,507,438	1.0	10.2
10	辽宁口岸	3,146,781	0.9	10.4
11	浙江口岸	2,172,295	0.6	5.2
12	新疆口岸	1,837,280	0.5	41.4
13	江苏口岸	1,419,537	0.4	15.8
14	天津口岸	1,146,480	0.3	11.7
15	吉林口岸	1,026,200	0.3	7.4
16	海南口岸	1,025,355	0.3	61.3
17	四川口岸	969,241	0.3	20.3
18	湖南口岸	506,402	0.1	16.5
19	陕西口岸	330,504	0.1	14.4
20	重庆口岸	212,313	0.1	9.0
21	河北口岸	166,693	0.0	5.0
22	湖北口岸	142,818	0.0	31.7
23	西藏口岸	115,698	0.0	24.1
24	河南口岸	83,836	0.0	15.0
25	安徽口岸	75,153	0.0	17.0
26	江西口岸	58,021	0.0	35.4
27	贵州口岸	50,500	0.0	-8.7
28	山西口岸	21,048	0.0	92.8
29	甘肃口岸	10,255	0.0	21.6
30	宁夏口岸	7,579	0.0	—
31	青海口岸			—

2007年全国口岸监管进出口邮递物品、印刷品和音像制品、快递物品排序表

序号	口岸名称	邮递物品		印刷品和音像制品		快递物品	
		数量(件)	同比±%	数量(件)	同比±%	数量(件)	同比±%
0	合　计	9,766,500	5.3	116,446,984	5.8	106,004,892	10.0
1	北京口岸	3,110,092	16.4	50,006,466	22.1	9,148,211	22.6
2	上海口岸	2,159,419	13.3	4,405,869	-5.9	32,325,910	21.6
3	广东口岸	1,698,179	-21.4	31,556,111	-12.9	51,081,433	0.8
4	辽宁口岸	542,238	12.4	1,831,025	-18.5	2,055,386	4.9
5	浙江口岸	449,655	19.7	1,122,975	7.7	2,341,645	36.9
6	福建口岸	316413	5.2	8,406,122	11.6	1,846,165	18.9
7	江苏口岸	184,154	5.4	1,509,592	-8.4	1062248	1.0
8	山东口岸	178,190	11.0	1,720,635	4.3	2,884,561	15.2
9	陕西口岸	157,227	41.0	2,079,618	83.7	239,839	52.0
10	河南口岸	134,930	-35.3	542328	40.8	160,056	-36.8
11	天津口岸	120,564	-13.4	6,364,772	0.0	720,902	2.7
12	内蒙古口岸	110,279	116.2	621,842	316.4	28,983	6.2
13	黑龙江口岸	103,707	7.9	769,772	15.9	245,833	11.4
14	吉林口岸	100,786	3.4	509,714	3.9	440,575	5.2
15	湖南口岸	87,741	38.8	320,989	53.9	224,362	28.9
16	四川口岸	69,385	9.2	2,175,527	-10.5	348,479	10.1
17	湖北口岸	54,725	23.3	944,927	13.7	229,336	5.9
18	广西口岸	51,194	-0.6	208,238	-5.2	307,384	146.8
19	云南口岸	39,596	4.8	282,577	12.3	61,562	55.1
20	新疆口岸	27,701	13.7	94,687	-23.2	19,981	1.1
21	河北口岸	25,843	124.7	61,824	-20.6	0	—
22	重庆口岸	21,889	3.2	852,038	32.4	201,403	31.0
23	海南口岸	12,770	-0.9	34,725	-8.4	28,558	19.3
24	西藏口岸	9,823	6.1	15,290	23.2	2,080	6.0
25	山西口岸	0	—	0	—	0	—
26	安徽口岸	0	—	0	—	0	—
27	江西口岸	0	—	9,321	-14.2	0	-100.0
28	贵州口岸	0	—	0	—	0	-100.0
29	甘肃口岸	0	—	0	—	0	—
30	宁夏口岸	0	—	0	—	0	—
31	青海口岸	0	—	0	—	0	—

2007年全国口岸进出口商品总值排序表

序号	海关名称	进出口总值（万美元）	比重（%）	比去年同期±%	进口总值（万美元）	比去年同期±%	出口总值（万美元）	比去年同期±%
0	合　计	217,383,301	100.0	23.5	95,581,850	20.8	121,801,451	25.7
1	广东口岸	68,209,880	31.4	20.7	28,878,478	18.2	39,331,401	22.5
2	上海口岸	52,064,290	24.0	21.4	19,239,990	18.6	32,824,300	23.1
3	江苏口岸	21,812,311	10.0	25.5	12,005,147	19.6	9,807,165	33.7
4	山东口岸	14,890,610	6.8	28.1	6,791,745	25.5	8,098,865	30.4
5	浙江口岸	14,575,952	6.7	30.1	6,849,403	23.7	7,726,548	36.3
6	天津口岸	12,872,137	5.9	26.6	5,368,491	20.1	7,503,646	31.6
7	辽宁口岸	7,278,753	3.4	24.7	3,273,195	22.5	4,005,558	26.6
8	福建口岸	7,211,917	3.3	15.9	2,442,391	12.0	4,769,527	18.0
9	北京口岸	6,130,715	2.8	7.8	3,546,618	6.4	2,584,097	9.7
10	新疆口岸	1,836,481	0.8	66.1	608,255	75.6	1,228,226	61.8
11	河北口岸	1,262,838	0.6	52.1	663,565	83.0	599,273	28.2
12	广西口岸	1,177,953	0.5	48.0	706,190	43.6	471,762	55.2
13	内蒙古口岸	1165592	0.5	21.2	981,898	14.9	183,694	71.9
14	湖北口岸	918,597	0.4	36.2	557,379	41.5	361,217	28.7
15	黑龙江口岸	773,107	0.4	22.7	185,468	17.4	587,639	24.5
16	海南口岸	660,668	0.3	111.0	507,764	132.9	152,904	60.8
17	四川口岸	597,541	0.3	45.7	415,771	34.6	181,770	79.8
18	重庆口岸	579,643	0.3	40.7	273,144	47.0	306,499	35.5
19	吉林口岸	506,789	0.2	27.6	398,506	23.3	108,284	46.4
20	安徽口岸	455,862	0.2	34.9	313,509	41.5	142,352	22.2
21	云南口岸	386,740	0.2	25.8	129,055	26.1	257,685	25.7
22	湖南口岸	355,682	0.2	44.8	218,787	62.2	136,895	23.6
23	江西口岸	349,712	0.2	73.7	208,859	76.0	140,853	70.3
24	山西口岸	315,511	0.1	111.5	305,938	133.8	9,572	−47.9
25	陕西口岸	308,114	0.1	35.1	153,820	5.9	154,294	86.5
26	河南口岸	301,125	0.1	50.9	227,467	77.0	73,658	3.6
27	甘肃口岸	231,064	0.1	41.3	221,970	49.4	9,094	−39.1
28	宁夏口岸	45,431	0.0	52.6	45,213	52.4	218	84.1
29	贵州口岸	42,847	0.0	38.5	30,654	34.2	12,193	50.9
30	青海口岸	36,273	0.0	−41.7	31,105	2.4	5,168	−83.8
31	西藏口岸	29,168	0.0	39.6	2,073	58.0	27,095	38.4

2007年进出口商品国别（地区）总值表

单位：千美元

进口原产国（地） 出口最终目的国（地）	2007年			2006年		
	出口	进口	出入超	出口	进口	出入超
总值	1,217,775,756	955,950,261	261,825,495	968,935,601	791,460,868	177,474,733
亚洲	567,874,025	619,926,554	-52,052,528	455,726,923	525,367,181	-69,640,258
阿富汗	169,437	2,376	167,061	100,487	186	100,301
巴林	384,700	102,446	282,253	283,919	64,815	219,104
孟加拉国	3,344,894	114,171	3,230,723	3,090,403	98,835	2,991,568
不丹	5,393	1	5,392	161	0	161
文莱	112,679	246,077	-133,398	99,630	215,312	-115,682
缅甸	1,699,700	378,140	1,321,560	1,207,418	252,650	954,768
柬埔寨	882,928	51,066	831,862	697,765	35,091	662,673
塞浦路斯	697,833	8,018	689,815	350,704	2,991	347,713
朝鲜	1,392,492	583,836	808,656	1,232,323	467,764	764,559
香港	184,436,248	12,804,202	171,632,046	155,309,068	10,779,763	144,529,305
印度	24,011,455	14,617,103	9,394,352	14,581,297	10,277,449	4,303,849
印度尼西亚	12,601,334	12,395,078	206,257	9,449,712	9,605,743	-156,031
伊朗	7,284,049	13,305,597	-6,021,548	4,488,952	9,958,456	-5,469,504
伊拉克	687,384	765,797	-78,413	491,158	653,273	-162,115
以色列	3,655,999	1,653,938	2,002,061	2,561,315	1,314,405	1,246,910
日本	102,008,590	133,942,368	-31,933,778	91,622,673	115,672,581	-24,049,908
约旦	1,099,287	82,069	1,017,218	977,748	53,232	924,516
科威特	1,338,633	2,290,623	-951,990	861,311	1,924,000	-1,062,689
老挝	177,937	85,919	92,018	168,717	49,647	119,070
黎巴嫩	698,722	18,621	680,101	499,440	8,600	490,839
澳门	2,640,987	280,381	2,360,605	2,185,386	257,039	1,928,348
马来西亚	17,689,267	28,697,051	-11,007,784	13,537,074	23,572,434	-10,035,361
马尔代夫	24,787	284	24,504	15,402	598	14,804
蒙古	682,949	1,351,649	-668,700	433,495	1,147,483	-713,988
尼泊尔	385,577	14,790	370,787	259,796	8,285	251,512

口岸运行主要数据统计表

续表

进口原产国(地) 出口最终目的国(地)	2007 年			2006 年		
	出 口	进 口	出入超	出 口	进 口	出入超
阿曼	547,560	6,722,731	-6,175,170	339,541	6,129,474	-5,789,933
巴基斯坦	5,789,055	1,104,216	4,684,838	4,239,365	1,007,214	3,232,151
巴勒斯坦	37,500	152	37,348	27,864	208	27,655
菲律宾	7,497,921	23,117,839	-15,619,918	5,738,135	17,674,561	-11,936,426
卡塔尔	620,879	588,003	32,876	436,809	561,981	-125,172
沙特阿拉伯	7,807,284	17,559,683	-9,752,400	5,055,834	15,084,532	-10,028,698
新加坡	29,620,297	17,523,684	12,096,612	23,185,291	17,672,616	5,512,675
韩国	56,098,857	103,751,954	-47,653,097	44,522,207	89,724,142	-45,201,935
斯里兰卡	1,384,079	48,032	1,336,047	1,106,412	34,834	1,071,578
叙利亚	1,868,466	8,272	1,860,194	1,355,551	50,664	1,304,887
泰国	11,973,428	22,664,691	-10,691,263	9,764,065	17,962,428	-8,198,364
土耳其	10,475,626	1,292,397	9,183,229	7,303,285	765,952	6,537,333
阿拉伯联合酋长国	17,023,621	3,012,027	14,011,594	11,404,780	2,796,745	8,608,035
也门共和国	963,052	1,745,290	-782,238	802,261	2,232,552	-1,430,291
越南	11,891,297	3,226,281	8,665,016	7,463,355	2,486,076	4,977,279
中华人民共和国	-	85,772,976	-85,772,976	-	73,332,834	-73,332,834
台湾省	23,459,803	101,027,072	-77,567,269	20,733,085	87,098,633	-66,365,548
东帝汶	9,458	49	9,408	5,794	10,964	-5,170
哈萨克斯坦	7,445,856	6,431,909	1,013,947	4,750,481	3,607,273	1,143,208
吉尔吉斯斯坦	3,665,539	113,693	3,551,846	2,112,786	112,916	1,999,870
塔吉克斯坦	513,766	10,285	503,481	305,778	18,002	287,776
土库曼斯坦	302,538	50,141	252,397	162,571	16,012	146,560
乌兹别克斯坦	764,739	363,450	401,289	406,154	565,937	-159,783
亚洲其他国家(地区)	145	123	22	166	-	166
非 洲	37,297,726	36,359,199	938,528	26,687,879	28,771,740	-2,083,860
阿尔及利亚	2,705,482	1,160,932	1,544,550	1,947,514	143,122	1,804,393
安哥拉	1,229,748	12,888,665	-11,658,916	894,186	10,933,295	-10,039,109
贝宁	1,970,557	113,132	1,857,425	1,452,096	89,383	1,362,713
博茨瓦那	118,750	26,435	92,315	61,782	8,166	53,616
布隆迪	13,034	674	12,361	10,179	1,746	8,432

续表

进口原产国(地) 出口最终目的国(地)	2007 年			2006 年		
	出 口	进 口	出入超	出 口	进 口	出入超
喀麦隆	296,577	160,018	136,560	191,147	199,663	-8,516
加那利群岛	53,942	0	53,942	52,569	33	52,536
佛得角	14,688	0	14,688	10,094	0	10,094
中非	8,865	6,612	2,254	1,693	8,609	-6,916
塞卜泰(休达)	646	-	646	206	-	206
乍得	65,683	84,069	-18,386	14,143	260,313	-246,170
科摩罗	7,649	2	7,648	6,195	1	6,195
刚果(布)	433,979	2,835,732	-2,401,752	241,474	2,791,642	-2,550,168
吉布提	164,064	1,639	162,425	154,950	384	154,566
埃及	4,432,797	239,733	4,193,064	2,975,501	216,769	2,758,732
赤道几内亚	92,682	1,697,283	-1,604,601	41,108	2,537,592	-2,496,484
埃塞俄比亚	774,493	87,122	687,372	430,770	131,823	298,947
加蓬	102,548	1,095,733	-993,185	63,877	816,761	-752,883
冈比亚	185,322	8,549	176,773	162,438	446	161,992
加纳	1,221,369	53,522	1,167,847	803,092	79,678	723,414
几内亚	263,852	92,357	171,495	175,491	12,281	163,210
几内亚(比绍)	7,275	173	7,102	5,677	0	5,677
科特迪瓦共和国	412,574	40,637	371,938	227,478	125,489	101,990
肯尼亚	930,909	28,112	902,797	621,040	24,416	596,625
利比里亚	802,648	3,277	799,370	529,844	1,928	527,916
利比亚	862,578	1,547,495	-684,917	704,105	1,693,946	-989,841
马达加斯加	328,474	29,662	298,812	222,563	23,810	198,753
马拉维	42,070	759	41,311	30,741	986	29,756
马里	125,270	35,895	89,375	74,988	114,240	-39,252
毛里塔尼亚	137,237	569,381	-432,144	109,240	402,016	-292,776
毛里求斯	284,396	5,025	279,371	197,754	7,326	190,428
摩洛哥	2,162,219	423,892	1,738,327	1,569,526	359,406	1,210,120
莫桑比克	160,250	124,248	36,002	127,940	79,772	48,168
纳米比亚	245,536	157,659	87,877	133,158	121,857	11,301
尼日尔	30,735	45	30,690	71,762	927	70,834

口岸运行主要数据统计表

续表

进口原产国(地) 出口最终目的国(地)	2007 年			2006 年		
	出 口	进 口	出入超	出 口	进 口	出入超
尼日利亚	3,795,839	537,080	3,258,759	2,852,152	277,747	2,574,405
留尼汪	87,332	12	87,320	42,735	27	42,708
卢旺达	34,795	23,634	11,160	12,406	21,888	-9,482
圣多美和普林西比	1,780	-	1,780	1,218	-	1,218
塞内加尔	332,918	22,531	310,388	187,267	9,361	177,906
塞舌尔	7,420	4,460	2,960	5,303	598	4,705
塞拉利昂	58,474	5,705	52,769	38,979	979	38,000
索马里	26,612	1,723	24,889	27,578	3,065	24,513
南非	7,428,261	6,618,069	810,192	5,767,709	4,085,358	1,682,351
西撒哈拉	24	-	24	53	-	53
苏丹	1,536,790	4,171,239	-2,634,449	1,410,329	1,943,482	-533,153
坦桑尼亚	593,585	203,600	389,985	382,773	152,678	230,095
多哥	1,372,807	26,105	1,346,702	704,015	21,599	682,416
突尼斯	481,907	30,318	451,589	357,545	50,533	307,012
乌干达	202,194	19,898	182,296	137,802	17,785	120,017
布基纳法索	43,691	155,040	-111,349	19,346	193,313	-173,967
刚果(金)	93,055	460,176	-367,121	68,765	368,550	-299,785
赞比亚	197,805	394,862	-197,057	102,525	270,356	-167,831
津巴布韦	201,614	142,769	58,844	136,293	139,093	-2,801
莱索托	56,564	1,244	55,320	64,422	1,280	63,142
梅利利亚	4,131	-	4,131	3,765	-	3,765
斯威士兰	13,212	19,332	-6,120	7,223	24,822	17,600
厄立特里亚	26,648	2,519	24,129	37,946	708	37,238
马约特岛	5,261	0	5,261	1,537	-	1,537
非洲其他国家(地区)	6,104	413	5,691	1,873	692	1,181
欧 洲	287,848,558	139,672,833	148,175,725	215,369,733	114,856,818	100,512,915
比利时	12,679,378	4,973,144	7,706,234	9,906,043	4,304,298	5,601,745
丹麦	4,589,853	1,822,987	2,766,866	3,645,988	1,309,134	2,336,854
英国	31,656,267	7,775,522	23,880,746	24,163,209	6,506,395	17,656,814
德国	48,714,288	45,382,933	3,331,354	40,314,598	37,879,365	2,435,233

续表

进口原产国(地)出口最终目的国(地)	2007 年			2006 年		
	出口	进口	出入超	出口	进口	出入超
法国	20,327,392	13,341,053	6,986,339	13,910,660	11,279,218	2,631,442
爱尔兰	4,438,353	1,925,333	2,513,020	3,918,248	1,545,239	2,373,009
意大利	21,169,614	10,210,805	10,958,809	15,971,983	8,600,298	7,371,685
卢森堡	2,052,967	251,751	1,801,216	2,015,941	169,343	1,846,598
列支敦士登	9,937	24,492	−14,555	10,954	13,985	−3,031
马耳他	327,477	375,981	−48,504	475,057	350,582	124,475
摩纳哥	7,731	11,344	−3,613	9,017	9,452	−435
挪威	2,200,116	1,614,763	585,353	1,700,841	1,250,356	450,485
波兰	6,552,928	1,112,247	5,440,682	4,006,174	667,121	3,339,053
罗马尼亚	2,084,233	281,472	1,802,761	6,085,417	230,911	5,854,506
圣马力诺	1,408	101	1,307	5,200	128	5,073
瑞典	4,548,851	4,141,841	407,010	3,277,859	3,448,568	−170,709
瑞士	3,600,458	5,843,975	−2,243,518	2,509,480	4,254,238	−1,744,758
爱沙尼亚	584,647	89,857	494,789	456,032	284,977	171,055
拉脱维亚	684,543	21,496	663,047	439,404	13,722	425,682
立陶宛	802,140	19,691	782,450	555,859	15,600	540,259
格鲁吉亚	176,741	15,586	161,155	78,356	6,951	71,405
亚美尼亚	51,432	37,774	13,658	33,076	8,413	24,663
阿塞拜疆	475,115	1,442	473,673	346,672	22,019	324,653
白俄罗斯	227,221	612,588	−385,367	215,799	428,773	−212,975
摩尔多瓦	49,987	1,406	48,581	31,629	560	31,069
俄罗斯联邦	28,466,198	19,688,579	8,777,619	15,832,487	17,554,327	−1,721,840
乌克兰	5,865,806	665,634	5,200,172	3,722,129	437,169	3,284,960
斯洛文尼亚	692,930	110,555	582,375	446,442	94,896	351,547
克罗地亚	1,515,255	67,625	1,447,630	878,388	55,033	823,355
捷克	4,134,777	830,799	3,303,978	2,365,830	516,703	1,849,127
斯洛伐克	1,470,605	735,312	735,293	577,283	336,402	240,881
前南斯拉夫马其顿	75,338	9,826	65,512	28,242	2,869	25,373
波斯尼亚—黑塞哥维那	53,925	27,287	26,638	24,076	120,104	−96,028
梵蒂冈城国	243	0	243	5	2	3

口岸运行主要数据统计表

续表

进口原产国（地）出口最终目的国（地）	2007 年			2006 年		
	出 口	进 口	出入超	出 口	进 口	出入超
法罗群岛	617	6,881	-6,264	32	4,327	-4,295
塞尔维亚	354,407	13,116	341,291	–	–	–
黑山	53,423	1,349	52,075	–	–	–
欧洲其他国家（地区）	–	–	–	–	–	–
拉丁美洲	51,539,395	51,110,902	428,494	36,027,947	34,175,190	1,852,757
安提瓜和巴布达	395,237	0	395,237	161,051	5	161,046
阿根廷	3,566,350	6,334,501	-2,768,150	2,003,896	3,700,185	-1,696,289
阿鲁巴岛	10,431	114	10,317	9,519	99	9,420
巴哈马	162,611	18,119	144,492	164,527	68	164,459
巴巴多斯	34,732	1,131	33,601	75,599	294	75,305
伯利兹	26,020	0	26,020	28,764	20	28,744
玻利维亚	96,718	56,356	40,362	58,349	46,495	11,854
博内尔	3	0	3	46	–	46
巴西	11,372,262	18,341,833	-6,969,571	7,380,106	12,909,495	-5,529,389
开曼群岛	10,770	5	10,765	6,341	16	6,325
智利	4,415,558	10,280,605	-5,865,047	3,109,030	5,735,872	-2,626,842
哥伦比亚	2,261,168	1,095,796	1,165,372	1,496,274	263,817	1,232,456
多米尼克	73,572	30,606	42,966	60,864	8,184	52,680
哥斯达黎加	566,783	2,306,640	-1,739,857	408,749	1,747,274	-1,338,524
古巴	1,170,249	1,115,463	54,786	1,264,373	528,313	736,060
库腊索岛	37,052	–	37,052	58,872	1	58,871
多米尼加共和国	512,925	99,844	413,081	401,805	94,445	307,360
厄瓜多尔	942,399	141,191	801,207	714,346	87,202	627,143
法属圭亚那	3,023	4	3,018	2,131	4	2,127
格林纳达	2,974	45	2,929	4,064	20	4,044
瓜德罗普岛	17,930	–	17,930	9,683	–	9,683
危地马拉	796,223	46,209	750,014	687,586	43,776	643,811
圭亚那	65,295	18,105	47,190	81,504	17,682	63,822
海地	81,602	6,330	75,272	59,794	1,365	58,430
洪都拉斯	273,111	16,084	257,027	223,679	18,617	205,062

续表

进口原产国(地)出口最终目的国(地)	2007年			2006年		
	出口	进口	出入超	出口	进口	出入超
牙买加	246,106	38,464	207,642	179,589	358,767	-179,178
马提尼克岛	15,134	2	15,132	4,649	21	4,628
墨西哥	11,706,109	3,263,293	8,442,817	8,823,554	2,607,103	6,216,451
蒙特塞拉特	666	4	661	65	-	65
尼加拉瓜	212,228	3,390	208,838	162,719	763	161,956
巴拿马	5,579,979	7,887	5,572,092	3,867,163	14,302	3,852,861
巴拉圭	465,820	19,676	446,144	327,496	53,669	273,827
秘鲁	1,678,503	4,337,890	-2,659,387	1,008,535	2,907,850	-1,899,315
波多黎各	420,126	137,050	283,076	352,631	103,223	249,408
萨巴	22	-	22	-	-	-
圣卢西亚	6,840	115	6,724	4,122	26	4,096
圣马丁岛	2,602	3	2,599	2,024	-	2,024
圣文森特和格林纳丁斯	26,599	0	26,599	14,841	-	14,841
萨尔瓦多	352,183	4,728	347,455	315,225	3,891	311,334
苏里南	67,169	3,057	64,112	42,939	3,948	38,991
特立尼达和多巴哥	263,027	20,533	242,494	164,754	10,210	154,544
特克斯和凯科斯群岛	915	-	915	739	1	738
乌拉圭	615,579	341,761	273,817	402,432	270,000	132,431
委内瑞拉	2,832,859	3,023,946	-191,086	1,698,021	2,637,956	-939,935
英属维尔京群岛	116,263	111	116,152	121,004	2	121,002
圣其茨--尼维斯	2,578	10	2,568	636	-	636
圣皮埃尔和密克隆	50	-	50	43	-	43
荷属安地列斯群岛	31,649	-	31,649	61,981	169	61,812
拉丁美洲其他国家(地区)	1,390	-	1,390	1,837	41	1,795
北美洲	252,115,088	80,407,756	171,707,332	219,113,862	66,922,292	152,191,570
加拿大	19,355,685	10,979,134	8,376,552	15,516,719	7,662,114	7,854,605
美国	232,676,552	69,390,610	163,285,942	203,448,415	59,211,047	144,237,368
格陵兰	559	37,995	-37,436	495	30,040	-29,545
百慕大群岛	81,992	18	81,975	147,817	-	147,817
北美洲其他国家(地区)	299	-	299	416	19,091	-18,675

口岸运行主要数据统计表

续表

进口原产国(地) 出口最终目的国(地)	2007 年			2006 年		
	出 口	进 口	出入超	出 口	进 口	出入超
大洋洲	21,100,963	28,413,593	–7,312,631	16,009,257	21,323,704	–5,314,447
澳大利亚	17,989,659	25,840,338	–7,850,680	13,624,882	19,323,299	–5,698,417
库克群岛	1,132	1,844	–712	821	1,196	–374
斐济	63,683	2,571	61,112	67,997	1,228	66,769
盖比群岛	143	56	87	126	0	125
马克萨斯群岛	43	–	43	45	–	45
瑙鲁	40		40	–	0	0
新喀里多尼亚	30,756	377,639	–346,883	19,171	163,674	–144,503
瓦努阿图	20,944	402	20,542	18,324	1,052	17,272
新西兰	2,160,168	1,537,755	622,413	1,619,781	1,314,431	305,350
诺福克岛	1,752	–	1,752	535	–	535
巴布亚新几内亚	212,592	468,392	–255,800	126,397	391,849	–265,452
社会群岛	3,581	14	3,566	4,728	12	4,715
所罗门群岛	10,179	182,338	–172,159	5,012	124,862	–119,850
汤加	7,321	39	7,282	3,740	13	3,727
土阿莫土群岛	–	–	–	1	–	1
土布艾群岛	–	–	–	7	–	7
萨摩亚	11,548	297	11,251	12,951	12	12,940
基里巴斯	16,688	1	16,688	1,181	0	1,181
图瓦卢	6,638	58	6,580	10,882	76	10,805
密克罗尼西亚联邦	9,172	321	8,851	2,876	73	2,803
马绍尔群岛共和国	517,217	35	517,182	457,176	202	456,974
帕劳共和国	743	1	742	686	5	681
法属波利尼西亚	26,801	1,366	25,435	18,885	1,684	17,201
瓦利斯和浮图纳	570	–	570	367	–	367
大洋洲其他国家(地区)	9,592	125	9,467	12,686	35	12,651
国别(地区)不详	–	59,425	–59,425	–	43,944	–43,944
东南亚国家联盟	94,146,787	108,385,826	–14,239,038	71,311,161	89,526,559	–18,215,399
欧洲联盟	245,178,471	110,935,087	134,243,384	189,848,442	90,631,285	99,217,157
亚太经济合作组织	776,050,746	690,955,868	85,094,877	644,534,094	582,505,016	62,029,078

中国口岸年鉴

注释：

一、东南亚国家联盟包括：文莱、缅甸、柬埔寨、印度尼西亚、老挝、马来西亚、菲律宾、新加坡、泰国、越南。

二、欧洲联盟包括：比利时、丹麦、英国、德国、法国、爱尔兰、意大利、卢森堡、荷兰、希腊、葡萄牙、西班牙、奥地利、芬兰、瑞典、塞浦路斯、匈牙利、马耳他、波兰、爱沙尼亚、拉脱维亚、立陶宛、斯洛文尼亚、捷克、斯洛伐克、保加利亚、罗马尼亚。

三、亚太经济合作组织包括：文莱、香港、印度尼西亚、日本、马来西亚、菲律宾、新加坡、韩国、泰国、越南、中华人民共和国、台湾省、俄罗斯、智利、墨西哥、秘鲁、加拿大、美国、澳大利亚、新西兰、巴布亚新几内亚。

四、保加利亚与罗马尼亚于2007年1月正式加入欧盟。本表在计算对欧盟贸易与上年同期增长率时，按照新的范围口径对2006年同期的数据进行了调整。

2007年进出口商品构成表

单位：千美元

商 品	出 口 金 额	出 口 比重%	进 口 金 额	进 口 比重%
总 值	1,217,775,756	100.0	955,950,261	100.0
一、初级产品	61,509,101	5.1	243,085,441	25.4
0 类 食品及活动物	30,742,648	2.5	11,499,623	1.2
00 章 活动物	374,810	0.0	73,474	0.0
01 章 肉及肉制品	2,080,253	0.2	1,559,889	0.2
02 章 乳品及蛋品	358,950	0.0	755,636	0.1
03 章 鱼、甲壳及软体类动物及其制品	9,230,092	0.8	3,466,700	0.4
04 章 谷物及其制品	2,696,144	0.2	615,211	0.1
05 章 蔬菜及水果	11,249,275	0.9	2,028,650	0.2
06 章 糖、糖制品及蜂蜜	831,006	0.1	490,592	0.1
07 章 咖啡、茶、可可、调味料及其制品	1,295,971	0.1	303,856	0.0
08 章 饲料（不包括未碾磨谷物）	1,027,697	0.1	1,279,694	0.1
09 章 杂项食品	1,598,449	0.1	925,921	0.1
1 类 饮料及烟类	1,396,535	0.1	1,401,138	0.1
11 章 饮料	757,996	0.1	860,190	0.1
12 章 烟草及其制品	638,540	0.1	540,947	0.1
2 类 非食用原料（燃料除外）	9,116,295	0.7	117,910,225	12.3
21 章 生皮及生毛皮	24,772	0.0	1,822,315	0.2
22 章 油籽及含油果实	709,866	0.1	12,045,034	1.3
23 章 牛橡胶（包括合成橡胶及再生橡胶）	220,535	0.0	6,113,421	0.6
24 章 软木及木材	1,235,852	0.1	7,331,502	0.8
25 章 纸浆及废纸	92,010	0.0	9,589,589	1.0
26 章 纺织纤维及其废料	2,040,085	0.2	7,453,740	0.8
27 章 天然肥料及矿物(煤、石油及宝石除外)	1,682,043	0.1	3,306,880	0.3
28 章 金属矿砂及金属废料	1,023,473	0.1	69,612,508	7.3
29 章 其他动、植物原料	2,087,658	0.2	635,238	0.1
3 类 矿物燃料、润滑油及有关原料	19,950,868	1.6	104,930,090	11.0
32 章 煤、焦炭及煤砖	6,357,377	0.5	2,451,845	0.3

续表

33章 石油、石油产品及有关原料	12,182,963	1.0	99,150,452	10.4
34章 天然气及人造气	551,808	0.0	3,091,264	0.3
35章 电流	858,720	0.1	236,529	0.0
4 类 动植物油、脂及蜡	302,755	0.0	7,344,366	0.8
41章 动物油、脂	29,414	0.0	282,819	0.0
42章 植物油、脂	204,960	0.0	6,739,742	0.7
43章 已加工的动植物油、脂及动植物蜡	68,381	0.0	321,805	0.0
二、工业制品	1,156,266,655	94.9	712,864,820	74.6
5 类 化学成品及有关产品	60,323,845	5.0	107,554,022	11.3
51章 有机化学品	16,847,135	1.4	38,420,211	4.0
52章 无机化学品	9,642,415	0.8	4,449,894	0.5
53章 染料、鞣料及着色料	3,534,190	0.3	3,809,941	0.4
54章 医药品	6,002,504	0.5	3,891,913	0.4
55章 精油、香料及盥洗、光洁制品	2,417,025	0.2	1,769,336	0.2
56章 制成肥料	3,702,414	0.3	2,901,530	0.3
57章 初级形状的塑料	6,326,060	0.5	35,559,889	3.7
58章 非初级形状的塑料	4,416,456	0.4	6,600,678	0.7
59章 其他化学原料及产品	7,435,646	0.6	10,150,630	1.1
6 类 按原料分类的制成品	219,877,195	18.1	102,877,256	10.8
61章 皮革、皮革制品及已鞣毛皮	2,281,657	0.2	4,608,645	0.5
62章 橡胶制品	9,551,219	0.8	3,439,980	0.4
63章 软木及木制品（家具除外）	8,556,063	0.7	679,262	0.1
64章 纸及纸板;纸浆、纸及纸板制品	6,787,921	0.6	3,952,093	0.4
65章 纺纱、织物、制成品及有关产品	55,967,741	4.6	16,644,688	1.7
66章 非金属矿物制品	20,067,091	1.6	7,063,931	0.7
67章 钢铁	51,510,876	4.2	24,144,416	2.5
68章 有色金属	19,226,633	1.6	32,765,832	3.4
69章 金属制品	45,927,994	3.8	9,578,409	1.0
7 类 机械及运输设备	577,044,663	47.4	412,459,135	43.1
71章 动力机械及设备	15,059,107	1.2	15,487,863	1.6
72章 特种工业专用机械	17,060,070	1.4	30,597,468	3.2
73章 金工机械	3,885,970	0.3	10,693,302	1.1

续表

74 章 通用工业机械设备及零件	46,925,870	3.9	30,512,086	3.2
75 章 办公用机械及自动数据处理设备	147,146,700	12.1	44,236,170	4.6
76 章 电信及声音的录制及重放装置设备	165,001,135	13.5	36,959,795	3.9
77 章 电力机械、器具及其电气零件	128,097,219	10.5	209,044,209	21.9
78 章 陆路车辆（包括气垫式）	39,474,620	3.2	22,053,550	2.3
79 章 其他运输设备	14,393,972	1.2	12,874,690	1.3
8 类 杂项制品	296,844,464	24.4	87,509,754	9.2
81 章 活动房屋;卫生、水道、供热及照明装置	9,723,580	0.8	311,474	0.0
82 章 家具及其零件;褥垫及类似填充制品	26,941,473	2.2	1,046,322	0.1
83 章 旅行用品、手提包及类似品	10,938,570	0.9	354,932	0.0
84 章 服装及衣着附件	115,237,522	9.5	1,976,089	0.2
85 章 鞋靴	25,305,587	2.1	726,496	0.1
87 章 专业、科学及控制用仪器和装置	30,295,771	2.5	59,732,414	6.2
88 章 摄影器材、光学物品及钟表	8,610,799	0.7	9,918,764	1.0
89 章 杂项制品	69,791,161	5.7	13,443,262	1.4
9 类 未分类的商品	2,176,487	0.2	2,464,653	0.3

2007年进出口商品类章总值表

单位：千美元

类 章		出口		进口	
		金额	比重%	金额	比重%
	总值	1,217,775,756	100.0	955,950,261	100.0
第一类	活动物；动物产品	7,397,215	0.6	6,024,195	0.6
01章	活动物	374,810	0.0	73,474	0.0
02章	肉及食用杂碎	731,290	0.1	1,519,760	0.2
03章	鱼、甲壳动物、软体动物及其他水生无脊椎动物	4,752,380	0.4	3,442,766	0.4
04章	乳品；蛋品；天然蜂蜜；其他食用动物产品	461,348	0.0	753,110	0.1
05章	其他动物产品	1,077,387	0.1	235,084	0.0
第二类	植物产品	11,265,115	0.9	15,056,097	1.6
06章	活树及其他活植物；鳞茎、根及类似品；插花及装饰用簇叶	131,502	0.0	83,886	0.0
07章	食用蔬菜、根及块茎	4,042,513	0.3	800,269	0.1
08章	食用水果及坚果；甜瓜或柑桔属水果的果皮	1,632,412	0.1	915,017	0.1
09章	咖啡、茶、马黛茶及调味香料	1,088,758	0.1	77,372	0.0
10章	谷物	1,966,907	0.2	515,163	0.1
11章	制粉工业产品；麦芽；淀粉；菊粉；面筋	508,729	0.0	221,421	0.0
12章	含油子仁及果实；杂项子仁及果实；工业用或药用植物；稻草、秸秆及饲料	1,628,837	0.1	12,266,500	1.3
13章	虫胶；树胶、树脂及其他植物液、汁	206,344	0.0	89,919	0.0
14章	编结用植物材料；其他植物产品	59,113	0.0	86,551	0.0
第三类	动、植物油、脂及其分解产品；精制的食用油脂；动、植物蜡	327,023	0.0	7,575,664	0.8
15章	动、植物油、脂及其分解产品；精制的食用油脂；动、植物蜡	327,023	0.0	7,575,664	0.8
第四类	食品；饮料、酒及醋；烟草、烟草及烟草代用品的制品	16,474,121	1.4	4,543,412	0.5
16章	肉、鱼、甲壳动物、软体动物及其他水生无脊椎动物的制品	5,831,489	0.5	66,868	0.0
17章	糖及糖食	565,705	0.0	485,333	0.1
18章	可可及可可制	147,316	0.0	210,797	0.0
19章	谷物、粮食粉、淀粉或乳的制品；糕饼点	919,807	0.1	444,689	0.0
20章	蔬菜、水果、坚果或植物其他部分的制品	5,436,102	0.4	272,805	0.0
21章	杂项食品	1,103,411	0.1	376,558	0.0

口岸运行主要数据统计表

续表

类　章		出口		进口	
		金额	比重%	金额	比重%
22 章	饮料、酒及醋	828,751	0.1	866,159	0.1
23 章	食品工业的残渣及废料；配制的动物饲料	1,003,002	0.1	1,279,256	0.1
24 章	烟草、烟草及烟草代用品的制品	638,540	0.1	540,947	0.1
第五类	矿产品	23,587,936	1.9	162,081,581	17.0
25 章	盐；硫磺；泥土及石料；石膏料、石灰及水泥	2,691,148	0.2	3,050,622	0.3
26 章	矿砂、矿渣及矿灰	945,818	0.1	54,044,854	5.7
27 章	矿物燃料、矿物油及其蒸馏产品；沥青物质；矿物蜡	19,950,970	1.6	104,986,105	11.0
第六类	化学工业及其相关工业的产品	51,085,025	4.2	68,568,876	7.2
28 章	无机化学品；贵金属、稀土金属、放射性元素及其同位素的有机及无机化合物	9,661,173	0.8	6,416,530	0.7
29 章	有机化学品	20,596,784	1.7	38,426,062	4.0
30 章	药品	2,052,647	0.2	3,450,826	0.4
31 章	肥料	3,736,532	0.3	2,906,194	0.3
32 章	鞣料浸膏及染料浸膏；鞣酸及其衍生物；染料、颜料及其他着色料；油漆及清漆；油灰及其他类似胶粘剂；墨水、油墨	3,577,013	0.3	3,805,674	0.4
33 章	精油及香膏；芳香料制品及化妆盥洗品	1,789,545	0.1	809,820	0.1
34 章	肥皂、有机表面活性剂、洗涤剂、润滑剂、人造蜡、调制蜡、光洁剂、蜡烛及类似品、塑型用膏、"牙科用蜡"及牙科用熟石膏制剂	1,468,161	0.1	1,859,163	0.2
35 章	蛋白类物质；改性淀粉；胶；酶	1,021,285	0.1	1,331,540	0.1
36 章	炸药；烟火制品；火柴；引火合金；易燃材料制品	576,444	0.0	21,440	0.0
37 章	照相及电影用品	765,180	0.1	1,247,630	0.1
38 章	杂项化学产品	5,840,260	0.5	8,293,997	0.9
第七类	塑料及其制品；橡胶及其制品	36,512,811	3.0	54,916,219	5.7
39 章	塑料及其制品	26,397,232	2.2	45,323,377	4.7
40 章	橡胶及其制品	10,115,579	0.8	9,592,842	1.0
第八类	生皮、皮革、毛皮及其制品；鞍具及挽具；旅行用品、手提包及类似品；动物肠线（蚕胶丝除外）制品	16,363,601	1.3	6,864,227	0.7
41 章	生皮（毛皮除外）及皮革	1,176,961	0.1	5,964,674	0.6
42 章	皮革制品；鞍具及挽具；旅行用品、手提包及类似容器；动物肠线（蚕胶丝除外）制	14,229,340	1.2	508,611	0.1
43 章	毛皮、人造毛皮及其制品	957,300	0.1	390,942	0.0

续表

类　章		出　口		进　口	
		金　额	比重%	金　额	比重%
第九类	木及木制品；木炭；软木及软木制品；稻草、秸秆、针茅或其他编结材料制品；篮筐及柳条编结品 11,390,309	0.9	8,020,632	0.8	
44章	木及木制品；木炭	9,773,119	0.8	7,979,391	0.8
45章	软木及软木制品	18,796	0.0	31,373	0.0
46章	稻草、秸秆、针茅或其他编结材料制品；篮筐及柳条编结品	1,598,393	0.1	9,868	0.0
第十类	木浆及其他纤维状纤维素浆；纸及纸板的废碎品；纸、纸板及其制品	9,192,790	0.8	14,526,425	1.5
47章	木浆及其他纤维状纤维素浆；纸及纸板的废碎品	92,010	0.0	9,589,589	1.0
48章	纸及纸板；纸浆、纸或纸板制品	7,092,368	0.6	4,287,379	0.4
49章	书籍、报纸、印刷图画及其他印刷品；手稿、打字稿及设计图纸	2,008,411	0.2	649,457	0.1
第十一类	纺织原料及纺织制品	165,802,238	13.6	25,372,383	2.7
50章	蚕丝	1,396,873	0.1	110,842	0.0
51章	羊毛、动物细毛或粗毛；马毛纱线及其机织物	2,124,658	0.2	2,698,303	0.3
52章	棉花	9,358,810	0.8	7,718,199	0.8
53章	其他植物纺织纤维；纸纱线及其机织物	615,857	0.1	500,505	0.1
54章	化学纤维长丝	7,791,568	0.6	3,757,162	0.4
55章	化学纤维短纤	6,365,697	0.5	2,807,088	0.3
56章	絮胎、毡呢及无纺织物；特种纱线；线、绳、索、缆及其制品	1,374,542	0.1	900,014	0.1
57章	地毯及纺织材料的其他铺地制品	1,315,234	0.1	91,003	0.0
58章	特种机织物；簇绒织物；花边；装饰毯；装饰带；刺绣品	4,687,437	0.4	767,892	0.1
59章	浸渍、涂布、包覆或层压的纺织物；工业用纺织制品	2,840,492	0.2	1,707,940	0.2
60章	针织物及钩编织物	5,734,508	0.5	2,328,626	0.2
61章	针织或钩编的服装及衣着附	61,326,007	5.0	789,901	0.1
62章	非针织或非钩编的服装及衣着附件	47,315,655	3.9	1,022,369	0.1
63章	其他纺织制成品；成套物品；旧衣着及旧纺织品；碎织物	13,554,901	1.1	172,540	0.0
第十二类	鞋、帽、伞、杖、鞭及其零件；已加工的羽毛及其制品；人造花；人发制品	30,579,131	2.5	944,421	0.1
64章	鞋靴、护腿和类似品及其零件	25,305,587	2.1	726,496	0.1
65章	帽类及其零	1,960,625	0.2	16,813	0.0

口岸运行主要数据统计表

续表

类　章		出　口		进　口	
		金　额	比重%	金　额	比重%
66 章	雨伞、阳伞、手杖、鞭子、马鞭及其零件	1,379,454	0.1	6,916	0.0
67 章	已加工羽毛、羽绒及其制品；人造花；人发制品	1,933,465	0.2	194,197	0.0
第十三类	石料、石膏、水泥、石棉、云母及类似材料的制品；陶瓷产品；玻璃及其制品	18,294,875	1.5	4,471,738	0.5
68 章	石料、石膏、水泥、石棉、云母及类似材料的制品	4,505,428	0.4	760,254	0.1
69 章	陶瓷产品	6,640,896	0.5	438,014	0.0
70 章	玻璃及其制品	7,148,551	0.6	3,273,470	0.3
第十四类	天然或养殖珍珠、宝石或半宝石、贵金属、包贵金属及其制品；仿首饰；硬币	8,122,754	0.7	6,256,667	0.7
71 章	天然或养殖珍珠、宝石或半宝石、贵金属、包贵金属及其制品；仿首饰；硬币	8,122,754	0.7	6,256,667	0.7
第十五类	贱金属及其制品	115,529,978	9.5	77,695,158	8.1
72 章	钢铁	39,942,720	3.3	23,015,411	2.4
73 章	钢铁制品	36,677,847	3.0	8,045,064	0.8
74 章	铜及其制品	5,282,421	0.4	27,165,561	2.8
75 章	镍及其制品	695,484	0.1	6,521,729	0.7
76 章	铝及其制品	11,572,952	1.0	6,744,889	0.7
78 章	铅及其制品	691,562	0.1	106,737	0.0
79 章	锌及其制品	1,345,972	0.1	1,234,799	0.1
80 章	锡及其制品	428,976	0.0	448,463	0.0
81 章	其他贱金属、金属陶瓷及其制品	3,510,244	0.3	969,844	0.1
82 章	贱金属工具、器具、利口器、餐匙、餐叉及其零	7,186,851	0.6	2,180,086	0.2
83 章	贱金属杂项制品	8,194,951	0.7	1,262,574	0.1
第十六类	机器、机械器具、电气设备及其零件；录音机及放声机、电视图像、声音的录制和重放设备及其零件、附件	528,815,133	43.4	381,002,745	39.9
84 章	核反应堆、锅炉、机械器具及零件	228,551,814	18.8	124,173,740	13.0
85 章	电机、电气设备及其零件；录音机及放声机、电视图像、声音的录制和重放设备及其零件、附件	300,263,319	24.7	256,829,005	26.9
第十七类	车辆、航空器、船舶及有关运输设备	54,977,383	4.5	35,015,784	3.7
86 章	铁道及电车道机车、车辆及其零件；铁道及电车道轨道固定装置及其零件、附件；各种机械（包括电动机械）交通信号设备	9,539,753	0.8	1,422,264	0.1

续表

类　章		出　口		进　口	
		金　额	比重%	金　额	比重%
87章	车辆及其零件、附件，但铁道及电车道车辆除外	31,803,561	2.6	22,132,811	2.3
88章	航空器、航天器及其零件	1,413,959	0.1	10,467,690	1.1
89章	船舶及浮动结构体	12,220,109	1.0	993,020	0.1
第十八类	光学、照相、电影、计量、检验、医疗或外科用仪器及设备、精密仪器及设备；钟表；乐器；上述物品的零件、附件	40,729,213	3.3	71,140,154	7.4
90章	光学、照相、电影、计量、检验、医疗或外科用仪器及设备、精密仪器及设备；上述物品的零件、附件	37,061,720	3.0	69,534,626	7.3
91章	钟表及其零件	2,445,304	0.2	1,440,324	0.2
92章	乐器及其零件、附件	1,222,189	0.1	165,204	0.0
第十九类	武器、弹药及其零件、附件	58,573	0.0	2,070	0.0
93章	武器、弹药及其零件、附件	58,573	0.0	2,070	0.0
第二十类	杂项制品	69,022,254	5.7	3,398,867	0.4
94章	家具；寝具、褥垫、弹簧床垫、软坐垫及类似的填充制品；未列名灯具及照明装置；发光标志、发光名牌及类似品；活动房屋	35,942,020	3.0	1,299,761	0.1
95章	玩具、游戏品、运动用品及其零件、附件	27,105,187	2.2	1,294,636	0.1
96章	杂项制品	5,975,047	0.5	804,470	0.1
第二十一类	艺术品、收藏品及古物	75,449	0.0	9,719	0.0
97章	艺术品、收藏品及古物	75,449	0.0	9,719	0.0
第二十二类	特殊交易品及未分类商品	2,172,832	0.2	2,463,228	0.3
98章	特殊交易品及未分类商品	2,172,832	0.2	2,463,228	0.3

2007年进出口商品贸易方式总值表

单位：千美元

贸易方式	进出口总值 金额	进出口总值 比重%	出口 金额	出口 比重%	进口 金额	进口 比重%
总　　值	2,173,726,017	100.0	1,217,775,756	100.0	955,950,26125	100.0
一般贸易	967,069,490	44.5	538,456,694	44.2	428,612,796	44.8
国家间、国际组织无偿援助和赠送的物资	236,098	0.0	201,109	0.0	34,988	0.0
其他捐赠物资	10,696	0.0	490	0.0	10,206	0.0
补偿贸易	410	0.0	410	0.0	-	-
来料加工装配贸易	205,302,600	9.4	116,086,397	9.5	89,216,204	9.3
进料加工贸易	780,732,980	35.9	501,473,858	41.2	279,259,122	29.2
寄售代销贸易	6,023	0.0	4,400	0.0	1,623	0.0
边境小额贸易	21,311,140	1.0	13,710,059	1.1	7,601,081	0.8
加工贸易进口设备	3,275,618	0.2	-	-	3,275,618	0.3
对外承包工程出口货物	5,195,769	0.2	5,195,769	0.4	-	-
租赁贸易	8,445,282	0.4	84,103	0.0	8,361,179	0.9
外商投资企业作为投资进口的设备、物品	25,897,706	1.2	-	-	25,897,706	2.7
出料加工贸易	83,221	0.0	44,282	0.0	38,939	0.0
易货贸易	9,111	0.0	4,637	0.0	4,474	0.0
免税外汇商品	5,511	0.0	-	-	5,511	0.0
保税仓库进出境货物	60,336,809	2.8	18,621,431	1.5	41,715,379	4.4
保税区仓储转口货物	87,890,032	4.0	20,976,873	1.7	66,913,159	7.0
出口加工区进口设备	4,110,833	0.2	-	-	4,110,833	0.4
其他	3,806,687	0.2	2,915,244	0.2	891,443	0.1

2007年出口商品贸易方式企业性质总值表

单位：千美元

企业性质 贸易方式	合计 金额/±%	国有企业 金额/±%	中外合作 金额/±%	中外合资 金额/±%	外商独资 金额/±%	集体企业 金额/±%	私营企业 金额/±%	其他 金额/±%
总值	1,217,775,756 (25.7)	224,925,851 (17.6)	18,117,438 (2.3)	198,758,178 (21.4)	478,495,153 (25.1)	46,889,170 (14.1)	247,439,257 (45.0)	3,150,709 (52.3)
一般贸易	538,456,694 (29.4)	143,621,266 (15.3)	5,751,449 (15.3)	73,518,975 (26.3)	74,503,029 (35.4)	34,169,700 (16.2)	204,522,798 (44.0)	2,369,478 (26.7)
国家间、国际组织无偿援助和赠送的物资	201,109 (-4.8)	173,110 (13.5)	-	-	-	2,975 (60.1)	9,206 (187.0)	15,818 (-70.5)
其他捐赠物资	490 -	490 -	-	-	-	-	-	-
补偿贸易	410 (-55.4)	- -	410 (-55.4)	-	-	-	-	-
来料加工装配贸易	116,086,397 (22.9)	35,416,448 (16.4)	2,926,733 (66.9)	9,265,732 (17.4)	54,318,869 (26.0)	3,157,798 (9.9)	10,938,604 (30.0)	62,213 (3364.1)
进料加工贸易	501,473,858 (20.6)	24,457,472 (16.5)	9,130,176 (-14.6)	108,226,004 (18.0)	337,524,859 (22.3)	8,152,541 (12.9)	13,611,236 (47.0)	371,570 (1450.1)
寄售代销贸易	4,400 (92.3)	1,144 (-30.5)	-	319 -	-	-	2,937 (358.0)	-
边境小额贸易	13,710,059 (37.9)	2,414,353 (16.0)	-	-	-	422,023 (-33.7)	10,867,845 (50.0)	5,838 (22739.3)
对外承包工程出口货物	5,195,769 (69.2)	4,985,884 (63.9)	-	67,814 (8498.5)	1,259 (1657.2)	5,943 (240.4)	134,864 (430.0)	3 (-99.0)
租赁贸易	84,103 (-60.7)	47,599 (27.1)	-	8,149 (8701.0)	1,320 (6460.8)	341 (-99.8)	26,681 (13.0)	13 -
出料加工贸易	44,282 (83.9)	12,012 (69.3)	10,661 (20.6)	6,565 (10.2)	13,478 (844.2)	10 -	1,546 (103.0)	11 -
易货贸易	4,637 (-76.0)	891 (-54.3)	-	-	-	-	3,746 (-78.0)	-
保税仓库进出境货物	18,621,431 (42.5)	10,241,126 (30.3)	284,659 (11.2)	3,715,735 (37.3)	1,173,222 (139.7)	925,886 (47.6)	2,030,448 (100.0)	250,355 (116.8)
保税区仓储转口货物	20,976,873 (45.0)	3,456,874 (66.9)	13,175 (5.7)	3,932,885 (22.6)	10,919,387 (41.3)	47,596 (-72.5)	2,606,825 (105.0)	131 -
其他	2,915,244 (114.1)	97,182 (42.6)	175 (70.9)	16,000 (43.2)	39,730 (250.4)	4,356 (412.0)	2,682,523 (112.0)	75,279 (2523.8)

2007年进口商品贸易方式企业性质总值表

单位：千美元

企业性质 贸易方式	合计 金额/±%	国有企业 金额/±%	中外合作 金额/±%	中外合资 金额/±%	外商独资 金额/±%	集体企业 金额/±%	私营企业 金额/±%	其他 金额/±%
总值	955,950,261 (20.8)	270,316,242 (20.0)	8,859,849 (−10.7)	154,957,749 (14.3)	395,975,440 (21.1)	23,210,171 (16.3)	100,265,915 (38.0)	2,364,895 (145.7)
一般贸易	428,612,796 (28.7)	199,616,860 (21.0)	2,347,583 (19.8)	69,689,310 (27.5)	73,118,191 (48.8)	15,959,611 (21.7)	67,525,378 (38.0)	355,864 (132.8)
国家间、国际组织无偿援助和赠送的物资	34,988 (−45.9)	27,372 (−47.4)	−	−	−	125 (−61.2)	3,283 (−50.0)	4,209 (−27.8)
其他捐赠物资	10,206 (−53.0)	2,122 (−68.0)	−	−	−	321 (928.5)	466 (−58.0)	7,297 (−47.7)
补偿贸易	−	−	−	−	−	−	−	−
来料加工装配贸易	89,216,204 (20.8)	26,375,401 (18.1)	1,010,247 (−6.0)	6,170,224 (0.1)	44,925,029 (24.7)	2,001,807 (10.2)	7,880,803 (23.0)	852,693 (47952.0)
进料加工贸易	279,259,122 (12.8)	11,584,124 (23.5)	4,775,753 (−19.8)	50,711,682 (3.6)	202,477,070 (14.9)	2,741,866 (4.6)	6,675,785 (47.0)	292,842 (6182.4)
寄售代销贸易	1,623 (−42.1)	1,623 (−41.8)	−	−	−	−	−	−
边境小额贸易	7,601,081 (22.3)	1,667,884 (19.1)	−	−	1,302 −	434,448 (−15.2)	5,491,974 (28.0)	5,473 (0.2)
加工贸易进口设备	3,275,618 (16.3)	1,113,571 (−8.8)	26,444 (11.6)	121,670 (−17.3)	1,677,035 (53.4)	120,172 (−9.5)	216,725 (9.0)	−
租赁贸易	8,361,179 (3.6)	5,895,785 (−15.6)	5,743 (1941.1)	1,431,949 (236.6)	33,945 (46.0)	127,581 (−15.8)	866,176 (79.0)	−
外商投资企业作为投资进口的设备、物品	25,897,706 (−6.9)	−	590,320 (−28.5)	8,066,302 (−9.1)	17,241,084 (−4.7)	−	−	−
出料加工贸易	38,939 (17.0)	9,964 (−33.6)	11,152 (16.1)	5,681 (−10.1)	11,729 (597.3)	−	414 (−37.0)	−
易货贸易	4,474 (−29.1)	257 (−80.5)	−	−	−	−	4,217 (−8.0)	−
免税外汇商品	5,511 (−7.9)	5,511 (−6.4)	−	−	−	−	−	−
保税仓库进出境货物	41,715,379 (30.3)	18,936,429 (25.9)	57,374 (27.9)	12,863,180 (19.6)	2,484,678 (125.3)	1,471,310 (16.2)	5,258,086 (63.0)	644,322 (12.8)
保税区仓储转口货物	66,913,159 (20.6)	4,871,520 (38.4)	25,621 (44.8)	5,722,205 (5.2)	49,727,809 (19.5)	344,738 (0.9)	6,211,556 (36.0)	9,710 −
出口加工区进口设备	4,110,833 (13.5)	3,927 (−92.1)	640 (−79.2)	52,657 (62.5)	4,051,436 (14.5)	213 (2.9)	1,961 (248.0)	−
其他	891,443 (21.8)	203,892 (27.4)	8,972 (−33.8)	122,890 (31.0)	226,133 (37.5)	7,979 (9.1)	129,092 (50.0)	192,486 (−6.9)

2007年进出口商品经营单位所在地总值表

单位：千美元

经营单位所在地	进出口总值 金额	比重%	出口 金额	比重%	进口 金额	比重%
总　值	2,173,726,017	100.0	1,217,775,756	100.0	955,950,261	100.0
北京市	192,999,761	8.9	48,926,394	4.0	144,073,367	15.1
北京新技术产业开发实验区	3,649,897	0.2	1,678,489	0.1	1,971,408	0.2
北京经济技术开发区	11,047,381	0.5	3,706,649	0.3	7,340,732	0.8
天津市	71,449,733	3.3	38,074,052	3.1	33,375,681	3.5
天津新技术产业园区	1,969,110	0.1	886,234	0.1	1,082,876	0.1
天津经济技术开发区	32,438,519	1.5	17,719,660	1.5	14,718,858	1.5
天津港保税区	9,401,303	0.4	2,561,692	0.2	6,839,610	0.7
河北省	25,523,414	1.2	17,000,406	1.4	8,523,009	0.9
石家庄市	5,129,710	0.2	4,148,791	0.3	980,919	0.1
石家庄高新技术产业开发区	41,167	0.0	23,500	0.0	17,667	0.0
秦皇岛市	3,540,207	0.2	2,144,817	0.2	1,395,390	0.1
秦皇岛经济技术开发区	1,502,634	0.1	425,903	0.0	1,076,731	0.1
山西省	11,579,483	0.5	6,532,492	0.5	5,046,991	0.5
太原市	8,113,593	0.4	4,392,802	0.4	3,720,791	0.4
内蒙古自治区	7,735,885	0.4	2,944,394	0.2	4,791,491	0.5
呼和浩特	936,621	0.0	633,222	0.1	303,399	0.0
二连浩特	878,949	0.0	129,907	0.0	749,042	0.1
满洲里市	2,436,838	0.1	117,941	0.0	2,318,898	0.2
辽宁省	59,474,346	2.7	35,324,089	2.9	24,150,256	2.5
沈阳市	6,059,731	0.3	3,318,711	0.3	2,741,019	0.3
沈阳南湖科技开发区	1,185,723	0.1	673,272	0.1	512,451	0.1
大连市	38,853,944	1.8	21,628,557	1.8	17,225,387	1.8
大连经济技术开发区	14,020,493	0.6	6,021,834	0.5	7,998,659	0.8
大连市高新技术产业园区	688,763	0.0	473,831	0.0	214,932	0.0
大连大窑湾保税区	1,979,077	0.1	922,809	0.1	1,056,268	0.1
丹东市	1,628,732	0.1	1,212,524	0.1	416,208	0.0
吉林省	10,298,001	0.5	3,857,056	0.3	6,440,945	0.7

口岸运行主要数据统计表

续表

经营单位所在地	进出口总值 金额	进出口总值 比重%	出口 金额	出口 比重%	进口 金额	进口 比重%
长春市	6,942,993	0.3	1,506,220	0.1	5,436,773	0.6
长春新技术开发区	394,306	0.0	90,341	0.0	303,964	0.0
珲春市	676,782	0.0	617,472	0.1	59,311	0.0
黑龙江省	17,296,593	0.8	12,257,122	1.0	5,039,471	0.5
哈尔滨市	2,892,346	0.1	1,484,603	0.1	1,407,743	0.1
哈尔滨高技术开发区	134,431	0.0	67,733	0.0	66,698	0.0
黑河市	2,364,282	0.1	2,249,007	0.2	115,275	0.0
绥芬河市	5,034,633	0.2	2,620,258	0.2	2,414,375	0.3
上海市	282,853,878	13.0	143,846,108	11.8	139,007,770	14.5
上海漕河泾新兴技术开发区	3,102,928	0.1	1,658,183	0.1	1,444,745	0.2
上海经济技术开发区	7,849	0.0	117	0.0	7,731	0.0
上海浦东新区	125,501,136	5.8	51,407,846	4.2	74,093,290	7.8
上海外高桥保税区	54,998,453	2.5	14,342,243	1.2	40,656,210	4.3
江苏省	349,471,786	16.1	203,609,780	16.7	145,862,006	15.3
南京市	36,178,764	1.7	20,629,570	1.7	15,549,194	1.6
南京高新技术外向型开发区	1,422,114	0.1	767,839	0.1	654,275	0.1
苏州市	211,688,307	9.7	118,829,718	9.8	92,858,590	9.7
苏州工业园	49,662,725	2.3	24,182,698	2.0	25,480,027	2.7
南通市	11,987,762	0.6	8,341,490	0.7	3,646,272	0.4
南通经济技术开发区	2,449,673	0.1	1,347,798	0.1	1,101,875	0.1
连云港市	3,249,749	0.1	1,845,232	0.2	1,404,516	0.1
连云港经济技术开发区	1,616,850	0.1	620,999	0.1	995,851	0.1
浙江省	176,847,368	8.1	128,263,973	10.5	48,583,395	5.1
杭州市	43,414,439	2.0	29,956,906	2.5	13,457,533	1.4
杭州高新技术产业开发区	1,356,252	0.1	889,561	0.1	466,691	0.0
宁波市	56,498,248	2.6	38,245,831	3.1	18,252,417	1.9
宁波经济技术开发区	8,819,904	0.4	4,212,735	0.3	4,607,169	0.5
温州市	10,532,857	0.5	8,746,257	0.7	1,786,600	0.2
温州经济技术开发区	632,558	0.0	560,586	0.0	71,971	0.0
安徽省	15,932,286	0.7	8,813,734	0.7	7,118,552	0.7

续表

经营单位所在地	进出口总值		出口		进口	
	金额	比重%	金额	比重%	金额	比重%
合肥市	6,243,956	0.3	4,297,478	0.4	1,946,478	0.2
合肥高新技术产业开发区	451,786	0.0	284,824	0.0	166,963	0.0
芜湖市	1,679,897	0.1	1,230,906	0.1	448,991	0.0
福建省	74,447,380	3.4	49,937,573	4.1	24,509,808	2.6
福州市	18,639,270	0.9	12,307,916	1.0	6,331,354	0.7
福州经济技术开发区	2,949,434	0.1	1,263,434	0.1	1,686,000	0.2
福州市科技园区	18,456	0.0	16,459	0.0	1,997	0.0
厦门市	39,775,973	1.8	25,552,345	2.1	14,223,627	1.5
厦门特区	27,690,684	1.3	18,451,385	1.5	9,239,299	1.0
厦门火炬高技术产业开发区	1,761,025	0.1	812,233	0.1	948,793	0.1
江西省	9,448,542	0.4	5,444,587	0.4	4,003,954	0.4
南昌市	3,180,248	0.1	2,321,126	0.2	859,122	0.1
九江市	344,515	0.0	231,933	0.0	112,582	0.0
山东省	122,474,443	5.6	75,110,105	6.2	47,364,338	5.0
济南市	6,227,318	0.3	3,440,165	0.3	2,787,153	0.3
济南市高技术产业开发区	12,449	0.0	11,570	0.0	879	0.0
青岛市	45,686,837	2.1	28,243,724	2.3	17,443,113	1.8
青岛经济技术开发区	3,928,114	0.2	2,259,540	0.2	1,668,573	0.2
烟台市	21,911,678	1.0	12,607,724	1.0	9,303,954	1.0
烟台经济技术开发区	12,741,017	0.6	6,592,027	0.5	6,148,990	0.6
威海市	7,823,302	0.4	4,874,027	0.4	2,949,274	0.3
威海火炬高技术产业开发区	1,574,811	0.1	1,132,944	0.1	441,868	0.0
河南省	12,785,126	0.6	8,374,916	0.7	4,410,211	0.5
郑州市	3,174,895	0.1	2,179,761	0.2	995,135	0.1
郑州高新技术产业开发区	451,437	0.0	403,100	0.0	48,337	0.0
湖北省	14,868,954	0.7	8,172,939	0.7	6,696,015	0.7
武汉市	9,956,593	0.5	4,753,020	0.4	5,203,573	0.5
武汉东湖新技术开发区	390,921	0.0	83,192	0.0	307,729	0.0
湖南省	9,685,853	0.4	6,515,397	0.5	3,170,456	0.3
长沙市	4,067,982	0.2	2,602,709	0.2	1,465,273	0.2

口岸运行主要数据统计表

续表

经营单位所在地	进出口总值 金额	进出口总值 比重%	出口 金额	出口 比重%	进口 金额	进口 比重%
长沙高新技术产业开发区	48,288	0.0	33,907	0.0	14,381	0.0
岳阳市	170,079	0.0	100,950	0.0	69,128	0.0
广东省	634,185,953	29.2	369,316,088	30.3	264,869,866	27.7
广州市	73,489,006	3.4	37,908,825	3.1	35,580,181	3.7
广州经济技术开发区	11,376,721	0.5	4,986,055	0.4	6,390,666	0.7
广州天河高新技术产业开发区	1,382,916	0.1	640,889	0.1	742,027	0.1
广州保税区	3,585,273	0.2	1,502,104	0.1	2,083,168	0.2
深圳市	287,606,903	13.2	168,536,766	13.8	119,070,137	12.5
深圳特区	135,805,707	6.2	78,625,035	6.5	57,180,672	6.0
深圳科技工业园	1,713,372	0.1	842,385	0.1	870,987	0.1
深圳保税区	46,261,747	2.1	21,921,409	1.8	24,340,338	2.5
珠海市	39,864,315	1.8	18,471,419	1.5	21,392,896	2.2
珠海特区	21,852,455	1.0	9,001,769	0.7	12,850,685	1.3
汕头市	6,110,434	0.3	3,911,618	0.3	2,198,816	0.2
汕头特区	3,579,479	0.2	2,019,278	0.2	1,560,200	0.2
湛江市	2,575,312	0.1	1,460,660	0.1	1,114,652	0.1
湛江经济技术开发区	694,459	0.0	538,718	0.0	155,741	0.0
中山市	24,660,574	1.1	17,295,165	1.4	7,365,409	0.8
中山火炬高技术产业开发区	30,845	0.0	8,889	0.0	21,956	0.0
广西壮族自治区	9,258,997	0.4	5,109,157	0.4	4,149,840	0.4
南宁市	1,327,642	0.1	1,036,673	0.1	290,969	0.0
桂林市	792,326	0.0	530,724	0.0	261,602	0.0
桂林新技术产业开发区	61,786	0.0	54,732	0.0	7,054	0.0
北海市	498,584	0.0	306,948	0.0	191,636	0.0
凭祥市	793,234	0.0	662,494	0.1	130,741	0.0
东兴县	289,445	0.0	96,083	0.0	193,363	0.0
海南省（全省为特区）	3,514,411	0.2	1,364,458	0.1	2,149,953	0.2
海口市	3,000,215	0.1	1,101,152	0.1	1,899,063	0.2
海南洋浦经济技术开发区	142,184	0.0	1,295	0.0	140,889	0.0
四川省	14,378,124	0.7	8,605,959	0.7	5,772,165	0.6

续表

经营单位所在地	进出口总值		出口		进口	
	金额	比重%	金额	比重%	金额	比重%
成都市	9,472,181	0.4	5,680,646	0.5	3,791,535	0.4
成都高新技术产业开发区	856,510	0.0	459,769	0.0	396,741	0.0
重庆市	7,437,944	0.3	4,507,207	0.4	2,930,737	0.3
重庆高新技术产业开发区	254,767	0.0	231,379	0.0	23,388	0.0
贵州省	2,270,299	0.1	1,465,466	0.1	804,834	0.1
贵阳市	1,688,735	0.1	1,232,436	0.1	456,300	0.0
云南省	8,793,567	0.4	4,768,279	0.4	4,025,288	0.4
昆明市	6,677,741	0.3	3,260,422	0.3	3,417,319	0.4
畹町市	32,570	0.0	12,519	0.0	20,051	0.0
瑞丽县	355,412	0.0	295,621	0.0	59,792	0.0
河口县	621,981	0.0	473,710	0.0	148,271	0.0
西藏自治区	393,465	0.0	326,364	0.0	67,100	0.0
拉萨市	376,169	0.0	318,725	0.0	57,444	0.0
陕西省	6,887,339	0.3	4,675,249	0.4	2,212,090	0.2
西安市	5,362,865	0.2	3,472,950	0.3	1,889,916	0.2
西安新技术产业开发区	1,543,154	0.1	995,611	0.1	547,543	0.1
甘肃省	5,523,670	0.3	1,658,657	0.1	3,865,013	0.4
兰州市	714,999	0.0	565,516	0.0	149,483	0.0
兰州新技术产业开发区	54,791	0.0	29,815	0.0	24,976	0.0
青海省	612,073	0.0	385,913	0.0	226,160	0.0
西宁市	567,397	0.0	356,329	0.0	211,068	0.0
宁夏回族自治区	1,581,515	0.1	1,085,674	0.1	495,841	0.1
银川市	1,015,264	0.0	681,462	0.1	333,801	0.0
新疆维吾尔族自治区	13,715,829	0.6	11,502,170	0.9	2,213,658	0.2
乌鲁木齐市	3,774,377	0.2	3,451,063	0.3	323,314	0.0
乌鲁木齐经济技术开发区	578,370	0.0	498,921	0.0	79,449	0.0
博乐市	1,712,025	0.1	502,896	0.0	1,209,128	0.1
伊宁市	2,591,813	0.1	2,333,532	0.2	258,282	0.0

2007年进出口商品境内目的地／货源地总值表

单位：千美元

总值	2,173,726,017	100.0	1,217,775,756	100.0	955,950,261	100.0
北京市	82,037,418	3.8	30,235,783	2.5	51,801,636	5.4
北京新技术产业开发实验区	2,896,893	0.1	1,269,238	0.1	1,627,655	0.2
北京经济技术开发区	12,377,443	0.6	3,500,161	0.3	8,877,282	0.9
天津市	75,563,687	3.5	38,160,414	3.1	37,403,274	3.9
天津新技术产业园区	1,382,959	0.1	620,265	0.1	762,694	0.1
天津经济技术开发区	29,444,428	1.4	16,201,140	1.3	13,243,288	1.4
天津港保税区	7,071,172	0.3	1,547,814	0.1	5,523,358	0.6
河北省	34,471,867	1.6	21,806,045	1.8	12,665,822	1.3
石家庄市	4,278,181	0.2	3,152,717	0.3	1,125,465	0.1
石家庄高新技术产业开发区	28,918	0.0	11,617	0.0	17,301	0.0
秦皇岛市	3,966,476	0.2	1,788,593	0.1	2,177,883	0.2
秦皇岛经济技术开发区	1,164,672	0.1	316,647	0.0	848,025	0.1
山西省	15,237,835	0.7	9,617,350	0.8	5,620,484	0.6
太原市	6,670,059	0.3	3,369,979	0.3	3,300,081	0.3
内蒙古自治区	9,090,733	0.4	3,803,649	0.3	5,287,084	0.6
呼和浩特	960,438	0.0	387,435	0.0	573,004	0.1
二连浩特	742,774	0.0	97,275	0.0	645,499	0.1
满洲里市	2,161,153	0.1	19,851	0.0	2,141,301	0.2
辽宁省	65,180,109	3.0	35,636,825	2.9	29,543,284	3.1
沈阳市	6,450,765	0.3	3,419,072	0.3	3,031,692	0.3
沈阳南湖科技开发区	996,856	0.0	573,777	0.0	423,078	0.0
大连市	40,056,488	1.8	20,097,292	1.7	19,959,196	2.1
大连经济技术开发区	14,430,936	0.7	6,040,691	0.5	8,390,245	0.9
大连市高新技术产业园区	2,030,266	0.1	1,406,100	0.1	624,166	0.1
大连大窑湾保税区	2,013,439	0.1	845,572	0.1	1,167,868	0.1
丹东市	1,516,677	0.1	1,092,032	0.1	424,645	0.0
吉林省	11,307,211	0.5	4,039,049	0.3	7,268,162	0.8
长春市	7,151,575	0.3	1,111,054	0.1	6,040,521	0.6
长春新技术开发区	340,275	0.0	62,218	0.0	278,057	0.0

续表

珲春市	516,526	0.0	461,970	0.0	54,555	0.0
黑龙江省	18,428,958	0.8	10,051,907	0.8	8,377,051	0.9
哈尔滨市	7,660,655	0.4	5,893,167	0.5	1,767,487	0.2
哈尔滨高技术开发区	130,090	0.0	47,060	0.0	83,029	0.0
黑河市	278,991	0.0	179,004	0.0	99,987	0.0
绥芬河市	1,690,697	0.1	125,593	0.0	1,565,103	0.2
上海市	273,870,265	12.6	137,296,462	11.3	136,573,803	14.3
上海漕河泾新兴技术开发区	3,168,966	0.1	1,663,477	0.1	1,505,489	0.2
上海经济技术开发区	19,401	0.0	4,147	0.0	15,254	0.0
上海浦东新区	115,160,260	5.3	44,360,780	3.6	70,799,480	7.4
上海外高桥保税区	53,507,970	2.5	13,764,674	1.1	39,743,296	4.2
江苏省	372,247,464	17.1	207,658,364	17.1	164,589,100	17.2
南京市	33,697,891	1.6	17,886,389	1.5	15,811,502	1.7
南京高新技术外向型开发区	1,402,673	0.1	734,311	0.1	668,362	0.1
苏州市	217,488,615	10.0	119,838,420	9.8	97,650,196	10.2
苏州工业园	50,861,361	2.3	24,677,518	2.0	26,183,843	2.7
南通市	14,077,531	0.6	8,881,959	0.7	5,195,572	0.5
南通经济技术开发区	2,682,760	0.1	1,240,504	0.1	1,442,256	0.2
连云港市	4,617,156	0.2	1,510,952	0.1	3,106,204	0.3
连云港经济技术开发区	1,469,920	0.1	533,416	0.0	936,504	0.1
浙江省	199,199,124	9.2	136,962,034	11.2	62,237,089	6.5
杭州市	38,239,061	1.8	26,507,751	2.2	11,731,309	1.2
杭州高新技术产业开发区	1,243,636	0.1	789,285	0.1	454,350	0.0
宁波市	70,672,648	3.3	38,268,410	3.1	32,404,238	3.4
宁波经济技术开发区	6,613,643	0.3	2,692,362	0.2	3,921,281	0.4
温州市	11,231,611	0.5	9,678,843	0.8	1,552,768	0.2
温州经济技术开发区	255,287	0.0	210,655	0.0	44,632	0.0
安徽省	15,737,801	0.7	8,476,691	0.7	7,261,110	0.8
合肥市	4,252,755	0.2	2,739,313	0.2	1,513,442	0.2
合肥高新技术产业开发区	352,387	0.0	202,477	0.0	149,910	0.0
芜湖市	2,005,416	0.1	1,394,783	0.1	610,633	0.1
福建省	75,289,959	3.5	49,147,162	4.0	26,142,798	2.7

口岸运行主要数据统计表

续表

福州市	17,592,582	0.8	11,062,130	0.9	6,530,452	0.7
福州经济技术开发区	2,242,858	0.1	803,859	0.1	1,438,998	0.2
福州市科技园区	17,866	0.0	16,375	0.0	1,492	0.0
厦门市	31,245,310	1.4	18,289,134	1.5	12,956,175	1.4
厦门特区	18,438,050	0.8	10,417,346	0.9	8,020,704	0.8
厦门火炬高技术产业开发区	1,705,865	0.1	768,948	0.1	936,917	0.1
江西省	10,312,510	0.5	5,463,340	0.4	4,849,170	0.5
南昌市	2,493,204	0.1	1,740,496	0.1	752,708	0.1
九江市	597,463	0.0	319,105	0.0	278,358	0.0
山东省	140,801,182	6.5	78,212,412	6.4	62,588,770	6.5
济南市	5,758,902	0.3	3,364,860	0.3	2,394,042	0.3
济南市高技术产业开发区	10,926	0.0	9,992	0.0	934	0.0
青岛市	55,508,117	2.6	26,832,073	2.2	28,676,044	3.0
青岛经济技术开发区	4,709,595	0.2	2,409,534	0.2	2,300,061	0.2
烟台市	23,809,260	1.1	13,339,337	1.1	10,469,923	1.1
烟台经济技术开发区	12,743,300	0.6	6,578,947	0.5	6,164,353	0.6
威海市	8,034,069	0.4	5,085,337	0.4	2,948,732	0.3
威海火炬高技术产业开发区	1,566,416	0.1	1,127,382	0.1	439,034	0.0
河南省	14,206,757	0.7	9,099,227	0.7	5,107,530	0.5
郑州市	2,780,611	0.1	1,780,682	0.1	999,929	0.1
郑州高新技术产业开发区	269,184	0.0	236,187	0.0	32,997	0.0
湖北省	15,310,546	0.7	8,023,871	0.7	7,286,676	0.8
武汉市	9,176,176	0.4	3,926,104	0.3	5,250,072	0.5
武汉东湖新技术开发区	386,313	0.0	79,360	0.0	306,952	0.0
湖南省	10,195,789	0.5	6,591,615	0.5	3,604,174	0.4
长沙市	3,201,152	0.1	1,875,960	0.2	1,325,193	0.1
长沙高新技术产业开发区	44,707	0.0	30,581	0.0	14,127	0.0
岳阳市	480,365	0.0	128,377	0.0	351,988	0.0
广东省	652,413,970	30.0	373,360,854	30.7	279,053,116	29.2
广州市	74,476,099	3.4	34,338,623	2.8	40,137,476	4.2
广州经济技术开发区	11,105,961	0.5	4,502,790	0.4	6,603,171	0.7
广州天河高新技术产业开发区	1,209,986	0.1	485,080	0.0	724,907	0.1

续表

广州保税区	3,629,040	0.2	1,489,985	0.1	2,139,055	0.2
深圳市	277,176,289	12.8	157,760,874	13.0	119,415,416	12.5
深圳特区	90,223,363	4.2	50,113,281	4.1	40,110,082	4.2
深圳科技工业园	1,098,128	0.1	574,227	0.0	523,901	0.1
深圳保税区	46,203,321	2.1	21,913,571	1.8	24,289,749	2.5
珠海市	33,642,600	1.5	17,987,956	1.5	15,654,644	1.6
珠海特区	14,249,842	0.7	8,393,843	0.7	5,855,999	0.6
汕头市	6,529,534	0.3	4,188,598	0.3	2,340,937	0.2
汕头特区	3,541,412	0.2	1,909,221	0.2	1,632,191	0.2
湛江市	5,508,448	0.3	1,725,244	0.1	3,783,204	0.4
湛江经济技术开发区	442,469	0.0	328,722	0.0	113,747	0.0
中山市	25,658,650	1.2	18,303,592	1.5	7,355,058	0.8
中山火炬高技术产业开发区	31,345	0.0	9,189	0.0	22,156	0.0
广西壮族自治区	10,466,656	0.5	4,906,228	0.4	5,560,429	0.6
南宁市	1,127,061	0.1	710,059	0.1	417,002	0.0
桂林市	912,382	0.0	649,696	0.1	262,685	0.0
桂林新技术产业开发区	24,389	0.0	16,090	0.0	8,299	0.0
北海市	720,297	0.0	323,712	0.0	396,585	0.0
凭祥市	67,486	0.0	11,756	0.0	55,731	0.0
东兴县	13,817	0.0	9,334	0.0	4,483	0.0
海南省（全省为特区）	7,072,322	0.3	1,661,709	0.1	5,410,613	0.6
海口市	1,850,569	0.1	484,088	0.0	1,366,481	0.1
海南国际科技工业园	297	0.0	7	0.0	290	0.0
海南洋浦经济技术开发区	4,293,061	0.2	477,496	0.0	3,815,565	0.4
四川省	13,615,345	0.6	7,312,123	0.6	6,303,221	0.7
成都市	7,907,512	0.4	4,120,966	0.3	3,786,546	0.4
成都高新技术产业开发区	538,224	0.0	322,030	0.0	216,194	0.0
重庆市	7,160,661	0.3	4,222,718	0.3	2,937,943	0.3
重庆高新技术产业开发区	288,469	0.0	260,131	0.0	28,339	0.0
贵州省	3,201,245	0.1	2,039,767	0.2	1,161,478	0.1
贵阳市	2,060,700	0.1	1,399,830	0.1	660,870	0.1
云南省	8,795,161	0.4	4,286,950	0.4	4,508,211	0.5

口岸运行主要数据统计表

续表

昆明市	5,946,354	0.3	2,605,019	0.2	3,341,335	0.3
畹町市	6,275	0.0	6,109	0.0	166	0.0
瑞丽县	50,276	0.0	7,892	0.0	42,384	0.0
河口县	116,893	0.0	19,088	0.0	97,805	0.0
西藏自治区	316,960	0.0	290,334	0.0	26,626	0.0
拉萨市	308,531	0.0	284,755	0.0	23,776	0.0
陕西省	8,235,942	0.4	5,338,727	0.4	2,897,215	0.3
西安市	4,828,377	0.2	2,831,496	0.2	1,996,881	0.2
西安新技术产业开发区	963,692	0.0	518,127	0.0	445,566	0.0
甘肃省	5,874,070	0.3	1,685,664	0.1	4,188,406	0.4
兰州市	607,910	0.0	441,324	0.0	166,586	0.0
兰州新技术产业开发区	13,469	0.0	10,234	0.0	3,235	0.0
青海省	679,254	0.0	288,972	0.0	390,282	0.0
西宁市	526,647	0.0	198,024	0.0	328,624	0.0
宁夏回族自治区	1,961,821	0.1	1,350,980	0.1	610,841	0.1
银川市	716,091	0.0	323,324	0.0	392,767	0.0
新疆维吾尔族自治区	15,443,393	0.7	10,748,530	0.9	4,694,864	0.5
乌鲁木齐市	7,903,908	0.4	5,487,437	0.5	2,416,471	0.3
乌鲁木齐经济技术开发区	450,999	0.0	399,168	0.0	51,831	0.0
博乐市	1,099,735	0.1	197,617	0.0	902,118	0.1
伊宁市	2,254,776	0.1	1,839,575	0.2	415,201	0.0

2007年进出口商品运输方式总值表

单位:千美元

运输方式	进出口总值		出口		进口	
	金额	比重%	金额	比重%	金额	比重%
总值	2,173,726,017	100.0	1,217,775,756	100.0	955,950,261	100.0
水路运输	1,367,536,122	62.9	819,813,875	67.3	547,722,247	57.3
铁路运输	24,863,307	1.1	9,640,490	0.8	15,222,817	1.6
公路运输	379,712,107	17.5	200,348,215	16.5	179,363,892	18.8
航空运输	388,626,889	17.9	179,688,108	14.8	208,938,781	21.9
邮政运输	1,218,162	0.1	808,838	0.1	409,325	0.0
其他运输	11,769,430	0.5	7,476,230	0.6	4,293,200	0.4

2007年进出口商品前40位国别（地区）总值表

单位：千美元

最终目的国(地区)	出口额	名次	原产国(地区)	进口额	名次
总值	1,217,775,756	–	总值	955,950,261	–
美国	232,676,552	1	日本	133,942,368	1
香港	184,436,248	2	韩国	103,751,954	2
日本	102,008,590	3	台湾省	101,027,072	3
韩国	56,098,857	4	中华人民共和国	85,772,976	4
德国	48,714,288	5	美国	69,390,610	5
荷兰	41,417,835	6	德国	45,382,933	6
英国	31,656,267	7	马来西亚	28,697,051	7
新加坡	29,620,297	8	澳大利亚	25,840,338	8
俄罗斯联邦	28,466,198	9	菲律宾	23,117,839	9
印度	24,011,455	10	泰国	22,664,691	10
台湾省	23,459,803	11	俄罗斯联邦	19,688,579	11
意大利	21,169,614	12	巴西	18,341,833	12
法国	20,327,392	13	沙特阿拉伯	17,559,683	13
加拿大	19,355,685	14	新加坡	17,523,684	14
澳大利亚	17,989,659	15	印度	14,617,103	15
马来西亚	17,689,267	16	法国	13,341,053	16
阿拉伯联合酋长国	17,023,621	17	伊朗	13,305,597	17
西班牙	16,528,463	18	安哥拉	12,888,665	18
比利时	12,679,378	19	香港	12,804,202	19
印度尼西亚	12,601,334	20	印度尼西亚	12,395,078	20
泰国	11,973,428	21	加拿大	10,979,134	21
越南	11,891,297	22	智利	10,280,605	22
墨西哥	11,706,109	23	意大利	10,210,805	23
巴西	11,372,262	24	英国	7,775,522	24
土耳其	10,475,626	25	阿曼	6,722,731	25
沙特阿拉伯	7,807,284	26	南非	6,618,069	26
菲律宾	7,497,921	27	哈萨克斯坦	6,431,909	27
哈萨克斯坦	7,445,856	28	阿根廷	6,334,501	28

续表

最终目的国(地区)	出口额	名次	原产国(地区)	进口额	名次
南非	7,428,261	29	瑞士	5,843,975	29
伊朗	7,284,049	30	比利时	4,973,144	30
芬兰	6,564,169	31	荷兰	4,924,558	31
波兰	6,552,928	32	西班牙	4,429,946	32
乌克兰	5,865,806	33	秘鲁	4,337,890	33
巴基斯坦	5,789,055	34	苏丹	4,171,239	34
巴拿马	5,579,979	35	瑞典	4,141,841	35
匈牙利	5,014,955	36	芬兰	3,794,326	36
丹麦	4,589,853	37	墨西哥	3,263,293	37
瑞典	4,548,851	38	越南	3,226,281	38
爱尔兰	4,438,353	39	委内瑞拉	3,023,946	39
埃及	4,432,797	40	阿拉伯联合酋长国	3,012,027	40

2007年出口商品排序表（前100位）

单位：千美元

商品编号	商品名称	数量单位	数量	金额
	总值	-		1,217,775,756
84713000	重量≤10公斤的便携自动数据处理设备	台	73,022,564	53,087,340
85171210	手持（包括车载）式无线电话机	台	483,407,746	35,594,832
84733090	品目8471所列其他机器的零件、附件	千克	1,183,508,547	28,337,999
90138030	液晶显示板	个	1,879,685,736	19,639,138
85285110	品目84.71自动数据处理系统用液晶监视器	台	110,472,782	17,747,028
85177030	手持式无线电话机的零件	千克	56,128,453	16,234,156
85423100	处理器及控制器	个	16,946,988,476	12,105,337
-	-	千克	15,797,757	-
84714190	未列名自动数据处理设备	台	14,746,376	8,896,866
85423200	存储器	个	5,541,582,087	7,808,149
-	-	千克	5,737,319	
85258029	非特种用途的其他类型数字照相机	台	109,839,943	7,607,024
61102000	棉制针织钩编的套头衫、开襟衫、外穿背心等	件	1,699,191,687	7,210,841
-	-	千克	506,465,599	-
84717010	硬盘驱动器	台	152,584,129	7,030,983
61103000	化纤制针织钩编套头衫、开襟衫、外穿背心等	件	1,604,508,998	6,514,842
-	-	千克	495,940,736	-
64029900	未列名橡胶或塑料制外底及鞋面的鞋靴	双	3,086,888,354	6,419,194
85219012	数字化视频光盘(DVD)播放机	台	143,606,899	6,316,640
85340090	四层及以下的印刷电路	块	19,646,492,777	6,314,754
-	-	千克	183,568,784	-
64039900	其他橡、塑或再生皮革外底,皮革鞋面的鞋靴	双	940,528,549	6,311,479
84715040	微型机的处理部件	台	13,180,723	6,305,967
61091000	棉制针织或钩编的T恤衫、汗衫、背心	件	2,954,313,066	5,917,067
-	-	千克	512,914,777	-
84439990	品目8443所列设备用其他零件及附件	千克	391,610,937	5,889,087
95041000	与电视接收机配套使用的电子游戏机	台	81,233,123	5,566,016
-	-	千克	179,863,660	-

续表

商品编号	商品名称	数量单位	数量	金额
85414000	光敏半导体器件；发光二极管	个	43,141,418,251	5,252,258
—	—	千克	116,862,772	—
42021290	塑料或纺织材料作面的提箱、小手袋等	个	3,049,861,341	5,122,519
62046200	棉制女裤	条	1,161,706,310	5,100,240
—	—	千克	520,160,883	—
85285910	其他彩色监视器	台	48,944,701	4,920,842
84714140	微型自动数据处理机	台	6,438,398	4,694,136
61046200	棉制针织或钩编的女裤	条	933,675,516	4,605,388
—	—	千克	293,246,501	—
85177090	品目8517所列设备的其他零件	千克	105,290,778	4,594,494
73089000	其他钢铁结构体；钢结构体用部件及加工钢材	千克	3,839,302,588	4,533,980
85235110	未录制固态非易失性存储器件（闪速存储器）	个	362,145,283	4,482,674
86090020	40英尺集装箱	个	1,072,736	4,355,081
85287222	液晶显示器彩色数字电视接收机	台	12,392,056	4,228,967
84718000	自动数据处理设备的其他部件	台	118,392,311	4,222,619
85044099	未列名静止式变流器	个	2,132,573,590	4,116,891
84733010	大、中、小型计算机及其部件的零件、附件	千克	114,407,536	3,931,986
85176299	其他接收、转换且发送或再生声音等数据的设	台	182,975,409	3,898,664
84433212	专用于品目8471所列设备的激光打印机	台	23,909,852	3,763,585
95049010	其他电子游戏机	台	175,681,166	3,621,922
—	—	千克	54,178,946	—
84717030	光盘驱动器	台	174,857,748	3,607,844
61034200	棉制针织或钩编的男裤	件	629,308,859	3,527,234
—	—	千克	222,089,800	—
84433110	有打/复印及传真两种及以上功能的静电感光?	台	6,210,763	3,515,388
85078020	锂离子电池	个	1,213,793,293	3,493,070
95030089	其他玩具	套	11,951,151,920	3,445,052
—	—	千克	1,194,492,386	—
40112000	客车或货运机动车辆用新的充气橡胶轮胎	条	44,877,112	3,442,016
89019021	可载标准集装箱≤6000箱的机动集装箱船	艘	141	3,403,723
39269090	未列名塑料制品	千克	1,435,894,204	3,388,870

续表

商品编号	商品名称	数量单位	数量	金额
62034290	棉制其他男裤	条	695,113,409	3,351,425
-	-	千克	376,123,884	-
84433190	其他具有打印、复印及传真两种及以上功能的	台	39,290,599	3,293,928
85340010	四层以上的印刷电路	块	1,209,232,183	3,222,236
-	-	千克	42,800,499	
85176110	移动通信基站	台	151,705	3,177,134
27101911	航空煤油	千克	4,480,339,825	3,123,756
27040010	焦炭及半焦炭	千克	15,299,334,583	3,054,756
94036099	未列名木家具	件	112,013,667	3,022,946
-	-	千克	2,385,175,624	-
84818010	其他阀门	套	1,073,750,395	2,963,863
-	-	千克	533,684,288	-
85299090	8525至8528所列其他装置或设备用其他零件	千克	156,845,369	2,943,726
85423900	其他集成电路	个	15,681,301,759	2,891,498
-	-	千克	5,879,935	
94032000	其他金属家具	件	260,689,512	2,874,793
-	-	千克	2,120,796,251	
27101110	车用汽油和航空汽油	千克	4,642,690,898	2,824,193
94049040	化纤棉填充的其他寝具及类似用品	千克	582,870,009	2,819,933
87087090	未列名车辆用车轮及其零件、附件	千克	710,249,480	2,769,316
87089999	8701至8704所列其他车辆用未列名零、附件	千克	725,198,033	2,763,119
85299081	彩色电视机零件（除等离子显像组件及零件）	千克	272,122,615	2,747,089
54075200	聚酯变形长丝≥85%染色布	米	3,171,686,162	2,710,720
-	-	千克	601,487,535	-
85369000	其他连接用电气装置,线路V≤1000V	千克	105,623,390	2,691,407
27011290	其他烟煤	千克	45,313,353,732	2,640,035
72142000	轧制凸凹变形及扭曲的普通钢铁的其他条、杆	千克	5,708,700,901	2,595,470
85176234	调制解调器	台	124,772,361	2,558,917
86090010	20英尺集装箱	个	1,282,715	2,515,954
64041900	其他橡胶或塑料外底,纺织材料鞋面的鞋靴	双	1,308,362,580	2,514,117
85437099	未列名具有独立功能的电气设备及装置	台	804,462,754	2,509,724

续表

商品编号	商品名称	数量单位	数量	金额
40111000	机动小客车用新的充气橡胶轮胎	条	98,967,311	2,506,784
61099090	未列名纺材制针织或钩编T恤衫、汗衫、背心	件	1,126,313,223	2,483,824
-	-	千克	214,815,956	-
85044013	品目84.71所列机器用的稳压电源	个	264,213,928	2,450,981
73269090	未列名钢铁制品	千克	1,504,730,226	2,375,679
72139100	D<14mm圆截面不规则盘卷普通钢铁热轧条,杆	千克	5,106,046,698	2,356,365
84818090	龙头、旋塞及类似装置	套	737,151,389	2,354,497
-	-	千克	268,610,557	-
03042990	其他冻鱼片	千克	746,332,391	2,327,934
72104900	其他镀或涂锌普通钢铁板材	千克	3,140,771,001	2,290,404
94054090	未列名电灯及照明装置	千克	713,078,714	2,254,311
85393190	其他热阴极荧光灯	只	2,693,917,918	2,212,292
94017900	其他金属框架坐具	个	222,493,574	2,198,404
-	-	千克	1,198,368,405	-
44123900	其他薄板制胶合板厚≤6mm	立方米	6,355,707	2,148,928
-	-	千克	3,135,915,970	-
85165000	微波炉	个	51,469,074	2,144,835
85171100	无绳电话机	台	86,634,839	2,144,775
85444229	其他有接头电导体,80V<额定电压≤1000V	千克	382,461,278	2,111,452
39232100	供运输或包装货物用的乙烯聚合物制袋及包	千克	1,229,520,362	2,065,875
62052000	棉制男衬衫	件	436,931,927	2,027,574
-	-	千克	136,774,939	-
89012011	载重量不超过10万吨的成品油船	艘	147	1,990,877
42022200	塑料片或纺织材料作面的手提包	个	1,697,741,990	1,978,659
84151021	制冷≤4000大卡/时分体窗式或壁式空调	台	10,505,318	1,937,339
95030021	动物玩具	个	2,299,761,734	1,927,634
-	-	千克	308,269,429	-
64031900	橡、塑或革外底,皮革制鞋面的其他运动鞋靴	双	223,680,199	1,924,663
68029390	未列名已加工花岗岩制品	千克	6,663,192,574	1,915,448
94016110	皮革或再生皮革面的带软垫的木框架坐具	个	16,476,907	1,909,999
-	-	千克	593,891,260	-

口岸运行主要数据统计表

续表

商品编号	商品名称	数量单位	数量	金额
85287221	液晶显示器彩色模拟电视接收机	台	7,707,880	1,895,984
62019390	未列名化纤男式带风帽防寒短上衣、防风衣等	件	229,378,977	1,886,593
—	—	千克	189,092,705	—
62029390	未列名化纤女式带风帽防寒短上衣、防风衣等	件	229,911,793	1,871,958
—	—	千克	157,164,571	—
72085190	其他热轧铁或非合金钢非卷材,10＜厚≤20mm	千克	3,016,691,622	1,869,110
94051000	枝形吊灯及天花板或墙壁上的电气照明装置	千克	472,601,666	1,861,234
		个	469,950,769	
94035099	其他卧室用木家具	件	30,549,785	1,861,007
—	—	千克	1,121,296,836	—

2007年进口商品排序表（前100位）

单位：千美元

商品编号	商品名称	数量单位	数量	金额
总值	-	-	955,950,261	-
84733090	品目8471所列其他机器的零件、附件	千克	136,479,504	12,649,967
12010091	黄大豆	千克	30,816,980,204	11,473,279
85177030	手持式无线电话机的零件	千克	19,885,671	10,295,997
74031100	未锻轧的精炼铜阴极及阴极型材	千克	1,477,003,794	10,291,847
84717010	硬盘驱动器	台	161,870,167	9,855,175
26030000	铜矿砂及其精矿	千克	4,524,687,754	8,835,356
27101922	5-7号燃料油	千克	22,481,784,413	8,455,722
26011190	平均粒度≥6.3mm未烧结铁矿砂及其精矿	千克	74,868,295,685	6,549,364
74040000	铜废碎料	千克	5,584,644,016	6,390,457
85340090	四层及以下的印刷电路	块	27,664,191,303	6,371,439
-	-	千克	100,282,276	-
29173611	精对苯二甲酸	千克	5,990,589,095	5,286,780
88024010	45000≥空载重量>15000公斤的飞机等航空器	架	112	5,216,392
29053100	1,2—乙二醇	千克	4,800,348,961	4,846,183
84439990	品目8443所列设备用其他零件及附件	千克	157,508,470	4,843,992
85340010	四层以上的印刷电路	块	1,605,469,412	4,406,549
-	-	千克	38,189,149	-
85369000	其他连接用电气装置，线路V≤1000V	千克	83,800,688	4,336,560
84733010	大、中、小型计算机及其部件的零件、附件	千克	51,933,703	4,186,383
29025000	苯乙烯	千克	3,098,447,394	4,139,071
84717030	光盘驱动器	台	126,650,160	4,002,570
39021000	初级形状的聚丙烯	千克	3,069,602,002	3,862,107
75021000	未锻轧的非合金镍	千克	104,051,300	3,823,952
84798990	未列名具有独立功能的机器及机械器具	台	110,460,930	3,813,550
85414000	光敏半导体器件；发光二极管	个	49,914,124,779	3,813,036
-	-	千克	8,319,472	-
85078020	锂离子电池	个	1,787,262,297	3,785,700
85322410	片式多层瓷介电容器	千克	12,764,016	3,736,054

口岸运行主要数据统计表

续表

—	—	千个	917,061,969	—
26011110	平均粒度<0.8mm未烧结铁矿砂及其精矿	千克	41,549,530,103	3,707,116
88024020	空载重量>45000公斤的飞机等航空器	架	40	3,656,638
39033000	初级形状丙烯腈—丁二烯—苯乙烯共聚物	千克	2,172,490,510	3,617,971
85423300	放大器	个	8,390,663,939	3,578,140
—	—	千克	3,397,629	—
52010000	未梳的棉花	千克	2,458,395,595	3,476,986
27101911	航空煤油	千克	5,000,232,748	3,453,329
90019000	其他未装配的光学元件	千克	46,166,065	3,433,680
29024300	对二甲苯	千克	2,903,019,521	3,324,120
85389000	8535、8536或8537所列装置的其他零件	千克	102,784,240	3,309,361
90139090	901380所列货品的零件、附件	千克	29,445,908	3,077,775
39074000	初级形状的聚碳酸酯	千克	1,020,688,875	3,029,691
38249090	未列名化学工业及相关工业化学产品及配制品	千克	876,708,013	3,024,695
85412100	耗散功率小于1瓦的晶体管	个	66,124,433,797	2,875,571
—	—	千克	11,208,774	—
15119010	棕榈液油（熔点19-24℃）	千克	3,938,508,709	2,870,250
26011200	已烧结的铁矿砂及其精矿	千克	25,384,251,119	2,852,374
39012000	初级形状的聚乙烯，比重在0.94及以上	千克	2,090,799,514	2,799,079
87032440	汽油越野车, 排量>3000ml	辆	69,881	2,793,262
87084091	小轿车用自动换挡变速箱及其零件	个	1,844,501	2,654,059
—	—	千克	137,885,178	—
85299049	其他电视摄像机等及数字照相机的零件	千克	5,933,144	2,631,985
85411000	二极管, 但光敏二极管或发光二极管除外	个	117,200,378,413	2,504,666
—	—	千克	21,661,240	—
87032430	汽油小轿车, 排量>3000ml	辆	48,445	2,473,328
76020000	铝废碎料	千克	2,090,624,465	2,446,346
87089999	8701至8704所列其他车辆用未列名零、附件	千克	172,136,581	2,435,740
85235110	未录制固态非易失性存储器件（闪速存储器）	个	185,595,967	2,428,540
26040000	镍矿砂及其精矿	千克	15,516,778,223	2,413,650
40012200	技术分类天然橡胶（TSNR）	千克	1,148,369,474	2,412,435
31042090	其他氯化钾	千克	9,413,056,513	2,287,231

续表

85366900	插头及插座，线路V≤1000V	个	16,549,807,535	2,284,311
-	-	千克	46,118,399	-
47071000	回收（废碎）的未漂白牛皮纸或瓦楞纸及纸板	千克	11,998,188,316	2,201,026
47032100	半漂白或漂白的针叶木烧碱木浆或硫酸盐木浆	千克	3,074,579,381	2,188,500
85177090	品目8517所列设备的其他零件	千克	20,454,010	2,182,978
39019020	初级形状的线型低密度聚乙烯	千克	1,669,423,769	2,161,475
15071000	初榨的豆油	千克	2,798,300,526	2,128,216
85416000	已装配的压电晶体	个	15,336,591,493	2,027,782
-	-	千克	3,387,098	-
85044099	未列名静止式变流器	个	373,066,411	2,000,846
84818010	其他阀门	套	122,072,300	1,992,660
-	-	千克	54,041,666	-
28182000	氧化铝，但人造刚玉除外	千克	5,124,430,273	1,966,636
85299090	8525至8528所列其他装置或设备用其他零件	千克	22,562,018	1,949,885
90318090	其他未列名测量或检验仪器、器具及机器	台	884,257	1,895,462
85419000	8541所列货品的零件	千克	11,922,047	1,873,982
85171210	手持（包括车载）式无线电话机	台	16,833,758	1,796,050
85412900	耗散功率1瓦及以上的晶体管	个	23,172,231,065	1,778,788
-	-	千克	10,394,283	-
47032900	半漂白或漂白非针叶木烧碱木浆或硫酸盐木浆	千克	2,964,043,073	1,769,189
85045000	其他电感器	个	73,873,552,932	1,730,040
26070000	铅矿砂及其精矿	千克	1,265,296,455	1,663,122
51011100	未梳含脂剪羊毛	千克	260,064,843	1,645,329
90012000	偏振材料制的片及板	千克	23,992,214	1,617,003
84798962	自动贴片机	台	10,183	1,609,237
90328900	其他自动调节或控制仪器及装置	台	34,957,484	1,607,952
87082990	车身（包括驾驶室）的未列名零件、附件	千克	191,910,175	1,603,330
71023100	未加工或简单锯开、劈开或粗磨的非工业钻石	克拉	6,469,025	1,600,907
39031900	其他初级形状的聚苯乙烯	千克	1,213,349,003	1,593,843
84099199	其他点燃式活塞内燃发动机的零件	千克	96,089,985	1,588,381
72103000	电镀锌的铁或非合金钢平板轧材	千克	1,998,076,815	1,577,330
26080000	锌矿砂及其精矿	千克	2,155,335,375	1,554,870

				续表
74102100	衬背精炼铜箔,厚(除衬背)≤0.15mm	千克	219,434,150	1,554,340
26100000	铬矿砂及其精矿	千克	6,088,486,307	1,547,191
85322200	铝电解电容器	千克	47,118,311	1,538,558
-	-	千个	60,011,841	-
30049090	未列名混合或非混合产品构成的药品	千克	7,501,659	1,534,346
87032334	汽油小轿车,2500ml<排量≤3000ml	辆	44,564	1,488,301
39269090	未列名塑料制品	千克	168,492,180	1,487,583
85299042	非特种用途的取像模块	千克	500,639	1,465,780
85258029	非特种用途的其他类型数字照相机	台	9,171,545	1,421,133
98010090	其他未分类商品	千克	-	1,404,329
41079200	粒面剖层革(整张革除外)	千克	113,228,490	1,397,595
27111200	液化丙烷	千克	2,201,915,826	1,344,626
72044900	未列名钢铁废碎料	千克	2,780,736,822	1,327,122
84295212	上部360度旋转的履带式挖掘机	台	33,174	1,320,717
39081019	聚酰胺-6、-11、-12、-6,9、-6,10等的切片	千克	492,393,151	1,307,535

2007年进出口商品经营单位排序表（前100位）

单位：千美元

总 值	1,217,775,756	-	总 值	955,950,261	-
鸿富锦精密工业(深圳)有限公司	23,161,133	1	中国国际石油化工联合有限责任公司	42,973,277	1
东莞市对外加工装配服务公司	15,532,073	2	鸿富锦精密工业(深圳)有限公司	21,763,279	2
名硕电脑(苏州)有限公司	13,229,594	3	中国联合石油有限责任公司	12,834,915	3
达功(上海)电脑有限公司	9,197,019	4	东莞市对外加工装配服务公司	12,449,584	4
达丰(上海)电脑有限公司	8,365,936	5	伯灵顿物流(上海)有限公司	9,213,670	5
诺基亚通信有限公司	8,304,878	6	中化国际石油公司	8,405,778	6
深圳市宝安区外经发展总公司	7,892,224	7	名硕电脑(苏州)有限公司	5,894,476	7
仁宝资讯工业(昆山)有限公司	5,947,939	8	珠海振戎公司	5,767,267	8
英顺达科技有限公司	5,646,608	9	宝山钢铁股份有限公司	5,632,193	9
华为技术有限公司	4,661,090	10	达功(上海)电脑有限公司	4,668,420	10
联想信息产品(深圳)有限公司	4,503,353	11	深圳市宝安区外经发展总公司	4,662,018	11
群康科技(深圳)有限公司	4,017,975	12	友达光电(苏州)有限公司	4,536,877	12
北京索爱普天移动通信有限公司	3,805,056	13	昆山飞力仓储服务有限公司	3,987,678	13
仁宝信息技术(昆山)有限公司	3,790,306	14	大连西太平洋石油化工有限公司	3,786,961	14
天津三星通信技术有限公司	3,736,582	15	群康科技(深圳)有限公司	3,604,672	15
摩托罗拉(中国)电子有限公司	3,674,533	16	深圳富泰宏精密工业有限公司	3,528,990	16
深圳龙岗区对外经济发展有限公司	3,500,968	17	综合信兴仓运(深圳)有限公司	3,434,689	17
鸿富泰精密电子(烟台)有限公司	3,402,868	18	三星电子(苏州)半导体有限公司	3,317,059	18
友达光电(苏州)有限公司	3,343,066	19	天津三星通信技术有限公司	3,053,741	19
福建捷联电子有限公司	3,135,923	20	伟创力制造(珠海)有限公司	2,990,643	20
深圳富泰宏精密工业有限公司	3,129,535	21	金川集团有限公司	2,986,488	21
伟创力制造(珠海)有限公司	3,113,098	22	苏州三星电子液晶显示器有限公司	2,966,384	22
三星电子(苏州)半导体有限公司	3,004,384	23	鸿富泰精密电子(烟台)有限公司	2,885,621	23
达业(上海)电脑科技有限公司	2,905,993	24	诺基亚通信有限公司	2,748,605	24
伟创力实业(珠海)有限公司	2,666,187	25	一汽-大众汽车有限公司	2,728,547	25
戴尔(厦门)有限公司	2,663,615	26	海力士-意法半导体有限公司	2,657,053	26
长城国际系统科技(深圳)有限公司	2,645,651	27	深圳综合信兴物流有限公司	2,568,352	27
杭州摩托罗拉移动通信设备有限公	2,578,834	28	麦迪实电子科技(深圳)有限公司	2,511,568	28
麦迪实电子科技(深圳)有限公司	2,429,753	29	乐金显示(南京)有限公司	2,442,449	29

口岸运行主要数据统计表

续表

英特尔产品(上海)有限公司	2,419,351	30	伟创力实业(珠海)有限公司	2,387,165	30
中兴通讯股份有限公司	2,418,529	31	中海油中石化联合国际贸易有限责任公司	2,333,870	31
纬新资通(昆山)有限公司	2,287,707	32	中国南方航空进出口贸易公司	2,235,079	32
金士顿科技(上海)有限公司	2,208,339	33	国家物资储备局上海七处(保)	2,157,542	33
宝山钢铁股份有限公司	2,186,760	34	中钢贸易公司	2,135,106	34
中国国际石油化工联合有限责任公司	2,184,451	35	天津叶水福物流有限公司	2,128,968	35
希捷国际科技(无锡)有限公司	2,143,647	36	宁波奇美电子有限公司	2,079,565	36
英华达(上海)科技有限公司	2,007,897	37	希捷国际科技(无锡)有限公司	2,056,302	37
昌硕科技(上海)有限公司	1,891,061	38	中国石化国际事业有限公司	2,045,839	38
苏州佳世达电通有限公司	1,887,191	39	英特尔产品(上海)有限公司	1,952,646	39
鞍钢集团国际经济贸易公司	1,825,180	40	金士顿科技(上海)有限公司	1,950,380	40
纬智资通(昆山)有限公司	1,778,463	41	中外运国际贸易公司	1,911,386	41
达福(上海)电脑科技有限公司	1,776,475	42	江西铜业股份有限公司	1,909,252	42
乐金电子(惠州)有限公司	1,775,541	43	深圳龙岗区对外经济发展有限公司	1,899,381	43
飞思卡尔半导体(中国)有限公司	1,752,790	44	星科金朋(上海)有限公司	1,897,990	44
宁波奇美电子有限公司	1,694,333	45	近铁国际物流(深圳)有限公司	1,856,807	45
东莞市百业进出口有限公司	1,677,215	46	大连中石油国际事业有限公司	1,785,036	46
苏州三星电子液晶显示器有限公司	1,659,995	47	杭州北海保税公司	1,777,340	47
大连西太平洋石油化工有限公司	1,659,683	48	武钢集团国际经济贸易总公司	1,697,057	48
星科金朋(上海)有限公司	1,603,587	49	丰田汽车(中国)投资有限公司	1,691,056	49
恩斯迈电子(深圳)有限公司	1,599,218	50	东莞市南信实业发展有限公司	1,628,401	50
山西太钢不锈钢股份有限公司	1,587,534	51	中国首钢国际贸易工程公司	1,609,833	51
佛山普立华科技有限公司	1,540,529	52	金隆铜业有限公司	1,597,929	52
仁宝电子科技(昆山)有限公司	1,525,199	53	国航集团进出口贸易公司	1,591,586	53
神华煤炭运销公司	1,471,994	54	飞思卡尔半导体(中国)有限公司	1,590,542	54
瑞中电子(苏州)有限公司	1,464,776	55	上海浦东国际机场进出口有限公司	1,584,172	55
大连船舶重工集团有限公司	1,429,891	56	苏州大田仓储有限公司	1,577,372	56
上海振华港口机械(集团)股份有限公司	1,377,316	57	富士康精密组件(北京)有限公司	1,570,928	57
深圳市勤辉投资开发有限公司	1,361,734	58	东方航空进出口有限公司	1,560,837	58
深圳中外运物流有限公司	1,354,079	59	北京索爱普天移动通信有限公司	1,543,173	59
广东美的制冷设备有限公司	1,338,800	60	恩斯迈电子(深圳)有限公司	1,534,712	60
乐金电子(天津)电器有限公司	1,295,102	61	山西太钢不锈钢股份有限公司	1,524,985	61

苏州三星电子有限公司	1,267,251	62	上海近铁国际物流有限公司	1,519,514	62
浪潮乐金数字移动通信有限公司	1,261,631	63	宝马(中国)汽车贸易有限公司	1,458,088	63
索尼数字产品（无锡）有限公司	1,246,729	64	马钢国际经济贸易总公司	1,395,042	64
乐金显示(南京)有限公司	1,241,367	65	华为技术有限公司	1,392,447	65
无锡尚德太阳能电力有限公司	1,240,782	66	无锡夏普电子元器件有限公司	1,360,807	66
深圳三星科健移动通信技术有限公司	1,234,039	67	中技国际招标公司	1,345,202	67
无锡夏普电子元器件有限公司	1,224,496	68	中国第一汽车集团进出口公司	1,302,818	68
海力士-意法半导体有限公司	1,182,845	69	梅赛德斯—奔驰(中国)汽车销售有限公司	1,288,621	69
希捷科技(苏州)有限公司	1,174,762	70	英特尔产品(成都)有限公司	1,237,447	70
深圳华为移动通信技术有限公司	1,126,979	71	华映视讯(吴江)有限公司	1,230,464	71
佛山市顺德区顺达电脑厂有限公司	1,120,043	72	中国中化集团公司	1,223,526	72
丹沙物流(上海)有限公司	1,118,119	73	江苏沙钢国际贸易有限公司	1,215,528	73
苏州三星电子电脑有限公司	1,112,985	74	达富电脑(常熟)有限公司	1,208,939	74
珠海三美电机有限公司	1,097,360	75	安靠封装测试(上海)有限公司	1,207,775	75
富士施乐高科技(深圳)有限公司	1,090,339	76	深圳三星科健移动通信技术有限公司	1,199,826	76
中国机械设备进出口有限公司	1,075,845	77	英华达(上海)科技有限公司	1,165,153	77
深圳开发微电子有限公司	1,067,076	78	中国技术进出口总公司	1,156,029	78
东芝信息机器(杭州)有限公司	1,041,282	79	深圳市中兴康讯电子有限公司	1,155,827	79
索尼精密部件(惠州)有限公司	1,037,035	80	乐金电子(惠州)有限公司	1,147,296	80
建兴光电科技(广州)有限公司	1,033,363	81	奇梦达科技(苏州)有限公司	1,145,102	81
三星电子（山东）数码打印机有限	1,033,302	82	日照钢铁控股集团有限公司	1,144,223	82
飞索半导体(中国)有限公司	1,032,327	83	达业(上海)电脑科技有限公司	1,118,476	83
上海外高桥造船有限公司	1,008,650	84	东海粮油工业(张家港)有限公司	1,103,365	84
达富电脑(常熟)有限公司	998,706	85	英顺达科技有限公司	1,097,856	85
海尔集团电器产业有限公司	997,207	86	瑞钢联集团有限公司	1,091,130	86
广东省东莞机械进出口有限公司	995,470	87	达丰(上海)电脑有限公司	1,088,258	87
志合电脑(苏州工业园区)有限公司	995,276	88	中国矿产有限责任公司	1,064,465	88
中国首钢国际贸易工程公司	986,611	89	仁宝资讯工业(昆山)有限公司	1,053,194	89
中国华录.松下电子信息有限公司	985,948	90	张家港浦项不锈钢有限公司	1,051,565	90
珠海格力电器股份有限公司	973,131	91	浪潮乐金数字移动通信有限公司	1,049,269	91
深圳赛意法微电子有限公司	971,664	92	东莞市百业进出口有限公司	1,047,186	92
上海近铁国际物流有限公司	971,174	93	达辉(上海)电子有限公司	1,023,343	93

口岸运行主要数据统计表

续表

捷普电子(广州)有限公司	966,112	94	昌硕科技(上海)有限公司	1,014,448	94
佳能珠海有限公司	964,666	95	深圳市机场(集团)有限公司	1,006,781	95
华宝通讯(南京)有限公司	964,556	96	索尼(中国)有限公司	1,000,200	96
大连中石油国际事业有限公司	953,493	97	深圳市九立商贸有限公司	996,025	97
奇梦达模组(苏州)有限公司	949,367	98	深圳华为移动通信技术有限公司	985,481	98
富士康精密组件(北京)有限公司	945,575	99	佛山市顺德区顺达电脑厂有限公司	984,388	99
华微半导体(上海)有限责任公司	942,218	100	中化兴中石油转运(舟山)有限公司	966,236	100

2007年全国口岸进出口货运量排序表

序号	海关名称	进出口			进口		出口	
		货运量（吨）	比重（%）	比去年同期±%	货运量（吨）	比去年同期±%	货运量（吨）	比去年同期±%
0	合计	2,429,798,069	100.0	13.1	1,053,530,117	14.8	1,376,267,952	11.8
1	广东口岸	1,085,404,194	44.7	10.4	170,358,685	-1.6	915,045,509	12.9
2	山东口岸	281,637,398	11.6	15.0	213,409,317	16.4	68,228,081	10.9
3	江苏口岸	148,053,434	6.1	8.3	92,784,654	11.3	55,268,780	3.7
4	天津口岸	147,413,660	6.1	17.6	71,475,787	11.8	75,937,873	23.6
5	上海口岸	143,716,232	5.9	10.6	66,570,324	2.8	77,145,908	18.2
6	浙江口岸	172,993,623	7.1	14.6	141,747,705	11.5	31,245,918	30.7
7	河北口岸	96,154,706	4.0	17.8	53,176,184	63.2	42,978,522	-12.3
8	辽宁口岸	96,045,096	4.0	22.1	55,204,264	21.4	40840832	23.2
9	广西口岸	47,938,386	2.0	15.8	36,382,387	13.7	11,555,999	22.9
10	福建口岸	62,194,674	2.6	-14.4	28,973,646	0.3	33221028	-24.1
11	内蒙古口岸	33,340,857	1.4	11.5	30,449,410	8.8	2,891,447	49.4
12	湖北口岸	20,131,826	0.8	178.9	18,105,388	252.8	2,026,438	-2.8
13	新疆口岸	16,649,675	0.7	23.8	11,447,268	12.0	5202407	61.1
14	海南口岸	14,802,076	0.6	69.4	11,538,647	102.3	3263429	7.7
15	黑龙江口岸	11,499,026	0.5	19.1	9,986,634	20.1	1,512,392	13.1
16	安徽口岸	11,405,119	0.5	72.7	10,418,702	85.8	986,417	-0.8
17	湖南口岸	7,542,143	0.3	61.8	6,820,125	67.3	722,018	23.5
18	云南口岸	7,272,742	0.3	45.9	4,260,840	51.6	3,011,902	38.6
19	河南口岸	4,823,933	0.2	83.6	4,613,553	93.0	210,380	-11.2
20	山西口岸	4,132,266	0.2	99.9	4,071,443	102.5	60,823	7.7
21	北京口岸	3,522,061	0.1	1.7	2,411,145	-6.4	1,110,916	25.2
22	重庆口岸	3,330,465	0.1	91.2	1,961,326	201.8	1369139	25.4
23	江西口岸	2,597307	0.1	44.8	1,824,390	41.9	772917	52.4
24	吉林口岸	2,393,597	0.1	-6.7	1,627,954	-14.7	765,643	16.3
25	陕西口岸	1,099,357	0.0	-10.1	745,880	-11.7	353,477	-6.4
26	贵州口岸	1,064,658	0.0	1126.7	928,567	1938.3	136,091	230.0
27	甘肃口岸	993,062	0.0	33.8	902,986	31.0	90,076	70.3
28	四川口岸	621,571	0.0	31.0	415,916	38.9	205,655	17.5
29	宁夏口岸	483,539	0.0	47.3	483,414	47.4	125	-54.9
30	青海口岸	452,377	0.0	71.9	429,841	260.2	22,536	-84.3
31	西藏口岸	89,009	0.0	30.4	3,735	-21.5	85,274	34.3